Schriftenreihe

**Studien zum
bayerischen, nationalen und supranationalen
Öffentlichen Recht**

Herausgegeben von
Professor Dr. Heinrich Amadeus Wolff

Band 33

ISSN 1860-8728 (Print)

Verlag Dr. Kovač

Nina Pfeiffer

Das exekutive Normsetzungsermessen als Phänomen zwischen Verwaltungsermessen und gesetzgeberischer Gestaltungsfreiheit?

– Eine Untersuchung unter Einbezug der Coronaverordnungen –

Verlag Dr. Kovač

Hamburg
2024

VERLAG DR. KOVAČ GMBH
FACHVERLAG FÜR WISSENSCHAFTLICHE LITERATUR

Leverkusenstr. 13 · 22761 Hamburg · Tel. 040 - 39 88 80-0 · Fax 040 - 39 88 80-55

E-Mail info@verlagdrkovac.de · Internet www.verlagdrkovac.de

Bibliografische Information der Deutschen Nationalbibliothek
Die Deutsche Nationalbibliothek verzeichnet diese Publikation
in der Deutschen Nationalbibliografie;
detaillierte bibliografische Daten sind im Internet
über http://dnb.d-nb.de abrufbar.

ISSN: 1860-8728 (Print)
ISBN: 978-3-339-13834-7
eISBN: 978-3-339-13835-4

Zugl.: Dissertation, Universität Bayreuth, 2023

© VERLAG DR. KOVAČ GmbH, Hamburg 2024

Printed in Germany
Alle Rechte vorbehalten. Nachdruck, fotomechanische Wiedergabe, Aufnahme in Online-Dienste und Internet sowie Vervielfältigung auf Datenträgern wie CD-ROM etc. nur nach schriftlicher Zustimmung des Verlages.

Gedruckt auf holz-, chlor- und säurefreiem, alterungsbeständigem Papier. Archivbeständig nach ANSI 3948 und ISO 9706.

Inhaltsverzeichnis

Abkürzungsverzeichnis XI
Vorwort und Danksagung XV
A. Untergesetzliche Normgebung – ein Phänomen zwischen
   Verwaltungsermessen und legislativer Gestaltungsfreiheit? 1
B. Das Verständnis von exekutiver Rechtsetzung 5
   I. Die Exekutive als Akteur 5
   II. Der Stufenbau des deutschen Rechtssystems 7
      1. Die frei gestaltende Verwaltung: Ein Irrglaube 8
      2. Reduzierung auf die Rechtsanwendung 8
      3. Der Einfluss des Grundsatzes der Gewaltenteilung 9
   III. Ergebnisse für die Einordnung des exekutiven Handelns 11
C. Die (unterschiedlichen) Ermessensbegriffe 13
   I. Historische Grundlagen des Ermessens 13
   II. Normstrukturelle Betrachtung des Verwaltungsermessens 18
      1. Die Konstruktion von Ermessensnormen 18
      2. Gesetzliche Grundlagen: § 40 VwVfG, § 114 VwGO 20
      3. Beurteilungsspielräume und unbestimmte Rechtsbegriffe 25
      4. Gründe der normstrukturellen Unterscheidung 28
      5. Unbestimmte Rechtsbegriffe und Beurteilungsspielräume ... 30
      6. Sinnhaftigkeit der normstrukturellen Unterschiede 37
      7. Ergebnis der normstrukturellen Überlegungen 40
   III. Ermessensausübung aus Sicht der Verwaltung 41
      1. Zweckermittlung durch die Verwaltung 42
      2. Der Einfluss von Prognosen bei der Ermessensausübung 47
      3. Tatbestandliche Gestaltungsspielräume beim Ermessen 51
      4. Die Anwendung von Konkretisierungs- und
         Rechtsfolgenermessen 57
   IV. Zusammenfassende Erkenntnisse zur Dichotomie beim
      Verwaltungsermessen 82

V.	Einordnung des Planungsermessens	83
1.	Die Rechtsformen von Planungsentscheidungen	86
2.	Normstrukturelle Unterschiede der Ermächtigungsnormen	88
3.	Unterschiede bei der Ausübung des Ermessens	93
4.	Planungsermessen als Unterfall des Ermessens	97

D. Das Ermessen bei der untergesetzlichen Normsetzung 99

   I. Ermessen beim Verordnungserlass 101
- 1. Verfassungsrechtliche Grundlagen 101
- 2. Delegierte Gestaltungsfreiheit – Die Nähe zur Gestaltungsfreiheit der Legislativen 102
- 3. Besondere Arten von Verordnungen 104
- 4. Vergleich mit anderen Ermessensarten 106
- 5. Spezifisches zum Verordnungsermessen 112

   II. Ermessen beim Satzungserlass 117
- 1. Vergleich mit dem Gestaltungsspielraum des Gesetzgebers 118
- 2. Vergleich zum Verwaltungs- bzw. Verordnungsermessen 119

   III. Fazit zum Begriff des untergesetzlichen Normsetzungsermessens 126

E. Ermessensfehler exekutiver Rechtsetzung 129

   I. Der Vergleich zur Kontrolle gebundener Entscheidungen 129

   II. Kategorisierung der Ermessensfehler 131

   III. Das Verständnis vom Ermessensfehler 133
- 1. Formeller Fehler oder Ermessensfehler? 133
- 2. Reduzierung der Untersuchungen auf justitiable Fehler 134

   IV. Bedenken gegen eine Übertragung der Ermessensfehlerlehre 136
- 1. Wegweisende Entscheidung im Kapazitätsrecht vom 13.12.1984 138
- 2. Fortführung des angeblichen Grundsatzes des BVerwG 144
- 3. Rechtsprechung während der Coronapandemie 148
- 4. Bedenken gegen den Grundsatz 151
- 5. Fazit zur Kontrolle der Ermessensbetätigung 160

V.	Übertragung der Ermessensfehlerlehre(n)	161
1.	Ermessensausfall bzw. Ermessensnichtgebrauch	161
2.	Ermessensüberschreitung	163
3.	Ermessenfehlgebrauch	175
4.	Ermessensunterschreitung	181
5.	Fazit für die Übertragung der Ermessensfehlerlehre(n)	182
VI.	Besonderheiten beim Planungsermessen	182
1.	Die Abwägungsfehlerlehre	182
2.	Fazit zum rechtsstaatlichen Abwägungsgebot	206
3.	Vergleich der Ermessens- und Abwägungsfehlerlehre	208
4.	Fazit zur Abwägungsfehlerlehre	217
VII.	Die Kontrolle der Anwendung von Beurteilungsspielräumen	217
1.	Ausgangspunkt: Einschränkung der gerichtlichen Kontrolle	218
2.	Eingliederung in das System der Ermessensfehler	218
3.	Fazit zu den Beurteilungsfehlern	223
F.	Die gerichtliche Kontrollperspektive der untergesetzlichen Normsetzung	225
I.	Rechtsschutz gegen untergesetzliche Normen: Prozessuales	225
1.	Rechtsschutz nach der VwGO	226
2.	Verfassungsrechtliche Rechtsbehelfe	234
3.	Probleme im Eilrechtsschutz	237
II.	Zeitpunkt der gerichtlichen Kontrolle	242
III.	Rechtmäßigkeitsanforderung: Verfassungsmäßige Rechtsgrundlage	244
1.	Ursprüngliche Rechtsgrundlage	245
2.	Einfügung der §§ 28 a, b und c IfSG	251
IV.	Formelle Rechtmäßigkeitsanforderungen	256
1.	Kompetenz	256
2.	Verfahrensanforderungen	257
3.	Formerfordernisse	266

V.	Materielle Rechtmäßigkeitsanforderungen	269
	1. Regelungsbefugnis – die Voraussetzungen von § 28 ff. IfSG	270
	2. Anforderungen an die Handlungsform	274
G.	Die gerichtliche Kontrolldichte	279
I.	Allgemeines zu Kontrollmaßstäben und der Kontrolldichte	279
	1. Rechtliche Kontrollmaßstäbe	279
	2. Gerichtliche Kontrolldichte	283
II.	Die einzelnen rechtlichen Kontrollmaßstäbe	284
	1. Die Ermächtigungsgrundlage als Kontrollmaßstab	285
	2. Rechtliche Kontrollmaßstäbe außerhalb der Ermächtigungsgrundlage	288
	3. Heranziehung außerrechtlicher Kontrollmaßstäbe	291
	4. Verwaltungsinterne Kontrollmaßstäbe	292
III.	Rechtsformübergreifende Probleme der Kontrolldichte	293
	1. Autonomer und kontrollfähiger Bereich bei politischen Entscheidungen	293
	2. Kontrolldichte und Grundrechtrelevanz	298
	3. Prognoseentscheidungen	302
	4. Örtlicher Geltungsbereich und zeitliche Wirkung der Norm	314
	5. Verhältnismäßigkeit, Gleichheit und Bestimmtheit	318
IV.	Verordnungsermessen	322
	1. Besonderheiten des Kapazitätsrechts	322
	2. Konkretisierende Verordnungen	325
	3. Kontrolle von Verordnungen mit Maßnahmencharakter	326
	4. Die Kontrolldichte bei den Coronaverordnungen	327
V.	Besondere Kontrollanforderungen an das Satzungsermessen	365
	1. Die Bedeutung der jeweiligen Ermächtigung	365
	2. Der Einfluss von Kollektiventscheidungen: Geringere Kontrolldichte durch demokratische Legitimation?	369
	3. Besondere Anforderungen an den Abwägungsvorgang?	371

4.	Die Besonderheiten im Kommunalabgabenrecht	373
5.	Zusammenfassung zur Kontrolldichte des Satzungsermessens	380
VI.	Die Kontrollanforderungen beim Planungsermessen	380
1.	Allgemeine Unterschiede zum sonstigen untergesetzlichen Normsetzungsermessen?	380
2.	Zwingende Planungsleitsätze	381
3.	Die Kontrolldichte bei Planzielvorgaben	382
4.	Fazit zur Kontrolldichte des Planungsermessens	385
H.	Das rechtliche Schicksal untergesetzlicher Normen	387
I.	Rechtliche Konsequenzen rechtswidriger bzw. überholter Normen	387
1.	Das Nichtigkeitsdogma bei Außenrechtssätzen und seine prinzipiellen Folgen	387
2.	Die Abkehr vom reinen Nichtigkeitsdogma durch das BVerfG	390
3.	Abweichung vom Nichtigkeitsdogma bei untergesetzlichen Normen	392
II.	Ausnahmen von der Unwirksamkeitserklärung in der Verwaltungsgerichtsbarkeit?	397
1.	Der Problemaufriss	398
2.	Lösungsmöglichkeiten	399
III.	Normerhaltung durch Auslegung	403
1.	Reichweite fachgerichtlicher Auslegungsbefugnisse	403
2.	Ermächtigungskonforme Auslegung	405
3.	Verfassungskonforme Auslegung	406
4.	Fazit zur Normerhaltung durch die ermächtigungskonforme und verfassungskonforme Auslegung	408

I. Abschließendes Fazit zum Phänomen des untergesetzlichen Normsetzungsermessens und der diesbezüglichen Coronarechtsprechung 409

 I. Erkenntnisse aus der Art und Weise der Rechtserzeugung 409

 II. Die Dichotomie im Rahmen des Verwaltungsermessens als Unterscheidungsmerkmal? 410

III.	Die Einordnung des untergesetzlichen Normsetzungsermessens	417
IV.	Die Übertragbarkeit der Ermessensfehlerlehre	421
V.	Die gerichtliche Kontrollperspektive	427
VI.	Die angepasste Kontrolldichte	433
VII.	Das rechtliche Schicksal untergesetzlicher Normen	438
J.	Das eigengeartete Phänomen zwischen Verwaltungsermessen und Gestaltungsfreiheit	445
Literaturverzeichnis		449

Abkürzungsverzeichnis

a.A.	andere Ansicht
Abl.	Ablehnung
Abs.	Absatz
a.E.	Am Ende
An.	Anordnung
Alt.	Alternative
Anm.	Anmerkung
AöR	Archiv des öffentlichen Rechts
Art.	Artikel
BAG	Bundesarbeitsgericht
BauGB	Baugesetzbuch
BayBO	Bayerische Bauordnung
BayIfSMV	Bayerische Infektionsschutzmaßnahmenverordnung
BayMBl.	Bayerisches Ministerialblatt
BayVBl.	Bayerische Verwaltungsblätter
BayVGH	Bayerischer Verwaltungsgerichtshof
BBauG	Bundesbaugesetz
BeckRS	Beck-Rechtsprechung
Beschl.	Beschluss
BSeuchG	Bundesseuchengesetz
BT-Drs.	Bundesdrucksachen
BWGZ	Baden-Württembergische Gemeindezeitung
BGBl.	Bundesgesetzblatt
BGH	Bundesgerichtshof
BayVerfGH	Bayerischer Verfassungsgerichtshof
BayVerfGHE	Bayerische Verfassungsgerichtshofentscheidung
BVerfG	Bundesverfassungsgericht
BVerfGE	Bundesverfassungsgerichtsentscheidung
BVerwG	Bundesverwaltungsgericht
BVerwGE	Bundesverwaltungsgerichtsentscheidung
bzgl.	bezüglich
bzw.	beziehungsweise
CDU	Christlich Demokratische Union

CoronaVO	Bayerische Verordnung über eine vorläufige Ausgangsbeschränkung
Covid-19	coronavirus disease 2019
CSU	Christlich-Soziale Union
ders.	derselbe
d.h.	das heißt
DÖV	Die öffentliche Verwaltung
Drs.	Drucksache
DStJG	Deutsche Steuerjuristische Gesellschaft
DVBl.	Deutsches Verwaltungsblatt
DWW	Deutsche Wohnwirtschaft
ebd.	ebenda
einst.	einstweilige
EU	Europäische Union
f.	folgende
ff.	fortfolgende
Fn.	Fußnote
gem.	gemäß
GesR	Gesundheitsrecht
GewArch	Gewerbearchiv
GG	Grundgesetz
GO	Gemeindeordnung
GSZ	Zeitschrift für das Gesamte Sicherheitsrecht
GVBl.	Gesetz- und Verordnungsblatt
h.M.	herrschende Meinung
Hs.	Halbsatz
HwO	Handwerksordnung
i.d.F.	in der Fassung
IfSG	Infektionsschutzgesetz
insb.	insbesondere
i.S.d.	im Sinne des
i.V.m.	in Verbindung mit
JA	Juristische Arbeitsblätter
JöR	Jahrbuch des öffentlichen Rechts
JuS	Juristische Schulung
JZ	Juristen Zeitung
lit.	Litera

m.	mit	
MNB	Mund-Nasen-Bedeckung	
m.w.N.	mit weiteren Nachweisen	
NJOZ	Neue Juristische Online-Zeitschrift	
NJW	Neue Juristische Woche	
Nr.	Nummer	
NuR	Natur und Recht	
NVwZ	Neue Zeitschrift für Verwaltungsrecht	
NVwZ-RR	NVwZ-Rechtsprechungs-Report Verwaltungsrecht	
NWVBl.	Nordrhein-Westfälische Verwaltungsblätter	
OVG	Oberverwaltungsgericht	
PAG	Polizeiaufgabengesetz	
PCR	Polymerase-Kettenreaktion	
POC	Point-of-Care-Testing (patientennahe Labordiagnostik)	
POG	Polizeiorganisationsgesetz	
Rn.	Randnummer	
S.	Seite	
sog.	sogenannt	
st.Rspr.	ständige Rechtsprechung	
u.a.	unter anderem	
UPR	Umwelt- und Planungsrecht	
Urt.	Urteil	
v.	vom/von	
Var.	Variante	
VBlBW.	Verwaltungsblätter für Baden-Württemberg	
VerwArch	Verwaltungsarchiv	
VG	Verwaltungsgericht	
VGH	Verwaltungsgerichtshof	
vgl.	vergleiche	
Vor.	Vorbemerkung	
VVDStRL	Vereinigung der Deutschen Staatsrechtslehrer	
VwGO	Verwaltungsgerichtsordnung	
VwVfG	Verwaltungsverfahrensgesetz	
z.B.	zum Beispiel	
ZfU	Zeitschrift für Umweltrecht und Umweltpolitik	
ZRP	Zeitschrift für Rechtspolitik	

Vorwort und Danksagung

"Erfolg ist die Summe vieler kleiner Anstrengungen, die tagein, tagaus wiederholt werden."
Robert Collier

Bevor die Arbeit in ihren juristischen Untiefen abtaucht, gilt es einige persönliche Worte zu verlieren: Viele Dissertationen entstehen aus einem lang gehegten Wunsch, die juristische Ausbildung mit ihr abzuschließen. Ich kann nicht behaupten, dass die vorliegende Arbeit von einem solchen Wunsch getragen war. Ihre Existenz verdankt sie vielmehr zum einem meinem Interesse an ihrem Thema, welches sich am Ende meiner Referendarzeit regte. Die Problematik exekutiver Norm- und Rechtsetzung – gerade in Verbindung mit den Coronaverordnungen – beinhaltet das, was mich an der Jurisprudenz immer fasziniert hat: Das pralle gesellschaftliche Leben und den Versuch, es durch Normierung möglichst gerecht auszugestalten.

Neben meinem besonderen Interesse für das Thema verdanke ich die Möglichkeit zur Verfassung meiner Dissertation zum anderen meinem Doktorvater Herrn Bundesverfassungsrichter Prof. Dr. Heinrich Amadeus Wolff. Ohne sein damaliges Angebot, während meiner Referendarzeit an seinem Lehrstuhl in Bayreuth tätig zu werden, hätte sich mein Weg wohl weder mit der Wissenschaft gekreuzt noch hätte ich die vorliegende Arbeit tatsächlich in Angriff genommen. Ihm gebührt für die wunderbare Zeit am Lehrstuhl, für seine Unterstützung und für die Zeit, die ich meiner Dissertation widmen konnte, mein uneingeschränkter Dank. An dieser Stelle auch nochmals meine herzlichsten Glückwünsche zur Würde des Amtes des Bundesverfassungsrichters. Das Universum hat hier alles in die richtigen Bahnen gelenkt. Unser Land braucht Menschen mit Verstand und gleichzeitig einem Herzen am rechten Fleck. Herzlich möchte ich mich auch bei Prof. Dr. Markus Möstl bedanken für die sehr zügige Erstellung des Zweitgutachtens.

Meine Zeit am Lehrstuhl wurde außerdem durch das gesamte Lehrstuhlteam und die gute Fee des Lehrstuhls – Frau Bianca Kellner – bereichert, die die Lehrstuhlorganisation stets im Griff hat und gleichzeitig immer ein offenes Ohr für mich hatte. Die Arbeit hätte ich zudem nicht in diesem Tempo und rechtzeitig vor meinem Berufsantritt bei der Justiz fertigstellen können, wenn ich nicht die Unterstützung meines Kollegen und Freundes Matthias Dörr erhalten hätte. Für die Zeit und Mühen, die er in die Korrektur gesteckt hat, kann ich ihm gar nicht genug danken.

Danken möchte ich zudem meiner Familie und meinen engsten Freundinnen Theresa Wünsch und Lisa Weck. Sie unterstützen mich stets bei allen meinen Lebensentscheidungen und ohne sie stünde ich – beruflich wie privat – nicht dort, wo ich heute stehe. Last but not least gebührt mein besonderer Dank dem Mann an meiner Seite - Philipp Hauck. Er hat mich beruflich durch die Höhen und Tiefen der juristischen Ausbildung begleitet und ist in persönlichen Angelegenheiten mein Fels in der Brandung.

Bayreuth, 7.10.2022

A. Untergesetzliche Normgebung – ein Phänomen zwischen Verwaltungsermessen und legislativer Gestaltungsfreiheit?

Sowohl das herkömmlich als Verwaltungsermessen[1] bezeichnete Ermessen der Verwaltung beim Erlass von Einzelakten als auch das untergesetzliche Normsetzungsermessen der Exekutive stellen viel beackerte Felder dar.[2] Das Verwaltungsermessen, seine Fehlertypologie und die Kontrollfähigkeit sind dabei nach jahrzehntelanger Diskussion einer recht einheitlichen Betrachtung zugeführt worden.[3] Das untergesetzliche Normsetzungsermessen dagegen ist weit davon entfernt, eine ähnlich konsensfähige Kategorisierung der Ermessensfehler erfahren zu haben oder in seiner Justitiabilität bestimmten Grundsätzen unterworfen zu werden.[4] Diese Defizite[5] spiegelten sich eindrücklich in den zahlreichen (Eil-) Entscheidungen in Bezug auf landesrechtliche Rechtsverordnungen während der Coronapandemie wieder, womit die Justitiabilität der untergesetzlichen Normsetzung und das Bedürfnis nach einer systematischen Betrachtung an Aktualität gewinnt.

Die Defizite entstehen zum einen aufgrund der fehlenden grundlegenden bzw. einheitlichen gesetzlichen Regelung im Hinblick auf Art und Umfang der Justitiabilität des untergesetzlichen Ermessens.[6] Zum anderen haben auch die Bestrebungen in der Lehre bisweilen zu keiner einheitlichen Systematik zu dieser Form der Letztentscheidungskompetenz der Exekutive geführt.[7] Möchte man Vermutungen über die Ursache hierfür anstellen, so geht die Verunsicherung hinsichtlich des exekutiven Normsetzungsermessens von einem Gedanken aus, der sich im Grunde als naheliegender Lösungsansatz darstellen könnte: Da die Exekutive durch die Normsetzung abstrakt-generelles und dazu objektives Recht im Sinne von Art. 20

---

[1] *Schoch*, Jura 2004, S. 462; *Schmidt-Aßmann* in Dürig/Herzog/Scholz, GG, Art. 19 Abs. 4 Rn. 189.
[2] *Menger*, DVBl. 1965, S. 662; vgl. auch nur *v. Bogdandy*, Gubernative Rechtsetzung, passim; *Bonde*, Das verwaltungsrechtliche Ermessen, passim; *v. Danwitz*, Die Gestaltungsfreiheit des Verordnungsgebers, passim; *Herdegen*, AöR 114 (1989), S. 607 ff.
[3] Zur historischen Entwicklung: *Bullinger*, JZ 1984, S. 1001 ff.; vgl. auch *Schmidt-Aßmann* in Dürig/Herzog/Scholz, GG, Art. 19 Abs. 4 Rn. 189 f.; kritischer: *Riese* in Schoch/Schneider, VwGO, § 114 Rn. 14 f.
[4] Vgl. auch *Herdegen*, AöR 114 (1989), S. 608; *Ossenbühl* in Recht als Prozess und Gefüge, Festschrift für Hans Huber, S. 285; *ders.*, NJW 1986, S. 2805; *Schmidt-Aßmann* in Ständige Deputation II, 58. Deutscher Juristentag. S. N 9.
[5] *Gärditz/Abdusalam*, GSZ 2020, S. 108 ff.; *Schmitz/Neubert*, NVwZ 2020, S. 666 ff.
[6] *Schmidt-Aßmann* in Dürig/Herzog/Scholz, GG, Art. 19 Abs. 4 Rn. 217 ff.
[7] So auch *Schmidt-Aßmann* in Ständige Deputation II, 58. Deutscher Juristentag, S. N 9.

Abs. 3 GG generiert,[8] werden zuweilen Parallelen zur Gestaltungsfreiheit des Gesetzgebers befürwortet.[9] Mitunter wird postuliert, der Verordnungsgeber habe „dieselbe Prärogative wie der formelle Gesetzgeber", solange er nicht höherrangiges Recht überschreite.[10] Es scheint schon fraglich, ob diese These in Bezug auf das gesamte Verordnungsrecht überhaupt haltbar ist: Trotz der einheitlichen Rechtsform ist das Verordnungsrecht geprägt von den unterschiedlichsten Ermächtigungsgrundlagen in diversen Regelungs- und Sachbereichen.[11] Möchte man noch einen weiteren Schritt wagen und die Gleichsetzung mit dem Gesetzgeber auf das Satzungsrecht übertragen, so würde man endgültig die Komplexität und Vielschichtigkeit untergesetzlicher Normsetzungsformen außer Acht lassen und die Grenzen einer praktikablen Vereinfachung überschreiten. Letzteres lässt sich ebenso gegen die vollständige Gleichbehandlung von untergesetzlichem Normsetzungs- und dem Verwaltungsermessen anführen. Gegen eine solche Gleichbehandlung wandte sich auch die Rechtsprechung,[12] nachdem sie dies zunächst dahinstehen ließ.[13]

Einen Versuch die Besonderheiten exekutiver Normsetzung zu berücksichtigen, ohne jedoch konkrete Maßstäbe für das Verständnis der untergesetzlichen Normsetzung oder einer gerichtlichen Kontrolle zu liefern, unternehmen die Stimmen, die das untergesetzliche Rechtsetzungsermessen als „eigengeartetes"[14] Phänomen zwischen Verwaltungsermessen und dem gesetzgeberischen Gestaltungsspielraum verorten.[15] Dies ist sicher eine sehr verkürzte und vage Sicht der Dinge, hält diese Erkenntnis doch für die gerichtliche Praxis wenig Aussagekräftiges bereit. Gleichwohl kann sie als Versuch gewertet werden, dem schwer fassbaren untergesetzlichen Normsetzungsermessen anhand der bereits besser durchdrungenen Ermessensformen des gesetzlich allgemein geregelten Einzelaktermessens[16]

---

[8] *Roellecke*, VVDStRL 34 (1976), S. 7, 9 f., 29 ff.; *Starck*, VVDStRL 34 (1976), S. 43, 48 f.
[9] BVerfGE 69, 150 (160); HessStGH, ESVGH 29, 210 (212).
[10] VGH Mannheim, NVwZ 1983, S. 369.
[11] Vgl. *Jacob/Lau*, NVwZ 2015, S. 241.
[12] BVerfG, Beschl. v. 1.4.2014 – 2 BvF 1/12, 2 BvF 3/12, NVwZ 2014, S. 1224 Rn. 92 mit Verweis auf *Ossenbühl* in Isensee/Kirchhof V, § 103 Rn. 41; BayVGH, Beschl. v. 4.10.2021 – 20 N 20.767, juris Rn. 64.
[13] Vgl. BVerwG, NVwZ-RR 1988, S. 41.
[14] *Ossenbühl* in Isensee/Kirchhof V, § 103 Rn. 41; vgl. auch *Brenner* in v. Mangoldt/Klein/Starck, GG, Art. 80 Rn. 72; *v. Danwitz*, Gestaltungsfreiheit des Verordnungsgebers, S. 177; kritisch hierzu: *Sachs*, AöR 117 (1992), S. 135; die Eigenart anzweifelnd: *Panzer* in Schoch/Schneider, VwGO, Vor. § 47 Rn. 5.
[15] So *Birk*, JuS 1978, S. 169; *Brenner* in v. Mangoldt/Klein/Starck, GG, Art. 80 Rn. 72; *Herdegen*, AöR 114 (1989), S. 609; vgl. auch *Bettermann*, Über die Rechtswidrigkeit von Staatsakten, S. 50.
[16] Kritisch zum Vergleich: *Ossenbühl* in Recht als Prozess und Gefüge, Festschrift für Hans Huber, S. 287.

bzw. der Gestaltungsfreiheit des Gesetzgebers eine erste Lokalisierung zu verleihen. Diese Aussage als Anhaltspunkt verstehend bietet es sich an, nach Anleihen zu fragen, die sich für das begriffliche Verständnis und die gerichtliche Kontrolle des untergesetzlichen Normsetzungsermessens fruchtbar machen lassen.[17]

Zuvorderst stellt sich bei einem derartigen Vergleich aller drei Erscheinungsformen die Frage, ob sich wesentliche Unterschiede bei der Art und Weise der Rechtserzeugung ergeben (B.). Daher soll zunächst untersucht werden, ob die normgebende Exekutive eine wesentlich andere Funktion wahrnimmt, als wenn sie Einzelfälle im Rahmen ihres Verwaltungsermessens regelt. Die Begriffspaare der Rechtsanwendung und der Rechtsetzung spielen hierbei eine entscheidende Rolle. Hierdurch lassen sich erste Indizien sammeln, ob die vom BVerfG behauptete strukturelle Unterscheidung zwischen Normsetzungs- und Verwaltungsermessen Zustimmung verdient.[18]

An diese Betrachtung soll sich die Untersuchung des Ermessensbegriffs anschließen. Diese bietet aus der Perspektive der Normstruktur von Ermächtigungsgrundlagen einerseits und der Ermessensausübung andererseits weitere Anhaltspunkte für mögliche Gemeinsamkeiten von Verwaltungs- (C.) und Normsetzungsermessen (D.). An dieser Stelle wird auch die Frage aufgeworfen, inwiefern sich die Gestaltungsfreiheit der Legislative strukturell mit der Normsetzung vergleichen lässt. Anknüpfend an diese grundlegenden Erkenntnisse zum Ermessensbegriff stellt sich die zentrale Frage der Übertragbarkeit der Ermessensfehlerlehre (E.). Wurden die Erkenntnisse hierzu zusammengetragen, schließt sich die gerichtliche Kontrollfähigkeit untergesetzlicher Normen an (F.). Der Umstand, dass sich eine systematische Prüfung der untergesetzlichen Normgebung bislang nicht etabliert hat, wird dabei als Grund herangezogen, die einzelnen Prüfungsschritte und auftretenden Probleme zu untersuchen und Lösungsansätze zu bieten.

Der Einbezug der Verordnungen zur Eindämmung der Coronapandemie bietet sich zur Veranschaulichung der gerichtlichen Kontrolle aus zwei Gründen an: Bei den Schutzmaßnahmen gegen die Weiterverbreitung des Covid-19-Virus handelte es sich erstens nicht nur um die wohl intensivsten und längsten Grundrechtseingriffe in der Geschichte der Bundesrepublik,[19] sondern in ihnen lassen sich die ganz überwiegenden Probleme wiederfinden, mit welchen sich die Judikative bei der Kontrolle untergesetzlicher Normen konfrontiert sieht. Exemplarisch werden im

---

[17] Vgl. *Voßkuhle,* JuS 2008, S. 117; *Weitzel,* Rechtsetzungsermessen, S. 99.
[18] BVerfG, Beschl. v. 1.4.2014 – 2 BvF 1/12, 2 BvF 3/12, NVwZ 2014, S. 1219 Rn. 92 mit Verweis auf *Ossenbühl* in Isensee/Kirchhof V, § 103 Rn. 41; BayVGH, Beschl. v. 4.10.2021 – 20 N 20.767, juris Rn. 64.
[19] *Edenhart,* JöR 69 (2021), S. 555 f.; *Klafki,* JöR 69 (2021), S. 583 f.

Rahmen der Untersuchung insbesondere die Infektionsschutzmaßnahmenverordnungen des Freistaats Bayern herangezogen.[20] Die Coronaverordnungen der übrigen Bundesländer und die dazugehörige Rechtsprechung flankieren diese.

Als Teilbereich der gerichtlichen Kontrolle soll der gerichtlichen Kontrolldichte sodann ein eigenes Kapitel gewidmet werden (G.). Zur Veranschaulichung der Faktoren, die auf die Kontrolldichte einwirken, bieten sich die BayIfSMV ebenfalls trefflich an. An die gerichtliche Kontrolle und die mögliche Identifikation einer Verletzung des Normsetzungsermessens schließt sich die Folge für die Wirksamkeit der Norm an, womit die Arbeit zugleich ihren Abschluss finden will (H.). Auf der Basis dieser Ergebnisse lässt sich die Frage klären, ob das untergesetzliche Normsetzungsermessen tatsächlich eher dem Verwaltungsermessen oder der Gestaltungsfreiheit des Gesetzgebers zugeordnet werden kann oder ob bzw. inwiefern man bei der These des Phänomens zwischen beiden Handlungsformen verweilen sollte (I.).

---

[20] Im Folgenden: BayIfSMV.

B. Das Verständnis von exekutiver Rechtsetzung

Für eine Unterscheidung zwischen dem Erlass von Einzelakten und der Normsetzung wird häufig das Argument vorgetragen, beim Verwaltungsermessen handle es sich um Rechtsanwendung, während die Normsetzung dem Bereich der Rechtsetzung zuzuordnen sei.[21] Stellte sich heraus, dass beide Formen exekutiven Handelns auf dieser funktionalen Ebene Gemeinsamkeiten aufweisen, wäre dies ein erstes Indiz für eine qualitative Annäherung beider Ermessensarten.

I. Die Exekutive als Akteur

Beim Akteur beider Handlungsarten handelt es sich um die Exekutive als staatliche Gewalt neben der gesetzgebenden und der rechtsprechenden (Art. 20 Abs. 2 S. 2 Var. 2, Art. 1 Abs. 3 GG). Unabhängig davon, ob sie als Normgeber auftritt oder Einzelakte erlässt, ist sie ebenso wie die Judikative an Gesetz und Recht gebunden (Art. 20 Abs. 3 GG).[22] Hierdurch wird von Verfassungs wegen garantiert, dass sich der demokratische, von den Repräsentanten des Volkes gebildete Wille beim Gesetzesvollzug durchsetzt.[23] Sichergestellt wird dies durch zwei sich ergänzende Maximen in Form des Vorbehalts des Gesetzes und des Vorrangs des Gesetzes.[24] Gesetzesbindung bedeutet gleichwohl nicht gleich Gesetzesbindung: Sie kann je nach Regelungsdichte und Struktur variieren.[25] Die Funktion des Gesetzes ist dabei unterschiedlich. Es tritt der Exekutive als Schranke beim Tätigwerden entgegen, erteilt ihr einen Auftrag zur Verfolgung eines bestimmten öffentlichen Interesses oder will sie ermächtigen, in den Rechtskreis der Bürger einzugreifen.[26] Gerade die letzten beiden Funktionen machen deutlich: Der Exekutive werden Eigenrechte[27] zugewiesen und sie nimmt eigene Funktionen wahr,[28] die über einen

---

[21] Vgl. *Schoch* in ders./Schneider, Einleitung, Rn. 24 ff.
[22] *Huster/Rux* in Epping/Hillgruber, BeckOK GG, Art. 20 Rn. 164; vgl. auch BVerfGE 34, 269 (286 f.), NJW 1973, S. 1221.
[23] *Bäcker*, Gerechtigkeit im Rechtsstaat, S. 134; grundlegend v.a.: *Merkl*, Demokratie und Verwaltung, passim; *Kelsen*, Allgemeine Staatslehre, S. 361 ff.; *Lepsius*, Steuerungsdiskussion, S. 10 ff., 21 ff.; vgl. auch *Huster/Rux* in Epping/Hillgruber, BeckOK GG, Art. 20 Rn. 169.
[24] Vgl. *Ossenbühl* in Isensee/Kirchhof V, § 101 Rn. 1, der den Vorrang des Gesetzes als „Herrschaft des Gesetzes" bezeichnet und den Gesetzesvorbehalt zutreffend als Zentralfrage der Gewaltenteilung erfasst (Rn. 11); *Antoni* in Hömig/Wolff, Art. 20 Rn. 15; zum Gesetzesvorbehalt: BVerfGE 85, 403 f.; 95, 307 f.; 98, 251 f.
[25] *Jestaedt* in Erichsen/Ehlers, Allgemeines Verwaltungsrecht, S. 334.
[26] Richtungsweisend: *Scheuner*, DÖV 1969, 585 ff.; *Jestaedt* in Erichsen/Ehlers, Allgemeines Verwaltungsrecht, S. 334.
[27] *Kelsen*, Hauptprobleme der Staatsrechtslehre, S. 504-514.

bloßen Gesetzesvollzug hinausgehen. Wird sie als normsetzende Gewalt tätig, ist dies gemeinhin anerkannt.[29] Wirkt sie aber durch die Setzung von Einzelakten, stößt dies auf geringere Zustimmung.[30] Beizupflichten ist dieser Kritik jedenfalls insoweit, als dass es sich bei Einzelakten nicht um objektives Recht im engeren Sinne des Art. 20 Abs. 3 GG handelt.[31] Einzelakte vermögen daher – schon aufgrund ihrer fehlenden abstrakt-generellen Wirkung – keine allgemeinen Maßstäbe zu bilden, an denen sich Gerichte zu orientieren haben.[32] Gleichwohl wohnt auch ihnen ein Gestaltungsmoment[33] inne; auch die Verwaltung ist in dieser Funktion daher nicht nur gesetzesvollziehend im Sinne einer reinen Rechtsanwendung tätig, sondern auch rechtsetzend (im weiteren Sinne).

Diese Erkenntnis geht aus der folgenden Prämisse hervor: Gesetzesvollzug beschränkt sich nicht auf die rein subsumtionspositivistische[34] Rechtsanwendung. Gerade bei einer Ermächtigung der Exekutive zeigt sich, dass sich die Verwaltung auch bei Einzelfallentscheidungen nicht auf die Rechtsanwendung beschränkt. Schließlich muss es einerseits als widerlegt angesehen werden, dass jeder Einzelfall allein auf der Basis eines deduktiven Schlusses aus dem Gesetz ableitbar ist.[35] Andererseits ist es gerade Sinn und Zweck einer Ermächtigung autonome Komponenten in die Entscheidung einfließen zu lassen. Denn dort, wo die Steuerungsfähigkeit des formellen Gesetzes endet, öffnet es sich durch die Einräumung von Ermessen zum Ausgleich von Interessenskonflikten auf Ebene des Gesetzesvollzugs.[36] Um dieser Aufgabe gerecht zu werden, muss die Verwaltung über den rein rechtsanwendenden Gesetzesvollzug hinausgehen. Sie muss eigene Maßstäbe bilden und nach diesen ihr Handeln ausrichten unter Beachtung der höherrangigen Regelungen. Kurzum: Sie wird rechtsetzend tätig.

---

[28] *Dreier*, Hierarchische Verwaltung, S. 174 ff.; vgl. auch schon als Grundlage der deutschen Diskussion: *Peters*, Verwaltung als eigenständige Staatsgewalt, passim.
[29] Vgl. *Schoch* in ders./Schneider, Einleitung, Rn. 24 ff.; andere Tendenz bei *Linder* in ders./Möstl/Wolff, Verfassung des Freistaates Bayern, Art. 118 Rn. 98.
[30] Vgl. *Schoch* in ders./Schneider, Einleitung, Rn. 24 ff.
[31] *Grzeszick* in Dürig/Herzog/Scholz, GG, Art. 19 Abs. 4 Rn. 60 ff.
[32] *Herdegen*, AöR 114 (1989), S. 614, der administrative Rechtsetzung daher nur bei untergesetzlichen Normen annimmt.
[33] Dies billigt auch *Herdegen*, AöR 114 (1989), S. 614 ihnen zu.
[34] *Jestaedt* in Erichsen/Ehlers, Allgemeines Verwaltungsrecht, S. 334; so auch selbst für die Rechtsprechung: *ders.*, Reine Rechtslehre, S. 89.
[35] *Schmidt-Aßmann* in Dürig/Herzog/Scholz, Art. 19 Abs. 4 Rn. 182.
[36] So *Schoch* in Isensee/Kirchhof III, § 37 Rn. 11 ff.

II. Der Stufenbau des deutschen Rechtssystems

Besser verstanden wird die Funktion der Exekutive daher, wenn man sie sowohl bei der Normsetzung als auch beim Erlass von Einzelakten nicht als rein rechtsanwendende Gewalt versteht, sondern sich den stufenweisen und arbeitsteiligen Prozess[37] der Rechtserzeugung vor Augen führt. Auf der obersten Stufe steht – möchte man auf nationaler Ebene verweilen – die Verfassung.[38] Sie gibt einen unverbrüchlichen Rahmen für die zweite Stufe der parlamentarischen Gesetzgebung und exekutiver Rechtsetzung vor.[39] Auf den weiteren Stufen folgen die abstrakt-generellen Normen in Form von Rechtsverordnung und Satzungen, welche weitere Vorgaben für die Rechtserzeugung im Einzelfall bereithalten.[40] Auf jeder Stufe wird in gewissem Umfang Recht angewandt und Recht gesetzt, die Betrachtung ist rein perspektivisch zu verstehen:[41] Der parlamentarische Gesetzgeber wendet Verfassungsrecht an und wird gleichzeitig rechtserzeugend tätig, indem er seinem Gestaltungsauftrag durch die Setzung parlamentarischer Gesetze gerecht wird.[42] Der untergesetzliche Normgeber erzeugt ebenso Recht für die niedrigere Ebene der Einzelakte, wendet allerdings aus der Perspektive der parlamentarischen Gesetze sowie der Verfassung diese gleichsam an. Auch die Ebene der Einzelakte entzieht sich nicht dieser zweiteiligen Betrachtung. Bei dieser kommt es ebenfalls lediglich auf die eingenommene Perspektive an. Aus Sicht der höheren Stufen, werden die objektiven Rechtssätze angewandt. Aus Sicht des Adressaten des Einzelaktes hat durch den Erlass des Einzelaktes eine weitere konkretisierende Rechterzeugung stattgefunden.[43] Treffend erfasst man daher das Handeln der Exekutive als Rechtserzeugung, wenn man sie als zwischen zwei Polen in Form von völliger Freiheit und strenger Gebundenheit stehend betrachtet, ohne dass beide

---

[37] Zum „Stufenaufbau" der Rechtsordnung: *Merkl* in Mayer-Maly/Schambeck/Grussmann, Gesammelte Schriften I/1, 437 ff.; *Groß*, Der Staat 55 (2016), S. 503 spricht vom „asymmetrischen Modell der gestuften Rechtskonkretisierung"; vgl. auch *Schmidt*, Jura 9 (2020), S. 896 ff.
[38] *Schmidt*, Jura 9 (2020), S. 896.
[39] *Huster/Rux* in Epping/Hillgruber, BeckOK GG, Art. 20 Rn. 165; *Sachs* in ders., GG, Art. 20 Rn. 95: „Vorrang der Verfassung"; vgl. hierzu auch *Ossenbühl* in Isensee/Kirchhof V, § 101 Rn. 2: „Spitzenstellung".
[40] *Schmidt*, Jura 9 (2020), S. 896.
[41] Zur Janusköpfigkeit der Rechtsindividualisierung: *Merkl* in Mayer-Maly/Schambeck/Grussmann, Gesammelte Schriften I/1, S. 227 ff.; vgl. auch *Jestaedt*, Reine Rechtslehre, XXXVIII. Einführung; hierzu auch *Lippold*, Recht und Ordnung, S. 369 ff.
[42] *Sachs* in ders., GG, Art. 20 Rn. 35 u. 79 ff.; speziell zum Gestaltungsauftrag bei Staatszielbestimmungen: *Scholz* in Dürig/Herzog/Scholz, GG, Art. 20a Rn. 46.
[43] Ähnlich beschreibt diesen Vorgang auch *Jestaedt* in Erichsen/Ehlers, Allgemeines Verwaltungsrecht, S. 335.

Extreme jemals voll verwirklicht werden können.[44] Die Rechtserzeugung findet dabei in individualisierender oder generalisierender Art und Weise statt.[45]

1. Die frei gestaltende Verwaltung: Ein Irrglaube

Der Gedanke der zwei Pole ist zu betonen. Er führt zur Eradikation zweier Ansichten: Erstens entzieht die fehlende Zuordenbarkeit der Exekutive zu einer völlig freien bzw. einer streng gebundenen Gewalt dem Verständnis einer denkbaren völlig „frei gestaltenden" Verwaltung die Grundlage.[46] Vielmehr ist dieser beschworene Bereich der „freien Gestaltung" als Teil des Verwaltungsermessens aufzufassen.[47] Die behaupteten Unterschiede sind gradueller Natur[48] und rechtfertigen keine Abspaltung einer frei gestaltenden Verwaltung. Denn außer eines mehr oder weniger großen Entscheidungsspielraums unterscheiden sich beide Begriffe bei näherer Betrachtung nicht voneinander. Ein buchstäbliches „Schalten und Walten" der Verwaltung in einer Art rechtsfreiem Raum ist auf der Grundlage des Stufenbaus nicht denkbar,[49] weil jedenfalls das Grundgesetz durch das Übermaßverbot bzw. den Gleichheitssatz Grenzen setzt, selbst im Rahmen der Leistungsverwaltung.[50] Diese Prämisse setzt aber die Lehre vom Bereich der freien Gestaltung voraus, um sich im Ergebnis vom Verwaltungsermessen zu differenzieren. Eine dem Gestaltungsspielraum des Gesetzgebers entsprechende Freiheit ist daher beim Verwaltungsermessen nicht denkbar.[51]

2. Reduzierung auf die Rechtsanwendung

Der Pendelausschlag geht – zweitens – auf der anderen Seite ebenso wenig so weit, dass die Verwaltung bei der Ausübung ihres Einzelaktermessens als rein rechtsanwendende Gewalt missverstanden werden darf. Was die Ebenen des Stufenbaus nämlich freilich voneinander unterscheidet und was dazu verleitet, gera-

---

[44] So *H.J. Wolff* in ders./Bachof, Verwaltungsrecht I, 1. Auflage 1956, S. 114 und auch *Klein*, AöR 82 (1957), S. 90.
[45] *Groß*, Der Staat 55 (2016), S. 506.
[46] So aber: *Ossenbühl*, Verwaltungsvorschriften und Grundgesetz, S. 315; *Rieger*, Ermessen und innerdienstliche Weisung, S. 19 ff.; *Stern*, Ermessen, S. 14; vgl. auch *Stern*, Staatsrecht II, S. 761 u. 767.
[47] Im Ergebnis auch *Bachof*, JZ 1972, S. 643; *Bullinger*, JZ 1984, S. 1004; *Nagel*, Die Rechtskonkretisierungsbefugnis der Exekutive, S. 176; *Soell*, Das Ermessen der Eingriffsverwaltung, S. 64; *Püttner*, Allgemeines Verwaltungsrecht, S. 58; *Sachs* in Stelkens/Bonk/Sachs, VwVfG, § 40 Rn. 21.
[48] *Bachof*, JZ 1972, S. 642; vgl. zur problematischen Abgrenzung: BVerwGE 101, 64 (69 f.).
[49] Vgl. *Tettinger*, DVBl. 1982, S. 421.
[50] BVerfG 8, 155 (167 f.); BVerfG, DVBl. 1988, S. 952; a.A. *Geis* in Schoch/Schneider, VwVfG, § 40 Rn. 4.
[51] Vgl. *Ossenbühl*, Verwaltungsvorschriften und Grundgesetz, S. 315; *Stern*, Ermessen, S. 23.

de auf den unteren Ebenen von einem rein rechtsanwendenden Gesetzesvollzug zu sprechen, ist der Umfang und die Dichte der höherrangigen Regelungen, welche die weitere Konkretisierung steuern.[52] So nimmt die Fremdprogrammierung durch höherrangiges Recht als logische Konsequenz des Stufenaufbaus von oben nach unten betrachtet zu, weil der Umfang der zu beachtenden Regelungen anwächst: Bei seinem Gestaltungsauftrag wird der parlamentarische Gesetzgeber daher nur durch die Verfassung gebunden, während der untergesetzliche Normgeber neben der Verfassung die Gesetze zu achten hat.[53] Die stärkere Fremdprogrammierung der unteren Stufen lässt sich dabei nicht nur mit dem schieren Umfang an zu beachtenden Regelungen erklären, sondern auch mit der größeren Dichte an Normen, die die Normsetzung und den Erlass von Einzelakten aufgrund des Vorbehalts des Gesetzes steuern *müssen* (Art. 20 Abs. 3 GG).[54]

3. Der Einfluss des Grundsatzes der Gewaltenteilung

Eine so verstandene administrative Rechtsetzung verletzt auch nicht den Grundsatz der Gewaltenteilung. Mit dem Prinzip der Gewaltenteilung[55] verankert die Verfassung – in Anknüpfung an das staatstheoretische Modell – ein zentrales Element der Rechtsstaatlichkeit (Art. 1 Abs. 3 GG, Art. 20 Abs. 2, 3 GG, Art. 79 Abs. 3 GG). Ziel des staatstheoretischen Modells, dessen Ursprünge in der Zeit der Antike liegen[56] und welches eine Renaissance in der Epoche der Aufklärung erfuhr, ist vor allem die Vermeidung von staatlicher Willkür bzw. hoheitlichem Machtmissbrauch zugunsten der individuellen Freiheit.[57] Gewaltenteilung bedeutet allerdings nicht, dass eine strenge organisatorische bzw. funktionale Trennung Voraussetzung für eine Einhaltung der rechtsstaatlichen Anforderungen aus Art. 20 Abs. 2 S. 2, Art. 1 Abs. 3 GG ist.[58] Eine derartig trennscharfe Abgrenzung und Unterscheidung ist gerade nicht notwendig, sondern wäre im Gegenteil sogar fernab der Realität und in

---

[52] *Jestaedt* in Erichsen/Ehlers, Allgemeines Verwaltungsrecht, S. 335.
[53] *Grzeszick* in Dürig/Herzog/Scholz, GG, Art. 20 Rn. 59 ff.; *Gusy*, JuS 1983, S. 189 ff.; *Sobota*, Das Prinzip Rechtsstaat, S. 104 ff.
[54] *Jestaedt*, Reine Rechtslehre, S. 84: „Das Recht regelt seine eigene Erzeugung [...]."; *Ossenbühl* in Isensee/Kirchhof V, § 101 Rn. 11 ff.; BVerfGE 98, 218 (251).
[55] Gegen einen allgemeinen Gewaltenteilungsgrundsatz: *Groß*, Der Staat 55 (2016), S. 489 ff: Die Probleme ließen sich danach „mit konkreten Verfassungsnormen lösen" (ebd. S. 513).
[56] *Reinhardt*, Konsistente Jurisdiktion, S. 7 ff.; *Hoffmann-Riem* in Hufen, Festschrift für Hans-Peter Schneider, S. 183 ff.
[57] *Sommermann* in v. Mangoldt/Klein/Starck, GG, Art. 20 Rn. 197; *H.-J. Vogel*, NJW 1996, S. 1505; das staatstheoretische Modell stellt dabei vor allem eine Abkehr von der konfliktanthropologisch geprägten Monopolisierung von Macht dar, vgl. *Hobbes*, Leviathan, S. 357 ff., 421 ff. u. insb. S. 433.
[58] So aber *Becker* in Brandt/Gollwitzer/Hentschel, Festschrift für Helmut Simon, S. 661 ff.

der heutigen Staatsorganisation nicht praktikabel[59] („das Prinzip der Gewaltenteilung [ist] nirgends rein verwirklicht").[60] Vielmehr verhindert die Gewaltenteilung die Machtkonzentration durch eine Verteilung von hoheitlichen Funktionen.[61] Dabei kommt es aber im deutschen System immer wieder zu einer Verzahnung[62] der Aufgabenwahrnehmung. Dies ist gerade kein Bruch mit dem Gewaltenteilungsgrundsatz, sondern verhindert die Monopolisierung einer bestimmten Aufgabe bei einer der drei Gewalten. Zum einen bezweckt er die politische Machtverteilung und die Kontrolle sowie Begrenzung der drei Gewalten, um die Staatsgewalt insgesamt zu mäßigen.[63] Zum anderen soll durch den Gewaltenteilungsgrundsatz im Sinne der Organadäquanz[64] eine Entscheidung möglichst von den Organen erreicht werden, die durch ihre Verfahrensweise, ihrer Organisation und Funktion zu einem sachgerechten Ergebnis gelangen.[65] Unter Zugrundelegung dieses Verständnisses der Gewaltenteilung kann man dem neutraleren Verständnis der amerikanischen Politikwissenschaften durchaus einiges abgewinnen, indem man vom institutionellen Verständnis der Judikative, Exekutive und Legislative abweicht und funktional auf die Rechtsetzungsfunktion (rule-making function), Rechtsanwendungsbefugnis (rule-application function) und die Rechtserkenntnisfunktion (rule-adjudication function) abstellt.[66]

Eine derartige funktionsfokussierte Betrachtung kann in dieser Absolutheit jedoch nicht auf das hiesige Rechtssystem übertragen werden. Mit der Rechtsprechung des BVerfG ist zu fordern, dass die Gewalten vor allem und jedenfalls in ihrem jeweiligen Kernbereich geschützt sind.[67] Nach dem Urteil zum hessischen Richterge-

---

[59] Vgl. auch *Montesquieu*, De l'esprit des lois, S. 430, der von einer „gewissen Gewaltenteilung" spricht; *Jacob/Lau,* NVwZ 2015, S. 242.
[60] Vgl. auch schon *Lange*, JZ 1968, S. 417 ff; BVerfGE 95, 1 (15).
[61] *Sachs* in ders., GG, Art. 20 Rn. 79 ff.; *H.-J. Vogel,* NJW 1996, S. 1505 ff.
[62] *Jacob/Lau,* NVwZ 2015, S. 242: „Gewalten*verschränkung*"; BVerfGE 3, 225 (247 f.), NJW 1954, 65; BVerfGE 7, 183 (188), NJW 1958, S. 97; BVerfGE 34, 52 (59), NJW 1973, S. 451.
[63] BVerfG, Beschl. v. 19.11.2021 – 1 BvR 781/21, juris Rn. 140 ff. zu § 28b Abs. 1 IfSG [Bundesnotbremse I].
[64] *Chatzinerantzis/Appel*, NJW 2019, S. 886 am Beispiel des Klimaschutzes.
[65] BVerfG, Beschl. v. 19.11.2021 – 1 BvR 781/21, juris Rn. 140 ff. zu § 28b Abs. 1 IfSG [Bundesnotbremse I].
[66] *Almond/Powell*, Comparative Politics, S. 128 ff, allerdings auch nur in der ersten Auflage 1966.
[67] BVerfGE 9, 268 (279 f.); 34, 52 (59); vgl. auch BVerfGE 124, 78 (120 ff.); 124, 161 (188 f.); 131, 152 (206); 137, 185 Rn. 124 ff.; 139, 321 Rn. 125 f.; BVerwGE 141, 122 Rn. 29; näheres auch: *Kuhl*, Der Kernbereich der Exekutive, 1993, S. 126 ff, S. 139 ff.; gegen die Kernbereichslehre sprechen sich aus: *Baer*, Der Staat 40 (2001), S. 526 ff.; *Horn*, AöR 127 (2002), S. 427, 437 ff. Recht zu geben ist der Kritik, wenn die Kernbereichslehre auf ein abstraktes Modell unabhängig von der

setz[68] aus dem Jahre 1972 vertrat das BVerfG die Ansicht, dass eine scharfe Trennung der Staatsgewalten nicht Sinn der Gewaltenteilung sei, allerdings müsse eine Verteilung der Gewichte zwischen den Gewalten dennoch bestehen bleiben. Insbesondere dürfe kein vom Grundgesetz nicht vorgesehenes Übergewicht einer Gewalt entstehen und die jeweilige Gewalt müsse im Kernbereich ihrer Entscheidungsbefugnisse unangetastet bleiben.[69] Diese Grenzen der funktionalen Betrachtung erkannten auch die Schöpfer der amerikanischen Verfassung, indem sie die Zulässigkeit einer Funktionsverteilung von einer nach wie vor bestehenden Differenzierbarkeit und Autonomie der Gewalten abhängig machten.[70] Werden diese begrenzenden Faktoren beachtet, stößt eine Verflechtung der Kompetenzen unterschiedlicher Organe bei der Funktionswahrnehmung, die sich durch diverse Formen personeller sowie sachlich-inhaltlicher Kontrolle und Zusammenarbeit auszeichnet,[71] auf keinen Widerspruch zum Gewaltenteilungsgrundsatz.[72]

III. Ergebnisse für die Einordnung des exekutiven Handelns

Akzeptiert man daher den herkömmlichen Stufenbau und eine Dreiteilung der Gewalten mit gewissen funktionalen Verflechtungen als Verfassungswirklichkeit des deutschen Grundgesetzes, so ergibt sich zusammen mit den Erkenntnissen zur Rechtsetzung folgendes Bild zum Handeln der Exekutive: Weder beschränkt sich der Erlass von Einzelakten alleine auf die Rechtsanwendung noch kann die untergesetzliche Normsetzung lediglich als Akt der Rechtsetzung beschrieben werden.[73] Die Rechtsetzungsbefugnis der Exekutive lässt sich aufteilen in die normative Rechtsetzungsmacht und den Erlass von Einzelakten. Das Mischungsverhältnis von Rechtsanwendung und Rechtserzeugung ist dabei freilich nicht auf jeder Stufe gleich und variiert selbst auf ein und derselben Stufe. Konkret lässt sich daher das Normsetzungsermessen auf der vorläufigen Basis der Erkenntnisse weder eher der

---

Verfassung reduziert wird. Bei einer Orientierung der Ausfüllung an der Verfassung, bestehen keine Bedenken gegen die Auffassung des BVerfG.
[68] BVerfGE 34, 52, 59; vgl. auch BVerfGE 9, 268, 279 f.; BVerfGE 139, 321, 362.
[69] BVerfGE 95, 1 (15); 139, 321 (362 Rn. 125); BVerfG, Beschl. v. 19.11.2021 – 1 BvR 781/21, juris Rn. 140 zu § 28b Abs. 1 IfSG [Bundesnotbremse I].
[70] *Hamilton*, The Federalist No. 66: „The true meaning of this maxim [...] has been shewn to be entirely compatible with a partial intermix-true of those departments for special purposes, perserving thin in the main distinct and unconnected."
[71] Im deutschen Staatsorganisationsrecht wird auch von „Verzahnung" gesprochen *Ebke*, Bundesstaat und Gewaltenteilung, S. 24 ff.; *Fastenrath*, JuS 1986, S. 194, S. 200; von einem „Ineinandergreifen" geht BVerfGE 3, 225 (247); 34, 52 (59); 139, 321 (362) aus; „Verschränkungen" heißt es dagegen in BVerfGE 7, 138 (188); 34, 52 (59); 95, 1 (15).
[72] *H.-J. Vogel*, NJW 1996, S. 1505 ff.; *Möllers*, Gewaltengliederung, S. 135 ff.
[73] *Jestaedt* in Erichsen/Ehlers, Allgemeines Verwaltungsrecht, S. 335.

Gestaltungsfreiheit des Gesetzgebers noch dem Verwaltungsermessen zuordnen. Eine wesentliche Gemeinsamkeit zwischen der Normsetzung und dem Verwaltungsermessen lässt sich allerdings erkennen: Entscheidend für den Freiraum der Exekutive ist hier wie dort die Determinierung, welche die oberen Stufen vorsehen. In Frage steht daher jeweils der *Grad* der Selbst- und Fremdprogrammierung, nicht aber der Umstand, dass es auf jeder Stufe fremd- und selbstprogrammierte Rechtsetzung gibt.[74]

Hervorzuheben ist dabei die grundsätzliche Notwendigkeit einer gesetzlichen Ermächtigung, soweit in Rechte Einzelner eingegriffen wird.[75] Die Notwendigkeit einer Übertragung verhindert dabei eine Verletzung des Gewaltentellungsgrundsatzes, indem die originäre Rechtsetzungsmacht bei der Legislativen verbleibt. Unabhängig davon, ob die Exekutive daher zur abstrakt-generellen Normsetzung ermächtigt wird oder zum Erlass von Einzelakten, hat sie ihr Handeln – je nach Höhe der gesetzlichen Determinierung – am Willen der parlamentarischen und sie ermächtigenden Gesetzgebung auszurichten.

---

[74] Wegweisend insofern *Merkl*, Allgemeines Verwaltungsrecht, S. 142 ff.; dem folgend: *Jestaedt* in Erichsen/Ehlers, Allgemeines Verwaltungsrecht, S. 336 und *Lembke*, Einheit aus Erkenntnis, S. 171 ff., 302 ff.
[75] Zur Eingriffssatzung: BVerwGE 90, 359, NJW 1993, S. 411; BayVGH, NVwZ 1992, S. 1004 [abfallrechtliche Regelungen im Vorfeld der Benutzung der kommunalen Einrichtung]; VGH Mannheim, NVwZ 1995, S. 402 [Baumschutzsatzungen].

C. Die (unterschiedlichen) Ermessensbegriffe

Legt man diese funktionalen Gemeinsamkeiten zugrunde, ließe sich die These aufstellen, beide Arten der exekutiven Rechtsetzungsbefugnis unterschieden sich nur durch den Grad gesetzlicher Determinierung. Dies würde für eine Angleichung der gerichtlichen Kontrolle beider Handlungsarten sprechen. Zweifel hieran kommen auf, wenn man sich beim Verwaltungsermessen mit der Dichotomie von Beurteilungsspielräumen sowie dem (Rechtsfolgen-)ermessen konfrontiert sieht und im Rahmen des Normsetzungsermessen das Fehlen einer solchen Unterscheidung feststellen muss. Die Ursprünge und die Sinnhaftigkeit der Dichotomie beim Ermessensbegriff gilt es zu untersuchen, um die Auswirkungen auf die gerichtliche Kontrolle zu erkennen.

I. Historische Grundlagen des Ermessens

Die juristische Diskussion um den Ermessensbegriff begann Anfang des 19. Jahrhunderts im Wesentlichen mit der Umsetzung der Gewaltenteilung.[76] Die Gesetzgebung wurde dabei schrittweise vom souveränen Herrscher auf die Volksvertretung übertragen, während die ausführende Gewalt nach wie vor beim Souverän und seiner Verwaltung verblieb.[77] Die insofern freie Verwaltungstätigkeit[78] grenzte sich durch ein Ermessen ab, das frei von der Einwirkung des Volkes war. Hierbei wurde ein einheitlicher Ermessensbegriff zugrunde gelegt.[79] Folgender Passus aus dieser Zeit umschreibt das Verhältnis treffend: „Die Regierung (...) ist eher Sache der Persönlichkeit und nicht des öffentlichen Bewusstseins, Sache der Staatsgewalt und nicht des Volkes; daher übt der Souverän sie nach seinem *Ermessen* aus."[80]

Gleichwohl war bereits während dieser frühen Auseinandersetzung mit dem Ermessen klar, dass dieses nicht völlig frei von einer gewissen Bindung ist. So formu-

---

[76] *Bullinger*, JZ 1984, S. 1001 f.; *Burckhardt*, Der Begriff des freien Ermessens, S. 17; *Laband*, Das Staatsrecht des Deutschen Reiches II, S. 175: „In der konstitutionellen Monarchie ist das pouvoir administratif der Machtbereich des Landesherrn, der frei ist von der Mitwirkung der Volksvertretung und unbeschränkt durch die Gesetzesauslegung der Gerichte."; *v. Laun*, Das freie Ermessen und seine Grenzen, S. 21; vgl. auch *Schmidt-Aßmann* in Isensee/Kirchhof II, § 26 Rn. 48; zur Entwicklung ausführlich auch: *Stern*, Staatsrecht II, S. 513 ff.
[77] Vgl. ausführlich hierzu: *Grzeszick* in Dürig/Herzog/Scholz, GG, Art. 20 Rn. 3 ff.; *Poscher* in Hoffmann-Riem/Schmidt-Aßmann/Voßkuhle, Grundlagen I, S. 493, 498 Rn. 10.
[78] *Schmidt*, NJW 1975, S. 1757.
[79] Vgl. *Voßkuhle*, JuS 2008, S. 117.
[80] *Stahl*, Die Philosophie des Rechts II, S. 43 f. (Hervorhebung dort).

liert *Stahl* weiter: „Aber sie ist nicht, wie die Gesetzgebung, ein völlig freier beginnender Akt, sondern abhängig von den bestehenden Gesetzen."[81] Eine noch konkretere Definition findet sich rund 30 Jahre später in der Form, dass ein Ermessensakt eine Verfügung sei, die „nach einer Seite hin auf einer der Verwaltung eigentümlich zustehenden Erwägung (Arbitrierung)" basiert.[82] Kurze Zeit wurde vertreten, es sei falsch, die Verwaltung als mit der bloßen Gesetzesvollziehung beauftragt anzusehen.[83] Dies war in seiner Absolutheit jedoch ebenso wenig haltbar, wie die Vorstellung vom Richter, der nur die Gesetze vollzieht.[84] Daher ging man ab dem 20. Jahrhundert davon aus, dass die Verwaltung bei ihrer Ermessensbetätigung einer gewissen gesetzlichen Bindung unterliege.[85]

Es fehlte weiterhin an einer genaueren dogmatischen Beschäftigung mit dem Ermessensbegriff.[86] Auch unter der Geltung des Grundgesetzes wurde zunächst ein einheitlicher Ermessensbegriff zugrunde gelegt, dessen unterschiedliche Lokalisierung sich aber schon in der Bezeichnung niederschlug:[87] Unter dem Handlungsermessen bzw. volitivem Ermessen wurde einerseits die Wahlfreiheit der Behörde zwischen mehreren gleichermaßen erlaubten Verhaltensweisen verstanden (Rechtsfolgenermessen),[88] als kognitives Ermessen bezeichnete man andererseits den behördlichen Erkenntnisgewinn hinsichtlich unbestimmter Rechtsbegriffe (Tatbestandsermessen).[89]

Hieraus entwickelte sich im Rahmen des Verwaltungsermessens die Differenzierung zwischen Beurteilungsspielräumen auf der Tatbestandsseite[90] und Ermessen auf der Rechtsfolgenseite.[91] Man unternahm einen ersten Versuch die Verwaltungsspielräume danach zu unterscheiden, ob sich diese auf Tatbestandsseite

---

[81] *Stahl*, Die Philosophie des Rechts II, S. 44.
[82] *Mayer*, Grundzüge des Verwaltungs-Rechts, S. 460 ff.
[83] *v. Stengel*, VerwArch 3 (1895), S. 212 ff.
[84] „La bouche qui prononce les paroles de la loi", *Montesquieu*, L'Esprit des Lois, S. 171.
[85] Vgl. vor allem *Stier-Somlo*, Das freie Ermessen in Rechtsprechung und Verwaltung, S. 500.
[86] Vgl. *Burckhardt*, Der Begriff des freien Ermessens, S. 14; so auch das Fazit von *Nagel*, Die Rechtskonkretisierungsbefugnis der Exekutive, S. 20.
[87] *Riese* in Schoch/Schneider, VwGO, § 114 Rn. 90; *Voßkuhle*, JuS 2008, S. 117.
[88] *Jestaedt* in Erichsen/Ehlers, Allgemeines Verwaltungsrecht, S. 338 f.; vgl. auch *Jesch*, AöR 82 (1957), S. 204.
[89] Vgl. *Jellinek*, S. 32, dem folgend: BVerfGE 2, 281; BVerwGE 1, 92 (96); vgl. auch die Darstellung der Entwicklung bei *Reuß*, Das Ermessen, DVBl. 1953, S. 585 ff.; *Jestaedt* in Erichsen/Ehlers, Allgemeines Verwaltungsrecht, S. 338 f. zu den Begrifflichkeiten.
[90] Wegweisend insofern *Bachof*, JZ 1955, S. 98; vgl. auch *Bickenbach*, Bescheidungsurteil, S. 146 ff.; *Pache*, Tatbestandliche Abwägung, S. 53 ff.; *Nell*, Beurteilungsspielraum, S. 135 f.
[91] *Kment/Vorwalter*, JuS 2015, S. 195, die die Differenzierung für überkommen halten; a.A. *Di Fabio*, VerwArch 86 (1995), S. 214, der sie für notwendig, aber komplex hält, mit Verweis auf *Sendler*, DVBl. 1994, S. 1089 ff.

wiederfanden oder durch eine Ermächtigung auf Rechtsfolgenseite erzeugt wurden.[92] Es bildete sich allgemein das Verständnis heraus, Verwaltungsermessen werde von einer Norm auf Rechtsfolgenseite eingeräumt,[93] wohingegen unbestimmte Rechtsbegriffe tatbestandliche Beurteilungsspielräume gewähren könnten.[94] Beim untergesetzlichen Normsetzungsermessen dagegen wird diese Unterscheidung gemeinhin nicht derartig vorgenommen.[95] Zugrunde gelegt wird der untergesetzlichen Normsetzung der Gedanke einer ihr immanenten Gestaltungsermächtigung,[96] für welches die unterschiedlichsten Begriffe kursieren (siehe D. I. zum Verordnungsermessen und D. II. zum Satzungsermessen).

In der Folgezeit – bis zum jetzigen Zeitpunkt – tritt beim Verwaltungsermessen in unterschiedlichen Nuancen der Versuch in den Vordergrund, die Freiheit bei der Rechtsetzung anhand dieser normstrukturellen Unterscheidung zu erfassen.[97] Hierdurch entsteht der Eindruck einer Vielzahl unterschiedlicher Ansichten. So wird das Ermessen unter anderem als Ermächtigung zur gesetzesgebundenen Rechtsetzung durch Tatbestandsergänzung bezeichnet.[98] Normstrukturelle Ansätze – ohne eine klare Definition zu erreichen – greift dabei auch der auf, welcher Ermessen als Freiraum der Verwaltung begreift, ohne dass das Handeln durch Gesetz näher determiniert oder gerichtlich voll justitiabel ist.[99]

Die Bestrebungen, die Letztentscheidungskompetenzen der Exekutive normstrukturell zu erfassen, lassen sich erklären, wenn man dem Ursprung für die Entwicklung der verschiedenen Ausdifferenzierungen auf den Grund geht:[100] Trotz des erklärten Ziels einer normstrukturellen Betrachtung, werden die Überlegungen aus unterschiedlichen Perspektiven geführt, die nicht direkt auf der Unterscheidung zwischen Tatbestands- und Rechtsfolgenseite beruhen. Bei einer Entwirrung

---

[92] Vgl. *Jesch*, AöR 82 (1957) S. 204 f.
[93] *Nagel*, Die Rechtskonkretisierungsbefugnis der Exekutive, S. 25 ff.; *Schmidt-Aßmann* in Dürig/Herzog/Scholz, GG, Art. 19 Abs. 4 Rn. 174; *Voßkuhle*, JuS 2008, S. 117 f.
[94] Zurückgehend auf *Bachof*, JZ 1955, S. 97 f.; vgl. auch *Ule* in Bachof/Drath/Gönnenwein/Walz, Gedächtnisschrift für Walter Jellinek, S. 309.
[95] *Schmidt-Aßmann* in Dürig/Herzog/Scholz, GG, Art. 19 Abs. 4 Rn. 217 f.; ähnlich auch *W.-R. Schenke/R.P. Schenke* in Kopp/Schenke, VwGO, § 47 Rn. 114.
[96] *Schmidt-Aßmann* in Dürig/Herzog/Scholz, GG, Art. 19 Abs. 4 Rn. 217a und *Sendler*, UPR 1981, 11 f., denen *Panzer* in Schoch/Schneider, VwGO, Vor § 47 Rn. 5 folgt.
[97] Für ein Festhalten an der Unterscheidung u.a.: *Maurer/Waldhoff*, Allgemeines Verwaltungsrecht, S. 167 ff.
[98] *Schmidt*, Gesetzesvollziehung, S. 159; ähnlich auch *Schmidt-Salzer*, DVBl. 1970, S. 184, der es als Ermächtigung zur Vollendung der Normgestaltung definiert.
[99] *Bullinger*, JZ 1984, S. 1001; *v. Laun*, Das freie Ermessen und seine Grenzen, S. 62 betont dabei die Dispositionsbefugnis der Exekutive.
[100] Dies erkennt *Weitzel*, Rechtsetzungsermessen, S. 30.

der verschiedenen Perspektiven zeigt sich im Wesentlichen der Versuch drei verschiedene Aspekte in die Überlegungen einzubeziehen: Der Ermessensbegriff wird erstens unter dem Aspekt der Normenstruktur aus rechtsdogmatischer Sicht begutachtet und zweitens aus Sicht der Verwaltung,[101] für welche die Struktur der Anwendung im Vordergrund steht.[102] Drittens wird mitunter zugleich die Perspektive der Judikative in die Überlegungen einbezogen („Kontrollperspektive").[103] Die drei Elemente haben ihre Berechtigung in der Diskussion. Eine sofortige Vermengung aller Betrachtungsweisen unter dem Deckmantel einer „rein normstrukturellen Betrachtung" verhindert allerdings eine systematische Erschließung der Frage, inwiefern die Normstruktur an sich für den Ermessensbegriff aussagekräftig ist.

Veranschaulichen lässt sich dies wie folgt: Je nachdem welche Perspektive eingenommen wird, ergeben sich unterschiedliche Konsequenzen für das Begriffsverständnis.[104] Betrachtet man das Ermessen und den Begriff des Beurteilungsspielraums unter dem Aspekt der Normstruktur, werden beide Begrifflichkeiten gemeinhin voneinander getrennt, je nachdem ob sie sich auf der Rechtsfolgen- oder Tatbestandsseite ergeben.[105] Gleichwohl ist trotz normstruktureller Unterschiede denkbar, dass die Verwaltung bei der Anwendung unbestimmter Rechtsbegriffe und bei der Ausfüllung eines auf Rechtsfolgenseite eingeräumten Ermessens ähnlich verfährt. Ähnliches gilt für die gerichtliche Sicht, was in einer Entscheidung des BVerwG angedeutet wird: „Ob der Gesetzgeber in einer Rechtsnorm für die Behörde eine Handlungsbindung bestimmt oder ihr einen Handlungsspielraum eingeräumt hat, kann immer nur aus dem Inhalt der betreffenden Rechtsnorm entnommen werden."[106]

Auszuschließen ist aber nicht, dass sich aus der Trennung in Tatbestands- und Rechtsfolgenseite Erkenntnisse für das Verwaltungsermessen ableiten lassen, die auf eine Differenzierung zum normativen Rechtsetzungsermessen hinweisen. Bei Letzterem findet keine Differenzierung zwischen Ermessen auf Rechtsfolgenseite und tatbestandlichen Beurteilungsspielräumen statt.[107] Unter anderem wird von

---

[101] Vgl. auch *Voßkuhle*, JuS 2008, S. 117, der dies als „Handlungsperspektive" beschreibt.
[102] *König*, BayVBl. 1983, S. 163 betont eine Unterscheidung zwischen dem Begriff des Ermessens als Teil der Normstruktur und der Struktur der Ausübung durch die Behörden; *Koch*, Unbestimmte Rechtsbegriffe, S. 14 geht von einer „Verquickung" der Fragestellungen aus.
[103] *Voßkuhle*, JuS 2008, S. 117.
[104] Vgl. schon *Adamovich/Funk*, Allgemeines Verwaltungsrecht, S. 118 ff.; *Rieger*, Ermessen und innerdienstliche Weisung, S. 85; vgl. auch schon *König*, BayVBl. 1983, S. 163.
[105] Vgl. nur *Aschke* in Bader/Ronellenfitsch, BeckOK VwVfG, § 40 Rn. 4; *Voßkuhle*, JuS 2008, S. 117.
[106] BVerwGE 62, 86 (98); 94, 307 (309); 100, 221 (225).
[107] Vgl. *Voßkuhle*, JuS 2008, S. 117.

einem grundsätzlichen Einschätzungsspielraum des Verordnungsgebers[108] gesprochen. Beispiele hierfür lassen sich auch in der Rechtsprechung während der Coronapandemie finden: So wird bei der Kontrolle von Einzelakten von einem „Ermessen" auf Rechtsfolgenseite gesprochen,[109] während die Begrifflichkeiten im Rahmen der Normenkontrolle variabel und uneinheitlich verwendet werden. Zuweilen wird dem Verordnungsgeber ein „Beurteilungsspielraum" bei der Normgestaltung zugesprochen,[110] nicht ohne im selben Atemzug die Frage aufzuwerfen, inwiefern der Begriff der „notwendigen Schutzmaßnahmen" ein Ermessen des Verordnungsgebers einräume.[111] Der Begriff des Beurteilungsspielraums wird mithin nicht rein der Tatbestandsseite zugeordnet, sondern als Synonym für eine Gestaltungsfreiheit des Normgebers genutzt.

Würde sich einerseits die historische Überholung der Differenzierung beim Verwaltungsermessen herausstellen, so würde jedenfalls dieser behauptete – normstrukturelle – Unterschied zwischen Verwaltungs- und untergesetzlichen Normsetzungsermessen wegfallen. Andererseits ist es auch denkbar, dass sich im Rahmen des untergesetzlichen Normsetzungsermessen das Bedürfnis nach einer Differenzierung zwischen Beurteilungsermächtigungen und Handlungsspielräumen auf Rechtsfolgenseite ergibt.[112]

Im Folgenden soll daher zunächst untersucht werden, ob der Aufbau einer Norm an sich Aufschluss darüber gibt, was Ermessen bedeutet und wie es definiert werden kann. Um eben dieser Frage nach der Auswirkung der – normstrukturell zwar unterscheidbaren – Begrifflichkeiten des Ermessens und des Beurteilungsspielraums auf die gerichtliche Kontrolle zu erschließen, kommt man nicht umhin zunächst normstrukturelle Überlegungen anzustellen. Ein erster Schwerpunkt soll dabei auf das Rechtsfolgenermessen gelegt werden, bevor in einem zweiten Schritt unbestimmte Rechtsbegriffe und Beurteilungsspielräume einbezogen werden.

---

[108] BVerfG, Abl. einst. An. v. 11. 11.2020 – 1 BvR 2530/20, juris Rn. 17.
[109] VG München, Beschl. v. 20.3.2020 – M 26 E 20.1209, juris Rn. 36; vgl. auch schon BVerwG, Urt. v. 22.3.2012 – 3 C 16/11, BVerwGE 142, 205-219, juris Rn. 24.
[110] BayVGH, Beschl. v. 3.7.2020 – 20 NE 20.1492, juris Rn. 16; BayVGH, Beschl. v. 22.3.2021 – 20 NE 21.497, juris Rn. 15 mit Verweis auf BayVGH, Beschl. v. 8.12.2020 – 20 NE 20.2461, juris Rn. 25.
[111] BayVGH, Beschl. v. 29.5.2020 – 20 NE 20.1165, juris Rn. 15; BayVGH, Beschl. v. 14.7.2020 – 20 NE 20.1489, juris Rn. 18; vgl. auch BVerwG, Urt. v. 22.3.2012 - 3 C 16/11, BVerwG 142, 205.
[112] *W.-R. Schenke/ R.P. Schenke* in Kopp/Schenke, VwGO, § 47 Rn. 114; vgl. auch differenzierend: *Panzer* in Schoch/Schneider, VwGO, Vor § 47 Rn. 5.

II. Normstrukturelle Betrachtung des Verwaltungsermessens

1. Die Konstruktion von Ermessensnormen

Normstrukturelle Überlegungen bei Normen, die ein Verwaltungsermessen einräumen, lassen sich am einfachsten anstellen, indem man sich den klassischen Aufbau einer konditional formulierten Rechtsnorm[113] vor Augen führt: „Wenn" gewisse Tatbestandsvoraussetzungen erfüllt sind, „dann" ergibt sich qua Gesetz eine Rechtsfolge.[114] Eine gebundene Entscheidung[115] als Gegenstück zu einer Ermessensentscheidung liegt demnach dann vor, wenn ein subsumtionsfähiger Tatbestand eine bestimmte Rechtsfolge anordnet. An den Tatbestand wird durch einen Gebotsoperator („ist", „hat zu", „muss")[116] eine bestimmte Rechtsfolge geknüpft. Das heißt bei der Erfüllung des Tatbestands ist die Rechtsfolge in Form eines Automatismus vorgegeben. Ein Beispiel hierfür bietet § 30 Abs. 1 S. 1 IfSG, wonach die zuständige Behörde eine Absonderung von Personen anzuordnen hat (Rechtsfolge), die an bestimmten näher definierten Krankheiten erkrankt sind (Tatbestand).[117]

Ein Ermessen auf Rechtsfolgenseite lässt sich durch die Verwendung von Erlaubnisoperatoren („darf", „kann")[118] erkennen, welche den Tatbestand und die Rechtsfolge miteinander verknüpfen. Die Verwaltung „kann" also eine Rechtsfolge treffen, wenn ein bestimmter Tatbestand vorliegt. Beispielsweise können Kranke gem. § 29 Abs. 1 IfSG einer Beobachtung unterstellt werden.[119] Manche Normen billigen auch die Wahl aus mehreren Rechtsfolgen. So kann die zuständige Behörde gem. § 31 S. 1 IfSG Kranken die Ausübung bestimmter beruflicher Tätigkeiten ganz oder teilweise untersagen.[120] Eine noch breitere Auswahl an Rechtsfolgen[121] bieten Normen, deren Rechtsfolge durch unbestimmte Rechtsbegriffe umschrie-

---

[113] Die normtheoretische Betrachtung gehen auf das Zivilrecht zurück und finden sich schon bei v. Tuhr, Der Allgemeine Teil des Deutschen Bürgerlichen Rechts II, S. 3 ff.; Engisch, Einführung in das juristische Denken, S. 47 ff.
[114] Vgl. Kment/Vorwalter, JuS 2015, S. 195; Voßkuhle, JuS 2008, S. 117.
[115] Kment/Vorwalter, JuS 2015, S. 195.
[116] Weitzel, Rechtsetzungsermessen, S. 32.
[117] Johann/Gabriel in Eckart/Winkelmüller, BeckOK Infektionsschutzrecht, § 30 Rn. 10: „Ein Entschließungsermessen oder ein personelles Auswahlermessen steht der Behörde nicht zu."
[118] Beaucamp, JA 2006, S. 74 f.; Weitzel, Rechtsetzungsermessen, S. 32; VGH Mannheim, DVBl. 1999, S. 1265.
[119] Johann/Gabriel in Eckart/Winkelmüller, BeckOK Infektionsschutzrecht, § 29 Rn. 4: „Auswahlermessen".
[120] Vgl. Johann/Gabriel in Eckart/Winkelmüller, BeckOK Infektionsschutzrecht, § 31 Rn. 9 f.
[121] Vgl. zur Unterscheidung auch Koch, Unbestimmte Rechtsbegriffe, S. 121 u. 138 ff.

ben wird. § 16 Abs. 7 IfSG dient hierfür als Beispiel: „Bei Gefahr im Verzuge kann das Gesundheitsamt die erforderlichen Maßnahmen selbst anordnen."[122]

Mit Blick auf die Normstruktur lässt sich hieraus einerseits folgern, dass bei Regelungen, die ein Ermessen eröffnen, eine zwingende Verbindung von Tatbestand und Rechtsfolge nicht vorgesehen ist.[123] Geht man mit dieser Auffassung d'accord, so würde man unter Ermessensnormen nur solche Vorschriften fassen, die Tatbestand- und Rechtsfolgenseite mit Erlaubnisoperatoren verknüpfen.[124] Derartige Vorschriften mögen klassischerweise als Ermessensnormen klassifiziert werden.[125] Allerdings besteht nicht bei jeder Verbindung von Tatbestand und Rechtsfolgenseite mit einem Erlaubnisoperator ein Verwaltungsermessen. Durch die Auslegung einer Norm bzw. durch Schutzpflichten des Staates – gerade im Bereich des Infektionsschutzes –[126] kann trotz des Vorliegens eines Erlaubnisoperators eine gebundene Entscheidung vorliegen (vgl. zur Ermessensreduzierung auf Null auch E.V.2.C.bb.).[127]

Andererseits stellen Erlaubnisoperatoren bei näherer Betrachtung nicht die einzige Möglichkeit des Gesetzgebers dar, einen Spielraum bei der Rechtsfolgenwahl einzuräumen. Denn hinter einer Ermessensnorm, die sich ihrer Struktur nach als gebundene Entscheidung darstellt, kann sich im Ergebnis eine Ermessensentscheidung verbergen. Zur Veranschaulichung dient die später noch wichtige Norm des § 28 Abs. 1 S. 1 IfSG, die in sämtlichen Fassungen seit 2001 den Passus enthält: „Werden Kranke [...] festgestellt, so trifft die zuständige Behörde die notwendigen Schutzmaßnahmen." Bei derartigen Normen stößt die Identifizierung von Ermessensnormen allein anhand von Erlaubnisoperatoren an ihre Grenzen. Die Norm beinhaltet keinen Erlaubnisoperator, sondern vielmehr einen Gebotsoperator.[128] Die Verwaltung muss die notwendigen Maßnahmen treffen, wenn Kranke festge-

---

[122] *Johann/Gabriel* in Eckart/Winkelmüller, BeckOK Infektionsschutzrecht, § 16 Rn. 59 ff.; VG Düsseldorf BeckRS 2019, 5763.
[123] *Rieger*, Ermessen und innerdienstliche Weisung, S. 56; ähnlich auch *Maurer/Waldhoff*, Allgemeines Verwaltungsrecht, S. 142 f.
[124] Vgl. *Rieger*, Ermessen und innerdienstliche Weisung, S. 57.
[125] Vgl. nur *Ramsauer* in Kopp/ders., VwVfG, § 40 Rn. 30; BSG, NJW 1985, S. 698; OVG Münster, NVwZ 1989, S. 1177.
[126] *Schmitz/Neubert*, NVwZ 2020, S. 666 f.; allgemein zum Anspruch auf Rechtsetzung: *Sodan*, NVwZ 2000, S. 601 ff.
[127] *Decker* in Posser/Wolff, BeckOK VwGO, § 114 Rn. 5 a.E.; *Wolff* in Sodan/Ziekow, VwGO, § 114 Rn. 70; zu weiteren Beispielen: BVerwG, Urt. v. 29.4.1964 – BVerwG I C 30/62, BVerwGE 18, 247 [§ 35 Abs. 2 BauGB]; zur Ermessensreduzierung bei § 51 VwVfG: *Schoch* in ders./Schneider, VwVfG, § 51 Rn. 103.
[128] *Weitzel*, Rechtsetzungsermessen, S. 32.

stellt werden.[129] Gleichwohl liegt nur eine Bindung hinsichtlich des „ob" des Tätigwerdens vor, nicht aber in Bezug auf das „wie".[130] Der Behörde wird also trotz der Verwendung eines Gebotsoperators zwar kein Handlungsermessen, aber ein Auswahlermessen eingeräumt[131] durch die unbestimmte Rechtsfolge der „notwendigen Maßnahmen" bzw. durch den Einbezug von Verhältnismäßigkeitserwägungen.[132] Daneben sind auch Fälle denkbar, in denen die Regelung der Verwaltung nach ihrem Sinn und Zweck bei atypischen Fällen ein Ermessen einräumt.[133] Es ist daher wenig zielführend die Unterscheidung zwischen einer gebundenen Entscheidung und einer Ermessensentscheidung rein normstrukturell anhand des jeweiligen Operators vorzunehmen.

Im Ergebnis weisen Ermessensnormen daher nach ihrer Struktur nur folgende Gemeinsamkeit auf: Auf der Rechtsfolgenseite wird kein bestimmtes Verwaltungshandeln gefordert.[134] Dies kann der Gesetzgeber durch die Verwendung von Erlaubnisoperatoren erreichen, aber auch durch die Formulierung als gebundene Entscheidungen bei gleichzeitiger Einräumung eines Auswahlermessens durch eine unbestimmt gehaltene Rechtsfolge. Ungeachtet dieser Gemeinsamkeit bleibt aber dennoch fraglich, wie das Verwaltungsermessen normstrukturell aufzufassen ist. Aufschluss könnten hierfür die gesetzlichen Regelungen bieten, die den Ermessensbegriff beinhalten.

2. Gesetzliche Grundlagen: § 40 VwVfG, § 114 VwGO

„Ermessen" gewährt der Gesetzgeber ausdrücklich in diversen verwaltungsrechtlichen Vorschriften. Ausdrücklich findet sich die Begrifflichkeit in einigen wenigen Vorschriften. So verpflichtet Art. 5 Abs. 1 PAG[135] die Polizei, ihre Maßnahmen nach „pflichtgemäßem Ermessen" zu treffen.[136] Allgemein findet sich der Ermessensbe-

---

[129] BT-Drs. 14/2530, 74; BVerwGE 142, 205 Rn. 23, BeckRS 2012, 51345; OVG Lüneburg, BeckRS 2020, 10749 Rn. 21; OVG Weimar, BeckRS 2020, 12181 Rn. 50.
[130] *Johann/Gabriel* in Eckart/Winkelmüller, BeckOK Infektionsschutzrecht, § 28 Rn. 20; BT-Drs. 14/2530, 74.
[131] Vgl. auch BVerwGE 142, 205 (211 f.), BeckRS 2012, 51345; *Maurer/Waldhoff*, Allgemeines Verwaltungsrecht, S. 142; zum Auswahlermessen allgemein: *Beaucamp*, JA 2006, S. 75 m.w.N.
[132] Vgl. *Sodan* in Ehlers/Fehling/Pünder, Besonderes Verwaltungsrecht II, § 56 Rn. 57 ff.; *Siegel*, NVwZ 2020, S. 577 u. 580.
[133] BVerwGE 108, 1 (17 ff.) m. Anm. *Kube*, JZ 1999, S. 676 ff.
[134] Ähnlich auch *Beaucamp*, JA 2006, S. 75; vgl. auch OVG Bremen, NJW 1990, S. 2081 f. zu einem Radfahrverbot.
[135] Gesetz über die Aufgaben und Befugnisse der Bayerischen Polizei, Polizeiaufgabengesetz, i.d.F. der Bekanntmachung v. 14.9.1990, GVBl. S. 397.
[136] *Goldhammer* in Möstl/Schwabenbauer, BeckOK Polizeirecht, Art. 5 Rn. 15: Opportunitätsprinzip; vgl. auch *Goldhammer*, Jura 6 (2021), S. 639 ff.; ausführlich auch: VG München, BeckRS 2019, 35310 Rn. 23 ff.

griff in § 40 VwVfG bzw. in der älteren Vorschrift[137] des § 114 VwGO: Die Aufnahme der Vorschriften in das Gesetz griff nur auf, was ohnehin nach der Rechtsprechung für eine an Gesetz und Recht gebundenen Verwaltung zu gelten hatte.[138] Sie setzen den rechtshistorisch entwickelten Begriff des Ermessens daher voraus und legen dessen Zulässigkeit als selbstverständlich zugrunde.[139]

a) § 40 VwVfG
Dem Wortlaut nach setzt das Ermessen einer Behörde eine gesetzliche Ermächtigung voraus. Der Wortlaut legt zudem Folgendes nahe: Ermessen enthält den Wortbestandteil „messen" bzw. „Maß", womit „Ermessen" das Bemessen bestimmter Dinge nach einem Maß ist.[140] Dem Wortsinn nach ist damit ein proaktives Erfassen und Einschätzen eines Umstands gemeint, was ein Entscheiden nach eigenen Maßstäben inkludiert.[141] Das Ausrichten nach gewissen – wenn auch zum Teil eigenen – Maßstäbe verdeutlicht, dass ein völlig freies Ermessen nicht denkbar ist. Rein logisch betrachtet beinhaltet das Ausrichten nach gewissen Maßstäben auch eine Beurteilung[142] und Einschätzung dieser Maßstäbe. Teilweise wird das Ermessen in der Literatur gleichgesetzt mit „Beurteilen".[143] Dies mag sich am allgemeinen Sprachgebrauch orientieren, findet aber in der gesetzlichen Vorgabe keine Verankerung, obwohl § 40 VwVfG das Ermessen nicht ausdrücklich vom Beurteilungsspielraum abgrenzt.[144] Einige Stimmen umschreiben „Ermessen" auch mit der Begrifflichkeit des „Abwägens".[145] So begreift auch *Maunz* das Ermessen als Verweisung auf die Lösung, die angesichts der besonderen Umstände des Falls nach Abwägung aller Für und Wider dem Ermächtigungszweck am ehesten entspricht.[146] Dies erscheint auf den ersten Blick mit Blick auf die Systematik des § 40 VwVfG nicht völlig abwegig, greift aber neben normstrukturellen Überlegungen auch auf den Entscheidungsvorgang aus Sicht der Behörde zurück, was zunächst möglichst außer Betracht bleiben soll.

---

[137] Vgl. *Wolff* in Sodan/Ziekow, VwGO, § 114 Rn. 7.
[138] Zur Empfehlung des Europarats: *Jellinek,* ZRP 1981, S. 68; *ders.,* NJW 1981, S. 2235; vgl. auch zur Entstehungsgeschichte: *Geis* in Schoch/Schneider, VwVfG, § 40 Rn. 1 f.; *Ruthig* in Kopp/Schenke, VwGO, § 114 Rn. 1a.; *Sachs* in Stelkens/Bonk/ders., VwVfG, § 40 Rn. 4 m.w.N.
[139] Vgl. zur fehlenden Definition auch: *Held-Daab,* Das freie Ermessen, passim; *Voßkuhle,* JuS 2008, S. 118.
[140] So schon *Tietz,* NJW 1953, S. 1534; *Bonde,* Das verwaltungsrechtliche Ermessen, S. 60.
[141] Vgl. auch *Held* in Göttinger Arbeitskreis, Festschrift für Herbert Kraus, S. 124.
[142] Vgl. zum Bestandteil des Beurteilens auch *Hofer-Zeni,* Das Ermessen im Spannungsfeld, S. 9.
[143] *Loppuch,* DVBl. 1955, S. 377.
[144] *Geis* in Schoch/Schneider, VwVfG, § 40 Rn. 5; *Sachs* in Stelkens/Bonk/ders., VwVfG, § 40 Rn. 1.
[145] *Burckhardt,* Der Begriff des freien Ermessens, S. 17; *v. Laun,* Das freie Ermessen und seine Grenzen, S. 21.
[146] *Maunz,* DÖV 1981, S. 498 ff.

Der Blick in die Entstehungsgeschichte von § 40 VwVfG ist wenig ergiebig, weil die Begründung des Gesetzesentwurfs nur verlautbart, dass das Ermessen der Verwaltung die Wahl zwischen mehreren vom Gesetzgeber als rechtmäßig erachteten Entscheidungen eröffnet.[147] Zumindest ergibt sich hieraus, dass der Gesetzgeber beim Entwurf eine gewisse Bindung an gesetzliche Vorgaben voraussetzt.

b) § 114 VwGO
Der Begriff des Ermessens wurde während des Gesetzgebungsverfahrens des § 114 VwGO ebenso wie bei § 40 VwVfG als Rechtsbegriff zugrunde gelegt.[148] Die Vorschrift zieht die prozessuale Konsequenz aus den materiellen Ermessensfreiräumen der Verwaltung[149] und kodifiziert die Ermessensfehlerlehre.[150] Historisch gesehen wurde die deutlich ältere Norm des § 114 VwGO eingeführt, um die Rechtmäßigkeitskontrolle der Gerichte einzuschränken und „innerhalb der Ermessensgrenzen [...] Fragen der Zweckmäßigkeit, Unbilligkeit und Angemessenheit außer Acht zu lassen."[151]

Aus beiden Vorschriften ergibt sich eine Differenzierung zwischen sonstigen Verwaltungsakten und Ermessensentscheidungen, weshalb das Ermessen als Eigentümlichkeit beim Erlass von Verwaltungsakten identifiziert werden kann.[152] Diese Eigenart beim Erlass von Einzelakten ist auf die Möglichkeit von Erwägungen der Zweckmäßigkeit zurückzuführen,[153] wie ein näherer Blick in die VwGO verlautbaren lässt. Die VwGO differenziert bei Verwaltungsakten zwischen der Rechtmäßigkeit und der Zweckmäßigkeit. Dies zeigt sich vor allem in der Zusammenschau von § 113 Abs. 1, Abs. 5 VwGO und § 68 Abs. 1 S. 1 VwGO.[154] Dieser Dualismus kann unter anderem auf die Zeiten der Monarchie zurückgeführt werden: Anschaulich macht dies *Bähr*, der Zweckmäßigkeitserwägungen als Verwaltungsaufgaben ansieht, an denen sich das Volk bzw. die Rechtsprechung nicht zu beteiligen habe: „Ist Gesetz ‚Bestimmung der *Rechts*grundsätze', so hört jenseits des Gesetzes das Recht der Regierungsgewalt auf. Die Frage aber, was Inhalt (Vorschrift) des Gesetzes (ius in thesis) ist, ist niemals eine Verwaltungs-(Zweckmäßigkeits-)Frage, son-

---

[147] BT-Drs. VII/910; vgl. auch *Ruthig* in Kopp/Schenke, VwGO, § 114 Rn. 1a.
[148] *Ruthig* in Kopp/Schenke, VwGO, § 114 Rn. 1a; *Wolff* in Sodan/Ziekow, VwGO, § 114 Rn. 9; BVerwGE 31, 241 (247).
[149] *Wolff* in Sodan/Ziekow, VwGO, § 114 Rn. 7.
[150] Vgl. die Gesetzesbegründung zu § 41 des Entwurfs einer Verwaltungsgerichtsordnung BT-Drs. III/55, S. 32; vgl. kritisch auch *Durner*, NVwZ 2015, S. 843 f.; *Riese* in Schoch/Schneider, VwGO, § 114 Rn. 1.
[151] BT-Drs. I/4278, S. 35.
[152] *Weitzel*, Rechtsetzungsermessen, S. 36.
[153] *Beaucamp*, JA 2006, S. 75; *Pabst*, VerwArch 93 (2002), S. 549; *Volkmann*, DÖV 1996, S. 284 f.
[154] Vgl. *Riese* in Schoch/Schneider, VwGO, § 114 Rn. 6.

dern stets eine *Rechts*frage."[155] Gleichwohl hat die Aufspaltung aufgrund der gesetzlichen Regelung des § 114 S. 1 VwGO nicht nur einen historischen Wert, sondern fand auch einen Einzug in das moderne Verwaltungsrecht.

In der systematischen Zusammenschau mit § 113 Abs. 1 S. 1, Abs. 5 S. 1 VwGO wird deutlich, dass die gerichtliche Kontrolle nach der VwGO auf die Rechtmäßigkeit von Verwaltungsakten beschränkt ist. Entgegen seiner unglücklichen Formulierung[156] erweitert § 114 S. 1 VwGO die Justitiabilität nicht,[157] sondern versucht die Begrenzung auf die Rechtmäßigkeitskontrolle bei Ermessensentscheidungen zu konkretisieren.[158] Insofern änderte sich nichts im Vergleich zu den Vorgängernormen, die diesen Aspekt sprachlich deutlicher zum Ausdruck brachten („nur").[159]

Kerngehalt des § 114 VwGO ist weiter, dass das Ermessen für die Verwaltung etwas anderes bedeutet als für die Gerichte: Ermessen dient aus Sicht der Verwaltung im Rahmen der Verwaltungsgesetze der Findung einer angemessenen Entscheidung im Einzelfall.[160] Der Normzweck wird dadurch auf den Einzelfall konkretisiert unter der Anwendung eines gewissen Maßes für den konkreten Fall.[161] Die Verwaltung hat dabei, weil § 114 VwGO keine Ausnahme von der Gesetzesbindung der Verwaltung vorsieht,[162] gewisse Zweckvorgaben zu berücksichtigen und darf insbesondere rechtmäßige verwaltungsrechtliche Zwecke nicht konterkarieren.[163] § 114 VwGO besagt dabei für die gerichtliche Kontrolle, dass es nur auf die Geeignetheit der gefundenen Entscheidung der Verwaltung ankommt und gerade nicht darauf, ob die zweckmäßigste Lösung gefunden wurde. Der Wortlaut legt dies nicht unbedingt nahe, [164] weil mit „Zweck der Ermessensermächtigung" so-

---

[155] *Bähr*, Der Rechtsstaat, S. 58 ff. (Hervorhebung dort); *Ruthig* in Kopp/Schenke, VwGO, § 114 Rn. 1.
[156] *Redeker*, DÖV 1993, S. 11 Fn. 15; *Wolff* in Sodan/Ziekow, VwGO, § 114 Rn. 3.
[157] *Riese* in Schoch/Schneider, VwGO, § 114 Rn. 3 f.; a.A. *Rieger*, Ermessen und innerdienstliche Weisung, S. 24.
[158] *Wolff* in Sodan/Ziekow, VwGO, § 114 Rn. 3.
[159] *Starck* in Franßen/Redeker/Schlichter/Wilke, Festschrift für Horst Sendler, S. 175; vgl. schon vor Erlass der VwGO: BVerwGE 4, 89 (92).
[160] *Voßkuhle*, JuS 2008, S. 118; *Ramsauer* in Kopp/Ramsauer, VwVfG, § 40 Rn. 5.
[161] *König*, BayVBl. 1983, S. 163; *Kluth* in Wolff/Bachof/Stober/Kluth, Verwaltungsrecht I, § 31 Rn. 36; *Scholz*, VVDStRL 34 (1976), S. 170 ff.; *Volkmann*, DÖV 1996, S. 284.
[162] *Ruthig* in Kopp/Schenke, VwGO, § 114 Rn. 1a.
[163] Vgl. *Stern*, Staatsrecht II, S. 745 ff.
[164] Vgl. auch *Rieger*, Ermessen und innerdienstliche Weisung, S. 46 m.w.N.; *Keppeler*, Die Grenzen des behördlichen Versagungsermessens, S. 19 spricht daher von „Zweckmäßigkeit" und „Zweckgemäßheit".

wohl die Geeignetheit[165] als auch die Effizienz[166] einer Maßnahme gemeint sein können. Für eine Beschränkung der gerichtlichen Kontrolle auf die Geeignetheit, spricht zum einen aber die systematische Betrachtung in Zusammenhang mit § 68 VwGO. Denn nur bei einer derartigen restriktiven Auslegung verbleibt der Widerspruchsbehörde eine weitergehende Kontrolle.[167] Zum anderen ergibt sich dies aus dem Willen des Gesetzgebers oder vielmehr aus dem, was der Gesetzgeber im Rahmen von § 114 VwGO unterlassen hat: § 114 VwGO sieht gerade keinen Maßstab vor, an dem die Effizienz der Maßnahme zu messen wäre.[168] Hätte der Gesetzgeber eine Kontrolle der Effizienz beabsichtigt, wäre es naheliegend, wenn nicht sogar zwingend gewesen, einen entsprechenden Maßstab zu kodifizieren. Denn nur auf der Grundlage eines gesetzlichen Maßstabs kann die Optimierung des Zwecks aus rechtlicher Sicht überprüft werden.[169]

Zusammenfassen lassen sich die Erkenntnisse daher wie folgt: Die Kontrolle von Ermessensentscheidungen bei Einzelakten bezieht sich auch auf die Beachtung gesetzlich vorgeschriebener Zwecke.[170] Als kontrollfähig erklärt § 114 VwGO auch die Geeignetheit des Einzelakts für den vorgeschriebenen Zweck. Die Effizienz bzw. optimale Verwirklichung dagegen ist nicht Bestandteil der Kontrolle.[171] Ermessensnormen eröffnen daher auf der Grundlage des allgemeinen Verwaltungsrechts einen Entscheidungsfreiraum, der in gewissem Umfang keiner gerichtlichen Kontrolle unterliegt.[172] Im Ergebnis ergibt sich aus der Analyse der Normstruktur unter Einbezug der Verwaltungsgesetze, dass eine Ermessensnorm die Verwaltung ermächtigt, Rechtsfolgen zu wählen und dabei die Effizienz der Zweckerreichung zu beurteilen, ohne dass dieser Aspekt vollkommen justiziabel wäre.[173]

---

[165] Hierfür spricht sich *Soell*, Das Ermessen der Eingriffsverwaltung, S. 119 aus; vgl. *Rieger*, Ermessen und innerdienstliche Weisung, S. 46 ff.
[166] Dafür: *König*, BayVBl. 1983, S. 162; *Lohmann*, Die Zweckmäßigkeit der Ermessensausübung, S. 24; *Maunz*, DÖV 1981, S. 498.
[167] So auch *Brühl*, JuS 1995, S. 250.
[168] Vgl. BT-Drs. I/4278, S. 35.
[169] Zutreffend daher: *Weitzel*, Rechtssetzungsermessen, S. 38.
[170] Im Ergebnis auch: *Stern*, Staatsrecht II, S. 745 f.
[171] BVerwGE 11, 95 (99); 57, 174 (181).
[172] Vgl. schon *Adamovich/Funk*, Allgemeines Verwaltungsrecht, S. 119; *Brohm*, JZ 1995, S. 373 f.; *Engisch*, Einführung in das juristische Denken, S. 112; *Hain/Schlette/Schmitz*, AöR 122 (1997), S. 35; BVerwGE 39, 235 (237).
[173] *Rieger*, Ermessen und innerdienstliche Weisung, S. 49 kommt zu einem ähnlichen Ergebnis, geht aber nicht auf die beschränkte Justiziabilität ein; letzteres vertritt *Weitzel*, Rechtssetzungsermessen, S. 38.

3. Beurteilungsspielräume und unbestimmte Rechtsbegriffe

Nachdem Ermessensnormen und der Ermessensbegriff anhand normstruktureller Überlegungen näher definiert wurden, ist Raum für einen Einbezug der unbestimmten Rechtsbegriffe und der Beurteilungsspielräume. Während der Kodifikation des VwVfG schwelte eine andauernde rechtswissenschaftliche Diskussion[174] rund um die Begrifflichkeiten des unbestimmten Rechtsbegriffs und des Beurteilungsspielraums;[175] Begriffe, die neben den Ermessensbegriff traten und auch heute noch die Abgrenzung zu diesem erschweren. Eine genaue Trennung der Begrifflichkeiten ist allerdings notwendig, um einen weiteren Anhaltspunkt zu erhalten, welchen Ermessensbegriff das VwVfG zugrunde legt bzw. inwiefern eine normstrukturelle Betrachtung für den Ermessenbegriff lohnt.

a) Unbestimmter Rechtsbegriffe

Als unbestimmte Rechtsbegriffe werden solche Gesetzesbegriffe[176] aufgefasst, die weder ohne Weiteres in einen bestimmten Vorgang eingegliedert werden können, noch einen konkreten Gegenstand umfassen.[177] Die „Unbestimmtheit" eines Rechtsbegriff ergibt sich daraus, dass Gesetzesbegriffe unterschiedlich präzise gefasst sind.[178] Dabei ist es weder sinnhaft noch möglich trennscharf zwischen bestimmten und unbestimmten Rechtsbegriffen zu unterscheiden.[179] Vielmehr sind die Übergänge fließend: Rechtsbegriffe sind je nach Regelungsbereich mal mehr, mal weniger konkret gefasst.[180] Dies hat gleichzeitig Vor- sowie Nachteile: Je unbestimmter ein gesetzlicher Begriff gehalten ist, desto größere Schwierigkeiten treten bei der Subsumtion durch den Rechtsanwender auf, desto größer ist allerdings auch die Anzahl möglicher Sachverhalte, die hiervon umfasst werden kön-

---

[174] Vgl. nur *Bullinger*, JZ 1984, S. 1001 ff.; *Jesch*, AöR 82 (1957), S. 163 ff.; *Erichsen*, DVBl. 1985, S. 22 ff.; *Herdegen*, JZ 1991, S. 747; *Sendler* in Blümel/Merten/Quaritsch, Festschrift für Carl Hermann Ule, S. 336 ff.

[175] Ausführlich hierzu auch: *Held-Daab*, Das freie Ermessen, passim; kritisch zum Begriff: *Gusy*, JZ 1993, S. 798.

[176] *Bachof*, JZ 1955, S. 98 präferiert die Verwendung des „Gesetzesbegriffs", weil mit Rechtsbegriffen eine volle rechtliche Kontrolle indiziert wird.

[177] *Rieger*, Ermessen und innerdienstliche Weisung, S. 59; *Nagel*, Die Rechtskonkretisierungsbefugnis der Exekutive, S. 76 steht einer Definition kritisch gegenüber, weil er von keiner ausreichenden Abgrenzung zum bestimmten Rechtsbegriff ausgeht; vgl. zu Fragen dieser Abgrenzung: *Schmidt*, Gesetzesvollziehung, S. 135; *Schmidt-Salzer*, Der Beurteilungsspielraum, S. 16; *Erichsen*, DVBl. 1985, S. 22 verzichtet aufgrund der fließenden Übergänge ganz auf eine Unterscheidung; vgl. seine Ansicht zuvor *Erichsen*, VerwArch 63 (1972), S. 343.

[178] *Maurer/Waldhoff*, Allgemeines Verwaltungsrecht, S. 151.

[179] *Pache*, Tatbestandliche Abwägung, S. 38; *Rossen-Stadfeld*, ZUM 2008, S. 461.

[180] Kritisch zum Begriff des bestimmten Rechtsbegriffs: *Erichsen*, DVBl. 1985, S. 22; *Stern*, Staatsrecht II, S. 762 f.

nen.[181] Letzteres korreliert mit dem Bedürfnis des Gesetzgebers die Vielgestaltigkeit der Lebenssachverhalte einzubeziehen. [182] Die Herausforderungen bei der Rechtsanwendung erkannte schon *Jellinek*: „[…] während der bestimmte Begriff eine einzige Grenze hat, die ein sicheres (assertorisches) Urteil über die Zugehörigkeit oder Nichtzugehörigkeit einer Entscheidung zu einem Begriff ermöglicht, hat der unbestimmte Begriff deren zwei. Auch beim unbestimmten Begriff gibt es daher sichere (assertorische) Urteile, aber zwischen dem bejahenden und dem verneinenden Urteil liegt ein Grenzgebiet der bloßen Möglichkeit (problematisches Urteil)."[183]

b) Normstrukturelle Unterscheidung zum Ermessen
Legt man eine normstrukturelle Betrachtung zugrunde, lässt sich die herkömmliche Unterscheidung von unbestimmten Rechtsbegriffen und Ermessen ebenfalls anhand des konditionalen Aufbaus einer Norm erläutern: „Wenn" gewisse Tatbestandsvoraussetzungen erfüllt sind, „dann" tritt eine Rechtsfolge ein. Historisch gesehen wurden unbestimmte Rechtsbegriffe und das Ermessen dabei als gegensätzliche Begriffspaare behandelt[184] und einer strikten Abgrenzung zugeführt. Als Ermessen wurde die Eröffnung verschiedener Handlungsoptionen auf Rechtsfolgenseite beschrieben. Unbestimmte Rechtsbegriffe und die Eröffnung eines Beurteilungsspielraums hinsichtlich der Handlungsvoraussetzungen dagegen wurden der Tatbestandsseite zugeordnet.[185] Der für das Verwaltungsermessen entstandenen Unterscheidung begegnet allerdings im Wesentlichen zwei Bedenken:

Die Sinnhaftigkeit dieser Differenzierung lässt sich erstens schon rein normstrukturell in Frage stellen: Dies kann anhand der Generalklausel des § 28 Abs. 1 IfSG verdeutlicht werden, die zu Beginn der Pandemie im Frühjahr 2020 Grundlage für die Schutzmaßnahmen der Länder war.[186] In der Fassung vom 1.3.2020 lautete sie wie folgt:[187]

---

[181] Leicht andere (widersprüchliche) Akzente setzen: *Franßen* in Fürst/Herzog/Umbach, (Un-)bestimmtes zum unbestimmten Rechtsbegriff, S. 429; *Koch*, Unbestimmte Rechtsbegriffe, S. 14; treffender: *Reuß*, Der unbestimmte Rechtsbegriff, DVBl. 1953, S. 650.
[182] Treffende Formulierung von *Bosch*, JA 2010, S. 474, auch im Kontext des Bestimmtheitsgebots.
[183] *Jellinek*, Gesetz, Gesetzesanwendung und Zweckmäßigkeitserwägung, S. 37.
[184] So auch *Lohmann*, Die Zweckmäßigkeit der Ermessensausübung, S. 90; *Geitmann*, Bundesverfassungsgericht und „offene" Normen, S. 52 ff.; vgl. auch *Kment/Vorwalter*, JuS 2015, S. 195 ff.
[185] *Kment/Vorwalter*, JuS 2015, S. 195; *Voßkuhle*, JuS 2008, S. 118.
[186] Zur Abgrenzung der Verhütungsmaßnahmen (§ 16 IfSG): *Johann/Gabriel* in Eckart/Winkelmüller, BeckOK Infektionsschutzrecht, § 28 Rn. 1 f.; *Gärditz/Abdulsalam*, GSZ 2020, S. 113; OVG Weimar, BeckRS 2020, 8272 Rn. 25; zum präventiven Charakter von Schutzmaßnahmen: VGH Mannheim, BeckRS 2020, 6351 Rn. 21; 2020, 8653 Rn. 16; OVG Münster, BeckRS 2020, 5957 Rn. 23; VG Mainz BeckRS 2020, 9197 Rn. 26; VG Hamburg BeckRS 2020, 22588 Rn. 29.

§ 28 Schutzmaßnahmen

(1) ¹Werden Kranke, Krankheitsverdächtige, Ansteckungsverdächtige oder Ausscheider festgestellt oder ergibt sich, dass ein Verstorbener krank, krankheitsverdächtig oder Ausscheider war, so trifft die zuständige Behörde die notwendigen Schutzmaßnahmen, insbesondere die in den §§ 29 bis 31 genannten, soweit und solange es zur Verhinderung der Verbreitung übertragbarer Krankheiten erforderlich ist.

(2) [...]

Verkürzen lässt sich der Paragraf auf folgenden Kerngehalt:

- Die Behörde trifft die *notwendigen* Schutzmaßnahmen, soweit und solange es zur Verhinderung der Verbreitung übertragbarer Krankheiten *erforderlich* ist.

Das Bespiel zeigt: Unbestimmte Rechtsbegriffe können auf der Tatbestands- sowie auf der Rechtsfolgenebene vom Gesetzgeber verwendet werden.[188] Daher erschließt sich die Gegenüberstellung von unbestimmten Rechtsbegriffen auf Tatbestandsseite und Ermessen auf Rechtsfolgenseite aus normstruktureller Perspektive nicht.[189] Dennoch setzte sich die Ansicht durch, die Bezeichnung als unbestimmter Rechtsbegriff sei der Tatbestandsseite und die des Ermessens sei der Rechtsfolgenseite zuzuordnen.[190]

Bedenken gegen diese normstrukturelle Unterscheidung beider Spielräume, die Auswirkungen auf die gerichtliche Kontrolle haben soll,[191] ergeben sich aus einem zweiten Grund. Ein Argument, welches von Befürwortern einer Trennung zwischen Beurteilungsspielraum und Ermessen zuweilen übergangen wird, ist das Folgende: Nahezu jede Norm, die einen Beurteilungsspielraum auf Tatbestandsseite eröffnet, lässt sich in eine Norm umformulieren, die eine Ermessen auf

---

[187] Vgl. Art. 1 G. v. 10.2.2020 BGBl. I S. 148.
[188] Vgl. die Beispiele von *Sachs* in Stelkens/Bonk/ders., § 40 Rn. 157.
[189] Vgl. schon *Rupp*, NJW 1969, S. 1275, der die frühere Erkenntnis von *Ehmke*, „Ermessen" und „unbestimmter Rechtsbegriff", S. 26 ff. aufgreift.
[190] *Lange*, NJW 1992, S. 1196; *Wolff* in Sodan/Zieko, VwGO, § 114 Rn. 13.
[191] Vgl. nur *Decker* in Posser/Wolff, BeckOK VwGO, § 114 Rn. 32 ff.; v. *Mutius/Sperlich*, DÖV 1993, S. 45; *Schmidt-Aßmann*, DVBl. 1997, S. 281; *Sendler*, DVBl. 1994, S. 1089; *Sieckmann*, DVBl. 1997, S. 101.

Rechtsfolgenseite einräumt.[192] Verdeutlichen lässt sich dies an folgendem Beispiel,[193] welches an § 16 Abs. 7 IfSG[194] angelehnt ist:[195]

- Bei Gefahr im Verzuge *kann* die Behörde die erforderlichen Maßnahmen anordnen (Ermessensnorm).[196]
- Bei Gefahr im Verzuge trifft die Behörde Maßnahmen, wenn dies *erforderlich* ist (gebundene Norm mit unbestimmtem Tatbestand).

Die Bedenken, welche durch die Möglichkeit einer Umformulierung entstehen, sind nicht von der Hand zu weisen.[197] Die maßgebliche Frage ist aber: Kann der Gesetzgeber beide Konstruktionen verwenden, um exakt denselben Spielraum zu gewähren oder entscheidet er sich bewusst für eine Variante, weil das Ermessen und der Beurteilungsspielraum unterschiedliche Bindungswirkungen gegenüber der Verwaltung bzw. den Gerichten erzeugen?[198] Dies wird durch die folgenden Untersuchungen aus normstruktureller Perspektive und bei der anschließenden Betrachtung aus Sicht der Verwaltung bzw. der Gerichte zu klären sein.

4. Gründe der normstrukturellen Unterscheidung

Einen ersten Aufschluss über die vorgenommene Differenzierung bietet der Ursprung der Gegenüberstellung. Eine Unterscheidung nach der Normstruktur war nicht der methodische Anlass für die Differenzierung. Die Aufteilung war vielmehr Folge des als notwendig empfundenen Bedürfnisses der Ausdifferenzierung des zuvor einheitlich verwendeten Ermessensbegriffs: Die ältere Judikatur bzw. Literatur ging – auch noch nach Inkrafttreten des Grundgesetzes – von einem einheitlichen Ermessensbegriff aus, der die Anwendung unbestimmter Rechtsbegriffe

---

[192] Erstmals wohl *Ehmke*, „Ermessen" und „unbestimmter Rechtsbegriff", S. 28; daran anknüpfend dann auch *Lohmann*, Die Zweckmäßigkeit der Ermessensausübung, S. 83; *Nagel*, Die Rechtskonkretisierungsbefugnis der Exekutive, S. 77; *Starck* in Franßen/Redeker/Schlichter/Wilke, Festschrift für Horst Sendler, S. 168 ff.; *Wiedmann*, Das Planungsermessen, S. 64; a.A.: *Schmidt-Salzer*, VerwArch 60 (1969), S. 273 ff., dem aber *Wiedemann*, Das Planungsermessen, S. 64 und *Soel*, Das Ermessen der Eingriffsverwaltung, S. 202 entgegentreten.
[193] Anhand der polizeirechtlichen Generalklausel: *Beaucamp*, JZ 2012, S. 197; ähnlich: *Herdegen*, JZ 1991, S. 748 f.; Beispiel aus dem Dienstrecht: *Maurer/Waldhoff*, Allgemeines Verwaltungsrecht, S. 166.
[194] I.d.F. v. 19.11.2020, Art. 1 G. v. 18.11.2020 BGBl. I S. 2397.
[195] Vgl. auch *Gärditz/Abdulsalam*, GSZ 2020, S. 111: „§ 16 Abs. 1 IfSG enthält eine *Verhütungs*generalklausel, § 28 Abs. 1 IfSG eine *Bekämpfungs*generalklausel." [Hervorhebung dort].
[196] *Johann/Gabriel* in Eckart/Winkelmüller, BeckOK Infektionsschutzrecht, § 16 Rn. 59 ff.; VG Düsseldorf BeckRS 2019, 5763.
[197] *Bamberger*, VerwArch 93 (2002), S. 232; *Herdegen*, JZ 1991, S. 749.
[198] Ähnlich auch: *Weitzel*, Rechtsetzungsermessen, S. 50.

(Tatbestandsermessen)[199] ebenso umfasste wie das Ermessen auf Rechtsfolgenseite.[200] Zusehends wurden allerdings – im Hinblick auf den verfassungsrechtlich garantierten Rechtsschutz – Zweifel daran gehegt, ob der Verwaltung bei der Beurteilung der Tatbestandsvoraussetzungen ein Ermessen zukommt.[201] Kritisch wurde zum Beispiel die Aussage des BVerwG gesehen, beim Tatbestandsmerkmal „Interessen des öffentlichen Verkehrs" (§ 9 Abs. 1 PersBefG a.f.) würden Erfahrungssätze und objektive Maßstäbe versagen und die Entscheidung, ob solche vorliegen, sei in das *Ermessen* der Verwaltung zu stellen.[202] Durch die Aufteilung des zunächst einheitlich verwendeten Ermessensbegriffs[203] konnte man eine getrennte Behandlung beider Ebenen, also der Tatbestandsvoraussetzungen und der Rechtsfolgenseite, erreichen. Man sah das Bedürfnis nach einer grundsätzlichen Unterscheidung zwischen der Beurteilung der Voraussetzungen für ein Verwaltungshandeln (Tatbestand) und der Freiheit des Handelns (Rechtsfolge: Ermessen).[204]

Der Tatbestandseite wurden folgende normtheoretischen[205] Grundsätze zugrunde gelegt: Die Tatbestandvoraussetzungen können juristisch ausgelegt und definiert werden.[206] Durch einen Vergleich des zugrundeliegenden Sachverhalts mit den Tatbestandsvoraussetzungen könne *eine* richtige conclusio erlagt werden.[207] Die Voraussetzungen auf Tatbestandsseite und deren Anwendung werden deshalb als erkenntnistheoretisch durchdringbar angesehen, während auf Rechtsfolgenseite das Einfließen subjektiver Wertungen zugelassen wurde.[208]

Daneben ging man auf der Grundlage der Normtheorie davon aus, dass unbestimmte Tatbestandsmerkmale mithilfe der Erkenntnismethode auslegbar sind

---

[199] Vgl. *Herdegen*, JZ 1991, S. 747; *Obermayer*, NJW 1987, S. 2644 f.; *Smeddinck*, DÖV 1998, 370 ff.; BVerwGE 34, 260 (261); BVerwGE 23, 149 (157).
[200] BVerwGE 4, 89 (92); *Jellinek*, Gesetz, Gesetzesanwendung und Zweckmäßigkeitserwägung, S. 36; *Ule* in Bachof/Drath/Gönnenwein/Walz, Gedächtnisschrift für Walter Jellinek, S. 313 ff.
[201] *Bachof*, JZ 1955, S. 98; vgl. *Bullinger*, JZ 1984, S. 1002 ff.; *Lohmann*, Die Zweckmäßigkeit der Ermessensausübung, S. 77 ff.
[202] BVerwG, Urt. v. 10.3.1954, JZ 1954, S. 575; *Bachof*, JZ 1955, S. 97.
[203] Vgl. BVerwGE 4, 89 (92); *Bachof*, JZ 1955, S. 98 bemängelt dies als „unkritischen Gebrauch des Ermessensbegriffs.
[204] *Bachof*, JZ 1955, S. 98.
[205] Die normtheoretische Betrachtung geht auf das Zivilrecht zurück und findet sich schon bei *v. Tuhr*, Der Allgemeine Teil des Deutschen Bürgerlichen Rechts II, S. 3 ff.; *Engisch*, Einführung in das juristische Denken, S. 47 ff.
[206] *Sachs* in Stelkens/Bonk/ders., VwVfG, § 40 Rn. 147; BVerfGE 129, 1, 20; BVerfG, NVwZ 2012, S. 694 Rn. 22.
[207] *Engisch*, Einführung in das juristische Denken, S. 47 ff.
[208] Ursprünglich: *Jellinek*, Gesetz, Gesetzesanwendung und Zweckmäßigkeitserwägung, S. 159; *Bachof*, JZ 1955, S. 98; kritisch *Jarosch*, DÖV 1974, S. 125 f.; *Bull*, Verwaltungsrecht, Rn. 447

und ihre Anwendung auf den konkreten Sachverhalt zu *einem* wahrhaftigen Ergebnis führt; diese Erkenntnis des „richtigen" Ergebnisses könne sowohl die Verwaltung als auch die Judikative vollumfänglich leisten.[209] Im Hinblick auf die Kontrollperspektive des Gerichts wurde dadurch die verfassungsrechtlichen Bedenken eines Ermessens auf Tatbestandsseite gelöst: Denn unter dieser Prämisse ist die Tatbestandsseite und ihre Anwendung in vollem Umfang kontrollfähig, die Rechtsfolgenseite kann dagegen im Falle einer Ermessensnorm nur eingeschränkt kontrolliert werden.[210] Der Einbezug dieser Umstände in die Überlegungen zeigt allerdings auch, dass eine (ausschließlich) normstrukturelle Betrachtung weder Ausgangspunkt der Unterscheidung war, noch dass eine solche Perspektive das Verhältnis von unbestimmten Rechtsbegriffen, Beurteilungsspielräumen und Ermessen zu lösen vermag.

5. Unbestimmte Rechtsbegriffe und Beurteilungsspielräume

a) Grundlagen der Beurteilungsspielräume

Die soeben dargelegte Idee von einer voll kontrollfähigen Anwendung eines unbestimmten Rechtsbegriffs wurde nicht zu Unrecht von *Herdegen* als „idealtypische Vision" bezeichnet.[211] Das Bedürfnis nach gewissen Freiräumen auch auf der Seite des Tatbestands erkannte auch die verwaltungsrechtliche Literatur, was zur Etablierung des sog. Beurteilungsspielraums führte („partielle Rücknahme des zu weiten Pendelausschlages").[212] Die Lehre vom Beurteilungsspielraum geht maßgeblich auf *Bachof* zurück.[213] Dieser vollzog zwar eine Trennung zwischen unbestimmten Rechtsbegriffen auf Tatbestandsseite[214] und Ermessen auf Rechtsfolgenseite. Bei der Beurteilung der Voraussetzungen ging er aber – anders als andere wissenschaftliche Stimmen zuvor – von einem möglichen Spielraum aus, der vom Ermessen („Freiheit des Handelns") zu unterscheiden sei.[215] Der Begriff des Beurteilungsspielraums sollte damit im Gegensatz zu den anderen Begriffen, die zu dieser Zeit für die Freiräume auf Tatbestandsseite aufkeimten, eine deutliche Abgren-

---

[209] *Reuß,* Der unbestimmte Rechtsbegriff, DVBl. 1953, S. 649; auch *Redeker,* NVwZ 1992, S. 306 vertrat dies später noch.
[210] Dies kritisiert *Franßen,* JZ 1971, S. 224 ff.
[211] *Herdegen,* AöR 114 (1989), S. 623; dies hält *Ossenbühl,* DVBl. 1974, S. 310 für ein „Scheinproblem".
[212] So treffend: *Sendler,* NJW 1986, S. 1086.
[213] *Bachof,* JZ 1955, S. 98; vgl. auch zur Entstehungsgeschichte: *Bickenbach,* Bescheidungsurteil, S. 146 ff.; *Pache,* Tatbestandliche Abwägung, S. 53 ff.; *Nell,* Beurteilungsspielraum, S. 135 f.
[214] Vgl. *Bachof,* JZ 1955, S. 99.
[215] *Bachof,* JZ 1955, S. 98.

zung zum Ermessen auf Rechtsfolgenseite erlauben.[216] Denn worin sich *Bachof* von den dargestellten normtheoretischen Ansätzen nicht abgrenzte, ist die Ansicht, beim Tatbestand handle es sich um einen Erkenntnisakt, während es sich beim Ermessen auf Rechtsfolgenseite unter anderem um Willensentscheidungen drehe, die mit der Beurteilung von unbestimmten Rechtsbegriffen wenig gemein habe.[217]

Den Erkenntnisakt auf Tatbestandsseite unterteilte er allerdings weiter und verließ somit den Pfad der bisherigen normtheoretischen Ansätze: Die *Auslegung* des unbestimmten Gesetzesbegriffs erkannte er als stets kontrollfähige Rechtsfrage.[218] Hiervon unterschieden wird aber die *Anwendung* des Rechtsbegriffs im konkreten Einzelfall, also die Subsumtion der festgestellten und kontrollfähigen Tatsachen unter den Rechtsbegriff.[219] Als maßgeblich identifizierte *Bachof* dabei zu Recht die Frage, unter welchen Umständen ein unbestimmter Rechtsbegriff einen Spielraum bei der Sachverhaltsbeurteilung einräumt.[220] Im Hinblick auf die Rechtsstaatlichkeit wird hierauf die grundsätzliche Antwort gegeben, dass es sich bei einem Beurteilungsspielraum um eine Ausnahme handeln müsse: Die Vermutung spreche gegen einen solchen Freiraum; die Annahme bedürfe einer besonderen Begründung.[221]

Bei Wertbegriffen wird dabei tendenziell von einem subjektiven Spielraum ausgegangen, weil es hier schon keine „richtige" Lösung geben könne.[222] Bei Begriffen dagegen, deren Subsumtion an objektive Erfahrungssätze anknüpft, fordert *Bachof* eine sorgfältige Prüfung im Einzelfall: Je geringfügiger die konkrete und praktische Möglichkeit einer eindeutigen Beurteilung der Anwendung eines Rechtsbegriffs im konkreten Fall bzw. je höher die Verantwortung der Behörde sei, desto eher müsse man auch hier von einem Beurteilungsspielraum ausgehen.[223] Auf der Grundlage dieser Erkenntnisse lässt sich vorläufig folgende Parallele zum Ermessen ziehen: Die Einräumung eines Beurteilungsspielraums auf Tatbestandsseite ist eine Frage der jeweiligen Ermächtigungsgrundlage, deren Auslegung im

---

[216] So wurde zum Beispiel vom „Subsumtionsermessen", „kognitivem Ermessen", „Urteilsermessen" oder „Beurteilungsermessen" gesprochen, vgl. *Bachof*, JZ 1955, S. 98.
[217] *Bachof*, JZ 1955, S. 98 f.
[218] *Bachof*, JZ 1955, S. 99.
[219] *Bachof*, JZ 1955, S. 99; mit leicht anderen Akzenten besagt dies auch die Vertretbarkeitslehre: *Ule*, Anwendung unbestimmter Rechtsbegriffe, S. 309 ff.
[220] *Bachof*, JZ 1955, S. 99.
[221] *Bachof*, JZ 1955, S. 100.
[222] *Bachof*, JZ 1955, S. 99 f.
[223] *Bachof*, JZ 1955, S. 99 f.

Regelungskontext einen Aufschluss darüber gibt, ob bzw. inwieweit ein Spielraum bei der Beurteilung von Tatbestandsvoraussetzungen besteht.[224]

Diese Theorie ist im Grundsatz auf breite Zustimmung gestoßen und wurde im Laufe der Zeit in ihren Anwendungsfällen verfeinert. Die Rechtsprechung folgt dieser Ansicht ebenfalls, verwendet allerdings zuweilen keine einheitliche Nomenklatur, da Begriffe wie „Einschätzungsprärogative"[225] oder „Einschätzungsspielraum"[226] bzw. „Beurteilungsermächtigung"[227] verwendet werden, wobei letztere Begrifflichkeit vor allem die eingeschränkte Justitiabilität betont. Je nach Regelungsgebiet werden auch speziellere Begrifflichkeiten geprägt wie „Regelungsspielraum"[228], „Prognoseermächtigung"[229] oder „Wertungsspielraum."[230] Dass die Rechtsprechung mit dieser Vielfalt an Begrifflichkeiten[231] Differenzierungen inhaltlicher Art erreichen möchte, ist grundsätzlich nicht anzunehmen. Denn häufig werden in ein und derselben Entscheidung verschiedene Begriffe verwendet, ohne dass hiermit eine materielle Abgrenzung impliziert wird.[232]

Insgesamt tragen diese Auswüchse nicht zur klaren Abgrenzung dieses Instituts bei und erleichtern auch die inhaltliche Erfassung nicht. Verstärkt wird diese Problematik, wenn die Rechtsprechung Begriffe wie den „Einschätzungsspielraum" teilweise als Synonym zum Beurteilungsspielraum verwendet, ihn aber in einem anderen Zusammenhang gleichzeitig als Ausdruck eines *nicht nur* eingeschränkt justitiablen Begriff verwendet.[233] Daher soll – der Verständlichkeit halber – der Begriff des Beurteilungsspielraums[234] beibehalten werden, wenn im Folgenden von einem gerichtlich nicht voll justitiablen Spielraum auf Tatbestandsseite die Rede ist. Liegt dagegen lediglich hinsichtlich einzelner Teilaspekte eines unbestimmten

---

[224] Vgl. auch die Bilanz von *Herdegen,* JZ 1991, S. 751.
[225] Wohl erstmals in *Wolff/Bachof,* § 31, S. 192; BVerwGE 100, 221 (226), NVwZ 1997, 179; BVerwGE 140, 149 Rn. 99, NuR 2011, 866; KommJur 2018, S. 222, BeckRS 2018, S. 7740 Rn. 12.
[226] BVerwG NVwZ 2019, 65 Tz. 35; ZKJ 2018, 236 Tz. 21; OVG Lüneburg, Urt. v. 17.4.2018 – 15 KF 9/17, BeckRS 2018, 10140 Rn. 136 u. 147.
[227] *Redeker,* NVwZ 1992, S. 307.
[228] BVerwGE 154, 377 Rn. 22, NVwZ 2016, 1247.
[229] OVG Lüneburg, DVBl. 1994, S. 1204; vgl. auch BVerfGK, NVwZ 2010, 435 Tz. 70.
[230] BVerwG, NJW 2012, S. 2054; Urt. v. 1.3.2018 – 2 A 10.17, BeckRS 2018, 6185; DRiZ 2018, 356; OVG Magdeburg, IÖD 2017, S. 137.
[231] Überblick auch bei BVerwGE 72, 38 (53), NJW 1986, 796.
[232] Vgl. BVerwGE 81, 12 (17), NVwZ-RR 1990, S. 134; 100, 221 (225 und 226), NVwZ 1997, S. 179; BVerwGE 153, 36 Rn. 22, NVwZ 2016, 327; NVwZ 2018, 1229 Tz. 22; ebenso *Lenz,* DVBl. 2018, S. 606 mit Verweis auf BVerwG, NVwZ 2014, 524 Tz. 17 ff.; so auch *Schmidt-Aßmann* in Dürig/Herzog/Scholz, GG, Art. 19 Abs. 4 Rn. 191.
[233] Vgl. BVerwG, Beschl. v. 24.10.2018 – 6 B 121.18, BeckRS 2018, 28632 Rn. 7.
[234] BVerwGE 94, 307 (309), NVwZ 1995, 707; NVwZ-RR 2018, 304 Rn. 19 ff.

Rechtsbegriffs eine zurückgenommene Kontrolle vor, so wird keine Beurteilungsspielraum angenommen.[235]

b) Prozessuale und normorientierte Begründungsansätze

Da sich neben *Bachof* sowohl die Rechtsprechung als auch die übrige Literatur[236] zuhauf mit den Freiräumen der Verwaltung auf Tatbestandsseite beschäftigten, bildeten sich verschiede Begründungsansätze heraus. Diese gilt es zu beleuchten, um weitere Parallelen oder aber Unterschiede zum Ermessen herausarbeiten zu können. Im Wesentlichen bildeten sich zwei unterschiedliche dogmatische Ansätze:[237] Der prozessuale Ansatz leitet den Beurteilungsspielraum aus einem nicht am positiven Recht orientierten Gedanken her.[238] *Ossenbühl* umschreibt diesen Ansatz treffend: „[Es] lässt sich nach der Durchsicht der Judikatur sagen, dass Beurteilungsspielräume immer und nur dann anerkannt werden, wenn die Gerichte sich einer vollen Kontrolle der in Streit stehenden Verwaltungsentscheidung entziehen wollen."[239] Hieraus ergibt sich der Kerngedanke des prozessualen Ansatzes, der vor allem an die fehlende Justitiabilität unbestimmter Rechtsbegriffe anknüpft:[240] Ein Beurteilungsspielraum liegt demnach dann vor, wenn das Gericht mit seiner Entscheidung die der Verwaltung ersetzen würde.[241] Kritisch an diesem Ansatz muss gesehen werden, dass der Beurteilungsspielraum mit seiner eigenen Notwendigkeit begründet wird, ohne eine positiv-rechtliche Herleitung zu gewährleisten. Mit anderen Worten implizit das Sollen in diesem Fall ein Können.[242] Er ist daher in dieser Absolutheit zum einen unvereinbar mit der Rechtsschutzgarantie des Art. 19 Abs. 4 GG und bietet sich zum anderen auch nicht für weitere normstrukturelle Überlegungen an.

Der zweite Ansatz orientiert sich daher zu Recht näher am Gesetz und fordert dort Hinweise auf eine Einschränkung der Justitiabilität: Der Gesetzgeber schaffe Spielräume für die Behörde und erlaube ihr damit eine gewisse eigene Akzentuierung,

---

[235] BVerwGE 26, 135 (140): dienstliches Bedürfnis als Voraussetzung für eine Versetzung; BVerwGE 10, 202 (205); *Kellner*, DÖV 1969, S. 312.
[236] Vgl. nur *Bullinger*, JZ 1984, S. 1001 ff.; *Jesch*, AöR 82 (1957), S. 163 ff.; *Erichsen*, DVBl. 1985, S. 22 ff.; *Herdegen*, JZ 1991, S. 747; *Sendler* in Blümel/Merten/Quaritsch, Festschrift für Carl Hermann Ule, S. 336 ff.
[237] *Weber*, Regelungs- und Kontrolldichte, S. 147 ff.; dem folgend: *Weitzel*, Rechtsetzungsermessen, S. 45.
[238] Vgl. auch charakterisierend BVerwGE 8, 272 (275); kritisch hierzu: *Weber*, Regelungs- und Kontrolldichte, S. 149.
[239] *Ossenbühl*, DÖV 1976, S. 465.
[240] So erstmals wohl *Schmidt-Salzer*, Der Beurteilungsspielraum, S. 28 ff.
[241] Vgl. BVerfGE 84, 34 (50).
[242] *Schulze-Fielitz*, JZ 1993, S. 778.

die aufgrund der gesetzlichen Ermächtigung nicht kontrollfähig sei.[243] Die eingeräumten Spielräume können dabei prozessualer Natur sein[244] oder sich im materiellen Recht finden. Auch *Bachof* lässt sich diesem vorzugswürdigen Ansatz zuordnen, da er den Beurteilungsspielraum als Ausnahmefall auffasst und ihn von einer sorgfältigen Auslegung des Gesetzestextes abhängig macht.[245]

c) Ansicht der Rechtsprechung

Die Rechtsprechung vereint die soeben rezipierten Ansätze und macht Gedanken beider fruchtbar: Begründet wird die Zurückhaltung bei der sonst vollständigen Kontrolle[246] von unbestimmten Rechtbegriffen im Rahmen von besonders komplexen bzw. dynamischen Materien damit, „dass die gerichtliche Kontrolle an die Funktionsgrenze der Rechtsprechung stößt", wenn Rechtsbegriffe besonders vage sind und die Konkretisierung im Nachvollzug einer Verwaltungsentscheidung auf außerordentliche Schwierigkeiten stößt.[247] Auch hat es das BVerfG in jüngeren Entscheidungen offengelassen, ob bei einer fehlenden Gesetzesgrundlage eine Letztentscheidungskompetenz direkt aus der Verfassung hergeleitet werden könne, wenn die Judikative an ihre Funktionsgrenze gelange.[248] Weiter zu festigen scheinen sich diese Tendenzen durch die Erkenntnis, der jeweilige Wissensstand bilde eine faktische Grenze der gerichtlichen Kontrolle, weshalb sich in diesen Fällen die Begrenzung der Kontrolle aus sich selbst heraus rechtfertige, ohne die Notwendigkeit einer gesetzlichen Ermächtigung.[249] Die Rechtsprechung gesteht damit im Ergebnis selbst ein, bei einer vollumfänglichen gerichtlichen Kontrolle einiger unbestimmter Rechtsbegriffe[250] letztlich eine Entscheidung anstelle der Verwaltung treffen zu müssen. Dies wäre in der Tat vor dem Hintergrund des Ge-

---

[243] Erstmals *Bachof*, JZ 1955, S. 99, unter V.
[244] Kritisch: *Weber*, Regelungs- und Kontrolldichte, S. 204 und zuvor auch schon *Haverkate*, Rechtsfragen des Leistungsstaates, S. 262; aufgeführt aber bei *Weitzel*, Rechtsetzungsermessen, S. 46.
[245] *Bachof*, JZ 1955, S. 99.
[246] BVerfGE 6, 32, 42 f.; BVerfGE 15, 275 (282), NJW 1963, S. 803; BVerwGE 153, 386 Rn. 28 f.; BayVGH, BayVBl 2013, S. 114 Rn. 47; OVG Weimar, LKV 2016, S. 415 ff.; BVerwGE 147, 292 Rn. 19 ff.; BVerwG NJW 2015, 1321 Rn. 11.
[247] BVerfGE 84, 34 (50), NJW 1991, S. 2005, NVwZ 1991, S. 869; BVerfGE 84, 59 (77 f.), NVwZ 1991, S. 870, NJW 1991, S. 2008, NVwZ 1991, S. 870; BVerfG, Beschl. v. 16.12.1992 – 1 BvR 167/87, BVerfGE 88, 40-63, juris Rn. 44 f.; 94, 34 (50); offen in: BVerfG, NVwZ 2011, S. 1065 Rn. 74.
[248] BVerfGE 129, 1, NVwZ 2011, S. 1062 Rn. 74; BVerfG, NVwZ 2012, S. 694 Rn. 26; hierzu auch *Langstädler*, Effektiver Umweltrechtsschutz, S. 160.
[249] BVerfG, Beschl. v. 23.10.2018, 1 BvR 2523/13, 1 BvR 595/14, NVwZ 2019, S. 54 Rn. 23; vgl. *Langstädler*, Effektiver Umweltrechtsschutz, S. 160.
[250] Gegenbeispiele: BVerfGE 54, 143 (144 f.); BVerwGE 68, 311 (313); OVG Münster, NWVBl. 2009, S. 108.

waltenteilungsgrundsatzes problematisch, weil die Gerichte so den Pfad der Kontrolle verlassen würden.[251]

Grundsätzlich stützt sie sich jedoch auf den materiellen, normorientierten Begründungsansatz,[252] wie die Begründung eines Beurteilungsspielraums im Rahmen des Tatbestandes von § 28 Abs. 1 S. 1 IfSG belegt: Der Wortlaut spreche nicht für einen Spielraum der Exekutive.[253] Allerdings sei es bei neuartigen Krankheitserregern mangels sicherer Tatsachenbasis häufig nicht möglich, die Gefahr für die Allgemeinheit, die Übertragbarkeit sowie die Schwere des Krankheitsverlaufs vorab einzuschätzen mangels gesicherter wissenschaftlicher Expertise.[254] Bei der Einordnung eines neuen Krankheitserregers wie der Covid-19 Erkrankung wird dem Gesetzgeber und der von diesem ermächtigte Verordnungsgeber daher ein „Einschätzungsspielraum" zugebilligt.[255]

Wie sich an dieser Entscheidung auch zeigt, schlagen sich Beurteilungsspielräume selten im Gesetzestext ausdrücklich nieder, obwohl dies seit geraumer Zeit von Teilen der Literatur gefordert wird. Freilich würde eine derartig ausdrückliche Normierung die Frage nach tatbestandlichen Beurteilungsspielräumen vereinfachen. So formulierte bereits *Sendler* anschaulich, dass es für den Gesetzgeber angebracht sei, „ins einfache Gesetzesrecht mehr als bisher ausdrücklich hineinzu*schreiben*, inwieweit [er] der Verwaltung eine verantwortliche Letztentscheidung anvertrauen will, damit die Richter beim bloßen Hinein*lesen* nicht zu große Ängste oder Schwierigkeiten verspüren."[256] In eine ähnliche Richtung geht die Feststellung, dem Gesetzgeber falle die Konkretisierung nicht gerichtlich kontrollierbarer Interpretationen schwer.[257]

d) Erkenntnisse aus den Begründungsansätzen

Das Ergebnis sämtlicher Ansätze ist das Folgende: Sie gelangen zu einer eingeschränkten Justiziabilität bei Beurteilungsspielräumen. Der prozessuale Ansatz

---

[251] Vgl. BVerfGE 61, 82 (111); 84, 34 (50); Beschl. v. 16.12.1992 – 1 BvR 167/87, BVerfGE 88, 40-63, juris Rn. 44 a.E.
[252] BVerfG, Beschl. v. 31.5.2011 – 1 BvR 857/07, juris Rn. 99; BVerwG, Urt. v. 29.6.2016 – 7 C 32.15, juris Rn. 29.
[253] BayVGH, Beschl. v. 4.10.2021 – 20 N 20.767, juris Rn. 60 mit Verweis auf BVerwG, Urt. v. 16.5.2007 – 3 C 8.06, juris Rn. 26; Urt. v. 23.1.2008 – 6 A 1.07, juris Rn. 43; BVerwG, Urt. v. 23.11.2011 – 6 C 11.10, juris Rn. 37.
[254] BayVGH, Beschl. v. 4.10.2021 – 20 N 20.767, juris Rn. 60.
[255] BayVGH, Beschl. v. 4.10.2021 – 20 N 20.767, juris Rn. 60; so auch BVerfG, Beschl. v. 13.5.2020 - 1 BvR 1021/20, juris Rn. 10; ThürVerfGH, Urt. v. 1.3.2021 – 18/20.
[256] *Sendler*, NJW 1986, S. 1086.
[257] *Weber*, Regelungs- und Kontrolldichte, S. 204; *Janning*, DVBl. 1983, S. 407.

geht aber davon aus, dass die Gerichte nicht kontrollieren *können*,[258] während der materielle die Prämisse zugrunde legt, dass die Gerichte nicht kontrollieren *sollen*.[259] Der materielle Ansatz überzeugt aufgrund der Rückkopplung an den gesetzgeberischen Willen unter gleichzeitiger Einräumung eines hinreichenden Rechtsschutzes.[260] Die Frage, ob Beurteilungsspielräume eingeräumt werden bzw. wie weit diese gehen sollen, muss durch Auslegung ermittelt werden.[261]

Dies ist ein weiteres Indiz für die bisherigen Thesen: Die Normstruktur alleine gibt weder einen Hinweis auf das Vorliegen eines Spielraums noch macht es die Lokalisierung auf Tatbestandsseite nach bisherigen Erkenntnissen eindeutig notwendig, Ermessen und Beurteilungsspielraum strikt voneinander zu trennen. Wenn der Gesetzgeber einen Beurteilungsspielraum nicht ausdrücklich niederschreibt, muss vielmehr eine Auslegung bemüht werden.[262] Eine Erkenntnis, die sich schon bei der Betrachtung des Verwaltungsermessens einstellte.[263] Hier wie dort ist sorgfältige Auslegung der gesetzlichen Grundlagen nötig, um auf das Vorliegen einer Letztentscheidungskompetenz zu schließen.[264] Die Normstruktur allein vermag dies nicht zu klären.[265]

Insgesamt muss daher festgehalten werden, dass Normen, die eine Ermessensermächtigung enthalten, eine gerichtlich nicht voll überprüfbare Abwägung ermöglichen in Bezug auf die Frage, ob eine Verwaltungsentscheidung gewisse Zwecke optimal verfolgt. Beurteilungsspielräume räumen die nicht vollständig justitiable Beurteilung ein, ob ein Sachverhalt unter einen unbestimmten Rechtsbegriff fällt. Beide Freiräumen könnten sich darin unterscheiden, dass nur einer der beiden Erwägungen der Zweckmäßigkeit erlaubt. Letzteres ist anzunehmen, wenn Beurteilungsspielräume lediglich die Unmöglichkeit gerichtlicher Kontrolle deklarieren, ohne einem Normanwender gleichzeitig Zweckmäßigkeitserwägungen zuzubilli-

---

[258] BVerfGE 84, 34 (50), NJW 1991, S. 2005, NVwZ 1991, S. 869; BVerfGE 84, 59 (77 f.), NVwZ 1991, 870, NJW 1991, S. 2008, NVwZ 1991, S. 870; BVerfGE 94, 34 (50); offen gelassen bei: BVerfG, NVwZ 2011, S. 1065 Rn. 74.
[259] Vgl. auch *Weitzel*, Rechtsetzungsermessen, S. 45 f.
[260] So auch die „normative Ermächtigungslehre" von *Bachof*, Beurteilungsspielraum, JZ 1955, S. 98 ff.; vgl. auch *Schmidt-Aßmann* in Dürig/Herzog/Scholz, GG, Art. 19 Abs. 4 Rn. 191 a.E.
[261] Vgl. BVerfGE 129, 1, NVwZ 2011, S. 1062 Rn. 72; *Weber*, Regelungs- und Kontrolldichte, S. 204 geht dabei kritisch davon aus, es werde „auf sophistische Art und Weise in die unbestimmten Rechtsbegriffe ein entsprechender Gesetzeswille ‚hineininterpretiert'."
[262] Vgl. BVerfGE 129, 1, 20; BVerfGK, NVwZ 2012, S. 694 Rn. 22; BVerfGE 64, 261 (279); 103, 142 (156); BVerwGE 94, 307 (309); BayVGH, BayVBl. 1993, S. 50.
[263] Vgl. auch die Bilanz von *Herdegen*, JZ 1991, S. 751.
[264] *Decker* in Posser/Wolff, § 114 Rn. 35; BVerfG, NVwZ 2011, S. 1065; BVerwGE 72, 199; 81, 12 (17); 100, 221 (225); BVerwG, NJW 2007, S. 2790; BVerwG, DÖV 2020, S. 578.
[265] Für bestimmte Fälle zustimmend: *Wolff* in Sodan/Zieko, VwGO, § 114 Rn. 13.

gen. Wenn allerdings Beurteilungsspielräume dazu gedacht sind, eine subjektive Wertung bei der Normanwendung einfließen zu lassen, dann spricht dies eher für das Erlauben von Zweckmäßigkeitserwägungen.[266] Dieser letzte Aspekt kann aber alleine mit den Gedanken der Normstruktur nicht beantwortet werden und wird daher bei der Betrachtung aus der Perspektive der Verwaltung eine Rolle spielen (siehe sogleich C.III.).

6. Sinnhaftigkeit der normstrukturellen Unterschiede

Ein klarer Unterschied auf einer normstrukturellen Ebene beim Erlass von Einzelakten bleibt bisher erhalten: Als Beurteilungsspielräume werden die Freiräume bei der Anwendung unbestimmter Rechtsbegriffe auf der Tatbestandsseite bezeichnet, während Ermessen auf der Rechtsfolgenseite zugebilligt wird.[267] Es drängt sich nach wie vor die Frage auf (vgl. C.II.3.b.), ob weitere normstrukturelle Erkenntnisse der Unterscheidungen einen tieferen Sinngehalt geben oder ob es sich letztlich nur um den überholten Versuch handelt, einen einheitlichen Ermessensbegriff aufzuspalten, um die Handlungsvoraussetzungen auf Tatbestandsseite einer – vermeintlich – stärkeren Bindung zu unterwerfen.

a) Erkenntnisakt und Willensentscheidung

Hierfür lohnt ein genauerer Blick auf die bereits angeklungene Begründung der Unterscheidung: Die Notwendigkeit einer normstrukturellen Differenzierung wird damit gerechtfertigt, dass es einen Unterschied mache, ob der Behörde eine Freiheit beim Handeln eingeräumt wird (Ermessen) oder bei der Beurteilung der Voraussetzungen hierfür (Beurteilungsspielraum).[268] Dies sei deshalb entscheidend, weil das Ermessen eine Willensentscheidung[269] und die Beurteilung von Voraussetzungen ein reiner Erkenntnisakt sei.[270] Schon diese Prämisse stößt auf Bedenken.[271] Denn wertende Elemente und die Erkenntnis von Umständen lassen sich nicht voneinander trennen:[272] Eine Wertung setzt zunächst stets das Erkennen von

---

[266] So zutreffend auch *Weitzel*, Rechtsetzungsermessen, S. 47.
[267] Insofern missverständlich: *Koch*, Unbestimmte Rechtsbegriffe, S. 173, der die Unterscheidung an den Entscheidungsvorgang der Behörde anknüpft.
[268] *Bachof*, JZ 1955, S. 98.
[269] In diese Richtung: *Forsthoff*, Verwaltungsrecht I, S. 80 ff., dessen Aussage *Herdegen*, JZ 1991, S. 750 auf das Ermessen überträgt.
[270] *Bachof*, JZ 1955, S. 98; *Reuß*, Das Ermessen, DVBl. 1953, S. 586; *Idel*, NJW 1955, S. 734; OVG Münster, ZBR 1954, S. 182 ff.
[271] Kritisch insofern auch *Weber*, Regelungs- und Kontrolldichte, S. 170 bzw. *Herdegen*, JZ 1991, S. 750.
[272] Vgl. auch *Herdegen*, JZ 1991, S. 750.

Maßstäben und ihrer Grenzen voraus.[273] So gibt es eine Fülle an unbestimmten Rechtsbegriffe, die abwägende, prognostische oder wertausfüllende Elemente beinhalten,[274] wie es beispielsweise bei der Festlegung von Grenzwerten der Fall ist[275] oder bei der Einschätzung der Gefährlichkeit eines neuen Krankheitserregers im Rahmen von § 28 Abs. 1 S. 1 IfSG.[276] Darüber hinaus verstrickt sich die Ansicht selbst in Widersprüchen. Denn Beurteilungsspielräume werden nach dieser Ansicht auch bei solchen unbestimmten „Wertbegriffen" angenommen, die eine subjektive Wertvorstellung der Behörde voraussetzen. Wenn allerdings die Beurteilung der Tatbestandsvoraussetzungen ein reiner Erkenntnisakt sein soll, so lässt sich schwer erklären, weshalb unbestimmte Rechtsbegriffe aufgrund von subjektiven Wertvorstellungen einen Beurteilungsspielraum eröffnen können.

Das Beispiel von wertegeprägten Rechtsbegriffen auf Tatbestandsseite ist daher im Gegenteil sogar ein Argument für die Notwendigkeit von Wertungen auch auf Tatbestandsseite.[277] Nicht nur deshalb, weil sich beide Begriffe ohnehin kaum voneinander trennen lassen, sondern auch, weil die Ausfüllung subjektiver Wertebegriffe auf Tatbestandsseite eine Motivation des Gesetzgebers sein kann.[278] Denn mitunter kann ein unbestimmter Rechtsbegriff auch den Sinn und Zweck haben die Behörde dazu zu ermächtigen, subjektive Wertvorstellungen bei der Beurteilung der Handlungsvoraussetzungen einzubeziehen.[279] Auch die Einräumung eines Beurteilungsspielraums bei „Erfahrungsbegriffen" spricht eher dafür, dass subjektive Erwägungen auf der Tatbestandsseite ebenfalls eine Rolle spielen dürfen, ja sogar müssen.[280] Denn die Subsumtion derartiger Begriffe ist von Erfahrungen abhängig[281] und einer darauf beruhenden Einschätzung. Erfahrungen sind dabei subjektiv geprägt. Jedes Individuum gelangt auf der Grundlage der gesammelten Erfahrungen zu einer eigenen Perspektive. Von einem reinen Erkenntnisgewinn kann auch hier nicht gesprochen werden.

---

[273] Vgl. auch *Lohmann*, Die Zweckmäßigkeit der Ermessensausübung, S. 87; *Klein*, AöR 82 (1957), S. 100 ff.
[274] *Ewer*, NVwZ 1994, S. 141.
[275] Vgl. BVerwGE 72, 300 (316 f.); 81, 195; ausführlich zu Grenzwerten im Umweltrecht: *Köck*, ZUR 2020, S. 131.
[276] BayVGH, Beschl. v. 4.10.2021 – 20 N 20.767, juris Rn. 60; so auch BVerfG, Beschl. v. 13.5.2020 - 1 BvR 1021/20, juris Rn. 10; ThürVerfGH, Urt. v. 1.3.2021 – 18/20.
[277] *Herdegen*, JZ 1991, S. 750; *Wolff* in Sodan/Ziekow, § 114 Rn. 329.
[278] Vgl. *Herzog*, NJW 1992, S. 2601 ff.
[279] Vgl. *Ule*, DVBl. 1953, S. 497, der dies als „Verlegenheitslösung" beschreibt.
[280] Vgl. auch *Decker* in Posser/Wolff, BeckOK VwGO, § 114 Rn. 35 ff.; BVerfGE 84, 34 (51 f.); so auch schon *Jesch*, AöR 82 (1957), S. 183.
[281] BVerwGE 64, 238 (242); 75, 214 (234); 79, 208 (213 f.); BayVGH, Beschl. v. 4.10.2021 – 20 N 20.767, juris Rn. 60.

b) Differenzierungskriterium: Anzahl der richtigen Entscheidungsmöglichkeiten
Zuweilen wird auch angenommen, dass die Unterscheidung deshalb gerechtfertigt sei, weil es bei der Beurteilung von Tatbestandsvoraussetzungen grundsätzlich nur ein „richtiges" Ergebnis geben könne, während das Ermessen dies gerade nicht voraussetze.[282] In einem ersten Schritt muss geklärt werden, was „Richtigkeit" in diesem Zusammenhang bedeuten soll: Man könnte darunter die Eindeutigkeit der Subsumtion verstehen.[283] Wenn der Tatbestand aber auf einen bestimmten Sachverhalt nur entweder Anwendung finden muss oder dies nicht darf, dann lässt sich die Figur des Beurteilungsspielraums ohnehin schlecht erklären. Man muss sich dann – wie *Bachof* – behelfsweise Konstruktionen bedienen, die wiederum nicht frei von Widersprüchen sind: Denn beinahe zwangsläufig muss für die Erklärung des Beurteilungsspielraums dann der Umstand hochgehalten werden, dass es auf Tatbestandsseite nur ein richtiges Anwendungsergebnis gäbe, welches in der Praxis aber nicht einwandfrei ermittelt werden könne.[284] Hinzu kommt, dass es auch bei Ermessensentscheidungen in Ausnahmefällen lediglich ein rechtmäßiges Ergebnis geben kann, wie der Fall der Ermessensreduktion auf Null zeigt.[285]

„Richtigkeit" könnte daher auch dahingehend verstanden werden, dass eine Vertretbarkeitsprüfung der Subsumtion vorgenommen wird. Dann lässt sich aber nicht mehr von *einem* richtigen Subsumtionsergebnis sprechen, sondern von einer Reihe von zulässigen Entscheidungen auf Tatbestandsseite. Dieses Problem ergibt sich auch, wenn die Beurteilung auf Tatbestandsseite nach der Gesetzestreue ausgerichtet werden soll. Hinzu kommt dann die Frage, welche Maßstäbe zugrunde zu legen sind, um die Gesetzestreue zweier rechtlich zulässiger Subsumtionsergebnisse zu bewerten: Außerrechtliche Maßstäbe kommen dann nicht in Betracht[286] und Maßstäbe zur Kontrolle der Zweckmäßigkeit werden sich aus der jeweiligen Norm grundsätzlich auch nicht ergeben.[287] Schließlich bietet auch Art. 19 Abs. 4 GG keinen Hinweis darauf, dass die Anwendung der Tatbestandsvoraussetzungen für einen ausreichenden Rechtsschutz zu einem - wie auch immer gearteten - „richtigen" Ergebnis führen müsse.[288] Die Anzahl der rechtlich zulässigen Er-

---

[282] So *Schmidt-Salzer*, Beurteilungsspielraum, S. 16; *Reuß*, Das Ermessen, DVBl. 1953, S. 586; angedeutet in BVerwG, Urt. v. 14.7.1961 – VII C 25.61 – BVerwGE 12, 359-363, juris Rn. 37.
[283] Dies betont auch *Engisch*, Einführung in das juristische Denken, S. 114.
[284] *Bachof*, JZ 1955, S. 100.
[285] Vgl. BVerwGE 11, 95 (97); BVerwGE 47, 280 (283).
[286] *Krebs*, Kontrolle in staatlichen Entscheidungsprozessen, S. 77 ff.
[287] Vgl. *Jesch*, AöR 82 (1957), S. 208 ff., den *Weitzel*, Rechtsetzungsermessen, S. 49 zurecht kritisiert.
[288] *Jarosch*, DÖV 1974, S. 126; *Schmidt-Aßmann* in Dürig/Herzog/Scholz, GG, Art. 19 Abs. 4 Rn. 191 ff.

gebnisse der Normanwendung ist damit kein geeignetes Unterscheidungskriterium.

7. Ergebnis der normstrukturellen Überlegungen

Das Streben nach einer Definition des Ermessens anhand normstruktureller Überlegungen ist verbreitet. Problematisch daran ist, wie eingangs erwähnt, dass oftmals andere Elemente als die bloße Normstruktur in die Überlegungen einfließen und sich dies zuweilen auch nicht vermeiden lässt.[289] Ihrem selbst auferlegten Ziel einer rein normstrukturellen Ermessensdefinition werden jedenfalls unter anderem die Auffassungen nicht gerecht, die das Ermessen als Ermächtigung begreifen, den behördlichen Willen an die Stelle des Gesetzgebers zu stellen.[290] Weit entfernt von einem normstrukturellen Ausgangspunkt ist auch die Definition des Ermessens als Freiraum der Verwaltung, der aufgrund einer fehlenden Determinierung ihres Verhaltens durch Gesetz bzw. gerichtliche Kontrolle entsteht.[291]

Möchte man sich bei einer Definition möglichst nahe an einer normstrukturellen Perspektive orientieren, ist es denkbar, eine Ermessensnorm als Vorschrift zu begreifen, die nicht eine bestimmte Rechtsfolge bereithält, sondern eine Ermächtigung der Exekutive, in einem gewissen Rahmen eine möglichst geeignete Rechtsfolge zu finden.[292] Unter dieser Prämisse kann das Ermessen als Bestandteil der Normstruktur auf den Punkt gebracht werden, in dem man es als Ermächtigung der Verwaltung begreift, eine möglichst geeignete Konkretisierung einer nicht näher bestimmten Rechtsfolge zu bilden anhand des Zwecks des Gesetzes.[293]

Die fehlende Bestimmtheit der Rechtsfolge kann dabei auf verschiedene Ursachen zurückzuführen sein:[294] Die Exekutive kann sich zwischen Handeln und einem Nicht-Einschreiten entscheiden dürfen, was als Entschließungsermessen bezeichnet wird.[295] Gleichzeitig kann ihr ein Ermessen in Bezug auf die nähere Ausgestal-

---

[289] Vgl. auch *Herdegen*, JZ 1991, S. 748 ff.
[290] Vgl. v. *Laun*, Das freie Ermessen und seine Grenzen, S. 62; ähnlich auch *Schmidt-Salzer*, DVBl. 1970, S. 184.
[291] *Bullinger*, JZ 1984, S. 1001; ähnlich auch *Forsthoff*, Verwaltungsrecht I, S 84 ff.; *König*, BayVBl. 1983, S. 162.
[292] In Anlehnung an *König*, BayVBl. 1983, S. 164 bzw. *Obermayer*, BayVBl. 1975, S. 260.
[293] So auch *Weitzel*, Rechtsetzungsermessen, S. 51 mit einer möglichst normstrukturierten Definition, die aber auch die gerichtliche Perspektive einschließt.
[294] Unterscheidung wohl erstmals bei *Stier-Somlo*, Das freie Ermessen in Rechtsprechung und Verwaltung, S. 505 ff.
[295] *Beaucamp*, JA 2006, S. 75; *Goldhammer* in Möstl/Schwabenbauer, BeckOK Polizeirecht, Art. 5 Rn. 16; *Riese* in Schoch/Schneider, VwGO, § 114 Rn. 17; BayVGH, Urt. v. 26.11.2014 – 10 B 14.1235, BeckRS 2014, S. 59676 Rn. 29.

tung des Handelns eingeräumt sein, sog. Auswahlermessen.[296] Ein solches Auswahlermessen nimmt das BVerwG auch im Rahmen von § 28 Abs. 1 S. 1 IfSG an.[297] Diese Entscheidung erging allerdings vor der Coronapandemie, weshalb noch zu klären sein wird, ob bzw. inwiefern sich die Rechtsprechung hierzu geändert hat (siehe C.III.4.a.bb.).

Im Rahmen der normstrukturellen Perspektive konnte noch nicht eindeutig nachgewiesen werden, ob die Anwendung unbestimmter Gesetzesbegriffe einerseits und die Ermessensausübung andererseits strukturell vergleichbar sind. Diese Frage wird in den nachfolgenden Überlegungen zu lösen sein. Gezeigt haben sich in Bezug auf beide Spielräume allerdings bisweilen gewisse Gemeinsamkeiten und eine – zumindest normstrukturell bestehende – Austauschbarkeit beider Konstruktionsmöglichkeiten.

III. Ermessensausübung aus Sicht der Verwaltung

Nachdem der Ermessensbegriff im Rahmen des Verwaltungsermessens nun zunächst normstrukturell betrachtet wurde und hieraus Erkenntnisse gezogen werden konnten, ist es an der Zeit für einen Perspektivwechsel: Es lässt sich fragen, ob die Ermessensausübung durch die Verwaltung weitere Erkenntnisse über das Ermessen liefern. Um dies zu klären, müssen die einzelnen Schritte der Verwaltungsentscheidung nachvollzogen werden sowie die Unterschiede zwischen Ermessensentscheidungen und solchen, bei denen sie gebunden ist.[298]

Aus Sicht der Verwaltung steht beim Erlass von Einzelakten zu Beginn die Sachverhaltsermittlung im Mittelpunkt, bevor sodann unter Umständen eine Auslegung der Ermessensnorm stattzufinden hat. Danach muss gefragt werden, ob der Sachverhalt vom Tatbestand der Norm erfasst ist. Ist dies der Fall, so folgt aus einer Ermächtigungsnorm – wie schon der normstrukturelle Ansatz zeigt – noch keine (daraus zwingend resultierende) Rechtsfolge. An dieser Stelle hat die Verwaltung daher zwei weitere Schritte vorzunehmen: Weil § 40 Alt. 1 VwVfG die Ausübung des Ermessens entsprechend dem Zweck der Ermächtigung fordert, ist es aus Sicht

---

[296] BVerwGE 44, 156 (159); BVerwGE 138, 89 Rn. 26, NVwZ 2011, S. 424 zur staatlichen Kommunalaufsicht.
[297] BVerwG, Urt. v. 22.3.2012 – 3 C 16/11, BVerwGE 142, 205-219, juris Rn. 23 zu Betretungsverboten an Schulen.
[298] Nachfolgendes anschaulich auch bei *Maurer/Waldhoff*, Allgemeines Verwaltungsrecht, S. 139 f.

der Verwaltung nötig, diesen Zweck zunächst zu ermitteln.[299] Wenn anschließend mehrere geeignete Maßnahmen zur Erreichung des ermittelten Gesetzeszwecks zur Auswahl bleiben, hat die Verwaltung grundsätzlich die nach ihrem Ermessen effektivste auszuwählen.

Diese beiden letzten Schritte stellen die Verwaltung mitunter vor komplexe Fragestellungen. Auch die Literatur stößt bei der Umschreibung der Ermessenbetätigung auf Schwierigkeiten. Die Ermessensbetätigung wird einerseits begriffen als an das Gesetz gebundene Rechtsetzung durch Tatbestandsergänzung, ohne einen Spielraum für die Rechtsfolgenwahl zu belassen.[300] Andere Akzente setzt die Einordnung der Ermessensbetätigung als Auswahl unter einigen vom Gesetzgeber als rechtmäßig eingeordneten Rechtsfolgen anhand von Zweckmäßigkeitserwägungen.[301] Alle Erklärungsansätze beantworten nicht die zentralen Fragen, ob nämlich die Rechtsfolgenauswahl sich (ausschließlich) an gesetzlich vorgeschriebenen Zwecken auszurichten hat und ob bzw. inwiefern der Spielraum bei der Ermittlung von Rechtsfolgen auch den Tatbestand betrifft oder nur die Rechtsfolgenauswahl.[302] Stellte sich nämlich heraus, dass auch beim Ermessen tatbestandliche Erwägungen ein Rolle spielen, so handelte es sich um ein zusätzliches Indiz für Ähnlichkeiten zwischen Verwaltungsermessen und Beurteilungsspielräumen. Im Folgenden soll daher ein genauerer Blick auf die Zweckermittlung als Teilaspekt der Ermessensausübung aus Sicht der Verwaltung geworfen werden.

1. Zweckermittlung durch die Verwaltung

a) Grundsätzliches zur Zweckermittlung
Um die Zulässigkeit der Zweckauswahl durch die Verwaltung zu überprüfen, ist die Ermittlung des Normzwecks in einem ersten Schritt vom Maßstab zu unterscheiden, welcher bei der Ausübung der Ermächtigungsnorm im Rahmen der Zweckmäßigkeit anzulegen ist.[303] Das Gebot der Rechtssicherheit stellt dabei sicher, dass jeder Norm ein Zweck entnehmbar sein muss.[304] Dieser muss gegebenenfalls

---

[299] *Rieger*, Ermessen und innerdienstliche Weisung, S. 36; so auch noch *Rupp*, Grundfragen der heutigen Verwaltungsrechtslehre, der im Folgenden die Ermessensausübung aber zu stark einengt.
[300] *Schmidt*, Gesetzesvollziehung durch Rechtsetzung, S. 159.
[301] *König*, BayVBl. 1983, S. 162; ähnlich auch *Obermayer*, BayVBl. 1975, S. 260, der aber den abwägenden Aspekt in den Vordergrund stellt.
[302] Diese feinen Nuancen erkennt: *Weitzel*, Rechtsetzungsermessen, S. 53.
[303] *Beckmann*, DÖV 1986, S. 45; *Meyn*, JA 1980, S. 327 ff.
[304] Vgl. BVerfGE 8, 274 (325).

durch Auslegung der Norm ermittelt werden[305] und darf nicht aufgrund eines autonomen Rechts der Verwaltung bestimmt werden.[306] Eine Autonomie ist der Verwaltung vielmehr nur in Bezug auf den oben erwähnten und mitunter schwer ermittelbaren Zweckmäßigkeitsmaßstab hinsichtlich der Erreichung des Zwecks zuzubilligen, wobei das Gesetz aufgrund des Bestimmtheitsgebots (Art. 20 Abs. 3 GG) auch diesbezüglich zumindest Hinweise auf die Art der Ermessensbetätigung liefern muss.[307] Daher ergibt sich bereits aus der Verfassung und nicht nur aus § 40 VwVfG, dass Zweck und Grenzen der Ermessensermächtigung aus der gesetzlichen Grundlage heraus erkennbar sein müssen.[308] Denn kein Tätigwerden der Verwaltung ist im Rechtsstaat jemals „völlig frei", [309] selbst wenn eine Ermächtigungsnorm vorliegt. Eine allgemeine Bindung an rechtsstaatliche Voraussetzungen, den Gleichheitssatz sowie an das übrige Grundgesetz bleibt stets bestehen.[310] Die Anforderungen an die Tatbestandsvoraussetzungen dürfen dabei aber gleichzeitig nicht nach der konkreten Sachlage unerfüllbar sein.[311]

Der in der gesetzlichen Ermächtigung niedergelegte Zweck, [312] muss daher zunächst vom Rechtsanwender – soweit möglich – herausdestilliert werden. Bei genauerer Betrachtung tut sich an dieser Stelle bereits ein weiteres Problem auf, weil man sich fragen muss, aus welcher Perspektive dieser Gesetzeszweck zu bestimmen ist.

b) Das Ausrichten des Verwaltungshandelns an einem Zweck
aa) Die Ermittlung des gesetzlichen Zwecks
Denkbar ist es sich erstens an einem objektivierten Gesetzeszweck zu orientieren,[313] der aber wiederum zweitens vom historischen Willen des Normgebers divergieren kann.[314] Sich nur nach Letzterem – also dem historischen Willen – auszurichten, ist dabei wenig überzeugend, da dieser mitunter für den Rechtsanwen-

---

[305] *Aschke* in Bader/Ronellenfitsch, BeckOK VwVfG, § 40 Rn. 47; BVerwG, NVwZ 2008, S. 681 Rn. 20 ff.; OVG Münster, NVwZ-RR 1997, S. 4.
[306] Diese überholte Ansicht vertrat *v. Laun,* Das freie Ermessen und seine Grenzen, S. 63; ungenau auch *Rieger,* Ermessen und innerdienstliche Weisung, S. 38 ff. mit Verweis auf *Schmidt,* NJW 1975, S. 1756.
[307] Vgl. schon BVerfGE 18, 353 (363 ff.).
[308] *Weber*, Regelungs- und Kontrolldichte, S. 208.
[309] BVerfGE 18, 353 (363), juris Rn. 21.
[310] BVerfGE 9, 137 (147); BVerfG, DVBl. 1988, S. 952; a.A. *Geis* in Schoch/Schneider, VwVfG, § 40 Rn. 4.
[311] BVerfGE 18, 353 (363), juris Rn. 21.
[312] Vgl. *Soell,* Das Ermessen der Eingriffsverwaltung, S. 66; *Stern,* Staatsrecht II, S. 765; *Scheuner,* VerwArch 33 (1928), S. 83 f.
[313] Vgl. auch *Koch,* Unbestimmte Rechtsbegriffe, S. 92 ff.
[314] Exemplarische Auslegung eines Gesetzeszwecks: BVerwGE 131, 11 Rn. 22 ff.; 135, 67 Rn. 21 ff.

der kaum oder nicht mehr ermittelbar ist.[315] Möglicherweise können aber auch drittens subjektive Erwägungen des Rechtsanwenders eine Rolle spielen, wobei teilweise die Zweckerwägungen der Verwaltung strikt von der teleologischen Auslegung durch die Judikative unterschieden werden.[316] Am überzeugendsten ist es dabei, zunächst nach dem Ergebnis der Normauslegung zu entscheiden:[317] Formuliert die Norm einen bestimmten objektiven Zweck, muss sich die Verwaltung hiernach richten.

Häufig wird sich aber auch nach einer Auslegung der Norm nicht nur ein Normzweck ergeben,[318] sondern die Regelung kann von vielen Zielvorstellungen getragen sein.[319] Denkbar ist sogar, dass einzelne Zielvorstellungen in Konkurrenz zueinander treten bzw. nicht gleichzeitig vollständig erfüllbar sind.[320] Dies ist vor allem dann der Fall, wenn der Verwaltung eine Abwägungsentscheidung hinsichtlich unterschiedlicher Interessen auferlegt werden soll, um Einzelfallgerechtigkeit zu erwirken (vgl. zum Beispiel § 49 VwVfG).[321] Teilweise wird auch nicht von konkurrierenden Zielvorstellungen ausgegangen, sondern von einem Gesetzeszweck, der durch eine Interessenabwägung verwirklicht werden soll, was im Ergebnis aber nicht von der obigen Ansicht divergiert.[322] Denn in jedem Fall muss vor der Wahl geeigneter Rechtsfolgen eine Abwägung stattfinden, welcher Zweck im konkreten Fall den Vorrang erhält,[323] wobei in der Eingriffsverwaltung ohnehin vor der Anwendung hoheitlicher Maßnahmen eine Abwägung zwischen öffentlichen bzw. privaten Interessen zu erfolgen hat.[324]

Die dritte Möglichkeit, nämlich der Einbezug subjektiver Erwägungen – nicht zu verwechseln mit der bereits oben abgelehnten völlig autonomen Bestimmung des Regelungszwecks – bedarf einer näheren Betrachtung. Denn die Wahl zwischen gesetzlichen Zielvorstellungen kann nicht vollständig durch das Gesetz festgelegt

---

[315] *Weitzel*, Rechtsetzungsermessen, S. 55.
[316] Vgl. hierzu *Bertossa*, Der Beurteilungsspielraum, S. 82
[317] Vgl. *Bertossa*, Der Beurteilungsspielraum, S. 82
[318] *Sachs* in Stelkens/Bonk/Sachs, VwVfG, § 40 Rn. 63 a.E.; vgl. auch OVG Bautzen, NVwZ-RR 2010, S. 478 zur Auswahl von Schülern bei einer Kapazitätserschöpfung.
[319] *Beckmann*, DÖV 1986, S. 509; *Lohmann*, Die Zweckmäßigkeit der Ermessensausübung, S. 67; *Murswiek* in Ress, Entwicklungstendenzen im Verwaltungsverfahrensrecht, S. 134; angedeutet auch bei *Sachs* in Stelkens/Bonk/Sachs, VwVfG, § 40 Rn. 63; unklar bei *Aschke* in Bader/Ronellenfitsch, BeckOK VwVfG, § 40 Rn. 47.
[320] *Ossenbühl*, Verwaltungsvorschriften und Grundgesetz, S. 321 ff.; BVerwGE 83, 19 (21 f.).
[321] Zu Beispielen aus dem Naturschutzrecht: *Brühl*, JuS 1995, S. 252; *Beckmann*, DÖV 1986, S. 509.
[322] So zumindest *Rieger*, Ermessen und inhaltliche Weisung, S. 39.
[323] Vgl. *Lohmann*, Die Zweckmäßigkeit der Ermessensausübung, S. 60 ff.
[324] *König*, BayVBl. 1993, S. 165.

werden.[325] Dies lässt sich schon leicht damit belegen, dass Ermessensnormen abstrakt-generell eine Vielzahl völlig unterschiedlicher Lebenssachverhalte regeln, die dem Normgeber teils zuvor noch gar nicht (näher) bekannt sind.[326] Bei kollidierenden Zielvorstellungen ist mitunter auch gesetzlich nur eine Abwägungsentscheidung vorgesehen, ohne weitere grundsätzliche Weichenstellungen hinsichtlich der genauen Ausübung zu bieten. Welchem Zweck der Vorrang eingeräumt wird, muss demnach anhand des Einzelfalls entschieden werden. Dieser Aufgabe kann die Verwaltung nicht nur anhand des objektiven bzw. historischen Regelungszwecks Herr werden.[327] Dies gilt vor allem dann, wenn der Gesetzgeber keine ganz bestimmten Ziele definiert, sondern diese allgemein bzw. im Rahmen des verfassungsrechtlich Zulässigen unbestimmt hält. Dies mag zuweilen nicht nur der Komplexität der Materie geschuldet sein, sondern als „bewusste Nichtentscheidung offenkundiger Konflikte"[328] Ergebnis parteipolitischer Differenzen sein. Unter diesen Umständen kann und muss es dem Normanwender zugestanden werden, subjektive Erwägungen zu treffen, um einer Zielvorstellung ein höheres Gewicht beizumessen.[329]

bb) Außergesetzliche Zielverfolgung

Ein weiteres Problem im Zusammenhang mit subjektiven Erwägungen ist die Frage, ob die Verfolgung außergesetzlicher Ziele zulässig ist. Dem Schluss „wo der Normgeber [...] nichts regeln will, hat der Normanwender freie Hand",[330] wird entgegengehalten, dass das Prinzip der Gesetzmäßigkeit der Verwaltung eine autonome Zwecksetzung verbiete.[331] Eine weniger strenge Bindung fordert man, wenn man gewisse subjektive Erwägungen im Rahmen des gesetzlichen Telos erlaubt.[332] Verneint man die Möglichkeit einer gewissen autonomen Zwecksetzung außerhalb der Norm, legt man ein relativ enges Verständnis besagter Gesetzesbindung (Art. 20 Abs. 3 GG) zugrunde.[333] Würde man der Verwaltung eine Verlet-

---

[325] Vgl. zu den anschließenden Bedenken auch *Koch/Hendler,* Baurecht, S. 233 f.; *Lohmann,* Die Zweckmäßigkeit der Ermessensausübung, S. 60.
[326] Vgl. exemplarisch nur das Gesetzgebungsverfahren zu § 7 AtomG: Anlage 2 zu BT-Drs. III/759, Nr. 8, S. 50 bzw. Anlage 3 zu BT-Drs. III/759, Nr. 8 b), S. 59.
[327] Insofern zutreffend *Weitzel,* Rechtsetzungsermessen, S. 58.
[328] *Dreier,* Hierarchische Verwaltung, S. 169.
[329] *Soell,* Das Ermessen der Eingriffsverwaltung, S. 197 formuliert dies als „subjektives Fürrichtighalten" innerhalb objektiv-rechtlicher Bindungsmaßstäbe.
[330] *Dreier,* Hierarchische Verwaltung, S. 168.
[331] *Obermayer,* BayVBl. 1975, S. 261; *Soell,* Das Ermessen der Eingriffsverwaltung, S. 117; *Nagel,* Die Rechtskonkretisierungsbefugnis der Exekutive, S.
[332] So jedenfalls *Gern,* DVBl. 1987, S. 1194.
[333] *Wiedmann,* Das Planungsermessen, S. 45 ff. vertritt diese Ansicht; vgl. aber kritisch *Weber,* Regelungs- und Kontrolldichte, S. 155.

zung von Art. 20 Abs. 3 GG durch autonome Zielsetzung vorwerfen, wenn sie nicht contra des gesetzlichen Zwecks handelt und sich zugleich innerhalb sonstiger gesetzlicher Vorschriften bewegt, würde man die Determinierung einer jeden Verwaltungshandlung fordern.[334] Eine derartige Auslegung ergibt sich aus Art. 20 Abs. 3 GG nicht zwingend[335] und trifft auch auf Schwierigkeiten im Hinblick auf die praktische Umsetzung.[336]

Bei der Auseinandersetzung mit Gegnern der autonomen Zweckverfolgung, müssen die Nuancen Berücksichtigung finden, die sie ihrem Verständnis von der Reichweite der Autonomie zugrunde legen. Teilweise wird die autonome Zwecksetzung nämlich deshalb für verfassungswidrig erachtet, weil die Prämisse zugrunde gelegt wird, dass die Autonomie auch die Verfolgung von Werten außerhalb der Verfassung umfasst.[337] Diese Prämisse ist aber nicht zwingend, weil auch § 40 VwVfG nur eine Ausübung des Ermessens „entsprechend dem Zweck der Ermächtigung" voraussetzt.[338] Eine Entscheidung zugunsten einer von mehreren Zielvorstellungen, die sich innerhalb des Normzwecks bewegen, verstößt daher gerade nicht gegen § 40 VwVfG. Eine Verfolgung verfassungswidriger Ziele verhindert Art. 20 Abs. 3 GG dagegen ohnehin. Der Ausschluss einer im gesetzlichen Rahmen zulässigen Wertesetzung durch Art. 20 Abs. 3 GG demgegenüber müsste näher begründet werden. Denn das Grundgesetz sieht in gewissem Umfang selbst einen Raum für Autonomie vor; dies wird vor allem in Art. 28 Abs. 2 GG[339] bzw. in Art. 84, 85 GG deutlich.[340]

Festgehalten werden kann daher, dass Ermessen bei einem Eingriff in Rechte der Bürger nur in strenger Bindung an die Ziele der Regelung ausgeübt werden darf, aufgrund welcher die Verwaltung handelt.[341] Ein jedes Ermessen muss damit auch pflichtgemäßes Ermessen sein.[342] Gleichwohl kann die Ermessensausübung aufgrund der teils komplexen und unterschiedlichen Zielvorstellungen des Gesetzge-

---

[334] Dafür spricht sich *Rupp*, Grundfragen der heutigen Verwaltungsrechtslehre, S. 143 aus, indem er den Gesetzesvorbehalt auch auf die Leistungsverwaltung ausweitet.
[335] *Stern*, Staatsrecht I, S. 808.
[336] Vgl. BVerfGE 34, 269 (286 ff.), dort wird aus Art. 20 Abs. 3 GG keine „grundsätzliche Lückenlosigkeit der positiven staatlichen Rechtsordnung" abgeleitet.
[337] So *Rieger*, Ermessen und innerdienstliche Weisung, S. 31 ff.
[338] Vgl. auch *Schmidt*, NJW 1975, S. 1756.
[339] Vgl. *Wolff* in Hömig/Wolff, GG, Art. 28 Rn. 8; vgl. auch BVerfGE 107, 11; zur Einräumung einer materiellen Rechtsposition gegenüber dem Staat: BVerwG, NVwZ 2000, S. 675; ThürVerfGH, LVerfGE 15, 487.
[340] *Sachs* in ders., GG, Art. 85 Rn. 42.
[341] BVerfGE 18, 353 (363), juris Rn. 21.
[342] Vgl. BVerfGE 14, 105 (114).

bers nicht als stets vollständig determiniert angesehen werden.[343] Vielmehr ist für den konkreten Fall mitunter eine Abwägung der Zielvorstellungen notwendig,[344] in die auch subjektive Erwägungen einbezogen werden müssen, wenn die „ratio legis keine Orientierung mehr bietet."[345] Für die Umsetzung des Regelungszwecks ergeben sich dabei zumeist verschiedene Zweckvorstellungen, die mehrere Rechtsfolgen produzieren.[346] Da die Norm auch grundsätzlich nur den Rahmen der Geeignetheit vorgibt, bleibt der Verwaltung hinsichtlich der Effizienz ein Ermessensspielraum. Insgesamt ist der Behörde daher nicht nur eine gewisse Autonomie bei der Wahl der effektivsten Rechtsfolge zuzubilligen, sondern auch hinsichtlich der Zielvorstellung, die dem Normzweck am besten dient.[347] Halten muss sich die Verwaltung dabei freilich an die vom Normgeber aufgestellten, entscheidungslenkenden Wertungen (vgl. zum Beispiel § 5 Abs. 1 BNatSchG)[348] sowie an den Gleichheitssatz (Art. 3 Abs. 1 GG).[349]

Nach den bisherigen Überlegungen hat die Verwaltung daher bei der Zweckverfolgung wie folgt vorzugehen: Zu ermitteln sind zunächst die gesetzlich vorgegebenen Faktoren in Form der gesetzlichen Zielvorstellungen bzw. deren Schranken. Wo es zulässig – und ggf. sogar nötig ist – sind subjektive bzw. autonome Faktoren einzubeziehen, um anschließend hieraus ein mögliches Spektrum an Rechtsfolgen einzugrenzen.[350]

2. Der Einfluss von Prognosen bei der Ermessensausübung

Wurden die rechtlich zulässigen und prinzipiell von der (gesetzlichen) Zielvorstellung getragenen Rechtsfolgen bestimmt, so stellt sich anschießend die Frage, welches Mittel zur Zweckverwirklichung gewählt werden soll. In diesen Fällen muss die Verwaltung bei der Wahl des effektivsten Mittels mehrerer gleich geeigneter

---

[343] *Soel*, Das Ermessen der Eingriffsverwaltung, S. 160 ff; *Koch*, Unbestimmte Rechtsbegriffe, S. 162.
[344] *Adamovich/Funk*, Verwaltungsrecht, S. 125 a.E. bezeichnete dies anschaulich als „Gewichtungsermessen".
[345] So treffend *Koch*, Unbestimmte Rechtsbegriffe, S. 170.
[346] Vgl. auch *Schmidt*, NJW 1975, S. 1756, der von „Einzelfaktoren der Zweckverwirklichung" spricht; *Ossenbühl*, DÖV 1970, S. 87: „normativ determinierte dirigierte Entscheidungsmaßstäbe"; *Beckmann*, DÖV 1986, S. 509: „autonome Maßstabsbildung."
[347] *Beckmann*, DÖV 1986, S. 509; *Koch*, Unbestimmte Rechtsbegriffe, S. 166; *Adamovich/Funk*, Verwaltungsrecht, S. 122 spricht wohl etwas überspitzt vom eigentlichen „Kern der Ermessensausübung."
[348] *Adamovich/Funk*, Verwaltungsrecht, S. 122: „ausdrückliche gesetzliche Festlegung von Ermessensdeterminanten".
[349] So zutreffend *Sachs* in Stelkens/Bonk/Sachs, VwVfG, § 40 Rn. 63 a.E.; OVG Bautzen, NVwZ-RR 2010, S. 478.
[350] Ähnlich auch *Ossenbühl*, Verwaltungsvorschriften und Grundgesetz, S. 323.

Varianten (Auswahlermessen) eine Prognoseentscheidung treffen.[351] Ein weiterer zu beleuchtender Umstand sind daher im Rahmen der Ermessensausübung Prognoseentscheidungen. Der Grund dafür ist, dass sich der Grad der Wirksamkeit sowie die Erforderlichkeit eines Mittels ex-ante meist nicht sicher festhalten lassen.[352] Im Gegensatz zum Auswahlermessen ist beim Entschließungsermessen eine Beurteilung der Erforderlichkeit zwar nicht nötig, aber die Angemessenheit ist dennoch zu prüfen.[353] Im Rahmen der Verhältnismäßigkeit im engeren Sinne ist daher wiederum eine Prognose erwartbarer Folgen anzustellen,[354] um die bezweckten Ziele in Verhältnis zu deren negativen Folgen setzen zu können. Im Ergebnis kann daher eine Prognose auf allen Stufen der Verhältnismäßigkeit relevant werden. Selbst bei der Zweckbestimmung kann es bei kollidierenden Zielvorstellungen bereits zu einer prognostischen Abwägungsentscheidung kommen.

Unterschieden werden muss dabei zwischen Prognose und Diagnose.[355] Bei letzterer handelt es sich nicht um eine Prognose, sondern um die Einordnung und Bewertung von *präsenten* Tatsachen. Um eine Prognose handelt es sich, wenn *Künftiges* auf der Basis der Diagnoseergebnisse anhand einer Beurteilung der Wahrscheinlichkeiten eingeschätzt wird.[356] Teilweise wird davon ausgegangen, dass auch bei der Diagnose ein gewisses Wahrscheinlichkeitsurteil nötig sein kann.[357] Dem ist mit der Begründung zuzustimmen, dass auch die Analyse gegenwärtiger Tatsachen mitunter nicht ohne Abschätzung von Wahrscheinlichkeiten auskommen kann. Die Trennlinie zur Prognose wird dabei auch nicht verwischt, weil sich die Prognose auf die zukünftigen Ereignisse erstreckt.

Einzuordnen ist die Prognose in der Nähe des Beurteilungsspielraums[358] als Erwägung zur Wahrscheinlichkeit gewisser Auswirkungen erwogener Handlungsalternativen. Sie ist nicht als eine bloße Subsumtion zu verstehen.[359] Dies wird bei der Ansicht deutlich, welche die Prognosen in das Ermessen der Verwaltung legt und

---

[351] *Breuer*, Der Staat 16 (1977), S. 48; *Nierhaus*, DVBl. 1977, S. 21.
[352] *Rieger*, Ermessen und innerdienstliche Weisung, S. 47 ff.; *Schmidbauer* in ders./Steiner, PAG/POG, Art. 11 PAG Rn. 30; BVerwG, DÖV 1982, S. 746.
[353] So auch *Koch*, Unbestimmte Rechtsbegriffe, S. 174.
[354] Im Ergebnis auch: *Warg*, NJOZ 2022, S. 69 zur 2G-Regelung als Coronaschutzmaßnahme.
[355] Erstmals wohl *Nierhaus*, DVBl. 1977, S. 22; vgl. auch *Tettinger*, DVBl. 1982, S. 423; ein Beispiel aus der Rspr. zu beidem liefert: OVG Schleswig, Beschl. v. 19.1.2004 - 3 MB 25/03, BeckRS 2004, 24696, Rn. 9, Rn. 12 f.; OVG Münster, Beschl. v. 16.11.2015 - 5 B 925/15, BeckRS 2015, 55244 Rn. 14 ff.
[356] *Nierhaus*, DVBl. 1977, S. 22; *Nagel*, Die Rechtskonkretisierungsbefugnis der Exekutive, S. 171.
[357] So *Weitzel*, Rechtsetzungsermessen, S. 62 ohne hierfür eine Begründung zu liefern.
[358] Deutlich bei *Wolff* in Sodan/Ziekow, § 114 Rn. 317 ff.
[359] *Ossenbühl*, Kontrolle von Prognoseentscheidungen, S. 732.

eine fehlende Justitiabilität annimmt.[360] Gibt man sich mit dieser Erkenntnis zufrieden, so würde man Prognosen zu oberflächlich begreifen. Unterschieden werden kann vielmehr danach, ob die Prognose erstens dazu dient, künftige Ereignisse zu erfassen.[361] Diese lassen sich nicht konkret betrachten, sondern auf sie kann mangels Wahrnehmbarkeit nur aufgrund von Diagnosen geschlossen werden.[362] Um dennoch zu einem möglichst rationalen Ergebnis zu kommen, ist es daher in diesen Fällen nötig, objektiv nachvollziehbare Schritte zu wählen, um einen Schluss von der Diagnose auf die Zukunft zu ziehen.[363] Im Rahmen eines schrittweisen Vorgehens bei Zukunftsprognosen bietet sich dabei wiederum ein Ausgehen von den gesetzlichen Vorgaben an:[364] Zunächst sind die normativen Soll-Vorgaben hinsichtlich des Zwecks mit Hilfe der Auslegung zu ermitteln, worauf die tatsächlichen Befunde, also der Ist-Zustand im Rahmen einer Diagnose zu untersuchen und zu gewichten[365] sind. Anschließend – meist untrennbar verbunden mit der Gewichtung –[366] können subjektive Zielvorstellungen der Verwaltung in Form des Ermessens einfließen, die nicht mit den gesetzlichen kollidieren dürfen. Abschließend kann die sich wahrscheinlich realisierende Folge ermittelt werden. Im Rahmen dieses letzten Schritts spielen wiederum weitere Faktoren eine Rolle.[367] Erforderlich ist ein Erfahrungssatz über die Vorhersagbarkeit bestimmter Ereignisse. Ein Erfahrungssatz kann dabei definiert werden als Wahrscheinlichkeitsurteil über den Zusammenhang zweier Ereignisse.[368]

Falls bereits Erfahrungssätze zu den konkret zu beurteilenden Tatsachen vorhanden sind, können diese herangezogen werden. Häufig werden aber auch Erfahrungen mit vergleichbaren Sachverhalten eine Rolle spielen (müssen). Unter Umständen kann es aber auch notwendig sein, mit Hilfe geeigneter Verfahren erst noch Erfahrungssätze zu schaffen. Im Rahmen dieser drei Möglichkeiten ist gleichermaßen eine zweite Prognose darüber anzustellen, wie wahrscheinlich eine Ab-

---

[360] Vgl. BVerwG, DVBl. 1972, 895 (895 ff.).
[361] Im Ergebnis: *Ruthig* in Kopp/Schenke, VwGO, § 114 Rn. 37; *Wolff* in Sodan/Ziekow, VwGO, § 114 Rn. 317.
[362] *Schmidbauer* in ders./Steiner, PAG/POG, Art. 11 PAG Rn. 31; BVerwG, DÖV 1979, S. 716.
[363] Vgl. *Philippi*, Tatsachenfeststellungen des Bundesverfassungsgerichts, S. 124 ff; ähnlich auch: *Nierhaus*, DVBl. 1977, S. 22; *Tettinger*, DVBl. 1982, S. 423.
[364] Die folgenden Überlegungen gehen im Wesentlichen zurück auf die Aufteilung bei:
[365] Das Gewichten bezieht *Schreven*, Prognoseentscheidungen, S. 75 zutreffend in das Vorgehen ein.
[366] Vgl. *Weitzel*, Rechtsetzungsermessen, S. 63.
[367] Ähnlich in Bezug auf folgende Überlegungen *Koch/Rubel*, Allgemeines Verwaltungsrecht, Rn. 125 ff., Rn. 141.
[368] Vgl. *Koch/Rubel*, Verwaltungsrecht, S. 241 f.

weichung vom Erfahrungssatz erscheint, um die Sicherheit des Erfahrungssatzes einschätzen zu können.

Bei der Ermittlung dieser abstrakten Wahrscheinlichkeiten darf nicht der Rückschluss vom zufälligen Zusammenfallen zweier Ereignisse auf statistisch relevante Zusammenhänge gezogen werden. Zu achten ist dabei bei mehreren statistischen Aussagen auf die Signifikanz, also welche Aussage häufiger zutrifft.[369] Zudem muss ein bestimmter Zusammenhang häufiger eintreten als andere Zusammenhänge, sonst handelt es sich nicht um eine Spezifikation dieses Zusammenhangs.[370]

Probleme können bei Zukunftsprognosen auch dort auftreten, wo selbst Sachverständige (noch) keine gesicherten Erkenntnisse vorbringen können, was eine Zurückhaltung bei der gerichtlichen Kontrolle zur Folge haben muss,[371] um die Prognoseentscheidung nicht durch eine gerichtliche zu ersetzen. Gleichwohl ist dies nicht gleichzusetzen mit einem Spielraum im Sinne eines Ermessens.[372] Diese (bloße) Zukunftsprognose ist nämlich zu unterscheiden von der zweiten Kategorie, die eine Prognoseermächtigung vorsieht. Ein solcher ist nur anzunehmen, wenn der Verwaltung durch die Norm ein entsprechender gestalterischer Freiraum eingeräumt wird.[373] Dies ist, wie bei sonstigen Beurteilungsspielräumen auf Tatbestandsseite auch, durch eine Auslegung der Norm zu bestimmen. Die Norm muss der Verwaltung dabei eine wertende[374] Letztentscheidungskompetenz einräumen wollen. Das gestaltende Momentum kann zum einen in der Entscheidungsstruktur der Prognose selbst liegen,[375] wie es bei Planungsentscheidungen oder Prognosen politischer Art der Fall sein kann.[376] Zum anderen kann die Prognoseermächtigung auch unselbstständig zu einem Beurteilungsspielraum aus anderen Gründen hinzutreten.[377] Beispiele hierfür sind Leistungsbewertungen von Beamten oder Prüfungsentscheidungen.[378]

---

[369] *Darnstädt*, Gefahrenabwehr, S. 177 ff.; *Koch/Rubel*, Allgemeines Verwaltungsrecht, S. 242.
[370] Vgl. hierzu den Fall des OVG Lüneburg, OVGE 11, 292.
[371] Dies verkennt *Tettinger*, DVBl. 1982, S. 432, der gewissermaßen von einem absoluten Erkenntnisgewinn durch die Heranziehung von Sachverständigen ausgeht.
[372] Abzulehnen ist daher das „Einschätzungsvorrecht" von *Nierhaus*, DVBl. 1977, S. 22; Zutreffend: *Weitzel*, Rechtsetzungsermessen, S. 63.
[373] *Badura*, Das Planungsermessen, S. 164; *Nierhaus*, DVBl. 1977, S. 22; *Hoppe* in Bachof/Heigl/Redeker, Zwischen Freiheit, Teilhabe und Bindung, S. 311.
[374] *Nierhaus*, DVBl. 1977, S. 23; *Tettinger*, DVBl. 1982, S. 426 f.
[375] *Wolff* in Sodan/Ziekow, VwGO, § 114 Rn. 320.
[376] BVerwGE 80, 270 (275,278); *Wolff* in Sodan/Ziekow, VwGO, § 114 Rn. 320.
[377] *Wolff* in Sodan/Ziekow, VwGO, § 114 Rn. 320.
[378] BVerwGE 61, 176 (189); BVerwGE 72, 195 (200).

Zusammenfassend lässt sich zu den Prognoseentscheidungen im Rahmen des Ermessens festhalten, dass der Umfang des zuzubilligenden Ermessens wiederum maßgeblich von den gesetzlichen Vorgaben abhängt. Relevant werden können autonome Entscheidungen dabei vor allem, wenn subjektive Zweckvorstellungen möglich sind. Außerdem können subjektive Vorstellungen in gewissem Umfang die Ermittlung von Erfahrungssätzen leiten.[379]

3. Tatbestandliche Gestaltungsspielräume beim Ermessen

a) Die Lokalisierung von Gestaltungsspielraum bei Ermessensnormen

Aus normstruktureller Sicht wurde bereits auf die Unterscheidung zwischen Rechtsfolgen und Tatbestandsseite eingegangen. Im Folgenden soll aus der Perspektive der Verwaltung bei der Ausübung des Ermessens untersucht werden, ob sich der Gestaltungsspielraum bei Ermessensnormen nur auf die Rechtsfolgenseite beschränkt oder ob auch tatbestandliche Erwägungen eine Rolle spielen dürfen. Letzteres würde eine Befugnis, also eine nicht justitiable Gestaltungsfreiheit der Verwaltung voraussetzen, den Tatbestand einer Norm zu konkretisieren, um dadurch zu einer bestimmten Rechtsfolge zu gelangen.[380] Fragt sich die Verwaltung demnach im Rahmen einer Ermächtigungsnorm nach der entsprechenden Rechtsfolge in einem konkreten Fall, zäumt sie das Pferd so gesehen von hinten auf: Ausgangspunkt ist zwar der konkrete Sachverhalt; gleichwohl entwickelt die Behörde in den Grenzen der Ermächtigung einen konkretisierten Tatbestand, der zu einer bestimmten Rechtsfolge führt.[381] Erst dann wird dieser normtypische Tatbestand mit dem vorliegenden verglichen, um die Frage nach der Rechtsfolge in jenem konkreten Fall zu beantworten.

Trifft man die Entscheidung dagegen nur auf der Basis des konkreten Sachverhalts, ohne die Ermächtigung tatbestandskonkretisierend zu betrachten, so spielt sich die nicht kontrollfähige Gestaltungsfreiheit nur auf der Rechtsfolgenseite ab.[382] Die Frage nach der Möglichkeit bzw. der Notwendigkeit von tatbestandskonkretisierenden Erwägungen bei Ermessensentscheidungen kann auch nicht offengelassen werden.[383] Denn lässt man eine Gestaltungsfreiheit auch auf der Tatbestands-

---

[379] Vgl. *Breuer*, Der Staat 16 (1977), S. 48.
[380] So zunächst *Schmidt*, Gesetzesvollziehung, S. 159; dann in unterschiedlichen Nuancen *Geitmann*, Bundesverfassungsgericht und „offene Normen", S. 56 ff.; *Franßen*, JZ 1971, S. 225; *Koch*, Unbestimmte Rechtsbegriffe, S. 172 ff.; *Rhinow*, Rechtsetzung, S. 63; *Scholz*, VVDStRL 34 (1976), S. 168; *Schmidt-Eichstaedt*, DVBl. 1985, S. 647 ff.; *Rubel*, Planungsermessen, S. 38 ff.
[381] *Herdegen*, JZ 1991, S. 748 f.; *Lohmann*, Die Zweckmäßigkeit der Ermessensausübung, S. 90; *Obermayer*, BayVBl. 1975, S. 261 ff.
[382] Vgl. *Koch*, Unbestimmte Rechtsbegriffe, S. 102.
[383] So jedenfalls *Ossenbühl*, DÖV 1970, S. 86.

seite zu, würde man das Ermessen und den Beurteilungsspielraum insofern denselben Strukturen bei der Entscheidung unterwerfen.[384] Dies wäre ein weiteres Indiz gegen die Sinnhaftigkeit oder jedenfalls Notwendigkeit der herkömmliche Differenzierung zwischen Verwaltungs- und Normsetzungsermessen.

b) *Die Notwendigkeit von Gestaltungsmomenten auf Tatbestandsseite*

aa) Auslegung der allgemeinen gesetzlichen Vorschriften

Für die Beantwortung der Frage lohnt sich wiederum ein Blick in die beiden Vorschriften des § 40 VwVfG und § 114 VwGO. Der Wortlaut ist in diesem Fall wenig hilfreich, weil die Formulierung „nach ihrem Ermessen zu handeln" eine Anreicherung des Tatbestands nicht direkt ausschließt.[385] Kaum ergiebiger ist der Einbezug des Telos, das bei beide Vorschriften im Wesentlichen auf eine Wahrung des Zwecks der Ermächtigung abzielt.[386]

Die historische Entstehungsgeschichte bietet gehaltvollere Erkenntnisse: Geschichtlich betrachtet sollte das Ermessen ursprünglich eine gewisse Autonomie des Souveräns bzw. seiner Verwaltung sichern, was noch nicht eindeutig für die eine oder andere Ansicht streitet.[387] Die später auch in Deutschland bedeutende österreichische Ermessenslehre, die von einer fehlenden objektiven Konkretheit von Normen ausging, deutet eher auf einen Gestaltungsspielraum auf Tatbestandsseite hin.[388] Denn diese geht von einem zwingenden Schluss des zugrunde gelegten Tatbestands auf die jeweilige Normanwendung aus; das Kernelement des Ermessens wurde hierbei in den „tatsächlichen Prämissen" gesehen.[389] Selbst die ab Mitte des 20. Jahrhunderts aufkommende strenge (normstrukturelle) Trennung von Beurteilungsspielraum und Ermessen lässt im Grunde offen, ob die geforderte Wahl aus grundsätzlich mehreren Rechtsfolgen durch eine Ermessensbetätigung auf Tatbestandsseite erreicht werden darf.[390]

---

[384] Dies erkennen: *Geitmann*, Bundesverfassungsgericht und „offene Normen", S. 56; *Giese*, JZ 1952, S. 585 ff.; *Zuleeg*, DVBl. 1970, S. 161; *Schuppert*, DVBl. 1988, S. 1198 ff.; *Rupp*, Grundfragen der heutigen Verwaltungsrechtslehre, S. 196 ff.; *Schmidt-Aßmann*, VVDStRL 34 (1975), S. 252; *Obermayer*, BayVBl. 1975, S. 261 ff.; *Lohmann*, Die Zweckmäßigkeit der Ermessensausübung, S. 90; *Herdegen*, JZ 1991, S. 748 f.
[385] Vgl. auch *Weber*, Regelungs- und Kontrolldichte, S. 194.
[386] *Ramsauer* in Kopp/Ramsauer, VwVfG, § 40 Rn. 38; *Wolff* in Sodan/Ziekow, § 114 Rn. 76.
[387] *Laband*, Das Staatsrecht des Deutschen Reiches II, S. 175: „In der konstitutionellen Monarchie ist das pouvoir administratif der Machtbereich des Landesherrn, der frei ist von der Mitwirkung der Volksvertretung und unbeschränkt durch die Gesetzesauslegung der Gerichte."; vgl. zum historischen Gehalt schon oben.
[388] Zutreffend auch *Weitzel*, Rechtsetzungsermessen, S. 67.
[389] *Bernatzik*, Rechtsprechung und materielle Rechtskraft, S. 42.
[390] Vgl. *Reuß*, Das Ermessen, DVBl. 1953, S. 585.

Ein Blick in die Entstehungsgeschichte verrät, dass die Begründung des § 114 Abs. 5 VwGO des Entwurfs einer VwGO vom 15.4.1953[391] die Begründung zu § 41 VwGO einbezieht.[392] Im Rahmen dieser Begründung wird auf die fehlende Kontrollfähigkeit der Zweckmäßigkeit, Unbilligkeit und Angemessenheit innerhalb der Grenzen des Ermessens hingewiesen.[393] In der Begründung zum Entwurf eines VwVfG vom 23.3.1973 wird Ermessen außerdem als Wahl zwischen mehreren vom Gesetzgeber als rechtmäßig gebilligten Entscheidungen definiert.[394] Beide Begründungen liefern keine stichhaltigen Argumente für die eine oder andere Ansicht, allerdings deuten die Formulierungen eher darauf hin, dass sich die Gestaltungsfreiheit auf der Rechtsfolgenseite zu bewegen hat, weil stets die freie *Entscheidungs*wahl betont wird. Dafür sprechen könnte auch der vom Bundesratsausschuss eingebrachte Vorschlag, § 114 Abs. 5 VwGO a.F. durch einen neuen § 114a VwGO zu ersetzen, der zwischen Beurteilungsspielräumen bei unbestimmten Rechtsbegriffen und der Ermessensausübung unterscheiden sollte.[395] Dieser Vorschlag wurde allerdings nicht weiter verfolgt, weshalb nicht ohne Weiteres auf die Beschränkung der Vorschrift des § 114 Abs. 5 VwGO a.f. auf das „Ermessen" unter Ausschluss der Tatbestandsauslegung geschlossen werden kann.[396]

bb) Unterschiedliche Anforderungen – unterschiedliche Ermessensformen
Die Erkenntnisse aus den allgemeinen Vorschriften bleiben spärlich. Daher ist bei der Frage nach einer möglichen Tatbestandskonkretisierung im Rahmen des Ermessens einzubeziehen, weshalb der Verwaltung überhaupt ein Ermessen eingeräumt wird und wie sie dieser Aufgabe gerecht wird. Eine jede Norm, die Ermessen einräumt, ist im Grunde die Antwort auf eine fehlende „normative Typisierungsfähigkeit."[397] Um diesen Umstand zu kompensieren bzw. um Einzelfallgerechtigkeit zu ermöglichen, ermächtigt der Gesetzgeber daher die Verwaltung. Gebundene Vorschriften dagegen erlässt der Gesetzgeber dann, wenn er meint, die tatsächlichen Umstände hinreichend überblicken zu können.[398] Einige gehen daher davon aus, dass der Verwaltung auch die Konkretisierung des Tatbestandes überlassen sein muss.[399] Um zu dieser Ansicht zu gelangen, muss die Annahme

---

[391] BT-Drs. I/4278, S. 1 ff.
[392] BT-Drs. I/4278, S. 45.
[393] BT-Drs. I/4278, S. 35.
[394] BT-Drs. VII/910, S. 4 ff.
[395] Abgedruckt und erwähnt bei *Bachof*, JZ 1955, S. 97.
[396] *Bachof*, JZ 1955, S. 97, hält eine klare Trennung jedenfalls für erstrebenswert.
[397] *Di Fabio*, VerwArch 86 (1995), S. 229.
[398] *Di Fabio*, VerwArch 86 (1995), S. 229.
[399] *Schmidt*, Gesetzesvollziehung, S. 159; *Geitmann*, Bundesverfassungsgericht und „offene Normen", S. 56 ff.; *Franßen*, JZ 1971, S. 225; *Koch*, Unbestimmte Rechtsbegriffe, S. 172 ff.; *Rhinow*,

zugrunde gelegt werden, es gäbe eine richtige Rechtsfolge für einen Sachverhalt, von welcher der Rückschluss auf den Tatbestand gezogen werden kann. Scheinbar belegen lässt sich dies mit gleich gelagerten Sachverhalten:[400] Trifft die Verwaltung auf der Grundlage eines Sachverhalts eine bestimmte Rechtsfolge, muss bei einem dem entsprechenden zweiten Sachverhalt grundsätzlich dieselbe Rechtsfolge gewählt werden, weil eine gleiche Maßstabsbildung dies erfordert. Die Maßstabsbildung wird dabei gleichgesetzt mit Festlegung der Tatbestandsvoraussetzungen oder wie es *Herdegen* treffend beschreibt: „Beim Handeln nach Ermessen reichert die Behörde den Tatbestand der Norm nach Opportunitätsgesichtspunkten um weitere Elemente an, welche sie für die Setzung einer Rechtsfolge als relevant einstuft."[401]

Dies schließt allerdings nicht von vornherein bei allen Ermächtigungsnormen die Möglichkeit einer Ermessensausübung aus, bei welcher der Entscheidungsträger den konkreten Einzelfall unter den Tatbestand subsumiert und sich lediglich auf Rechtsfolgenseite im Rahmen seines Gestaltungsspielraums fragt, welche Rechtsfolge angemessen ist; oder um es mit den Worten von *Di Fabio* zu formulieren, der eine Mischung beider Ansichten annimmt, ist auch folgendes möglich: „Ergänzend zur tatbestandlichen Steuerung durch die Ermessensnorm tritt deshalb auf der Rechtsfolgenseite die einzelfallbezogene [...] Rechtsgüterabwägung durch die Verwaltungsbehörde."[402] Um einen Beweis für die Notwendigkeit einer Tatbestandsergänzung zu führen, dürfte nur diese Art der Ermessensausübung gesetzeskonform sein.[403] Abgestellt wird hierfür teilweise auf die Pflicht der Vollzugsorgane zum Handeln nach gewissen Grundsätzen,[404] was sich aus Art. 3 Abs. 1 GG herleiten ließe[405] und der Begründungspflicht, die gleichzeitig tatbestandliche Erwägungen einbezieht.[406] In der Tat macht Art. 3 Abs. 1 GG es für eine gleichbehandelnde Rechtsanwendung nötig, nach sachgerecht begründeten Kriterien folgerichtig zu handeln.[407] Vereinfacht gesprochen bildet ein Fall für die tatbestandliche Anwendung einer Norm einen konkretisierten Präzedenzfall, dessen Vorliegen

---

Rechtsetzung, S. 63; *Scholz,* VVDStRL 34 (1976), S. 168; *Schmidt-Eichstaedt,* DVBl. 1985, S. 647 ff.; *Rubel,* Planungsermessen, S. 38 ff.
[400] Angelehnt an das Beispiel bei *Weitzel,* Rechtsetzungsermessen, S. 68.
[401] *Herdegen,* JZ 1991, S. 749.
[402] *Di Fabio,* VerwArch 86 (1995), S. 229.
[403] Vgl. *Weber,* Regelungs- und Kontrolldichte, S. 194.
[404] *Schmidt,* Gesetzesvollziehung, S. 157 als Vorreiter dieser Überlegung; zustimmend auch *Weber,* Regelungs- und Kontrolldichte, S. 194; *Rubel,* Planungsermessen, S. 45.
[405] *Schmidt,* Gesetzesvollziehung, S. 104.
[406] Zunächst *v. Savigny* in Neumann/v. Savigny, Juristische Dogmatik, S. 103 ff. und diesem folgend: *Koch,* Unbestimmte Rechtsbegriffe, S. 96.
[407] *Nußberger* in Sachs, GG, Art. 3 Rn. 117.

in einem weiteren Fall zur gleichen Rechtsfolge führen muss. Die Rechtsanwendung würde sonst in gleich gelagerten Fällen auseinanderfallen, was praktisch gesehen nur durch eine Anwendung der gleichen Konkretisierung des Tatbestands erreicht werden könnte. Denn eine Lösung über eine gleichgeartete Ermessensausübung auf Rechtsfolgenseite würde zwar im Ergebnis das gleiche bedeuten, ist allerdings aufgrund damit verbundener Unsicherheiten wenig praktikabel.[408]

Die Argumentation scheint schlüssig, wenn man sich die Koppelung von unbestimmten Rechtsbegriffen mit einer gleichzeitigen Ermessenseinräumung vor Augen führt.[409] Diese wird zurecht oft als Begründung für eine kaum trennbare Verquickung von Ermessen und Beurteilungsspielräumen angeführt.[410] Bei diesen sog. Mischtatbeständen fällt die Rechtsfolgenentscheidung im Ergebnis schon bei der wertenden Tatbestandskonkretisierung. Die Subsumtion bildet daher im Grunde einen einheitlichen Akt zusammen mit der Ermessensentscheidung.[411] Bei diesen Vorschriften erscheint es in der Tat fraglich, inwiefern eine Einräumung des Gestaltungsspielraums auf Rechtsfolgenseite sich von der auf der Tatbestandsseite unterscheiden sollte, wenn das Ergebnis immer auf eine Letztentscheidung der Verwaltung mit einer eingeschränkten Justitiabilität hinausläuft.

c) Die Aufteilung in zwei Ermessensarten
Die Annahme der Ermessensausübung als ausschließlich tatbestandskonkretisierend ist jedoch nicht der Weisheit letzter Schluss: Denn diese Ansicht bietet keine adäquate Lösung für die Ermessensausübung bei der Anwendung tatbestandsärmerer Normen. Als Beispiel dient Art. 52 Abs. 1 BayStrWG, der die Gemeinden ohne nähere Tatbestandsvoraussetzungen zur Vergebung von Straßennamen ermächtigt. Diese Ermächtigung wird auch nicht (in Gänze) der planerischen Gestaltungsfreiheit zuzuschreiben sein, weil der Zweck der Vorschrift – neben der Pflege örtlicher Tradition und der Ehrung von bestimmten Personen – vor allem die öffentliche Sicherheit und Ordnung ist.[412] Daher ist fraglich, wie die Gestaltungsfreiheit sich hier auf die Tatbestandsseite erstrecken kann, wenngleich der Tatbestand keine weiteren Vorgaben parat hält. Im Ergebnis kommt man daher nicht

---

[408] Dies erkennt zutreffend *Weitzel*, Rechtsetzungsermessen, S. 69; a.A. *Herdegen*, JZ 1991, S. 749.
[409] *Weitzel*, Rechtsetzungsermessen, S. 69.
[410] Vgl. *Wolff* in Sodan/Ziekow, VwGO, § 114 Rn. 13.
[411] BVerwGE 72, 1 (4 f.); *Herdegen*, JZ 1991, S. 749.
[412] BayVGH, Urt. v. 16. 5. 1995 - 8 B 94.2062, BayVBl. 1995, 726; Urt. v. 15. 4. 1999 - 8 B 95.589; BayVerfGH, Entsch. v. 25. 9. 2012 Vf. 17 – VI – 11, BayVBl. 2013, 236; *Schmid* in Zeitler/der., BayStrWG, Art. 52 Rn. 2.

umhin die Ermächtigung auf das Rechtsfolgenermessen zu beziehen, ohne die Vornahme einer Konkretisierung des Tatbestandes.

Auflösen lässt sich die Problematik daher mit Blick auf die Überlegungen zu Art. 3 Abs. 1 GG, die sich nicht beiseite wischen lassen, mit der Trennung zweier Ermessensarten: Wenn es der Grundsatz der Gleichbehandlung bzw. die Struktur der Ermächtigungsvorschrift erfordert, kann eine Konkretisierung des Tatbestandes nötig sein. Wenn dies nicht der Fall ist, so entfällt der Schritt der Tatbestandspräzisierung.[413]

Hieran zeigt sich, dass das Ermessen aus der Perspektive des Ermächtigungsadressaten keiner allzu starken Vereinheitlichung zugänglich ist.[414] Denn Ermessen kann weder lediglich einheitlich als Ermächtigung zur Vollendung der Normgestaltung[415] erfasst werden noch ist die Verwaltung in jedem Fall der Ermessenseinräumung dazu befugt, ihre eigene Entscheidung anstelle des Gesetzgebers zu treffen.[416] Es ist auch kein Grund ersichtlich, weshalb beides alternativ zu sehen ist. Vielmehr hängt es von der Regelungstechnik des Normgebers ab, inwieweit und auf welche Weise ein Ermessen eingeräumt wird.

Der Gesetzgeber kann erstens einen unbestimmten Tatbestand vorsehen, der mit einer bestimmten Rechtsfolge verbunden ist. Die Behörde erhält die Zuständigkeit, den Tatbestand im Rahmen der gesetzlich vorgesehenen Zweckbestimmung[417] und ausgehend von der Rechtsfolge zu konkretisieren. In diesem Fall steht der gesetzgeberische Wille im Grunde fest, muss sich aber aufgrund der Vielzahl der Fälle unkonkret halten, um sämtliche Lebenssachverhalte erfassen zu können. Treffend wird diese Form des Ermessens umschrieben – ohne eine Verwechslungsgefahr mit anderen bisher hierhin geprägten Begriffen – mit dem Ausdruck Konkretisierungsermächtigung[418] bzw. -ermessen.[419] Ein Beispiel hierfür ist § 28 Abs. 2 VwVfG:[420] Da er das Absehen von einer Anhörung im Einzelfall erlaubt, will die Vorschrift eine Berücksichtigung der Umstände des Einzelfalls ermöglichen

---

[413] Die Unterscheidung erkennend: *Bachof*, VVDStRL 12 (1953), S. 69; überzeugend auch *Weitzel*, Rechtsetzungsermessen, S. 70; ähnlich *Herzog*, NJW 1992, S. 2604; *Beckmann*, DÖV 1986, S. 509.
[414] So auch *Bachof*, VVDStRL 12 (1953), S. 69: „Die ganze Ermessenslehre leidet weithin darunter, dass wir die *verschiedenen Arten* des Ermessens nicht genügend unterscheiden." (Hervorhebung dort).
[415] *Schmidt-Salzer*, DVBl. 1970, S. 184.
[416] *v. Laun*, Das freie Ermessen und seine Grenzen, S. 62.
[417] *Starck* in Franßen/Redeker/Schlicher/Wilke, Festschrift für Horst Sendler, S. 167.
[418] *Schmidt-Aßmann/Groß*, NVwZ 1993, S. 620,
[419] Angelehnt an *Schmidt-Aßmann/Groß*, NVwZ 1993, S. 620; vgl. auch *Weitzel*, Rechtsetzungsermessen, S. 71.
[420] *Weitzel*, Rechtsetzungsermessen, S. 72.

ohne bei gleich gelagerten Fällen verschiedene Ergebnisse zu produzieren; ein Freiraum kann nur verbleiben, sofern Art. 3 Abs. 1 GG bzw. der gesetzgeberische Wille keine näheren Vorgaben vorsehen.[421]

Die Regelungstechnik des Gesetzgebers kann auch zweitens den Gestaltungsspielraum vollkommen auf die Rechtsfolgenseite verlagern, indem tatbestandlich geringe oder keine gesetzlichen Determinierungen vorgenommen werden: Bezeichnet wird dies treffend mit dem Begriff des Rechtsfolgenermessens.[422] Ein Beispiel hierfür ist der oben bereits angesprochene Art. 52 Abs. 1 BayStrWG, der ohne nähere Tatbestandsvoraussetzungen ein Rechtsfolgenermessen bei der Vergebung von Straßennamen einräumt. Eine zwingende Einordnung einer jeden Ermächtigungsvorschrift in die eine oder andere Kategorie erscheint weder sinnvoll noch notwendig für die vorliegenden Untersuchung.[423]

4. Die Anwendung von Konkretisierungs- und Rechtsfolgenermessen

Bei der Anwendung der gefundenen Unterscheidung ist weiter zu fragen, ob sie sich auf die herkömmlichen Differenzierungen des Ermessens übertragen lässt. Zum einen ist ihre Anwendung im Falle des Entschließungs- bzw. Auswahlermessens zu erörtern (a), bevor sodann der Beurteilungsspielraum (b) eine Einordnung erfährt. Schließlich muss sich die Differenzierung der, wohl mit am schwierigsten zu bewältigenden, Kategorie der Mischtatbestände stellen, um ihre Leistungsfähigkeit unter Beweis zu stellen (c).

a) Entschließungs- und Auswahlermessen

aa) Anwendung auf das Entschließungsermessen

In Bezug auf das Entschließungsermessen wurde bereits im Rahmen der Prognosen festgehalten, dass jedenfalls bei der Prüfung der Erforderlichkeit grundsätzlich kein Raum für subjektive Zielvorstellungen besteht, weil es oftmals nicht mehrere gleich geeignete Mittel zur Auswahl stehen werden.[424] Mit Blick auf die Verpflichtung zu einem angemessenen Verhalten wird daher teilweise die Ansicht vertre-

---

[421] Vgl. *Weitzel*, Rechtsetzungsermessen, S. 72.
[422] *Weitzel*, Rechtsetzungsermessen, S. 71; *Stüer*, DVBl. 1974, S. 317 ff. verwendet die Begriffe „autonome" bzw. „heteronome" Determinanten; *Engisch*, Einführung in das juristische Denken, S. 115 f. wählt die Ausdrücke „gebundenes" bzw. „freies Ermessen"; *Bullinger*, JZ 1984, S. 1009: „Ermessen im eigentlichen Sinne" bzw. „in erweiterter Form", was nicht besonders trennscharf erscheint; missverständlich auch *Schmidt-Eichstaedt*, AöR 98 (1973), S. 178: „Entscheidungsermessen" und „Handlungsermessen".
[423] Gegen eine strikte Unterscheidung auch: *Möstl*, AöR AöR 126 (2001), S. 655 ff.; vgl. auch: *Schmidt-Aßmann/Groß*, NVwZ 1993, S.620, die ebenso einen fließenden Übergang beider Formen wählen; vgl. *Bachof*, VVDStRL 12 (1953), S. 69 zugunsten einer Unterscheidung.
[424] *Koch*, Unbestimmte Rechtsbegriffe, 174.

ten, es gäbe im Fall des Entschließungsermessens keinen Platz für eine Auswahl auf Rechtsfolgenseite.[425] Konsequenterweise müsste daher das Entschließungsermessen als eine reine Ermächtigung zur Normkonkretisierung aufgefasst werden. In dieser Absolutheit kann der These nicht zugestimmt werden. Denn mitunter gibt es auch bei einem Entschließungsermessen Fälle, in denen die Behörde rechtlich nicht zum Handeln gezwungen ist, um eine rechtmäßige Entscheidung zu treffen. Dies ist beispielsweise der Fall, wenn das behördliche Verhalten einem Ziel dienen würde, das von der Betroffenheit und Wertigkeit auf ein und derselben Stufe steht wie das Interesse, welches durch ein Handeln bzw. Unterlassen der Verwaltung negativ betroffen wäre.[426] Auch bei der Entschließung kann ein Raum für eine autonome Entscheidung verbleiben, der sich nicht durch eine Tatbestandskonkretisierung erübrigt. Obschon dies nicht häufig der Fall sein dürfte, da gerade im Gefahrenabwehrrecht oftmals eine Ermessensreduktion auf Null angenommen werden muss, sind in wenigen Fällen Zweckmäßigkeitserwägungen unabhängig von einer Normkonkretisierung nicht von vornherein ausgeschlossen.[427]

bb) Das Auswahlermessen – am Beispiel von § 28 Abs. 1 S. 1 IfSG
Hinsichtlich des Auswahlermessens wird mitunter einerseits vertreten, ein solches biete keinen Spielraum für subjektive Zweckerwägungen im Sinne eines Rechtsfolgenermessen aufgrund des Verhältnismäßigkeitsgrundsatzes.[428] Diese Annahme lässt sich schon deshalb widerlegen, weil ohne Zweifel Fälle denkbar sind, in denen die Verwaltung zwischen verschiedenen gleich geeigneten bzw. gleich angemessenen Mitteln wählen kann, um eine und denselben Zweck zu erreichen.[429] In diesen Fallgestaltungen sind die Handlungsmodalitäten für den konkreten Fall gesetzlich bzw. von Verfassungs wegen nicht näher determiniert. Der Verwaltung ist daher ohne Weiteres ein Rechtsfolgenermessen zuzubilligen. Fasst man die Maßnahmenrichtung als Auswahlermessen im weiteren Sinne auf,[430] so lässt sich folgendes anekdotisch berichtets Beispiel anführen: Zwei Fahrzeuge parken in einer engen Straße gegenüber voneinander. Die Fahrbahn wird dadurch dergestalt verengt, dass selbst ein durchschnittlich großer PKW die Straße nicht mehr passieren kann. Steht die Polizei nun vor der Wahl welchen der beiden Fahrzeugeigentümer

---

[425] So *Schmidt*, Gesetzesvollziehung, S. 156.
[426] *König*, BayVBl. 1983, S. 165.
[427] So im Ergebnis auch *Goldhammer* in Möstl/Schwabenbauer, BeckOK Polizeirecht, Art. 5 PAG, Rn 16.
[428] *Schmidt*, Gesetzesvollziehung, S. 156.
[429] *Koch*, Unbestimmte Rechtsbegriffe, S. 126; vgl. auch zum Auswahlermessen bei Abgabensatzungen: VG Halle, Urt. v. 23.06.2011 - 4 A 189/10.
[430] *Goldhammer* in Möstl/Schwabenbauer, BeckOK Polizeirecht, Art. 5 PAG Rn. 17.

bzw. -besitzer sie zur Versetzung des Wagens anweist, so ist die Auswahl grundsätzlich gesetzlich nicht näher determiniert.

Beim Auswahlermessen kann es sich andererseits auch um ein Konkretisierungsermessen handeln. Dies ist der Fall, wenn die Norm nähere Vorgaben an die Auswahl der möglichen Handlungsmodalitäten knüpft. Dies erreicht der Gesetzgeber unter anderem durch die Verwendung eines unbestimmt gehaltenen Rechtsbegriffs auf Rechtsfolgenseite. Exemplarisch hierfür lässt sich § 28 Abs. 1 S. 1 IfSG anführen. Das BVerwG ging in seiner Rechtsprechung vor der Coronapandemie davon aus, dass die Vorschrift[431] in Bezug auf die möglichen Schutzmaßnahmen ein Auswahlermessen einräumt.[432] Im Rahmen der Coronapandemie wurde jedoch zuweilen bezweifelt, ob der Exekutive bei der Auswahl der „notwendigen Schutzmaßnahmen" im Sinne des § 28 Abs. 1 S. 1 IfSG ein Ermessen eingeräumt wird.[433] Zum Teil wird auch ein prognostischer Einschätzungsspielraum angenommen.[434]

In einem späteren Hauptsacheverfahren ging der BayVGH nicht generell von einem Spielraum bei der Regelung konkreter Maßnahmen aus.[435] Die unbekannten Wirkungen der Maßnahmen werden zwar als mögliche Begründung für einen solchen Spielraum anerkannt, allerdings müsse anhand der konkreten Maßnahme bzw. unter Einbezug der konkreten Umstände entschieden werden, ob ein solcher zugebilligt wird.[436] Dies ist eine leicht missverständliche Aussage in Bezug auf ein mögliches Auswahlermessen im Rahmen der Vorschrift. Die Frage, *ob* § 28 Abs. 1 S. 1 IfSG grundsätzlich ein solches einräumt ist keine Frage der konkreten Maßnahme. Dies muss – und lässt sich – anhand der Ermächtigungsgrundlage des § 28 Abs. 1 S. 1 IfSG klären. Der Wortlaut spricht von „notwendigen Schutzmaßnahmen". Die Maßnahmen werden daher näher konkretisiert: Sie müssen eine schützende Wirkung haben und gleichzeitig notwendig sein. Den Faktor der Notwen-

---

[431] I.d.F. v. 20.7.2000, BGBl I S. 1045.
[432] BVerwG, Urt. v. 22.3.2012 – 3 C 16/11, BVerwGE 142, 205 ff., juris Rn. 20.
[433] BayVGH, Beschl. v. 10.6.2020 – 20 NE 20.1320, juris Rn. 23; für ein Auswahlermessen deutlich: OVG Hamburg, Beschl. V. 26.3.2020 – 5 Bs 48/20.
[434] VG München, Beschl. v. 6.5.2020 – M 26 E 20.1739, juris Rn. 30; vgl. auch VG Augsburg, Beschl. v. 18.5.2020 – Au 9 E 20.806, juris Rn. 40 mit Verweis auf BT-Drs. 14/2530, S. 74; BayVGH, Beschl. v. 26.6.2020 – 20 NE 20.1423, juris Rn. 20.
[435] BayVGH, Beschl. v. 4.10.2021 – 20 N 20.767, juris Rn. 74.
[436] BayVGH, Beschl. v. 4.10.2021 – 20 N 20.767, juris Rn. 74.

digkeit unterstreicht die Norm durch die Betonung des Verhältnismäßigkeitsgrundsatzes („soweit und solange").[437]

Gleichwohl bestimmt die Norm denkbare Schutzmaßnahmen nicht abschließend, sondern zählt beispielhafte Schutzmaßnahmen auf, die den Begriff der „Notwendigkeit" jedoch nicht abschließend determinieren. Vielmehr handelt es sich um eine Generalklausel.[438] Für ein Auswahlermessen streitet neben der offenen Formulierung, das Telos der Norm, welches eine flexible Reaktionsmöglichkeit auf infektiöse Krankheiten schaffen will. Dieser Sinn und Zweck ergibt sich auch aus der Genese der Norm: Der Gesetzgeber knüpfte mit der Regelung an die Vorgängernorm des BSeuchG an, der die berechtigte Annahme zugrunde gelegt wurde, die Fülle der denkbaren Schutzmaßnahmen ließe sich nicht von vornherein festlegen.[439] Diese fehlende normative Typisierungsfähigkeit wurde bereits oben als maßgeblicher Grund für die Einräumung von Ermessen erkannt und streitet daher auch in diesem Fall für ein Auswahlermessen.

§ 28 Abs. 1 S. 1 IfSG räumt der Behörde daher nach vorzugswürdiger Ansicht ein Auswahlermessen bei der Wahl der Schutzmaßnahme ein,[440] woran auch die Konkretisierung durch § 28a ff. IfSG nichts änderte.[441] Die Rechtsprechung drückt sich daher zuweilen missverständlich aus, wenn sie die Frage stellt, ob der Behörde überhaupt ein Auswahlermessen zukommt. Was sie an diesen Stellen grundsätzlich – zurecht – für klärungsbedürftig hält, ist die Reichweite des nicht kontrollfähigen Spielraums. Hierfür ist es in der Tat von Belang, wie die tatsächlichen Umstände liegen und ob insbesondere die Wirkungen der Schutzmaßnahmen erkennbar sind.[442] Die Variationsbreite des Ermessensumfangs ändert aber nichts an seiner Einräumung. Dies ist allerdings richtigerweise auf der Ebene der Kontrolldichte zu klären (siehe unten G.). Da die Norm zudem das Auswahlermessen

---

[437] *Johann/Gabriel* in Eckart/Winkelmüller, BeckOK Infektionsschutzrecht, § 28 Rn. 25; OVG NRW BeckRS 2020, 9803 Rn. 32; OVG Magdeburg, BeckRS 2020, 6948 Rn. 23; COVuR 2020, S. 663 Rn. 18; BayVGH, BeckRS 2020, 6515 Rn. 30 f.
[438] BVerwG, Urt. v. 22.3.2012 – 3 C 16/11, BVerwGE 142, 205 ff., juris Rn. 24; OVG Münster, Beschl. v. 6.4.2020 – 13 B 398/20.NE, juris Rn. 44: „Globalermächtigung".
[439] BT-Drs. 8/2468, S. 11, 27 f. zur Vorgängerregelung § 34 SeuchG bzw. BT-Drs. 14/2530, S. 16, 74 f.; vgl. hierzu auch: BayVGH, Beschl. v. 30.3.2020 – 20 CS 20.611, juris Rn. 11 ff.; OVG Münster, Beschl. v. 6.4.2020 – 13 B 398/20.NE, juris Rn. 46.
[440] *Johann/Gabriel* in Eckart/Winkelmüller, BeckOK Infektionsschutzrecht, § 28 Rn. 20; *Schmitz/Neubert*, NVwZ 2020, S. 666; BVerwGE 142, 205 Rn. 20, BeckRS 2012, 51345; ThürOVG BeckRS 2020, 12181 Rn. 50; OVG Schleswig, COVuR 2020, 45 Rn. 19; VG München, Beschl. v. 6.5.2020 – M 26 E 20.1739, juris Rn. 30; BayVGH, Beschl. v. 1.9.2020 – 20 CS 20.1962; VG München, Beschl. v. 29.10.2020 – M 26b E 20.5338; BayVerfGH, Entsch. v. 9.2.2021 – Vf. 6-VII-20.
[441] BayVGH, Beschl. v. 27.12.2021 – 20 NE 21.2977, juris Rn. 21.
[442] Insofern zutreffend: BayVGH, Beschl. v. 4.10.2021 – 20 N 20.767, juris Rn. 75 ff.

durch die „notwendigen Schutzmaßnahmen" und die beispielhafte Aufzählung von Maßnahmen näher definiert bzw. begrenzt, handelt es sich nach der hier zugrunde gelegten Unterscheidung um einen Unterfall des Konkretisierungsermessens.[443]

Zum Entschließungs- bzw. Auswahlermessen lässt sich insofern festhalten, dass die Ausübung beider Formen des Ermessens bzw. Unterfälle des Ermessens keinen Besonderheiten unterliegt.[444] Je nach konkreter Fallgestaltung und gesetzlicher Ermächtigungsgrundlage ist sowohl beim Entschließungs- wie auch beim Auswahlermessen ein Konkretisierungsermessen, aber auch ein Rechtsfolgenermessen denkbar.

b) Einordnung des Beurteilungsspielraums
Auf der Basis der gefundenen Unterscheidung stellt sich die weitere Frage, ob der Beurteilungsspielraum neben das Konkretisierungs- bzw. Rechtsfolgenermessen tritt oder einer dieser beiden Kategorien zugeordnet werden kann. Die Beantwortung dieser Frage würde auch maßgeblich Aufschluss darüber geben, ob eine Einpflegung unbestimmter Rechtsbegriffe auf Tatbestandsseite andere Konsequenzen für die Verwaltung hat als die Einräumung eines Ermessens auf Rechtsfolgenseite.

Normstrukturell wurde das Verwaltungsermessen eingangs unterschieden nach der Zuordnung zur Rechtsfolgen- bzw. Tatbestandsseite. Bereits dort zeigte sich, dass die Unterscheidung vor allem dem historischen Versuch geschuldet war, unbestimmte Rechtsbegriffe auf Tatbestandsseite einer strengeren gerichtlichen Kontrolle zu unterwerfen als solche der Rechtsfolgenseite. Die Notwendigkeit dieser Art der Differenzierung wurde bereits angezweifelt. Denn die Entwicklung des Beurteilungsspielraums auf Tatbestandsseite tritt der Ansicht zurecht entgegen, die meinte, eine Anwendung von (unbestimmten) Rechtsbegriffen ließe sich aus dem Gesetz als vorgezeichneter Weg herauslesen, man müsste diesen nur finden.[445] Diese subsumtionspositivistische[446] Sicht wurde abgelehnt, weil dem Gesetz eine absolute Stellung einräumt werden würde, die ihm in der deutschen Rechtsordnung mit ihrer Fülle an Rechtsquellen und einem gestuften Prozess der Konkretisierung von Recht nicht zukommt.[447]

---

[443] Vgl. auch BVerwG, Urt. v. 22.3.2012 – 3 C 16/11, BVerwGE 142, 205 ff., juris Rn. 24.
[444] So im Ergebnis auch *Rieger*, Ermessen und innerdienstliche Weisung, S. 87.
[445] Vgl. *Reuß*, Das Ermessen, DVBl. 1953, S. 587; zutreffend aber *Rubel*, Planungsermessen, S. 24.
[446] *Jaestaedt* in Ehlers/Pünder, Allgemeines Verwaltungsrecht, S. 334 Rn. 7.
[447] Vgl. *Merkl* in Mayer-Maly/Schambeck/Grussmann, Gesammelte Schriften I/1, S. 437 ff.

Offen blieb bisher, ob sich die Anwendung von unbestimmten Rechtsbegriffen auf Tatbestandsseite aus Sicht der Verwaltung von der des Ermessens unterscheidet. Beim Ermessen konnte jedenfalls mittlerweile festgestellt werden, dass die Verwaltung mitunter tatbestandskonkretisierende Erwägungen anstellen muss, um ihr Ermessen rechtmäßig auszuüben. Die Anwendung von unbestimmten Rechtsbegriffen soll sich allerdings von der soeben thematisierten Normkonkretisierung in einem wesentlichen Punkt unterscheiden: Die Anwendung unbestimmter Rechtsbegriff wird zum Teil als eine abstrakte Frage angesehen, die unabhängig vom konkreten Fall zu beantworten sei.[448] Legt man diese Ansicht zugrunde, so würde sich der Beurteilungsspielraum insofern von einer Konkretisierungsermächtigung unterscheiden, weil letztere bei der Ausübung des Ermessens im Einzelfall erheblich wird. Strebt man eine Untersuchung dieses Differenzierungskriteriums an bzw. einen Vergleich zur Ermessensausübung, so muss zunächst nachvollzogen werden, wie die Verwaltung bei der Anwendung unbestimmter Rechtsbegriffe vorgeht, bevor anschließenden auf die Fallgruppen des Beurteilungsspielraums eingegangen wird.

Denn bei der Anwendung von unbestimmten Rechtsbegriffen herrscht schon über Grundlegendes kein Konsens: Dabei geht es vor allem um die Frage, ob sich die Letztentscheidungskompetenz auf die Ebene der Sachverhaltssubsumtion erstreckt[449] oder ob diese schon im Auslegungsvorgang diskutabel ist.[450] Wieder andere sehen Probleme auf beiden Ebenen – je nach Art und Weise der Unbestimmtheit.[451] Manche trennen die Stufe der Auslegung und Subsumtion schon gar nicht voneinander.[452] Andere Literaturstimmen sprechen wiederum gar von der Tatbestandsergänzung.[453] Die letztgenannten Ansichten sprechen sich damit schon gegen den juristischen Syllogismus aus. Diesen Ansichten muss entgegengehalten werden, dass die Zweiteilung in Auslegung (aa) und Subsumtion (bb) auf sachlichen Gründen beruht. Beide Ebenen trennen erhebliche Unterschiede, die

---

[448] *Kluth* in Wolff/Bachof/Stober/ Kluth, Verwaltungsrecht I, S. 341 Rn. 8; a.A. *Jaestaedt* in Erichsen/Ehlers, Allgemeines Verwaltungsrecht, S. 348 Rn. 2;
[449] So *Bachof*, JZ 1955, S. 98 ff.; *Obermayer*, BayVBl. 1975, S. 258; *Ossenbühl*, Verwaltungsvorschriften und Grundgesetz, S. 329; *Papier* in Blümel/Merten/Quaritsch, Festschrift für Carl Hermann Ule, S. 242; Übersicht auch bei *Koch*, Unbestimmte Rechtsbegriffe, S. 44 ff., S. 71 ff.
[450] *Jesch*, AöR 82 (1957), S. 178 ff.; *Müller*, NJW 1972, S. 1587 f.; *Schreven*, Prognoseentscheidungen, S. 34 ff.; *Schulze-Fielitz*, JZ 1993, S. 772; *Zippelius*, Methodenlehre, S. 90 ff.; in diese Richtung auch: *Aschke* in Bader/Ronellenfitsch, BeckOK VwVfG, § 40 Rn. 24.1.
[451] *Erichsen*, VerwArch 63 (1972); *Wortmann*, NvVBl. 1989, S. 342 ff.
[452] *Brohm*, DVBl. 1986, S. 330 ff.; *Nagel*, Die Rechtskonkretisierungsbefugnis der Exekutive, S. 81 ff.; *Korbmacher*, DÖV 1965, S. 699; *Sendler*, Skeptisches zum unbestimmten Rechtsbegriff, S. 342 ff.; *Alexy*, Theorie der juristischen Argumentation, S. 22.
[453] *Weber*, Regelungs- und Kontrolldichte, S. 190.

eine Differenzierung nötig machen: Die Auslegung ist eine Interpretation der sprachlichen Bedeutung gesetzlichen Zeichenreihen. Die Subsumtion folgt der Auslegung gedanklich nach und betrifft die Feststellung, ob der Tatbestand des Gesetzesgebots erfüllt ist.[454] Ein teilweise geforderter Zwischenschritt der Tatbestandsermittlung wird dabei nicht als erforderlich erachtet.[455] Mit dieser Zweiteilung als Ausgangspunkt lässt sich fragen, auf welchen Ebenen der Verwaltung bei der Anwendung eine Letztentscheidungskompetenz zukommt.

aa) Auslegung: Gesetzliche Determinierung bei der Anwendung unbestimmter Rechtsbegriffe?

Die Auslegung als Schritt der Rechtsanwendung betrifft rein methodische Fragestellungen und ist damit dem Bereich der Erkenntnis zuzuordnen. Der Inhalt einer Norm und damit auch der eines unbestimmten Rechtsbegriffs kann daher nur eine Bedeutung haben, unabhängig von dessen Komplexität und unbeschadet von Meinungsverschiedenheiten über dessen Deutung.[456] Es gibt also objektiv gesehen nur eine richtige Auslegung. Dies zieht eine volle gerichtliche Justitiabilität nach sich.[457] Dieser Umstand darf nicht mit dem oben erwähnten Aspekt verwechselt werden, dass die Rechts*anwendung* grundsätzlich nicht rein aus dem Gesetz deduzierbar ist. Jedenfalls im ersten Schritt der objektiven Auslegung gibt es jedoch noch keinen Hinweis auf einen Spielraum bzw. den Einfluss von subjektiven Wertungen bei der Auslegung,[458] was aber noch die These widerlegt, dass bei der Rechtsanwendung subjektive Wertungen eine Rolle spielen können.

bb) Subsumtionsebene

Die Anwendung unbestimmter Rechtsbegriffe verharrt nicht bei der Auslegung dieser. Vielmehr ist anschließend im Rahmen der Subsumtion festzustellen, ob der durch Auslegung ermittelte Tatbestand mit dem Sachverhalt übereinstimmt.[459] Da dies eine Frage des konkreten Falls ist, lässt sich dieser Vorgang nicht der ersten Ebene in Form der abstrakten Auslegung der Norm zuordnen. Obschon man im

---

[454] Vgl. zu beidem ausführlich *Koch*, Unbestimmte Rechtsbegriffe, S. 59 ff.
[455] Hiervon gehen jedoch *Bachof*, JZ 1955, S. 99; *Ossenbühl*, Verwaltungsvorschriften und Grundgesetz, S. 239 aus; ausführliche Gegenposition mit Begründung bei *Koch*, Unbestimmte Rechtsbegriffe, S. 47 ff.
[456] *Jaestaedt* in Erichsen/Ehlers, Allgemeines Verwaltungsrecht, S. 345 Rn. 21; ungenau bei *Aschke* in Bader/Ronellenfitsch, BeckOK VwVfG, § 40 Rn. 24.1.
[457] Zu weit geht daher *Ossenbühl*, DÖV 1976, S. 466 ff., der z.B. dem Gefahrenbegriff selbst nicht justitiable Bestandteile bescheinigt; a.A. ist *Nierhaus*, DVBl. 1977, S. 25, der wertende Elemente erst auf der Ebene der Verhaltensverantwortlichkeit anstellt; ähnlich auch *Tettinger*, DVBl. 1982, S. 426.
[458] *Wolff* in Sodan/Ziekow, VwGO, § 114 Rn. 301; a.A. *Aschke* in Bader/Ronellenfitsch, BeckOK VwVfG, § 40 Rn. 24.1.
[459] *Zippelius*, Methodenlehre, S. 89.

Rahmen der Auslegung zu einem subsumtions*fähigen* Ergebnis gelangt ist, zeigt sich auf Ebene der Subsumtion das Kernproblem unbestimmter Rechtsbegriffe.

Denn häufig wird sich nicht ohne Weiteres festhalten lassen, dass der Sachverhalt die – abstrakt gesehen – subsumtionsfähigen Voraussetzungen erfüllt. Gerade bei unbestimmten Rechtsbegriffen, die eine gewisse Fähigkeit oder einen Erfahrungssatz des Normanwenders nötig machen, lassen sich nur selten wissenschaftlich belegbare Fakten oder allgemeingültige Gesetzlichkeiten finden. Daher ist an dieser Stelle zumeist eine Prognose des Rechtsanwenders nötig auf der Basis eigener Erfahrungen bzw. subjektiver Überlegungen anhand des Einzelfalls.[460] Dies lässt sich an folgendem Beispiel verdeutlichen:[461] Eine polizeirechtlich relevante konkrete Gefahr lässt sich – grundsätzlich subsumtionsfähig – definieren als eine Sachlage, die bei ungehindertem Ablauf des objektiv zu erwartenden Geschehens im Einzelfall mit hinreichender Wahrscheinlichkeit[462] zu einer Verletzung von Schutzgütern der öffentlichen Sicherheit oder Ordnung führt.[463]

Wenn im nächsten Schritt die Subsumtion eines bestimmten Falls unter diesen Gefahrenbegriff angestrebt wird, steht der Normanwender nun vor der Frage, ob der Schadenseintritt im konkreten Fall „hinreichend wahrscheinlich" ist. Der unbestimmte Gesetzesbegriff der „Gefahr" wurde im Rahmen einer abstrakt subsumtionsfähigen Definition daher im Grunde nur durch einen unwesentlich bestimmteren Begriff ersetzt.[464] Rein nach dem Wortlaut können durch die Umschreibung der hinreichenden Wahrscheinlichkeit eindeutige Fälle gelöst werden: Besteht aus ex-ante Perspektive keinerlei Anzeichen für eine Gefahr so liegt jedenfalls keine hinreichende Wahrscheinlichkeit vor. Um dies anhand eines Beispiels zu konkretisieren: Bei einer bunten Spielzeugpistole wird man nicht von einer Gefahr ausgehen. Ist für jeden objektiven Betrachter in der konkreten Situation dagegen offenkundig, dass der Schadenseintritt nur noch vom Zufall abhängt, liegt eine hinreichende Wahrscheinlichkeit jedenfalls vor. Die Probleme bei der Rechtsanwendung

---

[460] So auch *Ossenbühl*, DÖV 1976, S. 466; a.A. v. *Olshausen*, JuS 1973, S. 221, *Koch*, Unbestimmte Rechtsbegriffe, S. 19 f.
[461] Ähnlich auch *Weitzel*, Rechtsetzungsermessen, S. 74 f.; am Beispiel der öffentlichen Ordnung: *Jaestaedt* in Erichsen/Ehlers, Allgemeines Verwaltungsrecht, S. 346 Rn. 21.
[462] Zu Problemen der Wahrscheinlichkeitsbestimmung: *Darnstädt*, Gefahrenabwehr, S. 75 ff.; diese beeinflussenden Faktoren nennt (nicht abschließend): VGH Mannheim Beschl. v. 5.8.2021 – 1 S 1894/21, NVwZ-RR 2022, S. 33 Rn. 79 mit Verweis auf VGH Mannheim, VBlBW. 2008, S. 134, BeckRS 2008, 30249; NVwZ-RR 2010, 55; BVerwGE 116, 347 (351 f.): BVerwG, DVBl. 2003, S. 336, NVwZ 2003, S. 95.
[463] Erstmals wohl PrOVGE 87, 301 (310); vgl. auch VGH Mannheim Beschl. v. 5.8.2021 – 1 S 1894/21, NVwZ-RR 2022, S. 33 Rn. 79; mittlerweile legaldefiniert in Art. 11 Abs. 1 S. 2 PAG.
[464] *Tettinger*, DVBl. 1982, S. 421 ff. geht von einer zu treffenden Prognose aus.

treten vielmehr erst im Grenzbereich zutage,[465] wenn also beispielsweise nicht offensichtlich von einer Gefahr gesprochen werden kann, aber mehr als ein bloßes Risiko des Schadenseintritts vorliegt. Zutreffend ist es insofern, wenn man in diesem Grenzbereich davon ausgeht, dass ein bloßer „Hinweis auf den empirisch ermittelten Sprachgebrauch"[466] nicht mehr ausreicht, um die Subsumtion vorzunehmen.

Festgehalten werden muss also, dass der reine Wortlaut in Grenzfällen keine ausreichende Grundlage mehr bietet. Vielmehr muss in diesen Fällen eine Interpretation des Willens des Gesetzgebers stattfinden.[467] Zusätzlich und der konkreten Subsumtion als vorausgeschalten angesehen werden muss daher die Bildung von sog. Handlungsprämissen,[468] um einen noch nicht hinreichend konkretisierten Tatbestand näher zu erfassen. Um das obige Beispiel aufzugreifen: Die Behörde muss näher definieren, wann eine „hinreichende" Wahrscheinlichkeit vorliegt. Zuweilen wird dieser Schritt sogar als „Gewichtungsermessen" bezeichnet,[469] was die Nähe zur Ermessensausübung kennzeichnet. Dennoch wird von einer weiteren Verwendung dieses Begriffs abgesehen, um kein Konglomerat unterschiedlicher Begrifflichkeiten zu erzeugen, was im Ergebnis mehr zur Verwirrung beitragen würde als zur Entwirrung.

Würde man vertreten, dass sich die Prämissen zur Konkretisierung des Begriffs rein abstrakt aus dem Gesetz herleiten lassen müssen und können, so würde man die Realität verkennen: Je nach gesetzlicher Regelungsdichte lassen sich sicherlich in vielen Fällen Anhaltspunkte für den gesetzgeberischen Willen aus der Systematik des Gesetzes oder aus der Historie ableiten. Jeden Einzelfall kann man damit allerdings nicht einer Subsumtion zuführen. Ein Beispiel hierfür sind unbestimmte Rechtsbegriffe, die eine gewisse Wertung voraussetzen bzw. letztlich auf den Erfahrungsschatz der Verwaltung zurückgreifen wollen.[470] Bei diesen verstärkt sich der Eindruck, „als habe der Gesetzgeber in der Erkenntnis, dass die Verwaltung

---

[465] *Koch*, Unbestimmte Rechtsbegriffe, S. 34 ff.; *Weber*, Regelungs- und Kontrolldichte, S. 179.
[466] *Koch*, Unbestimmte Rechtsbegriffe, S. 71.
[467] *Koch*, Unbestimmte Rechtsbegriffe, S. 19, 21; *Rieger*, Ermessen und innerdienstliche Weisung, S. 58 zu den unterschiedlichen Begriffsbildungen zu dieser Thematik; ähnlich auch *Obermayer*, BayVBl. 1975, S. 259.
[468] *Weitzel*, Rechtsetzungsermessen, S. 80.
[469] *Adamovich/Funk*, Allgemeines Verwaltungsrecht, S. 125 a.E.
[470] Für den Gefahrenbegriff: *Ossenbühl*, DÖV 1976, S. 466; a.A. *Tettinger*, DVBl. 1982, S. 426 und *Nierhaus*, DVBl. 1977, S. 25, der wertende Elemente erst bei der Frage der Verhaltensverantwortlichkeit zulässt.

ohne Ermächtigung nun einmal nicht handeln darf, diese Ermächtigung geschaffen, alles Übrige aber bereitwillig wieder der Verwaltung überlassen."[471]

Ein derartige Regelungstechnik des Gesetzgebers kann unterschiedlichste Gründe haben: Sie kann sich beispielsweise aus der jeweiligen Sachmaterie ergeben, einer fehlenden Vorhersehbarkeit der Fallkonstellationen oder aus sonstigen Gründen, die eine geringere gesetzliche Determinierung auf Tatbestandsseite notwendig machen.[472] Der Versuch die Konkretisierung in jedem Fall anhand des Gesetzes zu lösen, würde daher im Ergebnis sogar dem gesetzgeberischen Willen zuwiderlaufen, die Expertise der Verwaltung einzubeziehen. Bewusst geschaffene Lücken im Gesetz müssen daher durch den Rechtsanwender gefüllt werden, der vom Gesetzgeber ermächtigt ist, mithin von der Verwaltung als primärer Normadressatin.[473]

Dieser Akt ist nicht als „schöpferischer Wertungsprozess"[474] der Auslegung zuzuordnen.[475] Denn diese Ansicht scheint vor allem ergebnisorientiert zu sein, weil der Akt der Auslegung von den Gerichten überprüfbar ist und sich die Kontrollfähigkeit als Folge dieser Ansicht auch auf diese Elemente erstrecken würde. Dies ist aber schon deshalb abzulehnen, weil die subjektiv gefärbte Konkretisierung des Tatbestandes die Ebene der abstrakten Auslegung von Normbegriffen verlässt. Würde man die Prämissenbildung der Auslegung zuordnen, würde man die Auslegung daher nicht mehr als objektiven Schritt verstehen.

Teilweise wird dieser Vorgang auch nicht der Subsumtion zugeschrieben, sondern als eigener Rechtsetzungsakt bezeichnet.[476] Dass dieser Vorgang einen rechtsetzenden Charakter hat,[477] kann mit dem oben gesagten nicht bestritten werden. Allerdings vollzieht sich diese Rechtsetzung gerade bei der Anwendung des Rechtsbegriffs auf den Einzelfall, weshalb es nicht sinnhaft erscheint die rechtsetzenden Elemente als einen von der Subsumtion getrennten Vorgang zu betrachten. Ebenso ist das Einpflegen eines zusätzlichen Schrittes außerhalb der Subsumtion nicht zwingend nötig, um einen nicht kontrollfähigen Spielraum zu etablieren. Ob bzw. inwiefern dieser Akt aber kontrollfähig ist, wird noch zu beleuchten sein.

---

[471] *Herzog*, VVDStRL 24 (1966), S. 191
[472] Vgl. *Herzog*, VVDStRL 24 (1966), S. 192.
[473] So auch *Weber*, Regelungs- und Kontrolldichte, S. 186.
[474] So aber *Marburger*, Schadensvorsorge, S. 346.
[475] So *Larenz*, Methodenlehre, S. 338 ff.
[476] Vgl. insb. *Weber*, Regelungs- und Kontrolldichte, S. 188 ff.; Becker, Skeptisches zum Beurteilungsspielraum, S. 625; *Brühl*, JuS 1995, S. 250 ff.; *Nagel*, Die Rechtskonkretisierungsbefugnis der Exekutive, S. 83.
[477] *Jaestaedt* in Erichsen/Ehlers, Allgemeines Verwaltungsrecht, S. 346 Rn. 21.

Insgesamt lassen sich die bisherigen Ergebnisse wie folgt zusammenfassen: Die Anwendung unbestimmter Rechtsbegriffe wirft sowohl bei der Auslegung wie auch bei der Subsumtion Schwierigkeiten auf. Die Auslegung betrifft dabei die abstrakte Interpretation des Tatbestandes, während die Subsumtion die Anwendung des ausgelegten Tatbestandes auf den konkreten Fall betrachtet. Bei letzterer kann eine Bildung von Prämissen nötig werden, um den Tatbestand noch zugänglicher zu machen für die anschließende Subsumtion des konkreten Sachverhalts. Hierbei kann auch eine Prognose bzw. das Zurückgreifen auf persönliche Erfahrungen und Einschätzungen nötig werden, die häufig nicht anhand gesetzlicher Determinanten bestimmt werden können. Es wurde damit nachgewiesen, dass auch die Anwendung unbestimmter Rechtsbegriffe auf der Subsumtionsebene anhand des konkreten Falles einen Raum für autonome Wertungen belassen.

cc) Bildung von Prämissen

Die Art und Weise der Bildung von Handlungsprämissen im Rahmen der Subsumtion führt zu weiteren Fragestellungen, deren Beantwortung eine Parallele zum Ermessen aufweisen kann. Es lässt sich erstens danach fragen, ob Prämissen übergreifend für sämtliche Anwendungsfälle der Norm gebildet werde müssen oder, ob dies für den jeweiligen Einzelfall geschehen kann.[478] Mit Blick auf den Geltungsumfang ist zumindest eine singuläre Prämissenbildung[479] abzulehnen, weil hiergegen der Gleichbehandlungsgrundsatz aus Art. 3 Abs. 1 GG spricht. Dies bedeutet im Ergebnis, dass eine universelle Prämissenfestsetzung zu erfolgen hat, bei der im Wesentlichen[480] gleichgelagerte Fälle auch gleichbehandelt werden müssen.[481]

Schwieriger zu beantworten ist zweitens, ob eine universelle Prämissenbildung immer allgemeingültig und daher ausdifferenziert sein muss, um auf jeden Fall anwendbar zu sein oder ob im konkreten Einzelfall eine Spezifizierung erfolgen kann.[482] Letzteres wird vor allem bei deskriptiven Tatbestandsmerkmalen befürwortet aufgrund der kognitiven Elemente.[483] Wie oben aufgezeigt, enthält die Anwendung unbestimmter Begriffe gerade auch subjektiv Elemente, weshalb dies kein geeignetes Unterscheidungskriterium sein kann. Es überzeugt vielmehr den Spezifikationsgrad daran zu orientieren, inwieweit dies aufgrund des Normzwecks

---

[478] So Soell, Das Ermessen der Eingriffsverwaltung, S. 162 ff., der „echte intra-legem Lücken" durch eine Berücksichtigung aller Umstände der individuellen Fallgestaltung ausfüllen will.
[479] Vgl. Koch, Unbestimmte Rechtsbegriffe, S. 98.
[480] Zu einer sehr ausdifferenzierten Bestimmung von Verstößen gegen den Gleichbehandlungsgrundsatz: Lindner in ders./Möstl/Wolff, Verfassung des Freistaates Bayern, Art. 118 Rn. 75 ff.
[481] So selbst Soell, Des Ermessen der Eingriffsverwaltung, S. 176.
[482] Vgl. Koch, Unbestimmte Rechtsbegriffe, S. 98.
[483] Soell, Das Ermessen der Eingriffsverwaltung, S. 166.

im Einzelfall nötig erscheint.[484] Die Überprüfung der Prämissen ist dabei erschwert, wenn die Verwirklichung des Normzwecks nur vergleichend mit weiteren Anwendungsfällen denkbar ist, weil dies grundsätzlich allgemein gehaltene Prämissen voraussetzt.[485] Eine grundsätzliche Befürwortung allgemein gehaltener bzw. spezifischer Prämissen kann daher nicht entwickelt werden. Es ist vielmehr anhand des Einzelfalls zu entscheiden, inwiefern der Normzweck verallgemeinerungsfähige Prämissen voraussetzt oder nicht. Dies streitet weder eindeutig für eine Ähnlichkeit zur Ermessensausübung noch dagegen, allerdings bleibt es bei der Gemeinsamkeit, dass beide Arten von Letztentscheidungskompetenzen eine Stütze im Gesetz finden müssen.

Drittens muss beurteilt werden, ob die Verwaltung sich bei der Prämissenbildung zur Anwendung unbestimmter Rechtsbegriffe rein am gesetzlichen Normzwecks zu orientieren hat[486] oder selbst gewählte Zwecke einbeziehen darf.[487] Letzteres spräche für eine Parallele zum Ermessen auf Rechtsfolgeseite. Problematisch an einer ausschließlichen Orientierung am Normzweck ist der bereits angesprochene Aspekt, dass viele Normen verschiedene, teils widersprüchliche Zielvorstellungen zum Gegenstand haben.[488] Die Verwaltung ist im Einzelfall daher berufen, eine Gewichtung der Normzwecke vorzunehmen. Dass jede Norm den Weg der Gewichtung determiniert,[489] ist dabei nicht denkbar aufgrund des abstraktgenerellen Charakters, der nicht in der Lage ist, alle möglichen Fallgestaltungen zu erfassen. Dies beweist vor allem der Umstand, dass Normen zum Teil im Bewusstsein erlassen werden, dass die Anwendungsfälle derzeit noch nicht absehbar sind.[490] Ein Beispiel ist § 11 Abs. 1 Nr. 2 BBG, der eine „Bewährung" im vollen Umfang während der Probezeit für eine Ernennung als Beamter auf Lebenszeit voraussetzt. Der Normzweck, der sich im Begriff der Bewährung[491] verbirgt ist dabei die Bestenauslese bzw. das Leistungsprinzip (Art. 33 Abs. 2 GG).[492] Der Maßstab, nach dem sich die Beurteilung zu richten hat, ist definiert als die Anforderungen, die an einen Probebeamten im entsprechenden Amt grundsätzlich gestellt wer-

---

[484] *Koch,* Unbestimmte Rechtsbegriffe, S. 100.
[485] *Weitzel,* Rechtsetzungsermessen, S. 82.
[486] *Weber,* Regelungs- und Kontrolldichte, S. 187.
[487] *Koch,* Unbestimmte Rechtsbegriffe, S. 175; *Soell,* Das Ermessen der Eingriffsverwaltung, S. 180 bei sog. intra-legem-Lücken.
[488] Ungenau bei *Aschke* in Bader/Ronellenfitsch, BeckOK VwVfG, § 40 Rn. 47 f.
[489] Angedeutet bei *Aschke* in Bader/Ronellenfitsch, BeckOK VwVfG, § 40 Rn. 47 f.
[490] Vgl. nur das Gesetzgebungsverfahren zu § 7 AtomG: Anlage 2 zu BT-Drs. III/759, Nr. 8, S. 50 bzw. Anlage 3 zu BT-Drs. III/759, Nr. 8 b), S. 59.
[491] Zur Verschärfung durch das Hinzufügen von „in vollem Umfang": BT-Drs. 16/7076, 102.
[492] *Battis* in ders., BBG, § 11 Rn. 3.

den.⁴⁹³ Um diesen Normzweck zu verwirklichen, bedarf es aber subjektive Zielvorstellungen des Vorgesetzten, die sich erst mit Blick auf das spezifische Amt konkretisieren lassen.

Eine gewisse subjektive Gewichtung bei mehreren Normzielen bzw. eine dahingehende autonome Entscheidung muss also von der Verwaltung bei der Konkretisierung von unbestimmten Rechtsbegriffen vorgenommen werden dürfen.⁴⁹⁴ Freilich darf die Gewichtung von Zielvorstellungen aufgrund der Gesetzesbindung nicht im Widerspruch zu den gesetzlichen Zielvorstellungen der jeweiligen Norm stattfinden. So darf die Polizei bei einer Gefahrenprogose keine fiskalischen Interessen verfolgen⁴⁹⁵ ebenso wenig wie fiskalische Erwägungen bei einer Versetzung von Beamten in den Ruhestand⁴⁹⁶ bei der Prämissenbildung eine Rolle spielen dürfen.

Festgehalten werden kann also, dass sowohl bei der Anwendung unbestimmter Rechtsbegriffe also auch bei der Ermessenausübung subjektive Zweckmäßigkeitserwägungen eine Rolle spielen können, wobei die Verwaltung in Bezug auf beide Entscheidungsformen an den Normzweck bzw. die Normzwecke gebunden ist.⁴⁹⁷ Für die Ermessensausübung ergibt sich dies aus § 40 VwVfG, hinsichtlich der Anwendung von Rechtsbegriffen aus Art. 20 Abs. 3 GG. Ein wesentlicher Unterschied liegt aber darin, dass bei der Ermessensausübung stets subjektive Zielvorstellungen einbezogen werden müssen, bei der Rechtsanwendung unbestimmter Rechtsbegriffe dagegen ist dies dagegen lediglich unter hohen Voraussetzungen möglich.⁴⁹⁸ Im Grundsatz kann die Ansicht als bestätigt gelten, die besagt, dass Normen als Ermessensermächtigung eine weniger große Bindung erzeugen als Normen, die unbestimmte Rechtsbegriffe verwenden.⁴⁹⁹ Ermessensermächtigungen lassen daher für die Verwaltung grundsätzlich mehr Spielraum für die Berücksichtigung des Einzelfalls.⁵⁰⁰

---

[493] BT-Drs. 16/7076, 102; *Battis* in ders., BBG, § 11 Rn. 3.
[494] *Marburger*, Schadensvorsorge, S. 346; *Koch*, Unbestimmte Rechtsbegriffe, S. 175; *Weber*, Regelungs- und Kontrolldichte, S. 191; *Adamovich/Funk*, Allgemeines Verwaltungsrecht, S. 125 a.E. spricht von „Gewichtungsermessen".
[495] *Aschke* in Bader/Ronellenfitsch, BeckOK VwVfG, § 40 Rn. 49;
[496] *Aschke* in Bader/Ronellenfitsch, BeckOK VwVfG, § 40 Rn. 49; BVerwGE 16, S. 194 (196).
[497] *Rieger*, Ermessen und innerdienstliche Weisung, S. 78.
[498] *Brohm*, DVBl. 1986, S. 373; einen wohl breiteren Subsumtionsspielraum billigt *Bähr*, Der Rechtsstaat, S. 60 der Verwaltung zu; vgl. auch grundlegend BVerwG, NVwZ 2020, S. 234 (Bushido).
[499] *Stern*, Staatsrecht II, S. 762 ff.; *Rieger*, Ermessen und innerdienstliche Weisung, S. 80.
[500] Eine weitere, nicht zwingend notwendige Differenzierung bietet *Rieger*, Ermessen und innerdienstliche Weisung, S. 80 ff.

dd) Die Fallgruppen der Beurteilungsspielräume

Da nun das Einfalltor für subjektive Wertungen bei unbestimmten Rechtsbegriffen grundsätzlich geklärt wurde, sind des Weiteren die Fallgruppen der unbestimmten Rechtsbegriffe einzubeziehen, die einen Beurteilungsspielraum einräumen. Solche wurden bereits als Ermächtigung identifiziert, die der Verwaltung eine Letztentscheidungskompetenz einräumen, ob die tatbestandlichen Voraussetzungen in einem bestimmten Fall vorliegen oder nicht.[501] Ob ein unbestimmter Rechtsbegriff einen Beurteilungsspielraum einräumt, muss dabei durch Auslegung der gesetzlichen Grundlage erfasst werden.[502] Im Grundsatz ist es hilfreich und vor dem Hintergrund des Art. 19 Abs. 4 GG nahezu zwingend von einem voll gerichtlich kontrollfähigen unbestimmten Rechtsbegriff auszugehen.[503] Soll eine Letztentscheidungskompetenz durch die Verwaltung angenommen werden, so müssen sich hierfür rechtfertigende Faktoren im Rahmen der Auslegung finden lassen. Da die Gründe, die für bzw. gegen eine solche Ermächtigung sprechen, kaum zu überblicken sind,[504] haben sich Fallgruppen herausgebildet, an denen sich die nachfolgenden Untersuchungen orientieren.[505] Da sich bisher Ähnlichkeiten zwischen Beurteilungsspielräumen und insbesondere der Konkretisierungsermächtigung gezeigt haben, könnte die Betrachtung dieser Fallgruppen einen Aufschluss darüber geben, ob die Ermessensausübung und die Anwendung unbestimmter Rechtsbegriffe in diesen Fällen noch näher zusammenrücken.

1.) Nicht vollständig nachholbare Entscheidungen der Verwaltung

Unter eine Fallgruppe lassen sich die nicht näher begründbaren Feststellungen der Verwaltung zusammenfassen, zu denen vor allem beamtenrechtliche Beurteilungen und Prüfungsentscheidungen zählen.[506] Die Eingruppierung in den Beurteilungs„spielraum" ist dabei leicht missverständlich, zumindest bei den Prüfungsentscheidungen.[507] Denn die fehlende gerichtliche Kontrollmöglichkeit ergibt sich hier bei näherer Betrachtung aufgrund einer fehlenden Beurteilungsgrundlage durch das Gericht. Denn die Prüfungssituation ist grundsätzlich nicht nachhol-

---

[501] BVerwGE 72, 38 (53); 99, 74 (76); 106, 263 (271); KG Berlin, NJW 1979, S. 2574 f.
[502] *Wolff* in Sodan/Ziekow, VwGO, § 114 Rn. 307.
[503] *Schulze-Fielitz*, JZ 1993, S. 776; BVerfGE 83, 130 (148); 84, 34 (45 ff.);
[504] Hierzu *Wolff* in Sodan/Ziekow, VwGO, § 114 Rn. 312 ff.
[505] Angelehnt an *Meyn*, JA 1980, S. 329 ff.; vgl. auch *Kellner*, DÖV 1962, S. 572; *ders.*, DÖV 1963, S. 418 ff.; *ders.*, NJW 1966, S. 857; *ders.*, DÖV 1972, S. 801; *Maurer/Waldhoff*, Allgemeines Verwaltungsrecht, S. 158 ff.; vgl. auch BVerwGE 89, 14 (17); BVerwG, Urt. v. 26.3.1981 – 3 C 134/79, juris Rn. 63 f.; kritisch i.B.a. die qualitative Fallgruppenbildung: *Bryde*, DÖV 1981, S. 198 ff.
[506] BVerfGE 84, 34 ff.; 84, 59 ff.; BVerwGE 91, 262 ff.; *Niehues*, NJW 1991, S. 3001 ff.
[507] *Herdegen*, JZ 1991, S. 750; *Kellner*, DÖV 1972, S. 804; *Rupp*, Ermessen und unbestimmter Rechtsbegriff, S. 466 ff.

bar.⁵⁰⁸ Bei Prüfungsentscheidungen gibt es zudem einen engen Bereich der prüfungsspezifischen bzw. fachwissenschaftlichen Wertungen.⁵⁰⁹ Die fachwissenschaftlich zu beurteilende Richtigkeit einer Antwort lässt sich dabei grundsätzlich mithilfe von Sachverständigen erschließen.⁵¹⁰ Anders ist dies im Randbereich, in dem die Wissenschaft keine eindeutig falsche bzw. richtige Antwort kennt. Hier wird dem jeweiligen Prüfer grundsätzlich ein Spielraum eingeräumt, in dessen Rahmen er eine Antwort als vertretbar oder unvertretbar halten kann.⁵¹¹ Dieser Spielraum wird aber dadurch relativiert, dass die Rechtsprechung ihrerseits eine Vertretbarkeitskontrolle des Erwartungshorizonts des Prüfers fordert, allgemeine Bewertungsmaßstäbe und eine strengere Kontrolle anhand von Art. 3 Abs. 1 GG.⁵¹² Im Grunde bleibt es bei Prüfungsentscheidungen bei einer weitgehenden gerichtlichen Überprüfung. Die Zurücknahme der gerichtlichen Kontrolle beruht in diesem Bereich auf der fehlenden Nachvollziehbarkeit der konkreten Prüfungssituation⁵¹³ und nicht auf der Zubilligung eines echten Beurteilungsspielraums.⁵¹⁴

Einen wirklichen Spielraum in Form einer Beurteilungsermächtigung⁵¹⁵ hat die Verwaltung dagegen bei der Beurteilung von Beamten.⁵¹⁶ Eine Übertragung der strengeren Kontrolle entsprechend den Maßstäben bei den Prüfungsentscheidungen ist hier nicht anzunehmen.⁵¹⁷ Denn die Rechtfertigung des Beurteilungsspielraums ergibt sich aus weiteren Gesichtspunkten, nämlich einer nicht vorhandenen Kontrollmöglichkeit der Leistungsbeurteilung auf längere Zeit durch das Gericht,⁵¹⁸ dem Selbstorganisationsrecht der Verwaltung⁵¹⁹ bzw. einer Prognoseentscheidung in Bezug auf die künftige Entwicklung.⁵²⁰ Im Bereich der Leistungsbeurteilung kommt der Verwaltung daher ein Spielraum zu, welcher der gefundenen Diktion des Ermessens entspricht, weil der Verwaltung ein gerichtlich nicht kontrollfähiger

---

⁵⁰⁸ Vgl. auch *Schmidt*, Gesetzesvollziehung, S. 122; *Herzog*, NJW 1992, S. 2602.
⁵⁰⁹ *Wolff* in Sodan/Ziekow, VwGO, § 114 Rn. 337.
⁵¹⁰ BVerfGE 84, 44 (55); 84, 59 (79); BVerwG, NVwZ 1993, S. 687.
⁵¹¹ *Seebass*, NVwZ 1992, S. 614; *Wolff* in Sodan/Ziekow, VwGO, § 114 Rn. 342; BVerfGE 84, 34 (53); 84, 59 (77 ff.).
⁵¹² BVerfGE 84, 34 (48 ff.); BVerwG, NVwZ 1999, S. 187.
⁵¹³ *Herzog*, NJW 1992, S. 2602.
⁵¹⁴ So auch *Kellner*, DÖV 1972, S. 804; *Rupp* in Fürst/Herzog/Umbach, Festschrift für Wolfgang Zeidler, S. 466 ff.
⁵¹⁵ BVerwGE 106, 263, 266 zur mangenden Bewährung; BVerwGE 60, 245 ff.; 97, 128 f. zur dienstlichen Beurteilung.
⁵¹⁶ OVG Lüneburg, Beschl. v.16.9.2019 – 5 ME 126/19, juris Rn. 54.
⁵¹⁷ BVerfG NVwZ 2002, S. 1368 f.
⁵¹⁸ BVerfG, NJW 1991, S. 2005, 2007; BVerwG DVBl. 1993, S. 956 f.; BVerwGE 86, 59 ff.; BVerwGE 106, 263, 267.
⁵¹⁹ BVerwGE 99, 371, 377 ff. zur Übernahme von DDR-Richtern.
⁵²⁰ BVerwGE 99, 371, 377 ff.; BVerwGE 106, 263, 266.

Freiraum subjektiver Wertungen und Zweckvorstellungen verbleibt, bei der sie die konkrete Person, die Arbeitsumstände und die Anforderungen einbezieht.

2.) Überlegene Sachkunde der Verwaltung

Eine weitere Fallgruppe, bei der sich die Einschränkung der gerichtlichen Kontrolle aus einem Mangel an Kontrollkompetenz und nicht aus fehlender Kontrollmöglichkeit[521] speist, sind die Fälle, in denen die Norm die Entscheidung in die Hände eines sachkundigen Gremiums legt bzw. der Verwaltung aufgrund überlegener Sachkunde eine Letztentscheidungskompetenz zubilligt. Als Beispiel hierfür kann die Beurteilung des Sortenausschusses nach dem Saatgutverkehrsgesetz bei der Getreidesortenzulassung genannt werden.[522] Die Entscheidung des Gremiums soll dabei verbindlich wirken und daher nur in eingeschränktem Umfang kontrollfähig sein.[523] Der Spielraum ergibt sich daher im Wesentlichen aus der Achtung der gesetzgeberischen Entscheidung zugunsten einer eingeschränkten Kontrolle der Verwaltung.[524] Eine solche Zurückhaltung gerichtlicher Kontrolle wird aber grundsätzlich nur dann angenommen, wenn ein Zusammenhang zwischen der Gremienzusammensetzung und der von diesem Gremium vorzunehmende Wertung besteht.[525] Denn dann weist das Gremium für die spezielle Entscheidung einen besonderen Sachverstand bzw. weitergehende Erfahrungswerte auf, die dem Gericht nicht zuteil sind.[526] Es ist daher nur folgerichtig, dass eine Ersetzung durch eine gerichtliche Entscheidung in diesen Fällen nicht zu einer „richtigeren" Entscheidung führen kann, weshalb von einem echten Beurteilungsspielraum auszugehen ist.

3.) Prognosen und politische Wertungen

Grundsätzlich sind Prognoseentscheidungen der Verwaltung voll gerichtlich kontrollfähig.[527] Ein Prognosespielraum besteht erst dann, wenn das Gesetz weitere wertende Elemente zubilligt.[528] Da Prognosen häufig auch bei Gremienentscheidungen eine Rolle spielen, zeigt dies die Grenzen einer Fallgruppierung. Die Fall-

---

[521] Vgl. schon *Bähr*, Der Rechtsstaat, S. 62.
[522] BVerwGE 62, 330 (340); BVerwGE 68, 330, 337; 72, 339 (347): Bewertungsspielraum (nur) in Bezug auf den Wertprüfungsvergleich.
[523] BVerwGE 39, 197 (203 ff.); 65, 19 (22 ff.).
[524] BVerwGE 39, 197 argumentierte zusätzlich mit der „Bandbreite der Entscheidungsmöglichkeiten", was in der späteren Rechtsprechung allerdings in diesem Zusammenhang nicht mehr aufgegriffen wurde, vgl. *Kellner*, DÖV 1972, S. 806, der von einem singulären Einzelfall spricht; die Rspr. ist insofern wohl angelehnt an *Redeker*, DÖV 1971, S. 762.
[525] Vgl. *Ossenbühl*, DVBl. 1974, S. 313.
[526] *Kellner*, DÖV 1972, S. 804.
[527] BVerwGE 106, 351, 357 zur polizeilichen Gefahrenprognose; BVerwGE 81, 12, 17 zu den Auswirkungen eines Pflanzenschutzmittels.
[528] *Nierhaus*, DVBl. 1977, S. 19, 23; *Tettinger*, DVBl. 1982, S. 421 u. 426 f.

gruppen sollen daher nicht als abschließend aufgefasst werden, sondern als typische Fälle eines Beurteilungsspielraums. Bei selbstständigen Prognosefreiräumen ergibt sich die eingeschränkte Kontrollfähigkeit aus dem Umstand der politischen bzw. planerischen Bedeutung der Prognose.[529] Abhängige Prognoseentscheidungen entstehen, wo die Prognose zu einem auf anderen Gründen beruhenden Beurteilungsspielraum hinzutritt.[530] Letzteres ist vor allem auch anzunehmen bei Prognosen mit einem planerischen Einschlag, wie es zum Beispiel bei Kapazitätsgrenzen der Fall ist. Von Planungsentscheidungen im engeren Sinne unterscheiden sich Prognosespielräume mit planerischem Einschlag dabei bei genauer Betrachtung nur dadurch, dass sich bei Letzteren das planerische Element nur im Tatbestandsmerkmal wiederfindet und sich nicht auf die gesamte Rechtsfolge erstreckt.[531] Dabei kann die eingeschränkte Kontrollfähigkeit häufig nicht mehr eindeutig auf das politische, planerische oder prognostische Elemente zurückgeführt werden, zumal in diesem Bereich häufig die Problematik des Normsetzungsermessens hinzutritt,[532] wie noch zu beleuchten sein wird. Das BVerfG hat die Kontrollfähigkeit dabei ausgeweitet, indem das Gebot der rationalen Abwägung bei der Bestimmung von Kapazitätsgrenzen betont wird.[533]

Dennoch ist bei selbständigen bzw. abhängigen Prognoseentscheidungen von einer eingeschränkten gerichtlichen Kontrolle auszugehen. Teilweise wird die Letztentscheidungskompetenz darauf gestützt, dass die Verwaltung die Konsequenzen einer fehlerhaften Prognose selbst zu tragen habe.[534] Dies vermag aber zum einen vor dem Hintergrund des Art. 19 Abs. 4 GG nicht zu überzeugen, weil neben der Verwaltung vor allem die Bürger die Folgen von Fehleinschätzungen zu tragen haben werden mit unter Umständen nicht mehr korrigierbaren Folgen. Zum anderen treffen Gerichte zumeist letztverbindliche Entscheidungen ohne im engeren Sinne in erster Linie die Konsequenzen hierfür zu tragen.[535]

Des Pudels Kern findet sich bei Prognoseentscheidungen in einer anderen Begründung: Der Sachverhalt ist zum Zeitpunkt der Behördenentscheidung nicht sicher feststellbar und/oder die zukünftige Entwicklung steht in Frage. Eine Kontrolle der

---

[529] BVerwGE 80, 270 (275, 278).
[530] BVerwGE 61, 176 (180) zu der Eignung von Beamten; BVerwGE 80, 270 (277 f.) zur Güterfernverkehrsgenehmigung zusätzlich zu regionalpolitischen Erwägungen.
[531] *Wolff* in Sodan/Ziekow, VwGO, § 114 Rn. 321.
[532] BVerwGE 56, 31 (47) argumentierte noch mit dem politischen Element, BVerwGE 85, 36 ff. stellt eher auf das planerisch-prognostische Element ab.
[533] BVerfGE 85, 36, 54.
[534] *Bachof*, JZ 1955, S. 100; *Ossenbühl*, DVBl. 1974, S. 313.
[535] Diese erkennt im Ergebnis selbst *Ossenbühl*, Kontrolle von Prognoseentscheidungen, S. 737; ähnlich auch *Nierhaus*, DVBl. 1977, S. 25.

Subsumtion lässt sich auf der Basis eines ungewissen Sachverhalts dabei noch gar nicht vornehmen.[536] Die Kontrolle kann vielmehr erst erfolgen, wenn eine Prognose getroffen wurde. Dann allerdings ergibt sich folgende Schwierigkeit: Die Behörde hat auf einer unsicheren Tatsachengrundlage bzw. für eine noch nicht absehbare zukünftige Entwicklung eine Prognose getroffen. Würde das Gericht die Prognose aus einer ex-post Perspektive kontrollieren, so würde es aus einer anderen Perspektive entscheiden und mit einem (teilweise) immensen Wissensfortschritt.[537] Es würde der Behörde unvermeidbare Fehleinschätzungen vorwerfen, was nicht Ziel einer gerichtlichen Kontrolle sein kann.[538] Um eine Sicht auf Augenhöhe einzunehmen, ist es daher notwendig auf eine ex-ante Perspektive abzustellen.[539] Aus dieser Perspektive wird eine gerichtliche Plausibilitätsprüfung vorgenommen hinsichtlich der Einhaltung des rechtlichen Rahmens:[540] Überprüft werden darf dabei grundsätzlich nur, ob erstens eine wissenschaftliche vertretbare Methode zugrunde gelegt und entsprechend angewendet wurde.[541] Zweitens wird geprüft, ob die Verwaltung von einem zutreffenden Sachverhalt ausging, soweit dieser bekannt war,[542] bevor drittens die Plausibilität der Begründung in den Blick genommen wird.[543] Sodann wird viertens kontrolliert, ob die Unwägbarkeit der zukünftigen Entwicklung außer Verhältnis zum vorgenommen Eingriff stand[544] und ob – fünftens – offenkundige Fehleinschätzungen vorlagen.[545] Liegt nach diesen Kontrollschritten kein Fehler vor, hat also die Behörde einen ausreichenden Sorgfaltsmaßstab erkennen lassen, so muss das Gericht die Prognose grundsätzlich hinnehmen. Daher kann in diesem Fall auch von einem echten Prognose- bzw. Beurteilungsspielraum gesprochen werden.[546]

Die Ähnlichkeit dieses Prognosespielraums zur Ermessensausübung kann nicht abgesprochen werden: Die Gegenmeinung[547] überzeugt deshalb nicht, weil in beiden Fällen nicht der bloße Gesetzesvollzug im Vordergrund steht, sondern darüber

---

[536] *Nagel*, Die Rechtskonkretisierungsbefugnis der Exekutive, S. 48; *Ossenbühl*, Kontrolle von Prognoseentscheidungen, S. 732 ff.
[537] *Erichsen*, DVBl. 1985, S. 26 spricht von einem Kompetenzkonflikt.
[538] Vgl. *Ossenbühl*, Kontrolle von Prognoseentscheidungen, S. 732 ff.; *Tettinger*, DVBl. 1982, S. 424.
[539] Vgl. auch *Wolff* in Sodan/Ziekow, VwGO, § 114 Rn. 324.
[540] BVerwGE 72, 282, 286; 75, 214, 234; 107, 142, 147; zusammenfassend auch *Ossenbühl*, Kontrolle von Prognoseentscheidungen, S. 744 ff.
[541] *Wolff* in Sodan/Ziekow, VwGO, § 114 Rn. 323.
[542] BVerwGE 72, 282, 286; *Tettinger*, DVBl. 1982, S. 421, 427.
[543] *Wolff* in Sodan/Ziekow, VwGO, § 114 Rn. 323.
[544] BVerwGE 107, 142, 146.
[545] BVerwGE 79, 208 (213).
[546] So im Ergebnis auch *Nagel*, Die Rechtskonkretisierungsbefugnis der Exekutive, S. 49.
[547] *Thieme*, DÖV 1996, S. 762.

hinaus ein Spielraum eingeräumt wird ohne eine *konkrete* Vorgabe der zu treffenden Entscheidung der gesetzesgelenkten Verwaltung. Neben dieses Indiz müsste auch die Befugnis der Verwaltung treten im Falle des Prognosespielraums Zweckmäßigkeitserwägungen anzustellen,[548] da dies ein prägendes Merkmal der Ermessensausübung ist. Im Hinblick auf die Risikobewertung scheint dies nicht zuzutreffen, weil diese getragen ist von statistischen Wahrscheinlichkeiten und einem methodischen Vorgehen. Dies wird im Wesentlichen von den Gerichten im ersten Prüfungsschritt kontrolliert. Eigene Zweckmäßigkeitserwägungen können aber durchaus beim vierten Schritt der gerichtlichen Überprüfung einfließen, wenn es um die Abwägung von Risiken und Konsequenzen geht.

An dieser Stelle muss unterschieden werden zwischen solchen Prognosespielräumen einerseits, die einen tatsächlichen Geschehensablauf nachvollziehen müssen, wie es beispielsweise bei der Gefahrenprognose der Fall ist. Hierbei bleibt der Verwaltung kein Raum für Zweckmäßigkeitserwägungen. Andererseits gibt es Prognosespielräume, die eine Kompetenz zur Etablierung eigener rechtlicher Strukturen vermitteln. Dies zeigt sich zum Beispiel im Rahmen von § 30 Abs. 1 S. 3 LuftVG[549] bei der Einschätzung dessen, was zur Erfüllung hoheitlicher Aufgaben zwingend nötig ist.[550] Der Normgeber billigt der Verwaltung in diesen Fällen die Anstellung eigener, nicht kontrollfähiger Zweckerwägungen zu. Letztere weisen daher erhebliche Parallelen zum Konkretisierungsermessen auf.[551]

4.) Einschränkende Tendenzen der Rechtsprechung

Die von der Rechtsprechung maßgeblich mitformulierten und die – wie soeben aufgezeigt wurde – nicht immer tauglichen Fallgruppen wurden im Laufe der Zeit eingeschränkt.[552] Bemerkenswert ist dabei, dass insbesondere das BVerfG mittlerweile zu einer wenig differenzierenden Begriffsverwendung übergegangen ist. So wird unter anderem von einer Grenze gerichtlicher Kontrolle gesprochen, wo das materielle Recht der Exekutive in verfassungsgemäßer Art und Weise eine Entscheidung abverlangt, ohne hierfür ein konkretes Entscheidungsprogramm

---

[548] Dies erkennt zutreffend: *Weitzel*, Rechtsetzungsermessen, S. 89.
[549] Vgl. BVerwGE NJW 1994, S. 535.
[550] Ansätze dieser Unterscheidung finden sich in *Kirchhof*, Verwalten und Zeit, S. 18; Ähnlich auch *Weitzel*, Rechtsetzungsermessen, S. 88; *Scholz*, Wirtschaftsaufsicht, S. 108 bezeichnet dies als „Entwicklungsspielraum".
[551] Zutreffend: *Weitzel*, Rechtsetzungsermessen, S. 90.
[552] Kritische Zusammenfassung bei *Sendler*, DVBl. 1994, S. 1090 ff.; vgl. u.a. BVerfGE 83, 130 (148); BVerfGE 84, 34 (53 ff.); BVerfGE 84, 59 (79); BVerfGE 88, 40 (45); vgl. zu letzterem auch *Pieroth/Kemm*, JuS 1995, 780 ff.

vorzuzeichnen.⁵⁵³ Diese Freiheit wird auch als „normativ eröffneter Gestaltungs-, Ermessens- und Beurteilungsspielraum"⁵⁵⁴ bezeichnet. Ein weiterer Hinweis darauf, dass die zunächst normstrukturelle Unterscheidung beim Verwaltungsermessen kein wahrhafter Unterschied zu anderen Arten des Rechtsetzungsermessen in Form der untergesetzlichen Normsetzung ist.

Die Perspektive der Rechtsprechung veränderte sich jedenfalls und lehnte sich an die Rechtsprechung des BVerfG zur Kompetenz fachgerichtlicher- und verfassungsgerichtlicher Kontrolldichte an.⁵⁵⁵ Der Blick wurde vermehrt drauf gerichtet, mit welcher Intensität die Verwaltung jeweils in die Grundrechte eingreift. Ausgehend hiervon lässt sich im Grundsatz festhalten: Je stärker in die Grundrechte eingegriffen wird, desto weniger Raum ließe die Verfassung für einen Beurteilungsspielraum.⁵⁵⁶

Die Literatur hatte diesen Aspekt teilweise bereits zuvor angeregt und hat die Rechtsprechungsänderung daher im Wesentlichen zustimmend,⁵⁵⁷ teils aber auch kritisch aufgenommen.⁵⁵⁸ Den kritischen Stimmen ist beizupflichten, wenn sie die fehlende Konkretisierung der Kontrolle bemängeln: Zum einen greift nahezu jede Verwaltungsentscheidung auf die ein oder andere Weise in Grundrechte der Betroffenen ein. Wie ließe sich daher der exakte Grad des Grundrechtseingriffs definieren, ab welchem ein Beurteilungsspielraum nicht mehr zuzubilligen ist?⁵⁵⁹ Zum anderen müsste man schon in erster Linie den Gehalt eines eingeräumten Beurteilungsspielraums anzweifeln, wenn das Gericht bei intensiven Eingriffen – wie auch immer man dies quantifizieren mag – berechtigt ist, eine eigene Entscheidung an die Stelle der Verwaltung zu setzen.

Die Judikative hat indes vor allem die folgenden Voraussetzungen etabliert, die für einen Beurteilungsspielraum vorzuliegen haben:⁵⁶⁰ Das BVerwG betont grundsätzlich die volle gerichtliche Überprüfbarkeit auch unbestimmter Rechtsbegriffe und

---

⁵⁵³ Vgl. BVerfGE 88, 40 (61); BVerfG, Urt. v. 20.2.2001 – 2 BvR 1444/00, BVerfGE 103, 142 ff., juris Rn. 51.
⁵⁵⁴ BVerfG, Urt. v. 20.2.2001 – 2 BvR 1444/00, BVerfGE 103, 142 ff., juris Rn. 51 zur „Gefahr im Verzug".
⁵⁵⁵ BVerfGE 42, 143 (148 ff.); 42, 163 (168 ff.); 43, 130 (136); 54, 148 (153 ff.); 66, 116 (131 ff.); 67, 213 (223).
⁵⁵⁶ Deutlich v.a. BVerwGE 83, 130 (144 ff.).
⁵⁵⁷ Alles in allem *Pieroth/Kemm*, JuS 1995, S. 784; zuvor bereits *Schulze-Fielitz*, JZ 1993, S. 778 ff.
⁵⁵⁸ Vgl. nur *Brohm*, JZ 1995, S. 371; *Seebass*, NVwZ 1992, S. 616 ff.; *Reidt*, DÖV 1992, S. 918; *Würkner*, NVwZ 1992, S. 312; *Redeker*, DÖV 1971, S. 309.
⁵⁵⁹ Vgl. *Sendler*, DVBl. 1994, S. 1090.
⁵⁶⁰ Vgl. das Fazit von *Brohm*, JZ 1995, S. 370 ff.; vgl. auch BVerfGE 84, 34 (50).

räumt nur ausnahmsweise einen Beurteilungsspielraum ein.[561] Diese Ausnahmen bedürfen einer besonderen Rechtfertigung und die Letztentscheidungskompetenz müsse sich aus dem Gesetz ergeben.[562] Das BVerfG folgt im Wesentlichen diesen Ansätzen, indem die Verpflichtung der vollumfänglichen gerichtlichen Kontrolle in sachlicher und rechtlicher Hinsicht auch bei unbestimmten Rechtsbegriffen hervorgehoben wird.[563] Bei Grundrechtseinschränkungen werden weitere Hürden für die Rechtfertigung von Beurteilungsspielräumen aufgestellt: Für eine „begrenzte Entscheidungsfreiheit" müsse die Kontrollierbarkeit ihre objektive Grenzen aufgrund einer hohen Dynamik bzw. besonderen Komplexität der geregelten Materie erfahren.[564] Der Spielraum für die Verwaltung darf dabei keinen unverhältnismäßigen Umfang erreichen, womit die soeben angesprochenen allzu tiefen Grundrechtseingriffe verhindert werden sollen.[565] Bei einer Kollision von Grundrechten muss zudem im Rahmen der praktischen Konkordanz ein Ausgleich der widerstreitenden Grundrechte gefunden werden.[566]

5.) Zusammenfassende Erkenntnisse zu den Beurteilungsspielräumen
Liegen die von der Rechtsprechung etablierten Voraussetzungen vor, so wird nicht in Form eines Automatismus ein Beurteilungsspielraum angenommen, weshalb auch die neuere Rechtsprechung nicht wirklich die Frage löst, wann ein Beurteilungsspielraum anzunehmen ist.[567] Welche Frage sie löst, ist daher nicht, wann eine Beurteilungsspielraum vorliegt, sondern welche Grenzen es für eine fehlende Justitiabilität gibt. Eine Orientierung bieten daher nach wie vor am ehesten die Fallgruppen. Bei diesen ist zu unterscheiden zwischen den Fallgruppen, bei denen lediglich die Justitiabilität eingeschränkt wird und solchen, bei denen der Verwaltung aufgrund der gesetzlichen Ermächtigung ein echter Beurteilungsspielraum eingeräumt wird. Letzteres ist anzunehmen, wenn die Verwaltung bei der Bildung von Handlungsprämissen als nähere Konkretisierung des Rechtsbegriffs eigenen Zweckerwägungen anstellen darf, ohne dass das Gericht dieses kontrollieren darf.[568] Insgesamt verbleibt dabei die Einsicht, dass derartige *echte* Beurteilungsspielräume, bei denen der Normgeber der Verwaltung (konkludent) die Konkreti-

---

[561] BVerwG, NVwZ 2020, S. 234 – Bushido.
[562] BVerwGE 94, 307 (309); BVerwGE 100, 221 (225); BVerwG, NVwZ 2010, S. 321, JuS 2010, S. 843; BVerwGE 153, 129 (138 ff.).
[563] BVerfGE 129, 1, 21 ff.
[564] BVerfGE 84, 34 (50); BVerfGE 149, 407.
[565] *Brohm*, JZ 1995, S. 1090.
[566] *Brohm*, JZ 1995, S. 370 ff.; zur praktischen Konkordanz in der Coronapandemie ausführlich: *Schmitz/Neubert*, NVwZ 2020, S. 666 ff.
[567] Dies kritisierte zuvor schon *Ossenbühl*, DVBl. 1974, S. 311.
[568] Ähnlich auch OVGE 11, 196 (197 ff.) zum „öffentlichen Bedürfnis"; vgl. auch *Seidler*, Rechtsschutz bei staatlicher Wirtschaftsplanung, S. 87.

sierung von Tatbeständen überlassen hat und gerade aus diesem Grund eine eingeschränkte Justitiabilität vorliegt –[569] seltene Phänomene sind. Wenn ein solcher allerdings vorliegt, erfolgt die Rechtsanwendung im Grundsatz parallel zur Ausübung des identifizierten Konkretisierungsermessens. Denn auch beim Beurteilungsspielraum konkretisiert die Verwaltung einen unbestimmt gehaltenen Tatbestand durch eigene Zweckvorstellungen bei der Bildung von Handlungsprämissen.[570]

Versteht man einen nicht gerichtlich zu kontrollierenden Beurteilungsspielraum auf diese Art und Weise, drängt sich die Frage nach der Verletzung von Art. 19 Abs. 4 GG auf.[571] Dies wurde schließlich als maßgebliches Bedenken derjenigen identifiziert, die für eine strikte Trennung von Ermessen und der Anwendung unbestimmter Rechtsbegriffe auf Tatbestandsseite eintraten, um die Beurteilung der Tatbestandsvoraussetzungen einer gerichtlichen Kontrolle zu unterwerfen. Praktische Probleme im Zusammenhang mit der Rechtsschutzgarantie zeigen sich in der Tat aufgrund der Dezentralisation der Verwaltung in der Bundesrepublik: Denn eine Norm, bei welcher ein Beurteilungsspielraum des Anwenders angenommen wird, könnte je nach vorgenommener Konkretisierung unterschiedlich angewandt und vollzogen werden. Eine Gleichbehandlung ähnlich gelagerter Fälle könnte durch eine gerichtliche Korrektur dann nicht erfolgen.[572] Jedoch begründet nicht jedes Unbehagen die Notwendigkeit einer Absage an Spielräumen der Verwaltung. So stellt auch das Ermessen auf Rechtsfolgenseite eine etablierte Figur des deutschen Verwaltungsrechts dar, ohne dass dies aufgrund von Art. 19 Abs. 4 GG grundsätzlich in Abrede gestellt wird.[573] Wenn aber das Verwaltungsermessen keine Verletzung von Art. 19 Abs. 4 GG darstellt, stellt sich die Frage, weshalb dies bei einem Beurteilungsspielraum auf Tatbestandsseite der Fall sein sollte. Schließlich kann sich die Verwaltung auch im Rahmen des Entschließungsermessens für bzw. gegen ein Handeln entscheiden.

Insofern bringt es das BVerfG auf den Punkt, wenn es von Folgendem ausgeht: „Die Pflicht zur vollständigen Überprüfung hat Grenzen. Die gerichtliche Überprüfung kann nicht weiter reichen als die materiell-rechtliche Bindung der Exekutive; die geschützten Rechtspositionen selbst ergeben sich nicht aus Art. 19 Abs. 4 GG, sondern werden darin vorausgesetzt. Gerichtliche Kontrolle endet also dort, wo das materielle Recht der Exekutive in verfassungsrechtlich unbedenklicher Weise

---

[569] Vgl. auch *Seidler*, Rechtsschutz bei staatlicher Wirtschaftsplanung, S. 87.
[570] Vgl. das Fazit von *Weitzel*, Rechtsetzungsermessen, S. 92.
[571] Vgl. *Papier* in Blümel/Merten/Quaritsch, Festschrift für Carl Hermann Ule, S. 242.
[572] Die Bedenken teilen *Bachof*, JZ 1955, S. 101; *Ossenbühl*, DVBl. 1974, S. 310.
[573] So auch *Rupp*, NJW 1969, S. 1276.

Entscheidungen abverlangt, ohne dafür hinreichend bestimmte Entscheidungsprogramme vorzugeben. Normativ eröffneten Gestaltungs-, Ermessens- und Beurteilungsspielräumen der Behörden steht Art. 19 Abs. 4 GG daher nicht von vornherein entgegen."[574]

Unterstützend lassen sich auch die bisherigen Erkenntnisse der Parallelen zwischen Konkretisierungsermessen und Beurteilungsspielräumen fruchtbar machen. An dieser Stelle ist noch vertiefter darauf einzugehen, ob beide Erscheinungsformen überhaupt noch voneinander getrennt werden können, wie es auch das BVerfG mit Blick auf die soeben zitierte Formulierung eher anzuweifeln lässt.[575] Rein nach der Definition unterscheiden sich beide Formen nicht.[576] Normstrukturell liegen die Unterschiede auf der Hand, weil der Beurteilungsspielraum den Tatbestand erfasst und das Konkretisierungsermessen die Rechtsfolgenseite.

Dieser strukturelle Unterschied hat einen nicht abzusprechenden Effekt auch auf die Ausübung beider Formen: Im Rahmen des Beurteilungsspielraums fällt die Entscheidung, ob der Adressat überhaupt zu einem Handeln gelangen kann. Gewissermaßen ist der Beurteilungsspielraum also dem Konkretisierungsermessen vorgelagert. Man kann also mit guten Argumenten den Beurteilungsspielraum als Unterfall des Konkretisierungsermessens halten.[577] Auf der Basis dieser Überlegung kann nicht nur normstrukturell jede Ermessensnorm in eine solche mit einem Beurteilungsspielraum umformuliert werden. Darüber hinaus spricht hiergegen auch nicht die Ausübung des Ermessens bzw. der Anwendung des Beurteilungsspielraums durch die Verwaltung. Dafür streitet auch die Rechtsprechung, in den Fällen, in welchen an sich gerichtlich voll überprüfbare unbestimmte Rechtbegriffe von Tatsachen abhängen, die von der Verwaltung selbst gesetzt werden können und diese so Einfluss auf die Rechtslage nimmt.[578] Diese Parallelen hat der Gesetz-

---

[574] BVerfG, Urt. v. 20.2.2001 – 2 BvR 1444/00, BVerfGE 103, 142 ff., juris Rn. 51; vgl. auch BVerfGE 88, 40 (56); BVerfGE 84, 34 (49); BVerfGE 88, 40 (61); BVerfGE 61, 82 (111); 88, 40 (56).
[575] Für eine Zusammenfassung unter dem Begriff des „Verwaltungsermessens": *Schmidt*, NJW 1975, S. 1755; *Obermayer*, BayVBl. 1975, S. 262; *Scholz*, VVDStRL 34 (1976), S. 167; *Weber*, Regelungs- und Kontrolldichte, S. 199; *Wiedmann*, Das Planungsermessen, S. 111; *Schuppert*, DVBl. 1988, S. 1198 fasst beides unter dem Begriff des Abwägungsspielraums; *Zuleeg*, DVBl. 1970, S. 161 geht von einem einheitlichen Ermessen aus; *Wortmann*, NVwBl. 1989, S. 344 geht nur von normtheoretischen Unterschieden aus; ähnlich auch *Erichsen*, DVBl. 1985, S. 26; *Schreven*, Prognoseentscheidungen, differenziert unbestimmte Rechtsbegriffe weiter aus und entscheidet je nach Kategorie.
[576] Vgl. auch *Schmidt-Aßmann/Groß*, NVwZ 1993, S. 624.
[577] *Weitzel*, Rechtssetzungsermessen, S. 94; *Varadinek*, Ermessen und gerichtliche Nachprüfbarkeit, S. 364.
[578] Vgl. BVerwGE 29, 279 (281); 39, 291 (299); 41, 253 (259); hierzu *Kellner*, DÖV 1969, S. 311 ff., der diese Tatsachen als „Faktoren" bezeichnet und daher von der Faktorenlehre spricht.

geber indes nicht zum Anlass genommen eine entsprechende Regelung zu schaffen. § 114a VwGO und damit eine weitgehende Umsetzung dieser Ähnlichkeiten wurde jedenfalls aufgrund von verfassungsrechtlichen Bedenken nicht weiterverfolgt.[579] Ob diese Bedenken begründet sind, ist mit den bisherigen Erkenntnissen eher zweifelhaft.

Ein Blick ins Ausland bestätigt die fehlende Differenzierbarkeit anhand der Normstruktur: Die meisten Ländern differenzieren beim Verwaltungsermessen nicht zwischen Spielräumen auf Tatbestands- und Rechtsfolgenseite.[580] Dies gilt auch für das Verwaltungsrecht Österreichs bzw. der Schweiz. Diese Länder übernahmen zwar größtenteils die Ermessenslehre aus Deutschland, halten die grundsätzliche Trennung zwischen Tatbestands- und Rechtsfolgenseite jedoch nicht aufrecht.[581] Auch die Literatur geht in beiden Ländern immer weiter dahin, eine Trennung von Beurteilungsspielraum und Ermessen für unnötig bzw. nicht handhabbar zu halten.[582] Nicht zuletzt geht auch der EuGH hinsichtlich des Beurteilungsspielraums – möchte man die geläufige Nomenklatur auf diese Rechtsprechung anwenden – von einem Unterfall des Ermessens aus: Ausgegangen wird nämlich in Anlehnung an das französische Verwaltungsrecht[583] von einem Verwaltungsermessen, das sowohl auf der Tatbestands- wie auch auf der Rechtsfolgenseite liegen kann.[584] Die Folge davon ist, das Beurteilungs- und Ermessensspielräume gleichbehandelt werden.[585]

Aufgrund all dieser Überlegungen lässt sich vom Beurteilungsspielraum bzw. Beurteilungsermessen als Unterfall des Konkretisierungsermessens ausgehen,[586] weshalb es sich hierbei um das Ermessen handelt, dass der Verwaltung in seltenen Fällen durch einen unbestimmten Rechtsbegriff auf Tatbestandsseite eingeräumt wird.[587]

---

[579] Hierzu *Kellner*, DÖV 1969, S. 311 ff.; *Ossenbühl*, DÖV 1970, S. 87 ff.
[580] Vgl. zum Verwaltungsrecht in Frankreich: *Varadinek,* Ermessen und gerichtliche Nachprüfbarkeit, S. 38; *Grote*, NVwZ 1986, S. 270.
[581] *Oeter* in Frowein, Die Kontrolldichte, S. 269 ff.
[582] Vgl. für die Schweiz: *Rhinow* in Bullinger, Verwaltungsermessen, S. 65, anders noch *Bertossa*, S. 84; *Bernárd* in Ermacora/Winkler, Verwaltungsrecht, S. 96 ff. für Österreich.
[583] *Bleckmann*, Europarecht, S. 304 ff.
[584] *Varadinek,* Ermessen und gerichtliche Nachprüfbarkeit, S. 364.
[585] Vgl. auch *Herdegen/Richter* in Frowein, Die Kontrolldichte, S. 210 ff.; *Bleckmann*, Europarecht, S. 236 ff.; *Rengeling/Middeke/Gellermann*, Rechtsschutz in der EU, S. 101; *Schwarze*, Europäisches Verwaltungsrecht, S. 280 ff.; *v. Danwitz*, Europäische Integration, S. 184 ff.
[586] Vgl. auch *Starck* in Franßen/Redeker/Schlichter/Wilke, Festschrift für Horst Sendler, S. 177 ff.
[587] So auch *Sethy,* Ermessen und unbestimmter Rechtsbegriff, S. 152 und *Weitzel*, Rechtsetzungsermessen, S. 95.

c) Übertragbarkeit auf sog. Mischtatbestände

Hinsichtlich der bereits aufgeworfenen Mischtatbestände bzw. Koppelungsvorschriften[588] ist die Probe auf das Exempel zu machen, ob die aufgestellten Thesen bei diesen zutreffen. Koppelungsvorschriften, also solche, die sowohl im Tatbestand unbestimmte Rechtsbegriffe aufweisen als auch auf der Rechtsfolgenseite einen Ermessenspielraum eröffnen,[589] bergen die wohl größten dogmatischen Probleme. Ähnlich kontrovers werden auch die Vorschriften diskutiert, die auf der Rechtsfolgenseite ein Ermessen einräumen, welches aber durch unbestimmte Rechtsbegriffe in einem gewissen Umfang gelenkt wird.[590] Die klassische normstrukturelle unterteilende Lehre des Verwaltungsermessens bzw. Beurteilungsspielraums gerät hier an ihre Grenzen. Dies zeigt sich an der häufig anzutreffenden schlichten Erkenntnis, man könne in diesen Fällen die Anforderungen an den Beurteilungsspielraum bzw. an das Ermessen nicht mehr trennen.[591] Derartige Vorschriften verlieren indes durch die Anwendung der gefundenen Ergebnisse ihren Schrecken. Der Gesetzgeber kann der Verwaltung je nach begehrtem Regelungsergebnis durch Kombination beider Instrumente einen Handlungs- bzw. Rechtfolgenspielraum einräumen. Veranschaulicht werden soll dies anhand der denkbaren Kombinationsmöglichkeiten:[592]

- Die Verwaltung konkretisiert einen unbestimmten Rechtsbegriff ohne Beurteilungsspielraum und bei dessen Vorliegen wird ein Ermessen eingeräumt. Der Gesetzgeber gewährt der Verwaltung dadurch ein Rechtsfolgenermessen. Ein Beispiel hierfür war § 3 Abs. 3 S. 1 BÄO.[593]
- Der Verwaltung wird ein Beurteilungsspielraum eingeräumt und zugleich ein Ermessen bei der Wahl der Rechtsfolgen. Es handelt sich um eine Kombination von Rechtsfolgen- und Konkretisierungsermessen. Ein Beispiel hierfür ist Art. 33 Abs. 2 GG.[594]

---

[588] Die Nomenklatur variiert: vgl. *Riese* in Schoch/Schneider, VwGO, § 114 Rn. 34; *Voßkuhle*, JuS 2008, S. 119; von Mischtatbeständen spricht: BVerwGE 84, 86 (89), NJW 1990, S. 1061 und u.a. schon Loening, DVBl. 1952, S. 235.

[589] *Maurer/Waldhoff*, Allgemeines Verwaltungsrecht, S. 164; *Detterbeck*, Allgemeines Verwaltungsrecht, S. 119; *Riese* in Schoch/Schneider, VwGO, § 114 Rn. 34 ff. u. 42; BVerwGE 45, 162 (164), NJW 1974, S. 1634; 80, 90 (95), NVwZ-RR 1989, S. 310; NVwZ-RR 2018, S. 443 Tz. 21; OVG Hamburg, NordÖR 2012, S. 364; OVG Münster, Urt. v. 21.2.2014 – 16 A 847/11, BeckRS 2014, 49119.

[590] Vgl. BVerwG, DVBl. 1982, S. 198 zur Einstellung von Beamtenbewerbern.

[591] *Maurer/Waldhoff*, Allgemeines Verwaltungsrecht, S. 164; *Detterbeck*, Allgemeines Verwaltungsrecht, S. 120; von einer einheitlichen Ermessensentscheidung sprechen: BVerwGE 39, 355 (367 f.); 72, 1 (5); OVG Lüneburg, Urt. v. 27.6.2018 – 1 LC 183/16, BeckRS 2018, 18838 Rn. 37 ff.

[592] Vgl. *Häberle*, Öffentliches Interesse, S. 598 am Beispiel des „öffentlichen Interesses".

[593] I.d.F. v. 4.2.1970, BGBl. I S. 237/GVBl. S. 526, vgl. hierzu BVerwGE 45, 162 (165).

[594] Beispiel von *Detterbeck*, Allgemeines Verwaltungsrecht, S. 120.

- Auf Tatbestandsseite bedarf ein unbestimmter Tatbestand einer Konkretisierung seitens der Verwaltung, auf der Rechtsfolgenseite ist dafür eine bestimmte Rechtsfolge vorgesehen. Dies ist der klassische Fall des Konkretisierungsermessens. Ein Beispiel hierfür wäre § 31 Abs. 2 BauGB[595] bzw. § 35 Abs. 2 BauGB.[596]
- In die letzte Kategorie sind die Fälle einzuordnen, in denen die Verwaltung die Rechtsfolge anhand eines konkretisieren Tatbestandes wählt, was grundsätzlich dem Konkretisierungsermessen entspricht. Ein Beispiel hierfür ist die vom BVerwG geprägte sog. „einheitliche Ermessensentscheidung" anhand von § 5 Abs. 1 S. 2 lit. c WoBindG.[597] Von einem derartigen einheitlichen „Wertungsspielraum" ging auch das OVG Bautzen im Rahmen von § 8 SächsGemO aus: „Das Gebiet von Gemeinden kann aus Gründen des Wohls der Allgemeinheit geändert werden [...]."[598]

Im Ergebnis bringen auch Koppelungsvorschriften keinen neuen Sinngehalt im Hinblick auf den tatbestandlichen Beurteilungsspielraum bzw. das auf Rechtsfolgenseite eingeräumte Ermessen. Es ist vor allem anhand der Auslegungsmethoden zu bestimmen, welche Modalität von Ermessen der Gesetzgeber regelt.[599]

IV. Zusammenfassende Erkenntnisse zur Dichotomie beim Verwaltungsermessen

Bei einer Betrachtung der exekutiven Normsetzung und dem Verwaltungsermessen wird immer wieder die historisch entstandene Dichotomie von Beurteilungsspielräumen und Ermessen auf Rechtsfolgenseite bei letzterem als Grund dafür angeführt, beide Arten exekutiver Rechtsetzung zu unterscheiden. Dies verhindert die Entwicklung allgemeiner (Kontroll-)Strukturen exekutiver Rechtsetzung („margin of appreciation"/ „marge d'appréciation").[600] Die Untersuchungen haben gezeigt, dass sich normstrukturelle Bedenken gegen eine derartige Unterscheidung

---

[595] So schon OVG Münster, NJW 1966, S. 1833 ff. (1834) zur Vorgängernorm § 31 BBauG; hierzu auch *Koch*, Unbestimmte Rechtsbegriffe, S. 145.
[596] BVerwGE 18, 247 (251); NJW 1964, S. 1973; BVerwG, Beschl. v. 20.5.1966 – IV B 77.66.
[597] I.d.F. v. 22.7.1982, BGBl. I S. 972; vgl. BVerwGE 72, 1 (4 ff.); im Ergebnis auch *Loening*, DVBl. 1952, S. 238.
[598] OVG Bautzen, DÖV 1996, S. 883.
[599] So auch *Koch*, Unbestimmte Rechtsbegriffe, S. 186 ff.; *Weber*, Regelungs- und Kontrolldichte, S. 199; *Nagel*, Die Rechtskonkretisierungsbefugnis der Exekutive, S. 212 ff.
[600] So die Umschreibung des mitgliedstaatlichen Beurteilungsspielraums: vgl. EGMR, Serie A 24, Z 47 ff.; vgl. auch *Bleckmann*, Ermessensfehlerlehre, S. 88 ff.; *Jestaedt* in Erichsen/Ehlers, Allgemeines Verwaltungsrecht, S. 344.

regen. Insbesondere die Möglichkeit einer Umformulierung von Ermessensnormen nährte die Kritik an der klassischen Differenzierung. Die Betrachtung der Ermessensausübung bzw. der Anwendung unbestimmter Rechtsbegriffe stützt dies: Auch in den Fällen, in denen die herkömmliche Lehre von einem Ermessen auf Rechtsfolgenseite ausgeht, kann die Verwaltung gezwungen sein, tatbestandliche Erwägungen anzustellen. Dieser Fall wurde als Konkretisierungsermächtigung erfasst in Fällen, in denen der Gesetzgeber bei vergleichbaren Fällen keine unterschiedlichen Ergebnisse erzeugen will. Ein Rechtsfolgenermessen ist dagegen bei tatbestandsarmen Normen anzunehmen. Als Beurteilungsspielraum wurde der seltene Fall identifiziert, bei welchem der Verwaltung bei der Anwendung unbestimmter Rechtsbegriffe ein Freiraum für subjektive Zweckvorstellungen bei der Konkretisierung des Rechtsbegriffs eingeräumt wird. Dies ist letztlich ein spezieller Fall des Konkretisierungsermessens.

Die Aufhebung der klassischen Dichotomie beim Verwaltungsermessen[601] ermöglicht einen freieren Blick auf die Gemeinsamkeiten und Unterschiede zum untergesetzlichen Normsetzungsermessen. Eine Rolle spielt dabei auch die Einordnung des Planungsermessens, welches nachfolgend näher beleuchtet werden soll.

V. Einordnung des Planungsermessens

Im Kontext des Ermessensbegriffs kommt man nicht umhin, sich mit den allgemeinen Begriffen der Planung bzw. des Plans zu beschäftigen. Die Befassung dient der Schaffung einer Grundlage für die Beantwortung der Frage, ob es sich – wie häufig behauptet wird – um eine spezielle Form des Ermessens handelt.[602] Die Begriffe der Planung bzw. des Plans sind nicht nur Allerweltsausdrücke,[603] sondern sie umfassen im staatlichen Bereich ein ganzes Konglomerat unterschiedlichster Akte. Zunächst ist es daher wichtig die Begriffe des Plans und der Planung an sich auseinanderzuhalten, obgleich diese häufig synonym verwendet werden. Denn der Plan ist das Produkt der Planungstätigkeit,[604] während sich die Planung mit der vorausblickenden Setzung von Zielen und der gedanklichen Prognose der zur Zielerreichung notwendigen Schritte beschäftigt.[605]

---

[601] So auch *Schmidt*, NJW 1975, S. 1757.
[602] *Riese* in Schoch/Schneider, VwGO, § 114 Rn. 183; *Schramm*, DVBl. 1974, S. 651; *Stüer*, Bau- und Fachplanungsrecht, S. 541.
[603] *Ibler*, Schranken planerischer Gestaltungsfreiheit, S. 2; *Obermayer*, VVDStRL 18 (1960), S. 144.
[604] *Schramm*, DVBl. 1974, S. 650 spricht von Plänen als Richtsätze.
[605] *Maurer/Waldhoff*, Allgemeines Verwaltungsrecht, S. 470; den zeitlichen Ablauf in den Vordergrund stellend: *Schramm*, DVBl. 1974, S. 650.

Das BVerwG zweifelte bereits früh daran, ob die Bezeichnung der Planungshoheit, die auf § 2 Abs. 1 BBauG gestützt wurde, als „Planungsermessen" zutreffend ist.[606] Da die Zweifel hieran aber vor allem deshalb bestanden, weil der Ermessensbegriff als solcher nicht hinreichend klar definiert war,[607] bietet diese Entscheidung wenige Anhaltspunkte für die Notwendigkeit einer Unterscheidung. Das Planungsermessen wird mittlerweile zumeist als eine besondere Form des Ermessens aufgefasst. Der unantastbare Kern dieses Ermessens wird dabei auch als planerische Gestaltungsfreiheit[608] bezeichnet oder auch als „gestaltendes" oder „planerisches" Ermessen.[609] Planungsentscheidungen würden sich demnach ausgehend hiervon vom sonstigen exekutiven Handeln dergestalt unterscheiden, dass sie einen solchen Gestaltungs- und Bewertungsspielraum voraussetzen würden,[610] weshalb auch von der planerischen Gestaltungsfreiheit gesprochen wird.[611]

So ging auch das BVerwG in seiner späteren Rechtsprechung davon aus, dass für das Planungsermessen nicht die Grundsätze gelten dürften, die für das sonstige „gesetzesakzessorische" Verwaltungshandeln Anwendung finden.[612] Dies beruht auf folgender Prämisse: Verwaltungshandeln sei in zwei grundsätzlich unterschiedliche Formen einzuteilen, nämlich einerseits in den Bereich der im Rahmen der Gesetze frei gestaltenden Verwaltung und in einen Bereich, in welchem die Verwaltung im Rahmen eines Handlungsermessens bzw. aufgrund von Rechtsbegriffen mehr oder minder gebunden ist.[613] Das Planungsermessen unterfiele dem ersten Bereich der Gestaltungsfreiheit im Rahmen der Gesetze.[614] Die Grundsätze, die bei dieser gesetzesakzessorischen Verwaltung zugrunde gelegt werden müssten, seien aufgrund der unterschiedlichen Bindungsgrade voneinander zu unter-

---

[606] BVerwG, Urt. v. 12.12.1969 – IV C 105.66, juris Rn. 20; anders aber: BVerwG, Urt. v. 26.3.1981 – 3 C 134/79, BVerwGE 62, 86-108, juris Rn. 38.
[607] BVerwG, Urt. v. 12.12.1969 – IV C 105.66, juris Rn. 20.
[608] *Beckmann* in Landmann/Rohmer, Umweltrecht, § 30 Rn. 24; *Mehde* in Maunz/Dürig/Mehde GG Art. 28 Abs. 2 Rn. 59-62 spricht von „Planungshoheit" im Zusammenhang mit der gemeindlichen Planung.
[609] Übersicht auch bei *Badura*, Das Planungsermessen, S. 160; *Rubel*, Planungsermessen, S. 1; vgl. auch *Di Fabio* in Erbguth/Oebbecke, Festschrift für Werner Hoppe.
[610] *Stüer*, Bau- und Fachplanungsrecht, S. 541; *ders.*, DVBl. 1974, S. 314.
[611] BVerwG, Urt. v. 12.12.1969 – IV C 105.66; *Schröder*, DÖV 1975, S. 308; *Birk*, JA 1981, S. 364; *Gern*, DVBl. 1987, S. 1194; *Schöpfer*, NVwZ 1991, S. 551; *Groß*, DVBl. 1995, S. 468.
[612] BVerwG, Urt. v. 26.3.1981 – 3 C 134/79, juris Rn. 38 a.E.
[613] Vgl. BVerwG, Urt. v. 26.3.1981 – 3 C 134/79, juris Rn. 38; in diese Richtung auch: *Badura*, DÖV 1968, S. 453; *Hoppe*, DVBl. 1974, S. 641; *ders.*, DVBl. 1977, S. 136; *Weyreuther*, DÖV 1977, S. 419.
[614] BVerwG, Urt. v. 26.3.1981 – 3 C 134/79, juris Rn. 38; vgl. auch BVerwG, Urt. v. 12.12.1969 – BVerwG 4 C 105.66; BVerwG, Urt. v. 5.7.1974 - BVerwG 4 C 50.72; BVerwG, Urt. v. 14.2.1975 – BVerwG 4 C 21.74.

scheiden.⁶¹⁵ Wird ein solches Planungsermessen angenommen, so vollziehe sich der konkrete Planungsverlauf in einem äußerst vielseitigem Prozess.⁶¹⁶ Das BVerwG ging dabei von einem zweistufigen Prozess aus, dessen Stufen zeitlich nacheinander lägen.⁶¹⁷ Die erste Stufe werde von der Planaufstellung gebildet, welche die eigentliche Planung durch ein rechtliches Instrument darstelle.⁶¹⁸ Unterschieden werden dabei unabhängig von der Rechtsform imperative Pläne mit unmittelbarer Rechtswirkung, influenzierende Pläne als Umschreibung konkreter Zielvorstellungen und Pläne indikativer Natur, welche Prognosen und Daten als Orientierungshilfe für künftiges Verwaltungshandeln enthalten.⁶¹⁹ Die zweite Stufe der Planvollziehung wird als Regelung des konkreten Einzelfalls angesehen, wobei es sich nicht mehr um eine Planungsentscheidung handle, sondern um den Bereich der gesetzesakzessorischen Verwaltung.⁶²⁰

Weder ist die Aufteilung in eine frei gestaltende Verwaltung samt Planungsermessen und eine gesetzesakzessorische Verwaltung haltbar noch ist die Trennung der Planung in zwei unterschiedliche Prozesse zielführend. Letzteres ist schon deshalb unnötig, weil eine Entscheidung entweder aufgrund einer Norm ergeht, welche die Verwaltung zur Planung ermächtigt oder nicht. Die Aufspaltung des Planungsprozesses kann daher als redundant bezeichnet werden. Zweifelhaft ist auch die grundsätzliche Unterscheidung zwischen gesetzesakzessorischem Verwaltungshandeln und dem freien Verwaltungshandeln. Letzteres wurde bereits eingangs aufgrund der Bindung jeden Verwaltungshandelns an Gesetz und Recht (Art. 20 Abs. 3 GG) abgelehnt.

Ein mehr oder minder großer und autonomer Spielraum – je nach Dichte der gesetzlichen Direktiven – ist auf der Basis der bisherigen Erkenntnisse als Kern einer *jeden* Ermessensentscheidung erkannt worden. Daher genügt diese allgemeine Aussage nicht zur Abgrenzung zum sonstigen Ermessen. Somit stellt sich die Frage, ob das Planungsermessen anderen Gesetzmäßigkeiten folgt als die Ausübung des Ermessens bei sonstigen Ermessensermächtigungen. Die Erschließung dieser Frage soll zunächst durch eine Betrachtung der unterschiedlichen Rechtsformen von Planungsentscheidungen und deren Einfluss auf das Ermessen erfolgen (1.). Anschließend sind Planungsermächtigungen – ähnlich wie bisher – zunächst anhand

---

⁶¹⁵ BVerwG, Urt. v. 26.3.1981 – 3 C 134/79, juris Rn. 38.
⁶¹⁶ BVerwG, Urt. v. 26.3.1981 – 3 C 134/79, juris Rn. 39.
⁶¹⁷ BVerwG, Urt. v. 26.3.1981 – 3 C 134/79, juris Rn. 39.
⁶¹⁸ BVerwG, Urt. v. 26.3.1981 – 3 C 134/79, juris Rn. 40.
⁶¹⁹ BVerwG, Urt. v. 26.3.1981 – 3 C 134/79, juris Rn. 40.
⁶²⁰ BVerwG, Urt. v. 26.3.1981 – 3 C 134/79, juris Rn. 41.

normstruktureller Aspekte zu beleuchten (2.), bevor sodann auf die Ausübung durch die Verwaltung eingegangen wird (3.).

1. Die Rechtsformen von Planungsentscheidungen

Häufig wird vom Planungsermessen als unabhängige Kategorie gesprochen.[621] Eine einheitliche Rechtsform des „Plans" gibt es indes nicht. Zwar hat sich die Literatur zuweilen an einer Vereinheitlichung des Begriffs versucht,[622] diese Ansätze weisen aber eher Umschreibungen in faktischer Hinsicht auf, als dass sie für eine juristische Begrifflichkeit dienen könnten. Teilweise wird zwar die Abgrenzbarkeit bei Plänen durch die Begriffspaare „abstrakt-generell" bzw. „konkret-individuell" infrage gestellt, weshalb manche eine eigene Rechtsform planerischer Festsetzungen fordern.[623] Eine eigene, unter einem einheitlichen Begriff des „Plans" zusammengefasste verwaltungsgerichtliche Handlungsform, wurde aber nicht in das Gesetz aufgenommen. Vielmehr ist die rechtliche Zuordnung zu einer der anerkannten Handlungsformen von den für sie maßgeblichen Rechtsvorschriften abhängig.[624]

Dies soll anhand einiger Beispiele erörtert werden: Im Zusammenhang mit der untergesetzlichen Normsetzung sind dabei die sog. raumordnenden Gesamtpläne die wohl wichtigsten Pläne. Die Konkretisierung der Vorgaben geschieht durch die Raumordnung,[625] die Bundes- und Landesplanung bis hin zur städtebaulichen Planung der Städte und Gemeinden durch die Bauleitpläne.[626] Jedenfalls letztere ergehen gem. § 10 Abs. 1 BauGB als Satzungen und entfalten damit Außenwirkung gegenüber den Betroffenen im Plangebiet. Raumordnungspläne binden dagegen lediglich die Verwaltung intern, wobei die Bindungswirkung nicht nur von den Organen des eigenen Verwaltungsträgers zu beachten ist, sondern auch von denen der unteren Ebene (vgl. § 1 Abs. 6 BauGB).

---

[621] *Schramm,* DVBl. 1974, S. 651.
[622] *Obermayer,* Grundzüge des Verwaltungsrechts, S. 121.
[623] So u.a. *Thieme,* DÖV 1996, S. 761, der von einem „Aliud" entgegen der herrschenden Zweiteilung von Rechtsnorm und Verwaltungsakt spricht; *Ritter,* DÖV 1976, S. 805.
[624] *Maurer/Waldhoff,* Allgemeines Verwaltungsrecht, 469 f.; *Wolff* in Sodan/Ziekow, VwGO, § 114 Rn. 217; BVerwG, Urt. v. 26.3.1981 – 3 C 134/79, juris Rn. 40.
[625] BVerwG, NVwZ 2009, S. 1226 zur unterschiedlichen Normierungskategorien im ROG; allgemeineres zu den Raumordnungsplänen: *Koch/Hendler,* Baurecht, S. 49 ff., dort auch zu den einzelnen Landesplanungen, vgl. S. 63 ff.; zur Bindungswirkung der Grundsätze der Raumordnung: *Kment,* NVwZ 2004, S. 155 ff.
[626] *Maurer/Waldhoff,* Allmeines Verwaltungsrecht, S. 465; zur Bauleitplanung allgemein: *Söfker/ Runkel* in Ernst/Zinkahn, BauGB, § 1 Rn. 12-15.

Sehr unterschiedlich sind die Regelungen der Landesplanungsgesetze in Bezug auf Landesentwicklungspläne und Regionalpläne ausgestaltet:[627] Landesentwicklungspläne werden grundsätzlich als Rechtsverordnungen erlassen (so etwa in Hessen[628] bzw. Sachsen-Anhalt[629]). Neben ihnen stehen in manchen Bundesländern weitere Instrumentarien zur Verfügung, wie der fachliche Entwicklungsplan in Baden-Württemberg.[630] Die Regionalpläne werden des Weiteren unter anderem in Bayern als Rechtsverordnungen erlassen, in Baden-Württemberg als Satzungen, in wieder anderen Bundesländern fehlt eine entsprechende gesetzliche Zuordnung.[631] In letzterem Fall bestimmt sich die Rechtsnatur nach den jeweiligen Umständen, zu denen vor allem der Plangeber, der Inhalt sowie die rechtliche Bindung zählen. Sobald eine verpflichtende Wirkung durch den Rechtsakt erzeugt wird, bedarf es selbstverständlich aufgrund des Vorbehalts des Gesetzes (Art. 20 Abs. 3 GG) einer entsprechenden Rechtsgrundlage.

Neben den raumbezogenen Gesamtplänen spielen auch die raumbezogenen Fachpläne eine erhebliche Rolle. Diese als Planfeststellungsbeschlüsse ergehenden Pläne bilden die rechtliche Grundlage für die Errichtung raumbeanspruchender Anlagen, wie es beim Straßenbau (vgl. § 17 FStrG)[632] oder bei der Errichtung eines Flughafens (vgl. § 8 LuftVG) der Fall ist.[633] Planfeststellungsbeschlüsse sind als rechtsgestaltende Verwaltungsakte zu qualifizieren[634] ebenso wie Genehmigungen, die diesem Verfahren teilweise vorgelagert sind.[635] Diese beiden Instrumente der planenden Gestaltung geben eine Antwort auf die Frage, inwiefern die Rechtsprechung das Gebot der gerechten Abwägung von der jeweiligen Rechtsnatur abhängig macht (siehe unten E. VI.). Nicht zuletzt haben auch im Umweltrecht

---

[627] Vgl. zur Übersicht landesrechtlicher Ausgestaltung: *Koch/Hendler*, Baurecht, S. 66 ff.
[628] VG Darmstadt, Urt. v. 23.11.2010 – 9 K 865/09.DA; VGH Kassel, Urt. v. 5.2.2010 – 11 C 2691/07; Urt. v. 23.9.2015 – 4 C 358/14.N; vgl. zum Landesentwicklungsplan im Zusammenhang mit den Entwicklungsmöglichkeiten des Flughafens Frankfurt am Main: BVerwG, Urt. v. 4. 4. 2012 – 4 C 8/09, NVwZ 2012, S. 1317 Rn. 77 ff.
[629] OVG Magdeburg, Urt. v. 15.5.2014 - 2 K 54/12, BeckRS 2014, 55163 Rn. 55 ff.
[630] *Dörr* in Ehlers/Fehling/Pünder, Besonderes Verwaltungsrecht II, § 38 Rn. 58; *Koch/Hendler*, Baurecht, S. 66 f.
[631] Einen Überblick bieten: *Köck* in Voßkuhle/Eifert/Möllers, Grundlagen des Verwaltungsrechts II, S. 718 ff.; *Koch/Hendler*, Baurecht, S. 66 f.
[632] Vgl. auch *Papier* in Ehlers/Fehling/Pünder, Besonderes Verwaltungsrecht II, § 43 Rn. 21; kritische Worte findet: *Groß*, VerwArch 104 (2013), S. 1.
[633] Konflikte zwischen Gesamtplanung und Fachplanung werden meist zu Gunsten der Fachplanung gelöst, vgl. hierfür: *Koch/Hendler*, Baurecht, S. 174.
[634] *Gellermann* in Landmann/Rohmer, Umweltrecht, § 64 Rn. 13; *Kupfer* in Schoch/Schneider, VwVfG, § 74 Rn. 59; so bereits auch BVerwG, Urt. v. 11.10.1968 - BVerwG IV C 55.66 für das LuftVG.
[635] vgl. etwa *Schleicher/Reymann/Abraham*, Das Recht der Luftfahrt, § 6 LuftVG, Rn. 19.

Planungen und Pläne eine erhebliche Bedeutung. Zu nennen sind hier insbesondere die Landschaftspläne (§§ 8 ff. BNatschG) bzw. Luftreinhaltepläne (§ 47 BImSchG) und Lärmminderungspläne (§§ 47a ff. BImSchG).[636]

Planungsentscheidungen ergehen damit in den unterschiedlichsten rechtlichen Handlungsformen. Die Rechtsform ändert dabei nichts an der Einordnung als Planungsentscheidung.[637] Fraglich ist allenfalls noch, inwiefern der Erlass als abstrakt-generelle Regelung Auswirkungen auf den Ermessensbegriff und die gerichtliche Kontrolle hat.[638] Dies ist allerdings eine Frage der Unterscheidung zwischen Verwaltungs- und Normsetzungsermessen (siehe D. I. 4. und D. II. 2.).

2. Normstrukturelle Unterschiede der Ermächtigungsnormen

a) Input- und Output-Legitimation

Viele Ansichten begründen die vom sonstigen Ermessen unabhängige Stellung mit strukturellen Unterschieden der Ermächtigungsnormen: Denn grundsätzlich seien herkömmliche Ermessensvorschriften konditional formuliert, während Planungsnormen eine finale Struktur aufweisen würden.[639]

Um diesem strukturellen Argument nachzugehen, muss zunächst verstanden werden, was die auf *Luhmann* zurückgehende Differenzierung zwischen Konditional- und Finalnormen bedeutet.[640] Ihren Ursprung hat die Theorie in der Frage, inwiefern die Regelungstechnik des Gesetzgebers den Rechtsanwender beeinflusst: Danach knüpfen Konditionalprogramme an auslösende Bedingungen an (Tatbestand), die wenn sie vorliegen sollten eine bestimmte Entscheidung generieren (Rechtsfolge).[641] Die Verwaltung wird bei diesen Normen als input-gesteuert angesehen.[642] Bei Finalnormen hingegen sei die Richtigkeit des Verwaltungshandelns

---

[636] Vgl. etwa *Kupfer*, NVwZ 2012, S. 784.
[637] *Schmidt-Aßmann* in Berkemann/Gaentzsch, Festschrift für Otto Schlichter, S. 9; BVerwGE 62, 86 (93 f.); *Wolff* in Sodan/Ziekow, VwGO, § 114 Rn. 217.
[638] Vgl. hierzu auch: *Sendler* in Berkemann/Gaentzsch, Festschrift für Otto Schlichter S. 77; *Schmidt-Aßmann*, Grundfragen des Städtebaurechts, S. 161.
[639] *Rubel*, Planungsermessen, S. 8; *Hoppe*, DVBl. 1974, S. 643; *Maurer/Waldhoff*, Allgemeines Verwaltungsrecht, S. 170; *Riese* in Schoch/Schneider, VwGO, § 114 Rn. 183; *Wolff* in Sodan/Ziekow, VwGO, § 114 Rn. 215; a.A. *Bartunek*, Probleme des Drittschutzes, S. 34 ff.; kritisch hierzu auch *Koch/Hendler*, Baurecht. S. 231 f.
[640] Vgl. nur *Luhmann*, Recht und Automation, S. 36 ff.; ausführlich hierzu auch: *Buchwald*, Prinzipien des Rechtsstaats, S. 63 ff.
[641] *Luhmann*, Legitimation durch Verfahren, S. 130; *Geis* in Schoch/Schneider, Vor. § 40 Rn. 9.; *Oberndorfer*, Die Verwaltung 5 (1972), S. 261 f.
[642] *Luhmann*, Legitimation durch Verfahren, S. 130; *Koch/Hendler*, Baurecht, S. 231.

davon abhängig, ob der hiermit begehrte Erfolg verwirklicht werden kann; dieser Prozess wird als Outputlegitimation beschrieben.[643]

Um letzteres als Unterschied des Planungsermessens fruchtbar machen zu können, müsste es sich um einen rechtserheblichen Unterschied handeln.[644] Die bloße Differenzierung zwischen Final- und Konditionalprogrammen nach *Luhmann* liefert indes keinen ausreichenden Ansatz für eine Unterscheidung der Ermessensnormen, weil es schon an einer Anknüpfung an demselben Kriterium fehlt. Denn in Bezug auf die konditional formulierten Normen wird die Aufteilung in Tatbestand und Rechtsfolge in den Blick genommen, bei den Finalnormen die Struktur der Begründung, die sich nach dem Zweck der Norm richtet.[645] Zudem ging *Luhmann* davon aus, dass jede Ermessensnorm bis zu einem bestimmten Grad final ausgerichtet, das heißt am Zweck orientiert ist.[646] Die Zweckgerichtetheit ist daher zunächst keine Spezialität von Finalnormen.[647] Begründen lässt sich dies auch mit § 40 VwVfG[648] für Einzelakte bzw. Art. 80 Abs. 1 S. 2 GG bzgl. Ermächtigungsgrundlagen von Rechtsverordnungen.

Außerdem spricht sich *Luhmann* selbst für die Austauschbarkeit einer Finalnorm durch einzelne, konditional formulierte Schritte aus.[649] Aufgrund dieser Ersetzbarkeit ergibt es wenig Sinn die Unterscheidung zwischen Planungsnormen und sonstigem Verwaltungsermessen an der finalen bzw. konditionalen Struktur festzumachen. Die Unterscheidung nach der Art der Programmierung[650] nach *Luhmann* alleine eignet sich daher nicht dafür, eine Differenzierung des Planungsermessens vom sonstigen Verwaltungsermessen zu begründen.[651] Im Gegenteil bietet diese Feststellung eher ein Argument gegen die Anknüpfung an die Normstruktur.

b) Ermessenseinräumung

Anerkannt werden muss dennoch, dass Normen im Bereich des Planungsrechts trotz der Austauschbarkeit beider Regelungstechniken besonders häufig final formuliert sind. Es ist daher denkbar, dass sich aus etwaigen Unterschieden zwischen Konditional- und Finalnormen Erkenntnisse für das Ermessen gewinnen lassen.

---

[643] *Geis* in Schoch/Schneider, VwVfG, Vor § 40 Rn. 9.
[644] *Koch/Hendler*, Baurecht, S. 231.
[645] Vgl. *Rubel,* Planungsermessen, S. 60.
[646] *Luhmann*, Recht und Automation, S. 39 ff.; vgl. auch *Sendler* in Berkemann/Gaentzsch, Festschrift für Otto Schlichter, S. 62; *Geis* in Schoch/Schneider, VwVfG, Vor § 40 Rn. 10.
[647] So im Ergebnis auch: *Koch/Hendler*, Baurecht, S. 232.
[648] *Hornmann* in Spannowsky/Uechtritz, BeckOK BauGB, § 14 Rn. 56 macht § 40 VwVfG ausdrücklich beim Planungsermessen fruchtbar.
[649] *Luhmann*, Recht und Automation, S. 36; vgl. auch *Wischmeyer*, Zwecke im Recht, S. 286.
[650] Kritisch auch *Fouquet*, VerwArch 1996, S. 233; *Rubel*, Planungsermessen, S. 30 ff.
[651] So auch *Rubel*, Planungsermessen, S. 30 ff.

Beide Arten von Normen sind im Stande ein Ermessen einzuräumen, weshalb dies kein Unterscheidungskriterium sein kann: Denn Konditionalnormen umschreiben nicht nur die Regelung der gebundenen Verwaltung („wenn..., dann hat..."), sondern können auch Ermessen einräumen („wenn..., dann kann..."). Zudem ist auch praktisch jede konditional formulierte Norm in gewissem Umfang final ausgerichtet nach einem oder mehreren Normzwecken.[652] Wie oben bereits festgehalten, hat jede Ausübung von Ermessen eine Orientierung an determinierten und mitunter auch autonomen Zwecken zum Inhalt. Im Unterschied zu Konditionalnormen solle bei final strukturierten Normen allerdings gerade die Programmierung am Zweck bei der Auswahl der ansonsten nicht näher konkretisierten Rechtsfolge im Vordergrund stehen.[653] Final programmierte Normen sollen die Besonderheit aufweisen, dass sie eine eigenverantwortliche Zielerreichung ermöglichen.[654]

Diese fehlende Fremdsteuerung und die Ausrichtung lediglich anhand des vorgegebenen gesetzlichen Zwecks ist jedoch ein Kriterium, welches dem Rechtsfolgenermessen als solchem zuzuordnen ist, unabhängig davon, ob es sich um eine Planungsermächtigung in finaler Form handelt oder nicht.[655] Anerkannt werden muss allerdings durchaus, dass es dem Gesetzgeber bei final programmierten Normen leichter fällt eine Ermächtigung zugunsten der Verwaltung einzuräumen, ohne einen bestimmten Handlungsrahmen von vornherein vorzugeben: Beim konditionalen Wenn-dann-Schema muss der Gesetzgeber auf Tatbestandsseite zumindest die wesentlichen Voraussetzungen festlegen, selbst wenn diese durch unbestimmte Rechtsbegriffe umschrieben werden. Bei einer Finalnorm dagegen genügt sprachlich die Vorgabe eines mehr oder minder spezifischen Zwecks, den der Gesetzgeber verfolgt sehen möchte. Die Exekutive ist in diesem Fall nicht an das Vorliegen der Tatbestandsvoraussetzungen (zu einer bestimmten Zeit) gebunden.

c) Art und Weise der Bindung
Finalprogrammierte Normen, die zu einer Planung ermächtigen, sollen dabei auch in der Art und Weise wie eine Bindungswirkung erzeugt wird vom sonstigen Ermessen zu unterscheiden sein. Bei Konditionalnormen wirke sich eine steigende Anzahl von Tatbestandsmerkmalen beschränkend auf das Rechtsfolgenermessen aus, während das Hinzukommen von Zielen im Tatbestand bei Planungsnormen

---

[652] *Erbguth/Schubert,* Öffentliches Baurecht, S. 159; *Rubel,* Planungsermessen, S. 60.
[653] *Maurer/Waldhoff,* Allgemeines Verwaltungsrecht, S. 170; *Riese* in Schoch/Schneider, VwGO, § 114 Rn. 183.
[654] So jedenfalls *Stüer,* Bau- und Fachplanungsrecht, S. 5; dies bezweifelnd: *Buchwald,* Prinzipien des Rechtsstaates, S. 65.
[655] *Erbguth/Schubert,* Öffentliches Baurecht, S. 159; *Weitzel,* Rechtsetzungsermessen, S. 102.

das Ermessen ausdehne.[656] Dieser Schluss beruht allerdings auf der nicht haltbaren Prämisse, dass einschränkende Tatbestandsmerkmale mit Zielvorgaben gleichzusetzen seien.[657] Hierfür sei ein Beispiel angeführt, um die Prämisse zu entkräften:[658]

- Wenn ... eintritt, dann ergreift die Behörde die erforderlichen Maßnahmen.

Ergänzt man den Tatbestand um ein weiteres alternatives oder auch kumulatives Merkmal,[659] ändert dies nichts am Spielraum auf der Rechtsfolgenseite. Dies kann man allenfalls bei einer weiten Betrachtung annehmen, weil die Zahl der möglichen Sachverhalte verringert bzw. jedenfalls verändert wird, bei denen die Verwaltung überhaupt tätig werden darf.

- Zur Erreichung von ... und ... kann die Behörde ... anordnen.

Werden nach diesem zweiten Beispiel Ziele in den Tatbestand aufgenommen, hängen die Auswirkungen für den Ermessensspielraum davon ab, ob die Ziele kumulativ angeordnet werden oder alternativ. Ergibt eine Auslegung der jeweiligen Vorschrift, dass alternativ entweder die eine Zielvorstellung oder die andere verfolgt werden kann, stellt dies in der Regel eine Erweiterung der möglichen Maßnahmen dar. Eine Einschränkung des Spielraums ist dagegen anzunehmen, wenn beide Zielvorgaben kumulativ erfüllt werden müssen.[660] In Bezug auf die Effekte von Änderungen im Tatbestand unterscheiden sich Planungsermächtigungen demnach auch nicht vom sonstigen Ermessen.

d) Aktion und Reaktion

Ein maßgeblicher Unterschied wird außerdem darin gesehen, dass Konditionalnormen eine Reaktion der Verwaltung beim Eintreffen bestimmter Umstände erfordern.[661] Finalnormen dagegen sollen wie Planungsnormen ein aktives Handeln ermöglichen.[662] Dies scheint bei der Betrachtung der klassischen Wenn-dann-Konstruktion bei Konditionalnormen ein plausibler Ansatz zu sein, legt diese doch nahe, dass beim Eintreten bestimmter Voraussetzungen ein reaktives Handeln erforderlich wird. Bei näherer Betrachtung aber ist auch dies kein Unterscheidungsmerkmal zu sonstigem administrativen Rechtsetzungsermessen. Denn auch im Rahmen des sonstigen administrativen Rechtsetzungsermessens wird der Exe-

---

[656] So *Ritter*, DÖV 1976, S. 808; *Oberndorfer*, Die Verwaltung 5 (1972), S. 266.
[657] Kritisch auch *Rubel*, Planungsermessen, S. 57 ff.
[658] Vgl. auch *Weitzel*, Rechtsetzungsermessen, S. 102.
[659] Zur Unterscheidung vgl. auch *Koch*, Unbestimmte Rechtsbegriffe, S. 38 ff.
[660] Im Ergebnis auch *Dreier*, Steuerung der planerischen Abwägung, S. 49.
[661] Vgl. *Geis* in Schoch/Schneider, VwVfG, Vor § 40 Rn. 6 ff.
[662] Vgl. *Hoppe*, DVBl. 1977, S. 138.

kutive einerseits mitunter ein Entschließungsermessen eingeräumt. Liegt das Handeln im Ermessen der Exekutive, folgt also gerade nicht aus dem Tatbestand eine zwingende Reaktion.

Überdies hat auch jede konditional formulierte Ermessensnorm eine aktive Seite. Nicht nur durch Ermächtigungen zu Planungsentscheidungen, sondern auch durch sonstige Ermächtigungsgrundlagen will die Legislative die vollziehende Gewalt zu einem Handeln befähigen, um bestimmte Ziele zu erreichen. Oft ist es nur eine Frage der Perspektive, ob man der Verwaltung hierbei ein proaktives oder reagierendes Tätigwerden zuschreibt. Dies kann anhand der infektionsschutzrechtlichen Generalklausel (§ 28 Abs. 1 S. 1 IfSG) veranschaulicht werden, die nach bisherigem Erkenntnisstand ein Auswahlermessen einräumt. Man kann den Schwerpunkt zum einen im reaktiven Verhalten sehen, weil die Behörde bei der Feststellung übertragbarer Krankheiten mit entsprechenden Maßnahmen reagieren muss. Zum anderen räumt das Auswahlermessen ein gestaltendes Momentum ein, indem die Wahl und Ausgestaltung staatlicher Schutzmaßnahmen in die Hände der Exekutive gelegt werden.

Andererseits haben auch Planungsnormen mit einer finalen Prägung nicht nur aktive Elemente, sondern setzen reagierende Verhaltensweisen voraus. Rechtsstaatliche Planung erfordert schließlich eine Analyse der gegenwärtigen Lage[663] und eine damit einhergehende Hinnahme des Sachverhalts, also beispielsweise der geologischen Gegebenheiten. Möchte man das Reaktive am Planungsprozess in den Vordergrund stellen, könnte man daher ebenso annehmen, dass der Planungsträger durch die Vornahme einer Planung auf bestimmte Gegebenheiten, Interessen und Bedürfnisse reagiert.

Insgesamt sind dabei die normtheoretischen Unterschiede zwischen final und konditional strukturierten Normen eher sprachlicher Natur, als dass sie die Ermessensausübung unterschiedlich steuern würden.[664] Möchte der Gesetzgeber allerdings die Voraussetzungen für ein Handeln offen gestalten, lässt sich dies sicherlich durch eine final programmierte Norm leichter erreichen als durch eine umständlich formulierte Konditionalnorm. Den Rückschluss auf eine separate Kategorie des Planungsermessens mit vorherrschenden Finalprogrammierungen erlaubt diese „,heuristische' Nützlichkeit"[665] dennoch nicht.[666] Denn auch abseits von Pla-

---

[663] *Geis* in Schoch/Schneider, VwVfG, Vor § 40 Rn. 7.
[664] So im Ergebnis auch *Geis* in Schoch/Schneider, VwVfG, Vor § 40 Rn. 6 ff.
[665] *Pfefferl*, Dichotomie konditionaler und finaler Normen, S. 75 ff.; *Geis* in Schoch/Schneider, VwVfG, Vor § 40 Rn. 11.
[666] Dies erkennt selbst *Hoppe*, DVBl. 1975, S. 691; im Ergebnis auch *Herdegen*, AöR 114 (1989), S. 634 f.

nungsvorschriften im herkömmlichen Sinne lassen sich final strukturierte Ermächtigungen finden, bei welchen keine eigene Ermessenskategorie eingefordert wird. Die normstrukturellen Unterschiede alleine streitet daher im Ergebnis nicht für eine grundsätzliche Differenzierung zwischen Planungsermessen und sonstigem Rechtsetzungsermessen.

3. Unterschiede bei der Ausübung des Ermessens

a) Schritte und Reichweite der Ermessensausübung

Die Ausübung des Planungsermessens folgt nach einer verbreiteten Ansicht einer anderen Struktur als der des sonstigen Verwaltungsermessen.[667] Die Ausübung des Planungsermessens – in Form der Planung – wird häufig versucht durch die vorzunehmenden Schritte zu definieren: Unter den Vorgang der Planung wird dabei unter anderem die Analyse der Sachlage gefasst, auf welche eine vorausblickende interessenausgleichende Zielsetzung folgen soll bei gleichzeitiger Prognose der zur Zielerreichung notwendigen Schritte, um letztlich eine normative Ordnung zu schaffen.[668]

Legt man diese Definition aus der Perspektive der Verwaltung zugrunde, ergeben sich hieraus allerdings ebenfalls keine entscheidenden Differenzen zum sonstigen Ermessen: Sämtliche Elemente des Planungsvorgangs treten in der ein oder anderen Weise auch bei regulärem Ermessen zu Tage.[669] Denn den Sachverhalt hat die Verwaltung ohnehin bei jedem Verwaltungshandeln von Amts wegen zu ermitteln (vgl. § 24 VwVfG). Eine Prognose kann unter anderem außerdem auch beim Konkretisierungsermessen unbestimmter Rechtsbegriffe erforderlich werden. Die interessensausgleichenden Elemente tauchen auch bei jeder Ermessensausübung auf, indem § 40 VwVfG eine einzelfallbezogene Ausübung orientiert an der Verwirklichung des Normzwecks fordert. Selbst der Akt des Entwurfs einer normativen Ordnung ist je nach Weite der gesetzlichen Ermächtigung in einem bestimmten Umfang das Ergebnis jeder Ermessensausübung.

Möchte man sich noch auf eine besondere Flexibilität berufen,[670] die das Planungsermessen im Gegensatz zur sonstigen Ermessensausübung benötigen soll, ist dies eher als eine Besonderheit des normativen Ermessens zu charakterisieren

---

[667] Vgl. *Riese* in Schoch/Schneider, VwGO, § 114 Rn. 183; a.A. *Bartunek*, Probleme des Drittschutzes, S. 34 ff.
[668] Vgl. *Maurer/Waldhoff*, Allgemeines Verwaltungsrecht, S. 470; *Schmidt-Aßmann* in Berkemann/Gaentzsch, Festschrift für Otto Schlichter, S. 4.
[669] Vgl. auch BVerwG 34, 301 (304), wo dahingestellt bleibt, ob Ermessen die Gestaltungsfreiheit treffend umschreibt oder nicht.
[670] *Schmidt-Aßmann* in Berkemann/Gaentzsch, Festschrift für Otto Schlichter, S. 17.

aufgrund des abstrakt-generellen Charakters des zu erzeugenden Rechts[671] und taugt insofern auch nicht als Abgrenzung zwischen Planungs- und Verwaltungsermessen. Daneben soll die Exekutive bei der Ausübung ihres Planungsermessen auch grundsätzlich freier sein als beim sonstigen Ermessen.[672] In dieser Absolutheit kann dem nicht zugestimmt werden. Vielmehr ist dem BVerwG zu folgen, der die Einräumung eines Ermessens von der jeweiligen gesetzlichen Regelung abhängig macht, unabhängig von der Unterscheidung zwischen Final- und Konditionalnormen.[673] Richtigerweise muss die entsprechende Norm eine Auslegung erfahren, insbesondere unter Beachtung ihres Telos.[674]

b) Subsumtion und Rechtsfolgenwahl
Es bleibt allerdings dennoch die Möglichkeit, dass die Ermessenseinräumung beim Planungsermessen und dem übrigen Ermessen unterschiedlichen Grundkonzeptionen folgt.[675] Einerseits wird nämlich angeführt, Planungsermessen stelle keine konkrete Subsumtion unter einen Tatbestand dar und halte auch keine bestimmte Rechtsfolge bereit.[676] Fasst man Subsumtion als Erfüllung der Merkmale auf, die notwendig sind, um eine Rechtsfolge setzen zu *können*,[677] sind auch Planungsnormen subsumierbar. Denn aus ihnen ergibt sich eine Ermächtigung zwar nicht aus den abzuwägenden Belangen (vgl. § 1 Abs. 6 BauGB), wohl aber aus den weiteren Vorschriften, die Voraussetzungen für das Verwaltungshandeln aufstellen (vgl. § 9 BauGB).[678] Zudem kann andererseits ein Planergebnis darauf überprüft werden, ob die normierten Planungsziele aufgegriffen wurden;[679] dies ist im Grunde bei allen Ermessensnormen anzunehmen, bei denen man dann zwar nicht von Planzielen spricht, sondern von dem Gesetzeszweck. Wenn man als Subsumtion dagegen alle Voraussetzungen begreift, bei deren Erfüllung eine bestimmte Rechtsfolge getroffen werden *muss*,[680] dann fasst man diese als Tatbestandskonkretisierung auf.[681] Da dies aber nicht das Ermessen auf Rechtsfolgen-

---

[671] *Weitzel*, Rechtsetzungsermessen, S. 107.
[672] Angedeutet bei Geis in Schoch/Schneider, VwVfG, Vor § 40 Rn. 6 f.
[673] BVerwG, Urt. v. 26.3.1981 – 3 C 134/79, juris Rn. 50; vgl. auch *Geis* in Schoch/Schneider, VwVfG, Vor § 40 Rn. 11.
[674] Vgl. auch *Kellner*, DÖV 1969, S. 309; BVerwG, Urt. v. 26.3.1981 – 3 C 134/79, juris Rn. 50 f.
[675] In diese Richtung auch: BVerwG, Urt. v. 26.3.1981 – 3 C 134/79, juris Rn. 38 ff.
[676] So auch in Bezug auf alle Formen der Abwägung *Stüer*, DVBl. 1974, S. 317.
[677] Vgl. *Koch*, Unbestimmte Rechtsbegriffe, S. 129; *Ossenbühl*, DÖV 1970, S. 86 ff.
[678] Zutreffend daher *Weitzel*, Rechtsetzungsermessen, S. 104.
[679] *Dreier*, Steuerung der planerischen Abwägung, S. 261.
[680] Vgl. *Koch*, Unbestimmte Rechtsbegriffe, S. 129; *Ossenbühl*, DÖV 1970, S. 86 ff.
[681] *Dreier*, Steuerung der planerischen Abwägung, S. 48, der Planungsnormen nicht nur als Ermächtigung zur Tatbestandsergänzung, sondern Tatbestandsbildung auffasst.

seite beinhaltet, kann hierin allenfalls ein Unterschied von Konkretisierungs- und Planungsermessen gesehen werden.[682]

Unterstellt man Planungsnormen eine mangelnde Subsumierbarkeit, so legt man beim übrigen Verwaltungshandeln, auch bei solchen auf der Grundlage von Ermessensnormen, ein zu enges Verständnis zugrunde. Denn man geht dann davon aus, dass sich die Verwaltung bei einer Planung lediglich nach Planzielen zu richten hat, während die Verwaltung sonst einen Gesetzesvollzug durch Sachverhaltssubsumtion betreibe.[683] Nur trifft letzteres in dieser Pauschalität nicht zu, weil die Subsumtion von Ermessensnormen gerade nicht nur als bloßer Gesetzesvollzug bezeichnet werden kann (siehe C. II. 2. und 5 a).

Besonders anschaulich wird dies auch, wenn man die Justitiabilität einbezieht. So formuliert unter anderem *Stüer* für das Planungsermessen Folgendes: „Die normativen Determinanten [...] stellen dabei begleitende Schranken und Grenzen dar, indem sie Ziel- und Wertevorstellungen, Form- und Verfahrensvorschriften sowie allgemeine Grundregeln für Abwägungs- und Bewertungsvorgänge aufstellen. Nur in diesem heteronom determinierten Bereich findet eine rechtliche Kontrolle statt. Die autonomen Bestandteile der Handlungsnormen dagegen sind einer Rechtskontrolle nicht zugänglich."[684] Dies könnte man ebenso aber für das sonstige Verwaltungsermessen zugrunde legen, welches ebenfalls einerseits durch gesetzliche Determinanten und insbesondere den Gesetzeszweck determiniert wird und andererseits im Rahmen dieser Grenzen autonom ausgeübt werden kann. Sowohl bei der Anwendung von Planungsnormen als auch bei sonstigen Ermessensnormen überprüft das Gericht demnach die Einhaltung der höherrangigen Grenzen, die das Recht aufstellt. Auch insofern unterscheidet sich das Planungsermessen also nicht vom übrigen Ermessen.

Es ist auch nicht vollumfänglich zutreffend, dass Planungsnormen keine bestimmte Rechtsfolge bereithielten.[685] Dies wäre bis zu einem gewissen Maße nur einleuchtend, wenn man auf den genauen Inhalt des Plans als Rechtsfolge abstellt, den in der Tat zum Beispiel die planende Gemeinde nach Abwägung der Belange festlegt. Gleichwohl gibt es auch sonstige Ermessensnormen, die selbst beim Eintreffen bestimmter Voraussetzungen keinen genauen Inhalt als Rechtsfolge vorschreiben. Ein Beispiel hierfür ist der bereits häufiger erwähnte § 28 Abs. 1 S. 1

---

[682] *Weitzel*, Rechtsetzungsermessen, S. 104.
[683] *Hoppe*, DVBl. 1977, S. 140.
[684] *Stüer*, Bau- und Fachplanungsrecht, S. 2.
[685] So jedenfalls *Stüer*, DVBl. 1974, S. 317.

IfSG, indem er auf Rechtsfolgenseite eine Ermächtigung schafft, die „notwendigen Schutzmaßnahmen" zu treffen.

c) Zweckmäßigkeitserwägungen
Schließlich kann man danach fragen, ob die Anwendung von Planvorschriften andere Zweckmäßigkeitserwägungen erfordern als bei anderen Ermessensnormen. Teilweise wird vertreten, die Abwägung bei Plannormen erfordere eine komplexere Abwägung unter Einbezug einer größeren Anzahl an unterschiedlichen Interessen als bei herkömmlichen Ermessensnormen.[686] Auch dies ist aber kein Spezifikum von Planungsvorschriften.[687] Denn auch bei sonstigen Ermessennormen kann die Abwägung einer Vielzahl an unterschiedlichen Interessen aus Sicht der Behörde notwendig werden, gerade wenn eine Mehrzahl an Personen beteiligt ist, wie es zum Beispiel bei den unterschiedlichen Arten der Allgemeinverfügung häufig der Fall sein wird, wie es aber auch bei Einzelverfügung vorkommen kann.[688] Lehnt man die Abwägung einer Vielzahl an Interessen als Besonderheit von Planungsakten ab, so ist dies außerdem ein Argument dagegen, den *ausgleichenden* Charakter von Planungsentscheidungen als Spezifikum hervorheben.[689] Erkennt man auch bei sonstigen Ermessensentscheidungen die Möglichkeit von komplexen Abwägungsfragen an, ergibt sich nahezu zwangsläufig hieraus die Existenz von ausgleichenden Entscheidungen. Ein solcher Ausgleich kann bei konkurrierenden Interessen notwendig werden, wenn die praktische Konkordanz oder gar die Ermächtigung selbst dies erfordert. Ein Beispiel für letzteres bietet § 28a Abs. 6 S. 2 IfSG, der die Ausrichtung der Maßnahmen nach Schutz von Gesundheit und Leben fordert unter Berücksichtigung der sozialen, wirtschaftlichen und gesellschaftlichen Auswirkungen der Schutzmaßnahmen.[690]

Umgekehrt müssen Planungsentscheidungen nicht stets einen Kompromiss sämtlicher Interessen darstellen. Der Planungsträger kann sich ebenso für die Bevorzugung eines bestimmten Interesses entscheiden. Wie bei sonstigen Ermessensentscheidungen ist dies abhängig von den jeweiligen tatsächlichen Umständen und den das Ermessen eingrenzenden Normen. Nicht zuletzt sind die Grenzen von zweidimensionalen Entscheidungen und komplexen Abwägungsentscheidungen

---

[686] *Schröder*, DÖV 1975, S. 310; BVerwG, Urt. v. 28.6.2000 – 11 C 13/99, BVerwGE 111, 276-284, juris Rn. 30.
[687] *Fouquet*, VerwArch 1996, S. 233; *Erbguth*, DVBl. 1992, S. 401.
[688] Vgl. auch OVG Koblenz, NVwZ-RR 1995, S. 357 f., das von einem planungsähnlichen Ermessen spricht in Bezug auf die Parkraumbewirtschaftung nach § 45 Abs. 1 b StVO.
[689] *Wolff* in Sodan/Ziekow, VwGO, § 114 Rn. 216; BVerwGE 74, 124 (133); BVerwGE 104, 236 (236 ff.).
[690] I.d.F. ab 19.11.2020, vgl. Art.1 G. v. 18.11.2020 BGBl. I S. 2397.

ohnehin fließend,[691] weshalb die Struktur der Zweckmäßigkeitserwägungen kein überzeugendes Argument für das Planungsermessen als eigene Kategorie neben dem Ermessen ist.

4. Planungsermessen als Unterfall des Ermessens

Obwohl der Verwaltung im Rahmen von Planungsentscheidungen meist größere Freiräume eingeräumt werden[692] als bei sonstigen Ermessensvorschriften, scheint eine separate Kategorisierung des Planungsermessens nach alledem nicht angezeigt.[693] Einen echten Mehrwert würde diese Unterscheidung jedenfalls nicht liefern.[694] Im Ergebnis ist also – aus welcher Perspektive man es auch immer betrachtet – das Planungsermessen vom sonstigen Ermessen qualitativ nicht zu unterscheiden.[695] Man kann also vom Planungsermessen als Unterfall des Ermessens sprechen, wobei dem Planungsermessen folgende Besonderheit eigentümlich ist: Aufgrund der zahlreichen Zielvorgaben und unterschiedlichen Interessen kommt dem sogenannten Abwägungsvorgang eine hohe Bedeutung zu.[696] Die Ermessensqualität an sich wird dadurch nicht verändert, allerdings kann die Bezeichnung als Planungsermessen begrifflich auf diese Besonderheit und die damit einhergehende, komplexere Fehlerkontrolle hinweisen.[697]

Zuletzt lässt sich noch fragen, welche Elemente des Planungsermessens eher dem Konkretisierungs- und welche dem Rechtsfolgenermessen zuordenbar sind. Treffend ist es, die konkretisierenden Bestandteile der Planung als abschichtende Gemeinwohlkonkretisierung zu umschreiben. Sie nehmen dem Gesetzgeber die weitere Präzisierung der Vollzugsziele ab, die er aufgrund der starken Situationsab-

---

[691] Vgl. zum Beispiel zur Verhältnismäßigkeitsprüfung im Zusammenhang mit Planentscheidungen: BVerwGE 110, 370 (384) entgegen BVerwGE 104, 123 (139); BVerwGE 108, 248 (256 ff.).
[692] Im Ergebnis auch *Dreier*, Steuerung der planerischen Abwägung, S. 47.
[693] A.A. *Erbguth/Schubert*, Öffentliches Baurecht, S. 159.
[694] So auch *Adamovich/Funk*, Allgemeines Verwaltungsrecht, S. 126 ff.; *Alexy*, JZ 1986, S. 711; *Börger*, Genehmigungs- und Planungsentscheidungen, S. 148 ff.; *Brohm*, JuS 1977, S. 500; *Ehmke*, „Ermessen" und „unbestimmter Rechtsbegriff", S. 47; *Fouquet*, VerwArch 1996, S. 234; *Nagel*, Die Rechtskonkretisierungsbefugnis der Exekutive, S. 103 ff.; *Tettinger*, Rechtsanwendung und gerichtliche Kontrolle, S. 139; *Wiedmann*, Das Planungsermessen, S. 113; *Erbguth*, DVBl. 1992, S. 403 f.; *Ibler*, JuS 1990, S. 40.
[695] Vgl. *Heinze*, NVwZ 1986, S. 87, der Entscheidung über Planvorhaben verwaltungsrechtlich als Ermessensentscheidungen; für eine eigene Kategorie: *Riese* in Schoch/Schneider, VwGO, § 114 Rn. 182 f.; für eine rechtliche Sonderform auch: *Schramm*, DVBl. 1974, S. 651.
[696] *Adamovich/Funk*, Allgemeines Verwaltungsrecht, S. 127 f.; *Keppeler*, Die Grenzen des behördlichen Versagungsermessens, S. 26.
[697] So auch *Fouquet*, VerwArch 1996, S. 234.

hängigkeit (städte-)baulicher Maßnahmen ohnehin nicht leisten könnte.[698] Die in Art. 28 Abs. 1 S. 2 GG wurzelnde planerische Gestaltungsfreiheit ist dabei im Übrigen ein Teil des Rechtsfolgenermessens.[699]

Die soeben beleuchteten Unterschiede sind daher solche, die zwischen Rechtsfolgen- und Konkretisierungsermessen stets vorzufinden sind und rechtfertigen keine interne Aufspaltung des Rechtfolgenermessens.[700] Einer jeden Planung ist daher eine mehr oder minder große Autonomie zuzuschreiben, ohne die sie die prognostizierenden Entscheidungen nicht vornehmen könnte. Eingegrenzt wird diese Autonomie durch die Gesetzesbindung der Exekutive (Art. 20 Abs. 3 GG). Die Planung nimmt daher ebenso wie das sonstige Verwaltungsermessen eine Zwitterstellung ein. Sie steht gewissermaßen zwischen den Stühlen einer planenden/autonomen Tätigkeit und einer vollziehenden.[701] Gerade aufgrund dieses Dilemmas, stellt sich besonders vor dem Hintergrund der gerichtlichen Kontrolle die Frage nach dem Umfang der Kontrollbefugnisse, die aber keinen Einfluss auf den Ermessensbegriff an und für sich hat.

---

[698] *Schmidt-Aßmann* in Berkemann/Gaentzsch, Festschrift für Otto Schlichter, S. 8; vgl. auch *Koch/Rubel*, Allgemeines Verwaltungsrecht, S. 222 f. zur Tatbestandsergänzung von Planungsnormen anhand der Floatglas-Entscheidung.
[699] So auch *Weitzel*, Rechtsetzungsermessen, S. 108.
[700] Vgl. auch *Badura*, Das Planungsermessen, S. 174, der erkennt, dass u.a. *Hoppe*, DVBl. 1974, S. 644 die Ermessensausübung als „punktuellen Normvollzug" ansieht.
[701] *Maurer/Waldhof*, Allgemeines Verwaltungsrecht, S. 470.

D. Das Ermessen bei der untergesetzlichen Normsetzung

Historisch bedingt[702] und um zu klären, ob die normstrukturelle Unterscheidung von Beurteilungsspielraum und Ermessen beim Verwaltungsermessen sinnhaft ist, war es bis hierhin notwendig, den Ermessensbegriff überwiegend aus der Perspektive der Einzelakte zu beleuchten. Da Rechtsetzung allerdings nicht nur im Rahmen von Einzelakten stattfindet, ist in einem nächsten Schritt die abstrakt-generelle Normsetzung in die Überlegungen einzubeziehen. Eine Kernfrage ist dabei, ob das Ermessen strukturell und – noch grundlegender – überhaupt seiner Begrifflichkeit nach auch beim Erlass untergesetzlicher Normen Anwendung finden kann. Das BVerfG und der BayVGH, der ihm für §§ 28 Abs. 1, 32 IfSG folgt, gehen ohne nähere Begründung von der Notwendigkeit einer strukturellen Unterscheidung von Verwaltungs- bzw. Verordnungsermessen aus.[703]

Zur Klärung dieser Frage ist es von vornherein wenig ergiebig eine Aufteilung der Normsetzung nach Funktion der Ermessensermächtigung anzustreben.[704] Vielmehr führt dies angesichts der hohen Anzahl an unterschiedlichsten Funktionen, die teils auch ineinander übergehen, zu keiner trennscharfen Unterteilung. Ein Vergleich der bisherigen Erkenntnisse zum Verwaltungsermessen mit den unterschiedlichen Rechtsformen untergesetzlicher Normsetzung bietet daher eine geeignetere Grundlage.

Als untergesetzliche Normen werden dabei neben Rechtsverordnungen und Satzungen auch Verwaltungsvorschriften, Geschäftsordnungen[705] und Geschäftsverteilungspläne[706] eingeordnet. Gerade bei den letzteren beiden Phänotypen untergesetzlicher Normen kommt erschwerend hinzu, dass die Rechtsnatur stark umstritten ist. So werden sowohl der Geschäftsverteilungsplan[707] als auch die Ge-

---

[702] Vgl. *Voßkuhle*, JuS 2008, S. 117.
[703] BVerfG, Beschl. v. 1.4.2014 – 2 BvF 1/12, 2 BvF 3/12, NVwZ 2014, 1219 Rn. 92 mit Verweis auf *Ossenbühl* in Isensee/Kirchhof V, § 103 Rn. 41; BayVGH, Beschl. v. 4.10.2021 – 20 N 20.767, juris Rn. 64.
[704] So aber *Bullinger*, JZ 1984, S. 1007, der nach u.a. nach Dispensermessen und Freiraum für Sachverstand unterscheidet.
[705] *Ossenbühl*, NJW 1986, S. 2806.
[706] *Funke-Kaiser* in Bader/ders./Stuhlfauth/v. Albedyll, VwGO, § 4 Rn. 19 u. 46, spricht sich für einen Normcharakter zumindest im Verhältnis zu Außenstehenden aus; zur Rechtsnatur auch: BayVerfGH, DVBl. 1986, S. 37.
[707] *Funke-Kaiser* in Bader/Funke-Kaiser/Stuhlfauth/v. Albedyll, VwGO, § 4 Rn. 21; BayVerfGH, NJW 1986, S. 1673; NJW 1978, S. 1515: Norm nur bei Verlagerung von Geschäften vom Stammgericht auf Zweigstelle; Lüneburg NJW 1984, S. 627; offen bleibt dies in BVerfGE 17, 252; 31, 47.

schäftsordnung⁷⁰⁸ häufig als Rechtsakt sui generis aufgefasst. Da die rechtliche Einordnung teils auch je nach Rechtsgebiet und Kontext divergiert,⁷⁰⁹ soll der Umfang dieser Arbeit durch die Darstellung dieser Typen untergesetzlicher Normen nicht unnötig strapaziert werden.

Bei den Verwaltungsvorschriften ergeben sich ähnliche Probleme, teilweise wird diesen der Charakter einer Rechtsnorm völlig abgesprochen.⁷¹⁰ So entspringen aus dem Oberbegriff der Verwaltungsvorschrift eine Fülle an weiteren Unterscheidungen, die sich vor allem hinsichtlich der Art und Weise der Außenwirkung unterscheiden. Eine reine Innenwirkung⁷¹¹ mag zwar mittlerweile nicht mehr haltbar sein. So gibt es auch Fälle des Innenrechts, in denen durch Verwaltungsvorschriften auf das Verhältnis zwischen Staat und Bürger eingewirkt wird.⁷¹²

Allerdings bieten sich Verwaltungsvorschriften für den vorliegenden Untersuchungsgegenstand der untergesetzlichen Normsetzung dennoch nicht an. Denn die gerichtliche Kontrolle bezieht sich hierbei weder auf die Verwaltungsvorschrift selbst noch ergibt sich aus ihnen ein Maßstab für die gerichtliche Prüfung. Gegenstand ist vielmehr das von der Verwaltungsvorschrift gelenkte Handeln der Verwaltung nach außen.⁷¹³ Dieses außenwirksame Handeln wird daher im Ergebnis nach §§ 40 VwVfG und § 114 VwGO⁷¹⁴ beurteilt, vor allem mit Blick auf Art. 3 Abs. 1 GG⁷¹⁵ und das Gebot des Vertrauensschutzes (Art. 20 GG),⁷¹⁶ was eine andere Ausgangslage darstellt als das Normsetzungsermessen bei Verordnungen und Satzungen. Geschäftsverteilungspläne, Geschäftsordnungen sowie Verwaltungsvorschriften sind daher aufgrund ihrer Besonderheiten nicht Gegenstand der weiteren Untersuchungen. Vielmehr beschränken sich diese auf das Verordnungsermessen (I.) und das Ermessen im Rahmen des Satzungserlasses (II.).

---

⁷⁰⁸ *Maurer/Waldhoff*, Allgemeines Verwaltungsrecht, S. 664 f. Rn. 15.
⁷⁰⁹ Vgl. BVerfGE 1, 144 (148): Geschäftsordnung der Parlamente als „autonome Satzung"; VGH Mannheim ESVGH 22, 180: Geschäftsordnungen der Gemeinden als Verwaltungsvorschriften.
⁷¹⁰ Vgl. nur BVerwG, Urt. v. 14.3.2018 – 10 C 1/17.
⁷¹¹ So im Ergebnis auch *Kopp/Schenke*, VwGO, § 47 Rn. 29; vgl. *Weitzel*, Rechtsetzungsermessen, S. 29.
⁷¹² Für eine begrenzte Außenwirkung auch *Leisner*, JZ 2002, S. 231, die sich für eine bereichsspezifische Bestimmung der Außenwirkung ausspricht.
⁷¹³ Vgl. Näheres hierzu *Di Fabio*, Verwaltungsvorschriften, DVBl. 1992, S. 1342 ff.; *Maurer/Waldhoff*, Allgemeines Verwaltungsrecht, S. 667 Rn. 22.
⁷¹⁴ Vgl. BVerwG, Urt. v. 14.3.2018 – 10 C 1/17.
⁷¹⁵ BVerwG, Urt. v. 14.3.2018 – 10 C 1/17, juris Rn. 18 bzw. BVerwG, Urt. v. 24.4.1987 – 7 C 24/85 transferieren die Anforderungen des Art. 3 Abs. 1 GG an den Gesetzgeber auch auf den Richtliniengeber.
⁷¹⁶ BVerwG, Urt. v. 8.4.1997 - 3 C 6.95 - BVerwGE 104, 220 (222 f.); Urt. v. 23.4.2003 - 3 C 25.02.

I. Ermessen beim Verordnungserlass

1. Verfassungsrechtliche Grundlagen

Als Rechtsquelle unterhalb der formellen Gesetze soll zunächst die quantitativ wohl am häufigsten vorkommende Rechtssatzform untersucht werden:[717] Die Rechtsverordnung. Die Befugnis zur Rechtsetzung im Rahmen der Verordnung muss aufgrund von Art. 80 Abs. 1 S. 1 GG auf einer gesetzlichen Ermächtigungsgrundlage beruhen. Art. 80 GG steht in einem engen Zusammenhang mit dem Gewaltenteilungsgrundsatz. Eine „Durchbrechung"[718] oder „Ausnahme"[719] von diesem Grundsatz sieht die Regelung indes nicht vor. Auch der Begriff einer „Schnittstelle von Gesetzgebung und Exekutive" [720] trifft den Gehalt der Delegationsmöglichkeit nicht entsprechend. Vielmehr durchbricht die Rechtsverordnungsermächtigung den Grundsatz der Gewaltenteilung nicht, sondern gestaltet ihn aus.[721] Partizipierende Elemente der Öffentlichkeitsbeteiligung bzw. eine transparente Offenlegung der Abwägung sind im Grundgesetz beim Erlass von Rechtsverordnungen zwar gerade nicht vorgesehen.[722] Dies ist auch nicht zwingend nötig, da sich die ausreichende demokratische Legitimation aus der Regelung des Art. 80 Abs. 1 S. 1, 2 GG ergibt.[723] Dies setzt im Umkehrschluss aber auch voraus, dass eine hinreichende Legitimation, wie sie auch Art. 20 Abs. 2 S. 1 GG voraussetzt, nur gegeben ist, wenn sich die vollziehende Gewalt im Rahmen der Ermächtigungsgrundlage bewegt.

Zur Beschreibung der Rechtsverordnung als mögliche Handlungsform wird vielfach der Begriff der „Selbstprogrammierung der Verwaltung" verwendet.[724] Verstan-

---

[717] *v. Danwitz*, Jura 2 (2002), S. 93 m.w.N.; vgl. auch *Kirchhof* in Starck, Festgabe 25 Jahre BVerfG II, S. 82.
[718] BVerfG Beschl. v. 12. 11. 1958 – 2 BvL 4, 26, 40/56, 1, 7/57, BVerfGE 8, 274 (321); BVerfG Beschl. v. 2. 6. 1964 – 2 Bvl 23/62, BVerfGE 18, 52 (59); *Sannwald* in Schmidt-Bleibtreu/Hofmann/Hopfauf, GG, Art. 80 Rn. 5.; vgl. auch *Uhle*, Parlament, S. 157: „die Delegation [der Rechtsetzungsbefugnis] verändert mithin die bestehende Zuständigkeitsordnung im Wege der Durchbrechung".
[719] BVerfG, Beschl. v. 9. 10. 1968 – 2 BvE 2/66, BVerfGE 24, 184 (197).
[720] *Brenner* in v. Mangoldt/Klein/Starck, GG, Art. 80 Rn. 11; *Maurer/Waldhoff*, Allgemeines Verwaltungsrecht, S. 74.
[721] *Brenner* in v. Mangoldt/Klein/Starck, GG, Art. 80 Rn. 15.
[722] *Möstl* in Erichsen/Ehlers, Allgemeines Verwaltungsrecht, S. 607 Rn. 16.
[723] *Gärditz/Abdulsalam*, GSZ 2020, S. 108; *Saurer*, Funktionen der Rechtsverordnung, S. 433 ff.; BVerfGE 97, 37 (66 f.); 107, 59 (87 f.); 119, 331 (366); 130, 76 (124); 135, 317 (429); 137, 185 (232 f.); 139, 194 (225); 147, 50 (127 f.).
[724] *Ruffert* in Hoffmann-Riem/Schmidt-Aßmann/Voßkuhle, Grundlagen I, § 17 Rn. 58; *Schmidt-Aßmann* in Dürig/Herzog/Scholz, GG, Art. 19 Abs. 4, Rn. 217 für die ganze Normsetzung.

den wird darunter unter anderem, dass die Exekutive ihr Handeln im Einzelfall programmiert.[725] Der verengende Charakter einer Selbstprogrammierung sollte indes nicht im Vordergrund stehen, sondern die delegierte Möglichkeit des Gesetzgebers[726] zur Setzung abstrakt-generellen Rechts im Rahmen der bestehenden Gesetze. Daher scheint der Ansatz Rechtsverordnung am ehesten zu erfassen, der die Doppelnatur der Rechtsverordnung als einerseits Handlungsmöglichkeit und andererseits Rechtsquelle betont.[727] Rechtsverordnungen bieten sich damit als Handlungsform an, um eine Vielzahl ähnlich gelagerter Einzelfälle zu regeln.[728] Verordnungen abstrahieren und bleiben aufgrund des einfacheren Verfahrens gleichzeitig flexibel, weshalb sie sich als Handlungsform in der Pandemiebekämpfung besonders anboten.[729]

2. Delegierte Gestaltungsfreiheit – Die Nähe zur Gestaltungsfreiheit der Legislativen

Die bisherigen verfassungsrechtlichen Erkenntnisse dienen als ein erstes Indiz dafür, dass der einleitende Gedanke zum Normsetzungsermessen zumindest beim Verordnungsermessen[730] in einem Punkt zutreffend ist: Das untergesetzliche Rechtsetzungsermessen wurde dort als „eigengeartetes"[731] Phänomen zwischen dem Verwaltungsermessen und dem gesetzgeberischen Gestaltungsspielraum verortet.[732]

Der Umstand, dass es sich bei der Rechtsetzung wie bei Gesetzen um abstraktgenerelle Regelungen handelt, kann entgegen dieser These dazu verleiten das Verordnungsermessen mit dem umfangreichen Gestaltungsspielraum des Gesetzgebers gleichzusetzen. Dabei wird die Prämisse zugrunde gelegt, dass anstelle des Verordnungsgebers auch die Legislative mit einer umfassenden Gestaltungsfreiheit hätte tätig werden können.[733] Diese Ansicht einer originären Rechtsetzungs-

---

[725] *Möstl* in Erichsen/Ehlers, Allgemeines Verwaltungsrecht, S. 596, § 19 Rn. 1.
[726] Ähnlich auch *v. Danwitz*, Jura 2 (2002), S. 94: „*abgeleitete* Form abstrakt-genereller Rechtsetzung" [Hervorhebung dort].
[727] *Maurer/Waldhoff*, Allmeines Verwaltungsrecht, S. 396 f.
[728] *Schmidt-Aßmann*, Die kommunale Rechtsetzung, S. 1: „Breitenstreuung".
[729] *Gärditz/Abdulsalam*, GSZ 2020, S. 108 f.
[730] Vgl. zur Begrifflichkeit auch *Zuleeg*, DVBl. 1970, S. 157 ff., auf den *Ossenbühl*, NJW 1986, S. 2809 verweist.
[731] *Ossenbühl* in Isensee/Kirchhof V, § 103 Rn. 41; *Brenner* in v. Mangoldt/Klein/Starck, GG, Art. 80 Rn. 72.
[732] *Birk*, JuS 1978, S. 169; *Herdegen*, AöR 114 (1989), S. 609; vgl. auch *Bettermann*, Über die Rechtswidrigkeit von Staatsakten, S. 50.
[733] *Schulze-Eickenbusch*, Der Umfang des Entscheidungsermessens, S. 139; vgl. auch *Herdegen*, AöR 114 (1989), S. 636 ff.

macht der Exekutive wird seit langer Zeit vertreten,[734] ist allerdings so nicht haltbar. Denn die Delegation der Rechtsetzungsmacht an die Exekutive belegt diese These nicht, sondern widerlegt sie. Bei der Delegation der Rechtsetzungsmacht reicht der Gesetzgeber gerade nicht seine eigene Gestaltungsfreiheit an den Verordnungsgeber weiter.[735] Dies hat das BVerfG bereits im Rahmen seiner Wesentlichkeitstheorie kanalisiert. Aus dieser Theorie speisen sich zwei wichtige Erkenntnisse: Erstens darf in einer Rechtsverordnung, die auf der Grundlage des Grundgesetzes ergeht, „niemals *originärer* politischer Gestaltungswille der Exekutive zum Ausdruck kommen."[736]

Durch Art. 80 Abs. 1 S. 2 GG werden deshalb nicht nur gewisse Gütekriterien der Ermächtigungsgrundlage sichergestellt, sondern er beinhaltet daneben auch die Aussage, dass keine originäre Rechtsetzungsmacht der vollziehenden Gewalt denkbar ist. Aufgrund der eingeschränkten Delegationsmöglichkeit kann die Ausübung des Verordnungsermessens daher – zweitens – auch nicht den gleichen Inhalt haben wie die Gestaltungsfreiheit des Gesetzgebers. Die Legislative ist lediglich an die Verfassung gebunden und erhält ihre Legitimation unmittelbar vom Volk (Art. 20 Abs. 2 S. 1 GG). Der Verordnungsgeber dagegen hat nicht nur die Verfassung zu achten, sondern muss sich auch im Rahmen der Ermächtigungsgrundlage bewegen und damit vor allem ihrem Zweck einhalten (Art. 20 Abs. 3 Var. 2 GG).[737] Letzteres wird von den zahlreichen Ansichten vernachlässigt, die eine Kontrolle des Abwägungsvorgangs ihm Rahmen des untergesetzlichen Normsetzungsermessens generell ablehnen (siehe auch E. IV.).[738]

Eine direkte demokratische Legitimation hat der Verordnungsgeber insofern nicht[739] und eine solche wird auch nicht durch ein entsprechendes Verfahren beim Verordnungserlass kompensiert, weshalb das BVerfG zutreffend festhält: „Nur das Parlament besitzt die demokratische Legitimation zur politischen Letztentscheidung."[740] Stärkere Beachtung hätte dieser Umstand auch in Rahmen der Bewälti-

---

[734] *Hill/Martini* in Hoffmann-Riem/Schmidt-Aßmann/Voßkuhle, Grundlagen II, § 34 Rn. 24; *Leisner*, JZ 2002, S. 230 f.; *Wahl* in Schmidt-Aßmann/Sellner, Festgabe 50 Jahre BVerwG, S. 582 f.; *Reimer* in Hoffmann-Riem/Schmidt-Aßmann/Voßkuhle, Grundlagen I, § 9 Rn. 69 f.
[735] Etwas weiter möchte *v. Danwitz*, Jura 2 (2002), S. 94 f. die Gestaltungsfreiheit des Verordnungsgebers verstanden wissen.
[736] BVerfG, DVBl. 1988, S. 955 [Hervorhebung dort] mit Verweis auf *Starck*, Der Gesetzesbegriff des GG, S. 288.
[737] BVerfGE 13, 248 (255); *Bernárd* in Ermacora/Winkler, Verwaltungsrecht, S. 89; *Wilke*, AöR 98 (1973), S. 233 ff.; vgl. auch VGH Mannheim, Beschl. v. 18.2.2021 – 1 S 398/21, juris Rn. 104 ff.
[738] So v.a. die Rspr. des BVerwG: BVerwGE 125, 384 (386); vgl. auch BVerfGE 51, 1 (26 f.); anders BVerfGE 85, 36 (57); BVerfGK NJW 2016, S. 2872 Rn. 14.
[739] *v. Bogdandy*, Gubernative Rechtsetzung, S. 201.
[740] BVerfGE 34, 52 (59).

gung der Coronapandemie erfahren müssen: Denn dem Parlament kommt die demokratische Legitimität und Pflicht zu, bestehendes Wissen mit politischen Prioritäten zu verbinden.[741]

Um auf die einführenden Worte zurückzukommen, enthält der Verordnungserlass einen nicht unwesentlichen rechtsetzenden Anteil, gleichzeitig kann der Verordnungsgeber sich nicht auf die noch unabhängigere Gestaltungsfreiheit berufen, die nur dem Gesetzgeber zuteilwird.[742] Anders als die Gesetzgebung der Legislative hat der Akt des Verordnungserlasses daher auch einen mehr oder minder großen Teil an rechtsvollziehenden Elementen – je nach Konkretheit der Ermächtigungsgrundlage. Letzteres ist zu betonen: Der Spielraum hängt maßgeblich von der Ermächtigungsgrundlage ab (Art. 80 Abs. 1 GG), was die zweite wichtige Erkenntnis darstellt. Die These, welche vom Normsetzungsermessen als Phänomen *zwischen* Gestaltungsfreiheit und Verwaltungsermessen spricht, wird hierdurch rechtsdogmatisch gestützt. Eine Gleichsetzung des Verordnungsermessens mit der gesetzgeberischen Gestaltungsfreiheit ist jedenfalls nicht anzunehmen. Ob in manchen Fällen eine Zurücknahme der gerichtlichen Kontrolle bzw. Kontrolldichte nötig ist, ist eine andere Frage (siehe unten G.).

3. Besondere Arten von Verordnungen

Kein Grundsatz ohne Ausnahme: Die Übertragung der soeben aufgestellten dogmatischen Erwägungen unterliegt erheblichen Zweifeln bei solchen Verordnungsermächtigungen, die sich direkt aus der Verfassung ergeben. In diesen Fällen gibt es kein formelles Gesetz, welches nähere Vorgaben im Sinne von Art. 80 Abs. 1 GG stellt und die Rechtsetzungsbefugnis der Exekutive unterhalb der Verfassung eingrenzt. Vielmehr kann die Exekutive aufgrund der verfassungsrechtlichen Vorschrift in Ausnahmefällen Verordnungen mit Gesetzesqualität erlassen.[743] Ein Beispiel hierfür ist Art. 119 S. 1 GG. Auch die Landesverfassungen beinhalten in seltenen Fällen derartige Ermächtigungen (vgl. Art. 9 Abs. 2 S. 2 BV). Bei diesen verfassungsrechtlichen Ermächtigungen fällt der Zwischenschritt eines ermächtigenden Gesetzes weg. Dies muss als Durchbrechung des Vorrangs des Gesetzes gesehen werden.[744] Gerechtfertigt wird diese Systemwidrigkeit durch eine zeitlich sowie

---

[741] *Abdulsalam*, JöR 69 (2021), S. 503.
[742] *Badura*, Das normative Ermessen, S. 29; *Herdegen*, AöR 114 (1989), S. 609 ff.; *Ossenbühl* in Recht als Prozess und Gefüge, Festschrift für Hans Huber, S. 286 ff.; *v. Danwitz*, Die Gestaltungsfreiheit des Verordnungsgebers, S. 168 ff.; *Weber*, Regelungs- und Kontrolldichte, S. 209; *Zuleeg*, DVBl. 1970, S. 159 ff.
[743] *Muckel* in v. Mangoldt/Klein/Starck, GG, Art. 119 Rn. 10.
[744] *Muckel* in v. Mangoldt/Klein/Starck, GG, Art. 119 Rn. 9; näheres hierzu in: *v. Danwitz*, Die Gestaltungsfreiheit des Verordnungsgebers, S. 33.

sachlich beschränkte unmittelbare Übertragung[745] der Rechtsetzungsgewalt auf den Verordnungsgeber und durch die Ausnahmesituation, welche ein schnelles Handeln erforderlich macht.[746] Die Rechtsetzungsmacht des Verordnungsgebers rückt damit näher an die umfassende Gestaltungsfreiheit heran, wie sie sonst nur dem Gesetzgeber zusteht.[747]

Neben diesen verfassungsunmittelbaren Verordnungen gibt es auch noch solche, die sich durch ein Mitwirkungsbedürfnis durch das Parlament oder von nichtstaatlicher Seite auszeichnen.[748] Solange nur eine Einholung von Expertenmeinungen oder eine Anhörung erforderlich wird, verbleibt der eigentlich Verordnungserlass unzweifelhaft bei der Exekutive.[749] Derartige Mitwirkungsrechte ändern daher nichts an dem bisherigen Verständnis des Verordnungsermessens. Verfassungsrechtlich sind solche Mitwirkungserfordernisse zudem unbedenklich und können zur Normoptimierung[750] beitragen. Problematisch sind allerdings die Auswirkungen von Fehlern im Rahmen des Mitwirkungsverfahrens (siehe F. IV. 2.).

Etwas anderes könnte aber gelten, wenn der Gesetzgeber eine prägende Stellung im Verfahren einnimmt. Gegen eine zu starke Einflussnahme durch den parlamentarischen Gesetzgeber spricht sich vor allem *Uhle* aus, der gewisse Schranken für eine Beteiligung der Legislative fordert.[751] Die Ausgestaltung der Mitwirkungsmöglichkeiten und deren verfassungsrechtliche Beurteilung ist indes mannigfaltig: Sie reichen von einer bloßen Zuleitungspflicht über eine mögliche Kassation bis hin zu Zustimmungsvorbehalten (vgl. nur § 48b BImSchG).[752] Verfassungsrechtlich unbedenklich sind die Fälle, die in der Verfassung explizit geregelt sind. So sieht Art. 80 Abs. 2 GG Fälle vor, in denen eine Zustimmung des Bundesrates notwendig ist.[753] Deutlich häufiger ist der nicht ausdrücklich durch die Verfassung geregelte Fall, in denen die Ermächtigungsgrundlage eine Zustimmung des Bundestages voraussetzt. Auch ein derartiges Zustimmungserfordernis ist verfassungskonform, da das

---

[745] Vgl. nur *Butzer* in Dürig/Herzog/Scholz, GG, Art. 119 Rn. 26 ff.; *Möstl* in Erichsen/Ehlers, Allgemeines Verwaltungsrecht, S. 646 Rn. 2.
[746] *Muckel* in v. Mangoldt/Klein/Starck, GG, Art. 119 Rn. 9.
[747] Vgl. *Herdegen*, AöR 114 (1989), S. 621; *Ossenbühl* in Isensee/Kirchhof V, § 103 Rn. 1 u. 40.
[748] Vgl. *Ossenbühl* in Isensee/Kirchhof V, § 103 Rn. 45 ff.
[749] *Weitzel*, Rechtsetzungsermessen, S. 112.
[750] *Brenner* in v. Mangoldt/Klein/Starck, GG, Art. 80 Rn. 104; vgl. auch BVerfGE 10, 221.
[751] *Uhle*, Parlament und Rechtsverordnung, S. 403 ff., 423 ff.
[752] *Möstl* in Erichsen/Ehlers, Allgemeines Verwaltungsrecht, S. 650 Rn. 6; *Ossenbühl* in Isensee/Kirchhof V, § 103 Rn. 57 ff.; *Möllers*, Gewaltengliederung, S. 197 ff.; *Saurer*, NVwZ 2003, S. 1176.
[753] *Möstl* in Erichsen/Ehlers, Allgemeines Verwaltungsrecht, S. 650 Rn. 6; *Brenner* in v. Mangoldt/Klein/Starck, GG, Art. 80 Rn. 84.

Verordnungsinitiativrecht bei der Exekutive verbleibt.[754] Eine Zustimmung seitens des Bundestages ist beispielweise im Rahmen von § 51 Abs. 3 S. 2 EStG vorgesehen.[755] In diesen Fällen wird eine erhöhte demokratische Legitimation erreicht, indem der Wille des Gesetzgebers durch die Zustimmung zum Ausdruck gebracht wird. Dennoch bleibt es im Grunde ein Akt der Exekutive,[756] weil diese nach wie vor den Inhalt der Verordnung bestimmt. Das nachträgliche Zustimmungserfordernis verändert demnach nicht den in erster Linie vorzunehmenden Verordnungserlass durch die Exekutive,[757] sondern dient vor allem der Kontrolle. Die fehlende Bedeutung für den eigentlichen Rechtsetzungsakt[758] führt auch bei diesen mitwirkungspflichtigen Rechtsverordnungen dazu, dass der Verordnungsgeber nicht näher an die Gestaltungsfreiheit des Gesetzgebers heranrückt.

Einen dritten Spezialfall bilden die gesetzesändernden Verordnungen, bei denen der Verordnungsgeber zur Anpassung der Gesetze an europäisches Recht ermächtigt wird. Bei der Umsetzung von Richtlinien der europäischen Union verbleibt zwar ein Spielraum, den der Verordnungsgeber nutzen könnte,[759] allerdings ist die Fülle an zu beachtenden Vorgaben meist noch höher als beim Erlass herkömmlicher Verordnungen.[760] An den Gestaltungsspielraum reicht auch diese Form des Verordnungserlasses daher nicht heran.

4. Vergleich mit anderen Ermessensarten

a) Verordnungs- und Planungsermessen

Obschon versucht wird, Teile der Abwägungskontrolle aus dem Planungsrecht grundsätzlich auf das Verordnungsermessen zu übertragen,[761] entspricht dies keiner differenzierten Lösung für das gesamte Spektrum der Regelungsgebiete, die von Verordnungen normiert werden können.[762] Denn zum einen kann die Ermächtigungsgrundlage dem Verordnungsgeber zur Bildung einheitlicher Standards ei-

---

[754] *Brenner* in v. Mangoldt/Klein/Starck, GG, Art. 80 Rn. 106; *Studenroth*, DÖV 1995, S. 530 f.; BVerfGE 8, 274 (321 f.).
[755] *Brenner* in v. Mangoldt/Klein/Starck, GG, Art. 80 Rn. 84; *Uhle*, Parlament und Rechtsverordnung, S. 217 ff.
[756] A.A. *Herdegen*, AöR 114 (1989), S. 624; *Ossenbühl* in Isensee/Kirchhof V, § 103 Rn. 40; *v. Danwitz*, Die Gestaltungsfreiheit des Verordnungsgebers, S. 195.
[757] BVerfGE 2, 237 (255); *Wilke*, AöR 98 (1973), S. 205; a.A. ist *Ossenbühl* in Isensee/Kirchhof V, § 103 Rn. 46, der den Mehrwert an demokratischer Legitimation betont.
[758] BVerfGE 8, 274 (322).
[759] *Dittmann* in Biernat/Hendler/Schoch/Wassilewski, Grundfragen des Verwaltungsrechts, S. 121; kritischer: *Di Fabio*, Risikoentscheidungen, S. 339.
[760] *Weitzel*, Rechtsetzungsermessen, S. 113.
[761] *Schmidt-Aßmann* in Dürig/Herzog/Scholz, GG, Art. 19 Rn. 217a.
[762] *Herdegen*, AöR 114 (1989), S. 639.

nen sehr weiten Gestaltungsspielraum einräumen, der nicht mit der bloßen Abwägung von Einzelinteressen oder Planungszielen vergleichbar ist.[763] Zum anderen ist es auch denkbar, dass dem Verordnungsgeber selbst bei der Ordnung örtlicher Verhältnisse – wie bei der naturschutz- bzw. wasserschutzrechtlichen Unterschutzstellung von Gebieten – kaum ein eigener Gestaltungsspielraum überlassen wird, sondern sich die Ordnung vielmehr auf eine nachvollziehende Abwägung oder auf die Ausübung des Entschließungsermessens beschränkt.[764] Auch das BVerfG hat unter anderem für den Bereich des Kapazitätsrechts eine Parallele zur planerischen Abwägung gerade nicht gezogen, sondern vielmehr auf das Gebot „rationaler Abwägung" Bezug genommen.[765] Dies erscheint vor dem Hintergrund der Grundrechte angemessen, weil eine optimale rechnerische Umsetzung der Kapazitäten keinen Platz für einen planerischen Spielraum lässt. Aufgrund der unterschiedlichsten Regelungsbereiche, in welchen dem Verordnungsgeber ausgehend vom Grad gesetzlicher Determinierung, ein weiter Gestaltungsspielraum eingeräumt werden kann oder nur ein geringer Bereich eigener Zielvorstellungen verbleibt, kann das Verordnungsermessen nicht in jedem Fall mit dem Planungsermessen gleichgesetzt werden.[766]

b) Verordnungs- und Verwaltungsermessen
Wenn sich das Verordnungsermessen aber nicht am Planungsermessen orientiert, das ohnehin nach hiesiger Ansicht keine eigene Kategorie bildet, sondern allenfalls im Hinblick auf die gerichtliche Kontrolle Besonderheiten aufweist, kann es notwendig sein, dieses nach ganz eigenen Maßstäben zu beurteilen.[767] Obschon die Exekutive beim Verordnungserlass „rationae formae"[768] einen Spielraum bei der konkreten Ausgestaltung der Regelung hat,[769] wurde bereits eine völlige Gleichsetzung des Gestaltungsspielraums des Gesetzgebers mit dem Verordnungsermessen abgelehnt. Damit bleibt die Untersuchung der zweiten Komponente der

---

[763] BVerwGE 70, 318 (328 f.).
[764] BVerwG, NVwZ 1988, S. 1020 (1021); VGH Mannheim, DVBl. 1983, S. 638 (639); VGH Mannheim, BWVPr 1989, S. 62; so auch *Herdegen*, AöR 114, S. 640.
[765] BVerfG, Beschl. v. 22.10.1991 – 1 BvR 393/85 - BVerfGE 85, 36, juris Rn. 73.
[766] *v. Danwitz*, Die Gestaltungsfreiheit des Verordnungsgebers, S. 174 ff.
[767] *v. Danwitz*, Die Gestaltungsfreiheit des Verordnungsgebers, S. 177 ff.; *Hill* in Ständige Deputation I, 58. Deutscher Juristentag, S. D 18; *Ossenbühl* in Recht als Prozess und Gefüge, Festschrift für Hans Huber, S. 286; *Ossenbühl* in Bund Deutscher Verwaltungsrichter, 8. Deutscher Verwaltungsrichtertag, S. 121 ff.; *Richter*, Erlass von Rechtsverordnungen und Satzungen, S. 76; in diese Richtung auch: *Brenner* in v. Mangoldt/Klein/Starck, GG, Art. 80 Rn. 73.
[768] *Schmidt-Aßmann/Groß*, NVwZ 1993, S. 622; *Herdegen*, AöR 114 (1989), S. 609.
[769] Anders *Wortmann*, NwVBl. 1989, S. 345, der Entscheidungsspielräume nicht als Folge der Handlungsform ansieht.

eingangs erwähnten These, nämlich die Unterscheidung zwischen Verwaltungs- und Verordnungsermessen.[770]

Die Rechtsprechung kennt ein regelrechtes Potpourris unterschiedlicher Begrifflichkeiten, die vom „Verordnungsermessen",[771] „(Regelungs-)[772]Ermessen",[773] „Ermessensspielraum",[774] „Gestaltungsermessen",[775] „Beurteilungsfreiraum"[776] und „Gestaltungs-[777] bzw. Beurteilungsspielraum"[778] bis hin zur „Einschätzungsprärogative" reichen.[779] Dies deutet darauf hin, was der überwiegenden Ansicht zum Verordnungsermessen entspricht: Eine Differenzierung zwischen Beurteilungsspielraum und Ermessen auf Rechtsfolgenseite wird bei den Ermächtigungsgrundlagen von Rechtsverordnungen nicht vorgenommen.[780] Da die bisherigen Untersuchungen in Bezug auf das Verwaltungsermessen lediglich eine Unterscheidung zwischen Konkretisierungsermächtigung und Rechtsfolgenermessen ergeben haben, spricht dies weder für eine Unterscheidung beider Kategorien noch ausdrücklich für eine völlige Gleichsetzung von Verwaltungs- und Verordnungsermessen.

aa) Behauptete „strukturelle" Unterschiede

Zuweilen hat sich die Rechtsprechung ausdrücklich für eine strukturelle Unterscheidung zwischen Verordnungs- und Verwaltungsermessen ausgesprochen, ohne dies näher zu begründen.[781] Verwiesen wird seitens der Rechtsprechung an dieser Stelle lediglich auf die Erkenntnisse von *Ossenbühl*. Diese können jedoch für die Unterscheidung zwischen Verordnungs- und Verwaltungsermessen nur als

---

[770] *Birk*, JuS 1978, S. 169; *Herdegen*, AöR 114 (1989), S. 609; vgl. auch *Bettermann*, Über die Rechtswidrigkeit von Staatsakten, S. 50; *Ossenbühl* in Isensee/Kirchhof V, § 103, Rn. 41; BVerfG, Beschl. v. 1.4.2014 – 2 BvF 1/12, 2 BvF 3/12, NVwZ 2014, 1219 Rn. 92, dem folgend: BayVGH, Beschl. v. 4.10.2021 – 20 N 20.767, juris Rn. 64.
[771] BVerfG, Beschl. v. 1.4.2014 – 2 BvF 1/12, 2 BvF 3/12, NVwZ 2014, 1219 Rn. 92; BayVGH, Beschl. v. 4.10.2021 – 20 N 20.767, juris Rn. 64.
[772] BVerwGE 57, 130 (141); 70, 318.
[773] BVerfGE 15, 153 (162); 24, 1 (20); BVerwGE 36, 95 (97); BayVGH, Beschl. v. 4.10.2021 – 20 N 20.767, juris Rn. 64.
[774] BVerwGE 60, 212 (223).
[775] BVerfG, DVBl. 1982, S. 26.
[776] BVerwGE 59, 195 (198).
[777] BVerwGE 60, 25 (44); 64, 77 (87); BVerwG, DVBl. 1986, 51 (52); OVG Münster, Beschl. v. 30.9.2021 – 15 B 1529/21, juris Rn. 35 zur verordnungsrechtlichen Regelung der Ratssitzungen während der Coronapandemie; BayVGH, Beschl. v. 23.7.2021 – 25 NE 21.1832, juris Rn. 25.
[778] BVerwGE 38, 105 (111).
[779] BVerwGE 72, 126 (132).
[780] *Schmidt-Aßmann* in Dürig/Herzog/Scholz, GG, Art. 19 Abs. 4 Rn. 217 f.; ähnlich auch *W.-R. Schenke/R.P. Schenke* in Kopp/Schenke, VwGO, § 47 Rn. 114.
[781] BVerfG, NVwZ 2014, S. 1219, BeckRS 2014, S. 51695 Rn. 92; sich dem anschließend: BayVGH, Beschl. v. 7.3.2022 – 20 N 21.1926, BeckRS 2022, S. 5016 Rn. 42.

spärlich bezeichnet werden:[782] Das Verwaltungsermessen räume der Verwaltung die Freiheit einer Entscheidung unter Zugrundelegung des konkreten Einzelfalls ein. Die Ausübung des Verwaltungsermessens sei nur der Gesetzesanwendung zuzuordnen, während Verordnungsgebung Rechtsetzung sei. Damit legt *Ossenbühl* allerdings schon ein anderes Grundverständnis zugrunde. Dass dieser Dichotomie nicht zugestimmt werden kann, wurde bereits begründet. Zudem ist – selbst wenn man diese Grundannahme teilen würde – fraglich, weshalb der Ermessensbegriff an sich nicht auf das Verordnungsermessen übertragen werden sollte. Letzteres halten einige für angezeigt, die beide Phänomene als „artlich gleiche, nur in Form und Ausdrucksweise verschiedene Verwaltungstätigkeit"[783] bezeichnen.

Um diesen beiden Ansichten adäquat begegnen zu können, soll zunächst das bisherige Ergebnis für das Verwaltungsermessen nochmals in das Gedächtnis gerufen werden. Auf der Grundlage bisheriger Erkenntnisse kann der Gesetzgeber gegenüber der Verwaltung ein Ermessen durch verschiedene Regelungstechniken einräumen: Ein Ermessen kann zum einen auf Rechtsfolgenseite eingeräumt werden, indem die Auswahl einer möglichst effektiven Rechtsfolge anhand des Gesetzeszwecks in nicht justiziablem Umfang in die Hände der Verwaltung gelegt wird (Rechtfolgenermessen). Zum anderen kann der Gesetzgeber die Tatbestandskonkretisierung, unter anderem durch die Verwendung unbestimmter Rechtsbegriffe, der Verwaltung überlassen (Konkretisierungsermächtigung mit dem Unterfall des Beurteilungsspielraums). Beide Ermessensformen zeichnen sich dadurch aus, dass die Verwaltung erstens eigene Zielvorstellungen nicht justiziabler Art einfließen lassen kann und dass zweitens die Reichweite beider durch Auslegung der Ermessensnorm ermittelt werden muss. Ein derartiges Verständnis des Verwaltungsermessens zugrunde gelegt, lässt sich hieraus zunächst keine Exklusivität des Ermessensbegriffs für die Handlungsform der Einzelakte herleiten.[784] Historisch gesehen wurde dies auch nicht gefordert.[785]

bb) Widerlegung der angeführten Unterschiede

Befürworter einer Unterscheidung stützen sich zuweilen auf ein anderes Begriffsverständnis des Verwaltungsermessens in erster Linie[786] oder begründen ihr Unbehagen gegenüber einem gemeinsamen Ermessensbegriff mit Unterschieden, die

---

[782] *Ossenbühl* in Isensee/Kirchhof V, § 103 Rn. 41 a.E.
[783] *Weitzel*, Rechtsetzungsermessen, S. 111 m.w.N.; für eine weitreichende Übereinstimmung auch: *Zuleeg*, DVBl. 1970, 157 ff.
[784] Im Ergebnis auch *Nagel*, Die Rechtskonkretisierungsbefugnis der Exekutive, S. 105; *Herdegen*, AöR 114 (1989), S. 637.
[785] Vgl. zur Übersicht *Jellinek*, S. 88 ff., S. 201 ff.; *Jöhr*, Überprüfung des administrativen Ermessens, S. 219 ff.
[786] Vgl. *Herdegen*, AöR 114 (1989), S. 637.

zweifelsohne beim Verordnungserlass und dem Erlass von Einzelakten eine Rolle spielen, sich aber auf den grundlegenden Ermessensbegriff bei genauerer Betrachtung nicht auswirken: Der Verordnungsgeber werde erstens beim Verordnungserlass als eigenes, rechtsetzendes Organ mit einer höheren demokratischen Legitimation tätig.[787] Dieses rechtsetzende Element würde auch den Richter in gewissem Umfang binden (Art. 20 Abs. 3 GG).[788] Dem ist insofern beizupflichten, als Rechtsverordnungen Teil der objektiven Rechtsordnung[789] im Sinne von Art. 20 Abs. 3 GG sind, obgleich auch dies nicht unbestritten ist.[790] Sie erzeugen bei gleichzeitiger Gesetzesbindung einen höheren Bindungsgrad gegenüber der Judikative, an dem die Verwaltung im Rahmen von Einzelakten nicht zu partizipieren vermag. Dies ist keine überzeugende Grundlage für eine prinzipielle Unterscheidung: Denn auch der Inbegriff des Verwaltungsermessens ist ein nicht vollständig justitiabler Spielraum. Mag die Bindungswirkung aufgrund des individuell-konkreten Charakters kleiner sein als der einer Rechtsverordnung, ändert dies nichts an der Richtigkeit eines einheitlichen Verständnisses des Ermessensbegriffs.[791]

Gegen eine Übertragung des im Rahmen des Verwaltungsermessens gefundenen Begriffsverständnisses spricht zweitens auch nicht, dass es sich beim Verordnungsermessen um abgeleitete Rechtsetzungsmacht[792] handelt. Zwar fehlt es bei Einzelakten an einer dem Art. 80 Abs. 1 GG entsprechenden Regelung, allerdings bedarf es auch für den Erlass von Einzelakten eine Rechtsgrundlage (Art. 20 Abs. 3 GG), an deren Zweck die Verwaltung bei der Ausübung ihres Ermessens gebunden ist (§ 40 VwVfG). Der behauptete Unterschied stellt sich daher als eine Gemeinsamkeit heraus, der auch für die gerichtliche Kontrolle eine Rolle spielen wird. Im Hinblick auf die Rechtsgrundlage muss außerdem festgestellt werden, dass es mitunter solche gibt, die sowohl zum Erlass von Einzelakten als auch zum Erlass von Rechtsverordnungen ermächtigen. So liegt der Fall auch bei § 28 Abs. 1 IfSG, auf dessen Grundlage zum einen Einzelakte ergehen können und zum anderen in Verbindung mit § 32 S. 1 IfSG auch Rechtsverordnungen. Aus der Rechtsgrundlage alleine lassen sich daher noch keine unterschiedlichen Anforderungen herleiten.

---

[787] v. *Danwitz*, Die Gestaltungsfreiheit des Verordnungsgebers, S. 178.
[788] v. *Danwitz*, Die Gestaltungsfreiheit des Verordnungsgebers, S. 177.
[789] v. *Danwitz*, Die Gestaltungsfreiheit des Verordnungsgebers, S. 53 ff.; *Dittmann* in Biernat/Hendler/Schoch/Wassilewski, Grundfragen des Verwaltungsrechts, S. 109 ff.
[790] Dafür: *Grzeszick* in Dürig/Herzog/Scholz, GG, Art. 20 Abs. 3, Rn. 62; dagegen: *Sommermann* in v. Mangoldt/Klein/Starck, GG, Art. 20 Rn. 264; *Schmidt-Aßmann* in Isensee/Kirchhof II, § 26 Rn. 37 f.
[791] Vgl. auch *Zuleeg*, DVBl. 1970, S. 159 ff.
[792] *Möstl* in Erichsen/Ehlers, Allgemeines Verwaltungsrecht, S. 624 Rn. 1.

Zuweilen wird auch – drittens – der abstrakt-generelle Charakter von Verordnungen als Gegensatz zum Verwaltungsermessen mit Auswirkung auf den Ermessensbegriff gesehen und angeführt, das Verwaltungsermessen müsse vor allem den konkreten Einzelfall in den Blick nehmen.[793] Dies führt auch *Ossenbühl* als maßgeblichen Unterschied an.[794] Dieser Argumentation ist mit Blick auf mögliche abstrakt-individuelle Einzelakte im Sinne von § 35 S. 1 VwVfG allerdings nicht zu folgen.[795] Denn als Verwaltungsakt kann auch die Regelung eines noch nicht konkreten Sachverhalts, sondern einer Vielzahl an ähnlich gelagerten Sachverhalten ergehen.[796] Umgekehrt sind auch Rechtsverordnungen denkbar, die zwar eine abstrakt-generelle Wirkung entfalten, aber gleichzeitig einen starken Einzelfallbezug in Anspruch nehmen.[797] Solche sog. Einzelfallregelungen sind als abstrakt-generelle Regelung rechtmäßig, selbst wenn sie auch als Verwaltungsakte ergehen könnten, solange die Rechtsformwahl durch den Verordnungsgeber nicht willkürlich gewählt ist.[798] Dies beweist den zuweilen fließenden Übergang der Normsetzung zur Einzelfallregelung und spricht gegen die Etablierung unterschiedlicher Ermessensbegriffe. Als derartige Einzelfallregelung sieht der BayVGH auch die Verordnungen auf der Grundlage von §§ 28 Abs. 1, 32 S. 1 IfSG an. Denn in diesen Fällen würden die Rechtsverordnungen auch zur Regelung von Einzelfällen eingesetzt werden.[799]

Viertens verfängt auch die damit im Zusammenhang stehende Behauptung nicht, Rechtsverordnungen bezögen sich auf Zukünftiges und Verwaltungsakte nur auf den gegenwärtigen konkreten Sachverhalt.[800] In vielen Fällen mag dies wohl durchaus zutreffen, allerdings sind zum einen Fälle denkbar, in denen Rechtsverordnung als Reaktion auf gegenwärtige Geschehnisse eingehen. Dies ist vor allem bei zeitlich befristeten Polizei- und Coronaschutzverordnungen der Fall.[801] Ebenso können Verwaltungsakte zukünftige Sachverhalte regeln, indem sie als Grundlage für die Selbstbindung der Verwaltung dienen oder aufgrund einer Prognose ergehen. Zudem haben auch Allgemeinverfügungen häufig eine Regelungswirkung für

---

[793] *v. Danwitz*, Die Gestaltungsfreiheit des Verordnungsgebers, S. 169, 177.
[794] *Ossenbühl* in Isensee/Kirchhof V, § 103 Rn. 41.
[795] Vgl. *Schoch*, Jura 1 (2012), S. 26.
[796] OVG Münster, OVGE 16, 289 (Kühlturmfall): Wenn aus dem Kühlturm eines Unternehmens Wasserdampf entweicht und bei frostigen Temperaturen der Niederschlag in einem bestimmten Umkreis gefriert und zu einer Glatteisgefahr wird, muss der betroffene Unternehmer streuen; vgl. hierzu auch *Heyle*, NVwZ 2008, S. 390 ff.
[797] Vgl. *Herdegen*, AöR 114 (1989), S. 624 ff.
[798] *Herdegen*, AöR 114 (1989), S. 624; BVerwGE 26, 251 (252).
[799] BayVGH, Beschl. v. 4.10.2021 – 20 N 20.767, juris Rn. 69.
[800] *Jöhr*, Überprüfung administrativen Ermessens, S. 236.
[801] *Weitzel*, Rechtsetzungsermessen, S. 115.

die Zukunft, was man beispielsweise bei der Aufstellung eines Verkehrsschilds (§ 35 S. 2 Var. 2 VwVfG) annehmen kann.[802] Zum anderen bietet dieses Merkmal – unterstellt man es als zutreffendes Unterscheidungskriterium – aufgrund der Ungenauigkeit nicht zu einer exakten Differenzierung. Außerdem lässt sich fragen, inwiefern dies dem Transfer des Ermessensbegriffs entgegenstehen sollte.

Die soeben widerlegten Argumente gegen eine Übertragung des Ermessensbegriffs haben zumeist auch eher das Unbehagen zum Ursprung, die Ermessensfehlerlehre von Einzelakten auf das Verordnungsermessen zu übertragen.[803] Ob diese Zweifel begründet sind, muss daher bei der Frage der Übertragbarkeit der Ermessensfehlerlehre erörtert werden (siehe E. IV.). Unabhängig hiervon ist indes kein Grund ersichtlich, weshalb man bei beiden Handlungsformen nicht im Grundsatz von einem gemeinsamen Ermessensbegriff ausgehen sollte und je nach Eigenart der Verordnung eine angepasste gerichtliche Kontrolle bzw. Kontrolldichte gewählt werden kann.[804] Eine Entkoppelung beider Perspektiven hat den zusätzlichen Vorteil, dass eine Annäherung der Kontrolldichte an die der Einzelakte – zum Beispiel bei Einzelfallregelungen – nicht mit einer unnötigen Differenzierung einhergehen muss. So wird die höhere Kontrolldichte in Bezug auf die BayIfSMV durch den BayVGH mit dem fehlenden Charakter als normsetzende Handlungsform begründet.[805] Legt man dagegen einen gemeinsamen Ermessensbegriff zugrunde, so bedarf es dieser dogmatisch höchst fragwürdigen Konstruktion schon nicht. Vielmehr spricht nichts dagegen, das Verordnungsermessen im obigen Sinne zu definieren und – was noch zu prüfen sein wird – gegebenenfalls anderen Kontrollstrukturen zu unterwerfen.[806]

5. Spezifisches zum Verordnungsermessen

a) Einordnung in das bisherige System

Aufgrund der Übertragung des Ermessensbegriff lässt sich die Anschlussfrage stellen, ob das Verordnungsermessen eher dem Rechtsfolgen- oder dem Konkretisierungsermessen zuzuordnen ist. Es gibt einerseits Verordnungsermächtigungen, die

---

[802] Vgl. zum Verkehrszeichen als Allgemeinverfügung: BVerwGE 59, 221 (224 f.); VGH Mannheim, VBlBW. 1994, S. 415; VGH Kassel, NJW 1999, S. 1651 u. 2057; so auch *Leisner*, DÖV 1999, S. 811; ausführlich auch: *Schoch*, Jura 1 (2012), S. 31.
[803] *v. Danwitz*, Die Gestaltungsfreiheit des Verordnungsgebers, S. 178; *Richter*, Erlass von Rechtsverordnungen und Satzungen, S. 76; so auch *Jöhr*, Überprüfung des administrativen Ermessens, S. 220 ff.
[804] Vgl. auch *Zuleeg*, DVBl. 1970, S. 159 ff., der sich außerdem für eine Übertragung der Ermessensfehlerlehre ausspricht.
[805] BayVGH, Beschl. v. 4.10.2021 – 20 N 20.767, juris Rn. 69.
[806] Zutreffend insofern *Wortmann*, NwVBl. 1989, S. 345; *Herdegen*, AöR 114 (1989), S. 642; *Westbomke*, Anspruch auf Erlass von Rechtsverordnungen, S. 48 ff.; *Zuleeg*, DVBl. 1970, S. 159 ff.

eine Konkretisierungsbefugnis zugunsten der Exekutive beinhalten, unter anderem durch die Konkretisierung unbestimmter Rechtsbegriffe.[807] Sie ermächtigen zur Präzisierung eines gesetzlichen Leitgedankens,[808] zum Beispiel um eine parlamentarische Grundkonzeption auf eine höhere Verdichtungsstufe zu heben.[809] Eine derartige Konkretisierungsbefugnis wird beispielsweise häufig im Immissionsschutzrecht eingeräumt, in welchem die nähere Konkretisierung sachverständigen Gremien überlassen wird.[810] Ermächtigungen, die einen bestimmten zu regelnden Gegenstand aufgrund des höheren Sachverstands auf die Exekutive übertragen, fallen daher zumeist in die Kategorie des Konkretisierungsermessens.[811]

Ebenso sind aber auch Ermächtigungen denkbar, die ein Rechtsfolgenermessen zubilligen. In diesen Fällen liegt in einem gewissen Umfang keine bestimmte Regelungsvorgabe vor, vielmehr hat die Exekutive die Entscheidungsfreiheit oder mit anderen Worten: „Wo der Gesetzgeber aufhört zu regeln, beginnt der Bereich der selbstständigen Verordnungsgewalt der Verwaltung."[812] Mag ein solches Rechtsfolgenermessen bei Verordnungsermächtigungen aufgrund der strengen Vorgaben des Art. 80 Abs. 1 GG bzw. dem Wesentlichkeitsprinzip eher selten vorkommen, so gibt es durchaus nicht wenige Bereiche, die in Detailfragen ein derartiges Ermessen einräumen. Als Beispiel dient Art. 24 Abs. 3 Nr. 2 c) LStVG, wonach das Staatsministerium des Innern zur Verhütung von Gefahren für Leben und Gesundheit oder zum Schutze vor erheblichen Nachteilen bestimmen kann wie Fahrzeuge, die sich auf Skiabfahrten befinden, gekennzeichnet sein müssen. Die genaue Form der Kennzeichnung schreibt die Ermächtigungsgrundlage weder ausdrücklich vor noch lässt sich die Art der Kennzeichnung anhand der Grundlage näher bestimmen.

In einigen Bereichen ist die Frage nach der Einräumung eines Ermessensspielraums auf der Rechtsfolgenseite auch mithilfe der Auslegung der Ermächtigungsgrundlage nicht leicht zu beantworten. Ein Beispiel hierfür ist das Kapazitätsrecht an Hochschulen.[813] Die genaue Form der Kapazitätsberechnung wird aufgrund einer Ermächtigung des jeweiligen landesrechtlichen Kapazitätsgesetzes per Ver-

---

[807] *Schulze-Fielitz*, JZ 1993, S. 780.
[808] *Ossenbühl*, NJW 1986, S. 2809; *Jesch*, JZ 1963, S. 244 f. bezeichnet dies als delegierte authentische Interpretation.
[809] *Herdegen*, AöR 114 (1989), S. 632.
[810] Vgl. BVerwGE 61, 256 (263 ff.) zur Strahlenschutzverordnung v. 13.10.1976; *Breuer*, NVwZ 1988, S. 110.
[811] I.E. auch *Badura* in Scheuner/v. Münch, Gedächtnisschrift für Wolfgang Martens, S. 27.
[812] *Kaufmann*, VVDStRL 24 (1966), S. 220.
[813] Vgl. hierzu: *Brehm/Zimmerling*, NVwZ Extra 9 (2014), S. 1 ff..; *dies.* in Johlen/Oerder, Handbuch Verwaltungsrecht, § 17 Rn. 1 ff.; *Pastor*, NVwZ 2018, S. 119 ff.

ordnungsermächtigung auf die Länder übertragen.[814] Beim Erlass einer abstrakt-generellen Regelung als Berechnungsgrundlage steht der Verordnungsgeber gleich vor mehreren schwierigen Problemen: Er muss zum einen die Kapazitätsberechnung mit Hilfe von abstrakten Parametern in eine Berechnungsgrundlage einbetten. Diese muss zum anderen als Grundlage für die Kapazitätsberechnung sämtlicher Universitäten im Anwendungsbereich der Verordnung dienen.

Nur mit Blick auf die Ermächtigungsgrundlage des jeweiligen Landesgesetzes könnte man auf dieser Grundlage zum Ergebnis kommen, dem Verordnungsgeber stünde ein nicht unerheblicher Ermessensspielraum bei der Ausgestaltung zu.[815] Einen solchen billigt das BVerfG dem Verordnungsgeber indes zurecht gerade nicht zu und zwar wegen des grundrechtlichen Gebots der Kapazitätsausschöpfung, welches aus Art. 12 GG hergeleitet wird.[816] Ein freier Ermessensspielraum verbleibt dem Verordnungsgeber daher nicht. Denn wegen Art. 12 GG muss die Kapazität grundsätzlich optimal genutzt werden.[817] Die genaue rechnerische Ausgestaltung verbleibt wegen des größeren Sachverstands allerdings im Ergebnis bei der Exekutive.[818] Dies ist aber eher eine Folge der eingeschränkten Kontrolldichte durch das Gericht (siehe G.) als das Resultat eines eingeräumten Rechtsfolgenermessens.[819]

Richtig ist daher, dass das Verordnungsermessen in beide Kategorien fallen kann.[820] Die Zuordnung entscheidet sich anhand der Auslegung der Ermächtigungsgrundlage. Auch insofern unterscheidet sich das Verordnungsermessen nicht vom Verwaltungsermessen.

   b) Unbestimmte Rechtsbegriffe in der Ermächtigungsgrundlage
Ein weiteres Problemfeld sind unbestimmte Rechtsbegriffe im Rahmen von Verordnungsermächtigungen. Die Dichotomie zwischen Beurteilungsspielraum und Ermessen wird beim Normsetzungsermessen anders als beim Verwaltungsermessen grundsätzlich abgelehnt,[821] was auch die uneinheitliche Nomenklatur nahe-

---

[814] *Brehm/Zimmerling* in Johlen/Oerder, Handbuch Verwaltungsrecht, § 17 Rn. 105 f.
[815] In diese Richtung: BVerwG, Urt. v. 13.12.1984 – 7 C 3/83, BVerwGE 70, 318 ff.
[816] BVerfG, Beschl. v. 22. 10. 1991 – 1 BvR 393, BVerfGE 85, 36, NVwZ 1992, 361 m. Anm. *Brehm/Zimmerling* NVwZ 1992, 340 ff.; vgl. auch *Brehm/Zimmerling* in Johlen/Oerder, Handbuch Verwaltungsrecht, § 17 Rn. 105.
[817] *Brehm/Zimmerling* in Johlen/Oerder, Handbuch Verwaltungsrecht, § 17 Rn. 105.
[818] Vgl. *Theuersbacher*, NVwZ 1986, S. 981 ff.
[819] Im Ergebnis auch *Badura* in Scheuner/v. Münch, Gedächtnisschrift für Wolfgang Martens, S. 36 ff.
[820] So im Ergebnis auch *Weitzel*, Rechtsetzungsermessen, S. 116 ff.
[821] *Schmidt-Aßmann* in Dürig/Herzog/Scholz, GG, Art. 19 Abs. 4 Rn. 217 f.; ähnlich auch *W.-R. Schenke/R.P. Schenke* in Kopp/Schenke, VwGO, § 47 Rn. 114.

legt.[822] Die fehlende Übertragbarkeit der Rechtsfigur des Beurteilungsspielraums wird zum einen mit der anderen Funktion der Normsetzung im Vergleich zum Erlass von Einzelakten begründet: Bei der Normsetzung hebe der Verordnungsgeber den gesetzlichen Willen auf eine höhere Verdichtungsstufe, die auch den Richter binde.[823] Dies führt jedoch nicht den Beweis gegen denkbare Beurteilungsspielräume der Ermächtigungsgrundlagen.

Aus dem Stufenbau der Rechtsordnung geht vielmehr hervor, dass die Exekutive sowohl bei der Normgebung als auch bei der Rechtsetzung durch Einzelakte normkonkretisierend tätig wird.[824] Zum anderen sei der Beurteilungsspielraum als Ausnahme von der vollen richterlichen Nachprüfbarkeit unbestimmter Rechtsbegriffe zu verstehen.[825] Diese grundsätzliche Justitiabilität als Ausgangspunkt wird dabei im Rahmen der Normsetzung abgelehnt, weil generelle Regelungen eine optimale Einzelfallgerechtigkeit ohnehin nicht erreichen könnten.[826] Indes wurde bereits nachgewiesen, dass auch bei Einzelakten abstrakt-individuelle (§ 35 S. 1 VwVfG) bzw. konkret-generelle (§ 35 S. 2 VwVfG) Regelungen und Einzelfallregelungen in Form von Rechtsverordnungen möglich sind.[827] Nicht zuletzt geht *Herdegen* von der Möglichkeit aus, dass Ermächtigungsgrundlagen mitunter die Konkretisierung ihrer Eingriffsvoraussetzungen auf den Verordnungsgeber übertragen.[828] Dies und nichts anderes ist die Funktion eines Beurteilungsspielraums.

Unbestimmte Rechtsbegriffe können daher auch bei Rechtsverordnungen einen Beurteilungsspielraum einräumen oder im Sinne eines Rechtsfolgenermessens dem Normgeber einen weiten Spielraum bei der Ausgestaltung der Regelung zubilligen. Wie auch beim Verwaltungsermessen muss die Auslegung der Norm[829] ergeben, ob und in welchem Umfang der unbestimmte Rechtsbegriff auf Rechtsfolgenseite ein Rechtsfolgenermessen einräumt oder es sich auf Tatbestandsseite um den Fall eines echten Beurteilungsspielraums als Unterfall einer Konkretisierungsbefugnis handelt. Ein echter Beurteilungsspielraum wird sich im Hinblick auf Art. 80 Abs. 1 S. 2 GG häufig ergeben, wenn der Normgeber die Entschließung zum

---

[822] BVerwGE 38, 105 (111); BVerfGE 15, 153 (162); 24, 1 (20); BVerwGE 36, 95 (97); BayVGH, Beschl. v. 4.10.2021 – 20 N 20.767, juris Rn. 64.
[823] *Herdegen*, AöR 114 (1989), S. 633.
[824] *Merkl* in Mayer-Maly/Schambeck/Grussmann, Gesammelte Schriften I/1, S. 227 ff.; S. 437 ff.; vgl. auch *Jestaedt*, Reine Rechtslehre, XXXVII. Einführung u. S. 90; hierzu auch *Lippold*, Recht und Ordnung, S. 369 ff.
[825] *Herdegen*, AöR 114 (1989), S. 633.
[826] *Franßen* in Fürst/Herzog/Umbach, Festschrift für Wolfgang Zeidler, S. 432; *Herdegen*, AöR 114 (1989), S. 633.
[827] *Knauff* in Schoch/Schneider, VwVfG, § 35 Rn. 196 ff.; *Schoch*, Jura 1 (2012), S. 26.
[828] *Herdegen*, AöR 114 (1989), S. 634 f.
[829] *Herdegen*, AöR 114 (1989), S. 634 a.E.

Normerlass in das Ermessen des Verordnungsgebers legt.[830] Denn Art. 80 Abs. 1 S. 2 GG beinhaltet genaue Voraussetzungen für die Art und Weise der Delegation. Billigt der Normgeber durch die Verwendung unbestimmter Rechtsbegriffe ein Entschließungsermessen zu, streitet dies für einen Beurteilungsspielraum, der von der Judikative zu achten ist.[831] Ein weiteres wichtiges Indiz für einen echten Beurteilungsspielraum ist es, wenn der Gesetzgeber einen unbestimmten Rechtsbegriff verwendet, der außerrechtliche Elemente bei der Beurteilung einschließt: Dies können vor allem politische,[832] aber auch prognostische Erwägungen sein.[833]

Anders ist dies jedoch, wenn der Gesetzgeber den Verordnungserlass von unbestimmten Rechtsbegriffen abhängig macht, die empirisch bzw. wissenschaftlich nachvollzogen werden können oder durch einen übergeordneten Kontext erschlossen werden können; in diesem Fall streitet der erste Anschein gegen einen echten Beurteilungsspielraum,[834] weil der Gesetzgeber die Möglichkeit des Verordnungserlasses von objektiv nachprüfbaren und auch für das Gericht überprüfbaren Fakten abhängig macht und nicht von spezifischen Zweckmäßigkeitsvorstellungen der Exekutive.

Befindet sich zum anderen ein unbestimmter Rechtsbegriff auf Rechtsfolgenseite, handelt es sich auch nach der Doktrin des Verwaltungsermessens nicht um den Fall, der klassischerweise mit dem Begriff des Beurteilungsspielraums umschrieben wird. Insofern verfängt auch das Argument nicht, der Begriff des Beurteilungsspielraums würde deshalb nicht passen, weil es sich bei der Normsetzung vielmehr um eine normative Verdichtung handle, die auch den Richter binde und die sich nicht wie bei Einzelakten auf die Beurteilung der Sachgerechtigkeit im Einzelfall erstrecke.[835] Vielmehr ist es hier wie dort eine Frage der Auslegung der Ermächtigungsgrundlage, inwiefern bei der Rechtsetzung ein Ermessen eingeräumt wird. Die Frage, die man sich bei der Einräumung eines potentiellen Ermessensspielraums stellen muss, ist folgende: Wem räumt der Gesetzgeber bei offenen Ermächtigungsgrundlagen die letztverbindliche Entscheidungskompetenz ein?[836] Anhaltspunkte für die Einräumung eines Ermessensspielraums sind solche, die gerade eben auch bei der Frage nach einem echten Beurteilungsspielraum eine Rolle

---

[830] *Herdegen*, AöR 114 (1989), S. 634 ff.
[831] *Herdegen*, AöR 114 (1989), S. 634 ff.
[832] BVerfGE 38, 348 (363); 45, 142 (162).
[833] *Herdegen*, AöR 114 (1989), S. 635.
[834] So auch *Herdegen*, AöR (1989), S. 635.
[835] *Franßen* in Fürst/Herzog/Umbach, Festschrift für Wolfgang Zeidler, S. 432; *Herdegen*, AöR 114 (1989), S. 633.
[836] *Kirchhof* in Richterliche Rechtsfortbildung, Festschrift für die Universität Heidelberg, S. 20 ff.; *Franßen* in Fürst/Herzog/Umbach, Festschrift für Wolfgang Zeidler, S. 432.

spielen: Geht es im Kern um politische bzw. außerrechtliche Aspekte, so streitet dies für eine Letztentscheidungskompetenz der Exekutive. Eröffnet die Ermächtigungsgrundlage eine Regelungsmöglichkeit in Bezug auf empirisch oder wissenschaftlich nachprüfbare Elemente, die von einem Gericht abschließend zu ermitteln sind, liegt ein Ermessenspielraum fern.

Insgesamt kann damit festgehalten werden, dass sich das Verordnungsermessen unter den bisher definierten Begriff des Ermessens eingruppieren lässt, wenngleich – was noch zu prüfen sein wird – eine andere Kontrolle bzw. Kontrolldichte notwendig sein kann.

II. Ermessen beim Satzungserlass

Beim Satzungsermessen stellt sich die Frage nach der Transferierung des Ermessensbegriffs ebenso. Zum Teil wird hierfür eine völlig eigenständige Kategorie etabliert.[837] Aus der Rechtsprechung ergibt sich hierzu kein einheitliches Bild; sie prägt jedenfalls die unterschiedlichsten Begrifflichkeiten für das Ermessen des Satzungsgebers: Wohl am häufigsten findet der „Beurteilungsspielraum der Gemeinde"[838] Verwendung. Oft wird auch vom „Gestaltungsspielraum"[839] oder vom „Einschätzungsspielraum"[840] gesprochen, seltener vom „ortsgesetzgeberischen Ermessen".[841] Im Bereich der gemeindlichen Planung wird auf das „Planungsermessen"[842] abgestellt, das nach der Rechtsprechung daneben „in seinem Wesen am zutreffendsten durch den Begriff der planerischen Gestaltungsfreiheit umschrieben" wird.[843] Da das Planungsermessen als Unterkategorie des Rechtfolgenermessens zugeordnet wurde, spricht dies gegen eine pauschale Gleichsetzung beider

---

[837] So jedenfalls *Ossenbühl* in Isensee/Kirchhof V, § 105 Rn. 47; *Schmidt-Aßmann*, Die kommunale Rechtsetzung, S. 11; unklar aber bei *Schmidt-Aßmann*, VVDStRL 34 (1975), S. 60; im Ergebnis auch *Richter*, Erlass von Rechtsverordnungen und Satzungen, S. 76 ff.
[838] BayVGH, Beschl. v. 14.12.2021 – 1 NE 21.2369, juris Rn. 22; OVG Bautzen, Urt. v. 31.8.2017 – 3 C 9/17; OVG Münster, Urt. v. 8.10.2019 – 7 D 86/17.NE; vgl. auch OLG Nürnberg, Urt. v. 6.7.2001 – 44 U 3207/00.
[839] OVG Münster, Urt. v. 22.11.1995 – 15 A 1432/93: „satzungsgeberisches Gestaltungsermessen"; VGH Mannheim, Beschl. v. 22.11.2021 – 1 S 3117/21, juris Rn. 36.
[840] BVerwG, UPR 2007, S. 147 f.; BayVGH, Beschl. v. 14.12.2021 – 1 NE 21.2369, juris Rn. 22.
[841] OVG Münster, NVwZ 1987, S. 727; kritisch mangels Gesetzgebungsqualität *Schoch*, NVwZ 1990, S. 802; *Bethge*, NVwZ 1983, S. 579; *Papier* in Blümel/Merten/Quaritsch, Festschrift für Carl Hermann Ule, S. 253; *Schmidt-Aßmann* in Ständige Deputation II, 58. Deutscher Juristentag, S. N 10.
[842] OVG Koblenz, NVwZ 1988, 371; VGH Mannheim, UPR 1996, S. 116.
[843] BVerwGE 48, 56 (59); BVerwGE 59, 253 (256); vgl. auch *Hoppe*, BauR 1970, S. 16.

Ermessensarten.[844] Auch dies schließt nicht aus, dass bei der Kontrolle auf die Maßstäbe der Abwägungsdogmatik zurückgegriffen wird, wie mitunter vorgeschlagen wird.[845]

1. Vergleich mit dem Gestaltungsspielraum des Gesetzgebers

Aufgrund des häufig betonten autonomen Charakters[846] liegt es nahe, einen Vergleich mit dem Gestaltungsspielraum des Gesetzgebers anzustellen. Möglicherweise nähert sich diese Art des untergesetzlichen Normsetzungsermessens am ehesten an diesen an. Die Rechtsprechung sah in der Selbstverwaltung durch Satzungserlass eine Verlagerung der Rechtsetzungsbefugnis innerhalb der Legislativen auf ein weiteres demokratisches Gremium, das nicht der Exekutive angehöre.[847] Mittlerweile wird auch im Bereich der kommunalen Selbstverwaltung nur von der (untergesetzlichen) Normsetzung durch die vollziehende Gewalt gesprochen.[848]

Aufgrund des Stufenbaus der Rechtsordnung ist dieses Ergebnis zwingend.[849] Schon daraus ergibt sich, dass dem Satzungsgeber, auch wenn die Bezeichnung als „Gestaltungsspielraum"[850] dies nahelegt, keine inhaltlich mit der Gestaltungsfreiheit des Gesetzgebers kongruente Gestaltungsfreiheit zusteht. Die demokratische Legitimation bildet zwar eine Parallele zum demokratisch legitimierten Gesetzgeber. Allerdings leitet der Satzungsgeber als Repräsentant diese örtlich begrenzte Legitimation von den Gemeindebürgern ab.[851] Die ebenso wie bei Rechtsverordnungen grundsätzlich bestehende Außenwirkung[852] erfährt damit bei Satzungen gleichzeitig eine gewisse Einschränkung, weil sie sich auf den Betroffenenkreis zu

---

[844] Zutreffend daher: *Meißner* in Biernat/Hendler/Schoch/Wassilewski, Grundfragen des Verwaltungsrechts, S. 96; *Morlok*, Die Folgen von Verfahrensfehlern, S. 106; a.A. *Schmidt-Aßmann*, VVDStRL 34 (1975), S. 60.
[845] *Schmidt-Aßmann* in Isensee/Kirchhof V, § 105 Rn. 49 mit Verweis für die Abwägungskontrolle nach *Hoppe* in Erichsen/ders./v. Mutius, Festschrift für Christian-Friedrich Menger.
[846] *Burgi*, Kommunalrecht, S. 200.
[847] BVerfGE 32, 346 (361); BVerfGE 21, 54 (63).
[848] OVG Münster, DÖV 1987, S. 647; BVerfGE 65, 283 (289); BVerfGE 78, 344 (348).
[849] *Merkl* in Mayer-Maly/Schambeck/Grussmann, Gesammelte Schriften I/1, S. 437 ff.; vgl. auch *Jestaedt*, Reine Rechtslehre, S. 74 ff.; hierzu auch *Lippold*, Recht und Ordnung, S. 369 ff.
[850] VGH Mannheim, Beschl. v. 22.11.2021 – 1 S 3117/21, juris Rn. 36; OVG Münster, Urt. v. 22.11.1995 – 15 A 1432/93: „satzungsgeberisches Gestaltungsermessen".
[851] Sog. Korrespondenzgebot nach *Schmidt-Aßmann*, Ordnungsidee, S. 263 f.; mit noch weitergehenden Folgen für das Ermessen: *Herdegen,* AöR 114 (1989), S. 630.
[852] *Remmert* in Dürig/Herzog/Scholz, GG, Art. 80 Rn. 210; zur Ausnahme des Art. 63 GO: *Sedlmaier* in Dietlein/Suerbaum, BeckOK Kommunalrecht Bayern, Art. 63 Rn 1 ff.

beschränken haben, von denen ihre Legitimation ausgeht.[853] Schon wegen des Umstands der Verknüpfung der Satzungs- mit der Gebietshoheit ergibt sich eine Beschränkung der Satzungshoheit auf das jeweilige Gebiet.[854]

Daneben ist der Satzungsgeber, ähnlich wie der Verordnungsgeber, trotz seiner Autonomie in stärkerer Art und Weise gebunden als der Gesetzgeber. Man kann auch davon sprechen, dass es sich bei den Formen untergesetzlicher Normgebung um „administrative Selbstprogrammierung im Rahmen der gesetzlichen Vorgaben"[855] handelt. Diese These lässt sich vor allem dadurch stützen, dass die Legislative durch die Verfassung (Art. 20 Abs. 3 Var. 1 GG) und insbesondere durch die Grundrechte gebunden ist (Art. 1 Abs. 3 GG, Art. 19 Abs. 2 GG), während der Satzungsgeber nach Art. 28 Abs. 2 GG daneben zusätzlich an die Gesetze gebunden ist.[856] Die Bindung des Satzungsgebers kann sogar im Einzelnen noch weiterreichend sein als beim Verordnungsermessen, da der Satzungsgeber sich zusätzlich im Rahmen der bestehenden Verordnungen halten muss. Die Ansicht, welche die Rechtsetzungsmacht des Satzungsgebers dem Bereich der Gestaltungsfreiheit des Gesetzgebers zuordnen möchte im Sinne einer freien Autonomie hinsichtlich Zweckbestimmung und gewähltem Mittel,[857] ist daher als nicht mit der Verfassung vereinbar abzulehnen.[858]

Obwohl sich die Satzungsgebung daher eher im Bereich des Verordnungserlasses bewegt und damit nicht direkt den Freiraum der Gesetzgebung genießt, ist es möglich, dass die gerichtliche Kontrolle diese autonomen Tendenzen würdigen muss (siehe unten G. V.).

2. Vergleich zum Verwaltungs- bzw. Verordnungsermessen

a) Rechtsfolgenermessen kraft staatlicher Verleihung

Bei Satzungen handelt es sich um eine andere Kategorie untergesetzlicher Normen. Ebenso wie Rechtsverordnungen sind sie Teil der objektiven Rechtsordnung.[859] Dieser Aspekt und der Umstand, dass es sich um abstrakt-generelles Recht handelt, ist allerdings auf der Basis bisheriger Untersuchungen kein Grund,

---

[853] *Herdegen*, AöR 114 (1989), S. 630; *Möstl* in Erichsen/Ehlers, Allgemeines Verwaltungsrecht, S. 653: „demokratische Legitimation von ‚unten'" mit Verweis auf Art. 11 Abs. 4 BV.
[854] BVerwGE 130, 52 (62); 137, 95 (99).
[855] *Schmidt-Aßmann* in Ständige Deputation II, 58. Deutscher Juristentag, S. N 11 für Satzungen.
[856] Kritisch in Bezug auf den Gesetzesvorbehalt: *Maurer* in Biernat/Hendler/Schoch/Wassilewski, Grundfragen des Verwaltungsrechts, S. 67 ff.
[857] *Schmidt-Jortzig*, NJW 1983, S. 972.
[858] Im Ergebnis sogar schon Preuß. OVGE 16, 48 (56).
[859] Vgl. *Hill* in Ständige Deputation I, 58. Deutscher Juristentag, S. D 12; *Mauer* in Biernat/Hendler/Schoch/Wassilewski, Grundfragen des Verwaltungsrechts, S. 59.

eine Übertragung der Erkenntnisse zum Ermessen von vornherein abzulehnen. Nicht von der Hand zu weisen ist aber, dass beim Satzungserlass häufig eine große Vielzahl an Interessen und Belangen abzuwägen sind, schon weil die Auswirkungen auf die gemeindlichen Ressourcen beachtet werden müssen.[860] Im Vergleich zum Einzelaktsermessen ist damit die Komplexität der Ermessensausübung erhöht[861] und das Maß an Direktion durch das Gesetz ist zumeist erheblich zurückgenommen zugunsten eines eigenen Gestaltungsspielraums der Gemeinde.[862] Allerdings kann auch bei Einzelakten im planerischen Kontext eine komplexe Abwägung notwendig werden, wie es bei Planfeststellungsbeschlüssen grundsätzlich der Fall ist. Die Notwendigkeit eines Abwägungsvorgangs dient nicht als ausreichendes Differenzierungskriterium zum Einzelaktsermessen. Sowohl bei Satzungen als auch bei Einzelakten kommt es für den Abwägungsspielraum daher auf die konkrete Ermächtigungsgrundlage und auf die Grundrechtsrelevanz des jeweiligen Regelungsbereiches an.

Entschiedener für eine Differenzierung streitet die Betrachtung der Entscheidungsvorgänge.[863] Bei der Satzungsgebung ist eine Mehrheitsentscheidung erforderlich, die sich von der bloßen Subsumtion unterscheidet,[864] schon aufgrund der teilweise notwendigen politischen Kompromissfindung. Im Ergebnis überzeugt aber auch der Aspekt der Mehrheitsentscheidung nicht, weil die Bindung an die Verfassung und sonstiges höherrangiges Recht dadurch nicht beeinflusst werden. Zudem kann es auch innerhalb einer Behörde beim Erlass von Einzelakten zu Mehrheitsentscheidungen kommen, wie schon Art. 44 Abs. 3 Nr. 3 VwVfG zeigt. Für ein einheitliches Verständnis des exekutiven Ermessens spricht vielmehr, dass Regelungen häufig sowohl als Satzung als auch als Einzelakt denkbar sind: Trifft der Gesetzgeber die Entscheidung ein Satzungsermächtigung vorzusehen, soll dies vor allem bestimmte Verfahrensvoraussetzungen sicherstellen.[865] Veranschaulichen lässt sich dies anhand von § 25 Abs. 1 BauGB, der beim besonderen Vorkaufsrecht einen Satzungserlass voraussetzt, während § 24 BauGB im Rahmen des allgemeinen Vorkaufsrechts einen Verwaltungsakt genügen lässt.[866]

---

[860] *Schmidt-Aßmann*, Die kommunale Rechtsetzung, S. 11; *Hill* in Ständige Deputation I, 58. Deutscher Juristentag, S. D 17.
[861] *Schmidt-Aßmann*, Die kommunale Rechtsetzung, S. 11; vgl. auch *Stüer*, DVBl. 1974, S. 317.
[862] *Ossenbühl* in Isensee/Kirchhof V, § 105 Rn. 47.
[863] Vgl. auch *Herdegen*, AöR 114 (1989), S. 626, 630; *Schmidt-Aßmann*, Die kommunale Rechtsetzung, S. 61.
[864] *Hill* in Ständige Deputation I, 58. Deutscher Juristentag, S. D 17.
[865] *Weitzel*, Rechtsetzungsermessen, S. 124.
[866] *Bönker*, BauR 1996, S. 313 ff.; *Grziwotz* in Spannowsky/Uechtritz, BeckOK BauGB, § 25 Rn. 10.

Die Ansichten, die entschieden für eine Differenzierung des Satzungs- bzw. Normsetzungsermessens streiten, gehen zumeist von einem anderen – respektive engeren – Verständnis vom Verwaltungsermessen aus als es die vorliegende Untersuchung zugrunde legt. So wird zuweilen darauf abgestellt, die strukturellen, funktionalen Differenzen[867] zwischen Satzungs- und Verwaltungsermessen ergäben sich daraus, dass Verwaltungsermessen nur die Möglichkeit einräume, zwischen mehreren möglichen Handlungsalternativen zu wählen. Die Ausübung dieses Ermessens bedeute daher lediglich den Nachvollzug einer bereits getroffenen gesetzgeberischen Entscheidung.[868] Das Satzungsermessen dagegen beinhalte einen administrativen Gestaltungsauftrag.[869] Letzterem kann man uneingeschränkt zustimmen. Zu eng dagegen wird allerdings das Verwaltungsermessen verstanden. Der Gestaltungsauftrag und damit die Rechtsetzungsbefugnis mag beim Satzungserlass weiter sein. Jedoch beinhaltet auch der Kern des Verwaltungsermessens die Möglichkeit im Rahmen des höherrangigen Rechts subjektive Zielvorstellungen zu verfolgen. Die Unterschiede liegen daher in der *Quantität* der Freiheit und nicht in der *Qualität* der Freiheit.

Allerdings könnte eine Besonderheit gegenüber Verordnungen eine Einschränkung mit sich bringen: Das BVerfG fasst Satzungen als Rechtsvorschriften auf, welche von einer juristischen Person des öffentlichen Rechts innerhalb des Staates erlassen werden, im Rahmen einer ihr verliehenen Satzungsautonomie.[870] Die Verfassung liefert mit Art. 28 Abs. 2 S. 1 GG zusätzliche Anhaltspunkte für das Verständnis der Satzungsgebung und sieht Satzungen als Instrumentarium der Rechtsetzungshoheit[871] zur Regelung der örtlichen Gemeinschaft vor. Beide Aspekte weisen auf einen wesentlichen Unterschied zu Verordnungen hin: Die Rechtsetzungsmacht beruht bei Satzungen auf einer anderen Grundlage. Denn die Satzungshoheit geht auch auf eine staatliche Verleihung zurück.[872] Dies bedeutet, dass grundsätzlich keine weitere Ermächtigung für den Erlasse einer Satzung notwendig ist, weil sich die Satzungshoheit aus der Selbstverwaltungsgarantie des

---

[867] *Ossenbühl* in Recht als Prozess und Gefüge, Festschrift für Hans Huber, S. 286 f.; *Schmidt-Aßmann* in Ständige Deputation II, 58. Deutscher Juristentag, S. N 11.
[868] *Ossenbühl* in Isensee/Kirchhof V, § 105 Rn. 48.
[869] *Ossenbühl* in Isensee/Kirchhof V, § 105 Rn. 48.
[870] BVerfGE 10, 20, 49 f.; 33, 125, 156.
[871] *Schwarz* in Mangoldt/Klein/Starck, GG, Art. 28 Abs. 2 Rn. 182; *ders.*, Finanzverfassung und kommunale Selbstverwaltung, S. 30; vgl. auch BVerfG, NVwZ 1982, 306 ff. zur Wasserversorgung; BayObLG, DÖV 1982, S. 601.
[872] *v. Danwitz*, Jura 2 (2002), S. 95 m.w.N.; in diese Richtung auch: *Möstl* in Erichsen/Ehlers, Allgemeines Verwaltungsrecht, S. 653; vgl. auch *Mehde* in Dürig/Herzog/Scholz, GG, Art. 28 Abs. 2, Rn. 63 f.

Art. 28 Abs. 2 S. 1 GG ergibt.[873] Satzungen zeichnen sich daher gegenüber Verordnungen grundsätzlich durch einen höheren Grad an Autonomie aus.

Die Beschreibung von Satzungen als dezentralisierende[874] bzw. von Rechtsverordnungen als dekonzentrierende Instrumentarien[875] scheint dagegen in ihrer Pauschalität nicht völlig zutreffend zu sein, weil beide Arten untergesetzlicher Normen in gewissem Umfang und je nach Bezugspunkt sowohl zur Dekonzentration als auch zur Dezentralisierung der Normgebung beitragen. Dennoch steht bei Satzungen in erheblichem Umfang die Berücksichtigung örtlicher Gegebenheiten im Vordergrund, die der Gesetzgeber entweder nicht kennt oder mit denen er sich nicht hinreichend befassen kann.[876] Um diese Erkenntnisse für den Ermessensbegriff fruchtbar zu machen, ist daher folgendes richtig: Bei Satzungen steht die Autonomie im Vordergrund, während es sich bei Rechtsverordnungen um eine Komplementierung der Gesetzgebung in punktueller Hinsicht handelt, womit ein gesetzesakzessorischer Bezug vorliegt. Aufgrund dieses Umstands ist es naheliegend, die dem Satzungsgeber verliehenen Rechtsetzungsmacht grundsätzlich als Rechtsfolgenermessen aufzufassen.[877]

b) Mögliche Konkretisierungsermächtigungen
Die Einräumung eines Rechtsfolgenermessens steht und fällt in diesen Fällen aber mit der Prämisse, dass es keine weitere gesetzliche Ermächtigungsgrundlage bedarf. Das grundsätzlich Ausreichen einer nicht näher determinierten Übertragung der Satzungshoheit für einen Kompetenzbereich der Selbstverwaltung (Art. 23 S. 1 GO[878]),[879] erfährt aufgrund des Vorbehaltes des Gesetzes bei sog. Eingriffssatzungen eine Ausnahme. Bei derartigen Eingriffssatzungen ist einer hinreichende gesetzliche Ermächtigungsgrundlage notwendig.[880] In diesen Fällen muss sich der

---

[873] BVerfGE 21, 54 (62 f.); 32, 346 (361); BVerfGE 107; 59, 89; BVerwGE 90, 359 (361); *Mehde* in Dürig/Herzog/Scholz, GG, Art. 28 Abs. 2 Rn. 63; *Möstl* in Erichsen/Ehlers, Allgemeines Verwaltungsrecht, S. 653; *Schoch*, NVwZ 1990, S. 802.
[874] So *Burgi*, Kommunalrecht, S. 13.
[875] *Ossenbühl* in Isensee/Kirchhof, V, § 103 Rn. 8; leicht andere Tendenzen bei *Nierhaus/Engels* in Sachs, GG, Art. 28 Rn. 35: „dezentrale Konzentration".
[876] BVerwGE 6, 247 (251); angedeutet auch bei *Nierhaus/Engels* in Sachs, GG, Art. 28 Rn. 34 ff.
[877] Zutreffend daher: *Weitzel*, Rechtsetzungsermessen, S. 119.
[878] Gemeint ist hiermit die Gemeindeordnung für den Freistaat Bayern i.d.F. der Bekanntmachung v. 22.8.1998, GVBl. S. 796; auch im Folgenden: GO.
[879] Vgl. zum übertragenen Wirkungskreis (Art. 23 S. 2, 3 GO): *Ossenbühl* in Isensee/Kirchhof V, § 105 Rn. 1, 4 ff.; *Schmidt-Aßmann*, Die kommunale Rechtsetzung, 26 ff.; *Heintzen*, Die Verwaltung 1996, S. 17, 21 ff.
[880] *Glaser* in Widtmann/Grasser/ders., GO, Art. 23 Rn. 7; *Ossenbühl* in Isensee/Kirchhof V, § 105 Rn. 33; für Abgabensatzungen: BVerfGE 101, 312 (322 ff.); BVerwGE 72, 73; BVerwG, BayVBl. 1993, S. 313 ff.; BVerwGE 125, 68 (70 f.).

Satzungsgeber ähnlich wie der Verordnungsgeber im Rahmen der gesetzlichen Grundlage halten.

Im Gegensatz zum Verordnungserlass ergeben sich die Anforderungen an die Ermächtigungsgrundlagen dieser Satzung nicht aus der Verfassung: In Bezug auf die Anforderungen an die Bestimmtheit der Ermächtigungsgrundlage wird zudem überwiegend keine analoge Anwendung von Art. 80 Abs. 1 S. 2 GG befürwortet.[881] Die Anforderungen an die Ermächtigungsgrundlage dürften jedoch unweit derer des Art. 80 Abs. 1 GG liegen.[882] Zudem wachsen sie proportional zum durch die Regelung entstehenden Grundrechtseingriff bzw. zu den tangierten Allgemeininteressen an.[883] Ohne Auswirkungen bleiben die in Nuancen geringen Bestimmtheitsanforderungen dennoch nicht: Da sich die Ermächtigungsgrundlage auch bei Eingriffssatzungen hinsichtlich der Zweckvorgaben und des Ausmaßes nicht an Art. 80 Abs. 1 GG messen lassen muss,[884] bleibt die Rechtsgrundlage nicht selten offener gestaltet und bietet einen größeren Raum für eigene Zweckvorstellungen. Letzteres ist im Hinblick auf die verfassungsrechtlich garantierte Rechtsetzungsautonomie geradezu zwingend und hat Auswirkungen auf die gerichtliche Kontrolldichte (siehe G. IV.).

Da sich die Ermächtigung zum Satzungserlass nicht an die Vorgaben des Art. 80 Abs. 1 GG halten muss, ist es im Sinne eines Erst-recht-Schlusses nur konsequent, unbestimmte Rechtsbegriffe auch bei diesen zuzulassen. Findet sich der unbestimmte Rechtsbegriff auf der Rechtsfolgenseite, so kann dies je nach Auslegung der Grundlage ein Rechtsfolgenermessen eröffnen, was für den Satzungserlass als typisch erkannt wurde. Ist der unbestimmte Rechtsbegriff eine Tatbestandsvoraussetzung für den Normerlass, so ist ebenfalls anhand der Auslegung zu bestimmen, ob dem Satzungsgeber ein echter Beurteilungsspielraum zukommt oder ob der Beurteilungsspielraum vonseiten der Rechtsprechung vor allem aufgrund einer zurückgenommen Kontrolldichte zugebilligt wird.[885]

---

[881] *Achterberg*, Allgemeines Verwaltungsrecht, § 21 Rn. 33; *Glaser* in Widtmann/Grasser/ders., GO, Art. 23 Rn. 7; *Möstl* in Erichsen/Ehlers, Allgemeines Verwaltungsrecht, S. 655; *Ossenbühl* in Isensee/Kirchhof V, § 103 Rn. 28 ff; *Remmert* in Dürig/Herzog/Scholz, GG, Art. 80 Rn. 210; BVerfGE 12, 319 (325); 33, 125 (157 f.); 49, 343 (362); BVerwGE 6, 247 (251).
[882] *Waldhoff* in Kirchhof/Lehner, Festschrift für Klaus Vogel, S. 495 ff.; vgl. auch BVerwGE 125, 68 (70).
[883] *Löwer* in v. Münch/Kunig, GG, Art. 28 GG, Rn. 90.
[884] Zusammenfassender Meinungsstand bei: *Hill* in Hoffmann-Riem/Schmidt-Aßmann/Voßkuhle, Grundlagen II, § 34 Rn. 19; *Möstl* in Erichsen/Ehlers, Allgemeines Verwaltungsrecht, S. 655; BVerwGE 6, 247 (251).
[885] *Fechtrup* in Ständige Deputation II, 58. Deutscher Juristentag; *Weitzel*, Rechtsetzungsermessen, S. 124; BVerwGE 39, 329 (334).

Da der Satzungserlass grundsätzlich im Sinne der Satzungsautonomie von örtlichen Gegebenheiten abhängen wird,[886] liegt die Annahme eines echten Beurteilungsspielraums bei Satzungsermächtigungen tendenziell näher als bei anderen Handlungsformen. So wird der Satzungserlass beispielsweise unter anderem von „städtebaulichen Gründen" (Art. 24 Abs. 1 Nr. 3 GO) bzw. von einem „öffentlichem Wohl"[887] abhängig gemacht bzw. von einem „öffentlichen Bedürfnis" (§ 9 S. 1 GO NRW)[888] oder vom „öffentlichen Zweck" (§ 102 Abs. 1 Nr. 1 GemO).[889] In Bezug auf letzteren hat das BVerwG zutreffend festgehalten, die Beurteilung des öffentlichen Zwecks sei für die Errichtung bzw. Fortführung von Gemeindeunternehmen weitestgehend der Beurteilung durch den Richter entzogen.[890] Dies begründet das BVerwG überzeugend damit, dass dies vordergründig eine Frage sachgerechter Kommunalpolitik sei und damit wie auch jedes entsprechende wirtschaftliche Handeln besonders stark von Zweckmäßigkeitserwägungen abhänge. Eine Einschränkung macht das BVerwG nur im Rahmen einer Negativprüfungen, wenn der Zweck auf die reine Gewinnerzielung gerichtet ist.[891] Zurückhaltung ist hinsichtlich der Annahme einer Konkretisierungsermächtigung des Weiteren dort geboten, wo ein besonders grundrechtssensibler Bereich beginnt.[892]

Insgesamt kann daher festgehalten werden, dass der Ermessensspielraum des Satzungsgebers vor allem in Form eines Rechtsfolgenermessens auftritt. Im Rahmen von Eingriffsatzungen verringert sich dieser autonome Gestaltungsspielraum,[893] indem die Satzungsgebung einer Ermächtigungsgrundlage unterworfen wird. Echte Beurteilungsspielräume dürften bei Eingriffssatzungen überdies eine leicht überproportional große Bedeutung[894] spielen im Gegensatz zum Verwaltungs- bzw. Verordnungsermessen.

---

[886] *Glaser* in Widtmann/Grasser/ders., GO, Art. 23 Rn. 1; *Möstl* in Erichsen/Ehlers, Allgemeines Verwaltungsrecht, S. 655; BVerfGE 91, 148 (175).
[887] OVG Münster, DVBl. 1963, S. 66; vgl. auch *Glaser* in Widtmann/Grasser/ders., GO, Art. 24 Rn. 6.
[888] Gemeindeordnung für das Land Nordrhein-Westfalen i.d.F. der Bekanntmachung v. 14.7.1994, GV. NRW. S. 666; vgl. hierzu auch OVG Münster, Beschl. v. 16.10.2002 – 15 B 1355/02; OVG Münster, Urt. v. 28.1.2003 – 15 A 4751/01.
[889] Gemeindeordnung für Baden-Württemberg i.d.F. v. 24.7.2000.
[890] Zur Vorgängernorm § 85 Abs. 1 GO BW: BVerwG, Urt. v. 22.2.1972 – I C 24.69 BVerwGE 39, 329 (324), juris Rn. 17.
[891] BVerwG, Urt. v. 22.2.1972 – I C 24.69 BVerwGE 39, 329 (324), juris Rn. 17 ff.
[892] Bei grundrechtsrelevanten Eingriffsatzungen: *Herdegen*, AöR 114 (1989), S. 630 mit Verweis auf BVerfGE 33, 125 (157); *v. Arnim*, AöR 113 (1988), S. 20 ff.
[893] *Herdegen*, AöR 114 (1989), S. 626; vgl. auch *Schmidt-Aßmann*, Die kommunale Rechtsetzung, S. 61.
[894] In diese Richtung auch *Weitzel*, Rechtsetzungsermessen, S. 118; a.A. *Herdegen*, AöR 114 (1989), S. 630.

c) Kategorisierung der Handlungstypen bei Satzungen
Die bisherigen Begründungsansätze genügen daher im Ergebnis nicht für eine grundsätzliche Unterscheidung zwischen Satzungs- Verordnungs- und Einzelaktsermessen. Einzubeziehen sind allerdings zuletzt die unterschiedlichen Funktionen und Handlungstypen[895] innerhalb der Satzungsgebung. Zuweilen wird jedenfalls angenommen, dass diese einen Einfluss auf den Umfang der Gestaltungsfreiheit und die gerichtliche Kontrolle haben.[896] Anhand der verschiedenen Satzungsfunktionen lässt sich daher klären, ob das Ermessen auch bei Satzungen einheitlich behandelt werden kann[897] oder ob eine zusätzliche Unterscheidung anhand der Funktion notwendig wird.[898]

Satzungsermächtigungen lassen sich grundsätzlich einteilen erstens in die gemeindliche Planung, zweitens in die Normierung der Massenverwaltung und drittens in die Selbstorganisation im Rahmen der Gemeinde.[899] Die erste Kategorie des Planungsermessens wurde bereits eingangs unabhängig von der Rechtsform als Rechtsfolgenermessen eingestuft. In den zweiten Bereich der Massenverwaltung fallen Abgabensatzungen (Art. 24 Abs. 1 Nr. 1, Nr. 2 GO) und Benutzungsordnungen. Für den Bereich der Abgabensatzungen sieht unter anderem Art. 2 Abs. 1 S. 1 KAG[900] eine Satzungsermächtigung vor. Obgleich Art. 2 Abs. 1 S. 2 KAG einige verbindliche Vorgaben an den Inhalt einer solchen Satzung richtet, bleibt den Gemeinden ein Spielraum bei der Festsetzung der genauen Höhe und der Art der Abrechnung.[901] Die Satzungsermächtigung eröffnet daher in diesem Zusammenhang aufgrund der Autonomie der Gemeinde ein entsprechendes Rechtsfolgenermessen.[902]

Daher verbleibt die Klärung der dritten Ebene in Form der Selbstorganisation der Gemeinde durch Satzungen. Unter diesen Bereich fällt beispielsweise die Unternehmenssatzung (Art. 89 Abs. 3 S. 1 GO) zur Regelung der Verhältnisse von Kommunalunternehmen. Letztlich verbleibt den Gemeinden unabhängig von den Min-

---

[895] *Hill* in Ständige Deputation I, 58. Deutscher Juristentag, S. D 18.
[896] *Hill* in Ständige Deputation I, 58. Deutscher Juristentag, S. D 18; vgl. auch *Herdegen*, AöR 114 (1989), S. 626.
[897] *Schmidt-Aßmann* in Ständige Deputation II, 58. Deutscher Juristentag, S. N 20.
[898] *Hill* in Ständige Deputation I, 58. Deutscher Juristentag, S. D. 18.
[899] So auch *Schmidt-Aßmann*, Die kommunale Rechtsetzung, S. 5 ff.; *Hill* in Ständige Deputation I, 58. Deutscher Juristentag, S. D 12; ähnlich auch *Maurer* in Biernat/Hendler/Schoch/Wassilewski, Grundfragen des Verwaltungsrechts, S. 62 ff., der Haushaltssatzungen eine eigene Kategorie gibt.
[900] Kommunalabgabengesetz des Freistaates Bayern i.d.F. der Bekanntmachung v. 4.4.1993, GVBl. S. 264.
[901] Vgl. *Hill* in Ständige Deputation I, 58. Deutscher Juristentag, S. D 12.
[902] So auch *Weitzel*, Rechtsetzungsermessen, S. 123.

destanforderungen an derartige Satzungen (vgl. Art. 89 Abs. 3 GO)[903] auch in diesem Feld die Ermächtigung zur Normierung eines nicht näher gesetzlich geregelten Bereichs.[904] Bei der gerichtlichen Kontrolle kann es zwar auch hier nötig sein, auf die Besonderheiten Rücksicht zu nehmen, diese haben ihren Ursprung allerdings nicht in der Normstruktur der Ermächtigungsnorm oder dem Vorgang der Normsetzung. Daher kann auch in diesem Fall vom Rechtsfolgenermessen gesprochen werden.[905] Im Ergebnis kann auch beim Satzungsermessen der bisher gefundene Ermessensbegriff angewandt werden.

III. Fazit zum Begriff des untergesetzlichen Normsetzungsermessens

Rechtliche Unterschiede zwischen Einzelakten und abstrakt-generellen Rechtsnormen bestehen daher zweifellos. Sie genügen allerdings nicht als Gründe für eine Entwicklung unterschiedlicher Ermessensbegriffe für das untergesetzliche Normsetzungs- bzw. Einzelaktsermessen.[906] Vielmehr kann beiden Handlungsformen der Exekutive ein einheitlicher Ermessensbegriff zugrunde gelegt werden; eine nähere Untergliederung der Ermessensarten wird erreicht durch die Einteilung in das Rechtsfolgenermessen und die Konkretisierungsermächtigung. Bei sämtlichen Handlungsformen gibt es Ermächtigungsgrundlagen, die ein Rechtsfolgenermessen einräumen bzw. eine Konkretisierung vorsehen oder auch eine Kombination aus beiden etablieren. Hier wie dort ist der jeweilige Spielraum und die Art des Ermessens anhand der Auslegung der Ermächtigungsgrundlage zu bestimmen. Die These des untergesetzlichen Normsetzungsermessens als Phänomen zwischen Verwaltungsermessen und Gestaltungsfreiheit des Gesetzgebers[907] erfährt daher eine Konkretisierung dahingehend, dass das Normsetzungsermessen grundsätzlich trotz des abstrakt-generellen Normerlasses eher am Verwaltungsermessen orientiert ist.

Denn der Gestaltungsspielraum des exekutiven Normgebers ist stets abhängig von der Dichte der gesetzlichen Direktiven. Die Bereiche, in denen der Exekutive eine weiter Spielraum eingeräumt wird, können in bestimmten Fällen der Gestaltungsfreiheit der Legislative nahekommen. Die ist zum einen im Bereich der Satzungs-

---

[903] Vgl. *Scharpf* in Widtmann/Grasser/Glaser, GO, Art. 89 Rn. 11.
[904] Vgl. BVerwG, Urt. v. 22.2.1972 – I C 24.69 BVerwGE 39, 329 (324), juris Rn. 17.
[905] So im Ergebnis auch *Weitzel*, Rechtsetzungsermessen, S. 123 f.
[906] Vgl. auch das Fazit von *Held-Daab*, Das freie Ermessen, S. 250.
[907] *Birk*, JuS 1978, S. 169; *Brenner* in v. Mangoldt/Klein/Starck, GG, Art. 80 Rn. 72; *Herdegen*, AöR 114 (1989), S. 609; vgl. auch *Bettermann*, Über die Rechtswidrigkeit von Staatsakten, S. 50.

autonomie denkbar, wenn es sich nicht um eine Eingriffssatzung handelt. Im Übrigen ist die Reichweite des Spielraums anhand des Regelungszusammenhangs im Rahmen der Kontrolldichte zu bestimmen (siehe unten G.).

E. Ermessensfehler exekutiver Rechtsetzung

I. Der Vergleich zur Kontrolle gebundener Entscheidungen

Bei gesetzlich vollständig gebundenen Entscheidungen,[908] bei denen die Verwaltungsentscheidung auf einer deduktiv ergründbaren Schlussfolgerung basiert[909] ohne eine Form des Konkretisierungs- oder Rechtsfolgenermessens, fällt die Beurteilung der Rechtmäßigkeit leichter. Sie sollen daher als Ausgangspunkt herangezogen werden, um eine Vergleichsbasis zu Ermessensentscheidungen zu liefern. In diesen Fällen hat das Gericht die Entscheidung in tatsächlicher und rechtlicher Hinsicht vollständig zu überprüfen.[910] Die Gerichte haben die Verwaltungsentscheidung daher dahingehend zu kontrollieren, ob die getroffene Rechtsfolge mit der von der Ermächtigungsgrundlage als zwingend vorgesehenen Rechtsfolge in Einklang steht. Dafür haben sie die Rechtsvorschrift auszulegen, den feststellbaren Sachverhalt nötigenfalls unter Zuhilfenahme von Sachverständigen zu ermitteln, diesen unter die ausgelegte Vorschrift zu subsumieren[911] und die vorgesehenen Rechtfolge in Form eines deduktiven Schlusses zu treffen.[912] Das Gericht nimmt die Rechtmäßigkeitskontrolle also vor, indem es auf der Basis der Rechtsgrundlage anhand des festzustellenden Sachverhalts eine eigene Entscheidung trifft[913] und diese mit der Verwaltungsentscheidung vergleicht.

Das Gericht hat dabei die Letztentscheidungskompetenz bzw. die Entscheidungshoheit.[914] Bei einer ordnungsgemäßen Rechtsanwendung müssen beide Gewalten bei gebundenen Entscheidungen zum gleichen Ergebnis kommen, weil es gesetzlich nur eine rechtmäßige Entscheidung gibt.[915] Letzteres ist Ergebnis und gleichzeitig Voraussetzung für eine vollständige Kontrolle der Verwaltungsentscheidung. Hieran fehlt es, wenn die Exekutive eine Ermächtigung zur Konkretisierung erhält

---

[908] *Riese* in Schoch/Schneider, VwGO, Vor § 113 Rn. 18.
[909] *Weber,* Regelungs- und Kontrolldichte, S. 169.
[910] BVerfG, NVwZ 2004, S. 991 (993); BVerfGE 61, 82 (110 f.); BVerfGE 88, 40 (56 ff.); BVerfGE 101, 106 (122 f.); BVerfGE 103, 142 (156); BVerfGE 113, 273 (310); BVerfGE 129, 1 (20); BVerfG, NVwZ 2017, S. 305.
[911] *Riese* in Schoch/Schneider, VwGO, Vor § 113 Rn. 18; enger: *Gärditz* in Ständige Deputation I, 71. Deutscher Juristentag, S. D 66 ff.
[912] *Weber,* Regelungs- und Kontrolldichte, S. 169.
[913] Vgl. *Hofer-Zeni,* Das Ermessen im Spannungsfeld, S. 113; *Weyreuther,* UPR 1986, S. 121.
[914] So *Wahl,* VVDStRL 41 (1983), S. 176; *Beckmann,* Rechtsschutz im raumbedeutsamen Umweltrecht, S. 507.
[915] *Riese* in Schoch/Schneider, VwGO, Vor § 113 Rn. 18.

bzw. ihr ein Rechtsfolgenermessen zugestanden wird. Denn eine Ermessensentscheidung ist das Auffinden einer möglichst geeigneten Rechtsfolge, von grundsätzlich mehreren rechtmäßigen. In diesen Fällen fehlt es je nach Regelungsdichte in bestimmtem Umfang an rechtlichen Maßstäben, anhand derer der Rechtsetzungsakt der Exekutive geprüft werden kann. Rechtlich gesehen gibt es daher grundsätzlich – sieht man von einer Ermessensreduzierung auf Null[916] als Ausnahmefall ab – keine einzig rechtmäßige Entscheidung.[917] Die Voraussetzung für eine vollständige, notfalls die Entscheidung der Verwaltung ersetzende Kontrolle fehlt daher.

Die Methodik der Kontrolle bei gebundenen Verwaltungsentscheidungen kann daher nicht zugrunde gelegt werden. Denn letztlich würde sie auf diese Weise von der Ermessensermächtigung zugunsten der Verwaltung selbst Gebrauch machen.[918] Bei der Ermessenskontrolle muss sich das Gericht daher auf die gesetzlich vorgesehenen Direktiven zurückziehen, weil die gerichtliche Prüfung nicht weiter reichen kann als die materiell-rechtliche Bindung der Exekutive.[919] Es gilt diese auszulegen und die von der Verwaltung gewählten Maßstäbe an ihnen zu kontrollieren. Der Gegenstand verlagert sich daher von der Rechtmäßigkeit der getroffenen Entscheidung auf die Überprüfung der Prämissen, die der Rechtsetzung zugrunde gelegt wurden.[920] Gerichtliche Kontrolle bedeutet in diesem Zusammenhang die Prüfung, ob die Prämissen rechtmäßig sind und ob die daraus resultierende Rechtsetzung den gesetzlich gezogenen Rahmen überschreitet.[921] Anschaulich wird dieser Vorgang, wenn man ihn als eine Art Negativkontrolle versteht;[922] denn gerichtliche Kontrolle ist letztlich nur eine vergleichende Analyse eines bestimmten Sachverhalts mit Rechtswidrigkeitstatbeständen.[923]

Die Rechtsetzung der Exekutive wird bei Ermessensentscheidungen daher mangels gesetzlicher Bindung auf die Abwesenheit von Fehlern bei der Ermessensausübung hin kontrolliert. Solange nämlich diese Fehler nicht vorliegen, ist der jeweils eingeschlagene Weg der Verwaltung mangels Übertretung der gesetzlichen Grenzen jedenfalls nicht rechtswidrig. Für das Verwaltungsermessen bzw. für Pla-

---

[916] *Di Fabio*, VerwArch 86 (1995), 214 f.; BVerwGE 19, 214 (218 f.); BVerwGE 69, 90 (94); 95, 15 (19); OVG Lüneburg, Urt. v. 18.5.2020 – 12 LB 113/19.
[917] Vgl. *Aschke* in Bader/Ronellenfitsch, BeckOK VwVfG, § 40 Rn. 9.
[918] Vgl. auch BVerwGE 19, 149 (153); 44, 156 (159); 48, 228 (235 f.); 57, 174 (181); 76, 90 (93).
[919] BVerfG, Beschl. v. 10.12. 2009 - 1 BvR 3151/07, NVwZ 2010, S. 435 [1. Leitsatz].
[920] *Nagel*, Die Rechtskonkretisierungsbefugnis der Exekutive, S. 209 ff.; *Weber*, Regelungs- und Kontrolldichte, S. 169; vgl. auch *Aschke* in Bader/Ronellenfitsch, BeckOK VwVfG, § 40 Rn. 9.
[921] *Nagel*, Die Rechtskonkretisierungsbefugnis der Exekutive, S. 209.
[922] Vgl. *Nagel*, Die Rechtskonkretisierungsbefugnis der Exekutive, S. 209.
[923] *Krebs*, Kontrolle in staatlichen Entscheidungsprozessen, S. 69.

nungsentscheidungen hat sich dabei eine Kategorisierung der Ermessens- bzw. Abwägungsfehler etabliert. Eine ähnliche Schematisierung hat sich bei der Kontrolle von Fehlern bei der Normsetzung nicht durchgesetzt. Das deutsche Verwaltungsrecht kennt bisweilen, anders als das französiche *droit admininstratif*,[924] keine einheitliche Betrachtung der Ermessensfehler bei der untergesetzlichen Normgebung.[925] Eine Übertragung der Ermessens- bzw. Abwägungsfehlerlehren auf das untergesetzliche Normsetzungsermessen bietet sich allerdings an, weil beide Formen der administrativen Rechtsetzung nach den Erkenntnissen der bisherigen Untersuchungen Gemeinsamkeiten aufweisen und auch deshalb, weil die Normstruktur von Ermächtigungsgrundlagen für die untergesetzliche Normgebung derjenigen gleicht, die sich bei Rechtsgrundlagen für Einzelakte findet.[926] Die gerichtliche Kontrolle des Verwaltungsermessens auf Rechtsfolgeseite hat dabei eine Kategorisierung durch die Ermessensfehlerlehren erfahren. Bei der untergesetzlichen Normsetzung wird die Definierung von Ermessensfehlern meistens übersprungen[927] und sofort nach der gerichtlichen Kontrolldichte gefragt.

Für die weitere Untersuchung bietet sich folgende Gliederung an: Nach einer Kategorisierung der Ermessensfehler (II.) bzw. Begrenzung des Untersuchungsgegenstandes (III.) fragen die weiteren Untersuchungen nach möglichen Bedenken gegen die Übertragbarkeit der Ermessensfehlerlehren (IV.), bevor eine Übertragung der Ermessensfehlerlehre auf das Normsetzungsermessen stattfindet (V.). Sodann soll die Kontrolle des Planungsermessens als Unterfall des Rechtsfolgenermessens einbezogen werden (VI.). Da die Beurteilungsspielräume als Unterfall der Konkretisierungsermächtigungen erfasst wurden, ist schließlich danach zu fragen, ob bzw. inwiefern sich Fehler bei deren Anwendung in das etablierte System der Ermessensfehlerlehre eingliedern lassen (VII.).

II. *Kategorisierung der Ermessensfehler*

Jedenfalls für das Einzelaktsermessen gibt es eine Vielzahl an Versuchen, die Ermessensfehler in verschiedene Kategorien einzuteilen:[928] Die meisten Ansätze un-

---

[924] *Herdegen*, AöR 114 (1989), S. 608.
[925] Vgl. *Ossenbühl* in Recht als Prozess und Gefüge, Festschrift für Hans Huber, S. 285; *Ossenbühl*, NJW 1986, S. 2805.
[926] *Panzer* in Schoch/Schneider, VwGO, Vor. § 47 Rn. 6.
[927] Vgl. BayVGH, Beschl. v. 4.10.2021 – 20 N 20.767, juris Rn. 69 zu Ausgangsbeschränkungen; BVerwG, Urt. v. 13.12.1984 – 7 C 3/83, BVerwGE 70, 318-329, juris Rn. 21; Ansätze bietet aber *Herdegen*, AöR 114 (1989), S. 636 ff.
[928] Zusammenfassung bei *Alexy*, JZ 1986, S. 701 ff.

terscheiden sich häufig nur durch eine andere Nomenklatur,[929] ohne dass eine Eingruppierung in eine andere Kategorie bzw. Unterkategorie von vornherein einen inhaltlichen Einfluss auf den jeweiligen Ermessensfehler hätte. Bemerkenswert und hinsichtlich des Mehrwerts für eine Unterteilung der Ermessensfehler als fragwürdig einzustufen ist die „Einfehlerlehre", die nur von der Ermessensüberschreitung spricht bzw. synonym hierfür den Ermessensmissbrauch verwendet.[930]

Mit Blick auf den Wortlaut von § 40 VwVfG und § 114 S. 1 VwGO ist zumindest eine Aufteilung in den Ermessensfehlgebrauch und die Ermessensüberschreitung zu verlangen.[931] Die Ansicht, die eine Kategorisierung der Ermessensüberschreitung als Ermessensfehler ablehnt,[932] ist dagegen nicht mit diesem Gesetzeswortlaut vereinbar. Beschränkt man sich auf eine Zweiteilung, ginge man von einer abschließenden Wirkung der § 40 VwVfG und § 114 VwGO aus; eine solche kommt beiden jedoch nicht zu.[933] Denn vor allem § 114 S. 1 VwGO stellt lediglich klar, dass „auch" die Einhaltung der gesetzlichen Grenzen bzw. die zweckentsprechende Ausübung im Rahmen der Rechtswidrigkeit gerichtlich zu prüfen sind.[934] Auf Grundlage dieser Erkenntnis wird eine Dreiteilung in Ermessensnichtgebrauch, Ermessensmissbrauch und Ermessensüberschreitung vorgeschlagen.[935] Dabei wird der Ermessensmissbrauch – näher am Wortlaut des § 40 VwVfG orientiert – auch als Ermessensfehlgebrauch bei einer derartigen Dreiteilung bezeichnet.[936] Da es schwer fällt eine denkbare vierte Kategorie in Form der Ermessensunterschreitung in dieser Dreiteilung einzugliedern, wird den nachfolgenden Untersuchungen eine vierfache Kategorisierung zugrunde gelegt: Die Ermessensfehler lassen sich dem-

---

[929] *Alexy*, JZ 1986, S. 707 ff.; vgl. auch *Brinktrine*, Verwaltungsermessen in Deutschland und England, S. 99 ff.
[930] *Klein*, AöR 82 (1957), 90 ff.
[931] *Rieble*, Ermessen der Einigungsstellen, S. 37; *Ramsauer* in Kopp/Ramsauer, VwVfG, § 40 Rn. 778; *Wolff* in Sodan/Ziekow, VwGO, § 114 Rn. 80.
[932] *Bonde*, Das verwaltungsrechtliche Ermessen, S. 88.
[933] *Decker* in Posser/Wolff, BeckOK VwGO, § 114 Rn. 15; ungenau daher BVerwGE 31, 212 (214 f.); 91, 159 (162).
[934] Vgl. *Wolff* in Sodan/Ziekow, § 114 Rn. 82.
[935] *Ibler*, Schranken planerischer Gestaltungsfreiheit, S. 217; *Kluth* in Wolff/Bachof/Stober/ders., Verwaltungsrecht I, S. 356 ff. und *Stern*, Staatsrecht II, S. 765, die statt Ermessensnichtgebrauch die Ermessenunterschreitung als Begriff wählen und denen wegen der Verwechslungsgefahr (s. sogleich) nicht gefolgt werden soll; ebenso *Rennert* in Eyermann, VwGO, § 114 Rn. 10.
[936] *Beaucamp*, JA 2006, S. 75; *ders.*, JA 2012, S. 195; *Erbguth*, Allgemeines Verwaltungsrecht, S. 223 Rn. 43 ff.; *Geis* in Schoch/Schneider, VwVfG, § 40 Rn. 89, 94 ff.; *Maurer/Waldhoff*, Allgemeines Verwaltungsrecht, S. 148 f.

nach aufteilen in den Ermessensnichtgebrauch, die Ermessensüberschreitung, den Ermessensfehlgebrauch und die Ermessensunterschreitung.[937]

III. Das Verständnis vom Ermessensfehler

1. Formeller Fehler oder Ermessensfehler?

Bevor eine Übertragung der Ermessensfehlerlehre auf das untergesetzliche Normsetzungsermessen erfolgen kann, muss in einem weiteren Schritt geklärt werden, welches Verständnis vom Ermessensfehler der Untersuchung zugrunde gelegt wird. Schwierig zu beantworten ist die Frage, welche Verfahrensfehler als Teil der Ermessensausübung gelten und welche als allgemeine Verfahrensvorschriften einzuordnen sind. Die Abgrenzungsprobleme ergeben sich vor allem deshalb, weil letztlich jede Verfahrensnorm den Weg zu einer angemessenen Ermessensentscheidung ebnet.[938] Verdeutlicht werden kann dies mit den Vorgängen im Zusammenhang mit der Beschaffung von Informationen als Entscheidungsgrundlage: Die unzureichende Tatsachenermittlung (vgl. §§ 24, 28, 66, 67 VwVfG) an sich ist dabei grundsätzlich nicht als Ermessensfehler einzustufen.[939] Da allerdings die Behörde eine ausreichende Gewichtung der Belange nur bei einer Zusammentragung sämtlicher Umstände leisten kann,[940] resultiert hieraus oftmals ein Ermessensfehler, wenn wesentliche[941] Umstände deshalb nicht in die Ermessenserwägungen einbezogen werden (können).[942]

Diffizil ist auch die Frage inwieweit eine fehlerhafte Begründung als Ermessensfehler einzustufen ist. Richtigerweise ist zu differenzieren: Bei der Begründungspflicht des § 39 Abs. 1 S. 2 VwVfG handelt es sich um eine formelle Verfahrensvorschrift,

---

[937] *Alexy*, JZ 1986, S. 701 ff.; *Wolff* in Sodan/Ziekow, § 114 Rn. 82; ähnlich auch folgende Ansichten, die die Ermessensunterschreitung missverständlich als Ermessensdefizit kategorisieren: *Decker* in Posser/Wolff, BeckOK VwGO, § 114 Rn. 14 f.; *Ramsauer* in Kopp/ders., VwVfG, § 40 Rn. 78 mit dem Ermessensdefizit als Unterkategorie des Ermessensfehlgebrauchs; die Vierteilung ablehnend: *Rennert* in Eyermann, VwGO, § 114 Rn. 10.
[938] *Vogel/Martens*, Gefahrenabwehr, S. 377, die in der Konsequenz alle Verfahrensfehler als Ermessensfehler einordnen; *Alexy*, JZ 1986, S. 706.
[939] Ungenau daher: BVerwGE 73, 48 (49).
[940] Vgl. BVerwGE 4, 298 (300); 35, 291 (296).
[941] Vgl. zu den Schwierigkeiten bei der Qualifizierung der Wesentlichkeit: *Hoppe* in Bachof/Heigl/Redeker, Zwischen Freiheit, Teilhabe und Bindung, S. 303 ff.; *Sendler* in Berkemann/Gaentzsch, Festschrift für Otto Schlichter, S. 71 ff.; *Papier*, DVBl. 1975, S. 462; a.A. *Ibler*, JuS 1990, S. 10 ff.
[942] BVerwGE 49, 44 (48 ff.), NJW 1975, S. 2156; BVerwGE 77, 352 (364); OVG Lüneburg, KommJur 2015, S. 224; vgl. auch *Riese* in Schoch/Schneider, VwGO, § 114 Rn. 54; *Wolff* in Sodan/Ziekow, VwGO, § 114 Rn. 180.

bei deren Verletzung ein Verfahrensfehler vorliegt.[943] Wichtig für die Frage, ob ein Ermessensfehler vorliegt, ist allerdings, ob die *materielle* Begründung, also die Begründung, welche die Entscheidung tatsächlich trägt.[944] Beide sind nicht deckungsgleich. Deren Verhältnis zueinander ist jedoch nicht einfach zu erfassen und wird auch in der Rechtsprechung bzw. Wissenschaft nicht trennscharf untersucht.[945] Im Wesentlichen wird man festhalten können, dass eine fehlende bzw. fehlerbehaftete formelle Begründung ein Indiz ist für eine unzureichende materielle Begründung ist,[946] ohne dass das Gericht weitere Untersuchungspflichten wahrnehmen müsste.[947] Dieses Indiz kann durch die entsprechenden Ergänzungen im Sinne von § 114 S. 2 VwGO widerlegt werden bzw. durch die Darlegung von Umständen, die auf eine hinreichende Begründung schließen lassen, wie zum Beispiel Akteninhalte.[948]

Für das untergesetzliche Normsetzungsermessen lässt sich diese Indizwirkung grundsätzlich nicht fruchtbar machen, weil weder einfachgesetzlich noch verfassungsrechtlich eine allgemeine Begründungspflicht für die Normgebung vorgesehen ist.[949] Anders ist dies daher nur, wenn eine einfachgesetzliche Vorschrift für den speziellen Fall eine Begründungspflicht enthält (z.B. § 28a Abs. 5 S. 1 IfSG).[950]

2. Reduzierung der Untersuchungen auf justitiable Fehler

Da sich die Untersuchung anschließend mit der gerichtlichen Kontrolle beschäftigt, ist es einleuchtend, eine Eingrenzung des Untersuchungsgegenstandes auf solche Fehler vorzunehmen, die gerichtlich kontrollfähig sind. Das Abgrenzungsbedürfnis ergibt sich aufgrund der vorgerichtlichen Prüfungsmöglichkeit von Verwaltungsakten auf die Zweckmäßigkeit gem. § 68 Abs. 1 VwGO, wenn ein solches Vorverfah-

---

[943] *Riese* in Schoch/Schneider, VwGO, § 114 Rn. 48; *Wolff* in Sodan/Ziekow, VwGO, § 114 Rn. 193.
[944] *Alexy*, JZ 1986, S. 706 f.; *Wolff* in Sodan/Ziekow, § 114 Rn. 194.
[945] Vgl. nur *Niehues*, NJW 1991, S. 3003; BVerwGE 102, 63 (70); etwas klarer: BVerwGE 61, 200 (210) zur alten Rechtslage.
[946] Zum Ermessensausfall wegen fehlender formeller Begründung: BVerwG NVwZ 2007, S. 470; VGH Mannheim, GewArch 1993, S. 82; OVG Bautzen, Urt. v. 10.11.2016 – 3 A 318/16, BeckRS 2016, 118090 Rn. 38, SächsVBl. 2017, S. 107.
[947] OVG Lüneburg, NJW 1984, S. 1641 f.; VGH Mannheim, NVwZ 1991, S. 1205 f.; BayVGH, NVwZ-RR 2008, S. 787 f.; vgl. auch BVerfGE 88, 40 (60); VGH Kassel, DVBl. 1990, S. 1070 [Leitsatz].
[948] *Wolff* in Sodan/Ziekow, VwGO, § 114 Rn. 193.
[949] Dafür aber für den Verordnungsgeber: *v. Danwitz*, Die Gestaltungsfreiheit des Verordnungsgebers, S. 138 ff.; vgl. auch *Ossenbühl*, NJW 1986, S. 2809 f.; dagegen: *Remmert* in Dürig/Herzog/Scholz, GG, Art. 80 Rn. 131 ff.
[950] I.d.F. ab 19.11.2020; vgl. Art. 1 G. v. 18.11.2020, BGBl. I S. 2397.

ren statthaft ist (vgl. Art. 12 Abs. 2 AGVwGO).[951] Die gerichtliche Kontrolle ist dagegen auf die Rechtswidrigkeit des Verwaltungsaktes gem. § 40 VwVfG und § 114 VwGO beschränkt.

Angesichts der Unterscheidung, die sich insbesondere aus § 68 Abs. 1 VwGO ergibt, bietet sich die dort vorgesehene, begriffliche Differenzierung zwischen Rechts- und Zweckmäßigkeitsverstößen an.[952] Manche wenden sich gegen dies Nomenklatur, weil die Begrifflichkeit der Zweckmäßigkeit eine Verwechslungsgefahr berge, da auch § 40 VwVfG eine Pflicht zum zweckmäßigen Handeln einfordere.[953] Um zwischen solchen Ermessensfehlern zu differenzieren, die der gerichtlichen Kontrolle gem. § 114 S. 1 VwGO unterliegen, wird daher eine Unterscheidung nach der Rechts- und Verwaltungswidrigkeit vorgenommen.[954] Da sich die Unterscheidung nach Zweckmäßigkeit und Rechtswidrigkeit etabliert hat, die inhaltliche Unterscheidung demnach klar ist und eine Orientierung am gesetzlichen Wortlaut zu präferieren ist, kann an der Differenzierung nach gerichtlich kontrollfähiger Rechtmäßigkeit und nicht justitiabler Zweckmäßigkeit festgehalten werden. Letztere umfasst daher nach dem hiesigen Verständnis die gerichtlich nicht kontrollfähige Frage nach einer sachgemäßen[955] Regelung des Einzelfalls.

Weiter ist zu fragen, ob sich diese Unterscheidung für das Normsetzungsermessen erübrigt. Dies ist anzunehmen, wenn die Differenzierung exklusiv auf Einzelakte zutrifft. Zweifel an Letzterem kommen auf, wenn man sich die weiteren Kontrollbehörden neben der Judikative vor Augen führt. Aufsichtsbehörden haben auch bei untergesetzlichen Normen eine außergerichtliche Prüfungs- bzw. Beanstandungskompetenz.[956] Sie haben mitunter eine andere Verwerfungskompetenz als die Gerichte vorzuweisen. Denn sie dürfen in bestimmten Bereichen auch Erwägung der Zweckmäßigkeit einbeziehen (vgl. Art. 109 Abs. 2 GO i.V.m. Art. 116 Abs. 1 GO).[957] Im Rahmen der Selbstverwaltung beschränkt sich die Aufsicht wiederum

---

[951] Gesetz zur Ausführung der Verwaltungsgerichtsordnung des Freistaates Bayern, i.d.F. der Bekanntmachung v. 20.6.1992
GVBl. S. 162.
[952] *Riese* in Schoch/Schneider, VwGO, § 114 Rn. 15; *Ruthig* in Kopp/Schenke, VwGO, § 114 Rn. 1; *Wolff* in Sodan/Ziekow, § 114 Rn. 26 ff; BVerwGE 75, 86 (89), NJW 1987, S. 856.
[953] So jedenfalls *Alexy,* JZ 1986, S. 706.
[954] Vgl. vor allem *Peters*, Nachprüfung von Verwaltungsakten, S. 4; *Held* in Göttinger Arbeitskreis, Festschrift für Herbert Kraus, S. 135.
[955] Vgl. *Ruthig* in Kopp/Schenke, VwGO, § 114 Rn. 1.
[956] Vgl. allgemein hierzu *Suerbaum* in Dietlein/ders., BeckOK Kommunalrecht Bayern, Art. 108 Rn. 1 ff.
[957] *Suerbaum* in Dietlein/ders., BeckOK Kommunalrecht Bayern, Art. 109 Rn. 19 ff.; vgl. auch *Zuleeg*, DVBl. 1970, S. 162; Übersicht zu den anderen Bundesländern auch bei *Hill* in Ständige De-

auf die Rechtsaufsicht (vgl. Art. 28 Abs. 2 GG, Art. 109 Abs. 1 GO i.V.m. Art. 110 GO).[958] Dies ändert jedoch nichts daran, dass auch bei untergesetzlichen Normen nicht gerichtlich kontrollfähige Ermessensfehler denkbar sind. Eine Differenzierung bzw. Eingrenzung des Untersuchungsgegenstandes auf justitiable Fehler ist damit auch hier angezeigt. Gegenstand der weiteren Untersuchung sind ausgehend hiervon justitiable Fehler, die den spezifischen Ermessensvorgang bzw. das Ergebnis dieses Vorgangs betreffen.[959]

IV. Bedenken gegen eine Übertragung der Ermessensfehlerlehre

Diskutiert wird nach wie vor, ob die Ermessensfehlerlehre exklusiv den Einzelakten vorbehalten bleiben soll oder ob sie bzw. einzelne Elemente auch auf die Normsetzung übertragbar sind. [960] Der Meinungsstand lässt sich grundsätzlich in vier verschiedene Auffassungen gliedern:[961] Man kann erstens der Ansicht sein, Normsetzung und Rechtsetzung in Form von Einzelakten seien streng voneinander zu trennen, weshalb man für die Normsetzung ein eigenes Kontrollsystem entwickelt.[962] Zweitens ist es aber auch denkbar aus einer Trennung von Normsetzung und Einzelaktrechtsetzung zu dem Schluss zu kommen, es bedürfe keiner eigenen Fehlerlehre für die Rechtsnormen, vielmehr genüge eine eingeschränkte Prüfung der gesetzlichen Grenzen und insbesondere eine Prüfung anhand von Art. 3 Abs. 1 GG.[963] Geht man von einer mehr oder minder bestehenden Kongruenz des Ermessens bei Einzelakten und untergesetzlichen Normen aus, so kann man drittens auch zu dem Ergebnis der Anwendung einer gemeinsamen Ermessensfehlerlehre gelangen.[964] Einen Mittelweg findet viertens, wer einige Ermessenfehler auch für

---

putation I, 58. Deutscher Juristentag, S. D 28; *Maurer* in Biernat/Hendler/Schoch/Wassilewski, Grundfragen des Verwaltungsrechts, S. 69, S. 74.
[958] *Suerbaum* in Dietlein/ders., BeckOK Kommunalrecht Bayern, Art. 109 Rn. 12.
[959] Vgl. auch *Alexy*, JZ 1986, S. 707; *Bleckmann*, Ermessensfehlerlehre, S. 1 ff.; *Jestaedt* in Erichsen/Ehlers, Allgemeines Verwaltungsrecht, S. 374, der allerdings im Einzelnen weniger differenziert vorgeht.
[960] Vgl. nur *v. Danwitz*, Die Gestaltungsfreiheit des Verordnungsgebers, S. 177 ff.; *Möstl*, AöR 126 (2001), S. 657 als Anmerkung zu *Weitzel*, Rechtsetzungsermessen; *Ossenbühl*, NJW 1986, S. 2809.
[961] Überblick auch bei *Zuleeg*, DVBl. 1970, S. 157.
[962] *Ossenbühl* in Recht als Prozess und Gefüge, Festschrift für Hans Huber, S. 288 ff.; *Ossenbühl* in Bund Deutscher Verwaltungsrichter, 8. Deutscher Verwaltungsrichtertag, S. 121 ff.
[963] Vgl. *Wortmann*, NwVBl. 1989, S. 345.
[964] *Obermayer*, BayVBl. 1975, S. 262 ff.; *Jellinek*, Gesetz, Gesetzesanwendung und Zweckmäßigkeitserwägung, S. 225; zumindest für das Verordnungsermessen: *Westbomke*, Anspruch auf Er-

die Normsetzung übernimmt und sie gegebenenfalls – wo nötig – um weitere Fallgruppen fortschreibt bzw. einschränkt.[965]

Der vermittelnde Ansatz scheint am ehesten mit den vorherigen Erkenntnissen d'accord zu gehen. Denn die bisherigen Ergebnisse kamen zu dem Schluss, dass sowohl das Einzelaktsermessen als auch das Ermessen beim Erlass untergesetzlicher Normen unter einen Ermessensbegriff zu fassen sind und den Unterkategorien des Konkretisierungsspielraums bzw. des Rechtsfolgenermessens zuordenbar sind. Dieser Umstand deutet zunächst darauf hin, dass gewisse Fehler bei allen Rechtsformen auftauchen können.[966]

Hiergegen richtet sich insbesondere die ständige Rechtsprechung des BVerwG, dessen grundlegende Bedenken gegen einen Transfer adressiert werden sollen. Das BVerwG postuliert bei der Kontrolle untergesetzlicher Normsetzung stets, dass eine Kontrolle des Abwägungsvorgangs grundsätzlich nicht stattfinde.

Um die unterschiedlichen Kontrollansätze zu verdeutlichen, bietet es sich an, auf die treffliche Umschreibung des BVerwG im Zusammenhang mit dem Gebot der gerechten Abwägung im Planungsrecht einzugehen. Hier spricht das BVerwG von zwei verschiedenen Seiten der (planerischen) Abwägung:[967] Mit den Worten „Abwägen als Vorgang" umschreibt das BVerwG die eine Seite, bei der es darauf ankäme, dass eine Abwägung überhaupt stattfinde unter Einstellung bestimmter Interessen. Die andere Seite sei davon strikt zu trennen und beinhalte das Abwägungsergebnis, also das, „was beim Abwägungsvorgang ‚herauskommt'."[968] Grundsätzlich zurecht stellt das BVerwG auf die unterschiedlichen Auswirkungen der Kontrollperspektive ab: Ein spezifisches Ergebnis kann ein bestimmtes Interesse wahren, auch wenn das Interesse im Vorgang übersehen wurde. Umgekehrt kann die Berücksichtigung eines Belangs nicht sicherstellen, dass auch das Ergebnis interessengerecht ist.[969]

---

lass von Rechtsverordnungen S. 48; *Zuleeg*, DVBl. 1970, S. 159; im Wesentlichen auch *Thomé-Kozmiensky*, Die Verpackungsverordnung, S. 49.
[965] Vgl. *Herdegen*, AöR 114 (1989), S. 636 ff.; *Richter*, Erlass von Rechtsverordnungen und Satzungen, S. 46 ff. in diese Richtung auch *Möstl* in Erichsen/Ehlers, Allgemeines Verwaltungsrecht, S. 637.
[966] Im Ergebnis – mit anderer Begründung: *Herdegen*, AöR 114 (1989), S. 637; vgl. auch *Weitzel*, Rechtsetzungsermessen, S. 133; vgl. auch *Möstl* in Erichsen/Ehlers, Allgemeines Verwaltungsrecht, S.637.
[967] BVerwG, Urt. v. 20.10.1972 – IV C 14.71, BVerwGE 41, 67-72.
[968] BVerwG, Urt. v. 20.10.1972 – IV C 14.71, juris Rn. 17; vgl. auch schon BVerwG, Urt. v. 12.12.1969 – BVerwG IV C 105.66, BVerwGE 34, 301 (309).
[969] BVerwG, Urt. v. 20.10.1972 – IV C 14.71, juris Rn. 17; vgl. auch schon BVerwG, Urt. v. 12.12.1969 – BVerwG IV C 105.66, BVerwGE 34, 301 (309).

Nach ständiger Rechtsprechung des BVerwG, weiterer Obergerichte[970] und weiten Teilen der Literatur[971] ist nur das Ergebnis der untergesetzlichen Rechtsetzung auf Verfassungs- bzw. Rechtmäßigkeit hin zu überprüfen. Eine Kontrolle des Abwägungsvorgangs wird nach dieser Ansicht nur vorgenommen, wenn eine einfachrechtliche Regelung eine Kontrolle des Abwägungsvorgangs vorsieht, wie es bei der im Laufe der Pandemie geschaffenen gesetzlichen Abwägungsverpflichtung im Rahmen von § 28a Abs. 3 IfSG der Fall ist.[972] Derartige gesetzliche Vorgaben hinsichtlich des Abwägungsvorgangs finden sich häufig auch im Planungsrecht. Letzteres ist zum Beispiel im Bauplanungsrecht der Fall, in dessen Rahmen die Abwägungsfehlerlehre etabliert wurde. Der von der Rechtsprechung etablierte Grundsatz muss allerdings vor allem deshalb als kritisch gesehen werden, weil er erstens selbst nicht konsistent durchgehalten wird, was zunächst anhand der Rechtsprechung rezipiert werden soll (1.-3.). Daneben gibt es zweitens allgemeine Bedenken gegen den Grundsatz (4.).

1. Wegweisende Entscheidung im Kapazitätsrecht vom 13.12.1984

a) Postulierter Grundsatz: Keine Kontrolle der Motivation des Normgebers
Eine Entscheidung, in der sich das BVerwG in besonders großem Umfang grundlegend mit den Kontrollmechanismen der untergesetzlichen Normsetzung beschäftigt hat, findet sich im Kapazitätsrecht.[973] Die Entscheidung kreist im Wesentlichen um die Frage, inwieweit die Rechtsprechung die Kapazitätsberechnung der neuen zahnmedizinischen Studienplätze im Rahmen einer landesrechtlichen Kapazitätsverordnung (KapVO) überprüfen darf. Konkret ging es um die Frage, ob § 9 Abs. 3 S. 2 Nr. 2 lit. c KapVO V. des Landes Nordrein-Westfalen[974] gegen höherrangiges Recht verstieße. Diese Vorschrift sah eine kapazitätsmindernde Wirkung dadurch vor, dass Studienplätze je nach Personalbedarf für die örtliche Krankenversorgung

---

[970] BVerwGE 70, 318 (335); NVwZ 2007, 958 f.; BVerwG, Beschl. v. 3.5. 1995 - BVerwG 1 B 222.93; BVerwG, Urt. v. 26.4.2006 - BVerwG 6 C 19.05, BVerwGE 125, 384 (386); BVerwG, Urt. v. 28.11.2007 – 9 C 10/07, juris Rn. 33; BayVBl. 2012, 146; BayVBl. 2013, 761; OVG Münster Urt. v. 19.8.2015 - 13 A 1445/14, BeckRS 2015, 52792 Rn. 32, NVwZ 2015, 220 (223); VGH Mannheim, Urt. v. 6.3.2018 – 6 S 1168/17; zuletzt auch BayVGH, Beschl. v. 4.10.2021 – 20 N 20.767, juris Rn. 65.
[971] *Badura* in Scheuner/v. Münch, Gedächtnisschrift für Wolfgang Martens, S. 32; *v. Danwitz*, Die Gestaltungsfreiheit des Verordnungsgebers, S. 201 f.; *Herdegen*, AöR 114 (1989), S. 637; *Lange*, DVBl. 2017, S. 933 ff.; *Möstl* in Erichsen/Ehlers, Allgemeines Verwaltungsrecht, S. 639; *Ossenbühl*, JZ 2003, S. 96; *Sendler*, DVBl. 2002, S. 1412; *Voßkuhle*, JuS 2008, S. 117.
[972] In der ab 19.11.2020 geltenden Fassung durch Artikel 1 G. v. 18.11.2020 BGBl. I S. 2397.
[973] BVerwG, Urt. v. 13.12.1984 – 7 C 3/83, BVerwGE 70, 318-329.
[974] V. 1.4.1980, GV NW S. 456; zum Hochschulrahmengesetz als Ermächtigungsgrundlage: v. 26.1.1976, BGBl. I S. 185.

abgezogen wurden.[975] Um dies rechnerisch einheitlich umzusetzen, stellte der Normgeber auf die sog. poliklinischen Neuzugänge (PNZ) ab, welche die Anzahl der täglichen ambulanten Kontakte pro Jahr abbilden.[976] Überschritt die PNZ demnach einen bestimmten Wert (Sockelwert),[977] bewirkte dies den Abzug einer Lehrstelle an den jeweiligen Hochschulen. Dieser Sockelwert wurde in der angegriffenen KapVO V. herabgesetzt, sodass im Ergebnis eine geringe Anzahl an PNZ einen Abzug von Lehrstellen bewirkte.

Diese Kapazitätsminderung bezeichnet das BVerwG als rechtfertigungsbedürftig. Der Grund für das Rechtfertigungsbedürfnis ist einleuchtend: Eine Einschränkung der zuzulassenden Studierenden greift in das Recht der Berufsfreiheit (Art. 12 Abs. 1 GG) der Betroffenen ein, die auf diese Weise keinen Hochschulplatz mehr erhalten.[978] Hieraus leitet sich das Gebot der Kapazitätsausschöpfung ab. Der Abwägungsvorgang sei dabei nicht kontrollfähig, weil die Rechtsprechung zum Planungsrecht,[979] welche durch ein „dichtere[s], den Abwägungsvorgang einbeziehende[s] Kontrollnetz" geprägt sei, nicht auf die Kapazitätskontrolle von normierten Parametern übertragen werden könne.[980]

b) Die eigentliche Methodik des BVerwG

Auf die Begründung dieser Unterscheidung wird sogleich bei den Bedenken gegen den Grundsatz der Rechtsprechung einzugehen sein (4.). Neben den zweifelhaften Prämissen geht aus der Entscheidung insbesondere die mangelnde Konsistenz des BVerwG bei der Einhaltung seines eigens aufgestellten Grundsatzes hervor. Denn auf die fehlende Kontrolle des Abwägungsvorgangs verweist es bei der Frage, ob die kapazitätsmindernde Herabsetzung des Sockelwerts auf die darin liegenden hochschulpolitischen Wertungen überprüft werden kann. Die Wertung liegt vorliegend darin, dass dem Lehrpersonal durch den herabgesetzten Sockelwert fortan eine Fort- und Weiterbildungszeit zugebilligt wird, welche die Lehrzeiten des Lehrpersonals verkürzt und damit die Kapazitäten verringert.[981] Obwohl das BVerwG dabei postuliert, man könne die zugrunde liegenden Wertungen nicht wie im Planungsrecht überprüfen,[982] geht es dennoch ohne Weiteres auf die Begründung für

---

[975] Vgl. zur Sinnhaftigkeit aus der Perspektive der Lehre: *Henseler*, ZG 1986, S. 76 ff.
[976] BVerfG, Beschl. v. 9.3.1992 – 1 BvR 413/85, juris Rn. 29 ff.; OVG Bautzen, Beschl. v. 23.6.2021 – 2 B 43/21.NC, juris Rn. 11 ff.; VG Berlin, Beschl. v. 21.1.2022 – 30 L 575/21, juris Rn. 46.
[977] BVerwG, Urt. v. 13.12.1984 – 7 C 3/83, juris Rn. 14.
[978] Allgemein zu Zulassungsbeschränkungen: BVerfG, Beschl. v. 3.6.1980 - 1 BvR 967/78, BVerfGE 54, 173 (191).
[979] Vgl. nur BVerwGE 34, 301 (309).
[980] BVerwG, Urt. v. 13.12.1984 – 7 C 3/83, BVerwGE 70, 318 ff., juris Rn. 21 a.E.
[981] BVerwG, Urt. v. 13.12.1984 – 7 C 3/83, BVerwGE 70, 318 ff., juris Rn. 18 ff.
[982] BVerwG, Urt. v. 13.12.1984 – 7 C 3/83, BVerwGE 70, 318 ff., juris Rn. 21.

diese hochschulpolitische Entscheidung ein, die sich unter anderem auf die der Verordnung zugrundliegenden Materialien der Zentralstelle für die Vergabe von Studienplätzen bezieht: Die im Vergleich zu anderen Fachrichtungen vermehrte Fortbildung erscheint dem Gericht dabei aus hochschulpolitischer Sicht „unumgänglich notwendig", um die Funktionsfähigkeit der Kliniken und die Krankenversorgung aufrecht erhalten zu können.[983] Diese Entscheidung beinhalte daher das fachkundige Urteil des Expertengremiums in Form der Zentralstelle für die Studienplatzvergabe, das als Orientierung dienen könne.[984]

Der Normgeber sei überdies bei seiner Normierung nicht ausschließlich darauf verwiesen, wissenschaftsübergreifend die Arbeitszeiten des Lehrpersonals gleichmäßig zu verteilen, ohne dienstliche, personelle bzw. fachliche Belange der jeweiligen Sparte zu berücksichtigen. Eine unzureichende Kapazitätsschöpfung liege vielmehr nur dann nahe, wenn die Gestaltung der Dienstverhältnisse ähnlich ist und dennoch eine ungleiche Lehrbelastung erfolge.[985] Die Entscheidung hinsichtlich des Umfangs der Minderung in Bezug auf die Lehrverpflichtung müsse dabei dem politisch verantwortlichen Verordnungsgeber überlassen bleiben. Das Gericht dürfe diese hochschulpolitische Entscheidung nicht korrigieren. Methodisch beschränkt sich das Gericht damit freilich gerade nicht auf das Abwägungsergebnis, sondern bezieht die Erwägungen des Normgebers selbstverständlich mit ein, indem es die Motivation der Berücksichtigung vermehrter Fortbildung im zahnmedizinischen Bereich wertend betrachtet. Was das Gericht allerdings tatsächlich reduziert, ist die *Kontrolldichte*, indem bei der hochschulpolitischen Entscheidung eine Zurücknahme der Korrekturmöglichkeiten etabliert wird. Die eigentlich vorgenommene Zurücknahme der Kontrolldichte zeigt sich auch daran, dass das BVerwG eine Parallele zur Kontrolle von Prognoseentscheidungen ablehnt.

Die Kontrolle des Abwägungsvorgangs wird an einem weiterem Punkt nachvollziehbar: Das BVerwG sieht die rechtfertigenden Gründe für die Herabsetzung des Sockelwerts in zwei Faktoren, welche es der Motivation des Verordnungsgebers entnimmt. Der Sache nach werden bereits an dieser Stelle die Erwägungen des Normgebers kontrolliert, die insofern als „einleuchtend" bezeichnet werden.[986] Das BVerwG beschränkt sich gerade nicht auf die objektive Rechtfertigung der Kapazitätsminderung: Einerseits wird nämlich die Intention des Verordnungsgebers in Bezug genommen, die Ausbildungssituation im Studiengang Zahnmedizin zu verbessern, die von den beteiligten Fachkreisen nachdrücklich beklagt worden

---

[983] BVerwG, Urt. v. 13.12.1984 – 7 C 3/83, BVerwGE 70, 318 ff., juris Rn. 19.
[984] Vgl. auch BVerfGE 66, 155 (180).
[985] BVerwG, Urt. v. 13.12.1984 – 7 C 3/83, BVerwGE 70, 318 ff., juris Rn. 20.
[986] BVerwG, Urt. v. 13.12.1984 – 7 C 3/83, BVerwGE 70, 318 ff., juris Rn. 14.

ist.[987] Andererseits solle der neue Sockelwert eine geänderte Erfassung des Aufwands für Krankenversorgung im Rahmen der Deputatsermittlung Berücksichtigung finden.[988] Letzteres ergibt sich daraus, dass die vorherigen KapVO (III. und IV.) den Sockelwert der PNZ vom Gesamtaufwand der Krankenversorgung abhängig machten.[989] Hiergegen richtete sich allerdings die Kultusministerkonferenz 1977, in deren Rahmen ein Abstellen auf die spezifischen Verhältnisse der Zahnmedizin abgelehnt wurde, zugunsten einer einheitlichen Deputatsbestimmung sämtlicher Fachrichtungen.[990]

Das BVerwG kritisiert dabei, dass der alte Sockelwert, welcher sich noch aus dem Gutachten der sog. Marburger Analyse I ergab, nicht im zeitlichen Zusammenhang mit der genannten Kultusministerkonferenz ersetzt wurde.[991] Der neue Sockelwert der PNZ werde vielmehr erst rund drei Jahre später eingeführt und läge deutlich höher, als der Wert, der sich nach einer gleichmäßigen Deputatsbestimmung unabhängig von der Fachrichtung ergäbe.[992] Aus Sicht des BVerwG entsteht hierdurch der Eindruck, der Verordnungsgeber habe in Wirklichkeit die Entlastung des Personals von Lehraufgaben bezweckt.[993] An dieser Stelle wird davon ausgegangen, dass eine solche Zweckverfolgung den zulässigen Gestaltungsspielraum des Verordnungsgebers zu Lasten der Kapazitätsschöpfung überschreite.[994] Diese Annahme geht allerdings nicht mit der postulierten Annahme d'accord, die subjektiven Erwägungen des Verordnungsgebers führten nicht zur Rechtswidrigkeit der Norm.[995] Der Verdacht, der Normgeber habe den Abzug für den Aufwand der Krankenversorgung unverhältnismäßig erhöht, sieht das Gericht nur deshalb als ausgeräumt an, weil der ursprüngliche Sockelwert auf der Basis des Rechenmodells der Marburger Analyse I einen Ableitungsfehler enthielt.[996]

Eine Prüfung der subjektiven Erwägungen wird durch das BVerwG auch insofern vorgenommen, als die Nichtigkeit von § 9 Abs. 3 Satz 2 Nr. 2 Buchst. c KapVO V aufgrund einer Verletzung von Art. 3 Abs. 1 GG i.V.m. Art. 12 Abs. 1 GG bzw. dem Sozialstaatsgebot sowie dem Rechtsstaatsgebot durch die Begründung des neuen

---

[987] BVerwG, Urt. v. 13.12.1984 – 7 C 3/83, BVerwGE 70, 318 ff., juris Rn. 14; vgl. *Krieger*, Ausbildungsprobleme in der Zahnmedizin, S. 1 ff.
[988] BVerwG, Urt. v. 13.12.1984 – 7 C 3/83, BVerwGE 70, 318 ff., juris Rn. 14.
[989] BVerwG, Urt. v. 13.12.1984 – 7 C 3/83, BVerwGE 70, 318 ff., juris Rn. 15.
[990] BVerwG, Urt. v. 13.12.1984 – 7 C 3/83, BVerwGE 70, 318 ff., juris Rn. 14 f.
[991] BVerwG, Urt. v. 13.12.1984 – 7 C 3/83, BVerwGE 70, 318 ff., juris Rn. 16.
[992] BVerwG, Urt. v. 13.12.1984 – 7 C 3/83, BVerwGE 70, 318 ff., juris Rn. 16.
[993] BVerwG, Urt. v. 13.12.1984 – 7 C 3/83, BVerwGE 70, 318 ff., juris Rn. 16.
[994] BVerwG, Urt. v. 13.12.1984 – 7 C 3/83, BVerwGE 70, 318 ff., juris Rn. 16.
[995] BVerwG, Urt. v. 13.12.1984 – 7 C 3/83, BVerwGE 70, 318 ff., juris Rn. 20 ff.
[996] BVerwG, Urt. v. 13.12.1984 – 7 C 3/83, BVerwGE 70, 318 ff., juris Rn. 16 mit Verweis auf das nicht veröffentlichte Urteil: VG Hamburg, Urt. v. 29.10.1980 - XII VG Z 1750/80.

Sockelwerts geprüft wird. Auch hierbei wird der Grundsatz wiederholt, es käme unabhängig von der Rechtsmaterie auf den Norminhalt, also den Rechtssatz selbst an. Kontrollgegenstand sei nicht die Begründung der zur Prüfung gestellten Norm.[997] Auf die konsequente Begründung des Normgebers[998] oder eine subjektive Willkür käme es nicht an, sondern nur darauf, ob das objektive Ergebnis verfassungswidrig sei, weil es hinsichtlich der zur regelnden Situation unangemessen ist. Die Kontrolle auch von zahlenförmigen Kapazitätsregelungen dürfe daher nicht in eine „Begründungskontrolle" münden.[999] Die Begründung diene daher nur als Argumentationshilfe des Normgebers. Für die Rechtmäßigkeit käme es daher nicht auf die sachlogische Richtigkeit der Ableitung der Parameter an, weil diese Ableitungsformeln zum einen auf Modellen beruhen und die Parameter zum anderen ebenfalls ein Kompromiss in Form einer „politischen Setzung" seien.[1000]

Einerseits verkennt das BVerwG die Bedeutung der Begründung von Ableitungen der Parameter im Zusammenhang mit dem Kapazitätsrecht. Würde man die fehlende Kontrollmöglichkeit der zugrunde gelegten Erwägungen konsequent im Falle des Kapazitätsrechts umsetzen, so stellte sich die Frage, wie das Gericht das Ergebnis des Entscheidungsprozesses überhaupt überprüfen könnte. Andererseits hält die Ablehnung einer Kontrolle der Begründung das BVerwG nicht davon ab, eine fehlerhafte oder gar fehlende Ableitung als Indiz für eine Verletzung der Kapazitätsausschöpfung heranzuziehen.[1001] Außerdem begrenzt das Gericht das Ermessen des Verordnungsgebers bei der Wahl entsprechendes Modell durch die Voraussetzungen der rationalen Rechtsetzung.[1002]

Das BVerwG setzt sich daher wiederholt zu seinen eigenen Grundsätzen in Widerspruch. Obwohl es die Kontrolle des Abwägungsvorgangs und der subjektiven Erwägungen ablehnt, geht das Gericht immer wieder auf die konkreten Erwägungen ein und prüft sie auf offensichtliche Fehler. Was das BVerwG daher der Sache nach zurecht vornimmt, ohne dies ausdrücklich zu benennen, ist eine Kontrolle des Abwägungsvorgangs – und nicht nur des Norminhalts – unter Anwendung einer zu-

---

[997] BVerwG, Urt. v. 13.12.1984 – 7 C 3/83, BVerwGE 70, 318 ff., juris Rn. 32; so auch VGH Mannheim, Urt. v. 1.9.1982 - NC 9 S 1696/81, NVwZ 1983, 369.
[998] Vgl. *Schlaich*, VVDStRL 39 (1981), S. 195.
[999] BVerwG, Urt. v. 13.12.1984 – 7 C 3/83, BVerwGE 70, 318 ff., juris Rn. 33.
[1000] BVerwG, Urt. v. 13.12.1984 – 7 C 3/83, BVerwGE 70, 318 ff., juris Rn. 33 f.; a.A. OVG Koblenz, Urt. v. 7.4.1983 - NC 1 A 24/82, KMKHSchR 1984, 367 (Revisionsverf. BVerwG 7 C 63.83); VGH Mannheim Urt. v. 10. 11. 1983 - NC 9 S 883/83, KMKHSchR 1984, 690 (Revisionsverf. BVerwG 7 C 16.84).
[1001] BVerwG, Urt. v. 13.12.1984 – 7 C 3/83, BVerwGE 70, 318 ff., juris Rn. 37; vgl. auch VG Berlin, Urt. v. 5.7.1984 - 3 A 729/81, KMKHSchR 1985, 241.
[1002] BVerwG, Urt. v. 13.12.1984 – 7 C 3/83, BVerwGE 70, 318 ff., juris Rn. 35.

rückgenommen Kontrolldichte bezüglich der dem Ermessen innewohnenden politischen Entscheidung.

c) Ansicht des BVerfG

Das BVerfG widerspricht dieser zurückhaltenden Kontrolle durch das BVerwG und insbesondere der – zumindest postulierten – grundsätzlich fehlenden Kontrollmöglichkeit des Abwägungsvorgangs.[1003] Wenn der Staat mit öffentlichen Mitteln Ausbildungseinrichtungen schaffe, müsse er auch Bürgern, die die subjektiven Zulassungsvoraussetzungen erfüllen, einen freien und gleichen Zugang hierzu gewähren (Art. 12 Abs. 1 GG i.V.m. Art. 3 Abs. 1 GG).[1004] Zulassungsbeschränkungen müssten strenge formelle wie materielle Voraussetzungen erfüllen, indem sie unter anderem der Funktionsfähigkeit der Universitäten dienen und die Ausschöpfung sämtlicher Kapazitäten berücksichtigen.[1005] Die Art und Weise der Kapazitätsermittlung wird dabei als Kern des Zulassungswesens identifiziert.[1006] Diese Ermittlung sei zwar von Wertungen abhängig, was aber nicht zu einem uneingeschränkten Freiraum des Normgebers führen würde. Vor allem für die Konkretisierung von Grundrechten müssten die wesentlichen Erfahrungen und Erkenntnisse Berücksichtigung finden.[1007] Das BVerfG stellt damit nicht nur auf die objektive Willkürfreiheit des Ergebnisses ab, sondern fordert nachprüfbare Kriterien für die Kapazitätsermittlung.[1008] Folgerichtig überprüft das BVerfG daher die zugrunde gelegten Berechnungsmethoden und die Erwägungen des Normgebers hinsichtlich der Kapazitätsminderung durch die Belastung des Personals bei der Krankenversorgung, die es als „berechtigten Zweck" der Regelung anerkennt.[1009]

Daneben müsse aber auch der genaue Umfang der Kapazitätsminderung vollständig unter dem Aspekt der Kapazitätsauslastung kontrolliert werden. Da das Gebot der Kapazitätserschöpfung keine genauen Berechnungsmethoden vorschreibe, müsse der Normgeber eine Abwägung treffen zwischen dem Zugangsrecht der Bewerber (Art. 12 Abs. 1 GG) einerseits und der Funktionsfähigkeit der Hochschulen (Art. 5 Abs. 3 GG) bzw. des Ausbildungsbedürfnisses der bereits zugelassenen

---

[1003] Vgl. BVerfG, Beschl. v. 22.10.1991 – 1 BvR 393/85, BVerfGE 85, 36-68.
[1004] Grundlegendes hierzu: BVerfGE 33, 303 (331 f.).
[1005] BVerfG, Beschl. v. 22.10.1991 – 1 BvR 393/85, BVerfGE 85, 36 ff., juris Rn. 65 a.E.; BVerfGE 54, 173 (191).
[1006] BVerfG, Beschl. v. 22.10.1991 – 1 BvR 393/85, BVerfGE 85, 36 ff., juris Rn. 66.
[1007] Vgl. BVerfGE 54, 173 (197 f.); BVerfGE 66, 155 (179 f.)
[1008] BVerfG, Beschl. v. 22.10.1991 – 1 BvR 393/85, BVerfGE 85, 36 ff., juris Rn. 66 a.E.; vgl. auch BVerfGE 33, 303 (340 f.).
[1009] BVerfG, Beschl. v. 22.10.1991 – 1 BvR 393/85, BVerfGE 85, 36 ff., juris Rn. 70; vgl. auch schon BVerfGE 33, 303 (341); BVerfG, Urt. v. 6.11.1975 - 1 BvR 358/75, BVerfGE 40, 352 ff.; BVerfG, Urt. v. 13. 10.1976 - 1 BvR 135/75, BVerfGE 43, 34 ff.

Studierenden (Art. 12 Abs. 1 GG) andererseits. Dem Verordnungsgeber käme dabei ein wesentlicher Gestaltungsraum zugute, der aber dem Gebot der rationalen Abwägung gerecht werden müsse.[1010]

Das BVerfG stellt insofern an die konkreten Erwägungen Anforderungen, indem der Normgeber von aktuellen Erfahrungen und Erkenntnissen ausgehen müsse, um die Kapazitätsminderung so gering wie möglich zu halten.[1011] Die Kontrolle durch die Rechtsprechung müsse sich auch hierauf beziehen,[1012] weshalb konsequenterweise eine Darlegungspflicht des Verordnungsgebers hinsichtlich der die Abwägung bestimmenden Wertungen und Annahmen gefordert wird.[1013] Die Entstehung der Norm muss dementsprechend rekonstruierbar sein, weshalb Begründungsfehler bzw. -lücken als Indiz für die Verletzung des Gebots der Kapazitätsauslastung gewertet werden.[1014] Das BVerfG legt damit maßgeblich Wert auf den Abwägungsvorgang. Da dieser gerade bei kapazitätsregelnden Normen kaum erkennbar sei, käme der Darlegungspflicht eine besondere Bedeutung zu.[1015]

Hieraus ergibt sich, dass das BVerfG den Abwägungsvorgang – anders als das BVerwG – nicht prinzipiell von der Kontrolle ausnehmen will. Die daraus resultierende Darlegungsbedürfnis des Normgebers hängt mit der geregelten Sachmaterie zusammen. Da dies und die Frage nach der Reichweite des Freiraums des Verordnungsgebers aber Fragen der Kontrolldichte sind, ist hierzu später ausführlicher Stellung zu nehmen (siehe G. IV.). An dieser Stelle soll vor allem festgehalten werden, dass eine Kontrolle des Abwägungsvorgangs vom BVerfG in diesem grundrechtsrelevanten Bereich gefordert wird.

2. Fortführung des angeblichen Grundsatzes des BVerwG

In weiteren Entscheidungen zur Regelung der Beitragsordnung der Handwerkskammer wiederholt das BVerwG die aufgestellten Grundsätze und lehnt eine Kontrolle der zugrunde liegenden Motivation des untergesetzlichen Normgebers

---

[1010] BVerfG, Beschl. v. 22.10.1991 – 1 BvR 393/85, BVerfGE 85, 36 ff., juris Rn. 73.
[1011] BVerfG, Beschl. v. 22.10.1991 – 1 BvR 393/85, BVerfGE 85, 36 ff., juris Rn. 73 a.E.
[1012] Vgl. BVerfGE 54, 173 (197); 66, 155 (179 f.).
[1013] BVerfG, Beschl. v. 22.10.1991 – 1 BvR 393/85, BVerfGE 85, 36 ff., juris Rn. 74.
[1014] BVerfG, Beschl. v. 22.10.1991 – 1 BvR 393/85, BVerfGE 85, 36 ff., juris Rn. 74; so wohl auch BVerwG, NVwZ 1987, S. 682 (684).
[1015] BVerfG, Beschl. v. 22.10.1991 – 1 BvR 393/85, BVerfGE 85, 36 ff., juris Rn. 75.

ab.[1016] Streitgegenständlich waren als Satzungen erlassenen Beitragsordnungen der Handelskammer[1017] auf Grundlage von § 113 Abs. 1, 2 HwO.[1018]

a) Entscheidung aus dem Jahre 1995

In der älteren Entscheidung war im Wesentlichen entscheidend, ob die Festlegung der Beitragsmaßstäbe in der Satzung deshalb ermessensfehlerhaft war, weil der Satzungsgeber keine schriftliche Kalkulation vorlegte und die Kalkulationsgrundlagen nicht erläuterte.[1019] Das BVerwG lehnte die Rechtswidrigkeit ab. Es stellte auf den angeblich in der obergerichtlichen Rechtsprechung gesicherten Grundsatz ab, dass es nur auf das Ergebnis der untergesetzlichen Normsetzung ankäme, nicht aber auf die zugrunde liegende Motivation.[1020] Die Entscheidungsfreiheit sei eine Ausprägung des mit exekutiven Rechtsetzungsakten verwobenen normativen Ermessens. Hierdurch wird im Übrigen auch deutlich, dass das BVerwG an dieser Stelle von einem engeren Begriff der Rechtserzeugung ausgeht als die hiesige Untersuchung. Die Rechtswidrigkeit der Norm ergebe sich erst, wenn die Regelung vor dem Hintergrund des Zwecks der Ermächtigung „schlechterdings unvertretbar oder unverhältnismäßig ist",[1021] weshalb sich die gerichtliche Kontrolle auf die Überschreitung der äußersten Grenze der Rechtsetzungsbefugnis beschränke.[1022] Eine leicht andere Tonalität wählt der BayVGH, der das Normsetzungsermessen auf die Überschreitung der gesetzlichen Grenzen überprüfen will und, ob „die Normsetzung als solche willkürlich, d.h. ihre Unsachlichkeit evident ist."[1023]

Die persönlichen Erwägungen der an der Satzungsgebung beteiligten Personen sei daher nicht entscheidend für die rechtliche Bewertung der Norm. Ausdrücklich wird daher eine Übertragung der Grundsätze der Kontrolle von Verwaltungsakten[1024] sowie eine allgemeine Begründungspflicht abgelehnt.[1025] Diese Grundsätze auf § 113 Abs. 1, 2 HwO übertragend geht das BVerwG von einer Ermächtigung des Satzungsgebers aus, bei welcher der parlamentarische Gesetzgeber dem Sat-

---

[1016] BVerwG, Beschl. v. 3.5.1995 – 1 B 222/93; BVerwG, Beschl. v. 7.6.1996 – 1 B 127/95, juris Rn. 10; BVerwG, Urt. v. 26.4.2006 – 6 C 19/05, BVerwGE 125, 384-397; vgl. auch schon OVG Münster, Urt. v. 15.9.1993 – 25 A 1714/92.
[1017] Diese werden von der obersten Landesbehörde errichtet, § 90 Abs. 5 Satz 1 HwO.
[1018] Handwerksordnung, Gesetz zur Ordnung des Handwerks i.d.F. v. 24.9.1998, BGBl. I S. 3074, ber. 2006 S. 2095.
[1019] BVerwG, Beschl. v. 3.5.1995 – 1 B 222/93, juris Rn. 4; hierauf verweisend auch BVerwG, Beschl. v. 30.4.2003 – 6 C 6.02, BVerwGE 118, 128, juris Rn. 66.
[1020] BVerwG, Beschl. v. 3.5.1995 – 1 B 222/93, juris Rn. 5 mit Verweis auf BVerwGE 70, 318 (335).
[1021] BVerwG, Beschl. v. 3.5.1995 – 1 B 222/93, juris Rn. 5.
[1022] Vgl. auch schon BVerwGE 80, 355 (370); vgl. auch BVerfGE 45, 142 (162 f.).
[1023] BayVGH, Beschl. v. 1. 2. 2007 – 4 ZB 06.2567, KommJur 2008 Heft 6, S. 219.
[1024] Vgl. schon BVerwG, Beschl. v. 5.4.1988, BVerwG 7 B 47.88.
[1025] Vgl. BVerwG, Beschluss v. 29.6.1988, BVerwG 7 CB 64.87.

zungsgeber Gestaltungsräume weiterleite, die ihm sonst selbst zustehen würden.[1026] Da es bei § 113 Abs. 1, 2 HwO auch keine Regelung gebe, die eine Kontrolle des Abwägungsvorgangs voraussetze, müsse es bei dem Grundsatz einer fehlenden Kontrollmöglichkeit bleiben. Hierbei verkennt das BVerwG die Notwendigkeit einer Kontrolle der zugrundeliegenden Erwägungen, wenn dies von Verfassungs wegen geboten ist, wie es das BVerfG im Rahmen des Kapazitätsrechts zurecht aufgrund von Art. 12 GG fordert. Zwar handelt es sich nicht um einen ähnlich tiefgreifenden Grundrechtseingriff wie im Rahmen des Kapazitätsrechts. Allerdings lässt sich auch bei der Regelung von Beiträgen ein Gedanke der Kapazitätsrechtsprechung fruchtbar machen: Eine bloße Kontrolle des Ergebnisses ohne Kenntnis der zugrunde liegenden Kalkulationen bietet kaum einen hinreichenden Rechtsschutz. Insofern gilt das gleiche wie bei der notwendigen Offenlegung der Ableitungen von Parametern, die sich als Ergebnis des Normsetzungsprozesses niederschlagen.

b) Entscheidung aus dem Jahre 2006
Streitgegenstand einer jüngeren Entscheidung aus dem Jahre 2006 war die Frage, ob eine Beitragssatzung auf der Grundlage von § 113 Abs. 1, 2 HwO fehlerhaft ist, weil beim Erlass nicht die mögliche Beitragsminderung von Pflichtmitgliedern in die Abwägung eingestellt wurde, die gleichzeitig Mitglieder einer Handwerksinnung waren.[1027] Das Gericht wiederholt den Kerngedanken der Entscheidung aus dem Jahre 1995 und damit auch den Grundsatz der nicht vorzunehmenden Kontrolle der zugrundeliegenden Erwägungen. Konsequent bleibt das BVerwG auch hier nicht. Denn das Gericht begründet im Rahmen der Entscheidungsgründe – rechtlich zutreffend – vielmehr, weshalb § 113 HwO die Berücksichtigung einer Innungsmitgliedschaft[1028] gerade nicht fordert.[1029] Die fehlende Rechtswidrigkeit wird daher im Grunde nicht mit der fehlenden Kontrollierbarkeit der subjektiven Erwägungen begründet. Vielmehr wird richtigerweise auf den Inhalt der Ermächtigungsgrundlage Bezug genommen und nach Anhaltspunkten gesucht, die einen Aufschluss über die einzustellenden Gesichtspunkte erlauben.

Weder Wortlaut noch Systematik ergeben eine zwingend notwendige Beitragsminderung für Innungsmitglieder, weil sowohl die Innungs- wie auch die Handwerkskammermitgliedschaft in demselben Teil der HwO geregelt ist, ohne dass

---

[1026] BVerwG, Beschl. v. 3.5.1995 – 1 B 222/93, juris Rn. 5; ähnlich auch *Herdegen,* AöR 114 (1989), S. 637.
[1027] BVerwG, Urt. v. 26.4.2006 – 6 C 19/05, BVerwGE 125, 384-397, juris Rn. 15.
[1028] BVerfG, Beschl. v. 31.10.1984 - 1 BvR 35, 356, 794/82 - BVerfGE 68, 193 (208) zu Innungen als Teil der öffentlichen Verwaltung.
[1029] Vgl. BVerwG, Urt. v. 26.4.2006 – 6 C 19/05, BVerwGE 125, 384-397, juris Rn. 19 ff.

eine beitragsmindernde Bestimmung vorgesehen ist. Es ist auch nicht von einer planwidrigen Regelungslücke auszugehen, da der Gesetzgeber in einem ähnlichen Kontext, nämlich bei § 3 Abs. 4 S. 2 IHKG[1030] eine Reduzierung des Beitrags für Apotheker vorgesehen hat, welche regelmäßig Mitglieder der Apothekenkammer sind.[1031] Die Conclusio ist daher, dass die Ermächtigungsgrundlage ein weites Rechtsfolgenermessen einräumt und gerade keine zwingende Berücksichtigung der freiwilligen Innungsmitgliedschaft in der Beitragsordnung vorsieht.[1032]

Unabhängig von den einfachgesetzlichen Ausführungen nimmt das Gericht auch Bezug auf die Frage, ob die Berücksichtigung verfassungsrechtlich nötig ist.[1033] Hierbei ist die Besonderheit zu berücksichtigen, dass es sich bei den Mitgliedsbeiträgen um Beiträge als Gegenleistungen für Vorteile handelt, die das Mitglied aus der Zugehörigkeit zur Kammer zieht bzw. jedenfalls ziehen kann,[1034] weshalb der Normgeber bei der Beitragserhebung durch öffentlich-rechtliche Berufsorganisationen das Äquivalenzprinzip und auch den Gleichheitssatz zu beachten hat.[1035] Beide seien durch die Entscheidung des Normgebers zur Nichtberücksichtigung der Innungsmitgliedschaft nicht verletzt.[1036]

Denn das Äquivalenzprinzip fordert lediglich eine Korrelation von Höhe des Beitrags und dem Nutzen des einzelnen Mitglieds.[1037] Eine Verletzung des Äquivalenzprinzips komme nicht deshalb in Betracht, weil ein geringerer Nutzen bei der Inanspruchnahme von Kammeraufgaben für Mitglieder der Innungen vorläge.[1038] Dies ist maßgeblich auf die unterschiedlichen Aufgaben beider Institute,[1039] die

---

[1030] Gesetz zur vorläufigen Regelung des Rechts der Industrie- und Handelskammern, Ausfertigungsdatum: 18.12.1956.
[1031] Vgl. auch § 3 Abs. 4 S. 3 IHKG für Zugehörige zu anderen Kammern.
[1032] Ausführlicher hierzu: BVerwG, Beschl. v. 14.2.2002 - BVerwG 6 B 73.01.
[1033] BVerwG, Urt. v. 26.4.2006 – 6 C 19/05, BVerwGE 125, 384-397, juris Rn. 20 ff.
[1034] BVerwG, Urt. v. 26.6.1990 - BVerwG 1 C 45.87; BVerwG, Urt. v. 17.12.1998 - BVerwG 1 C 7.98, BVerwGE 108, 169.
[1035] BVerwG, Beschl. v. 25.7.1989 - BVerwG 1 B 109.89; BVerwG, Urt. v. 26.6.1990 - BVerwG 1 C 45.87.
[1036] BVerwG, Urt. v. 26.4.2006 – 6 C 19/05, juris Rn. 21 ff.
[1037] vgl. BVerwG, Urt. v. 26.6.1990 - BVerwG 1 C 45.87; BVerwG, Urt. v. 3.9.1991 - BVerwG 1 C 24.88.
[1038] A.A. *Detterbeck*, GewArch 2005, S. 321.
[1039] Für Handwerkskammern in § 91 HwO; vgl. auch BVerwG, Urt. v. 17. 12.1998 - BVerwG 1 C 7.98; BVerwG, Urt. v. 16.05.1957 - BVerwG 1 C 174.54 , BVerwGE 5, 74; bei den Innungen stehen die gewerblichen Interessen ihrer Mitglieder im Vordergrund: § 54 Abs. 1 Satz 1 HwO; vgl. auch BVerfG, Beschl. v. 31.10.1984 - 1 BvR 35, 356, 794/82 - BVerfGE 68, 193 (208); Urt. v. 14.05.1985 - 1 BvR 449, 523, 700, 728/82 - BVerfGE 70, 1 (20); *Badura/Kormann*, GewArch 2005, S. 105.

unterschiedliche Mitgliederstruktur[1040] und den unterschiedlichen räumlichen Wirkungskreis[1041] zurückzuführen, die lediglich zu einer äußerst geringen Schnittmenge der zu bewältigenden Aufgaben führen.

Das Ergebnis der fehlenden Berücksichtigung der Innungsmitgliedschaft wird schließlich anhand des Gleichbehandlungsgrundsatzes kontrolliert (Art. 3 Abs. 1 GG). Dem Gleichheitssatz des Art. 3 Abs. 1 GG lässt sich in diesem Zusammenhang entnehmen, dass eine Ungleichbehandlung der Normadressaten eine Rechtfertigung aufgrund von wesentlichen Unterschieden voraussetzt.[1042] Im konkreten Fall der Mitgliedsbeiträge muss diese wesentlichen Verschiedenheiten der Mitglieder im Sinne einer verhältnismäßigen und vorteilsgerechten Bemessung der Beiträge zueinander berücksichtigt werden.[1043] Das Gericht wendet sich gegen die Notwendigkeit einer Gruppenbildung von als solchen bezeichneten „Nur-Handwerkskammermitgliedern" und „Auch-Handwerksinnungsmitgliedern".[1044] Eine Unterscheidung der Mitglieder in dieser Hinsicht sei weder in der Handwerksordnung vorgesehen, wobei das Ergebnis der Abwägung wiederum stark in den gesetzlichen Kontext eingebettet wird, noch verfassungsrechtlich notwendig. Das Gericht stellt dabei maßgeblich auf den im Grunde gleichen Aufwand bei der Aufgabenbewältigung durch die Handwerksammern ab, der durch beide Arten von Mitgliedern entsteht.[1045] Ein unterschiedlicher Gesamtbeitrag sei zwar unbestritten, allerdings entstünde dieser nicht zwangsläufig, sondern aufgrund einer freiwilligen Entscheidung der „Auch-Innungsmitglieder".

3. Rechtsprechung während der Coronapandemie

Überwiegend nahmen die Gerichte im Rahmen der Entscheidungen während der Coronapandemie keine ausdrückliche Stellung zur Frage der Kontrolle des Abwägungsvorgangs bzw. des Ergebnisses der untergesetzlichen Rechtsetzung. Anders war dies bei der Hauptsacheentscheidung zu den Ausgangsbeschränkungen des

---

[1040] Zur Handwerkskammer gehören nach § 90 Abs. 2 HwO die Inhaber eines Betriebs eines Handwerks sowie die Gesellen, andere Arbeitnehmer und auch Lehrlinge. U.U werden auch Personen einbezogen, die im Kammerbezirk eine gewerbliche Tätigkeit nach § 1 Abs. 2 S. 2 Nr. 1 HwO ausüben (§ 90 Abs. 3 HwO). Zu einer Handwerksinnung gehören gem. § 52 Abs. 1 HwO lediglich Inhaber von Betrieben des gleichen zulassungspflichtigen (vgl. aber auch § 59 HwO).
[1041] Vgl. § 90 Abs. 5 HwO für die Handwerkskammern und § 52 Abs. 2 und 3 HwO für die Innungsbezirke; *Detterbeck*, GewArch 2005, S. 273.
[1042] Vgl. BVerwG, Urt. v. 26.6.1990 - BVerwG 1 C 45.87.
[1043] BVerwG, Urt. v. 17.12.1998 - BVerwG 1 C 7.98, BVerwGE 108, 169 (179).
[1044] *Detterbeck,* GewArch 2005, S. 321 ff. befürwortet eine solche Gruppenbildung.
[1045] Anders auch nicht: BVerwG, Urt v. 17.12.1998 - BVerwG 1 C 7.98, BVerwGE 108, 169 (179), GewArch 1999, S. 195, weil es dort nicht um die allgemeinen Aufgaben, sondern um Sonderbeiträge für überbetriebliche Ausbildungskosten ging.

Frühjahres 2020. Der BayVGH, der insofern wortgleich die Entscheidungsgründe des VGH Mannheim zu einer Sperrzeitverordnung in anderem Kontext übernimmt,[1046] folgt nach eigener Aussage „der Rechtsprechung des Bundesverfassungsgerichts und des Bundesverwaltungsgerichts", wonach es bei der „richterlichen Kontrolle (untergesetzlicher) Normen [...] auf das Ergebnis des Rechtsetzungsverfahrens" ankomme und nicht auf die zugrunde liegenden Motive.[1047] Ein Fehler bei der Ermessensausübung wird erst angenommen, wenn die Entscheidung im Hinblick auf den Zweck der Ermächtigung unvertretbar bzw. unverhältnismäßig sei. Daher beschränkt der BayVGH die Kontrolle auf die „äußersten Grenzen der Rechtsetzungsbefugnis."[1048] Eine Kontrolle des Abwägungsvorgangs wird dagegen nur beim Vorliegen von gesetzlichen Abwägungsdirektiven angenommen.[1049] Zur Begründung verweist der BayVGH im Rahmen der Coronapandemie jedenfalls auf die bundesverwaltungsgerichtliche Rechtsprechung, die bereits diskutiert wurde,[1050] und auf die Rechtsprechung des BVerfG.

Ob die zitierte Rechtsprechung des BVerfG ebenfalls eine Kontrolle des Abwägungsvorgangs ablehnt, unterliegt erheblichen Zweifeln. Eingegangen wird erstens nicht auf die Rechtsprechung des BVerfG zum Kapazitätsrecht. Zweitens bezieht sich eine zitierte Entscheidung des BVerfG schon in erster Linie nicht auf den untergesetzlichen Normgeber, sondern auf die legislative Gesetzgebung.[1051] In einer weiteren angeführten Entscheidung kontrollierte das BVerfG eine Verordnung auf der Grundlage von § 7 Ziff. 2 DurchfG-EWG-Getreide, durch welche die Intervention bestimmter Getreidesorten auf in Deutschland geerntetes Getreide beschränkt wird.[1052] Das BVerfG spricht sich jedoch nicht grundsätzlich gegen die Kontrolle des Abwägungsvorgangs aus, sondern beschränkt die Prüfung *im zugrunde liegenden Fall* auf die Frage, ob die Maßnahme den Rahmen des Zwecks der Ermächtigung überschreitet, ob also die Maßnahme unverhältnismäßig ist.[1053] Dies wird nicht grundsätzlich auf die untergesetzliche Normsetzung bezogen, sondern mit dem politischen Beurteilungs- und Gestaltungsspielraum des Verordnungsgebers begründet. Dieser werde durch den unbestimmten Rechtsbegriff, der den sachli-

---

[1046] VGH Mannheim, Urt. v. 6.3.2018 – 6 S 1168/17, juris Rn. 48.
[1047] BayVGH, Beschl. v. 4.10.2021 – 20 N 20.767, juris Rn. 65.
[1048] BayVGH, Beschl. v. 4.10.2021 – 20 N 20.767, juris Rn. 65.
[1049] BayVGH, Beschl. v. 4.10.2021 – 20 N 20.767, juris Rn. 65.
[1050] BVerwG, Urt. v. 13.12.1984 – 7 C 3.83, NVwZ 1985, S. 566 ff.; BVerwG, Beschl. v. 3.5.1995 – 1 B 222.93, GewArch 1995, 425, juris Rn. 5 und Beschl. v. 30.4.2003 – 6 C 6.02, BVerwGE 118 (128), juris Rn. 66; BVerwG, Urt. v. 26.4.2006 – 6 C 19.05, BVerwGE 125, 384, juris Rn. 16.
[1051] BVerfG, Beschl. v. 20.3.1979 – 1 BvR 111/74, BVerfGE 51, 1-43.
[1052] BayVGH, Beschl. v. 4.10.2021 – 20 N 20.767, juris Rn. 65 mit Verweis auf BVerfG, Beschl. v. 8.6.1977 – 2 BvR 499/74, BVerfGE 45, 142-186.
[1053] BVerfG, Beschl. v. 8.6.1977 – 2 BvR 499/74, juris Rn. 57.

chen Anwendungsbereich der Ermächtigungsgrundlage umgrenzt, eingeräumt.[1054] Ob man dies auf das untergesetzliche Normsetzungsermessen grundsätzlich übertragen kann, ist ausgesprochenen zweifelhaft und ergibt sich in dieser Absolutheit nicht aus der zitierten Rechtsprechung. Denn das BVerfG bestimmt den Kontrollumfang anhand der spezifischen Ermächtigungsgrundlage.

Neben der fehlenden Belegbarkeit der aufgestellten Grundsätze verharrt auch der BayVGH nicht bei diesen Grundsätzen, sondern relativiert sie zum einen im Hinblick auf ein Differenzierungserfordernis bei der Kontrolldichte von Verordnungen. Denn bei der Beurteilung von prognostischen Entscheidungen des Normgebers müsse man mit dem BVerfG einen variablen Maßstab ansetzen.[1055] Im Grunde wäre ein Aufgreifen der bundesverwaltungsgerichtlichen Rechtsprechung daher nicht entscheidend gewesen, wenn ohnehin auf das prognostische Element der Normsetzung abgestellt wird. Der BayVGH überprüft zum anderen neben der Überschreitung gesetzlicher Grenzen auch die evidente Willkür der Normsetzung als solchen.[1056] Im Rahmen dieser Evidenzkontrolle wird mitunter geprüft, ob die zugrunde liegenden Erwägungen offensichtlich sachwidrig sind bzw. ob sie umgekehrt eine hinreichend nachvollziehbare Begründung für eine bestimmte (kommunalabgabenrechtliche) Entscheidung liefern.[1057] Schon dies zeigt, dass eine Kontrolle des Normsetzungsermessens nicht ohne die zugrunde liegenden Erwägungen, die sich grundsätzlich nicht aus dem reinen Normtext ergeben, vonstattengehen kann.[1058]

Daher ist die Rechtsprechung überzeugender, die nicht die Unterscheidung zwischen Abwägungsvorgang und -ergebnis in den Vordergrund stellt, sondern die Grenzen der Kompetenz von Verwaltung und Rechtsprechung in den Mittelpunkt stellt. Hiernach ist es zwar nicht Aufgabe der Judikative, komplexe Wechselwirkungen zwischen Interessenlagen abschließend zu beurteilen oder zu ersetzen, aber jedenfalls zu prüfen, „ob der Verordnungsgeber bei der Abwägung zeitlich befristete und fortlaufend auf ihre Verhältnismäßigkeit zu evaluierenden [sic] Eingriffe in Grundrechte der Betroffenen berücksichtigt und in einen angemessenen Ausgleich gebracht hat".[1059] Daher ist es auch nur im Sinne eines genügenden Rechtsschutzes bei einer gleichzeitigen Beachtung eines Gestaltungsspielraums

---

[1054] BVerfG, Beschl. v. 8.6.1977 – 2 BvR 499/74, juris Rn. 57.
[1055] BayVGH, Beschl. v. 4.10.2021 – 20 N 20.767, juris Rn. 66 mit Verweis auf BVerfGE 50, 290 (332 f.); 83, 130 (141).
[1056] BayVGH, Beschl. v. 1. 2. 2007 – 4 ZB 06.2567, KommJur 2008 Heft 6, S. 219.
[1057] BayVGH, Beschl. v. 1. 2. 2007 – 4 ZB 06.2567, KommJur 2008 Heft 6, S. 219.
[1058] Vgl. schon *Ossenbühl*, NJW 1986, S. 2809.
[1059] VG Augsburg, Beschl. v. 18.5.2020 – Au 9 E 20.806, juris Rn. 44.

konsequent, wenn für die Öffnungsschritte nach den anfänglichen, umfangreichen Betriebsschließungen eine umfassende Güterabwägung gefordert wird, bei der das Infektionsrisiko ebenso einzubeziehen ist, wie entsprechende Hygienekonzepte.[1060]

4. Bedenken gegen den Grundsatz

Die von Teilen der Rechtsprechung etablierten Grundsätze, werden indes nicht nur inkonsequent verfolgt. Sie legen auch Prämissen zugrunde, die eine bloße Kontrolle des Abwägungsergebnisses nicht zu rechtfertigen vermögen.

a) Kontrolle des Abwägungsvorgangs auf tatsächliche Fehleinschätzungen

Die Formulierung des pauschalen Grundsatzes einer fehlenden Kontrolle des Abwägungsvorgangs droht zunächst aus den Augen zu verlieren, dass dieser in gewissem Umfang grundsätzlich kontrollfähig ist: Zu überprüfen ist stets, ob der Normgeber bei der normativen Rechtsetzung von den zutreffenden tatsächlichen Umständen ausgegangen ist, was auch das BVerwG anerkennt.[1061] Hierfür muss zwangsläufig eine Kontrolle der zugrunde gelegten Erwägungen erfolgen, auch wenn dies in der Rechtsprechung häufig nicht in der notwendigen Sorgfalt geschieht. So unterzogen die Gerichte in kritikwürdig knapper Art und Weise, die BayIfSMV einer Kontrolle dahingehend, ob der Verordnungsgeber auf dem Standpunkt der aktuellen wissenschaftlichen Erkenntnisse gehandelt hat und neue Erkenntnisse in Bezug auf die Verbreitungswege bzw. einer Überlastung des Gesundheitswesens mit Blick auf weiterreichende Lockerungsmöglichkeiten einbezogen hat.[1062]

b) Fehlende Kontrollfähigkeit?

Gegen eine Kontrolle des Abwägungsvorgangs wird mitunter zudem angeführt, es gäbe keine grundsätzliche Begründungspflicht untergesetzlicher Normen[1063] und es fehle an einem ähnlich transparenten Normsetzungsverfahren, wie es bei der Gesetzgebung vorzufinden ist.[1064] Selbst wenn man eine generelle Begründungs-

---

[1060] VG Regensburg, Beschl. v. 12.6.2020 – RN 14 E 20.963, juris Rn. 138 zu § 11 Abs. 5 der 5 BayIfSMV.
[1061] BVerwG, Besch. v. 3.5.1995 – 1 B 222/93, juris Rn. 5 a.E.
[1062] BayVerfGH, Entsch. v. 8.5.2020 – Vf. 34-VII-20, juris Rn. 103; vgl. auch BVerfG, Beschl. v. 10.4.2020 - 1 BvQ 31/20, juris Rn. 16; BayVerfGH, Entsch. v. 24.4.2020 – Vf. 29-VII-20, juris Rn. 31.
[1063] BVerwG, Urt. v. 13.12.1984 – 7 C 3/83, BVerwGE 70, 318 ff., juris Rn. 32; so auch VGH Mannheim, Urt. v. 1.9.1982 - NC 9 S 1696/81, NVwZ 1983, S. 369; vgl. auch *Schlaich*, VVDStRL 39 (1981), S. 195.
[1064] Vgl. *Ossenbühl*, NJW 1986, S. 2809.

pflicht nicht aus der Verfassung herleiten möchte,[1065] spricht dies nicht ohne Weiteres für den Ausschluss der Kontrolle des Ermessensvorgangs.[1066] Hierfür lässt sich zum einen die soeben angesprochene Überprüfung der zugrunde gelegten tatsächlichen Umstände anführen: Es wäre widersprüchlich die zugrunde gelegte Tatsachenbasis *trotz* fehlender Begründungspflicht für kontrollfähig zu halten und dies gleichzeitig als Argument gegen eine Kontrolle des übrigen Abwägungsvorgangs anzuführen. Zum anderen korrespondiert auch beim Verwaltungsermessen die Kontrolle des Ermessensfehlgebrauchs (§ 40 Alt. 1 VwVfG, § 114 S. 1 Alt. 2 VwGO) nicht mit einer Begründungspflicht. Aus § 39 Abs. 1 S. 3 VwVfG ergibt sich vielmehr, dass die Verwaltung bei Ermessensentscheidungen die zugrundeliegenden Erwägungen erkennen lassen „soll".[1067] Erst in Verbindung mit Art. 19 Abs. 4 GG wird hieraus eine Begründungspflicht abgeleitet.[1068] Darüber hinaus ist es der Verwaltung auch möglich, Ermessenserwägungen in Bezug auf Einzelakte nachträglich zu ergänzen (§ 114 S. 2 VwGO). Eine gesetzliche Begründungspflicht ist daher nicht zwangsläufig als notwendige Voraussetzung für eine Kontrolle des Ermessensvorgangs aufzufassen.

Die Probleme bei der Kontrollfähigkeit lassen sich vielmehr prozessual über eine entsprechende Darlegungs- und Beweispflicht lösen, die sich an der jeweiligen Kontrolldichte zu orientieren hat (siehe G.).[1069] Aufstellen lassen sich folgende allgemeine Grundsätze, die sowohl den Rechtsschutz als auch die Gewaltenteilung und Prozessökonomie berücksichtigen: Bei zahlenförmigen untergesetzlichen Normen, wie sie unter anderem im Kapazitätsrecht vorliegen,[1070] ergibt sich aus Art. 19 Abs. 4 GG eine entsprechende Darlegungspflicht des Verordnungsgebers, weil Ableitungen auf andere Art nicht kontrollfähig sind. Im Übrigen ist das Gericht ist unabhängig von § 86 VwGO nicht ohne Weiteres gehalten weitere Nachforschungen über Ermessenserwägungen anzustellen, die nicht dem finalen Inhalt der Regelung entsprechen.[1071] Anders ist dies nur bei einem entsprechenden Vortrag des Klägers[1072] oder wenn sich die angestellten Erwägungen aufgrund von tatsächlichen Umständen im Zusammenhang mit dem Erlass der untergesetzlichen

---

[1065] *Ossenbühl*, NJW 1986, S. 2809, der diese aus dem Rechtsstaatsprinzip herleitet.
[1066] Vgl. auch *Weitzel*, Rechtsetzungsermessen, S. 140; vgl. *Zuleeg*, DVBl. 1970, S. 159.
[1067] Ausführlich hierzu: *Schuler-Harms* in Schoch/Schneider, VwVfG, § 39 Rn. 66 ff.
[1068] *Schuler-Harms* in Schoch/Schneider, VwVfG, § 39 Rn. 66 ff.; *Stelkens* in ders./Bonk/Sachs, VwVfG, § 39 Rn. 65 ff.
[1069] So auch: BVerfG, Beschl. v. 22.10.1991 – 1 BvR 393/85, BVerfGE 85, 36 ff., juris Rn. 74.
[1070] *Brehm/Zimmerling*, NVwZ 1992, S. 340 ff.
[1071] *Weitzel*, Rechtsetzungsermessen, S. 206.
[1072] So auch für besondere Fälle: BVerwG, UPR 1993, S. 270.

Norm erschließen lassen.[1073] Die Reichweite der anzustellenden Kontrolle ergibt sich dabei aus den die Kontrolldichte bestimmenden Faktoren, die im letzten Kapitel zu untersuchen sein werden (siehe unten G.).

c) Bedeutung der Einzelfallgerechtigkeit

Grundsätzlichere Bedenken gegen eine Kontrolle des Abwägungsvorgangs[1074] führt man an, wenn die Kontrolle des Abwägungsvorgangs mit der Einzelfallgerechtigkeit von Einzelakten begründet wird. Norminhalte dagegen würden ein von der hinter ihm stehenden Motivation unabhängiges Eigenleben führen.[1075] Daher wird angenommen, eine dem Zweck widersprechende Motivation würde die abstrakt-generelle Norm nicht in ihrer Wirksamkeit erschüttern, wenn sich nur überhaupt sachgerechte Erwägungen für den Inhalt der Norm finden ließen.[1076] Denn die Entscheidungsstrukturen bei der abstrakt-generellen Normsetzung seien nicht wie bei Einzelakten auf eine Einzelfallgerechtigkeit gerichtet, sondern dienten der Regelung einer Vielzahl an Fällen gegenüber einer unbestimmten Anzahl an Personen.[1077] Die Betätigung des Einzelaktermessens setze daher eine Berücksichtigung und Gewichtung der Einzelinteressen voraus, wohingegen die abstraktgenerelle Normsetzung dies gerade nicht zu leisten im Stande sei.[1078]

Schon der Prämisse, bei Einzelakten stünde die Einzelfallgerechtigkeit im Gegensatz zu untergesetzlichen Normen im Vordergrund, kann in dieser Absolutheit nicht zugestimmt werden. Es wurde bereits bei der Übertragung des Ermessensbegriffs festgestellt, dass es ebenso abstrakt-individuelle Verwaltungsakte[1079] gibt und konkret-generelle Regelungen in Form von Allgemeinverfügungen. Das Maß der Einzelfallentscheidung ist auch bei diesen reduziert, ohne dass man die Ermessensfehlerlehre und die Kontrolle des Abwägungsvorgangs ablehnt.[1080] Demgegenüber sind ebenso untergesetzliche Normen mit einem hohen Einzelfallbezug denkbar. Dies erkennt auch der BayVGH, der im Fall des Verordnungserlasses auf

---

[1073] Exemplarisch: VGH Mannheim Beschl. v. 5.8.2021 – 1 S 1894/21, NVwZ-RR 2022, S. 36 Rn. 99.
[1074] Dafür aber: *Ossenbühl* in Isensee/Kirchhof V, § 105 Rn. 49 hinsichtlich des Satzungsermessens; *Trips,* Das Verfahren der exekutiven Rechtsetzung, 186 f.
[1075] *Herdegen*, AöR 114 (1989), S. 637.
[1076] *Richter*, Erlass von Rechtsverordnungen und Satzungen, S. 60 f., dem auch *Herdegen*, AöR 114 (1989), S. 637 folgt.
[1077] *Badura* in Scheuner/v. Münch, Gedächtnisschrift für Wolfgang Martens, S. 25, 31; *v. Danwitz*, Die Gestaltungsfreiheit des Verordnungsgebers, S. 171 f.; *Seibert* in Schmidt-Aßmann/Sellner, Festgabe 50 Jahre BVerwG, S. 535 ff; vgl. auch *Theuerbacher*, NVwZ 1986, S. 981.
[1078] Zutreffend daher *Möstl* in Erichsen/Ehlers, Allgemeines Verwaltungsrecht, S. 638 f.; ähnlich, aber ungenauer *Herdegen*, AöR 114 (1989), S. 637.
[1079] S. schon oben; *Schoch*, Jura 1 (2012), S. 26; *Heyle*, NVwZ 2008, 390 ff.
[1080] Vgl. *Riese* in Schoch/Schneider, VwGO, § 114 Rn. 51 f.

der Grundlage von §§ 28 Abs. 1, 32 S. 1 IfSG eine Annäherung an eine Einzelfallregelung annimmt. In diesen Fällen würden die Rechtsverordnungen zur Regelung von Einzelfällen eingesetzt werden,[1081] womit es sich um keinen Akt der Normsetzung mehr handle.[1082] Diese Einsicht führt allerdings im Rahmen der Rechtsprechung lediglich zu einer gesteigerten Kontrollintensität,[1083] ohne dass konsequenterweise an die Kontrolle des Abwägungsvorgangs gedacht wird. Diesen Aspekt würdigt zumindest die Ansicht, die eine Kontrolle des Abwägungsvorgangs vornehmen will, wenn die Normsetzung in besonderen Fällen einer Einzelfallentscheidung nahekommt.[1084]

Die bloße Anknüpfung an den Normcharakter birgt zum einen die Gefahr der willkürlichen Einschränkung des Kontrollumfangs. Denn das bloße Abstellen auf den abstrakt-generellen Charakter übersieht, dass in manchen Fällen eine Regelung zulässigerweise in Form eines Verwaltungsakts, aber auch als Rechtsnorm ergehen kann. Denn eine trennscharfe Unterscheidung beider Rechtsformen ist nicht möglich,[1085] auch nicht durch den Kreis der Verpflichteten:[1086] „Die Abgrenzung zwischen beiden Rechtsinstituten wird durch die dem Begriff des Verwaltungsaktes zuzurechnende Allgemeinverfügung erschwert. Sie hat mit der Rechtsnorm gemeinsam, daß sie einen größeren Personenkreis erfaßt. Die Schwierigkeit ergibt sich hierbei schon bei der Frage, wie der von der Allgemeinverfügung erfaßte Personenkreis zu bestimmen ist. Die Auffassung, daß der von einer Allgemeinverfügung erfaßte Personenkreis im Zeitpunkt ihres Erlasses genau bestimmt sein müsse, führt häufig nicht weiter, weil es auch Rechtsnormen gibt, die einen genau festgelegten Personenkreis erfassen."[1087] In diesen Fällen ist die Wahl der Handlungsform bereits in das Ermessen der Exekutive gestellt. Erlässt die Exekutive daher zulässigerweise eine Rechtsnorm, obwohl die Regelung auch als Allgemeinverfügung ergehen könnte,[1088] wäre es willkürlich von vornherein die Kontrolle des Ermessensvorgangs auszuklammern.

[1081] BayVGH, Beschl. v. 4.10.2021 – 20 N 20.767, juris Rn. 69.
[1082] BayVGH, Beschl. v. 4.10.2021 – 20 N 20.767, juris Rn. 69.
[1083] BayVGH, Beschl. v. 4.10.2021 – 20 N 20.767, juris Rn. 69 f; vgl. auch *Ossenbühl* in Isensee/Kirchhof V, § 103 Rn. 47 f.
[1084] Ohne hierfür ein Beispiel anzuführen: *Möstl* in Erichsen/Ehlers, Allgemeines Verwaltungsrecht, S. 639.
[1085] OVG Weimar, Beschl. v. 28.3.2018 - 2 VO 350/15, LKV 2019, S. 91 zur Festlegung eines Schulbezirks durch Allgemeinverfügung; vgl. auch: *Knauff* in Schoch/Schneider, VwVfG, § 35 Rn. 199
[1086] *Knauff* in Schoch/Schneider, VwVfG, § 35 Rn. 199; *Ramsauer* in Kopp/ders., VwVfG, § 35 Rn. 162.
[1087] BVerwGE 27, 181 (182), NJW 1967, 1627.
[1088] Vgl. BVerwGE 147, 100 (102), BeckRS 2013, 54736.

d) Die Art und Weise der Ermessensausübung
An einer Differenzierung der Kontrolle anhand der Begriffspaare abstrakt-genereller und konkret-individueller Regelungen versucht sich auch das BVerwG. Dieses verwendet die Begriffspaare in der älteren Rechtsprechung zum Kapazitätsrecht nicht zur Abgrenzung *ratione formae*,[1089] sondern meint damit die Art und Weise der Ermessensausübung. Im Rahmen des Kapazitätsrechts wird hierdurch eine Übertragung der Abwägungskontrolle des Planungsrechts anders als im Rahmen des sich entwickelnden Regulierungsermessen abgelehnt.[1090] Denn eine planende Behörde – ungeachtet der auch Plänen immanenten Abstraktion –[1091] konzentriere sich auf eine abschließende Regelung konkret-individueller Verhältnisse und konkurrierender Interessen.[1092] Die Regelungen des Kapazitätsrechts seien dagegen abstrakt-genereller Natur und müssten eine umfassende Interessenabwägung und Grundrechtskonkretisierung leisten.[1093] Die Unterschiede von Interessenbewertungen im Planungsrecht im Vergleich zu sonstigen Materien wurden bereits als untaugliches Abgrenzungskriterium identifiziert (siehe oben C. V.). Nicht zuletzt erkennt auch das BVerwG die Notwendigkeit, im Kapazitätsrecht Regelungen zu etablieren, die eine Berücksichtigung des Einzelfalls (z.B. einer bestimmten Hochschule) ermöglichen.[1094]

Planung vollziehe sich außerdem „im Angesicht der konkreten Sachlage" und liege „näher am Sachverhalt",[1095] während sich der Normgeber in anderen Bereichen – wie dem Kapazitätsrecht – vom konkreten (Ausbildungs-)Geschehen abwenden müsse, um eine einheitliche und gleichmäßige Regelung zu finden.[1096] Diese Kriterien taugen aus zwei Gründen wenig für eine trennscharfe Unterscheidung: Die planende Behörde wie auch der Normgeber in sonstigen sachlichen Bereichen haben sich erstens am feststellungsfähigen Sachverhalt zu orientieren. Was sich un-

---

[1089] Vgl. zur Begrifflichkeit *Herdegen*, AöR 114 (1989), S. 609; vgl. auch *Birk*, JuS 1978, S. 169.
[1090] Kritisch zur eigenen Kategorisierung: *Mayen*, NVwZ 2008, S. 835; vgl. auch *Ludwigs*, JZ 2009, S. 290; Übersicht bei: *Mauer/Waldhoff*, Allgemeines Verwaltungsrecht, S. 174 ff.; ausführlich auch *Riese* in Schoch/Schneider, VwGO, § 114 Rn. 78 ff.; grundlegend BVerwGE 130, 39 Rn. 28 ff., NVwZ 2008, S. 575 und BVerwGE 131, 41 Rn. 47, NVwZ 2008, S. 1359; vorher schon andeutend BVerwGE 120, 263 (265); fortgeführt u. a. BVerwG NVwZ 2012, S. 1047 Rn. 36 ff.; BVerwGE 148, 48 Rn. 33, NVwZ 2014, S. 589; BVerwG, NVwZ 2014, S. 1034 Rn. 9.
[1091] Vgl. BVerwGE 40, 269 (272 f.).
[1092] BVerwG, Urt. v. 13.12.1984 – 7 C 3/83, BVerwGE 70, 318-329, juris Rn. 21.
[1093] BVerwG, Urt. v. 13.12.1984 – 7 C 3/83, BVerwGE 70, 318-329, juris Rn. 21.
[1094] BVerwG, Urt. v. 13.12.1984 – 7 C 3/83, BVerwGE 70, 318-329, juris Rn. 21: Einzelne Tatbestände müssten „hin zur konkreten Hochschulwirklichkeit" führen, „indem sie bestimmte kapazitätserhebliche Besonderheiten der einzelnen Hochschule berücksichtigungsfähig machen."
[1095] BVerwG, Urt. v. 30.1.1976 - BVerwG 4 C 26.74; BVerwG, Urt. v. 13.12.1984 – 7 C 3/83, BVerwGE 70, 318-329, juris Rn. 21.
[1096] BVerwG, Urt. v. 13.12.1984 – 7 C 3/83, BVerwGE 70, 318-329, juris Rn. 21.

terscheiden kann, ist der Umfang der einzubeziehenden Aspekte, der aber unter anderem zweitens von der Reichweite der Geltung und der Komplexität der zu regelnden Materie abhängt. Die einzubeziehenden Fakten und der Grad der Verallgemeinerung können dabei auch bei Planungen hoch sein, wie es bei großen Flächen umspannenden Planungen der Fall ist (so z.B. die Raumordnung des Bundes bzw. der Länder).[1097] Dies lässt das BVerwG außen vor, wenn es die Unterschiede zwischen der Kontrolle von Planentscheidungen und unter anderem dem Kapazitätsrecht ausschließlich anhand des Bauplanungsrechts sucht.[1098]

Nicht ohne Weiteres lässt sich nicht zuletzt erklären, weshalb eine Kontrolle des Abwägungsvorgangs im Bereich des Regulierungsermessen[1099] hingegen aufgrund von Gemeinsamkeiten zur Fachplanung angenommen wird,[1100] ohne dass maßgeblich auf den konkret-individuellen Planungscharakter abgestellt wird. Vielmehr wird zu Recht auf die Besonderheiten dieses Regelungsgebiets abgestellt, indem auf die den Gestaltungsspielräume dirigierende regulierungsspezifische Zielbestimmungen mit einem „hohem Maße wertenden und prognostischen Elementen" Bezug genommen wird.[1101] Weder die Art und Weise der Ermessensausübung noch der Umstand, dass es sich bei untergesetzlichen Normen um abstraktgenerelle Regelungen handelt,[1102] sind daher taugliche Argumente gegen die Kontrolle der zugrunde gelegten Erwägungen.

e) Weitergabe des Gestaltungsspielraums
aa) *Bloße Kontrolle des Ergebnisses legislativer Gesetzgebung?*
Als weiteres Argument gegen die Kontrolle des Abwägungsvorgangs wird die Nähe zum Gestaltungsspielraum des Gesetzgebers[1103] gesehen. Der Gesetzgeber trete einen Teil dieser Gestaltungsfreiheit ab, weshalb man im Grunde ähnliche Maß-

---

[1097] *Stüer*, Bau- und Fachplanungsrecht, S. 105; vgl. auch BVerfG, Entsch. v. 16.6.1954 – 1 PBvV 2/52, BVerfGE 3, 407, juris Rn. 79 ff. [Baugutachten].
[1098] Vgl. BVerwG, Urt. v. 13.12.1984 – 7 C 3/83, BVerwGE 70, 318-329, juris Rn. 21.
[1099] BVerwG, NVwZ 2014, S. 1034 Rn. 9, auch schon erkennbar in BVerwGE 130, 39 Rn. 25 und Rn. 31.
[1100] Grundlegend BVerwGE 130, 39 Rn. 28 ff., NVwZ 2008, S. 575 und BVerwGE 131, 41 Rn. 47, NVwZ 2008, S. 1359; vorher schon andeutend BVerwGE 120, 263 (265); fortgeführt: BVerwG, NVwZ 2012, S. 1047 Rn. 36 ff.; BVerwGE 148, 48 Rn. 33, NVwZ 2014, S. 589; BVerwG, NVwZ 2014, S. 1034 Rn. 9.
[1101] *Kersten*, VVDStRL 69 (2010), S. 326; vgl. auch *Schmidt-Aßmann* in Dürig/Herzog/Scholz, GG, Art. 19 Abs. 4, Rn. 216a.
[1102] Vgl. *Herdegen*, AöR 114 (1989), S. 613, 615.
[1103] BVerfGE 71, 66 (77); „Gestaltungsraum", BVerfGE 73, 301 (315); „Gestaltungsfreiheit und Gestaltungsverantwortung", BVerfGE 81, 156 (205); „Einschätzungs-, Wertungs- und Gestaltungsspielraum", BVerfGE 126, 233 (256).

stäbe zugrunde legen müsste.[1104] Bei der Prüfung von Gesetzesakten sieht das Verfassungsgericht jedenfalls seine Aufgabe in der Überprüfung, ob der Gesetzgeber seine Bindung an die Verfassung und die Grundrechte (Art. 1 Abs. 3 GG; Art. 20 Abs. 3 GG) und damit die hierdurch gesetzten äußeren Grenzen beachtet.[1105] Dagegen habe das BVerfG gerade nicht zu prüfen, inwiefern der Gesetzgeber die „zweckmäßigste, vernünftigste oder gerechteste Lösung" gefunden habe.[1106] Auch die Entscheidung, ob und wie eine bestimmte Aufgabe durch den Gesetzgeber verwirklicht wird, wird in den weiten Regelungsspielraum des Gesetzgebers gelegt.[1107]

Dies nimmt man zu Anlass, die überspitzt formulierte These in den Raum zu stellen, von dem Gesetzgeber könne nicht mehr gefordert werden als ein „wirksames Gesetz":[1108] „Der Gesetzgeber schuldet den Verfassungsorganen und [...] auch den Verfassungsgerichten nichts als das Gesetz. Er schuldet ihnen weder eine Begründung noch gar die Darlegung aller Motive, Erwägungen und Abwägungen."[1109] Eine Kontrolle des Entscheidungsvorgangs hingegen zöge die Forderung nach einer Aufdeckung sämtlicher Erwägungen nach sich. Die Reduzierung auf das Ergebnis wird nach dieser Ansicht auf die Kontrolle von an dieser Gestaltungsfreiheit partizipierenden Gestaltungsakten transferiert.[1110]

Diese Ansicht übersieht allerdings, dass auch bei der Prüfung formeller Gesetze nicht stets nur das Ergebnis der Normsetzung für kontrollfähig gehalten wird. Auch bei der Kontrolle formeller Gesetze überprüft das BVerfG zuweilen den parlamentarischen Entscheidungsprozess einschließlich zugrunde gelegter Erwägungen.[1111] Möchte die Rechtsprechung nicht ihre eigenen Wertungen an die Stelle des Gesetzgebers setzen, so kommt sie in manchen Fällen nicht umhin, eine nach-

---

[1104] BVerwG, Beschl. v. 3.5.1995 – 1 B 222/93, juris Rn. 5 spricht von der Weiterleitung der „eigenen Gestaltungsfreiräume an den Satzungsgeber"; im Anschluss daran: BVerwG, Urt. v. 26.4.2006 – 6 C 19/05, BVerwGE 125, 384-397, juris Rn. 16 („Bewertungsspielräume [...], die sonst dem parlamentarischen Gesetzgeber zustehen).
[1105] BVerwG, Urt. v. 13.12.1984 – 7 C 3/83, BVerwGE 70, 318-329, juris Rn. 21.
[1106] BVerfGE 140, 240 (279); vgl. hierzu auch BVerfGE 3, 162 (182); BVerfGE 9, 201 (206); BVerfGE 36, 174 (189); BVerfGE 54, 11 (26); BVerfGE 108, 351 (364); BVerfGE 139, 148 (182).
[1107] BVerfG, Beschl. v. 5.3. 1974 – 1 BvL 27/72, BVerfGE 37, 1-38, juris Rn. 59 [Stabilisierungsfond, Weinwirtschaftsabgabe].
[1108] *Voßkuhle* in Mangoldt/Klein/Starck, GG, Art. 93 Rn. 45 mit Verweis auf *Geiger* in Berberich, Neue Entwicklungen des öffentlichen Rechts, S. 131, S. 141.
[1109] *Geiger* in Berberich, Neue Entwicklungen des öffentlichen Rechts, S. 141.
[1110] BVerwG, Beschl. v. 3.5.1995 – 1 B 222/93, juris Rn. 5; BVerwG, Urt. v. 26.4.2006 – 6 C 19/05, BVerwGE 125, 384-397; im Ergebnis auch: OVG Münster, Urt. v. 19.8.2015 – 13 A 1445/14, BeckRS 2015, 52792 Rn. 138.
[1111] So auch die Analyse von *Ossenbühl*, NJW 1986, S. 2809; vgl. auch nur BVerfGE 19, 330 (340), NJW 1966, S. 291.

vollziehende Prüfung vorzunehmen.[1112] So prüft das BVerfG mitunter auch die Vorgänge während des Gesetzgebungsverfahrens im Rahmen der Verhältnismäßigkeit, um zu klären, ob der Gesetzgeber „die ihm zugänglichen Erkenntnisquellen" berücksichtigt hat.[1113] In Ausnahmefällen wird trotz der grundsätzlich nicht bestehenden Begründungspflicht auch das Vorhandensein einer zureichenden Begründung des Gesetzgebungsakts geprüft.[1114] Die Entscheidungsfindung wird zudem teilweise auf verfassungsrechtliche Folgerichtigkeit bzw. Konsistenz hin geprüft.[1115] Der Regelungsspielraum sei außerdem überschritten, wenn die Erwägungen so offenkundig fehlerhaft sind, dass sie keine vernünftige Grundlage mehr für gesetzgeberische Maßnahmen sein können.[1116] Diese Tendenzen der Rechtsprechung werden teilweise nicht zu Unrecht kritisch gesehen, weil sie damit in die Nähe einer „optimale[n] Methodik der Gesetzgebung als Verfassungspflicht" gelangt.[1117] Der Grad zwischen hinreichendem Rechtsschutz und der Berücksichtigung der Gewaltenteilung ist auch bei der formellen Normgebung schmal, insofern unterscheidet sie sich nicht von der untergesetzlichen.

Erklären lässt sich die Ausweitung des Kontrollumfangs unter anderem mit den Bestrebungen, gerichtliche bzw. verwaltungsrechtliche Verfahren zu rationalisieren, um ein optimales Ergebnis zu erzielen.[1118] Diese sind mit dem Verfahren der Gesetzgebung nicht ohne Weiteres in Einklang zu bringen, geht es bei diesem doch verstärkt um realpolitische Umstände wie politische Machteinflüsse, die durch Mehrheiten geprägt sind, um taktische Erwägungen und Kompromisslösungen.[1119] Gleichwohl gibt es Fälle, in denen die Verfassungsmäßigkeit nicht ohne Weiteres anhand des Norminhalts geklärt werden kann. Dies ist vor allem der Fall, wenn die Verfassung nähere Vorgaben zu einer bestimmten Staatsaufgabe macht, wie es bei Art. 107 Abs. 1 und Abs. 2 GG der Fall ist.[1120] Ähnlich ist dies auch bei

---

[1112] *Voßkuhle* in Mangoldt/Klein/Starck, GG, Art. 93, Rn. 45.
[1113] BVerfG, Urt. v. 15.12.1983 – 1 BvR 209/83, BVerfGE 65, 1-71, juris Rn. 179; vgl. auch BVerfGE 50, 290 (334); BVerfGE 94, 115 (157); BVerfG 95, 1 (23).
[1114] BVerfGE 72, 330 (405) [Länderfinanzausgleich I]; BVerfGE 79, 311 (343) [Staatsverschuldung]; BVerfGE 86, 90 (110) [kommunale Rück-Neugliederung]; BVerfGE 140, 240 (296) [Beamtenbesoldung]; gegen eine Begründungspflicht im jeweiligen Fall: BVerfGE 88, 148 (212); BVerfGE 140, 65 (80).
[1115] *Voßkuhle* in Mangoldt/Klein/Starck, GG, Art. 93 Rn. 45; zur Folgerichtigkeit vgl. BVerfGE 121, 317 (360 ff.).
[1116] BVerfG, Beschl. v. 5.3. 1974 – 1 BvL 27/72, BVerfGE 37, 1-38, juris Rn. 59.
[1117] *Schwerdtfeger* in Stödter/Thieme, Festschrift für Hans Peter Ipsen. S. 173 ff.; vgl. auch *Bryde*, Verfassungsentwicklung, S. 327 f.; vgl. *Ossenbühl*, NJW 1986, S. 2809, der dies höchst kritisch sieht; kritisch auch *Schlaich*, VVDStRL 39 (1981), S. 108 f.
[1118] *Voßkuhle* in Mangoldt/Klein/Starck, GG, Art. 93 Rn. 45.
[1119] *Voßkuhle* in Mangoldt/Klein/Starck, GG, Art. 93 Rn. 45.
[1120] BVerfGE 72, 330 (405) [Länderfinanzausgleich I].

verfassungsrechtlich vorgesehenen Leistungsansprüchen zu sehen, die ohne eine nähere Betrachtung der zugrunde liegenden Erwägungen kaum einer verfassungsgerichtlichen Kontrolle zugeführt werden könnten.[1121] Diese Fallgruppe weist eine Parallele zum Kapazitätsrecht auf, bei welchem die Kontrolle von Ableitungen kaum anders handhabbar ist als unter Hinzuziehung der zugrunde gelegten Erwägungen.

bb) Unterschiede zwischen Gesetzgebung und untergesetzlicher Normgebung
Der Grundsatz einer ausschließlichen Kontrolle des Norminhalts als Ergebnis der Entscheidungsfindung erfährt daher schon bei Gesetzgebungsakten Ausnahmen. Jedenfalls kommt bei Rechtsetzungsakten der Exekutive ein weiterer Faktor hinzu, der das Abstellen auf die delegierte Gestaltungsfreiheit in Zweifel zieht. Ein wesentlicher Unterschied zwischen Gesetzgebungsakten und untergesetzlichen Rechtsetzungsakten ist folgender: Die Determinierung nimmt im Stufenbau grundsätzlich nach untenhin zu. Während die Gestaltungsfreiheit des Gesetzgebers – von EU-Recht abgesehen – lediglich durch die Verfassung beschränkt ist, benötigt die Exekutive für die Rechtsetzung grundsätzlich eine Ermächtigungsgrundlage.[1122] Bei der Betätigung ihres Normsetzungsermessens muss sie daher zusätzlich diese beachten. Die untergesetzliche Normgebung und damit auch deren Kontrolle folgt daher grundsätzlich eher der Logik des Verwaltungsermessens als der Gestaltungsfreiheit des Normgebers. Freilich kann die Bindung des Normgebers variieren. So ist der Bereich der Satzungsgebung grundsätzlich geringer determiniert als der der Verordnungsgebung.[1123] Dies ergibt sich schon zwangsläufig aufgrund der Regelung des Art. 80 Abs. 1 GG auf der einen und der Selbstverwaltungsgarantie auf der anderen Seite. Dies ist allerdings kein Umstand, der von vornherein gegen die Kontrolle des Vorgangs spricht, vielmehr kann dies vor dem Hintergrund zureichenden Rechtsschutzes angemessener auf der Ebene der Kontrolldichte berücksichtigt werden.

Der Gedanke der gesetzlichen Determinierung wird teilweise gerade als Argument gegen die Kontrolle des Abwägungsvorgangs genutzt. Dort wo das Gesetz eine Kontrolle des Abwägungsvorgangs vorsieht, sei eine Kontrolle eröffnet, in den üb-

---

[1121] BVerfGE 125, 175 (225); BVerfGE 132, 134 (162 ff.); BVerfGE 137, 34 (73 f.) [menschenwürdiges Existenzminimum]; BVerfGE 130, 263 (301 f.); BVerfGE 139, 64 (126 f.) [Richterbesoldung].
[1122] *Merkl* in Mayer-Maly/Schambeck/Grussmann, Gesammelte Schriften I/1, S. 227 ff.; vgl. auch *Jestaedt*, Reine Rechtslehre, S. 87 f.; hierzu auch *Lippold*, Recht und Ordnung, S. 369 ff.
[1123] Ausführlich hierzu *Ellerbrok*, Die öffentlich-rechtliche Satzung, S. 196 ff., 250 ff.; *Schmidt-Aßmann*, Die kommunale Rechtsetzung, S. 7 ff.; *Schmidt-Aßmann* in Dürig/Herzog/Scholz, GG, Art. 19 Abs. 4 Rn. 217; BVerfGE 33, 125 (159).

rigen Fällen sei dies gerade nicht zu fordern.[1124] Den Gedanken gesetzlicher Determinierung versteht man allerdings zu eng, wenn man bei dieser These verharrt. Zwar prüft die Verwaltungsgerichtbarkeit Staatshandeln anhand von Maßstäben, die sich aus dem Recht ergeben.[1125] Indes können nicht nur ausdrückliche, einfachgesetzliche Regelungen eine Kontrolle des Abwägungsvorgangs erfordern. Eine Kontrolle der Erwägungen des untergesetzlichen Normgebers kann vielmehr auch relevant werden, wenn erstens eine Kontrolle des Norminhalts ohne die tragenden Erwägungen kaum sinnvoll möglich ist, wie es im Bereich von zahlenförmigen Ableitungen (Kapazitätsrecht) der Fall ist oder im Bereich des Beitrags- und Gebührenrechts. Zweitens kann sich eine Offenlegung des Rechtsetzungsprozesses und eine damit verbundene Darlegungspflicht des Normgebers auch aus höherrangigem Recht ergeben, wie es das BVerfG für das Kapazitätsrecht feststellte. Für den Bereich des Planungsrechts und des Regulierungsermessens[1126] erkannte dies im Übrigen auch bereits die sonstige obergerichtliche Rechtsprechung. Dort wurde auch unabhängig von einer Norm, welche die Kontrolle des Abwägungsvorgangs vorsah, eine Kontrolle eben dieses aufgrund des Rechtsstaatlichkeitsgebots gefordert (siehe unten E. VI. 1. d). Pauschal lässt sich daher nicht postulieren, dass der Abwägungsvorgang bei einer fehlenden einfachgesetzlichen Regelung nicht kontrolliert werden darf bzw. muss.

5. Fazit zur Kontrolle der Ermessensbetätigung

Auf der Ebene des Ermessensbegriffs konnte sowohl das Verwaltungs- als auch das untergesetzliche Normsetzungsermessen anhand des Rechtsfolgen- bzw. Konkretisierungsermessens kategorisiert werden. Neben diesen Gemeinsamkeiten wurde auf der Ebene der denkbaren Fehler festgehalten, dass auch bei der untergesetzlichen Normsetzung vor dem Hintergrund eines hinreichenden Rechtsschutzes eine Kontrolle der zugrundeliegenden Erwägungen nicht von vornherein ausgeschlossen sein kann. Die Rechtsprechung verfolgt den angeblichen Grundsatz der fehlenden Kontrollierbarkeit des Ermessensvorgangs erstens ohnehin nicht konsequent und schafft aufgrund des schlichten Bedürfnisses nach einer Kontrolle

---

[1124] BVerwG, Urt. v. 13.12.1984 – 7 C 3/83, BVerwGE 70,318 ff., juris Rn. 21; BVerwG, Beschl. v. 7.6.1996 – 1 B 127/95, juris 2. Leitsatz; BVerwG, Urt. v. 26.4.2006 – 6 C 19/05, BVerwGE 125, 384-397, juris Rn. 16.
[1125] Vgl. *Hofmann*, NVwZ 1995, S. 742; *Hoppe*, DVBl. 1975, S. 685; *Hoppe/Bönker/Grotefels*, Öffentliches Baurecht, S. 494 f.; *Krebs*, Kontrolle in staatlichen Entscheidungsprozessen, S. 52, 69.
[1126] Grundlegend BVerwGE 130, 39 Rn. 28 ff., NVwZ 2008, S. 575 und BVerwGE 131, 41 Rn. 47, NVwZ 2008, S. 1359; vorher schon andeutend BVerwGE 120, 263 (265); fortgeführt durch BVerwG, NVwZ 2012, S. 1047 Rn. 36 ff.; BVerwGE 148, 48 Rn. 33, NVwZ 2014, S. 589; BVerwG, NVwZ 2014, S. 1034 Rn. 9.

zweitens Ausnahmen – im Bereich des Regulierungsermessen – die sie mit einer Parallele zum Planungsrecht begründen muss. Da drittens die Argumente gegen seine Aufrechterhaltung des Grundsatzes sprechen, ist dieser nicht weiter zu verfolgen. Insofern verläuft die Kontrolle der untergesetzlichen Normsetzung nach vorzugswürdiger Ansicht parallel zu der des Verwaltungsermessens und orientiert sich weniger an der Kontrolle von Gesetzgebungsakten. Die anschließende Frage nach der Übertragung der Ermessensfehlerlehren auf das untergesetzliche Normsetzungsermessen ist daher von der Grundannahme einer möglichen Kontrolle des Ermessensvorgangs geprägt. Die Frage der Reichweite der Kontrolle der Erwägungen ist dabei vielmehr dort zu behandeln, wo es sinnvollerweise eine Rolle spielt: Bei der Kontrolldichte. Der Schlüssel für eine Rechtsprechung, die Ermessensentscheidungen kontrolliert und gleichzeitig nicht in den Aufgabenbereich der Exekutive eingreift, liegt demnach in einer entsprechenden und jeweils angepassten Kontrolldichte.[1127]

V. Übertragung der Ermessensfehlerlehre(n)

Die bisherigen Untersuchungen haben den Weg zu einer grundsätzlichen Übertragbarkeit der Ermessensfehlerlehre geebnet. Dies soll nun anhand der vier bereits kategorisierten Ermessensfehlergruppen nachvollzogen werden.

1. Ermessensausfall bzw. Ermessensnichtgebrauch

Der nicht ausdrücklich in den § 40 VwVfG und § 114 S. 1 VwGO genannte Ermessensfehler in Form des Ermessensnichtgebrauchs[1128] bzw. Ermessensausfalls[1129] liegt vor, wenn die Verwaltung ein ihr tatsächlich zustehendes Ermessen nicht nutzt, sei es aufgrund eines Irrtums, sei es aufgrund von Nachlässigkeit.[1130] Hierbei gilt es zwischen dem nicht als Ermessensfehler zu qualifizierenden Fehler im Auslegung- bzw. Subsumtionsvorgang und einem echtem Ermessensfehler zu unterscheiden. Letzterer ist nur anzunehmen, wenn die Verwaltung irrtümlicherweise von einer gebundenen Entscheidung ausgeht trotz vorgenommener Auslegung der

---

[1127] I.E. auch BVerwG, Urt. v. 17. 4. 2002 - 9 CN 1/01, NVwZ 2002, S. 1125.
[1128] So *Geis* in Schoch/Schneider, VwVfG, § 40 Rn. 94.
[1129] *Decker* in Posser/Wolff, BeckOK, VwGO, § 114 Rn. 15; vgl. zur nicht treffenden Bezeichnung als „Ermessenswillkür": *Bettermann*, Der Staat 1 (1962), S. 86.
[1130] *Beaucamp*, JA 2012, S. 195; *Maurer/Waldhoff*, Allgemeines Verwaltungsrecht, S. 148; BVerwGE 15, 196 (199); BVerwGE 31, 212 (213); BVerwG, NJW 1982, S. 1413; BVerwGE 84, 375 (389); BVerwGE 79, 274 (281); BVerwGE 78, 314 (320); BVerwGE 64, 7 (12); BVerwGE 19, 149 (153); BVerwGE 7, 110 (111).

Norm.[1131] Bei Einzelakten ist dieser Fall insbesondere denkbar, wenn eine Norm sich dem Wortlaut nach als gebundene Vorschrift präsentiert, verfassungskonform allerdings als Ermessensnorm ausgelegt werden muss.[1132] Möglich ist im Bereich des Verwaltungsermessens auch, dass die Verwaltung einen atypischen Fall einer Soll-Vorschrift übersieht oder zu Unrecht von einer Ermessensreduktion auf Null ausgeht.[1133] Neben einem derartigen unbewussten Ermessensausfall kann auch ein bewusster Ermessensnichtgebrauch der Verwaltung stattfinden, wenn sie die Erteilung einer gesetzlich normierten Ausnahme ohne Einzelfallprüfung aufgrund von generellen Erwägungen ablehnt.[1134] Eine Indizwirkung für einen Ermessensausfall entfaltet eine fehlende oder unzureichende Begründung.[1135] Im Übrigen kann sich ein solcher auch auf der Grundlage eines Verhaltens in vergleichbaren Fällen bzw. anhand der sonstigen erkennbaren Umstände ergeben.[1136]

Ein Transfer auf das untergesetzliche Ermessen fällt stößt auf folgendes Problem: Im Rahmen des Normsetzungsermessens stellt sich mangels einer allgemeinen Begründungspflicht noch stärker als beim Verwaltungsermessen das praktische Problem der Überprüfbarkeit.[1137] Aufgrund dieses Umstands ist der Ermessensausfall bei untergesetzlichen Normen weniger leicht erkennbar. [1138] Dies wird teilweise zum Anlass genommen, den Ermessensausfall nicht als Ermessensfehler auf die untergesetzlichen Normgebung zu übertragen.[1139] Diese Betrachtung vermischt allerdings zwei Aspekte: Sie macht das Vorliegen eines Ermessensfehlers abhängig davon, ob er ersichtlich ist oder nicht. Dies ist jedoch keine Frage der materiellen Einordnung als Ermessensfehler, sondern eine solche der prozessualen Kontrollfähigkeit.[1140] Überzeugender ist es daher den Ermessensausfall als Ermessensfehler auch bei untergesetzlichen Normen anzunehmen und Probleme bei der Kontrollfähigkeit dort zu lösen, wo sie auch tatsächlich relevant werden, näm-

---

[1131] Vgl. zur Unterscheidung auch *Bonde*, Das verwaltungsrechtliche Ermessen, S. 92; BVerwGE 60, 355 (361).
[1132] *Aschke* in Bader/Ronellenfitsch, BeckOK VwVfG, § 40 Rn. 82.
[1133] BVerwGE 15, 196 (199); 68, 267 (274).
[1134] BVerwGE 6, 119 (127); 19, 94 (101).
[1135] BVerwG, NVwZ 2007, S. 470; VGH Mannheim, GewArch 1993, S. 82; OVG Bautzen, Urt. v. 10.11.2016 – 3 A 318/16, BeckRS 2016, 118090 Rn. 38, SächsVBl 2017, S. 107.
[1136] *Wolff* in Sodan/Ziekow, VwGO, § 114 Rn. 114 b; BVerwG NVwZ 1988, 525 (526).
[1137] *v. Danwitz*, Jura 2002, S. 101 anhand von Rechtsverordnungen; allgemein bei *Herdegen*, AöR 114 (1989), S. 639; *Ossenbühl*, NJW 1986, S. 2809 f.; gegen eine allgemeine Begründungspflicht auch VGH Mannheim, NVwZ 1983, S. 369.
[1138] Auf die mangelnde Offensichtlichkeit von Ermessensfehlern beim Normerlass hinweisend: *Jellinek*, Gesetz, Gesetzesanwendung und Zweckmäßigkeitserwägung, S. 223.
[1139] *Richter*, Erlass von Rechtsverordnungen und Satzungen, S. 63.
[1140] *Zuleeg*, DVBl. 1070, S. 159.

lich auf der Ebene der gerichtlichen Kontrolldichte und einer damit korrespondierenden Darlegungspflicht der Exekutive.

Ungeachtet dieser praktischen Probleme ist ein Ermessensausfall tatsächlich bei der Normsetzung nur in seltenen Fällen denkbar. Denn bei der Normsetzung ist der Fall eines unbewussten Ermessensnichtgebrauchs kaum vorstellbar. Im Gegensatz zur Verwaltung, welche die Ermessenseröffnung anhand der Norm und dem jeweiligen Einzelfall zu prüfen hat, ist der Exekutive schon aufgrund der Existenz einer Ermächtigungsgrundlage grundsätzlich ein Regelungsspielraum eingeräumt. Gleichwohl garantiert dies nicht die Ausübung der Gestaltungsmöglichkeit durch den ermächtigten Normgeber.[1141] Daher ist es auch bei untergesetzlichen Normen nicht von vornherein ausgeschlossen, dass der Normgeber nicht von seinem eingeräumten Normsetzungsermessen Gebrauch macht. Dies erkennt auch die neuere Rechtsprechung beim Unterbleiben von Ermessenserwägungen, obwohl sich diese durch sachverständige Informationen[1142] im Rahmen des Normsetzungsverfahrens aufdrängen; dies wird als Ermessensausfall bzw. Verletzung des Grundsatzes der willkürfreien Sachgerechtigkeit bezeichnet.[1143] Ein weiteres Beispiel bietet der Erlass von Normen auf kommunaler Ebene aufgrund von Mustersatzungen, wenn durch deren Nutzung überhaupt keine Ermessensausübung mehr erfolgt.[1144] Denkbar ist auch, dass das eigentlich zur Rechtsetzung berufene Organ diese faktisch einem anderen Organ überlässt, das rechtlich nur bei der Normsetzung angehört werden dürfte.[1145] Auf diese Weise kommt es im Ergebnis ebenfalls zu einem Ermessensausfall des normsetzenden Organs.

2. Ermessensüberschreitung

Auch wenn die Exekutive erkennt, dass ihr grundsätzlich ein Ermessensspielraum eingeräumt wurde, kann es zu Ermessensfehlern kommen, welche in den Bereich der eigentlichen Ermessensbetätigung fallen. Hierbei kann es nach dem Wortlaut der §§ 40 VwVfG, 114 VwGO zu einer Ermessensausübung in einer dem Zweck der Ermächtigung nicht entsprechenden Weise kommen bzw. zu einer Überschreitung

---

[1141] *Richter*, Erlass von Rechtsverordnungen und Satzungen, S. 62; *Westbomke*, Anspruch auf Erlass von Rechtsverordnungen, S. 48.
[1142] Allgemein zur Problematik externen Sachverstandes: *Di Fabio*, VerwArch 81 (1990), S. 193 ff.
[1143] BayVGH, Urt. v. 5.10.2021 – 8 N 17.1354, 8 N 17.1355, 8 N 17.1356, 8 N 17.1357, 8 N 17.1358, 8 N 17.1359, BeckRS 2021, S. 41453 Rn. 59 zum Schutzkonzept bei der Festsetzung von Wasserschutzgebieten; vgl. auch BVerwG, Beschl. v. 2.8.2012 - 7 CN 1.11, juris Rn. 23.
[1144] So auch *Schoch*, NVwZ 1990, S. 804; *Hill* in Ständige Deputation I, 58. Deutscher Juristentag, S. D 27 ff. sieht dies vor dem Hintergrund des Ermessensnichtgebrauchs weniger kritisch.
[1145] EuGH, NJW 1994, S. 307 zur Tarifkommission nach GüKG, auf die die Rechtsetzungsbefugnis nicht übertragen werden darf.

der gesetzlichen Grenzen des Ermessens. Letztere ist das Pendant zum Ermessensnichtgebrauch. Eine solche Ermessensüberschreitung ist anzunehmen, wenn die Verwaltung die gesetzlichen Grenzen des Ermessens nicht einhält (§§ 40 Alt. 2 VwVfG, 114 S. 1 HS. 1 Alt. 1).[1146] Mit anderen Worten: Die Verwaltung übertritt den vom Gesetz festgelegten Ermessens(spiel)raum[1147] bzw. Ermessensrahmen.[1148] Bei einer Ermessensüberschreitung wählt die Behörde eine gesetzlich nicht vorgesehene Rechtsfolge oder geht fehlerhaft von der Eröffnung eines Ermessensspielraums aus.[1149] Letzteres ist vor allem dann anzunehmen, wenn die Behörde eine Ermessensreduzierung übersieht.[1150] Die Ansicht, die hierbei nicht von einem Ermessensfehler ausgeht, beruft sich vor allem auf das Argument, ein Zusammenhang mit der Ermessensbetätigung sei nicht gegeben, der Fehler müsse vielmehr dem Subsumtionsvorgang zugeordnet werden.[1151] Diese vereinfachende Betrachtung lässt allerdings Fälle außer Betracht, in denen die Verwaltung die Grenzen erst bei der Ermessensausübung an sich übersieht. Außerdem wird sich allgemein nur schwer rekonstruieren lassen, ob die Verwaltung die gesetzlichen Grenzen während oder vor der Ermessensausübung überschreitet. Um die Fehler bei der Ermessensausübung daher nicht außen vor zu lassen, ist es praktikabel die Ermessensüberschreitung im Einklang mit § 40 VwVfG als Ermessensfehler zu betrachten.[1152]

a) Abgrenzung zum Ermessensfehlgebrauch
Die von Gesetzes wegen hiervon zu unterscheidende Ausübung des Ermessens entgegen dem Ermächtigungszweck hat die Rechtsprechung zuweilen durch die Gegenüberstellung einer Bindung nach außen (Ermessensüberschreitung) und einer solchen nach innen (Ermessensfehlgebrauch) vorgenommen.[1153] Diese Unterscheidung nach einer inneren und äußeren Bindung drängt sich weder anhand des Gesetzestextes auf noch löst sie sämtliche Abgrenzungsprobleme.[1154] Mitunter trägt diese Unterscheidung sogar zur weiteren Verwirrung bei, indem die innere

---

[1146] Ähnlich *Maurer/Waldhoff*, Allgemeines Verwaltungsrecht, S. 148; ungenau bei *Geis* in Schoch/Schneider, VwVfG, § 40 Rn. 102 ff.
[1147] Vom Ermessensraum spricht *Wolff* in Sodan/Ziekow, VwGO, § 114 Rn. 122.
[1148] BVerwGE 77, 188, 195 f.; BVerwGE 22, 215 (219).
[1149] *Jestaedt* in Erichsen/Ehlers, Allgemeines Verwaltungsrecht, S. 375, § 11 Rn. 61 a.E.
[1150] *Erbguth*, Allgemeines Verwaltungsrecht, S. 223 Rn. 45.
[1151] Vgl. *Bonde*, Das verwaltungsrechtliche Ermessen, S. 89; so auch *Meyn*, JA 1980, S. 332.
[1152] Im Ergebnis auch *Alexy*, JZ 1986, S. 707.
[1153] BVerwGE 62, 230 (242); so schon *v. Laun*, Das freie Ermessen und seine Grenzen, S. 175 ff. u. 262; vgl. auch *Decker* in Posser/Wolff, BeckOK VwGO, § 114 Rn. 19 f.
[1154] So schon *Fachinger*, NJW 1949, S. 245.

Begrenzung der Ermessensüberschreitung zugeordnet wird und die äußere dem Ermessensfehlgebrauch.[1155] Sie wird daher nicht weiter verfolgt.

Eine klare Abgrenzung wird vielmehr ermöglicht, wenn man sich auf den Gesetzeswortlaut besinnt: § 40 VwVfG bzw. § 114 S. 1 VwGO sprechen vom zweckwidrigen „Gebrauch" des Ermessens einerseits und von einer Überschreitung der gesetzlichen Grenzen andererseits.[1156] Begrifflich weist der Gebrauch auf den *Vorgang* der Ermessensausübung hin, der nicht der dem Zweck entsprechenden Art und Weise vonstattengeht.[1157] Dagegen betrifft die Überschreitung gesetzlicher Grenzen das Ergebnis der Ermessensbetätigung, welche sich nicht mehr im vorgegebenen, gesetzlichen Rahmen befindet. Prägnant werden die Unterschiede, wenn man die Ermessensüberschreitung als Fehler in der Rechtsfolge bezeichnet und den Ermessensfehlgebrauch als Fehler in der Motivation des Entscheidungsträgers.[1158]

b) Intendiertes Ermessen als Sonderfall?

Eine spezielle Konstellation in diesem Zusammenhang ist auch das intendierte Ermessen. Diese als solche von der Rechtsprechung bezeichnete Tendenz umschreibt die Auslegung von (bestimmten) Ermessensermächtigungen dahingehend, dass die Ermessensausübung als in eine gewisse Richtung gelenkt angesehen wird.[1159] Im Ergebnis werden Ermessensvorschriften auf diese Weise als Soll-Vorschriften interpretiert.[1160] Ist ein solches intendiertes Ermessen anzunehmen, dann ist eine Abweichung nur in besonderen Ausnahmen zulässig.[1161] Die Abgrenzung zur Ermessensreduzierung auf Null liegt dabei darin, dass diese auf die Umstände eines Einzelfalls zurückgeführt wird, welche in Ausnahmefällen eine Determinierung erforderlich machen.[1162] Die beim intendierten Ermessen vorgese-

---

[1155] *Jesch*, AöR 82 (1957), S. 163, 209.
[1156] *Wolff* in Sodan/Ziekow, VwGO, § 114 Rn. 123.
[1157] So ausdrücklich *Möstl* in Erichsen/Ehlers, Allgemeines Verwaltungsrecht, S. 639.
[1158] *Rennert* in Eyermann, § 114 Rn. 10.
[1159] Zunächst wohl sinngemäß und als „weite Begrenzung des Ermessensspielraums" bezeichnet: BVerwG 29.10.1964 - BVerwG, Urt. v. 29.10.1964 – II C 182.61, BVerwGE 19, 332 ff., juris Rn. 37; vom „gelenkte[m] Ermessen" spricht BVerwGE 105, 55 (57); Übersicht bei: *Volkmann*, DÖV 1996, S. 283 ff.; *Pabst*, VerwArch 93 (2002), 540 ff.; *Schoch*, Jura 2010, S. 358; vgl. hierzu auch *Beuermann*, Intendiertes Ermessen; *Kaffenberger*, Das intendierte Verwaltungsermessen.
[1160] *Beaucamp*, JA 2006, S. 76; *Michaelis*, JA 1998, S. 455; *Sachs* in Stelkens/Bonk/ders., VwVfG, § 40 Rn. 28.
[1161] Vgl. BVerwG, Urt. v. 5.7.1985 – 8 C 22/83, BVerwGE 72, 1 ff., juris Rn. 19.
[1162] *Beaucamp*, JA 2006, S. 76.

hene Vorsteuerung durch den Gesetzgeber wird für den typischen Fall angenommen[1163] und macht eine nähere Abwägung gerade entbehrlich.

Die Entbehrlichkeit der Abwägung bzw. der Begründung im typischen Fall wird von Befürwortern dieser Fallgruppe angeführt, um den positiven Effekt einer Verfahrensvereinfachung hervorzuheben.[1164] Die Etablierung einer eigenen Fallgruppe ist indes als kritisch anzusehen und birgt die Gefahr einer Überinterpretation des gesetzlichen Willens. Gegen die Fallgruppe eines intendierten Ermessens spricht nämlich der Umstand, dass der Gesetzgeber, wollte er eine solche Vorsteuerung erreichen, dies ausdrücklich hätte regeln können in Form einer Soll-Vorschrift.[1165] Ohne ausdrückliche Hinweise im Gesetzestext muss man für die Annahme einer intendierten Ermessensvorschrift die Unterscheidung zwischen typischen und atypischen Fällen bilden.[1166] Den typischerweise von der Vorschrift erfassten Fall bei der Vielzahl an Fallvarianten herauszuarbeiten, ist kaum auf eine rechtssichere Art und Weise leistbar. Nimmt die Verwaltung eine Vorsteuerung an und verzichtet dementsprechend auf eine sonst erforderliche Begründung, vermindert sich außerdem der Rechtsschutz: Einerseits fehlt die Selbstkontrolle der Verwaltung, die durch die Begründung generell erreicht werden soll,[1167] andererseits wird dem Bürger die Einschätzung seiner Chancen auf Rechtsschutz erschwert.[1168] Die Rechtsprechung läuft zudem Gefahr eine gesetzliche „Leitabwägung"[1169] in die gesetzlichen Vorgaben hineinzuinterpretieren und damit letztendlich eine eigene Entscheidung an die Stelle einer solchen der Verwaltung zu setzen.

Auf die fehlende Notwendigkeit einer eigenen Fallgruppe einschließlich einer Verfahrensvereinfachung für die Verwaltung deutet auch die frühe Rechtsprechung hin, wenn sie zunächst lediglich von einer „weiten Begrenzung des Ermessensspielraums" spricht.[1170] Denn letztlich zeichnet sich das sog. intendierte Ermessen durch eine besonders starke Determinierung der Ermessensausübung aus, die aufgrund der Gesetzesbindung im Grunde jede Form von Ermessen in einem mehr

---

[1163] *Hain/Schlette/Schmitz*, AöR 122 (1997), S. 40; *Beuermann*, Intendiertes Ermessen, S. 37 f.; *Pabst*, VerwArch 2002, 545 f.
[1164] *Beuermann*, Intendiertes Ermessen, S. 171; *Pabst*, VerwArch 2002, S. 543; BVerwGE 105, 55 (57).
[1165] *Borowski*, DVBl. 2000 I, S. 159; *Pabst*, VerwArch 2002, S. 547; vgl. auch BVerwGE 72, 1 (6 f.); 82, 356 (363); 105, 55 (57 f.).
[1166] *Beaucamp*, JA 2006, S. 77.
[1167] *Pabst*, VerwArch 2002, S. 551; *Stelkens* in ders./Bonk/Sachs, VwVfG, § 39 Rn 1.
[1168] *Beuermann*, Intendiertes Ermessen, S. 161 f.; *Pabst*, VerwArch 2002, S. 551.
[1169] *Riese* in Schoch/Schneider, VwGO, § 114 Rn. 27.
[1170] BVerwG, Urt. v. 29.10.1964 – II C 182.61, BVerwGE 19, 332 ff., juris Rn. 37.

oder minder großen Umfang betrifft.[1171] Wenn man die Fehler im Rahmen der angeblichen Kategorie des intendierten Ermessens genauer betrachtet, liegt der eigentliche Ermessensfehler daher entweder darin, dass die gesetzliche Grenze des Spielraums überschritten wird oder dass eine gesetzliche Zielvorgabe nicht eingehalten wurde. Eine eigenständige Fallgruppe auf Kosten des Rechtsschutzes scheint vor diesem Hintergrund jedenfalls nicht notwendig. Überschreitet das Ergebnis der Ermessensbetätigung in diesen Fällen die gesetzlichen Grenzen, so ist dies daher als Ermessensüberschreitung aufzufassen oder als Ermessensfehlgebrauch, wenn die zugrunde gelegten Erwägungen betroffen sind.[1172]

    c) Übertragung auf das Normsetzungsermessen
    aa) Mit der Ermächtigungsgrundlage unvereinbare Rechtsfolge

Eine Ermessensüberschreitung ist demnach erstens unter anderem anzunehmen, wenn schon anhand des gefundenen Ergebnisses der Ermessensbetätigung deutlich wird, dass eine Rechtsfolge gewählt wurde, die nicht von der konkreten Ermächtigungsnorm vorgesehen ist.[1173] Dies ist auch bei untergesetzlichen Normen ohne weiteres denkbar, wenn der untergesetzliche Normgeber eine Regelung in einem Umfang trifft, der im Ergebnis nicht mehr von der Ermächtigungsgrundlage gedeckt ist.[1174] Die Rechtsprechung wählt mitunter für die Kontrolle des Normsetzungsermessens eine stark an § 114 S. 1 Alt. 1 VwGO angelehnte Formulierung, indem sie die prüfen will, ob die gesetzlichen Grenzen des Normsetzungsermessen überschritten sind".[1175] Daneben sind auch weniger eindeutige Prüfungsformeln anzutreffen; unter anderem wird die Prüfung vorgenommen, ob der „Zweck [...] nicht demjenigen der gesetzlichen Ermächtigung" entspricht bzw. inwiefern „der Inhalt [...] nicht mit der gesetzlichen Ermächtigung in Einklang steht".[1176] Auch die beiden letzteren Formulierungen umschreiben nichts anderes als die Überschreitung des gesetzlich vorgesehenen Handlungsrahmens der Exekutive und können daher ebenso als Ermessensüberschreitung bezeichnet werden.

[1171] *Volkmann*, DÖV 1996, S. 288.
[1172] Angedeutet, aber weniger differenzierend: *Sachs* in Stelkens/Bonk/Sachs, VwVfG, § 40 Rn. 55 ff.; in den Zwiespalt zwischen Ermessensschranken und Voraussetzungen für die Ermessensausübung fällt auch das „Optimierungsgebot" bzw. die „Disoptimierung", vgl. *Hoppe,* DVBl. 1992, S. 859
[1173] Vgl. BayVGH, BayVBl. 1991, S. 179 f. zu einer übermäßig langen Sperrzeit.
[1174] *Richter,* Erlass von Rechtsverordnungen und Satzungen, S. 58 f.; *Jöhr,* Überprüfung des administrativen Ermessens, S. 222 ff. zu Rechtsverordnungen; BVerwGE 68, 69 (74 ff.); BVerwGE 69, 162 (169 ff.); BVerwGE 74, 67 (68 ff.).
[1175] BayVGH, Beschl. v. 1.2.2007 – 4 ZB 06.2567, KommJur 2008 Heft 6, S. 219.
[1176] BVerfGE 65, 248 (259 ff.), juris Rn. 33, 36 zur Zweck- und Inhaltsüberschreitung durch eine Verpflichtung zur Preisauszeichnung.

bb) Ermessensreduzierung (auf Null)

Bei der zweiten Fallgruppe handelt es sich um die Ermessensreduzierung. Eine Ermessenreduzierung auf Null als spezieller Fall der Ermessensreduzierung ist anzunehmen, wenn aufgrund der Umstände des Einzelfalls die Verengung der Handlungsmöglichkeiten auf eine einzige rechtmäßige Rechtsfolge stattfindet.[1177] Die Verwaltung handelt demnach nur mit einer ganz bestimmten Entscheidung nicht rechtsfehlerhaft.[1178] Weil die Ermessensreduktion dem Kerngedanken des Ermessens entgegensteht und damit auch den Zuständigkeitsbereich der Verwaltung berührt, ist die Annahme einer derartigen Reduktion an strenge Voraussetzungen gekoppelt.[1179] Dabei ist einerseits eine Ermessensreduzierung auf Null in Bezug auf das Entschließungs- nicht aber hinsichtlich des Auswahlermessens möglich[1180] sowie andererseits eine Ermessensreduzierung zusätzlich in Bezug auf das Auswahlermessen.[1181]

Eine Ermessensreduzierung auf Null ist trotz des Regelungsspielraums und entgegen der früheren Rechtsprechung[1182] auch bei untergesetzlichen Normen nicht ausgeschlossen.[1183] Die Entschließungsfreiheit liegt zwar generell bei der Exekutive.[1184] Es ist aber in Ausnahmefällen möglich, dass sich eine Verpflichtung zum

---

[1177] *Borowski*, DVBl. 2000 I, S. 151; *Di Fabio*, VerwArch 86 (1995), S. 214 f.; BVerwGE 19, 214 (218 f.); BVerwGE 69, 90 (94); 95, 15 (19); OVG Lüneburg, Urt. v. 18.5.2020 – 12 LB 113/19.
[1178] *Ossenbühl* in Isensee/Kirchhoff III, § 66 Rn. 49; *Württenberger*, AöR 105 (1980), S. 375 ff.; zum Verordnungserlass: *v. Danwitz*, Die Gestaltungsfreiheit des Verordnungsgebers, S. 181; *Wilke*, AöR 98 (1973), S. 951; zur Satzungsgebung: *Schmidt-Aßmann*, Die kommunale Rechtsetzung, S. 13.
[1179] Ausführlich hierzu: *Laub*, Ermessensreduzierung, S. 30 ff.; BVerwGE 28, 233 (238); BVerwG, NVwZ 1988, 525 (526).
[1180] Vgl. OVG Berlin, NJW 1983, S. 779; BVerwG, Urt. v. 1.6.2017 – 9 C 2/16, BVerwGE 159, 95, juris Rn. 24 ff. zum reduzierten Entschließungsermessen bei der Eingriffsermächtigung des § 3 Abs. 2 HS. 2 BNatSchG; VGH Kassel, Urt. v. 8.9.1992 – 11 UE 611/91, juris Rn. 39 zu einer Anordnung nach § 4 Abs. 5 ApoBetrO.
[1181] *Riese* in Schoch/Schneider, VwGO, § 114 Rn. 39; *Sodan*, NVwZ 2000, S. 604; BVerwG, GewArch 2018, S. 191; BVerfGE 13, 248 (255).
[1182] BVerwGE 7, 188: „Einen Anspruch auf den Erlass einer Rechtsverordnung gibt es nicht [...]"; vgl. auch OVG Koblenz, NJW 1988, S. 1684: „Dem Bürger ist, ebenso wie dies für förmliche Gesetze gilt, in keinem Fall ein Anspruch auf Erlass einer Rechtsverordnung einzuräumen [...]. Gäbe es einen solchen Anspruch, müssten die Gerichte zur Rechtsetzung ermächtigt sein. Dies aber überschreitet die Grenzen der Befugnisse der rechtsprechenden Gewalt, jedenfalls [...] außerhalb des Normenkontrollverfahrens."
[1183] So schließlich auch BVerwGE 80, 355 (359f.), NJW 1989, S. 1495; wenig differenzierend: *Panzer* in Schoch/Schneider, VwGO, Vor § 47 Rn. 5.
[1184] *v. Danwitz*, Die Gestaltungsfreiheit des Verordnungsgebers, S. 189 ff.; *Zuleeg*, DVBl. 1970, S. 157; BVerwG, NJW 1983, S. 2893 f.

Erlass erstens aus der Rechtsgrundlage selbst ergibt.[1185] Vereinzelt schließt auch die konkrete Ermächtigungsnorm ein Ermessen der Verwaltung hinsichtlich der Entschließung von vornherein aus. In diesem Fall lässt sich aber weniger von einer Ermessensreduktion sprechen, sondern vielmehr von einer gebundenen Entscheidung. Denn eine Einräumung von Entschließungsermessen ist wegen Art. 80 Abs. 1 S. 2 GG dann ausgeschlossen, wenn die Anwendbarkeit eines Gesetzes direkt vom Erlass einer untergesetzlichen Norm abhängt.[1186] Eine Ermessensreduktion ist daher vor allem auf die Fälle beschränkt, in denen der Gesetzesvollzug bei einem fehlenden Erlass einer exekutiven Regelung in Gefahr wäre oder gar unmöglich wird.[1187] Ein Beispiel hierfür liefert § 132 BauGB, weil die Gemeinden gem. § 127 Abs. 1 BauGB zur entsprechenden Erhebung der Erschließungsbeiträge verpflichtet sind.[1188]

Zweitens kann sich das Entschließungsermessen aufgrund des Gleichbehandlungsgrundsatzes reduzieren,[1189] wobei dieser auch die Entschließung zur Anpassung einer bestehenden Regelung an neue Erkenntnisse bzw. Entwicklungen steuern kann.[1190] Aus dem Gleichheitsgrundsatz kann sich drittens auch die Notwendigkeit ergeben, eine abstrakt-generelle Regelung zu erlassen. Die Wahl der Handlungsoptionen kann daher verengt werden auf eine abstrakt-generelle. Eine Reduzierung des Entschließungsermessens kommt viertens in Betracht, wenn sich dies aus völkerrechtlichen bzw. grundrechtlich begründeten Schutzpflichten ergibt.[1191]

Zusätzlich kann auch bei der Normsetzung das Auswahlermessen auf Null reduziert sein.[1192] Die für diese Konstellation schon beim Verwaltungsermessen erhöh-

---

[1185] *v. Danwitz*, Die Gestaltungsfreiheit des Verordnungsgebers, S. 181; *Sodan*, NVwZ 2000, S. 607; BVerwGE 42, 169 (174); BVerwG, Urt. v. 28.11.2007 – 9 C 10/07 diskutiert und abgelehnt bei § 203 Abs. 1 BauGB.
[1186] Vgl. BVerfG, DVBl. 1988, 952 (954).
[1187] *Bülow* in Benda/Maihofer/Vogel, Handbuch des Verfassungsrechts, S. 1487; *Brunner/Haber*, UPR 1996, S. 295.
[1188] Vgl. zu diesem Beispiel BVerwG DÖV 1970, 203 (203 ff.); weitere Beispiele liefern BVerfGE 13, 248 (254); BVerfGE 16, 332 (338); BVerwGE 31, 177 (179 ff.).
[1189] *v. Danwitz*, Die Gestaltungsfreiheit des Verordnungsgebers, S. 181; *Zuleeg*, DVBl. 1970, S. 157; BVerfGE 13, 248 (254 ff.); BVerfGE 48, 99 (101).
[1190] *v. Danwitz*, Die Gestaltungsfreiheit des Verordnungsgebers, S. 182; BVerfGE 42, 374 (395 f.); BVerwGE 48, 99 (101); VGH Mannheim, DVBl. 1983, S. 642.
[1191] *Herdegen*, AöR 114 (1989), S. 638; *Ossenbühl* in Isensee/Kirchhof V, § 103 Rn. 50; *Sodan*, NVwZ 2000, S. 603 ff.; *Unruh/Strohmeyer*, NuR 1998, S. 225; ausführlich: *Westbomke*, Rechtsverordnungen und Satzungen; BVerwG NVwZ 2002, S. 1505 f.
[1192] Dies übersieht *Möstl* in Erichsen/Ehlers, Allgemeines Verwaltungsrecht, S. 640.

ten Anforderungen[1193] sind im Rahmen des Normsetzungsermessens nur äußerst selten erfüllt. Gleichwohl gibt es Fälle, in denen die Rechtsprechung zu Recht eine Verengung des Normsetzungsermessens auf nur eine rechtmäßige Regelung annimmt.[1194] In Betracht kommt dies vor allem bei Regelungen, die eine bestimmte Gruppe ungerechtfertigt begünstigen (Art. 3 Abs. 1 GG).[1195] Besonders in solchen Konstellationen ist es möglich, dass der Normgeber nur eine einzige Möglichkeit hat, einen der Verfassung entsprechenden Zustand herzustellen.[1196] Der Gewaltenteilungsgrundsatz steht der Zuerkennung eines vom Verordnungsgeber versagten Anspruchs dann nicht entgegen. Denn die abstrakt-generelle Regelung wäre nur dann verfassungsgerecht, wenn sie derartige Ansprüche vorsähe. In diesen Fällen antizipiert die Rechtsprechung die ausstehende Norm und macht sie zur Grundlage der zutreffenden Gerichtsentscheidung.[1197] Der Eingriff in das Kompetenzgefüge der „Legislative" [meint: rechtsetzenden Exekutive] ginge bei einer derartigen Korrektur nicht über die Nichtigkeitserklärung von Begünstigungsausschlussklauseln oder belastenden Teilregelungen hinaus.[1198] Denn die Reichweite des Rechtsschutzes dürfe nicht von der Regelungsstruktur einer Norm abhängig gemacht werden.[1199]

Die Beschränkung auf besondere Konstellationen ergibt sich indes daraus, dass tatsächlich sämtliche andere Regelungsmöglichkeiten bzw. Abhilfemöglichkeiten der Ungleichbehandlung ausgeschöpft sein müssen. Dies ist anzunehmen, wenn keine Rücknahme der gewährten Vorteile an eine zu Unrecht bevorzugte Personengruppe mit dem Gebot der Rechtssicherheit bzw. dem Vertrauensschutz[1200] vereinbar ist.[1201] Denkbar erscheint in der Praxis daher eine Ermessensreduktion auf Null und ein damit korrespondierender Anspruch auf Normerlass vor allem in

---

[1193] Exemplarisch zum bauaufsichtlichem Einschreiten BayVGH, Beschl. v. 16.7.2019 – 15 ZB 17.2529, juris Rn. 43; OVG Lüneburg, Beschl. v. 16.8.2019 – 5 ME 126/19, juris Rn. 31 zur Reduktion des Auswahlermessens bei § 3 Abs. 1 S. 1 FeV.
[1194] BVerwG, Urt. v. 3.11.1988 – 7 C 115/86, BVerwGE 80, 355-373, juris Rn. 19
[1195] Vgl. BVerfGE 18, 288 (300); 55, 100, (113 f.); so auch das BAG mit Blick auf Art. 3 Abs. 1 GG bei tarifrechtlich ausgeklammerten Personen: BAG, Urt. v. 13.11.1985 - 4 AZR 234/84, BAGE 50, 137, 145 f.; BAG Urt. v. 7.3.1995 - 3 AZR 282/94.
[1196] BVerwG, Urt. v. 11.10.1996 – 3 C 29/96, BVerwGE 102, 113-119, juris Rn. 37.
[1197] BVerwG, Urt. v. 11.10.1996 - 3 C 29/96, NJW 1997, S. 957.
[1198] BVerwG, Urt. v. 11.10.1996 - 3 C 29/96, NJW 1997, S. 957.
[1199] So zumindest die Begründung in BVerwG, Urt. v. 11.10.1996 – 3 C 29/96, BVerwGE 102, 113-119, juris Rn. 36 ff. in Bezug auf § 7 Milch-Garantiemengen-Verordnung (MGV).
[1200] BVerfGE 11, 139 (145 f.); 27, 375 (385); 30, 392 (401).
[1201] So auch im Fall von § 7 Abs. 1 MGV, BVerwG, Urt. v. 11.10.1996 – 3 C 29/96, BVerwGE 102, 113-119, juris Rn. 38 f.

abstrakt-konkreten Fällen,[1202] wie es beispielsweise bei der Einbeziehung eines bestimmten Grundstücks in eine Satzung oder Verordnung der Fall ist.[1203] Eine Ermessensreduzierung auf Null ist damit auf wenige Fälle beschränkt. Das deutlich wichtigere Phänomen der bloßen Ermessensreduktion ergibt sich bei einer konkurrierenden Normsetzungskompetenz. Diese Art der Ermessensreduktion lässt sich am ehesten mit Hilfe des Bildes der Normpyramide begreifen: Trifft der Normgeber auf einer der höheren Stufen, wie beispielsweise der Bund (Art. 31 GG), eine Regelung, so kann sich dies reduzierend auf die Regelungskompetenz des Normgebers auf der unteren Stufe auswirken. Mitunter muss nach Erlass einer höherrangigen Regelung allerdings erst durch Auslegung ermittelt werden, ob eine Ermessensreduktion angestrebt wird oder ob eine Fortgeltung des niederrangigen Rechts aufgrund von Spezialität möglich ist. Letztere Auslegungsvariante ist vor allem bei speziellen örtlichen Regelungen unter Einbezug besonderer Verhältnisse anzudenken.[1204] Ein Beispiel für eine Ermessenreduktion liefert dagegen die Regelung des Umfangs einer Leistungspflicht durch den Gesetzgeber auf Bundesebene, was zur Folge hat, dass die Länder nur noch entscheiden können, ob eine Leistungspflicht besteht.[1205] Gerade bei Polizeiverordnungen ist des Weiteren eine Kollision auf der Ebene des Landes- und Ortsrechts denkbar.[1206]

cc) Verletzung sonstigen Rechts durch die gewählte Rechtsfolge

Die Überschreitung rechtlicher Grenzen kann drittens auch eine Folge der Verletzung einer anderen Rechtsnorm – insbesondere der Verfassung – sein.[1207] Engt eine sonstige Norm den Handlungsrahmen ein, so liegt bei einer Missachtung dieser Reduzierung ebenfalls eine Ermessensüberschreitung vor.[1208] Streng genommen ist diese kein Fehler, der Ermessensentscheidungen vorbehalten ist. Denn bei einer Überschreitung sonstigen höherrangigen Rechts, wäre selbst eine gebundene Entscheidung unrechtmäßig.[1209] Man könnte diesen Aspekt daher aus der Ermessensüberschreitung ausgliedern, käme dann aber zu schwierigen Abgrenzungsfragen, wann nämlich die Gesetzesverletzung den Handlungsrahmen der

---

[1202] Vgl. Weitzel, Rechtsetzungsermessen, S. 211.
[1203] Hierzu BayVerfGH, BayVBl. 1987, S. 589 hinsichtlich der Klage auf Aufnahme eines Grundstücks in eine Ladenschlussverordnung.
[1204] Vgl. zu einer örtlichen Taubenfütterungsverordnung in Bezug auf die Ermächtigung von § 12a BSeuchenG: VGH Mannheim, NVwZ-RR 1992, S. 20.
[1205] BVerfG, DVBl. 1988, S. 952 (LS 2b, S. 955).
[1206] Vgl. Weitzel, Rechtsetzungsermessen, S. 213.
[1207] Vgl. auch Fallgruppe bei Wolff in Sodan/Ziekow, VwGO, § 114 Rn. 148; missverständlich daher Geis in Schoch/Schneider, VwVfG, § 40 Rn. 98.
[1208] Ruthig in Kopp/Schenke, § 114 Rn. 7.
[1209] Wolff in Sodan/Ziekow, VwGO, § 114 Rn. 149.

Ermessensbetätigung betrifft[1210] und wann es sich um eine „allgemeine" Rechtsverletzung handelt. Praktikabler erscheint es daher die Verletzungen sonstigen höherrangigen Rechts grundsätzlich als Ermessensfehler – und zwar in Form einer Ermessensüberschreitung – aufzufassen. In Betracht kommt diese Form der Ermessensüberschreitung bei der Setzung einer Rechtsfolge, die *im Ergebnis* gegen höherrangiges Recht, also insbesondere gegen die Grundrechte und die restliche Verfassung verstößt.[1211]

In Bezug auf die Überprüfung des untergesetzlichen Normsetzungsermessens muss festgestellt werden, dass die Vereinbarkeit des Regelungsergebnisses mit höherrangigem Recht, also insbesondere der Ermächtigungsgrundlage, der Verfassung und sonstigem höherrangigem Recht der Kern der gerichtlichen Überprüfung ist.[1212] Um den eingangs erwähnten Gedanken exekutiver Rechtsetzung fruchtbar zu machen, ist die Parallele bei der Prüfung von Einzelakten und untergesetzlichen Normen wiederum nicht verwunderlich. Denn bei der Rechtserzeugung hat sich der untergesetzliche Normgeber ebenso wie die den Einzelfall regelnde Verwaltung an höherrangiges Recht zu halten.

Ein Verstoß gegen höherrangiges Recht liegt bei der Normsetzung dabei unter anderem dann vor, wenn der Normgeber eine Kompetenznormen der Verfassung durch den Erlass einer Regelung verletzt.[1213] Einen Unterfall hiervon bildet die Konkretisierung eines nicht abschließenden Gesetzes, obwohl dies im Widerspruch zu stringenteren und höherrangigen Regelungen geschieht.[1214] Hauptsächlich wird eine Ermessensüberschreitung allerdings anzunehmen sein, wenn das Regelungsergebnis die Grundrechte bzw. einen sonstigen Verfassungsgrundsatz verletzt.[1215] Die praktische Konkordanz zwischen betroffenen Grundrechten bzw. der Verfassungsnormen[1216] gilt es dabei als die äußerste Grenze des Handlungsspielraums der Exekutive zu achten.[1217] An dieser Stelle spielt der Verhältnismäßigkeitsgrundsatz die mit Abstand wichtigste Rolle. Seine Wichtigkeit und gleichzeitig die auftretenden Schwierigkeiten im Zusammenhang mit diesem können

---

[1210] *Wolff* in Sodan/Ziekow, VwGO, § 114 Rn. 149.
[1211] Exemplarisch zu Art. 12 Abs. 1 GG: BVerfG, NVwZ 1999, 1102 f.; zu Art. 6 GG: BVerwGE 77, 188 (192); BVerwGE 81, 155 (162 f.).
[1212] So auch *Möstl* in Erichsen/Ehlers, Allgemeines Verwaltungsrecht, S. 639.
[1213] BVerwG, UPR 1993, S. 25 in Bezug auf Art. 28 Abs. 2 S. 1 GG.
[1214] VGH Mannheim, UPR 1994, S. 278 prüft dies bei einer Ortssatzung, die ein umfangreicheres Verbrennungsverbot als § 4 Abs. 3 der 1. BImSchV normierte; ähnlich auch *Birk*, JuS 1978, S. 169.
[1215] *Möstl* in Erichsen/Ehlers, Allgemeines Verwaltungsrecht, S. 639.
[1216] BVerwGE 84, 71 (78).
[1217] *Wolff* in Sodan/Ziekow, § 114 Rn. 149; speziell zur praktischen Konkordanz während der Coronapandemie: *Schmitz/Neubert*, NVwZ 2020, S. 666.

kaum überschätzt werden. Unzählige Belege hierfür finden sich in der Rechtsprechung während der Coronapandemie (siehe unten G. IV. 4.).

Die Besonderheit des Verhältnismäßigkeitsgrundsatzes ist dabei, dass er als definitive Grenze von keiner staatlichen Stelle überschritten werden darf, auch nicht bei gebundenen Entscheidungen.[1218] Daher drängt es sich an dieser Stelle nahezu auf den Vergleich zur Gestaltungsfreiheit des Gesetzgebers zu ziehen. Auch die Akte der Gesetzgebung werden vordergründig an diesem Grundsatz gemessen, weshalb die Prüfung dieses Ermessensfehlers in einer ähnlichen Struktur verläuft.[1219] Da der Gesetzgeber aber auf nationaler Ebene ausschließlich an die Verfassung und damit vor allem an den Verhältnismäßigkeitsgrundsatz gebunden ist, ist die Programmierung des untergesetzlichen Normgebers, der sich zusätzlich im Rahmen der formellen Gesetze zu bewegen hat, freilich ungleich höher einzustufen als die des Gesetzgebers.[1220] Insbesondere Prognose- und Einschätzungsspielräume des untergesetzlichen Normgebers sind – ganz grundsätzlich gesprochen – geringer als die des Gesetzgebers.[1221] Dies wird bei der Kontrolldichte näher zu erläutern sein.

Die bereits angedeutete Schwierigkeit im Zusammenhang mit dem Verhältnismäßigkeitsgrundsatz ergibt sich beim Verwaltungsermessen[1222] ebenso wie beim (untergesetzlichen) Normsetzungsermessen daraus, dass durch ihn eine rechtliche Steuerung der Auswahl von denkbaren Handlungsvarianten ermöglicht wird.[1223] Hierdurch entsteht eine Verrechtlichung, die Fluch und Segen zugleich ist. Denn einerseits können die Handlungsmöglichkeiten im Sinne des Rechtsschutzes einer weitreichenden Prüfung zugeführt werden, andererseits droht eine zu strenge Verhältnismäßigkeitsprüfung Handlungsspielräume entgegen dem Gewaltenteilungsgrundsatz unzulässig stark einzuschränken.[1224] Letztlich lässt es sich nämlich

---

[1218] BVerwGE 54, 54 (62); BVerwGE 99, 28 (36); BVerwG, NJW 1983, 1988 f. zur Generalprävention als Ausweisungsgrund.
[1219] Dies betont auch *Möstl* in Erichsen/Ehlers, Allgemeines Verwaltungsrecht, S. 639.
[1220] *Möstl* in Erichsen/Ehlers, Allgemeines Verwaltungsrecht, S. 639.
[1221] *Ossenbühl* in Isensee/Kirchhof V, § 105 Rn. 49; *Seibert* in Schmidt-Aßmann/Sellner, Festgabe 50 Jahre BVerwG, S. 535, 538; *v. Danwitz*, Die Gestaltungsfreiheit des Verordnungsgebers, S. 203 ff.
[1222] BVerwGE 30, 313 (317); BVerwGE 62, 215 (220); BVerwGE 67, 177 (184); BVerwGE 74, 165 (173); BVerwGE 81, 155 (160); BVerwGE 100, 335 (343).
[1223] BVerwG, NJW 1990, S. 2011.
[1224] Zu enge Maßstäbe liefern: BVerwGE 30, 313 (317 f.); vgl. auch *Börger*, Genehmigungsentscheidungen, S. 118.

durch eine enge Verhältnismäßigkeitsprüfung begründen, weshalb andere Handlungsoptionen milder und gleich geeignet sind.[1225]

Da der Normgeber bei abstrakt-generellen Normgeber diese Einzelfallgerechtigkeit[1226] gerade nicht in den Blick nehmen muss, droht die Verengung des Handlungsspielraums in dieser Hinsicht weniger. Dennoch kann die Verhältnismäßigkeitsprüfung durch zu hohe Maßstäbe auf der Erforderlichkeits- bzw. Angemessenheitsebene auch zu einem unzulässigen Eingriff in die Gestaltungsfreiheit mutieren. Um einen Entzug der gesetzlich eröffneten Handlungsoptionen durch die Verhältnismäßigkeitsprüfung zu verhindern, müssen auch dem untergesetzlichen Normgeber Einschätzungsspielräume[1227] eingeräumt werden und eine jeweils adäquate Kontrolldichte gewählt werden (siehe unten G. IV. 4. b).

dd) Ermessensüberschreitung durch den Grad der Bestimmtheit
Im Zusammenhang mit der letztgenannten Fallgruppe steht auch ein weiterer Fehler, der speziell der normsetzend tätig werdenden Exekutive unterlaufen kann. Häufig räumt eine Ermächtigungsnorm die Möglichkeiten ein, in unterschiedlicher Form Rechtsetzung zu betreiben:[1228] Der Exekutive bleibt es dabei grundsätzlich unbenommen, wie bestimmt sie die gewählte Regelung formuliert, solange das von Verfassungswegen zu beachtende Bestimmtheitsgebot gewahrt wird.[1229] Anders als bei Verwaltungsakten, bei denen die Bestimmtheit formell in § 37 VwVfG geregelt ist, kann eine unzulängliche Bestimmtheit bei der Normsetzung durch Fehler bei der Ermessensbetätigung entstehen.[1230]

Allerdings ist es auch denkbar, dass eine zu starke Konkretisierung in den Kompetenzbereich anderer Körperschaften eingreift: Dies ist der Fall, wenn durch die Regelung in die Selbstverwaltungsgarantie – zum Beispiel der Gemeinden – eingegriffen wird.[1231] Zudem erfordert der abstrakt-generelle Charakter von Normen schon von sich aus die Erfassung einer Vielzahl von Fällen, die von vornherein

---

[1225] BVerwGE 62, 230 (242 f.); BVerwGE 98, 221 (225 f.); vgl. in diese Richtung auch: BVerwGE 30, 313 (318); zu eng auch: *Heckmann* in Becker/ders./Kempen/Manssen, Öffentliches Recht in Bayern, S. 294.
[1226] Hierzu auch *Grzeszick* in Dürig/Herzog/Scholz, GG, Art. 20 Rn. 123.
[1227] *Grzeszick* in Dürig/Herzog/Scholz, GG, Art. 20 Rn. 122; für den Gesetzgeber: BVerfG 25, 1 ff. (12 f.); 30, 250 ff. (263); 39, 210 ff. (230 ff.); 83, 1 ff. (18); 87, 363 ff. (383); 94, 315 ff. (326); 98, 265 ff. (309 f.); 104, 337 ff. (347 ff.); 105, 17 ff. (34); für den Verordnungsgeber: BVerfGE 53, 135 (145); vgl. auch *Dechsling*, Das Verhältnismäßigkeitsgebot, S. 75.
[1228] *König*, BayVBl. 1983, S. 167; grundlegende Übersicht auch bei *Remmert* in Erichsen/Ehlers, Allgemeines Verwaltungsrecht, S. 585 ff.; vgl. auch *Schmidt-Aßmann* in Dürig/Herzog/Scholz, GG, Art. 19 Abs. 4 Rn. 217 f.; dem folgend: *Panzer* in Schoch/Schneider, VwGO, Vor. § 47 Rn. 5.
[1229] Vgl. BVerwG, NVwZ 1982, S. 107.
[1230] Dies erkennt zutreffend: *Weitzel*, Rechtsetzungsermessen, S. 141.
[1231] Vgl. auch BVerwG, NVwZ 1982, S. 104 ff. zum Kapazitätsrecht.

noch nicht gänzlich absehbar sind. Eine gewisse Unbestimmtheit der Regelung sowie eine Einräumung von Ermessen für die weiteren Verwaltungsebenen ist daher oft sogar notwendig, um diesem Aspekt gerecht zu werden.[1232] Denn die Ermächtigung zur Normsetzung hat zumeist weder den Anspruch noch die Motivation, eine völlige Determinierung des anschließenden Verwaltungshandelns im Einzelfall zu gewährleisten.[1233] Die untergesetzliche Regelung hat damit einerseits die Aufgabe, den Zweck der Ermächtigungsnorm unter Einbeziehung eigener Erwägungen zu konkretisieren, für den Einzelfall aber der Verwaltung einen ausreichenden Spielraum zu belassen,[1234] um die ihr obliegende Einzelfallgerechtigkeit herstellen zu können.

Diese Sichtweise lässt sich auch durch ein obiter dictum des BVerwG stützen: In diesem wird manifestiert, dass es nicht Aufgabe der Bauleitplanung sei, Entscheidungen zu fällen, die dem anschließenden Genehmigungsverfahren vorbehalten sind. Eine zu starke Präzisierung belaste zudem das Planungsverfahren und überfordere die Gemeinderatsmitglieder, die sich sonst unter Umständen bereits mit allzu komplexen Fragen der Fachbehörden beschäftigen müssten. Diese speziellen Fragen der Fachbehörden müssten diese zudem anhand der gesetzlichen Regelungen mithilfe wissenschaftlichen Sachverstands klären.[1235]

3. Ermessenfehlgebrauch

a) Allgemeines

Der zweite gesetzlich normierte Ermessensfehler im Rahmen des Verwaltungsermessens ist der Ermessensfehlgebrauch. Obgleich er zuweilen auch als Ermessensmissbrauch bezeichnet wird,[1236] sollte diese Nomenklatur vermieden werden, weil man sonst dem Irrtum erliegen könnte, es handle sich hierbei (lediglich) um eine willkürliche Ausübung des Ermessens.[1237] Ein Ermessensfehlgebrauch liegt jedenfalls vor, wenn von dem Ermessen in einer dem Zweck der Ermächtigung nicht entsprechenden Weise Gebrauch gemacht wird (§ 40 Alt. 1 VwGO, § 114 S. 1

[1232] Vgl. *Wagener*, VVDStRL 37 (1979), S. 244 ff.; *Dreier*, Hierarchische Verwaltung, S. 173 ff.
[1233] So auch *Hill* in Ständige Deputation I, 58. Deutscher Juristentag, S. D 16; *Schmidt-Aßmann* in Ständige Deputation II, 58. Deutscher Juristentag, S. N 15 ff.
[1234] Vgl. *Hill* in Ständige Deputation I, 58. Deutscher Juristentag, S. D 13; *Schmidt-Aßmann* in Ständige Deputation II, 58. Deutscher Juristentag, S. N 15 ff., der von „Ermächtigung zu normativ nur behutsam gesteuerter kommunaler Konkretisierung" spricht.
[1235] BVerwG, DVBl. 1984, S. 343 f.
[1236] *Stern*, Staatsrecht II, S. 765; *Kluth* in Wolff/Bachof/Stober/ders., Verwaltungsrecht I, S. 356 ff.
[1237] *Geis* in Schoch/Schneider, VwVfG, § 40 Rn. 101; kritisch auch bzgl. des „Ermessensmissbrauchs", *Wolff* in Sodan/Ziekow, VwGO, § 114 Rn. 162.

Alt. 2 VwGO). Hierunter fällt auch das Übersehen eines wesentlichen Belangs (Ermessensdefizit).[1238]

Im Gegensatz zur Ermessensüberschreitung liegt beim Fehlgebrauch des Ermessens das gefundene Ergebnis im Handlungsrahmen der Gesetze bzw. der Verfassung,[1239] aber die *Erwägungen*, die die Verwaltung dorthin führten, stehen nicht im Einklang mit dem Zweck der Ermessensnorm.[1240] Es genügt daher kurzum nicht, nur das Ergebnis zu betrachten. Man muss sich auch mit dem Vorgang, der inneren Motivation des Entscheiders beschäftigen und mit den gesetzlichen Direktiven, die damit im Zusammenhang stehen und möglicherweise verletzt wurden. Treffend wird dieser Ermessensfehler daher beschrieben, wenn man ihn als Vorgangsfehler erkennt, der sich nicht in einem Ergebnisfehler wiederfindet.[1241] Zu befürworten ist deshalb auch die zuweilen anzutreffende Tendenz der Rechtsprechung, die Ermessensüberschreitung einerseits und getrennt hiervon die zum Ergebnis führenden Erwägungen und Gewichtungen andererseits zu prüfen.[1242] Dies ermöglicht eine trennscharfe Unterscheidung beider Ermessensfehler.

b) Ermessensdefizit
Ein Ermessensfehlgebrauch liegt unter anderem vor, wenn die Behörde nicht sämtliche wesentliche tatsächliche[1243] bzw. persönliche Umstände[1244] des Betroffenen in ihre Ermessensentscheidung einstellt, die zu berücksichtigen wären (Ermessensdefizit).[1245] Einen Unterfall hiervon bildet auch der Fall, dass die Behörde den Sachverhalt nicht hinreichend ermittelt hat (Ermittlungsdefizit).[1246] Dabei kann es mitunter schwierig sein zu bestimmen, welche Umstände im Rahmen der konkreten Ermessensausübung berücksichtigt werden müssen, da nur wenige

---

[1238] *Geis* in Schoch/Schneider, VwVfG, § 40 Rn. 107; *Wolff* in Sodan/Ziekow, VwGO, § 114 Rn. 178; BVerwGE 90, 296 (300 ff.); BVerwGE 91, 24 (39 ff.); BVerwGE 102, 249 (252); *Decker* in Posser/Wolff, BeckOK VwGO, § 114 Rn. 21 ff. geht von einer eigenen Kategorie aus.
[1239] BVerwGE 98, 221 (225).
[1240] BVerwGE 102, 249 (252 ff.); 102, 63 (69 f.); 104, 154 (157 f.); unzutreffend dagegen: BVerwGE 4, 89 (92).
[1241] So jedenfalls *Alexy*, 1986, 701 (709).
[1242] *Wolff* in Sodan/Ziekow, VwGO, § 114 Rn. 162 a.E.; deutlich jedenfalls: BVerwGE 98, 221 (224); BVerwGE 99, 28 (38); ungenau dagegen: BVerwGE 94, 35 (45 f.); BVerwGE 96, 293 (300 ff.).
[1243] BVerwGE 40, 237 (244 f.); UPR 1993, S. 107, NVwZ 1993, S. 386; OVG Schleswig, NJW 1993, S. 413; VG Berlin, GewArch 1992, S. 188.
[1244] VGH Mannheim, BauR 1982, S. 264; BauR 1991, S. 449; VG Karlsruhe, GewArch 1982, S. 231.
[1245] *Decker* in Posser/Wolff, BeckOK VwGO, § 114 Rn. 21; *Heßhaus* in Bader/Ronellenfitsch, BeckOK VwVfG, § 24 Rn. 27; Vgl. BVerwGE 4, 298 (300); BVerwG, NVwZ 1987, 144; vgl. auch schon *Mayer*, Grundzüge des Verwaltungs-Rechts, S. 462.
[1246] *Geis* in Schoch/Schneider, VwVfG, § 40 Rn. 107, der *Aschke* in Bader/Ronellenfitsch, BeckOK VwVfG, § 40 Rn. 87 folgt; vgl. auch BVerwG, NVwZ 1987, S. 144.

Regelungen in dieser Hinsicht konkrete Vorgaben machen. Allerdings zeigt schon § 24 Abs. 2 VwVfG, dass eine Ermittlung des Sachverhalts von Amts wegen zu geschehen hat, um sämtliche Umstände in die Ermessensentscheidung einbeziehen zu können.[1247] Überdies macht ein Handeln entsprechend dem Zweck der Ermessensnorm es erforderlich, sowohl den Zweck bzw. die Zwecke der Norm hinreichend zu ermitteln.[1248] Wesentliche Aspekte dürfen dabei nicht außen vor gelassen werden.[1249] Erst im Anschluss können überhaupt auf einer hinreichenden Tatsachenbasis Erwägungen zur effektiven Zweckerreichung angestellt werden.

Unerheblich ist es dagegen, ob die Entscheidung bei zutreffender Sachverhaltsermittlung ohne Ermessensfehler hätte gefällt werden können.[1250] Dabei scheint es zunächst nicht nachvollziehbar zu sein, weshalb ein Ermittlungsdefizit zu einem Ermessensfehler führen soll, wenn das gefundene Endergebnis, das nicht mit dem Ermittlungsergebnis zu verwechseln ist – ggf. durch weitere Fehler – eine dem Zweck der Ermächtigung entsprechende Entscheidung bereithält. Hierbei handelt es sich indes um eine Eigenheit der Ermessensentscheidung. Denn bei gebundenen Entscheidungen ist das Gericht befugt, den Sachverhalt bei einem Ermittlungsdefizit selbst aufzuklären und die gesetzlich vorgezeichnete Entscheidung anstelle der Verwaltung zu treffen. Bei Ermessensermächtigungen dagegen muss ein Ermittlungsdefizit unabhängig vom Endergebnis zur Aufhebung der Ermessensentscheidung führen, ohne dass eine Entscheidung durch das Gericht vorgenommen wird. Denn schließlich muss der Exekutive die Möglichkeit gegeben werden, auf der Basis des nunmehr ausreichend ermittelten Sachverhalts autonome Zielsetzungen in die Abwägung einzustellen.[1251]

Ermessensdefizite können auch bei untergesetzlichen Normen auftreten. Ganz eindeutig ist dies der Fall, wenn die Ermächtigungsnorm die anzustrebenden Zwecke konkret definiert, wie es unter anderem § 28 Abs. 1 IfSG vorsieht. Denn Verordnungen sind schon aufgrund von Art. 80 Abs. 1 S. 2 GG an einen gesetzlichen Zweck gebunden. Bei Satzungen fällt die Begründung auf den ersten Blick schwerer, jedoch sind auch diese grundsätzlich auf das Gebiet der Selbstverwaltung begrenzt und enthalten im Bereich der Eingriffssatzung grundsätzlich eine gesetzliche Determinierung. Denn die weitere Normgebung erweist sich insgesamt als fehlerhaft, wenn der Normgeber von unzutreffenden tatsächlichen Umständen

---

[1247] BVerwG NJW 1979, 64 (68); BVerwGE 102, 63 (70).
[1248] *Aschke* in Bader/Ronellenfitsch, BeckOK VwVfG, § 40 Rn. 87; vgl. auch BVerfGE 51, 386 (399 f.); 99, 336 (338); BVerwG, DVBl 1982, 69 (71); NJW 1983, 1988.
[1249] BVerwGE 102, 63 (70); 102, 249 (253).
[1250] BVerwGE 7, 100 (106); DÖV 1969, 465.
[1251] Zutreffend daher *Decker* in Posser/Wolff, BeckOK VwGO, § 114 Rn. 23.

ausgeht.¹²⁵² Die zugrunde gelegten tatsächlichen Grundlagen, prüft selbst das BVerwG.¹²⁵³ Auch die Rechtsprechung während der Coronapandemie unterzog, wenn auch in kritikwürdig knapper Art und Weise, die Verordnungen dahingehend einer Prüfung auf Rechtsfehler, ob der Verordnungsgeber auf dem Standpunkt der aktuellen wissenschaftlichen Erkenntnisse gehandelt hat und seiner Untersuchungspflicht hinsichtlich neuer wissenschaftlicher Erkenntnisse in Bezug auf die Verbreitungswege bzw. einer Überlastung des Gesundheitswesens im Hinblick auf weiterreichende Lockerungsmöglichkeiten nachgekommen ist.¹²⁵⁴ Diese zurückhaltende Kontrolle ist vor dem Hintergrund eines hinreichenden Rechtsschutzes zu kritisieren: Die Anforderungen an die Sachverhaltsermittlung wachsen in dem Maße, in welchem sich der Normgeber an empirischen und wissenschaftlichen Standards orientieren muss.¹²⁵⁵

c) *Übertragung auf das Normsetzungsermessen*

Die Problematik bei der Übertragung der übrigen Fälle des Ermessensfehlgebrauchs auf das untergesetzliche Normsetzungsermessen liegt in seinem Bezugspunkt. Da der Ermessensfehlgebrauch den Entscheidungsvorgang, also die Motivation und die zugrundeliegenden Erwägungen überprüft, stößt die Übertragung dieses Ermessensfehlers auf Widerstand. Legt man die Rechtsprechung des BVerwG zugrunde, wonach eine Kontrolle des Ermessensvorgangs bei untergesetzlichen Normen ausscheidet,¹²⁵⁶ müsste man den Fehlgebrauch in der Tat als Fehler bei der Normsetzung überwiegend ablehnen,¹²⁵⁷ abgesehen von der soeben erwähnten Fallgruppe des Ermittlungsdefizits. Der Grundsatz des BVerwG wurde allerdings bereits abgelehnt und wird auch von weiten Teilen der Rechtsprechung nicht verfolgt. So wird unter anderem im Rahmen einer Polizeiverordnung kontrolliert, ob sich der Verordnungsgeber an den gesetzlichen Zweck¹²⁵⁸ der Ermächtigungsgrundlage hält.¹²⁵⁹ Abgabenrechtliche Satzungen werden hinsicht-

---

[1252] *Herdegen*, AöR 114 (1989), S. 638; Zu Verordnungen: BVerfGE 56, 298 (319 ff.) (Flugplatz Memmingen, Lärmschutz); BVerwGE 65, 303 (311) zur Kapazitätsermittlung.
[1253] BVerwG, Besch. v. 3.5.1995 – 1 B 222/93, juris Rn. 5 a.E.
[1254] BayVerfGH, Entsch. v. 8.5.2020 – Vf. 34-VII-20, juris Rn. 103; vgl. auch BVerfG, Beschl. v. 10.4.2020 - 1 BvQ 31/20, juris Rn. 16; BayVerfGH, Entsch. v. 24.4.2020 – Vf. 29-VII-20, juris Rn. 31.
[1255] *Herdegen*, AöR 114 (1989), S. 638.
[1256] Vgl. insb. BVerwG, Urt. v. 13.12.1984 – 7 C 3/83, BVerwGE 70, 318 ff., juris Rn. 21 a.E.; BVerwG, Beschl. v. 3.5.1995 – 1 B 222/93, juris Rn. 4 ff.; vgl. auch BayVGH, Beschl. v. 4.10.2021 – 20 N 20.767, juris Rn. 65.
[1257] In diese Richtung auch *Möstl* in Erichsen/Ehlers, Allgemeines Verwaltungsrecht, S. 639 f.
[1258] Allgemein zur beschränkenden Wirkung des Zwecks: BVerfG, DVBl. 1988, 952 (955).
[1259] VGH Mannheim, Beschl. v. 5.8.2021 – 1 S 1894/21, NVwZ-RR 2022, S. 36 Rn. 99.

lich der eigentlichen Normsetzung und der zugrundeliegenden Erwägungen auf eine evidente Unsachlichkeit bzw. Willkür geprüft.[1260]

Im Rahmen der Rechtsprechung während der Coronapandemie wurde der Grundsatz des BVerwG hinsichtlich der fehlenden Kontrolle des Abwägungsvorgangs zunächst nicht ausdrücklich aufgegriffen. Die Verordnungen auf der Grundlage von §§ 28 Abs. 1, 32 IfSG wurden vor allem auf ihre objektive Vereinbarkeit mit höherrangigem Recht geprüft.[1261] Vereinzelt wurden die subjektiven Erwägungen des Verordnungsgebers in die Prüfung des Normsetzungsermessens einbezogen: So wurde für Öffnungsschritte nach umfangreichen Schließungen und einer nicht mehr angespannten Pandemielage eine umfassende Güterabwägung durch den Normgeber gefordert unter zwingendem Einbezug der Möglichkeit von Öffnungen mit Hygienekonzepten.[1262] Die Prüfung, ob der Verordnungsgeber sich bei einer Typisierung von zulässigen Erwägungen hat leiten lassen, lässt ebenfalls den Einbezug subjektiver Erwägungen erkennen.[1263] In diesem Kontext wurde es nicht für ermessensfehlerhaft gehalten, wenn sich der Normgeber bei der Offenhaltung von Betrieben davon leiten ließ, ob sie dem täglichen, unaufschiebbaren Bedarf der Bevölkerung dienen.[1264] Trotz des Aufgreifens dieser subjektiven Erwägungen wurde die Frage nach einer generellen Prüfung des subjektiven Normsetzungsvorgangs weder einer generellen Lösung zugeführt noch ausdrücklich überhaupt erwähnt. Wäre eine solche Prüfung allerdings angestrebt worden, so hätte die Rechtsprechung konsequenterweise eine Darlegungspflicht des Normgebers hinsichtlich der zugrunde gelegten Erwägungen fordern müssen mangels allgemeiner Begründungspflicht beim Verordnungserlass nach §§ 28 Abs. 1 S. 1 IfSG. Umfangreich äußerte sich nur der BayVGH im Rahmen der Hauptsachentscheidung zu den anfänglich erlassenen Ausgangsbeschränkungen, wo er sich der ständigen Rechtsprechung des BVerwG anschloss.[1265]

[1260] BayVGH, Beschl. v. 1. 2. 2007 – 4 ZB 06.2567, KommJur 2008 Heft 6, S. 219.
[1261] Vgl. nur BayVerfGH, Entsch. v. 26.3.2020 – Vf. 6-VII-20 [Ausgangsbeschränkungen]; Hauptsacheentscheidung: BayVerfGH, Entsch. v. 9.2.2021 – Vf. 6-VII-20; BayVGH, Beschl. v. 14.4.2020 – 20 NE 20.735 zu § 2 der 1. BayIfSMV [Betriebsschließungen]; BVerfG, Abl. einst. An. v. 9.4.2020 – 1 BvQ 29/20 zu § 1 der 1. BayIfSM [Versammlungsfreiheit]; BayVerfGH, Entsch. v. 24.4.2020 – Vf. 29-VII-20 zur 2. BayIfSMV.
[1262] VG Regensburg, Beschl. v. 12.6.2020 – RN 14 E 20.963, juris Rn. 138.
[1263] BayVGH, Beschl. v. 8.6.2020 – 20 NE 20.1307, juris Rn. 20; vgl. auch BayVerfGH, Entsch. v. 15.5.2020 – Vf. 34-VII-20, juris Rn. 12.
[1264] BayVGH, Beschl. v. 11.11.2020 – 20 NE 20.2485, juris Rn. 34 zu § 12 Abs. 2 S. 3 8. BayIfSMV [Friseurläden].
[1265] BayVGH, Beschl. v. 4.10.2021 – 20 N 20.767, juris Rn. 65.

Gesetzlich wurden die Regelungen des IfSG erst mit Gesetz vom 18.11.2020 auf die Bedrohung durch Pandemie zugeschnitten.[1266] Der neu eingefügte § 28a IfSG machte in seinem Abs. 3 und Abs. 6 S. 2 umfangreiche Vorgaben für die vorzunehmende Abwägung, weshalb selbst auf der Basis der restriktiven Rechtsprechung des BVerwG nunmehr eine Prüfung der zugrunde gelegten Erwägungen notwendig wurde. Ermöglicht wurde die Kontrolle des Abwägungsvorgangs durch die eingeführte gesetzliche Begründungspflicht (§ 28a Abs. 5 S. 1 IfSG). Nahezu zwingend war es daher, dass die Rechtsprechung auf dieser Grundlage vom Verordnungsgeber eine Prüfung und Darlegung forderte, ob eine landesweite Anordnung oder ein differenzierteres Regelungsregime geboten ist.[1267]

Als gesetzliche Grundlage für zeitlich versetzte Öffnungen unterschiedlicher Lebensbereiche oder vorsichtige und herantastende Lockerungen vorzunehmen wurde § 28a Abs. 3 IfSG dagegen nicht angesehen.[1268] Maßnahmen könnten zwar grundsätzlich fortgeführt werden, allerdings seien Erwägungen wie ein vorsichtiges Herantasten zu pauschal angesichts der Grundentscheidungen, die mit den Schwellenwerten bereits getroffen wurden (§ 28a Abs. 3 S. 11 und 12 IfSG).[1269] Häufig wurde eine genauere Prüfung der subjektiven Erwägungen trotz der neuen Regelungen nur zurückhaltend vorgenommen und das Einstellen „sachlicher Gesichtspunkte" durch den Normgeber als ausreichend angesehen.[1270] Ein besonderes Augenmerk wird dabei zuweilen darauf gelegt, ob die sachlichen Erwägungen auf zutreffenden tatsächlichen Umständen basieren.[1271] Zudem ging die Rechtsprechung auch dazu über zu prüfen, ob der Verordnungsgeber bestimmte Grundrechte ausreichend bei der Entscheidung einbezogen hat.[1272]

[1266] Vgl. Art. 1 G. v. 18.11.2020, BGBl. I S. 2397; vgl. auch *Kingreen*, NJW 2021, S. 2768 Rn. 11 ff.
[1267] VGH Mannheim, Beschl. v. 11.5.2021 – 1 S 1048/21, juris Rn. 35; BayVGH, Beschl. v. 2.6.2021 – 20 NE 21.1383, juris Rn. 12; zur dauerhaften Überprüfung: vgl. nur BayVGH, Beschl. v. 30.3.2020 – 20 NE 20.632, juris Rn. 63.
[1268] BayVGH, Beschl. v. 2.6.2021 – 20 NE 21.1383, juris Rn. 13 f.
[1269] BayVGH, Beschl. v. 2.6.2021 – 20 NE 21.1383, juris Rn. 13 f.
[1270] BayVGH, Beschl. v. 10.12.2020 – 20 NE 20.2482, juris Rn. 47 zur 10. BayIfSMV [Fitnessstudios].
[1271] Zu 8. § 18 Abs. 1 11. BayIfSMV: BayVGH, Beschl. v. 15.2.2021 – 20 NE 21.411; vgl. auch BayVGH, Beschl. v. 29.1.2021 - 20 NE 21.201; BayVGH, Beschl. v. 25.2.2021 – 20 NE 21.519.
[1272] BayVGH, Beschl. v. 30.3.2021 – 20 NE 21.805, juris Rn. 41 zu § 7 12. BayIfSMV [Versammlungsfreiheit].

4. Ermessensunterschreitung

Als vierte Kategorie von Ermessensfehlern wird, nach der hier vorgenommen Aufteilung, die Ermessenunterschreitung angesehen.[1273] Aus der Rechtsprechung geht indes nur ungenügend hervor, ob dieser Begriff synonym zum Ermessensausfall verwendet wird.[1274] Zuweilen bezeichnet die Rechtsprechung diesen Fehler nicht ausdrücklich als Ermessenfehler.[1275] Nach der hier vertretenen Auffassung, liegt eine Unterschreitung des Ermessens jedenfalls vor, wenn die Behörde eine Verengung ihres Ermessensspielraums annimmt, obwohl eine solche Beschränkung nicht besteht.[1276] Als Ermessensunterschreitung ist dabei der Fall einer umgekehrten Ermessensüberschreitung denkbar, bei welchem die Behörde annimmt eine Rechtsfolge nicht wählen zu können, obwohl sie diese rechtlich wählen dürfte.[1277] Sie verkennt also die „Bandbreite ihrer Handlungsmöglichkeiten".[1278] Eine Ermessensunterschreitung kann auch als umgekehrter Ermessensfehlgebrauch auftreten; in diesen Fällen stellt die Behörde Erwägungen in die Abwägung nicht mit ein, weil sie von deren Unzulässigkeit ausgeht, obwohl diese zulässig wären und daher zumindest bei den Überlegungen hätten einbezogen werden müssen.[1279] Eine Ermessensunterschreitung liegt allerdings nicht vor, wenn ein wesentlicher Belang nicht eingestellt wird, obwohl von einem zutreffendem Normverständnis ausgegangen wird, der Handlungsrahmen also rechtlich nicht fehlerhaft eingeschätzt wird.[1280] In diesen Fällen ist vielmehr von einem Ermessensdefizit als Unterform des Ermessensfehlgebrauchs auszugehen.[1281]

In beiden Konstellationen ist es notwendig, die inneren Entscheidungsvorgänge zu ermitteln. Erst dann lässt sich erkennen, ob bestimmte Rechtsfolgen bzw. Erwägungen deshalb nicht einbezogen wurden, weil von einem zu engen Handlungsrahmen ausgegangen wurde. Allein aus dem Ergebnis des Vorgangs lässt sich dies

---

[1273] *Alexy*, JZ 1986, S. 701 ff.; *Riese* in Schoch/Schneider, VwGO, § 114 Rn. 59 sieht dies als Oberbegriff für den Ermessensausfall einerseits und zu eng aufgefasster Handlungsgrenzen andererseits an.
[1274] BayVGH, Urt. v. 27.9.2012 – 10 B 10.1084, BeckRS 2013, 47309 Rn. 53; OVG Bremen, Beschl. v. 21.12.2011 - 1 B 246/11.
[1275] BVerwGE 156, 59 Rn. 33, NVwZ-RR 2016, S. 952.
[1276] *Laub*, Ermessensreduzierung, S. 13 f.; *Wolff* in Sodan/Ziekow, VwGO, § 114 Rn. 187; BVerwG NVwZ 1988, S. 155 f.; in diese Richtung auch: BVerwGE 28, 233, 239 f.
[1277] *Riese* in Schoch/Schneider, VwGO, § 114 Rn. 62; *Wolff* in Sodan/Ziekow, VwGO, § 114 Rn. 187; vgl. auch VGH Mannheim, VBlBW. 2012, S. 268; OVG Berlin-Brandenburg, LKV 2005, S. 418; VGH Kassel, WM 2007, S. 395.
[1278] *Riese* in Schoch/Schneider, VwGO, § 114 Rn. 62; vgl. auch OVG Frankfurt (Oder), Beschl. v. 17. 6. 2004 - 3 A 428/01.Z.
[1279] *Wolff* in Sodan/Ziekow, VwGO, § 114 Rn. 187.
[1280] *Wolff* in Sodan/Ziekow, VwGO, § 114 Rn. 187.
[1281] *Wolff* in Sodan/Ziekow, VwGO, § 114 Rn. 187 a.E.

nicht erschließen. Daher steht und fällt die Übertragung der Fallgruppe auf das untergesetzliche Normsetzungsermessen vor allem damit, ob man den Abwägungsvorgang als kontrollfähig ansieht oder nicht.

5. Fazit für die Übertragung der Ermessensfehlerlehre(n)

Insgesamt lässt sich daher feststellen, dass die für das Rechtsfolgenermessen etablierten Ermessensfehler auf die Normsetzung übertragen werden können. Ein Ermessensausfall ist dabei gleichwohl nur in äußerst seltenen Fällen bei der Normsetzung überhaupt vorstellbar. Die am Ergebnis erkennbare Ermessensüberschreitung ist der Prüfungsschwerpunkt bei der Kontrolle untergesetzlicher Normgebung.[1282] Die wichtigste Rolle spielt hier die Überprüfung des Ergebnisses, also des Norminhalts anhand der Vorgaben der Ermächtigungsgrundlage bzw. anhand des Verhältnismäßigkeits- und Gleichheitsgrundsatzes. Die Prüfung des Ermessensfehlgebrauchs bzw. der Ermessenunterschreitung, die eine Kontrolle des Ermessensvorgangs voraussetzt, ist einerseits vorzunehmen, wenn die Abwägung unter gesetzliche Direktiven gestellt wird (§ 28a Abs. 3, Abs. 6 IfSG vom 18.11.2020).[1283] Die aufgeführten Bedenken gegen die Grundsätze des BVerwG führen andererseits vorzugswürdiger Ansicht nach dazu, beide Ermessensfehler in den übrigen Fällen nicht von vornherein auszuschließen, sondern auf beide mit einer angepassten Kontrolldichte zu reagieren (siehe unten G.).

VI. Besonderheiten beim Planungsermessen

1. Die Abwägungsfehlerlehre

Auf der Basis der bisherigen Erkenntnisse wurde das Planungsermessen als Unterfall des Rechtsfolgenermessens aufgefasst. Denn die Abgrenzung der planerischen Abwägungsentscheidung[1284] von sonstigen Ermessensentscheidungen durch ihre Mehrdimensionalität und gegenseitigen Ausgleich von mehr als zwei Interessen[1285] führt nicht zwingend zur Notwendigkeit einer eigenen Ermessenskategorie. Fasst man das Planungsermessen als Unterfall des Rechtsfolgenermessens auf, so liegt es nahe, keine wesentlichen Unterschiede bei den denkbaren Fehlern anzu-

---

[1282] Insofern zutreffend: *Möstl* in Erichsen/Ehlers, Allgemeines Verwaltungsrecht, S. 639.
[1283] Vgl. als weiters Beispiel: *Gellermann* in Landmann/Rohmer, Umweltrecht, § 22 Rn. 24 ff.; BVerwG, BayVBl. 2001, 442; OVG Frankfurt (Oder), NuR 2005, S. 46 f.; OVG Lüneburg, NVwZ-RR 2008, S. 604.
[1284] BVerwGE 74, 124 (133); BVerwGE 104, 236 (236 ff.); BVerwGE 85, 348 (362) zur Abwägungsentscheidung nach § 8 Abs. 3 BNatSchG i.d.F. v. 1.1.1977.
[1285] Vgl. *Wolff* in Sodan/Ziekow, VwGO, § 114 Rn. 216.

nehmen. Dies bedarf allerdings einer näheren Prüfung, weil die Anwendbarkeit des § 114 S. 1 VwGO bzw. § 40 VwVfG auf das Planungsermessen nicht unumstritten ist.[1286] Daher ist zunächst die Entwicklung der Abwägungsfehlerlehre im Bauplanungsrecht nachzuvollziehen (a-c), bevor sodann auf die Etablierung des rechtstaatlichen Gebots gerechter Abwägung unabhängig von einer positivrechtlichen Normierung eingegangen werden soll (d). Anschließend stellt sich im Planungsrecht die Frage, ob die Rechtsprechung das übergreifende Gebot gerechter Abwägung zum Anlass nimmt, auch bei untergesetzlichen Normen eine Kontrolle des Abwägungsvorgangs vorzunehmen (e). Schließlich bietet sich ein Vergleich der Abwägungs- und Ermessensfehlerlehre an, um zu klären, ob das Planungsermessen besondere Fehler aufweist oder ob sich auch insoweit eine weitgehende Kongruenz zeigt (3.).

a) Entwicklung aus dem Gebot der gerechten Abwägung
Im Planungsrecht etablierte sich die Besonderheit des Gebots der gerechten Abwägung.[1287] Entwickelt wurde dieses im Rahmen des Bauplanungsrechts und nahm Einfluss auf die Ermessensfehler im Planungsrecht:[1288] Trotz der planerischen Gestaltungsfreiheit[1289] wollte das BVerwG diese Planungshoheit[1290] nicht als „geistig-seelischen Vorgang"[1291] verstanden wissen, der einer Kontrolle durch das Gericht nicht zugängig ist. Die Gestaltungsfreiheit wurde vielmehr in unterschiedliche Elemente aufgespalten, nämlich in das Erkennen, Werten bzw. Bewerten und in das „Wollen" der Planung.[1292] Aus Sicht der verwaltungsgerichtlichen Kontrolle sei die Ausübung dieser Gestaltungsfreiheit darauf hin zu überprüfen, ob im Einzelfall die rechtlichen Grenzen der Ermächtigung überschritten worden wären oder von der Gestaltungsfreiheit in einer der Ermächtigung nicht entsprechenden Weise Gebrauch gemacht worden ist, wobei vergleichsweise § 114 S. 1 VwGO herangezogen wurde.[1293] Von dieser Grundannahme ausgehend wurde § 1 Abs. 1,

---

[1286] Für eine Orientierung hieran: *Geis* in Schoch/Schneider, VwGO, § 114 Rn. 207; *Dolde*, NJW 1984, S. 1713; *Kloepfer*, Umweltrecht, S. 924 Rn. 262; *Weyreuther*, DÖV 1983, S. 575; für eine direkte Anwendung: *Cattepoel*, VerwArch 71 (1980), S. 159.
[1287] Vgl. *Stüer*, Bau- und Fachplanungsrecht, S. 621 und 624 ff.; zur prozessualen Dimension: *Langstädler*, Effektiver Umweltrechtsschutz, S. 107 ff.
[1288] *Berkemann*, ZUR 2016, S. 323; *Erbguth* in Spannowski/Hofmeister, Die Abwägung, S. 11.
[1289] BVerwG, Urt. v. 12.12.1969 – IV C 105.66; *Birk*, JA 1981, S. 364; *Gern*, DVBl. 1987, S. 1194; *Groß*, DVBl. 1995, S. 468; *Schöpfer*, NVwZ 1991, S. 551; *Schröder*, DÖV 1976, S. 308.
[1290] BVerwG, Urt. v. 12.12.1969 – IV C 105.66, juris Rn. 20.
[1291] BVerwG, Urt. v. 12.12.1969 – IV C 105.66, juris Rn. 20.
[1292] BVerwG, Urt. v. 12.12.1969 – IV C 105.66, juris Rn. 20.
[1293] BVerwG, Urt. v. 12.12.1969 – IV C 105.66, juris Rn. 20; vgl. zur Übertragbarkeit auf andere Rechtsmaterien: BVerwG, Beschl. v. 3.5.1995 – 1 B 222/93; BVerwG, Beschl. v. 5.4.1988 – 7 B 47/88, juris Rn. 12.

3, 4 und 5 BBauG[1294] als gesetzliche Grenze identifiziert und eine Bindung des Planungsermessen an dessen Anforderungen, Ziele und Leitsätze angenommen.[1295] § 1 Abs. 4 S. 2 BBauG in der Fassung vom 29.6.1960 schrieb bereits die Anforderung einer Abwägung der öffentlichen und privaten Belange gegeneinander und untereinander vor und enthielt damit das Abwägungsgebot, das sich nunmehr aus § 1 Abs. 7 BauGB ergibt.[1296]

Die Frage, ob der Planung eine gerechte Interessenabwägung zugrunde liege, wurde – im Gegensatz zur Subsumtion der Planungsleitsätze –[1297] als nicht uneingeschränkt kontrollfähig angesehen.[1298] Dies leitet das BVerwG aus folgenden Prämissen ab: Die Abwägung sei – ungeachtet des Wortlauts („gerecht abzuwägen") – nicht nur mit dem Vorgang des Abwägens gleichzusetzen, sondern sie enthalte auch vorausgehende und zum Teil gleichzeitig mit der eigentlichen Abwägung stattfindende Gewichtungen der abzuwägenden Belange.[1299] Planung wird daher nicht als ein „Akt wertender Erkenntnis" definiert.[1300] Vielmehr sieht es die ständige Rechtsprechung als Kern des Planungsermessens an, dass bei der Priorisierung einzelner Belange und einer damit einhergehenden Zurückstellung anderer stets ein kompromissartiger Ausgleich gefunden werden muss.[1301]

Unter Berücksichtigung dieser der Planung immanenten Gestaltungsfreiheit[1302] hat das BVerwG die planerische Abwägung frühzeitig in vier Phasen gegliedert, denen verschiedene Abwägungsfehler zugeordnet wurden:[1303] Als Abwägungsaus-

---

[1294] Gemeint ist das Bundesbaugesetzbuch aus dem Jahre 1960, welches als Vorgänger des heutigen BauGB diente, vgl. zur historischen Entwicklung: *Krautzberger* in Ernst/Zinkahn, BauGB, Einleitung Rn. 1 ff.; kritisch i.B.a. die oben genannte Vorschrift: *Meyer*, DVBl. 1968, S. 495.
[1295] BVerwG, Urt. v. 12.12.1969 – IV C 105.66, juris Rn. 20.
[1296] Zur Kritik an der vorherigen Regelung: *Schmidt-Aßmann/Groß*, NVwZ 1993, S. 618; *Hoppe/Bönker/Grotefels*, Öffentliches Baurecht, S. 166 ff.; zur fehlenden Anwendbarkeit auf Veränderungssperren: BVerwG, Beschl. v. 30.9.1992 – 4 NB 35/92.
[1297] Gegen einen „Beurteilungsspielraum" bei der Anwendung der Zielvorgaben: BVerwG, Urt. v. 12.12.1969 – IV C 105.66, juris Rn. 28; VGH Mannheim, Beschl. v. 22.7.1966 – I 131/65, BRS 17, 16 (19), ESVGH 17, 101 (104).
[1298] BVerwG, Urt. v. 12.12.1969 – IV C 105.66, juris Rn. 29.
[1299] BVerwG, Urt. v. 12.12.1969 – IV C 105.66, juris Rn. 29.
[1300] BVerwG, Urt. v. 12.12.1969 – IV C 105.66, juris Rn. 29.
[1301] BVerwG, Urt. v. 12.12.1969 – IV C 105.66, juris Rn. 29; ähnlich auch BVerwGE 55, 220 (226) mit Verweis auf BVerwGE 34, 301 (304); BVerwGE 56, 110 (116); vgl. auch BVerwG, Urt. v. 15.10.2020 – 7 A 10/19.
[1302] *Di Fabio* in Erbguth/Oebbecke, Festschrift für Werner Hoppe, S. 95; *Wolff* in Sodan/Ziekow, VwGO, § 114 Rn. 213; BVerwGE 55, 220 (226).
[1303] BVerwG, Urt. v. 12.12.1969 – IV C 105.66, juris Rn. 29, BVerwGE 34, 301 (305 ff.); BVerwGE 71, 166 (171); BVerwGE 87, 332 (340); BVerwGE 100, 238 (251); hierzu auch *Hoppe*, DVBl. 1992, S. 856 ff.; *Hoppe/Bönker/Grotefels*, Öffentliches Baurecht, S. 180 ff.

fall[1304] wird es erstens bezeichnet, wenn überhaupt keine Abwägung stattgefunden hat. Bei einem Abwägungsdefizit werden zweitens nicht alle wesentlichen Belange erkannt, die nach der Lage der Dinge in die Abwägung einzustellen wären.[1305] Dieser Abwägungsfehler wird mitunter durch den Abwägungsmissbrauch angereichert, bei dem sachfremde Belange eingestellt werden.[1306] Eine Abwägungsfehleinschätzung soll drittens vorliegen, wenn die Gewichtung einzelner Belange verkannt wurde[1307] und von einer Abwägungsdisproportionalität wird viertens gesprochen, wenn die betroffenen Belange in einer Art und Weise ausgeglichen wurden, die dem Gebot des angemessenen Ausgleichs nicht entsprechen.[1308] Gerade der Fehler der Abwägungsdisproportionalität zeigt Parallelen zur Verhältnismäßigkeitsprüfung und zeigt damit auf die Wurzel des Abwägungsgebots im Rahmen des Rechtsstaatlichkeitsgebots.[1309] So logisch die Gliederung zunächst auch scheinen mag, stellen sich doch immer wieder Abgrenzungsfragen: Der zweite Schritt des Zusammentragens der Belange lässt sich nur schwer von der anschließenden Gewichtung in der dritten Phase trennen.[1310] Zudem haben Fehler bei der Gewichtung der einzelnen Belange grundsätzlich Einfluss auf den anschließenden Abwägungsvorgang in Form der verhältnismäßigen Gewichtung zueinander.[1311]

Von diesen kontrollfähigen Abwägungsschritten wird die *eigentliche*, nicht justitiable Zurückstellung bzw. Priorisierung einzelner Belange unterschieden.[1312] Sie ist Ausdruck der elementaren planerischen Entschließungsfreiheit, die in den eigenständigen, nicht gerichtlich nachvollziehbaren Bereich städtebaulicher Fortentwicklung fällt.[1313] Parallelen zog das BVerwG hierbei zu § 2 Abs. 1 ROG a.F.,[1314] der

---

[1304] Die folgenden Begrifflichkeiten gehen zurück auf *Hoppe*, BauR 1970, S. 16 ff.; zum Abwägungsausfall vgl. auch: *Stüer*, Bau- und Fachplanungsrecht, S. 625.
[1305] Vgl. zu den Schwierigkeiten bei der Qualifizierung der Wesentlichkeit: *Hoppe* in Bachof/Heigl/Redeker, Zwischen Freiheit, Teilhabe und Bindung, S. 303 ff.; *Sendler* in Berkemann/Gaentzsch, Festschrift für Otto Schlichter, S. 71 ff.; *Papier*, DVBl. 1975, S. 462; a.A. *Ibler*, JuS 1990, S. 10 ff.
[1306] Vgl. *Wolff* in Sodan/Ziekow, VwGO, § 114 Rn. 239.
[1307] Vgl. zur Abgrenzung zum Abwägungsdefizit: BVerwGE 45, 309 (324).
[1308] BVerwGE 71, 166 (171); BVerwGE 87, 332 (340); BVerwGE 100, 238 (251); BVerwGE 100, 370 (383).
[1309] *Wolff* in Sodan/Ziekow, VwGO, § 114 Rn. 239; vgl. auch BVerwGE 56, 110 (123); BVerwGE 64, 270 (273).
[1310] Vgl. BVerwGE 45, 309 (324).
[1311] Zutreffend daher *Papier*, DVBl. 1975, S. 465; *Sendler* in Berkemann/Gaentzsch, Festschrift für Otto Schlichter, S. 61.
[1312] BVerwG, Urt. v. 12.12.1969 – IV C 105.66, juris Rn. 29; ähnlich auch BVerwGE 55, 220 (226) mit Verweis auf BVerwGE 34, 301 (304); BVerwGE 56, 110 (116); vgl. auch BVerwG, Urt. v. 15.10.2020 – 7 A 10/19.
[1313] BVerwG, Urt. v. 12.12.1969 – IV C 105.66, juris Rn. 29.

die Abwägung von Grundsätzen der Raumordnung „im Rahmen des [...] zustehenden Ermessens gegeneinander und untereinander nach Maßgabe von § 1 [...]" vorsah. Ausdrücklich wird dabei eine Verknüpfung des Planungsermessens mit dem Abwägungsgebot hergestellt.[1315] Die Differenzierung zwischen kontrollfähigen Abwägungsschritten und dem nicht justitiablen Bereich der Planungshoheit ist mitunter kaum durchführbar und gelingt auch der Rechtsprechung häufig nicht einwandfrei.[1316] Sie kann daher als Besonderheit bei der Kontrolle des Planungsermessens benannt werden. Eine Hilfestellung kann die Kontrollfrage sein, wem die Letztentscheidungskompetenz bei dem einzelnen Schritt in der Abwägung zukommt.[1317] Liegen die sachgerecht gewichteten Belange zudem so nahe beieinander, dass sich das Gericht nicht von einem deutlichen Überwiegen des einen oder anderen überzeugen kann, spricht dies für den Bereich der Planungsfreiheit, welcher der planenden Gemeinde zusteht.[1318]

 b) Kontrolle des Abwägungsergebnisses
An der derart aufgeteilten Kontrolle des Abwägungsvorgangs hält die ständige Rechtsprechung des BVerwG im Bauplanungsrecht fest.[1319] Besonders hervorzuheben ist dabei das sog. Flachglas-Urteil aus dem Jahre 1974.[1320] Die Abgrenzung von Abwägungsergebnis und -vorgang wird auf den Punkt gebracht: Das Planen umfasst das Abstimmen des Plans als Vorgang und der Plan geht hieraus als eigentliches Produkt hervor („Abgestimmtsein").[1321] An dieser Unterscheidung werden die Abwägungsschritte festgemacht, die sich in das Abwägen von Belangen und das inhaltliche Abgewogensein des Plans aufgliedern.[1322] Stellt das Gesetz demnach Anforderungen an „die Planung" müsse erst erkannt werden, ob sich

---

[1314] Vgl. auch *Bielenberg*, DÖV 1969, S. 380.
[1315] BVerwG, Urt. v. 12.12.1969 – IV C 105.66, juris Rn. 29; vgl. auch *Meyer*, DVBl. 1968, S. 494 f.
[1316] Wenig überzeugend: BVerwG, Urt. v. 12.12.1969 – IV C 105.66, juris Rn. 31 ff.
[1317] *Kirchhof* in Richterliche Rechtsfortbildung, Festschrift für die Universität Heidelberg, S. 20 ff. im Zusammenhang mit unbestimmten Rechtsbegriffen; vgl. auch *Franßen* in Fürst/Herzog/Umbach, Festschrift für Wolfgang Zeitler I, S. 451.
[1318] Näheres hierzu vgl. auch sogleich, BVerwG, Urt. v. 29.9.1978 – IV C 30.76.
[1319] BVerwG, Urt. v. 20.10.1972 – IV C 14.71, BVerwGE 41, 67-72 Rn. 14 ff; BVerwG, Urt. v. 11.5.1973 – IV C 39.70 Rn. 19; vgl. auch BVerwG, Urt. v. 8.9.1972 – IV C 17.71, BVerwGE 40, 323 ff. zur Verletzung der Planungshoheit; vgl. auch BGH, Urt. v. 28.5.1976 – III ZR 137/74, wo auf die Rechtsprechung des BVerwG zurückgegriffen wird.
[1320] BVerwG, Urt. v. 5.7.1974 – IV C 50.72.
[1321] BVerwG, Urt. v. 5.7.1974 – IV C 50.72, juris Rn. 42; vgl. auch BVerwG, Urt. v. 8.9.1972 - BVerwG IV C 17.71 - BVerwGE 40, 323 (328).
[1322] BVerwG, Urt. v. 5.7.1974 – IV C 50.72, juris Rn. 42; BVerwG, Urt. v. 20.10.1972 - BVerwG IV C 14.71, BVerwGE 41, 67 (71); BVerwG, Urt. v. 11.5.1973 - BVerwG IV C 39.70; BVerwG, Urt. v. 22.21974 - BVerwG IV C 6.73, BauR 1974, S. 184 ff.

diese auf das Ergebnis der Planung oder auf den Planungsvorgang beziehen.[1323] Erstrecke sich die Bindung nur auf Planungsergebnis, käme es auf die Erwägungen und Motive der planenden Behörde nicht an; dies sei anders, wenn der Gesetzgeber Vorgaben in Bezug auf den subjektiven Planungsvorgang mache, was er „ungehindert" tun könne.[1324] Diese Ausführungen sind im Zusammenhang mit dem oben bereits angezweifelten Grundsatz zu sehen, dass der Vorgang der Abwägung ohne Vorgaben nicht kontrollfähig sein soll.

Auf der Basis dieser Differenzierung ging das BVerwG jedenfalls davon aus, dass § 1 Abs. 1 BBauG nur eine Bindungswirkung in Bezug auf das Ergebnis der Planung vorsehe: Er sei nicht verletzt, wenn sich die Gemeinde bei der Planung keine Vorstellungen von der städtebaulichen Ordnung mache, weil es nur darauf ankäme, dass der Planinhalt im Ergebnis von städtebaulichem Gehalt sei.[1325] Das BVerwG will bei aller Wichtigkeit des Abwägungsvorgang den objektiven, funktionalen Gehalt von Plänen in den Vordergrund stellen.[1326] Klarstellend fügt es im Hinblick auf die Anforderungen des Abwägungsgebots hinzu, dass sich dieses nicht nur auf den Vorgang beziehe, sondern auch auf das Ergebnis der Planung: Aus dem Sinnzusammenhang des § 1 Abs. 4 S. 2 BBauG ergebe sich, dass nicht nur der Vorgang, auf den sich die Norm wörtlich bezieht, vom Gebot gerechter Abwägung durchzogen sei, sondern dass sich auch das Ergebnis als „Abgewogensein" präsentieren müsste.[1327]

Für die Prüfung der Rechtmäßigkeit des Abwägungsergebnisses hat diese Ansicht des BVerwG verschiedene Auswirkungen: Das Abwägungsmaterial muss vor seiner Gewichtung zusammengestellt werden, was erstens die abstrakt-tatbestandliche Abgrenzung abwägungserheblicher Belange im Sinne der Leitlinien von § 1 Abs. 4 S. 1, 3 und Abs. 5 BBauG erfasst und zweitens welche konkreten Umstände hierunter subsumiert werden.[1328] Beide Aspekte werden der Rechtsanwendung zugeordnet.[1329] Bemerkenswert ist neben der ausdrücklichen Ablehnung einer Parallele zu anerkannten Beurteilungsermächtigungen[1330] auch die Betonung der Grundrechtsrelevanz, die hier als Argument für die gerichtliche Kontrollfähigkeit ange-

---

[1323] BVerwG, Urt. v. 5.7.1974 – IV C 50.72, juris Rn. 42.
[1324] BVerwG, Urt. v. 5.7.1974 – IV C 50.72, juris Rn. 42.
[1325] BVerwG, Urt. v. 5.7.1974 – IV C 50.72, juris Rn. 42.
[1326] BVerwG, Urt. v. 5.7.1974 – IV C 50.72, juris Rn. 43.
[1327] BVerwG, Urt. v. 5.7.1974 – IV C 50.72, juris Rn. 45.
[1328] BVerwG, Urt. v. 5.7.1974 – IV C 50.72, juris Rn. 56.
[1329] Ebenso schon: BVerwG, Urt. v. 12.12.1969 – IV C 105.66, juris Rn. 28; VGH Mannheim, Beschl. v. 22.7.1966 - I 131/65, BRS 17, 16 (19), ESVGH 17, 101 (104).
[1330] BVerwG, Urt. v. 16.12.1971 - BVerwG I C 31.68, BVerwGE 39, 197 zur Eignung von Schriften zur Jugendgefährdung; vgl. auch BVerwG, Urt. v. 15.5.1974 - BVerwG I C 44.72.

führt wird, wohingegen sie vom BVerwG im Kapazitätsrecht nicht gleichermaßen erkannt wird.[1331] Die Bauleitplanung ist als Ausdruck der Eigentumsbindung gem. Art. 14 Abs. 2 GG zu betrachten;[1332] sie müsse daher trotz der immanenten Gestaltungsfreiheit aufgrund der eigentumsverteilenden Wirkung in einem vertretbaren Höchstmaß als rechtlich gebunden und kontrollfähig angesehen werden.[1333]

Diese Bestrebungen nach Kontrollfähigkeit relativiert das Gericht, indem es – trotz der theoretischen Aufgliederung – die Verquickung der gerichtlich kontrollfähigen Zusammenstellung mit der eingeschränkt justiziablen Gewichtung erkennt.[1334] Daher mag es sein, dass die besagte erste Stufe zwar theoretisch kontrollfähig ist, praktisch gesehen verwundert es aber nicht, dass von dieser gerichtlichen Kontrolle kaum etwas übrigbleibt und das Gericht letztlich nur die Gewichtung der Belange auf ein *sachgerechtes* Verhältnis vornimmt. Hierbei stellt sich bei der Überprüfung des Abwägungsergebnisses im Grunde stets die Frage, ob die gestalterische Planungsfreiheit durch die Gewichtung der einzelnen Belange unzulässig überschritten wurde. Dies soll dann der Fall sein, wenn ein Belang in unvertretbarer Weise zu kurz kommt bzw. wenn das Verhältnis zwischen ihm und dem Planungsinhalt – auch unter Berücksichtigung gestalterischer Planungsfreiheit – nicht mehr aufgeht.[1335]

Freilich lässt diese leichte Konkretisierung immer noch die Frage offen, wann ein Belang in unverhältnismäßiger Weise gewichtet wurde oder ein unhaltbares Verhältnis zum Planinhalt entsteht. Dies kann aber schon rein logisch betrachtet nicht von vornherein anhand von Leitsätzen geklärte werden.[1336] Würde der Gesetzgeber eine prinzipielle Mehrgewichtung einzelner Belange wünschen, so müsste dies Niederschlag im Gesetz finden. Daher ist der Rechtsprechung im Ergebnis zuzu-

---

[1331] BVerwG, Urt. v. 13.12.1984 – 7 C 3/83, BVerwGE 70, 318 ff., juris Rn. 32 ff.; a.A. ausdrücklich: BVerfG, Beschl. v. 22.10.1991 – 1 BvR 393/85, BVerfGE 85, 36 ff., juris Rn. 65 ff.
[1332] Hierzu auch: BVerfGE 35, 263; *Battis* in Battis/Krautzberger/Löhr BauGB § 1 Rn. 7 ff.; a.A. *Breuer*, Die Bodennutzung im Konflikt zwischen Städtebau und Eigentumsgarantie, 162 ff.; vgl. zum allgemeinen Verhältnis von Art. 14 Abs. 1, 2 GG: *Papier/Shirvani* in Dürig/Herzog/Scholz, GG, Art. 14 Rn. 415.
[1333] BVerwG, Urt. v. 5.7.1974 – IV C 50.72, juris Rn. 56.
[1334] BVerwG, Urt. v. 5.7.1974 – IV C 50.72, juris Rn. 57.
[1335] BVerwG, Urt. v. 5.7.1974 – IV C 50.72, juris Rn. 60.
[1336] Exemplarisch anhand des sog. Trennungsgebot bzw. des grundsätzlichen Freihaltens der Industrie- und Gewerbegebiete gem. §§ 8 Abs. 3 und 9 Abs. 3 der BauNVO i.d.F. v. 26.11.1968, BGBl. I S. 1237: BVerwG, Urt. v. 5.7.1974 – IV C 50.72, juris Rn. 62 ff.; vgl. zum Gebot der Rücksichtnahme auch, BVerwG, Urt. v. 10.4.1968 - BVerwG IV C 3.67, BVerwGE 29, 286 (288 f.); BVerwG, Urt. v. 16.4.1971 - BVerwG IV C 2.69; BVerwG, Urt. v. 3.3.1972 - BVerwG IV C 4.69.

stimmen, was zwangsläufig zur Folge hat, dass die Entscheidung des Gerichts mit der Frage nach der verhältnismäßigen Gewichtung im Einzelfall steht und fällt.[1337]

c) Weiterführung der Rechtsprechung im Bauplanungsrecht

Die Rechtsprechung hielt an dieser Linie auch nach der Novelle des Bauplanungsrechts, die im Jahre 1976 das Abwägungsgebot in § 1 Abs. 7 BBauG verlagerte,[1338] was materiell jedoch keine Änderung zur Folge hatte. Auf die aufgestellten Anforderungen an den Abwägungsvorgang und das Abwägungsgebot greift das BVerwG daher weiterhin zurück.[1339] Das BVerwG bleibt dabei seiner Linie treu: Abwägungsfehler werden dann angenommen, wenn der Inhalt der Bauleitplanung keinen angemessenen Ausgleich zwischen planbetroffenen Belangen findet oder aber, wenn kein angemessenes Abwägen zugrunde liegt bzw. hierbei gewichtige Fehler gemacht werden.[1340] Bezug genommen wird auch auf das Flachglas-Urteil dergestalt, dass der Abwägungsvorgang grundsätzlich offen gestaltet sein muss.[1341] Konkretisierend wirkt das Urteil dahingehend, dass es bei der Beurteilung des Abwägungsvorgangs auf den Zeitpunkt der (letzten) Beschlussfassung ankommt, während bezüglich des Abwägungsergebnisses auf den Zeitpunkt der endgültigen Bekanntmachung abgestellt wird.[1342]

Dies ist beinahe zwangsläufig aufgrund der unterschiedlichen Anknüpfungspunkte so zu sehen: Ein rechtmäßiger Abwägungsvorgang garantiert noch kein sachgerechtes Abwägungsergebnis (Norminhalt) zum Zeitpunkt der Bekanntmachung. Denn das so gefundene Abwägungsergebnis kann bis zu Bekanntmachung rechtsfehlerhaft werden, wenn sich zwischen Beschlussfassung und Bekanntmachung Sach- oder Interessenlage dergestalt verändert haben, dass das – mit abwägungsfehlerfreiem Vorgang gefundene – Abwägungsergebnis nun nicht mehr sachgerecht wäre.[1343]

Neben dieser Konkretisierung finden sich weitere klarstellende Worte zur Reichweite der Kontrollfähigkeit: „Die Überprüfung des Abwägungsergebnisses hat –

[1337] Mehr als unglücklich ist die Formulierung der Vorinstanz, die einen alternativen Planungsentwurf äußert, vgl. BVerwG, Urt. v. 5.7.1974 – IV C 50.72, juris Rn. 65 a.E.; Beispiel für eine haltbare Standortfestsetzung eines Friedhofs: BVerwG, Beschl. v. 23.12. 1980 – 4 B 203/80, wobei die Bewertungs- Abwägungs- und Einschätzungsprorogative betont wird.
[1338] Bundesgesetzblatt Teil I 1976, Nr. 105 v. 25.8.1976.
[1339] BVerwG, Urt. v. 29.9.1978 – IV C 30.76 mit Verweis auf das Urt. v. 5.7.1974 - BVerwG IV C 50.72, BVerwGE 45, 309 (312 f.).
[1340] BVerwG, Urt. v. 29.9.1978 – IV C 30.76, juris Rn. 33; vgl. auch ausführlich zu den damaligen Entwicklungen der Rechtsprechung: Weyreuther, DÖV 1980, S. 389 ff.
[1341] BVerwG, Urt. v. 29.9.1978 – IV C 30.76, juris Rn. 34.
[1342] BVerwG, Urt. v. 29.9.1978 – IV C 30.76, juris Rn. 34, 38.
[1343] BVerwG, Urt. v. 29.9.1978 – IV C 30.76, juris Rn. 38.

ganz allgemein – nicht zu fragen, ob das Ergebnis Beifall verdient oder ob es gar optimal ist [...]", entscheidend sei vielmehr, ob die objektive Gewichtung eines Belangs völlig verfehlt ist.[1344] Die äußerst problematische Frage, die sich bis hierhin schon häufiger stellt lautet daher wiederum, wann eine solche grobe Verfehlung vorliegt, d.h. wann darf das Gericht ein Abwägungsergebnis als rechtsfehlerhaft bezeichnen, ohne sich den Vorwurf gefallen lassen zu müssen, ein eigenes Planungsermessen walten zu lassen? In dieser Entscheidung versucht das BVerwG darauf eine Antwort zu geben, indem eine Annäherung von der negativen Seite vorgenommen wird. Eine grobe Verfehlung läge jedenfalls noch *nicht* vor, wenn sich die Annahme der Gemeinde nicht sogleich erschließt oder sich ein alternativer und – auf den konkreten Fall bezogen – wirtschaftlicher Weg zeigt.[1345]

Erschwerend kommt beim Belang der Wirtschaftlichkeit hinzu, dass sich diese nicht sicher prognostizieren lässt. Obgleich es sich – wie oben bereits beschrieben – bei den Belangen um unbestimmte, gerichtlich voll kontrollfähige Rechtsbegriffe handelt,[1346] hat das Gericht diesen Umstand bei der Auslegung als limitierenden Faktor zu berücksichtigen. Dies erkennt auch das BVerwG an, indem es Unsicherheiten bei der Bestimmung der Wirtschaftlichkeit einräumt.[1347] Zu Recht wird dabei darauf verwiesen, dass die sich daraus ergebenden Risiken grundsätzlich zu Lasten des Eigentums ergehen.[1348] Denn die Bauleitplanung hat die Wirtschaftlichkeit zwar als einen Belang zu berücksichtigen, ist aber dem Gesetzeswortlaut nach gem. § 1 Abs. 3 BBauG 1976)[1349] vor allem auf die städtebauliche Entwicklung und Ordnung auszurichten.[1350] Insgesamt kann dem BVerwG zugestimmt werden, wenn eine völlige Fehlgewichtung nur angenommen wird, wenn die Rentabilität der Nutzung auf Dauer nicht erwartet werden kann.[1351]

[1344] BVerwG, Urt. v. 29.9.1978 – IV C 30.76, juris Rn. 40.
[1345] BVerwG, Urt. v. 29.9.1978 – IV C 30.76, juris Rn. 40 f.; ausführlich auch *Kloepfer,* Umweltrecht, S. 926 Rn. 274.
[1346] Vgl. BVerwG Urt. v. 12.12.1969 – 4 C 105.66; BVerwG Urt. v. 5.7.1974 – 4 C 50.72.
[1347] BVerwG, Urt. v. 29.9.1978 – IV C 30.76, juris Rn. 40 f.
[1348] BVerwG, Urt. v. 29.9.1978 – IV C 30.76, juris Rn. 40 f.
[1349] § 1 Abs. 3 BBauG lautet: „Die Gemeinden haben die Bauleitpläne aufzustellen, sobald und soweit es für die städtebauliche Entwicklung und Ordnung erforderlich ist", vgl. Bundesgesetzblatt Teil I, Nr. 105 v. 25.8.1976; er entspricht dabei dem heutigem § 1 Abs. 3 HS. 1 BauGB; angelegt war dieser Inhalt auch bereits im §§ 1 Abs. 1, 2 Abs. 1 BBauG 1960.
[1350] BVerwG Beschl. v. 15.5.2013 – 4 BN 1.13 betont die städtebaulichen Allgemeinwohlbelange; vgl. zur städtebaulichen Ordnungsvorstellung auch BVerwG Beschl. v. 17.5.1995 – 4 BN 30.94; Beschl. v. 14.8.1995 – 4 BN 21.95; Beschl. v. 11.5.1999 – 4 BN 15.99; Urt. v. 26.3.2009 – 4 C 21.07; Beschl. v. 30.12.2009 – 4 BN 23/09; Beschl. v. 26.1.2010 – 4 B 43.09; Urt. v. 27.3.2013 – 4 C 13.11.
[1351] Vgl. auch 14.7.1972 - BVerwG IV C 8.70, BVerwGE 40, 258 (262 f.)

d) Übertragung des Gebots der gerechten Abwägung
Im Rahmen des Bauplanungsrechts besteht gewissermaßen die Besonderheit, dass bereits bei Erlass des BBauG ein differenziertes Kontrollsystem der gerichtlichen Abwägungskontrolle gesetzlich verankert wurde. Derartige Abwägungsgebote sind nicht nur für die Bauleitplanung positiv rechtlich kodifiziert, sondern finden sich beispielsweise auch bei städtebaulichen Sanierungsmaßnahmen (vgl. § 136 Abs. 4 BauGB)[1352] bzw. vor allem im Umweltrecht (vgl. § 2 Abs. 3 BNatSchG).[1353] Gerade die Regelungen der Bauleitplanung waren indes bereits frühzeitig ein Anlass für das BVerwG, das Gebot gerechter Abwägung (§ 1 Abs. 4 S. 2 BbauG) auch auf weitere Gebiete auszuweiten und damit einen übergeordneten Grundsatz zu schaffen, den es aus der Verfassung ableitet.[1354] Die Entwicklung der Rechtsprechung soll zunächst anhand der Einzelakte in anderen Fachplangebieten ohne gesetzliches Abwägungsgebot nachvollzogen werden, bevor in einem zweiten Schritt die Frage geklärt wird, ob die Rechtsprechung aufgrund dieses übergesetzlichen Grundsatzes auch bei untergesetzlichen Normen eine Kontrolle des Abwägungsvorgangs vornimmt.

aa) Übertragung auf Planfeststellungsverfahren unabhängig von einer geschriebenen Regel
Bereits in frühen Entscheidungen hat das BVerwG angedeutet, dass die Regelung des Abwägungsgebots auf andere Gesetze im Zusammenhang mit Planungen Anwendung finden muss. Nachvollzogen werden soll die Übertragung des positivrechtlich normierten Grundsatzes der gerechten Abwägung samt Kontrolle des Abwägungsvorgangs zunächst anhand der Planfeststellungsbeschlüsse als Verwaltungsakte. In weit zurückliegenden Entscheidungen war das BVerwG diesbezüglich noch eher zurückhaltend: So hält das BVerwG in einer Entscheidung aus dem Jahre 1965 zu Planfeststellungsbeschlüssen nach §§ 28 ff. PBefG an den Begrifflichkeiten des Ermessens fest.[1355] Dieses sei tatrichterlich nur auf die Einhaltung der gesetzlich eingeräumten Grenzen des Ermessens überprüfbar.[1356]

Diese Rechtsprechung hat das BVerwG auf den Planfeststellungsbeschluss nach § 17 a.F. FStrG übertragen.[1357] Das BVerwG betont insbesondere, dass die Beurtei-

---

[1352] Hierzu: BVerwG, Urt. v. 10.4.2018 – 4 CN 2/17, BVerwGE 161, 345-356.
[1353] Vgl. hierzu *Heß/Wulff* in Landmann/Rohmer, Umweltrecht, § 2 Rn. 12 ff.
[1354] Vgl. BVerwG, Urt. v. 11.10.1968 - BVerwG IV C 55.66; BVerwG, Urt. v. 30.4.1969 – IV C 6.68; BVerwG, Urt. v. 20.10.1972 – IV C 14.71, BVerwGE 41, 67-72.
[1355] BVerwG, Beschl. v. 1.9.1965 – IV C 180.65, juris Rn. 24 ff.
[1356] BVerwG, Beschl. v. 1.9.1965 – IV C 180.65, juris Rn. 26 ff.
[1357] BVerwG, Urt. v. 1.7.1968 – IV C 9.66; vgl. auch BVerwG, Beschl. v. 15.11.1962 - BVerwG I C 89-62; BVerwG, Beschl. v. 24.09.1965 - BVerwG IV B 50.65; vgl. zur heutigen Rechtslage: *Langstädler*, Effektiver Umweltrechtsschutz, S. 254.

lung der zweckmäßigsten bzw. wirtschaftlichsten Entscheidung nicht Sache des Gerichts sei,[1358] solange keine sachwidrigen Kriterien bei der Planung ersichtlich sind. Insgesamt bleibt das BVerwG nahe an der Regelung des § 114 S. 1 VwGO, indem es die Ermessensfehlerhaftigkeit davon abhängig macht, ob das Recht und die Pflicht zur Ermessensentscheidung überhaupt verkannt wurden, entweder sachfremde Gesichtspunkte berücksichtigt oder umgekehrt sachlich wesentliche Grundsätze außer Acht gelassen wurden.[1359]

Eine Anknüpfung an diese Rechtsprechung und eine weitere Annäherung an das Gebot der Abwägung nahm das BVerwG schließlich in Bezug auf die Genehmigung des § 6 LuftVG vor, der ebenfalls als Verwaltungsakt einzustufen ist.[1360] Grundsätzlich habe man sich – unter Beachtung der unterschiedlichen Zielsetzungen – an der Rechtsprechung zur Planfeststellung des FStrG zu orientieren, weshalb auch hier der Behörde ein „nicht unerhebliches Ermessen" zuzubilligen sei.[1361] Die Annäherung an das Abwägungsgebot geschieht jedoch insoweit, als die für die Entscheidung maßgeblichen Gesichtspunkte (z.B. die Notwendigkeit einer luftverkehrsmäßigen Erschließung einerseits und der Gefahrenschutz der Bürger andererseits) „dabei gegeneinander abzuwägen sein [werden], ähnlich wie es der Gesetzgeber in anderem Zusammenhang für die Bauplanung angeordnet hat (§ 1 Abs. 4 BBauG)."[1362] Dabei schließt es das Gericht nicht aus, dass die im Einzelfall als höher zu bewertenden öffentlichen Belange trotz gewisser Gefahren für die öffentliche Sicherheit und Ordnung (vgl. § 6 Abs. 2 S. 2 LuftVG) zu einem rechtmäßigen Planfeststellungsbeschluss führen können. Das BVerwG entscheidet sich damit gegen die Anwendung des Wortlauts des § 6 Abs. 2 S. 2 LuftVG, verfolgt dadurch aber seine gefundene Linie der abschließenden Prüfung erst im Rahmen des Planfeststellungsverfahrens zugunsten einer umfassenden Abwägung.

bb) Baulinienfestsetzung und das Abwägungsgebot

Eine Weiterführung und Festigung der Rechtsprechung wurde durch eine Entscheidung aus dem Jahre 1969 angestrebt.[1363] Obschon es nicht mehr darauf an-

---

[1358] BVerwG, Urt. v. 1.7.1968 – IV C 9.66, BeckRS 1968, 30439852; vgl. auch OVG Koblenz, VkBl. 1958, S. 364; OVG Lüneburg, VkBl. 1962, S. 440; OVG Koblenz, VkBl. 1957, S. 337 und 1958, S. 364.
[1359] BVerwG Beschl. v. 1.9.1965 - BVerwG IV C 180.65, juris Rn. 26; BVerwG Urt. 1.7.1968 – IV C 9.66.
[1360] BVerwG, Urt. v. 11. 10. 1968 - IV C 55.66; ausführlich hierzu auch: *Volker*, Probleme der Rechtsstellung von Flughafennachbarn, passim.
[1361] BVerwG, Urt. v. 11.10.1968 – IV C 55.66, juris Rn. 29 mit Verweis auf die fernstraßenrechtliche Rechtsprechung des BVerwG, Urt. v. 1.7.1968 - BVerwG IV C 9.66, das noch eher auf das Ermessen im Rahmen des Verwaltungsakts abstellt.
[1362] BVerwG, Urt. v. 11.10.1968 – IV C 55.66, juris Rn. 29.
[1363] BVerwG, Urt. v. 30.4.1969 – IV C 6.68.

kam, nahm das BVerwG die Streitigkeit über die Baulinienfestsetzung (gem. § 3 der BayBO vom 17.2.1901)[1364] zum Anlass weitere Ausführungen in Bezug auf die materielle Seite zu tätigen. Die maßgebliche Frage war hierbei, ob bei einer die Enteignung einleitenden Planung[1365] bereits die Zulässigkeitsanforderungen einer Enteignung in die Voraussetzungen bei der Planung einzubeziehen sind.[1366] Die Festsetzungen der Baulinienfestsetzung wirken dabei in gewissen Umfang auf das Enteignungsverfahren präjudiziell, wobei dies auch für Bebauungspläne bzw. straßenrechtliche Planfeststellungen im Verhältnis zur Enteignung gilt.[1367] Diese Bindung ergibt sich, wie das BVerwG richtig ausführt, schon aus dem Wesen einer jeden Planung,[1368] da diese gewisse Ziele verfolgt und dafür Umstände für die Zukunft verbindlich regeln muss.[1369] Gleichwohl folgert das BVerwG in der hiesigen Entscheidung nicht aus der präjudiziellen Wirkung ein Durschlagen der Enteignungskriterien bereits auf die Planung. Das Gericht begründet dies vielmehr damit, dass für die Anwendbarkeit von Vorschriften und Grundsätzen nicht auf die Auswirkungen der Entscheidung abzustellen sei, sondern auf den Kontext und die Bedeutsamkeit, welche der Entscheidung zukommt.[1370]

Dies zeige sich besonders deutlich anhand der Unterschiede von Planung und Enteignung, weil es bei Letzterer auf die Frage ankommen soll, ob das öffentliche Interesse im Rahmen des ultima ratio Grundsatzes nicht auch ohne die Eigentumsentziehung zu Lasten des privaten Interesses auskommen könne.[1371] Bei der vorausgehenden Planung ginge es dagegen um den Ausgleich vieler verschiedener, in einem komplexen Zusammenhang stehender Interessen, bei denen das Zugeständnis gegenüber einen meist unmittelbar ein Eingriff in ein anderes darstelle.[1372] Diese Begründung scheint unter logischen Gesichtspunkten nicht dafür zu taugen, die fehlende Übertragbarkeit der Voraussetzungen überzeugend darzule-

---

[1364] Vgl. zur Entwicklung der Bayerischen Bauvorschriften: *Krautzberger* in Ernst/Zinkahn, Einleitung Rn. 18 ff.
[1365] Bei der Baulinienfestsetzung selbst handelte es sich noch um keine Enteignung, vgl. Urt. v. 14.1.1966 - BVerwG IV C 67.65, BBauBl. 1966, 412 (413).
[1366] BVerwG, Urt. v. 30.4.1969 – IV C 6.68, juris Rn. 14 ff.
[1367] BVerwG, Urt. v. 30.4.1969 – IV C 6.68., juris Rn. 16.
[1368] Vgl. auch BVerwG Urt. v. 23.10.1968 - BVerwG IV C 84.67; OLG Hamburg, Urt. v. 25.06. 1965 - 1 U 43/63.
[1369] Die Enteignung ist dabei allerdings nicht nur ein entscheidungsloser Annex zum Plan: Bundesbaugesetz: BGH, Urt. v. 22.09.1966 – III ZR 187/65 und Urt. v. 15.6.1967 - III R 17/66; zum Bundesfernstraßengesetz: BVerwG, Beschl. v. 15.11.1962 - BVerwG I C 89.62 und Urt. v. 23.10.1968 - BVerwG IV C 84.67 (S. 5 f.); zur Baulinienfestsetzung: Beschl. v. 10.11.1966 - BVerwG IV B 58.66.
[1370] BVerwG, Urt. v. 30.4.1969 – IV C 6.68, juris Rn. 17.
[1371] BVerwG, Urt. v. 30.4.1969 – IV C 6.68, juris Rn. 16 f.
[1372] BVerwG, Urt. v. 30.4.1969 – IV C 6.68, juris Rn. 17.

gen, weil die Unterschiedlichkeit der Interessenbeurteilung nicht die Notwendigkeit der Auswirkung von Grundrechten auf die vorausgehende Planung aushebeln kann. Das BVerwG vertritt an dieser Stelle – wie es für die Rechtsprechung nicht unüblich ist – eine sehr pragmatische Ansicht: An die Planung könnten keine für das Wesen der Planung unangemessenen Anforderungen gestellt werden, weshalb der Schutz privater Interessen im Rahmen der Planung nur nach Regeln vollzogen werden könne, die die Planung auch leisten kann.[1373]

Im Weiteren geht das Gericht darauf ein, dass zu eben diesen Regeln vor allem das Gebot gerechter Abwägung der vom Plan betroffenen öffentlichen und privaten Belange zähle. Hierfür wird für die Bauleitplanung auf § 1 Abs. 4 S. 2 BBauG abgestellt.[1374] Das sich in diesem niedergeschriebene Abwägungsgebot gelte allerdings aufgrund des Erfordernisses der rechtsstaatlichen Planung unabhängig von einer ausdrücklichen einfachgesetzlichen Regelung.[1375] Rein vorsorglich wird außerdem darauf hingewiesen, dass das Planungsermessen dadurch nicht (als solches) in Frage gestellt wird.[1376]

cc) Bedeutung des allgemeinen Abwägungsgebots bei übergeleiteten Regelungen

Eine weitere wesentliche Entscheidung beschäftigt sich mit einem sog. Fluchtlinienplan, der entsprechend der Überleitungsvorschrift des § 173 Abs. 3 S. 1 BBauG, nach dem Inkrafttreten des BBauG fortgalt.[1377]

Die Fortgeltung der bestehenden baurechtlichen Vorschriften und der festgestellten städtebaulichen Pläne als Bebauungspläne macht § 173 Abs. 3 S. 1 BBauG davon abhängig, ob verbindliche Regelungen im Sinne von § 9 BBauG enthalten sind. Der Wortlaut deutet durch die Formulierung „bestehende" und „festgestellt" darauf hin, dass es sich um gültige Vorschriften und Pläne handeln muss.[1378] Problematisch vor dem Hintergrund einer ausreichenden Abwägung sämtlicher Belange ist dabei, dass die Gültigkeit vor Inkrafttreten des BBauG (1960) eine derartige Abwägung mangels einer dem § 1 Abs. 4 S. 2 BBauG entsprechenden Regelung nicht voraussetzte.[1379] Da eine Überleitungsvorschrift wie der § 173 Abs. 3 S. 1

[1373] BVerwG, Urt. v. 30.4.1969 – IV C 6.68, juris Rn. 17.
[1374] BVerwG, Urt. v. 30.4.1969 – IV C 6.68, juris Rn. 17.
[1375] BVerwG, Urt. v. 30.4.1969 – IV C 6.68, juris Rn. 17; im Ansatz so auch BVerwG, Urt. v. 11.10.1968 - BVerwG IV C 55.66.
[1376] BVerwG, Urt. v. 30.4.1969 – IV C 6.68, juris Rn. 17; vgl. auch BVerwG, Urt. v. 14.1.1966, BVerwG IV C 67.65.
[1377] BVerwG, Urt. v. 20.10.1972 – IV C 14.71, BVerwGE 41, 67 ff.
[1378] BVerwG, Urt. v. 20.10.1972 – IV C 14.71, juris Rn. 14.
[1379] BVerwG, Urt. v. 20.10.1972 – IV C 14.71, juris Rn. 14; vgl. auch *Reidt* in Battis/Krautzberger/Löhr, BauGB, § 233 Rn. 7 ff.

BBauG teleologisch wenig sinnhaft wäre, wenn man stets voraussetzen würde, dass bei fortgeltendem Recht sämtliche nunmehr geltenden Vorschriften beachte wurden, führt das Fehlen einer derartigen Abwägungsvorschrift nicht per se zu einem Scheitern der Überleitung.[1380]

Das BVerwG fasst allerdings, wie bereits in der obigen Entscheidung dargelegt, das Abwägungsgebot als Ausfluss einer jeden rechtsstaatlichen Planung auf.[1381] Daher käme es nach Ansicht des Gerichts nicht auf eine ausdrückliche gesetzliche Regelung entsprechend § 1 Abs. 4 S. 2 BBauG an, sondern das rechtsstaatliche Abwägungsgebot hätte unabhängig davon auch beim Erlass des Fluchtlinienplans berücksichtigt werden müssen.[1382] Die Gültigkeit und damit die Überleitung hängt damit im Ergebnis vom Vorliegen einer entsprechenden Abwägung ab.[1383] Für den Abwägungsmaßstab bezieht sich das BVerwG auf das Urteil vom 12.12.1969[1384] (s.o.), wonach eine Verletzung des Abwägungsgebots aus § 1 Abs. 4 S. 2 BBauG nur bei einer fehlenden Abwägung vorläge, bei einer Einstellung sachwidriger Überlegungen oder wenn Belange in einer objektiv unvertretbaren Gewichtung berücksichtigt werden.[1385]

An dieser Stelle findet das BVerwG klare Worte zum Konstrukt der Abwägung im Allgemeinen, Ausführungen, die in dieser Trennschärfe in den vorherigen Entscheidungen nur angeklungen sind. Das BVerwG betont die Trennung der gerechten Interessenabwägung in Abwägungsvorgang und Abwägungsergebnis.[1386] Ein Abwägungsvorgang müsse überhaupt stattfinden und hier seien die jeweiligen Interessen einzustellen.[1387] Beim Abwägungsergebnis ginge es dagegen (ausschließlich) darum – so beschreibt es das BVerwG sehr anschaulich – was beim Abwägungsvorgang „herauskommt".[1388] Dabei muss auf beiden Seiten hinsichtlich gemachter Fehler unterschieden werden: Das Übersehen eines Belanges im Vorgang, hat nicht automatisch zur Folge, dass es durch das Abwägungsergebnis nicht gewahrt bleibt.[1389] Umgekehrt führt aber die Berücksichtigung beim Vorgang

---

[1380] Vgl. auch schon BVerwG, Beschl. v. 21.9.1971, BVerwG IV B 104.71.
[1381] BVerwG, Urt. v. 20.10.1972 – IV C 14.71, juris Rn. 14; vgl. insb. BVerwG Urt. v. 30.4. 1969 - BVerwG IV C 6.68 in Anschluss an BVerwG, Beschl. 11.10.1968 - BVerwG IV C 55.66; hierzu auch *Reidt* in Battis/Krautzberger/Löhr, BauGB, § 233 Rn. 7 ff.
[1382] BVerwG, Urt. v. 20.10.1972 – IV C 14.71, juris Rn. 15.
[1383] Vgl. zur heutigen Vorschrift: *Reidt* in Battis/Krautzberger/Löhr, BauGB, § 233 Rn. 7 ff.; VGH Mannheim, Urt. v. 6.2.2015 – 8 S 450/13, VBlBW. 2015, S. 339.
[1384] BVerwG v. 12.12.1969 - BVerwG IV C 105.66.
[1385] BVerwG, Urt. v. 20.10.1972 – IV C 14.71, juris Rn. 17.
[1386] BVerwG, Urt. v. 20.10.1972 – IV C 14.71, juris Rn. 17.
[1387] BVerwG, Urt. v. 20.10.1972 – IV C 14.71, juris Rn. 17.
[1388] BVerwG, Urt. v. 20.10.1972 – IV C 14.71, juris Rn. 17.
[1389] BVerwG, Urt. v. 20.10.1972 – IV C 14.71, juris Rn. 17 f.

nicht automatisch zu einem Abwägungsergebnis, welches dem Interesse gerecht wird.[1390]

Diese Unterscheidung sei bei § 173 Abs. 3 S. 1 BBauG wichtig, weil die Fähigkeit der Überleitung von ihrem Inhalt abhinge und dieser Inhalt spiegele sich wiederum nur im Abwägungsergebnis wider.[1391] Das BVerwG fordert daher, wobei es sich etwas verklausuliert ausdrückt, einen bebauungsplanmäßigen Inhalt im „Allgemeinen" wie auch „in Gestalt eines nach neuem Recht rechtmäßigen Abwägungsergebnisses".[1392] Das Gebot rechtsstaatlicher Abwägung dagegen beziehe sich sowohl auf ein Mindestmaß gerechte Abwägung in Form des Abwägungsvorganges als auch auf ein gerechtes Abwägungsergebnisses.[1393]

Insgesamt kondensieren die klar formulierten Ausführungen, welche die Trennung von Abwägungsvorgang und -ergebnis betreffen, die bisherige Rechtsprechung. Die Übertragung der Erkenntnisse lediglich auf das Abwägungsergebnis scheint daher eher von Praktikabilitätserwägungen getragen denn von einer dogmatischen Herleitung. Schließlich mag die komplette Überprüfung des Abwägungsvorgangs eine kaum zu bewältigende Aufgabe für die Gerichte darstellen. Die Bedeutung des übergreifenden rechtsstaatlichen Abwägungsgebots wird aber jedenfalls durch die Beachtung auch bei zu transferierenden Vorschriften gestärkt.

dd) Weitere Konkretisierung der Rechtsprechung im Fernstraßenverkehrsrecht
Im Zusammenhang mit dem Fernstraßenverkehrsrecht näherte sich das BVerwG wohl der Rechtsprechung zum BBauG bzw. BauGB am deutlichsten an. Dies zeigt sich unter anderem in einer Entscheidung aus dem Jahre 1975.[1394] Die Entscheidung betrifft § 17 Abs. 1 S. 1 FStrG, wonach Bundesfernstraßen nur gebaut oder geändert werden, wenn der Plan vorher festgestellt ist. Die Rechtsprechung misst § 17 Abs. 1 FStrG bzw. § 18 FStrG dabei nicht nur eine verfahrensrechtliche Bedeutung bei, sondern zieht durch derartige Vorschriften einen Rückschluss auf die materielle Fachplanung.[1395] Durch die Ermächtigung werde gleichzeitig ein planerisches Ermessen eingeräumt.[1396] Gleichzeitig ist festzuhalten, dass von dieser Gestaltungsfreiheit der Planfeststellungsbehörden im Bundesfernstraßengesetz

---

[1390] BVerwG, Urt. v. 20.10.1972 – IV C 14.71, juris Rn. 18.
[1391] BVerwG, Urt. v. 20.10.1972 – IV C 14.71, juris Rn. 17.
[1392] BVerwG, Urt. v. 20.10.1972 – IV C 14.71, juris Rn. 17.
[1393] BVerwG, Urt. v. 20.10.1972 – IV C 14.71, juris Rn. 17 a.E.
[1394] BVerwG, Urt. v. 14.2.1975 - IV C 21/74.
[1395] BVerwG, Urt. v. 14.2.1975 - IV C 21/74, juris Rn. 31.
[1396] BVerwG, Urt. v. 14.2.1975 - IV C 21/74, juris Rn. 31.

nichts ausdrücklich erwähnt ist, wie das BVerwG anerkennt.[1397] Die Rechtsprechung leitet die Gestaltungsfreiheit vielmehr direkt und nahezu zwingend aus der gesetzgeberischen Entscheidung ab, die Planungsbefugnis auf die Behörden zu übertragen.[1398] Die Planungsbefugnis wiederum bestünde aus einem mehr oder minder großen Spielraum an Gestaltungsfreiheit, was Voraussetzung einer jeder Planung sei, weil eine solche ohne Gestaltungsfreiheiten nicht denkbar wäre.[1399]

In dieser Entscheidung beschäftigt sich das BVerwG insbesondere mit den Grenzen dieser Gestaltungsfreiheit. Neben speziellen rechtlichen Bindungen des FStrG[1400] muss sich die Planung dabei vor allem auch an in anderen gesetzlichen Vorschriften zum Ausdruck kommenden Planungsleitsätzen orientieren. Zuletzt wird ausdrücklich auf das Abwägungsgebot als beschränkendem Grundsatz verwiesen.[1401] Die Planungsleitsätze entnimmt das Gericht dabei den fernstraßenrechtlichen Vorschriften, die keine mit den § 1 Abs. 4 S. 1,3 bzw. Abs. 5 BBauG vergleichbare Regelungen enthalten, aber die mit §§ 1 Abs. 1, 3 Abs. 1 und § 4 FStrG zumindest Planungsziele formulieren. Bezüglich der Geltung des Abwägungsgebots beruft sich das BVerwG auf die „ständige Rechtsprechung, [die] für die verschiedensten Planungsbereiche wiederholt entschieden hat, dass sich das Gebot, die von einer Planung berührten [...] Belange gegeneinander und untereinander gerecht abzuwägen, unabhängig von einer gesetzlichen Positivierung aus dem Wesen einer rechtsstaatlichen Planung ergibt und dementsprechend allgemein ist."[1402] Die Neufassung des § 17 Abs. 1 FStrG durch das 2. ÄndG, welche das Abwägungsgebot ausdrücklich in die Vorschrift integrierte, wird insoweit nur als deklaratorisch angesehen.[1403]

Die etablierte Rechtsprechung wird daher vom BBauG schlichtweg auf die fernstraßenrechtliche Planung transferiert, unabhängig von einem ausdrücklichen, materiell-rechtlichen Abwägungsgebot.[1404] Eine Überschreitung der planerischen Gestaltungsfreiheit sei daher dann anzunehmen, wenn eine gegen den Verhält-

---

[1397] BVerwG, Urt. v. 14.2.1975 - IV C 21/74, juris. Rn. 31.
[1398] BVerwG, Urt. v. 14.2.1975 - IV C 21/74, juris. Rn. 31.
[1399] BVerwG, Urt. v. 14.2.1975 - IV C 21/74, juris. Rn. 31 mit Verweis auf: BVerwG, Urt. v. 12.12.1969 - BVerwG IV C 105.66, BVerwGE 34, 301 (304).
[1400] § 16 Abs. 1 FStrG in Gestalt der Linienführung der Bundesfernstraßen bzw. dem Art. 14 I GG standhaltende Rechtfertigung wegen § 19 FStrG.
[1401] BVerwG, Urt. v. 14.2.1975 - IV C 21/74, juris. Rn. 32 a.E.
[1402] BVerwG, Urt. v. 14.2.1975 - IV C 21/74, juris. Rn. 36 mit Verweis auf BVerwG, Urt. v. 30.4.1969 - BVerwG IV C 6.68; BVerwG, Urt. v. 11.10.1968, BVerwG IV C 55.66; BVerwG, Urt. v. 20.10.1972 - BVerwG IV C 14.71, BVerwGE 41, 67.
[1403] Vgl. auch BT-Drs. 7/1265, S. 22.
[1404] Vgl. auch BVerwG, Urt. v. 23.1.1981 – 4 C 4/78, BVerwGE 61, 295-306, juris Rn. 31 ff.

nismäßigkeitsgrundsatz verstoßende Fehlgewichtung vorläge.[1405] Das BVerwG fordert dabei im Rahmen der fernstraßenrechtlichen Planung die Beachtung der privaten Belange aus § 1 Abs. 4 S. 2 BBauG.[1406] Diese umfassen mithin rechtliche und tatsächliche Interessen des von der Planung Betroffenen,[1407] insbesondere daher auch die Gewährleistung von Eigentum im Rahmen des Art. 14 GG.[1408] Die Entscheidung überträgt das Abwägungsgebot daher auf andere Rechtsgebiete unter Einbezug der Besonderheiten des jeweiligen Fachrechts.

ee) Übertragung auf wasserrechtliche und luftverkehrsrechtliche Planfeststellungen

Das Gebot gerechter Abwägung wurde neben dem Fernstraßenrecht auch auf das Wasserrecht[1409] bzw. Luftverkehrsrecht[1410] übertragen. Das Abwägungsgebot gelte für jede hoheitliche Planung, unabhängig von einer gesetzlichen Positivierung, und zwar für gemeinnützige ebenso wie für privatnützige Planfeststellungen.[1411] Dabei seien die betroffenen öffentlichen Belange untereinander bzw. gegeneinander gerecht abzuwägen, um eine abgewogene Planung zu erzielen.[1412] Konsequenterweise wird daher die Rechtmäßigkeit der Planfeststellung im Wasserrecht an den Grundsätzen der Rechtfertigung von Planfeststellungen anderer planungsrechtlicher Materien gemessen, ausgefüllt freilich vom materiellen Wasserrecht.[1413] Nicht versäumt wird dabei eine Anreicherung dieses Transfers durch die (verfassungsrechtlichen) Besonderheiten des Wasserrechts, unter anderem in Form der Rechtfertigung von Eingriffen in Art. 14 Abs. 1 GG bzw. Art. 2 Abs. 2 S. 1 GG aufgrund der begrenzten Verfügbarkeit des Wassers und dessen Unabdingbarkeit für das Leben und gleichzeitig die wirtschaftliche Entwicklung.[1414] Diese Ent-

---

[1405] BVerwG, Urt. v. 14.2.1975 - IV C 21/74, juris Rn. 37.
[1406] BVerwG, Urt. v. 14.2.1975 - IV C 21/74, juris Rn. 39 f.
[1407] Vgl. auch die abstrakten Ausführungen zum Rechtsschutz bei BVerwG, Urt. v. 14.2.1975 - IV C 21/74, juris Rn. 42; hierzu auch *Giesberts* in BeckOK, VwGO, § 47 Rn. 75-77; vgl. auch BVerwG, Urt. v. 1.11.1974 - BVerwG IV C 38.71, BauR 1975, S. 36.
[1408] BVerwG, Urt. v. 14.2.1975 - IV C 21/74, juris Rn. 40.
[1409] BVerwG, Urt. v. 10.2.1978 – IV C 25.75, BVerwGE 55, 220-232.
[1410] BVerwG, Urt. v. 11.10.1968 – IV C 55.66, juris Rn. 29 mit Verweis auf BVerwG, Urt. v. 1.7.1968 - BVerwG IV C 9.66.
[1411] BVerwG, Urt. v. 10.2.1978 – IV C 25.75, BVerwGE 55, 220-232.
[1412] BVerwG, Urt. v. 10.2.1978 – IV C 25.75, juris Rn. 25 f. mit Verweis auf BVerwG, Urt. v. 14.2.1975 - BVerwG IV C 21.74, BVerwGE 48, 56 (63); BVerwG, Urt. v. 15.4.1977 - BVerwG IV C 100.74.
[1413] BVerwG, Urt. v. 10.2.1978 – IV C 25.75, juris Rn. 24 mit Verweis auf die Bauleitplanung, BVerwG, Urt. v. 5.7.1974 - BVerwG IV C 50.72, BVerwGE 45, 309 (312) bzw. auf das Fernstraßenrecht, BVerwG, Urt. v. 14.2.1975, BVerwG IV C 21.74.
[1414] BVerwG, Urt. v. 10.2.1978 – IV C 25.75, juris Rn. 31; vgl. hierzu auch BVerwG, Urt. v. 11.11.1970 - BVerwG IV C 102.67, BVerwGE 36, 248 (249); BVerwG, Urt. v. 13.12.1974 - BVerwG IV C 74.71; BVerwG, Urt. v. 31.10.1975 - BVerwG IV C 43.73, BVerwGE 49, 293 (296).

scheidungen komplettieren die Übertragung des Gebots gerechter Abwägung unabhängig von einer gesetzlichen Regelung auf sämtliche Rechtsmaterien, bei denen der Verwaltung die Planungshoheit zugesprochen wird.

e) Untergesetzliche Normen mit Planungscharakter

Da es sich bei den obigen Entscheidungen um Einzelakte handelt, bei denen der Abwägungsvorgang auch unabhängig vom Gebot gerechter Abwägung bei anderen Ermessensentscheidungen überprüft werden kann, stellt sich die Frage, ob das Gebot der gerechten Abwägung bei untergesetzlichen Normen mit Planungscharakter zu einer Kontrolle des Abwägungsvorgangs führt. Ein Indiz hierfür ist der Umstand, dass das BVerwG die Kontrolle des Abwägungsvorgangs bei den Einzelakten mit dem Gebot der gerechten Abwägung in Verbindung setzte, ohne hierbei die Kontrollfähigkeit mit der Rechtsnatur der Verwaltungsakte zu begründen.

aa) Planungsentscheidungen bei Rechtsverordnungen

Zunächst bietet eine frühe Entscheidung zu Rechtsverordnungen mit Planungscharakter einen Hinweis zu dieser Frage.[1415] Streitgegenstand war ein trotz begrenztem Adressatenkreis als Rechtsverordnung qualifizierter Rechtsakt auf der Grundlage des mittlerweile außer Kraft getretenen § 6 Abs. 1 S. 6 AbfG i.V.m. § 5 des Bremischen Ausführungsgesetzes zum Abfallbeseitigungsgesetz (BremAGAbfG),[1416] der einen abfallrechtlichen Teilplan nur für Beseitigungspflichtige für verbindlich erklärte.[1417] Die Rechtsverordnung wird als Norm mit Planungscharakter in Form eines überörtlichen Fachplans identifiziert.[1418] Auf der Zulässigkeitsebene klingt eine Übertragung der Rechtsprechung aus dem Bauplanungsrecht an: Aufgrund des Planungscharakters könne man hinsichtlich der Frage des „Nachteils" (§ 47 Abs. 2 S. 1 VwGO) die Rechtsprechung zum Bauplanungsrecht fruchtbar machen,[1419] welche im Übrigen auf sämtliche planungsrechtliche Rechtsakte übertragen werden könne.[1420] Damit ist der Grundstein für eine Übertragung der Abwägungskontrolle gelegt, weil eine Antragsbefugnis anzunehmen sein soll, wenn die Planungsnorm den Antragssteller nachteilig in einem eigenem

---

[1415] BVerwG, Beschl. v. 20.12.1988 – 7 NB 3/88, BVerwGE 81, 139 ff.
[1416] V. 28.1.1975, BremGBl. S. 55.
[1417] Beseitigungspflichtige: Stadtgemeinden Bremen und Bremerhaven nach § 3 Abs. 2 S. 1 AbfG i.V.m. § 1 Abs. 1 BremAGAbfG und Abfallbesitzer gem. § 3 Abs. 4 i.V.m. Abs. 3 AbfG.
[1418] BVerwG, Beschl. v. 20.12.1988 – 7 NB 3/88, juris Rn. 22.
[1419] BVerwG, Beschl. v. 9.11.1979, BVerwG 4 N 1.78, 4 N 2-4.79, BVerwGE 59, 87; BVerwG, Beschl. v. 18.12.1987 - BVerwG 4 NB 1.87, DVBl. 1988, 499.
[1420] BVerwG, Beschl. v. 20.12.1988 – 7 NB 3/88, juris Rn. 20.

Interesse beeinträchtigen kann, welches beim Normerlass hätte berücksichtigt werden müssen.[1421]

Als vorbereitende abfallrechtliche Planungsinstrumente seien sie – wie jede Planung – durch eine diesen immanenten Gestaltungsfreiheit geprägt, unterlägen aber auch rechtlichen Bindungen vor allem in Form des rechtsstaatlichen Abwägungsgebots.[1422] Ausgefüllt werde das im AbfG nicht ausdrücklich geregelte Abwägungsgebot laut BVerwG durch die speziellen abfallrechtlichen Regelungen.[1423] Dabei macht das Gericht nähere Ausführungen zu den Gesichtspunkten, die im Rahmen der planerischen Abwägung als öffentliche Belange berücksichtigt werden müssten.[1424] Indem festgehalten wird, welche Belange im konkreten Fall zu berücksichtigen seien, wird eine Kontrolle des Abwägungsvorgangs vorgenommen,[1425] ohne dass dies ausdrücklich als solche bezeichnet wird. Eine Übertragung des Abwägungsgebot wird daher auch dergestalt bei untergesetzlichen Normen vorgenommen, dass eine Kontrolle des Abwägungsvorgangs stattfindet.

bb) Satzung mit Planungscharakter

In Bezug auf Satzungen bietet eine Entscheidung zum Flurbereinigungsgesetz (FlurbG) einen Hinweis zur Übertragung des rechtsstaatlichen Abwägungsgebots.[1426] Maßgeblich waren die materiellen Voraussetzungen, die § 58 Abs. 4 S. 2 FlurbG an die Änderungssatzung eines Flurbereinigungsplans stellt. § 58 Abs. 4 FlurbG beinhaltet in seinem ersten Satz im Wesentlichen folgendes: Flurbereinigungspläne haben für Festsetzungen, die im gemeinschaftlichen Interesse der Beteiligten oder im öffentlichen Interesse getroffen werden, die Wirkung von Gemeindesatzungen. Der zweite Satz der Regelung sieht nach Beendigung des Flurbereinigungsverfahrens die Möglichkeit vor, die Festsetzungen durch Gemeindesatzung zu verändern oder aufzuheben, stellt allerdings keine näheren materiellen Anforderungen an die Ausübung des Satzungsermessens.[1427] Von dieser Prämisse ausgehend könnte man dem Irrtum unterliegen, es handele sich um ein umfassendes Rechtsfolgenermessen.

[1421] BVerwG, Beschl. v. 20.12.1988 – 7 NB 3/88, juris Rn. 20 mit Verweis auf BVerwG, Beschl. v. 20.12.1988 - BVerwG 7 NB 2.88.
[1422] BVerwG, Beschl. v. 20.12.1988 – 7 NB 3/88, juris Rn. 22; vgl. auch BVerwG, Urt. v. 14.2.1975 - BVerwG 4 C 21.74, BVerwGE 48,56 (59, 63); speziell zum Abfallrecht schon: BVerwG, Beschl. v. 20.7.1979 - BVerwG 7 CB -21.79 und Beschl. v. 27.5.1986 - BVerwG 7 B 86.86.
[1423] BVerwG, Beschl. v. 20.12.1988 – 7 NB 3/88, juris Rn. 22 f.
[1424] BVerwG, Beschl. v. 20.12.1988 – 7 NB 3/88, juris Rn. 23 ff.
[1425] BVerwG Beschl. v. 20.12.1988 – 7 NB 3/88, juris Rn. 23 ff.
[1426] BVerwG, Urt. v. 18.11.2002 – 9 CN 1/02, BVerwGE 117, 209-219.
[1427] BVerwG, Urt. v. 18.11.2002 – 9 CN 1/02, juris Rn. 62.

Aus dem Wortlaut des § 58 Abs. 4 S. 1 FlurbG wird allerdings vielmehr zutreffend gefolgert, dass Änderungssatzungen nur ergehen dürfen, wenn öffentliche Interessen bzw. gewichtige wirtschaftliche Bedürfnisse von Beteiligten dies erfordern und keine enteignungsgleiche Wirkung vom Eingriff ausginge.[1428] Systematisch ergibt sich damit aus der Verbindung mit dem ersten Satz, dass eine fehlerfreie Ermessensausübung nur vorliegt, wenn die für die zunächst festgesetzten Inhalte maßgebliche Interessenlage sich nachträglich veränderte.[1429] Die Änderungssatzung erfordere daher eine Abwägung der öffentlichen Belange mit den Interessen der von den ursprünglichen Festsetzungen Begünstigten.[1430] Bemerkenswert dabei ist das fehlende Eingehen auf das Gebot gerechter Abwägung. Dies wäre aufgrund der Rechtsprechung zum Abwägungsgebot bei Verwaltungsakten mit Planungscharakter erwartbar gewesen. Überdies wird nicht auf den Grundsatz der fehlenden Kontrolle des Abwägungsvorgangs bei untergesetzlichen Normen eingegangen. Vielmehr habe die Gemeinde laut BVerwG die Stellung nachteilig betroffener Anlieger „in den Blick zu nehmen", wenn durch die Änderung ein Erschließungsweg beseitigt werden soll, der ihm durch das Sonderregime der Flurbereinigung als Ausgleich für den entschädigungslosen Landabzug gewährt wurde.[1431]

Zusammenfassend geht das BVerwG von einem ungeschriebenen materiellrechtlichen Bedürfnis aus, bei Änderungssatzungen im Sinne von § 58 Abs. 4 S. 2 FlurbG im Rahmen des Satzungsermessens die öffentlichen und die gemeinschaftlichen Interessen Beteiligter (vgl. auch § 10 FlurbG) sowie die schützenswerten Interessen Einzelner in einer Abwägung zu berücksichtigen.[1432] Insgesamt lässt sich daher im Rahmen der Kontrolle von untergesetzlichen Regelungen mit Planungscharakter die zu befürwortende Bestrebung erkennen, die Kontrolle des Abwägungsvorgangs anhand des materiellen Rechts festzumachen ohne eine generelle Beschränkung auf das Abwägungsergebnis erkennen zu lassen.

cc) Rechtsprechung im Luftverkehrsrecht – keine Kontrolle des Vorgangs
Im Luftverkehrsrecht sendete das BVerwG widersprüchlich Signale hinsichtlich der Übertragung des rechtsstaatlichen Abwägungsgebots auf die untergesetzliche Normgebung: Zunächst wurde das Abwägungsgebot auf Verordnungen des Bun-

---

[1428] BVerwG, Urt. v. 18.11.2002 – 9 CN 1/02, juris Rn. 62; vgl. auch schon BVerwG, Urt. v. 26.8.1976 - BVerwG 5 C 41.75, BVerwGE 51, 104.
[1429] BVerwG, Urt. v. 18.11.2002 – 9 CN 1/02, juris Rn. 63.
[1430] BVerwG, Urt. v. 18.11.2002 – 9 CN 1/02, juris Rn. 63.
[1431] BVerwG, Urt. v. 18.11.2002 – 9 CN 1/02, juris Rn. 64.
[1432] BVerwG, Urt. v. 18.11.2002 – 9 CN 1/02, juris Rn. 65 f.; vgl. auch zum Sonderregime der Flurbereinigung: BVerwG, Urt. v. 25.6.1969 - BVerwG 4 C 77.67, BVerwGE 32, 222, S. 226.

desaufsichtsamtes für Flugsicherung (BAF) zur Festlegung von An- und Abflugrouten (§ 27a Abs. 2 S. 1 LuftVO) übertragen.[1433] Begründet wird dies mit dem Vorliegen einer staatlichen Planungsaufgabe.[1434] Dies geschah unabhängig von der Rechtsnatur des exekutiven Handelns, was das BVerwG wie folgt zum Ausdruck bringt: „Die Geltung des Abwägungsgebots hängt weder von seiner fachgesetzlichen Normierung noch von einer bestimmten Handlungs- oder Verfahrensform ab. Das Abwägungsgebot folgt vielmehr bereits aus dem Wesen einer rechtsstaatlichen Planung und gilt dementsprechend allgemein."[1435] Eine Beschränkung der Kontrolle auf das Abwägungsergebnis wird dabei nicht ausdrücklich vorgenommen. Der Sache nach deutet die Entscheidung vielmehr auf eine Kontrolle des Abwägungsvorgangs hin. Gefordert wird bei der Zurückweisung der Klage (§ 144 Abs. 3 S. 1 Nr. 2 VwGO) eine Klärung der Frage, ob Lärmschutzinteressen der Betroffenen in die Abwägung eingestellt und nicht ohne sachlichen Grund zurückgesetzt wurden.[1436] Um zu klären, ob die Belange willkürlich unberücksichtigt geblieben sind,[1437] muss das Gericht allerdings zwangsläufig den Abwägungsvorgang einbeziehen. Ohne diesen nämlich bzw. nur anhand des Ergebnisses ließe sich nicht klären, ob der Normgeber sachliche Gründe mit den Interessen der vom Lärm Betroffenen abgewogen hat.

Eine jüngere Entscheidung aus dem Jahre 2014 zum Luftverkehrsrecht wendet sich gegen die Tendenzen der soeben dargestellten Entscheidungen zur Geltung des Abwägungsgebots im Rahmen untergesetzlicher Normgebung.[1438] Gegenstand waren ebenfalls Abflugverfahren (§ 27a Abs. 2 LuftVO).[1439] Die Anforderungen an die Abwägung seien durch die gesetzlichen Vorgaben bestimmt und richteten sich

---

[1433] BVerwG, Urt. v. 28.6.2000 – 11 C 13/99, BVerwGE 111, 276-284; vgl. zu rechtlichen Grundlagen der Flugroutenplanung: *Masing*, I+E 2011, S. 270 ff.
[1434] BVerwG, Urt. v. 28.6.2000 - BVerwG 11 C 13.99, BVerwGE 111, 276 (281); BVerwG, Urt. v. 26.11.2003 - BVerwG 9 C 6.02, BVerwGE 119, 245 (255 f.); Urt. v. 24.6. 2004 - BVerwG 4 C 11.03, BVerwGE 121, 152 (157); Beschl. v. 4.5.2005 - BVerwG 4 C 6.04, BVerwGE 123, 322 (330).
[1435] BVerwG, Urt. v. 28.6.2000 – 11 C 13/99, BVerwGE 111, 276-284, juris Rn. 35; vgl. auch BVerwGE 56, 110 (122); BVerwGE 55, 220 (226).
[1436] BVerwG, Urt. v. 28.6.2000 – 11 C 13/99, BVerwGE 111, 276-284, juris Rn. 43 a.E; *Rupp*, NVwZ 2002, S. 289.
[1437] BVerwG, Urt. v. 28.6.2000 – 11 C 13/99, BVerwGE 111, 276-284, juris Rn. 43 a.E.
[1438] BVerwG, Urt. v. 26.6.2014 – 4 C 3/13, BVerwGE 150, 114-129.
[1439] § 32 Abs. 4 Nr. 8 LuftVG: Zur Problematik des Art. 80 Abs. 1 S. 2 GG, vgl. BVerwG Urt. v. 26.11.2003 - BVerwG 9 C 6.02 - BVerwGE 119, 245 (250); BVerwG, Urt. v. 24.6. 2004 - BVerwG 4 C 11.03, BVerwGE 121, 152; BVerwG, Beschl. v. 8.4.1999 - BVerwG 7 BN 1.09; § 32 Abs. 4c Satz 1 erlaubt dabei die Übertragung des Rechtsverordnungserlasses durch das Bundesministerium auf das BAF.

nach dem, was für eine jede rechtsstaatliche Abwägung geboten sei.[1440] Grenzen des Entscheidbaren stellten vor allem die Planfeststellung[1441] bzw. Genehmigungen in Bezug auf den konkreten Flughafen dar sowie § 29 Abs. 1 S. 1 LuftVG.[1442] Letzterer begrenzt die Planung und kann auch durch die Abwägung nicht überwunden werden.[1443] Hiernach treffen die Luftfahrtbehörden und die Flugsicherungsorganisation die Entscheidungen zur Abwehr betriebsbedingter Gefahren für die Sicherheit des Luftverkehrs und – von dieser ausgehenden – Gefahren für die öffentliche Sicherheit und Ordnung.[1444] Das BVerwG geht nicht von einer sicherheitsrechtlichen Generalklausel aus, die eine behördliche Regelung für den Einzelfall ermöglicht, sondern fordert eine Berücksichtigung der öffentlichen Sicherheit im Rahmen der Abwägung bei der Festsetzung von Flugverfahren.[1445] Im Grunde handelt es sich hierbei um einen Erst-recht-Schluss: In der Tat wäre es sinnwidrig, dass eine Abwägung zu einem Ergebnis ohne Berücksichtigung des § 29 Abs. 1 S. 1 LuftVG führen dürfte, welches ein sofortiger Anlass für aufsichtsbehördliche Maßnahmen nach § 29 Abs. 1 S. 2 LuftVG sein müsste.[1446] Betont wird gleichzeitig, dass es sich bei § 29 Abs. 1 S. 1 LuftVG gerade nicht um eine Vorschrift als Bestandteil des Abwägungsprogramms handele.[1447] Ohne dies ausdrücklich zu folgern, deutet dies auf eine Unterscheidung zum Bauplanungsrecht hin, welche eine Kontrolle des Abwägungsvorgangs vorsieht.

Das Schutzgut des § 29 Abs. 1 S. 1 LuftVG in Form der öffentlichen Sicherheit wird wie im allgemeinen Sicherheitsrecht definiert als die Unverletzlichkeit der Rechtsordnung, die Rechtsgüter sowie die subjektiven Rechte Einzelner und Bestand bzw. die Funktionsfähigkeit staatlicher Einrichtungen.[1448] Eine betriebsbedingte

---

[1440] BVerwG, Urt. v. 26.6.2014 – 4 C 3/13, juris Rn. 8; Urt. v. 24.6.2004 - BVerwG 4 C 11.03, BVerwGE 121, 152 (157).
[1441] Hierzu: BVerwG, Urt. v. 13.10.2011 - BVerwG 4 A 4001.10, BVerwGE 141, 1 Rn. 147; vgl. konkret zu Planfeststellungen des gegenständlichen Flughafen Berlin-Brandenburg (BER II): BVerwG, Urt. v. 31.7.2012 - BVerwG 4 A 5000.10, BVerwGE 144, 1 Rn. 51, Rn. 90.
[1442] BVerwG, Urt. v. 26.6.2014 – 4 C 3/13, juris Rn. 9; vgl. auch BVerwG, Urt. v. 24.6. 2004 - BVerwG 4 C 11.03, BVerwGE 121, 152 (157 f.); Beschl. v. 4.5.2005 - BVerwG 4 C 6.04, BVerwGE 123, 322 (330 f.).
[1443] BVerwG, Urt. v. 26.6.2014 – 4 C 3/13, juris Rn. 12.
[1444] *Wöckel*, NVwZ 2016, S. 350; grundlegend auch BVerwGE 121, 152 (158 ff.), NVwZ 2004, S. 1229, NJW 2004, S. 3440 [Leitsätze].
[1445] BVerwG, Urt. v. 26.6.2014 – 4 C 3/13, juris Rn. 12 mit Verweis auf BVerwG, Urt. v. 24.6.2004, BVerwG 4 C 11.03, BVerwGE 121, 152 (159).
[1446] BVerwG, Urt. v. 26.6.2014 – 4 C 3/13, juris Rn. 12.
[1447] BVerwG, Urt. v. 26.6.2014 – 4 C 3/13, juris Rn. 12.
[1448] *Schmidbauer* in ders./Steiner, PAG/POG, Art. 11 PAG Rn. 92 ff.; vgl. auch *Depenheuer* in Dürig/Herzog/Scholz, GG, Art. 8 Rn. 165; mit leichten Abwandlungen: BVerfGE 69, 315 (352); BayVerfGH, BayVBl. 1990, 685 (689).

Gefahr[1449] für dieses Schutzgut liegt nur vor, wenn sie in Zusammenhang mit betriebstechnischen Abläufen des Luftverkehrs steht,[1450] weshalb terroristische Anschläge hiervon nicht erfasst werden.[1451] Für die Abwägung sind daher entsprechend der Zwecksetzung des § 29 Abs. 1 S. 1 LuftVG vor allem Gefahren relevant, die ihren Ursprung in Unfällen, menschlichem und technischem Versagen haben.[1452]

Erstinstanzlich wird insofern davon ausgegangen, dass ein Flugzeugabsturz auf das Gelände des Helmholtz-Zentrums die Gefahr der Freisetzung ionisierender Strahlen in sich tragen würde, was besonders gravierende Rechtsgutverletzungen der Bevölkerung nach sich ziehen könnte.[1453] Das BVerwG bemängelt dabei die fehlende Bereitschaft des OVG die Gefahr auf die Festlegung der Flugverfahren zurückzuführen.[1454] Das OVG habe dem BAF vielmehr nur den Vorwurf der fehlenden Prüfung gemacht, „ob durch den Verlauf der angegriffenen Flugroute in Bezug auf den Forschungsreaktor BER II und die benachbarten sensiblen Anlagen der Bereich des tolerablen Restrisikos verlassen und bereits eine Gefahrenlage eingetreten sein könnte."[1455] Damit habe das erstinstanzliche Gericht nach Ansicht des BVerwG gegen Bundesrecht verstoßen. Denn hierbei sei nicht die Planung betroffen, sondern die bloße Befolgung von Normen durch die Subsumtion der Tatsachengrundlagen, die der Abwägung unzugänglich seien.[1456] Ob das Abwägungsergebnis des BAF mit dem zwingenden Recht im Einklang steht, wird damit als eine kontrollfähige Frage angesehen.

Dabei sei allerdings zu berücksichtigen, dass das BAF im Rahmen des § 29 Abs. 1 S. 1 LuftVG bei der Festlegung der Flugverfahren keine bestmögliche Gefahrenabwehr und Risikovorsorge zu betreiben habe.[1457] Denn § 29 Abs. 1 S. 1 LuftVG beschränke die Pflicht zur Gefahrenabwehr im Sinne des allgemeinen Polizeirechts.[1458] Zur bestmöglichen Gefahrenabwehr und gleichzeitiger Risikovorsorge sei daher nicht das BAF bei der Abwägung berufen, sondern die entsprechende

---

[1449] Zur Abgrenzung von Gefahr und Risiko, vgl. BVerwG, Urt. v. 26.6.2014 – 4 C 3/13, juris Rn. 17; *Kahl*, DVBl 2003, 1108; a.A. VGH Kassel, Urt. v. 24.10.2006 - 12 A 2216/05, NVwZ 2007, S. 603.
[1450] BVerwG, Urt. v. 26.6.2014 – 4 C 3/13, juris Rn. 14.
[1451] Vgl. § 1 LuftSiG; vgl. auch BTDrucks 15/2361 S. 23 zu Nr. 7.
[1452] BVerwG, Urt. v. 26.6.2014 – 4 C 3/13, juris Rn. 15.
[1453] Vgl. BVerwG, Urt. v. 26.6.2014 – 4 C 3/13, juris Rn. 16.
[1454] BVerwG, Urt. v. 26.6.2014 – 4 C 3/13, juris Rn. 16.
[1455] BVerwG, Urt. v. 26.6.2014 – 4 C 3/13, juris Rn. 16.
[1456] BVerwG, Urt. v. 26.6.2014 – 4 C 3/13, juris Rn. 16; vgl. zu den Grenzen der Abwägung: *Erbguth/Schubert*, Öffentliches Baurecht, S. 150 ff.
[1457] BVerwG, Urt. v. 26.6.2014 – 4 C 3/13, juris Rn. 18.
[1458] BVerwG, Urt. v. 26.6.2014 – 4 C 3/13, juris Rn. 18; vgl. auch VGH Mannheim, Urt. v. 15.6.1982 - 10 S 428/80, DVBl. 1983, 41; *Wöckel*, Festlegung von Flugverfahren, S. 103.

Genehmigungsbehörde des Reaktors (vgl. zum Beispiel § 7 AtG).[1459] Für eine extensivere Auslegung von § 29 Abs. 1 S. 1 LuftVG streite auch nicht Art. 2 Abs. 2 S. 1 GG aufgrund des weiten Einschätzungs- und Gestaltungsspielraums des Gesetzgebers bei der Ausfüllung von Schutzpflichten,[1460] der durch § 29 Abs. 1 S. 1 LuftVG nicht überschritten sei.[1461]

Allerdings sei das Risiko der Beschädigung atomarer Anlagen durch Flugzeugabstürze innerhalb des Wirkbereichs der Abflugstrecke in die Abwägung einzustellen.[1462] Dies wirkt zunächst wie ein Widerspruch zum oben Gesagten. Jedoch wurde bislang vom Senat nur die fehlende Relevanz der Risikobewertung *im Rahmen von § 29 Abs. 1 S. 1 LuftVG* festgehalten. Bei der restlichen Abwägung sei das Risiko von Rechtsgütern am Boden allerdings aufgrund des rechtstaatlichen Abwägungsgebots[1463] sehr wohl zu berücksichtigen, wogegen auch nicht § 29 Abs. 1 S. 1 LuftVG spräche.[1464] Das BAF habe mangels positivrechtlicher Normierung das rechtsstaatliche Gebot der gerechten Abwägung zu beachten.[1465] Daher seien in jedem Fall besondere Verhältnisse der Örtlichkeit am Boden in die Abwägung einzustellen, die sich offensichtlich als abwägungsrelevant darstellen.[1466] Insofern weicht das BVerwG nicht von seiner ständigen Rechtsprechung ab, sondern leitet das Abwägungsgebot und seine allgemeine Geltung aus dem Wesen der rechtsstaatlichen Planung an sich ab.[1467] Das Abwägungsgebot begrenzt dabei im Rahmen der planerischen Gestaltung die Entscheidungsfreiheit des Normgebers,[1468]

[1459] BVerfG, Beschl. v. 20.12.1979 - 1 BvR 385/77, BVerfGE 53, 30 (58 f.).
[1460] BVerwG, Urt. v. 4.4.2012 - BVerwG 4 C 8.09, BVerwGE 142, 234 Rn. 149; vgl. auch BVerfG, Beschl. v. 15.10.2009 - 1 BvR 3474/08, NVwZ 2009, 1489; BVerfG, Beschl. v. 4.5.2011 - 1 BvR 1502/08, NVwZ 2011, 991.
[1461] BVerwG, Urt. v. 26.6.2014 – 4 C 3/13, juris Rn. 20; BVerwG, Urt. v. 22.3.2012 - BVerwG 7 C 1.11, BVerwGE 142, 159 Rn. 18.
[1462] BVerwG, Urt. v. 26.6.2014 – 4 C 3/13, juris Rn. 23.
[1463] Vgl. schon BVerwG, Urt. v. 28.6.2000 - BVerwG 11 C 13.99, BVerwGE 111, 276 (281).
[1464] *Wöckel*, Festlegung von Flugverfahren, S. 104; BVerwG, Urt. v. 24.6.2004 - BVerwG 4 C 11.03, BVerwGE 121, 152 (159); vgl. aber zum nicht einzustellenden Restrisiko: BVerfG, Beschl. v. 8.8.1978 - 2 BvL 8/77, BVerfGE 49, 89 (137 f., 143).
[1465] BVerwG, Urt. v. 26.6.2014 – 4 C 3/13, juris Rn. 23; vgl. auch schon BVerwG, Urt. v. 28.06.2000 - BVerwG 11 C 13.99 - BVerwGE 111, 276 (281).
[1466] BVerwG, Urt. v. 26.6.2014 – 4 C 3/13, juris Rn. 23; näheres zu außergewöhnlichen Verhältnissen am Boden: vgl. BVerwG, Beschl. v. 4.5.2005 - BVerwG 4 C 6.04, BVerwGE 123, 322 (336); BVerwG, Urt. v. 31.7.2012 - BVerwG 4 A 5000.10, BVerwGE 144, 1 (Rn. 51).
[1467] BVerwG, Urt. v. 7.7.1978 – IV C 79.76, BVerwGE 56, 110 (122); Urt. v. 30.4.1969 - BVerwG IV C 6.68; Urt. v. 20.10.1972 - BVerwG IV C 14.71, BVerwGE 41, 67; Urt. v. 10.2.1978 - BVerwG 4 C 25.75, DÖV 1978, S. 410.
[1468] BVerwGE 55, 220 (226).

um einen Ausgleich bei gegensätzlichen privaten bzw. öffentlichen Belangen zu finden, wobei dies der Kontrolle der Gerichte unterliegt.[1469] Worin das Gericht allerdings im Wesentlichen von seiner bisherigen Rechtsprechung abweicht ist die Reichweite des Abwägungsgebotes: Das BVerwG betont die ausschließliche Beachtlichkeit von Fehlern des Abwägungsergebnisses; auf Mängel nur im Abwägungsvorgang könne die Rechtswidrigkeit der Verordnung nicht gestützt werden.[1470] Entscheidend sei allein, ob das Ergebnis des Verfahrens im Rahmen der gesetzlichen Vorgaben stünde, wobei auf die Rechtsprechung zum Kapazitätsrecht bzw. zur HwO verwiesen wird.[1471] Der Abwägungsvorgang sei nur kontrollfähig, wenn – wie im Bauplanungsrecht – eine gesetzliche Vorschrift dies vorsehe.[1472] Zum einen ist zweifelhaft wie dies zur Forderung passt, das Risiko von Rechtsgütern am Boden in die Abwägung einzustellen. Zum anderen tritt das BVerwG ohne erkennbaren Grund seiner bisherigen Rechtsprechung entgegen, die von einer Geltung des rechtsstaatlichen Abwägungsgebots in seiner vollen Wirkung unabhängig von der Rechtsform und einer positivrechtlichen Normierung ausging.[1473] Vielmehr beruft es sich nunmehr auch bei Planungsentscheidungen mit Normcharakter auf die Unbeachtlichkeit des Abwägungsvorgangs.[1474]

2. Fazit zum rechtsstaatlichen Abwägungsgebot

Als Fazit zur Rechtsprechung hinsichtlich des Abwägungsgebots bleibt festzuhalten: Die ersten näheren Ausführungen traf das BVerwG anhand der ausdrücklichen gesetzlichen Regelung im Bauplanungsrecht anhand von Bebauungsplänen, welche als Satzungen ergehen.[1475] Hierbei wurde die gerichtliche Abwägungskontrolle auf den Abwägungsvorgang und das Abwägungsergebnis erstreckt.[1476] Das Gebot gerechter Abwägung wurde darüber hinaus unabhängig von einer positivrechtlichen Normierung des Gebots auf Verwaltungsakte mit Planungscharakter

---

[1469] BVerwGE 56, 110 (116).
[1470] BVerwG, Urt. v. 26.6.2014 – 4 C 3/13, juris Rn. 25
[1471] BVerwG, Urt. v. 26.6.2014 – 4 C 3/13, juris Rn. 25 mit Verweis auf das Urteil zum Kapazitätsrecht: BVerwG, Urt. v. 13.12.1984 - BVerwG 7 C 3.83, BVerwGE 70, 318 (335) bzw. Urt. v. 26.4.2006 - BVerwG 6 C 19.05, BVerwGE 125, 384 Rn. 16.
[1472] BVerwG, Urt. v. 26.6.2014 – 4 C 3/13, juris Rn. 25; vgl. auch BVerwG, Urt. v. 24.6.2006 - BVerwG 6 C 19.05, BVerwGE 125, 384 Rn. 16.
[1473] So auch die absolut zutreffende Analyse von *Wöckel*, NVwZ 2016, S. 352.
[1474] BVerwG, Urt. v. 26.6.2014 – 4 C 3/13, juris Rn. 25.
[1475] BVerwG, Urt. v. 12.12.1969 – IV C 105.66, juris Rn. 29 ff.
[1476] Vgl. insbesondere das Flachglasurteil: BVerwG, Urt. v. 5.7.1974 – IV C 50.72.

ausgeweitet,[1477] wobei eine Kontrolle des Abwägungsvorgangs ebenso vorgenommen wurde wie eine solche des Ergebnisses.

Den Transfer des Gebots gerechter Abwägung als rechtsstaatlichem Grundsatz leistet das BVerwG auch im Bereich von Rechtsnormen mit Planungscharakter.[1478] Die Planungsentscheidung und das Gebot der gerechten Abwägung werden daher als unvermeidlich miteinander verbunden angesehen.[1479] Der Grund hierfür liegt darin, dass das Gebot gerechter Abwägung als Grundsatz jeder rechtsstaatlichen Planung gehandelt wird und daher als Ausfluss des Rechtsstaatsgebots (Art. 20 Abs. 3 GG) verbindlich ist.[1480] Begründet wird dies mit den vielschichtigen Eingriffen in private und öffentliche Interessen und insbesondere in das Eigentumsrecht gem. Art. 14 Abs. 1 GG. Das Abwägungsgebot dient daher als besondere verfassungsrechtliche Legitimation dieser „Eingriffs-, Gestaltungs-, und Bewertungsbefugnisse."[1481]

Nicht eindeutig war zunächst, ob das Gebot gerechter Abwägung in diesen Fällen auch zu einer Kontrolle des Abwägungsvorgangs führt,[1482] entgegen dem Grundsatz einer fehlenden Kontrolle der den untergesetzlichen Normen zugrundeliegenden Erwägungen. In der Entscheidung aus dem Jahre 2014 zum Luftverkehrsrecht entschied sich das BVerwG eindeutig, aber nicht widerspruchsfrei, für eine Beibehaltung des bereits abgelehnten Grundsatzes, welcher eine Kontrolle des Abwägungsvorgangs nicht vorsieht.[1483] Das Gebot der gerechten Abwägung wird daher nicht zum Anlass genommen, eine Kontrolle des Abwägungsvorgangs vorzunehmen. Eine Erklärung, weshalb die Rechtsnatur auch bei Planungsakten zu dieser Differenzierung führt, bleibt die Rechtsprechung indes schuldig.

[1477] BVerwG, Urt. v. 11.10.1968 – IV C 55.66, juris Rn. 29; BVerwG, Urt. v. 30.4.1969 – IV C 6.68, juris Rn. 17; zusammenfassend auch: BVerwG, Beschl. v. 20.7.1979 – 7 CB 21/79, juris Rn. 5.
[1478] Vgl. BVerwG, Urt. v. 26.3.1981 – 3 C 134/79, BVerwGE 62, 86 (93 f.)
[1479] BVerwG, Urt. v. 12.12.1969 – IV C 105.66, BVerwGE 34, 301 (304); vgl. auch Wöckel, NVwZ 2016, S. 351 mit Verweis auf die ständige Rechtsprechung: BVerwG, NJW 1969, S. 1869; BVerwGE 34, 301 (307); BVerwGE 41, 67 (68); BVerwGE 48, 56 (63), NJW 1975, S. 1373; BVerwGE 55, 220 (225); BVerwGE 56, 110 (122), NJW 1979, S. 64; BVerwGE 59, 253 (256), NJW 1980, S. 2368; BVerwGE 64, 270 (272 f.), NJW 1982, 1473, NVwZ 1982, 437 [Leitsätze]; BVerwGE 111, 276 (280), NJW 2000, S. 3584.
[1480] BVerwGE 34, 301; BVerwGE 48, 56; BVerwGE 71, 150; vgl. auch Stüer, Bau- und Fachplanungsrecht, S. 541.
[1481] Stüer, Bau- und Fachplanungsrecht, S. 541.
[1482] Unklar vor allem bei BVerwG Beschl. v. 20.12.1988 – 7 NB 3/88, BVerwGE 81, 139-149; BVerwG, Urt. v. 18.11.2002 – 9 CN 1/02, BVerwGE 117, 209-219.
[1483] BVerwG, Urt. v. 26.6.2014 – 4 C 3/13, BVerwGE 150, 114 ff.

3. Vergleich der Ermessens- und Abwägungsfehlerlehre

Die Mehrdimensionalität und die Vielzahl an ausgleichenden Interessen[1484] bei Planungsentscheidungen[1485] genügten der Untersuchung nicht für eine eigene Kategorisierung. Gleichwohl ist es denkbar, dass sich die Besonderheiten auf die denkbaren Ermessensfehler bei Planungsentscheidungen auswirken, wie es die Abwägungsfehlerlehre des BVerwG nahelegt. Die Anwendbarkeit von § 114 S. 1 VwGO bzw. § 40 VwVfG ist in der Tat nicht unumstritten.[1486] Beide Fehlerlehren sollen daher verglichen[1487] werden, da sich durch eine spezielle Nomenklatur nicht der qualitative Gehalt von Ermessensfehlern ändert.[1488] Vorangestellt werden muss der Betrachtung allerdings, dass sich das Abwägungsgebot sowohl auf das Abwägungsergebnis als auch auf den Abwägungsvorgang bezieht.[1489] Das Abwägungsergebnis erfasst den eigentlichen Plan, wohingegen der Abwägungsvorgang den Verlauf des Entscheidungsprozesses bezeichnet.[1490]

Zuweilen wird dabei der Versuch unternommen, den Abwägungsvorgang bzw. das -ergebnis weiter zu untergliedern[1491] oder die Abwägungsfehler einem der beiden Bereiche zuzuordnen.[1492] Der Mehrwert solcher Bestrebungen ist fragwürdig und steht vor den zusätzlichen Schwierigkeiten einer fehlenden Äquivalenz von Abwägungsvorgang und Planungsverfahren erstens[1493] und einer starken Verquickung von Abwägungsvorgang und Abwägungsergebnis zweitens.[1494] Zugrunde gelegt

---

[1484] Vgl. *Wolff* in Sodan/Ziekow, VwGO, § 114 Rn. 216; BVerwG, Urt. v. 28.6.2000 – 11 C 13/99, BVerwGE 111, 276-284, juris 36.
[1485] BVerwGE 74, 124 (133); BVerwGE 104, 236 (236 ff.); BVerwGE 85, 348 (362) zur Abwägungsentscheidung nach § 8 Abs. 3 BNatSchG i.d.F. v. 1.1.1977.
[1486] Für eine Orientierung hieran: *Geis* in Schoch/Schneider, VwGO, § 114 Rn. 207; *Dolde*, NJW 1984, S. 1713; *Kloepfer*, Umweltrecht, S. 924 Rn. 262; *Weyreuther*, DÖV 1983, S. 575; BVerwG, Urt. v. 12.12.1969 – IV C 105.66, juris Rn. 20; vgl. zur Übertragbarkeit auf andere Rechtsmaterien: BVerwG, Beschl. v. 3.5.1995 – 1 B 222/93; BVerwG, Beschl. v. 5.4.1988 – 7 B 47/88, juris Rn. 12; für eine direkte Anwendung: *Cattepoel*, VerwArch 71 (1980), S. 159.
[1487] Vgl. hierzu auch *Ibler*, Schranken planerischer Gestaltungsfreiheit, S. 215 ff.
[1488] Vgl. *Heinze*, NVwZ 1986, S. 88; *Rubel*, Planungsermessen, S. 151 ff.
[1489] BVerwGE 45, 309 (315); BVerwGE 48, 56 (64);
[1490] *Geis* in Schoch/Schneider, VwVfG, § 40 Rn. 210; kritisch: *Koch*, DVBl 1983, S. 1125; *ders.* DVBl 1989, S. 399.
[1491] *Ibler*, DVBl. 1988, S. 649 ff.; mit Schwerpunkt auf dem Abwägungsvorgang: *Koch*, DVBl. 1989, S. 399 ff.
[1492] *Kühling/Hermann,* Fachplanungsrecht, Rn. 30 f.; mit weiterer Untergliederung: *Bartunek*, Probleme des Drittschutzes, S. 57.
[1493] *Geis* in Schoch/Schneider, § 40 Rn. 210; *Steinberg*, DVBl 1992, 1501.
[1494] Vgl. BVerwGE 110, 118 (125) zu einem übersehenen Belang als Ermittlungsfehler, der sich auf das Abwägungsergebnis niederschlägt.

wird dem Vergleich daher die an die Rechtsprechung des BVerwG angelehnte Unterteilung in vier Abwägungsfehler (vgl. schon oben 1.a.).[1495]

a) Abwägungsausfall und Ermessensausfall
Als Abwägungsausfall wird es bezeichnet, wenn überhaupt keine Abwägung stattgefunden hat.[1496] Für den Fall des Planungsermessens wird der Abwägungsausfall nach der Rechtsprechung dem Abwägungsvorgang im Sinne von §§ 214 f. BauGB zugeordnet[1497] und rechtsformunabhängig anerkannt.[1498] Ein Abwägungsausfall kommt immer dann in Betracht, wenn eine Vorwegbindung des Planungsträgers in Frage steht. Denn die Behörde darf ihre Gestaltungsfreiheit weder aufgeben[1499] noch sich vor einer Abwägung auf ein Ergebnis tatsächlich oder rechtlich festlegen.[1500] Das Vorliegen eines Abwägungsausfalls im Planungsrecht wird beispielsweise bei der Zusammenarbeit von Gemeinden mit Bauträgern diskutiert. Hierfür wurden Maßstäbe für die Annahme einer ermessensfehlerfreien Zusammenarbeit von Gemeinde und Bauträger einerseits und einem Ermessensnichtgebrauch durch eine unzulässige Bindung an Planentwürfe andererseits gebildet.[1501] Der Abwägungsausfall entspricht nicht nur sprachlich dem Ermessensausfall. Beide meinen auch inhaltlich dasselbe, da beide Fehler das völlige Unterbleiben von Ermessens- bzw. Abwägungserwägungen voraussetzen.[1502]

b) Abwägungsdefizit
aa) Grundlegendes
Im Rahmen des Abwägungsdefizits wird geprüft, ob die Behörde alle nach den Umständen erheblichen Belange und die mit der Planung verbundenen Folgen erfasst und in die Abwägungsentscheidung einbezogen hat.[1503] Das Gebot der voll-

---

[1495] BVerwG, Urt. v. 12.12.1969 – IV C 105.66, juris Rn. 29, BVerwGE 34, 301 (305 ff.); BVerwGE 71, 166 (171); BVerwGE 87, 332 (340); BVerwGE 100, 238 (251); hierzu auch *Hoppe*, DVBl. 1992, S. 856 ff.; *Hoppe/Bönker/Grotefels*, Öffentliches Baurecht, S. 180 ff.; *Stüer*, Bau- und Fachplanungsrecht, S. 624 f.
[1496] Vgl. *Hoppe*, BauR 1970, S. 16 ff.; zum Abwägungsausfall vgl. auch: *Stüer*, Bau- und Fachplanungsrecht, S. 625; *Ibler*, Schranken planerischer Gestaltungsfreiheit, S. 217.
[1497] BVerwGE 107, 350 (356).
[1498] Vgl. *Hösch* in Zeitler, BayStrWG, Art. 38, Rn. 136 zur Planfeststellung; *Stüer*, Bau- und Fachplanungsrecht, S. 625.
[1499] BVerwGE 75, 214 (230) [Flughafen München II].
[1500] BVerwGE 75, 214 (231); vgl. zu Vorwegbindungen auch: BVerwG, Urt. v. 5.7.1974 – IV C 50.72, juris Rn. 47.
[1501] Vgl. BVerwG, BRS 47, Nr. 3; VGH Mannheim, UPR 1996, S. 116.
[1502] *Heinze*, NVwZ 1986, S. 88; *Ibler*, Schranken planerischer Gestaltungsfreiheit, S. 217; *Papier*, DVBl. 1975, S. 464.
[1503] *Geis* in Schoch/Schneider, VwVfG, § 40 Rn. 208; BVerwGE 34, 301 (309), BVerwGE 56, 110 (123).

ständigen Einstellung aller Belange, ist dabei voll gerichtlich kontrollfähig.[1504] Eine Zuordnung zum Gestaltungsspielraum wird diesbezüglich nur vorgenommen, wenn zwischen der Zusammenstellung der Belange eine untrennbare Verknüpfung mit der eigentlichen Abwägungsentscheidung besteht.[1505] Dabei ist weder ein zügiges Planungsverfahren noch ein gewisser Grad der Vorwegbindung von vornherein ein Indiz für ein Abwägungsdefizit.[1506] Letzteres sei vielmehr fast einer jeden Planung ab einem bestimmten Zeitpunkt immanent, um die Realisierbarkeit und die sachgerechte Planbarkeit zu gewährleisten.[1507] Wird jedoch die Schwelle eines unzureichenden Abwägungsvorgangs erreicht, müssen folgende Voraussetzungen vorliegen, um dieses auf Selbstbindung beruhende Defizit zu rechtfertigen: Es muss erstens eine sachliche Rechtfertigung hierfür geben und zweitens muss bei der Vorwegbindung die Zuständigkeit der Planungsbehörde eingehalten werden, die drittens die vorgezogene Entscheidung in einer planerisch nicht zu beanstandenden Art und Weise treffen darf.[1508]

Bei den Belangen handelt es sich um die Umstände, welche in die Abwägung aufgrund ihrer Erheblichkeit, Erkennbarkeit und Schutzwürdigkeit in die Abwägung einzustellen sind.[1509] In Betracht kommen hierbei öffentliche Belange[1510] wie die Planungen anderer Planungsbehörden,[1511] Belange des Landes- und Naturschutzes[1512] und die Ergebnisse der UVP-Prüfung,[1513] aber auch ökonomische Faktoren wie die Kostenhöhe[1514] und die Dauer der Planungsumsetzung.[1515] Auf der Seite der privaten Belange sind freilich Eingriffe in subjektive Rechte,[1516] insbesondere in Grundrechte – wie in das Eigentumsrecht[1517] oder in die Berufsfreiheit – zu berücksichtigen.[1518] Eine entscheidende Rolle können auch Beeinträchtigungen

---

[1504] *Wolff* in Sodan/Ziekow, VwGO, § 114 Rn. 246.
[1505] *Wolff* in Sodan/Ziekow, VwGO, § 114 Rn. 246; BVerwGE 110, 118 (125).
[1506] BVerwG, Urt. v. 5.7.1974 – IV C 50.72, juris Rn. 47, Rn. 51.
[1507] BVerwG, Urt. v. 5.7.1974 – IV C 50.72, juris Rn. 47; vgl. auch BVerwG, Urt. v. 6.7.1973 - BVerwG IV C 22.72.
[1508] BVerwG, Urt. v. 5.7.1974 – IV C 50.72, juris Rn. 49.
[1509] BVerwGE 78, 285 (295); BVerwGE 110, 36 (38); BVerwGE 59, 87 (101 ff.) i.B.a. einen Bebauungsplan.
[1510] Vgl. auch *Dürr,* UPR 1993, S. 163 ff.
[1511] Vgl. BVerwGE 80, 7 (13); BVerwGE 85, 155 (161); BVerwG, NVwZ 1993, S. 571.
[1512] BVerwGE 104, 236 (248).
[1513] Vgl. zum fehlenden UVP-Verfahren: BVerwGE 100, 238 (243 ff.); BVerwGE 100, 370 (376); BVerwGE 104, 236 (243); BVerwGE 104, 337 (346 f.).
[1514] BVerwGE 71, 163 (166); BVerwG, NVwZ-RR 1989, S. 458 f.; BVerwG, NVwZ 1994, S. 1001 ff.
[1515] BVerwG, Beschl. v. 2.8.1994 - 7 VR 3/94BVerwG, NVwZ 1994, S. 1001 ff.
[1516] BVerwGE 110, 36 (39).
[1517] BVerwGE 61, 295 (300 ff.); BVerwG NVwZ 1993, 572 (574).
[1518] BVerwGE 98, 339 (356) zu landwirtschaftlichen Betrieben.

durch Immissionen spielen.[1519] Bei den beeinträchtigten Belangen kommt es zudem nicht darauf an, ob eine Beeinträchtigung im Rechtssinn vorliegt, weil der Begriff des Belangs deutlich weiter reicht, als die subjektiven Rechtspositionen im engeren Sinne.[1520]

Hinsichtlich der Erheblichkeit werden drei Faktoren vorausgesetzt: Der Belang muss erstens tatsächlich bestehen[1521] und er muss zweitens hinreichend konkret sein, um überhaupt abwägbar zu sein[1522] und er muss drittens durch die Planung berührt sein, mithin einen Planbezug aufweisen.[1523] Neben der Erheblichkeit wurden die Erkennbarkeit und die Schutzwürdigkeit[1524] des Belangs ebenfalls eingangs als Voraussetzung erkannt. Erkennbar sind ohne Weiteres solche Belange, die sich aufdrängen, aber auch solche die vorgetragen werden; die von der Planung betroffenen Personen können daher durch einen entsprechenden Vortrag den Umfang des Abwägungsmaterials steuern und insbesondere erweitern.[1525] Die Schutzwürdigkeit wird von ihrer negativen Seite her definiert: Es darf sich nicht um Belange handeln, die gegen die Rechtsordnung verstoßen,[1526] wie es beispielsweise bei einer formellen und materiellen Baurechtswidrigkeit der Fall wäre.[1527] Daneben darf es sich auch nicht um nur geringfügige Belange handeln.[1528] Ein Beispiel für fehlende Schutzwürdigkeit unter diesem letztgenannten Aspekt sind unbedeutende, zusätzliche Belastungen, welche sich auch im bisherigen planungsrechtlichen Umfang halten.[1529]

bb) Gemeinsamkeiten und Unterschiede zum sonstigen Ermessen

1.) Vollständigkeit

Rein sprachlich ähnelt die Diktion des Abwägungsdefizits dem Ermessensdefizit, welches als Unterfall des Ermessensfehlgebrauchs kategorisiert wurde und das Übersehen eines wesentlichen Belangs zum Inhalt hat. Beide Fehlerkategorien ähneln sich, sind aber keinesfalls gleichzusetzen. Denn grundsätzlich setzt eine Ermessensentscheidung aus Sicht des BVerwG voraus, dass alle *wesentlichen*,[1530]

[1519] BVerwGE 71, 150 (160); BVerwGE 87, 332 (341 ff.) zum Fluglärm; BVerwGE 91, 17 (23 f.).
[1520] *Wolff* in Sodan/Ziekow, VwGO, § 114 Rn. 253; vgl. auch BVerwGE 110, 193 (196).
[1521] BVerwGE 78, 285 (295); BVerwGE 91, 92 (98 f.).
[1522] *Wolff* in Sodan/Ziekow, VwGO, § 114 Rn. 256.
[1523] BVerwGE 52, 183 (190 f.); BVerwGE 71, 166 (168 f.); BVerwGE 84, 123 (126).
[1524] Zu beidem auch *Stüer*, Bau- und Fachplanungsrecht, S. 629 f.
[1525] *Wolff* in Sodan/Ziekow, VwGO, § 114 Rn. 259 ff.
[1526] Vgl. *Stüer*, Bau- und Fachplanungsrecht, S. 629.
[1527] BVerwG, NVwZ-RR 1994, 373.
[1528] *Stüer*, Bau- und Fachplanungsrecht, S. 631.
[1529] BVerwGE 107, 350 (356); BVerwGE 110, 81 (88).
[1530] BVerwGE 35, 291 (295); BVerwGE 69, 137 (141); BVerwGE 77, 352 (363 f.); BVerwGE 91, 24 (39); BVerwGE 102, 63 (70).

aber eben nicht *alle*, Belange in die Entscheidung eingestellt werden müssen. In der Konsequenz liegt beim Ermessen auch erst dann ein Ermessensfehler in Form eines Ermessensdefizits vor, wenn *wesentliche* Belange nicht in die Ermessensentscheidung einbezogen wurden.[1531] Zuweilen wird der Begriff der Wesentlichkeit auch mit der Entscheidungserheblichkeit gleichgesetzt.[1532] Ein näherer allgemeiner Maßstab wird für diese Entscheidungserheblichkeit oder Wesentlichkeit nicht definiert.[1533] Grundsätzlich lässt sich aus der Rechtsprechung aber zumindest ableiten, dass ein Umstand sich auch ohne besondere sachliche Kenntnisse nahezu aufdrängen muss, um als wesentlich zu gelten.[1534]

Beim Planungsermessen wird dagegen aufgrund des Gebots der gerechten Abwägung eine *vollständige* Einstellung sämtlicher Belange gefordert.[1535] Bei Planungsentscheidungen soll dies vor allem einer vorschnellen Verengung der Planungsperspektive entgegenwirken.[1536] Die Frage der Wesentlichkeit stellt sich daher an dieser Stelle nicht, was ein grundsätzlicher Unterschied zum Ermessensdefizit ist.[1537] Gewisse Parallelen weisen beide Fehler aber gewiss auf, indem zwar nicht die Wesentlichkeit der Belange für den nötigen Einbezug in die Abwägung, aber jedenfalls die Erkennbarkeit, Erheblichkeit und Schutzwürdigkeit gefordert wird.

2.) Sachwidrigkeit

Neben der Frage, ob alle Belange in die Abwägung eingestellt wurden, wird unter dem Aspekt des Abwägungsdefizits als Unterfall auch geprüft, ob die Behörde sachwidrige Erwägungen angestellt hat (Abwägungsmissbrauch bzw. Abwägungsüberschuss).[1538] Dieser Unterfall korrespondiert mit dem Ermessensmissbrauch bzw. Ermessensüberhang, der richtigerweise als Teil des Ermessensfehlgebrauchs aufgefasst wird.[1539] Denn in einer dem Zweck der Ermächtigung widersprechen-

---

[1531] BVerwGE 90, 296 (300 ff.); BVerwGE 71, 228 (290 ff.); BVerwGE 102, 63 (69 f.); BVerwGE 102, 249 (252).
[1532] BVerwGE 73, 48 (49).
[1533] Ähnlich auch *Wolff* in Sodan/Ziekow, § 114 Rn. 179.
[1534] BVerwGE 61, 105 (111 f.) zu privaten Interessen bei einer Entscheidung über eine Aufenthaltserlaubnis; BVerwGE 71, 228 (231) zu Art. 6 GG bei einer Aufenthaltserlaubnis; BayVGH, BayVBl. 1991, 178 zu Verkehrsunterrichtsauflagen.
[1535] BVerwGE 74, 237 (245) zur Fernstraßenplanung.
[1536] Vgl. auch BVerwGE 52, 237 (245); BVerwGE 58, 154 (156); BVerwGE 59, 87 (102), NJW 1980, 1061.
[1537] So ausdrücklich auch in Bezug auf das Verwaltungsermessen: *Wolff* in Sodan/Ziekow, VwGO, § 114 Rn. 178.
[1538] Zur Kategorisierung und Begrifflichkeit: *Stüer*, Bau- und Fachplanungsrecht, S. 632; *Wolff* in Sodan/Ziekow, VwGO, § 114 Rn. 239.
[1539] *Aschke* in Bader/Ronellenfitsch, BeckOK VwVfG, § 40 Rn. 91; *Geis* in Schoch/Schneider, VwVfG, § 40 Rn. 106.

den Weise wird nicht nur vom Ermessen Gebrauch gemacht, wenn nicht alle wesentlichen Aspekte eingestellt wurden, sondern auch wenn sachfremde Gesichtspunkte berücksichtigt werden.[1540]

c) Ermessens- bzw. Abwägungsunterschreitung

Richtigerweise ist als Abwägungsdefizit auch der Fall der Abwägungsunterschreitung aufzufassen, bei welcher die Behörde in einzelnen Teilbereichen der Abwägung eine Bindung annimmt, die eigentlich nicht besteht.[1541] Dies ist unter anderem denkbar, wenn die Behörde bei einer weiteren Planung den Umfang der vorherigen Planung fehlerhaft einschätzt.[1542] Entgegen der Rechtsprechung liegt in diesen Fällen gerade kein Abwägungsausfall vor,[1543] weil ein solcher nur einschlägig ist, wenn die Behörde von vornherein von einer gebundenen Entscheidung ausgeht und nicht – wie der Abwägungsunterschreitung – nur in Teilbereichen. Dieser Fall des Abwägungsdefizits korrespondiert mit der Ermessensunterschreitung und insbesondere mit dem Unterfall des umgekehrten Ermessensfehlgebrauchs. Denn bei diesem stellt die Behörde Erwägungen in die Abwägung nicht ein, weil sie von deren Unzulässigkeit ausgeht, obwohl diese zulässig wären und daher zumindest bei den Überlegungen hätten einbezogen werden müssen.

d) Abwägungsfehlgewichtung

aa) Grundsätze

Ein dritter Abwägungsfehler wird angenommen, wenn die vor der eigentlichen Abwägungsentscheidung vorgenommene Gewichtung der einzelnen Belange ihrem eigentlichen objektiven bzw. rechtlichen Gehalt nicht entspricht.[1544] Hierbei sind die Belange jedoch noch nicht zu kontextualisieren, sondern der Sache nach muss zunächst jeder einzelne Belang für sich genommen betrachtet werden.[1545] Obwohl dabei dogmatisch eine Unterscheidung zum abschließenden Abwägungsausgleich und damit zur Abwägungsdisproportionalität gefordert wird, ist es praktisch gesehen freilich so, dass sich beide Vorgänge und damit Fehler bei der Abwägung mitunter nur schwer voneinander trennen lassen.[1546] Selbst die Rechtsprechung ist in der Abgrenzung nicht immer ganz klar, wenn sie formuliert, dass

---

[1540] Zum Ermessensmissbrauch bei einer Versammlungsauflösung: BVerwGE 25, 135 (140).
[1541] Zu Recht daher: *Wolff* in Sodan/Ziekow, VwGO, § 114 Rn. 214.
[1542] BVerwGE 102, 331 (343 f.); BVerwGE 56, 110 (129); BVerwGE 107, 350 (356); zur Unterscheidung zum Abwägungsdefizit: BVerwGE 45, 309 (324).
[1543] So aber BVerwGE 107, 350 (356).
[1544] BVerwGE 100, 238 (244 f.); BayVGH NVwZ-RR 2017, 558 Tz. 20.
[1545] *Riese* in Schoch/Schneider, VwGO, § 114 Rn. 220.
[1546] Vgl. *Sendler* in Berkemann/Gaentzsch, Festschrift für Otto Schlichter, S. 61, S. 71; *Ritter*, DÖV 1976, S. 808; *Weyreuther*, UPR 1986, S. 300.

Belange nicht „in einer Weise fehlgewichtet" werden dürfen, „die zu ihrer objektiven Gewichtigkeit schlechthin außer Verhältnis steht."[1547]

Die Unterscheidung zwischen beiden Fehlern ist indes durchaus von Bedeutung für die Justitiabilität: Zuweilen wurde zunächst davon ausgegangen, dass das Abwägungsgebot nicht verletzt wird, wenn sich die planende Stelle in einer Kollision verschiedener Belange für die Bevorzugung des einen und damit für die Zurückstellung eines anderen entscheidet. Die darin liegende „Gewichtung der von der Planung berührten Belang[e] ist vielmehr im Gegenteil ein wesentliches Element der planerischen Gestaltungsfreiheit und als solches der verwaltungsgerichtlichen Kontrolle entzogen."[1548] Auch in der späteren Rechtsprechung wird darauf hingewiesen, dass die Gewichtung an sich nicht voll justitiabel sei, die Abwägungsdisproportionalität allerdings durchaus.[1549]

Der Grund hierfür liegt in der Anerkennung eines gewissen Spielraums der Behörde bei der Gewichtung. Die gesetzlichen Vorgaben würden – je nach Regelungsdichte –[1550] einen mehr oder weniger engen Rahmen für die Gewichtung bilden, in dem sich die Behörde zulässigerweise bewegen könnte.[1551] Bei den Belangen, die für das jeweilige Vorhaben sprechen, kann ein erster Maßstab für die Gewichtung anhand der Zulässigkeit derartiger Vorhaben nach der Ermächtigungsgrundlage gebildet werden.[1552] Maßgeblich ist dabei vor allem das gesamte Planungsvorhaben und die Ziele des jeweiligen Vorhabens.[1553] Bei den dem Vorhaben entgegenstehenden Belangen müssen sämtliche Rechtspositionen berücksichtigt werden, die von der Planung berührt sein können. Dabei kommt es auf den Grad der möglichen Beeinträchtigung an und die konkrete Bedeutung des Rechts für den Betroffenen.[1554]

Entscheidend ist es hierbei, den jeweiligen Einzelfall zu betrachten und nicht bei einer abstrakten Gewichtung zu verharren. So kann sich die Betroffenheit in einem bestimmten Recht als abstrakt hoch zeigen, sich aber bei konkreter Betrachtung der Schutzwürdigkeit,[1555] zum Beispiel aufgrund einer mangelnden Wahrnehmung des Rechts[1556] oder bei einer bestehenden Vorbelastung des betroffe-

---

[1547] BVerwGE 56, 110 (126).
[1548] BVerwG, Urt. v. 14.2.1975 – IV C 21.74, BVerwGE 48, 56-70, juris Rn. 37.
[1549] BVerwG, Urt. v. 5.12.1986 – 4 C 13/85, BVerwGE 75, 214 ff., BVerwG, DVBl. 1987, S. 589.
[1550] Ein Beispiel für geringe Regelungsdichte bietet BVerwGE 104, 144 (148).
[1551] BVerwGE 48, 56 (59 f.); BVerwGE 56, 110 (126); BVerwGE 96, 143 (150).
[1552] *Wolff* in Sodan/Ziekow, VwGO, § 114 Rn. 269.
[1553] BVerwGE 107, 142 (145 f.); BVerwG, NVwZ-RR 1991, S. 118 [3. Leitsatz].
[1554] *Wolff* in Sodan/Ziekow, VwGO, § 114 Rn. 270.
[1555] BVerwGE 51, 15 (30).
[1556] BVerwGE NVwZ 2001, 427 m. Anm. *Masing*, NVwZ 2002, S. 810 ff.

nen Grundstücks,[1557] auf einen eher geringen Grad der Betroffenheit relativieren. Für die Gewichtung kann es dabei auch auf einen Art Wahrscheinlichkeitsprognose ankommen, weil im Voraus nicht immer sicher ist, ob oder wie stark ein Belang tatsächlich durch das Vorhaben berührt sein wird. Da in dieser Prognose jedoch kein gestalterisches Element liegt, handelt es sich im Grundsatz um einen gerichtlich überprüfbaren Aspekt der Gewichtung.[1558]

bb) Vergleich zum Ermessensfehlgebrauch
Bei der Abwägungsfehlgewichtung drängt sich ein Vergleich zum Ermessensfehlgebrauch auf. Ein solcher wurde nach der vorliegenden Kategorisierung angenommen, wenn vom Ermessen in einer dem Zweck der Ermächtigung nicht entsprechenden Weise Gebrauch gemacht wird (§ 40 Alt. 1 VwVfG und § 114 S. 1 Alt. 2 VwGO). Hierunter fällt aus hiesiger Sicht auch das Übersehen eines wesentlichen Belangs (Ermessensdefizit), was schon in Relation zum Abwägungsdefizit gesetzt wurde. Das Ergebnis liegt beim Ermessensfehlgebrauch im gesetzlichen Handlungsrahmen, während die zum Ergebnis führenden Erwägungen nicht im Einklang mit dem Zweck der Ermessensnorm stehen.[1559] Ein Unterfall des Ermessensfehlgebrauchs liegt auch vor, wenn alle wesentlichen Belange eingestellt wurden, aber eine Fehlgewichtung der Belange vorgenommen wurde.[1560] Zur Rechtswidrigkeit führt es deshalb, wenn einzelnen Gesichtspunkten ein Gehalt beigemessen wurde, welcher seinem objektiven, am Gesetz orientieren Gewicht nicht entspricht.[1561] Wie auch bei der Gewichtung von Belangen in Bezug auf die planerische Abwägung gibt das Gesetz einen mehr oder minder weiten Rahmen für die Gewichtung der Gesichtspunkte vor.[1562] Sowohl beim Verwaltungsermessen als auch beim Planungsermessen spielen die Grundrechte eine Rolle beim Gewichtungsvorgang.[1563]
Hält sich die Behörde mit der getroffenen Bewertung in diesem gesetzlichen Rahmen, macht sie nicht in einer dem Zweck der Ermächtigung widersprechenden Art und Weise von ihrem Ermessen Gebrauch. In diesem Fall ist von einer rechtmäßi-

---

[1557] BVerwGE 51, 15 (28); BVerwGE 56, 110 (131); BVerwGE 59, 253 (264); BVerwGE 71, 150 (155); BVerwGE 87, 332 (356); BVerwGE 110, 81 (90).
[1558] *Wolff* in Sodan/Ziekow, VwGO, § 114 Rn. 277.
[1559] Vgl. BVerwGE 98, 221 (225); BVerwGE 102, 249 (252 ff.); 102, 63 (69 f.); 104, 154 (157 f.); unzutreffend dagegen: BVerwGE 4, 89 (92).
[1560] So im Ergebnis auch *Bamberger* in Wysk, VwGO, § 114 Rn. 21; BVerwGE 102, 249 (255 f.); BVerwGE 162, 275; BVerwGE 157, 356.
[1561] BVerwGE 30, 313 (316); BVerwGE 61, 105 (112 f.).
[1562] Vgl. *Berkemann*, ZUR 2016, S. 327 f.
[1563] Zum Verwaltungsermessen: BVerwGE 42, 133 (136); 49, 44 (49); 56, 56 (59 f.); 95, 15 (20 ff.); NVwZ 1994, S. 284; zum Planungsermessen: BVerwG, Beschl. v. 2.8.2007 – 4 BN 29.07; vgl. auch *Stüer*, Bau- und Fachplanungsrecht, S. 634.

gen Ermessensentscheidung auszugehen.[1564] Es gilt Abstand zu nehmen von einer übermäßigen Verengung des Entscheidungsrahmens. Denn durch die Heranziehung von angeblichen Wertungsmaßstäben – aus unter anderem Grundrechten – kann der Rahmen künstlich derart verengt werden, dass nunmehr nur noch eine einzige Gewichtung als die richtige erscheint.[1565] Dies dient bei der Kontrolle von Ermessensentscheidungen nicht dem Rechtsschutz, sondern überspannt ihn. Daher bleibt das Gericht auf eine Vertretbarkeitsprüfung bei der Gewichtung der Gesichtspunkte im Rahmen des Ermessensfehlgebrauchs verwiesen.[1566] Auch wenn daher kein planerischer Gestaltungsspielraum bei der Gewichtung im Rahmen des Ermessens zum Tragen kommt, nähern sich das Ermessen und Planungsermessen auch an dieser Stelle an.

e) Abwägungsdisproportionalität
Im Rahmen des letzten Schritts der Abwägung müssen sämtliche Belange in einen angemessenen Ausgleich gebracht werden, indem alle korrekt ermittelten und gewichteten privaten bzw. öffentlichen Belange unter Berücksichtigung des Verhältnismäßigkeitsgrundsatzes gegeneinander und miteinander im engeren Sinne gerecht abgewogen werden.[1567] Treffend ist eine Bezeichnung dieser abschließenden Abwägung als „bilanzierende Gesamtbeurteilung".[1568] Unterläuft der Behörde hierbei ein Fehler, wird dies als Abwägungsdisproportionalität bezeichnet,[1569] die anhand des Abwägungsergebnisses zu bestimmen ist.[1570] Im Grunde handelt es sich hierbei um die Anwendung des Verhältnismäßigkeitsgrundsatzes, gemünzt auf die planungsspezifischen Besonderheiten.[1571] Die Kontrolle geht dabei grundsätzlich über eine reine Evidenzkontrolle hinaus.[1572]

Vergleichbar ist die Abwägungsdisproportionalität mit der Ermessensüberschreitung. Bei dieser wird kontrolliert, ob die gefundene Rechtsfolge in Einklang mit den gesetzlichen Grenzen der Ermessensausübung steht, wobei ein angemessener

---

[1564] Angedeutet auch bei BVerwGE 67, 177 (181).
[1565] *Wolff* in Sodan/Ziekow, VwGO, § 114 Rn. 181.
[1566] BVerwGE 29, 140 (142); BVerwGE 92, 293 (314 ff.).
[1567] *Riese* in Schoch/Schneider, VwGO, § 114 Rn. 222 f.; *Stüer,* Bau- und Fachplanungsrecht, S. 634; BVerwGE 71, 166 (171); BVerwGE 87, 332 (340); BVerwGE 100, 238 (251); BVerwGE 100, 370 (383).
[1568] BVerwGE 34, 301 (309), DVBl 1970, S. 414; BVerwGE 45, 309 (325 f.); BVerwGE 85, 348 (350), NVwZ 1991, S. 364; BVerwGE 123, 261 (267 f.); BVerwGE 125, 116 Rn. 150; NVwZ 2012, S. 47 Rn. 41; NVwZ 2016, S. 308 Rn. 44; BVerwGE 156, 336 Rn. 12, NVwZ 2017, S. 412.
[1569] *Stüer,* Bau- und Fachplanungsrecht, S. 634.
[1570] *Wolff* in Sodan/Ziekow, VwGO, § 114 Rn. 276.
[1571] Vgl. BVerwGE 104, 144 (151 f.).
[1572] BVerwGE 75, 214 (253 f.), NVwZ 1987, 578.

Ausgleich betroffener Interessen im Sinne einer praktischen Konkordanz zu finden ist.[1573]

4. Fazit zur Abwägungsfehlerlehre

Die Untersuchungen haben gezeigt, dass nicht nur das Planungsermessen und das sonstige Ermessen, sondern auch die Fehlerlehren wesentliche Parallelen aufweisen.[1574] Abwägungsausfall und Ermessensausfall korrespondieren miteinander.[1575] Das Abwägungsdefizit, das bei der Abwägungsfehlerlehre als eigene Kategorie gesehen wird, weist Parallelen zum Ermessensdefizit als Unterfall des Ermessensfehlgebrauchs auf. Als Unterfall des Abwägungsdefizits ist die Abwägungsunterschreitung mit der eigenen Kategorie der Ermessensunterschreitung zu vergleichen. Die Abwägungsfehleinschätzung findet ihr Pendant in der Fehlgewichtung als Teilaspekt des Ermessensfehlgebrauchs. Abwägungsdisproportionalität und Ermessensüberschreitung überschneiden sich methodisch vor allem durch die Prüfung der Verhältnismäßigkeit.

VII. Die Kontrolle der Anwendung von Beurteilungsspielräumen

Nicht zuletzt ist auch von Interesse, inwiefern die möglichen Fehler bei der Anwendung von unbestimmten Rechtsbegriffen mit den Ermessensfehlern korrespondieren.[1576] Die Anwendung von Beurteilungsspielräumen durch die Exekutive wurde bereits als Unterfall des Konkretisierungsermessens erkannt und konnte sowohl im Rahmen des Verwaltungsermessens also auch im Bereich des Normsetzungsermessens nachgewiesen werden. Aufgrund der festgestellten Gemeinsamkeiten von Beurteilungsspielräumen und dem sonstigen Ermessen sind auch auf der Ebene der Ermessens- bzw. Beurteilungsfehler entsprechende Parallelen zu erwarten. Im Folgenden wird daher darzustellen sein, ob die zuweilen erkennbaren Tendenzen einer Eingruppierung der Fallgruppen in die Ermessensfehlerlehre sinnhaft erscheint.[1577]

[1573] BVerwGE 84, 71 (78); BVerfG, NVwZ 1999, S. 1102 f.; BVerwGE 77, 188 (192); 81, 155 (162).
[1574] So im Ergebnis auch *Weitzel*, Rechtsetzungsermessen, S. 144 f.
[1575] *Heinze*, NVwZ 1986, S. 88; *Papier*, DVBl. 1975, S. 464.
[1576] Vgl. hierzu auch *Beaucamp*, JA 2012, S. 193 ff.
[1577] So auch *Bamberger*, VerwArch 93 (2002), S. 232; *Beaucamp*, JA 2012, S. 193 ff.; *Detterbeck*, Allgemeines Verwaltungsrecht, S. 118 f.; *Kluth* in Wolff/Bachof/Stober/ders., Verwaltungsrecht I, S. 348; *Ramsauer* in Kopp/ders., VwVfG, § 40 Rn. 112 ff.; für eine Ähnlichkeit der Kontrollmög-

1. Ausgangspunkt: Einschränkung der gerichtlichen Kontrolle

Hinsichtlich eines wesentlichen Punktes unterscheiden sich beide Ermessensarten nicht voneinander: Sowohl beim Rechtsfolgenermessen wie auch bei der Konkretisierungsermächtigung fehlt es an einer Befugnis des Gerichts, die eigene Entscheidung an die Stelle derer der Exekutive zu stellen.[1578] Vielmehr beschränkt sich die gerichtliche Kontrolle – hier wie dort – auf die Einhaltung der gesetzlichen bzw. höherrangigen Direktiven.[1579] Diese geben den Rahmen vor, in welchem sich die Exekutive bewegen darf. Eine Parallele zwischen der Kontrolle des Rechtsfolgenermessens und der Anwendung von Beurteilungsermächtigungen ist daher der Umstand, dass sich die gerichtliche Überprüfung nach dem jeweiligen höherrangigen Recht richtet, welches die Letztentscheidungskompetenz eingrenzt.[1580] Die Formulierung, der Beurteilungsspielraum gebe eine „Bandbreite" an vertretbaren Entscheidungen vor,[1581] ist insofern eine treffende Umschreibung für die Ursache der eingeschränkten Kontrolle. Die Begründung dagegen, es handle sich bei Beurteilungsspielräumen um die Befugnis zur Letzterkenntnis der richtigen Entscheidung,[1582] geht von der Prämisse einer richtigen Entscheidung aus. Dies wird dem Wesen des Beurteilungsspielraums nicht gerecht, wie bereits dargelegt wurde.

2. Eingliederung in das System der Ermessensfehler

Die Kriterien, welche die Rechtsprechung bei der Anwendung von Beurteilungsermächtigungen kontrolliert, lassen sich bei weitem nicht mit der systematischen Kategorisierung der Ermessensfehlerlehre vergleichen: Die kontrollfähigen Gesichtspunkte bei Beurteilungsermächtigungen werden häufig nur durch nicht abschließende Fallgruppen[1583] beschrieben, ohne dass sich eine Gliederung in bestimmte Fehler erkennen lässt.[1584] Mit teilweise unterschiedlichen Bezeichnungen und Unterfällen werden im Wesentlichen folgende Gesichtspunkte für kontroll-

---

lichkeiten: *Herdegen*, JZ 1991, S. 750 f.; i.E. auch, aber zurückhaltender: *Sachs* in Stelkens/Bonk/ders., VwVfG, § 40 Rn. 221.
[1578] *Riese* in Schoch/Schneider, VwGO, § 114 Rn. 98; vgl. auch *Ruthig* in Kopp/Schenke, VwGO, § 114 Rn. 23 ff.
[1579] BVerwGE 62, 330 (340); *Starck* in Franßen/Redeker/Schlichter/Wilke, Festschrift für Horst Sendler, S. 175.
[1580] BVerfGE 88, 40 (59 ff.); vgl. auch BVerwGE 93, 123 (123).
[1581] BVerwGE 39, 197 (203); kritisch: *Ossenbühl*, DÖV 1972, S. 402.
[1582] *Ossenbühl*, DÖV 1972, S. 402; vgl. hierzu auch *Wolff* in Sodan/Ziekow, § 114 Rn. 351.
[1583] *Sachs* in Stelkens/Bonk/ders., VwVfG, § 40 Rn. 228 für die allgemeinen Bewertungsgrundsätze.
[1584] *Riese* in Schoch/Schneider, VwGO, § 114 Rn. 100 ff.; *Schulze-Fielitz*, JZ 1993, S. 772; *Wolff* in Sodan/Ziekow, VwGO, § 114 Rn. 353 ff.

fähig gehalten:[1585] Die Verfahrens-[1586] und Sachverhaltskontrolle,[1587] die Auslegung des unbestimmten Rechtsbegriffs sowie die Erkennung des gesetzliche Rahmens,[1588] die Einhaltung allgemeiner Bewertungsgrundsätze[1589] und die Willkürfreiheit.[1590] Anders als bei den Abwägungsfehlern, die schon begrifflich eine größere Nähe zur Ermessensfehlerlehre aufweisen, erschließt sich eine mögliche Zuordnung der Fehler nicht ohne Weiteres. Anhand der Ermessensfehlerlehre soll daher untersucht werden, ob sich die Beurteilungsfehler dennoch in das bewährte System eingliedern lassen.

a) Beurteilungsausfall

Legt man die Ermessensfehlerlehre zugrunde, so läge ein Beurteilungsfehler darin, dass die Exekutive von ihrer Beurteilungsermächtigung keinerlei Gebraucht macht.[1591] Zuweilen wird die Ansicht vertreten, einen solchen Beurteilungsausfall könne es nicht geben, weil die gesetzliche Ermächtigung nur eine Beurteilung als rechtmäßig ansehen will.[1592] Diesem Grundverständnis vom Beurteilungsfehler wird nicht gefolgt: Beurteilungsermächtigungen räumen nach den hier zugrunde gelegten Erkenntnissen ebenso wie sonstige Ermessensnormen einen Spielraum für mehrere rechtmäßige Beurteilungen durch die Exekutive ein (siehe schon C. II. 3. und 5.).[1593] Ein Beurteilungsausfall kommt daher in Betracht,[1594] wenn eine Beurteilungsermächtigung erstens bewusst nicht genutzt wird, etwa wenn ein Erst- und Zweitgutachter ein einheitliches Gutachten erstellen, ohne dass beide eine

---

[1585] *Herdegen,* JZ 1991, S. 748; *Riese* in Schoch/Schneider, VwGO, § 114 Rn. 100 ff.; *Voßkuhle,* JuS 2008, S. 118; *Wolff* in Sodan/Ziekow, VwGO, § 114 Rn. 353 ff.
[1586] BVerwGE 91, 262 (270); *Gaentzsch* in Bender/Breuer/Ossenbühl/Sendler, Festschrift für Konrad Redeker, S. 410; Den Ausgleich der mangelnden Kontrolle der inhaltlichen Anwendung durch Verfahrensvorschriften betonend: BVerwGE 99, 185 (189), NJW 1996, 2670; vgl. auch OVG Berlin/Brandenburg, Beschl. v. 26.9.2018 – 3 S 72/18, BeckRS 2018, 23704 Rn. 7.
[1587] BVerwGE 60, 246 ff.; BVerwGE 62, 330 (340); BVerwGE 70, 143 (145 f.); BVerwGE 73, 376 (378); BVerwG, DÖV 1986, S. 212; vgl. auch BGH, NJW 1982, S. 1059.
[1588] OVG Münster, Urt. v. 21.6.2012 – 6 A 1991/11, juris Rn. 41, BeckRS 2012, 53787; RiA 2013, 186 (189); BVerwGE 157, 366 Rn. 70, NVwZ 2017, S. 1380; zu den unterschiedlichen Begriffen: *Lampe,* Gerechtere Prüfungsentscheidungen, S. 120.
[1589] *Ramsauer* in Kopp/ders., VwVfG, § 40 Rn. 127; *Wolff* in Sodan/Ziekow, VwGO, § 114 Rn. 362; kritisch hierzu: *Riese* in Schoch/Schneider, VwGO, § 114 Rn. 105.
[1590] BVerfGE 37, 342 (353); BVerwG, Beschl. v. 18.8.1988 – 7 C 76.8, BeckRS 1988, 31269852; vgl. auch zur Annahme einer Habilitationsschrift: VGH Mannheim, WissR 29 (1996), S. 347; BVerwGE 68, 330 (337); BVerwGE 73, 376 (378).
[1591] VG Hamburg, Urt. v. 23.12.2014 – 2 K 1285/11, BeckRS 2015, 42113; ähnlich: *Detterbeck,* Allgemeines Verwaltungsrecht, S. 118 mit der synonymen Verwendung von Beurteilungsausfall und -unterschreitung; *Ramsauer* in Kopp/Ramsauer, VwVfG, § 40 Rn. 112 f.
[1592] So *Schenke,* Verwaltungsprozessrecht, Rn. 774.
[1593] Zutreffend daher: *Beaucamp,* JA 2012, S. 196.
[1594] *Herdegen,* JZ 1991, 747 (751); *Bamberger,* VerwArch 93 (2002), 232.

Bewertung getrennt voneinander abgeben.[1595] Zweitens kann eine Beurteilungsermächtigung auch schlicht übersehen werden.[1596] Der Grund hierfür kann darin liegen, dass sich die Behörde nach einer Auslegung eines unbestimmten Rechtsbegriffs bei der Subsumtion für gebunden hält und den Wertungsspielraum nicht erkennt. Letzteres ist ein Unterfall der Auslegung des unbestimmten Rechtsbegriffs, was die Rechtsprechung – wie oben bereits angesprochen – als eigene Fallgruppe begreifen wollen.[1597] Dieser Beurteilungsausfall[1598] bzw. Beurteilungsnichtgebrauch korrespondiert daher bei einem derartigen Verständnis mit dem Ermessensausfall.[1599]

b) Beurteilungsüberschreitung

Eine Beurteilungsüberschreitung ist in Anlehnung an die Ermessensüberschreitung anzunehmen, wenn das Ergebnis der Anwendung außerhalb des gesetzlichen Rahmens liegt.[1600] Eine solche Beurteilungsüberschreitung ist denkbar, wenn die Subsumtion den rechtlichen Rahmen der eigentlichen Beurteilungsermächtigung verlässt. Hierfür ist insbesondere die in den gerichtlichen Aufgabenbereich fallende Auslegung des unbestimmten Rechtsbegriffs vorzunehmen.[1601] Sowohl der Inhalt als auch der Zweck der Beurteilungsermächtigung sind dabei zu bestimmen.[1602] Im Grundsatz muss hierbei jedenfalls beachtet werden, dass sich die gerichtliche Prüfungskompetenz auf die Auslegung des unbestimmten Begriffs an sich erstreckt[1603] ebenso wie auf die Erkennung des Zwecks der Beurteilungsermächtigung[1604] und des Rechts, welches hierauf Einfluss nimmt.[1605]

Die Exekutive kann bei der Anwendung auch in Konflikt mit den Grundrechten bzw. dem Verhältnismäßigkeitsgrundsatz geraten.[1606] Insbesondere darf die Beur-

---

[1595] Treffend insofern: *Beaucamp*, JA 2012, S. 196; weitere Beispiele: *Riese* in Schoch/Schneider, VwGO, § 114 Rn. 108 f.
[1596] *Ramsauer* in Kopp/Ramsauer, VwVfG, § 40 Rn. 113.
[1597] Vgl. *Riese* in Schoch/Schneider, VwGO, § 114 Rn. 104; vgl. auch BVerwGE 157, 366 Rn. 70, NVwZ 2017, S. 1380.
[1598] *Detterbeck*, Allgemeines Verwaltungsrecht, S. 118; ungenau bei *Kluth* in Wolff/Bachof/Stober/ders., Verwaltungsrecht I, S. 348.
[1599] *Beaucamp*, JA 2012, S. 196.
[1600] *Detterbeck*, Allgemeines Verwaltungsrecht, S. 118; *Kluth* in Wolff/Bachof/Stober/ders., Verwaltungsrecht I, S. 348; *Ramsauer* in Kopp/Ramsauer, VwVfG, § 40 Rn. 112.
[1601] Vgl. BVerfGE 84, 34 (50).
[1602] *Riese* in Schoch/Schneider, VwGO, § 114 Rn. 108 f.; BVerwGE 157, 366 Rn. 70, NVwZ 2017, S. 1380. BVerwGE 15, 39 (40); BVerwGE 72, 195 (201); OVG Münster, Urt. v. 21.6.2012 – 6 A 1991/11, juris Rn. 41, BeckRS 2012, 53787; RiA 2013, S. 189.
[1603] BVerwG, NJW 1984, S. 1248 f.
[1604] BVerwGE 39, 197 (205); BVerwGE 157, 366 Rn. 70, NVwZ 2017, S. 1380.
[1605] *Wolff* in Sodan/Ziekow, VwGO, § 114 Rn. 365.
[1606] Angedeutet in der Tabelle bei: *Beaucamp*, JA 2012, S. 195.

teilung durch die Exekutive im Ergebnis nicht gegen den Gleichheitsgrundsatz verstoßen,[1607] weshalb die eben erwähnte Fallgruppe der Willkürfreiheit hierunter zu fassen ist. Als Unterfall der Beurteilungsüberschreitung kommt daneben wie auch bei der Ermessensüberschreitung der Fall in Betracht, dass eine Reduzierung der Beurteilungsermächtigung auf Null verkannt wird (Beurteilungsreduzierung auf Null).[1608]

c) Beurteilungsfehlgebrauch
Die Kategorie des Beurteilungsfehlgebrauchs müsste den Fall umschreiben, dass ein inhaltlicher Fehler beim Vorgang der Ausfüllung des zutreffend erkannten Beurteilungsspielraums unterläuft.[1609] Derartige Fehler sind bei der Anwendung von Beurteilungsspielräumen denkbar, wenn die Behörde wesentliche, entscheidungsrelevante Gesichtspunkte nicht in die Abwägung einbezieht (Beurteilungsdefizit)[1610] oder sachwidrige Erwägungen einstellt.[1611] Der Beurteilungsfehlgebrauch umfasst damit unter anderem zwei Beurteilungsfehler, die bei der oben angeführten Kategorisierung als Verletzung genereller und spezifischer Bewertungsgrundsätze[1612] bzw. als unzureichende Sachverhaltsermittlung[1613] aufgefasst werden. Denn der generelle Bewertungsgrundsatz meint nichts anderes, als die Einstellung aller wesentlichen Umstände[1614] und das Ausbleiben sachwidriger Erwägungen.[1615] Einen Unterfall stellt der Einbezug fehlerhafter Sachverständigengutachten als Grundlage für die Beurteilung dar.[1616] Bei der Sachverhaltsermittlung und einer

---

[1607] BVerwGE 72, 38 (55).
[1608] Dies erkannte schon *Herdegen,* JZ 1991, S. 750 f.; vgl. auch: BVerwG, Urt. 25.7.1985 – 3 C 25/84, juris Rn. 80; BVerwGE 79, 208 (214); BVerfGK, NVwZ 2002, S. 1369; *Wolff* in Sodan/Ziekow, VwGO, § 114 Rn. 369.
[1609] *Detterbeck,* Allgemeines Verwaltungsrecht, S. 118; *Herdegen,* JZ 1991, S. 750; *Ramsauer* in Kopp/Ramsauer, VwVfG, § 40 Rn. 112.
[1610] Vgl. *Kluth* in Wolff/Bachof/Stober/ders., Verwaltungsrecht I, S. 348, der dies allerdings als Unterfall des Beurteilungsausfalls ansieht.
[1611] *Beaucamp,* JA 2012, S. 195; *Detterbeck,* Allgemeines Verwaltungsrecht, S. 118.
[1612] *Ramsauer* in Kopp/ders., VwVfG, § 40 Rn. 127; *Hofmeyer,* Allgemein anerkannte Bewertungsgrundsätze, S. 62 ff.; *Wolff* in Sodan/Ziekow, VwGO, § 114 Rn. 362; kritisch hierzu: *Riese* in Schoch/Schneider, VwGO, § 114 Rn. 105.
[1613] BVerwGE 60, 246 ff.; BVerwGE 62, 330 (340); BVerwGE 70, 143 (145 f.); BVerwGE 73, 376 (378); BVerwG, DÖV 1986, S. 212; vgl. auch BGH, NJW 1982, S. 1059.
[1614] Zur Sortenwahl: BVerwGE 62, 330 (334); zur notwendigen Hinzuziehung von Sachverständigen: Vgl. VGH Kassel, NJW 1987, S. 1436; BVerwG, NJW 1987, S. 1431.
[1615] Vgl. zur Entscheidung über Sondernutzungen: *Schmidt,* NVwZ 1985, S. 167; a.A. VGH Mannheim, NVwZ-RR 1997, S. 677; zur Annahme einer Habilitationsschrift: VGH Mannheim, WissR 29 (1996), S. 347; BVerwGE 68, 330 (337); BVerwGE 73, 376 (378).
[1616] BVerwGE 80, 224 (226) zu einem psychologischen Eignungstest als Grundlage für einen Laufbahnaufstieg; BayVGH, RiA 2018, S. 232; vgl. auch *Wolff* in Sodan/Ziekow, VwGO, § 114 Rn. 362.

anschließenden Einstellung relevanter Belange kann es mitunter daneben zu einer Einschätzungsprärogative als Teil des Beurteilungsspielraums kommen.[1617]
Zuweilen wird die Beachtung der Grundrechte, inklusive des Gleichheitsgrundsatzes[1618] bzw. des Verhältnismäßigkeitsgrundsatzes bei der Konkretisierung von Beurteilungsspielräumen als genereller Bewertungsgrundsatz gesehen.[1619] Dabei handelt es sich um einen Beurteilungsfehlgebrauch, wenn der Vorgang der Beurteilung betroffen ist[1620] oder der Fehler tritt als Beurteilungsüberschreitung auf, soweit das Ergebnis der Beurteilung gegen höherrangiges Recht verstößt.[1621] Ähnlich verhält es sich auch mit den spezifischen Bewertungsgrundsätzen: Als solche werden bereichsspezifische Grundsätze aufgefasst.[1622] Sie erreichen vor allem für die Bereiche des Prüfungsrechts[1623] und der dienstlichen Beurteilung[1624] eine hohe Komplexität. Die Existenzberechtigung ist ihnen grundsätzlich nicht abzusprechen. Allerdings stellen sie in ihrem Kern auch nur eine Ausdifferenzierung des gesetzlichen Beurteilungszwecks dar, weshalb ihre Verletzung nichts anderes darstellt als einen Beurteilungsfehlgebrauch.

d) Beurteilungsunterschreitung
Eine Beurteilungsunterschreitung ist zudem als Pendant zur Ermessensunterschreitung anzunehmen, wenn die Behörde eine Verengung ihres Beurteilungsspielraums annimmt, obwohl eine solche Beschränkung nicht besteht.[1625] Auch bei der Ausfüllung eines Beurteilungsspielraums ist es denkbar, dass die Exekutive

---

[1617] BVerwGE 60, 246 ff.
[1618] BVerwGE 70, 143 (151); vgl. auch *Beaucamp*, JA 2012, S. 195.
[1619] *Beaucamp*, JA 2012, S. 195; BVerwG, NVwZ 2002, 3344 ff.; VGH Mannheim, NJW 2001, S. 2899 ff. zum Kopftuchverbot einer Grundschullehrerin; vgl. hierzu auch VG Stuttgart, NVwZ 2000, S. 959 ff.; BVerfGE 108, 282 ff., die VG Lüneburg, NJW 2001, S. 767 aufhebt; vgl. dazu: EGMR, NJW 2001, S. 2871 ff.
[1620] BVerfGE 83, 130 (148 f.); BVerfGE 91, 211 (215 f.) zur Abwägung der Kunstfreiheit bei jugendgefährdenden Objekten.
[1621] BVerfGE 84, 34 (50 f. u. 53); 84, 59 (78); *Ipsen*, Allgemeines Verwaltungsrecht, Rn. 487.
[1622] Vgl. insb. *Wolff* in Sodan/Ziekow, VwGO, § 114 Rn. 363; kritisch: *Riese* in Schoch/Schneider, VwGO, § 114 Rn. 105; zur Sortenauswahl: BVerwGE 72, 339 (347) inklusive Ausnahmen.
[1623] *Barton*, NVwZ 2013, S. 557; *Seebass*, NJW 1992, S. 615; BVerfGE 84, 55 (59); BVerwG, NVwZ 2004, S. 1377; BVerwG, Beschl. v. 16.8.2011 – 6 B 18.1, BeckRS 2011, 53783 Rn. 16; BVerwG, NVwZ 2013, S. 44; BVerwG, Beschl. v. 28.6.2018 – 2 B 57.17, BeckRS 2018, 16171 Rn. 7; diese korrigieren die alte Rechtsprechung, wonach der Prüfer im Rahmen der Spielraum auch die Richtigkeit von Antworten umfasse: BVerwG, DÖV 1980, S. 380; BVerwG, NJW 1984, S. 2651; weitere Beispiele: *Lampe*, Gerechtere Prüfungsentscheidungen, S. 121; kein Bewertungsgrundsatz ist die Aufstellung eines einheitlichen Bewertungsschemas: BayVGH, BayVBl. 1999, S. 84 f.
[1624] BVerwGE 93, 279 (280).
[1625] Vgl. auch *Kluth* in Wolff/Bachof/Stober/ders., Verwaltungsrecht I, S. 348, aber mit inhaltlich anderem Verständnis.

Erwägungen nicht eingestellt, weil sie von deren Sachwidrigkeit ausgeht[1626] oder die Bandbreite ihrer rechtlich zulässigen Möglichkeiten verkennt.[1627] Letzteres ist unter anderem anzunehmen, wenn die Exekutive sich zu Unrecht an eine Normkonkretisierung gebunden fühlt.[1628] Da hierbei vor allem der rechtliche Rahmen, den die Beurteilungsermächtigung einräumt, bestimmt werden muss, spielt die zuweilen als eigene Fallgruppe bezeichnete Auslegung der Ermächtigung[1629] eine nicht unwesentliche Rolle.

3. Fazit zu den Beurteilungsfehlern

Es bestätigt sich, was die Eingruppierung des Beurteilungsspielraums als Unterfall des Konkretisierungsermessens vermuten ließ: Die Beurteilungsfehler integrieren sich in das System der Ermessensfehler.[1630] Diese Schematisierung hat den Vorteil, dass die gerichtliche Kontrolle an die gesetzliche Beurteilungsermächtigung anknüpft und so ein entsprechender Ausgleich von exekutivem Ermessen und der Rechtsschutzgarantie gefunden werden kann. Die Anlehnung an die Ermessensfehlerlehre erleichtert zudem die Differenzierung zwischen formellen und materiellen Fehlern, die bei Beurteilungsfehlern ebenso eine Relevanz entfalten.[1631] Daher bietet sich die Eingruppierung der Beurteilungsfehler in den Rahmen des von der Ermessensfehlerlehre anhand von § 114 S. 1 VwGO etablierten Systems an,[1632] angereichert durch die Besonderheiten bei Beurteilungsermächtigungen.[1633]

Die Kontrolle des Verfahrens und des Sachverhalts, die Auslegung des unbestimmten Rechtsbegriffs, die Einhaltung allgemeiner Bewertungsgrundsätze und die Willkürfreiheit fügen sich dabei in das bewährte System ein. Es handelt sich um

---

[1626] Vgl. zur Ermessensunterschreitung: *Wolff* in Sodan/Ziekow, VwGO, § 114 Rn. 187.
[1627] Angelehnt an die Ermessensunterschreitung: *Riese* in Schoch/Schneider, VwGO, § 114 Rn. 62; vgl. auch OVG Frankfurt (Oder), Beschl. v. 17. 6. 2004 - 3 A 428/01.Z.
[1628] So zutreffend mit Rückgriff auf *Alexy*, JZ 1986, S. 713: *Herdegen*, JZ 1991, S. 751.
[1629] BVerwGE, 15, 39 (40); BVerwGE 72, 195 (201); OVG Münster, Urt. v. 21.6.2012 – 6 A 1991/11, juris Rn. 41, BeckRS 2012, 53787; RiA 2013, 189.
[1630] So im Ergebnis auch *Beaucamp*, JA 2021, S. 195 u. 197; angedeutet auch von *Schmidt-Aßmann* in Dürig/Herzog/Scholz, GG, Art. 19 Abs. 4 Rn. 192.
[1631] BVerwGE 80, 224 (228); vgl. auch BVerwGE 91, 217 (221 f.).
[1632] BVerfGE 84, 34 (50); im Ergebnis auch BVerfGE 64, 261 (279); *Kellner*, DÖV 1962, S. 574; *Brinktrine*, Verwaltungsermessen in Deutschland und England, S. 72 ff.; *Herdegen*, JZ 1991, S. 750 f.; *Rennert* in Eyermann, VwGO, § 114 Rn. 7; *Smeddinck*, DÖV 1998, S. 374 ff.
[1633] Vgl. auch *Beaucamp*, JA 2012, S. 193 ff.; *Detterbeck*, Allgemeines Verwaltungsrecht, S. 118 f.; *Kluth* in Wolff/Bachof/Stober/ders., Verwaltungsrecht I, S. 348; für eine Ähnlichkeit der Kontrollmöglichkeiten: *Herdegen*, JZ 1991, S. 750 f.; i.E. auch, aber zurückhaltender: *Sachs* in Stelkens/Bonk/ders., VwVfG, § 40 Rn. 221; ähnlich auch bei der dienstlichen Beurteilung von Beamten: BVerwG, NVwZ 2003, S. 1399.

solche Fehler, die auch der Kontrolle sonstiger Ermessensakte unterliegen.[1634] Ein gewisser Unterschied bzw. eine zusätzliche Schwierigkeit, die bei der Kontrolle von Beurteilungsfehlern hinzukommt, ist die Abgrenzung von kontrollfähigen Auslegungsfragen und nicht justitiablen Wertungsspielräumen bei der Subsumtion. Ist diese Abgrenzung vollzogen, unterscheidet sich die nachvollziehende Kontrolle von Beurteilung und Ermessensausübung weniger als oftmals angenommen wird. Die allgemeinen und spezifischen Bewertungsgrundsätze können dabei ohne Weiteres als Teil der Beurteilungsüberschreitung bzw. des Beurteilungsfehlgebrauchs kontrolliert werden.[1635]

[1634] *Ramsauer* in Kopp/ders., VwVfG, § 40 Rn. 4 u. 87; *Herdegen*, JZ 1991, S. 748 u. 750 f.; *Schmidt-Aßmann/Groß*, NVwZ 1993, S. 623 f.; *Schenke*, Verwaltungsprozessrecht, Rn. 772; *Bamberger*, VerwArch 93 (2002), S. 232; ähnlich *Alexy*, JZ 1986, S. 714; zurückhaltender: *Voßkuhle*, JuS 2008, S. 118, der eine Orientierung an der Ermessensfehlerlehre anregt; überwiegend a.A.: *Riese* in Schoch/Schneider, VwGO, § 114 Rn. 98 ff.
[1635] So auch: *Beaucamp*, JA 2021, S. 197.

F. Die gerichtliche Kontrollperspektive der untergesetzlichen Normsetzung

Die Betrachtung des Ermessensbegriffs und die Erfassung der Ermessensfehler – jeweils unter Einbezug der verschiedenen Handlungsformen der Exekutive – ebnen den Weg für die gerichtliche Kontrollperspektive. Dies soll aufgrund der Aktualität und der vielfältigen Fragestellungen im Zusammenhang mit exekutivem Ermessen exemplarisch anhand der Coronaverordnungen nachvollzogen werden, weshalb der Fokus auf der untergesetzlichen Normsetzung liegt. Freilich setzt es sich Untersuchung auch an dieser Stelle zum Ziel, vergleichend das Verwaltungsermessen und die Gestaltungsfreiheit des Gesetzgebers heranzuziehen. Beide wurden einleitend und bei der Herleitung des Ermessensbegriffs dem Normsetzungsermessen gegenübergestellt. Sie bieten auch bei der gerichtlichen Kontrolle wichtige Anhaltspunkte für Gemeinsamkeiten und schaffen Differenzierungsmöglichkeiten.

Nimmt man die gerichtliche Kontrollperspektive ein, so bietet es sich des Weiteren an, das gerichtliche Verfahren als Grundlage für den weiteren Aufbau der Untersuchung zugrunde zu legen.[1636] Für die gerichtliche Perspektive des Normsetzungsermessens ist daher zunächst ein prozessualer Kontext zu schaffen, in welcher die Kontrolle auf Ermessensfehler stattfindet (I.). Der Zeitpunkt der Ermessenskontrolle ist darauffolgend zu bestimmen (II.). Sodann ist auf die Kontrolle des Normsetzungsermessens mit Blick auf die formelle und materielle Rechtmäßigkeit einzugehen (III.- V.). Letztere umfasst die gerichtliche Kontrolldichte, der ein eigenes Kapitel gewidmet wird (G.). Abschließend sind die Folgen der Ermessenskontrolle zu klären (H.).

I. Rechtsschutz gegen untergesetzliche Normen: Prozessuales

Beim Rechtsschutz gegen untergesetzliche Normen der Exekutive ist Art. 19 Abs. 4 GG als maßgebliche Vorschrift zugrunde zu legen. Denn auch die Rechtsetzung der Exekutive in der Form von Rechtsverordnungen und Satzungen beinhaltet die Ausübung öffentlicher Gewalt und unterfällt daher der Rechtsschutzgarantie nach

---

[1636] Ähnlich auch *Hoppe*, DVBl. 1975, S. 689, der zusätzlich die Art und Weise gerichtlicher Kontrolle überprüft.

Art. 19 Abs. 4 GG.[1637] Der Rechtsschutz wird prozessual durch die Rechtsbehelfe der VwGO (1.) sowie durch verfassungsrechtliche (2.) geleistet. Die eigentlichen Maßstäbe, nach denen sich die Möglichkeit der Ermessenskontrolle richtet, unterscheiden sich bei sämtlichen Gerichten grundsätzlich nicht.[1638] Besonderheiten bzw. Einschränkungen der Kontrolle ergeben sich vor allem aus der jeweiligen Verfahrensart,[1639] wie die nachfolgenden Untersuchungen zeigen.

1. Rechtsschutz nach der VwGO

a) Allgemeines zum Rechtsschutz
Im Rahmen des Anwendungsbereichs der VwGO erfüllen die Gerichte die Anforderungen der Rechtsschutzgarantie erstens durch eine Inzidentkontrolle im Rahmen von Individualrechtsklagen gegen Einzelakte,[1640] welche auf der untergesetzlichen Norm basieren oder zweitens durch eine verwaltungsgerichtliche Normenkontrolle (§ 47 VwGO),[1641] welche die Inzidentkontrolle nicht ausschließt.[1642] Bei der Inzidentkontrolle ist die Kontrolle grundsätzlich eingeschränkt, weil die subjektiven Rechte des Klägers entscheidend sind, weshalb Eingriffe in die Belange der Allgemeinheit bzw. Dritter hierbei grundsätzlich keine Rolle spielen.[1643]

Im Rahmen des zweiten verwaltungsrechtliche Rechtsbehelfs in Form der prinzipalen Normenkontrolle (§ 47 VwGO) ist dies anders: Wenn nämlich die Schwelle der Zulässigkeit mit einer möglichen individuellen Rechtsverletzung des Klägers überwunden ist (vgl. § 47 Abs. 2 S. 1 VwGO),[1644] so erfolgt eine Überprüfung der unter-

---

[1637] BVerwG, Urt. v. 7.9.1989 - BVerwG 7 C 4.89; BVerwG, Urt. v. 28.6.2000 – 11 C 13/99, BVerwGE 111, 276-284, juris Rn. 30; BVerfG, Beschl. v. 17.1.2006 – 1 BvR 541/02, BVerfGE 115, 81-97, juris Rn. 41; noch offen gelassen von BVerfG, Beschl. v. 27.7.1971 – 2 BvR 443/70, BVerfGE 31, 364-370.
[1638] *Weitzel*, Rechtsetzungsermessen, S. 149.
[1639] Anders aber bei der Kontroll*dichte* BayVGH, Beschl. v. 4.10.2021 – 20 N 20.767, juris Rn. 69 zur 1. BayIfSMV.
[1640] Zum Begriff der Individualrechtsklage auch: *Langstädler*, Effektiver Umweltrechtsschutz, S. 94; Die Inzidenzkontrolle ist zudem auch bei den übrigen Gerichtsbarkeiten denkbar, vgl. BGHZ 9, S. 399.
[1641] *Brenner* in v. Mangoldt/Starck/Klein, GG, Art. 80 Rn. 83.
[1642] BT-Drs. 7/4324, S. 11; BVerfGE 68, 319 (325); BVerwGE 80, 355 (358 f.); 111, 275.
[1643] Vgl. schon *Bernárd* in Ermacora/Winkler, Verwaltungsrecht, S. 98; zu Beispielen aus dem Planungsrecht: *Ritter*, DÖV 1976, S. 803; BVerwG, Urt. v. 14.2.1975 - IV C 21/74, juris Rn. 42; BVerwGE 59, 13 (23).
[1644] Zur Antragsbefugnis BVerwG, Beschl. v. 14.7.1978 - BVerwG 7 N 1.78, BVerwGE 56, 172 (175); BVerwG Urt. v. 10.3.1998 – BVerwG 4 CN 6.97, UPR 1998, S. 348 f.; BVerwG Urt. v. 24.9.1998, BVerwG 4 CN 2.98, BVerwGE 107, 215 (217); BVerwG, Urt. v. 18.11.2002 – 9 CN 1/02.

gesetzlichen Norm[1645] unabhängig von einer möglichen, subjektiven Rechtsverletzung.[1646] Das Verfahren geht daher aufgrund dieser objektiven Elemente[1647] über die Anforderungen des Art. 19 Abs. 4 GG als Gewährleistung eines subjektiven Rechtsschutzes hinaus.[1648] Trotz der objektiven Elemente macht der Aspekt des Individualrechtsschutzes das Bestehen eines Rechtsschutzbedürfnisses erforderlich,[1649] was voraussetzt, dass der Antragssteller durch die Aufhebung der angegriffenen Norm seine eigene Rechtsstellung verbessern kann.[1650] Eine Rechtsverletzung „durch" eine Rechtsvorschrift oder deren Anwendung (vgl. § 47 Abs. 2 S. 1 VwGO) kann dabei darin bestehen, dass die Rechtsverletzung endgültig erst in Folge eines weiteren, selbständigen Rechtsakts erfolgt, wenn dieser Rechtsakt in der angegriffenen Vorschrift bereits als vom Normgeber geplante Folgemaßnahme angelegt ist.[1651] Kontrollfähig sind schließlich im Rahmen der Normkontrolle nur Gesamtregelungen bzw. abtrennbare Teile einer Norm.[1652]

b) Abgrenzungsfragen bei der statthaften Klageart

aa) Begehrter Normerlass

Eine Normergänzung bzw. ein echter Normerlass[1653] kann durch § 47 VwGO nicht erreicht werden.[1654] Dies ergibt sich schon aus dem Grundsatz der Gewaltenteilung. Die Judikative bleibt insofern auf eine (Teil-)Kassation beschränkt,[1655] die einerseits selbst Gestaltungswirkung entfaltet, aber andererseits nicht direkt im

---

[1645] Zur unterschiedlichen Ausgestaltung durch Landesrecht und der Vereinbarkeit mit Art. 3 Abs. 1 GG: BVerwG, Beschl. v. 7.4.1997 - 2 BN 1.97, juris Rn. 9.
[1646] *Panzer* in Schoch/Schneider, § 47 Rn. 87; BVerwG, NVwZ 1992, S. 567.
[1647] Ausführlicher hierzu: *Schmidt* in Eyermann, VwGO, § 47 Rn. 5 u. 6.
[1648] St. Rspr.: BVerfG, Beschl. v. 27.7.1971 - 2 BvR 443/70, BVerfGE 31, 364 (370); BVerwG, Beschl. v. 27.11.1964 – VII B 115.62; BVerwG, Beschl. v. 2.9.1983 - 4 N 1.83, BVerwGE 68, 12 (14), v. 1.8.1990 - 7 NB 2.90, v. 2.4.1993 - 7 B 38.93; v. 7.4.1997 - 2 BN 1.97, juris Rn. 8 und v. 30.8.2013 - 9 BN 2.13; vgl. auch *Ritter*, DÖV 1976, S. 802; *Panzer* in Schoch/Schneider, VwGO, § 47 Rn. 4; zur Antragsbefugnis: vgl. VGH Mannheim, Urt. v. 17.2.2014 – 5 S 3254/11.
[1649] *Ritter*, DÖV 1976, S. 802; BVerwGE 82, 225 (230, 232).
[1650] Vgl. auch BVerwGE 82, 225 (231).
[1651] BayVGH, Beschl. v. 10.11.2020 – 20 NE 20.2477, juris Rn. 15 m.w.N; BayVGH, Beschl. v. 29.3.2021 – 20 NE 21.784.
[1652] BayVGH, Beschl. v. 18.2.2021 – 20 NE 21.456, juris Rn. 19 zu § 12 Abs. 1 S. 2 bis 8 12. BayIfSMV; vgl. auch BVerfG, Beschl. v. 26.3.2021 – BvQ 30/21.
[1653] *Schmidt* in Eyermann, VwGO, § 47 Rn. 18; BVerwG, NVwZ 1990, S. 163.
[1654] *Sodan*, NVwZ 2000, S. 608; BVerwG, Beschl. v. 14.7.2011 – 4 BN 8/11, juris Rn. 5; Vgl. BayVGH, Beschl. v. 25.2.2021 – 20 NE 21.475, juris Rn. 44 m.w.N.; BayVGH, Beschl. v. 29.3.2021 – 20 NE 21.784; BayVGH, Beschl. v. 22.11.2021 – 20 NE 21.2609, juris Rn. 6.
[1655] BVerwG, Beschl. v. 14.7.2011 - 4 BN 8.11, juris Rn. 5; OVG Lüneburg, 14.5.2020 – 13 MN 156/20, juris Rn. 5 f.; Beschl. v. 28.4.2020 – 13 MN 116/20, juris Rn. 7; Beschl. v. 27.4.2020 – 13 MN 107/20, juris Rn. 4 f.; OVG Weimar, Beschl. v. 12.5.2020 – 3 EN 287/20, juris Rn. 6 f.; BayVGH, Beschl. v. 22.11.2021 – 20 NE 21.2609 zu § 3 14. BayIfSMV.

Sinne eines rechtserzeugenden Aktes eine neue Rechtsnorm hervorbringt. Möglich bleibt in diesen Fällen ein mit Blick auf den Gewaltenteilungsgrundsatz weniger problematischer Rechtsschutz in Form eines Feststellungsbegehrens gerichtet auf die gerichtliche Kontrolle untergesetzlicher Normen bzw. auf das rechtliche Erfordernis des Tätigwerdens des Normgebers.[1656] Dies bietet zwei wesentliche Vorteile: Der Rechtsschutzgarantie (Art. 19 Abs. 4 GG) wird erstens Genüge getan, und zweitens geschieht dies ohne Einkleidung in eine einklagbare Leistung gegen den Normgeber.[1657]

Aufgrund ähnlicher Überlegungen ist auch eine Leistungsklage- bzw. Verpflichtungsklage auf eine bestimmte Betätigung des Normgebers unstatthaft.[1658] Vielmehr handelt es sich bei einer Anknüpfung an das Verpflichtungsinteresse um ein noch hinreichend konkretes, feststellungsfähiges Rechtsverhältnis zwischen den Parteien.[1659] Argumentiert wird in diesem Zusammenhang vor allem mit Art. 19 Abs. 4 GG und nicht mit dem Gewaltenteilungsgrundsatz.[1660] Denn der Gewaltenteilungsgrundsatz mache die Berücksichtigung der Entscheidungsfreiheit rechtssetzender Organe vor allem beim Normerlass nötig.[1661] Die Rücksicht hierauf wird in der Tat nicht benötigt, wenn die Verletzung subjektiver Rechte bei einer schon erlassenen Norm im Raum steht, mit der der Verordnungsgeber seinen Entscheidungsspielraum bereits genutzt hat.[1662] Die Beschränkung auf einen Feststellungsantrag wird dann vielmehr zum einen daraus abgeleitet, dass ein Antrag auf Aufhebung einer nichtigen und mithin „nicht existenten Norm" ins Leere liefe.[1663] Zum anderen sprechen systematische Erwägungen dagegen, weil auch die Normenkontrolle gem. § 47 VwGO nur als Feststellungsantrag ausgestaltet ist.[1664]

    bb) Das grundsätzliche Verhältnis von § 47 Abs. 1 VwGO und § 43 VwGO
    1.) Bundesverordnungen
Problematischer ist das Verhältnis von Normenkontrolle und Feststellungsklage indes, wenn es sich nicht um eine begehrte Normergänzung handelt. In diesem Fall stellt sich bei bundesrechtlichen Rechtsverordnungen die Frage, ob die Exis-

---

[1656] *Sodan*, NVwZ 2000, S. 609; BVerwGE 7, 82; NVwZ 1990, S. 162.
[1657] *Allesch*, BayVBl. 1990, S. 120; BVerwG, Urt. v. 28.11.2007 - 9 C 10.07, BeckRS 2008, 31089.
[1658] Für die Statthaftigkeit einer allgemeinen Leistungsklage: *Duken*, NVwZ 1993, S. 546 ff.
[1659] BVerfG, Beschl. v. 17.1.2006 – 1 BvR 541/02, BVerfGE 115, 81-97, juris Rn. 51; vgl. BVerwG, Urt. v. 4.7.2002 - BVerwG 2 C 13.01, NVwZ 2002, S. 1505 (1506).
[1660] BVerwG, Urt. v. 28.6.2000 – 11 C 13/99, BVerwGE 111, 276-284, juris Rn. 30; BVerwG, Urt. v. 7.9.1989.
[1661] BVerwG, Urt. v. 28.6.2000 – 11 C 13/99, BVerwGE 111, 276-284, juris Rn. 30; vgl. hierzu auch *Hufen*, JuS 2001, S. 406 ff.
[1662] BVerwG, Urt. v. 28.6.2000 – 11 C 13/99, BVerwGE 111, 276-284, juris Rn. 30.
[1663] BVerwG, Urt. v. 28.6.2000 – 11 C 13/99, BVerwGE 111, 276-284, juris Rn. 30.
[1664] BVerwG, Urt. v. 28.6.2000 – 11 C 13/99, BVerwGE 111, 276-284, juris Rn. 30.

tenz von § 47 Abs. 1 VwGO eine Feststellungsklage gegen bundesrechtliche Rechtsverordnungen ausschließt.[1665] Der Wortlaut der Vorschrift (§ 47 Abs. 1 Nr. 2 VwGO) eröffnet die Normenkontrolle jedenfalls nur für untergesetzliche Landesvorschriften, weshalb man argumentieren könnte, die VwGO schließe bundesrechtliche Verordnungen von ihrem Rechtsschutzsystem aus. Die systematische Verortung des § 47 VwGO bei der Entscheidungskompetenz des OVG bzw. VGH streitet weder für noch gegen eine Sperrwirkung. Entscheidende Erkenntnisse kann aber die historische und eine daraus folgende teleologische Betrachtung liefern: § 47 S. 1 VwGO vom 21.1.1960[1666] beschränkt sich inhaltlich auf eine Ermächtigung der Länder – ohne bundesrechtlichen Bezug. Von der bundesrechtlich unmittelbaren Regelung der Normenkontrolle durch die OVG wurde aufgrund der Überschneidung mit der Normenkontrolle durch die Verfassungsgerichte der Länder abgesehen.[1667]

Die bisherige Regelung wurde sodann durch das Gesetz zur Änderung verwaltungsprozessualer Vorschriften[1668] in § 47 Abs. 1 Nr. 2 VwGO überführt, während in § 47 Abs. 1 Nr. 1 VwGO die Normenkontrolle gegen Satzungen und Rechtsverordnungen auf der Grundlage des BauGB eingefügt wurde. Auch in den Gesetzesmaterialien hierzu heißt es, dass es der Gesetzgeber mit § 47 VwGO in der ursprünglichen Fassung den Ländern vorbehalten lassen wollte, wie die Prüfung von Landesrecht ausgestaltet werden soll, gerade mit Blick auf die Verfassungsgerichte der Länder.[1669] Mit keinem Wort messen die Gesetzesmaterialien § 47 VwGO einen weiteren Gehalt bei als die Ausgestaltung der gerichtlichen Kontrolle landesrechtlicher Vorschriften als Teil der Eigenstaatlichkeit der Länder. Vielmehr deutet die häufige Betonung dieses Gesetzeszwecks darauf hin, dass sich die Vorschrift gerade nur auf die Befugnis der Länder beschränkt, Kontrollkompetenzen des jeweiligen OVG bzw. Verfassungsgerichts abzugrenzen.[1670] Es ist daher der Rechtsprechung zu folgen, welche eine Sperrwirkung des § 47 Abs. 1 VwGO für Bundesverordnungen, die außerhalb seines Anwendungsbereichs liegen, aus Gründen des effektiven Rechtsschutzes ablehnt.[1671]

[1665] Dagegen: *Hufen,* JuS 2001, S. 406 ff. und BVerwG, Urt. v. 28.6.2000 – 11 C 13/99, BVerwGE 111, 276-284, juris Rn. 29.
[1666] BGBl. I S. 17.
[1667] BT-Drs. 3/55 S. 33; 3/1094, S. 6.
[1668] V. 24.8.1976, BGBl. I S. 2437.
[1669] Vgl. BT-Drs. 7/4324 S. 8.
[1670] So auch BVerwG, Urt. v. 17.3.2016 – 7 CN 1/15, BVerwGE 154, 247-253; *Bettermann* in Starck/Stern, Landesverfassungsgerichtsbarkeit II, S. 467.
[1671] BVerwG, Urt. v. 28.1.2010 - 8 C 19.09, BVerwGE 136, 54, juris Rn. 24 f.; BVerwG, Urt. v. 12.9.2019 – 3 C 3/18, BVerwGE 166, 265-285; BVerwGE 111, 276; BVerfG, Beschl. v. 17.1.2006 –

Lehnt man eine Sperrwirkung ab, so stellt sich bei der Reichweite des Rechtsschutzes allerdings ein weiteres Problem: Die Feststellung der allgemeinen Ungültigkeit einer untergesetzlichen Norm lässt sich durch eine allgemeine Feststellungsklage nicht erreichen.[1672] Denn bei der Gültigkeit einer Norm handelt es sich nicht um ein feststellungsfähiges Rechtsverhältnis.[1673] Auch die Lösung über eine atypische Feststellungsklage[1674] ist kein gangbarer Lösungsweg. Er durchbricht das Rechtsschutzsystem der VwGO, indem er die Voraussetzungen des § 47 VwGO bzw. § 43 VwGO unterläuft.[1675]

Zulässig ist eine Feststellung dagegen dann, wenn sie mit der Ungültigkeit einer Norm begründet wird, aber ein konkretes Rechtsverhältnis zwischen Kläger und Beklagtem betrifft.[1676] Auf der Ebene des Individualrechtsschutzes lässt sich dem System der VwGO nicht entnehmen, dass eine Überprüfung von Rechtsakten unterhalb des formellen Gesetzes durch § 47 ausgeschlossen sein soll.[1677] Vielmehr umfasst es die richterliche Kompetenz, Rechtsakte auf die Vereinbarkeit mit höherrangigem Recht zu überprüfen, wenn es für die Entscheidung hierauf ankommt.[1678] Von einer Umgehung des § 47 Abs. 1 VwGO wird daher nicht ausgegangen, wenn die Anwendung einer Rechtsnorm auf einen konkreten Sachverhalt im Streit steht, sodass sich die Gültigkeit der Norm als Vorfrage stellt[1679] und nicht nur die Feststellung der Ungültigkeit der Norm abstrakt begehrt wird.[1680] Vielmehr schließt die Anwendung von § 43 VwGO in diesen Fällen die Rechtsschutzlücken des § 47 VwGO.[1681] Auch die Subsidiarität des § 43 Abs. 2 S. 1 VwGO steht der Feststellungsklage in diesen Fällen nicht entgegen, weil eine Umgehung der Vo-

---

1 BvR 541/02, BVerfGE 115, 81-97, juris Rn. 50; hierzu auch *Maurer/Waldhoff*, Allgemeines Verwaltungsrecht, S. 407.
[1672] BVerwG, Urt. v. 28.1.2010 - 8 C 19.09, BVerwGE 136, 54, juris Rn. 24.
[1673] *Maurer/Waldhoff*, Allgemeines Verwaltungsrecht, S. 407; kritisch hierzu: *Rupp*, NVwZ 2002, S. 286 u. 290.
[1674] Vgl. hierzu BVerwGE 129, 199 ff.; nicht überzeugend daher *Pielow*, Die Verwaltung 32 (1999), S. 479, der eine allgemeinverbindliche Feststellung der Unwirksamkeit mithilfe von § 43 VwGO fordert.
[1675] Ähnlich auch: *Schenke*, JZ 2006, S. 1013; *Happ* in Eyermann, VwGO, § 43 Rn. 9; BVerwGE 129, 199 Rn. 23.
[1676] BVerwGE 25, 151; ähnlich BVerwG NJW 1983, S. 2208: Mitgliedschaft in neugegliederter IHK; anders wohl nach früherem Recht BVerwGE 7, 30 (32 f.); vgl. auch *Pietzcker* in Schoch/Schneider, VwGO, § 43 Rn. 25.
[1677] *Rupp*, NVwZ 2002, S. 288.
[1678] BVerwG, Urt. v. 3.11.1988 - BVerwG 7 C 115.86, BVerwGE 80, 355 (363).
[1679] BVerwG, Urt. v. 9.12.1982 - BVerwG 5 C 103.81 und v. 28.6.2000 - BVerwG 11 C 13.99, BVerwGE 111, 276; so auch BVerfG, Beschl. v. 17.1.2006 - 1 BvR 541/02, BVerfGE 115, 81 (95 f.).
[1680] BVerwG, Urt. v. 9.12.1982 - BVerwG 5 C 103.81.
[1681] Zurecht daher auch *Happ* in Eyermann, VwGO, § 43 Rn. 9; angedeutet bei *Rupp*, NVwZ 2002, S. 288.

raussetzungen von Anfechtungs- bzw. Verpflichtungsklage nicht droht.[1682] Der fehlenden Vollstreckbarkeit des Feststellungsurteils ist als Grund gegen eine solche Klage auch kein maßgebliches Gewicht zuzumessen, weil ein Vollstreckungsdruck in diesen Fällen nicht notwendig ist.[1683]

2.) Landesverordnungen unter Einbeziehung der Coronaverordnungen
Auch bei Landesverordnungen geht das BVerwG von der Statthaftigkeit einer Feststellungsklage aus, wenn lediglich die Feststellung der eigenen Rechtsverletzung in einem Rechtsverhältnis auf der Grundlage einer landesrechtlichen Rechtsverordnung verfolgt wird.[1684] Bei einem solchem Begehren stünde auch die Subsidiaritätsklausel des § 43 Abs. 2 S. 1 VwGO nicht entgegen, weil eine Gestaltungs- bzw. Leistungsklage dem Betroffenen nicht zu seinem Recht verhelfen würde, ohne dass dabei explizit auf die Normenkontrolle eingegangen wird.[1685] Anderer Ansicht was das BVerwG früher, als es von einem Vorrang des Verfahrens nach § 47 Abs. 1 VwGO ausging.[1686] Dies galt nach zweifelhafter Ansicht des BVerwG auch, wenn es an einer landesrechtlichen Regelung zur Kontrollfähigkeit der untergesetzlichen Landesnormen fehlte.[1687] In diesem Fall wurde die gerichtliche Kontrolle anhand der VwGO als völlig ausgeschlossen angesehen.[1688] Ergänzend hat das BVerwG hinzugefügt, dass sich dies erst recht in Bundesländern ergebe, in denen die Kontrolle des untergesetzlichen Landesrechts vorgesehen sei. Denn dann würde die Subsidiarität der Feststellungsklage (§ 43 Abs. 2 S. 1 VwGO) gegen die Statthaftigkeit einer Feststellungsklage sprechen.[1689] Die Normenkontrolle wird dabei der Möglichkeit einer die Zulässigkeit der Feststellungsklage ausschließenden Gestaltungsklage (vgl. § 43 Abs. 2 S. 1 VwGO) gleichgestellt, konträr zum obigen Begründungsansatz.

Der BayVGH ist dieser Rechtsprechung des BVerwG entgegengetreten und lehnte eine Umgehung des § 47 VwGO durch die inzidente Kontrolle einer Rechtsverordnung wegen der inter-partes-Wirkung ab; es sei dann vor allem Sache des Verordnungsgebers, aus einer präjudiziellen Entscheidung im Rahmen einer Feststel-

---

[1682] Vgl. BVerwG, Urt. v. 29.4.1997 - BVerwG 1 C 2.95.
[1683] BVerwG, Urt. v. 28.6.2000 – 11 C 13/99, BVerwGE 111, 276-284.
[1684] BVerwG, Urt. v. 12.12.2019 – 8 C 8/19, BVerwGE 167, 202-211; vgl. BVerwG, Urt. v. 23.8.2007 - 7 C 13.06, NVwZ 2007, 1311 (1312) und v. 12.9.2019 - 3 C 3.18, juris Rn. 20 ff., 24.
[1685] BVerwG, Urt. v. 12.12.2019 – 8 C 8/19, BVerwGE 167, 202-211, juris Rn. 14.
[1686] BVerwG, Beschl. v. 21.3.1974 – VII B 97.73, juris Rn. 9; vgl. auch BVerwG, Urt. v. 3.5.1956 - BVerwG I C 29.54, BVerwGE 3, 265 (266); Urt. v. 9.5.1958 - BVerwG IV C 227.57, BVerwGE 7, 30 (32).
[1687] BVerwG, Beschl. v. 27.11.1964 – VII B 115.62, juris Rn. 17.
[1688] BVerwG, Beschl. v. 27.11.1964 – VII B 115.62, juris Rn. 17; BVerwG, Beschl. v. 18.1.1958 - BVerwG I B 184.57.
[1689] BVerwG, Beschl. v. 21.3.1974 – VII B 97.73, juris Rn. 9.

lungsklage Konsequenzen zu ziehen.[1690] Wieder anders sieht der BayVGH dies aber, wenn im Wege des Eilrechtsschutzes vordergründig die Feststellung der Unwirksamkeit der Norm begehrt wird.[1691] Dann müsse eine Umgehung der Voraussetzungen des § 47 Abs. 6 VwGO durch § 123 Abs. 1 VwGO verhindert werden.[1692] Im Eilverfahren könne man daher nicht die Rechtsprechung des BVerwG fruchtbar machen, wonach eine Feststellungsklage trotz zulässigem Normenkontrollverfahren statthaft sei.[1693] Prüfungsmaßstab sei nämlich im Eilverfahren nach § 47 Abs. 6 VwGO grundsätzlich die Erfolgsaussicht der Hauptsache.[1694] Wenn diese gegeben ist, müssten aber daneben Belange des Antragstellers bzw. der Allgemeinheit treten, die von einem solchem Gewicht sein müssen, dass eine vorläufige Regelung in Bezug auf die Umsetzbarkeit der Hauptsache unaufschiebbar ist.[1695] Sind die Erfolgsaussichten offen, so geht der BayVGH von der Zulässigkeit einer vorläufigen Regelung im Rahmen der einstweiligen Normenkontrolle nur aus, wenn bei einer Folgenabwägung Erwägungen für eine einstweilige Anordnung die gegenläufigen Interessen deutlich im Sinne einer dringenden Gebotenheit überwiegen.[1696] Ein derartiges deutliches Überwiegen fordere § 123 Abs. 1 VwGO bei offenen Erfolgsaussichten gerade nicht.[1697] Aufgrund dieser unterschiedlichen Voraussetzungen geht der BayVGH bei coronabedingten BayIfSMV aufgrund der landesweiten, kurzen Geltung und der Vielzahl an zu befürchtenden Gerichtsverfahren von einer ausschließlichen Statthaftigkeit des § 47 Abs. 6 VwGO aus.[1698] Anderes sei nur denkbar, wenn der Antragsteller unter prinzipieller Weitergeltung der Norm fest-

---

[1690] BayVGH, Urt. v. 25.11.2019 – 3 BV 17.1857, juris, Rn. 16 ff., so auch *Happ* in Eyermann, VwGO, § 123 Rn. 17; dem folgt auch VG Regensburg, Beschl. v. 12.6.2020 – RN 14 E 20.963 bei einer Inzidentkontrolle der 5. BayIfSMV.
[1691] BayVGH, Beschl. v. 18.6.2020 – 20 CE 20.1388 zur 5. BayIfSMV unter Abänderung von VG Regensburg, Beschl. v. 12.6.2020– RN 14 E 20.963; in Anschluss daran: VG Regensburg, Beschl. v. 23.6.2020 – RO 14 E 20.1057; so auch VG Schleswig, Beschl. v. 30.4.2020 – 1 B 70/20, juris Rn. 3; VG Augsburg, Beschl. v. 28.4.2020 - Au 9 E 20.720.
[1692] BayVGH, Beschl. v. 18.6.2020 – 20 CE 20.1388, juris Rn. 4 f.
[1693] Vgl. BVerwG, Urt. v. 28.6.2000 – 11 C 13.99, BVerwGE 111, 276-284; Urt. v. 28.1.2010 – 8 C 19/09, juris Rn. 24 f.
[1694] BayVGH, Beschl. v. 18.6.2020 – 20 CE 20.1388, juris Rn. 5; BVerwG, Beschl. v. 25.2.2015 – 4 VR 5.14, ZfBR 2015, 381 Rn. 12 und v. 16.9.2015 – 4 VR 2.15, juris Rn. 4.
[1695] BayVGH, Beschl. v. 18.6.2020 – 20 CE 20.1388, juris Rn. 5.
[1696] BayVGH, Beschl. v. 18.6.2020 – 20 CE 20.1388, juris Rn. 5 mit Verweis auf: BVerwG, Beschl. v. 30.4.2019 – 4 VR 3/19.
[1697] BayVGH, Beschl. v. 18.6.2020 – 20 CE 20.1388, juris Rn. 5 a.E.
[1698] BayVGH Beschl. v. 18.6.2020 – 20 CE 20.1388, juris Rn. 6; OVG NRW Beschl. v. 28.12.2021 – 8 B 536/21, löst den Widerspruch durch Zulassung des Antrags nach § 123 Abs. 1 VwGO unter Anwendung des Prüfungsmaßstabs von § 47 Abs. 6 VwGO.

gestellt haben will, dass ein bestimmter Sachverhalt – gegebenenfalls nach Auslegung der Norm –[1699] nicht in den Anwendungsbereich falle.

Unabhängig vom Kontext der Coronapandemie und auch vom Eilverfahren ist es vor dem Hintergrund der Prozessökonomie und der Rechtssicherheit überzeugend, die Normkontrolle in Ländern, in denen von der Ermächtigung des § 47 Abs. 1 Nr. 2 VwGO Gebrauch gemacht wurde, als lex specialis anzusehen.[1700] Zielt das Rechtsschutzbegehren, nach dem sich die Statthaftigkeit maßgeblich entscheidet (§ 88 VwGO), im Kern auf eine Unwirksamkeitserklärung ab, so ist allein das Normenkontrollverfahren statthaft. Daher muss zunächst eine genaue Herausarbeitung des Rechtsschutzziels geleistet werden. Auch wenn eine (Nicht-)Anwendung der Vorschrift auf einen konkreten Fall begehrt wird, kann sich das Begehren unmittelbar gegen die Verordnungsbestimmung richten,[1701] wenn sich der Antragsteller im Wesentlichen auf die Verfassungswidrigkeit stützt und das Rechtsschutzbegehren nicht durch Auslegung[1702] erreicht werden kann,[1703] sondern allenfalls mit einer (Teil-)Kassation. In diesen Fällen ist allein der Normenkontrollantrag statthaft. Er dient der Rechtsklarheit ebenso wie der Prozessökonomie[1704] und der Gleichmäßigkeit des Verwaltungshandelns[1705] und ist daher für diese Fälle zu präferieren.

Steht dem Bürger nach dem Landesrecht der Weg der prinzipalen Normenkontrolle nicht zu, kann er im Wege der allgemeinen Feststellungsklage nach § 43 Abs. 1 VwGO Rechtsschutz ersuchen.[1706] Überzeugend ist es daher, auch bei untergesetzlichen Normen die Feststellungsklage für zulässig zu erachten, wenn eine Normergänzung gefordert wird.[1707] Auch die fehlende Anwendbarkeit einer Norm kann

---

[1699] Vgl. hierzu auch VG Bayreuth, Beschl. v.16.11.2020 – B 7 E 20.1226.
[1700] VG München, Beschl. v. 24.11.2020 – M 26a E 20.5958; ähnlich auch *Lenk,* JA 2021, S. 391.
[1701] Vgl. VG München, Beschl. v. 3.7.2020 – M 26 E 20.2789.
[1702] VG Augsburg, Beschluss vom 9.7.2020 – Au 9 E 20.1168: Zur Auslegung von Normen der 6. BayIfSMV im Rahmen einer statthaften Feststellungsklage.
[1703] Vgl. VG Bayreuth, Beschl. v. 3.5.2021 – B 7 E 21.508: Hier wird lediglich eine Gleichstellung mit ausnahmsweise geöffneten Läden (§ 12 Abs. 1 S. 2 der 12. BayIfSMV) gefordert, ohne dies mit einer Auslegung erreichen zu wollen bzw. zu können; vgl. hierzu auch BayVGH, Beschl. v. 18.6.2020 – 20 CE 20.1388.
[1704] So deutlich: BT-Drs. III/1094 S. 6 zu § 46 VwGO; BT-Drs. 7/4324 S. 6; BVerwGE 56, 172 (178), NJW 1978, 2522; 81, 128 (137), NVwZ 1989, 458; 94, 335 (338), NVwZ 1994, 1213.
[1705] *Panzer* in Schoch/Schneider, VwGO, § 47 Rn. 3.
[1706] BVerfGE 115, 81 (95 ff.); BVerwGE 111, 276 (278 ff.).
[1707] BayVGH, Beschl. v. 22.11.2021 – 20 NE 21.2609, juris Rn. 6 zur Gleichstellung von PCR-Getesteten mit Genesenen nach i.S.d. § 3 14. BayIfSMV i.V.m. § 2 Nr. 4 SchAusnahmV.

mithilfe einer Feststellungsklage geltend gemacht werden, wenn es nicht in erster Linie um die Ungültigkeit der Vorschrift geht.[1708]

Zusammenfassend lässt sich festhalten, dass vor einer Diskussion über Statthaftigkeit und Bedürfnis nach bestimmten Klagearten eine „Destillation" des Rechtsschutzbegehrens stehen muss. Die Forderung des § 88 VwGO muss insofern ernstgenommen werden. Wird demnach die Feststellung der Nichtanwendbarkeit der Norm auf einen bestimmten Sachverhalt begehrt, ist eine Feststellungsklage mangels Sperrwirkung des § 47 VwGO statthaft. Wird die Nichtanwendbarkeit dabei nicht auf die Auslegung der Norm gestützt, sondern vordergründig auf die Verfassungswidrigkeit der Regelung, kann das Rechtsschutzbegehren nur in Form der Feststellung der Unwirksamkeit der Norm (§ 47 VwGO) verfolgt werden.[1709] Außerhalb des Anwendungsbereichs von § 47 VwGO kann eine Feststellung der individuellen Rechtsverletzung des Klägers auch durch eine Feststellungsklage erreicht werden. In Ländern, in denen von der Möglichkeit des § 47 Abs. 1 Nr. 2 VwGO daher kein Gebrauch gemacht wurde, kann eine allgemeine Feststellungklage angestrengt werden.[1710]

2. Verfassungsrechtliche Rechtsbehelfe

a) Verfassungsbeschwerde

Eine weitere mögliche Rechtsschutzmöglichkeit gegen bundes- und landesrechtliche Verordnungen außerhalb des Systems der VwGO ergibt sich aus Art. 93 Abs. 1 Nr. 4 a GG, § 90 Abs. 1 BVerfGG[1711] einschließlich des Eilrechtsschutzes nach § 32 BVerfGG.[1712] Der Erfolg des Antrags ist davon abhängig, ob der Antragsteller geltend machen kann in Grundrechten bzw. grundrechtsgleichen Rechten verletzt zu sein.[1713] Außerdem bedarf es gem. § 90 Abs. 2 S. 1 BVerfGG der Rechtswegerschöpfung bzw. der Wahrung der Subsidiarität der Verfassungsbeschwerde.[1714] An letzterem scheiterten Beschwerdeführer häufig bei Verfassungsbeschwerden gegen Coronaverordnungen, da zunächst ein fachgerichtlicher Schutz unter anderem

---

[1708] bei *Remmert* in Maunz/Dürig, GG, Art. 80 Rn. 140 mit Verweis auf BVerwGE 136, 54-74 etwas ungenau; zum Spezialfall einer fehlenden Normsetzungsbefugnis: BVerwGE 136, 54 ff.
[1709] A.a. *Pietzcker* in Schoch/Schneider, VwGO, § 43 Rn. 52.
[1710] BVerfG, Abl. einst. An. v. 10.4.2020 – 1 BvQ 26/20, juris Rn. 12 a.E.
[1711] *Remmert* in Maunz/Dürig, GG, Art. 80 Rn. 142; *Bethge* in Schmidt-Bleibtreu/Klein/ders., BVerfGG, § 90 Rn. 188 ff.
[1712] Ausführlich hierzu: *Zuck/Zuck*, NJW 2020, S. 2303 f.
[1713] *Wolff* in Hömig/ders., GG, Art. 93 Rn. 30; BVerfG, Beschl. v. 8.7.2021 – 1 BvR 2771/18, BVerfGE 158, 170-202, juris Rn. 22.
[1714] *Detterbeck*, AöR 136 (2011), S. 258 f.; *Walter* in Dürig/Herzog/Scholz, GG, Art. 93 Rn. 370; vorrangig ist grds. auch eine Inzidentkontrolle: BVerfGE 71, 305 ff. [Milch-Garantiemengen-Verordnung].

in Form des Normenkontrollverfahrens nach der VwGO anzustreben ist.[1715] Die Verfassungsbeschwerde ist demnach auch dann subsidiär, wenn die Verordnung lediglich eine kurzfristige Geltungsdauer umfasst und während des Normenkontrollverfahrens außer Kraft treten könnte, da auch außer Kraft getretene Normen Gegenstand eines Normkontrollverfahrens sein können.[1716] Eine Ausnahme von der Subsidiarität lässt das BVerfG auch erstens nicht zu, wenn einstweiliger Rechtsschutz nach § 47 Abs. 6 VwGO aufgrund einer nicht nur summarischen Prüfung abgelehnt wurde.[1717] Denn insbesondere, wenn – wie im Rahmen der Coronapandemie – noch keine höchstrichterliche bzw. obergerichtliche Rechtsprechung vorliegt, seien anderslautende Entscheidungen im Hauptsacheverfahren nicht ausgeschlossen.[1718]

Zweitens wird Zulässigkeit auch vor dem Hintergrund spezifisch verfassungsrechtlicher Fragen[1719] nicht ausnahmsweise angenommen.[1720] Eine solche spezifisch verfassungsrechtliche Frage wird verneint, da die grundrechtliche Vereinbarkeit sich auch durch indifferente Zustände in den Ländern unterschiedlich entwickeln kann.[1721] Mit dieser etwas unglücklich formulierten Begründung weist das BVerfG im Wesentlichen auf die zum Entscheidungszeitpunkt noch teilweise unklare tatsächliche Sachlage in Form der Risikobewertung bzw. epidemiologischen Lage hin. Die fehlende Aufarbeitung durch die Fachgerichte führt das BVerfG im Übrigen auch gegen die dritte denkbare Ausnahme von der Subsidiarität in Form der allgemeinen Bedeutung der Sache an (§ 90 Abs. 2 S. 2 BVerfGG).[1722] Der weiten Auslegung der Subsidiarität bzw. Rechtswegerschöpfung ist dabei im Ergebnis auch im Rahmen der Coronapandemie zuzustimmen. Sie verhindert den Missbrauch der

---

[1715] BVerfG, Nichtan. v. 3.6.2020 – 1 BvR 990/20; BVerfG, Abl. einst. An. v. 10.4.2020 – 1 BvQ 26/20, juris Rn. 11 f.; differenzierend: BVerfG, Nichtan. v. 26.5.2021 – 1 BvR 1185/21 [Leitsätze 1 u. 2].
[1716] BVerwG, 29.06.2001, 6 CN 1/01, wonach ein Normenkontrollantrag gegen eine aufgehobene Rechtsnorm zulässig sein kann, wenn vergangene Sachverhalte noch nach ihr zu entscheiden sind oder wenn während des Normenkontrollverfahrens eine auf kurzfristige Geltung angelegte Norm etwa wegen Zeitablaufs außer Kraft getreten ist.
[1717] BVerfG, Nichtan. v. 3.6.2020 – 1 BvR 990/20, juris Rn. 9 mit Verweis auf BayVGH, Beschl. v. 28.4.2020 - 20 NE 20.849, juris Rn. 28.
[1718] BVerfG, Nichtan. v. 3.6.2020 – 1 BvR 990/20, juris Rn. 9.
[1719] BVerfG, 18.12.2018, 1 BvR 2795/09; BVerfGE 150, 309 (327 Rn. 44).
[1720] Vgl. BVerfG, 31.3.2020, 1 BvR 712/20 zur Verwerfungskompetenz der Fachgerichte bei untergesetzlichen Normen.
[1721] BVerfG, Nichtan. v. 3.6.2020 – 1 BvR 990/20, juris Rn. 12.
[1722] BVerfG, Nichtan. v. 3.6.2020 – 1 BvR 990/20, juris Rn. 12 a.E.; BVerfG, Beschl. v. 31.3.2020 - 1 BvR 712/20, juris Rn. 17; BVerfGE 8, 222 (227); 13, 284 (289).

Verfassungsbeschwerde als Primärrechtsschutzinstrument[1723] gegen jegliche Art von Normen, sichert die Schaffung einer ausreichenden Tatsachengrundlage[1724] bzw. die Klärung wesentlicher rechtlicher Fragen vor einer Anrufung des BVerfG[1725] und wahrt neben der Entlastung des BVerfG die Zuständigkeit der Fachgerichte.[1726]

b) Sonstige verfassungsrechtliche Rechtsbehelfe
Eine gerichtliche Überprüfung einer Rechtsverordnung kann dabei nicht nur von den durch sie betroffenen Bürgern angestoßen werden. Eine weitere Kontrollmöglichkeit des normativen Ermessens bietet auf Bundesebene Art. 84 Abs. 4 S. 2 GG i.V.m. Art. 93 Abs. 1 Nr. 5 GG. Eine konkrete Normenkontrolle ist ausgeschlossen, weil Art. 100 Abs. 1 GG nur formelle Gesetze erfasst.[1727] Bundes- und landesrechtliche Rechtsverordnungen können jedoch Gegenstand der abstrakten Normenkontrolle vor dem Bundesverfassungsgericht sein (Art. 93 Abs. 1 Nr. 2 GG, § 76 Abs. 1 Nr. 1 BVerfGG).[1728] Je nach anwendbarem Landesrecht, können Rechtsverordnungen des Landes auch durch Normenkontrollanträge bei den Landesverfassungsgerichten überprüft werden. In Bayern besteht nach Art. 98 S. 4 BV i. V. m. § 55 Abs. 1 S. 1 VfGHG[1729] die Möglichkeit einer Popularklage.[1730]

Von dieser Möglichkeit wurde auch gegen Coronaverordnungen ausgiebig Gebrauch gemacht.[1731] Im Rahmen der Popularklage ist allerdings ihr eingeschränkter Prüfungsmaßstab zu beachten, der auf Landesrecht beschränkt ist.[1732] Bei auf bundesrechtlichen Ermächtigungen beruhendem Landesrecht prüft der BayVerfGH daher auch anhand des Rechtsstaatsgebots (Art. 3 Abs. 1 S. 1 BV) nicht umfassend, ob der Normgeber die rechtlichen sowie tatsächlichen Anforderungen der Ermächtigung zutreffend beurteilt hat oder ob weitere bundesrechtliche Vor-

---

[1723] Treffend, aber in anderem Sinnzusammenhang: *Walter* in Dürig/Herzog/Scholz, GG, Art. 93 Rn. 378.
[1724] Vgl. BVerfG, Beschl. v. 10.11.2015 – 1 BvR 2056/12, Rn. 10.
[1725] *Wolff* in Hömig/Wolff, GG, Art. 94 Rn. 7; BVerfGE 79, 1 (20); 97, 157 (165); 120, 274 (300).
[1726] *Walter* in Dürig/Herzog/Scholz, GG, Art. 93 Rn. 378; vgl. zum Verhältnis auch: *Isensee* in Franzius/Lejeune, Festschrift für Michael Kloepfer, S. 51 ff.
[1727] Vgl. BVerfGE 1, 184 (201) zu einer Polizeiverordnung; zur verfassungsrechtlichen Normenkontrolle ausführlich: *Isensee* in Franzius/Lejeune, Festschrift für Michael Kloepfer, S. 39 ff.
[1728] Vgl. BVerfGE 18, 407 (Leitsatz): Landesrecht trotz bundesrechtlicher Ermächtigung.
[1729] Gesetz über den Bayerischen Verfassungsgerichtshof v. 10.5.1990, GVBl. S. 122, 231.
[1730] *Kempen* in Becker/Heckmann/ders./Manssen, Öffentliches Recht in Bayern, S. 50.
[1731] Vgl. nur zu den Ausgangsbeschränkungen: BayVerfGH, Entsch. v. 9.2.2021 – Vf. 6-VII-20; vorangehend: BayVerfGH, Entsch. v. 26.3.2020 – Vf. 6-VII-20.
[1732] *Wolff* in Lindner/Möstl/ders., Verfassung des Freistaats Bayern, Art. 98 Rn. 55; BayVerfGHE 41, 151 (156).; 12, 1 (27); 13, 153 (160); 24, 199 (216); 28, 107 (118); 41, 119 (124); 41, 151 (156); 52, 104 (137 f.); 58, 253 ff.

schriften für den Regelungsgehalt der Landesnorm zutreffend eingeschätzt wurden.[1733] Ein Verstoß gegen Bundesrecht ist daher nur insofern entscheidungsrelevant für die Popularklage, als hierin gleichfalls ein Verstoß gegen die Bayerische Verfassung zu sehen ist.[1734] Dabei ist zu berücksichtigen, dass Art. 3 Abs. 1 S. 1 BV keine vollumfängliche Schutzwirkung dahingehend bietet, dass jeder formelle bzw. materielle Verstoß einer abgeleiteten Landesrechtsnorm gegen Bundesrecht sogleich als Verletzung der Bayerischen Verfassung darstellt.[1735] Das Rechtsstaatsgebot aus Art. 3 Abs. 1 S. 1 BV ist vielmehr erst dann verletzt, wenn sich der Normgeber offenkundig der Rechtsordnung des Bundes widersetzt und eine Landesnorm daher offensichtlich ohne Rechtsetzungsbefugnis erlässt.[1736]

Trotz dieses eingeschränkten Prüfungsmaßstabs kam es oftmals zu Überschneidungen mit Anträgen nach § 47 VwGO vor dem BayVGH bzw. verfassungsrechtlichen Rechtsbehelfen auf Bundesebene, wie es unter anderem bei den grundrechtsintensiven Ausgangsbeschränkungen der Fall war.[1737] Die Rechtsschutz*möglichkeiten* erhöhen sich dabei quantitativ gesehen. Unterschiedliche Entscheidungen der Gerichte trugen gleichwohl längerfristig betrachtet zur Rechtsunsicherheit bei. Denn zum einen sah sich der Normgeber mit mehreren Ansichten zu entscheidenden Rechtsfragen konfrontiert. Es fiel daher schwerer die künftige Normgebung in Form der Coronaverordnungen an bestimmten Maßstäben und Grenzen auszurichten. Aus der Perspektive des Bürgers wurde es zum anderen – noch mehr als sonst – zum Problem, die Erfolgsaussichten von Rechtsbehelfen einzuschätzen.

3. Probleme im Eilrechtsschutz

Das Normenkontrollverfahren macht es möglich, Fragen nach der Wirksamkeit untergesetzlicher Normen aus Gründen des objektiven Rechtsschutzes[1738] frühzeitig zu klären. Hiermit wird die Bedeutung für den beschleunigten Rechtsschutz bzw.

[1733] BayVerfGH, Entsch. v. 3.12.2013, BayVerfGHE 66, 187/192.
[1734] BayVerfGHE 50, 76 (98).
[1735] BayVerfGHE 42, 21 (26); 44, 41 (49); 47, 77 (81); 48, 87 (94); 55, 66 (70); 56, 198 ff.; 57, 48.
[1736] BayVerfGH, Entsch. v. 16.6.2015, BayVerfGHE 68, 139 Rn. 43; v. 4.4.2017, BayVBl 2017, 553 Rn. 26; v. 17.7.2020 – Vf. 23-VII-19, juris Rn. 37; BayVerfGH, Entsch. v. 12.8.2020 – Vf. 34-VII-20, juris Rn. 16.
[1737] Für eine Wirksamkeit der Ausgangsbeschränkungen: BayVerfGH, Entsch. v. 9.2.2021 – Vf. 6-VII-20; a.A.: BVerfG, Abl. einst. An. v. 7.4.2020 – 1 BvR 755/20; BayVGH, Beschl. v. 12.1.2021 – 20 NE 20.2933; vgl. zu Ausgangsbeschränkungen auch *Guckelberger*, NVwZ Extra 9a (2020), S. 607; zu nächtlichen Ausgangsbeschränkungen: BayVGH, Beschl. v. 14.12.2020 – 20 NE 20.2907, NJW 2021, S. 178 ff. m. Anm. *Kießling*.
[1738] BT-Drs. 7/4324 S. 6; BVerwGE 56, 172 (178), NJW 1978, S. 2522; BVerwGE 81, 128 (137), NVwZ 1989, S. 458; BVerwGE 94, 335 (338), NVwZ 1994, S. 1213.

die Rechtsklarheit betont.[1739] Das normative Rechtsetzungsermessen der Exekutive wirft indes diffizile Fragen auf, die in den zahlreichen Eilverfahren keine hinreichende Klärung fanden. In den ersten Monaten, gar im ersten Jahr der Pandemie, ergingen nahezu ausschließlich Entscheidungen im Eilverfahren,[1740] wie es unter anderem bei den grundrechtsintensiven Ausgangsbeschränkungen im Frühjahr 2020 der Fall war. Sowohl in Verfahren nach Art. 26 Abs. 1 VfGHG[1741] als auch nach § 32 BVerfGG[1742] entschieden die Gerichte lediglich auf der Basis einer Folgenabwägung aufgrund von offenen Erfolgsaussichten.[1743] Dies galt wegen der neuen Rechtsprechung des BVerwG[1744] auch für den einstweiligen Rechtsschutz nach § 47 Abs. 6 VwGO.[1745] Die Hauptsacheentscheidungen zu den Ausgangsbeschränkungen ergingen rund ein Jahr später.[1746] Eine im Ergebnis andere Entscheidung traf dabei zwar nicht der BayVerfGH,[1747] wohl aber der BayVGH.[1748]

Die Folgenabwägungen fielen nicht nur bei den Ausgangsbeschränkungen, sondern auch im Übrigen regelmäßig und zwar in rund 82 % der Fälle zugunsten des Gesundheitsschutzes aus,[1749] der bei einer Aussetzung der Ausgangsbeschränkungen als gefährdet angesehen wurde, weil die durch die Regelungen unterbundenen sozialen Kontakte ohne diese ungehindert stattfinden könnten.[1750] Dies allein spricht zwar nicht gegen einen ausreichenden Rechtsschutz, allerdings wurden nicht unerhebliche Zweifel hinsichtlich der Ermächtigungsgrundlagen, namentlich

---

[1739] BVerwG, Urt. v. 16.1.2003 – 4 CN 8/01, BVerwGE 117, 313; vgl. auch BVerwGE 56, 172 (178 f.), NJW 1978, S. 2522.
[1740] Anschaulich hierzu die graphische Auswertung von *Kruse/Langner*, NJW 2021, S. 3708; *Gärditz*, NJW 2021, S. 2761.
[1741] BayVerfGH, Entsch. v. 26.3.2020 – Vf. 6-VII-20; vgl. zu den strengen Voraussetzungen des Verfahrens: BayVerfGH, Entsch. v. 13.1.1995, VerfGHE 48, 1 (3 f.); v. 4.11.2010, VerfGHE 63, 188 (192); v. 5.12.2019 – Vf. 9-VII-19, juris Rn. 17; zur inter-omnes Wirkung: BayVerfGH, Entsch. v. 6.5.1965, VerfGHE 18, 50; VerfGHE 63, 188 (192f.); BayVerfGH, Entsch. v. 21.12.2017, NVwZ-RR 2018, S. 593 Rn. 13.
[1742] BVerfG, Abl. einst. An. v. 7.4.2020 – 1 BvR 755/20; Abl. einst. An. v. 10.4.2020 – 1 BvR 762/20; zu § 32 BVerfGG ausführlich: *Zuck/Zuck*, NJW 2020, S. 2303 ff.
[1743] Zum Prüfungsmaßstab ausführlich: *Schoch*, NVwZ 2022, S. 1 ff.
[1744] Wegweisend: BVerwG, Beschl. v. 25.2.2015 – 4 VR 5/14, BeckRS 2015, 42594 Rn. 12; vgl. ausführlich zur korrigierten Rechtsprechung des BVerwG: *Schoch*, NVwZ 2022, S. 1 ff.
[1745] BayVGH, Beschl. v. 30.3.2020 – 20 NE 20.632; bestätigt für den inhaltsgleichen § 4 BayIfSMV, GVBl. Nr. 9/2020, S. 194: BayVGH, Beschl. v. 9.4.2020 – 20 NE 20.663.
[1746] Vgl. BayVerfGH, Entsch. v. 9.2.2021 – Vf. 6-VII-20; BayVGH, Beschl. v. 12.1.2021 – 20 NE 20.2933.
[1747] BayVerfGH, Entsch. v. 9.2.2021 – Vf. 6-VII-20.
[1748] BayVGH, Beschl. v. 4.10.2021 – 20 N 20.767 zu § 4 Abs. 2 und 3 der 1. BayIfSMV.
[1749] *Kruse/Langner*, NJW 2021, S. 3708 f.; vgl. auch *Schmitz/Neubert*, NVwZ 2020, S. 667.
[1750] BayVerfGH, Entsch. v. 26.3.2020 – Vf. 6-VII-20, juris Rn. 15 ff.; BVerfG, Abl. einst. An. v. 7.4.2020 – 1 BvR 755/20; BVerfG, Abl. einst. An. v. 10.4.2020 – 1 BvR 762/20.

§§ 28 Abs. 1 S. 1, 32 IfSG bzw. des späteren § 28a IfSG, gehegt, unter anderem im Zusammenhang mit langwierigen Betriebsschließungen.[1751] Wurden die Bedenken an der ausreichenden Rechtsgrundlage im Verlaufe der Pandemie auch noch so laut, änderte dies nichts an der Vornahme einer Folgenabwägung, die diese zum Schweigen brachte.[1752] Begründet wurde die Ablehnung der Anträge unter anderem zusätzlich mit dem strengen Maßstab des § 47 Abs. 6 VwGO,[1753] für dessen Merkmal der dringenden Gebotenheit zur Abwehr schwerer Nachteile eine Unvereinbarkeit mit höherrangigem Recht schon im Eilverfahren feststehen muss.[1754]

Die Verfassungsmäßigkeit der Rechtsgrundlage spielt hierbei zwangsläufig eine Rolle – vor allem bei erheblichen Grundrechtseinschränkungen – wobei auch die Gewährung vorläufigen Rechtsschutzes denkbar ist unter gleichzeitiger Vorlage im Wege der konkreten Normenkontrolle.[1755] Hierbei ist indes zu berücksichtigen, dass das Gericht gerade von der Verfassungswidrigkeit überzeugt sein muss (Art. 100 Abs. 1 S. 1 GG: „Hält ein Gericht [...] für verfassungswidrig"). Zweifel oder Bedenken an der Verfassungsmäßigkeit reichen gerade nicht aus.[1756] Hieraus wurde gefolgert, dass eine Außervollzugsetzung im Verfahren nach § 47 Abs. 6 VwGO aufgrund deren Konsequenzen nur möglich sein kann, wenn die Verfassungswidrigkeit offenkundig ist bzw. besonders schwere Zweifel an der Verfassungsmäßigkeit bestehen.[1757] Andernfalls ist es in der Tat schwer denkbar im Rahmen einer summarischen Prüfung zu einer Überzeugung von der Verfassungswidrigkeit zu gelangen. Wenn solche Zweifel fehlen, so seien die „Gesetze, die unter der Herrschaft des Grundgesetzes erlassen worden sind, zu befolgen".[1758] Dies betont die alleinige Verwerfungskompetenz des BVerfG.[1759]

[1751] Vgl. VGH Mannheim, Beschl. v. 9.4.2020 – 1 S 925/20; vgl. auch zu §§ 24-26 der 7. BayIfSMV: BayVGH, Beschl. v. 29.10.2020 – 20 NE 20.2360, juris Rn. 38 f.
[1752] BayVGH, Beschl. v. 14.4.2020 – 20 NE 20.763, juris Rn. 14 f.; Beschl. v. 14.4.2020 – 20 NE 20.735, juris Rn. 15 f.; Beschl. v. 7.9.2020 – 20 NE 20.1981, juris Rn. 25 ff. unter Verweis auf BayVGH, Beschl. v. 27.4.2020 – 20 NE 20.793 [Leitsatz 3]; BayVGH, Beschl. v. 29.10.2020 – 20 NE 20.2360, BeckRS 2020, 28521 Rn. 28 ff.
[1753] Ausführlich zu diesem im Zusammenhang mit der Pandemie, vgl.: *Lenk*, JA 2021, S. 388 ff.
[1754] BayVGH, Beschl. v. 12.11.2020 – 20 NE 20.2463, juris Rn. 28; *Lenk*, JA 2021, S. 394.
[1755] BVerfG, Beschl. v. 15.12.2011 – 2 BvR 2362/11, BeckRS 2012, 45915; BVerfG, Beschl. v. 4.3.2014 – 2 BvL 2/13, juris Rn. 17.
[1756] *Dederer* in Dürig/Herzog/Scholz, GG, Art. 100 Rn. 128 f.; BVerfGE 1, 184 (189); BVerfG, Beschl. v. 26.2.2020 – 1 BvL 1/20, juris Rn. 10.
[1757] BayVGH, Beschl. v. 8.12.2020 – 20 NE 20.2461, juris Rn. 22 zu §§ 3 Abs. 1, 13 Abs. 1 9. BayIfSMV auf der Grundlage von § 28a Abs. 1 IfSG.
[1758] BayVGH, Beschl. v. 8.12.2020 – 20 NE 20.2461, juris Rn. 23.
[1759] BayVGH, Beschl. v. 29.3.2007 - 19 CS 07.397, BeckRS 2007, 29584.

Im Eilverfahren wurde zudem häufig der Einwand gebracht, eine in Kraft getretene Norm dürfe von den Gerichten wegen der Gestaltungsfreiheit des Normgebers nur zurückhaltend eine Aussetzung erfahren.[1760] Beides führte dazu, dass die als schwerwiegend und zum Teil irreversibel eingestuften Grundrechtseingriffe[1761] die befürchteten Nachteile einer Außervollzugsetzung nicht überwogen. Zuweilen wurden Kernfragen der Rechtmäßigkeit von dauerhaften einschneidenden Grundrechtseingriffen zwar identifiziert, aber auf die Hauptsacheentscheidung verlagert. So wurde unter anderem offengelassen, ob und in welchem Umfang dem Normgeber ein Beurteilungsspielraum zustehe bei der Frage, in welchen Schritten und anhand welcher Kriterien eine Wiederöffnung der Wirtschaft möglich ist und inwiefern dies überhaupt gerichtlich überprüft werden könne.[1762] Selbst bei der Feststellung einer unangemessen Regelung sah die Rechtsprechung zuweilen von einer vorläufigen Außervollzugsetzung ab, um die Wirksamkeit des Gesamtkonzepts nicht zu gefährden.[1763] So wurde unter anderem trotz der Feststellung eines Ermessensdefizits (Art. 5 Abs. 3 GG) bei der Schließung sämtlicher Bibliotheken auf eine Folgenabwägung verwiesen.[1764]

Vor dem Hintergrund des Art. 19 Abs. 4 GG kann diese verwaltungsrechtliche bzw. verfassungsgerichtliche Praxis nur als ungenügend bezeichnet werden.[1765] Die Befürwortung der anfänglichen Aufrechterhaltung als „vernünftig und situationsangemessen"[1766] überzeugt vor diesem Hintergrund nicht. Erstens erstreckte sich diese gerichtliche Praxis zeitlich über weite Teile der Pandemie.[1767] Rechtliche Fragen sind zweitens nicht vom summarischen Prüfungsumfang betroffen,[1768] son-

---

[1760] BayVerfGH, Entsch. v. 26.03.2020 – Vf. 6-VII-20, juris Rn. 19; vgl. auch BayVerfGH, NVwZ-RR 2018, S. 593 Rn. 18; BVerfG, Abl. einst. An. v. 25.9.2000, NVwZ 2000, S. 1409; v. 18.5.2016, NVwZ 2016, S. 1171.
[1761] BayVerfGH, Entsch. v. 26.3.2020 – Vf. 6-VII-20, juris Rn. 14.
[1762] BayVGH, Beschl. v. 29.5.2020 – 20 NE 20.1165, juris Rn. 15; BayVGH, Beschl. v. 3.7.2020 – 20 NE 20.1492, juris Rn. 16 mit Verweis auf BVerwG, Urt. v. 22.3.2012 – 3 C 16.11, BVerwGE 142, 205, juris Rn. 20.
[1763] BayVerfGH, Entsch. v. 8.5.2020 – Vf. 34-VII-20, juris Rn. 125 zur ausnahmslosen Maskenpflicht.
[1764] BayVGH, Beschl. v. 19.1.2021 – 20 NE 21.76, juris Rn. 34 ff. [§ 22 der 11. BayIfSMV].
[1765] Zutreffend daher *Klafki*, JuS 2020, S. 513; in diese Richtung auch *Gärditz*, NJW 2021, S. 2761; weniger kritisch: *Schmitz/Neubert*, NVwZ 2020, S. 667; vgl. auch BVerfGE 69, 315 (364), BeckRS 1985, 108894.
[1766] *Gärditz*, NJW 2021, S. 2761.
[1767] *Kruse/Langner*, NJW 2021, S. 3708 f.; vgl. auch *Schmitz/Neubert*, NVwZ 2020, S. 667; vgl. zu einer der wenigen Ausnahmen: SaarlVerfGH, NVwZ-RR 2020, S. 514: Aufhebung einer inkohärenter Kontaktbeschränkung.
[1768] Dennoch auch summarisch prüfend: VG Hamburg, Beschl. v. 20.3.2020 – 10 E 1380/20; VG Schleswig, BeckRS 2020, 4048; VG Hannover, BeckRS 2020, 4665.

dern bereits einer abschließenden Klärung im Eilrechtsschutz zuzuführen.[1769] Die neuerliche Tendenz des BVerfG[1770] eine rechtliche Vollprüfung im Eilverfahren nur ausnahmsweise durchzuführen, ist vor dem Hintergrund des Art. 19 Abs. 4 GG sowie gewichtiger Unterschiede zwischen Tatsachen- und Rechtsfragen abzulehnen,[1771] weil letztere nicht anhand eines Wahrscheinlichkeitsmaßstab beurteilt werden können.[1772] Selbst wenn man zudem der Ansicht des BVerfG folgt, wäre eine derartige rechtliche Vollprüfung in den überwiegenden Verfahren vorzunehmen. Denn eine Ausnahme von der summarischen Prüfung der Sach- und Rechtslage soll sich aus Art. 19 Abs. 4 GG ergeben, wenn ohne die Gewährung vorläufigen Rechtsschutzes schwere, unzumutbare Beeinträchtigungen drohen.[1773] Die Gerichte müssten sich mit zunehmender Grundrechtsrelevanz „schützend und fördernd vor die Grundrechte des Einzelnen stellen".[1774] Vor dem Hintergrund der starken Grundrechtsbetroffenheit durch Ausgangs- und Kontaktbeschränkungen hätte konsequenterweise auch nach der Ansicht des BVerfG eine Vollprüfung oder zumindest eine eingehendere Prüfung stattfinden müssen.

Drittens ist es Aufgabe der Judikative eine qualitative Entscheidungs*findung* zu gewährleisten und nicht ein gesellschaftlich wünschenswertes Entscheidungs*ergebnis* zu produzieren.[1775] Daher ist denjenigen beizupflichten, die eine gewisse Irritation in Bezug auf die Grundeinstellung der Gerichte bekunden, trotz rechtlicher Zweifel die Coronaverordnungen um jeden Preis aufrechterhalten zu wollen.[1776] Die unzulässige Verlagerung diverser Rechtsfragen in die Hauptsache führte daher dazu, dass diese in der überwiegenden Anzahl der Fälle nicht mehr abschließend geklärt wurden. Denn § 47 Abs. 1 VwGO setzt im Grundsatz eine noch

---

[1769] *Klafki*, JuS 2020, S. 513; *Stache*, JuWissBlog 69 (2020); BVerfGE 69, 315 (364), BeckRS 1985, 108894.
[1770] BVerfG, Beschl. v. 12.7.2018 – 1 BvR 1401/18, NVwZ 2018, S. 1466; BVerfG, Beschl. v. 26.6.2018 – 1 BvR 733/18, BeckRS 2018, 15707; BVerfG, Beschl. v. 14.9.2016 – 1 BvR 1335/13, NVwZ 2017, S. 149; BVerfG, Beschl. v. 6.2.2013 – 1 BvR 2366/12, NZS 2013, S. 459, BeckRS 2013, 47807.
[1771] Zutreffend daher: *Heinemann*, NVwZ 2019, S. 518 ff.; OVG Koblenz BeckRS 2015, 48109.
[1772] *Kuhla* in Posser/Wolff, BeckOK VwGO, § 123 Rn. 78.
[1773] BVerfG, Beschl. v. 26.6.2018 – 1 BvR 733/18, BeckRS 2018, 15707 Rn. 3; BVerfG, Beschl. v. 6.2.2013 – 1 BvR 2366/12, NZS 2013, 459, BeckRS 2013, 47807; vgl. *Heinemann*, NVwZ 2019, S. 517.
[1774] BVerfG, Beschl. v. 26.6.2018 – 1 BvR 733/18, BeckRS 2018, 15707 Rn. 3.
[1775] Treffend: *Schoch*, NVwZ 2022, S. 4 unter kritischer Betrachtung der Rechtsprechung zu § 28b IfSG: BVerfG, NVwZ 2021, S. 789 m. Anm. *Hecker*, JZ 2021, 950 m. Anm. *Lepsius*; BVerfG-K NVwZ 2021, 980: BVerfG-K NVwZ 2021, S. 982.
[1776] *Schmitt*, JöR 69 (2021), S. 477 in der ersten Phase der Pandemiebekämpfung; *Klafki*, JöR 69 (2021), S. 595; deutlich auch: *Schoch*, NVwZ 2022, S. 4.

gültige Norm als Antragsgegenstand voraus.[1777] Tritt eine nahezu inhaltsgleiche Regelung an die Stelle der alten Regelung, änderte dies an der Unzulässigkeit der Hauptsache grundsätzlich nichts.[1778]

Eine Ausnahme von der Unzulässigkeit wird nur gemacht, wenn vergangene Sachverhalte noch nach der Norm zu entscheiden sind[1779] oder wenn eine Norm mit kurzer Geltungsdauer während des Verfahrens nach § 47 Abs. 1 VwGO wegen Zeitablaufs außer Kraft trat.[1780] Zusätzlich muss der Antragsteller allerdings nach Außerkrafttreten ein berechtigtes Interesse[1781] an der nachträglichen Feststellung der Unwirksamkeit der Norm haben.[1782] Dies ist dann gegeben, wenn die Feststellung präjudizielle Wirkung für die Frage nach der Rechtmäßigkeit behördlichen Verhaltens und damit für Entschädigungs- oder Schadensersatzansprüche haben kann[1783] oder wenn eine schwerwiegende Grundrechtsverletzung im Raum steht.[1784] Letzteres wurde unter anderem mit Blick auf Betriebsschließungen[1785] und Ausgangsbeschränkung bejaht, weil neben die kurze, eine Entscheidung in der Hauptsache verhindernde Geltungsdauer zusätzlich der schwerwiegende Grundrechtseingriff durch die Verordnung selbst ohne vermittelnden Vollzugsakt der Verwaltung trete.[1786]

II. Zeitpunkt der gerichtlichen Kontrolle

Ehe der sachliche Kontrollgegenstand näher dargelegt wird, ist es notwendig den zeitlichen Punkt der Ermessenskontrolle festzuhalten. Mit der prinzipalen Norm-

---

[1777] Vgl. nur BayVGH, Beschl. v. 12.8.2021 – 20 N 20.1117; vgl. schon VGH Mannheim, VBlBW. 1998, S. 349.
[1778] BayVGH, Beschl. v. 12.8.2021 – 20 N 20.1117, juris Rn. 21.
[1779] BayVGH, Beschl. v. 12.8.2021 – 20 N 20.1117, juris Rn. 20 f.
[1780] BayVGH, Beschl. v. 12.8.2021 – 20 N 20.1117, juris Rn. 20; BayVGH, Beschl. v. 4.10.2021 – 20 N 20.767, juris Rn. 30 zur Ausgangsbeschränkung der 1. BayIfSMV; vgl. auch BVerwG, Urt. v. 29.6.2001 – 6 CN 1.01, juris Rn. 10; Beschl. v. 2.9.1983 – 4 N 1.83, juris Rn. 9.
[1781] vgl. BVerwG, Beschl. v. 2.9.1983 – 4 N 1.83, BVerwGE 68, 12; Beschl. v. 14.6.2018 – 3 BN 1.17; BVerfG, Beschl. v. 15.7.2020 – 1 BvR 1630/20, Rn. 9.
[1782] BVerwG, Beschl. v. 14.6.2018 – 3 BN 1.17, juris Rn. 19; Beschl. v. 2.9.1983 – 4 N 1.83, juris Rn. 11.
[1783] BVerwG, Beschl. v. 26.5.2005 - 4 BN 22.05, juris Rn. 5; Urteil vom 19.2.2004 - 7 CN 1.03, juris Rn. 14.
[1784] BVerwG, Beschl. v. 26.5.2005 – 4 BN 22.05, juris Rn. 5; Beschl. v. 2.8.2018 – 3 BN 1.18, juris Rn. 5.
[1785] Vgl. hierzu OVG Magdeburg, 30.6.2022 – 3 K 55/20, juris Rn. 59
[1786] BayVGH, Beschl. v. 4.10.2021 – 20 N 20.767, juris Rn. 30; BVerfG, Beschl. v. 9.4.2020 – 1 BvR 802/20, juris Rn. 13; BVerfG, Beschl. v. 3.6.2020 – 1 BvR 990/20, juris Rn. 8; Beschl. v. 15.7.2020 – 1 BvR 1630/20, juris Rn. 9; vgl. auch OVG Bautzen, Urt. v. 21.4.2021 – 3 C 8/20.

kontrolle nach § 47 VwGO können jedenfalls nur bereits erlassene Normen angegriffen werden, eine vorbeugende Normkontrolle ist in der nicht vorgesehen.[1787] Die Beschlussfassung des Normgebers an sich ist nicht ausschlaggebend für die gerichtliche Entscheidung über die Rechtmäßigkeit der Norm.[1788] Die Sphäre des Normgebers hat die in der Entstehung begriffene Norm nämlich noch nicht verlassen. Erst ab der Verkündung einer Norm[1789] und damit ab dem Zeitpunkt, ab welchem die Norm selbst Geltung beansprucht,[1790] entsteht eine – nach außen gerichtete – Wirkung der Norm.[1791] Bis zu diesem Zeitpunkt erfolgende Sachverhaltsänderungen bzw. Änderungen der Rechtslage sind zu beachten.[1792]

Der Zeitpunkt der Bekanntmachung ist für die Rechtmäßigkeit der Norm auch entscheidend, wenn die Bekanntmachung nicht mit dem Zeitpunkt des Inkrafttretens zusammenfällt;[1793] in Ausnahmefällen kann dies anders sein, wenn das Inkrafttreten der Regelung bewusst auf einen späteren Zeitpunkt verlagert wird, um etwaige Rechtsänderungen oder tatsächliche Veränderungen abzuwarten.[1794] Eine neue Ermessensausübung muss im Übrigen nicht bei jeder veränderten Rechts- oder Sachlage einer aufgrund von Mängeln bei der Bekanntmachung noch nicht in Kraft getretenen Norm erforderlich werden, wenn die Ermessensbetätigung die Norm auch in Ansehung der veränderten Verhältnisse trägt.[1795] Stets eine neue Ermessensbetätigung zu fordern, wäre eine unnötige Förmelei, die dem Rechtsschutz des Einzelnen nicht dienen würde.

Insbesondere bei Verordnungen auf der Grundlage der §§ 28 Abs. 1, 28a IfSG ist indes zu beachten, dass den Verordnungsgeber eine Evaluierungs-[1796] und Anpas-

---

[1787] *Besler*, Probleme der Normenkontrolle, S. 227; *Papier* in Erichsen/Hoppe/v. Mutius, Festschrift für Christian-Friedrich Menger, S. 529; *Wysk* in ders., VwGO, § 47 Rn. 18; BVerwG, DVBl. 1963, 112 (1123); BayVGH, DVBl. 1975, 665; BayVBl. 1986, 497 (498); BVerwG, NVwZ 1992, S. 1088; BayVBl. 1999, S. 760.
[1788] Vgl. *Schmidt* in Eyermann, VwGO, § 47 Rn. 12; BVerwG, NVwZ 1992, S. 1088.
[1789] BVerwGE 1, 396 (410); BVerwG, BauR 2002, S. 446; OVG Bautzen, NVwZ 1998, S. 527; VGH Kassel, BauR 1982, S. 135.
[1790] *Ziekow* in Sodan/ders., VwGO, § 47 Rn. 65; BVerwG, ZfBR 1992, S. 239; OVG Greifswald, NordÖR 2000, S. 37.
[1791] *Wysk* in ders., VwGO, § 47 Rn. 18; ungenau bei *Panzer* in Schoch/Schneider, VwGO, § 47 Rn. 111 a.E.
[1792] BVerwGE 56, 283 (288) anhand eines Bebauungsplans; BVerwG, UPR 1996, S. 151 hinsichtlich einer Naturschutzverordnung.
[1793] *Schmidt* in Eyermann, VwGO, § 47 Rn. 12.
[1794] Dies erkennt auch *Weitzel*, Rechtsetzungsermessen, S. 228.
[1795] Vgl. BVerwG, UPR 1996, S. 151.
[1796] BayVGH, NVwZ 2020, S. 635; NVwZ 2020, S. 632; allgemein hierzu: BVerfGE 141, 220, NVwZ 2016, S. 839.

sungspflicht trifft.¹⁷⁹⁷ Dies ergibt sich vor allem aus dem Wortlaut der Ermächtigungsgrundlage, die von „notwendigen Schutzmaßnahmen" spricht, die nur getroffen werden können, „soweit und solange" es zur Verhinderung der Verbreitung übertragbarer Krankheiten erforderlich ist. Der sich hierin widerspiegelnde Verhältnismäßigkeitsgrundsatz macht es zwingend, die Notwendigkeit von Schutzmaßnahmen unter Berücksichtigung des aktuellen Infektionsgeschehens und neuer wissenschaftlicher Erkenntnisse fortwährend zu überprüfen.¹⁷⁹⁸ Prinzipiell ist es vor allem in diesen Fällen denkbar, dass die Ermessensausübung die untergesetzliche Norm ursprünglich bei Erlass der Vorschrift trug und später durch eine andere Lage oder neue Erkenntnisse überholt wird. Aufgrund der stets vorgesehenen Befristung der Coronaverordnung bereitete diese Fragestellung kaum ein Problem während der Coronapandemie. Wo diese Schwierigkeit auftritt, wird eine Norm grundsätzlich nachträglich materiell rechtswidrig¹⁷⁹⁹ und der Normgeber hat grundsätzlich die Pflicht, sein Ermessen neu auszuüben. Bis zur Schaffung einer Neuregelung kann in der Übergangszeit mit einer an die Rechtsprechung zum Übergangsrecht angelehnten Fehlerfolge begegnet werden, unter Einbezug der Besonderheiten des jeweiligen Regelungsgegenstandes.¹⁸⁰⁰

III. Rechtmäßigkeitsanforderung: Verfassungsmäßige Rechtsgrundlage

Die Abhängigkeit der untergesetzlichen Norm von ihrer Ermächtigungsgrundlage schlägt sich in der gerichtlichen Prüfung vor allem durch die Notwendigkeit einer formell und materiell verfassungsgemäßen Rechtsgrundlage nieder,¹⁸⁰¹ die jedenfalls bei deren Ausfertigung in Kraft getreten sein muss.¹⁸⁰² Eine nach der Ausfertigung in Kraft getretene Ermächtigungsgrundlage kann dagegen die Nichtigkeit der

---

¹⁷⁹⁷ *Schmitz/Neubert*, NVwZ 2020, S. 668; vgl. zur Pflicht des Gesetzgebers: BVerfGE 113, 167, NVwZ 2006, S. 569.
¹⁷⁹⁸ BayVGH, NVwZ 2020, S. 635; BayVGH, NVwZ 2020, S. 632; ähnlich OVG Münster, Beschl. v. 6.4.2020 – 13 B 398/20. NE, BeckRS 2020, 5158 Rn. 63.
¹⁷⁹⁹ *Panzer* in Schoch/Schneider, VwGO, § 47 Rn. 111 a.E.; a.A. hierzu *Steiner* in Berkemann/mann/Gaentzsch, Festschrift für Otto Schlichter, S. 325.
¹⁸⁰⁰ So die flexible Lösung von *Panzer* in Schoch/Schneider, VwGO, § 47 Rn. 111; vgl. auch BayVGH, BayVBl. 1982, S. 730.
¹⁸⁰¹ Näheres zu den Voraussetzungen: *v. Danwitz*, Gestaltungsfreiheit, 73 ␣f.; *Schnelle*, Eine Fehlerfolgenlehre für Rechtsverordnungen, passim; BVerfG, Urt. v. 10. 5. 1960 – 1 BvR 190/53, BVerfGE 14, 105 (122).
¹⁸⁰² Ausführlicher: *Lepa*, AöR 105 (1980), 365 f.; auch auf die Ausfertigung abstellend: *Mann* in Sachs, GG, Art. 80 Rn. 7 und *Schönenbroicher*, BayVBl. 2011, 626; vgl. auch BVerfG Urt. v. 26. 7. 1972 – 2 BvF 1/71, BVerfGE 34, 9 (23).

ohne Rechtsgrundlage ergangenen Norm nicht heilen.[1803] Zu beachten hat der Gesetzgeber insbesondere die Delegationsverbote, welche eine Übertragung der Rechtsetzungskompetenz an die Exekutive verbieten (vgl. Art. 79 Abs. 1 S. 1 GG, Art. 104 Abs. 1 S. 1 GG, Art. 110 Abs. 2 GG[1804]). Für Rechtsverordnungen ergibt sich das Erfordernis einer gesetzlichen Grundlage bereits aus Art. 80 GG. Aufgrund des Vorbehalts des Gesetzes bzw. der Wesentlichkeitstheorie[1805] muss auch die überwiegende Anzahl von Satzungen auf einer gesetzlichen Ermächtigungsgrundlage fußen, soweit sie in Rechte der Einzelnen eingreifen,[1806] obwohl sich das Recht zum Satzungserlass grundsätzlich aus der Autonomie der jeweiligen Körperschaft ergibt.[1807]

Art. 80 Abs. 1 S. 2 GG erweitert dabei die materiellen Anforderungen an die Rechtsgrundlage bei Rechtsverordnungen.[1808] Die Rechtsgrundlage muss dementsprechend Inhalt, Zweck und Ausmaß der Ermächtigung festlegen, wobei die Anforderungen an die Bestimmtheit sich am Vorbehalt des Gesetzes bzw. dem Wesentlichkeitsgrundsatz orientieren.[1809] Die Ermächtigungsgrundlagen für die Coronaverordnungen wurden im Laufe der Pandemie (zwangsläufig) angepasst. Da sie den wesentlichen Rahmen vorgeben, in dem sich das untergesetzliche Normsetzungsermessen überhaupt nur abspielen kann, sind sie im Folgenden einer näheren Betrachtung zuzuführen.

1. Ursprüngliche Rechtsgrundlage

a) Grundlegendes zu § 28 Abs. 1 IfSG
Die Schutzmaßnahmen ergingen zunächst auf der Grundlage von § 28 Abs. 1 IfSG in der Fassung vom 1.3.2020[1810] in Form von Allgemeinverfügungen bzw. Rechtsverordnungen (§ 32 IfSG).[1811] § 28 Abs. 1 IfSG wurde im Rahmen der Pandemie

---

[1803] Vgl. BVerwGE 137, 30.
[1804] Bzgl. Art. 110 Abs. 2 GG ist dies strittig, vgl. *Remmert* in Dürig/Herzog/Scholz, Art. 80 Rn. 56; BVerfG, Beschl. v. 27. 6. 2002 – 2 BvF 4/98, BVerfGE 106, 1 (22).
[1805] Ausführlich hierzu: *Remmert* in Dürig/Herzog/Scholz, Art. 80 Rn. 57 ff.; BVerfG Urt. v. 14. 7. 1998 – 1 BvR 1640/97, BVerfGE 98, 218 (250 f.)
[1806] *Detterbeck,* Allgemeines Verwaltungsrecht, S. 323.
[1807] *Papier* in Blümel/Merten/Quaritsch, Festschrift für Carl Hermann Ule, S. 252 ff.; *Hill* in Ständige Deputation I, 58. Deutscher Juristentag, S. D 14 ff.
[1808] Vgl. *Uhle,* Parlament und Rechtsverordnung, S. 160; BVerfGE 143, 38 ff.
[1809] BVerfGE 150, 1.
[1810] Vgl. Art. des 1 des Maserschutzgesetzes v. 10.2.2020, BGBl. I S. 148.
[1811] Vgl. auch *Gärditz/Abdulsalam*, GSZ 2020, S. 108; *Guckelberger*, NVwZ Extra 9a (2020) S. 1; *Klafki,* JuS 2020, S. 511; Siegel, NVwZ 2020, S. 577 ff.

erstmals am 27.3.2020 geändert.[1812] Die wesentliche Änderung bezog sich auf die Integration des bisherigen § 28 Abs. 1 S. 2 Hs. 2 IfSG in den neuen § 28 Abs. 1 S. 1 IfSG und die Möglichkeit der Feststellung der epidemischen Lage nationaler Tragweite.[1813] Diese Änderungen wurde mit der Normenklarheit begründet.[1814] Bei diesem Effekt bleibt es jedoch nicht, da die bisherige Einschränkung des § 28 Abs. 1 S. 2 Hs. 2 IfSG („bis die notwendigen Schutzmaßnahmen durchgeführt worden sind") im neuen § 28 Abs. 1 S. 1 IfSG nicht mehr enthalten ist.[1815] Die Gerichte gingen im Rahmen der Kontrolle von Allgemeinverfügungen, beispielsweise bezüglich Betretungsverboten von bestimmten pädagogischen Einrichtungen[1816] oder Betriebsuntersagungen,[1817] zunächst nicht davon aus, dass es sich um eine unzureichende Rechtsgrundlage handele.[1818] Auch die erste Anpassung des § 28 Abs. 1 IfSG vom 27.3.2020 änderte hieran nichts.[1819] Mit Blick auf den Parlamentsvorbehalt und mehrwöchigen Betriebsschließungen waren die Einschätzungen indes ambivalent: Die Rechtsgrundlage böte eine verfassungsmäßige Grundlage für unter anderem Betriebsschließungen auch gegenüber „Nichtstörern".[1820]

Das Stützen von dauerhaften, einschneidenden Maßnahmen auf die Generalklausel muss allerdings kritisch gesehen werden. Dies erkennt die Rechtsprechung im Verlauf der mehrmonatigen starken Grundrechtseingriffe[1821] zwar, nimmt es aber nicht zum Anlass, die hierauf gestützten Verordnungen für unwirksam zu erklären.[1822] Auch die Änderung vom 27.3.2020 vermag nichts daran zu ändern, dass

---

[1812] Art. 1 des Gesetzes zum Schutz der Bevölkerung bei einer epidemischen Lage von nationaler Tragweite v. 27.3.2020, BGBl. I S. 587.
[1813] *Brüning/Thomsen*, NVwZ 2021, S. 1184.
[1814] BT-Drs. 19/18111; kritisch: *Tsambikakis/Kessler* in Esser/Tsambikakis, Pandemiestrafrecht, S. 23; *Heuser*, StV 6 (2020), S. 428.
[1815] Vgl. *Rixen*, NJW 2020, S. 1099; kritisch hierzu auch: *Bethge*, Verfassungsblog, Ausgangssperre.
[1816] VG Bayreuth, Beschl. v. 11.3.2020 – B 7 S 20.223, juris Rn. 44 f.
[1817] VG München, Beschl. v. 20.3.2020 – M 26 E 20.1209, juris Rn. 35 f.; VG München, Beschl. v. 20.3.2020 – M 26 S 20.1222, juris Rn. 12, Rn. 15 ff.
[1818] Vgl. auch VG Schleswig Beschl. v. 22.3.2020 – 1 B 17/20, BeckRS 2020, 4048; VG Freiburg Beschl. v. 25.3.2020 – 4 K 1246/20, BeckRS 2020, 4437; VG Stuttgart Beschl. v. 14.3.2020 – 16 K 1466/20, BeckRS 2020, 3739; VG Aachen Beschl. v. 21. und 24.3.2020 – 7 L 230/20, 7 L 233/20.
[1819] BayVGH, Beschl. v. 4.10.2021 – 20 N 20.767, juris Rn. 42.
[1820] VG Regensburg, Beschl. v. 12.6.2020 – RN 14 E 20.963, juris Rn. 106 zu § 11 Abs. 5 der 5 BayIfSMV; vgl. auch BayVGH, Beschl. v. 28.5.2020 – 20 NE 20.1017, juris Rn. 13; BayVGH, Beschl. v. 9.4.2020 – 20 NE 20.704, juris, Rn. 13.
[1821] Dies betonend: *Schmitz/Neubert*, NVwZ 2020, S. 666 f.
[1822] Vgl. schon zu Beginn: VGH Mannheim, Beschl. v. 9.4.2020 – 1 S 925/20, juris Rn. 37; BayVGH, Beschl. v. 27.4.2020 – 20 NE 20.793, juris Rn. 45; Beschl. v. 29.10.2020 – 20 NE 20.2360; Beschl. v. 6.11.2020 – 20 NE 20.2466; VG Mainz, Beschl. v. 1.11.2020 – 1 L 843/20, BeckRS 2020, 28713 Rn. 11; VG Hamburg, Beschl. v. 10.11.2020 – 13 E 4550/20, BeckRS 2020, 30379 Rn. 6 ff.

diese Regelungen auf die Größenordnung eines weltweiten pandemischen Geschehens nicht zugeschnitten waren.[1823] Denn die Ermächtigungsgrundlage war ursprünglich nur als allgemeinverbindliche Regelungsgrundlage lokal beschränkter Gefahren konzipiert, wie unter anderem die Gesetzesbegründung anhand von Badeverboten für nur bestimmte Gewässer zeigt.[1824]

Nicht unbegründet waren daher die wissenschaftliche Stimmen, die bereits zu Beginn der Pandemie Zweifel an der Verfassungsmäßigkeit des § 28 Abs. 1 IfSG in Bezug auf die Einhaltung des Wesentlichkeitsgrundsatzes anmeldeten,[1825] weil die Ermächtigungsgrundlage einen breiten Handlungsspielraum zugunsten der Exekutive einräumt – zunächst ohne eine parlamentarische Beteiligung.[1826] Zu Beginn der Pandemie können diese Bedenken gleichwohl nicht vollumfänglich geteilt werden.[1827] Denn die Anforderungen des Vorbehalts des Gesetzes bzw. des Wesentlichkeitsgrundsatzes[1828] sowie des Art. 80 Abs. 1 GG können nicht abstrakt, sondern nur unter Einbezug der Besonderheiten der Sachmaterie bestimmt werden.[1829] Einer detailreichen Ermächtigungsgrundlage bedarf es daher einerseits nicht, wenn der Verordnungsgeber eine Regelung einfacher und rascher auf einem aktuellen Stand halten kann als es der parlamentarische Gesetzgeber könnte.[1830] Andererseits streiten aber schwerwiegende Eingriffe eher für eine Anlegung strikterer Maßstäbe an die Regelungsdichte der gesetzlichen Grundlage.[1831] So formu-

---

[1823] VGH Mannheim, Beschl. v. 9.4.2020 – 1 S 925/20, juris Rn. 37 ff; BayVGH, Beschl. v. 14.4.2020 – 20 NE 20.763, juris Rn. 15; Beschl. v. 14.4.2020 – 20 NE 20.735, juris Rn. 17; BayVGH, Beschl. v. 29.5.2020 – 20 NE 20.1165, juris; BayVGH, Beschl. v. 10.6.2020 – 20 NE 20.1320, juris Rn. 23; BayVGH, Beschl. v. 3.7.2020 – 20 NE 20.1492.
[1824] vgl. BT-Drs. 8/2468 S. 21.
[1825] Vgl. *Bäcker*, Corona in Karlsruhe; *Edenharter*, Die Rechtswidrigkeit der Ausgangssperre; *Kingreen*, Whatever it Takes?.
[1826] *Bethge*, Verfassungsblog, Ausgangssperre; *Tsambikakis/Kessler* in Esser/Tsambikakis, Pandemiestrafrecht, S. 21; vgl. auch *Klafki*, Risiko und Recht, S. 351.
[1827] BayVerfGH, Entsch. v. 9.2.2021 – Vf. 6-VII-20, juris Rn. 51, der von einer „den Anforderungen [...] noch genügenden Ermächtigungsgrundlage" in Bezug auf Ausgangsbeschränkungen ausgeht; zutreffend daher: *Rixen*, NJW 2020, S. 1099; a.A. *Pautsch/Haug*, NJ 2020, S. 282 mit Art. 80 Abs. 4 GG als Lösungsansatz; dagegen: *Brocker*, NVwZ 2020, S. 1487 f.
[1828] *Kingreen*, NJW 2021, S. 2766: „Verschränkung von Rechtsstaats- und Demokratieprinzip"; treffend auch: BayVGH, Beschl. v. 29.10.2020 – 20 NE 20.2360, juris Rn. 29; vgl. zur Ausgestaltung von Regelungen auch: BVerfG, Beschl. v. 14.3.1989 – 1 BvR 1033/82, BVerfGE 80, 1, 20; Beschl. v. 21.4.2015 – 2 BvR 1322/12, BVerfGE 139, 19.
[1829] BayVerfGH, Entsch. v. 9.2.2021 – Vf. 6-VII-20, juris Rn. 50; vgl. zu dieser Ausgangsbeschränkung zuvor: BayVerfGH, Entsch. v. 26.3.2020 – Vf. 6-VII-20; BVerfG, Abl. einst. An. v. 7.4.2020 – 1 BvR 755/20; in Anschluss daran: BVerfG, Abl. einst. An. v. 10.4.2020 – 1 BvR 762/20.
[1830] BayVerfGH, Entsch. v. 9.2.2021 – Vf. 6-VII-20, juris Rn. 50; vgl. auch BVerfGE 56, 1 (13); BVerfGE 143, 38 Rn. 57.
[1831] Vgl. BVerfG, Beschl. v. 3.11.1982, BVerfGE 62, 203 (210); BayVerfGH, Beschl. v. 22.11.1996, VerfGHE 49, 160 (165).

liert der BayVGH mit Blick auf Art. 80 Abs. 1 S. 2 GG, dass je schwerwiegender die Auswirkungen auf potentielle Adressaten einer Verordnung auf der Grundlage der Ermächtigungsgrundlage sein könnten, desto strenger seien auch die Anforderungen ihrer Bestimmtheit.[1832]

In diesem Spannungsfeld bewegt sich § 28 Abs. 1 IfSG. Er erlaubte in beiden eben erwähnten Fassungen mangels einer näheren Eingrenzung der Schutzmaßnahmen auch Maßnahmen mit hoher Eingriffsintensität (z.B. Ausgangsbeschränkungen).[1833] Gleichzeitig muss berücksichtigt werden, dass es sich bei § 28 Abs. 1 IfSG um eine gefahrenabwehrrechtliche Generalklausel handelt,[1834] die der Exekutive aufgrund der nicht absehbaren Gefährdungslagen durch unterschiedliche und auch neuartige übertragbare Krankheitserreger (§ 2 Nr. 3 IfSG) ein breites Handlungsspektrum bieten muss.[1835] Kann eine Gefahr ex ante noch nicht überblickt werden, fehlt es auch an der näheren Normierbarkeit der entsprechenden Reaktionsmöglichkeiten[1836] durch den Gesetzgeber in Bezug auf die Wahrnehmung der staatlichen Schutzpflichten.[1837] Insofern hat sich der Gesetzgeber zulässigerweise am früheren § 34 Abs. 1 S. 1 BSeuchG orientiert, um eine flexible Reaktionsmöglichkeit der Exekutive bei der Eindämmung von Infektionsgeschehen zu erreichen.[1838]

Gleichwohl kennt das Grundgesetz auch in Ausnahmefällen keinen Verzicht auf Grundrechte.[1839] Einen solchen Verzicht fordert aber auch § 28 Abs. 1 IfSG nicht: Bei der Verhältnismäßigkeit ist zu berücksichtigen, dass er der Erfüllung der staatlichen Schutzpflicht des Art. 2 Abs. 2 GG dient.[1840] Die Verfassungsmäßigkeit, insbesondere die Verhältnismäßigkeit, wird durch die Beschränkung des „behördli-

---

[1832] BayVGH, Beschl. v. 4.10.2021 – 20 N 20.767, juris Rn. 44.
[1833] Vgl. hierzu u.a. BayVerfGH, Entsch. v. 9.2.2021 – Vf. 6-VII-20, juris Rn. 43 ff.
[1834] BT-Drs. 8/2468, 27; *Rixen*, NJW 2020, S. 1099. VG München, Beschl. v. 24.3.2020 – 26 S 20.1252, BeckRS 2020, 6126 Rn. 26; vgl. auch *Klafki*, Risiko und Recht, S. 306; *Siegel*, NVwZ 2020, S. 577.
[1835] Vgl. BT-Drs. 8/2468, 27; BT-Drs. 14/2530, 74 f.; vgl. BVerwGE 142, 205, NJW 2012, 2823 Rn. 24; OVG Berlin-Brandenburg, Beschl. v. 17.4.2020 – OVG 11 S 22/20, BeckRS 2020, 6142 Rn. 12; OVG Bremen, Beschl. v. 9.4.2020 – 1 B 97/20, BeckRS 2020, 5629 Rn. 25; OVG Lüneburg, Beschl. v. 29.5.2020 – 13 MN 185/20, BeckRS 2020, 10749 Rn. 27; OVG Schleswig, NJW 2020, 1382 Rn. 28; BayVerfGH, Beschl. v. 21.10.2020 – Vf. 26-VII-20, BeckRS 2020, 27679 Rn. 18; *Rixen*, RuP 56 (2020), S. 109 f.; *Siegel*, NVwZ 2020, S. 581; *Fleischfresser* in Kluckert, Infektionsschutzrecht, § 13 Rn. 20.
[1836] *Greve*, NVwZ 2020, S. 1787; *Kloepfer*, VVDStRL 40 (1982), S. 76 f.; *Papier*, Freiheitsrechte in Zeiten der Pandemie, DRiZ 2020, 180.
[1837] Hierzu: *Siegel*, NVwZ 2020, 581; kritisch aber *Heuser*, StV 6 (2020), 427.
[1838] Vgl. BT-Drs. 14/2530, 74 f.; vgl. BayVerfGH, Entsch. v. 9.2.2021 – Vf. 6-VII-20, juris Rn. 52.
[1839] *Rixen*, RuP 56 (2020), S. 109; *Kluckert* in ders., Infektionsschutzrecht, § 2 Rn. 86.
[1840] BayVGH, Beschl. v. 4.10.2021 – 20 N 20.767, juris Rn. 48.

chen (Auswahl-)ermessens"[1841] auf die notwendigen Schutzmaßnahmen sichergestellt. Zusätzlich muss es sich um verhältnismäßige Schutzmaßnahmen handeln, wie die Rechtsgrundlage durch die einschränkenden Worte „soweit und solange" klarstellt.[1842] Die Änderung des § 28 Abs. 1 IfSG in Form der Einfügung des zweiten Halbsatzes durch das Gesetz zum Schutz der Bevölkerung bei einer epidemischen Lage von nationaler Tragweite bewirkte zudem eine Konkretisierung in Bezug auf mögliche Ausgangsbeschränkungen bzw. Betretungsverbote.[1843]

Unter anderen Vorzeichen stünde die Verfassungsmäßigkeit im Laufe der Pandemie, wenn § 28 Abs. 1 IfSG unverändert als Rechtsgrundlage für umfangreiche und dauerhafte Grundrechtsbeschränkungen herangezogen worden wäre.[1844] Denn mit der Dauer der Pandemie und damit auch mit dem Andauern der grundrechtlich – teils eingriffsintensiven – Beschränkungen wuchs auch das Bedürfnis nach demokratischer Legitimation.[1845] Mit zunehmendem Erkenntnisgewinn fiel zudem stückweise das Argument weg, der parlamentarische Gesetzgeber könne wegen einer fehlenden Vorhersehbarkeit der Gefahren durch die jeweilige Infektionskrankheit die Lage nicht konkreter selbst regeln.[1846] Der parlamentarische Gesetzgeber war daher im Laufe der Pandemie aufgrund seiner Beobachtungs- bzw. Korrekturpflicht[1847] gehalten, die eingriffsintensiven Maßnahmen weiterhin auf eine jeweils tragfähige Rechtsgrundlage zu stellen. Beizupflichten ist den kritischen Stimmen daher insoweit, als der parlamentarische Gesetzgeber dieser Pflicht durch die lange Beibehaltung des § 28 Abs. 1 IfSG als Rechtsgrundlage nur zögerlich nachkam.[1848] Vor dem Hintergrund dauerhafter starker Grundrechtseinschränkungen kann dies nur als verspätete Reaktion auf die Anforderungen des Parlamentsvorbehalts bezeichnet werden.[1849] Dies stellte schließlich auch der BayVGH im Herbst 2020 fest, nachdem zuvor bereits der Bayerische Landtag die

---

[1841] BayVGH, Beschl. v. 4.10.2021 – 20 N 20.767, juris Rn. 48; vgl. auch *Papier*, DRiZ 2020, S. 180; *Schmitz/Neubert*, NVwZ 2020, S. 666.
[1842] Vgl. schon zur Vorgängerregelung: BVerwG, Urt. v. 22.3.2012 – 3 C 16.11, BVerwGE 142, 205, juris Rn. 24; so auch *Rixen*, NJW 2020, S. 1099.
[1843] BayVGH, Beschl. v. 4.10.2021 – 20 N 20.767, juris Rn. 46; kritisch: *Heuser*, StV 6 (2020), S. 428; *Tsambikakis/Kessler* in Esser/Tsambikakis, Pandemiestrafrecht, S. 23.
[1844] *Rixen*, NJW 2020, S. 1099; BayVerfGH, Entsch. v. 9.2.2021 – Vf. 6-VII-20, juris Rn. 52.
[1845] *Grewe*, NVwZ 2020, S. 1787; BayVGH, Beschl. v. 29.10.2020 – 20 NE 20.2360, BeckRS 2020, 28521.
[1846] *Rixen*, NJW 2020, S. 1099.
[1847] *Krings*, ZRP 2020, S. 97; *Steinbach*, ZRP 2020, S. 92; BVerfGE 112, 304 (320 f.), NJW 2005, 1338, NVwZ 2005, 1053; BVerfGE 120, 82 (106 ff.), NVwZ 2008, 407; BVerfGE 123, 186 (266), NJW 2009, S. 2033.
[1848] Vgl. auch *Brüning/Thomsen*, NVwZ 2021, S. 1184.
[1849] Ähnlich: *Brocker*, NVwZ 2020, S. 1486 ff.; *Lepsius*, RuP 2020, S. 265 ff.; *Pautsch/Haug*, NJ 2020, S. 282 f.; *Volkmann*, NJW 2020, S. 3153.

Forderung nach einer konkreteren Befugnisnorm gegenüber der Staatsregierung erhob.[1850]

b) Problematischer Regelungstypus – unbefristete Rechtsverordnungen

Problematisch war neben diesen grundsätzlichen Bedenken die Frage, ob § 28 Abs. 1 IfSG als hinreichende Rechtsgrundlage für unbefristete Pandemieregelungen in Betracht kommt. Insbesondere die §§ 24-26 der 7. BayIfSMV wichen von den vorherigen Regelungen ab, indem sie keine befristeten, auf bestimmte Lebensbereiche beschränkten Regelungen mehr vorsahen. Vielmehr strebte der bayerische Verordnungsgeber die Umsetzung einer „lokalen Hotspot-Strategie" an.[1851] Dies sollte nicht durch eine allgemeine Befugnis örtlicher Infektionsschutzbehörden bzw. durch eine Anpassung der Verordnungslage erreicht werden. Die Art der Einschränkung wird dadurch von der 7-Tage-Inzidenz abhängig gemacht, wodurch die strenge Befristung eines festgelegten Maßnahmenkatalogs generell wegfällt. Problematisch ist dabei, dass das jeweilige Maßnahmenbündel nicht auf einer aktualisierten Gefahreinschätzung beruht.[1852] Vielmehr stützt sich der Verordnungsgeber auf nicht näher hergeleitete Grenzwerte,[1853] welche ohne weitere exekutive Entscheidung eine vordefinierte Rechtsfolge auslöst, die der Verordnungsgeber vorab als geeignete und erforderliche Maßnahme festlegt.

Ob dies noch von einer bestimmten Ermächtigung des Gesetzgebers gem. Art. 80 Abs. 1 S. 2 GG gedeckt ist, muss mit dem BayVGH angezweifelt werden.[1854] Denn die §§ 28, 32 IfSG räumen der Exekutive einen erheblichen Spielraum in Bezug auf die Risikobewertung ein, die ein gewisse administrativ-politische Komponente bezüglich der Risikoakzeptanz umfasst.[1855] Eine grundlegende politische Gestaltungsentscheidung im Hinblick auf einen Ausgleich kollidierender Grundrechte im Sinne des Parlamentsvorbehalts muss jedoch dem Bundesgesetzgeber vorbehalten bleiben.[1856] Eine solche grundsätzliche Entscheidung trifft der Verordnungsgeber allerdings, wenn er die Maßnahmen unabhängig von einer situativen Prüfung

---

[1850] BayVGH, Beschl. v. 29.10.2020 – 20 NE 20.2360, juris Rn. 35; vgl. vorläufiges Protokoll 18/57 zur LT-Drs. 18/10736.
[1851] Formlos vereinbart durch Bundes- und Landesregierungen, vgl. Nr. 4 des Beschlusses der Bundeskanzlerin mit den Regierungschefs v. 14.10.2020.
[1852] BayVGH, Beschl. v. 29.10.2020 – 20 NE 20.2360, juris Rn. 31.
[1853] Allgemein kritisch hierzu: *Abdulsalam*, JöR 69 (2021), S. 487 f.
[1854] BayVGH, Beschl. v. 29.10.2020 – 20 NE 20.2360, juris Rn. 31 a.E.
[1855] BayVGH, Beschl. v. 29.10.2020 – 20 NE 20.2360, juris Rn. 32; vgl. zu Risikoanalyse und Risikobewertung: BT-Drs. 17/12051 [Unterrichtung durch die Bundesregierung nach § 18 Abs. 1 S. 3 ZSKG].
[1856] BayVGH, Beschl. v. 29.10.2020 – 20 NE 20.2360, juris Rn. 34; vgl. auch § 5 IfSG.

der Notwendigkeit vorab abstrakt festlegt, weshalb diese Art von Regelungstypus mit dem Parlamentsvorbehalt nicht vereinbar ist.[1857]

2. Einfügung der §§ 28 a, b und c IfSG

a) Parlamentarische Beteiligung

Der Gesetzgeber reagierte auf die Forderungen nach einer auf die Pandemie zugeschnittenen Ermächtigungsgrundlage: Im Winter 2020 wurde § 28 Abs. 1 IfSG erneut geändert, um ihn auf die Einfügung von § 28a IfSG bzw. die Änderung von § 5 IfSG anzupassen.[1858] § 28a IfSG stellte keine neue Rechtsgrundlage dar, sondern konkretisiert § 28 Abs. 1 IfSG vielmehr für Maßnahmen gegen das Coronavirus tatbestandlich sowie auf Rechtsfolgenseite.[1859] Die maßgebliche Änderung der Rechtslage betraf die Schaffung einer neuen Voraussetzung für notwendige Schutzmaßnahmen zur Eindämmung der Coronapandemie, indem die Maßnahmen von der Feststellung einer epidemischen Lage durch den Deutschen Bundestag (§ 5 IfSG)[1860] abhängig gemacht wurden (§ 28a Abs. 1, Abs. 7 IfSG). Der Katalog der Regelbeispiele (§ 28a IfSG) schloss zudem einen Rückgriff auf die Generalklausel für die in ihm genannten Lebensbereiche aus.[1861] Der Gesetzgeber beabsichtigte damit seiner Pflicht nachzukommen, die Abwägung der notwendigen Bekämpfungsmaßnahmen mit den betroffenen Grundrechten selbst vorzunehmen, Wesentliches zu regeln und damit die Grundlage für exekutives Handeln zu schaffen.[1862]

Der BayVGH geht davon aus, dass durch die Regelung angemessen auf die Anforderungen des Parlamentsvorbehalts reagiert wurde.[1863] Dem ist insofern beizupflichten, als das Parlament nun seine lenkende und begrenzende Funktion wahrnimmt, was aufgrund der andauernden pandemischen Lage und der dauerhaften intensiven Grundrechtseingriffen als überfällig anzusehen war: Flächendeckende Regelungen konnten auf der Basis der neuen Regelung nur bei der Feststellung einer epidemischen Lage von nationaler Tragweite (§ 5 Abs. 1 S. 1 IfSG) durch das Parlament erlassen werden. Damit wird nunmehr die Einschätzung der Gefahren

---

[1857] Unzureichend daher die Folgenabwägung: BayVGH, Beschl. v. 29.10.2020 – 20 NE 20.2360, juris Rn. 38.
[1858] Vgl. Art. 1 des 3. Gesetzes zum Schutz der Bevölkerung bei einer epidemischen Lage von nationaler Tragweite v. 18.11.2021, BGBl. I S. 2397.
[1859] *Grewe*, NVwZ 2020, S. 1788.
[1860] Vgl. hierzu: *Kingreen*, NJW 2021, S. 2768; wenig ergiebig ist hierzu die Gesetzesbegründung: BT-Drs. 19/18111, S. 18 f.
[1861] BayVGH, Beschl. v. 19.1.2021 – 20 NE 21.76, juris Rn. 31.
[1862] Vgl. BT-Drs. 19/23944, S. 21; *Kingreen*, NJW 2021, S. 2678.
[1863] BayVGH, Beschl. v. 8.12.2020 – 20 NE 20.2461, juris Rn. 26, BT-Drs. 19/24334, S. 67.

im Rahmen der Pandemie, welche Elemente der Gefahrenabwehr und -prognose beinhaltet,[1864] durch den Bundestag getroffen.[1865] Dies allein zeigt nach zutreffender Ansicht für sich genommen zwar noch nicht, dass der vorherige § 28 Abs. 1 IfSG für bestimmte (nunmehr geregelte) Schutzmaßnahmen unzureichend war,[1866] liefert aber ein zusätzliches Indiz für die notwendige Regelung dauerhafter, schwerwiegender Grundrechtseingriffe.[1867]

Auch diese Regelung leistet allerdings nicht die umfangreiche Klärung aller Rechtsfragen.[1868] So ging der BayVGH davon aus, dass sich durch die Regelung neue, klärungsbedürftige Fragen ergeben würden.[1869] Mitunter war es notwendig den nicht abschließenden Maßnahmenkatalog hinsichtlich einzelner Schutzmaßnahmen verfassungskonform auszulegen.[1870] Grundsätzlich wurde allerdings von der Verfassungskonformität – auch des Maßnahmenkatalogs – ausgegangen.[1871]

§ 28a Abs. 3 und Abs. 6 IfSG sahen zudem vor, an welchen Zwecken die Schutzmaßnahmen auszurichten sind und forderten den Einbezug gesellschaftlicher und sozialer Faktoren. § 28 a IfSG manifestiert insoweit die verfassungsrechtlich determinierte Entscheidung des Gesetzgebers, beim Erlass bzw. der Aufhebung von Schutzmaßnahmen, ein gestuftes Vorgehen zu wählen, orientiert am regionalen Infektionsgeschehen.[1872] Formal wird dies abgesichert durch ein schriftliche Begründungserfordernis (§ 28a Abs. 5 IfSG).[1873] Dabei muss im Rahmen der zeitnah

---

[1864] BVerwG, Urt. v. 28.6.2004 – 6 C 21.02, BeckRS 2004,25030.
[1865] BayVGH, Beschl. v. 8.12.2020 – 20 NE 20.2461, juris Rn. 24.
[1866] VGH Mannheim, Beschl. v. 6.10.2020 – 1 S 2871/20, juris Rn. 30; OVG Münster, Beschl. v. 30.10.2020 – 13 B 1488/20, juris Rn. 42
[1867] Vgl. auch zur Intention des Gesetzgebers: BT- Drs. 19/24334, S. 67.
[1868] Ausführlich hierzu: *Kingreen,* NJW 2021, S. 2678; zum Parlamentsvorbehalt: *Brocker,* NVwZ 2020, S. 1487; *Greve,* NVwZ 2020, S. 1788.
[1869] BayVGH, Beschl. v. 25.11.2020 – 20 NE 20.2567, juris Rn. 24 zu § 10 Abs. 3 der 8. BayIfSMV; BayVGH, Beschl. v. 25.11.2020 – 20 NE 20.2588, juris Rn. 14; vgl. auch BayVGH, Beschl. v. 26.11.2020 – 20 NE 20.2484.
[1870] Vgl. nur BayVGH, Beschl. v. 17.1.2022 – 10 CS 22.126 zu § 28a Abs. 1 Nr. 10 i.V.m. Abs. 7 S. 1, Abs. 8 S. 1 letzter Hs. Nr. 3 IfSG.
[1871] BayVGH, Beschl. v. 15.2.2021 – 20 NE 21.406; so auch BayVGH, Beschl. v. 23.2.2021 – 20 NE 21.367; BayVGH, Beschl. v. 25.2.2021 – 20 NE 21.475; BayVGH, Beschl. v. 25.2.2021 – 20 NE 21.460; vgl. auch VG Regensburg, Beschl. v. 9.3.2021 – RO 5 E 21.363; VG Bayreuth, Beschl. v. 10.3.2021 – B 7 E 21.246.
[1872] vgl. BayVGH, Beschl. v. 14.12.2020 – 20 NE 20.2907, juris Rn. 39; VGH BW, Beschl. v. 5.2.2021 – 1 S 321/21, juris Rn. 39 ff.; OVG Lüneburg, Beschl. v. 18.1.2021 – 13 MN 11/21, juris Rn. 32; vgl. BT-Drs. 19/23944, S. 35: „Zur Wahrung der Verhältnismäßigkeit ist folglich ein gestuftes Vorgehen geboten, das sich an dem tatsächlichen regionalen Infektionsgeschehen orientiert."
[1873] Vgl. hierzu: BayVGH, Beschl. v. 8.12.2020 – 20 NE 20.2461, juris Rn. 32; vgl. auch schon BVerwG, Beschl. v. 30.3.2016 – 5 B 11.16, juris Rn. 4.

nach Erlass der Verordnung zu veröffentlichenden Begründung[1874] auch dargelegt werden, inwiefern die Maßnahmen der Infektionsbekämpfung im Rahmen eines Gesamtkonzepts dienen.

Die zwingende zeitliche Befristung[1875] ist daneben ein weiters Mittel, um die Verhältnismäßigkeit zu gewährleisten. Sie konkretisiert insofern die Vorgaben der Generalklausel („solange"). Dennoch verbleibt den Behörden und Fachgerichten weiterhin ein ausreichender Spielraum, um die verhältnismäßige Anwendung von §§ 28, 28a Abs.1 IfSG im Einzelfall zu gewährleisten. Der BayVGH geht davon aus, dass es sich hierbei um eine „prognostische Abwägungsentscheidung" handelt, die dem Normgeber einen nur begrenzt justitiablen Beurteilungsspielraum bieten soll. [1876]

b) Reaktionen auf das pandemische Geschehen und den Wissensfortschritt
Auch § 28a IfSG wurde im Laufe der Pandemie mehrfach angepasst. Aufgrund pandemischer Veränderungen im Frühjahr 2021 wurde § 28a Abs. 3 IfSG dahingehend geändert, dass auch die Rolle von – das Gesundheitswesens stärker belastenden – Virusvarianten bei der Entscheidung über Schutzmaßnahmen zu berücksichtigt ist. In Folge dieser Änderung wurde in § 28a Abs. 3 S. 12 IfSG außerdem die Pflicht der Berücksichtigung der Geimpften Personen bzw. der zeitabhängigen Reproduktionszahl bei der Prüfung der Aufhebung bzw. Einschränkung von Schutzmaßnahmen aufgenommen. [1877]

Zusätzlich zu § 28a IfSG wurde am 23.4.2021 § 28b IfSG eingefügt.[1878] Dieser sah bundeseinheitliche[1879] Schutzmaßnahmen vor, die bei einer festgestellten epidemischen Lage nationaler Tragweite ab einer Sieben-Tages-Inzidenz von 100 in einem Landkreis bzw. einer kreisfreien Stadt an drei aufeinanderfolgenden Tagen qua Gesetz griffen (Abs. 10). Vorgesehen waren mitunter starke Grundrechtseingriffe in Form von nächtlichen Ausgangsbeschränkungen und die Schließung von Ladengeschäften. Auch der Präsenzunterricht wurde unter diesen Voraussetzungen Hygieneauflagen unterworfen (Abs. 3) bis hin zu einer Untersagung des Präsenzunterrichts aber eine Sieben-Tages-Inzidenz von 100. Vor dem Hintergrund des Art. 12 Abs. 1 GG war die Änderung der Regelung dahingehend, dass spezielle

---

[1874] BT-Drs.19/24334, S. 81.
[1875] Diese forderten *Schmitz/Neubert*, NVwZ 2020, S. 668.
[1876] BayVGH, Beschl. v. 8.12.2020 – 20 NE 20.2461, juris Rn. 25.
[1877] Art. 1 des Gesetzes zur Fortgeltung der die epidemische Lage von nationaler Tragweite betreffenden Regelungen v. 29.3.2021, BGBl. I S. 370.
[1878] Art. des 4. Gesetzes zum Schutz der Bevölkerung bei einer epidemischen Lage von nationaler Tragweite. v. 22.4.2021, BGBl. I S. 802.
[1879] BT-Drs. 19/28444, S. 1.

Ausbildungseinrichtungen bzw. Abschlussklassen von völligen Untersagungen ausgenommen wurden, geradezu notwendig.[1880] Die zunächst unzureichende parlamentarische Beteiligung schlug damit schlagartig in eine legislative Überregulierung um, die vom BVerfG zwar für verfassungsmäßig gehalten wird,[1881] welche aber ebenfalls ihre Tücken mit sich brachte.[1882] Denn neben der bundeseinheitlichen Regelung sah § 28b Abs. 6 IfSG gleichzeitig eine Verordnungsermächtigung zur Präzisierung bzw. zum Erlass von Ausnahmen vor. Das Ergebnis war ein verworrenes Geflecht aus bundes- und landesrechtlichen Regelungen.[1883] Hierunter litt zum einen das rechtsstaatliche Klarheitsgebot, wonach der Einzelne „die Rechtslage anhand der gesetzlichen Regelung so erkennen können [muss], dass er sein Verhalten danach auszurichten vermag,".[1884] Daneben führte diese Zweigleisigkeit zum anderen zusätzlich zu einer Zersplitterung des Rechtsschutzes, je nachdem ob man sich gegen die bundesrechtliche Regelung des § 28b IfSG wendete oder gegen die landesrechtlichen Verordnungen.[1885] Drittens war eine Berücksichtigung regionaler Besonderheiten durch die Länderverwaltung kaum mehr möglich: Hierdurch entstand unter anderem die absurde Situation einer nächtlichen Ausgangsbeschränkung auf der zum Landkreis Pinneberg zählenden Insel Helgoland, auf der zu dieser Zeit eine Inzidenz von null herrschte.[1886]

Zeitglich mit § 28b wurde auch § 28c eingefügt.[1887] Dieser enthielt eine Verordnungsermächtigung zugunsten der Bundesregierung und später der Landesregierungen[1888] bzw. weiteren Stellen,[1889] um Erleichterungen und Ausnahmen von Schutzmaßnahmen immunisierter bzw. getesteter Personen zu erlassen.

[1880] Art. 1 des 2. Gesetzes zur Änderung des Infektionsschutzgesetzes und weiterer Gesetze v. 28.5.2021, BGBl. I S. 1174.
[1881] BVerfG, Beschl. v. 19.11.2021 – 1 BvR 781/21 (Bundesnotbremse I) zu § 28b Abs. 1 S. 1 Nr. 1 und Nr. 2 IfSG; zuvor auch schon BVerfG, Abl. einst. An. v. 5.5.2021 – 1 BvR 781/21 zu § 28b Abs 1 S. 1 Nr. 2 IfSG i.d.F. v. 22.4.2021; BVerfG, Abl. einst. An. v. 20.5.2021 – 1 BvR 900/21 zu § 28b Abs. 1 S. 1 Nr. 1 IfSG.
[1882] Kritisch auch: *Kingreen*, NJW 2021, S. 2770 f.: „Föderales Regelungswirrwarr".
[1883] *Brüning/Thomsen*, NVwZ 2021, S. 1185: „Tiefpunkt für die föderale Kultur der Bundesrepublik Deutschland."
[1884] BVerfGE 110, 33 (53), NJW 2004, 2213; *Kingreen*, NJW 2021, S. 2771.
[1885] *Kingreen*, NJW 2021, S. 2771; zur negativen Feststellungsklage: BVerfG, NJW 2021, S. 1808 Rn. 26.
[1886] *Kingreen*, NJW 2021, S. 2771 m.w.N.
[1887] Art. des 4. Gesetzes zum Schutz der Bevölkerung bei einer epidemischen Lage von nationaler Tragweite v. 22.4.2021, BGBl. I S. 802.
[1888] Art. 6 des Gesetzes zur Verbesserung des Schutzes von Gerichtsvollziehern vor Gewalt sowie zur Änderung weiterer zwangsvollstreckungsrechtlicher Vorschriften und zur Änderung des Infektionsschutzgesetzes v. 7.5.2021, BGBl. I S. 850.

Aufgrund der Möglichkeit einer großflächigen Impfung wurde in der Fassung ab 15.9.2021 die Verpflichtung zur Vorlage von Impf-, Genesenen- bzw. Testnachweisen als Schutzmaßnahme in den Katalog des § 28a Abs. 1 Nr. 2a IfSG hinzugefügt.[1890] Zudem erhielten insbesondere die Abs. 3 und 7 eine weitgehend neue Fassung, um die Entscheidungen über Schutzmaßnahmen neu auszurichten (Abs. 3) und die Anwendung der Abs. 1-6 durch einzelne Länder neu zu regeln, wenn die epidemische Lage nationaler Tragweite vom Bundestag nicht verlängert wird.

c) Das Auslaufen der epidemischen Lage nationaler Tragweite: Exit-Strategie
Die Rechtslage nach dem Auslaufen der epidemischen Lage nationaler Tragweite beschäftigte den Gesetzgeber bei der folgenden Gesetzesänderung. Sie bewegte die Legislative dazu, im erneut geänderten § 28a Abs. 7 einen Katalog an Maßnahmen unabhängig von der epidemischen Lage nationaler Tragweite einzufügen. Der ursprüngliche Abs. 7 wurde in einen neuen Abs. 8 überführt, welcher eine zusätzliche Einschränkung der möglichen Schutzmaßnahmen vorsah,[1891] selbst wenn das Parlament für einzelne Länder die Anwendbarkeit von Abs. 1-6 feststellen sollte.[1892] Die neuen Abs. 9 und 10 sahen außerdem ein Ende der Maßnahmen auf der Grundlage von § 28a Abs. 1 bzw. Abs. 7, 8 IfSG vor. Mit dieser Gesetzänderung wurde zudem § 28b IfSG inhaltlich völlig verändert. Die Vorschrift verlor ihren Charakter als sog. Hotspot-Regelung. Nunmehr sah sie die Verpflichtung zur Vorlage eines Impf-, Genesenen- bzw. Testnachweises unter anderem von Arbeitgebern bzw. Beschäftigen an Arbeitsstätten und von sämtlichen Personen im Bereich der öffentlichen Verkehrsmittel und dies unabhängig von der Erreichung eines lokalen Schwellenwertes vor. Mit der Gesetzesänderung wurde zudem in § 28c S. 2 IfSG vorgesehen, dass in Rechtsverordnungen die verpflichtende Vorlage eines Testnachweises durch immunisierte Personen vorgeschrieben werden kann.

§ 28a Abs. 8 IfSG wurde daraufhin dahingehend verändert, dass der Katalog ausgeschlossener Maßnahmen einzelner Länder vergrößert wurde. Die Frist zum Auslaufen der Maßnahmen auf der Grundlage von Abs. 1 wurde zudem in Abs. 9 bis

---

[1889] Art. 1 des 2. Gesetzes zur Änderung des Infektionsschutzgesetzes und weiterer Gesetze v. 28.5.2021, BGBl. I S. 1174.
[1890] Art. 12 des Aufbauhilfegesetzes 2021 v. 10.9.2021, BGBl. I S. 4147.
[1891] Hierzu ausführlich *Kießling*, NVwZ 2022, S. 16.
[1892] Art. 1 des Gesetzes zur Änderung des Infektionsschutzgesetzes und weiterer Gesetze anlässlich der Aufhebung der Feststellung der epidemischen Lage von nationaler Tragweite v. 22.11.2021, BGBl. I S. 4906.

zum 19.3.3022 und damit um mehr als drei Monate verlängert.[1893] Gleichzeitig wurde § 28b in Bezug auf die Regelungen zu Pflegeeinrichtungen spezifiziert.

Mit Ablauf dieser Frist wurde § 28a IfSG in seinem Abs. 7 erneut angepasst. Die möglichen Schutzmaßnahmen unabhängig von einer festgestellten epidemischen Lage nationaler Tragweite wurden für das Tragen von Masken bzw. für das Vorlegen von Testungen auf spezielle Einrichtungen konkretisiert. Weitergehende Maßnahmen, die nunmehr konkret in Abs. 8 geregelt wurden, können einzelne Gebietskörperschaften nur erlassen, wenn das Parlament eine konkrete Gefahr einer sich dynamisch ausbreitenden Infektionslage feststellt.[1894] Maßnahmen nach Abs. 7 und 8 wurden zudem in Abs. 10 einer maximalen Geltungsdauer bis zum 23.9.2022 unterworfen. Mit dieser Änderung wurde auch § 28b völlig neu geregelt. Als bundeseinheitliche Regelung blieb lediglich bis zum Ablauf des 23.9.2022 die Verpflichtung zum Tragen einer FFP2 Atemschutzmaske im Luftverkehr bzw. im öffentlichen Personennahverkehr.

IV. Formelle Rechtmäßigkeitsanforderungen

1. Kompetenz

Nach der unter Umständen genauer vorzunehmenden Prüfung der Rechtmäßigkeit der Ermächtigungsgrundlage, vollzieht sich die Prüfung der formellen Anforderungen untergesetzlicher Normsetzung schematisch betrachtet weitgehend parallel zu der von sonstigen Verwaltungsentscheidungen. Die gerichtliche Kontrolle ist dabei grundsätzlich uneingeschränkt[1895] hinsichtlich der Prüfung der Einhaltung der sachlichen und örtlichen Kompetenz, des Verfahrens und der vorgesehen Form.[1896] Zunächst ist daher die Einhaltung der Regelungskompetenz zu prüfen. Die Grenzen der Zuständigkeit, die der Normgeber nicht überschreiten darf, ergeben sich bei untergesetzlichen Normen wie bei Einzelakten in erster Linie aus der Ermächtigungsgrundlage.[1897] Hierfür ist daher der Rahmen der Ermächtigungsvorschrift zu bestimmen. Nicht selten geht diese Prüfung der Grenzen einher mit der

---

[1893] Art. 1 des Gesetzes zur Stärkung der Impfprävention gegen COVID-19 und zur Änderung weiterer Vorschriften im Zusammenhang mit der COVID-19-Pandemie vom 10.12.2021, BGBl. S. 5162.
[1894] Art. 1 des Gesetzes zur Änderung des Infektionsschutzgesetzes und anderer Vorschriften vom 18.3.2022, BGBl. I S. 466.
[1895] *Panzer* in Schoch/Schneider, VwGO, § 47 Rn. 92.
[1896] *Detterbeck*, Allgemeines Verwaltungsrecht, S. 316 u. 324; *Panzer* in Schoch/Schneider, VwGO, § 47 Rn. 93 ff.
[1897] *Panzer* in Schoch/Schneider, VwGO, § 47 Rn. 93; vgl. auch *Schmidt-Aßmann* in Dürig/Herzog/Scholz, GG, Art. 19 Abs. 4, Rn. 217a.

Überprüfung der hinreichenden Bestimmtheit der Ermächtigungsgrundlage, weshalb beide Aspekte oft gemeinsam geprüft werden.[1898] Zuweilen ist es nötig, bereits an dieser Stelle eine ausführliche Prüfung etwaiger Beurteilungsermächtigungen vorzunehmen.[1899]

Daneben kann es auch nötig sein, weitere Aspekte neben der Ermächtigungsgrundlage als Grenze der Zuständigkeit heranzuziehen. Dies ist vor allem bei Satzungen nötig, die zum einen nicht immer einer Ermächtigungsgrundlage bedürfen[1900] und bei denen zum anderen die Anforderungen an die Bestimmtheit der Ermächtigungsgrundlage nicht zwingend an die Voraussetzungen des Art. 80 Abs. 1 GG heranreichen. Daher bestimmt sich die Regelungskompetenz in diesen Fällen nach dem Bereich, der dem Satzungsgeber zur autonomen Rechtsetzung zur Verfügung steht.[1901]

2. Verfahrensanforderungen

a) Mögliche Verfahrensmängel

Gerade der abstrakte Charakter von Normenkontrollen ist außerdem darauf angelegt, Verfahrensfehler ausfindig zu machen, um den Rechtsschutz zu verwirklichen.[1902] Die Verfahrensvoraussetzungen variieren dabei je nach Handlungsform mitunter stark, weshalb allgemeingültige Aussagen kaum getroffen werden können.[1903] Eine Rolle können aber insbesondere vorgesehene Anhörungen Betroffener,[1904] der Öffentlichkeit[1905] sowie sonstiger Kreise[1906] spielen. Eng mit der Er-

---

[1898] BVerwGE 56, 186 (189 ff.), NJW 1979, S. 611 zur Apothekenbetriebsordnung; BVerwGE 68, 69 (74 ff.) zur Approbationsordnung für Apotheker; BVerwGE 69, 162 (167 ff.), NVwZ 1985, S. 579 zur AnrechnungsVO nach § 29 Abs. 1 BBiG; VGH Mannheim, NJW 1976, S. 1706, wonach die Ermächtigung zum Erlass einer Prüfungsordnung nicht die Festlegung einer Regelstudienzeit umfasst; VGH Mannheim, NJW 1984, S. 508: keine hinreichende abstrakte Gefahr für öffentliche Sicherheit und Ordnung durch „Sich-Herumtreiben".
[1899] So *Panzer* in Schoch/Schneider, VwGO, § 47 Rn. 94.
[1900] Vgl. aber zu Eingriffsatzungen: *Schenke*, NJW 1991, S. 2313; BVerwGE 148, 133, NVwZ 2014, S. 527.
[1901] Vgl. zu den steuerlichen Abfallvermeidungsbemühungen BVerwG NVwZ 1994, 900 und 902; BVerwGE 96, 272, NVwZ 1995, S. 59; vgl. auch BayVGH, NVwZ 1994, S. 188 f. zum Verbot von Einweggeschirr in Sondernutzungssatzung; BayVGH NVwZ-RR 1994, S. 432 zu Satzungen gem. § 34 Abs. 4 BauGB.
[1902] Vgl. *Panzer* in Schoch/Schneider, VwGO, § 47 Rn. 92.
[1903] *Kment* in Jarass/Pieroth, GG, Art. 80 Rn. 29 zu Verordnungen; *Becker* in ders./Heckmann/Kempfen/Manssen, Öffentliches Recht in Bayern, S. 177 ff. zu Satzungen.
[1904] BVerwGE 95, 123 (129 f.), NVwZ 1995, S. 267 zur Beteiligung von Gemeinden an der verbindlichen Raumordnung; BayVGH, UPR 1996, S. 156; im Zusammenhang mit Baumschutzverordnungen: *Hufen/Leiß*, BayVBl. 1987, S.291 ff.
[1905] BVerwGE 69, 344, NJW 1985, S. 1570 zur Auslegung des Bebauungsplanentwurfs unter Berücksichtigung der Anstoßfunktion durch schlagwortartige Bezeichnung; BVerwG, NVwZ 1993,

mittlung entscheidungserheblicher Umstände kann auch eine notwendige Anhörung von gutachterlich tätig werdenden Kommissionen verbunden sein.[1907] Im Bereich des städtebaulichen Planungsrechts erfährt das Verfahren zudem eine besondere Bedeutung, weil die materiell-rechtliche Prüfung des Abwägungsvorgangs (§ 214 Abs. 3 BauGB a.F.) durch eine formelle Ermittlung und Bewertung der Belange ersetzt wurde (§ 214 Abs. 1 S. 1 Nr. 1 BauGB).[1908] In diesem Zusammenhang ist es mitunter auch relevant, ob eine bundesrechtliche Verfahrensvorschrift im Sinne der §§ 214 ff. BauGB verletzt wurde oder ob gegen eine landesrechtliche Regelung verstoßen wurde.[1909] Daneben können Verfahrensmängel im Rahmen der inneren Willensbildung des Normgebers auftreten, zum Beispiel bei der internen Geschäftsverteilung,[1910] hinsichtlich der Beschlussfassung[1911] bzw. der Beachtung von Regelungen der Geschäftsordnung[1912] oder durch eine Beteiligung von befangenen bzw. ausgeschlossenen Amtsträgern.[1913] Nicht nur interne Prozesse des normsetzenden Organs spielen eine Rolle, sondern es können auch bei der Mitwirkung durch andere Träger öffentlicher Gewalt Verfahrensmängel entstehen.[1914] Unter anderem kann für einen ordnungsgemäßen Normerlass auch eine Anzeige oder die Einholung von Genehmigungen notwendig sein.[1915]

S. 249 zu Fristangaben; BVerwGE 40, 363, NJW 1972, S. 2025 zur Auslegungsfrist; BayVBl. 1980, S. 758, allgemein zu Auslegungszeiten; OVG Münster, ZfW 1982, S. 248 zur erneuten Auslegung eines geänderten Entwurfs einer WasserschutzgebietsVO.
[1906] Vgl. zum Beispiel § 114 BSHG; keine wesentliche Verfahrensvorschrift soll die Anhörung der Spitzenorganisationen nach § 110 HessBG sein: BVerwGE 59, 48, NJW 1980, S. 1763.
[1907] EuGH, NJW 1994, S. 307 zur Übertragbarkeit der Rechtsetzungsbefugnis auf die Tarifkommission nach GüKG.
[1908] Vgl. *Erbguth,* DVBl. 2004, S. 802.
[1909] Vgl. BVerwGE 79, 200, NVwZ 1988, S. 916; OVG Koblenz, NVwZ 1989, S. 674.
[1910] VGH Mannheim, NVwZ 1988, S. 169 zur nicht zur formellen Zustimmung führenden Mitberatung des Gemeinderats bei Verordnung des Bürgermeisters; OVG Münster, NWVBl. 1996, 438 zur Inkraftsetzung eines Bebauungsplans.
[1911] BVerwGE 88, 204 [208], NVwZ 1993, 371 hinsichtlich der Kongruenz von Beschluss und Inhalt der Norm; BayVGH BayVBl. 1992, S. 726 zu einem Grünordnungsplan als Bestandteil des Bebauungsplans.
[1912] BVerfGE 91, 148, NJW 1995, 1537; BVerwGE 89, 121, NJW 1992, 2648 m. Anm. *Epping,* NJW 1992, 2605.
[1913] BVerwG, DVBl. 1971, 757: Ausschluss wegen persönlicher Beteiligung; zur Beeinflussung fraktionsinterner Abstimmungen und zum „freien Mandat": BVerwGE 90, 104, NVwZ 1993, S. 375 und BVerfG, NVwZ 1993, S. 1182.
[1914] Zu Rechtsverordnungen, vgl. *Ossenbühl* in Isensee/Kirchhoff V, § 103 Rn. 53 ff.; *v. Danwitz,* Gestaltungsfreiheit des Verordnungsgebers, S. 105 ff.
[1915] Näheres hierzu in Verbindung mit dem BauGB: *Jäde,* BauR 1988, S. 163; zur Genehmigung im Bauplanungsrecht und der Notwendigkeit eines Beitrittsbeschlusses: BVerwGE 75, 262 (263 f.), NJW 1987, S. 1346; NVwZ-RR 1990, S. 122.

b) Anforderungen an die Kontrolldichte der tatsächlichen Verfahrensvorgänge
Beschäftigt man sich mit der gerichtlichen Kontrolle des Verfahrens, kommt man nicht umhin, die Frage nach der Kontrolldichte des zugrunde liegenden Sachverhalts einzubeziehen. Denn wenn das Gericht keine hinreichende Sachverhaltsaufklärung leistet, ist die Ermessenskontrolle hierdurch rein faktisch begrenzt.[1916] Insgesamt ist es nicht schlüssig, weshalb die Kontrolldichte unabhängig von § 86 VwGO betrachtet werden soll.[1917] Entsprechend dem Amtsermittlungsgrundsatz (§ 86 Abs. 1 VwGO) sind die Gerichte verpflichtet, die möglichen Verfahrensfehler durch eine umfassende Erforschung des Sachverhalts unabhängig von einer entsprechenden Rüge zu identifizieren,[1918] um einen hinreichenden Rechtsschutz zu bieten. In wenigen Ausnahmefällen sieht das Gesetz selbst eine Einschränkung der Verfahrenskontrolle vor. Denn es gibt keinen Grundsatz, der den Normgeber zwingen würde, sämtliche Normadressaten an der Normsetzung zu beteiligen.[1919] Wenn allerdings eine Beteiligung vorgesehen ist, so kann eine gesetzliche Einschränkung der Kontrolle in Form einer Präklusion sinnvoll sein, um zu vermeiden, dass die Verwaltung sämtliche Belange aller potentiell zu irgendeinem Zeitpunkt Betroffenen selbst zu ermitteln hat. In den Fällen der Präklusion muss die Verwaltung solche Interessen nicht abwägen, die Betroffen nicht (rechtzeitig) vorbringen und die für die Verwaltung nicht offenkundig waren.[1920] Angesichts einer Beschneidung des Rechtsschutzes finden sich derartige Vorschriften allerdings nur vereinzelt, sind immer wieder Gegenstand kritischer Betrachtungen[1921] und lassen sich letztlich nur in diffizilen und umfangreichen Planungsprozessen mit dem Argument der Vermeidung zu umfangreicher Planungsverfahren rechtfertigen.[1922]

In den ganz überwiegenden Fällen sieht sich die gerichtliche Kontrolle daher mit folgenden Problemen konfrontiert: Die vollständige Erforschung sämtlicher Elemente eines Normsetzungsverfahrens ist aufwendig, kapazitätsbindend und daher faktisch nicht vollumfänglich leistbar. Den Widerstreit zwischen dem am Rechtsschutz orientierten Untersuchungsgrundsatz einerseits und den faktischen bzw. rechtlichen Grenzen einer umfassenden Untersuchung andererseits begegnet man

---

[1916] Vgl. auch *Stüer*, DVBl. 1974, S. 315.
[1917] So aber *Kopp* in Götz/Klein/Starck, Zwischen Gesetzgebung und richterlicher Kontrolle, S. 152 ff.
[1918] *Dawin/Panzer* in Schoch/Schneider, VwGO, § 86 Rn. 20 ff.
[1919] Vgl. auch *Schmidt-Aßmann* in Berkemann/Gaentzsch, Festschrift für Otto Schlichter, S. 16; zu Beteiligungsverfahren: *Ossenbühl* in Isensee/Kirchhof V, § 103 Rn. 46 ff.
[1920] BVerfGE 59, 87 (104).
[1921] Allgemein zur Präklusion: *Langstädler,* Effektiver Umweltrechtsschutz, S. 131 ff.; zur materiellen Präklusion: *W.-R. Schenke/R. P. Schenke* in Kopp/ders. VwGO, § 47 Rn. 119a; BVerfG, NJW 1980, S. 759.
[1922] Vgl. *Schmidt-Aßmann* in Berkemann/Gaentzsch, Festschrift für Otto Schlichter, S. 16.

methodisch am ehesten durch eine entsprechende Kontrolldichte. Anhand der Rechtsprechung lassen sich Fallgruppen bilden, bei welchen eine zurückhaltende bzw. besonders engmaschige Kontrolldichte angelegt wird. Hieraus ergeben sich teilweise verallgemeinerungsfähige Grundsätze.

aa) Evidente bzw. offensichtliche Verfahrensfehler

Die Rechtsprechung übernimmt mitunter den auch für formelle Gesetze aufgestellten Grundsatz, Verfahrensfehler – im Gegensatz zu materiellen Fehlern – führten aufgrund der Rechtssicherheit nur dann zur Rechtswidrigkeit der untergesetzlichen Norm, wenn sie evident[1923] bzw. offensichtlich[1924] seien. Die damit korrespondierende zurückhaltende Kontrolle ist allerdings typischerweise denjenigen Verfahrenserfordernissen vorbehalten, für die die Rechtsprechung erstmals – entgegen der zuvor herrschenden Meinung – präzisere Vorgaben trifft.[1925] Das Zurückfahren der Kontrolldichte rechtfertigt sich in diesen Fällen daraus, dass sich der Normgeber aufgrund der geänderten Präzisierungen durch die Rechtsprechung in erster Linie nicht an die Verfahrensanforderungen, wie sie nunmehr ausgelegt werden, halten konnte, selbst wenn er es gewollt hätte.

Eine Erstreckung auf sämtliche Verfahrensfehler verbietet sich:[1926] Erstens gibt es keine mit §§ 44 ff. VwVfG vergleichbaren allgemeinen Regelungen für untergesetzliche Normen.[1927] Gegen eine Übertragbarkeit der verwaltungsrechtlichen Vorschriften spricht zweitens, dass man auf diese Weise expliziten Heilungsvorschriften[1928] ihres Sinnes und Zweckes bzw. ihrer konstitutiven Wirkung berauben würde. Mit ihnen macht der Gesetzgeber den Ausnahmecharakter einer Unbeachtlichkeit von Verfahrensfehlern klar.[1929] Fehlt eine solche Unbeachtlichkeitsklausel, bleibt es im Rahmen von untergesetzlichen Normen bei einer Rechtswid-

---

[1923] BVerfG, Beschl. v. 11.10.1994 – 1 BvR 337/92, BVerfGE 91, 175, juris Rn. 131 ff.; für formelle Gesetze vgl. auch BVerfG 34, 25; 120, 79; BVerwG, Urt. v. 28. 1. 2010 – 8 C 19/09, NVwZ 2010, S. 1308; offengelassen in: BVerfG, Beschl. v. 12. 10. 2010 – 2 BvF 1/07, BVerfGE 127, 293 (332).
[1924] BVerfG, Beschl. v. 12. 10. 2010 – 2 BvF 1/07, BVerfGE 127, 293 (331 f.); BVerwG, Beschl. v. 25. 10. 1979 – 2 N 1.78, BVerwGE 58, 48 (50 f.): Die Folge der Nichtigkeit hänge möglicherweise „u.a. von der Schwere des Verstoßes, dem Sinn und Zweck der Mitwirkung und dem Gewicht des jeweiligen Mitwirkungsrechts" ab.
[1925] Zutreffend erkannt von *W.-R. Schenke/R. P. Schenke* in Kopp/ders., VwGO, § 47 Rn. 127.
[1926] Kritisch insofern auch *Lange*, DVBl. 2017, S. 931; *Morlok*, Die Folgen von Verfahrensfehlern, S. 170 ff.
[1927] *Detterbeck*, Allgemeines Verwaltungsrecht, S. 317.
[1928] Vgl. zu diesen näher *Lange*, DVBl. 2017, S. 930 ff.
[1929] Gegen eine Übertragbarkeit auch: *v. Danwitz*, Gestaltungsfreiheit, S. 159 f.; *Ossenbühl*, NJW 1986, S. 2812.

rigkeit aufgrund von formellen bzw. materiellen Fehlern.[1930] Heilungsvorschriften – unter anderem im Bereich des Planungsrechts (vgl. §§ 214 ff. BauGB) –[1931] federn daher zwar die Auswirkungen etwaiger Fehler ab, ändern aber nichts daran, dass die Normen auf diese Fehler in erster Linie zu kontrollieren sind.[1932] Die Evidenz bzw. Offensichtlichkeit von Verfahrensfehlern taugt damit nicht als Maßstab für die Kontrolldichte.

bb) Zurückgefahrende Kontrolle bei lange zurückliegenden Normsetzungsverfahren

Neben der Beschränkung auf evidente bzw. offensichtliche Verfahrensfehler in speziellen Fällen, lässt die Rechtsprechung die Tendenz erkennen, bei länger zurückliegenden Normsetzungsverfahren eine „Vermutung" in Form einer Beweislastumkehr dahingehend aufzustellen, dass die untergesetzliche Norm ohne Rechtsfehler zustande gekommen sei.[1933] Implizieren würde man mit dieser zurückgenommenen Kontrolldichte entweder eine Art Präklusionswirkung, die allerdings nur wenige gesetzliche Vorschriften in einer überhaupt zulässigen Art und Weise vorsehen (s.o.) oder das Entstehen von Gewohnheitsrecht.[1934] Letzteres verbietet sich schon deshalb, weil untergesetzliche Normen nicht durch Gewohnheitsrecht entstehen können.[1935]

Verfahrensökonomisch ist es allerdings haltbar, für die Fehlersuche mehr als vage Vermutungen zu fordern.[1936] Denn es darf nicht die Situation entstehen, dass untergesetzliche Normen mit zunehmender Geltungsdauer einer erhöhten Gefahr der Ungültigkeit aufgrund von Schwierigkeiten bei der Beweisführung hinsichtlich der Ordnungsmäßigkeit des Verfahrens ausgesetzt sind.[1937] Dieser Gefahr wäre Vorschub geleistet, wenn man eine komplette Rekonstruktion des lange zurückliegenden Verfahrens fordern würde, ohne Anhaltspunkte bzw. Rügen etwaiger Fehler. Bieten sich dem Gericht daher keine konkreten Anhaltspunkte, ist es nicht ge-

---

[1930] *Remmert* in Dürig/Herzog/Scholz, GG, Art. 80 Rn. 137; BVerfG 127, 311; BVerwG, NZA 2010, S. 725; a.A. *Schnelle,* Fehlerfolgenlehre, S. 149 ff. m.w.N, der eine ex-tunc-Vernichtbarkeitstheorie vertritt.
[1931] Näheres hierzu und zum Grundsatz der Planerhaltung: *Sendler,* DVBl. 2005, S. 661.
[1932] Vgl. BVerwG, DVBl. 1980, 230 (232).
[1933] Vgl. BVerwG, Urt. v. 7.9.1979 – IV C 7.77, juris Rn. 25 f. zu den Ausführungen des Berufungsgerichts.
[1934] BVerwG, Urt. v. 29.4.1977 - BVerwG IV C 39.75, BVerwGE 54, 5 (8); BVerwG, Urt. v. 7.9.1979 – IV C 7.77, juris Rn. 27.
[1935] BVerwG, Urt. v. 26.5.1978 - BVerwG 4 C 9.77, BVerwGE 55, 369 (377 f.); BVerwG, Urt. v. 7.9.1979 – IV C 7.77, juris Rn. 27.
[1936] BVerwG, Urt. v. 7.9.1979 – IV C 7.77, juris Rn. 27 u. 30; vgl. hierzu auch *Janning,* DVBl. 1983, S. 411.
[1937] BVerwG, Urt. v. 7.9.1979 – IV C 7.77, juris Rn. 30.

halten in Bezug auf Verfahrensfehler eine tatsächliche Erforschung des Sachverhalts „ins Blaue hinein"[1938] vorzunehmen; dies vor allem nicht, wenn eine Suche nach Verfahrensmängeln das eigentliche Rechtsschutzbegehren des Antragstellers nicht mehr berücksichtigt.[1939] Liegen konkrete Anhaltspunkte bzw. entsprechende Einwände gegen die Ordnungsmäßigkeit des Verfahrens vor, muss das Gericht seiner Amtsermittlungspflicht allerdings auch bei lange zurückliegenden Verfahren bis zur Grenze der Zumutbarkeit nachkommen.[1940] Oder anders gesprochen: Die Mahnung des BVerwG, nicht ungefragt auf Fehlersuche zu gehen, stellt eine Maxime richterlichen Handelns dar, ohne den Amtsermittlungsgrundsatz in seiner Substanz in Frage zu stellen.[1941]

cc) Eingeschränkte Kontrolldichte aufgrund fachkundiger Beteiligung

Ein weiteres rechtfertigendes Momentum für eine eingeschränkten Verfahrenskontrolle soll die Beteiligung (fachkundiger) Dritter im Normsetzungsverfahren darstellen.[1942] Derartige Beteiligungen sind im Rahmen der untergesetzlichen Normsetzung keine Seltenheit: Ein Beispiel hierfür ist die Anhörung der Tierschutzkommission vor dem Erlass von Rechtsverordnungen nach dem TierSchG (§ 16b Abs. 1 TierSchG)[1943] oder die Konkretisierung unbestimmter Rechtsbegriffe erst durch Verwaltungsvorschriften.[1944] Eine solche verfahrensrechtliche Beteiligung kann zwar die Qualität der Normsetzung bzw. des Gesetzesvollzugs erhöhen und Ermessensfehlern vorbeugen, zwingend ist dies jedoch nicht.[1945] Vor dem Hintergrund des § 86 Abs. 1 VwGO bzw. Art. 19 Abs. 4 GG lässt sich daher kein allgemeiner Grundsatz aufstellen, dass eine jede Beteiligung Dritter mit einer zurückgenommenen gerichtlichen Kontrolle einhergehen darf.[1946] Eine Zurücknahme der Kontrolle ist daher nur denkbar, wenn gerade durch die Beteiligung fachkundiger Dritter im Normsetzungsverfahren ein Spielraum zugunsten der Exekutive bei der Sachverhaltsbeurteilung eingeräumt werden soll oder wenn die dritte Stelle eige-

---

[1938] *Panzer* in Schoch/Schneider, VwGO, § 47 Rn. 92, Fn. 558.
[1939] BVerwGE 116, 188, NVwZ 2002, S. 1123; vgl. auch BVerwG, BauR 2013, S. 66.
[1940] In diese Richtung auch BVerwG, Urt. v. 7.9.1979 – IV C 7.77, juris Rn. 27 ff.; vgl. auch NVwZ-RR 2006, S. 627; enger *Bender*, NVwZ 1982, S. 26.
[1941] *Schröppel/Schübel-Pfister*, JuS 2007, S. 1002; vgl. auch *Schwan*, ThürVBl. 2015, S. 183 ff., denen *W.-R. Schenke* in Kopp/ders., VwGO, § 47 Rn. 5 folgt.
[1942] *Ossenbühl*, DVBl. 1993, S. 759; vgl. allgemein zur Problematik externen Sachverstandes: *Di Fabio*, VerwArch 81 (1990), S. 193 ff.
[1943] Ausführlich hierzu: BVerfG, Beschl. v. 12.102010 – 2 BvF 1/07, BVerfGE 127, 293-335, juris Rn. 103 ff.
[1944] Vgl. *Marburger*, Regeln der Technik im Recht, S. 286 ff. zum Technikrecht; näheres im Umweltrecht: *Salzwedel*, NVwZ 1987, S. 278.
[1945] Vgl. BVerfG, Beschl. v. 12.102010 – 2 BvF 1/07, BVerfGE 127, 293-335, juris Rn. 105.
[1946] *Maurer* in Biernat/Hendler/Schoch/Wassilewski, Grundfragen des Verwaltungsrechts, S. 75.

ne, autonome Erwägungen einbringen darf. Dies ist eine Frage der Auslegung, die das Gericht vollumfänglich zu leisten hat. Außerhalb des eigenen Wirkungsbereichs der Gemeinden ist es denkbar, dass diese eigene Zweckvorstellungen einbringen (vgl. Art. 116 Abs. 2 GO). Dies führt allerdings anders als beim obigen Beispiel nicht zu einer Verringerung der Kontrolldichte. Denn der Zweck der Beteiligung von Aufsichtsbehörden ist darauf gerichtet, die autonome, nicht justitiable Zwecksetzung der Gemeinde zu prüfen.[1947] Der Zweck ist es aber gerade nicht, die Kontrolldichte ohnehin justitiabler Bestandteile zu verändern. Ein ähnliches Phänomen zeigt sich auch bei der Prüfung durch die Widerspruchsbehörde nach §§ 68 ff. VwGO.

Wiederum anders ist es, wenn die Legislative an der Normsetzung beteiligt ist. Durch die Zustimmung zu einer Regelung wird diese in den Willen des Gesetzgebers aufgenommen.[1948] Ein höherer Grad der Legitimation seitens der Legislative kann solchen Vorschriften daher nicht abgesprochen werden.[1949] Anders als bei Aufsichtsbehörden sind die Zielvorstellungen des Gesetzgebers dabei verbindlich für die Rechtsprechung (Art. 20 Abs. 3 GG).[1950] Daher ist es konsequent diese Normen anhand der Verfassung zu kontrollieren und die Kontrolle im Übrigen auf evidente Rechtsverstöße zu beschränken.[1951] Andere Maßstäbe setzt auch Art. 19 Abs. 4 GG nicht, weil die inhaltliche Kontrolle vom Gesetzgeber vorgenommen wird; diese Form der Rechtsetzung ist der legislativen Gesetzgebung daher näher als einer exekutiven Rechtserzeugung.[1952]

Gewährt der Gesetzgeber durch die fachkundige Beteiligung keinen Beurteilungsspielraum, hat das Gericht die Ermittlung grundsätzlich vollends zu kontrollieren.[1953] Eine faktische Grenze kann sich in diesen Fällen allerdings dennoch ergeben, wenn Erkenntnisprobleme aufgrund von naturwissenschaftlichen oder technischen Anforderungen entstehen.[1954] Dies soll vor allem auch dann der Fall sein, wenn aufgrund einer wegen Zeitablaufs unmöglich gewordenen Ortsbesichtigung eine Rekonstruktion des Sachverhalts auch durch einen Sachverständigen nicht mehr möglich ist.[1955] Ein Rechtsverstoß wird dann nur angenommen, wenn ein

---

[1947] *Suerbaum* in Dietlein/ders., BeckOK Kommunalrecht Bayern, Art. 108 Rn. 16 f.
[1948] So auch *Herdegen*, AöR 114 (1989), S. 624; vgl. auch BVerwGE 57, 120 (140).
[1949] *v. Danwitz*, Die Gestaltungsfreiheit des Verordnungsgebers, S. 195.
[1950] Zum diffizilen Zusammenspiel von Rechtsverordnung und Gesetz: *Ossenbühl* in Isensee/Kirchhof V, § 103 Rn. 2 ff.
[1951] Vgl. *Herdegen,* AöR 114 (1989), S. 624.
[1952] So auch *Weitzel,* Rechtsetzungsermessen, S. 209.
[1953] BVerfGE 15, 282; 84, 49; NJW 1991, S. 2005; NJW 1993, S. 918.
[1954] BVerfGE 49, 89 (136); BVerfGE 55, 250 (253 f.); BVerfGE 61, 82 (111 ff.).
[1955] Vgl. VG Karlsruhe, Urt. v. 20.1.2011 – 2 K 11/10, juris Rn. 54.

Verfahrensfehler vorliegt, von einem unrichtigen Sachverhalt ausgegangen wurde, allgemeingültige Bewertungsmaßstäbe verletzt wurden oder sachfremde Erwägungen vorliegen.[1956]

dd) Verstärkte Verfahrenskontrolle im grundrechtsrelevanten Bereich
Eine verstärkte Kontrolle des Normsetzungsverfahrens fordert die Rechtsprechung dagegen zu Recht bei der besonderen Betroffenheit bestimmter Grundrechte.[1957] Insbesondere bei einem starken Grundrechtsbezug gilt es die eingeschränkte Justitiabilität der Ermessensentscheidung durch hohe Anforderungen an die Verfahrenskontrolle zu kompensieren.[1958] Dabei gilt es darauf zu achten, dass die gesteigerte Kontrolldichte sich aus Rechtsschutzgesichtspunkten nur rechtfertigt, soweit der Grundrechtsschutz durch das Verfahren überhaupt verwirklicht werden kann.[1959]

Als wichtige Anwendungsfälle werden dabei mitunter Normsetzungsverfahren identifiziert, die die Ausfüllung des Eigentumsrechts betreffen (Art. 14 Abs. 1 GG): Denn gerade dort definiert die Verwaltung den Gehalt des Eigentumsrechts mangels Gesetzesvorbehalt unter Beachtung der Grenzen des Art. 14 Abs. 2 GG selbst.[1960] Daher scheint es zunächst plausibel, ein hohes Maß an rechtlicher Bindung und Kontrolle[1961] durch eine strenge Verfahrenskontrolle erreichen zu wollen. Mag man dieser Anstrengung zugunsten des Grundrechtsschutzes auch einiges abgewinnen können, so spricht hiergegen im Rahmen des konkreten Beispiels von Art. 14 GG, dass die Verfassung an die Inhalts- und Schrankenbestimmungen gem. Art. 14 Abs. 1 GG gerade keine besonderen verfahrensrechtlichen Voraussetzungen knüpft.[1962]

Daneben lässt sich fragen, ob die erhöhte Kontrolle von Verfahrensanforderungen überhaupt für einen adäquaten Grundrechtsschutz zweckdienlich ist. Gegen einen effektiven Grundrechtsschutz spricht dabei nicht unbedingt die Relativierungen, welche das Gesetz für bestimmte Verfahrensvoraussetzungen einräumt (vgl.

[1956] BVerfG, Beschl. v. 17.4.1991 - 1 BvR 419/81; 1 BvR 213/83, BVerfGE 84, 34, 53 f.; BVerwG, Urt. v. 26.6.1980 - 2 C 8/78, BVerwGE 60, 245; BVerwG, Urt. v. 12.7.1995 - 6 C 12/93, BVerwGE 99, 74, 77; Beschl. v. 13.5.2004 - 6 B 25/04, NVwZ 2004, 1375, 1376.
[1957] Im Wesentlichen seit BVerfGE 53, 30 ff. (Mülheim-Kärlich).
[1958] Vgl. auch zu allgemeinen Rechtsschutzgesichtspunkten: *Brohm*, DVBl. 1986, S. 331; *Hofmann*, NVwZ 1995, S. 745; *Redeker*, DÖV 1971, S. 309; *Schmidt-Aßmann*, Die kommunale Rechtsetzung, S. 14; *Schoch*, NVwZ 1990, S. 806; *Schulze-Fielitz*, JZ 1993, S. 777; *Wahl*, NVwZ 1991, S. 417.
[1959] Vgl. hierzu und zur Kritik an der Rechtsprechung *v. Mutius*, NJW 1982, S. 2152, S. 2160.
[1960] *Depenheuer/Froese* in v. Mangoldt/Klein/Starck, GG, Art. 14 Rn. 200 ff.; *Weitzel*, Rechtsetzungsermessen, S. 190.
[1961] BVerwGE 45, 309 (324) (Foatglas-Entscheidung).
[1962] Vgl. *Papier*, DVBl. 1975, S. 464.

§§ 214 ff. BauGB).¹⁹⁶³ Denn nur weil der Gesetzgeber in gewissen Bereichen aufgrund besonderer Umstände eine andere Fehlerfolge bei Verfahrensverstößen vorsieht, lässt sich dies nicht ohne Weiteres auf die Kontrolle sonstiger Verfahrensschritte übertragen. Allerdings besteht durchaus die Gefahr zu einem unbilligen Ergebnis zu kommen, wenn materiell unhaltbare Ergebnisse mit Hilfe der Einhaltung von Verfahrensanforderungen legitimiert werden.¹⁹⁶⁴ Daher stellt sich vor allem die Frage nach dem Mehrwert, der durch die Verfahrenskontrolle generiert werden kann. Denn wenn die Verwaltung bei ihrer Ermessensentscheidung Belange fehlerhaft nicht oder in einer unverhältnismäßigen Weise einstellt, liegt ohnehin ein justitiabler Ermessensfehler vor.¹⁹⁶⁵

Letztlich dürfte es daher oftmals eine Frage der Perspektive sein, ob die Verwirklichung des Grundrechtsschutzes im Rahmen der Verfahrensanforderungen anzumahnen ist oder ob das Hauptaugenmerk auf die Überprüfung der materiellen Ermessensentscheidung zu richten ist. Verdeutlicht werden soll dies anhand der Rechtsprechung des BVerfG zum bereits angesprochenen Anhörungsverfahren nach § 16b Abs. 1 S. 2 TierSchG: Eine „pro forma" Anhörung wird im Rahmen der Vorschrift für verfahrensfehlerhaft gehalten,¹⁹⁶⁶ wenn die Berücksichtigung des Anhörungsergebnisses nicht beabsichtigt oder nicht mehr möglich war.¹⁹⁶⁷ Denn der Gesetzgeber bezwecke mit der Anhörung die Schaffung einer grundlegenden Informationsquelle für die Abwägungsentscheidung.¹⁹⁶⁸ Es wird demnach davon ausgegangen, dass der Gesetzgeber bei der Ausfüllung seines Gestaltungsspielraums das weite Ermessen des untergesetzlichen Normgebers¹⁹⁶⁹ durch die Verfahrensvorgaben beschränkt hat,¹⁹⁷⁰ indem dieses das Einfließen spezieller Fachkenntnisse, Erfahrungen und den systematischen Erkenntnisgewinn sichern¹⁹⁷¹ und ein materiell-rechtlich gerechtes Ergebnis fördern sollen. Liegt ein solcher Verfahrensverstoß vor, dann führe dies zu einer Verletzung des Grundrechts, dem das

---
[1963] A.A. *Weitzel*, Rechtsetzungsermessen, S. 191.
[1964] Ähnlich auch *Adamovich/Funk*, Allgemeines Verwaltungsrecht, S. 127.
[1965] Mit anderer Begründung i.E. auch *Weitzel*, Rechtsetzungsermessen, S. 191.
[1966] Vgl. BbgVerfG, LKV 2004, 313; *Unkelbach*, Rechtsschutz gegen Gremienentscheidungen, S. 100; zu § 16b TierSchG auch: VGH Mannheim, NVwZ-RR 1991, 190; *Erbel*, DÖV 1989, S. 340.
[1967] BbgVerfG, LKV 2004, 313.
[1968] BVerfG, Beschl. v. 12. 10. 2010 - 2 BvF 1/07, NVwZ 2011, S. 290 zur Anhörung der Tierschutzkommission zu § 13b TierSchNutzTV (Kleingruppenhaltung bei Legehennen); BT-Dr 10/3158, S. 29.
[1969] Vgl. im Zusammenhang mit normgeprägten Grundrechten: BVerfGE 118, 79 (110), NVwZ 2007, 937; BVerfGK 11, 445 (457), NVwZ 2007, 1168.
[1970] BVerfGE 36, 321 (330), NJW 1974, 689; BVerfGE 42, 191 (205).
[1971] *Murswiek* in Sachs, GG, Art. 20a Rn. 76 f.; *Epiney* in v. Mangoldt/Klein/Starck, GG, Art. 20a Rn. 79 ff.

Anhörungsverfahren dienen soll und damit zu der Nichtigkeit der Norm.[1972] Der Schutz bzw. die Verwirklichung des Grundrechts soll also durch das Verfahren gesichert werden, weshalb eine Verfahrensverletzung mit einer Verletzung des geschützten Grundrechts gleichgestellt wird.[1973] Das gleiche Ergebnis mit Blick auf den Grundrechtsschutz ließe sich allerdings durch eine Untersuchung des Normsetzungsvorgangs auf einen Ermessensfehlgebrauch bzw. ein Ermessensdefizit. Dies setzt zum einen freilich eine Kontrolle des Abwägungsvorgangs voraus, welche entgegen der Ansicht des BVerwG bereits als möglich und notwendig identifiziert wurde, hat aber gleichzeitig den Vorteil, dass der Ausgleich der Grundrechte überprüft werden kann, woran es bei der bloßen Verfahrenskontrolle mangelt.[1974]

3. Formerfordernisse

Allgemeinverbindliche Aussagen zur Ausfertigung, zur Verkündung und zum Inkrafttreten von exekutiven Normen sind ebenfalls nur eingeschränkt möglich, da die formellen Anforderungen auch hierbei divergieren.[1975] Die Ausfertigung und Verkündung sind aber jedenfalls bei Verordnungen und Satzungen notwendige rechtstaatliche Anforderungen.[1976] Hinsichtlich der Bekanntmachung ist zur Wahrung der Rechtsstaatlichkeit vor allem erforderlich, den Betroffenen den Norminhalt dergestalt zugänglich zu machen, dass sie sich vom Norminhalt hinreichende Kenntnis verschaffen können.[1977] Um die Übereinstimmung vom bekanntgemachten und beabsichtigten Inhalt der Norm sicherzustellen, kann es zudem notwendig werden Pläne mitauszufertigen, die den Geltungsbereich der Regelung verdeutlichen.[1978] Die nähere Ausgestaltung der Ausfertigung[1979] und der Bekanntma-

---

[1972] Vgl. BVerwG, NVwZ 2010, S. 1300, NZA 2010, S. 725; OVG Berlin-Brandenburg, Urt. v. 18. 12. 2008 – 1 B 13/08, BeckRS 2009, 34022; *Schmidt-Aßmann*, Die kommunale Rechtsetzung, S. 19; *Unkelbach*, Rechtsschutz gegen Gremienentscheidungen, S. 98 ff.; *Schnelle*, Eine Fehlerfolgenlehre für Rechtsverordnungen, S. 152 ff., 265; *Ossenbühl*, NJW 1986, S. 2812; vgl. zur Rechtserheblichkeit grober Mängel im Normsetzungsverfahren, BVerfGE 31, 47 (53).
[1973] BVerfG, NVwZ 2011, S. 292 zu Art. 20a GG; vgl. auch BVerfGE 53, 30 (66), NJW 1980, S. 759; BVerfGE 56, 216 (242), NJW 1981, S. 1436.
[1974] Zutreffend insofern: *Weitzel*, Rechtsetzungsermessen, S. 190 a.E.
[1975] Vgl. nur *Detterbeck*, Allgemeines Verwaltungsrecht, S. 317 u. 324.
[1976] *v. Bogdandy*, Gubernative Rechtsetzung, S. 440; *Ziegler*, DVBl. 1987, S. 280 ff.
[1977] BVerfGE 65, 283 (291), NVwZ 1984, S. 430 noch zu § 12 BBauG; NVwZ 1992, S. 1089; NVwZ 1994, S. 575 zu materiellen Ausschlussfristen; auf den Geltungsbereich beschränkend: BayVerfGH, BayVBl. 1990, S. 79.
[1978] VGH Mannheim, NVwZ 1985, 206; NuR 1987, S. 180; NVwZ-RR 1992, S. 296; BayVGH, ZfW 1990, S. 411.
[1979] BVerwG, NVwZ 1990, S. 258; BVerwGE 88, 204 (206), NVwZ 1992, S. 371; BVerwG, NVwZ-RR 1996, S. 630.

chung[1980] obliegt den Landesgesetzgebern, wobei für Bundesverordnungen Art. 82 Abs. 1 S. 2 GG gilt. Erwähnenswert sind dabei die Probleme, die im Rahmen der bayerischen Coronaverordnungen durch die Möglichkeit der sofortigen Bekanntmachung (Art. 51 Abs. 4 S. 1 LStVG a.F.) erzeugt wurden.[1981]

Für Rechtsverordnungen ergeben sich weitere formelle Anforderungen zudem aus Art. 80 Abs. 1 S. 3 GG („Begründungssplitter").[1982] Auf Verordnungen, die aufgrund von landesrechtlichen Ermächtigungen ergehen, bzw. auf Satzungen ist das sog. Zitiergebot nach überwiegender Ansicht nicht übertragbar.[1983] Der Verordnungsgeber hat jedenfalls die (konkrete) Rechtsgrundlage in der Verordnung anzugeben. Der Grad der Genauigkeit der Angabe[1984] und die damit einhergehenden Fehlerfolgen[1985] sind umstritten. Im Einzelfall ist es daher hilfreich die Zwecke des Art. 80 Abs. 1 S. 3 GG heranzuziehen: Das Zitiergebot hat zunächst die Funktion, eine Festlegung der Exekutive auf eine bestimmte Rechtsgrundlage zu erreichen.[1986] Daneben und damit verquickt ist eine zweifache Kontrollfunktion, indem der Verwaltung eine Selbstkontrolle auferlegt wird[1987] und die zitierte Rechtsgrundlage Ausgangspunkt externer Kontrolle durch Aufsichtsbehörden bzw. durch die Gerichte ist.[1988] Letzteres kommt außerdem dem Rechtsschutz des Einzelnen als weitere Funktion zugute.[1989]

Unter die formellen Voraussetzungen fiele grundsätzlich auch die ordnungsgemäße Begründung.[1990] Bei Einzelakten ist diese allgemein in § 39 VwVfG festgeschrieben. Ein grundsätzliches Begründungserfordernis ist für die Handlungsform der exekutiven Normsetzung dagegen nicht ausdrücklich vorgesehen. Obgleich man-

---

[1980] Näheres: *Ziegler*, Die Verkündung von Satzungen und Rechtsverordnungen; BVerwG, NVwZ-RR 1993, S. 262.
[1981] Ausführlich hierzu: BayVGH, Beschl. v. 4.10.2021 – 20 N 20.767, juris 33 ff.
[1982] *Müller-Ibold*, Begründungspflicht, S. 169.
[1983] BayVerfGH, BayVBl. 1973, S. 433; BVerwGE 157, 54; a.A. *Bartlsperger*, VerwArch 58 (1967), S. 249; so auch *Detterbeck*, Allgemeines Verwaltungsrecht, S. 317.
[1984] Dies ist allerdings str., vgl. BVerfG, Beschl. v. 9. 10. 1968 – 2 BvE 2/66, BVerfGE 24, 184 (196); BVerfG, Urt. v. 6. 7. 1999 – 2 BvF 3/90, BVerfGE 101, 1 (41 f.); dafür jedenfalls: *Remmert* in Dürig/Herzog/Scholz, GG, Art. 80 Rn. 125.
[1985] Für Nichtigkeit als Rechtsfolge: VGH Kassel, NJW 1981, S. 780; *v. Danwitz*, Gestaltungsfreiheit des Verordnungsgebers, S. 76 f.; *Detterbeck*, Allgemeines Verwaltungsrecht, S. 317; *Ossenbühl* in Isensee/Kirchhof V, § 103 Rn. 71.; ausführlich auch: *Will*, NZV 2020, S. 607 f.
[1986] *Schwarz*, DÖV 2002, S. 855: „Konzentrationswirkung".
[1987] *Remmert* in Dürig/Herzog/Scholz, GG, Art. 80 Rn. 124; *Schwarz*, DÖV 2002, S. 852.
[1988] *Mann* in Sachs GG, Art. 80 Rn. 31; *Schwarz* DÖV 2002, S. 852.
[1989] *Schwarz*, DÖV 2002, S. 852.
[1990] Zu Unterschieden zwischen Form und Verfahren: *Bettermann* in Recht als Prozess und Gefüge, Festschrift für Hans Huber, S. 47; grundlegend zur Begründung auch *Koch*, DVBl. 1983, S. 1126 ff.

che ein Begründungserfordernis jedenfalls bei unmittelbaren Eingriffen in subjektive Rechte fordern[1991] und hierdurch zweifelsohne die Transparenz der Normsetzung gefördert sowie die Gewährung von Rechtsschutz nicht unerheblich erleichtern werden würde, hat dies bislang keinen Einzug in die allgemeine Rechtspraxis gefunden.[1992] Dass sich ein solches Begründungserfordernis ausnahmsweise aus der Verfassung ergeben kann, lehnt die Rechtsprechung nicht grundsätzlich ab und bezieht sich insoweit auf die Grundsätze zur Gesetzgebung,[1993] bei welcher der fehlende Begründungszwang mit der Transparenz des parlamentarischen Verfahrens gerechtfertigt wird.[1994] In der neueren Rechtsprechung lässt sich gar die Tendenz erkennen, einen grundsätzlichen Begründungszwang in Bezug auf sämtliches staatliches Handeln zu fordern; begründet wird dies mit dem Rechtsstaatsprinzips (Art. 20 Abs. 3 GG) bzw. der Rechtsschutzgarantie (Art. 19 Abs. 4 S. 1 GG).[1995]

Unabhängig von der Frage einer allgemeinen Begründungspflicht lässt sich die Tendenz erkennen, das Begründungserfordernis vermehrt gesetzlich vorzuschreiben.[1996] Die zuweilen vorgesehene Begründungspflicht von Verordnungsentwürfen (vgl. § 62 Abs. 2 S. 1 GGO i.V.m. § 42 Abs. 1 GGO) enthält allerdings keinen Begründungszwang gegenüber dem Normadressaten, vielmehr soll sie ordnend auf den Normerlass einwirken.[1997] Ist im Einzelfall eine Begründung vorgesehen, ergeben sich ihre Reichweite und damit auch der Umfang gerichtlicher Kontrolle aus den gesetzlichen Direktiven. Insbesondere der Zweck der Begründung gibt einen Aufschluss darüber, ob eine detailreiche Begründung erforderlich ist oder nicht.

Ein solches gesetzliches Begründungserfordernis von Rechtsverordnungen (§ 32 i.V.m. § 28 Abs. 1 und § 28a Abs. 1 IfSG) sah auch § 28a Abs. 5 IfSG in sämtlichen Fassungen seit Erlass der Vorschrift vor.[1998] Die Begründungspflicht ermöglicht die

---

[1991] *Hufen/Siegel*, Fehler im Verwaltungsverfahren, S. 200; *Ossenbühl*, NJW 1986, S. 2809 f.
[1992] *Ossenbühl* in Isensee/Kirchhof V, § 104 Rn. 72; *v. Bogdandy*, Gubernative Rechtsetzung, S. 441; *Möstl* in Erichsen/Ehlers, Allgemeines Verwaltungsrecht, S. 632; *Trips*, Das Verfahren der exekutiven Rechtsetzung, S. 195 ff.
[1993] VGH Mannheim, Beschl. v. 24.6.2022 – 2 S 809/22, juris Rn. 99 und Urt. v. 13.7.2022 – 2 S 808/22, juris Rn. 97 mit Verweis auf VGH Mannheim, Urt. v. 4.5.2021 - 2 S 2103/20, juris Rn. 96 ff., das auf BVerfG, Beschl. 4.5.2020 - 2 BvL 4/18, juris Rn. 96 f. verweist; vgl. hierzu auch BVerfGE 130, 263 (302); 139, 64 (126 f. Rn. 129); 140, 240 (296 Rn. 112); 149, 382 (395 Rn. 21).
[1994] *v. Danwitz*, Jura 2002, S. 100; *Ossenbühl*, NJW 1986, S. 2809.
[1995] BayVGH, Beschl. v. 3.6.2022 – 12 N 21.1208, juris Rn. 31; a.A. noch BayVGH, Urt. v. 25.1.2022 – 10 N 20.1227, juris Rn. 93 f.; kritisch hierzu *v. Danwitz*, Jura 2002, S. 100; *Kischel*, Die Begründung, S. 304 ff.; *Remmert* in Dürig/Herzog/Scholz, GG, Art. 80 Rn. 131; *Waldhoff*, GesR 2013, S. 203 ff.; BVerfG, DVBl. 1987, S. 466; BVerwGE 78, 23 (26); a.A. *Ossenbühl*, NJW 1986, S. 2809, dem BayVGH, Beschl. v. 3.6.2022 – 12 N 21.1208, juris Rn. 31 folgt.
[1996] In diese Richtung auch *Möstl* in Erichsen/Ehlers, Allgemeines Verwaltungsrecht, S. 632.
[1997] *Richter*, Erlass von Rechtsverordnungen und Satzungen, S. 54.
[1998] Vgl. Art. 1 G. v. 18.11.2020, BGBl. I S. 2397.

Nachvollziehbarkeit der wesentlichen Entscheidungsgründe für eine bestimmte Maßnahme, sichert die Verfahrensrationalität und dient zugleich der Legitimation,[1999] was letztlich dem Grundrechtsschutz zugutekommt.[2000] Dabei muss im Rahmen der zeitnah nach Erlass der Verordnung zu veröffentlichenden Begründung[2001] auch dargelegt werden, inwiefern die Maßnahmen die Infektionsbekämpfung im Rahmen eines Gesamtkonzepts dienen,[2002] wobei eine genaue empirische Begründung nicht gefordert wird.[2003] Letzteres überzeugt vor dem Hintergrund des Zwecks der Begründung. Ausreichend ist es daher, wenn der Normgeber die Fortschreibung der Schutzmaßnahmen mit der Stagnation der Infektionen auf einem hohen Niveau begründet und mit der Gefahr, die von den neuen Virusvarianten ausgeht.[2004] Die genaue Erklärung eines jeden Aspekts der Coronaverordnung wird daher auf der Grundlage von § 28 Abs. 5 S. 1 IfSG gerade nicht gefordert.[2005]

V. Materielle Rechtmäßigkeitsanforderungen

Auf die Prüfung der formellen Anforderungen folgt eine Kontrolle der materiellen Rechtmäßigkeit. Die Judikative hat zu kontrollieren, ob das Verwaltungshandeln im Einklang mit höherrangigem Recht steht, ob also die Rechtsetzung rechtmäßig ist.[2006] Bei der Überprüfung von Einzelakten ergibt sich dies aus § 113 Abs. 1, Abs. 5 S. 1 VwGO. Für untergesetzliche Normen spricht § 47 Abs. 5 S. 2 VwGO von der zur Unwirksamkeit führenden Ungültigkeit. Da die Rechtswidrigkeit zur Unwirksamkeit untergesetzlicher Normen führt, läuft es auch bei diesen darauf hinaus, dass die Gültigkeit anhand des übergeordneten Rechts beurteilt wird.[2007] Hierfür ist die Einhaltung der Regelungsbefugnis der gesetzlichen Ermächtigung zu über-

---

[1999] BVerwG, Beschl. v. 30.3.2016 – 5 B 11.16, juris Rn. 4 m.w.N.
[2000] BayVGH, Beschl. v. 8.12.2020 – 20 NE 20.2461, juris Rn. 31 ff. zur 9. BayIfSMV; OVG Schleswig, Beschl. v. 14.12.2021 - 3 MR 31/21, juris Rn. 16; OVG Münster, Beschl. v. 8.2.2022 – 13 B 1986/21.NE, juris Rn. 20.
[2001] BT-Drs. 19/24334, S. 81.
[2002] BayVGH, Beschl. v. 30.3.2021 – 20 NE 21.805, juris Rn. 37 f.
[2003] Vgl. BT-Drs. 19/24334 S. 74; vgl. auch BayVGH, Beschl. v. 4.3.2021 – 20 NE 21.524, juris Rn. 18.
[2004] BayVGH, Beschl. v. 19.2.2021– 20 NE 21.458; Beschl. v. 4.3.2021 – 20 NE 21.524; vgl. auch zuvor: BayVGH, Beschl. v. 12.1.2021 - 20 NE 20.2933, Rn. 37 ff.
[2005] BayVGH, Beschl. v. 19.1.2021 – 20 NE 21.76, juris Rn. 24 ff.
[2006] *Riese* in Schoch/Schneider, VwGO, § 113 Rn. 2 für Einzelakte; *Wysk* in ders., VwGO, § 47 Rn. 1 zur Prüfungskompetenz bei untergesetzlichen Normen.
[2007] *Giesberts* in BeckOK VwGO, Posser/Wolff, § 47 Rn. 1; *Ziekow* in Sodan/ders., VwGO, § 47 Rn. 353.

prüfen (1.)²⁰⁰⁸ – soweit eine solche erforderlich ist – und die Wahl der Handlungsform (2.). Im Übrigen muss der Judikative das Kunststück gelingen, durch die materielle Rechtmäßigkeitskontrolle nicht in die, untergesetzlichen Normen immanente, Gestaltungsermächtigung²⁰⁰⁹ einzugreifen. Hierfür bietet sich eine Negativkontrolle der untergesetzlichen Norm anhand der Ermessensfehler an, deren Übertragbarkeit bereits erörtert und befürwortet wurde (siehe E. V.). Der Spagat zwischen der Rechtsschutzgarantie und der Gewaltenteilung gelingt durch eine angepasste Kontrolldichte (G.).

1. Regelungsbefugnis – die Voraussetzungen von § 28 ff. IfSG

a) Die abschließenden Tatbestandsvoraussetzungen des § 28 Abs. 1 IfSG

Ist eine Ermächtigungsgrundlage notwendig, so kommt der Exekutive eine normative Regelungsbefugnis nur zu, wenn die Voraussetzungen der Ermächtigungsgrundlage erfüllt sind, wenn also die Tatbestandsmäßigkeit²⁰¹⁰ der untergesetzlichen Norm vorliegt. Tatbestandlich verpflichtet § 28 Abs. 1 S. 1 Hs. 1 IfSG die Behörde im Rahmen einer gebundenen Entscheidung²⁰¹¹ zum Tätig werden, wenn Kranke (§ 2 Nr. 4 IfSG), Krankheitsverdächtige (§ 2 Nr. 5 IfSG), Ansteckungsverdächtige (§ 2 Nr. 7 IfSG) oder Ausscheider (§ 2 Nr. 6 IfSG) festgestellt werden oder sich herausstellt, dass ein Verstorbener krank, krankheitsverdächtig oder Ausscheider war. Weitere tatbestandliche Voraussetzungen sieht die Vorschrift nicht vor.²⁰¹² Insbesondere sind die Voraussetzungen des § 28 Abs. 1 S. 1 IfSG nicht um die allgemeinen polizeirechtlichen Grundsätze anzureichern, wie zunächst in der Rechtsprechung angedacht wurde.²⁰¹³

Die Tatbestandsvoraussetzungen des § 28 Abs. 1 S. 1 Hs. 1 IfSG umschreiben vielmehr selbst abschließend eine gegenwärtige und erhebliche Gefahr für die Gesundheit durch die Verbreitung einer übertragbaren Krankheit, bei deren Vorlie-

---

²⁰⁰⁸ *Detterbeck*, Allgemeines Verwaltungsrecht, S. 318 u. 322 f.; *Remmert* in Dürig/Herzog/Scholz, GG, Art. 80 Rn. 123.
²⁰⁰⁹ *Schmidt-Aßmann* in Dürig/Herzog/Scholz, GG, Art. 19 Abs. 4 Rn. 217a; *Sendler* UPR 1981, 1 (11 f.), denen *Panzer* in Schoch/Schneider, VwGO, Vor. § 47 Rn. 5 folgt.
²⁰¹⁰ *Detterbeck*, Allgemeines Verwaltungsrecht, S. 318
²⁰¹¹ BT-Drs. 14/2530, 74; BVerwGE 142, 205 Rn. 23, BeckRS 2012, 51345; OVG Lüneburg, BeckRS 2020, 10749 Rn. 21; OVG Weimar, BeckRS 2020, 12181 Rn. 50.
²⁰¹² BayVGH, Beschl. v. 4.10.2021 – 20 N 20.767, juris Rn. 51; vgl. auch BayVGH, Beschl. v. 1.9.2020 – 20 CS 20.1962, juris Rn. 24.
²⁰¹³ BayVGH, Beschl. v. 13.8.2020, 20 CS 20.1821; a.A. vertrat noch die Vorinstanz: VG Bayreuth, Beschl. v. 6.8.2020 – B 7 S 20.682 mit Verweis auf BVerwG, Urt. v. 28.2.1961 – I C 54.57; Urt. v. 15.10.2018 – 7 C 22.16 zu § 52 Abs. 1 S. 1 WHG sowie Urt. v. 14.9.2017 – 3 C 4.16 zu § 29 Abs. 1 S. 1 LuftVG.

gen die notwendigen Schutzmaßnahmen zu ergreifen sind.[2014] Aus dem allgemeinen Polizeirecht lassen sich daher insoweit keine zusätzlichen Anforderungen ableiten.[2015] Die niedrige Eingriffsschwelle der Norm ist nicht auf der Tatbestandsebene, sondern auf der Ermessensebene zu kompensieren, indem an das Kriterium der Erforderlichkeit und insbesondere an die Angemessenheit der Maßnahme je nach Eingriffstiefe der Maßnahme erhöhte Anforderungen zu stellen sind.[2016] Etwas anderes folgt auch nicht aus der Rechtsprechung des Bundesverwaltungsgerichts. Soweit das Bundesverwaltungsgericht in seinem Urteil vom 22.3.2012[2017] einen, allgemeinen ordnungsrechtlichen Grundsätzen entnommenen, gleitenden Wahrscheinlichkeitsmaßstab verwendet, bezieht sich dies ausdrücklich nur auf die Frage, wann von einem Ansteckungsverdächtigen i.S.v. § 2 Nr. 7 IfSG ausgegangen werden kann. Eine weitergehende Erweiterung der tatbestandlichen Voraussetzungen des § 28 Abs. 1 IfSG ist damit nicht verbunden.[2018]

b) Die Feststellung einer übertragbaren Krankheit
Da es sich bei § 28 Abs. 1 S. 1 IfSG um die Ermächtigungsgrundlage zur Bekämpfung infektiöser Krankheiten handelt, setzt die Norm die Feststellung einer solchen Krankheit voraus.[2019] Der Begriff der „übertragbaren Krankheit" wird dabei in § 2 Nr. 3 IfSG legaldefiniert als eine durch Krankheitserreger oder deren toxische Produkte, die unmittelbar oder mittelbar auf den Menschen übertragen werden, verursachte Krankheit. Bei der „bedrohlichen übertragbaren Krankheit" stellt § 2 Nr. 3a IfSG maßgeblich auf mögliche schwere Verlaufsformen ab und auf die Art und Weise ihrer Weiterverbreitung sowie auf die Neuartigkeit bzw. Resistenz des Erregers. Die Eigenschaften können jeweils für sich genommen, aber auch kumulativ die besondere Gefährlichkeit der Krankheit ausmachen.[2020] Beide Legaldefinitionen enthalten Definitionen für bestimmte Arten von Krankheiten, definieren allerdings den Krankheitsbegriff selbst nicht. Der Krankheitsbegriff findet sich an verschiedenen Stellen in der Rechtsordnung wieder und hat in Nuancen unterschiedliche Bedeutungen.[2021] Der Krankheitsbegriff, der sich systematisch und teleologisch in das IfSG einfügt, lässt sich als eine Störung der Lebensvorgänge in

---

[2014] *Johann/Gabriel* in Eckart/Winkelmüller, BeckOK Infektionsschutzrecht, IfSG, § 28 Rn. 21; a.A. OVG Lüneburg, Urt. v. 3.2.2011 – 13 LC 198/08, juris Rn. 39, BeckRS 2011, 46763.
[2015] *Johann/Gabriel* in Eckart/Winkelmüller, BeckOK Infektionsschutzrecht, IfSG, § 28 Rn. 21.
[2016] *Johann/Gabriel* in Eckart/Winkelmüller, BeckOK Infektionsschutzrecht, IfSG, § 28 Rn. 21.
[2017] BVerwG, Urt. v. 22.3.2012 - 3 C 16/11, BVerwGE 142, 205, juris Rn. 32, NJW 2012, S. 2823 ff.
[2018] *Siegel*, NVwZ 2020, S. 578 dagegen geht von einem Stufenverhältnis aus mit Verweis auf BVerwGE 142, 205.
[2019] Ausführlich insofern zu Ausgangsbeschränkungen: BayVGH, Beschl. v. 4.10.2021 – 20 N 20.767 [§ 4 Abs. 2, Abs. 3 1. BayIfSMV].
[2020] BayVGH, Beschl. v. 4.10.2021 – 20 N 20.767, juris Rn. 52; vgl. auch BR-Drs. 784/16 S. 49.
[2021] *Gabriel* in Eckart/Winkelmüller, BeckOK Infektionsschutzrecht, IfSG, § 2 Rn. 15.

Organen oder im gesamten Organismus mit der Folge von subjektiv empfundenen bzw. objektiv feststellbaren körperlichen, geistigen oder seelischen Veränderungen begreifen.[2022] Die Feststellung, die nicht zwingend von der zuständigen Behörde getroffen werden muss,[2023] macht eine Gefährdungseinschätzung der Krankheit für die Bevölkerung notwendig.[2024]

Diese Gefährlichkeit – einschließlich der Infektionsgefahr – wird grundsätzlich beurteilt durch einen Rückgriff auf medizinisches und epidemiologisches Wissen und auf Erfahrungen mit vergangenen Krankheiten.[2025] Anders müsse dies aber nach dem BayVGH mit Blick auf das Corona-Virus gesehen werden.[2026] Denn durch dieses Virus sei eine neue Art der Bedrohung aufgetreten, die auch einem Vergleich mit Grippepandemien nicht standhalten könne, weil zu diesen Zeitpunkten medizinische und epidemiologische Erkenntnisse zu Grippe-Erkrankungen und auch Impfstoffe vorhanden waren. Hinsichtlich des Ausbruchs von Covid-19 ging schließlich auch das RKI (§ 4 Abs. 1 S. 1 IfSG) von einer hohen Bedrohungslage für die allgemeine Bevölkerung und von einem sehr hohen Risiko für vulnerable Gruppen aus.[2027] Bei der Beurteilung der tatbestandlichen Voraussetzung des Vorliegens einer bedrohlichen übertragbaren Krankheit (§ 2 Nr. 3a IfSG) komme der Infektionsschutzbehörde zudem ein gerichtlich nicht voll überprüfbarer Beurteilungsspielraum zu.[2028]

Einen derartigen Beurteilungsspielraum der Exekutive bei der Gefahrenprognose nahmen auch das BVerfG bzw. die Verfassungsgerichte der Länder an, ohne dies konkret herzuleiten, was vor allem an dem bereits kritisch untersuchten Umstand liegen mag, dass es sich um Eilentscheidungen handelte.[2029] Der BayVGH versucht sich an der Herleitung dieses Spielraums: Ein solcher Einschätzungs- bzw. Beurteilungsspielraum setze einerseits voraus, dass dieser in Art und Umfang der jeweili-

---

[2022] Treffender Vorschlag von *Gabriel* in Eckart/Winkelmüller, BeckOK Infektionsschutzrecht, IfSG, § 2 Rn. 15.
[2023] *Johann/Gabriel* in Eckart/Winkelmüller, BeckOK Infektionsschutzrecht, IfSG, § 28 Rn. 19; vgl. BT-Drs. 8/2468, 27 f.; BayVGH, BeckRS 2020, 7227 Rn. 33; VGH Mannheim, BeckRS 2020, 8476 Rn. 27.
[2024] BayVGH, Beschl. v. 4.10.2021 – 20 N 20.767, juris Rn. 51.
[2025] BayVGH, Beschl. v. 4.10.2021 – 20 N 20.767, juris Rn. 53.
[2026] BayVGH, Beschl. v. 4.10.2021 – 20 N 20.767, juris Rn. 53.
[2027] BayVGH, Beschl. v. 4.10.2021 – 20 N 20.767, juris Rn. 53 mit Verweis auf RKI, Situationsbericht v. 30.3.2020, S. 6 (Abrufdatum: 19.1.2022).
[2028] BayVGH, Beschl. v. 4.10.2021 – 20 N 20.767, juris Rn. 56.
[2029] BVerfG, Beschl. v. 11.11.2020 – 1 BvR 2530/20; BayVerfGH, Entsch. v. 23.11.2020 – Vf. 59-VII-20; VerfGH NW, Beschl. v. 30.11.2020 – 185/20.VB-1; SaarlVerfGH, Beschl. v. 28.4.2020 – Lv 7/20, NVwZ-RR 2020, 514; zur Verordnung über vorläufige Ausgangsbeschränkungen: BayVerfGH, Entsch. v. 9.2.2021 – Vf. 6-VII-20.

gen Ermächtigung zumindest konkludent angelegt sei und dass andererseits ein ausreichend wichtiger Sachgrund hierfür vorliege,[2030] wobei unter anderem auf die Rechtsprechung zum Erlass von Einzelakten verwiesen wurde.[2031] Einen Unterschied zwischen Beurteilungsspielräumen beim Erlass von Einzelakten bzw. Normen legt der BayVGH daher nicht zugrunde. Es liege in der Verantwortung des Gesetzgebers, Rechtspositionen zuzuweisen und näher auszugestalten unter Berücksichtigung der Grundrechte, deren Schutz Art. 19 Abs. 4 GG gleichermaßen gewährleiste und voraussetze.[2032]

Die Frage, ob eine Beurteilungsermächtigung in einem bestimmten Gesetz vorhanden sein soll, wird dabei durch Auslegung ermittelt.[2033] Der Wortlaut biete zunächst keine Anhaltspunkte, die einen Beurteilungsspielraum nahelegen würden.[2034] Gerade die Frage, ob eine neuartige Krankheit schwere Verläufe erzeugen kann oder aufgrund ihrer Ausbreitung eine schwere Gefahr für die Allgemeinheit darstellt (§ 2 Nr. 3a IfSG), wirft Schwierigkeiten auf, weshalb ein prognostischer Einschätzungsspielraum vom BayVGH in die Norm hineingelesen wird.[2035] Bei der Einschätzung der Gefahr durch eine Infektionskrankheit ist die Behörde qua Sachmaterie auf die Wissenschaft in diesem Bereich angewiesen. Jedenfalls bei neuen Krankheiten kann allerdings nicht auf eine sichere Tatsachengrundlage zurückgegriffen werden.[2036]

In der Tat muss daher denknotwendig eine Prognose erfolgen, die zwar auf einer Tatsachenbasis beruhen und nachvollziehbar sein müsse, aber auch gewisse Unsicherheiten beinhalten dürfe. Dem Gesetzgeber bzw. – im Rahmen des Verordnungserlasses - der Exekutive wird daher für den Fall von Ungewissheiten im Bereich der Fachwissenschaften in tatsächlicher Hinsicht ein Beurteilungsspielraum zugebilligt, der sich auch auf einer gewissen unsicheren Entscheidungsgrundlage bewegen dürfe,[2037] jedenfalls für die Frage, ob eine bedrohliche übertragbare Krankheit vorliegt (§ 2 Nr. 3a IfSG). Auf den Fall der Covid-19 Krankheit übertragen, geht der BayVGH nach diesen Maßstäben nicht davon aus, dass der Verord-

---

[2030] BayVGH, Beschl. v. 4.10.2021 – 20 N 20.767, juris Rn. 58.
[2031] BVerfG, Beschl. v. 31.5.2011 – 1 BvR 857/07 – Rn. 99; BVerwG, Urt. v. 29.6.2016 – 7 C 32.15, juris Rn. 29.
[2032] BayVGH, Beschl. v. 4.10.2021 – 20 N 20.767, juris Rn. 58; BVerwG, Beschl. v. 21.12.1995 – 3 C 24.94, juris Rn. 30.
[2033] BVerwG, Urt. v. 16.5.2007 – 3 C 8.06, juris Rn. 26; BVerwG, Urt. v. 23.1.2008 – 6 A 1.07, juris Rn. 43; BVerwG, Urt. v. 23.11.2011 – 6 C 11.10, juris Rn. 37.
[2034] BayVGH, Beschl. v. 4.10.2021 – 20 N 20.767, juris Rn. 58.
[2035] BayVGH, Beschl. v. 4.10.2021 – 20 N 20.767, juris Rn. 61.
[2036] BayVGH, Beschl. v. 4.10.2021 – 20 N 20.767, juris Rn. 61.
[2037] Vgl. BVerfG, Beschl. v. 13.5.2020 - 1 BvR 1021/20, juris Rn. 10; ThürVerfGH, Urt. v. 1.3.2021 – 18/20.

nungsgeber seinen Beurteilungsspielraum überschritten hat, wenn er diese zum maßgeblichen Zeitpunkt als bedrohliche übertragbare Krankheit einschätzt.[2038] Unabhängig von einem etwaigen Beurteilungsspielraum geht auch die übrige Rechtsprechung unter Rückgriff auf öffentlich zugängliche Informationen des RKI,[2039] der WHO[2040] bzw. rechtsmedizinischer Institute[2041] davon aus, dass „außer Frage" stehe[2042] bzw. „nicht ernstlich streitig"[2043] sei, dass eine übertragbare Krankheit vorliege.[2044]

Durch die Einfügung des § 28a IfSG[2045] wurde der Erlass von Schutzmaßnahmen von der Feststellung einer epidemischen Lage nationaler Tragweite (§ 5 Abs. 1 S. 1 IfSG) abhängig gemacht.[2046] Damit wurde nunmehr die Einschätzung der Gefahren im Rahmen der Pandemie, welche Elemente der Gefahrenabwehr und auch der Gefahrenprognose beinhaltet, durch den Bundestag getroffen.[2047]

2. Anforderungen an die Handlungsform

a) Besonderheiten bei Satzungen

Eine grundsätzliche Frage stellt sich dem Normgeber und damit auch dem später mit der Kontrolle befassten Gericht bei der Wahl einer entsprechenden Rechtsform für die angestrebte Regelung, selbst wenn die Regelungsbefugnis vorliegt. Räumt eine Ermächtigungsgrundlage die Möglichkeit zum Erlass von abstrakt-generellen und konkret-individuellen Regelungen ein, so ist es denkbar von der fehlenden Erforderlichkeit einer abstrakt-generellen Regelung auszugehen, wenn ein Einzelakt genügen würde oder wenn ein solcher einen gezielten Vollzug erfahren müsste.[2048] Im Zusammenhang mit Satzungen kann die Gemeinde vor die

---

[2038] BayVGH, Beschl. v. 4.10.2021 – 20 N 20.767, juris Rn. 62.
[2039] OVG Magdeburg, BeckRS 2020, 6948 Rn. 23; BayVGH, BeckRS 2020, 7227 Rn. 33; OVG Weimar, BeckRS 2020, 10618 Rn. 27.
[2040] OVG Lüneburg, BeckRS 2020, 8816 Rn. 20.
[2041] VG Hamburg, BeckRS 2020, 8673 Rn. 27.
[2042] BayVGH, BeckRS 2020, 7227 Rn. 33; VGH Mannheim, BeckRS 2020, 8476 Rn. 27.
[2043] OVG Weimar, BeckRS 2020, 10618 Rn. 27.
[2044] Vgl. auch OVG Lüneburg, BeckRS 2020, 11781 Rn. 19; 2020, 12870 Rn. 19; OVG Münster BeckRS 2020, 13236 Rn. 9; OVG Weimar, BeckRS 2020, 10618 Rn. 27.
[2045] I.d.F. v. 19.11.2020, vgl. Art. 1 G. v. 18.11.2020 BGBl. I S. 2397.
[2046] Ausführlich zu diesem: *Sangs*, NVwZ 2020, S. 1780 ff.; vgl. auch *Dingemann/Gausing* in Eckart/Winkelmüller, BeckOK Infektionsschutzrecht, IfSG, § 5 Rn. 1 ff.
[2047] *Dingemann/Gausing* in Eckart/Winkelmüller, BeckOK Infektionsschutzrecht, IfSG, § 5 Rn. 1 f.; BayVGH, Beschl. v. 8.12.2020 – 20 NE 20.2461, juris Rn. 22.
[2048] Insofern zutreffend *Hamann*, NVwZ 1992, S. 1069 für den Fall einer landesrechtlichen Kampfhundeverordnung bzgl. einer Hunderasse, von der es deutschlandweit nur drei Exemplare gibt; ausführlich auch: *Jekewitz*, DÖV 1990, S. 556; vgl. auch Vgl. für ein entsprechendes Beispiel

Wahl gestellt sein, ob sie eine Verordnung zur Gefahrenabwehr erlässt oder eine ähnliche Wirkung mit dem Erlass einer Satzung zur Nutzung der betroffenen öffentlichen Einrichtung verfolgt.[2049] Soweit es an einer gesetzlichen Regelung für eine bestimmte Form fehlt, findet sich auch kein allgemeiner Verfassungsgrundsatz, der das Ermessen in dieser Hinsicht einschränkt.[2050] Gerade im Bereich der kommunalen Selbstverwaltung hat die Gemeinde daher grundsätzlich freie Wahl hinsichtlich der rechtlichen Form.[2051] Dafür spricht auch, dass der Verfassungsbzw. der Gesetzgeber relativ leicht auf die Form Einfluss nehmen könnte, indem er eine bestimmte vorschreibt. Schreibt er für die Gemeinden den Erlass einer Rechtsverordnung in einem Bereich vor, so gewährleistet er unter anderem die Möglichkeit durch Weisungen weiterhin auf die Materie Einfluss zu nehmen.[2052] Entscheidet er sich gegen die Vorschreibung einer speziellen Form, gibt er damit auch diese Möglichkeit aus der Hand. Daher kann grundsätzlich davon ausgegangen werden, dass die Gemeinde sich ermessensfehlerfrei für die eine oder die andere Form entscheiden kann.

b) Rechtsverordnungen und Allgemeinverfügungen auf der Grundlage von §§ 28 Abs. 1, 32 IfSG

Liegt die Rechtsgrundlage für einen Verordnungserlass vor, so stellt sich eine ähnliche Frage im Verhältnis von Allgemeinverfügung und Rechtsverordnung.[2053] § 28 Abs. 1 IfSG ermächtigt einerseits zum Erlass von Einzelakten und damit auch zum Erlass von Allgemeinverfügungen[2054] und gleichzeitig in Verbindung mit § 32 IfSG zum Verordnungserlass. Unausgesprochen integrieren die Rechtsgrundlagen die Anforderungen an die Handlungsform, die das Recht an anderer Stelle für diese Handlungsform vorsieht. Eine Allgemeinverfügung kann auf § 28 Abs. 1 IfSG daher nur gestützt werden, wenn sie die Voraussetzungen von § 35 S. 2 Var.1 VwVfG erfüllt,[2055] d.h. sich an einen bestimmbaren Personenkreis richtet.[2056] Da der

---

Atzpodien, DB 1987, S. 728 ff.; *Fritsch*, Kreislaufwirtschafts- und Abfallrecht, Rn. 452; *Thomé-Kozmiensky*, Die Verpackungsverordnung, S. 53 ff.
[2049] Vgl. *Glaser* in Widtmann/Grasser/Glaser, GO, Art. 21 Rn. 1 f.
[2050] Vgl. *Siegel*, NVwZ 2020, S. 579 f.
[2051] Für den Bereich der kommunalen Einrichtungen: *Schmidt-Aßmann*, Die kommunale Rechtsetzung, S. 28.
[2052] *Maurer* in Biernat/Hendler/Schoch/Wassilewski, Grundfragen des Verwaltungsrechts, S. 73.
[2053] Vgl. hierzu auch *Stelkens* in ders./Bonk/Sachs, VwVfG, § 35 Rn. 280 f.
[2054] VG München, Beschl. v. 28.8.2020 – 26 b E 20.3956, BeckRS 2020, 21234; BayVGH, NJW 2020, S. 1240 Rn. 6; VG Hamburg, BeckRS 2020, 22588 Rn. 26; VG Freiburg, BeckRS 2020, 31487 Rn. 5
[2055] Kritisch zum Verhältnis von § 35 S. 1 und S. 2 VwVfG: *Emmerich-Fritsche*, NVwZ 2006, S.764; *Laubinger* in Arndt/Knemeyer, Festschrift für Walter Rudolf, S. 309; andere Tendenz bei *Stelkens* in ders./Bonk/Sachs, § 35 Rn. 280.

Übergang zwischen abstrakt-generellen und konkret-generellen Regelungen fließend ist, beinhalten die Vorschriften gleichwohl in diesem Grenzbereich einen Ermessensspielraum.[2057] Rechtmäßig wurde dieser Grenzbereich zunächst durch den Erlass einer Allgemeinverfügung[2058] in Form der Schließung von Einzelhandelsbetrieben[2059] genutzt.[2060]

Beim Erlass einer vorläufigen Ausgangsbeschränkung als Allgemeinverfügung[2061] wurde dagegen zu Recht von einer unzulässigen Handlungsform ausgegangen,[2062] womit letztlich eine Ermessensüberschreitung anzunehmen ist.[2063] Als Begründung wird zutreffend der Charakter der Allgemeinverfügung gem. Art. 35 S. 2 Var. 1 BayVwVfG als Einzelakt angeführt, weshalb sie sich auf einen konkreten Sachverhalt und auf einen bestimmten bzw. bestimmbaren Personenkreis beziehen muss.[2064] Richtet sich die Regelung an jedermann in Form einer Ausgangsbeschränkung, so handelt es sich nicht mehr um einen vom Ermessen umfassten Übergangsbereich zulässiger Handlungsformen,[2065] weil sich der Personenkreis nur noch über das bloße Merkmal des Aufenthaltsortes abgrenzt.[2066] Auch der An-

---

[2056] BVerwGE 142, 205, NJW 2012, S. 2825; Beispiele zu diesen vor der Coronapandemie: VG Darmstadt, NVwZ 2016, S. 1344; OVG Lüneburg, NVwZ-RR 2019, S. 1000; VG Berlin, Beschl. v. 3.7.2019 – 4 L 178/19, BeckRS 2019, 13466 Rn. 2 f.
[2057] *Siegel*, NVwZ 2020, S. 579: „Einschätzungsprärogative"; vgl. auch weniger ausdrücklich: VG München, NVwZ 2020, S. 651 Rn. 22.
[2058] Zu weiteren Allgemeinverfügungen: *Siegel*, NVwZ 2020, S. 579; *Stepanek*, NVwZ 2021, S. 779; fehlendes Rechtsschutzbedürfnis durch Erlass (teilweise) inhaltsgleicher Rechtsverordnungen: VG München, Beschl. v. 7.5.2020 – M 26 E 20.1798; fehlendes Feststellungsinteresse: VG Augsburg, Urt. v. 29.3.2021 – Au 9 K 20.575.
[2059] VG München, Beschl. v. 20.3.2020 – M 26 S 20.1222.
[2060] Da § 28 Abs. 1 S. 1 IfSG nur ein Auswahl- und kein Entschließungsermessen zulässt, war ein Austausch der Rechtsgrundlagen durch das Gericht möglich, weil die materielle Rechtmäßigkeit sich nach dem höherrangigen Recht richtet, welches die Maßnahme trägt, vgl. auch BVerwG, Urt. v. 19.8.1988 – 8 C 29.87, BVerwGE 80, 96; BayVGH, Beschl. v. 23.6.2016 – 11 CS 16.907, juris Rn. 23 ff.
[2061] Allgemeinverfügung des Bayerischen Staatsministeriums für Gesundheit und Pflege v. 20.3.2020, befristet bis zum Ablauf des 03.04.2020, Az. Z6a-G8000-2020/122-98.
[2062] VG München, Beschl. v. 24.03.2020 – M 26 S 20.1252.
[2063] Vgl. zur Rechtswidrigkeit der übrigen Regelungen der Allgemeinverfügung wegen Art. 11 Abs. 2 GG: BVerfGE 80, 137 (150); 43, 203 (211); 110, 177(190 f.) zum Schutzbereich des Art. 11 GG; BVerfG-K, Beschl. v. 25.3.2008 - 1 BvR 1548/02, juris Rn. 25 zur Abgrenzung von Art. 2 Abs. 2 GG; Hinweis in Gesetzesbegründung genügt dem Zitiergebot nicht: BT-Drs. 14/2530; BVerfGE 113, 348 (367); BVerfGE 64, 72 (79); 85, 386 (403 f.); 113, 348 (366); BVerfGE 129, 208 (237); *Schwarz*, Die Zitiergebote im Grundgesetz, S. 128 ff.
[2064] Vgl. auch *Kluckert* in ders., Infektionsschutzrecht, § 2 Nr. 203; *Siegel*, NVwZ 2020, S. 579.
[2065] Anders: VG München, Beschl. v. 17.6.2020 – M 26 S 20.2253 geht bei der Schließung von Kindertageseinrichtungen grds. von der Zulässigkeit einer Allgemeinverfügung aus aufgrund eines abgeschlossenen Personenkreises.
[2066] Zutreffend auch *Papier*, DRiZ 2020, S. 181; *Gärditz/Abdulsalam*, GSZ 2020, S. 112.

lassbezug in Form der Coronapandemie vermag die Adressierung einer unbestimmten Personengruppe nicht zu ändern.[2067] Untauglich ist dagegen der Versuch der Rechtsprechung, die Abstraktheit der Regelung mit der Intensität des Eingriffs zu rechtfertigen.[2068]

Die Ermessenüberschreitung führt zu einer Aufhebung der Allgemeinverfügung.[2069] Eine Umdeutung der Regelung einer niedrigeren Stufe in eine solche der höheren Stufe ist nicht denkbar.[2070] Zwar gibt es keinen allgemeinen öffentlichen Grundsatz, der dies regelt, aber die Wirksamkeitsvoraussetzungen sind aufgrund der unterschiedlichen Verkündungsanforderungen nicht vergleichbar.[2071]

Das weitere Argument des eingeschränkten Rechtsschutzes gegen eine als Verwaltungsakt „verkleidete" Rechtsnorm geht von der Annahme aus, die Anfechtungsklage gewährleiste nicht gleich effektiven Rechtsschutz wie die Normenkontrolle.[2072] Dies setzt wiederum voraus, dass man den Umfang der Suspension gem. § 113 Abs. 1 S. 1 VwGO auch bei Allgemeinverfügungen nur inter partes wirken lässt.[2073] Eine inter partes Wirkung[2074] des Rechtsschutzes setzt bei Allgemeinverfügungen allerdings zusätzlich eine Teilbarkeit der Rechtswirkung voraus.[2075] Eine solche Teilbarkeit und damit auch eine inter partes Wirkung lässt sich im Rahmen einer vorläufigen Ausgangsbeschränkung annehmen. Denn eine isolierte Vollziehbarkeit ist auch bei einer nur eingeschränkten Suspension möglich[2076] und konterkariert auch nicht den Zweck der Allgemeinverfügung.[2077]

Nach der zutreffenden Aufhebung der vorläufigen Ausgangsbeschränkung in Form der Allgemeinverfügung überführte der Freistaat Bayern insofern folgerichtig diese in die zulässige Handlungsform und erlies die Bayerische Verordnung über eine vorläufige Ausgangsbeschränkung anlässlich der Corona-Pandemie.[2078]

[2067] Vgl. im Ergebnis auch *Siegel,* NVwZ 2020, S. 579.
[2068] VG München, NVwZ 2020, S. 651 Rn. 23.
[2069] VG München, NVwZ 2020, S. 651 Rn. 23; vgl. auch BVerwG, NJW 1964, S. 1151.
[2070] VG München, Beschl. v. 24.3.2020 – 26 S 20.1255, BeckRS 2020, 4632 Rn. 24.
[2071] VG München, NVwZ 2020, S. 651 Rn. 24.
[2072] BVerwG, Urt. v. 1.10.1963 - BVerwG IV C 9/63, NJW 1964, 1151.
[2073] Vgl. ausführlich hierzu: *Stepanek,* NVwZ 2021, S. 778 ff.
[2074] OVG Berlin-Brandenburg, NVwZ-RR 2002, S. 721 f.; OVG Magdeburg, NVwZ-RR 2018, S. 692; BeckRS 2018, 13059 Rn. 20; in diesem Sinne auch BVerwG, DVBl. 1979, S. 354.
[2075] BVerwGE 148, 48 (80 f.), NVwZ 2014, S. 589 Rn. 66; *Stelkens* in ders./Bonk/Sachs, VwVfG, § 35 Rn. 274 f.; *Kopp/Ramsauer,* VwVfG, § 35 Rn. 161; enger Teilbarkeitsbegriff: *Stepanek,* NVwZ 2021, S. 781 ff.
[2076] OVG Berlin-Brandenburg, NVwZ-RR 2002, S. 721; *Kopp/Ramsauer,* VwVfG, § 35 Rn. 161.
[2077] BVerwGE 148, 48 (80 f.), NVwZ 2014, S. 589 Rn. 66.
[2078] BayMBl. 2020 Nr. 130; vgl. auch *Siegel,* NVwZ 2020, S. 580 f.

G. Die gerichtliche Kontrolldichte

Liegt eine verfassungsgemäße Ermächtigungsgrundlage vor, deren tatbestandliche Voraussetzungen erfüllt sind, und nutzt die Exekutive einen etwaig eingeräumten Ermessensspielraum bei der Wahl der Handlungsform in fehlerfreier Weise, stellt sich im Übrigen bei exekutiven Normen die Frage nach der Kontrolldichte des – der Normsetzung immanenten –[2079] Gestaltungsraums.[2080] Eine angepasste Kontrolldichte wurde bereits als Möglichkeit identifiziert, einen hinreichenden Rechtsschutz unter gleichzeitiger Wahrung des Gewaltenteilungsgrundsatzes zu erreichen, ohne einen pauschalen Ausschluss der Kontrolle des Abwägungsvorgangs zu fordern, wie es Teile der Rechtsprechung befürworten. Um sich diesem Aspekt gerichtlicher Kontrolle zu nähern, ist es sinnhaft sich auf das zu besinnen, was gerichtliche Kontrolle leistet: Die Verwaltungsgerichtbarkeit prüft Staatshandeln anhand von Maßstäben, die sich aus dem Recht ergeben,[2081] durch Anlegen einer adäquaten Kontrolldichte. Die wesentlichen Fragen, die sich hieraus ergeben sind erstens die nach der Herleitung der rechtlichen Kontrollmaßstäbe und zweitens die Wahl einer angemessenen Kontrolldichte. Das Verständnis der beiden wesentlichen Begrifflichkeiten des Kontrollmaßstabs bzw. der Kontrolldichte gilt es daher zunächst zu erfassen (I.), bevor die für die Kontrolldichte maßgeblichen Faktoren akzentuiert werden können.

I. Allgemeines zu Kontrollmaßstäben und der Kontrolldichte

1. Rechtliche Kontrollmaßstäbe

Die Maßstäbe für das Handeln der Verwaltung ergeben sich schon aufgrund von Art. 20 Abs. 3 GG aus Gesetz und Recht[2082] bzw. wegen Art. 1 Abs. 3 GG insbeson-

---

[2079] *Schmidt-Aßmann* in Dürig/Herzog/Scholz, GG, Art. 19 Abs. 4 Rn. 217 f.; dem folgend: *Panzer* in Schoch/Schneider, VwGO, Vor. § 47 Rn. 5.
[2080] *Badura* in Scheuner/v. Münch, Gedächtnisschrift für Wolfgang Martens, S. 25; *Herdegen*, AöR 114 (1989), S. 607; *Ellerbrok*, Die öffentlich-rechtliche Satzung, S. 404 ff.
[2081] Vgl. *Hofmann*, NVwZ 1995, S.742; *Hoppe*, DVBl. 1975, S. 685; so im Ergebnis auch anhand des Planungsrechts: *Hoppe/Bönker/Grotefels*, Öffentliches Baurecht, S. 171 f.; *Krebs*, Kontrolle in staatlichen Entscheidungsprozessen, S. 52 u. 69.
[2082] *Grzeszick* in Dürig/Herzog/Scholz, GG, Art. 20 Abs. 3 Rn. 1 ff. u. Rn. 60 ff.; *Huster/Rux* in Epping/Hillgruber, BeckOK GG, Art. 20 Rn. 169 ff.; *Schmidt*, Jura 9 (2020), S. 896; *Tietz*, NJW 1953, S. 1534: „Auch freies Ermessen steht nicht außerhalb des Rechts, sondern ganz und gar in ihm als dem Maßgebenden."

dere aus den Grundrechten.[2083] Damit ist noch nicht sehr viel Konkretes über die Prüfungsmaßstäbe ausgesagt. Daher hat die Erkenntnis zu folgen, dass nicht sämtliche Normen, die das Verhalten der Verwaltung regeln, als Maßstäbe der Kontrolle durch das Gericht dienen.[2084] Einige Vorschriften stellen zwar Anforderungen an das Handeln der Verwaltung, führen aber nicht zu einer gerichtlichen Überprüfung bestimmter Aspekte:[2085] Deutlich wird dies bei Verwaltungsakten, für die § 40 VwVfG den Handlungsmaßstab etabliert, sie mögen dem Ermächtigungszweck im konkreten Einzelfall optimal dienen. Aus der Zusammenschau von § 68 Abs. 1 VwGO mit § 113 Abs. 1 VwGO[2086] bzw. jedenfalls deutlich aus § 114 S. 1 VwGO ergibt sich gleichwohl ein eingeschränkter Prüfungsmaßstab der Gerichte, indem die Zweckmäßigkeitsprüfung von der Prüfung ausgeklammert wird, wenn es insofern an rechtlichen Vorgaben mangelt.[2087]

Man möchte meinen, eine solche Einschränkung verstieße unweigerlich gegen die Rechtsschutzgarantie aus Art. 19 Abs. 4 GG. Allerdings ergeben sich aus diesem nicht originär subjektive Rechte, sondern dieser setzt solche gerade voraus.[2088] Wenn also kein subjektives Recht besteht, dann ist das normgeberische Ermessen in diesem Punkt nicht kontrollfähig.[2089] Oder anders formuliert ist es Aufgabe der Legislative unter Beachtung der Grundrechte und der rechtsstaatlichen Ordnung des Grundgesetzes bestimmte Rechtspositionen zuzuordnen und näher zu gestalten, deren Schutz Art. 19 Abs. 4 GG sodann sichert.[2090] Überdies ergibt sich aus Art. 19 Abs. 4 GG lediglich die Pflicht zur Überprüfung der durch die Verwaltung getroffenen Entscheidung in rechtlicher und tatsächlicher Hinsicht und kein Recht auf eine völlig neue Entscheidung.[2091] Die Maßstäbe für die Kontrolle muss also das Gesetz liefern, Art. 19 Abs. 4 dagegen erweitert diese jedenfalls nicht.[2092]

[2083] *Herdegen* in Dürig/Herzog/Scholz, GG, Art. 1 Abs. 3 Rn. 1 ff.; BVerfGE 6, 386 (387); BVerfGE 31, 58 (72 f.).
[2084] A.A. aber *Hofmann*, NVwZ 1995, S. 742; *Papier* in Isensee/Kirchhoff VI, § 154 Rn. 61, 65 ff.; *Papier*, DÖV 1986, S. 625.
[2085] Vgl. *Krebs*, Kontrolle in staatlichen Entscheidungsprozessen, S. 93 ff.
[2086] *Riese* in Schoch/Schneider, VwGO, Vor. § 113 Rn. 23.
[2087] *Riese* in Schoch/Schneider, VwGO, § 114 Rn. 2 ff.; vgl. auch BVerwGE 44, 156 (159); BVerwGE 75, 86 (89), NJW 1987, 856; BVerwGE 124, 217 (221), NVwZ 2006, S. 472; BVerwG, NVwZ 2010, S. 1502; BayVGH, Urt. v. 25.8.2015 – 10 B 13.715, BeckRS 2015, 51945 Rn. 42.
[2088] BVerfGE 84, 34 (49).
[2089] *Herzog*, NJW 1992, S. 2602.
[2090] So BVerwG, DVBl. 1996, S. 812.
[2091] Vgl. BVerfG, NJW 1993, S. 917 ff.
[2092] Vgl. *Pieroth/Kemm*, JuS 1995, S. 780; *Gaentzsch*, DVBl. 1985, S. 35 zur Kontrolle von Satzungen.

Im Umkehrschluss ergibt sich hieraus, dass jenes Verwaltungshandeln nicht justitiabel ist, für das es entweder keine gesetzlichen Maßstäbe gibt oder das sich nicht an solchen messen lässt.[2093] Problematisch ist diese Differenzierung allerdings, wenn die Ermächtigungsnorm den Einbezug von Erkenntnissen anderer Disziplinen fordert, wie es auch bei der Rechtsgrundlage der §§ 28 Abs. 1, 28a ff. IfSG der Fall ist. So fordert die Einschätzung der Gefährlichkeit einer Krankheit (§ 2 Nr. 3, 3a IfSG) mitunter den Rückgriff auf die Epidemiologie bzw. Medizin.[2094] Wo das Recht tatbestandlich bzw. bei den Rechtsfolgen auf die Erkenntnisse derartiger Sachgebiete verweist, werden diese in den gesetzlichen Maßstab inkorporiert.[2095] Um subsumtionsfähige Erkenntnisse zu erlangen und eine zweckmäßige Regelung zu treffen, muss daher zunächst die Exekutive entsprechende Fachkenntnisse einbeziehen. Eine gerichtliche Kontrolle kann deshalb auch nur gelingen, wenn die Gerichte die zugrunde gelegten Erwägungen unter Umständen mit Hilfe von Sachverständigen aufklären.[2096] Rein theoretisch betrachtet kann dadurch jedes Handeln der Verwaltung „verrechtlicht" und einer Kontrolle unterworfen werden.[2097] Die zur Rechtskonkretisierung notwendige Maßstabsbildung[2098] wird jedoch an einigen Stellen von einer gerichtlichen Kontrolle ausgenommen zugunsten eines Vorbehalts der Verwaltung[2099] und zwar dort, wo eine genauere gesetzliche Determinierung fehlt; dies führt an diesen Stellen zu einer Grenze der Justitiabilität.[2100] Auch an diesen Stelle bleibt es aber bei einer Prüfung der verfassungsrechtlichen Grundsätze und einer Evidenzkontrolle,[2101] die sich je nach Regelungsgebiet zu einer strengeren Verhältnismäßigkeitsprüfung verdichten kann.[2102]

[2093] *Herdegen*, AöR 114 (1989), S. 622; *Krebs*, Kontrolle in staatlichen Entscheidungsprozessen, S. 69, 71.
[2094] BayVGH, Beschl. v. 4.10.2021 – 20 N 20.767, juris Rn. 53.
[2095] Deutlich auch im Ausblick von *Kruse/Langner*, NJW 2021, S. 3712; vgl. *Weitzel*, Rechtsetzungsermessen, S. 157.
[2096] Vgl. *di Fabio*, Risikoentscheidungen, S. 268.
[2097] So deutlich *Krebs*, Kontrolle in staatlichen Entscheidungsprozessen, S. 76 ff.; *Soell*, Das Ermessen der Eingriffsverwaltung, S. 121 ff.
[2098] *Krebs*, Kontrolle in staatlichen Entscheidungsprozessen, S. 81.
[2099] *Häberle*, Öffentliches Interesse, S. 698; BayVGH, Urt. v. 23.2.2007 - 22 A 01.40089, 22 A 01.4107, 22 A 03.40012, BeckRS 2007, 23435: „Es ist nicht Aufgabe der [...] Gerichte, die dem Verordnungsgeber zugewiesene Risikoermittlung und -einschätzung durch eine eigene Bewertung zu ersetzen."
[2100] Vgl. *Krebs*, Kontrolle in staatlichen Entscheidungsprozessen, S. 93 ff.; *Ehmke*, „Ermessen" und „unbestimmter Rechtsbegriff", S. 49 ff.
[2101] *Herdegen*, AöR 114 (1989), S. 641 für den Verordnungsgeber; BayVerfGH BayVBl. 1978, 426 (232); BayVerfGH, BayVBl. 1987, S. 590; BayVGH, DVBl. 1983, S.1158.
[2102] BVerfG, Beschl. v. 18.7.2012 – 1 BvL 16/11, BVerfGE 132, 179, juris Rn. 30 f.

Eine Begrenzung der Justitiabilität kann sich demnach auch aus einer fehlenden rechtlichen Grundlage bzw. aus einem Mangel an gesicherten, objektiven Tatsachen ergeben. Die Verteilung von Kompetenzen zur Gestaltung gerichtlich nicht kontrollfähiger Beurteilungsspielräume ist eine hiervon unabhängige Frage, weil sich die eingeschränkte Justitiabilität im Fall der fehlenden objektiven bzw. gesetzlichen Grundlage aus der Besonderheit des jeweiligen Regelungsgebiets ergibt.[2103] Denn der in diesen Fällen zugebilligte Vorbehalt zugunsten der Verwaltung ergibt sich aus der schlichten Erkenntnis, dass Entscheidungen auf einer nicht mehr näher aufklärbaren Tatsachenbasis zwangsläufig unter Einfluss autonomer Wertungen getroffen werden müssen.[2104] Unter diesen Umständen ist der Grad einer Prüfung auf Nachvollziehbarkeit durch die Gerichte und einer völligen Ersetzung der Verwaltungsentscheidung durch den Einfluss eigener Wertungen besonders schmal.[2105]

Eine gleichzeitige Ersetzung würde zunächst dem Telos von § 114 VwGO nicht entsprechen, welcher eine „Prüfung" der Ermessensüberschreitung bzw. eines Ermessensfehlgebrauchs seitens der Verwaltung regelt und keine Befugnis zur eigenen Ermessensausübung der Verwaltungsgerichtsbarkeit einräumt.[2106] Zusätzlich und auch um das normative Ermessen in die Überlegung einzubeziehen, würde eine „ersetzende" Rechtsprechung gegen Art. 20 Abs. 3 GG verstoßen.[2107] Denn sowohl die Judikative wie auch die Verwaltung sind an Gesetz und Recht gebunden. Daher kann die gerichtliche Kontrolle nicht weiterreichen als die Verhaltensmaßstäbe, die das Gesetz für die Verwaltung vorsieht. Andernfalls würde die Gerichtsbarkeit den gesetzlich vorgegebenen Pfad der Kontrolle verlassen und eigene Maßstäbe etablieren.[2108] Eine originäre Rechtsschöpfungsmacht kommt den Gerichten allerdings nicht zu.[2109] Wo demnach Gesetz und Recht einen Raum für exekutive Rechtsetzung einräumen ohne einen gerichtlichen Kontrollmaßstab zu

---

[2103] Vgl. *Marburger*, Regeln der Technik im Recht, S. 162.
[2104] So treffend *di Fabio*, Risikoentscheidungen, S. 286; BayVGH, Beschl. v. 4.10.2021 – 20 N 20.767, juris Rn. 61 hinsichtlich der Unsicherheiten bei neuartigen Erregern.
[2105] *Hofmann*, NVwZ 1995, S. 742.
[2106] *Sodan*, NVwZ 2000, S. 604; *Weber*, Regelungs- und Kontrolldichte, S. 208.
[2107] Vgl. *Grzeszick* in Dürig/Herzog/Scholz, GG, Art. 20 Abs. 3 Rn. 71.
[2108] BVerfGE 88, 40 (56); *Weber*, Regelungs- und Kontrolldichte, S. 207.
[2109] Zum Grenzfall der richterlichen Rechtsfortbildung: BVerfGE 34, 269 (286 ff.), NJW 1973, S. 1221; BVerfGE 59, 330 (334), NJW 1982, S. 1635; BVerfGE 69, 315 (371 f.), NJW 1985, S. 2395; BVerfGE 71, 354 (362 f.), NJW 1986, S. 2242; BVerfGE 88, 145 (166 f.), NJW 1993, S. 2861; BVerfGE 96, 375 (394 f.), NJW 1998, S. 519; BVerfGE 98, 49 (59 f.), NJW 1998, S. 2269; BVerfGE 108, 150 (159 f.), NJW 2003, S. 2520; BVerfGE 111, 54 (81 f.), NJW 2005, S. 437; NJW 2011, S. 836 Rn. 50 ff.; BVerfGE 138, 296 (350), NJW 2015, S. 1359; vgl. auch *Weitzel*, Rechtsetzungsermessen, S. 158, der § 31 Abs. 2 BVerfGG als Ausnahme anführt.

liefern, hat dies eine Begrenzung der Justitiabilität zur Konsequenz.[2110] Umgekehrt bedeutet dies für die zu betrachtenden Kontrollmaßstäbe: Sie müssen als gesetzlicher bzw. verfassungsrechtlicher Handlungsmaßstab für die exekutive Rechtsetzung vorgesehen sein.

2. Gerichtliche Kontrolldichte

Neben den Maßstäben, welche die Judikative der normativen Rechtsetzung durch die Exekutive zugrunde legen kann, stellt sich die zweite Frage nach der Reichweite der Kontrolle anhand dieser. Diskutiert wird dies als Frage der gerichtlichen Kontrolldichte.[2111] Die Kontrolldichte ist der Schlüssel für die Einhaltung der Kernkompetenz der Judikative als kontrollierende Gewalt und der Exekutive als vollziehende und – in gewissem Umfang – rechtsetzende Gewalt.[2112] Nicht selten wählen die Gerichte dabei eine Kontrolldichte, welche weder diese Faktoren noch die Ermächtigungsgrundlage zwingend hergeben.[2113] Das Fazit zu den gerichtlichen Kontrollmaßstäben bietet indes auch für die gerichtliche Kontrolldichte einen wichtigen Ausgangspunkt: Die Kontrolldichte korreliert im Wesentlichen wiederum mit der Dichte der gesetzlichen Regelungen, die das Ermessen der Verwaltung begrenzen.[2114]

Eine allgemeine gesetzliche Vorschrift, die sich mit der Kontrolldichte befasst gibt es dabei nicht, da gerade § 114 VwGO dem Wortlaut bzw. der Systematik nach nur auf den Erlass von Verwaltungsakten anwendbar ist.[2115] Auch spezielle Vorschriften, welche die gerichtliche Kontrolldichte explizit näher regeln, sind wie auch die Erstreckung auf eine Zweckmäßigkeitsprüfung eher eine Seltenheit.[2116] Zu kurz gegriffen wäre es aber, aus diesen Umständen darauf zu schließen, dass die Kontrolldichte sich kaum aus gesetzlichen Normen ergibt.[2117] Denn zumindest ähnlich

---

[2110] *Brühl*, JuS 1995, S. 250; *Nagel*, Die Rechtskonkretisierungsbefugnis der Exekutiven, S. 83.
[2111] Die Ursprünge des Begriffs gehen zurück auf *Lerche*, Übermaß und Verfassungsrecht, S. 337; eine einheitliche Verwendung der Terminologie gibt es nicht: *Walter* in Dürig/Herzog/Scholz, GG, Art. 93 Fn. 4.
[2112] Vgl. *Walter* in Dürig/Herzog/Scholz, GG, Art. 93 Rn. 402 für das Verhältnis von BVerfG zur Legislative; *Langstädler*, Effektiver Umweltrechtsschutz, S. 157 spricht von einer zentralen Schraube für die Intensität des Rechtsschutzes.
[2113] Vgl. *Schmidt-Eichstaedt* in Füsslein/Gebhardt u.a., Festschrift für Richard Seeger, S. 117.
[2114] Vgl. *Beckmann*, DÖV 1986, S. 511; kritisch dagegen aufgrund der Interpretationsvarianten durch den Rechtsanwender: *Ossenbühl* in Bender/Breuer/Ossenbühl/Sendler, Festschrift für Konrad Redeker, S. 61.
[2115] *Decker* in Posser/Wolff, BeckOK VwGO, § 114 Rn. 1 f.
[2116] *Weitzel*, Rechtsetzungsermessen, S. 183 mit Beispielen.
[2117] So aber *Kopp* in Götz/Klein/Starck, Zwischen Gesetzgebung und richterlicher Kontrolle, S. 156.

wie es auch die Regelung des § 114 VwGO für Verwaltungsakte ausdrücklich wiedergibt, ist die Konsequenz der Bindung von Verwaltung und Rechtsprechung an Gesetz und Recht, dass sich die Kontrolldichte jedenfalls aus den gesetzlichen Vorgaben ergibt. Ob dies aus einem allgemeinen Rechtsgedanken des § 114 VwGO abzuleiten ist, welcher in der Konsequent auch das Normsetzungsermessen erfassen würde[2118] oder jedenfalls aus Art. 20 Abs. 3 GG, mag mit Blick auf das Ergebnis dahinstehen.

Entscheidend für die Reichweite der Kontrolle der Ausübung des Normsetzungsermessens ist demnach der „Rechtsgehalt der dafür geltenden Normen".[2119] Insgesamt lässt sich demnach die Gleichung aufstellen, dass die gerichtliche Kontrolle stärker wird, je mehr Vorgaben an die Ermessensausübung gestellt werden und je konkreter diese sind. Mangelt es an einfachgesetzlichen Vorgaben, ist die Kontrolldichte vom verfassungsrechtlichen Kontext abhängig. Die autonom gebildeten Maßstäbe der Verwaltung können dagegen nur auf ihre nachvollziehbare Etablierung hin geprüft werden, ohne dass das Gericht eigene Maßstäbe an deren Stelle setzt.[2120] Indem das Gericht die Grenzen der Kontrollfähigkeit einhält, respektiert sich nicht nur die vollziehende Gewalt, sondern achtet das von der Legislative geschaffene Gesetz und Recht.[2121]

II. Die einzelnen rechtlichen Kontrollmaßstäbe

Nachfolgend soll ein Überblick über die wesentlichen Kontrollmaßstäbe geleistet werden. Die Kontrollmaßstäbe ergeben sich dabei – und dies folgt im Wesentlichen schon aus dem Prinzip der Normpyramide –[2122] aus höherrangigem Recht. Zu diesem zählt freilich das Recht der Europäischen Union,[2123] welches hiermit nur der Vollständigkeit halber genannt sei.

[2118] So *Herdegen*, AöR 114 (1989), S. 637 ff. bzw. *Riese* in Schoch/Schneider, VwGO, § 114 Rn. 7 f.
[2119] So schon die frühe Erkenntnis von *Burckhardt,* Der Begriff des freien Ermessens, S. 166.
[2120] *Kopp* in Götz/Klein/Starck, Zwischen Gesetzgebung und richterlicher Kontrolle, S. 159 ff.; *Scholz*, VVDStRL 34 (1976), S. 174.
[2121] So auch *Weitzel*, Rechtsetzungsermessen, S. 184, der treffend vom „judical respect" spricht; anders und eher missverständlich *Schuppert*, DVBl. 1988, S. 1191 ff.: „judical restraint" also von einer justiziellen Zurückhaltung.
[2122] *Merkl* in Mayer-Maly/Schambeck/Grussmann, Gesammelte Schriften I/1, 437 ff.; *Schmidt*, Jura 9 (2020), S. 896 ff.
[2123] *Schmidt,* Jura 9 (2020), S. 904; *Skouris*, EuR 2021, S. 26 f.

1. Die Ermächtigungsgrundlage als Kontrollmaßstab

Die Ermächtigungsgrundlage selbst setzt in erster Linie den Rahmen für das untergesetzliche Normsetzungsermessen.[2124] Der Normgeber der Rechtsgrundlage erzeugt eine solche, weil er selbst eine effektive Zweckerreichung (noch) nicht erreichen kann oder weil er örtliche Besonderheiten berücksichtigt wissen will.[2125] Die Zweckmäßigkeit an sich ist dabei überwiegend nicht justitiabel.[2126] Gerichtlich voll kontrollfähig ist allerdings die zutreffende und hinreichende Ermittlung des Sachverhalts und der betroffenen Interessen.[2127] Beides ist als Grundlage bzw. Vorbereitung einer Entscheidung zur optimalen Zweckerreichung zu begreifen. Eine unzureichende Ermittlung schlägt sich in einem sog. Ermessensdefizit nieder (siehe schon E. V. 3. b) bzw. in fehlender Verhältnismäßigkeit.

Die Reichweite der Pflicht zur Ermittlung der tatsächlichen Umstände korreliert dabei zum einem mit dem Abstraktionsgrad der Norm, das heißt mit der Reichweite der Regelung in zeitlicher bzw. räumlicher Hinsicht.[2128] Zum anderen hängt sie von der Relevanz des tatsächlichen Umstands ab, der in Frage steht.[2129] Kann der Normgeber die Reichweite bzw. die Konsequenzen seiner Regelung rein tatsächlich nicht überblicken, muss dies außerdem auf das Ausmaß der gerichtlichen Kontrolle einen Einfluss haben.[2130] Fehlt es in einschlägigen Fachkreisen und der einschlägigen Wissenschaft an einer einheitlichen fachlichen Beurteilung, so kann es daher auch unter dem Aspekt der Rechtsschutzgarantie genügen, die Einschätzung der Exekutive auf Plausibilität zu prüfen.[2131] Sonst geriete die Judikative abermals in die Bredouille eine eigene Entscheidung unter Zurhilfenahme späterer Erkenntnisse an die Stelle der Verwaltung zu setzen.[2132] Im Rahmen der Coronapandemie ist dies ein ganz wesentlicher Aspekt, der bei der Problematik im Zusammenhang mit Prognoseentscheidungen noch zu erörtern sein wird (siehe G. III. 3.).

[2124] Vgl. *Scholz*, VVDStRL 34 (1976), S. 170; *Ossenbühl* in Bender/Breuer/Ossenbühl/Sendler, Festschrift für Konrad Redeker, S. 67.
[2125] *Scholz*, VVDStRL 34 (1976); *Volkmann*, DÖV 1996, S. 284.
[2126] Zutreffend im Ergebnis daher *Weitzel*, Rechtsetzungsermessen, S. 176.
[2127] *Herdegen*, AöR 114 (1989), S. 636, S. 638.
[2128] *Herdegen*, AöR 114 (1989), S. 638.
[2129] *Wolff* in Sodan/Ziekow, VwGO, § 114 Rn. 190; vgl. auch BVerwGE 78, 285 (295).
[2130] Angedeutet auch für das Verwaltungsermessen: *Wolff* in Sodan/Ziekow, VwGO, § 114 Rn. 189.
[2131] VGH Kassel, Beschl. v. 31.3.2022 – 3 B 214/21.T [2. Leitsatz]; vgl. auch BVerfG, Beschl. v. 23.10.2018 – 1 BvR 2523/13, juris Rn. 18 ff.;
[2132] BayVGH, Urt. v. 23.2.2007 - 22 A 01.40089, 22 A 01.4107, 22 A 03.40012, BeckRS 2007, 23435: „Es ist nicht Aufgabe der [...] Gerichte, die dem Verordnungsgeber zugewiesene Risikoermittlung und -einschätzung durch eine eigene Bewertung zu ersetzen."

Problematisch im Zusammenhang mit einem Ermessensdefizit können auch (vertragliche) Bindungen im Vorfeld der Ermessensentscheidungen sein. Sog. Vorwegbindungen sind beispielsweise im Bebauungsplanverfahren nicht generell unzulässig, wie die §§ 11 f. BauGB zeigen. Allerdings muss in diesen Fällen die Vorwegnahme einer Entscheidung sachlich gerechtfertigt sein, die Entscheidung muss vom zuständigen Planungsorgan erlassen worden sein und ihrerseits das Abwägungsgebot des § 1 Abs. 7 BauGB beachten.[2133] Auch die Mitwirkung bestimmter Dienststellen oder Gremien kann zulässig sein.[2134] Bei der Beteiligung von Bauträgern kommt es zudem darauf an, dass die Gemeinde weiterhin „Herrin" des Bauleitplanverfahrens bleibt und Entwürfe von Architekten und Bauträgern lediglich zur effizienten Umsetzung des Planungskonzepts einholt.[2135]

Die speziellen Voraussetzungen für die Ermessensbetätigung lassen sich grundsätzlich außerdem der spezifischen Ermächtigungsnorm entnehmen, die zumeist auch wiedergibt, welche Ziele die Ermessensausübung vordergründig zu beachten hat.[2136] Soweit es sich um Verordnungsermächtigungen handelt, müssen diese aufgrund von Art. 80 Abs. 1 S. 2 GG überdies ohnehin besondere Anforderungen erfüllen. Daher kann auch nicht ohne Weiteres behauptet werden, Art. 80 GG ziele auf die selbständige Ermächtigung zugunsten eines weiten Ermessensspielraums ab.[2137]

Letztlich hängt die Reichweite gesetzlicher Determinierung daher stark von der jeweiligen Ermächtigungsnorm ab. Pauschale Aussagen lassen sich insofern kaum treffen. So kann die Ausübung des Ermessens derart starken gesetzlichen Vorgaben unterliegen, dass der Verwaltung selbst bei der Normsetzung kein wirklicher Ermessensspielraum mehr zusteht: Hinsichtlich § 4 FluLärmG ist die Rechtsprechung zum Beispiel davon ausgegangen, dass dem Normgeber weder ein „Gestaltungsspielraum" bei der Bestimmung der Grenzen eines Lärmschutzbereichs zusteht noch in Bezug auf die räumliche Abgrenzung sogenannter Schutzzonen.[2138] Eine relativ starke Determinierung und damit auch eine Kontrollfähigkeit erreicht der Gesetzgeber zudem, wenn er den Maßstab für die Ermessensausübung nicht

---

[2133] Vgl. OVG Lüneburg, Beschl. v. 24.3.2009 – 1 MN 267/08, NVwZ-RR 2009, S. 549 m. Anm. *Grzecha*, NZBau 2009, S. 502; grundlegend auch BVerwGE 45, 309; BVerwG, NJW 1975, S. 72 f.; BVerwG, Urt. v. 29.5.1981 – 4 C 72/78.
[2134] BVerwG, Beschl. v. 28.8.1987 – 4 N 1/86, juris Rn. 24 ff.
[2135] VGH Mannheim, UPR 1996, S. 115.
[2136] Vgl. zur Abgrenzung zwischen allgemeinen und dem besonderen Zweck einer Ermächtigungsnorm auch *Volkmann*, DÖV 1996, S. 284.
[2137] So allerdings *Rupp*, Ermessen und unbestimmter Rechtsbegriff, S. 456; vgl. kritisch hierzu *Weber*, Regelungs- und Kontrolldichte, S. 209 ff.
[2138] BVerwG, Beschl. v. 15.9.1981 – 4 B 117/81.

unmittelbar selbst festlegt, diesen aber mittels empirischen Methoden ermittelbar macht.[2139]

Daneben gibt es allerdings auch Ermächtigungen, bei welchen sich nicht ohne Weiteres bestimmen lässt, ob gerichtlich kontrollfähige Maßstäbe vorgegeben sind oder ob die nähere Konkretisierung in das Ermessen des Ermächtigten gelegt wird.[2140] Um dies zu bestimmen, ist es nicht immer ausreichend am Wortlaut der Ermächtigungsnorm zu verhaften, vielmehr muss der Zweck der Ermächtigung ebenso wie der systematische Zusammenhang und die Historie der Norm zu Rate gezogen werden.[2141] So kann sich ein gesetzlicher Kontrollmaßstab selbst aus vorausgegangen Rechtsverordnungen aus demselben Regelungsgebiet ergeben, wenn der Gesetzgeber erkennbar eine Orientierung an den bisherigen Grundsätzen festlegt.[2142]

Der Rechtsanwender ist demnach auf die Grundlagen der Auslegungsmethoden verwiesen, um zu ermitteln, ob bzw. inwiefern die Ermächtigungsnorm ein Ermessen zubilligt. Wenn sich auch mittels Auslegung keine nähere Bindung der Verwaltung an bestimmte gesetzliche Vorgaben ergibt, so mangelt es an justitiablen Maßstäben zur Kontrolle.[2143] Hier beginnt der nicht justitiable Ermessensspielraum der Verwaltung.[2144] Auch gesetzliche Vorgaben, die die Ziele der Ermächtigung betreffen, ändern einerseits nichts daran, dass der *Weg* dorthin nicht genau determiniert ist, weshalb insofern ein Ermessen der Exekutive bestehen bleibt.[2145] Andererseits schließt die Vorgabe eines gesetzlichen Zweckes nicht zwangsläufig eine zulässige Verfolgung weiterer Zielvorstellungen seitens der Exekutive aus.[2146]

Im Ergebnis bedeutet dies, dass sich aus dem allgemeinen Zweck einer jeden Ermächtigungsnorm die Justitiabilität der Ermittlung des Sachverhalts[2147] und der

---

[2139] Vgl. *v. Danwitz*, Die Gestaltungsfreiheit des Verordnungsgebers, S. 189; *Theuersbacher*, NVwZ 1986, S. 981.
[2140] Beispiel für einen weiten (Be-)Wertungsspielraum: BayVGH, Urt. v. 23.2.2007 - 22 A 01.40089, 22 A 01.4107, 22 A 03.40012.
[2141] So das OVG Münster, Urt. v. 22.11.1985 – 14 A 2399/83; vgl. auch BVerwGE 18, 308 (310).
[2142] BVerfGE 34, 52 (61).
[2143] *Bernárd* in Ermacora/Winkler, Verwaltungsrecht, S. 98; *Bettermann*, AöR 96 (1971), S. 559; *Krebs*, Kontrolle in staatlichen Entscheidungsprozessen, S. 71.
[2144] Zutreffend daher *Weitzel*, Rechtsetzungsermessen, S. 177 a.E.
[2145] Vgl. auch VGH Mannheim, VBlBW. 1995, S. 148.
[2146] Vgl. zu weiteren Bemessungsgrundsätzen für Sondernutzungsgebührensatzungen neben § 8 Abs. 3 S. 6 FStrG a.F.: BVerwG, DVBl. 1989, 413 (414).
[2147] *Schmidt-Aßmann* in Dürig/Herzog/Scholz, GG, Art. 217a; vgl. hierzu die uneinheitliche Rspr.: BayVGH, Beschl. v. 3.6.2022 – 12 N 21.1208, juris Rn. 35; VerfGH Rheinland-Pfalz, Urt. v. 1.4.2022 – VGH N 7/21, juris Rn. 99; andere Tendenz: OVG Bautzen, Urt. v. 17.5.2022 – 3 C 16/20, juris Rn. 87.

betroffenen Belange ergibt. Die Reichweite der gerichtlichen Kontrollfähigkeit spezieller Anforderungen der Ermächtigungsgrundlage sind sodann mit Hilfe der Auslegungsmethoden zu bestimmen. Die Grenze der Kontrollfähigkeit ist dann erreicht, wenn Recht und Gesetz (Art. 20 Abs. 3 GG) keine näheren Vorgaben machen. Eine Besonderheit besteht ausgehend von den Anforderungen des Art. 3 Abs. 1 GG, wenn – ungeachtet gesetzlicher Vorgaben – sachfremde Erwägungen einbezogen werden[2148] oder es an einer nachvollziehbaren Begründ*barkeit* fehlt.[2149]

Mitunter wird die Reichweite der Justitiabilität auch vom Umfang des Rechtsschutzes abhängig gemacht, der nach dieser Ansicht unterschiedlich ausfallen könne und damit die Kontrolle beeinflusse.[2150] Dies liefe einem eingeräumten Ermessensspielraum zuwider, da die Reichweite des Ermessens je nach individuellem Rechtsschutzbedürfnis eingeschränkt werden würde. Zudem lässt sich hiergegen das sich aufdrängende Bedenken der Rechtsunsicherheit anführen.

2. Rechtliche Kontrollmaßstäbe außerhalb der Ermächtigungsgrundlage

Unabhängig von den Maßstäben, welche die Ermächtigungsgrundlage liefert, muss sich das Normsetzungsermessen auch im Rahmen des sonstigen höherrangigen Rechts bewegen. Das Ermessen erfährt daneben eine Einschränkung durch die Verfassung, aus welcher sich diverse Maßstäbe und Bedürfnisse für die Kontrolldichte ableiten. Zum einen können Staatszielbestimmungen einen Hinweis auf einzustellende Erwägungen sein. Diese bieten indes aber aufgrund der grundsätzlich fehlenden Subjektivität und Offenheit zumeist keinen genauen Anhaltspunkt für exakte Kontrollmaßstäbe.[2151] Von deutlich höherer Relevanz sind die Verfassungsgrundsätze, die sich aus den Rechtstaatsgebot ableiten: Erwähnenswert sind insbesondere der Verhältnismäßigkeits-[2152] und der Bestimmtheitsgrundsatz[2153] sowie der Grundsatz der Gleichbehandlung.[2154]

[2148] BVerfGE 16, 332 (339).
[2149] *Herdegen*, AöR 114 (1989), S. 637.
[2150] Vgl. *Krebs*, Kontrolle in staatlichen Entscheidungsprozessen, S. 94.
[2151] *Burger*, Zuständigkeit und Aufgaben des Bundes, S. 122; vgl. auch *Möstl* in Dürig/Herzog/Scholz, GG, Art. 87e Rn. 182; am Beispiel von Art. 20a GG: *Berlit*, JöR 44 (1996), S. 62 f.; *Jahn*, DVBl. 1994, S. 184 f.; *H.-J. Vogel*, DVBl. 1994, S. 498 f.
[2152] Immer noch grundlegend hierzu: *Lerche*, Übermaß und Verfassungsrecht, passim; *Dechsling*, Das Verhältnismäßigkeitsgebot, passim; *Grabitz*, Freiheit und Verfassungsrecht, passim; *Hirschberg*, Der Grundsatz der Verhältnismäßigkeit, passim; *Wendt*, AöR 104 (1979), S. 414 ff.; *Kloepfer* in Badura/Dreier, Festschrift 50 Jahre BVerfG II, S. 329 ff. und *Schlink*, ebd., S. 445 ff.
[2153] BVerfGE 49, 168 ff. (181); 59, 104 ff. (114); 62, 169 ff. (183); 80, 103 ff. (107 f.); vgl. zur Begriffsverwendung der „Klarheit" des Rechtes: BVerfGE 93, 213 ff. (238 f.); vgl. auch BVerfGE 14,

a) Der Maßstab der Verhältnismäßigkeit

Die Bedeutung des sich aus dem Rechtsstaatsprinzip ergebenden[2155] Verhältnismäßigkeitsgrundsatzes[2156] ist im Rahmen der Normgebung grundsätzlich kaum zu überschätzen und wirft gleichzeitig mitunter die komplexesten Fragestellungen auf. Versteht man das Verhältnismäßigkeitsprinzip dabei generell als Schranke der Ermessensausübung,[2157] tritt das Problem der Abgrenzung zur Zweckmäßigkeitskontrolle auf.[2158] Mitunter wird die Warnung ausgesprochen, ein solches Verständnis würde jeglichen kontrollfreien Spielraum ausräumen.[2159] In der Tat können Zweckmäßigkeitsfragen unter dem Deckmantel des Verhältnismäßigkeitsgrundsatzes allzu leicht in Rechtsfragen umgewandelt werden.[2160] Dies ist allerdings nicht mit dem Gewaltenteilungsprinzip des Art. 20 Abs. 3 GG vereinbar, denn „gibt das Gesetz nur einen Zentimeterstab an die Hand, dann darf [...] [der Richter] nicht Millimeter oder Zehntelmillimeter messen wollen",[2161] weil das Gericht sonst den Bereich der Verwaltung einnimmt und die vom Gesetzgeber für den Gesetzesvollzug gesetzten Rahmenbedingungen verändert. Die Ansicht dagegen, die diesen Umstand nicht als Problem anerkennt, indem die Zweckmäßigkeit als außerrechtlicher Umstand angezweifelt wird,[2162] kann den Unterschied zwischen gerichtlichen Kontrollmaßstäben und gesetzlichen Handlungsvorgaben nicht klären.[2163]

Bei der Verhältnismäßigkeitskontrolle von auf Ermächtigungsnormen basierenden Regelungen steht das Gericht demnach vor dem Problem, der Exekutive den Bereich der autonomen Zweckmäßigkeitserwägungen zu überlassen. Die Zurückhaltung der Rechtsprechung bei der Ausübung ihrer kontrollierenden Funktion[2164] ist daher soweit angezeigt, wie der Freiraum des untergesetzlichen Normgebers

---

245 ff. (252); 20, 150 ff. (158 f.); 21, 75 ff. (79); 21, 245 ff. (261) ; 25, 269 ff. (285); 26, 41 ff. (42).; 31, 255 ff. (264); vgl. auch *Gusy*, JuS 1983 S. 192.

[2154] Vgl. zu den Schritten bei der Überprüfung einer Norm: *Lindner* in ders./Möstl/Wolff, Verfassung des Freistaats Bayern, Art. 118 Rn. 68 ff.

[2155] BVerfGE 80, 109 (120); 108, 129 (136); 111, 54 (82); 113, 154 (162).

[2156] Zur unterschiedlichen Nomenklatur, vgl. *Remmert*, Grundlagen des Übermaßverbotes, S. 1 ff.

[2157] Vgl. zur Verordnungskontrolle BayVerfGH, NVwZ-RR, 1995, S. 265.

[2158] *Papier* in Blümel/Merten/Quaritsch, Festschrift für Carl Hermann Ule, S. 251.

[2159] *Krebs*, Die Verwaltung 21 (1988), S. 180.

[2160] *Weitzel*, Rechtsetzungsermessen, S. 162 m.w.N.

[2161] *Franßen* in Fürst/Herzog/Umbach, Festschrift für Wolfgang Zeidler, S. 439.

[2162] *Lohmann*, Die Zweckmäßigkeit der Ermessensausübung, S. 41 ff.; auf die Zweckgerichtetheit jeglicher Ermessensausübung weisen *Rupp*, Grundfragen der heutigen Verwaltungsrechtslehre, S. 177 ff.; *Soell*, Ermessen der Eingriffsverwaltung, S. 116 ff. hin, ohne Begründung für nur eine zweckmäßige, justitiable Entscheidung.

[2163] Zutreffend insofern *Weitzel*, Rechtsetzungsermessen, S. 163.

[2164] Vgl. *Grabitz*, AöR 98 (1973), S. 597 ff.; *Stüer*, DVBl. 1974, S. 318 ff.

reicht.²¹⁶⁵ Da für die einzelnen Teilgebote der Verhältnismäßigkeit weitere Faktoren entscheidend sind, die im Rahmen der Kontrolldichte zu thematisieren sind, werden diese an anderer Stelle im Rahmen des Verordnungsermessens unter Berücksichtigung der Coronaverordnungen dargestellt (siehe G. IV. 4.).

b) Weitere gesetzliche und untergesetzliche Direktiven
Zudem sind die weiteren gesetzlichen Vorgaben zu achten und schließlich auch die durch untergesetzliche Normen selbst geschaffenen Grenzen. Beim Erlass von Normen auf Landesebene ergibt sich dies schon aus Art. 31 GG, weil der landesrechtliche Normgeber sämtliches Bundesrecht zu beachten hat.²¹⁶⁶ Auch bundesrechtliche Rechtsverordnungen binden daher die exekutive Normsetzung und deren gerichtliche Kontrolle.²¹⁶⁷ Diese Bindungswirkung wird dabei nur von gültigen Rechtsverordnungen erzeugt.²¹⁶⁸ Wenn also das Gericht im Rahmen einer Inzidentkontrolle zur Auffassung gelangt, dass die Rechtsverordnung rechtswidrig ist, so muss sie bei der Kontrolle einer anderen (landesrechtlichen) untergesetzlichen Vorschrift unbeachtet bleiben.²¹⁶⁹ Bestehen für einen gewissen Bereich daher mehrere wirksame untergesetzliche Normen, so kann es durchaus dazu kommen, dass der Normgeber diese beim Erlass einer neuen untergesetzlichen Regelung zu beachten hat.²¹⁷⁰

Kontrollmaßstäbe für das Gericht können sich daher auch aus diesen ergeben (vgl. Art. 20 Abs. 3 GG). Zu pauschalisierend wäre es jedoch zu behaupten, der Normgeber sei stets an bereits in einem Regelungsgebiet erlassene Normen gebunden.²¹⁷¹ Vielmehr kann eine Abweichung von der vorherigen Konzeption aufgrund von tatsächlichen Änderungen gerechtfertigt sein.²¹⁷² Das Rangverhältnis untergesetzlicher Normen kann indes diffizile Fragestellungen aufwerfen,²¹⁷³ die sich nicht immer mit den herkömmlichen Grundsätzen erschließen lassen. Um den Vorrang einer Norm zu bestimmen, ist vielmehr eine genau Beleuchtung des Einzelfalls

---

[2165] *Grabitz,* AöR 98 (1973), S. 600 ff.
[2166] Ausführlich hierzu auch: *Schmidt,* Jura 9 (2020), S. 901; vgl. auch *Lepsius,* JuS 2018, S. 950; BVerfGE 36, 342.
[2167] BVerfGE 18, 52 (59); *Schmidt,* Jura 9 (2020), S. 901.
[2168] Vgl. *Schmidt*, Jura 9 (2020), S. 901.
[2169] BVerfGE 18, 52 (59).
[2170] Vgl. auch *Herdegen,* AöR 114 (1989), S. 627; BVerwGE 56, 31 (39); 57, 112 (116); BVerfGE 34, 52 (61), wonach „die vom Verordnungsgeber zu treffende Einzelregelung sich an den bisherigen Grundsätzen" zu orientieren hat.
[2171] Zutreffend daher auch *v. Danwitz,* Die Gestaltungsfreiheit des Verordnungsgebers, S. 187.
[2172] BVerfGE 34, 52 (61); BVerwGE 68, 69 (75).
[2173] Zum Beispiel des Kapazitätsrechts: BVerwGE 57, 112 ff.

notwendig, was je nach Regelungsbereich zu verschiedenen Konstellationen führen kann.[2174]

3. Heranziehung außerrechtlicher Kontrollmaßstäbe

Die bisherigen Kontrollmaßstäbe ergeben sich letztlich bereits aus Art. 20 Abs. 3 GG. Aus der Bindung an Gesetz und Recht resultiert die fehlende Kontrollfähigkeit der Zweckmäßigkeit exekutiver Normsetzung und des Handelns anhand autonomer Zielvorstellungen, für die keine (unter-)gesetzlichen Vorgaben bestehen. Es gibt jedoch Ansichten, die die Kontrolle anhand von außerrechtlichen[2175] bzw. sachnormativen Maßstäben, das heißt solchen außerhalb von Gesetz und Recht fordern, um Art. 19 Abs. 4 GG zu genügen.[2176] Fraglich ist aber, ob eine solche Orientierung an derartigen sachnormativen Maßstäben einen Mehrwert generieren kann. Denn die Exekutive und somit auch die Judikative legen ohnehin Maßstäbe zugrunde, die sich nicht ohne Weiteres aus dem Gesetz, sondern vielmehr aus den tatsächlichen Gegebenheiten ergeben.[2177] Diese Maßstäbe finden unter anderem ihren Weg in die Prüfung im Rahmen der Verhältnismäßigkeit.[2178] Dabei legen Exekutive und Judikative Erkenntnisse und Erfahrungen zugrunde, die allgemeingültig sind und damit stets zutreffen.[2179] Außerrechtliche Maßstäbe ergeben sich damit zum Beispiel aus der allgemeinen Lebenserfahrung, aus sozialer Adäquanz,[2180] naturgesetzlichen Gewissheiten,[2181] die nötigenfalls mithilfe eines Sachverständigen zu klären sind[2182] und aus den Gesetzen der Logik. Auch Prognosen kann das Gericht unter Zuhilfenahme von Statistiken und gegebenenfalls Sachverständigen überprüfen.[2183] Zu unterscheiden sind diese allgemeingültigen Maßstäbe freilich von den autonomen Wertungen,[2184] die der Verwaltung gegebenenfalls

---

[2174] Eine Übersicht zu den Konstellationen bietet *v. Danwitz*, Die Gestaltungsfreiheit des Verordnungsgebers, S. 147.
[2175] So *Rossen-Stadfeld*, ZUM 2008, S. 465 zu Beurteilungsspielräumen der Medienaufsicht; BVerfG, Beschl. v. 23.10.2018 – 1 BvR 2523/13, 1 BvR 595/14, NVwZ 2019, S. 54 ff.
[2176] Vgl. *Hoppe*, DVBl. 1977, S. 142; ausführlich hierzu auch *Schmidt-Aßmann* in Schoch/Schneider, VwGO, Einl. Rn. 176.
[2177] Vgl. nur BayVGH, Urt. v. 23.2.2007 - 22 A 01.40089.
[2178] BayVGH, Urt. v. 23.2.2007 - 22 A 01.40089.
[2179] Vgl. *Kissel*, NJW 1982, S. 1783.
[2180] VGH Mannheim, Beschl. v. 5.8.2021 – 1 S 1894/21, NVwZ-RR 2022, S. 34 Rn. 85; vgl. auch BVerwGE 79, 254 (260), NJW 1988, 2396, NVwZ 1988, S. 918; BVerwGE 88, 143 (145), NVwZ 1991, S. 884, NJW 1991, S. 2920; OVG Lüneburg, 30.11.2012 – 11 KN 187/12, BeckRS 2012, 60161.
[2181] Am Beispiel von Umweltrecht und Wissenschaft: *Köck*, ZUR 2022, S. 259 ff.; *ders.*, ZUR 2020, S. 131 ff.; BVerfG, Beschl. v. 23.10.2018 – 1 BvR 2523/13, 1 BvR 595/14, NVwZ 2019, S. 53 ff.
[2182] BVerfGE 88, 40 (58 f.), NVwZ 1993, S. 666, NJW 1993, S. 2599; BVerwG, NVwZ 1993, S. 686.
[2183] Zutreffend daher auch *Weitzel*, Rechtsetzungsermessen, S. 181.
[2184] Hierzu auch *Scholz*, VVDStRL 34 (1976), S. 182 ff.

zustehen. Die Differenzierung zwischen kontrollfähigen Maßstäben und autonomen Zielvorstellung wird allerdings durch die Schaffung der weiteren Kategorie sachnormativer Kontrollmaßstäbe nicht erleichtert.

4. Verwaltungsinterne Kontrollmaßstäbe

Gerade in den Fällen, in welchen der Verwaltung ein relativ großer Ermessensspielraum eingeräumt wird, lässt sich mitunter das Fehlen der bisher aufgezählten Maßstäbe feststellen.[2185] Die Verwaltung kann in diesen Fällen mangels sonstiger zwingender Vorgaben die Maßstäbe für die Ermessensausübung selbst bestimmen. Eine gerichtliche Überprüfung der Auswahl der konkreten Maßstäbe ist dabei aufgrund der autonomen Entscheidungsfreiheit nicht möglich.[2186] Allerdings bleibt es freilich justiziabel, ob die Verwaltung mit diesen selbst auferlegten Maßstäben im Rahmen der Ermächtigungsnorm bleibt.[2187] Bildet sich die Verwaltung danach eigene Handlungsmaßstäbe, die die Grenzen der Ermächtigungsnorm einhalten, setzt sie damit für das Gericht verbindliches Recht.[2188] Daher ist das Gericht in diesen Fällen darauf verwiesen zu prüfen, ob die Verwaltung sich mit einer konkreten Entscheidung im Rahmen dieser selbst auferlegten Maßstäbe hält[2189] und ob diese vertretbar bzw. plausibel sind.[2190] Da die Maßstäbe aber häufig nur eine gewisse Richtschnur bieten, wäre es verfehlt anzunehmen, die Judikative könnte oder dürfte anhand dieser Methode die konkrete Entscheidung bis ins Detail kontrollieren. Was häufig bleibt, ist ein nicht kontrollfähiger Kern der Ermessensausübung.[2191]

Insgesamt zeigt sich somit, dass in erster Linie die Verfassung und die gesetzlichen Ermessensdirektiven einen Maßstab für die gerichtliche Kontrolle des Normsetzungsermessens bieten. Die Grenzen der Justiabilität beginnen dort, wo gesetzliche und rechtliche Vorgaben (Art. 20 Abs. 3 GG) enden. „Politische und verwaltungsmäßige Zweckmäßigkeits- und Gestaltungsfragen" dürfen im Rahmen der

---

[2185] Vgl. nur: BVerwGE 131, 274, NVwZ 2009, S. 302 Rn. 65; BVerwG, NVwZ 2016, S. 1247 Rn. 24; BVerwGE 156, 136, BeckRS 2016, 112087 Rn. 28; s. auch schon BVerwGE 128, 1, NVwZ 2007, S. 1054 Rn. 66; BVerfG, Beschl. v. 23.10.2018 – 1 BvR 2523/13, 1 BvR 595/14S. 54 Rn. 20.
[2186] *v. Danwitz*, Die Gestaltungsfreiheit des Verordnungsgebers, S. 188.
[2187] Zutreffend daher *Scholz*, VVDStRL 34 (1976), S. 181 ff.
[2188] So auch die Ansicht von *v. Danwitz*, Die Gestaltungsfreiheit des Verordnungsgebers, S. 189.
[2189] *Scholz*, VVDStRL 34 (1976), S. 181 bezeichnet die treffend als „maßstabsimmanente Kontrolle".
[2190] BVerwGE 155, 91, NVwZ 2016, S. 1710 Rn. 128; zum Naturschutzrecht grundlegend BVerwG, BVerwGE 131, 274, NVwZ 2009, S. 302 Rn. 65; BVerfG, Beschl. v. 23.10.2018 – 1 BvR 2523/13, 1 BvR 595/14, S. 55 Rn. 28.
[2191] BVerfGE 129, 1 (21 ff.), NVwZ 2011, S. 1062; BVerwG, NVwZ 2016, 1247 Rn. 24; BVerwGE 156, 136, BeckRS 2016, 112087 Rn. 28; s. auch schon BVerwGE 128, 1, NVwZ 2007, S. 1054 Rn. 66; BVerfG, Beschl. v. 23.10.2018 – 1 BvR 2523/13, 1 BvR 595/14, S. 54.

gerichtlichen Prüfung nicht in Rechtsfragen umgemünzt werden.[2192] Was bleibt, ist die nüchterne Erkenntnis, dass sich die *Richtig*keit einer Regelung in diesen Fällen nicht in eine Frage der *Rechtlich*keit einer Norm verwandeln lässt.[2193]

III. Rechtsformübergreifende Probleme der Kontrolldichte

Bei der Kontrolldichte anhand der soeben aufgestellten Kontrollmaßstäbe treten eine Reihe von Faktoren auf, die unabhängig von der Rechtsform exekutiver Normsetzung einen Rückschluss auf eine adäquate Kontrolldichte liefern. Eine nähere Untersuchung dieser übergeordneten Aspekte bietet sich daher zuvorderst an (1.-7.), bevor auf die etwaigen Besonderheiten des Verordnungs- Satzungs- und Planungsermessens einzugehen ist (V.-VII.).

1. Autonomer und kontrollfähiger Bereich bei politischen Entscheidungen

a) Die grundsätzliche Problematik

Immer wieder – auch im Rahmen der vorliegenden Untersuchung – ist die Rede von autonomen Wertungen, die nicht justiziabel sind. Die Herleitung wurde zuvor bereits geleistet, allerdings stellt sich häufig die Frage, wie sich diese autonomen Bereiche erkennen lassen. Ein recht früher dogmatischer Ansatz war es, Rechtsnormen in einen heteronom determinierten und einen autonomen Teil aufzuspalten.[2194] Die Ansicht erschöpft sich letztlich in der Erkenntnis, dass jede Ermessensnorm in einem individuellen Mischverhältnis bindende und Autonomie verleihende Anteile enthält. Dies offenbart sich unter anderem im Umweltrecht bei der Bestimmung von Grenzwerten, die auf der Grundlage von naturwissenschaftlichen bzw. ingenieurswissenschaftlichen Erkenntnissen beruhen[2195] unter gleichzeitiger Vornahme von Wertungen[2196] hinsichtlich beispielsweise der Schutzbedürftigkeit von Gütern, (gesellschaftlichen) Kosten und Nutzen.[2197] Für die Ermittlung der Reichweite des jeweiligen Anteils ist man nach wie vor auf die Auslegung verwiesen.[2198] Eine besondere Schwierigkeit im Rahmen der Differenzierung beider Teile

---

[2192] So *Kissel,* NJW 1982, S. 1778; exemplarisch zur Gradwanderung: BVerwGE 128, 1, NVwZ 2007, S. 1054 Rn. 66; BVerfG, Beschl. v. 23.10.2018 – 1 BvR 2523/13, 1 BvR 595/14, S. 54.
[2193] So treffend auch *Kissel,* NJW 1982, S. 1781.
[2194] *Merkl,* Allgemeines Verwaltungsrecht, S. 142; *ders.* in Verdross, Festschrift für Hans Kelsen, S. 252; zustimmend auch *Bernárd* in Ermacora/Winkler, Verwaltungsrecht; später auch *Stüer,* DVBl. 1974, S. 317 ff.
[2195] Dazu *Feldhaus,* UPR 1982, S. 137 ff.
[2196] *Dieter,* ZfU 1986, S. 375 ff.; *Hansmann* in Franßen/Redeker/Schlichter/Wilke, Festschrift für Horst Sendler, S. 285 ff.; *Sendler,* UPR 1993, S. 323.
[2197] *Köck,* ZUR 2020, S. 132; *Salzwedel,* Risiko im Umweltrecht, NVwZ 1987, S. 276 ff.
[2198] Vgl. auch *Schmidt-Aßmann* in Ständige Deputation II, 58. Deutscher Juristentag, S. N 16.

findet sich in Bereichen, in denen politische Erwägungen eine Rolle spielen.[2199] Schon die Frage, ob eine Ermächtigungsgrundlage einen Spielraum für politische Erwägungen ohne justitiablen Einfluss bietet, wirft diffizile Auslegungsfragen auf;[2200] diese Auslegungsfrage klärt die Rechtsprechung mitunter nicht hinreichend, wenn sie eine Entscheidung zwar einerseits für voll justitiabel hält, andererseits aber die an Erfahrungen orientierten Maßstäbe der Verwaltung für stringent erklärt und sie daher übernimmt.[2201] Indes erscheint es sinnvoller, die Frage der Letztentscheidungskompetenz in diesen Konstellationen abschließend zu klären, ohne sie rhetorisch zu überdecken.[2202]

Gelangt man zu einer grundsätzlichen Kontrollfähigkeit der politischen Entscheidung, ergibt sich die Folgefrage, anhand welcher rechtlicher Maßstäbe politische Erwägungen überhaupt kontrolliert werden *können*.[2203] Kontrollfähig ist ohne Weiteres das Vorliegen von Beurteilungsfehlern (siehe oben E. VII.) im Rahmen des heteronom gesteuerten Bereichs. Am Beispiel der umweltrechtlichen Grenzwerte sind dies die angenommen naturwissenschaftlichen Erkenntnisse[2204] und die generellen sowie speziellen Bewertungsgrundsätze.[2205]

Für die mehr oder minder großen politischen (Wertungs-)Anteile gibt es grundsätzlich keine Möglichkeit den *Kern*bereich der politischen Entscheidung anhand von rechtlichen Maßstäben zu kontrollieren.[2206] Die Gerichte würden den Pfad einer kontrollierenden Entscheidungsbefugnis verlassen und damit gegen den Gewaltenteilungsgrundsatz verstoßen,[2207] würden sie eine eigene Wertungsentscheidung festsetzen.[2208] Lassen Gesetz und Recht einen Spielraum für subjektives

---

[2199] Vgl. nur BVerwGE 97, 203 (209); BVerfGE 88, 40 (61); VGH München, NVwZ-RR 1993, S. 357 f.
[2200] Zum früheren Beispiel des § 70 Abs. 4 S. 2 GWB ausführlich: *Soell*, Das Ermessen der Eingriffsverwaltung, S. 50 ff.; zu einwanderungspolitischen Erwägungen auf der Grundlage von § 4a IV AufenthG i.V.m. § 32 I 1 BeschV: VGH Mannheim, Beschl. v. 8.1.2021 - 12 S 3651/20, BeckRS 2021, 481 Rn. 20; a.A. OVG Magdeburg, Beschl. v. 9.11.2021, 2 M 79/21.
[2201] Vgl. BVerwGE 94, 64 (69 ff.).
[2202] So auch *Ossenbühl*, DVBl. 1974, S. 310 der die Kernfrage mit „quis iudicabit" [wer wird urteilen] stellt.
[2203] *Köck*, ZUR 2020, S. 131 ff. am Beispiel umweltrechtlicher Grenzwerte; ausführlich auch *Hendler*, DÖV 1998, S. 481 ff.; zu politischen Freiräumen allgemein auch *Wolff* in Sodan/Ziekow, VwGO, § 114 Rn. 350.
[2204] Zu weiteren Beurteilungsspielräumen: BVerfGE 84, 34 (50 f.); BVerwG, Urt. v. 26.11.1992 – 7 C 20/92, BVerwGE 91, 211-217, juris Rn. 16.
[2205] Ausführlich hierzu: *Hendler*, DÖV 1998, S. 481 ff.; *Köck*, ZUR 2020, S. 136 u. 139.
[2206] Im Ergebnis auch *Wittig*, Der Staat 8 (1969), S. 145.
[2207] Vgl. *Kirchhof*, Rechtssprache, S. 28; so auch *Weber*, Regelungs- und Kontrolldichte, S. 219 ff.
[2208] Für Einzelakte: *Decker* in Posser/Wolff, § 114 Rn. 26 bzw. § 113 Rn. 70, 73; vgl. auch *Kind*, DÖV 1988, S. 683.

Fürrichtighalten[2209] so liegt die Letztentscheidungskompetenz daher bei der Exekutive als Adressatin der Ermächtigung. Die Funktion der Gerichte beschränkt sich darauf, die rechtlichen Grenzen des Entscheidungsspielraums zu identifizieren und die von der Verwaltung getroffene Entscheidung auf deren Einhaltung zu prüfen.[2210] Dies kann sie nur leisten, wenn der Ermessensvorgang kontrollfähig bleibt.

Der rechtlich vorgegebene Rahmen, in welchem die politische Entscheidungsfindung des untergesetzlichen Normgebers erfolgen darf, bleibt daher kontrollfähig. Treffend wird dies in der conclusio zusammengefasst, dass weder der politische Grundcharakter einer Handlung eine rechtliche Erkenntnis ausschließt noch dass eine Handlung sich durch eine politische Wirkung seines Rechtscharakters entledigt.[2211] Gebildet wird dieser Rahmen am unmittelbarsten durch die Ermächtigungsgrundlage sowie durch den Zweck des jeweiligen Regelungsgebiets: Haben politische Zielsetzungen bereits einen Einzug in diese gefunden, so kann und muss sich sowohl die Exekutive als auch die Judikative hieran halten.[2212] In besonderen Fällen können politische Erwägungen einen derartigen Niederschlag in die Ermächtigungsnorm gefunden haben, dass der Exekutive nahezu kein Spielraum für eine eigene politische Zielsetzungen verbleibt. Ein Beispiel hierfür bietet die Verordnungsermächtigung des § 23 Abs. 3 GüKG mit seinen detailreichen Festsetzungen.[2213] Weniger strikt, aber dennoch deutlich geprägt von einer bestimmten politischen Zwecksetzung in Form der Steigerung des lokalen Vertriebs ist § 14 GaststättenG.[2214]

Aus den meisten Gesetzen ergeben sich allerdings keine Vorgaben, die auf Maßstäbe zur politischen Willensbetätigung hinweisen. Mit anderen Worten ist die politische Determinierung im weitaus überwiegenden Teil „so unbestimmt geraten, dass sie rechtlich schwer oder gar nicht rationalisierbare Konkretisierungsanstrengungen der Verwaltung erfordern."[2215] In diesen Fällen gibt es zwei Möglichkeiten: Die Judikative konkretisiert durch eine wertegeleitete Rechtsprechung die

---

[2209] Vgl. *Soell*, Das Ermessen der Eingriffsverwaltung, S. 375.
[2210] Ähnlich auch *Kirchhof*, Rechtssprache, S. 27.
[2211] *Wengler*, Der Begriff des Politischen, S. 40 ff.; zustimmend *Soell*, Das Ermessen der Eingriffsverwaltung, S. 60; anschließend auch *Bachof* in Verfassungsrecht und Verfassungswirklichkeit, Festschrift für Hans Huber, S. 44.
[2212] Vgl. *Krebs*, Kontrolle in staatlichen Entscheidungsprozessen, S. 76 ff.
[2213] Weiteres Beispiel aus der Rechtsprechung: OVG Münster, DWW 1986, S. 48, OVG Münster, Urt. v. 22.11.1985 – 14 A 2399/83.
[2214] Vgl. auch *Schönleiter*, GaststättenG, § 14 Rn. 1 f.
[2215] So treffend *Di Fabio*, Risikoentscheidungen, S. 266.

Wertungslücken von Recht und Gesetz.[2216] Tendenzen dieser ersten Alternative lassen sich vor allem in der obergerichtlichen Rechtsprechung bei der näheren Konkretisierung unbestimmter Rechtsbegriffe erkennen.[2217] Die zweite Alternative ergibt sich, wenn die erste zu einer Substitution der Exekutiventscheidung führt. Dann bleibt es bei der Entscheidung der Verwaltung. In diesen Fällen kann es wiederum zu einer Reduzierung des Normsetzungsermessens durch die Exekutive selbst kommen, wenn diese übergreifende politische Zielsetzungen reglementiert, um das weitere Verwaltungshandeln hiernach auszurichten.[2218] Obwohl es eine direkte Selbstbindung der Verwaltung bei der Normsetzung nicht gibt, können derartige Festlegungen zu einer Ausweitung der gerichtlichen Kontrolle führen.[2219] Anders gesagt: Setzt die Verwaltung sich selbst von politischen Erwägungen getragene Ziele, so muss sie sich auch daran messen lassen. Dies ergibt sich letztlich verfassungsrechtlich schon aus dem Grundsatz des Vertrauensschutzes und noch allgemeiner gesprochen aus dem Rechtsstaatsprinzip.[2220]

Die Frage der Letztentscheidungskompetenz muss daher so beantwortet werden: In erster Linie trifft der demokratisch legitimierte Gesetzgeber die (politischen) Wertentscheidungen.[2221] Zuweilen normiert er die Vorgaben ausdrücklich, überwiegend wird eine Auslegung unter anderem anhand der Gesetzesmaterialien nötig sein. Wo keine politischen Wertungen des Gesetzgebers niedergelegt sind, obliegt die politische Wertung der rechtsetzenden Verwaltung.[2222] Diese gesetzten Wertungen können nur anhand von Recht und Gesetz kontrolliert werden: Wenn dieses keine rechtlichen Maßstäbe zur Kontrolle bietet, darf das Gericht in die

---

[2216] *Bachof* in Verfassungsrecht und Verfassungswirklichkeit, Festschrift für Hans Huber, S. 44; anhand von Art. 20a GG: *Grothmann*, ZfBR-Beil. 2012, S. 100 ff.; hierzu auch OVG Lüneburg, Urt. v. 3.5.2006 - 1 LB 16/05, ZUR 2006, S. 497; BayVGH, Beschl. v. 12.10.2010 - 14 ZB 09.1289; VGH Mannheim, Urt. v. 1.9.2011 - 1 S 1070/11.
[2217] Grundlegend zum Einfluss von Werteentscheidungen der Verfassung: BVerfGE 7, 198 (203 ff.) [Lüth], hierzu auch *Grimm*, NJW 1995, S. 1697 f.; BVerwGE 72, 38 (55); 91, 211 (216 f.).
[2218] *Bohne/König*, Die Verwaltung 9 (1976), S. 20.
[2219] Ein Beispiel aus der Rechtsprechung bietet: BVerwGE 21, 187 (189) zu wirtschaftspolitischen Entscheidungen im Zusammenhang mit Einfuhrbewilligungen; vgl. im Übrigen auch die zutreffende Ansicht von *Weitzel*, Rechtsetzungsermessen, S. 189.
[2220] Auf das Einzelaktsermessen beziehend: *Huster/Rux* in Epping/Hillgruber, BeckOK GG, Art. 20 Rn. 188.
[2221] Ungenau bei *Köck*, ZUR 2020, S. 132: „Die politische Legitimation ist grundsätzlich stark, wenn ein Grenzwert durch den parlamentarischen Gesetzgeber oder den ermächtigten Verordnungsgeber festgelegt worden ist [...].„; vgl. auch *Dieter*, ZfU 1986, S. 387 f.; *Salzwedel*, NVwZ 1987, S. 278.
[2222] Insofern zutreffend *Köck*, ZUR 2020, S. 132.

wertende Ausfüllung des Gesetzes seitens der Verwaltung nicht eingreifen[2223] und schon gar nicht substituierend tätig werden.

b) Schwierigkeiten im Rahmen der Coronapandemie
Die Einräumung eines Auswahlermessens vor[2224] bzw. nach Erlass der Konkretisierung des § 28a IfSG[2225] wurde bereits hergeleitet (siehe oben C. III. 4. a. bb.). Teile der Rechtsprechung gingen zusätzlich bereits im Rahmen von § 28 Abs. 1 S. 1 IfSG von einem weiten politischen Gestaltungsspielraum aus.[2226] Die Eröffnung eines politischen Gestaltungsspielraum müsste sich allerdings aus der Ermächtigungsgrundlage ergeben.[2227] Ausdrücklich trifft § 28 Abs. 1 S. 1 IfSG hierzu – wie die ganz überwiegenden Normen – keine Regelung. Die Notwendigkeit bzw. zeitliche Erforderlichkeit der Schutzmaßnahmen schließen politische Erwägungen nicht zwingend aus. Gegen einen politischen Wertungsspielraum spricht allerdings die Zielvorgabe der Verhinderung der Verbreitung übertragbarer Krankheiten. Im Ergebnis zu Recht lehnt der BayVGH aus diesem Grund und mit Blick auf die Gesetzeshistorie eine Ermächtigung politischer Natur ab: § 28 Abs. 1 S. 1 IfSG erteilte lediglich eine Eingriffsbefugnis im Hinblick auf den Infektionsschutz, womit nicht zwingend ein politischer Gestaltungsspielraum einhergeht.[2228] Gleichwohl war es zur effektiven Bekämpfung unter gleichzeitiger massiver Einschränkung der Grundrechte[2229] notwendig, gesellschaftliche Folgen und die Schutzwürdigkeit bestimmter Belange politisch zu gewichten.[2230]

Dieser politische Prozess und die Aufgabe einer normativen Nachverdichtung lag im Verantwortungsbereich des Parlaments.[2231] Das Ergebnis dieses Prozesses war die Schaffung von §§ 28a ff. IfSG und die Einräumung der Pflicht, gesellschaftliche, wirtschaftliche und soziale Belange beim Erlass von Schutzmaßnahmen zu berück-

---

[2223] Vgl. auch am Beispiel einer vorbeugenden Gefahrenabwehr durch eine Rechtsverordnung: BayVerfGH, NVwZ-RR 1995, 262 (267).
[2224] VG München, Beschl. v. 6.5.2020 – M 26 E 20.1739, juris Rn. 30; BayVGH, Beschl. v. 1.9.2020 – 20 CS 20.1962; VG München, Beschl. v. 29.10.2020 – M 26b E 20.5338; BayVerfGH, Entsch. v. 9.2.2021 – Vf. 6-VII-20; so schon BVerwG, Urt. v. 22.3.2012 – 3 C 16/11, BVerwGE 142, 205 ff. Rn. 20.
[2225] BayVGH, Beschl. v. 27.12.2021 – 20 NE 21.2977, juris Rn. 21.
[2226] VG München, Beschl. v. 6.5.2020 – M 26 E 20.1739, juris Rn. 30 f.; VG Augsburg, Beschl. v. 18.5.2020 – Au 9 E 20.806, juris Rn. 40 mit Verweis auf BT-Drs. 14/2530, S. 74.
[2227] *Wolff* in Sodan/Ziekow, VwGO, § 114 Rn. 350 zu politischen Freiräumen; zu allgemein: *Gärditz/Abdulsalam*, GSZ 2020, S. 108.
[2228] BayVGH, Beschl. v. 26.6.2020 – 20 NE 20.1423, juris Rn. 20; ungenau: *Jarass* in ders./Pieroth, GG, Art. 19 Rn. 88.
[2229] *Gärditz/Abdulsalam*, GSZ 2020, S. 109.
[2230] *Gärditz/Abdulsalam*, GSZ 2020, S. 109.
[2231] *Abdulsalam*, JöR 69 (2021), S. 503.

sichtigen (§ 28a Abs. 6 S. 2 IfSG).[2232] Aus dieser Pflicht folgte gleichzeitig die Ermächtigung zur Einbeziehung politischer Erwägungen. Die gesetzlichen Einschränkungen hinsichtlich besonders grundrechtsintensiver Eingriffe stellten zudem sicher, dass die Anforderungen des Wesentlichkeitsgrundsatzes trotz dieser Ermächtigung eingehalten wurden. Eine frühere Einräumung dieses notwendigen Spielraums seitens des Parlamentes wäre erstrebenswert gewesen, um die entscheidende Frage nach Art und Reichweite des durch § 28 Abs. 1 S. 1 IfSG eröffneten Spielraums frühzeitig zu konkretisieren.

2. Kontrolldichte und Grundrechtrelevanz

Die Grundrechte spielen als maßgeblicher Umstand einer jeden Abwägung nicht nur eine Rolle bei der Prüfung des Verfahrens (siehe oben F. IV. 2. b. dd.), sondern prägen auch die materielle Medaille der gerichtlichen Kontrolldichte.[2233] Einigkeit besteht allerdings keineswegs über die konkreten Auswirkungen der Grundrechte auf die gerichtliche Kontrolldichte und deren Bestimmung. Teilweise wird davon ausgegangen, die Grundrechtsrelevanz an sich sei kein geeignetes Kriterium, nach welchem sich die Kontrolldichte ausrichten könne.[2234] Diese Ansicht will den ausreichenden Grundrechtsschutz durch ein Heranziehen der allgemeinen Ermessenskontrolle bannen.[2235] Die speziellen Voraussetzungen mancher Grundrechte, wie solche des Art. 14 Abs. 3 GG[2236] bzw. des Art. 5 Abs. 2 GG[2237] hinsichtlich der Einschränkbarkeit, seien ohnehin bei der Normsetzung zu beachten.[2238] Bei Grundrechten, die unter einem einfachen Gesetzesvorbehalt stehen, geht diese Ansicht von einem ausreichenden Grundrechtsschutz durch den Verhältnismäßigkeitsgrundsatz, den Gleichheitsgrundsatz und die Garantie des Wesensgehalts (Art. 19 Abs. 2 GG) aus.[2239] Grundrechte ohne Gesetzesvorbehalt könnten ebenfalls nicht ohne Weiteres eingeschränkt werden, sondern erführen ihre Grenzen durch kollidierende Grundrechte oder andere Güter von Verfassungsrang.[2240] Die-

---

[2232] I.d.F. v. 19.11.2020, Art. 1 G. v. 18.11.2020 BGBl. I S. 2397.
[2233] *Ossenbühl* in Erichsen/Hoppe/v. Mutius, Festschrift für Christian-Friedrich Menger, S. 734; vgl. auch BayVGH, Urt. 23.2.2007 - 22 A 01.40089, 22 A 01.4107, 22 A 03.40012, juris Rn. 49.
[2234] So vor allem *Weitzel*, Rechtsetzungsermessen, S. 194.
[2235] Die folgende Herleitung basiert auf der Erkenntnis von *König*, BayVBl. 1983, S. 164, dem auch *Weitzel*, Rechtsetzungsermessen, S. 195 folgt.
[2236] Vgl. hierzu *Wendt* in Sachs, GG, Art. 14 Rn. 148 ff.; BVerfGE 56, 249 (261).
[2237] Ausführlich: *Starck/Paulus* in v. Mangoldt/Klein/Starck, GG, Art. 5 Abs. 2 Rn. 269 ff.; zur Kombinationslehre schon BVerfGE 7, 198 [Lüth]; vgl. auch BVerfGE, Urt. v. 17.1.2017 -2 BvB 1/13 mit Verweis auf *Dreier*, JZ 1994, S. 741.
[2238] *Weitzel*, Rechtsetzungsermessen, S. 194.
[2239] *Weitzel*, Rechtsetzungsermessen, S. 194.
[2240] BVerfGE 28, 243 (260); 30, 173 (193).

se Ansicht leistet eine Lokalisierung der Grundrechtsrelevanz innerhalb der Ermessensprüfung, vermag aber keinen Aufschluss darüber zu geben, inwiefern die Grundrechte auf den *Umfang* der Kontrolle Einfluss nehmen.

Als ungenügend muss die Einbeziehung der Grundrechte auch in der Rechtsprechungshistorie des BVerwG bezeichnet werden: Das BVerwG fasst den Gehalt der Grundrechtsrelevanz für das Verwaltungsermessen dahingehend zusammen, dass das, was zur Herstellung praktischer Konkordanz aus Sicht des Grundrechtsschutzes zu gewichten ist, uneingeschränkt gerichtlich zu kontrollieren sei.[2241] Bei der Kontrolle des Normsetzungsermessens bezieht es die Grundrechte hingegen unzureichend ein,[2242] wenn es davon ausgeht, dass der Abwägungsvorgang ohne gesetzliche Direktiven nicht kontrollfähig sein (siehe oben E. IV.). Auch der BayVGH, welcher dieser Ansicht in der Hauptsacheentscheidung zu den ersten Ausgangsbeschränkungen folgt, bezieht die Grundrechtrelevanz nicht entsprechend ein, sondern stellt vor allem auf den Einzelfallbezug der Regelung ab, um die Kontrolldichte zu erhöhen.[2243]

Ein Bedenken mit Blick auf die Relevanz der Grundrechte und die Kontrolldichte der Normsetzung lässt sich jedoch nicht von der Hand weisen: Im Rahmen der Normgebung ist es die originäre Aufgabe des parlamentarischen wie auch – im eingeschränkten Umfang – des untergesetzlichen Normgebers, eine Vielzahl kollidierender Grundrechte in einer abstrakt-generellen Regelung zu vereinen.[2244] Eine optimale Regelung kann der Normgeber nicht leisten[2245] und dies fordert auch Art. 19 Abs. 4 GG nicht,[2246] weshalb eine hierauf abzielende Kontrolle des Abwägungsvorgangs auch nicht durch den Grundrechtsschutz gewährleistet werden kann. Was Art. 19 Abs. 4 GG[2247] allerdings ebenso fordert wie Art. 1 Abs. 3 GG ist die Verwirklichung des Grundrechtsschutzes in Form einer rationalen Abwägung.[2248]

[2241] BVerwGE 91, 211 (215).
[2242] BVerfG, Beschl. v. 22.10.1991 – 1 BvR 393/85, BVerfGE 85, 36 ff., juris Rn. 65 a.E.; BVerfGE 54, 173 (191).
[2243] BayVGH, Beschl. v. 4.10.2021 – 20 N 20.767, juris Rn. 65 ff.
[2244] Vgl. *Herdegen*, AöR 114 (1989), S. 640; in diese Richtung wohl auch *Jarass* in ders./Pieroth, GG, Art. 19 Rn. 88 mit Verweis auf BVerfGE 29, 198 (211); BVerwGE 70, 318 (328 ff.); vgl. auch *Abdulsalam*, JöR 69 (2021), S. 503, die vor allem den Verantwortungsbereich des Parlamentes betont.
[2245] BVerfGE 49, 89 (6. Leitsatz) betont dies für die Grundrechtsgefährdung bei Prognoseentscheidungen.
[2246] *Schmidt-Aßmann* in Dürig/Herzog/Scholz, GG, Art. 19 Abs. 4 Rn. 173a ff.
[2247] Zu Art. 19 Abs. 4 GG i.V.m. exekutiver Rechtsetzung: BVerfGE 80, 355 (361); 115, 81 (92 ff.); offen noch bei BVerfGE 31, 364 (368); restriktiv aber BVerwGE 129, 199 (204 ff.); vgl. auch *Seiler*, DVBl. 2007, S. 538 ff.
[2248] BVerfGE 85, 36 (57); *Schmidt-Aßmann* in Dürig/Herzog/Scholz, GG, Art. 19 Abs. 4 Rn. 217a.

Teile der Rechtsprechung[2249] und auch der Literatur[2250] neigen hierbei mitunter dazu, die gerichtliche Kontrolldichte exekutiver Akte mit zunehmender Eingriffsintensität in die Grundrechte zu erhöhen. Diese im Übrigen anzutreffende Differenzierung nach der Eingriffstiefe zeigt sich auch bei der Wesentlichkeitstheorie bzw. dem Parlamentsvorbehalt.[2251] Brisant war dies auch bei den grundrechtsintensiven Einschränkungen im Rahmen der Coronapandemie,[2252] obgleich eine nähere Auseinandersetzung hiermit im Eilrechtsschutz grundsätzlich nicht vorgenommen wurde.[2253] Die sonst erkennbaren Tendenzen wurden durch die pauschale Folgenabwägung[2254] zugunsten des Gesundheitsschutzes verdrängt.[2255]

Andere Stimmen hegen Zweifel an einer Ausrichtung der Kontrolldichte an der Intensität des Grundrechtseingriffs.[2256] Es stelle sich die Frage, die auch im Rahmen der Coronarechtsprechung häufig unbeantwortet blieb, wie man den Grad der Betroffenheit bei komplexen, mehrdimensionalen Regelungen festlegt, um einen exakten Kontrollumfang zu definieren.[2257] Diese Fragestellung gewinnt vor allem bei einer Vielzahl betroffener Grundrechten Brisanz, weil durch eine Maßstabsbildung der Kern des Ermessens in Form der Einbeziehung von Zielvorstellungen gefährdet ist.[2258]

Einen Ausweg findet vermeintlich, wer die Gestaltungsfreiheit des Normgebers jeweils in dem Maße erhöht, in welchem eine grundrechtsberührende Regelung sich von einem Eingriff finaler Art entfernt und wer sich stattdessen einer Lösung von Grundrechtskonflikten und der Wahrnehmung von Schutzpflichten zuwen-

---

[2249] BVerfGE 83, 130 (145); BVerfGE 88, 40 (59).
[2250] *Hofmann*, NVwZ 1995, S. 745; *Schulze-Fielitz*, JZ 1993, S. 776 u.779.
[2251] So auch schon *Reidt*, DÖV 1992, S. 919; *Sachs* in ders., GG, Art. 20 Rn. 117; BVerfGE 101, 1 (34); 108, 282 (311); 134, 141 Rn. 126; 139, 19 Rn. 52 ff.; 139, 148 Rn. 51; BVerwGE 109, 29 (37); 109, 97 (105).
[2252] Ausführlich auch *Goldhammer/Neuhöfer*, JuS 2021, S. 212 ff.
[2253] *Kruse/Langner*, NJW 2021, S. 3708 f.; vgl. auch *Schmitz/Neubert*, NVwZ 2020, S. 667; BayVerfGH, Entsch. v. 26.3.2020 – Vf. 6-VII-20, juris Rn. 15 ff.; BVerfG, Abl. einst. An. v. 7.4.2020 – 1 BvR 755/20; BVerfG, Abl. einst. An. v. 10.4.2020 – 1 BvR 762/20; Ausnahme: SaarlVerfGH, NVwZ-RR 2020, S. 514: Aufhebung inkohärenter Kontaktbeschränkungen.
[2254] Vgl. nur: BVerfG NJW 2020, S. 1430, laut dem die Maßnahmen „zur Bekämpfung der Corona-Pandemie grundrechtlich geschützte Freiheiten zwar weitgehend verkürzen", angesichts der Gefahren einer Infektion und „der Erkrankung vieler Personen, der Überlastung der gesundheitlichen Einrichtungen bei der Behandlung schwerwiegender Fälle und schlimmstenfalls des Todes von Menschen" müsse der Gesundheitsschutz aber überwiegen.
[2255] Kritisch demgegenüber nach dem ersten Lockdown: *Gärditz*, NJW 2021, S. 2761.
[2256] *Di Fabio*, VerwArch 86 (1995), S. 227.
[2257] Zu pauschal daher: BVerfG, NVwZ 2020, S. 877: „Vielmehr hat der Staat stets einen verhältnismäßigen Ausgleich zwischen der Freiheit der einen und dem Schutzbedarf der anderen zu schaffen".
[2258] *Di Fabio*, VerwArch 86 (1995), S. 227.

det.[2259] Diese Art der Bestimmung der Kontrolldichte bezieht demnach Überlegungen des Grundrechtsschutzes zwar ein, unterscheidet aber nicht danach, ob eine Regelung in Grundrechte eingreift oder nicht, sondern macht die Kontrolldichte von der Art und Weise des Eingriffs abhängig.[2260] Dieser Ansatz will das Problem umgehen, den *Grad* der Betroffenheit näher zu bestimmen.[2261] Im Grunde verlagert dieser Ansatz aber nur das aufgeworfene Problem der Bestimmung des Grades der Grundrechtsbetroffenheit auf die Feststellung, ob bzw. inwieweit ein finaler Eingriff vorliegt.[2262] Die Ansicht lässt sich daher mit ihrer selbst geäußerten Kritik entkräften, da auch sie offenlässt, wie sich die Faktoren bestimmen lassen, um hieraus Erkenntnisse für konkretere Maßstäbe zu gewinnen.[2263]

Die Bedenken gegen eine Ausrichtung der Kontrolldichte am Grad der Grundrechtsbetroffenheit bzw. an der Art und Weise des Eingriffs, lassen sich indes ausräumen. Um als Konkretisierung für die Kontrolldichte zu dienen, ist es nicht nötig den Grad der Grundrechtsbetroffenheit bzw. die Art und Weise des Grundrechtseingriffs allgemeinverbindlich zu klären. Eine derartige abstrakt-generelle Maßstabsbildung durch die Rechtsprechung[2264] verstieße gar gegen den Gewaltenteilungsgrundsatz. Die Bestimmung der Grundrechtsrelevanz lässt sich dabei ebenso wenig wie die Kontrolldichte an sich auf eine allgemeine Formel herunterbrechen.[2265] Die Grundrechtsrelevanz und damit ihr Einfluss auf die Kontrolldichte hängt vielmehr von sämtlichen Umständen ab, die die konkrete Normsetzung insgesamt beeinflussen: Die abstrakte Wertigkeit der betroffenen Grundrechte spielt ebenso eine Rolle wie die konkrete Betroffenheit und die Besonderheiten des Regelungsgebiets.[2266] Bei der Bestimmung der Intensität und der Art und Weise des Eingriffs als Indikatoren der Grundrechtsrelevanz und damit der Kontrolldichte handelt es sich um Rechtsfragen und damit um eine originäre Aufgabe der Rechtsprechung,

---

[2259] *Herdegen*, AöR 114 (1989), S. 628.
[2260] Vgl. auch für eine Differenzierung je nach Regelungstyp: *v. Bogdandy*, Gubernative Rechtsetzung, S. 367; *Ossenbühl* in Isensee/Kirchhoff V, § 103 Rn. 85, dem *Schmidt-Aßmann* in Dürig/Herzog/Scholz, GG, Art. 19 Abs. 4 Rn. 217a folgt.
[2261] Anschaulich anhand der Kommunikationsgrundrechte: *Frenzel*, AfP 2014, S. 394 ff.
[2262] Angedeutet bei *Kokott* in Sachs, GG, Art. 4 Rn. 124 mit Verweis auf BVerwGE 82, 76 u. VGH Mannheim, NJW 1997, S. 755 zur fehlenden Finalität.
[2263] Dieser Aspekt fehlt daher bei *Schmidt-Aßmann* in Dürig/Herzog/Scholz, GG, Art. 19 Abs. 4 Rn. 217a.
[2264] Näheres zum Kollisionsgesetz in diesem Zusammenhang: *Alexy*, Theorie der Grundrechte, S. 83.
[2265] *Badura* in Scheuner/v. Münch, Gedächtnisschrift für Wolfgang Martens, S. 25; *Herdegen*, AöR 114 (1989), S. 607; *Ellerbrok*, Die öffentlich-rechtliche Satzung, 2020, S. 404 ff.
[2266] Hierzu exemplarisch anhand umweltrechtlicher Grenzwerte: BayVGH, Urt. v. 23.2.2007 – 22 A 01.40089, juris Rn. 49.

die sie sich selbst nicht mit einer der Normsetzung immanenten Gestaltungsfreiheit absprechen kann.[2267]

Die Wahrnehmung dieser Kompetenz, die gleichzeitig wegen Art. 19 Abs. 4 GG eine Pflicht beinhaltet, gelingt der Rechtsprechung im Rahmen der Coronapandemie an vielen Stellen nur unzureichend. Denn die Schutzpflicht aus den Grundrechten auf Gesundheit und Leben (Art. 2 Abs. 2 S. 1 GG) wird von der Rechtsprechung als wichtiger Abwägungsfaktor zur Rechtfertigung von Eingriffen angesehen.[2268] Eine differenzierte Betrachtung der durch die Maßnahmen betroffenen Grundrechte fehlt dagegen in der ganz überwiegenden Anzahl der (Eil-)Entscheidungen.[2269]

3. Prognoseentscheidungen

a) Allgemeine Problematik

Ein weiterer Faktor, der neben der Grundrechtsrelevanz für die Bestimmung der Kontrolldichte eine Rolle spielt, sind die Auswirkungen von Prognoseentscheidungen. Weder hat sich ein einheitlicher Prognosebegriff herausgebildet noch gibt es eine allgemeine Dogmatik hierzu. Angesichts der Vielfalt an Prognoseentscheidungen, ihrer Gemeinsamkeiten und Unterschiede, wäre der Mehrwert einer einheitlichen Terminologie und Dogmatik auch zweifelhaft.[2270] Derartige Prognoseentscheidungen können im Rahmen des Rechtsfolgenermessens in Form der Bewirkung von Rechtsfolgen für die Zukunft auftreten.[2271] Eine hohe Relevanz entfalten Prognosen auch bei Einzelakten und der untergesetzlichen Normsetzung[2272] als integraler Bestandteil einer jeden Verhältnismäßigkeitsprüfung.[2273] Denn auch im Rahmen der Verhältnismäßigkeit sind künftige Entwicklungen zu berücksichtigen.[2274] Dies veranschaulichen unter anderem die Schwierigkeiten bei der Frage

---

[2267] Unzutreffend daher: BVerwG, Urt. v. 13.12.1984 – 7 C 3/83, BVerwGE 70, 318 ff., juris Rn. 21 a.E.; BVerwG, Beschl. v. 3.5.1995 – 1 B 222/93, juris Rn. 5.
[2268] *Gärditz*, NJW 2021, S. 2765; BVerfG NJW 2020, S. 1430; NVwZ 2020, S. 877, NVwZ 2020, S. 1041.
[2269] Vgl. nur: BayVGH, Beschl. v. 14.4.2020 – 20 NE 20.763, juris Rn. 14 f.; Beschl. v. 14.4.2020 – 20 NE 20.735, juris Rn. 15 f.; Beschl. v. 7.9.2020 – 20 NE 20.1981, juris Rn. 25 ff. unter Verweis auf BayVGH, Beschl. v. 27.4.2020 – 20 NE 20.793 [Leitsatz 3]; BayVGH, Beschl. v. 29.10.2020 – 20 NE 20.2360, BeckRS 2020, 28521 Rn. 28 ff.
[2270] In diese Richtung auch: *Breuer*, Der Staat 16 (1977), S. 47 f.; *Riese* in Schoch/Schneider, VwGO, § 114 Rn. 154.
[2271] *Brunn*, NJOZ 2014, S. 361.
[2272] *Führ/Schummers*, UPR 2017, S. 413.
[2273] Dies übersieht *Riese* in Schoch/Schneider, VwGO, § 114 Rn. 154.
[2274] Vgl. *Jarass* in Jarass/Pieroth, GG, Art. 14 Rn. 36; zur Korrekturverpflichtung: BVerfGE 50, 290 (353).

nach der Geeignetheit und Erforderlichkeit von Infektionsschutzmaßnahmen.[2275] Eine weitere wichtige Bedeutung kommt Prognosen im Rahmen von Beurteilungsspielräumen zu.[2276]

Gemeinsam ist sämtlichen Prognosen – bei allen Differenzen – das Bedürfnis einer gedanklichen Erschließung der Zukunft,[2277] weil die einzubeziehenden, zukünftigen Umstände im Gegensatz zu gegenwärtigen Ereignissen nicht der Erkenntnis durch reine Beobachtung zugänglich sind.[2278] Um mit der Erschließung möglichst nahe an die tatsächlichen Geschehnisse der Zukunft zu gelangen, bedarf es besondere objektive, rationale und systematische Schritte.[2279] Selbst bei einem optimalen Durchlaufen dieser Schritt ist jedoch nicht immer sichergestellt, dass die Prognose sich zu einem späteren Zeitpunkt als richtig erweist.[2280]

Dies hat vor allem zweierlei Auswirkungen auf die gerichtliche Kontrollperspektive: Erstens ergibt sich hieraus nahezu zwangsläufig eine ex-ante Kontrollperspektive,[2281] die auch hinsichtlich der Coronaverordnungen anzuwenden ist.[2282] Nur auf diese Weise kommt die Rechtsprechung ihrem Auftrag zur Kontrolle nach, ohne in den administrativen Prognosespielraum einzugreifen.[2283] Die Restitutionspflicht der Exekutive, die zugunsten einer ex-post Kontrolle angeführt wird,[2284] wird diesem Aspekt nicht gerecht, sondern will vor allem ergebnisorientiert eine Korrektur der Normsetzung erreichen. Eine sachgerechtere Lösung erreicht man daher bei einer ex-ante Kontrolle, indem man dem untergesetzlichen Normgeber selbst eine ständige Kontrolle und gegebenenfalls eine Anpassung der Norm auferlegt,[2285] wie sie das BVerfG auch für den parlamentarischen Gesetzgeber for-

---

[2275] Vgl. BayVGH, Beschl. v. 27.4.2020 – 20 NE 20.793, juris Rn. 28.
[2276] Ohne Differenzierung: *Schwabenbauer/Kling,* VerwArch 101 (2010), S. 232.
[2277] *Ruthig* in Kopp/Schenke, VwGO, § 114 Rn. 37; eine Hilfestellung können lernfähige Systeme Künstlicher Intelligenz mit Mustererkennung liefern: *Martini/Ruschemeier,* ZUR 2021, S. 528.
[2278] So schon *Koch/Rubel,* Allgemeines Verwaltungsrecht, S. 229; vgl. auch *Nierhaus,* DVBl. 1977, S. 22.
[2279] *Nierhaus,* DVBl. 1977, S. 22; *Philippi,* Tatsachenfeststellungen des Bundesverfassungsgerichts, S. 124 ff.; *Tettinger,* DVBl. 1982, S. 423.
[2280] *Brunn,* NJOZ 2014, S. 361.
[2281] So auch BVerwGE 56, 110 (121); *Breuer,* Der Staat 16 (1977), S. 58; *Knemeyer,* VVDStRL 35 (1977), S. 243 ff.; *Nagel,* Die Rechtskonkretisierungsbefugnis der Exekutive, S. 175; *Nierhaus,* DVBl. 1977, S. 25; *Ossenbühl,* DÖV 1976, S. 464; *Paefgen,* BayVBl. 1986, 520; *Tettinger,* DVBl. 1982, S. 424.
[2282] A.A. *Bamberger/Pieper,* NVwZ 2022, S. 40.
[2283] *Breuer,* Der Staat 16 (1977), S. 53; BVerfG, Beschl. v. 10.12.2009 - 1 BvR 3151/07, NVwZ 2010 [1. Leitsatz].
[2284] So aber *Schreven,* Prognoseentscheidungen, S. 78.
[2285] Zum Kapazitätsrecht: BVerfG, Beschl. v. 3.6.1980 – 1 BvR 967/78, BVerfGE 54, 173 ff., juris Rn. 60; vgl. auch BVerfGE 33, 171 (189 f.); 37, 104 (118); 43, 291 (321).

dert.[2286] Hierdurch wird dem Gewaltenteilungsgrundsatz genüge getan, ohne den Rechtsschutz zu vernachlässigen.

Zweitens kann und darf eine nachvollziehende gerichtliche Kontrolle nur die Überprüfung hinsichtlich der Einhaltung von Sorgfaltsmaßstäben leisten, soweit der Exekutive eine Letztentscheidungskompetenz eingeräumt wird.[2287] Eine eigene subjektive Prognose darf die Judikative nicht an die Stelle einer zur Prognose ermächtigten Verwaltung setzen; gleichzeitig muss sie ihrer Aufgabe nach effektiven Rechtschutz nachkommen.[2288] Es ist Aufgabe des Normgebers, kontroverse Auffassungen im Rahmen des Beurteilungsspielraums zu gewichten und eine Entscheidung zu fällen, die sich nicht den Vorwurf eines Verfassungsverstoßes gefallen lassen muss, nur weil es hierzu entgegengesetzte Ansichten gibt.[2289]

Zuweilen wird allerdings bei sämtlichen Prognoseentscheidungen eine Prüfung des Ergebnisses zumindest auf Vertretbarkeit bzw. Plausibilität für notwendig erachtet.[2290] So geht auch die Rechtsprechung im Rahmen der Coronaverordnungen an verschiedenen Stellen von einem weiten Prognosespielraum aus, verlangt aber gleichzeitig grundsätzlich eine vertretbare Prognose.[2291] Bei dieser Prüfung erkennt man den Versuch „unbillige" Ergebnisse zu vermeiden. Dies birgt die Gefahr der – wenn auch niedrigschwelligen – Kontrolle von an sich nicht justitiablen Zweckvorstellungen. Gleichwohl ist es vor dem Hintergrund des Art. 19 Abs. 4 GG als kritisch zu sehen, wenn eine in Rechte eingreifende Entscheidung nicht der gerichtlichen Kontrolle unterliegt. Diese Divergenz vermag eine pauschale Evidenzkontrolle[2292] nicht auszugleichen. Aufgrund unterschiedlicher Arten von Prognoseermächtigungen verbietet es sich hier eine grundsätzliche Behandlung der Normsetzung anstreben zu wollen.[2293]

[2286] BVerfGE 49, 89 (130, 132), NJW 1979, S. 359; BVerfGE 110, 177 (194), NVwZ 2005, S. 797; 132, 39 (57), NVwZ 2012, S. 1167; vgl. auch BVerwGE 144, 248 (268), NVwZ 2013, S. 576, für Neuregelung eines komplexen Sachverhalts; vgl. hierzu auch *Brunn*, NJOZ 2014, S. 365.
[2287] *Ossenbühl* in Erichsen/Hoppe/v. Mutius, Festschrift für Christian-Friedrich Menger, S. 733.
[2288] Vgl. *Cattepoel*, VerwArch 72 (1980), S. 152 am Beispiel des Gefahrenabwehrrechts.
[2289] BayVerfGH, Entsch. v. 1.2.2021 – Vf. 98-VII-20, juris Rn. 21; vgl. auch BayVGH, Beschl. v. 7.4.2021 – 20 NE 21.868.
[2290] *Breuer*, Der Staat 16 (1977), S. 40 u. 49; *Hoppe* in Bachof/Heigl/Redeker, Zwischen Freiheit, Teilhabe und Bindung, S. 311; *Nagel*, Die Rechtskonkretisierungsbefugnis der Exekutive, S. 174; *Ossenbühl* in Erichsen/Hoppe/v. Mutius, Festschrift für Christian-Friedrich Menger, S. 457.
[2291] VG München, Beschl. v. 6.5.2020 – M 26 E 20.1739, juris Rn. 30.
[2292] *Schmidt-Aßmann*, VVDStRL 34 (1975), S. 258; *Scholz*, VVDStRL 34 (1976), S. 184; kritisch dagegen *Blümel*, DVBl. 1975, S. 699; BayVerfGH, NVwZ-RR 1995, S. 265 für den Verordnungserlass.
[2293] *Breuer*, Der Staat 16 (1977), S. 47 f.; *Hoppe* in Bachhof/Heigl/Redeker, Zwischen Freiheit, Teilhabe und Bindung, S. 310; *Tettinger*, DVBl. 1982, S. 424 ff.; *Nierhaus*, DVBl. 1977, S. 21.

Um einen adäquaten Ausgleich zwischen der Beachtung des Gewaltenteilungsgrundsatzes und einer am Gesetz orientierten Prüfung im Sinne der Rechtsschutzgarantie zu erreichen, ist es vielmehr angezeigt, eine Differenzierung anhand der Prognosenorm vorzunehmen.[2294] Die Entscheidungen können dabei im Wesentlichen in zwei Kategorien aufgeteilt werden, wobei die Einteilung anhand einer Auslegung der Ermächtigung zu erfolgen hat:[2295] Lässt die Ermächtigungsgrundlage keinen Spielraum für autonome Zielvorstellungen offen, kann das Gericht jeden Schritt vollständig überprüfen,[2296] was letztlich auch für den finalen Prognoseschluss gilt. Bei derartigen Prognosen handelt es sich um eine reine Diagnose anhand eines bestimmten Sachverhalts bzw. um eine Subsumtion von Tatsachen unter den gesetzlichen Tatbestand ohne Möglichkeit der eigenen Maßstabsbildung.[2297] Aufgrund der letztlich bestehenden gesetzlichen Determinierung des Ursachen-Wirkungszusammenhangs handelt es sich insofern bei der ersten Kategorie um voll kontrollfähige Prognosen.[2298]

In die zweite Kategorie fallen die Prognosen, die auf Ermächtigungsnormen beruhen, welche der Verwaltung einen Raum für eigene Zweckerwägungen einräumen.[2299] Hierunter fallen die Prognosen, welche Wertungen voraussetzen und eine unvertretbare Entscheidung erforderlich machen.[2300] In diesem Fall ergibt sich aus der Auslegung der Ermächtigungsgrundlage eine Letztentscheidungskompetenz zugunsten der Exekutive.[2301] In diese Kategorie der nicht voll justiziablen Prognoseentscheidungen fallen auch Ermächtigungen, die der Verwaltung eine eigene programmatische bzw. zukunftsorientierte Gestaltungsmöglichkeit bei der Beurteilung überlassen.[2302] Die Exekutive erhält bei diesen Prognosen einen Freiraum für autonome Zweckerwägungen, weshalb sie sich selbst eigene Maßstäbe vorgeben kann. Kontrollfähig ist in diesen Fällen lediglich die nachvollziehbare Einhaltung dieser gebildeten Maßstäbe.[2303]

[2294] Vgl. auch *Ruthig* in Kopp/Schenke, VwGO, § 114 Rn. 37 f.; angedeutet auch bei *Wolff* in Sodan/Ziekow, VwGO, § 114 Rn. 320 ff.; vgl. auch BVerwG, NVwZ 2015, S. 678; BVerwG, NVwZ 2016, S. 1817.
[2295] *Hoppe* in Bachhof/Heigl/Redeker, Zwischen Freiheit, Teilhabe und Bindung, S. 302.
[2296] Beispiele hierfür: BVerwG, DVBl. 1971, S. 415 f.; BVerwGE 81, 12 (17); BVerwGE 106, 351 (357).
[2297] Vgl. die Beispiele bei *Tettinger*, DVBl. 1982, S. 426.
[2298] So im Ergebnis auch *Tettinger,* DVBl. 1982, S. 426; *Wolff* in Sodan/Ziekow, VwGO, § 114 Rn. 318 a.E.
[2299] BVerwGE 75, 275 (279); 87, 332 (354); BayVGH, BayVBl. 1996, S. 176 ff.
[2300] Vgl. *Nierhaus*, DVBl. 1977, S. 23; *Tettinger,* DVBl. 1982, S. 426 f.
[2301] *Breuer*, Der Staat 16 (1977), S. 50 ff.; *Tettinger,* DVBl. 1982, S. 425.
[2302] *Brunn*, NJOZ 2014, S. 361; *Nierhaus*, DVBl. 1977, S. 22; vgl. *Tettinger*, DVBl. 1982, S. 426.
[2303] So auch *Nierhaus,* DVBl. 1977, S. 24.

b) Das Vorgehen bei der Kontrolle von Prognosen im Rahmen der Coronapandemie

aa) Das Vorliegen einer Prognoseermächtigung

Um bei Prognoseentscheidungen durch eine entsprechenden Kontrolldichte eine adäquate Antwort auf dieses Spannungsfeld zu finden, ist daher Differenzierung bei einer jeden Prognoseentscheidung notwendig.[2304] Beim ersten Schritt der Kontrolle stellt sich die Frage, ob überhaupt die gesetzliche Grundlage zu einem prognostischen Freiraum ermächtigt.[2305] Diese Frage klärte die Rechtsprechung im Rahmen der Coronapandemie an vielen Stellen nur ungenügend, obwohl hierin eine Kernfrage der Rechtmäßigkeit der Maßnahmen lag und es sich gleichzeitig um eine voll kontrollfähige juristische Auslegungsfrage der potentiellen Ermächtigungsnorm handelt,[2306] deren Klärung im Eilverfahren notwendig gewesen wäre.[2307]

Die unzureichende Klärung weitete sich auf die Hauptsachenentscheidungen aus: Nur knapp wurde darauf eingegangen, dass dem Gesetzgeber bzw. dem von ihm ermächtigten Verordnungsgeber ein prognostischer Einschätzungsspielraum bei der Frage zustehe, ob es sich bei einem neuen Krankheitserreger um eine bedrohliche Krankheit im Sinne von § 2 Nr. 3a IfSG handele.[2308] Zum entscheidungserheblichen Zeitpunkt ist der Einräumung eines Prognosefreiraums bei der Beurteilung zuzustimmen. Präziser ist es allerdings die eingeschränkte Kontrollfähigkeit auf das Erkenntnisvakuum hinsichtlich des Gefährdungspotentials zu diesem Zeitpunkt zurückzuführen,[2309] welches eine evidenzbasierte Entscheidung ex-ante nicht möglich machte.[2310] Erst durch die fehlende Möglichkeit einer abschließenden fachlichen Beurteilung ergibt sich die Begrenzung der Kontrollfähigkeit, weshalb nicht von einem echten Beurteilungsspielraum auszugehen ist.

Auf Rechtsfolgenseite wurde ohne nähere Begründung davon ausgegangen, dass der „Gesetz- wie auch der Verordnungsgeber grundsätzlich über einen prognostischen Einschätzungsspielraum bei der Eignungsbeurteilung" von Schutzmaßnah-

---

[2304] So auch *Hoppe* in Bachhof/Heigl/Redeker, Zwischen Freiheit, Teilhabe und Bindung, S. 302.
[2305] BVerwGE 72, 38 (48); *Riese* in Schoch/Schneider, VwGO, § 114 Rn. 154; *Wolff* in Sodan/Ziekow, VwGO, § 114 Rn. 318.
[2306] So auch *Ossenbühl* in Erichsen/Hoppe/v. Mutius, Festschrift für Christian-Friedrich Menger, S. 744.
[2307] *Heinemann*, NVwZ 2019, S. 517; abzulehnen daher: BVerfG, Beschl. v. 26.6.2018 – 1 BvR 733/18, BeckRS 2018, 15707 Rn. 4; BVerfG, Beschl. v. 6.2.2013 – 1 BvR 2366/12, NZS 2013, 459, BeckRS 2013, 47807.
[2308] BayVGH, Beschl. v. 4.10.2021 – 20 N 20.767, juris Rn. 61; BVerfG, Beschl. v. 13.5.2020 - 1 BvR 1021/20, juris Rn. 10; ThürVerfGH, Urt. v. 1.3.2021 – 18/20.
[2309] *Warg*, NJOZ 2022, S. 68 f.
[2310] Vgl. schon BVerwG NVwZ 2014, 300 (301 f.); BVerfGE 149, 407 (415), NJW 2019, S. 141.

men wie der Maskenpflicht habe.[2311] Der Umfang dieses Spielraums wird aufgrund der zusätzlichen Kombination mit einem politischen Gestaltungsspielraum[2312] und der mit Ungewissheiten behafteten Ausgangslage der Pandemiesituation sowie der wissenschaftlichen Erkenntnisse als weit eingeordnet.[2313] Zuweilen wird auch nicht auf den prognostischen Charakter abgestellt, sondern auf einen „Einschätzungs- und Gestaltungsspielraum", der es der Judikative verbiete, Wertungen an Stelle des Normgebers zu tätigen.[2314] Schließlich blieb auch offen, ob der Prognosespielraum bei der Aufhebung von Maßnahmen größer ist als bei der Anordnung der Schutzmaßnahmen.[2315]

Die infektionsschutzrechtliche Generalklausel gewährt der Exekutive in der Tat ein Auswahlermessen und eine damit zusammenhängende Prognoseermächtigung in Bezug auf die Notwendigkeit bzw. Geeignetheit der Maßnahme. § 28 IfSG enthält zwar kein weiteres gestaltendes Momentum,[2316] wie es im Kapazitätsrecht[2317] oder bei planerischen Entscheidungen der Fall ist.[2318] Die Generalklausel reagiert vielmehr auf die fehlende Typisierungsfähigkeit von Schutzmaßnahmen.[2319] Der Begriff der Notwendigkeit transportiert allerdings das Element einer „prospektiven Interessenkoordination".[2320] Denn die Notwendigkeit beschränkt die Schutzmaßnahmen auf solche, die zur Verhinderung der Verbreitung der Krankheit geboten sind.[2321] Die Zielsetzung in Form der Verhinderung der Verbreitung der Krankheit erzeugt zwar eine Rückkoppelung an virologische, epidemiologische Erkenntnisse. Diese wissenschaftlichen Erkenntnisse vermögen allerdings die Gebotenheit

---

[2311] VG München, Beschl. v. 6.5.2020 – M 26 E 20.1739, juris Rn. 30.
[2312] Diesen ablehnend: BayVGH, Beschl. v. 26.6.2020 – 20 NE 20.1423, juris Rn. 20.
[2313] VG München, Beschl. v. 6.5.2020 – M 26 E 20.1739, juris Rn. 30 f.; VG Augsburg, Beschl. v. 18.5.2020 – Au 9 E 20.806, juris Rn. 40 mit Verweis auf BT-Drs. 14/2530, S. 74; zur Einschätzung der Lage anhand der 7-Tages-Inzidenz: BayVerfGH, Entsch. v. 30.12.2020 – Vf. 96-VII-20.
[2314] VG Augsburg, Beschl. v. 18.5.2020 – Au 9 E 20.806, juris Rn. 38; BayVerfGH, Urt. v. 15.4.1994 – Vf. 6-VII-92.
[2315] BayVGH, Beschl. v. 14.7.2020 – 20 NE 20.1489, juris Rn. 18; Beschl. v. 14.7.2020 – 20 NE 20.1485.
[2316] *Nierhaus*, DVBl. 1977, S. 23; *Tettinger*, DVBl. 1982, S. 426 f.; denen *Wolff* in Sodan/Ziekow, VwGO, § 114 Rn. 320 folgt.
[2317] *Brehm/Zimmerling*, NVwZ 1992, S. 340 ff.; BVerfGE 85, 36 (60 ff.); VGH Kassel, DÖV 1997, S. 426 f.
[2318] BVerwGE 75, 275 (279); 87, 332 (354).
[2319] BT-Drs. 8/2468, S. 11, 27 f. zur Vorgängerregelung § 34 SeuchG bzw. BT-Drs. 14/2530, S. 16, 74 f.; vgl. hierzu auch: BayVGH, Beschl. v. 30.3.2020 – 20 CS 20.611, juris Rn. 11 ff.; OVG Münster, Beschl. v. 6.4.2020 – 13 B 398/20.NE, juris Rn. 46.
[2320] *Hoppe* in Bachof/Heigl/Redeker, Zwischen Freiheit, Teilhabe und Bindung, S. 301.
[2321] BT-Drs. 8/2468, 27; BVerwGE 142, 205 Rn. 24, BeckRS 2012, 51345; ebenso SchlHOVG BeckRS 2020, 9075 Rn. 10.

nicht abschließend zu klären.[2322] Für die Notwendigkeit spielen bei der Infektionsbekämpfung daher eine Vielzahl an weiteren Faktoren eine Rolle, deren prognostische Abwägung durch die Generalklausel in die Hände der Exekutive gelegt wird, nicht ohne die Geltung des Verhältnismäßigkeitsgrundsatzes zu betonen.[2323] Eine Grenze findet die Übertragung der Interessenkoordination freilich durch den Wesentlichkeitsgrundsatz.

bb) Die Kontrolle der zugrunde gelegten Tatsachen
Kontrollfähig sind zweitens auch die tatsächlichen Umstände, die der Prognose zugrunde gelegt wurden.[2324] Dies gilt auch unabhängig davon, ob eine Prognoseermächtigung vorliegt oder eine vollständig überprüfbare Prognose.[2325] Für den untergesetzlichen Normgeber kann insofern die Formel des BVerfG fruchtbar gemacht werden, die Folgendes besagt:[2326] „Je nach Eigenart des in Rede stehenden Sachbereichs, der Bedeutung der auf dem Spiel stehenden Rechtsgüter und den Möglichkeiten des Gesetzgebers, sich ein hinreichend sicheres Urteil zu bilden, kann die verfassungsgerichtliche Kontrolle dabei von einer bloßen Evidenz- über eine Vertretbarkeitskontrolle bis hin zu einer intensivierten inhaltlichen Kontrolle reichen."[2327]

Im Rahmen der Rechtsprechung zu den Coronaverordnungen ist hierbei das Überwiegen der Eilentscheidungen zu berücksichtigen, weshalb sich bei diesen eine Einschränkung der Kontrolldichte in tatsächlicher Hinsicht schon qua Verfahren rechtfertigt.[2328] Auch unter Berücksichtigung dieses Umstands gelingt die Prüfung der zugrunde gelegten Umstände nur eingeschränkt: Kritisch ist insbesondere zu sehen,[2329] dass überwiegend das RKI als Quelle herangezogen wird.[2330] Unbe-

---

[2322] Verschiedene Aspekte vermischend: *Warg,* NJOZ 2022, S. 66 ff.; ähnlich in Bezug auf die Kontrolldichte auch: *Stüer,* DVBl. 1974, S. 317.
[2323] *Johann/Gabriel* in Eckart/Winkelmüller, BeckOK Infektionsschutzrecht, § 28 Rn. 25.
[2324] BVerwGE 61, 176 (185); 62, 330 (340); 75, 214 (234); OVG Lüneburg, NVwZ-RR 2011, S. 598; BVerfG, NJW 2022, S. 149 Rn. 171 [Bundesnotbremse I]; *Hoppe* in Bachof/Heigl/Redeker, Zwischen Freiheit, Teilhabe und Bindung, S. 311; *Nagel,* Die Rechtskonkretisierungsbefugnis der Exekutive, S. 173; *Nierhaus,* DVBl. 1977, S. 24; *Ossenbühl* in Erichsen/Hoppe/v. Mutius, Festschrift für Christian-Friedrich Menger, S. 744; *Schreven,* Prognoseentscheidungen, S. 70, 73 ff.; *Tettinger,* DVBl. 1982, S. 427.
[2325] Insofern zutreffend *Bamberger* in Wysk, VwGO, § 114 Rn. 14.
[2326] Vgl. auch schon BVerfGE 153, 182 (272), NJW 2020, S. 905 Rn. 237; ausführlich hierzu: *Schlaich/Korioth,* Das Bundesverfassungsgericht, 7. Teil III. Rn. 532; vgl. auch *Ossenbühl* in Erichsen/Hoppe/v. Mutius, Festschrift für Christian-Friedrich Menger, S. 734.
[2327] BVerfG, NJW 2022, S. 149 Rn. 171 [Bundesnotbremse I].
[2328] *Schoch* in ders./Schneider, VwGO, § 47 Rn. 170a; *Volkmann,* NJW 2020, S. 3160 Rn. 54; *Wüstenberg,* DVBl 2020, S. 1118.
[2329] Kritisch insofern auch: *Kruse/Langner,* NVwZ 2021, S. 3711; *Stüer,* DVBl. 2021, S. 855.

stritten ist dabei, dass dem RKI durch § 4 IfSG eine besondere Stellung im Rahmen des Infektionsschutzgesetzes eingeräumt wurde.[2331] Dies rechtfertigt ein Stützen nur auf dessen Erkenntnisse allerdings nur so weit, wie hierdurch nicht im Widerspruch dazu stehende, feststehende Tatsachen außenvorgelassen werden.[2332] Das Stützen auf die Feststellungen des RKI ist daher dort unproblematisch, wo eine überwiegende wissenschaftliche Einigkeit herrscht. Da die Genauigkeit der PCR-Testung wissenschaftlich nicht grundsätzlich infrage gestellt wurde, ist es deshalb nicht zu beanstanden, wenn das Gericht mit dem RKI vom „Goldstandard" für die Erfassung der Coronavirusinfektion ausgeht.[2333] Die Anforderungen an die den einzelnen Schutzmaßnahmen zugrunde gelegten Fakten sind dagegen – auch mit Blick auf die Formel des BVerfG – differenziert zu betrachten: Je höher die Grundrechtsrelevanz der jeweiligen Maßnahme ist, desto höhere sind auch die Anforderungen an die Ermittlungspflichten, womit die Notwendigkeit des Einbezugs sämtlicher wissenschaftlicher Erkenntnisse wächst.[2334]

Bei der Maskenpflicht beispielsweise gelingt eine eingehende Betrachtung der zugrunde liegenden Fakten,[2335] obgleich sich aufgrund der geringeren Grundrechtsrelevanz eine weniger strenge Kontrolldichte rechtfertigen ließe. Letzteres ist mit Blick auf starke Grundrechtseinschränkungen in Form von Ausgangs- und Kontaktbeschränkungen sowie der Schließung ganzer Wirtschaftszweige anders zu beurteilen.[2336] Die Frage derer Gebotenheit durfte aufgrund des intensiven Grundrechtseingriffs daher weder durch die Exekutive noch durch die sie kontrollierende Judikative in Form einer unkritischen Übernahme wissenschaftlicher Erkenntnisse einer bestimmten Quelle entschieden werden, was jedoch mitunter geschah.[2337]

cc) Die Bewertung und Einschätzung des ermittelten Sachverhalts
Der dritte Schritt in Form der subjektiven Bewertung und Einschätzung eines zutreffend ermittelten Sachverhalts liegt überwiegend im Ermessen der Verwal-

---

[2330] Vgl. nur VG München, Beschl. v. 6.5.2020 – M 26 E 20.1739, juris Rn. 32 ff.; BayVGH, Beschl. v. 4.10.2021 – 20 N 20.767, juris Rn. 61 ff.; anschaulich auch bei *Kruse/Langner*, NJW 2021, S. 3711 f.
[2331] BayVerfGH, Entsch. v. 26.3.2020 – Vf. 6-VII-20; BayVerfGH, Entsch. v. 9.2.2021 – Vf. 6-VII-20, juris Rn. 95.
[2332] VG München, Beschl. v. 6.5.2020 – M 26 E 20.1739, juris Rn. 34; VGH Kassel, Beschl. v. 7.4.2020, 8 B 892/20.N, juris Rn. 49.
[2333] BayVerfGH, Entsch. v. 30.12.2020 – Vf. 96-VII-20.
[2334] Zutreffend daher: *Warg*, NJOZ 2022, S. 68.
[2335] BayVGH, Beschl. v. 26.6.2020 – 20 NE 20.1423, juris Rn. 21 mit Verweis auf *Mitze*, Face Masks Considerably Reduce COVID-19 Cases in Germany.
[2336] *Warg*, NJOZ 2022, S. 66.
[2337] Anschaulich hierzu: *Kruse/Langner*, NJW 2021, S. 3711 f.

tung,[2338] soweit das Gesetz keine Bindung auf dieser Ebene vorsieht.[2339] § 28 Abs. 1 S. 1 IfSG bietet insofern nur einen losen Bewertungsmaßstab, der durch die Bindung an die Notwendigkeit zum Infektionsschutz erreicht wird. Außerhalb dieser rechtlichen Bindung gibt es weitere (außerrechtliche) Maßstäbe, an welche der Normgeber gebunden ist.[2340] Hierunter fallen insbesondere logische Denk- und Naturgesetze. In Grenzfällen kann die Differenzierung zwischen vom Ermessen gedeckter Verwirklichung von Zielvorstellungen und einer Gewichtung von faktenbasierten Erkenntnissen allerdings sehr diffizil sein. Denn letztlich handelt es sich auch bei der Gewichtung von Fakten um eine subjektiv gefärbte Abwägung. Am Beispiel des allgemeinen Gefahrenabwehrrechts lässt sich dies leicht nachvollziehen: Abgewogen wird hier zwischen dem Umfang einer erwartbaren Rechtsgutsverletzung und der Wahrscheinlichkeit des Schadenseintritts einerseits und der positiven Einwirkungsmöglichkeit andererseits, wobei gleichzeitig damit einhergehende Belastungen Dritter gegebenenfalls einzubeziehen sind.[2341]

Kontrollfähig ist dabei zuvorderst, ob der Nutzen des eingreifenden Handelns höher ist als die negativen Konsequenzen für die Allgemeinheit bzw. Dritter. Des Weiteren kommt eine Prüfung der gesetzlichen Schranken[2342] und einer nachvollziehbaren, sachlich gerechtfertigten Gewichtung der Fakten in Betracht.[2343] Sind diese beiden Kriterien erfüllt, verbleibt ein Einschätzungsspielraum der Verwaltung,[2344] der sich auch darauf bezieht, welche Fakten für die Prognose vor allem von Relevanz sind.[2345] Treffend formulierte der BayVerfGH diesen Umstand:[2346] Es ist gerade Aufgabe des Normgebers die in der öffentlichen Diskussion stehenden, teilweise widersprüchlichen, Ansichten im Rahmen seines Beurteilungsspielraums zu gewichten und einer Entscheidung zuzuführen. Bei dieser Entscheidung kann aufgrund der divergierenden Auffassungen schon rein logisch nicht allen vertretenen Beurteilungen Rechnung getragen werden. Jedenfalls gibt es keinen Grund-

---

[2338] Vgl. am Beispiel des Verordnungserlasses: BayVerfGH, NVwZ-RR 1995, S. 265.
[2339] BVerfGE 80, 315 (344); BVerwG DÖV 1984, S. 557; vgl. auch *Wolff* in Sodan/Ziekow, VwGO, § 114 Rn. 317.
[2340] BVerwGE 41, 1 (8) zieht für das Wechselspiel von Sicherheit der Anleger und einer instabilen Währung die Volkswirtschaftslehre zu Rate im Rahmen von § 3 WährG.
[2341] *Cattepoel*, VerwArch 72 (1980), S. 153; zu einem weiteren Beispiel aus dem Beamtenrecht: *Schreven*, Prognoseentscheidungen, S. 75 ff.
[2342] *Tettinger*, DVBl. 1982, S. 427.
[2343] BVerwGE 61, 176 (185); *Nagel*, Die Rechtskonkretisierungsbefugnis der Exekutive, S. 174; *Paefgen*, BayVBl. 1986, S. 555; *Tettinger*, DVBl. 1982, S. 427.
[2344] Vgl. *Schreven*, Prognoseentscheidungen, S. 71, der von einer „eigenen Intuition" der Verwaltung spricht.
[2345] *Hoppe* in Bachof/Heigl/Redeker, Zwischen Freiheit, Teilhabe und Bindung, S. 311.
[2346] BayVerfGH, Entsch. v. 1.2.2021 – Vf. 98-VII-20, juris Rn. 21; weniger deutlich: BayVerfGH, Entsch. v. 30.12.2020 – Vf. 96-VII-20, juris Rn. 28 ff.

satz der Verfassung, dass der Normgeber erst dann tätig werden dürfte, wenn die Tatsachenbasis in Bezug auf eine bestimmte Regelung mit dem Konsens der Wissenschaft einhergeht.

Dieser Freiraum wird allerdings unter Umständen wiederum eingeschränkt, wenn weitere (gesetzliche) Zielvorstellungen vorliegen, zum Beispiel im Bereich der Kommunalpolitik oder bei beschlossenen Planfeststellungen.[2347] Im Rahmen der ursprünglichen Ermächtigungsgrundlage findet sich dagegen lediglich die durch den Verhältnismäßigkeitsgrundsatz eingeschränkte Orientierung am Infektionsschutz. Dies änderte sich erst durch den Erlass des § 28a Abs. 6 S. 2 IfSG,[2348] der explizit eine Berücksichtigung weiterer sozialer, gesellschaftlicher und wirtschaftlicher Faktoren vorschrieb.

Integraler Bestandteil einer jeden Prognoseentscheidung ist zudem die Festlegung eines entsprechenden Erfahrungssatzes, der auf einer ausreichend sicheren Grundlage fußen muss.[2349] Eine gerichtliche Kontrolle kann daher uneingeschränkt vorgenommen werden, soweit gesicherte Erfahrungssätze bzw. Daten vorliegen, die empirisch gestützt sind.[2350] Denn insofern handelt es sich noch um die gerichtlich überprüfbare Sachverhaltsermittlung als Teil der Prognoseentscheidung. Eine derartige Datenbasis, die landläufig als gesichert gelten kann, wird allerdings nicht immer vorliegen. Mangels rationaler Erfassbarkeit kann das Gericht in diesen Fällen, soweit es auch an einer gesetzlichen Determinierung fehlt, keine weitreichendere Überprüfung vornehmen. Denn die Feststellung eines Entscheidungsergebnisses als unrichtig kann es in diesen Bereichen nicht geben. Folglich ist der Umfang des Prognoseermessens davon abhängig zu machen, wie gesichert die wissenschaftliche Tatsachenbasis ist.[2351] Allerdings wird zumindest die Methodik auf Nachvollziehbarkeit und Sachgerechtigkeit überprüft.[2352] Dem Normgeber bleibt es dabei wiederum überlassen, welche Methodik er wählt, wenn die Wissenschaft mehrere Methoden zur Auswahl stellt, die allesamt geeignet sind und auf vertret-

---

[2347] Vgl. *Haverkate*, Rechtsfragen des Leistungsstaats, S. 269; *Ossenbühl* in Erichsen/Hoppe/v. Mutius, Festschrift für Christian-Friedrich Menger, S. 745.
[2348] I.d.F. v. 19.11.2020, Art. 1 G. v. 18.11.2020 BGBl. I S. 2397.
[2349] Vgl. *Cattepoel*, VerwArch 72 (1980), S. 152.
[2350] *Hoppe* in Bachof/Heigl/Redeker, Zwischen Freiheit, Teilhabe und Bindung, S. 310 ff.
[2351] Vgl. im Ergebnis BVerfG, Beschl. v. 12.5.2020 – 1 BvR 1021/20 zu § 7 S. 1 3. BayIfSMV.
[2352] BVerwGE 56, 110 (121); BVerwGE 69, 256 (272); BVerwGE 75, 214 (234); BVerwG, NJW 1979, 64 (67); *Hoppe* in Bachof/Heigl/Redeker, Zwischen Freiheit, Teilhabe und Bindung, S. 311; *Nagel*, Die Rechtskonkretisierungsbefugnis der Exekutive, S. 174; *Nierhaus*, DVBl. 1977, S. 24; *Ossenbühl* in Erichsen/Hoppe/v. Mutius, Festschrift für Christian-Friedrich Menger, S. 745; *Tettinger*, DVBl. 1982, S. 427.

baren Erfahrungssätzen beruhen.[2353] Anders gesagt: wo schon die Wissenschaft keine einzig richtige Methodik kennt, kann der Verwaltung auch keine bessere Erkenntnis abgerungen werden.[2354] Voll justitiabel ist allerdings nach der Wahl einer geeigneten Methodik zur Prognose die Richtigkeit des Vorgehens bei der Anwendung dieser.[2355]

Unter Zugrundelegung dieser Maßstäbe ist es nicht zu beanstanden, dass die Rechtsprechung die Orientierung an der 7-Tages-Inzidenz als rechtmäßig einstufte.[2356] Die kontrollfähige, tatsächliche Frage der Fehleranfälligkeit der Testungen wurde dabei einer ausreichenden Betrachtung durch die Gerichte zugeführt und zutreffend widerlegt.[2357] Die methodische Orientierung an der Inzidenz zur Einschätzung des Infektionsgeschehens wird in zutreffender Art und Weise auf ihre Stringenz und sachgerechte Anwendung überprüft: Denn es wird festgestellt, dass ein positiver PCR-Test[2358] zwar nicht den Rückschluss auf einen symptomatischen Verlauf der Viruserkrankung bei einem spezifischen Patienten zuließe, allerdings liefere die positive Testung ein Indiz für Ausbreitung der Pandemie bzw. auf die zu erwartenden, drohenden Neuinfektionen.[2359]

dd) Der Wahrscheinlichkeitsmaßstab
Die Wahrscheinlichkeit, die für die finale Prognose entscheidend ist, ist dabei Teil einer Auslegungsfrage.[2360] Zum Teil wird mit Blick auf den Tatbestand von Normen, die eine Prognoseentscheidung nötig machen, generell eine hinreichende Wahrscheinlichkeit für ausreichend erachtet.[2361] Diese Ansicht ist in ihrer Absolut-

---

[2353] *Hoppe* in Bachof/Heigl/Redeker, Zwischen Freiheit, Teilhabe und Bindung, S. 311; *Nagel*, Die Rechtskonkretisierungsbefugnis der Exekutive, S. 174; *Nierhaus*, DVBl. 1977, S. 24; *Paefgen*, BayVBl. 1985, S. 554; etwas anders: BVerwGE 56, 110 (121); *Tettinger*, DVBl. 1982, S. 427 ff., welcher die geeignetste Methode einfordert.
[2354] Ähnlich auch BayVerfGH, NVwZ-RR 1995, 262 (267) für den Verordnungserlass; *Tettinger*, DVBl. 1982, S. 433, der dies auf die Normgebung verallgemeinert.
[2355] Vgl. *Hoppe* in Bachof/Heigl/Redeker, Zwischen Freiheit, Teilhabe und Bindung, S. 311; *Nierhaus*, DVBl. 1977, S. 24; *Tettinger*, DVBl. 1982, S. 427.
[2356] BayVerfGH, Entsch. v. 30.12.2020 – Vf. 96-VII-20; in Bezug auf Einschränkungen im Schulbetrieb: VG München, Beschl. v. 29.10.2020 – M 26b E 20.5338, juris Rn. 44; Vgl. auch OVG Nordrhein-Westfalen, Beschl. v. 28.8.2020 – 13 B 1232/20.NE, juris Rn. 51; OVG Lüneburg, Beschl. v. 5.6.2020 – 13 MN 195/20, juris Rn. 33 f.
[2357] BayVGH, Beschl. v. 8.9.2020 – 20 NE 20.2001, juris Rn. 28; v. 8.12.2020 – 20 CE 20.2875, juris Rn. 9; OVG Bautzen, Beschl. v. 7.12.2020 – 3 B 396/20, juris Rn. 29; OVG Lüneburg, Beschl. v. 23.12.2020 – 13 MN 506/20, juris Rn. 45.
[2358] PCR bedeutet Polymerase Kettenreaktion.
[2359] BayVerfGH, Entsch. v. 30.12.2020 – Vf. 96-VII-20, juris Rn. 28; verallgemeinernd: BayVerfGH, Entsch. v. 1.2.2021 – Vf. 98-VII-20, juris Rn. 21.
[2360] *Nagel*, Die Rechtskonkretisierungsbefugnis der Exekutive, S. 173 ff.; *Nierhaus*, DVBl. 1977, S. 24; *Ossenbühl* in Erichsen/Hoppe/v. Mutius, Festschrift für Christian-Friedrich Menger, S. 744.
[2361] So jedenfalls *Nierhaus*, DVBl. 1977, S. 22.

heit abzulehnen, da nicht sämtliche Prognoseentscheidungen den gleichen Wahrscheinlichkeitsmaßstab voraussetzen. Vielmehr ist auf die Methode der individuellen Auslegung zurückzugreifen,[2362] aus der sich ein nicht justitiabler Ermessenspielraum ergeben kann.[2363] § 28 Abs. 1 S. 1 IfSG liefert keinen exakten Wahrscheinlichkeitsmaßstab.[2364] Um Missverständnissen vorzubeugen, ist damit nicht die tatbestandliche Seite der Ermächtigungsgrundlage gemeint, deren Erweiterung um die Grundsätze des allgemeinen Gefahrenabwehrrechts bereits abgelehnt wurde (siehe oben F. V.), sondern der Maßstab, der an die Notwendigkeit bzw. Eignung der Maßnahme auf Rechtsfolgenseite angelegt werden muss. Die Anforderungen an die Wahrscheinlichkeit sind dabei umso geringer, je größer und folgenschwerer der erwartbare Schaden ist.[2365] Hierfür sprechen Sinn und Zweck der Generalklausel, die auf den Schutz vor der Verbreitung unterschiedlichster Krankheitserreger ausgerichtet sind.[2366] Auf den Wahrscheinlichkeitsmaßstab von Einfluss sind gleichzeitig die Auswirkungen der Schutzmaßnahmen für die Einzelnen und die Allgemeinheit. Aus diesen Faktoren ergibt sich ein gerichtlich kontrollfähiger flexibler Wahrscheinlichkeitsmaßstab.[2367]

Hinsichtlich des Anknüpfungspunktes der Wahrscheinlichkeit unterscheidet sich die Prüfung der Normsetzung im Übrigen vom Einzelakterlass: Bei der untergesetzlichen Normsetzung muss die Prognose aufgrund des abstrakt-generellen Charakters von Normen auf einen typischen Sachverhalt gestützt werden.[2368] Die Verwaltung muss es in diesen Fällen leisten, vom typischen Sachverhalt auf die potentiellen Entwicklungen zu schließen. Im Kern geht es dabei darum anhand der denkbaren Kausalketten zu ermitteln, wie wahrscheinlich der Eintritt eines bestimmten Ereignisses ist.[2369] Im Gegensatz dazu kann sich die Verwaltung beim Erlass eines Einzelakts auf den konkreten Einzelfall konzentrieren. Bei der Normsetzung dagegen muss die Exekutive durch die Einbeziehung einer Vielzahl möglicher Sachverhalte zwangsläufig einen höheren Abstraktionsgrad leisten. Sie wird mit einer größeren Menge an Variablen und Ungewissheiten konfrontiert. Dieser Umstand muss daher ebenfalls bei der gerichtlichen Kontrolldichte berücksichtigt

---

[2362] *Rennert* in Eyermann, VwGO, § 114 Rn. 83; BVerwG, DÖV 1984, S. 557.
[2363] So auch *Weitzel*, Rechtsetzungsermessen, S. 198.
[2364] *Johann/Gabriel* in Eckart/Winkelmüller, BeckOK Infektionsschutzrecht, § 28 Rn. 22.
[2365] *Johann/Gabriel* in Eckart/Winkelmüller, BeckOK Infektionsschutzrecht, § 28 Rn. 22.
[2366] VGH Mannheim, BeckRS 2020, 7285 Rn. 25; OVG Münster, BeckRS 2020, 5957 Rn. 23; VG Mainz, BeckRS 2020, 9197 Rn. 26; VG Hamburg BeckRS 2020, 22588 Rn. 31; OVG Weimar, BeckRS 2020, 8272 Rn. 25
[2367] BVerwGE 142, 205 Rn. 32, BeckRS 2012, 51345; OVG Lüneburg, BeckRS 2020, 10749 Rn. 24; VGH Kassel, BeckRS 2020, 5639 Rn. 36.
[2368] Vgl. *Schmatz*, Grenze des Opportunitätsprinzips, S. 58 ff. anhand einer Polizeiverordnung.
[2369] Vgl. *Darnstädt*, Gefahrenabwehr, S. 99 ff., 225.

werden.[2370] So kann die Notwendigkeit einer Schutzmaßnahme zur Verhinderung der Weiterverbreitung der Covid-19-Erkrankung im Rahmen einer Allgemeinverfügung zur Regelung eines bestimmten örtlichen Events konkreter bestimmt werden[2371] als bei einer landesweiten Rechtsverordnung, die sämtliche Veranstaltungen dieser Art in allen Städten regelt.[2372] Problematisch kann insofern die Zugrundelegung eines typischen Sachverhalts sein, ohne gegen Art. 3 Abs. 1 GG zu verstoßen (siehe G.IV.4.d.).[2373]

4. Örtlicher Geltungsbereich und zeitliche Wirkung der Norm

Das eben genannte Beispiel von lokal beschränkten Allgemeinverfügungen und landesweiten Verordnungen leitet zum vierten Aspekt der Kontrolldichte über in Form des örtlichen bzw. zeitlichen Wirkbereichs einer Norm.

a) Die Kontrolldichte des örtlichen Geltungsbereichs
Die Reichweite des Ermessens hinsichtlich der örtlichen Ausdehnung bzw. Beschränkung einer Norm ist – wie auch im Übrigen – vor allem von der Rechtsgrundlage abhängig. Ist die räumliche Reichweite nicht ausdrücklich gesetzlich determiniert, steht dem Normgeber grundsätzlich ein Ermessen hinsichtlich der Reichweite zu.[2374] Die Grenzen dieses Ermessens lassen sich durch die Auslegung der Norm und anhand des zu regelnden Lebenssachverhalts bestimmen. Ein anschauliches Beispiel bieten Landschaftsschutzverordnungen, bei welchen sich die zulässige räumliche Reichweite nach dem Umfang des Schutzobjekts richtet.[2375] Dabei ist insbesondere dem (Schutz-)Zweck der Norm Beachtung zu schenken: In Ausnahmefällen können der Zweck einer Norm und damit verbundene Schutzpflichten das Ermessen hinsichtlich der örtlichen Ausdehnung auf Null reduzieren.[2376] Im Übrigen kann sich der Normgeber grundsätzlich ermessensfehlerfrei an

---

[2370] Am Beispiel einer Polizeiverordnung: *Vogel/Martens*, Gefahrenabwehr, S. 495 ff.; *Weitzel*, Rechtsetzungsermessen, S. 201; VGH Mannheim, NVwZ 1992, S. 1107.
[2371] Zu einem örtlich begrenzten Alkoholausschankverbot: VG Bayreuth, Beschl. v. 6.8.2020 – B 7 S 20.682.
[2372] Vgl. zu allgemeinen Veranstaltungsverboten: BayVGH, Beschl. v. 8.6.2020 – 20 NE 20.1316 [5. BayIfSMV]; BayVGH, Beschl. v. 14.7.2020 – 20 NE 20.1489; BayVGH, Beschl. v. 14.7.2020 – 20 NE 20.1485 [6. BayIfSMV].
[2373] Ausführlich: BayVGH, Beschl. v. 08.6.2020 – 20 NE 20.1316 zur 5. BayIfSMV.
[2374] VGH Kassel, Urt. v. 18. 3. 2004 - 4 N 348/99, NVwZ-RR 2005, 800 (801) spricht bei der Reichweite eines Naturschutzgebiets von einem „Gestaltungsspielraum"; vgl. auch *Lorz/Müller/Stöckel*, Naturschutzrecht, § 23 Rn. 6.
[2375] BVerwGE 17, 192 (194); vgl. auch *Gellermann* in Landmann/Rohmer, Umweltrecht, § 22 Rn. 24.
[2376] *Gellermann* in Landmann/Rohmer, Umweltrecht, § 22 Rn. 25; grundlegend: *Soell*, NuR 1993, (301) 307; *Louis*, DVBl. 1990, S. 801.

den Grenzen der Gebietskörperschaft orientieren, die für den Vollzug zuständig ist, weil die Datenerhebung zur Bedarfsplanung grundsätzlich hieraus resultiert.[2377]

Das Ermessen hinsichtlich der örtlichen Beschränkung des Geltungsbereichs ist insbesondere durch den Gleichheitssatz beschränkt: Eine Begrenzung des Geltungsbereichs, die zu einer willkürlichen Ungleichbehandlung von Gebieten führt, verbietet sich.[2378] Eine Ungleichbehandlung desselben Normgebers kann aber durch besondere örtliche Anforderungen gerechtfertigt sein.[2379]

Daneben begrenzt die Handlungsform die Reichweite des Ermessens in räumlicher Hinsicht: Bei kommunalen Satzungen ergibt sich eine räumliche Grenze aus der Selbstverwaltungsgarantie, aus welcher sich die Kompetenz zur Regelung der örtlichen Angelegenheiten herleitet:[2380] Da sich die Gemeindehoheit nur auf das Gebiet der jeweiligen Gemeinde bezieht, beschränkt sich auch die Satzungshoheit räumlich auf dieses.[2381] Im Verhältnis von Verordnungen und Allgemeinverfügungen ist die Handlungsform ebenfalls von Bedeutung für die örtliche Reichweite: Die räumliche Ausdehnung einer Allgemeinverfügung darf nicht so weit reichen, dass sie ihren Einzelfallbezug verliert.[2382] Liegt neben der Ermächtigung zum Erlass von Einzelakten eine Verordnungsermächtigung vor (§ 32 IfSG), so muss die Exekutive derartige Regelungen daher in Form einer Verordnung erlassen.[2383]

b) Die zeitliche Wirkung einer Norm
In zeitlicher Hinsicht kommt eine Bindung des untergesetzlichen Normgebers nur in Betracht, wenn sich aus der Ermächtigungsnorm – gegebenenfalls in Verbindung mit grundrechtlichen Schutzpflichten – eine Pflicht zur Normsetzung (ab einem bestimmten Zeitpunkt) ergibt. Im Übrigen gilt der für den Gesetzgeber entwickelte Grundsatz, dass es keinen rechtsstaatlichen Vertrauensschutz hinsichtlich

---

[2377] BayVGH, BayVBl. 1987, S. 559; OVG Münster, DWW 1986, S. 48; zu Ermessensfehlern in diesem Zusammenhang: OVG Münster, DWW 1986, S. 49; vgl. auch *Weitzel*, Rechtsetzungsermessen, S. 201.
[2378] BVerwG, NJW 1983, S. 2984; für den Verordnungserlass: BVerwG, Buchholz 454.51, MRVerbG Nr. 9 (19) bzw. BayVGH, BayVBl. 1987, S. 559.
[2379] Vgl. OVG Münster, DWW 1986, S. 47.
[2380] *v. Armin*, AöR 113 (1988), S. 14 f.; *Mehde* in Dürig/Herzog/Scholz, GG, Art. 28 Abs. 2 Rn. 63; BVerwGE 116, 188 (193 f.).
[2381] BVerwGE 130, 52 (62); 137, 95 (99); zum Ermessen unterschiedlicher Kommunen: BayVGH, BayVBl. 1982, 752 (753).
[2382] *Knauff* in Schoch/Schneider, VwVfG, § 35 Rn. 196; *Stelken*s in ders./Bonk/Sachs, VwVfG, § 35 Rn. 304.
[2383] Vgl. *Knauff* in Schoch/Schneider, VwVfG, § 35 Rn. 201 ff.; *Siegel*, NVwZ 2020, S. 578 ff.; VG München, Beschl. v. 24.03.2020 – M 26 S 20.1252.

der Kontinuität der bestehenden Rechtslage gibt,[2384] es sei denn es wurde ein besonderer Vertrauenstatbestand geschaffen.[2385] Bei der Rückwirkung von Normen in die Vergangenheit hat der Normgeber vor allem verfassungsrechtliche Grundsätze zu achten. Der aus dem Rechtsstaatsprinzip abgeleitete Grundsatz des Vertrauensschutzes schließt dabei grundsätzlich eine echte Rückwirkung, das heißt eine Rückbewirkung von Rechtsfolgen,[2386] aus.[2387] Eine solche liegt vor, wenn der Normgeber rückwirkend in einen bereits abgeschlossenen Sachverhalt eingreift.[2388] Unerheblich ist dabei, ob die Rückwirkung ausdrücklich in der Ermächtigung vorgesehen ist oder sich kraft Auslegung aus dem Gesetz erschließt.[2389] Eine unechte Rückwirkung in Form einer tatbestandlichen Rückanknüpfung ist dagegen grundsätzlich zulässig.[2390] Wie die alternative Bezeichnung der tatbestandlichen Rückanknüpfung verdeutlicht,[2391] handelt es sich hierbei um eine Anknüpfung an einen Sachverhalt, der in der Vergangenheit begonnen hat und gegenwärtig noch keinen vollständigen Abschluss gefunden hat.[2392]

Die zeitliche Ausdehnung der Norm kann der Normgeber grundsätzlich frei bestimmen. Das Ermessen ist hier nur selten eingeschränkt. Derartige Einschränkungen ergeben sich ausnahmsweise (ausdrücklich) durch die Ermächtigungsnormen, wenn der Gesetz- bzw. Normgeber selbst nicht ausreichende Erfahrungen mitbringt oder die Lage an sich nicht langfristig abschätzbar ist.[2393] Daneben kann die Einschränkung von Freiheitsgrundrechten dazu zwingen, die Regelung in bestimmten Abständen zu kontrollieren und gegebenenfalls aufzuheben bzw. auf die neue Lage anzupassen.[2394]

[2384] *Heckmann*, Geltungskraft und Geltungsverlust, S. 242 f.; BVerfGE 38, 61 (83); 68, 193 (222 f.)
[2385] BVerfGE 30, 292 (404); 102, 68 (96 ff.).
[2386] BVerfGE 57, 361 (391); 68, 287 (306); 72, 175 ff. (196).
[2387] BVerfGE 13, 261(271); 25, 371 ff. (403); 30, 367 (385 f.); 30, 392 (401); 41, 205 ff. (225); 45, 142 (173 f.); 72, 200 ff. (253); 88, 384 (403 f.); 97, 67 (80).
[2388] BVerfGE 63, 152 (175).
[2389] BVerfGE 45, 142 (164) zur Verordnungsermächtigung.
[2390] Hinsichtlich des Gesetzgebers: BVerfGE 63, 152 (175); BVerfGE 63, 312 (329 ff.); zu Ermächtigungen, die den Normerlass unecht rückwirkender Regelungen erlauben: BVerfGE 18, 308 (312); BVerfGE NJW 1986, 2561 (2653); zu rückwirkenden Satzungen BVerwGE 67, 129 (130 ff.); vgl. auch BVerfGE 30, 392 ff. (404); 63, 152 ff. (175); 72, 141 ff. (154); 92, 277 ff. (325); 94, 241 ff. (259); 95, 64 ff. (86); 97, 271 ff. (289); 101, 239 ff. (263); 103, 197 ff. (288 f.); 103, 392 ff. (403); 109, 96 ff. (122).
[2391] Vgl. *Huster/Rux* in Epping/Hillgruber, BeckOK GG, Art. 20 Rn. 185.
[2392] BVerfGE 69, 272 (309), NJW 1986, S. 39; BVerfGE 101, 239 (263), NJW 2000, S. 413.
[2393] Dies erkennt *Weitzel*, Rechtsetzungsermessen, S. 203.
[2394] Zur Beobachtungs- und Anpassungspflicht: BVerfGE 25, 1 (12 f.); 49, 89 (130 ff.); 50, 290 (335); 56, 54 (78 f.); *Badura* in Müller, Festschrift für Kurt Eichenberger, S. 481 ff.; *Gerber*, DÖV

Die gesetzlichen Grundlagen für die untergesetzlichen Regelungen der Coronapandemie decken dieses Spektrum ab: Die Schutzmaßnahmen dürfen nach § 28 Abs. 1 S. 1 IfSG nur erlassen werden, „solange" es zur Verhinderung der Verbreitung übertragbarer Krankheiten erforderlich ist. § 28 Abs. 1 S. 1 IfSG wiederholt damit deklaratorisch, was sich aus dem Verhältnismäßigkeitsgrundsatz ergibt.[2395] Die zeitliche Ausdehnung wird dabei ausdrücklich mit dem Zweck des Infektionsschutzes verknüpft.[2396] Schon vor Erlass der gesetzlichen Befristungspflicht (§ 28a Abs. 5 IfSG)[2397] wurde daher zu Recht aufgrund des Verhältnismäßigkeitsgrundsatzes von der grundsätzlichen Notwendigkeit einer zeitlichen Befristung ausgegangen.[2398] Aufgrund der tiefgreifenden Grundrechtseingriffe korrespondierte diese zudem mit einer dauernden Evaluierungspflicht,[2399] aus der sich eine Modifizierungspflicht oder gar zu einer Pflicht zur Aufhebung nicht mehr erforderlicher Maßnahmen ergeben kann.[2400] Hierbei zeigt sich das Zusammenspiel mit der bereits untersuchten Grundrechtsrelevanz der Regelungen: Die Anforderungen an die Verhältnismäßigkeit stiegen mit zunehmender Geltungsdauer der Schutzmaßnahmen.[2401] Kritisch ist dagegen die gerade im Eilrechtsschutz anzutreffende Tendenz zu sehen, die zeitliche Befristung als Argument für eine angemessene Schutzmaßnahme fruchtbar zu machen.[2402] Die Befristung kann eine Faktor sein, der zur Angemessenheit beiträgt. Zum einen wird gleichwohl eine bei ihrem Erlass unangemessene Regelung nicht durch eine zeitliche Befristung angemessen, zum anderen trägt die zeitliche Befristung mehrerer teils identischer Regelungen nicht mehr zur Verhältnismäßigkeit bei, sondern vertieft aufgrund der Dauer den Grundrechtseingriff.[2403]

1989, S. 698 ff.; *Huster,* ZfRSoz 24 (2003), S. 3 ff.; *Mayer,* Die Nachbesserungspflicht des Gesetzgebers, S. 52 ff. u. 82 ff.; *Roßnagel,* JZ 1985, S. 714 ff.; *Steinberg,* Der Staat 26 (1987), 164 ff.
[2395] OVG Münster, BeckRS 2020, 9803 Rn. 32; vgl. auch OVG Magdeburg, BeckRS 2020, 6948 Rn. 23; COVuR 2020, 663 Rn. 18; BayVGH BeckRS 2020, 6515 Rn. 30 f.
[2396] OVG Magdeburg, BeckRS 2020, 6948 Rn. 23; BayVGH BeckRS 2020, 6515 Rn. 30 f.; OVG Weimar, BeckRS 2020, 10618 Rn. 30.
[2397] I.d.F. v. 19.11.2020, Art. 1 G. v. 18.11.2020, BGBl. I S. 2397.
[2398] BVerfG, NJW 2020, S. 1427 Rn. 14; BayVerfGH, Entsch. v. 24.4.2020, NVwZ 2020, 785 Rn. 31; BayVerfGH, Entsch. v. 9.2.2021 – Vf. 6-VII-20; BayVGH BeckRS 2020, 6515 Rn. 38.
[2399] BayVerfGH, Entsch. v. 8.5.2020 – Vf. 34-VII-20, juris Rn. 103 zur 3. BaylfSMV; vgl. auch BVerfG, Beschl. v. 10.4.2020 - 1 BvQ 31/20, juris Rn. 16; BayVerfGH, Entsch. v. 24.4.2020 – Vf. 29-VII-20, juris Rn. 31; OVG Weimar, BeckRS 2020, 12181 Rn. 63; vgl. auch OVG Hamburg, BeckRS 2020, 9944 Rn. 26; OVG Lüneburg, BeckRS 2020, 10749 Rn. 28; BayVGH, BeckRS 2020, 6515 Rn. 38.
[2400] OVG Weimar, BeckRS 2020, 12181 Rn. 63; ebenso BayVGH BeckRS 2020, 6515 Rn. 38.
[2401] OVG Weimar, BeckRS 2020, 12181 Rn. 63; BayVGH BeckRS 2020, 6515 Rn. 38.
[2402] BayVGH BeckRS 2020, 6515 Rn. 38.
[2403] *v. Frankenberg*, NVwZ 2021, S. 1429.

5. Verhältnismäßigkeit, Gleichheit und Bestimmtheit

Bei allen Direktiven, die der untergesetzliche Normgeber zu beachten hat, bleibt ihm je nach Regelungsgebiet dennoch mitunter ein relativ weiter Ermessensspielraum zur Ausgestaltung der Norm[2404] und insbesondere hinsichtlich ihrer Bestimmtheit. Gleichwohl hat auch er als Teil der Exekutive die bereits erwähnten rechtsstaatlichen Anforderungen an den Grad der Bestimmtheit ebenso zu achten wie den Grundsatz der Verhältnismäßigkeit[2405] und den Gleichbehandlungsgrundsatz. Gemein ist allen drei Prinzipien die Beeinflussung durch die bisher bereits erwähnten Faktoren der Kontrolldichte: Die Anforderungen an sie wachsen vor allem mit zunehmender Eingriffsintensität und Bedeutung der Norm.[2406] Liegt ein prognostischer Spielraum vor, so zieht sich die Kontrolldichte bei allen in gewissem Maße zurück.[2407]

Neben den sie gemeinsam bestimmenden Faktoren beeinflussen sie sich allerdings auch gegenseitig: Sowohl der untergesetzliche Normgeber wie auch die ihn kontrollierende Rechtsprechung müssen daher eine Gesamtschau der Grundsätze betreiben, eine isolierte Betrachtung wird ihrem Zusammenspiel nicht gerecht. Treffend werden die Prinzipien daher metaphorisch erfasst, wenn sie als miteinander kommunizierende Röhren verstanden werden: Der Grundsatz der Bestimmtheit fordert grundsätzlich eine so bestimmt formulierte Regelung, dass der Adressat der Vorschrift[2408] ihren Inhalt – gegebenenfalls mithilfe der Auslegungsmethoden –[2409] erfassen[2410] und sein Verhalten nach ihm ausrichten kann.[2411]

Der Einfluss des Regelungsgebiets ist hierbei besonders hoch, wie sich unter anderem im Bauplanungsrecht zeigt: Die Bestimmtheit bzw. Konkretisierung ist von

---

[2404] Vgl. für den Verordnungserlass VGH Mannheim NVwZ 1992, S. 1107.
[2405] So ausdrücklich auch *Grzeszick* in Dürig/Herzog/Scholz, GG, Art. 20 Rn. 121.
[2406] Vgl. für die Bestimmtheit: BVerfGE 49, 168 (181); 56, 1 (13); 59, 104 (114); 62, 169 (183); 83, 130 ff. (145); 86, 288 (311); 90, 1 (17); 93, 213 (238); 100, 313 (359 f., 372); 109, 133 (188); 110, 33 (55); *Grzeszick* in Dürig/Herzog/Scholz, GG, Art. 20 Rn. 60.
[2407] Angedeutet bei BVerfGE 49, 168 ff. (181); 59, 104 ff. (114); 87, 234 ff. (263); 89, 69 ff. (84); 93, 213 ff. (238); 102, 254 (337); 102, 347 (361) für die Bestimmtheit; zur Verhältnismäßigkeit: BVerfGE 25, 1 (12 f.); 30, 250 (263); 39, 210 (230 ff.); 83, 1 (18); 87, 363 (383); 94, 315 ff. (326); 98, 265 ff. (309 f.); 104, 337 ff. (347 ff.); 105, 17 (34); *Dechsling*, Das Verhältnismäßigkeitsgebot, S. 75; *Jakobs*, Der Grundsatz der Verhältnismäßigkeit, S. 62 f.; *Schneider* in Starck, Festgabe 25 Jahre BVerfG II, S. 396 f.
[2408] Vgl. zum Adressatenkreis ortskundiger Bürger: OVG Koblenz, KStZ 1988, 168 (169), Urt. v. 2.12.1987 – 10 C 10/87.
[2409] BVerfGE 1, 14 ff. (45); 25, 216 ff. (227); BayVerfGH, BayVBl. 1997, S. 175.
[2410] Vgl. BVerfGE 49, 168 (181); 49, 168 (181); 59, 104 (114); 62, 169 (183); 80, 103 (107 f.).
[2411] BVerfGE 31, 255 (264); 37, 132 (142); 45, 400 ff. (420); 52, 1 ff. (41); 56, 1 (12); 62, 169 (183); 78, 205 (212); 83, 130 (145); 84, 133 (149); 87, 234 (263); 108, 52 (75); 110, 33 (53 f.).

den Umständen des Einzelfalls abhängig, je nach Erforderlichkeit für die städtebauliche Entwicklung und Ordnung unter Einbeziehung des Gebots der gerechten Abwägung anhand der konkret tangierten öffentlichen und privaten Belange.[2412] Mitunter kann es dabei diffizil sein, die Bestimmtheit der Festsetzungen des Bebauungsplans unter dem Blickwinkel einer gerechten Abwägung zu betrachten, ohne dass das Gericht eigene Erwägungen an die Stelle der autonomen Zielvorstellungen der Verwaltung setzt. Einerseits bieten die gesetzlichen Grundlagen des § 1 BauNVO i.V.m. § 9 f. BauGB Anhaltspunkte für die Bestimmtheitsanforderungen. Andererseits bleiben auch jedenfalls die Voraussetzungen der angestrebten Planungsziele unter Berücksichtigung der tatsächlichen örtlichen Gegebenheiten justitiabel.[2413]

Typisierungen, Abstrahierungen und unbestimmte Rechtsbegriffe können trotz des Bestimmtheitsgrundsatzes nötig sein,[2414] nicht nur um sämtliche von vornherein nicht absehbare Fälle einzubeziehen,[2415] sondern auch zugunsten eines hinreichenden Spielraums der unteren Verwaltungsbehörden für den Einzelfall. Die Verwendung unbestimmter Rechtsbegriffe und Generalklauseln ist daher nicht von vornherein ausgeschlossen, sondern mitunter sogar notwendig.[2416] An dieser Stelle kommt der Grundsatz der Verhältnismäßigkeit ins Spiel, der insofern einen Einfluss auf den Grad der Regelungsdichte nimmt: Eine sehr konkret gefasste Regelung erfüllt zwar die Anforderungen des Grundsatzes der Bestimmtheit, kann aber gegen das Prinzip der Verhältnismäßigkeit verstoßen, wenn sie keinen Spielraum für Einzelfallentscheidungen vorsieht.[2417] Daneben muss auch stets der Grundsatz der Gleichbehandlung mitgedacht werden. Sowohl bei einer hohen Regelungsdichte als auch bei einem hohen Abstraktionsgrad muss eine personen- und sachgerechte Verallgemeinerung der angedachten Rechtsfolge vorliegen.[2418] Individuen in ähnlichen Lebenslagen müssen daher eine gemeinsame Rechtsfolge

---

[2412] Vgl. nur BVerwG, NVwZ 1984, 659 (663); BVerwG, ZfBR 1989, 129; BVerwG, UPR 1989, 438; BVerwG UPR 1995, 232.
[2413] Vgl. *Weitzel,* Rechtsetzungsermessen, S. 161.
[2414] Hierzu BVerfGE 33, 171 (189); 37, 104 (118); 43, 291 (321); 45, 187 (252); 71, 364 (393).
[2415] Vgl. anhand einer Kampfhundeverordnung: VGH Mannheim, Urt. v. 18.8.1992 – 1 S 2550/91, juris Rn. 56, wonach die restliche Verordnung Vergleichsgrößen und Schwellenwerte liefern muss.
[2416] VGH Mannheim, Urt. v. 18.8.1992 – 1 S 2550/91, juris Rn. 51.
[2417] Vgl. *König,* BayVBl. 1983, S. 167; zum Beispiel eines Dispensermessens anstatt eines präventiven Verbotes mit Erlaubnisvorbehalts: *Brohm,* JZ 1995, S. 373.
[2418] So treffend: *Kirchhof* in Dürig/Herzog/Scholz, GG, Art. 3 Abs. 1 Rn. 73.

erfahren, wohingegen für verschiedene Lebenssachverhalte eine differenzierte Rechtsfolge vorgesehen werden muss.[2419]

Der Spielraum dient allerdings nicht nur der Einzelfallgerechtigkeit. Er spiegelt auch das Bedürfnis der Verwaltung nach vollzugsfähigen, handhabbaren und gleichzeitig kostengünstigen Normen wider.[2420] Für das Verwaltungsverfahren ergibt sich dieses Effizienzgebot aus § 10 S. 2 VwVfG.[2421] Verfassungsrechtlich – und damit auch für den untergesetzlichen Normgeber – wird das allgemeine Effizienzgebots aus dem Rechtsstaatsprinzip, zuweilen auch dem Sozialstaatsprinzip bzw. den Grundrechten hergeleitet. [2422] Allgemein lässt sich zum einen der Bestimmtheitsgrundsatz in folgenden Kontext hierzu stellen: Je konkreter und strikter eine Norm formuliert ist, desto weniger Handlungsspielraum verbleibt auf den unteren Ebenen für eine flexible Anwendung. Eine fehlende Flexibilität sorgt für eine geringe Anpassungsfähigkeit auf den Einzelfall, was zumeist weder der Praktikabilität noch den Kosten des Vollzuges zuträglich ist. Je nach Regelungsgebiet kann es zum anderen auch notwendig sein, einen Einzelfallbezug möglichst gering zu halten, um eine Regelung vollzugsfähig zu halten. Ein Beispiel hierfür liefern Abgaben- und Gebührensatzungen[2423] und sonstige Massenerscheinungen,[2424] bei denen die Freiheit zur Typisierung und Generalisierung grundsätzlich hoch einzuschätzen ist.[2425] Gerade im Bereich der Abgabensatzungen muss der Inhalt gleichwohl von dem erfasst werden können, der „kein Spezialist im Kommunalabgabenrecht ist."[2426]

Das Interesse der Verwaltung an einem vereinfachten Gesetzesvollzug und die Belange des Einzelnen fallen in diesen Bereichen nicht immer auseinander.[2427]

[2419] *Kirchhof* in Dürig/Herzog/Scholz, GG, Art. 3 Abs. 1 Rn. 73.
[2420] Vgl. *Weitzel,* Rechtsetzungsermessen, S. 204.
[2421] Allgemein hierzu: *Hill,* NVwZ 1985, S. 451 ff.; *Ronellenfitsch,* DVBl. 1994, S. 448; *Schmitz* in Stelkens/Bonk/Sachs, VwVfG, § 10 Rn. 20 ff.; zu einem Beispiel anhand von § 8 Abs. 4 BNatSchG a. F.: *Gaentzsch,* NuR 1986, S. 90.
[2422] *Morlok,* Folgen von Verfahrensfehlern, S. 70 ff. *Schoch* in ders./Schneider, VwVfG, Einleitung, Rn. 107; *Schmidt-Aßmann,* Ordnungsidee, VI Rn. 69; vgl. auch *Hoffmann-Riem,* DÖV 1997, S. 438.
[2423] Zu Abgabensatzungen: BVerwG, NJW 1980, S. 72; OVG Koblenz, KStZ 1988, S. 169 zu einer Kurtaxensatzung; zum Gebot der Wirtschaftlichkeit im Gebührenrecht ausführlich: OVG Koblenz, Urt. v. 20.9.2001 - 12 A 10063/01, NVwZ-RR 2002, S. 690 ff.
[2424] BVerwG, NJW 1993, S. 1669 und dem folgend: VGH Mannheim, VBlBW 1995, 147 (148) für Gebührensatzungen; BayVerfGH, NVwZ-RR 1995, S. 266 zum Verordnungserlass.
[2425] BVerfGE 21, 12 (27 f.); 48, 210 (222); 97, 186 (194 f.); 99, 280 (290); 101, 297 (309); 105, 73 (127); 108, 1 (19); 110, 353 (365); 111, 115 (137).
[2426] OVG Koblenz, KStZ 1988, S. 116; vgl. auch VG Halle, Urt. v. 23.6.2011 - 4 A 189/10.
[2427] Zu Konflikten: *Pietzcker,* VVDStRL 41 (1983), S. 193 ff.; *Wahl,* VVDStRL 41 (1983), S. 151 ff.; vgl. hierzu folgende Begleitaufsätze: *Degenhart,* DVBl. 1982, S. 872 ff.; *v. Mutius,* NJW 1982,

Denn neben der Einzelfallgerechtigkeit ist es für den einzelnen Bürger grundsätzlich auch von Interesse keine allzu langen Verwaltungsverfahren zu durchlaufen.[2428] Es stehen sich hierbei also nicht zwingend Verwaltungs- und Individualinteressen gegenüber, vielmehr gliedert sich das Individualinteresse des Bürgers in das Interesse nach Einzelfallgerechtigkeit und dem nach effizientem Gesetzesvollzug.[2429] Übertragen auf den Rechtsschutz und damit auf die Kontrolldichte bedeutet dies, dass sich dieser nur dann als hinreichend bezeichnen lässt, wenn das Rechtsschutzinteresse des Einzelnen mit dem gleichzeitig bestehenden Interesse an einer leistungsfähigen Verwaltung in Einklang gebracht wird.[2430]

Dieser Ausgleich lässt sich unter anderem durch eine zurückhaltende Kontrolldichte im Rahmen des Gleichheitssatzes erreichen.[2431] Hierdurch gewährt man der Verwaltung die Möglichkeit einer Typisierung, welche die Praktikabilität des Gesetzesvollzugs vor allem in Regelungsbereichen mit hoher Komplexität und einer gleichzeitig geringen Datenbasis erleichtert.[2432] Die Grenze der Zurücknahme der Kontrolldichte liegt gleichwohl jedenfalls dort, wo Regelungen entstünden, die gegen das Willkürverbot verstoßen.[2433]

Eine angemessene Kontrolldichte muss diese widerstreitenden Funktionen und Aufgaben der untergesetzlichen Rechtsetzung im Blick behalten. Sie fordert einen hinreichenden Grad der Bestimmtheit[2434] ebenso wie einen Spielraum für die Schaffung von Einzelfallgerechtigkeit – insbesondere im Sinne der Verhältnismäßigkeit – und berücksichtigt im Rahmen des Gleichbehandlungsgrundsatzes das Bedürfnis nach praktikablen und effizienten Regeln ohne den Rechtsschutz[2435] außer Acht zu lassen.

S. 2150 ff.; *Ossenbühl*, NVwZ 1982, 465; *Schenke*, VBlBW. 1982, S. 313 ff.; *Steinberg*, DÖV 1982, S. 619 ff.
[2428] Vgl. *v. Mutius*, NJW 1982, S. 2152; ausführlich hierzu auch *Gaentzsch*, DÖV 1998, S. 952 ff.
[2429] Ähnlich auch das Fazit von *Gaentzsch*, DÖV 1998, S. 952 ff.
[2430] So *Redeker*, DÖV 1971, S. 758.
[2431] Vgl. für den Verordnungserlass BayVerfGH, NVwZ-RR 1995, S. 266 ff.
[2432] Ähnlich für den noch weitreichenderen Gestaltungsspielraum des Gesetzgebers BVerfGE 70, 1 (34); BVerfGE 75, 108 (162); BVerfG, DVBl. 1988, 952 (957).
[2433] *Kirchhof* in Dürig/Herzog/Scholz, GG, Art. 3 Abs. 1 Rn. 265 ff.
[2434] BVerfGE 107, 104 (120); BayVGH, Urt. v. 25.1.2022 – 10 N 20.1227, juris Rn. 111 anhand einer Hundehaltungsverordnung; vgl. auch OVG Magdeburg 30.6.2022 – 3 K 55/20, juris Rn. 77.
[2435] Vgl. *König*, BayVBl. 1983, S. 167.

IV. Verordnungsermessen

Für die Kontrolldichte des Verordnungsermessens gelten in erster Linie die soeben untersuchten allgemeinen Faktoren. Vereinzelt wird versucht, die Kontrolldichte auf das Verfahrensrecht, einen hinreichend ermittelten Sachverhalt bzw. auf eine Erforderlichkeit bei Grundrechtseingriffen verallgemeinernd zu reduzieren.[2436] Dabei sollen mitunter der inhaltliche Umfang und die Substanz der Begründung Aufschluss über das sachgemäße Vorgehen des Verordnungsgeber liefern.[2437] Ein anderer Ansatz nimmt eine Abstufung der Kontrolldichte anhand des spezifischen Verordnungsgebers und seiner Stellung im politischen System vor.[2438] Diese Tendenzen pauschalisieren das Verordnungsermessen zu stark. Weder berücksichtigen sie die bereits erwähnten Elemente noch gehen sie auf die Besonderheiten des jeweiligen Regelungsgebietes ein. Die letztgenannte Ansicht nimmt zudem den nicht ohne Weiteres ziehbaren Schluss von der Art der Legitimation auf die Reichweite des Spielraums bzw. der Kontrolldichte vor. Weshalb sollte beispielsweise der Spielraum des Gemeinderats generell größer oder kleiner sein als der der Bundesregierung? Ausgangspunkt muss auch bei Verordnungen die Erkenntnis sein, dass sich die Kontrolldichte spiegelbildlich an den Determinanten zu orientieren hat, die den Verordnungsgeber selbst binden.[2439] Für Verordnungen ergeben sich die Rechtsmaßstäbe dabei vor allem aus den Anforderungen der Ermächtigungsgrundlage.[2440] Die Bindung des Verordnungsgebers und die hierdurch beeinflusste Kontrolldichte sind aufgrund der verfassungsrechtlichen Anforderungen an die Ermächtigungsgrundlage grundsätzlich höher einzuschätzen als im Bereich der Satzungsgebung.[2441] Je nach Sachbereich bzw. je nach Grad der gesetzlichen Determinierung kann die Kontrolldichte gleichwohl variieren.

1. Besonderheiten des Kapazitätsrechts

Die Planung des Krankenhausbedarfs[2442] und die Kapazitätsverordnungen im Bereich des Hochschulrechts[2443] sind geprägt von sog. zahlenförmigen Verordnun-

---

[2436] So jedenfalls *Schulze-Fielitz*, JZ 1993, S. 780.
[2437] *Schulze-Fielitz*, JZ 1993, S. 781.
[2438] So aber *v. Danwitz*, Die Gestaltungsfreiheit des Verordnungsgebers, S. 192.
[2439] *Badura* in Scheuner/v. Münch, Gedächtnisschrift für Wolfgang Martens, S. 25 ff.; *Börger*, Genehmigungs- und Planungsentscheidungen, S. 102; *Möstl* in Erichsen/Ehlers, Allgemeines Verwaltungsrecht, S. 634.
[2440] Vgl. BVerfG, DVBl. 1988, S. 954.
[2441] *Möstl* in Erichsen/Ehlers, Allgemeines Verwaltungsrecht, S. 634.
[2442] BVerwGE 62, 86 (87).
[2443] BVerwGE 70, 318; NVwZ 1987, S. 682.

gen.[2444] Gerade bei diesen ergibt sich die Notwendigkeit einer eingehenden Prüfung der zugrunde gelegten Erwägungen und Abwägungen schon aus dem Umstand, dass der eigentliche Regelungsinhalt sich zuweilen auf (mathematische) Ableitungen beschränkt. Gerade im Rahmen des Kapazitätsrechts kommt als verschärfender Faktor die hohe Grundrechtsrelevanz aufgrund von Art. 12 Abs. 1 GG hinzu, auch in Verbindung mit dem Gleichheitssatz und dem Sozialstaatsprinzip.[2445] Neben Prüfungs- und Ausbildungsverordnungen[2446] liefern daher die Grundrechte bei ihrer Betroffenheit einen gerichtlich überprüfbaren Maßstab.[2447] Die Verfassungsmäßigkeit derartiger (absoluter) Zulassungsbeschränkungen wird deshalb nur gewährleistet, wenn sie zum Schutz überragend wichtiger Gemeinschaftsgüter in Form der Funktionsfähigkeit der Universitäten in Wahrnehmung ihrer Forschungs- und Lehrtätigkeit und nur in den Grenzen des unbedingt Erforderlichen unter erschöpfender Nutzung der vorhandenen Ausbildungskapazitäten angeordnet werden.[2448]

Die faktische Grenze einer optimierten Nutzung zeichnet sich jedoch dort ab, wo die Funktionstüchtigkeit (der Hochschule) endet.[2449] Eben diese ist weder exakt bestimmbar – auch nicht durch eine empirische Methodik –[2450] noch ergibt sich aus dem Grundsatz der Kapazitätserschöpfung eine genaue Kapazitätsgrenze.[2451] Insofern weist das BVerwG zurecht darauf hin, dass Kapazitäten nicht mit Hilfe eines Augenscheins und ebenso wenig mit einem Metermaß eruiert werden können.[2452] Es bleibt die Frage, ob die durch die Grundrechtsbetroffenheit erhöhte Kontrolldichte daher rein faktisch begrenzt wird[2453] oder ob dem Verordnungsgeber insofern ein Ermessens- bzw. Beurteilungsspielraum[2454] eingeräumt wird.[2455] In frühen Entscheidungen wurde in Bezug auf die Festsetzung von Höchstzahlen trotz der Grundrechtsrelevanz ein Gestaltungsspielraum bzw. Beurteilungsspiel-

---

[2444] Vgl. *Brehm/Zimmerling*, NVwZ 1992, S. 340 ff.
[2445] BVerfGE 33, 303 (329 ff.); 37, 104 (113); 39, 258 (269f.) und 276 (293); BVerfGE 40, 352 (353 ff.); BVerfGE 43, 34 (45) und 291 (313 f.); BVerfGE 54, 173.
[2446] BVerwGE 64, 77 (95); vgl. auch *Theuersbacher*, NVwZ 1986, S. 979.
[2447] BVerfGE 40, 352 (353 ff.).
[2448] BVerfGE 33, 303 (338 ff.); 39, 258 (265 ff.); 43, 34 (45); 43, 291 (325 ff.).
[2449] Vgl. *Theuersbacher*, NVwZ 1986, S. 982.
[2450] *Theuersbacher*, NVwZ 1986, S. 982.
[2451] BVerfG, Beschl. v. 3.6.1980 – 1 BvR 967/78, BVerfGE 54, 173 ff., juris Rn. 41.
[2452] BVerwGE 56, 31 (42).
[2453] Kritisch hierzu auch *Dörr*, JuS 1988, S. 98; vgl. auch schon BVerwGE 56, 31-56, juris Rn. 37.
[2454] Von einem fehlenden Beurteilungsspielraum sprechen *Brehm/Zimmerling*, NVwZ 1992, S. 341; die Gerichte verwenden auch den Begriff des Gestaltungsspielraums: BVerwGE 56, 31-56, juris Rn. 47.
[2455] BVerfGE 33, 303 (337 ff.); *Theuersbacher*, NVwZ 1986, S. 982.

raum ausdrücklich nicht ausgeschlossen.[2456] Das BVerfG spricht vielmehr von einer Grundrechtsbezogenheit, bei der allerdings Art und Umfang der gerichtlichen Kontrolle den überwiegenden normativ-wertungsabhängigen Inhalt von Kapazitätsfestsetzungen zu berücksichtigen haben.[2457] Für einen Gestaltungsspielraum wurde zudem ins Feld geführt, dass es sich um eine Entscheidung des Normgebers mit wesentlichen Elementen des Bewertens und Abwägens handelt.[2458] Zudem handele es sich auch um prognostische Einschätzungen mit planerischem Einschlag, was einen Gestaltungsspielraum rechtfertige.[2459]

Daraus ergibt sich ein Ermessensspielraum des Normgebers, der eigene Bewertungen einfließen lassen darf, was das Gericht nur auf Willkür hin überprüfen darf.[2460] Die daraus resultierende hohe Kontrolldichte wird aufgrund der Konkretisierungsbefugnis des untergesetzlichen Normgebers reduziert.[2461] Für eine derartige Konkretisierungsbefugnis spricht ein weiterer grundrechtlicher Faktor: Art. 5 Abs. 3 S. 1 GG verpflichtet den Normgeber neben dem Recht auf Teilhabe auch, eine qualitativ hochwertige Ausbildung im wissenschaftlichen Bereich durch freien Universitäten zu gewährleisten.[2462] Ein Gestaltungsspielraum ist daher auch denkbar in Bezug auf den notwendigen Ausgleich von widerstreitenden Grundrechten.[2463]

Wenn man einen Gestaltungsspielraum zubilligt, so rückt die Verfahrenskontrolle wiederum vermehrt in den Vordergrund: Denn selbst wenn ein Spielraum bezüglich der Höchstgrenze eingeräumt wird, muss die Rechtsprechung die Herleitung der Formeln überprüfen.[2464] Am Anfang der mathematischen Herleitung kann dabei allerdings wiederum ein nicht gerichtlich überprüfbarer Spielraum bei der sachgemäßen Bewertung eines Werts entstehen, wenn es sich zum Beispiel um die Relevanz einer bestimmten rechnerischen Größe handelt.[2465] Im Übrigen hat eine gerichtliche Kontrolle auf Plausibilität zu erfolgen, wobei sich die nachvollziehbaren Maßstäbe aus den logischen Denkgesetzen und der Mathematik erge-

---

[2456] Vgl. BVerwGE 38, 105 (107 ff.); BVerwGE 56, 31-56, juris Rn. 45.
[2457] BVerfGE 40, 352 (354).
[2458] BVerwGE 56, 31-56, juris Rn. 47.
[2459] BVerwGE 56, 31-56, juris Rn. 37; vgl. auch BVerwGE 34, 301 (304).
[2460] So im Ergebnis auch *Theuersbacher*, NVwZ 1986, S. 982.
[2461] BVerfGE 33, 303 (337 ff.); Theuersbacher, NVwZ 1986, S. 982.
[2462] Ausführlicher *Theuersbacher,* NVwZ 1986, S. 979 ff.
[2463] Vgl. BVerwG, NVwZ 1987, S. 682.
[2464] BVerfG, NVwZ 1992, 361.
[2465] BVerfGE 33, 303 (339 ff.); BVerwGE 70, 318 bezeichnet dies als „Regelungsermessen"; *Theuersbacher*, NVwZ 1986, S. 98 spricht von „Wertungsabhängigkeit der Eingabegrößen".

ben.[2466] Verrechnet sich der Normgeber bzw. beachtet er die Grundsätze der Statistik nicht, führt dies grundsätzlich zu einem fehlerhaften Ergebnis und daher zur Unwirksamkeit der Verordnung.[2467] Anders ist es, wenn Kalkulationsfehler sich nicht auf das Ergebnis auswirken, indem sie zum Beispiel durch weitere Fehler nivelliert werden.[2468]

2. Konkretisierende Verordnungen

Zuweilen gibt es Ermächtigungsnormen, die den Verordnungsgeber dazu befähigen sollen, unbestimmte Rechtsbegriffe näher zu konkretisieren,[2469] wie es beispielsweise im Bereich der Grenzwertbestimmung im Umweltrecht der Fall ist.[2470] Aufgrund des Zwecks derartiger Ermächtigungen, eine Konkretisierung durch die Exekutive zu erreichen, liegt es nahe, die gerichtliche Kontrolldichte eher verhalten auszuüben.[2471] Treffend wird diese Art von Verordnungen auch beschrieben, wenn man sie als „delegierte authentische Interpretation"[2472] versteht. Als solche sind sie als Rechtsakt mehr dem Bereich der gestaltenden Rechtsetzung als dem bloßen Normvollzug zuzuordnen.[2473] Da die Rechtsprechung an die gesetzlichen Vorgaben bei der Kontrolle gebunden ist, bestimmt sich die Frage, ob eine Ermächtigung eine gesetzeskonkretisierende oder -ergänzende Verordnung ermöglichen soll, durch die Auslegung der Ermächtigungsnorm.[2474] Diese Frage ist voll justitiabel.[2475] Die Justitiabilität erstreckt sich dabei – wie bisher schon festgestellt wurde – darauf, ob die Verwaltung die Norm in einer Art und Weise konkretisiert, die dem objektiven Willen des Gesetzgebers entspricht.[2476]

Die Grenze erreicht die Justitiabilität allerdings dort, wo die Begrifflichkeiten der Ermächtigungsgrundlage sich nicht mehr ohne Weiteres aus deren Wortlaut, Sys-

---

[2466] *Weitzel,* Rechtsetzungsermessen, S. 217.
[2467] Vgl. auch *Brehm/Zimmerling,* NVwZ 1992, S. 341; *Theuersbacher,* NVwZ 1986, S. 978.
[2468] Zu Gebührensatzungen: BVerwG UPR 1995, 264 (265).
[2469] *Ossenbühl,* NJW 1986, S. 2809: „delegierte authentische Interpretation", mit Verweis auf: *Jesch,* JZ 1963, S. 244 f.
[2470] Ausführlich hierzu *Köck,* ZUR 2020, S. 131 ff.; *Röthel,* JZ 2013, S. 1136 ff.
[2471] So auch *Herdegen,* AöR 114 (1989), S. 632; *Ossenbühl* in Isensee/Kirchhof V, § 103 Rn. 40 u. 42 ff.
[2472] *Jesch,* JZ 1963, S. 244 ff.
[2473] Zutreffend daher *Ossenbühl* in Recht als Prozess und Gefüge, Festschrift für Hans Huber, S. 293.
[2474] Vgl. *Herdegen,* AöR 114 (1989), S. 622.
[2475] *Badura* in Scheuner/v. Münch, Gedächtnisschrift für Wolfgang Martens, S. 27; *Schulze-Fielitz,* JZ 1993, S. 780 ff., der die Kontrolle aber auch eine solche der negativen Angemessenheit beschränken will.
[2476] BVerfGE 19, 17 (30 ff.).

tematik oder Telos bzw. der Gesetzeshistorie ergeben.[2477] Den restlichen Spielraum kann der Gesetzgeber im Rahmen des Parlamentsvorbehalts dem untergesetzlichen Normgeber überlassen, was die Rechtsprechung zu akzeptieren hat.[2478] Schließlich ist die Rechtsprechung an Gesetz und Recht gebunden (Art. 20 Abs. 3 GG) und der Gesetzgeber delegiert die Rechtsetzung in diesem Fall aufgrund der Ermächtigungsgrundlage an den untergesetzlichen Normgeber. Nicht justitiabel ist dabei auch, inwieweit der Verordnungsgeber die gesetzliche Ermächtigungsgrundlage konkretisiert.[2479] Soweit sich nämlich aus der Ermächtigungsgrundlage nichts Näheres zur Reichweite der Konkretisierung ergibt, werde den Gerichten auch insofern grundsätzlich die entsprechenden gesetzlichen Kontrollmaßstäbe fehlen, an denen sie sich orientieren könnten.

3. Kontrolle von Verordnungen mit Maßnahmencharakter

Eine besondere Art von Verordnungen stellen schließlich Verordnungen dar, die einer (Einzelfall-)Maßnahme nahekommen.[2480] Sie werden auch als Individual- bzw. Maßnahmenverordnungen bezeichnet.[2481] Tatsächliche Einzelfallregelungen in Form von Verordnungen haben einen echten Seltenheitswert, da auch ein stark eingeschränkter Wirkungskreis nichts am grundsätzlich abstrahierenden Charakter zu ändern vermag.[2482] Wenn eine Verordnung allerdings sachbezogen eine konkrete Fallgestaltung regelt, rückt sie näher an den individuell-konkreten Charakter eines Verwaltungsaktes heran.[2483] Dieser Umstand und der gesetzliche Zweck der Ermächtigung nähern damit auch die Kontrolldichte der eines Einzelaktes an: Der Gesetzgeber bezweckt mit einer derartigen Ermächtigung einen hohen Grad an Einzelfallbezug und -gerechtigkeit.[2484] Dieser gesetzliche Zweck als Ausgangspunkt fordert spiegelbildlich eine strenge Prüfung anhand von Art. 3 Abs. 1 GG bzw. dem

---

[2477] Vgl. BVerfGE 18, 52 (61).
[2478] Vgl. *Herdegen*, AöR 114 (1989), S. 623; *Zuleeg*, DVBl. 1970, S. 161; ähnlich auch BayVGH, Beschl. v. 4.10.2021 – 20 N 20.767, juris Rn. 68.
[2479] So auch *Lange*, JZ 1968, S. 419.
[2480] *Herdegen*, AöR 114 (1989), S. 625; vgl. auch *Schramm*, DVBl. 1974, S. 649.
[2481] *Ossenbühl*, NJW 1986, S. 2809.
[2482] Vgl. *Herdegen*, AöR 114 (1989), S. 624 ff.
[2483] *Badura* in Scheuner/v. Münch, Gedächtnisschrift für Wolfgang Martens, S. 31; *v. Danwitz*, Die Gestaltungsfreiheit des Verordnungsgebers, S. 193 ff.; *Obermayer*, BayVBl. 1975, S. 262 ff.; *Ossenbühl* in Recht als Prozess und Gefüge, Festschrift für Hans Huber, S. 289.; Möstl in Erichsen/Ehlers, Allgemeines Verwaltungsrecht, S. 639 ohne Beispiele für derartige „Normativakte, die in der Sache einer Einzelfallentscheidung nahe kommen" zu nennen; kritisch aber *Herdegen*, AöR 114, S. 623 ff.
[2484] Eher auf die gesetzlichen Grad der Determinierung abstellend: *v. Danwitz*, Die Gestaltungsfreiheit des Verordnungsgebers, S. 193 sowie BVerwGE 70, 317 (328 f.); vgl. aber *Weitzel*, Rechtsetzungsermessen, S. 218 am Beispiel von § 32 Abs. 6 S. 1 SparKG NW a.F.

Verhältnismäßigkeitsgrundsatz. Dafür spricht vor allem, dass eine am Einzelfall orientierte Regelung weniger abstrahierende Gestaltungselemente umfasst, sondern sich vielmehr einer nachvollziehenden Bewertung zuwendet.[2485] Die eigentliche Abwägung einer Vielzahl von Interessen und Belangen als Kern der Normsetzung tritt in diesen Fällen eher in den Hintergrund. Die Normgebung der Verwaltung ist in diesen Fällen – anders als bei den soeben angesprochenen konkretisierenden Rechtsverordnungen – weiter entfernt vom Gestaltungsspielraum des Gesetzgebers und nähert sich dem Erlass eines Einzelaktes an.

Eine derartige Annäherung an eine Einzelfallregelung nahm der BayVGH im Fall des Verordnungserlasses auf der Grundlage von §§ 28 Abs. 1, 32 S. 1 IfSG an. Denn in diesen Fällen wurden Rechtsverordnungen auch zur Regelung von Einzelfällen eingesetzt.[2486] Es handele sich qualitativ bei derartigen Regelungen um keinen Akt der Normsetzung mehr.[2487] Die Kontrollintensität nähere der BayVGH daher derjenigen an, die es bei Verwaltungsakten für angezeigt hält.[2488] Insbesondere sei daher eine strenge gerichtliche Prüfung der Verhältnismäßigkeit vorzunehmen.[2489] Die Begründung ist zweifelhaft; ihr haftet der Mangel der Ergebnisorientiertheit an. Der Entzug der normativen Qualität ist indes nicht nötig, um die Kontrolldichte derjenigen von Einzelakten anzunähern. Auch bei Maßnahmenverordnungen handelt es sich qualitativ weiterhin um einen Rechtsakt als Quelle objektiven Rechts und Akte der Rechtsetzung. Letzteres ist auch für den Verwaltungsakt anzunehmen (siehe schon B.), weshalb der stärkere Einzelfallbezug zusätzlich zu dieser Gemeinsamkeit die Kontrolldichte beider annähert.

4. Die Kontrolldichte bei den Coronaverordnungen

Nachdem die Faktoren, welche die gerichtliche Kontrolldichte von Verordnungen beeinflussen, zusammengetragen wurden, lässt sich nun ihr Zusammenspiel anhand der Coronaverordnungen nachvollziehen. Bei einer Betrachtung der Coronarechtsprechung lässt sich die kritikwürdige Tendenz erkennen, die Kontrolldichte abstrakt und verallgemeinernd zu definieren.[2490] Dieses Unterfangen gestaltet sich aus folgenden Gründen als schwierig: Die Probleme bei der Beurtei-

---

[2485] Dies erkennt im Ergebnis auch *Herdegen*, AöR 114, S. 623 ff. ohne einen konsequenten Schluss daraus zu ziehen; vgl. auch BVerwGE 70, 317 (328 f.); *v. Danwitz*, Die Gestaltungsfreiheit des Verordnungsgebers, S. 193.
[2486] BayVGH, Beschl. v. 4.10.2021 – 20 N 20.767, juris Rn. 69.
[2487] BayVGH, Beschl. v. 4.10.2021 – 20 N 20.767, juris Rn. 69; in diese Richtung auch: *Ossenbühl*, NJW 1986, S. 2809.
[2488] Vgl. auch *Ossenbühl* in Isensee/Kirchhof V, § 103 Rn. 47 f.
[2489] BayVGH, Beschl. v. 4.10.2021 – 20 N 20.767, juris Rn. 69 f.
[2490] Eine Ausnahme bietet zweifelsohne: BayVGH, Beschl. v. 4.10.2021 – 20 N 20.767.

lung einer adäquaten Kontrolldichte in Bezug auf die Coronaverordnungen liegt erstens in der Masse an unterschiedlichen Maßnahmen.[2491] Die Faktoren, welche die Kontrolldichte beeinflussen, treten je nach Maßnahme in einem unterschiedlichen Mischverhältnis auf. Sie können gemeinsam für eine hohe oder niedrige Kontrolldichte streiten, aber auch widersprüchliche Signale an die Anforderungen der Kontrolldichte senden. So kann die Grundrechtsintensität für eine hohe Kontrolldichte streiten, während die gleichzeitige unsichere Tatsachenbasis mitunter bei derselben Maßnahme eine höhere Einschätzungsprärogative fordert. Der zweite kritische Umstand war der zeitliche Verlauf der Pandemie,[2492] der die zu berücksichtigenden Faktoren selbst stetig veränderte. Untersucht werden sollen – unter Berücksichtigung dieser beiden Aspekte – zunächst die Anforderungen an die Bestimmtheit der Verordnungen (a), bevor die Kontrolldichte des Verhältnismäßigkeitsgrundsatzes anhand der bereits erwähnten einzelnen Teilgebote einbezogen wird (b) sowie die Problematik der Gleichbehandlung (c).

a) Der Bestimmtheitsgrundsatz im Rahmen der Pandemie

Ein wesentlicher Faktor, der beim Grad der zu fordernden Bestimmtheit im Rahmen der Coronaverordnungen zu beachten war, war der Umstand, dass sich diese an die gesamte Bevölkerung eines Landes richteten.[2493] Maßgeblich ist zusätzlich die Eigenart des jeweiligen Lebenssachverhalts unter Einbezug des Normzwecks.[2494] Da die Verordnungen den Lebensalltag der Bevölkerung regelten, mussten sie einerseits einen Grad der Bestimmtheit erreichen, der es dem Bürger ermöglichte sein tägliches Handeln hiernach auszurichten und gegebenenfalls entsprechende Vorkehrungen zu treffen. Die Durchdringung des alltäglichen Lebens durch die Verordnungen machte es andererseits nötig, auf unbestimmte Rechtsbegriffe bei einer fehlenden Umschreibungsmöglichkeit in Normtatbeständen zurückzugreifen, wenn sich aus dem Sinnzusammenhang und dem Zweck der Regelung objektiv erkennen ließ, wie der Handlungsmaßstab auszurichten war.[2495] Ausgehend von diesen ersten Anhaltspunkten genügten die ganz überwiegenden unbestimmt gehaltenen Begrifflichkeiten wie „Gegenstände des täglichen Be-

---

[2491] Vgl. *Kruse/Langner*, NJW 2021, S. 3707.
[2492] Vgl. nur *Bamberger/Pieper*, NVwZ 2020, S. 2022 ff.
[2493] Zu allgemein gehalten: BayVerfGH, Entsch. v. 9.2.2021 – Vf. 6-VII-20, juris Rn. 54; OVG Bautzen, Beschl. v. 12.5.2020 - 3 B 177/20, juris Rn. 10; OVG Magdeburg, Urt. v. 30.6.2022 – 3 K 55/20, juris Rn. 87.
[2494] BayVerfGH, Entsch. v. 9.2.2021 – Vf. 6-VII-20, juris Rn. 54 mit Verweis auf die ständige Rechtsprechung, vgl. BayVerfGH, Entsch. v. 30.9.2004 – Vf. 13-VII-02, VerfGHE 57, 113 (127), juris Rn. 46 ff.
[2495] BayVGH, Beschl. v. 28.4.2020 – 20 NE 20.849, juris Rn. 35; vgl. auch vgl. BVerfG, Urt. v. 27.7.2005 – 1 BvR 668/04, juris Rn. 118 ff.

darfs"[2496] bzw. „Ansammlungen"[2497] im Rahmen von Ausgangs- bzw. Kontaktbeschränkungen[2498] bei einer Orientierung am Normzweck den Anforderungen an die Bestimmtheit.[2499]

Diskussionswürdiger war die Bestimmtheit des „triftigen Grundes", der notwendig war, um das Verlassen der eigenen Wohnung zu rechtfertigen (vgl. § 1 Abs. 4, Abs. 5 CoronaVO).[2500] Hier kamen die besonderen Anforderungen des strengen Gesetzesvorbehaltes[2501] des Art. 103 Abs. 2 GG hinzu,[2502] welcher die Vorhersehbarkeit von Strafe gewährleisten soll und die Entscheidung über Strafbarkeit und Bußgeldvoraussetzungen dem Gesetzgeber vorbehält.[2503] Auch hier sind auslegungsbedürftige Begriffe denkbar, solange der Normadressat aus der Vorschrift ableiten kann, ob ein Verhalten grundsätzlich strafbar bzw. bußgeldbewehrt ist.[2504] Die Reichweite des Rechtfertigungstatbestands des triftigen Grundes wurde anhand dieser Grundsätze als noch bestimmt genug angesehen, zumindest bei verfassungskonformer Auslegung.[2505] Durch die vorgesehenen und bei den fortgeführten Vorschriften der BayIfSMV zum Teil veränderten Regelbeispiele werde jeweils erkenntlich, welche Gründe als triftig anzusehen seien.[2506] Zu Beginn wurde dabei aufgrund der eng gefassten Regelbeispiele eine restriktive Auslegung des triftigen Grundes zugrunde gelegt, wonach unaufschiebbare gesundheitliche, berufliche oder private Anlässe als triftige Gründe eingeschätzt wurden.[2507] Im Rahmen der 2. BayIfSMV wurde diese Auslegung anhand der weiter gefassten Regelbeispiele zu einem triftigen Grund im Sinne eines jeden Anlasses zur sachlichen und konkreten, nicht generell unzulässigen Bedürfnisbefriedigung ausgeweitet.[2508]

[2496] BayVerfGH, Entsch. v. 9.2.2021 – Vf. 6-VII-20, juris Rn. 55 ff.
[2497] BayVGH, Beschl. v. 6.11.2020 – 20 NE 20.2466, juris Rn. 23 ff.; vgl. auch OVG Münster, Beschl. v.19.5.2020 – 13 B 557/20.NE, juris Rn. 53 ff.; OVG Lüneburg, Beschl. v. 11.6.2020 – 13 MN 192/20, juris Rn. 34 ff.; BT-Drs. 19/18111, S. 10 und 24.
[2498] Vgl. zu diesen u.a. BayVGH, Beschl. v. 19.1.2021 – 20 NE 21.76, juris Rn. 48 f. [§ 24 Abs. 2 11. BayIfSMV].
[2499] Vgl. für weitere Beispiele: BayVerfGH, Entsch. v. 7.12.2021 – Vf. 60-VII-21, juris Rn. 19 [15. BayIfSMV]; BVerfG, Beschl. v. 19.11.2021 – 1 BvR 781/21, juris Rn. 153 ff., 163 f., 256 ff.
[2500] BayMBl. 2020 Nr. 130 v. 24.3.2020.
[2501] BVerwG, Urt. v. 29.2.2012 – 9 C 8.11, juris Rn. 12; BayVGH, Beschl. v. 17.2.2020 – 8 ZB 19.2200, juris Rn. 14; OVG Münster, Beschl. v.19.5.2020 – 13 B 557/20.NE, juris Rn. 53 ff.; OVG Lüneburg, Beschl. v. 11.6.2020 – 13 MN 192/20, juris Rn. 34 ff.; BT-Drs. 19/18111, S. 10 und 24.
[2502] BayVGH, Beschl. v. 28.4.2020 – 20 NE 20.849, juris Rn. 35; OVG Magdeburg, Urt. v. 17.3.2010 – 3 K 319/09, juris Rn. 29.
[2503] BVerfG, Beschl. v. 17.11.2009 – 1 BvR 2717/08, juris Rn. 16.
[2504] OVG Magdeburg, Urt. v. 17.3.2010 – 3 K 319/09, juris Rn. 29 zu Grenzfällen.
[2505] BayVGH, Beschl. v. 28.4.2020 – 20 NE 20.849, juris Rn. 36.
[2506] BayVGH, Beschl. v. 28.04.2020 – 20 NE 20.849, juris Rn. 38.
[2507] Vgl. BayVGH, Beschl. v. 30.3.2020 – 20 NE 20.632, juris Rn. 62.
[2508] BayVGH, Beschl. v. 28.4.2020 – 20 NE 20.849, juris Rn. 38.

Die weite Auslegung des abstrakten Merkmals des „triftigen Grundes" wurde dabei auf das Regelbeispiel („Sport und Bewegung an der frischen Luft […]") übertragen.[2509] Diese Auslegung führte jedoch dazu, dass selbst das Fahren mit einem Motorboot auf dem Starnberger See zum Freizeitvertreib als triftiger Grund im Sinne des § 5 Abs. 3 Nr. 7 der 2. BayIfSMV angesehen wurde.[2510] Bei einer derartig weiten Auslegung ist jedoch fragwürdig, ob sie noch vom Telos der Norm gedeckt ist, zumal sie als präventives Verbot mit Erlaubnisvorbehalt formuliert ist. Diese – die Normerhaltung betreffende – Frage wird im letzten Kapitel zu erörtern sein (siehe H. III.). Zutreffend als zu unbestimmt wurde jedenfalls die Regelung erkannt, welche touristische Tagesausflüge über einen Umkreis von 15 Kilometern um die Wohnortgemeinde hinaus untersagten (§ 25 Abs. 1 der 11. BayIfSMV).[2511] In der Tat geht aus der Regelung weder die genaue Berechnung des Radius hervor noch eine zeitliche Begrenzung.[2512]

Die Grundrechtsrelevanz war nicht nur bei Ausgangs- und Kontaktbeschränkungen ein die Kontrolldichte erhöhender Faktor, sondern auch im Rahmen der Betriebsschließungen bzw. -einschränkungen.[2513] Auf die verschärften Anforderungen an die Bestimmtheit hat die Rechtsprechung daher aufgrund des starken Grundrechtseingriffs (Art. 12 Abs. 1 GG) unter anderem im Falle der sog. 800 m^2-Regelungen hingewiesen: Die Grundrechtsbeschränkung benötigte danach eine Rechtsgrundlage, die Voraussetzungen sowie Umfang klar wiedergeben.[2514] Diesen Anforderungen wird die Ausnahmeregelung der Betriebsuntersagung (§ 2 Abs. 5 2. BayIfSM) aufgrund des vieldeutigen Wortlauts nicht gerecht, der es für den Normadressaten nicht deutlich genug machte, ob und unter welchen Bedingungen Einzelhandelsbetriebe (in Einkaufszentren) öffnen durften.[2515] Kritikwürdig ist dabei, dass trotz der schon in Bezug auf die 2. BayIfSMV geäußerten Bedenken und unterschiedlichen Auslegungsergebnisse der 800 m^2 – Regelung,[2516] diese auch in § 4 Abs. 4 S. 1 Nr. 2 der 3. BayIfSMV überführt wurde. Zu Recht wies die Recht-

---

[2509] VG München, Beschl. v. 30.4.2020 – M 26 E 20.1701, juris Rn. 30 mit Verweis auf BayVGH, Beschl. v. 28.4.2020 - 20 NE 20.849
[2510] VG München, Beschl. v. 30.4.2020 – M 26 E 20.1701.
[2511] BayMBl. 2020 Nr. 737, i.d.F. der Änderungsverordnung v. 15.1.2020, BayMBl. 2021 Nr. 34.
[2512] BayVGH, Beschl. v. 26.1.2021 – 20 NE 21.162, juris Rn. 16; BayVerfGH, Entsch. v. 29. 1.2021 – Vf. 96-VII-20, juris Rn. 32; so auch *Ogorek,* NJW 2021, S. 823 f.
[2513] OVG Magdeburg, Urt. v. 30.6.2022 – 3 K 55/20, juris Rn. 87.
[2514] VG Ansbach, Beschl. v. 30.4.2020 – AN 18 E 20.00818, juris Rn. 22; vgl. auch BVerfG, Beschl. v. 12.4.2005 – 2 BvR 1027/02 – BVerfGE 113, 29/50; Urt. v. 2.3.2006 – 2 BvR 2099/04 – BVerfGE 115, 166/190.
[2515] Ähnlich auch OVG Magdeburg, Urt. v. 30.6.2022 – 3 K 55/20, juris Rn. 89 ff.
[2516] Vgl. nur VG Bayreuth, Beschl. v. 27.4.2020 – B 7 E 20.386 bzw. B 7 E 20.388; a.A. VG Regensburg, Beschl. v. 27.4.2020 – RO 14 E 20.687.

sprechung darauf hin, dass die kaum veränderte Regelung weitreichende Unklarheit über die Berechnung der zulässigen Verkaufsfläche, vor allem in Einkaufszentren, bereithielt.[2517] Diese Unklarheiten ließen sich auch nicht durch Auslegung beseitigen. So legte der Sprachgebrauch[2518] und die Belangung des Betreibers des Einkaufszentrums (§ 9 Nr. 5a) bb) der 3. BayIfSMV)[2519] nahe, auf das Einkaufszentrum als Ganzes abzustellen.[2520] Dies ist allerdings wiederum vor dem Zweck der Regelung fragwürdig, der auf die Einhaltbarkeit eines Hygienekonzepts abstellte.

b) Die Verhältnismäßigkeit der Infektionsschutzmaßnahmenverordnungen
Der unzweifelhaft wichtigste und gleichzeitig komplexeste Prüfungsmaßstab, an welchem sich die Coronaverordnungen messen lassen mussten, stellte der Verhältnismäßigkeitsgrundsatz dar. Abstrakt lässt sich zu der Höhe seiner Kontrolldichte folgendes festhalten: Eine Erhöhung der Kontrolldichte war mit steigender Grundrechtsrelevanz[2521] anzunehmen. Daneben trat als erhöhender Faktor der Einzelfallbezug, welchen insbesondere der BayVGH betonte und zu Recht zugunsten einer hohen Kontrolldichte anführte.[2522] Andererseits bestand für den Verordnungsgeber gerade zu Beginn die Schwierigkeit des Agierens auf einer weitgehend unsicheren Tatsachenbasis.[2523] Das Vorliegen einer damit im Zusammenhang stehenden Prognoseermächtigung wurde bereits erörtert (siehe G. III. 3. b. aa.) und trug dementsprechend im Rahmen einzelner Teilgebot der Verhältnismäßigkeit zu einer Verringerung der Kontrolldichte bei, wobei die zeitliche Dimension und der fortschreitende Erkenntnisgewinn zu beachten waren.[2524]

aa) Teilgebot: Legitimer Zweck
Der Bezugspunkt der weiteren drei Teilgebote der Verhältnismäßigkeit und damit die erste (und wichtige) Weichenstellung ist der legitime Zweck.[2525] Anders als der Gesetzgeber, der im Rahmen des nach der Verfassung zulässigen einen weitgehenden Raum der Selbstbestimmung genießt, ist der untergesetzliche Normgeber und vor allem der Verordnungsgeber an die Zwecke der jeweiligen Gesetze ge-

---

[2517] VG Regensburg, Beschl. v. 5.5.2020 – RO 14 E 20.783, juris Rn. 32; VG Regensburg, Beschl. v. 6.5.2020 – RO 14 E 20.710.
[2518] Vgl. hierzu auch BVerwG, Urt. v. 27.4.1990 – 4 C 16.87, juris Rn. 21.
[2519] Hierzu: BayVGH, Beschl. v. 4.5.2020 – 20 CE 20.951, juris Rn. 11 ff.
[2520] Im Ergebnis: VG Augsburg, Beschl. v. 5.5.2020 – Au 9 E 20.762, juris Rn. 21.
[2521] *v. Frankenberg*, NVwZ 2021, S. 1427; *Goldhammer/Neuhöfer*, JuS 2021, S. 212 f.; *Guckelberger*, NVwZ Extra 9a (2020), S. 8.
[2522] BayVGH, Beschl. v. 4.10.2021 – 20 N 20.767, juris Rn. 69 ff.
[2523] *Goldhammer/Neuhöfer*, JuS 2021, S. 214.
[2524] *v. Frankenberg*, NVwZ 2021, S. 1429 f.; *Goldhammer/Neuhöfer*, JuS 2021, S. 214; *Lepsius*, Vom Niedergang grundrechtlicher Denkkategorien.
[2525] *Grzeszick* in Dürig/Herzog/Scholz, GG, Art. 20 Rn. 113; *Roellecke* in Umbach/Clemens, GG I, Art. 20 Rn. 103 f.

bunden.[2526] Wo keine Begründungspflicht vorgesehen ist, kann sich die Eruierung der Zwecksetzung als schwierig erweisen. [2527] In diesen Fällen korrespondiert die nachvollziehende Kontrolle mit einer Darlegungspflicht im Verfahren (siehe schon D. IV. 4. B.). Für den Verordnungsgeber, der auf der Grundlage von §§ 28 ff. IfSG tätig wurde, bedeutete dies eine Ausrichtung der Schutzmaßnahmen nach dem, was für die Verhinderung der Verbreitung übertragbarer Krankheiten erforderlich ist.[2528] Der untergesetzliche Normgeber wurde damit der staatlichen Schutzpflicht in Bezug auf Leib, Leben und Gesundheit des Einzelnen gerecht.[2529] Die Rechtsprechung blieb an dieser Stelle im Rahmen der Coronaverordnungen häufig abstrakt und stellte lediglich auf den Gesundheitsschutz als legitimen Zweck ab.[2530] Zu Recht wird allerdings eine nähere Ausdifferenzierung des Maßnahmenzwecks gefordert.[2531] Verweilt man nämlich beim Gesundheitsschutz als legitimen Zweck, bleibt unklar, ob die Maßnahmen getroffen werden, um eine Überlastung des Gesundheitssystems zu verhindern, um Risikogruppen zu schützen oder gar jede einzelne Infektion zu verhindern.[2532]

Zwar lässt sich nur durch weitere Konkretisierung des Zwecks nicht per se die Gefahr einer Überbietung sämtlicher durch die einschränkenden Maßnahmen betroffener Grundrechte verhindern.[2533] Denn der Gesundheitsschutz ist auf der Ebene der Verhältnismäßigkeit selbst dann einzubeziehen, wenn man eine Konkretisierung auf den Zweck der Erhaltung der Intensivbettenkapazität fordert.[2534] Allerdings wird durch die nähere Differenzierung des Ziels in Form einer kapazitätsgerechten Steuerung des Pandemieverlaufs der Blick für die darzulegenden Tatsachen und die normativen Bewertung betroffener Grundrechte geschärft. [2535]

[2526] *Grzeszick* in Dürig/Herzog/Scholz, GG, Art. 20 Rn. 113.
[2527] Vgl. *Ossenbühl* in Bund Deutscher Verwaltungsrichter, 8. Deutscher Verwaltungsrichtertag, S. 123.
[2528] *Johann/Gabriel* in Eckart/Winkelmüller, BeckOK Infektionsschutzrecht, § 28 Rn. 25.
[2529] *Guckelberger,* NVwZ Extra 9a (2020), S. 10; grundlegend: BVerfGE 39, 1, NJW 1975, S. 573; so auch BVerfGE 153, 182, NJW 2020, S. 905, JuS 2020, S. 580; BayVerfGH, Entsch. v. 8.5.2020 – Vf. 34-VII-20, juris Rn. 121; Entsch. v. 16.11.2020 – Vf. 90- VII-20, juris Rn. 23.
[2530] Vgl. nur VG München, Beschl. v. 31.3.2020 – M 26 E 20.1343, juris Rn. 26 mit Verweis auf VG München, Beschl. v. 20.3.2020 - M 26 E. 20.1209 und M 26 S 20.1222; BayVGH, Beschl. v. 30.3.2020 – 20 CS 20.611; vgl. auch BVerfG, Abl. einst. An. v. 28.4.2020 – 1 BvR 899/20 zu § 4 Abs. 1 Nr. 5 Corona-VV BW v. 17.3.2020.
[2531] *Goldhammer/Neuhöfer*, JuS 2021, S. 216.
[2532] *Edenharter*, JöR 69 (2021), S. 557.
[2533] So die Bedenken von *Goldhammer/Neuhöfer*, JuS 2021, S. 216.
[2534] So das Beispiel von *Goldhammer/Neuhöfer*, JuS 2021, S. 217; vgl. auch *Lepsius*, Vom Niedergang grundrechtlicher Denkkategorien.
[2535] Treffend insofern: *Lepsius*, Vom Niedergang grundrechtlicher Denkkategorien.

bb) Teilgebot: Geeignetheit

Die Geeignetheit als weiteres Teilgebot ist gewahrt, wenn das Handeln der Verwaltung im Stande ist den gesetzlichen Zweck zumindest zu fördern.[2536] Für die Förderlichkeit des Infektionsschutzes genügt grundsätzlich die Erhöhung der Wahrscheinlichkeit, das angestrebte Ziel durch die Schutzmaßnahme zu erreichen.[2537] Die weitreichende Justitiabilität der Geeignetheit selbst bei Ermessensakten ergibt sich daraus, dass die Förderlichkeit sich grundsätzlich anhand von objektiven Kriterien – nötigenfalls mithilfe eines Sachverständigen – ermitteln lässt. Dies gilt sowohl für das Einzelaktsermessen[2538] als auch für das untergesetzliche Normsetzungsermessen[2539] und den Gestaltungsspielraum des Gesetzgebers.[2540] Die tatsächlichen wissenschaftlichen Erkenntnisse zur Geeignetheit von Schutzmaßnahmen mussten daher auch im Rahmen der Coronapandemie überprüft werden. Als bereits angesprochene Schwierigkeit kamen in der Coronapandemie jedoch wissenschaftliche Diskurse und Ungewissheiten in Bezug auf das Coronavirus hinzu: So war es gerade zu Beginn der Pandemie in rund 75 % der Fälle unklar, unter welchen Umständen die Ansteckungen erfolgten.[2541] Spiegelbildlich konnte auch die Wirkweise bzw. Wirksamkeit präventiver Schutzmaßnahmen kaum eingeordnet werden.[2542] Ähnliches galt im weiteren Verlauf bei der Einschätzung der Infektiosität von Geimpften im Vergleich zu Ungeimpften.[2543]

Mitunter wurde diese Besonderheit gerichtlich außenvorgelassen: Aufgrund der wissenschaftlich gesicherten Erkenntnis einer Übertragbarkeit des Virus durch körperliche Nähe wurden Maßnahmen der Kontaktreduktion pauschal als förderlich für die Pandemiebekämpfung identifiziert.[2544] Zu diesen gehörten eingriffsin-

---

[2536] BVerfGE 30, 292 (316); 40, 196 (222); 63, 88 (115); 134, 204 Rn. 79; 126, 112 (144), BeckRS 2010, 50478; zur objektiven Bestimmung: *Herdegen*, AöR 114 (1989), S. 617.

[2537] Grundlegend: BVerfGE 16, 147 (183); 30, 292 (316); 33, 171 (187); 67, 151 (173 ff.); 96, 10 (23 ff.); 126, 112 (144); 130, 151 (188); 134, 204 Rn. 79; BayVGH, BeckRS 2020, 8313 Rn. 18; VGH Mannheim, COVuR 2020, S. 322 Rn. 17.

[2538] Für das Einzelaktsermessen schon, *Jellinek*, Verwaltungsrecht, S. 33 ff.

[2539] Zu Rechtsverordnungen, vgl. BVerwG, VerwArch 1986, S. 56; BayVerfGH NVwZ-RR 1995, S. 265; VGH Mannheim, NVwZ 1992, S. 1109 ff.; OVG Saarlouis, NVwZ-RR 1992, S. 627.

[2540] BVerfG, NJW 1986, S. 2653 ff.

[2541] *v. Frankenberg*, NVwZ 2021, S. 1429 m.w.N.

[2542] *v. Frankenberg*, NVwZ 2021, S. 1429; vgl. grundlegend: *Schlink*, Abwägung im Verfassungsrecht, 208 f.

[2543] BayVGH, Beschl. v. 2.3.2021 – 20 NE 21.369, SRa 2021, S. 121 a.E. [zu § 9 der 11. BayIfSMV]; vgl. auch BVerfG, Beschl. v. 19.11.2021 – 1 BvR 781/21 (Bundesnotbremse I), NJW 2022, S. 154 Rn. 204 ff.; *Warg*, NJOZ 2022, S. 66 ff.

[2544] Pauschalisierend auch: *Guckelberger*, NVwZ Extra 9a (2020), S. 11; OVG Berlin-Brandenburg, Beschl. v. 23.3.2020 – OVG 11 S 12/20; BayVGH, Beschl. v. 30.3.2020 – 20 NE 20.632, BeckRS 2020, 4618 Rn. 59; VG München, Beschl. v. 20.3.2020 – M 26 E 20.1209, juris Rn. 38.

tensive Maßnahmen wie Ausgangsbeschränkungen[2545] bzw. Betriebsschließungen von Einzelhandelsgeschäften,[2546] Vergnügungsstätten,[2547] Fitnessstudios,[2548] körpernahe Dienstleister[2549] und Freizeiteinrichtungen.[2550] Dies galt auch für weniger einschneidende Maßnahmen wie reduzierte Betriebsflächen[2551] und die Verpflichtung zum Tragen einer Mund-Nasen-Bedeckung (MNB),[2552] deren Geeignetheit mitunter lediglich damit begründet wurde, dass sie jedenfalls nicht völlig ungeeignet seien.[2553] Die Geeignetheit wurde dabei auch nicht bei Regelungen in Frage gestellt, die keine näheren Qualitätsanforderungen an die MNB stellten: Den wohl effektivsten Schutz böten Masken der Kategorie FFP2 bzw. FFP3, gleichwohl seien auch medizinische Masken nachweislich geeignet, um zumindest Spuck- und Fremdschutz zu gewährleisten.[2554] Bei „Community-Masken" sei die geringe Infektionswahrscheinlichkeit zwar nicht abschließend geklärt,[2555] dennoch wurde im Hinblick auf die damals bestehende Erkenntnislage auch bei diesen ein gewisser Fremdschutz, vor allem in Kombination mit den weiteren Hygienemaßnahmen, anerkannt.[2556] Zum anderen sei es gleichzeitig nicht zu beanstanden, wenn der

---

[2545] Hierzu: BayVGH, Beschl. v. 4.10.2021 – 20 N 20.767, juris Rn. 76; vgl. auch BayVerfGH v. 26.3.2020, NVwZ 2020, 624 Rn. 18; BVerfG v. 7.4.2020, NJW 2020, S. 1429 Rn. 10; BVerfG, Beschl. v. 9.4.2020 – 1 BvR 802/20, juris Rn. 14; BayVGH, Beschl. v. 30.3.2020, NJW 2020, S. 1236 Rn. 59; BayVGH, Beschl. v. 9.4.2020 – 20 NE 20.663, juris Rn. 46; OVG Lüneburg, Beschl. v. 11.5.2020 – 13 MN 143/20, juris Rn. 28.
[2546] VG Würzburg, Beschl. v. 24.4.2020 – W 4 E 20.572; so auch VG Würzburg, Beschl. v. 24.4.2020 – W 4 E 20.574; dem folgend auch: VG Bayreuth, Beschl. v. 27.4.2020 – B 7 E 20.386; VG Bayreuth, Beschl. v. 27.4.2020 – B 7 E 20.388.
[2547] Vgl. hierzu BayVGH, Beschl. v. 16.4.2020 – 20 NE 20.782.
[2548] BayVGH, Beschl. v. 14.4.2020 – 20 NE 20.735.
[2549] VG Ansbach, Beschl. v. 4.5. 2020 – AN 18 E 20.00821 zur Auslegung des § 4 Abs. 1 S. 1 und S. 2 3. BayIfSMV.
[2550] BayVGH, Beschl. v. 22.4.2020 – 20 NE 20.837 zu § 2 Abs. 1 Satz 2 der 2. BayIfSMV [Golf- und Tennisplätze].
[2551] VG Ansbach, Beschl. v. 26.4.2020 – AN 30 S 20.00775, juris Rn. 25 in Anschluss an VG Augsburg v. 24.4.2020 - Au 9 E 20.715; so auch VG Regensburg, Beschl. v. 27.4.2020 – RO 14 E 20.687, juris Rn. 58; zur Auslegung solcher Regelungen Zur Auslegung: VG Würzburg, Beschl. v. 24.4.2020 – W 4 E 20.572; Beschl. v. 24.4.2020 – W 4 E 20.574; VG Bayreuth, Beschl. v. 27.4.2020 – B 7 E 20.386; Beschl. v. 27.4.2020 – B 7 E 20.388.
[2552] BayVGH, Beschl. v. 7.5.2020 – 20 NE 20.955, juris Rn. 35; vgl. auch schon BayVGH, Beschl. v. 30.3.2020 – 20 NE 20.63; Beschl. v. 9.4.2020 – 20 NE 20.663; 20 NE 20.688; 20 NE 20.704; Beschl. v. 28.4.2020 – 20 NE 20.849; BayVGH, Beschl. v. 5.5.2020 – 20 NE 20.926; BayVGH, Beschl. v. 7.5.2020 – 20 NE 20.971.
[2553] BayVerfGH, Entsch. v. 8.5.2020 – Vf. 34-VII-20, juris Rn. 109.
[2554] BayVGH, Beschl. v. 2020 – 20 NE 20.955, juris Rn. 31; BayVGH, Beschl. v. 4.6.2020 – 20 NE 20.929, juris Rn. 17 ff.
[2555] OVG Lüneburg, Beschl. v. 5.5.2020 – 13 MN 119/20, juris Rn. 46.
[2556] BayVGH, Beschl. v. 7.5.2020 – 20 NE 20.955, juris Rn. 32; OVG Lüneburg, Beschl. v. 5.5.2020 – 13 MN 119/20, juris Rn. 45.

Verordnungsgeber in manchen Bereichen das Tragen einer FFP2-Maske vorschreibt.[2557] Die Gefahr einer falschen Anwendung änderte dabei in der Tat nichts an der grundsätzlichen Geeignetheit, da dieser mit Aufklärung begegnet werden konnte.[2558]

Differenzierter betrachten die Entscheidungen die Problematik, die den Faktor der Ungewissheit einbeziehen und auf eine „Einschätzungsprärogative" bei einer neuartigen Gefahrenlage abstellten.[2559] Die Einräumung einer prognostischen Einschätzungsprärogative durch die Generalklausel des § 28 Abs. 1 S. 1 IfSG wurde bereits erörtert und gewährt dem Verordnungsgeber insofern einen Spielraum nicht justitiabler Gewichtung der zugrunde gelegten Fakten (siehe G. III. 3. b. aa.). Auf dieser Grundlage war es zu Beginn der Pandemie zutreffend, die widerspruchsfreie Klärung der Geeignetheit von Maßnahmen durch die Wissenschaft nicht abzuwarten.[2560] Fachbezogene Einschätzungen durften zudem nur beanstandet werden, wenn sie „eindeutig widerlegbar oder offensichtlich fehlerhaft wären oder wenn sie der verfassungsrechtlichen Wertordnung widersprächen."[2561]

Zuweilen wurde auch bei der Beurteilung von Mund-Nasen-Bedeckungen auf den engeren Maßstab einer vertretbaren Eignungsprognose[2562] bzw. bei Betriebsschließungen auf eine schlüssige Einschätzung[2563] abgestellt. Einen ähnlichen Maßstab wie bei den Betriebsschließungen wählte die Rechtsprechung auch bei der Einschränkung des Präsenzunterrichtes, indem auf die Nachvollziehbarkeit der Förderlichkeit von Abstands- und Hygieneregeln durch Kinder abgestellt wurde, deren Auswirkungen auf das Infektionsgeschehen zunächst nicht wissenschaftlich geklärt werden konnte.[2564]

[2557] BayVGH, Beschl. v. 15.4.2021 – 20 NE 21.1012, juris Rn. 21 ff zur Maskenpflicht der 12. BayIfSMV.
[2558] VG München, Beschl. v. 6.5.2020 – M 26 E 20.1739, juris Rn. 35.
[2559] VG München, Beschl. v. 6.5.2020 – M 26 E 20.1739, juris Rn. 30; BayVGH, Beschl. v. 27.4.2020 – 20 NE 20.793, juris Rn. 28; Beschl. v. 23.12.2020 – 20 NE 20.2870; Beschl. v. 5.7.2021 – 25 NE 21.1719; Beschl. v. 30.3.2020 – 20 CS 20.611, juris Rn. 22 a.E.; BayVerfGH, Entsch. v. 9.2.2021 – Vf. 6-VII-20, juris Rn. 81.
[2560] BayVerfGH, Entsch. v. 9.2.2021 – Vf. 6-VII-20, juris Rn. 75; BayVGH, Beschl. v. 19.2.2021– 20 NE 21.458, juris Rn. 19 zu § 2 der 11. BayIfSMV.
[2561] VG Augsburg, Beschl. v. 18.5.2020 – Au 9 E 20.806, juris Rn. 38.
[2562] VG München, Beschl. v. 6.5.2020 – M 26 E 20.1739, juris Rn. 30 f. zur Maskenpflicht; zum verneinten Eingriff in Art. 2 Abs. 2 S. 1 GG: ebd., juris Rn. 25 mit Verweis auf *Butz*, Rückatmung von Kohlendioxid bei Verwendung von Operationsmasken.
[2563] BayVGH, Beschl. v. 30.3.2020 – 20 CS 20.611, juris Rn. 22.
[2564] OVG Münster, Beschl. v. 12.6.2020 – 13 B 779/20.NE, juris Rn. 72 ff.; BayVGH, Beschl. v. 3.7.2020 – 20 NE 20.1443, juris Rn. 39.

Richtigerweise waren die Abstufungen in den Anforderungen an der jeweiligen Grundrechtsrelevanz auszurichten, was die Gerichte nicht ausreichend berücksichtigten. Die zunächst eingeschränkte Kontrolldichte musste zudem mit zunehmendem Erkenntnisgewinn erhöht werden, was in der rechtswissenschaftlichen Aufarbeitung der Pandemie schnell,[2565] in der Rechtsprechung nur zögerlich erkannt wurde.[2566] Ein Grundsatz „einmal Eignung – immer Eignung" verbietet sich dabei.[2567] Zurückgegriffen werden konnte und musste zudem im weiteren Verlauf der Pandemie auf bereits gemachte Erfahrungen mit bestimmten Schutzmaßnahmen: So leitete der BayVGH im Rahmen der zweiten großen Infektionswelle im Winter 2020 auf der Grundlage von § 28a Abs. 1 Nr. 3, Abs. 2 S. 1 Nr. 2 IfSG aus den Erfahrungen mit einer „systemischen"[2568] Kontaktreduktion während der erste Welle den Beweis der Geeignetheit von Ausgangsbeschränkungen ab.[2569] Eine weitere Abstufung der Kontrolldichte hätte sich zudem erreichen lassen, indem die Anforderungen bei unmittelbar kontaktbeschränkenden Maßnahmen geringer gehalten worden wären als bei Maßnahmen, die nur mittelbar hierzu im Bezug stehen: Das Verbot touristischer Ausflüge bzw. die Einhaltung eines 15 km-Radius um den eigenen Wohnort fiel in die letztere Kategorie und war als mittelbare Maßnahme zur Kontaktvermeidung nicht auf den ersten Blick eindeutig geeignet, um das Infektionsgeschehen einzudämmen. Zu fordern war in solchen Fällen eine höhere Kontrolldichte und damit auch eine besondere Darlegungspflicht des Normgebers.[2570]

cc) Teilgebot: Erforderlichkeit

Da § 28 Abs. 1 S. 1 IfSG ein Auswahlermessen einräumt, kann der Verordnungsgeber grundsätzlich aus mehreren geeigneten Mitteln wählen.[2571] Das dritte Teilgebot – die Erforderlichkeit – schränkte diese Auswahl ein. Im Rahmen der Erforderlichkeit ist danach zu fragen, ob andere, gleich geeignete Mittel möglich sind, die

---

[2565] v. Frankenberg, NVwZ 2021, S. 1429; Lepsius, Vom Niedergang grundrechtlicher Denkkategorien.
[2566] Zu pauschal: BayVerfGH, Entsch. v. 30.12.2020 – Vf. 96-VII-20, juris Rn. 26 ff.; vgl. sodann: BayVGH, Beschl. v. 8.6.2020 – 20 NE 20.1307, juris Rn. 21 zu § 11 Abs. 3 S. 1 Nr. 1 und Abs. 4 der 5. BayIfSMV; vgl. auch BayVGH, Beschl. v. 19.6.2020 – 20 NE 20.1127.
[2567] Treffend formuliert von: Leisner, DÖV 1999, S. 815.
[2568] BayVGH, Beschl. v. 14.12.2020 – 20 NE 20.2907, juris Rn. 31 zu § 24 der 10. BayIfSMV.
[2569] Vgl. BT-Drs. 19/23944 S. 27.
[2570] Im Ansatz: BayVGH, Beschl. v. 26.1.2021 – 20 NE 21.162; BayVerfGH, Entsch. v. 29. 1.2021 – Vf. 96-VII-20, juris Rn. 32.
[2571] Vgl. BVerfG, Beschl. v. 8.6.1988 – 2 BvL 9/85, BVerfGE 78, 249 ff., juris Rn. 67 ff.; leicht andere Tendenzen weist BVerwGE 72, 126 (132) auf.

gleichzeitig weniger stark in die Rechte der Normadressaten eingreifen.[2572] Die Gleichwertigkeit von infektiologischen Schutzmaßnahmen ließ sich auf den ersten Blick nur in wenigen Fällen ausschließen bzw. gleichsetzen: Empfehlungen stellten sich zutreffender Ansicht nach – unter anderem bei dem Tragen einer MNB – nicht als gleich geeignet dar, um den Infektionsschutz zu fördern.[2573] Die Erforderlichkeit von Schutzmaßnahmen scheiterte auch nicht deshalb, weil sie für den vulnerablen Teil der Gesellschaft verhängt werden könnten – zum Beispiel in Form von partiellen Ausgangsbeschränkungen[2574] oder einer (berufs-)gruppenspezifischen Maskenpflicht.[2575] Einerseits war nämlich ein Drittel der Bevölkerung bereits 60 oder älter und gehörte damit zur Risikogruppe.[2576] Verfassungsrechtlich war der Staat andererseits nicht darauf beschränkt, den Schutz gesundheitsgefährdeter Personen lediglich durch die Einschränkung derer Freiheitsrechte zu gewährleisten.[2577] Außerdem handelt es sich in der Tat nicht um ein milderes Mittel, wenn ein gleicher Schutz lediglich durch eine (stärkere) Belastung Einzelner erreicht wird.[2578]

Ganz überwiegend traten bei der Frage der Gleichwertigkeit indes zwei Schwierigkeiten auf: Zum einen setzten sich wissenschaftliche Unsicherheiten bei der Einschätzung der Wirksamkeit fort.[2579] Zusätzlich kamen zum anderen auf der Ebene der Erforderlichkeit normative Zweckmäßigkeitserwägungen bei der Frage nach der Gleichwertigkeit verschiedener Maßnahmen hinzu.[2580] An dieser Stelle traf die Verwaltung also mitunter eine autonome Ermessensentscheidung, die das Gericht – aus den bereits diskutierten Gründen – nicht durch eigene Erwägungen ersetzen durfte.[2581] Beide Aspekte spielten eine Rolle bei der Höhe der Einschätzungsprärogative. Die Rechtsprechung hierzu war uneinheitlich und brachte die Kon-

---

[2572] *Guckelberger*, NvwZ Extra 9a (2020), S. 11; vgl. auch BVerfGE 100, 313 (375); 126, 112 (144 f.), BeckRS 2010, 50478.
[2573] BayVerfGH, Entsch. v. 8.5.2020 – Vf. 34-VII-20, juris Rn. 109.
[2574] BVerfG, Beschl. v. 13.5.2020 – 1 BvR 1021/20, juris Rn. 9; BayVGH, Beschl. v. 26.5.2020 – 20 NE 20.1067, juris Rn. 33.
[2575] BayVGH, Beschl. v. 7.7.2020 – 20 NE 20.1477, juris Rn. 17 ff.
[2576] BVerfG, Beschl. v. 13.5.2020 – 1 BvR 1021/20, juris Rn. 9; BayVGH, Beschl. v. 26.5.2020 – 20 NE 20.1067, juris Rn. 33.
[2577] BayVGH, Beschl. v. 26.5.2020 – 20 NE 20.1067, juris Rn. 33; BayVerfGH, Entsch. v. 9.2.2021 – Vf. 6-VII-20, juris Rn. 84; vgl. auch BVerfG, NVwZ 2020, S. 876 Rn. 9..
[2578] BVerfGE 77, 84 (110 f.); 81, 70 (91 f.); 88, 145 (164); 109, 64 (86); 113, 167 (259); 115, 205 (233 f.); 116, 96 (127); 148, 40 Rn. 47.
[2579] In diese Richtung auch: BayVGH, Beschl. v. 27.4.2020 – 20 NE 20.793, juris Rn. 28.
[2580] Vgl. schon PrOVGE 82, 328 (330); PrOVGE 83, 235 (283); letztlich auch *Krebs*, Die Verwaltung 21 (1988), S. 180.
[2581] VG Augsburg, Beschl. v. 18.5.2020 – Au 9 E 20.806, juris Rn. 38; grundlegend auch: BayVerfGH, Urt. v. 15.4.1994 – Vf. 6-VII-92.

trolldichte nicht auf den Punkt: Mitunter stellte sie auf eine Evidenzkontrolle ab, indem die fehlende Erforderlichkeit nur festgestellt wurde, wenn weniger einschneidende Maßnahmen vorhanden waren, bei denen die gleiche Wirksamkeit sichergestellt war.[2582] Einen leicht anderen Maßstab wählte die Rechtsprechung in Konstellationen, bei denen es um Prognosen im Bereich der Einschätzung von Gefahren mit großen Unwägbarkeiten bei einer gleichzeitigen eher geringen Grundrechtseinschränkung ging. In diesen Fällen ging die Rechtsprechung zuweilen nicht auf die Erforderlichkeit ein, sondern fragte nur nach der allgemeinen Vertretbarkeit der Maßnahme.[2583]

Diesen Maßstab wählt die Rechtsprechung auch, wenn eine Ermächtigungsnorm den Erlass von „erforderlichen Maßnahmen" ermöglichte. Denn in diesen Fällen wurde dem Normgeber aufgrund der Formulierung („erforderlich") ein „politischer Beurteilungs- und Gestaltungsspielraum" zugebilligt, was eine eingeschränkte Prüfung dahingehend zur Konsequenz habe, ob die Regelung „schlechterdings ungeeignet" sei.[2584] Rein anhand des Wortlauts lässt sich dies jedoch nicht pauschalisieren: In zutreffender Weise ging der BayVGH davon aus, dass die Ermächtigungsgrundlage des § 28 Abs. 1 S. 1 IfSG keinen politischen Gestaltungsspielraum auf der Ebene der Verhältnismäßigkeit einräumt.[2585] Eine solche Einschränkung der Kontrolldichte ergibt sich weder aus dem Gesetz zum Schutz der Bevölkerung noch aus § 28 Abs. 1 S. 1 IfSG.[2586] Vielmehr rückt der Wortlaut der Vorschrift den Verhältnismäßigkeitsgrundsatz in den Vordergrund[2587] und kompensiert auf diese Weise den offenen Tatbestand.[2588]

Ähnlich zurückhaltend wird auch bei der Überprüfung von gestaltenden Satzungen vorgegangen, obwohl diese Art von örtlichen Baunormen mitunter empfindlich in das Eigentumsrecht eingreifen. Die Rechtsprechung erachtet es auch in diesen Fällen für ausreichend, wenn sich Satzungen auf Umstände stützen, die aus den

---

[2582] BVerfGE 53, 135 (145) zu einer Verordnung; vgl. auch ähnlich BVerfGE 37, 1 (21); 39, 210 (231) zu Maßnahmen der Legislative; BayVerfGH, Entsch. v. 9.2.2021 – Vf. 6-VII-20, juris Rn. 87 mit Verweis auf BVerfG, Beschl. v. 6.10.1987, BVerfGE 77, 84 (109) und v. 14.11.1989, BVerfGE 81, 70 (90 f.); VG Augsburg, Beschl. v. 18.5.2020 – Au 9 E 20.806, juris Rn. 38.
[2583] BVerfG, VerwArch 1987, S. 267; BVerwG, VerwArch 1986, S. 56 zu Überwachungsverordnungen.
[2584] BVerfG 45, 142 (162 ff.).
[2585] BayVGH, Beschl. v. 4.10.2021 – 20 N 20.767, juris Rn. 82.
[2586] BayVGH, Beschl. v. 4.10.2021 – 20 N 20.767, juris Rn. 82 mit Verweis auf BT-Drs. 19/18111, S. 1.
[2587] OVG Münster, BeckRS 2020, 9803 Rn. 32; OVG Magdeburg, BeckRS 2020, 6948 Rn. 23; OVG Magdeburg, COVuR 2020, S. 663 Rn. 18; BayVGH, BeckRS 2020, 6515 Rn. 30 f.
[2588] BayVGH, Beschl. v. 4.10.2021 – 20 N 20.767, juris Rn. 82.

örtlichen Gegebenheiten folgen.[2589] Die Zurücknahme der Kontrollschärfe scheint daher auch für Bereiche zu gelten, die durchaus schwere Grundrechtseingriffe beinhalten. Dies wird auch unterstrichen im grundrechtsrelevanten Bereich der Prüfungsordnungen, indem das BVerwG verlauten ließ, dass jedenfalls ein ungeeignetes Prüfungssystem Art. 12 Abs. 1 GG verletzen würde, nicht aber die Auswahl eines von mehreren Prüfungssystemen, die an sich geeignet sind.[2590] Mit der Verfassung ist diese Praxis nicht zu vereinbaren. Ein rechtsstaatliches Handeln, das die abwehrrechtliche Dimension der Grundrechte ebenso wie die positivrechtliche Funktion[2591] einbezieht erfordert eine Kontrolldichte, die sich an der Grundrechtsbetroffenheit und der Gefahrenlage orientiert sowie den Grad der Sicherheit einbezieht, mit der die Wirksamkeit von Maßnahmen wissenschaftlich belegt werden kann. Die Zusammenhänge dieser Faktoren sollen nachfolgend anhand der Schutzmaßnahmen und dem Verlauf der Pandemie nachvollzogen werden.

1.) Die Höhe der Einschätzungsprärogative und der Grundrechtsrelevanz
Gerade zu Beginn war es aufgrund des Wissensdefizits zulässig und im Hinblick auf den Gewaltenteilungsgrundsatz nötig, einen weiten Einschätzungsspielraum bei der Beurteilung der Effektivität bestimmter Maßnahmen zu wählen.[2592] Ein solcher stand dem Verordnungsgeber auch bei der Beurteilung zu, mit welcher Geschwindigkeit die Senkung der Covid-19-Fallzahlen erforderlich war, um eine unbeherrschbare Virusverbreitung zu verhindern.[2593] So war es nicht zu beanstanden, dass der Verweis des Verordnungsgebers auf eine geringere Validität von Testmöglichkeiten als mildere Maßnahme zunächst von der Rechtsprechung hingenommen wurde.[2594] Auch die zeitliche Komponente der Erforderlichkeit wurde zutreffend angenommen: Ein Zuwarten war angesichts der kaum sicher abschätzbaren, drohenden Überlastung des Gesundheitswesens unter Berücksichtigung der Schutzpflicht des Staats weder notwendig noch zulässig.[2595] Eine zügige Reaktion auf das weltweite pandemische Geschehen war daher im Gegenteil von Beginn an erforderlich.[2596]

[2589] Vgl. OVG Lüneburg, BRS 48, S. 274; eine noch geringer Prüfungsdichte nimmt OVG Münster, BRS 33, S. 240 an.
[2590] BVerwGE 68, 69 (73).
[2591] Vgl. ausführlich zu diesen im Rahmen der Pandemie: *Goldhammer/Neuhöfer*, JuS 2021, S. 214 f.
[2592] So im Ergebnis auch: *Guckelberger*, NvwZ Extra 9a (2020), S. 11; kritischer: *v. Frankenberg*, NvwZ 2021, S. 1429.
[2593] BayVerfGH, Entsch. v. 9.2.2021 – Vf. 6-VII-20, juris Rn. 87.
[2594] BayVGH, Beschl. v. 6.11.2020 – 20 NE 20.2466, juris Rn. 26.
[2595] BayVerfGH, Entsch. v. 8.5.2020 – Vf. 34-VII-20, juris Rn. 121; v. 16.11.2020 – Vf. 90- VII-20, juris Rn. 23.
[2596] vgl. BayVerfGH, Entsch. v. 23.11.2020 – Vf. 59-VII-20, juris Rn. 50.

Eingeschränkt werden musste diese Einschätzungsprärogative – auch zu Beginn der Pandemie – allerdings, soweit es sich um besonders grundrechtsintensive Maßnahmen handelte. Die Kontrolldichte erhöhte sich hierdurch entsprechend. Dieser Faktor wurde in Eilverfahren gegen grundrechtsintensive Ausgangsbeschränkungen[2597] zunächst nicht erfasst, stattdessen wurde pauschal von ihrer Erforderlichkeit ausgegangen.[2598] Auch bei einer eingehenderen Betrachtung bejahte der BayVerfGH im Rahmen der Hauptsachentscheidung hinsichtlich § 4 1. BayIfSMV, der ein Verlassen der Wohnung nur unter engen Voraussetzungen vorsah, dessen Erforderlichkeit.[2599] Aufgrund der unsicheren Tatsachengrundlage und unterschiedlicher fachlicher Einschätzungen[2600] wird der Einschätzungsprärogative des Normgebers eine besondere Bedeutung zugemessen, weshalb nicht solche Maßnahmen ergriffen werden mussten, die mit Sicherheit erfolgsversprechend sein werden.[2601] Die Beurteilung, die Infektionen ließen sich früher und sicherer durch eine möglichst weitgehende Kontaktbeschränkung verringern, wird dabei aus verfassungsrechtlicher Sicht nicht missbilligt.[2602] Die Einschätzungsprärogative wird hierdurch überbetont. Der BayVerfGH übersieht die Auswirkungen der Grundrechtsintensität, die die Anforderungen an die Erforderlichkeit der Maßnahme verschärft.

Begrüßenswert war daher die genauere Auseinandersetzung mit milderen Mitteln[2603] durch den BayVGH im Rahmen der Hauptsache hinsichtlich § 4 1. BayIfSMV. Der BayVGH ging zu Recht davon aus, dass eine mildere Ausgestaltung eine solche wäre, die lediglich Kontaktbeschränkungen vorsieht, weil der Einzelperson auf diese Weise der Aufenthalt im öffentlichen Raum unabhängig von einem triftigen Grund (vgl. § 4 Abs. 3 1. BayIfSMV) gestattet bliebe.[2604] Das Verlassen der Wohnung unter den Erlaubnistatbestand eines restriktiv gefassten trifti-

---

[2597] Im Zusammenhang mit Art. 21 GG: vgl. BayVGH, Beschl. v. 9.4.2020 – 20 NE 20.688; vgl. auch BVerfG, Nichtan. v. 18.4.2020 – 1 BvR 829/20.
[2598] BayVGH, Beschl. v. 30.3.2020 – 20 NE 20.632; Beschl. v. 9.4.2020 – 20 NE 20.663; so auch VG München, Beschl. v. 16.4.2020 – M 26 E 20.1501; BVerfG, Beschl. v. 7.4.2020 - 1 BvR 755/20; *Guckelberger*, NVwZ Extra 9a (2020), S. 11.
[2599] BayVerfGH, Entsch. v. 9.2.2021 – Vf. 6-VII-20.
[2600] Vgl. BayVerfGH, Entsch. v. 3.7.2020, BayVBl 2020, 661 Rn. 17; BVerfG v. 13.5.2020 NVwZ 2020, 876 Rn. 10
[2601] BayVerfGH, Entsch. v. 9.2.2021 – Vf. 6-VII-20, juris Rn. 81.
[2602] BayVerfGH, Entsch. v. 9.2.2021 – Vf. 6-VII-20, juris Rn. 87.
[2603] Dies forderte v.a.: *Lepsius*, Vom Niedergang grundrechtlicher Denkkategorien.
[2604] BayVGH, Beschl. v. 4.10.2021 – 20 N 20.767, juris Rn. 77; a.A. noch im Eilverfahren: BayVGH, Beschl. v. 30.3.2020 – 20 NE 20.632; bestätigt für den inhaltsgleichen § 4 BayIfSMV (GVBl. Nr. 9/2020 S. 194): BayVGH Beschl. v. 9.4.2020 – 20 NE 20.663, so auch VG München, Beschl. v. 16.4.2020 – M 26 E 20.1501.

gen Grundes zu stellen, sieht der BayVGH dabei – anders als im Eilverfahren – [2605] nicht als erforderlich an. Denn es konnte laut BayVGH nicht geklärt werden, worin aus infektiologischer Sicht die Gefährlichkeit des Verlassens der Wohnung durch eine Einzelperson gesehen wird. Eine solche Gefährlichkeit entstünde in der Tat erst, wenn dem Bürger zusätzlich ein infektiologisch risikoreiches Verhalten unterstellt werden könnte, zum Beispiel in Form anschließender Ansammlungen.[2606]

Einen solchen Zusammenhang durch das bloße Verlassen der Wohnung vermochte der BayVGH nicht zu erkennen, obwohl er dies zugegebenermaßen im Rahmen eines Verbotes des Außerhausverkaufs von Alkohol als Mittel der Pandemiebekämpfung anders beurteilte.[2607] Es wurde daher als ausreichend angesehen, Maßnahmen der Kontaktreduktion festzulegen, die bereits in früheren Eilverfahren als weniger bedenklich in Bezug auf die Verhältnismäßigkeit angesehen wurden.[2608] Auch die Effektivität von Ausgangsbeschränkungen wurde im Rahmen der Erforderlichkeit durch den BayVGH bemängelt, weil auf den Zeitpunkt des Verlassens der Wohnung abgestellt werde, der nur schwerlich tatrichterlich überprüft werden könne.[2609] Letzteres ist allerdings selbst bei einer strengen Prüfung der Verhältnismäßigkeit, die der BayVGH grundsätzlich zu Recht zugrunde legte, keine Frage der gerichtliche überprüfbaren Erforderlichkeit einer Regelung, da der Normgeber nicht die effektivste Regelung treffen muss.[2610]

2.) Steigender Erkenntnisgewinn: Differenzierung

Mit zunehmenden Erkenntnisgewinn war zudem möglich und notwendig, die Gefahrenlage und die Effektivität wissenschaftlich näher einzuschätzen.[2611] Neben die hohe Grundrechtsrelevanz vieler Maßnahmen kam daher eine geringere Einschätzungsprärogative als ein Faktor hinzu, der die Kontrolldichte erhöhte. Dies berücksichtigte die gerichtliche Kontrolle – mehr oder minder hinreichend –,[2612] indem bei gesicherten Erkenntnissen eine eingehendere Prüfung von etwaigen

---

[2605] BayVGH, Beschl. v. 12.1.2021 - 20 NE 20.2933, juris Rn. 46; Beschl. v. 19.2.2021– 20 NE 21.458, juris Rn. 19.
[2606] BayVGH, Beschl. v. 4.10.2021 – 20 N 20.767, juris Rn. 79.
[2607] BayVGH, Beschl. v. 13.8.2020 – 20 CS 20.1821, juris Rn. 34.
[2608] BayVGH, Beschl. v. 30.3.2020 – 20 NE 20.632, juris Rn. 54 ff.; Beschl. v. 9.4.2020 – 20 NE 20.663, juris Rn. 38 ff.; vgl. auch BayVGH, Beschl. v. 26.5.2020 – 20 NE 20.1065.
[2609] BayVGH, Beschl. v. 4.10.2021 – 20 N 20.767, juris Rn. 77; vgl. hierzu auch BayObLG, Beschl. v. 24.6.2021 – 202 ObOWi 660/21, COVuR 2021, 561.
[2610] So auch *Goldhammer/Neuhöfer*, JuS 2021, S. 216.
[2611] Zur ständigen Evaluierungspflicht: BayVerfGH, Entsch. v. 9.2.2021 – Vf. 6-VII-20, juris Rn. 89; Entsch. v. 24.4.2020, NVwZ 2020, S. 785 Rn. 31.
[2612] Zu pauschal: BayVerfGH, Entsch. v. 30.12.2020 – Vf. 96-VII-20, juris Rn. 26 ff.

milderen Mitteln bzw. der Wirksamkeit einer Kombination von Mitteln vorgenommen und gefordert wurde.[2613]

Nachvollziehen lässt sich diese Entwicklung unter anderem im Rahmen der Betriebsschließungen, die gerade zu Beginn für erforderlich gehalten wurden. Hygienekonzepte[2614] als mildere Maßnahmen wurden eingangs als nicht gleich geeignet erkannt, weil eine Kontrolle den Staat an seine Kapazitätsgrenzen bringen würde und damit eine gleichwertige Effektivität nicht gewährleistet werden könnte.[2615] Im Verlaufe der Pandemie und mit zunehmenden Erkenntnisgewinn, der mit erhöhten Erfahrungswerten einherging, änderte sich diese Einschätzung in zutreffender Weise: Zeigten sich durch gewisse Öffnungsschritte – verbunden mit Hygienekonzepten –[2616] keine nachteiligen Auswirkungen auf den Pandemieverlauf, so war der Staat verpflichtet weniger intensive, von Hygienekonzepten begleitete Maßnahmen zu erlassen.[2617]

Zu den die Öffnungsschritte ermöglichenden Maßnahmen zählten auch Testungen, die für die Nutzung von Dienstleistungen bzw. als Zugangsbeschränkung eingeführt wurden. War die Validität dieser Testungen zunächst beschränkt und gab es sie nicht in ausreichender Stückzahl,[2618] so traten sie ab Anfang 2021 als zusätzliche Schutzmaßnahme hinzu. Die Geeignetheit der Testpflicht ergab sich schon aus dem Umstand, dass ein POC-Antigen-Schnelltest[2619] wie auch ein PCR-Test den Erreger des Coronavirus mit einer gewissen Wahrscheinlichkeit nachweisen können, womit in der Folge eines positiven Testes ein (kontaktintensiver) Besuch von Einrichtungen bzw. die Nutzung von Dienstleistungen unterbleiben musste.[2620]

Die zahlenförmige Ausgestaltung der Hygienemaßnahmen bzw. Kontaktbeschränkungen – zum Beispiel in Form eines Mindestabstands oder einer Personenober-

---

[2613] BayVGH, Beschl. v. 8.6.2020 – 20 NE 20.1307, juris Rn. 21 zu § 11 Abs. 3 S. 1 Nr. 1 und Abs. 4 der 5. BayIfSMV; vgl. auch BayVGH, Beschl. v. 19.6.2020 – 20 NE 20.1127.
[2614] VG München, Beschl. v. 20.3.2020 – M 26 S 20.1222, juris Rn. 22; VG München, Beschl. v. 20.3.2020 – M 26 E 20.1209, juris Rn. 40.
[2615] VG München, Beschl. v. 20.3.2020 – M 26 E 20.1209, juris Rn. 40.
[2616] Zur infektiologischen Wirksamkeit: BayVGH, Beschl. v. 16.7.2020 – 20 NE 20.1580, juris Rn. 29.
[2617] VG Regensburg, Beschl. v. 12.6.2020 – RN 14 E 20.963 zu § 9 Abs. 1, § 11 Abs. 5 i.V.m. § 14 S. 2 der 5. BayIfSMV; zu den Zulässigkeitsfragen: BayVGH, Beschl. v. 18.6. 2020 – 20 CE 20.1388; sich dem anschließend: VG Regensburg, Beschl. v. 23.6.2020 – RO 14 E 20.1057.
[2618] VG München, Beschl. v. 28.04.2020 – M 26 E 20.1593, juris Rn. 27 mit Verweis auf die damaligen Angaben des Testherstellers.
[2619] Point-of-Care-Testing bzw. patientennahe Labordiagnostik.
[2620] BayVGH, Beschl. v. 2.3.2021 – 20 NE 21.369, juris Rn. 18 zu § 9 Abs. 2 Nr. 4 HS. 1 und 2 der 11. BayIfSMV; a.A. BayVGH, Beschl. v. 3.7.2020 – 20 NE 20.1443, juris Rn. 45 f. für den Schulbetrieb.

grenze –²⁶²¹ wurde dabei in das Ermessen des Verordnungsgebers gestellt, nicht ohne die genaue Ausgestaltung zumindest auf Nachvollziehbarkeit zu überprüfen.²⁶²² Mitunter stößt die Rechtsprechung hierbei auf eine Grenze der Kontrollierbarkeit, wenn sich nämlich aus dem Inhalt der Regelung nicht ergibt, weshalb der Normgeber einen bestimmten Zahlenwert zum Infektionsschutz wählt. Insofern ergibt sich hierbei eine Darlegungspflicht des Normgebers. Nicht akzeptabel mit Blick auf einen zureichenden Rechtsschutz ist es, die Nachvollziehbarkeitskontrolle allzu oberflächlich vorzunehmen, wie es bei der Kontrolle einer Personenobergrenze von Kontakten der Fall war: Hier wird nur festgehalten, dass die Personenobergrenze (§ 3 Abs. 1 Nr. 2 8. BayIfSMV) nicht „unschlüssig" sei.²⁶²³

Derartige Hygienekonzepte boten allerdings nicht nur einen Ausweg aus den umfangreichen Schließungen, sondern wurden selbst von Betroffenen mitunter als nicht erforderlich angezweifelt. Die Rechtsprechung folgte diesen Zweifeln vor allem in Bezug auf den Schulbetrieb nicht, sondern ging von deren Erforderlichkeit aufgrund eines hohen Infektionsrisikos innerhalb geschlossener Räume aus: Das Vorsehen eines Wechselbetriebs²⁶²⁴ wurde daher ebenso als erforderlich betrachtet wie das Tragen einer MNB.²⁶²⁵

Der zunehmende Erkenntnisgewinn machte es auch möglich und nötig, die Erforderlichkeit der Maßnahmen nach dem jeweiligen Pandemiegeschehen auszurichten: Bei einem niedrigen Infektionsgeschehen wurden daher zu Recht auch weniger eingriffsintensive Maßnahmen einem strengen Maßstab unterworfen,²⁶²⁶ eingriffsintensive Maßnahmen scheiterten in diesem Szenario an der Erforderlich-

---

²⁶²¹ Hierzu: BayVGH, Beschl. v. 16.7.2020 – 20 NE 20.1500, juris Rn. 23.
²⁶²² BVerfG, Beschl. v. 13.5.2020 – 1 BvR 1021/20, juris Rn. 10; BayVerfGH, Entsch. v. 15.5.2020 – Vf. 34-VII-20, juris Rn. 12; BayVGH, Beschl. v. 16.7.2020 – 20 NE 20.1580, juris Rn. 29 mit Verweis auf *Chu/Akl/Duda/Solo/Yaacoub/Schünemann*, Lancet, Physical distancing: „protection was increased as distance was lengthened", „The findings of this systematic review and meta-analysis support physical distancing of 1 m or more (Interpretation, S. 2), „distances of 2 m might be more effective" (Discussion, S. 16, 17, 20), „Hence, the results of our current review support the implementation of a policy of physical distancing of at least 1 m and, if feasible, 2 m or more." (Discussion, S. 17 f.).
²⁶²³ BayVGH, Beschl. v. 6.11.2020 – 20 NE 20.2466, juris Rn. 25.
²⁶²⁴ Vgl. zum fehlenden Anspruch auf unbeschränkten Präsenzunterricht: BayVGH, Beschl. v. 3.7.2020 – 20 NE 20.1443; vgl. auch VG München, Beschl. v. 25.8.2020 – M 26b E 20.2763; zur inhaltsgleichen Regelung der 8. BayIfSMV: VG München, Beschl. v. 10.11.2020 – M 26b E 20.5654; *Möstl* in Lindner/ders./Wolff, Verfassung des Freistaates Bayern, Art. 128 Rn. 5; BayVerfGH, Entsch. v. 21.5.2014 – Vf. 7-VII-13, juris Rn. 53; Entsch. v. 28.5.2009 – Vf. 4-VII-07, juris Rn. 123; Entsch. v. 16.4.1964 Vf. 82-VII-62, juris [1. Leitsatz].
²⁶²⁵ BayVGH, Beschl. v. 3.7.2020 – 20 NE 20.1443, juris Rn. 42 f.
²⁶²⁶ BayVGH, Beschl. v. 19.6.2020 – 20 NE 20.1127, juris Rn. 41 zu § 13 Abs. 4 Satz 1, Abs. 5 S. 1 5. BayIfSMV.

keit.[2627] Bei einem starken Infektionsgeschehen wurden hingegen selbst lokal begrenzte Maßnahmen nicht mehr als mildere, gleich geeignete Mittel angenommen.[2628] Hygienekonzepte kamen als mildere Mittel daher nur in Betracht, wenn die entsprechende Wirksamkeit unter Berücksichtigung des Infektionsschutzes durch die Betreiber ausreichend vorgetragen wurde; dabei wurde gegen eine gleiche Geeignetheit – je nach Pandemielage – ein zu starkes Infektionsgeschehen in das Felde geführt, welches Kontaktbeschränkungen der Bevölkerung erforderlich gemacht habe.[2629]

3.) Der Erlass von § 28a IfSG

Ab Erlass der §§ 28a und b IfSG[2630] wurden die Schutzmaßnahmen einer differenzierten Regelung durch den Gesetzgeber zugeführt. Die Erforderlichkeit (und die Geeignetheit) der Schutzmaßnahmen konnten daher grundsätzlich mit der Feststellung der epidemischen Lage begründet werden, die eine parlamentarische Legitimation hinzufügte.[2631] Die Erforderlichkeit von bestimmten Maßnahmen wurde zudem gesetzlich (§ 28a Abs. 3 S. 5-7 IfSG) abhängig von ihrer Eingriffsintensität an bestimmte Schwellenwerte der Neuinfektionen geknüpft.[2632] Hierdurch wurde deutlich, dass es eines gewissen Rechtfertigungsaufwandes bedurfte, um gewisse Maßnahmen trotz Unterschreitung von gewissen Infektionszahlen aufrechtzuerhalten.[2633] Bei spezifischen, besonders grundrechtsrelevanten Maßnahmen wurde zudem die Erforderlichkeit besonders betont, indem solche nach § 28a Abs. 2 IfSG[2634] nur erlassen werden konnten, wenn die Eindämmung der Virusverbreitung trotz der bereits erlassenen Maßnahmen *erheblich* gefährdet sein sollte.[2635] Die erhebliche Gefährdung musste der Verordnungsgeber durch eine Gefahrenprognose auf der Basis einer ex-ante Betrachtung einschätzen, wobei diese Prognose – der Sache nach – einer gerichtlichen Vertretbarkeitsprüfung unterworfen

---

[2627] Vgl. BayVGH, Beschl. v. 19.6.2020 – 20 NE 20.1127; anders noch längere Zeit für Veranstaltungsverbote: BayVGH, Beschl. v. 8.6.2020 – 20 NE 20.1316, juris Rn. 29 f.
[2628] BayVGH, Beschl. v. 6.11.2020 – 20 NE 20.2466, juris Rn. 26.
[2629] BayVGH, Beschl. v. 6.11.2020 – 20 NE 20.2466, juris Rn. 26; Beschl. v. 26.11.2020 – 20 NE 20.2484, juris Rn. 19.
[2630] i.d.F. v. 19.11.2020, Art. 1 G. v. 18.11.2020 BGBl. I S. 2397.
[2631] BayVGH, Beschl. v. 16.2.2021 – 20 NE 21.340, juris Rn. 25 zu § 11 Abs. 6 der 11. BayIfSMV.
[2632] BayVGH, Beschl. v. 8.12.2020 – 20 NE 20.2461, juris Rn. 37 ff.; BayVGH, Beschl. v. 14.12.2020 – 20 NE 20.2907, juris Rn. 31 f.; vgl. auch BVerfG, Beschl. v. 8.3.2011 – 1 BvR 47/05, NVwZ 2011, S. 743, juris Rn. 21; BayVerfGH, Entsch. v. 29.10.2018 – Vf. 21-VII-17, BayVBl 2019, S. 374, juris Rn. 47.
[2633] BayVGH, Beschl. v. 2.6.2021 – 20 NE 21.1383, juris Rn. 12 ff.
[2634] i.d.F. v. 19.11.2020, vgl. Art. 1 G. v. 18.11.2020 BGBl. I S. 2397.
[2635] BayVGH, Beschl. v. 14.12.2020 – 20 NE 20.2907, juris Rn. 33 ff. zu § 24 der 10. BayIfSMV, so auch schon BayVGH, Beschl. v. 11.11.2020 – 20 NE 20.2485, juris Rn. 25; OVG Münster, Beschl. v. 27.8.2020 – 13 B 1220/20.NE, juris Rn. 37.

wird.²⁶³⁶ Als vertretbar wurde es dabei angesehen mit der Verordnung nicht nur eine Reduktion der Infektionszahlen erreichen zu wollen, sondern eine Eindämmung der Fallzahlen.²⁶³⁷ Gebrauch machte der bayerische Verordnungsgeber von diesen besonders grundrechtsrelevanten Maßnahmen während der zweiten Infektionswelle im Herbst 2020 durch den Erlass nächtlicher Ausgangsbeschränkungen (§ 28a Abs. 2 S. 1 Nr. 2 IfSG). Angesichts des starken Anstiegs der Infektionszahlen beanstandeten die Gerichte diese Schutzmaßnahmen mit Blick auf ihre Erforderlichkeit zu Recht nicht.²⁶³⁸

dd) Teilgebot: Angemessenheit

1.) Allgemeines zur Angemessenheitsprüfung

Die Verhältnismäßigkeit im engeren Sinne²⁶³⁹ gewährleistet, dass der angestrebte Zweck der Maßnahmen nicht außer Verhältnis steht zu den mit ihr einhergehenden Beeinträchtigungen.²⁶⁴⁰ Die Beurteilung erfordert daher eine Abwägung zwischen dem Nutzen der Maßnahme und den damit verbundenen Beeinträchtigungen.²⁶⁴¹ Wie auf allen bisherigen Ebenen der Verhältnismäßigkeitsprüfung, werden die Gerichte auch hier mitunter mit subjektiven bzw. autonomen Erwägungen der Exekutive konfrontiert. Diese Erwägungen spielen dabei sowohl bei der Gewichtung von Belangen eine Rolle als auch bei deren Abwägung untereinander und selbst bei der Festlegung der Grenzen der Angemessenheit.²⁶⁴² Dies führt dazu, dass die Abwägungsentscheidung rational betrachtet lediglich in einem gewissen Umfang überhaupt strukturiert und geprüft werden kann.²⁶⁴³ Würde das Gericht daher die Bewertungsspielräume selbst im Rahmen der Prüfung ausfüllen, so entstünde die Gefahr einer Billigkeitsrechtsprechung,²⁶⁴⁴ bei welcher die Judikative ihre subjektiven Einschätzungen als verbindlich festsetzen würde.²⁶⁴⁵

---

²⁶³⁶ BayVGH, Beschl. v. 14.12.2020 – 20 NE 20.2907, juris Rn. 33 ff.
²⁶³⁷ BayVGH, Beschl. v. 14.12.2020 – 20 NE 20.2907, juris Rn. 33 ff.
²⁶³⁸ vgl. BT-Drs. 19/24334 S. 80; grundsätzliches hierzu in BVerfG, Beschl. v. 8.3.2011 – 1 BvR 47/05, juris Rn. 21, NVwZ 2011, S. 743; BayVerfGH, Entsch. v. 29.10.2018 – Vf. 21-VII-17, juris Rn. 47, BayVBl. 2019, S. 374.
²⁶³⁹ Auch als Übermaßverbot bezeichnet: BVerfGE 67, 157 (178); 90, 145 (173); 105, 17 (36).
²⁶⁴⁰ BVerfGE 50, 217 (227); 80, 103 (107); 99, 202 (212 ff.); von der Angemessenheit spricht: BVerfGE 13, 230 (236); 93, 213 (237 f.); 100, 313 (375 f.); die Zumutbarkeit für die Betroffenen erwähnt: BVerfGE 13, 97 (113); 30, 292 (316); 67, 157 (178); 68, 193 (219 f.); 77, 84 (111 f.); 78, 77 (85 ff.); 79, 84 (111 ff.); 81, 70 (93); 83, 1 (19); 92, 262 (274); 101, 331 (350); 102, 1 (20).
²⁶⁴¹ *Grzeszick* in Dürig/Herzog/Scholz, GG, Art. 20 Rn. 118.
²⁶⁴² *Grzeszick* in Dürig/Herzog/Scholz, GG, Art. 20 Rn. 118.
²⁶⁴³ *Schlink,* Abwägung im Verfassungsrecht, S. 127 ff., 458 ff.; *Dechsling,* Das Verhältnismäßigkeitsgebot, S. 17 ff.
²⁶⁴⁴ Vgl. *Leisner,* Der Abwägungsstaat, S. 11 ff.; *Schlink* in Badura/Dreier, Festschrift 50 Jahre BVerfG II, S. 445, 455 ff.; *Breuer* in Schmidt-Aßmann/Sellner u.a., Festgabe 50 Jahre BVerwG,

Es erscheint nicht sinnhaft, die Alternativlosigkeit an dieser Stelle als Argument für eine Letztentscheidungskompetenz der Gerichte zu würdigen. Vielmehr ist es am ehesten mit dem Gewaltenteilungsgrundsatz vereinbar, eine eingeschränkte Justitiabilität anzunehmen und zwar dann, wenn eben solche subjektiven Bewertungsspielräume anzunehmen sind.[2646] Diese Bewertungsspielräume werden dabei durch den demokratisch legitimierten Gesetzgeber ausgestaltet bzw. im Falle der Delegation vom untergesetzlichen Normgeber, der durch diese Legitimationskette eine ausreichende Stellung hierfür erhält.[2647] Diese zurückhaltende Kontrolle übt auch das BVerfG aus,[2648] indem es dem Normgeber einen Einschätzungsspielraum zubilligt, der mitunter nur auf Evidenz geprüft wird.[2649] Ob es sich um eine Evidenzkontrolle oder um eine Vertretbarkeitskontrolle handelt, wobei letztere die Wertung des Normgebers eröffnet, kann im Ergebnis im Kontext der untergesetzlichen Normen grundsätzlich aufgrund der fehlenden Begründungspflicht bei Rechtsnormen dahinstehen.[2650]

Die Zurückhaltung bei der Kontrolle erfährt allerdings dann eine Ausnahme, wenn Grundrechtspositionen besonders betroffen sind. Die Rechtsprechung prüft daher grundsätzlich, ob der gesetzgeberische Zweck höher einzuschätzen ist als die Grundrechtsbeeinträchtigung der Normadressaten,[2651] wobei dies auch auf den Erlass von Rechtsverordnungen übertragen wird.[2652] Der abstrakt-generelle Charakter birgt wie auf den übrigen Ebenen der Verhältnismäßigkeit die Besonderheit, dass der angestrebte Zweck bzw. der Nutzen der Regelung in Verhältnis zu den Beeinträchtigungen der gesamten Betroffenen gesetzt wird.[2653] Ein enger Beurteilung des Verhältnisses zueinander kommt nur bei Belangen in Betracht, die einen

---

S. 223, 242 ff.; a.A. bei *Buchwald*, Prinzipien des Rechtsstaats, S. 221 ff. bzw. *Calliess,* Rechtsstaat und Umweltstaat, 584 ff.
[2645] Vgl. *Stüer*, DVBl. 1974, S. 320.
[2646] Vgl. *Böckenförde*, Staat, Verfassung, Demokratie, S. 159 ff., 189 f.; *Lerche* in Burmeister, Festschrift für Klaus Stern, S. 197, 200 u. 202 ff.; *Haltern*, Verfassungsgerichtsbarkeit, Demokratie und Misstrauen, S. 204 ff.
[2647] *Böckenförde*, Staat, Verfassung, Demokratie, S. 159 ff., 189 f.; *Grzeszick* in Dürig/Herzog/Scholz, GG, Art. 20 Rn. 121.
[2648] BVerfGE 44, 353 (373); 96, 10 (23 ff.); von „schlechterdings unvereinbar" spricht z.B. BVerwGE 71, 163; von „unvertretbar" bzw. „völlig verfehlt" ist bei BVerwGE 45, 309 (315, 326); 56, 283 (290) die Rede.
[2649] Vgl. auch *Schulze-Fielitz*, Jura 1992, S. 205; *Hoppe,* DVBl. 1992, S. 858.
[2650] Hierzu: *v. Danwitz*, Die Gestaltungsfreiheit des Verordnungsgebers, S. 204.
[2651] BVerfG, NJW 1986, S. 2564.
[2652] Vgl. VGH Mannheim, NVwZ 1992, S. 1109; BayVerfGH, NVwZ-RR 1995, S. 265.
[2653] Angedeutet in: BayVGH, Beschl. v. 3.7.2020 – 20 NE 20.1443, juris Rn. 52; VG München, Beschl. v. 18.5.2020 – M 26 S 20.1657– S. 17.

hierdurch eingrenzbaren Personenkreis betrifft, wobei spezifische Interessen Einzelner keine Berücksichtigung finden dürfen.[2654]

2.) Angemessene Schutzmaßnahmen: Notwendige Ausnahmeregelungen
Die Grundrechtsrelevanz spielte auch bei den Coronaverordnungen die entscheidende Rolle bei der Einordnung der Kontrolldichte: Zwar dienten sie dem Infektions- und damit letztlich dem Gesundheits- und Lebensschutz, allerdings sind auch diese Güter einschränkbar. So unterliegt selbst das Recht auf Leben einem einfachen Gesetzesvorbehalt (Art. 2 Abs. 2 S. 3 GG); es ist nicht zu verwechseln mit der unantastbaren Würde des Menschen.[2655] Auch bei diesem überragend wichtigen Gut geht es um die Vornahme einer dynamischen Abwägung und nicht um einen absoluten Schutz.[2656] Mit steigender Intensität von grundrechtsintensiven Maßnahmen zum Zwecke des Lebens- und Gesundheitsschutzes wachsen die Anforderungen an die besondere Rechtfertigung in Form der Verhältnismäßigkeit[2657] mit dem Ziel einer praktischen Konkordanz.[2658]

Auch dieser Aspekt wurde von der überwiegenden Rechtsprechung nur ungenügend in die Kontrolle einbezogen. So ging der BayVerfGH im Rahmen der ersten Ausgangsbeschränkungen (§ 4 1. BayIfSMV) von einem starken Eingriff in die Freizügigkeit (Art. 109 Abs. 1 BV) und einer psychischen Belastung trotz Ablehnung eines Eingriffs in die körperliche Bewegungsfreiheit aus.[2659] Dennoch wurde dem Allgemeinwohlinteresse ein höheres Gewicht eingeräumt, weil der Staat durch die Maßnahmen seiner Schutzpflicht im Hinblick auf die Gesundheit nachkomme.[2660]

Der BayVGH sah dies zu Recht anders: Er ging neben der fehlenden Erforderlichkeit von einer Unangemessenheit der strikten Ausgangsbeschränkungen aus.[2661] Zu befürworten ist die Anlegung einer strengen Kontrolldichte aufgrund der

---

[2654] Vgl. BVerfGE 58, 137 (149 f.); BayVGH, NVwZ-RR 1991, S. 252.
[2655] *Goldhammer/Neuhöfer*, JuS 2021, S. 213 mit dem Beispiel des Rettungsschusses.
[2656] *Goldhammer/Neuhöfer*, JuS 2021, S. 213; *Lepsius*, Vom Niedergang grundrechtlicher Denkkategorien; vgl. auch zum selbstbestimmten Sterbeprozess: BVerfGE 153, S. 182, NJW 2020, S. 905, JuS 2020, S. 580.
[2657] BayVGH, Beschl. v. 3.7.2020 – 20 NE 20.1492, juris Rn. 23 zu Betriebsschließungen [§ 11 Abs. 5 der 6. BayIfSMV].
[2658]
[2659] BayVerfGH, Entsch. v. 9.2.2021 – Vf. 6-VII-20, juris Rn. 93 f.
[2660] BayVerfGH, Entsch. v. 9.2.2021 – Vf. 6-VII-20, juris Rn. 95; vgl. auch BayVerfGHE 47, 207 (223); 57, 84 (98).
[2661] BayVGH, Beschl. v. 4.10.2021 – 20 N 20.767, juris Rn. 80; anders noch im Eilverfahren: BayVGH, Beschl. v. 30.3.2020 – 20 NE 20.632; bestätigt für den inhaltsgleichen § 4 1. BayIfSMV, GVBl. Nr. 9/2020 S. 194: BayVGH Beschl. v. 9.4.2020 – 20 NE 20.663.

Grundrechtsintensität.[2662] Diese Grundrechtsrelevanz sorgte dafür, dass dauerhafte Ausgangsbeschränkung sich nicht aufgrund der Gefahr der Bildung von Ansammlungen rechtfertigen, da eine solche Gefahr nur an bestimmten Örtlichkeiten bestand, die durch örtlich begrenzte Maßnahmen beseitigt hätte werden können.[2663] Zweifelhaft ist dagegen der weitergehende Begründungsansatz, der zum einen darauf abstellte, dass eine restriktivere Maßnahme als die im Bund-Länder-Beschluss vorgezeichneten Kontaktbeschränkungen auch im pandemisch schlechter gestellten Bayern unangemessen seien.[2664] Bei der Bund-Länder-Konferenz handelte es sich nicht um verfassungsrechtlich anerkanntes Gremium,[2665] das geeignet wäre die demokratische Legitimation auf eine höhere Ebene zu stellen und eine Maßnahme als angemessen oder unangemessen zu kategorisieren. Zum anderen mache insbesondere § 28a Abs. 2 IfSG klar, dass ein qualitativer Unterschied zwischen Ausgangs- und Kontaktbeschränkungen bestehe.[2666] Eine Norm, die zum Zeitpunkt der streitigen Norm noch nicht erlassen worden war, konnte jedoch schwerlich zur ex-ante Beurteilung der Verhältnismäßigkeit der Ausgangsbeschränkungen herangezogen werden.

Eine gemeinsame Linie verfolgten beide Gerichte bei den nächtlichen Ausgangsbeschränkungen in der zweiten Infektionswelle im Herbst 2020. Für die Angemessenheit dieser Ausgestaltung wurde die geringere Betroffenheit angeführt, da sich die Bevölkerung in der Nacht ohnehin überwiegend zu Hause aufhalte.[2667] Gleichzeitig würden dadurch nächtliche Kontakte vermieden, die aufgrund einer generellen Betrachtung besonders riskant in Bezug auf die Infektionsgefahren einzuschätzen seien.[2668]

Hieraus lässt sich folgende Erkenntnis ziehen: Generelle, flächendeckende Maßnahmen ohne Ausnahme erwiesen sich selbst dann als unangemessen, wenn sie dem Gesundheitsschutz dienten.[2669] Veranschaulichen lässt sich dies an zahlreichen Beispielen: Eingriffe in die Berufsfreiheit (Art. 12 Abs. 1 GG) und – soweit eine existenzbedrohende Maßnahme durch Betriebsschließungen angenommen

---

[2662] BayVGH, Beschl. v. 4.10.2021 – 20 N 20.767, juris Rn. 83 mit Verweis auf BT-Drs. 8/2468 S. 21; vgl. auch BVerfG, Beschl. v. 17.4.2020 – 1 BvQ 37/20, juris Rn. 23; Beschl. v. 3.6.2020 - 1 BvR 990/20, NJW 2020, S. 2326.
[2663] BayVGH, Beschl. v. 4.10.2021 – 20 N 20.767, juris Rn. 80; anders noch im Eilverfahren: BayVGH, Beschl. v. 30.3.2020 – 20 NE 20.632; bestätigt für den inhaltsgleichen § 4 1. BayIfSMV, GVBl. Nr. 9/2020 S. 194: BayVGH Beschl. v. 9.4.2020 – 20 NE 20.663.
[2664] BayVGH, Beschl. v. 4.10.2021 – 20 N 20.767, juris Rn. 84.
[2665] *Brüning/Thomsen*, NVwZ 2021, S. 1183.
[2666] BayVGH, Beschl. v. 4.10.2021 – 20 N 20.767, juris Rn. 84 f.
[2667] BayVGH, Beschl. v. 14.12.2020 – 20 NE 20.2907, juris Rn. 40 ff.
[2668] BayVerfGH, Entsch. v. 17.12.2020 – Vf. 110-VII-20, juris Rn. 31 ff.
[2669] Vgl. auch *Schmitz/Neubert*, NVwZ 2020, S. 668.

werden konnte – in die Eigentumsgarantie nach Art. 14 GG[2670] erforderten zumindest die Einräumung eines Befreiungsvorbehaltes[2671] sowie ausgewogene Ausnahmeregelungen[2672] und finanzielle Ausgleichsmaßnahmen des Staates.[2673] Die Anforderungen an betriebliche Einschränkungen wurden dagegen zutreffend geringer gehalten: Gegen einschränkende Hygienemaßnahmen sprach nicht, dass sie die Kapazitäten vorübergehend einschränkten[2674] und der Betreiber gewisse ihm zumutbare, eigene unternehmerische Schritte erwägen musste, um Umsatzeinbußen abzufedern.[2675]

Soweit man einen Eingriff in die Rechte von Kindern bzw. Eltern durch die Einschränkung des Schulbetriebes erkennen mag,[2676] ähnelte die Argumentation denen der Betriebsschließungen bzw. -einschränkungen. Die Angemessenheit werde jedenfalls sichergestellt durch Wechselunterricht, Notbetreuung und Ausnahmemöglichkeiten.[2677] Auch die Eingriffe in die besonders hoch eingeschätzten Güter der Religions-[2678] und Versammlungsfreiheit[2679] erforderten das Vorsehen eines effektiven Ausnahmetatbestandes, wobei die Ausgestaltung als präventives Ver-

---

[2670] Zur Abgrenzung: BVerfG, Urt. v. 6.12.2016 – 1 BvR 2821/11, BVerfGE 143, 246, juris Rn. 240; VGH Mannheim, Beschl. v. 9.4.2020 – 1 S 925/20, juris Rn. 37 ff.; OVG Münster, Beschl. v. 29.4.2020 – 13 B 512/20.NE, juris Rn. 83; BayVGH, Beschl. v. 29.5.2020 – 20 NE 20.1165, juris Rn. 15 f.; Beschl. v. 14.4.2020 – 20 NE 20.763, juris Rn. 15.
[2671] BayVGH, Beschl. v. 14.4.2020 – 20 CE 20.725, juris Rn. 6; vgl. auch BVerwG, Urt. v. 5.2.2009 – 7 CN 1.08, NVwZ 2009, S. 719; BVerfG, Urt. v. 4.2.1975 – 2 BvL 5/74, BVerfGE 38, 348 (368); vgl. auch allgemein hierzu: *Maurer/Waldhoff*, Allgemeines Verwaltungsrecht, § 9 Rn. 51 ff.
[2672] Hierzu: BayVGH, Beschl. v. 14.7.2020 – 20 NE 20.1572; Beschl. v. 14.7.2020 – 20 NE 20.1574; Beschl. v. 23.7.2020 – 20 NE 20.1651.
[2673] VG München, Beschl. v. 20.3.2020 – M 26 E 20.1209, juris Rn. 49.
[2674] BayVGH, Beschl. v. 16.7.2020 – 20 NE 20.1580, juris Rn. 31 [§ 2 Abs. 1 der 6. BayIfSMV].
[2675] BayVGH, Beschl. v. 16.7.2020 – 20 NE 20.1580, juris Rn. 34 ff.; Anmeldung von Kurzarbeit als Beispiel (§ 95 Abs. 3 SGB III): OVG Bautzen, Beschl. v. 29.4.2020 – 3 B 138/20, juris Rn. 32.
[2676] Kritisch: BayVGH, Beschl. v. 3.7.2020 – 20 NE 20.1443; vgl. auch VG München, Beschl. v. 25.8.2020 – M 26b E 20.2763; zur inhaltsgleichen Regelung der 8. BayIfSMV: VG München, Beschl. v. 10.11.2020 – M 26b E 20.5654; zum fehlenden Eingriff in die Gesundheit: VGH Mannheim, Beschl. v. 18.5.2020 – 1 S 1357/20, juris Rn. 139.
[2677] BayVGH, Beschl. v. 3.7.2020 – 20 NE 20.1443, juris Rn. 52.
[2678] BVerfG, einst. An. v. 29.4.2020 – 1 BvQ 44/20, juris Rn. 14 zu § 1 Abs 5 S. 1 Nr. 3 der Niedersächsischen CoronaVO v. 17.4.2020; strenger aber: BVerfG, Abl. einst. An. 10.4.2020 – 1 BvQ 31/20; fehlendes Rechtsschutzbedürfnis wegen der Aussetzung der Gottesdienste durch die Kirchen: BayVGH, Beschl. v. 9.4.2020 – 20 NE 20.704; so auch BayVGH, Beschl. v. 9.4.2020 – 20 NE 20.738; VGH Kassel, Beschl. v. 7.4.2020 – 8 B 892/20, juris Rn. 25; *Schoch* in ders./Schneider, VwGO, § 47 Rn. 151.
[2679] BayVGH, Beschl. v. 9.4.2020 – 20 CE 20.755; vorangehend: VG München, Beschl. v. 9.4.2020 – M 26 E 20.1506; BVerfG, Abl. einst. An. v. 9.4.2020 – 1 BvQ 29/20 zum strengen Maßstab für Ausnahmegenehmigungen [§ 1 Abs. 1 Nr. 3 1. BayIfSMV].

bot mit Erlaubnisvorbehalt zum Teil auch kritisch gesehen wurde.[2680] Ein solches musste dann jedenfalls verfassungskonform dahingehend ausgelegt werden,[2681] dass der Versammlung nur spezifisch infektiologische Risiken entgegengehalten werden durften, die von der eigentlichen Versammlung ausgingen.[2682]

Diese angemessene Ausgestaltung war auch bei Maßnahmen zu fordern, denen generell eine geringere Grundrechtsrelevanz zugeschrieben wurde. Die Rechtsprechung nahm ihre kontrollierende Funktion insofern nicht immer in ausreichendem Umfang wahr.[2683] Kontaktbeschränkungen wurden grundsätzlich in zutreffender Weise als mildere Maßnahmen als Ausgangsbeschränkungen erkannt.[2684] Sie konnten in Form von strikten Besuchsverboten in Krankenhäusern, Altenheimen und ähnlichen, vulnerable Gruppen beherbergende Einrichtungen (vgl. § 3 1. BayIfSMV) allerdings in einen unverhältnismäßigen Eingriff in die Grundrechte der Angehörigen und Betroffenen umschlagen.[2685] Diskutabel ist dabei nicht nur ein Eingriff in die allgemeine Handlungsfreiheit, sondern auch in den Gesundheitsschutz durch starke Isolierungseffekte, was die Rechtsprechung verkannte.[2686] Die gelockerten Besuchseinschränkungen (vgl. § 3 S. 1 4. BayIfSMV) erfüllten diese Anforderungen an eine angemessene Regelung.[2687] Die Folgen einer Isolierung wurden durch sie erheblich vermindert (§ 4 Abs. 3 4. BayIfSMV).[2688] Diese Vermei-

---

[2680] BVerfG, Einst. An. v. 17.4.2020 – 1 BvQ 37/20, juris Rn. 23; andere Tendenz: VG Regensburg, Beschl. v. 24.4.2020 – RO 14 E 20.675; BayVGH, Beschl. v. 30.4.2020 – 10 CS 20.1000; VG München, 30.4.2020, M 26 S 20.1813.
[2681] VG Regensburg, Beschl. v. 24.4.2020 – RO 14 E 20.675; VG Regensburg, Beschl. v. 30.4.2020 – RO 14 S 20.727 zur Abwägung von Gesundheitsschutz und Versammlungsfreiheit, bestätigend: BayVGH, Beschl. v. 30.4.2020 – 10 CS 20.1000; VG München, 30.4.2020, M 26 S 20.1813; hierzu auch: BayVGH, Beschl. v. 30.4.2020 – 10 CS 20.999.
[2682] BVerfG, Beschl. v. 15.4.2020 - 1 BvR 828/20, juris Rn. 14 zu § 1 Abs. 1 der 3. HessCoronaVV; vgl. auch BVerfG, Einst. An. v. 17.4.2020 – 1 BvQ 37/20, juris Rn. 23; Beschl. v. 15.4.2020 - 1 BvR 828/20; konkret auch: BVerfG, Abl. einst. An. v. 1.5.2020 – 1 BvR 1003/20; BayVGH, Beschl. v. 17.1.2022 – 10 CS 22.126 zur Auslegung von § 28a Abs. 1 Nr. 10 IfSG; grundlegend zur notwendigen Kooperation zwischen Veranstalter und Behörden: BVerfGE 69, 315 (355 ff., 362).
[2683] BayVGH, Beschl. v. 30.3.2020 – 20 NE 20.632, juris Rn. 54 ff.; Beschl. v. 9.4.2020 – 20 NE 20.663, juris Rn. 38 ff.; Beschl. v. 26.5.2020 – 20 NE 20.1065, juris Rn. 30; BayVerfGH, Entsch. v. 8.5.2020 – Vf. 34-VII-20, juris Rn. 116.
[2684] BayVGH, Beschl. v. 4.10.2021 – 20 N 20.767, juris Rn. 77; a.A. noch im Eilverfahren: BayVGH, Beschl. v. 30.3.2020 – 20 NE 20.632.
[2685] Vgl. zu Bedenken gegen die Verhältnismäßigkeit im engeren Sinne auch: *Glaab/Schwedler*, NJW 2020, S. 1705.
[2686] Inkonsequent insofern: BayVGH, Beschl. v. 26.5.2020 – 20 NE 20.1067, juris Rn. 42.
[2687] BayVGH, Beschl. v. 26.5.2020 – 20 NE 20.1067, juris Rn. 37 ff.; BayVGH, Beschl. v. 26.5.2020 – 20 NE 20.1065; BayVGH, Beschl. v. 26.5.2020 – 20 NE 20.1069.
[2688] So auch BayVerfGH, Entsch. v. 8.5.2020 – Vf. 34-VII-20, juris Rn. 123.

dung einer vollkommenen Isolierung sah der Gesetzgeber schließlich in § 28a Abs. 2 S. 2 IfSG vor.[2689]

Selbst die Verpflichtung zum Tragen einer MNB bedurfte einer angemessenen Ausgestaltung. Grundsätzlich handelte es sich bei einer Maskenpflicht in Lebenslagen, die typischerweise von kurzer Dauer sind, um verhältnismäßigen Eingriff in das allgemeine Persönlichkeitsrecht.[2690] Eine unverhältnismäßige Ausgestaltung lag allerdings auch bei dieser – eher milderen – Maßnahme vor, wenn sie bußgeldbewehrt war und die Regelung keine Befreiungsmöglichkeit vorsah.[2691] Die bloße Vollzugspraxis, die zu dieser Zeit bereits Ausnahmen zu machen schien, war indes nicht geeignet, um das normative Defizit auszugleichen, es also gewissermaßen zu heilen.[2692] Ausnahmeregelungen mussten daher erst Recht vorgesehen werden, wenn die Maskenpflicht durch einen Bezug zu Situationen und Örtlichkeiten zu einem dauerhaften, stundenlangen Tragen der Maske verpflichtete, wie es bei einer allgemeinen Maskenpflicht auf dem ganzen Schulgelände der Fall war.[2693]

Wie die Beispiele zeigen, musste auch bei milderen Schutzmaßnahmen aufgrund der Eingriffe in die abwehrrechtliche Dimension auf eine angemessene Ausgestaltung geachtet werden, um ein ausgewogenes Verhältnis zur Wahrnehmung der Schutzpflicht des Staates zu erreichen.[2694] Notwendig ist die Herstellung einer praktischen Konkordanz, die die Gerichte mitunter stärker hätten einfordern müssen.

3.) Der Faktor „Zeit" im Rahmen der Angemessenheit

Schließlich spielte die zeitliche Komponente nicht nur eine Rolle bei der abnehmenden Einschätzungsprärogative auf der Ebene der Geeignetheit bzw. Erforderlichkeit, sondern war auch bei der Angemessenheit zu berücksichtigen. Einerseits rollten grundrechtsintensive Einschränkungen in Form von zum Beispiel dauerhaf-

---

[2689] I.d.F. v. 19.11.2020, Art. 1 G. v. 18.11.2020 BGBl. I S. 2397; vgl. zu § 9 Abs. 2 Nr. 1 HS. 1 der 11. BayIfSMV: BayVGH, Beschl. v. 2.3.2021 – 20 NE 21.369.
[2690] BVerfG, Beschl. v. 7.4.2020 - 1 BvR 755/20, juris Rn. 11; VG München, Beschl. v. 6.5.2020 – M 26 E 20.1739, juris Rn. 37.
[2691] BayVGH, Beschl. v. 7.5.2020 – 20 NE 20.955, juris Rn. 37 [§§ 4 Abs. 4 S. 1 Nr. 4, 8 3. BayIfSMV, § 9 3. BayIfSMV]; vgl. zur fehlenden Außervollzugsetzung: BayVerfGH, Entsch. v. 8.5.2020 – Vf. 34-VII-20, juris Rn. 125.zur Nachfolgeregelung: BayVGH, Beschl. v. 11.5.2020 – 20 NE 20.843; nahezu inhaltsgleich auch BayVGH, Beschl. v. 12.5.2020 – 20 NE 20.1080; so auch BayVGH, Beschl. v. 15.5.2020 – 20 NE 20.1102.
[2692] BayVGH, Beschl. v. 7.5.2020 – 20 NE 20.955, juris Rn. 37; anders: BayVerfGH, Entsch. v. 8.5.2020 – Vf. 34-VII-20, juris Rn. 125.
[2693] BayVGH, Beschl. v. 10.11.2020 – 20 NE 20.2349, juris Rn. 30 f.
[2694] *Goldhammer/Neuhöfer*, JuS 2021, S. 213 ff. u. 217; *Schmitz/Neubert*, NVwZ 2020, S. 668.

ten Betriebsschließungen auf eine Unzumutbarkeit zu. Die Verhältnismäßigkeit im engeren Sinne ließ sich nach mehreren Monaten nicht mehr – wie zuvor –[2695] mit ihrer kurzen Befristung rechtfertigen.[2696] Die Anforderungen an die Rechtfertigung grundrechtsintensiver Maßnahmen wuchs demnach mit ihrer Dauer.[2697] Als weitere Komponente ist das jeweilige Ausbruchsgeschehen während der Geltungsdauer von Schutzmaßnahmen zu beachten. Selbst mildere Kontaktbeschränkungen im öffentlichen Raum wurden daher mitunter als unverhältnismäßig angesehen, als das Infektionsgeschehen nicht mehr als diffus bezeichnet werden konnte.[2698]

c) Fazit zur Prüfung der Verhältnismäßigkeit von Schutzmaßnahmen

Die Prüfung der Verhältnismäßigkeit stellte die Rechtsprechung schon aufgrund der großen Anzahl der Schutzmaßnahmen und damit einhergehender gerichtlicher Verfahren vor immense Herausforderungen. Der Rechtsprechung gelang es im Rahmen dieser zahlreichen Eilentscheidungen zuweilen nur ungenügend eine einheitliche Linie mit dem Umgang der die Kontrolldichte beeinflussenden Faktoren zu liefen. Eine einheitlichere Betrachtung der die Kontrolldichte bestimmenden Faktoren wäre indes zum einen aus Gründen der Rechtssicherheit und des Rechtsschutzes notwendig gewesen. Zum anderen vereinfacht die Identifikation der wesentlichen Faktoren und deren Zusammenspiel die Rechtsfindung in Bezug auf die einzelne Schutzmaßnahme: Die Grundrechtsrelevanz des eingeschränkten Grundrechts ist der erste zu berücksichtigende Umstand.[2699] Zweitens ist die Höhe des Risikos für die Gesundheit der Bevölkerung einzubeziehen.[2700] Ganz erheblich war auch drittens die jeweilige Höhe des Wissensstands und der gesammelten Erfahrungen.[2701] Diese Faktoren traten im Verlauf der Pandemie in einem bestimmten Mischverhältnis auf. Die Auswirkungen auf die Kontrolldichte im Rahmen sämtlicher Teilgebote lassen sich im Groben wie folgt umschreiben: Je wertiger ein eingeschränktes Grundrecht ist und je intensiver und langfristiger dessen Einschränkung erfolgen sollte, desto höhere Anforderungen sind an die Kontrolldichte zu

---

[2695] VG Ansbach, Beschl. v. 4.5. 2020 – AN 18 E 20.00821 [§ 4 Abs. 1 S. 1 und S. 2 3. BayIfSMV] mit Verweis auf BayVGH, Beschl. v. 30.3.2020 – 20 NE 20.632, juris Rn. 38 ff.; BVerfG, Beschl. v. 7.4.2020 – 1 BvR 755/20; BVerfG, Beschl. v. 9.4.2020 – 1 BvR 802/20; BayVGH, Beschl. v. 14.4.2020 – 20 NE 20.751; BayVGH, Beschl. v. 16.4.2020 – 20 NE 20.782.
[2696] BayVGH, Beschl. v. 5.11.2020 – 20 NE 20.2468, juris Rn. 12.
[2697] Vgl. auch BayVGH, Beschl. v. 9.4.2020 – 20 NE 20.688; Beschl. v. 3.7.2020 – 20 NE 20.1492, juris Rn. 23 zu Betriebsschließungen [§ 11 Abs. 5 der 6. BayIfSMV].
[2698] BayVGH, Beschl. v. 1.9.2020– 20 NE 20.1754 zu § 2 Abs. 2 6. BayIfSMV.
[2699] *Schmitz/Neubert*, NVwZ 2020, S. 667 f.
[2700] *Schmitz/Neubert*, NVwZ 2020, S. 667.
[2701] *Goldhammer/Neuhöfer*, JuS 2021, S. 212; BVerfG, BeckRS 2020, 7210 Rn. 18; NVwZ 2020, 1040 Rn. 19; BVerfGE 49, 89, NJW 1979, S. 359, JuS 1979, S. 362; BVerfGE 50, 290, NJW 1979, S. 699, JuS 1979, S. 897.

stellen.²⁷⁰² Je stärker die Gefahr einer Überlastung des Gesundheitssystems heranrückte, desto größer wurde das Bedürfnis nach entsprechenden Schutzmaßnahmen.²⁷⁰³ Je höher die tatsächlichen Unsicherheiten in Bezug auf die Infektionslage bzw. Wirksamkeit von Maßnahmen waren, desto größer ist grundsätzlich der (prognostische) Einschätzungsspielraum des Verordnungsgebers und desto geringer ist spiegelbildlich die Kontrolldichte.²⁷⁰⁴

d) Gleichbehandlung während der Coronapandemie
War die rechtliche Hürde der Verhältnismäßigkeit genommen, so stellte sich bei vielen Schutzmaßnahmen die Frage, ob die Ausgestaltung mit dem Gleichheitsgrundsatz des Art. 3 Abs. 1 GG vereinbar war.²⁷⁰⁵ Diese Frage stellte sich freilich nur innerhalb der Länder; eine Ungleichbehandlung durch eine anders geartete Regelung in einem anderen Bundesland konnte daher nicht geltend gemacht werden.²⁷⁰⁶ Denn Art. 3 Abs. 1 GG bindet jeden Träger öffentlicher Gewalt allein in dessen Zuständigkeitsbereich.²⁷⁰⁷

aa) Die tatbestandliche (Un-)Gleichbehandlung
Die Frage einer ungerechtfertigten Ungleichbehandlung stellte sich gerade zu Beginn der Pandemie in Bezug auf die umfassenden Betriebsschließungen (vgl. nur § 2 der 1. BayIfSMV²⁷⁰⁸).²⁷⁰⁹ Vorgesehen war zunächst eine Schließung sämtlicher Betriebe bzw. Einrichtungen, die dem Bereich der Freizeitgestaltung zugeordnet wurden und nicht dem täglichen Bedarf dienten. Bereits nach wenigen Wochen folgten auf den anfänglichen strengen Lock-Down schrittweise Lockerungen,²⁷¹⁰ um ein diffuses Infektionsgeschehen zu verhindern.²⁷¹¹ All diese Vorgänge stellten die Rechtsprechung vor komplexe Fragen mit Blick auf den Gleichheitsgrundsatz, die zum Teil ungenügend und im Übrigen äußerst uneinheitlich geklärt wurden.

---

²⁷⁰² Dies deuten auch an: *v. Frankenberg*, NVwZ 2021, S. 1429; *Warg*, NJOZ 2022, S. 69.
²⁷⁰³ BVerfGE 49, 89, NJW 1979, S. 363; allgemein zum Gesundheits- und Lebensschutz: BVerfGE 46, 160, NJW 1977, S. 2255.
²⁷⁰⁴ Vgl. das Fazit von: *Warg*, NJOZ 2022, S. 69.
²⁷⁰⁵ *Johann/Gabriel* in Eckart/Winkelmüller, BeckOK Infektionsschutzrecht, Rn. 28; OVG Weimar, Beschl. v. 22.5.2020 – 3 EN 341/20, BeckRS 2020, 10615 Rn. 59.
²⁷⁰⁶ BVerfG, Beschl. v. 8.5.2008 - 1 BvR 645/08, juris Rn. 22; BVerfGE 42, 20 (27); 52, 42 (57 f.); 93, 319 (351).
²⁷⁰⁷ BVerfG, Beschl. v. 12.5.1987 - 2 BvR 1226/83, BVerfGE 76, 1 (73), juris Rn. 151; BVerfGE 21, 54 (68); OVG Lüneburg, Beschl. v. 27.4.2020 – 13 MN 98/20, BeckRS 2020, 6651 Rn. 57; BayVerfGHE 13, 27, BayVBl. 1960, S. 185.
²⁷⁰⁸ BayMBl. 2020 Nr. 158 v. 27.3.2020.
²⁷⁰⁹ Vgl. nur OVG Lüneburg, Beschl. v. 6.11.2020 – 13 MN 411/20, juris Rn. 58 ff.; VGH Mannheim, Beschl. v. 18.2.2021 – 1 S 398/21, juris Rn. 104 ff.
²⁷¹⁰ Vgl. auch *Johann/Gabriel* in Eckart/Winkelmüller, BeckOK Infektionsschutzrecht, Rn. 26.1.
²⁷¹¹ VG Ansbach, Beschl. v. 4.5.2020 – AN 18 E 20.00821, juris Rn. 18.

Indes lassen sich die Schwierigkeiten auf einige Besonderheiten der Ermächtigungsgrundlage und der Pandemie herunterbrechen. Dies lässt sich anhand einer schrittweisen Prüfung von Art. 3 Abs. 1 GG nachvollziehen: Zunächst ist festzustellen, ob die Verordnungen eine Ungleich- bzw. Gleichbehandlung wesentlich gleicher bzw. ungleicher Gruppen vornehmen.[2712] Eine weitergehende Ausdifferenzierung dieses Schrittes in eine Vergleichsgruppenbildung[2713] und die Fixierung einer Bezugsgröße[2714] anhand derer ein Wertungswiderspruch festgestellt werden soll,[2715] mag zum gleichen Ergebnis führen, birgt aber mitunter die Gefahr wertender Elemente bereits im Rahmen des Tatbestandes der Gleichheitsprüfung.[2716]

Die Ungleichbehandlung ließ sich daher jeweils unmittelbar den Coronaverordnungen entnehmen:[2717] Eine solche lag unter anderem in den unterschiedlichen Öffnungsmöglichkeiten von Betrieben, sei es der unterschiedlichen Behandlung von Betrieben, die der Versorgung des täglichen Bedarfs dienen und solchen der Freizeitgestaltung oder die unterschiedlichen Öffnungsmöglichkeit bestimmter Betriebe bereits ab der 2. BayIfSMV.[2718] Eine Ungleichbehandlung ist jedenfalls in diesem ersten Schritt nicht aufgrund eines unterschiedlichen Leistungsangebotes[2719] bzw. eines verschieden hohen Infektionsrisikos[2720] abzulehnen.[2721] Ein solches Vorgehen fällt in den soeben kritisierten Ansatz unzulässiger Wertungen auf Tatbestandseite und verengt den Bereich rechtfertigungsbedürftiger Ungleichbehandlungen unzulässig stark.

bb) Die Typisierung als Rechtfertigungsgrund

Schon durch die *Auswahl* von Geschäften, die der täglichen Versorgung dienen, entstand daher eine rechtfertigungsbedürftige Gleich- bzw. Ungleichbehand-

---

[2712] *Kischel* in Epping/Hillgruber, BeckOK GG, Art. 3 Rn. 15; *Wollenschläger* in v. Mangoldt/Klein/Starck, GG, Art. 3 Abs. 1 Rn. 77 u. 79.
[2713] *Lindner* in ders./Möstl/Wolff, Verfassung des Freistaates Bayern, Art. 118 Rn. 68 ff.; *Gallwas*, Grundrechte, Rn. 226 ff. u. 272; BVerfGE 13, 331 (338 f.).
[2714] *Lindner* in ders./Möstl/Wolff, Verfassung des Freistaates Bayern, Art. 118 Rn. 68 ff.; Vgl. auch zu weiteren Beispielen für die Bezugsgröße: BayVerfGHE 19, 42 (47); 20, 21 (30); 25, 1 (8); 57, 84 (101); 58, 271; BayVerfGH, Entsch. v. 28.5.2009 – Vf. 4-VII-07, BayVerfGHE 62, 79.
[2715] *Lindner* in ders./Möstl/Wolff, Verfassung des Freistaates Bayern, Art. 118 Rn. 72.
[2716] *Baumeister* in Wolter/Riedel/Taupitz, Einwirkungen der Grundrechte, S. 254 ff.; *Wollenschläger* in v. Mangoldt/Klein/Starck, GG, Art. 3 Abs. 1 Rn. 80 u. 83; dies erkennt im Ergebnis auch: *Lindner* in ders./Möstl/Wolff, Art. 118 Rn. 78.
[2717] Insofern zutreffend: *Lindner* in ders./Möstl/Wolff, Art. 118 Rn. 70; vgl. auch die Bestimmung im Rahmen der Rundfunkgebühr: BayVerfGHE 55, 143 (154).
[2718] BayMBl. 2020 Nr. 205 v. 16.04.2020.
[2719] VG Ansbach, Beschl. v. 4.5.2020 – AN 18 E 20.00821, juris Rn. 18.
[2720] BayVGH, Beschl. v. 8.6.2020 – 20 NE 20.1316, juris Rn. 46 i.V.m. Rn. 24; Beschl. v. 16.7.2020 – 20 NE 20.1580, juris Rn. 49.
[2721] Offengelassen von: VG Ansbach, Beschl. v. 4.5.2020 – AN 18 E 20.00821, juris Rn. 18.

lung.[2722] Diese Art der (Un-)Gleichbehandlung ließ sich allerdings durch die Notwendigkeit der Typisierung rechtfertigen.[2723] Der Verordnungsgeber hätte geöffnete Betriebe auch nicht mittels abstrakter Merkmale umschreiben müssen, sondern durfte diese aufgrund von Praktikabilitätsgründen und zugunsten der Rechtsklarheit konkret aufzählen.[2724] Die Zulässigkeit derartiger typisierender Regelungstechniken wurde für die Gesetzgebung[2725] entwickelt und dort konkret hinsichtlich der Vereinfachung von Massenerscheinungen.[2726] Fraglich ist zunächst, ob sich die Typisierungsbefugnis, die zur praktikablen Verteilung von staatlichen Lasten bzw. Leistungen entwickelt wurde, auf staatliche Eingriffe, die dem Grundsatz der Verhältnismäßigkeit unterliegen und eine ausreichende Differenzierung erfordern, übertragen werden durfte.[2727] Eine Übertragung der Rechtsprechung auf die generalisierende Auswahl von Geschäften des täglichen Bedarfs rechtfertigt sich aufgrund der ähnlichen Problemstellung, die sich unter anderem aus der abstrakt-generellen Regelungswirkung der Normsetzung begründet.[2728] Ebenso wie bei Massenentscheidungen musste der Verordnungsgeber bei der Auswahl von Geschäften des täglichen Bedarfs, sämtliche Einzelfälle in ein Gesamtbild zusammenfassen, welches die Sachverhalte zutreffend wiedergibt.[2729]

Die neuere Rechtsprechung hält daher eine Übertragung der Rechtsprechung über den ursprünglichen Anwendungsbereich hinaus zutreffend für zulässig, wenn bei der Typisierung auf die zutreffende Erfassung der überwiegenden Fälle geachtet wird.[2730] Zu fordern ist also eine realitätsnahe Orientierung an generellen und

---

[2722] Deutlich: *Wollenschläger* in v. Mangoldt/Klein/Starck, GG, Art. 3 Abs. 1 Rn. 202; unklar: VG München, Beschl. v. 31.3.2020 – M 26 E 20.1343, juris Rn. 29; vgl. grundlegend auch: BVerfGE 3, 58 (147 f.); 17, 1 (23); 133, 377 (412 ff.).
[2723] VG München, Beschl. v. 31.3.2020 – M 26 E 20.1343, juris Rn. 29; vgl. zur Typisierung und Generalisierung des Gesetzgebers: *Luderschmid* in Bengl/Berger/Emmerig, LStVG, Art. 37 Rn. 4.
[2724] VG München, Beschl. v. 31.3.2020 – M 26 E 20.1343, juris Rn. 29.
[2725] VG München, Beschl. v. 31.3.2020 – M 26 E 20.1343, juris Rn. 28 mit Verweis auf BVerfGE 78, 214 (227); vgl. auch BVerfG, Beschl. v. 8.10.1991 – 1 BvL 50/86, BVerfGE 84, 348-365, juris Rn. 53.
[2726] Zum Steuerrecht, BVerfG, Beschl. v. 8.10.1991 – 1 BvL 50/86, BVerfGE 84, 348 (359 f.); zum Sozialversicherungsrecht BVerfG, Beschl. v. 22.6.1977 – 1 BvL 2/74, BVerfGE 45, 376 (390); BVerfG, Beschl. v. 8.2.1983 – 1 BvL 28/79, BVerfGE 63, 119 (128); zum Besoldungsrecht: BVerfG, Beschl. v. 4.4.2001 – 2 BvL 7/98, BVerfGE 103, 310 (319 f.).
[2727] BayVGH, Beschl. v. 1.9.2020– 20 NE 20.1754, juris Rn. 29.
[2728] *Weyreuther*, DÖV 1997, S. 521; *Wollenschläger* in v. Mangoldt/Klein/Starck, GG, Art. 3 Abs. 1 Rn. 45 u. 201 a.E.
[2729] *Wollenschläger* in v. Mangoldt/Klein/Starck, GG, Art. 3 Abs. 1 Rn. 201.
[2730] BVerfG, Beschl. v. 26.3.2019 – 1 BvR 673/17, BeckRS 2019, 7418 Rn. 114; vgl. auch schon BVerwG, NVwZ 1983, S.290.

nicht an atypischen Fällen.[2731] Eine Gruppenbildung ist zulässig, auch wenn sie im Einzelfall zu gewissen Härten führt.[2732] Bei einer vorgenommenen Typisierung ist gerichtlich zudem überprüfbar, auf welchen Erwägungen sich diese stützt.[2733] Der Normzweck hat dabei als Vorzeichen für die tatsächlichen Anknüpfungspunkte der Typisierung zu dienen[2734] bei einer gleichzeitgien Beachtung der praktischen Verwaltungserfordernisse.[2735] Schließlich müssen die Vorteile der Typisierung im angemessenen Verhältnis zu der, mit ihr verbundenen Ungleichheit stehen.[2736] Diese Voraussetzungen waren im Rahmen der Auswahl der Geschäfte des täglichen Bedarfs erfüllt, weil hierdurch ganz überwiegend Läden erfasst wurden, deren Sortiment den alltäglichen Bedarf abdecken. Die Friktionen, welche durch die erlaubte Öffnung von Läden mit einem gemischten Warensortiment ohne bestimmte Prägung entstanden sind,[2737] waren aufgrund der Erhaltung der Vollzugsfähigkeit und einer überwiegenden Erfassung typischer Fälle hinzunehmen.[2738]

Diese übergangsweise gröbere Typisierung[2739] rechtfertigte sich zu Beginn der Coronapandemie außerdem aufgrund der besonderen Pandemiesituation: Denn die neuartigen Entwicklungen und Gefahrenlagen, die ein flexibles und schnelles Handeln der Exekutive trotz fehlender Erfahrungswerte erforderlich machten, müssen bei der Maßstabsbildung berücksichtigt werden.[2740] Mit zunehmendem Wissen über die Pandemie und der Erlangung von Erfahrungswerten musste aus diesem Grunde ein differenzierteres Regelungssystem gefordert werden, welches das Infektionsrisiko an bestimmten Orten bzw. bei einem zu erwartenden Verhalten berücksichtigt.[2741] Zu weit ging es daher, dem Verordnungsgeber im weiteren Verlauf der Pandemie zuzugestehen, dem Freizeitbereich generell ein höheres Infektionsrisiko zuzuschreiben.[2742]

[2731] BVerfGE 122, 39 (59); 122, 210 (232); BayVGH, Beschl. v. 1.9.2020– 20 NE 20.1754, juris Rn. 29 f.
[2732] BVerfGE 77, 308 (338); BAG, DB 84, S. 1528.
[2733] BayVGH, Beschl. v. 8.6.2020 – 20 NE 20.1307, juris Rn. 20; vgl. auch BayVerfGH, Entsch. v. 15.5.2020 – Vf. 34-VII-20, juris Rn. 12
[2734] BVerfGE 133, 377 Rn. 87.
[2735] BVerfGE 84, 348 (360); 110, 141 (168 f.) zur Gefährlichkeitsprüfung von Hunden.
[2736] BVerfGE 120, 1 (30); 123, 1 (19); 133, 377 Rn. 88.
[2737] OVG Bremen, Beschl. v. 14.4.2020 – 1 B 89/20, juris Rn. 38.
[2738] OVG Magdeburg, Beschl. v. 5.3.2021 – 3 R 20/21, juris Rn. 50; VG München, Beschl. v. 31.3.2020 – M 26 E 20.1343, juris Rn. 29; OVG Hamburg, Beschl. v. 26.3.2020 – 5 Bs 48/20, juris Rn. 17 zu einer Allgemeinverfügung.
[2739] BVerfGE 100, 59 (101).
[2740] Vgl. BayVerfGH, Entsch. v. 21.10.2020 – Vf. 26-VII-20, juris Rn. 24; BayVGH, Beschl. v. 11.11.2020 – 20 NE 20.2485, juris Rn. 33.
[2741] BayVGH, Beschl. v. 1.9.2020 – 20 NE 20.1754, juris Rn. 24 zu § 2 Abs. 2 6. BayIfSMV.
[2742] BayVGH, Beschl. v. 12.3.2021 – 20 NE 21.539, juris Rn. 25 f. zu § 10 Abs. 3 S. 1 12. BayIfSMV.

cc) Der sachliche Rechtfertigungsgrund

1.) Der Problemaufriss

Neben dieser zulässigen Typisierung von Betrieben stellt sich allerdings die grundsätzliche Frage der zu rechtfertigenden Ungleichbehandlung durch Betriebsschließungen bzw. Wiederöffnung einzelner Bereiche.[2743] Liegen nämlich wesentlich ungleiche Sachverhalte vor, bedarf eine Gleichbehandlung ungleicher Sachverhalte ebenso wie eine Ungleichbehandlung gleicher Sachverhalte eines sachlichen Grundes.[2744] Die Anforderungen an die Gewichtigkeit des sachlichen Grundes und damit auch Kontrolldichte ist hierbei abhängig vom Regelungsgegenstand und von den Differenzierungsmerkmalen;[2745] die Grenzen für die Normsetzung reichen ausgehend hiervon vom bloßen Willkürverbot bis zu einer strengen Bindung an Verhältnismäßigkeitserfordernisse.[2746] Insoweit gilt für die exekutive Normsetzung zunächst nichts anders als für die parlamentarische.[2747]

Einen nicht unwesentlichen Unterschied zwischen beiden gibt es dennoch. Er hat seine Wurzel in einem Umstand, der bereits häufig als Grund für eine Differenzierung zwischen beiden identifiziert wurde: Der Verordnungsgeber hat neben verfassungsrechtlichen Vorgaben die gesetzliche Ermächtigungsgrundlage zu achten. Diese entfaltet insofern eine Auswirkung auf die Reichweite des Gestaltungsspielraums im Rahmen der zulässigen Differenzierung, als er sich von vornherein nur im Rahmen des Zwecks der Ermächtigungsgrundlage bewegen darf.[2748] Der Verordnungsgeber muss daher „nach dem Gleichheitssatz im wohlverstandenen Sinne der ihm erteilten Ermächtigung handeln und hat sich von sachfremden Erwägungen freizuhalten".[2749] Er darf die gesetzgeberische Entscheidung nicht korrigie-

---

[2743] Vgl. auch *Tsambikakis/Kessler* in Esser/Tsambikakis, Pandemiestrafrecht, S. 32.
[2744] *Gallwas*, Grundrechte, Rn. 239: „[...] eigentliche Angelpunkt der Gleichheitsprüfung"; *Lindner* in ders./Möstl/Wolff, Verfassung des Freistaates Bayern, Art. 118 Rn. 68 u. 79; vgl. auch BVerfG, Urt. v. 6.3.2002 – 2 BvL 17/99; Beschl. v. 4.12.2002 – 2 BvR 400/98; Beschl. v. 8.6.2004 – 2 BvL 5/00; Beschl. v. 7.7.2009 – 1 BvR 1164/07; Beschl. v. 21.6.2011 - 1 BvR 2035/07, juris Rn. 77.
[2745] BVerfG, Beschl. v. 15.7.1998 - 1 BvR 1554/89, BVerfGE 98, 365 (385); Beschl. v. 21.6.2011 - 1 BvR 2035/07, BVerfGE 129, 49 (68 f.); Urt. v. 19.2.2013 - 1 BvL 1/11, BVerfGE 133, 59 (86).
[2746] OVG Lüneburg, Beschl. v. 6.11.2020 – 13 MN 411/20, juris Rn. 58 f.; BVerfG, Beschl. v. 18.7.2012 - 1 BvL 16/11, BVerfGE 132, 179, 188, juris Rn. 30; Beschl. v. 21.6.2011 - 1 BvR 2035/07, BVerfGE 129, 49 (69), juris Rn. 65; Beschl. v. 21.7.2010 - 1 BvR 611/07, BVerfGE 126, 400 (416), juris Rn. 79.
[2747] VGH Mannheim, Beschl. v. 18.2.2021 – 1 S 398/21, juris Rn. 104 ff.
[2748] *Nußberger* in Sachs, GG, Art. 3 Rn. 115; ständige Rspr. des BVerfG: BVerfGE 13, 248 (255); 58, 68 (79); 69, 150 (159 f.); zur entsprechenden Anwendung auf Satzungen: BVerfGE 33, 125 (159 f.); VGH Mannheim, Beschl. v. 18.2.2021 – 1 S 398/21, juris Rn. 104.
[2749] VGH Mannheim, Beschl. v. 18.2.2021 – 1 S 398/21, juris Rn. 104 mit Verweis auf BVerfG, Beschl. v. 23.07.1963 - 1 BvR 265/62, BVerfGE 16, 332 (338 f.); Beschl. v. 12.10.1976 - 1 BvR

ren.²⁷⁵⁰ Der Gestaltungsspielraum des Verordnungsgebers ist darum trotz eines ähnlichen Kontrollmaßstabes²⁷⁵¹ grundsätzlich enger als der des Gesetzgebers.²⁷⁵²

Vor diesem Hintergrund sind die zwei denkbaren sachlichen Differenzierungsgründe zu untersuchen: Erstens ist das unterschiedliche Infektionsrisiko als sachlicher Grund denkbar. Sinn und Zweck des § 28 Abs. 1 S. 1 IfSG ist der Infektionsschutz, weshalb dieser Sachgrund jedenfalls mit dem Zweck der Ermächtigungsgrundlage d'accord geht. Ein zweiter Grund kann in der unterschiedlichen Bedeutung der jeweiligen Einrichtung für die Gesellschaft bzw. für die Wirtschaft gesehen werden. Hierbei stellt sich jedoch die Frage, ob bzw. inwieweit eine Differenzierung anhand anderer als infektiologischer Gründe mit der Ermächtigungsgrundlage vereinbar war.²⁷⁵³ Nach Erlass des § 28 a Abs. 6 S. 2 und 3 IfSG²⁷⁵⁴ war diese Frage geklärt, da er eine Einbeziehung sämtlicher sozialer und gesellschaftlicher Faktoren explizit vorsah und Ausnahmen von Schutzmaßnahmen aufgrund einer besonderen Bedeutung für die Allgemeinheit zuließ. Hinsichtlich der Bedeutsamkeit von ausgenommenen Betrieben bzw. Einrichtungen ist indes ein Beurteilungsspielraum zugunsten der Exekutive anzunehmen.²⁷⁵⁵ Die Kontrolle der zulässigen Differenzierung wurde daher auf das Vorliegen sachlicher Erwägungen beschränkt, wobei dem Begründungserfordernis des § 28a Abs. 5 IfSG eine besondere Bedeutung zukam.²⁷⁵⁶

Vor Erlass des § 28a Abs. 6 IfSG war die Frage allerdings umstritten. Mitunter blieb es der Hauptsacheentscheidung vorbehalten, ob andere als rein infektionsschutzrechtliche Kriterien bei der Differenzierung eine Rolle spielen dürfen.²⁷⁵⁷ Im Übrigen wurde der Frage zunächst völlig uneinheitlich begegnet: Teile der Rechtsprechung gingen davon aus, dass neben der Differenzierung anhand der Infektionsgefahr auch weitere Faktoren berücksichtigt werden durften, wie etwa die Auswirkungen von Ge- und Verboten für betroffene Wirtschaftsbereiche oder die Bevöl-

---

197/73, BVerfGE 42, 374 (387 f.); Beschl. v. 23.06.1981 - 2 BvR 1067/80, BVerfGE 58, 68 (79); Beschl. v. 26.02.1985 - 2 BvL 17/83, BVerfGE 69, 150 (160).
²⁷⁵⁰ *Kischel* in Epping/Hillgruber, BeckOK GG, Art. 3 Rn. 57; BVerfGE 16, 332 (339).
²⁷⁵¹ *Kischel* in Epping/Hillgruber, BeckOK GG, Art. 3 Rn. 57; BVerfGE 69, 150 (160).
²⁷⁵² VGH Mannheim, Beschl. v. 18.2.2021 – 1 S 398/21, juris Rn. 104; *Kischel* in Epping/Hillgruber, BeckOK GG, Art. 3 Rn. 57; *Wollenschläger* in v. Mangoldt/Klein/Starck, GG, Art. 3 Abs. 1 Rn. 185: „engeres Korsett".
²⁷⁵³ BayVGH, Beschl. v. 29.5.2020 – 20 NE 20.1165, BeckRS 2020, 10750 Rn. 15.
²⁷⁵⁴ I.d.F. v. 19.11.2020, Art. 1 G. v. 18.11.2020, BGBl. I S. 2397.
²⁷⁵⁵ BayVGH, Beschl. v. 23.2.2021 – 20 NE 21.367, juris Rn. 22; BayVGH, Beschl. v. 7.4.2021 – 20 NE 21.868.
²⁷⁵⁶ BayVGH, BeckRS 2021, 7569 Rn. 53; 2021, 2697 Rn. 22; 2021, 40118 Rn. 53; VGH Mannheim, BeckRS 2022, 59 Rn. 93.
²⁷⁵⁷ BayVGH, Beschl. v. 29.5.2020 – 20 NE 20.1165, BeckRS 2020, 10750 Rn. 15.

kerung.[2758] Diese sachliche Rechtfertigung müsse sich nicht allein nach dem infektionsschutzrechtlichen Gefahrengrad richten.[2759]

Die sukzessive vorgenommenen Öffnungsschritte dürften sich daher auch nach der „Notwendigkeit" des Betriebszweiges richten.[2760] Daher sei es sachgerecht zwischen den Betrieben zu differenzieren, die der Körperhygiene bzw. dem körperlichen Wohlempfinden dienen und solchen der reinen Freizeitgestaltung.[2761] Aus diesen Gründen wurde auch die vorrangige Öffnung von Friseurläden im Gegensatz zu anderen (kosmetischen) Dienstleistungsbetrieben gebilligt.[2762] Einen ähnlich weiten Spielraum räumt ein, wer die konsequente Differenzierung anhand eines vom Normgeber festgelegten Zweckes fordert.[2763]

2.) Der Lösungsansatz: Infektiologische Gründe als Differenzierungskriterium
Ein derart weiter Gestaltungsspielraum kam dem Verordnungsgeber indes nicht zu.[2764] Die mit der Differenzierung einhergehenden Bevorzugungen bzw. Benachteiligungen mussten sich im wohlverstandenen Sinne der Ermächtigungsgrundlage halten und darüber hinaus den Verhältnismäßigkeitsgrundsatz beachten.[2765] Daher konnten zu den infektionsschutzrechtlichen Gründen, die die Schließungen rechtfertigten, überragend wichtige Gründe des Allgemeinwohls treten, um die Öffnung einiger Einzelhandelsgeschäft für die unmittelbare Grundversorgung zu rechtfertigen.[2766] Dagegen ermächtigte die infektionsschutzrechtliche Generalklausel nicht zu einer Differenzierung aus sonstigen sozialen und gesellschaftlich relevanten Gründen.[2767] Eine derartige Differenzierung bezöge gesellschafts- bzw. wirtschaftspolitische Erwägungen ein, die deutlich über das hinausgegangen wären, was noch vom (wohlverstandenen) Sinn und Zweck der Generalklausel um-

---

[2758] OVG Lüneburg, Beschl. v. 24.4.2020 – 13 MN 104/20, juris Rn. 40; Beschl. v. 27.4.2020 – 13 MN 98/20, BeckRS 2020, 6651 Rn. 55; BayVGH, Beschl. v. 7.7.2020 – 20 NE 20.1497, juris Rn. 44; vgl. auch OVG Lüneburg, Beschl. v. 14.4.2020 - 13 MN 63/20.
[2759] BayVGH, Beschl. v. 8.6.2020 – 20 NE 20.1307, juris Rn. 19; Beschl. v. 16.7.2020 – 20 NE 20.1580, juris Rn. 46.
[2760] VG Ansbach, Beschl. v. 4.5.2020 – AN 18 E 20.00821, juris Rn. 18.
[2761] VG Ansbach, Beschl. v. 4.5.2020 – AN 18 E 20.00821, juris Rn. 18; andere Tendenz: OVG Magdeburg, Beschl. v. 8.5.2020 – 3 R 77/20, BeckRS 2020, 8018 Rn. 26 ff.
[2762] BayVGH, Beschl. v. 11.11.2020 – 20 NE 20.2485, juris Rn.
[2763] BayVGH, Beschl. v. 1.9.2020 – 20 NE 20.1754, juris Rn. 24 ff. zum Grillen im öffentlichen Raum, § 2 Abs. 2 6. BaylfSMV; BayVGH, Beschl. v. 12.11.2020 – 20 NE 20.2463, juris Rn. 27; Beschl. v. 8.6.2020 – 20 NE 20.1307, juris Rn. 23; Beschl. v. 14.7.2020 – 20 NE 20.1572.
[2764] VGH Mannheim, Beschl. v. 30.4.2020 – 1 S 1101/20, BeckRS 2020, 7262 Rn. 45; vgl. auch OVG Berlin-Brandenburg, Beschl. v. 17.04.2020 - 11 S 22/20, juris Rn. 25.
[2765] VGH Mannheim, Beschl. v. 30.4.2020 – 1 S 1101/20, BeckRS 2020, 7262 Rn. 45; vgl. auch BVerfGE 13, 248 (255); 58, 68 (79); 69, 150 (159 f.).
[2766] VGH Mannheim, Beschl. v. 30.4.2020 – 1 S 1101/20, BeckRS 2020, 7262 Rn. 45 f.
[2767] VGH Mannheim, Beschl. v. 30.4.2020 – 1 S 1101/20, BeckRS 2020, 7262 Rn. 46.

fasst war.²⁷⁶⁸ Eine derart weitgehende Ermächtigung beinhaltet § 28 Abs. 1 S. 1 IfSG nicht. Diese wesentliche Entscheidung, ob bzw. inwiefern weitere Belange bei der Differenzierung eine Rolle spielen dürfen, hatte vielmehr der Gesetzgeber zutreffen. Dieser Aufgabe war er durch den Erlass von § 28 a Abs. 6 IfSG während der zweiten Infektionswelle nachgekommen; mithin wurden diese wesentlichen Entscheidungen zu einem Zeitpunkt getroffen, der bereits als reichlich spät kritisiert wurde (siehe F. III.).

Zu Recht forderte die überwiegende Rechtsprechung jedenfalls – außerhalb einer Differenzierung aufgrund von überragend wichtigen Gütern des Allgemeinwohls – ²⁷⁶⁹ eine Orientierung des Differenzierungsgrundes am jeweiligen Infektionsrisiko.²⁷⁷⁰ Eine derartige Differenzierung anhand des jeweiligen Infektionsrisikos birgt die weitere Problematik einer entsprechenden Einschätzung eben dieser. Eine strikt am Gedanken der Gleichbehandlung aller betroffener Lebensbereiche orientiertes Hochfahren des öffentlichen Lebens war freilich nicht leistbar.²⁷⁷¹ Insofern kann auf die bisherigen Erkenntnisse zurückgegriffen werden: Da gerade zu Beginn der Pandemie nicht wissenschaftlich geklärt werden konnte, wo die Infektionen stattfanden,²⁷⁷² kam dem Verordnungsgeber eine Einschätzungsprärogative hinsichtlich der Frage zu, in welchen Bereichen ein hohes Infektionsrisiko vorlag²⁷⁷³ und anhand welcher Kriterien die Infektionsgefahr festgemacht werden konnte.²⁷⁷⁴ Mit der gleichen Begründung durfte er auch versuchsweise einzelne Bereiche öffnen, um die Auswirkungen auf das Infektionsgeschehen zu ermitteln.²⁷⁷⁵ Die Anforderungen mussten allerdings abstrakt und für alle Betriebe gleichsam ausgestaltet werden,²⁷⁷⁶ soweit hiergegen keine infektiologischen Gründe sprachen.

[2768] VGH Mannheim, Beschl. v. 30.4.2020 – 1 S 1101/20, BeckRS 2020, 7262 Rn. 46.
[2769] Vgl. BayVGH, Beschl. v. 8.6.2020 – 20 NE 20.1307, juris Rn. 23; Beschl. v. 14.7.2020 – 20 NE 20.1572, juris Rn. 24.
[2770] Vgl. schon oben BayVGH, Beschl. v. 27.4.2020 – 20 NE 20.793, juris Rn. 36 ff.; VG Regensburg, Beschl. v. 27.04.2020 – RO 14 E 20.687, juris Rn. 65 f.
[2771] VG Schleswig, Beschl. v. 14.5.2020 – 1 B 81/20, BeckRS 2020, 8533 Rn. 23.
[2772] *v. Frankenberg*, NVwZ 2021, S. 1429 m.w.N.
[2773] Vgl. schon BayVerfGH, Entsch. v. 21.10.2020 – Vf. 26-VII-20, juris Rn. 21; BayVerfGH, Entsch. v. 16.11.2020 – Vf. 90-VII-20.
[2774] BayVGH, Beschl. v. 27.4.2020 – 20 NE 20.793, juris Rn. 36; Beschl. v. 8.6.2020 – 20 NE 20.1307, juris Rn. 19; Beschl. v. 16.7.2020 – 20 NE 20.1580, juris Rn. 46 ff.
[2775] VG München, Beschl. v. 27.5.2020 – M 26 E 20.2100, juris Rn. 28.
[2776] VG Augsburg, Beschl. v. 18.5.2020 – Au 9 E 20.806, juris Rn. 41.

Dies lässt sich anhand von § 2 Abs. 4 bzw. 5 der 2. BayIfSMV[2777] verdeutlichen: Dieser untersagte grundsätzlich den Betrieb des Einzelhandels. Ausgenommen waren unter anderem bestimmten Fachmärkte wie Baumärkte und Buchläden sowie sonstige Ladengeschäfte, deren Verkaufsflächen 800 m² nicht überschritten. Diese Ausgestaltung beachtete die Bedeutung von Art. 3 Abs. 1 GG bzw. Art. 12 Abs. 1 GG nicht hinreichend.[2778] Die Anknüpfung an die Größe des Einkaufsladens ist an sich ein nachvollziehbares infektiologisches Differenzierungskriterium.[2779] Denn aus dem Raumordnungs- und Landesplanungsrecht ergibt sich die gesetzgeberische Wertung, dass von Objekten mit einer Größe von über 800 m² eine erhöhte Anziehungskraft für Besucher ausgeht.[2780] Die erhöhte Anziehungskraft bzw. Sogwirkung brachte der Verordnungsgeber nachvollziehbar in Verbindung mit einer erhöhten Mobilität im öffentlichen Personennahverkehr; die Sogwirkung bot zudem einen Hinweis darauf, mit welcher Wahrscheinlichkeit Hygienemaßnahmen eingehalten werden.[2781]

Vor diesem Hintergrund ist es nicht aus infektiologischen Gründen zu rechtfertigen, weshalb Buchläden von der 800 m²-Regelung ausgenommen wurden.[2782] Während Buchläden daher eine unbegrenzte Verkaufsfläche öffnen durften, mussten größere Warenhäuser mit einem gemischten Sortiment[2783] die Fläche begrenzen,[2784] obwohl beide typischerweise eine Innenstadtlage vorweisen und damit eine ähnliche Anziehungswirkung besitzen.[2785] Das Infektionsrisiko lässt sich

---

[2777] BayMBl. 2020 Nr. 158, GVBl. 2020 S. 196, i.d.F. der Änderungsverordnung v. 31.3.2020, BayMBl. 2020 Nr. 162, GVBl. 2020 S. 194.
[2778] BayVGH, Beschl. v. 27.4.2020 – 20 NE 20.793, juris Rn. 40 f.; OVG Saarlouis, Beschl. v. 27.4.2020 – 2 B 143/20, BeckRS 2020. 6903; VG Regensburg, Beschl. v. 27.4.2020 – RO 14 E 20.687, juris Rn. 58; a.A. VG Ansbach, Beschl. v. 26.4.2020 – AN 30 S 20.00775, juris Rn. 25 in Anschluss an VG Augsburg, Beschl. v. 24.4.2020 Az. Au 9 E 20.715; vgl. VG Würzburg, Beschl. v. 24.4.2020 – W 4 E 20.572; so auch VG Würzburg, Beschl. v. 24.4.2020 – W 4 E 20.574; dem folgend auch: VG Bayreuth, Beschl. v. 27.4.2020 – B 7 E 20.386; VG Bayreuth, Beschl. v. 27.4.2020 – B 7 E 20.388; vgl. zur Auslegung auch: VG Regensburg, Beschl. v. 27.04.2020 – RO 14 E 20.687.
[2779] VG Ansbach, Beschl. v. 26.4.2020 – AN 30 S 20.00775, juris Rn. 25.
[2780] VG Ansbach, Beschl. v. 26.4.2020 – AN 30 S 20.00775, juris Rn. 25; vgl. auch die Rechtsprechung zu großflächigen Einzelhandelsbetrieben: BVerwG, Urt. v. 24.11.2005 – 4 C 14.04.
[2781] BayVGH, Beschl. v. 27.4.2020 – 20 NE 20.793, juris Rn. 35 ff.
[2782] BayVGH, Beschl. v. 27.4.2020 – 20 NE 20.793, juris Rn. 35; VG Regensburg, Beschl. v. 27.04.2020 – RO 14 E 20.687, juris Rn. 61.
[2783] Zu Einkaufszentren: VG Augsburg, Beschl. v. 6.5.2020 – Au 9 E 20.775, juris Rn. 23; VG Regensburg, Beschl. v. 5.5.2020 – RO 14 E 20.783, juris Rn. 42 ff.; VG Regensburg, Beschl. v. 6.5.2020 – RO 14 E 20.710, juris Rn. 35 ff; beide mit Verweis auch auf BayVGH, Beschl. v. 27.4.2020 – 20 NE 20.793; andere Tendenzen bei BayVGH, Beschl. v. 23.12.2020 – 20 NE 20.2870 zur 11. BayIfSMV.
[2784] Zu dieser Auslegung: BayVGH, Beschl. v. 27.4.2020 – 20 NE 20.793, juris Rn. 40.
[2785] BayVGH, Beschl. v. 27.4.2020 – 20 NE 20.793, juris Rn. 35.

daher grundsätzlich vergleichen.²⁷⁸⁶ Die unbegrenzte Öffnung von Baumärkten war dagegen aus Gründen des Infektionsschutzes wegen ihrer Weitläufigkeit und der geringeren Anziehungskraft aufgrund der typischerweise auswärtigen Lage gerechtfertigt.²⁷⁸⁷

Zusammenfassen lassen sich die Erkenntnisse vorläufig wie folgt: Boten bestimmte Sparten von Einzelhandelsgeschäften ein vergleichbares Infektionsrisiko, so mussten sie grundsätzlich gleichen Regelungen unterworfen werden.²⁷⁸⁸ Eine Ungleichbehandlung ließ sich auf der Grundlage von § 28 Abs. 1 S. 1 IfSG hingegen nicht rechtfertigen, indem eine höhere „Systemrelevanz" aus anderen als überragend wichtigen Allgemeingütern angeführt wurde.

3.) Die weitere Umsetzung durch den Verordnungsgeber und Einzelfragen

Zu befürworten war daher die Ausgestaltung derjenigen BaylfSMV, die die Öffnungen grundsätzlich vom jeweiligen Infektionsrisiko abhängig machten. Die Rechtsprechung reagierte hierauf mit mehr Einheitlichkeit als zuvor und forderte für eine zulässige Differenzierung infektiologische Gründe²⁷⁸⁹ bzw. ließ diese jedenfalls genügen.²⁷⁹⁰ Bei der Auslegung der zulässigen Sportarten (vgl. § 9 Abs. 1 S. 2 4. BaylfSMV) berücksichtigte sie daher konsequent das Infektionsrisiko.²⁷⁹¹

Im Verlauf der Pandemie war hinsichtlich der Kontrolldichte allerdings der zunehmende Erkenntnisgewinn zu berücksichtigen. Die Gestaltungsfreiheit wurde in Bezug auf die Öffnungsschritte zunächst aufgrund der Unwägbarkeiten als weit eingestuft. Die Aufrechterhaltung eines „Probezustands" war hingegen auf Dauer nicht hinnehmbar, soweit die Öffnungsschritte keine nachteiligen Konsequenzen für das Infektionsgeschehen hatten.²⁷⁹² Zu gering wählten einige Entscheidungen die Kontrolldichte daher, wenn sie lediglich auf eine Evidenzkontrolle abstellten und es genügen ließen, dass die geschlossenen Betriebe zum Infektionsrisiko beitrugen.²⁷⁹³

Eine gewisse Generalisierung in Bezug auf das jeweilige Infektionsrisiko bestimmter Sparten der Freizeitgestaltung war zur Gewährleistung bestimmter Öffnungs-

---

[2786] BayVGH, Beschl. v. 27.4.2020 – 20 NE 20.793, juris Rn. 35.
[2787] BayVGH, Beschl. v. 27.4.2020 – 20 NE 20.793, juris Rn. 36 f.
[2788] Vgl. VG München, Beschl. v. 28.5.2020 – M 26 E 20.2170; VG München, Beschl. v. 28.5.2020 – M 26 E 20.2135.
[2789] VG Augsburg, Beschl. v. 27.5.2020 – Au 9 E 20.873 zur Innen- und Außengastronomie.
[2790] BayVerfGH, Entsch. v. 15.5.2020 – Vf. 34-VII-20 zur 4. BaylfSMV.
[2791] VG München, Beschl. v. 11.5.2020 – M 26 E 20.1850, juris Rn. 30.
[2792] BayVGH, Beschl. v. 19.6.2020 – 20 NE 20.1127, juris Rn. 42.
[2793] Vgl. BVerfG, Beschl. v. 11.11.2020 – 1 BvR 2530/20, Rn. 15; BayVGH, Beschl. v. 16.11.2020 – 20 NE 20.2561, juris Rn. 24 ff.

schritte dennoch zulässig, soweit sich diese am typischen Fall und im Rahmen des Nachvollziehbaren bewegte.[2794] Das Heranziehen der Aerosolbelastung als Einschätzungskriterium hielt sich in diesem zulässigen Rahmen,[2795] weil eine hohe Aerosoldichte nachweislich die Ansteckungsgefahr erhöhte.[2796] Nachvollziehbar war es deshalb, Fitnessstudios ein höheres Infektionsrisiko zuzuschreiben als Gastronomiebetrieben.[2797]

Knüpft man – wie es die späteren BayIfSMV überwiegend leisteten – an die Bedeutung für den Infektionsschutz an, stellen sich weitere diffizile Fragen in Bezug auf die zulässige Differenzierung. Als grundsätzlich zulässiges infektiologisches Differenzierungskriterium konnte auch angesehen werden, inwieweit einzelne Betriebszweige typischerweise entsprechende Hygienekonzepte umsetzen konnten.[2798] Mit dem weiteren Verlauf wurde jedoch selbst eine erhöhte Infektionsgefahr – zum Beispiel dem Aufhalten in Saunen mit erhöhter Luftfeuchtigkeit (§ 9 Abs. 1, § 11 Abs. 5 i.V.m. § 14 Satz 2 der 5. BayIfSMV) – nicht mehr als ausreichender Differenzierungsgrund angesehen. Der Normgeber musste laut dieser Rechtsprechung auch bei einem höheren Infektionsrisiko prüfen, ob eine andere Schutzmaßnahme in Form eines Hygienekonzepts in Betracht gekommen wäre, auch vor dem Hintergrund umfangreicher Öffnungen in der restlichen EU.[2799]

Zudem wurde die faktische Grenze des Infektionsschutzes als zulässiges Differenzierungskriterium angesehen.[2800] So erachtete es der BayVGH für zulässig, Veranstaltungen gänzlich zu verbieten, unabhängig von ihrer Personenanzahl oder der möglichen Einhaltung von Hygienekonzepten.[2801] Grundsätzlich für zulässig wurde es aus diesen Gründen auch erachtet, Schankwirtschaften bzw. Diskotheken geschlossen zu halten, während der Betrieb in Speisewirtschaften nach einigen Monaten wieder zugelassen wurde (vgl. § 13 Abs. 1 6. BayIfSMV).[2802] Diese Differenzierung rechtfertigte sich in der Tat aufgrund von unterschiedlichen Leistungsangeboten, die für die infektionsrechtliche Bewertung erheblich waren: Zwar bieten

---

[2794] VG Bayreuth, Beschl. v. 26.5.2020 – B 7 S 20.463.
[2795] VG München, Beschl. 27.5.2020 – M 26 E 20.2100; weniger deutlich in VG München, Beschl. v. 27.5.2020 – M 26 E 20.2101; vgl. auch OVG Lüneburg, Beschl. v. 14.5.2020 – 13 MN 156/20; OVG Hamburg, Beschl. v. 20.5.2020 – 5 Bs 77/20.
[2796] Vgl. hierzu BVerfG, Beschl. v. 29.4.2020 - 1 BvQ 44/20, juris Rn. 13.
[2797] OVG Hamburg, Beschl. v. 20.5.2020 – 5 Bs 77/20, BeckRS 2020, 9944 Rn. 40 f.
[2798] BayVGH, Beschl. v. 16.9.2020 – 20 NE 20.1994: Zuschauerverbot bei Sportveranstaltungen [§ 9 Abs. 1 Nr. 2 6. BayIfSMV].
[2799] So VG Regensburg, Beschl. v. 12.6.2020 – RN 14 E 20.963, juris Rn. 138.
[2800] BayVGH, Beschl. v. 8.6.2020 – 20 NE 20.1307, juris Rn. 20; vgl. auch VG Augsburg, Beschl. v. 16.6.2020 – Au 9 E 20.930.
[2801] BayVGH, Beschl. v. 8.6.2020 – 20 NE 20.1316, juris Rn. 42 ff.
[2802] I.d.F. v. 19.6.2020, BayMBl. 2020 Nr. 348.

auch Speisewirtschaften alkoholische Getränke an, allerdings handelt es sich bei Schankwirtschaften generell um kleinere Räumlichkeiten („Einraumkneipen").[2803] Die physische Nähe der Gäste ist typischerweise höher, wohingegen Speisewirtschaften meist weitläufiger sind und von einer festen Platzverteilung geprägt sind.[2804] Auch das laute Sprechen aufgrund eines angenommen höheren Lärmpegels und die längere Verweildauer begünstigten eine Übertragung durch Tröpfchen oder Aerosole in Schankwirtschaften bzw. Diskotheken.[2805] Aufgrund dieser Annahmen ist der Normgeber vertretbar generalisierend von einem höheren Infektionsrisiko bei Schankwirtschaften ausgegangen, wenngleich sich das spezifische Infektionsrisiko einzelner Etablissements durch Hygienekonzepte auf das Risiko bei Speisewirtschaften reduzieren ließ.[2806] Schutzmaßnahmen seien dabei aufgrund vertretbarer Einschätzung des Normgebers kaum durchzusetzen bzw. nicht gleich effektiv gewesen,[2807] weil der Nutzen maßgeblich vom spezifischen Verhalten der Personen abhänge.[2808]

Kritischer war die Nachvollziehbarkeit einer Differenzierung wegen eines angeblich höheren Infektionsrisikos regionaler Veranstaltungen (§ 5 Abs. 1 6. BaylfSMV) mit geringerer Größe (Kirchweih bzw. Volksfeste) gegenüber erlaubten Freizeitangeboten (vgl. § 11 Abs. 1 6. BaylfSMV). Ein infektiologischer Differenzierungsgrund, der für regionale Veranstaltungen ein repressives Verbot mit Befreiungsvorbehalt erforderlich machte bei einer gleichzeitigen Zulassung sonstiger Veranstaltungen war nicht ersichtlich. Denn bei regionalen Veranstaltungen wurden die Besucherzahlen als Argument gegen die generelle Zulassung angeführt, während sie bei sonstigen Veranstaltungen nur zur Einführung einer Obergrenze führten.[2809] Ebenso fragwürdig erscheint, weshalb eine Maskenpflicht aufgrund des Speisen- und Getränkeangebots bei regionalen Veranstaltungen nicht denkbar gewesen sein sollte. Möglich erschien aus Sicht des Gerichts als mildere Maßnahme bei Veranstaltungen eine räumliche Trennung von gastronomischen und sonstigen Freizeitangeboten. Insgesamt bleibt die Annahme einer fehlenden Umsetz-

---

[2803] BayVGH, Beschl. v. 14.7.2020 – 20 NE 20.1572, juris Rn. 30; BayVGH, Beschl. v. 14.7.2020 – 20 NE 20.1574; BayVGH, Beschl. v. 23.7.2020 – 20 NE 20.1651.
[2804] BayVGH, Beschl. v. 14.7.2020 – 20 NE 20.1572, juris Rn. 31.
[2805] BayVGH, Beschl. v. 14.7.2020 – 20 NE 20.1572, juris Rn. 32; Beschl. v. 16.7.2020 – 20 NE 20.1580, juris Rn. 51.
[2806] BayVGH, Beschl. v. 14.7.2020 – 20 NE 20.1572, juris Rn. 32.
[2807] In Bezug auf Bars: BayVGH, Beschl. v. 14.7.2020 – 20 NE 20.1572, juris Rn. 31 u. 33; Beschl. v. 14.7.2020 – 20 NE 20.1574, juris Rn. 31 u. 33; zu Clubs und Diskotheken: OVG Münster, Beschl. v. 8.7.2020 – 13 B 870/20.NE, juris Rn. 53 ff.
[2808] BayVGH, Beschl. v. 16.7.2020 – 20 NE 20.1500, juris Rn. 22.
[2809] BayVGH, Beschl. v. 14.7.2020 – 20 NE 20.1489, juris Rn. 20; Beschl. v. 14.7.2020 – 20 NE 20.1485.

barkeit von Hygienekonzepten im Gegensatz zu der Lage bei sonstigen Freizeitangeboten daher schleierhaft.

e) Fazit zum Gleichbehandlungsgrundsatz während der Coronapandemie
Die Rechtsprechung zum Gleichbehandlungsgrundsatz fiel gerade zu Beginn der Pandemie uneinheitlich aus. Die wesentlichen Schwierigkeiten lassen sich indes auf der Basis der Ermächtigungsgrundlage lösen: Der wohlverstandene Zweck des § 28 Abs. 1 S. 1 IfSG ging dahin, eine Differenzierung grundsätzlich nur aus Gründen des Infektionsschutzes zu erlauben, es sei denn überragend wichtige Güter der Allgemeinheit geboten eine anders ausgerichtete Differenzierung. Auf Basis der ursprünglichen Rechtsgrundlage durften daher (bloße) soziale, gesellschaftliche bzw. wirtschaftliche Aspekte nicht berücksichtigt werden.

V. Besondere Kontrollanforderungen an das Satzungsermessen

1. Die Bedeutung der jeweiligen Ermächtigung

a) Satzungen auf der Grundlage von Generalermächtigungen
Satzungen unterscheiden sich zunächst von Verordnungen durch die fehlende Anwendbarkeit von Art. 80 Abs. 1 S. 2 GG.[2810] Alleine aus der fehlenden Geltung von Art. 80 Abs. 1 S. 2 GG eine Zurückdrängung der gerichtlichen Inhaltskontrolle zu folgern, ginge allerdings zu weit.[2811] Die Notwendigkeit einer gewissen gerichtlichen Zurückhaltung bei der Kontrolle ergibt sich bei Satzungen vielmehr schon allein aus folgendem Umstand: Liegt keine Grundrechtsbeeinträchtigung vor, so genügen die generelle Satzungsermächtigung des Art. 28 Abs. 2 S. 1 GG[2812] bzw. die sie konkretisierenden Generalermächtigungen der Gemeindeordnungen der Länder[2813] für die Ermächtigung zum Satzungserlass. Gesetzliche Vorschriften, aus denen sich ein rechtlicher Kontrollmaßstab für dieses Rechtsfolgenermessen (sie-

---

[2810] Ständige Rechtsprechung, vgl. nur BVerfGE 21, 54 (62); 26, 228 (237); 32, 346 (360 ff.); BVerfGE 33, 125 (157); vgl. auch *Ipsen*, JZ 1990, S. 791; *Schmidt-Aßmann*, Die kommunale Rechtsetzung, S. 7.
[2811] So aber *Papier*, DVBl. 1975, S. 463 ff.; a.A. *Weitzel*, Rechtsetzungsermessen, S. 221.
[2812] *Schoch*, NVwZ 1990, S. 802; *Schoch* in ders./Schneider, VwVfG, Einleitung Rn. 30; BVerfGE 21, 54 (62 f.); 32, 346 (361); BVerwGE 90, 359 (361).
[2813] *Dietlein/Knierim* in Dietlein/Suerbaum, BeckOK Kommunalrecht Bayern, Art. 23 Rn. 1; *Mehde* in Dürig/Herzog/Scholz, GG, Art. 28 Abs. 2 Rn. 63; vgl. auch exemplarisch: BayVerfGH, BayVBl. 1980, S. 687 f.

he D. II. 2. b.) herleiten ließe,[2814] finden sich im Falle von Satzungen seltener als bei Rechtsverordnungen.[2815]

Ermessenslenkend können allenfalls die Haushaltsgrundsätze der jeweiligen Gemeindeordnung wirken[2816] und insofern höherrangiges Verordnungsrecht.[2817] Die Folge für die Kontrolldichte ist ein grundsätzlich weiter, autonomer kommunalpolitischer Bereich,[2818] in welchen das Gericht nicht mit einer ersetzenden Entscheidungsbefugnis eingreifen darf.[2819] Begrenzend wirken zwar verfassungsrechtliche Grundsätze.[2820] Mitunter kann es allerdings auch bei in Widerstreit tretenden Verfassungsgrundsätzen notwendig sein, dem Selbstverwaltungsprinzip den Vorzug zu gewähren, um kommunale Unterschiede und deren Ausgestaltungsfähigkeit zu respektieren.[2821] Denn in diesem Bereich befördert die Selbstverwaltungsgarantie die Nutzung der höheren Sachnähe und der besseren Ortskenntnis zur angepassten Rechtsetzung.[2822]

Die bis hierhin skizzierte, geringe Kontrolldichte aufgrund des weiten Spielraums[2823] verleitet abermals zu einem Vergleich zur Gestaltungsfreiheit des Gesetzgebers. Im Bereich der Satzungsautonomie auf Basis des Art. 28 Abs. 2 S. 1 GG scheint sich die Kontrolldichte der des Gestaltungsspielraums anzugleichen. Den Parallelen sind allerdings gewichtige Argumente entgegenzusetzen: Die Selbstverwaltungsgarantie rechtfertigt sich aus dem Gedanken, denjenigen gesellschaftlichen Gruppen die Regelung ihrer Aufgaben zu überlassen, die sie selbst und einen Bereich betreffen, den sie selbst am sachkundigsten überblicken können.[2824] Das Ermessen des Satzungsgebers wird daher durch den Aufgabenbereich des Sat-

---

[2814] Vgl. BVerwG, UPR 1994, S. 450.
[2815] Auch bei fehlenden gesetzlichen Maßstäben fordert *Zuleeg,* DVBl. 1970, S. 159 konträrer Weise eine strenge Prüfung.
[2816] Vgl. BayVGH, BayVBl. 1982, S. 753; ausführlich zu denen der GO: *Sedlmaier* in Dietlein/Suerbaum, BeckOK Kommunalrecht Bayern, Art. 61 passim.
[2817] Ausführlich hierzu *Hill* in Ständige Deputation I, 58. Deutscher Juristentag, S. D 24.
[2818] Vgl. auch zur gemeindlichen Autonomie und 5G: *Budzinski,* NVwZ 2020, S. 1649 ff.
[2819] Deutlich auch: BVerwGE 116, 188 (193 f.).
[2820] *Becker* in ders./Heckmann/Kempen/Manssen, Öffentliches Recht in Bayern, S. 174.
[2821] BayVGH, BayVBl. 1982, S. 753.
[2822] *v. Armin,* AöR 113 (1988), S. 14 ff. u. 22; vgl. auch *Schnur,* Die Verwaltung 3 (1970), S. 257 ff.; ders., Die Verwaltung 19 (1986), S. 40.
[2823] *Herdegen,* AöR 114 (1989), S. 626; *Maurer* in Biernat/Hendler/Schoch/Wassilewski, Grundfragen des Verwaltungsrechts, S. 75.
[2824] BVerfGE 33, 125 (156), NJW 1972, S. 1504; BVerfG, NVwZ 1989, S. 350; vgl. auch *Petersen,* NVwZ 2013, S. 844; *Schink,* VerwArch 81 (1990), S. 392 ff.; *Schoch,* VerwArch 81 (1990), S. 18; *Knemeyer,* Der Staat 29 (1990), S. 406; angedeutet auch bei Isensee/Kirchhof VI, § 144 Rn. 9.

zungsgebers bzw. dessen Zweck eingeschränkt.[2825] Die Selbstverwaltungsgarantie entfaltet damit nicht nur eine ermächtigende Wirkung, sondern wirkt gleichsam selbst begrenzend.

Hieraus folgen im Wesentlichen drei die Satzungsfreiheit einschränkende Faktoren: Die erste Beschränkung betrifft den persönlichen Geltungsbereich. Denn der Satzungsgeber darf sich nur an die Adressaten in seinem Regelungsgebiet wenden.[2826] Dieser Aspekt ist stark verknüpft mit der Gebietshoheit, die den zweiten einschränkenden Faktor darstellt. Die Satzungsbefugnis ist insofern auf das jeweilige Gemeindegebiet als Wirkbereich des Satzungsgebers beschränkt.[2827] Hieraus folgt auch die fehlende Kompetenz zur Befassung mit allgemeinpolitischen Erwägungen.[2828] Kommunalpolitische Erwägungen darf der Satzungsgeber hingegen als Ausfluss der Selbstverwaltungsgarantie einbeziehen. Die Differenzierung beider Bereiche tritt dabei neben die ohnehin kaum bewältigbare Aufgabe der Unterscheidung von politischen und rechtlichen Erwägungen.[2829]

Da die Selbstverwaltungsgarantie zur eigenverantwortlichen, effektiven Rechtsetzung ermächtigen will, aber nicht zur unsachgemäßen oder gar willkürlichen („im Rahmen der Gesetze"), ergibt sich hieraus eine dritte Einschränkung in Bezug auf kommunalpolitische Zwecksetzungen. Zu weit ginge es zwar, generell eine Art Vertretbarkeitsprüfung zu fordern.[2830] Einen Mittelweg findet aber die Kontrolldichte, die kommunalpolitische Erwägungen auf begründbare Zweckvorstellungen hin überprüft, die auf eine Verwirklichung des Gemeinwohls abzielen.[2831] Denn eine wesentliche Aufgabe der Gemeindeorgane und insbesondere des Gemeinderates ist es im kommunalen Bereich „Hüter des Gemeinwohls gegenüber Gruppeninteressen" zu sein und den Gefahren zu trotzen, die den Minoritäten und der Allgemeinheit „durch die Macht der gesellschaftlichen Gruppen drohen";[2832] vergleichen lässt sich diese Stellung daher mit der Stellung des Parlaments im staatlichen Bereich.

[2825] *Richter*, Erlass von Rechtsverordnungen und Satzungen, S. 10; vgl. BVerfGE 12, 312 (325); BVerwGE 6, 247 (249 ff.).
[2826] *Dietlein/Knierim* in Dietlein/Suerbaum, BeckOK Kommunalrecht Bayern, Art. 23 Rn. 8; zum Satzungsrecht gegenüber Externen: *Petersen*, NVwZ 2013, S. 841.
[2827] BVerwGE 130, 52 (62); 137, 95 (99); den Versuch einer näheren Eingrenzung unternimmt: *Schnur*, Die Verwaltung 19 (1986), S. 46 f.
[2828] *Mehde* in Dürig/Herzog/Scholz, GG, Art. 28 Abs. 2 Rn. 54; BVerfGE 79, 127 (147).
[2829] Einen anschaulichen Versuch liefern *Brüning/Rambow/Yasin*, KommJur 2021, S. 245 ff. anhand kommunaler Verbote von Außenwerbung.
[2830] Vgl. BVerwG, UPR 1994, S. 450.
[2831] *Brohm*, DÖV 1987, S. 270; vgl. zum Beispiel: BayVGH, BayVBl. 1982, S. 753.
[2832] BVerfGE 33, 159 f.; vgl. *v. Armin*, AöR 113 (1988), S. 24.

Als Zwischenergebnis lässt sich festhalten, dass selbst in dem Bereich, in welchem sich die Satzungsautonomie allein aus Art. 28 Abs. 2 S. 1 GG speist, eine höhere Kontrolldichte im Vergleich zum parlamentarischen Gesetzgeber besteht. Die Kontrollmaßstäbe liefern zum einen gesetzliche Ermessensschranken wie die Haushaltsgrundsätze der Gemeindeordnungen und zum anderen ergeben sie sich aus der Selbstverwaltungsgarantie selbst.

b) Die Kontrolldichte bei Eingriffsatzungen

Der weitere Bereich wird von den Eingriffsatzungen gebildet. Soweit Satzungen in Grundrechte eingreifen, bedürfen sie einer gesetzlichen Grundlage.[2833] Als wesentlicher Kontrollmaßstab treten daher anders als bei Satzungen auf der Grundlage der Generalermächtigung die spezielle Ermächtigungsgrundlage und die sonstigen Gesetze in den Vordergrund, die hierzu im Kontext stehen und den jeweiligen Sachbereich ausfüllen. Die Kontrolldichte des Rechtsfolgenermessens verschärft sich entsprechend durch die höhere gesetzliche Determinierung; das Satzungsermessen entfernt sich deutlicher von der Gestaltungsfreiheit des Gesetzgebers.

Neben das Rechtsfolgenermessen tritt im Bereich der Eingriffsatzungen zudem das Konkretisierungsermessen. Deshalb bietet sich ein Vergleich zum Verordnungserlass an: Als Grundsatz lässt sich im Vergleich zum Verordnungserlass dennoch festhalten, dass dem Satzungsgeber ungeachtet dieser Gemeinsamkeit generell ein größerer Spielraum zuzubilligen ist. Auch bei der Beurteilung von unbestimmten Rechtsbegriffen ist es mitunter aufgrund von Art. 28 Abs. 2 S. 1 GG notwendig, den Kommunen ein Ermessen bei der Konkretisierung zuzubilligen.[2834] Der Grund hierfür liegt wiederum im Ursprung der Selbstverwaltungsgarantie: Diese fordert die Berücksichtigung kommunaler Besonderheiten. Gewährleistet wird dieser Faktor nur, wenn die Letztentscheidungsbefugnis dort verbleibt, wohin die Selbstverwaltungsgarantie sie delegiert, nämlich auf die kommunale Ebene. Diese kommunalen Besonderheiten führen daher häufiger zu echten Beurteilungsermächtigungen bei Begrifflichkeiten wie zum Beispiel dem „öffentlichen Interesse".[2835]

[2833] *Becker* in ders./Heckmann/Kempen/Manssen, Öffentliches Recht in Bayern, S. 174.
[2834] Zutreffend daher: *Badura* in BayVerfGH, Festschrift für den BayVerfGH, S. 173 ff.; *Hill* in Ständige Deputation I, 58. Deutscher Juristentag, S. D 68 ff.; *Hoppe*, DVBl. 1974, S. 642; *Lange* in Stein/Faber, Festschrift für Helmut Ridder, S. 69; *Ossenbühl* in Ständige Deputation I, 50. Deutscher Juristentag, S. B 187 ff.; *Papier*, DVBl. 1975, S. 462 ff; *Sendler* in Berkemann/Gaentzsch, Festschrift für Otto Schlichter, S. 69; *Schmidt-Aßmann* in Ständige Deputation II, 58. Deutscher Juristentag, S. N 18 ff.
[2835] A.A. die Rechtsprechung: BVerwGE 34, 301 (308) zur Kontrollfähigkeit der Rechtsbegriffe aus § 1 Abs. 6 BauGB; zutreffend aber *Weitzel*, Rechtsetzungsermessen, S. 186.

2. Der Einfluss von Kollektiventscheidungen: Geringere Kontrolldichte durch demokratische Legitimation?

Eine weitere Besonderheit neben der Selbstverwaltungsgarantie könnte die Art der Legitimation des kommunalen Satzungsgebers sein.[2836] Die Entscheidungsfindung wird beim kommunalen Satzungserlass grundsätzlich auf ein demokratisch gewähltes Kollektiv übertragen. Diese hohe demokratische Legitimation setzt schon Art. 28 Abs. 1 S. 2 GG voraus.[2837] Manche möchten dies nun endgültig als Argument für eine Absenkung des Kontrollniveaus auf die Ebene der Gesetzgebung geltend machen.[2838] Delegiere der Gesetzgeber die Letztentscheidungskompetenz auf ein Kollektivorgan, so müsse das Gericht dies akzeptieren und allein deshalb seine Kontrolle grundsätzlich zurückfahren.[2839]

Die Delegation alleine ist jedenfalls für sich genommen kein ausreichendes Argument für eine Angleichung an den Gestaltungsspielraum des Gesetzgebers. Schließlich liegt eine Delegation auch bei einer Ermächtigung zum Verordnungserlass vor. Allerdings bieten die Kollektivorgane auf Kommunalebene zweifelsohne eine höhere demokratische Legitimation als es bei Repräsentanten auf der Ebene der Verordnungen der Fall ist.[2840] Entscheidet sich der Verfassungsgeber bzw. der Gesetzgeber demnach für eine Ermächtigung eines derart besetzten Kollegialorgans, kann man davon ausgehen, dass er willentlich eine auf einem politischen Diskurs beruhende Entscheidung herbeiführen will. Das Bestehen dieser Kollegialorange aus Bürgern unterschiedlichster sozialer Schichten führt dabei generell auch eher politisch geprägte Kompromisslösungen herbei, denn fachwissenschaftlich destillierte und entsprechend nachvollziehbare Entscheidungen.[2841] Daraus zu folgern, dass die gerichtliche Kontrolle sich bei Satzungen generell nur auf eine Art Vertretbarkeitsprüfung beschränken muss oder auf die Aufhebung objektiv offensichtlicher Fehlentscheidungen begrenzt bleibt, ist dabei aber dennoch keine zwingende Konsequenz dieser Überlegung.[2842]

[2836] Ausführlich zur Differenzierung von Selbstverwaltungsgarantie und Demokratieprinzip: *v. Armin*, AöR 113 (1988), S. 2 ff.
[2837] *Papier/Krönke*, Öffentliches Recht, S. 65; vgl. hierzu auch BVerfGE 99, 1 (8); BVerfGE 3, 45 (50); BVerfG, NVwZ 2009, S. 777; NVwZ 2013, S. 1541.
[2838] *Fechtrup* in Ständige Deputation II, 58. Deutscher Juristentag, S. N 10; *Fechtrup/Wiedemeier* in Erichsen/Hoppe/v. Mutius, Festschrift für Christian-Friedrich Menger, S. 808.
[2839] *Schmitt* in Bund Deutscher Verwaltungsrichter, 7. Deutscher Verwaltungsrichtertag, S. 109 ff.
[2840] So auch *Schmidt-Aßmann*, Ständige Deputation II, 58. Deutscher Juristentag, S. N 18 f.
[2841] *Schmitt* in Bund Deutscher Verwaltungsrichter, 7. Deutscher Verwaltungsrichtertag, S. 109 ff.
[2842] So allerdings *Schmitt* in Bund Deutscher Verwaltungsrichter, 7. Deutscher Verwaltungsrichtertag, S. 110.

Gegen eine Reduzierung der Kontrolldichte lassen sich zum einen praktische Erwägungen anführen. Vordergründig würde sich nämlich zum einen aus einer Ausrichtung anhand der demokratischen Legitimation die Notwendigkeit ergeben, die Höhe der Legitimation und die damit einhergehende und geforderte Zurücknahme der Kontrolldichte entsprechend zu bemessen.[2843] Die Schwierigkeit hierbei erhöht sich dadurch, dass die Kompetenz zum Satzungserlass zwar grundsätzlich beim demokratisch legitimierten Organ in Form des Gemeinderates (vgl. Art. 29 GO) liegt. Eine Übertragung auf beschließende Ausschüsse – zumindest in der Bayerischen Gemeindeordnung – ist jedoch nicht (völlig) ausgeschlossen (Art. 32 Abs. 2 S. 2 Nr. 2 GO).[2844] Bei der Bemessung des Legitimationsniveaus ergeben sich daher weitere Abstufungsfragen. Hiermit im Zusammenhang steht auch die Frage, wie man die Kontrolldichte bei einer im Ausnahmefall[2845] durch den Bürgermeister erlassenen Satzung bestimmen würde.

Gegen eine prinzipiell reduzierte Kontrolldichte sprechen neben diesen praktischen Schwierigkeiten zum anderen rechtsstaatliche Bedenken: Gäbe man nämlich der Forderung nach einer geringeren Kontrolldichte der demokratisch legitimierten kommunalen Organe nach, so würde man in einen Konflikt mit Art. 19 Abs. 4 GG geraten.[2846] Denn eine höhere Anzahl demokratisch legitimierter Entscheider erhöht nicht per se die Rechtmäßigkeit ihrer Entscheidung.[2847] Die Delegation auf ein demokratisches Kollektivorgan ändert nämlich nichts daran, dass es sich beim Satzungserlass um einen Fall exekutiver Normsetzung handelt.[2848] Bei dieser müssen sich auch Kommunalorgane an die für die vollziehende Gewalt vorgesehene Grundrechtsbindung (Art. 1 Abs. 3 GG) halten und unterliegen ebenso der Bindung an Gesetz und Recht (Art. 20 Abs. 3 GG). Nur in diesem Rahmen kann sich die kommunale Satzungsautonomie überhaupt bewegen.[2849] Auch Art. 28 Abs. 2 S. 1 GG erzeugt keinen dem Gestaltungsspielraum des Gesetzgebers glei-

---

[2843] Vgl. *Herdegen,* AöR 114 (1989), S. 620 ff; *Schmidt-Aßmann* in Scheuner/v. Münch, Gedächtnisschrift für Wolfgang Martens, S. 261.
[2844] Hierzu *M. Wolff* in Dietlein/Suerbaum, BeckOK Kommunalrecht Bayern, Art. 32 Rn. 5 f.
[2845] *v. Mutius,* JuS 1978, S. 183; *Wernsmann/Kriegl* in Dietlein/Suerbaum, BeckOK Kommunalrecht Bayern, Art. 37 Rn. 34.
[2846] Zutreffend daher *Lotz* in Bund Deutscher Verwaltungsrichter, 7. Deutscher Verwaltungsrichtertag, S. 132.
[2847] Vgl. *Gaentzsch,* DVBl. 1985 S. 32; *Schoch,* NVwZ 1990, S. 803.
[2848] So auch *Schoch,* NVwZ 1990, S. 803; a.A. dezidiert: *v. Armin,* AöR 113 (1988), S. 21 mit Verweis auf BVerfGE 21, 54 (62 f.); 32, 246 (361); 65, 283 (289).
[2849] Ähnlich auch *Bethge,* NVwZ 1983, S. 579; *Gaentzsch,* DVBl. 1985 S. 32; *Hill* in Ständige Deputation I, 58. Deutscher Juristentag, S. D 13; *Lotz* in Bund Deutscher Verwaltungsrichter, 7. Deutscher Verwaltungsrichtertag, S. 334; *Papier* in Blümel/Merten/Quaritsch, Festschrift für Carl Hermann Ule, S. 252 ff.; *Papier,* DÖV 1986, S. 627; *Schmidt-Jortzig,* NJW 1983, S. 968.

chen Freiraum beim Satzungsermessen, weil auch hier die Satzungsautonomie ausdrücklich nur „im Rahmen der Gesetze" gewährleistet ist. Gerade letzteres macht deutlich: Auch im Bereich der eigenverantwortlichen Aufgabenerfüllung bleibt es im Sinne der Rechtsstaatlichkeit beim Vorrang und Vorbehalt des Gesetzes.[2850] Die Ausfüllung von eigenen Gestaltungsspielräumen ist der Kommunalvertretung daher nur unter Beachtung von bundes- und landesgesetzlichen Wertungen zu gestatten.[2851]

Nicht von der Hand zu weisen ist, dass die Kontrolle kommunaler Satzungen häufig eine geringere Kontrolldichte erfordert als das Verwaltungsermessen. Dies ergibt sich allerdings – wie gezeigt werden konnte – vielmehr aus der Selbstverwaltungsgarantie[2852] und der damit im Zusammenhang stehenden geringeren rechtlicheren Determinierung und beruht nicht direkt auf einer höheren demokratischen Legitimation.

3. Besondere Anforderungen an den Abwägungsvorgang?

Die Art der Legitimation spielt für die Kontrolldichte daher keine direkte Rolle. Die Art und Weise der Entscheidungsfindung im Kollektiv wird von einigen allerdings als Argument genommen, die Kontrolldichte des Satzungsermessens generell der Abwägungskontrolle von Bauleitplänen anzunähern.[2853] Dies beruht auf der Annahme, eine Willkürkontrolle stelle zu geringe Anforderungen an das Satzungsermessen, während eine Kontrolle nach den Maßstäben des Verwaltungsermessens eine zu hohe Kontrolldichte befördere.[2854] Eine solche pauschale Heranziehung der Abwägungskontrolle ist ebenso wenig zu befürworten wie ein prinzipieller Ausschluss der Kontrolle des Abwägungsvorgangs (siehe schon E. IV.).

Die Befürchtung, eine Annäherung an die Kontrolle des Verwaltungsermessens bringe automatisch eine zu hohe Kontrolldichte mit sich, ist unbegründet. Denn eine bestimmte, von vornherein festgelegte Höhe der Kontrolldichte gibt es auch für das Einzelaktermessen nicht. Auch im Rahmen des Verwaltungsermessens kommt es maßgeblich auf die gesetzliche Determinierung an. Diese ist Ausgangspunkt der gerichtlichen Kontrolle (Art. 20 Abs. 3 GG). Insgesamt bleibt damit die

---

[2850] *Brüning/Rambow/Yasin*, KommJur 2021, S. 248; *Schoch*, NVwZ 1990, S. 803.
[2851] Vgl. das insofern völlig zutreffende Resümee von *Brüning/Rambow/Yasin*, KommJur 2021, S. 248.
[2852] Vgl. auch *Hill* in Ständige Deputation I, 58. Deutscher Juristentag, S. D 15; *Schmidt-Aßmann*, Ständige Deputation II, 58. Deutscher Juristentag, S. N 19.
[2853] Vgl. *Ossenbühl* in Isensee/Kirchhof V, § 105 Rn. 48 f.; *Schmidt-Aßmann* in Ständige Deputation II, 58. Deutscher Juristentag, S. N 20.
[2854] *Schmidt-Aßmann* in Ständige Deputation II, 58. Deutscher Juristentag, S. N 20.

Erkenntnis, dass die Kontrolle der Ermessensdisproportionalität bei Satzungen, die auf Generalermächtigungen beruhen, oftmals ausgeschlossen ist.[2855] Neben der fehlerhaften Grundannahme gibt es des Weiteren kein Bedürfnis nach einer grundsätzlichen Übertragung der Abwägungskontrolle. Die Kontrollmaßstäbe, an denen sich der jeweilige Satzungserlass messen lassen muss, ergeben sich aus den jeweiligen verfassungsrechtlichen und gesetzlichen Determinanten. Anhand von ihnen lässt sich die Höhe der gerichtlichen Kontrolldichte ermitteln. Auf diese Weise bildet der Kontrolleur eine auf die Regelung gemünzte Kontrolldichte.

Machen die gesetzlichen Determinanten bzw. deren Auslegung eine Kontrolle des Abwägungsvorgangs erforderlich, so ist auf eine Besonderheit bei Kollektiventscheidungen hinzuweisen: Es sind solche Mängel im Abwägungsvorgang irrelevant, die keine Auswirkung auf den Mehrheitsentschluss haben, selbst wenn sie nachweislich auf sachfremden Motiven und Erwägungen beruhen.[2856] Die subjektiven Erwägungen einzelner an der Abstimmung Beteiligter – auch in Form des internen Abwägungsvorgangs – sind daher unerheblich, soweit sie nicht Ausdruck in der Satzung selbst gefunden haben.[2857] Es entspricht nämlich der ureigenen Aufgabe von repräsentativen Kollektivorganen, verschiedene, und auch objektiv nicht immer billigenswerte Erwägungen, zu diskutieren und in einem Kompromiss zu vereinigen.[2858] Mit Blick auf den Rechtsschutz des Einzelnen kommt es dabei gerade auf das Ergebnis dieses Kompromisses an: Der Inhalt der Satzung bestimmt, inwiefern der Bürger in seinen subjektiven Rechten beeinträchtigt ist.[2859]

Denkbar ist ein kontrollfähiger Ermessensmissbrauch allerdings, wenn er sich auf den Inhalt der Satzung niedergeschlagen hat. Da sich auch ein Kollektiv für einen Missbrauch des Ermessens entscheiden kann, ist es daher nicht von vornherein ausgeschlossen, dass ein kontrollfähiger Ermessensmissbrauch zur Nichtigkeit der Norm führt.[2860] So kann ein kontrollfähiger, für das Ergebnis der Ermessensbetätigung relevanter Ermessensmissbrauch zum Beispiel vorliegen, wenn sich das Gremium zur Regelung eines Einzelfalls bewusst für die Rechtsform einer Satzung

---

[2855] Zutreffend daher *Herdegen*, AöR 114 (1989), S. 637.
[2856] Vgl. BVerwGE 64, 33 (37); OVG Lüneburg, NJW 1984, S. 2907 ff.; BayVerfGH, NVwZ-RR 1995, S. 266; im Ansatz auch OVG Münster, NVwZ 1987, S. 727.
[2857] So zutreffend: OVG Münster, NVwZ 1987, S. 727.
[2858] Auf die Kollision unterschiedlicher Interessen weist zurecht auch *Weitzel*, Rechtsetzungsermessen, S. 222 hin.
[2859] Vgl. auch zur Betroffenheit von Art. 19 Abs. 4 GG: BVerfGE 84, 34 (49); 103, 142 (156); 129, 1 (20 f.); *Jarass* in Jarass/Pieroth, GG, Art. 19 Rn. 36, wonach ein subjektives Recht Voraussetzung für die Rechtsschutzgarantie ist.
[2860] Anders aber BVerwG, NVwZ-RR 1988, 41 (42); OVG Münster, OVGE 11, 142 (Leitsatz 4); *Herdegen*, AöR 114 S. 637 a.E.; *Hill* in Ständige Deputation I, 58. Deutscher Juristentag, S. D 17; *Richter*, Erlass von Rechtsverordnungen und Satzungen, S. 60 ff.

entscheidet, um den Rechtsschutz hiergegen zu verkürzen.[2861] Unter den Begriff des Ermessensmissbrauchs lässt sich zudem auch der kontrollfähige Fall subsumieren, wenn bei einer Abgabensatzung Pflichtige ungerechtfertigter Weise unterschiedlich behandelt werden.[2862] Freilich kann man diesen Fall auch unter eine Verletzung von Art. 3 Abs. 1 GG fassen. Daher liegt noch deutlicher ein Ermessensmissbrauch vor, wenn das Kollektivorgan sich auf eine spezielle Ermächtigungsgrundlage stützt (z.B. Art. 24 Abs. 1 GO), die einen bestimmten Zweck verfolgt, das Organ allerdings gemeinschaftlich eine andere Zweckverfolgung wählt.

4. Die Besonderheiten im Kommunalabgabenrecht

Ein Bereich, in welchem das Satzungsermessen erheblichen gesetzlichen sowie verfassungsrechtlichen Bindungen unterliegt, stellt das Recht der Kommunalabgaben dar. Obwohl oder gerade, weil der Satzungsgeber hierbei eine größere Anzahl von – zum Teil zueinander in Konkurrenz tretenden – Vorgaben zu beachten hat, lassen sich die Kontrollmaßstäbe bzw. die Kontrolldichte nicht ohne Weiteres bestimmen. Besonders diskussionswürdig in diesem Zusammenhang ist die Frage, inwiefern Kalkulationsmängel für die Rechtmäßigkeit kommunalrechtlicher Abgabensatzungen von Bedeutung sind. Dies lässt sich nicht generell beantworten, sondern nur unter Einbezug der gesetzlichen und verfassungsrechtlichen Vorgaben, welche die Kontrolldichte des exekutiven Entscheidungsvorgangs vorzeichnen. Überschätzt werden darf die Bedeutung von Kalkulationsmängeln gleichwohl nicht. Denn selbst wenn man auf der Basis der nachfolgenden Erläuterungen zu einer grundsätzlichen Auswirkung auf die Rechtmäßigkeit käme, lassen sich Kalkulationsmängel durch einen entsprechenden Ratsbeschluss heilen.[2863]

a) Haushaltsrechtliche Kontrollmaßstäbe und -freiräume
Bei der Ausgestaltung des Abgabenrechts hat der Satzungsgeber vor allem die Grundsätze der Verwaltungspraktikabilität[2864] und der Wirtschaftlichkeit[2865] zu achten und darf dabei die Grundrechte der Betroffenen nicht außen vorlassen.[2866] Grundrechtlich hat der Satzungsgeber insbesondere Art. 3 Abs. 1 GG beim Erlass

---

[2861] Treffendes Beispiel bei *Weitzel*, Rechtsetzungsermessen, S. 223.
[2862] Vgl. BayVGH, DÖV 1960, S. 268 für den Fall einer Hundeabgabensatzung.
[2863] *Schoch*, NVwZ 1990, S. 808; *Wortmann*, NwVBl. 1989, S. 346.
[2864] VG Schwerin, Urt. v. 25.1.2007 – 4 A 217/06, BeckRS 2007, 147376 Rn. 50; zur Berücksichtigung der Verwaltungspraktikabilität beim Umfang der Begründung durch den Satzungsgeber: *Gern*, NVwZ 1995, S. 1152.
[2865] Vgl. *Gern*, NVwZ 1992, S. 632 f.; vgl. auch VG Koblenz, Urt. v. 30.8.2010 - 3 K 26/10, BeckRS 2010, 54643.
[2866] *Birk*, Die Verwaltung 35 (2002), S. 93 ff.; *Oebbecke* in Christ/ders., Handbuch Kommunalabgabenrecht, A. Rn. 30; BVerwG, NVwZ-RR 1991, S. 320.

von abgabenrechtlichen Satzungen zu beachten. Das Zusammenspiel der Selbstverwaltungsgarantie mit diesem Punkt ist höchst umstritten: Hier stelle sich zum Beispiel die Frage, ob Auswärtigen höhere Gebühren für kommunale Friedhöfe auferlegt werden dürfen oder inwieweit eine soziale Unterscheidung bei den Gebühren für Kindergärten durch die Gemeinde vorgenommen werden darf.[2867]

Die Prinzipien schlagen sich zum einen in haushaltsrechtlichen Grenzen des Gestaltungsspielraums nieder.[2868] Diese gebieten die Erhebung von Gebühren und Beiträgen, soweit es vertretbar und geboten ist aus besonderen Leistungsentgelten Einnahmen zu beschaffen (vgl. Art. 62 Abs. 2 Nr. 1 GO). Diese haushaltsrechtliche Rangfolge beinhaltet allerdings weder ein individuell einklagbares Recht eines Einzelnen auf deren Einhaltung[2869] noch ist vollständig justitiabel, was vertretbar und geboten ist. Insofern besteht ein zu respektierender Beurteilungsspielraum.[2870] Daneben ergibt sich aus dem haushaltsrechtlichen Grundsatz der Sparsamkeit und Wirtschaftlichkeit das Wirtschaftlichkeitsgebot.[2871] Im Sinne eines Erforderlichkeitsgrundsatzes fordert dieses Gebot, eine möglichst günstige Relation zwischen Aufwand und Ertrag zu erreichen.[2872] Die Einhaltung dieses Grundsatzes ist allerdings nicht nur von objektiv nachprüfbaren Faktoren abhängig, sondern enthält vor allem Zweckmäßigkeitserwägungen mit finanzpolitischen und prognostischen Elementen, weshalb der Gemeinde richtigerweise ein weiter Beurteilungsspielraum einzuräumen ist.[2873]

[2867] Vgl. *Schoch*, NVwZ 1990, S. 808 ff. mit zahlreichen weiteren Beispielen und Nachweisen; ausführlich hierzu auch *Hill* in Ständige Deputation I, 58. Deutscher Juristentag, S. D 84 ff.
[2868] *Oebbecke* in Christ/ders., Handbuch Kommunalabgabenrecht, A. Rn. 25 ff.; die Erhebung von Abgaben wird insofern verboten, aber auch vorgeschrieben; zu letzterem am Beispiel der Straßenausbaubeiträge: *Bulla*, BayVBl. 2014, S. 225.
[2869] Vgl. BayVGH, Beschl. v. 1.2.2007 – 4 ZB 06.2567; OVG Münster, DVBl 1980, S. 72; OVG Koblenz, DÖV 1985, S. 36.
[2870] OVG Münster, Beschl. v. 24. 5. 2007 – 15 B 778/07, BeckRS 2007, 23879, Rn. 18 ff.; Beschl. v. 22. 8. 2007 – 15 B 1328/07, BeckRS 2007, 26651 Rn. 7 ff.; VGH Kassel, Beschl. v. 12. 1. 2011 – 8 B 2106/10, BeckRS 2012, 46162 Rn. 3 ff.; Beschl. v. 20. 12. 2011 – 5 B 2017/11, BeckRS 2012, 48842 Rn. 6 ff.; weniger deutlich hinsichtlich eines Einschätzungsspielraums beschreibt dies *Sedlmaier* in Dietlein/Suerbaum, BeckOK Kommunalrecht Bayern, Art. 62 Rn. 6 ff.; unklar auch bei *Röhl* in Schoch, Besonderes Verwaltungsrecht, S. 110 Rn. 197: Die Gemeindeordnungen lägen zwar eine „Rangfolge fest, deren Steuerungswirkung soll jedoch im Regelfall nicht groß sein."
[2871] VGH Mannheim, VBlBW. 1999, S. 220; OVG Lüneburg, NVwZ-RR 1991, S. 384.
[2872] *Forst*, KStZ 2009, S. 88; *Vetter* in Christ/Oebbecke, Handbuch Kommunalabgabenrecht, D. Rn. 81.
[2873] *Scholz*, BWGZ 1989, S. 247; VGH Mannheim, VBlBW. 1999, S. 220 f.

b) Die spezialgesetzliche Ausgestaltung der Steuererhebung
Spezialgesetzliche Grundlagen regeln im Wesentlichen die Festsetzung und Erhebung der Gewerbe- bzw. Grundsteuer durch die Gemeinden.[2874] Einen besonderen Spielraum haben diese bei der Festlegung des Hebesatzes in ihrer Haushalts- bzw. Steuersatzung.[2875] Durch dessen Regulierung lassen sich unter anderem Einnahmen generieren, aber auch weitere kommunalpolitische Ziele erreichen.[2876] Zu würdigen ist dies durch eine Zurücknahme der staatlichen Eingriffsmöglichkeiten,[2877] was eine reduzierte Kontrolldichte zur Folge hat. Besondere Gestaltungsmöglichkeiten ergeben sich daneben durch die Ermächtigung zur Erhebung gewisser örtlicher Verbrauchs- und Aufwandsteuern, wie der Hundesteuer.[2878] Darüber hinaus sind Gemeinden in begrenztem Umfang gar ermächtigt, weitere Verbrauchs- und Aufwandsteuern zu erlassen.[2879] In diesem besonders autonomen Bereich[2880] dürfen die Gemeinden eine gewisse Lenkungswirkung einbeziehen.[2881] Diese Lenkungswirkung wird allerdings vor allem durch die Zuständigkeit des jeweiligen Sachgesetzgebers beschränkt, welche auch ein Einfügen der Regelung in das Gesamtkonzept erforderlich macht.[2882]

c) Die Prinzipien der Kommunalabgabengesetze
Neben diesen spezialgesetzlichen Grundlagen liefern die Kommunalabgabengesetze der Länder[2883] die Basis für die Erhebung von Gebühren und Beiträgen. Für deren Erhebung besteht ein entsprechender Satzungsvorbehalt hinsichtlich der Regelung von Tatbeständen, an welche die entsprechenden Gebühren bzw. Beiträge anknüpfen.[2884]

[2874] *Röhl* in Schoch, Besonders Verwaltungsrecht, S. 110.
[2875] *Röhl* in Schoch, Besonders Verwaltungsrecht, S. 110.
[2876] BVerfGE 125, 141 (165 f.); BVerwGE 138, 89 Tz. 16.
[2877] Zur Ausnahme einer dauerhaften Senkung des Hebesatzes trotz Haushaltsnotlage: BVerwGE 138, 89 Tz. 27 ff.
[2878] *Röhl* in Schoch, Besonders Verwaltungsrecht, S. 111.
[2879] Zum Beispiel der Zweitwohnsteuer: BVerfGE 65, 325; vgl. auch BVerfGE 114, 316; BVerfGK, NVwZ 1996, S. 57; NVwZ-RR 2010, S. 457; BVerwGE 99, 303; 115, 165; zur Frage der Vereinbarkeit mit EU-Recht: *Wollenschläger*, NVwZ 2008, S. 506; zur Pferdesteuer: *Meier*, KStZ 2010, S. 221 u. *Rauscher/Rauber*, KStZ 2011, S. 161.
[2880] *Henneke*, DStJG 35 (2012), S. 129 ff.; *Waldhoff*, DStJG 35 (2012), S. 25 f.
[2881] *Röhl* in Schoch, Besonders Verwaltungsrecht, S. 111; zur Kampfhundesteuer: BVerwGE 110, 265.
[2882] Vgl. BVerfGE 98, 106 zur Verpackungssteuer; BVerfGEK, NVwZ 2001, S. 1264; BVerwGE 110, 265; BVerwGE 110, 248.
[2883] Ausführlich: *Wieland*, DStJG 35 (2012), S. 159 ff.
[2884] VGH Mannheim, NVwZ-RR 1997, S. 123; VGH Kassel, NVwZ-RR 2000, S. 55; OVG Lüneburg, NVwZ-RR 2004, S. 777.

aa) Das Prinzip der Kostendeckung

Bei Gebühren ist je nach landesrechtlicher Ausgestaltung das Kostendeckungsprinzip zu beachten.[2885] Es gliedert sich in das Kostenüberschreitungsverbot[2886] und das eigentliche Kostendeckungsgebot, welches den Satzungsgeber zur Deckung der Kosten der Leistungserbringung durch das gesamte Gebührenaufkommen anhält.[2887] Bei der Berechnung der Gebührenobergrenze, die aufgrund des Kostenüberschreitungsverbotes nicht überschritten werden darf, können sich unter anderem dann Kalkulationsfehler einschleichen, wenn gebührenrechtlich nicht ansatzfähige Kosten einbezogen werden[2888] oder durch das zu geringe Ansetzen der Maßstabseinheiten als Divisor in der Gebührenkalkulation.[2889] Denn das Verbot der Kostenüberschreitung erfordert eine Kalkulation von Gebührensätzen in einer Art und Weise, dass das zu erwartende Gebührenaufkommen in einem bestimmten Zeitrahmen die gebührenfähigen Kosten in ihrer Gesamtheit nicht überschreitet.[2890]

Die Auswirkungen derartiger Fehler sind heillos umstritten. Ein Teil der Rechtsprechung meint, es käme zur Gültigkeit der Gebührensatzung weder darauf an, ob zum Zeitpunkt des Satzungserlasses eine fehlerfreie Gebührenkalkulation vorlag noch ob überhaupt eine solche als Grundlage der Satzung vorhanden war.[2891] Da das BVerwG prinzipiell die Kontrolle des Entscheidungsvorgangs ablehnt, dürfte es kaum verwundern, dass es sich dieser Rechtsprechung angeschlossen hat.[2892] Nach dieser ergebnisorientierten Rechtsprechung kommt es nur darauf an, ob die erlassenen Gebührensätze durch eine entsprechende Gebührenkalkulation im Ergebnis gerechtfertigt sind. Eine Gebührenberechnung kann daher nach Satzungserlass ohne erneute Beteiligung des exekutiven Normgebers durch die Verwaltung

---

[2885] BVerwG, Urt. v. 24.3.1961 - 7 C 109.60, BVerwGE 12, 162; BVerwG, KStZ 1989, S. 137; vgl. auch BVerfG, NJW 1979, S. 1345; BVerwG, NVwZ 1984, S. 240; BVerfG Beschl. v. 10.3.1998 - 1 BvR 178/97, BVerfGE 97, 332 (345); BVerwG Beschl. v. 11.12.2006 - 10 BN 3.06; BVerwG, Urt. v. 27.11.2019 – 9 CN 1/18, BVerwGE 167, 117 ff., juris Rn. 12.
[2886] VGH Mannheim, VBlBW. 1999, S. 219; NVwZ 1994, S. 196; BayVGH, NVwZ-RR 1994, S. 290; OVG Schleswig, Urt. v. 24.10.2007 - 2 LB 36/06, BeckRS 2007, 27788.
[2887] *Vetter* in Christ/Oebbecke, Handbuch Kommunalabgabenrecht, D. Rn. 43.
[2888] VGH Mannheim, VBlBW. 1999, S. 220.
[2889] *Vetter* in Christ/Oebbecke, Handbuch Kommunalabgabenrecht, D. Rn. 48.
[2890] *Vetter* in Christ/Oebbecke, Handbuch Kommunalabgabenrecht, D. Rn. 47; zur Fehlertoleranz: BVerwG, Urt. v. 27.11.2019 – 9 CN 1/18, BVerwGE 167, 117 ff., juris Rn. 14 ff.
[2891] BayVGH, NVwZ-RR 2005, S. 282; NVwZ-RR 2002, S. 221; NVwZ-RR 1996, S. 225; NVwZ-RR 1994, S. 290; VGH Kassel NVwZ-RR 1999, S. 198; OVG Münster, NVwZ-RR 1996, S. 695; NVwZ 1995, S. 1238; OVG Frankfurt (Oder), Urt. v. 11. 6. 1997 – 2 D 32 – 96, juris; OVG Schleswig, KStZ 1996, S. 216; OVG Weimar, LKV 2002, S. 540 f.
[2892] BVerwG, Urt. v. 17.4.2002, NVwZ 2002, S. 1124; kritisch hierzu: *Quaas*, NVwZ 2007, S. 758.

nachgereicht oder korrigiert werden.[2893] Noch weiter gehen die Anhänger der Rechtsprechung, die eine fehlerhafte Berechnungsgrundlage durch eine Betriebsabrechnung am Ende der Gebührenperiode als korrigiert ansehen.[2894]

Für diese ergebnisorientierte Rechtsprechung, selbst in ihrer sehr weiten Ausprägung, spricht sicherlich die Prozessökonomie.[2895] Es lässt sich nämlich anführen, für die Rechtmäßigkeit komme es nur auf das Ergebnis des Rechtsetzungsprozesses an. Mit den Gedanken des Rechtsschutzes ist dies wenig vereinbar. Hierfür lassen sich zum einen die bereits angeführten Bedenken gegen die grundsätzliche Ablehnung der Kontrolle des Entscheidungsvorgangs anführen (siehe E. IV.). Zum anderen sprechen ähnliche Gründe wie die der Kapazitätsverordnungen gegen eine rein am Ergebnis orientierte Betrachtung. Denn das eigentliche Ergebnis der Rechtsetzung ist an sich aufgrund des Gestaltungsspielraums gerade nicht vollständig kontrollfähig und kann auch – ohne zugrunde gelegter Kalkulation – schwerlich auf seine Nachvollziehbarkeit geprüft werden. Ihrer Funktion als nachvollziehendes Kontrollorgan im Rahmen des Normsetzungsermessens könnte die Rechtsprechung auf diese Weise kaum nachkommen.

Diese Rechtsprechung befördert zudem den Erlass von Satzungen, bei denen mangels (hinreichender) Kostenkalkulation das Risiko von im Ergebnis fehlerhaften Gebührensätzen besonders groß ist.[2896] Denn ein Verstoß gegen das Kostenüberschreitungsprinzip wird auch nach dieser Rechtsprechung aus Sicht des eigentlichen Satzungserlasses beurteilt.[2897] Schließlich beinhaltet das Nachschieben einer das Ergebnis begründenden Gebührenkalkulation eine Legitimationsproblem, welches in Konflikt mit dem Demokratieprinzip kommunaler Beschlussfassung gerät: Ein wesentlicher Grund für die Einräumung eines Gestaltungsspielraums beim Erlass von Gebührensatzungen ist die Selbstverwaltungsgarantie also mithin der Umstand, dass das demokratisch legitimierte Organ entscheidet. Legt das demokratisch legitimierte Organ Gebührensätze fest, ohne in diesem Zeitpunkt eine hinreichende Grundlage für die Berechnung zu haben, gerät die Rechtsetzung in die Nähe von Willkür. Die Gültigkeit der Satzung hinge dann vom Zufall ab bzw. von der Verwaltung ohne erneute Beteiligung des Rechtsetzungsorgans.

[2893] Auch bei einer Korrektur kommt es für die Beurteilung des Kostenüberdeckungsverbotes allerdings auf den Erlasszeitpunkt an, vgl.: BayVGH, NVwZ-RR 1996, S. 225; anders aber bei einer rückwirkenden Gebührensatzung, die eine aus materiellen Gründen nichtige Gebührensatzung ersetzt: BayVGH, NVwZ-RR 2005, S. 282.
[2894] OVG Münster, NVwZ-RR 1996, S. 695; NVwZ 1995, S. 1238; VGH Kassel, NVwZ-RR 1999, S. 198.
[2895] *Vetter* in Christ/Oebbecke, Handbuch Kommunalabgabenrecht, D. Rn. 52.
[2896] *Vetter* in Christ/Oebbecke, Handbuch Kommunalabgabenrecht, D. Rn. 52.
[2897] BayVGH, NVwZ-RR 1994, S. 291; NVwZ-RR 1996, S. 225.

Überzeugender ist daher der Teil der Rechtsprechung, der fordert, dass sich das rechtsetzende Organ bei seiner Beschlussfassung eine fehlerfreien Gebührenberechnung zu Eigen macht.[2898] Nur auf diese Weise gelingt dem zur Rechtsetzung berufenen und demokratisch legitimierten Organ eine fehlerfreie Rechtsetzung. Der Prozessökonomie kann daher folgendermaßen gedient werden, ohne Bedenken gegen diese Ansicht auszulösen: Die Heilung einer im Ergebnis rechtskonformen, aber auf einer fehlerhaften Gebührenkalkulation beruhenden Satzung kann durch einen nachträglichen Ratsbeschluss einer korrigierten Kalkulation geheilt werden.

bb) Das Äquivalenzprinzip

Unabhängig von einer landesrechtlichen Regelung ist in jedem Fall das Äquivalenzprinzip als spezielle Ausprägung des Verhältnismäßigkeitsprinzips zu berücksichtigen.[2899] Das Äquivalenzprinzip beruht darauf, dass Gebühren im Gegenseitigkeitsverhältnis zur Erbringung einer spezifischen Leistung der öffentlichen Hand stehen. Die Gebühr muss aus diesem Grund im Verhältnis zum Wert der Leistung angemessen sein.[2900] Gleichwohl bildet das Äquivalenzprinzip nur eine Richtschnur für die Obergrenze der Gebühr. Eine Verletzung liegt daher erst vor, wenn ein grobes Missverhältnis von Leistung und Gegenleistung angenommen werden muss.[2901] Bei der Bemessung der Gebühr ist dem Satzungsgeber daher ein weites Rechtsfolgenermessen eingeräumt. Solange die Kosten für die gebührenpflichtige Handlung nicht völlig außen vor gelassen werden,[2902] darf der Satzungsgeber daneben unter anderem auch den Nutzen bzw. den wirtschaftlichen Wert der Leis-

---

[2898] VGH Mannheim, Urt. v. 31.5.2010 – 2 S 2423/08, juris Rn. 24, NVwZ 2010, S. 1252 [Leitsatz]; NVwZ-RR 2004, S. 287; Beschl. v. 7.2.2002 – 2 S 2643/01, juris Rn. 25; NVwZ-RR 2000, S. 53; VBlBW. 1998, S. 220; NVwZ-RR 1996, S. 594; OVG Lüneburg, Urt. v. 12.10.2012 – 9 KN 47/10, juris Rn. 48 ff. u. 51, NVwZ-RR 2013, S. 386; NVwZ-RR 2009, S. 899; NVwZ-RR 2001, S. 124; OVG Bautzen, NVwZ-RR 2002, S. 371; LKV 1999, S. 275; OVG Greifswald, KStZ 2000, S. 13; so auch für Ertragsgebühren, für die das Kostenüberschreitungsverbot nicht gilt: VGH Mannheim, VBlBW. 2005, S. 149.
[2899] *Schönenbroicher* in Christ/Oebbecke, Handbuch Kommunalabgabenrecht, D. 589; *Schmehl*, Das Äquivalenzprinzip, passim.
[2900] BVerwG, NVwZ 2000, S. 75; vgl. auch OVG Lüneburg Urt. v. 12.10.2012 – 9 KN 47/10, juris Rn. 58, NVwZ-RR 2013, S. 386 (Leitsatz); VGH Mannheim, Urt. v. 1.12.2011 – 2 S 550/09, juris Rn. 59 ff., VBlBW. 2011, S. 355.
[2901] BVerwGE 12, 162 (166); BVerwG, NVwZ 2000, S. 75; NVwZ 2006, S. 595 Rn. 58: „gröbliches Missverhältnis".
[2902] BVerfG, NJW 1998, S. 2130 zugunsten eines sachgerechten Verhältnisses zwischen Kosten und Gebührenhöhe muss sachgerecht sein; BVerwG NVwZ 2002, S. 860; BVerwG, NVwZ 2003, S. 1386 für eine Gebühr, deren Höhe die Kosten des Verwaltungsaufwandes um ca. 444-fache übersteigt.

tung²⁹⁰³ und eine angestrebte Verhaltensänderung zur Gebührenbemessung heranziehen.²⁹⁰⁴ Da daher bezüglich der Einhaltung des Äquivalenzprinzips lediglich eine Evidenzkontrolle zu fordern ist, wirken sich Kalkulationsmängel kaum dergestalt aus, dass sie zu einem groben Missverhältnis zwischen Leistung und Gebühr führen.

Schwieriger gestaltet sich die Frage nach der Kontrolle des Vorgangs zur Ermittlung rechtskonformer Beitragssätze, der auch als Globalberechnung bezeichnet wird.²⁹⁰⁵ Die Rechtsprechung ist hierzu ebenso unterschiedlicher Ansicht wie bei der bereits diskutierten Gebührenkalkulation: Sowohl der VGH Kassel²⁹⁰⁶ als auch das OVG Münster²⁹⁰⁷ befürworten lediglich eine Ergebniskontrolle des jeweils festgesetzten Beitragssatzes. Gegen diese Ansicht lassen sich die obigen Argumente gegen eine ergebnisorientierte Kontrolle von Gebührensätzen fruchtbar machen. Ebenso wie bei der Festlegung von Gebührensatzungen kommt dem Satzungsgeber bei der Ausgestaltung von Beiträgen ein breites Rechtsfolgenermessen zu.²⁹⁰⁸ Dies entbindet ihn allerdings nicht von der Pflicht, seiner Beschlussfassung eine vertretbare Bedarfsberechnung zugrunde zu legen.²⁹⁰⁹ Der jeweilige Bedarf stützt sich nämlich auf tatsächliche Umstände, die bekanntermaßen grundsätzlich vollständig gerichtlich kontrollfähig sind (siehe E. III. 1. Und IV. 4. a). Die Kontrolldichte ist allerdings wiederum dort einzuschränken, wo der Bedarf sich nicht mehr aus objektiv nachvollziehbaren Fakten ergibt, sondern eine weitergehende Prognose erforderlich ist.²⁹¹⁰

cc) Fazit zum Normsetzungsermessen im Kommunalabgabenrecht

Das kommunale Abgabenrecht ist ein treffliches Beispiel dafür, dass die bloße Anzahl der Normen bzw. Grundsätze, die ein Sachgebiet regeln und durchdringen, alleine noch nichts über die Reichweite des Normsetzungsermessens aussagen. So ist das Kommunalabgabenrecht durch eine Vielzahl gesetzlicher und verfassungsrechtlicher Vorgaben durchzogen. Eine angepasste Kontrolldichte lässt sich allerdings nur bestimmen, wenn die zum Teil gegenläufigen Grundsätze und Rege-

---

[2903] BVerwG, NVwZ 2002, S. 859.
[2904] BVerwGE 137, 325 (340 Rn. 38), NVwZ 2011, S. 41.
[2905] BVerwG, Beschl. v. 19.9.2005 – 10 BN 3.05, BeckRS 2005, 30033; OVG Bautzen, Urt. v. 14.7.2015 - 5 A 625/11, BeckRS 2015, 56016.
[2906] Vgl. hierzu die Zusammenfassung von *Rösch*, HGZ 1990, S. 46.
[2907] OVG Münster, NWVBl. 1990, S. 236 m. Anm. *Sieger*.
[2908] Im Ergebnis auch VGH Mannheim, VBlBW. 1985, S. 300; VBlBW. 1986, S. 69; 1990, S. 104; 1990, S. 191; vgl. auch *Scholz*, VBlBW. 1987, S. 42 f.
[2909] OVG Münster, DVBl. 1988, S. 907; NWVBl. 1988, S. 344; ebenso *Hinsen*, KStZ 1989, S. 221 f.
[2910] Vgl. insofern: OVG Bautzen, Urt. v. 31.7.2015 - 5 A 827/13, BeckRS 2016, 41012 Rn. 31.

lungsgrundlagen in Bezug zueinander gesetzt und geachtet werden. Die so gefundene Kontrolldichte bestimmt die Auswirkung von Kalkulationsmängeln auf die Rechtmäßigkeit.

5. Zusammenfassung zur Kontrolldichte des Satzungsermessens

Das Satzungsermessen weist insofern keine Besonderheiten im Vergleich zur sonstigen exekutiven Normsetzung auf, als sich die Kontrollmaßstäbe vor allem aus der Verfassung und den Gesetzen ergeben. Diese Determinanten bestimmen die Kontrolldichte. Wo sich die Satzungsautonomie allein aus der Generalklausel des Art. 28 Abs. 2 S. 1 GG ergibt, wirkt die Selbstverwaltungsgarantie ermächtigend und weist das Satzungsermessen gleichzeitig in seine Schranken. Spezielle Ermächtigungsgrundlagen erhöhen die Anzahl der Kontrollmaßstäbe und damit grundsätzlich die Kontrolldichte. Die zum Teil widerstreitenden Grundsätze und Vorgaben müssen dabei einbezogen werden, um letztere adäquat bestimmen zu können.

VI. Die Kontrollanforderungen beim Planungsermessen

1. Allgemeine Unterschiede zum sonstigen untergesetzlichen Normsetzungsermessen?

Das Planungsermessen schließlich wurde lediglich als Unterkategorie des Ermessens eingeordnet. Die Besonderheiten genügten der Untersuchung nach nicht, um ihm eine gesonderte Kategorie einzuräumen (siehe C. V.). Auch bei den Abwägungsfehlern zeigte sich im Wesentlichen eine Kongruenz zur Ermessensfehlerlehre. Möglicherweise haben allerdings die Mehrdimensionalität und der Einfluss verschiedenster Interessen und Belange eine Auswirkung auf die Kontrolldichte von Planungsentscheidungen. Abstrakt lässt sich hierzu allerdings keine Aussage treffen. Vielmehr lässt sich dies – und insofern weist das Planungsermessen wiederum keine Besonderheit zum sonstigen Ermessen auf – nur unter Heranziehung der jeweiligen Kontrollmaßstäbe bestimmen. Dies ergibt sich auch aus der Rechtsprechung, die die Kontrolldichte auch im Planungsrecht zutreffender Weise an diesen orientiert.[2911]

[2911] So auch die Analyse von *Hill* in Ständige Deputation I, 58. Deutscher Juristentag, S. D 73 ff.; vgl. auch BVerwG, NVwZ 1988, S. 1020 ff. am Beispiel von Landschaftsplänen.

2. Zwingende Planungsleitsätze

Diskussionswürdig sind zunächst die vom Gesetzgeber vorgesehenen sogenannten Planungsleitsätzen.[2912] Welche Regelungsarten unter diese Nomenklatur genau zu fassen sind, blieb zunächst nebulös.[2913] Denn aufgrund der unklaren Rechtsprechung des BVerwG wurden unter diesen Begriff nicht nur zwingende Regelungen, sondern auch (bloße) Zielvorgaben zusammengefasst.[2914] Auch die neuere obergerichtliche Rechtsprechung verwendet den Begriff mitunter noch uneinheitlich.[2915] Die Unterscheidung zwischen beiden Arten hat indes eine erhebliche Relevanz für die Kontrolldichte. Denn während die (bloßen) Zielvorgaben im Rahmen der Abwägung überwunden werden können, ist dies bei zwingenden Vorgaben gerade nicht der Fall.[2916] Die Wahl einer unmissverständlichen Nomenklatur ist deshalb notwendig. Um dies zu erreichen ist es nicht zwingend, die Begrifflichkeit des Planungsleitsatzes vollständig zu verbannen, erleichtert sie doch die Umschreibung der entsprechenden Kontrolldichte.[2917] Vielmehr spricht daher nichts dagegen auf das konkretisierte Begriffsverständnis des BVerwG zurückzugreifen:[2918] Denn im Fachplanungsrecht präzisierte das BVerwG seine Rechtsprechung dahingehend, dass unter den Begriff des Planungsleitsatzes nur noch zwingende Vorschriften zu fassen seien.[2919] Als Planungsleitsätze sind daher die gesetzlichen Direktiven zu verstehen, die strikt zu beachten sind und vom exekutiven Normgeber nicht im Rahmen der Abwägung überwunden werden können.[2920]

[2912] Vgl. *Ibler*, Schranken planerischer Gestaltungsfreiheit, S. 181.
[2913] Kritsch insofern auch *Hoppe*, UPR 1995, S. 201; *Sendler*, UPR 1995, S. 43.
[2914] Zur Entwicklung der Rechtsprechung: *Ibler*, Schranken planerischer Gestaltungsfreiheit, S. 182 f.; zur zunächst unklaren Position des BVerwG vgl. auch: *Hoppe/Schlarmann*, Rechtsschutz, Rn. 178b; klarstellend wirkt vor allem: BVerwGE 71, 163 (165); *Beckmann* in Landmann/Rohmer, Umweltrecht, § 36 Rn. 66.
[2915] BayVGH, Urt. v. 14.12.2016 – 15 N 15.1201, BeckRS 2016, 112435 Rn. 42.
[2916] Vgl. zu den Unterschieden besonders BVerwGE 48, 56 (59 ff.).
[2917] So die Forderung von *Riese* in Schoch/Schneider, VwGO, § 114 Rn. 195; vgl. auch *Wahl/Dreier*, NVwZ 1999, S. 616; gegen eine eigene Kategorie der Planungsleitsätze auch: *Hoppe*, DVBl. 1992, S. 853 ff.; aus der höchstrichterlichen Rechtsprechung scheint der Begriff mittlerweile verschwunden zu sein: so die Analyse von *Riese* in Schoch/Schneider, VwGO, § 114 Rn. 195; so auch *Jarass*, DVBl. 1998, S. 1205.
[2918] So auch *Blumenberg*, DVBl. 1989, S. 92, der die Bezeichnung als Planungsleitsatz zur besseren Abgrenzbarkeit befürwortet; vgl. auch *Schink*, UPR 2016, S. 376; *Schlacke*, NVwZ 2015, S. 629.
[2919] BVerwGE 71, 163 (165); so auch noch: BVerwG, Beschl. v. 7.7.2000 – 4 B 94/99BeckRS 2000, 22661 Rn. 18.
[2920] *Stüer*, Bau- und Fachplanungsrecht, S. 1784 Rn. 4925 bezeichnet sich anschaulich als „rote Ampeln".

Ob es sich bei einer Vorschrift um einen derartigen verbindlichen Planungsleitsatz handelt im Sinne einer justitiablen Grenze der Ermessensausübung oder um einen Belang, welcher lediglich im Rahmen der Abwägung zu berücksichtigen ist, will das BVerwG der jeweiligen Vorschrift bzw. denen mit ihr im Zusammenhang stehenden Vorschriften „entnehmen".[2921] Diese unglückliche Formulierung meint nichts anderes, als dass der Rechtsanwender dies durch Auslegung zu ermitteln hat.[2922]

3. Die Kontrolldichte bei Planzielvorgaben

a) Abwägungsdirektive: Optimierungs- und Berücksichtigungsgebote
In den Bereich der überwindbaren Vorschriften fallen sogenannte Abwägungsdirektiven.[2923] Rechtsprechung und Literatur sind sich bei der Definition dieser Begrifflichkeit ebenso uneins wie bei den soeben diskutierten Planungsleitsätzen. Die höchst- und obergerichtliche Rechtsprechung verwenden die Begriffe der Abwägungsdirektive und des Optimierungsgebotes[2924] jedenfalls nicht synonym.[2925] Obwohl beide teilweise ohne erkennbaren materiell-rechtlichen Unterschied nebeneinander verwendet werden,[2926] wies das BVerwG darauf hin, dass Optimierungsgebote mehr als „bloße Abwägungsdirektiven" seien.[2927] Die Literatur nutzt den Begriff der Abwägungsdirektive mitunter lediglich, um Berücksichtigungsgebote[2928] mit einer geringeren Bindungswirkung zu beschreiben.[2929] Gerade aufgrund dieser unterschiedlichen gesetzlichen Bindungswirkung muss sich die Juris-

---

[2921] BVerwG, Urt. v. 7.7.1978, BVerwGE 56, 110 (122).
[2922] So auch *Ibler*, Schranken planerischer Gestaltungsfreiheit, S. 183; *Jarass*, DVBl. 1998, S. 1206; vgl. die Bespiele bei *Riese* in Schoch/Schneider, § 114 Rn. 198; vgl. auch: BVerwG, Urt. v. 21.2.1992 – 7 C 11.91, BVerwGE 90, 42 (47); Urt. v. 24. 11. 1994 – 7 C 25.93, BVerwGE 97, 143 (148); BVerwG, NVwZ 2013, S. 1413; DVBl. 2017, S. 1039 Tz. 51 ff.; NVwZ 2017, S. 708.
[2923] Vgl. hierzu *Berkemann*, ZUR 2016, S. 327 f.; *Hösch*, UPR 2014, S. 401; vgl. auch *Breuer*, Der Staat 16 (1977), S. 31 u. 50; *Ossenbühl* in Ständige Deputation I, S. B 186 ff.; *Pape* in Landmann/Rohmer, Umweltrecht, § 6 Rn. 14; *Praml*, NuR 1986, S. 68.
[2924] Erstmals: BVerwGE 71, 163 (165) in Bezug auf § 1 BNatSchG und § 50 BImSchG; NVwZ-RR 1991, S. 120; *Stüer*, Bau- und Fachplanungsrecht, S. 1784 Rn. 4925.
[2925] Vgl. BVerwGE 154, 153 Rn. 16, NVwZ 2016, S. 1252 zu § 124 BBergG; NVwZ 2010, S. 1486 Tz. 41; 142, 234 Rn. 402, NVwZ 2012, S. 1314; ebenso VGH Mannheim, NuR 2014, S. 735; BayVGH Urt. v. 14.12.2016 – 15 N 15.1201, BeckRS 2016, 112435 Rn. 42; OVG Magdeburg, NuR 2015, S. 186.
[2926] BVerwGE 154, 153 [Leitsatz 1]; so auch *Riese* in Schoch/Schneider, VwGO, § 114 Rn. 197; *Wagner* in Ernst/Zinkahn, BauGB, § 1a Rn. 53 geht daher eher von einer Ersetzung des Begriffs des Optimierungsgebotes aus.
[2927] BVerwG, Beschl. v. 7.7.2004 - 4 BN 16/04, BeckRS 2004, 23937.
[2928] *Gellermann* in Landmann/Rohmer, Umweltrecht, § 4 Rn. 18 am Beispiel von § 4 S. 2 BNatSchG; vgl. hierzu auch: *Brinktrine* in Giesberts/Reinhardt, BeckOK Umweltrecht, § 4 Rn. 30 ff.
[2929] So jedenfalls *Neumann/Külpmann* in Stelkens/Bonk/Sachs, VwVfG, § 74 Rn. 67.

prudenz um eine widerspruchsfreie Begriffsverwendung bemühen, möchte sie an der Unterscheidung festhalten.

Ein gangbarer Weg scheint es jedenfalls zu sein, die Abwägungsdirektive als Überbegriff[2930] der gesetzlichen Gewichtungs- bzw. Zielvorgaben zu begreifen. Hierunter lassen sich sodann sowohl die Optimierungsgebote fassen, welche den Normgeber zu einer möglichst weitreichenden Verwirklichung anhalten,[2931] als auch die weniger stark bindenden Berücksichtigungsgebote.

Entscheidend für die Bestimmung der Kontrolldichte ist und bleibt dabei die Auslegung der Norm, anhand derer der Grad der Bindungswirkung zu ermitteln ist. Denn der Grad der Bindungswirkung trifft eine Aussage darüber, inwieweit der Gesetzgeber die Planung determiniert. Hieraus folgt die gerichtliche Kontrolldichte.

b) Die Höhe der Kontrolldichte bei kollidierenden Direktiven
Die Abwägungsdirektiven liefern daher jedenfalls einen gerichtlichen Kontrollmaßstab.[2932] Die Vorstellung einer vollständigen Justitiabilität ist allerdings schon allein deshalb infrage zu stellen, weil sie bei zwei kollidierenden Belangen, von denen gesetzlich eine optimale Umsetzung gefordert wird, auf ihre Grenzen stößt.[2933] Ergibt sich aus der Auslegung nicht eindeutig, dass einem der beiden Zielvorgaben ein höheres Gewicht einzuräumen ist,[2934] fehlt es an konkreten Kontrollmaßstäben.[2935] Der Gewichtung liegen in diesem Bereich vor allem Zweckmäßigkeitserwägungen zugrunde. Als solche fallen sie in den Bereich der planerischen Gestaltungsfreiheit. Dieser Umstand und die Tatsache, dass die Gewichtung die Ermittlung von alternativen Planungsansätzen erforderlich macht, führt zu einem Bedeutungsgewinn der Verfahrenskontrolle.[2936] Die gerichtliche Kontrolldichte verstärkt sich damit im Bereich der Verfahrenskontrolle und zieht sich materiell

---

[2930] *Riese* in Schoch/Schneider, VwGO, § 114 RN. 197 will nur den letzteren Begriff als Überbegriff verwenden und lehnt den der Abwägungsdirektive vollständig ab.
[2931] BVerwGE 71, 163 (165), NVwZ 1991, S. 70; einen Überblick liefern auch *Dreier,* Steuerung der planerischen Abwägung, S. 215 ff. u. *Hoppe,* DVBl. 1992, S. 854 ff.
[2932] BVerwGE 71, 163 (165); *Hoppe,* DVBl. 1992, S. 858.
[2933] *Hoppe,* DVBl. 1992, S. 860; *Sendler,* UPR 1995, S. 47.
[2934] Vgl. *Hoppe,* UPR 1995, S. 202 ff.; zuvor bejahte er die noch umfassendere Kontrollfähigkeit in: *ders.,* DVBl. 1977, S. 861 ff. die Kontrollfähigkeit bejahte; kritisch zu dieser Ansicht *Bartlsperger,* DVBl. 1996, S. 7 ff.
[2935] *Dreier,* Steuerung der planerischen Abwägung, S. 231.
[2936] So im Ergebnis: *Dreier,* Steuerung der planerischen Abwägung, S. 256.

darauf zurück, die erkennbare Berücksichtigung zu optimierender Belange im Rahmen der Verhältnismäßigkeit zu fordern.[2937]

An die Grenze stößt die Kontrollfähigkeit allerdings nicht nur in diesem speziellen Fall. Vielmehr stellt sich das Problem generell bei kollidierenden Abwägungsdirektiven und dem Verhältnis von diesen zu sonstigen öffentlichen und privaten Belangen. So fordert das Entwicklungsgebot des § 8 Abs. 2 S. 1 BauGB beispielsweise die Weiterentwicklung der konzeptionellen Grundstruktur des Flächennutzungsplans hin zu einem Bebauungsplan.[2938] Weiter müssen benachbarte Gemeinden im Rahmen des interkommunale Abstimmungsgebotes (§ 2 Abs. 1 BauGB) einerseits eine rechtswidrige Verletzung ihrer eigenen planerischen Gestaltungsfreiheit nicht hinnehmen.[2939] Andererseits wird sie selbst durch das Gebot in die Pflicht genommen, erkennbar gewichtige Belange benachbarter Gemeinden in die Planung einzubeziehen.[2940] Auch das Rücksichtnahmegebot[2941] reiht sich in die Riege der sonstigen Planvorgaben ein, soweit es gesetzlich einen Niederschlag gefunden hat.[2942] Diese Abwägungsdirektiven normieren für sich gesehen die Notwendigkeit, bestimmte Belange (besonders) zu berücksichtigen. Sie lassen allerdings offen, wie sie sich im konkreten Planungsfall zueinander oder in Abwägung mit sonstigen Belangen verhalten. [2943]

Eine Kontrolle wie bei einer Subsumtion anhand gesetzlicher Kriterien ist daher auch anhand dieser nicht mehr denkbar,[2944] obwohl sie gewisse Kontrollmaßstäbe liefern. Dies ist zwangsläufig der Fall und lässt sich gesetzestechnisch kaum auf eine andere Art bewältigen: Denn im Rahmen von abstrakt-generellen Regelungen lassen sich keine allgemeingültigen und vollständigen Gewichtungsvorgaben für jede denkbare, spezifische Konstellation leisten. Hier beginnt vielmehr der auto-

---

[2937] *Hoppe*, DVBl. 1992, S. 861; *Kühling*, Fachplanungsrecht, Rn. 232; vgl. auch *Dreier*, Steuerung der planerischen Abwägung, S. 263 ff.
[2938] Grundlegend: BVerwG Urt. v. 28.2.1975 – IV C 74.72, BVerwGE 48, 70 (73 ff.), NJW 1975, S. 1986; Urt. v. 29.9.1978 – IV C 30.76, BVerwGE 56, 283, NJW 1979, S. 1516 und Urt. v. 26.1.1979 – IV C 65.76, ZfBR 1979, S. 121, BauR 1979, S. 206; Urt. v. 26.2.1999 – 4 CN 6.98, NVwZ 2000, S. 197, ZfBR 1999, 223; Beschl. v. 12.2.2003 – 4 BN 9.03, ZfBR 2003, S. 381; Beschl. v. 11.2.2004 – 4 BN 1.04, BauR 2004, S. 1264; BVerwGE 48, 70 (74 ff.); vgl. auch *Roeser* in König/Roeser/Stock, BauNVO, § 1 Rn. 31.
[2939] BVerwGE 40, 323.
[2940] BVerwG, UPR 1995, S. 196.
[2941] Vgl. hierzu BVerwGE 52, 122 (125).
[2942] *Ibler*, JuS 1990, S. 16 bietet eine Übersicht zu den unterschiedlichen Ansichten bzgl. der Notwendigkeit der Normierung bzw. hinsichtlich der verfassungsrechtlichen Ansatzpunkte.
[2943] Vgl. *Dreier*, Steuerung der planerischen Abwägung, S. 231; vgl. auch *Weitzel*, Rechtsetzungsermessen, S. 174.
[2944] So auch *Bartlsperger*, DVBl. 1996, S. 2; *Ritter*, DÖV 1976, S. 807; ungenau aber *Hoppe*, DVBl. 1977, S. 141.

nome Planungsbereich des untergesetzlichen Normgebers. Das Gericht vermag diesen nur auf Einhaltung der mehr oder minder konkreten Determinanten im Rahmen der Verhältnismäßigkeit zu kontrollieren.[2945]

4. Fazit zur Kontrolldichte des Planungsermessens

Die einer jeden Planung immanente Autonomie wird – wie das sonstige exekutive Ermessen auch – zuvorderst durch höherrangiges Recht eingegrenzt. Die gerichtliche Kontrolle ist dabei wiederum spiegelbildlich davon abhängig, bis zu welchem Grad der Gesetzgeber das Planungsermessen durch entsprechende Vorgaben lenkt.[2946] Auch hinsichtlich des Planungsermessens muss festgehalten werden, dass sich die Kontrolldichte streng an den Kontrollmaßstäben zu orientieren hat. Diese beinhalten im planerischen Bereich eine Vielzahl von unüberwindbaren Planungsleitsätzen und gesetzlichen Zielvorgaben. Sie haben ihre Ursache in der Mehrdimensionalität der Planung und dem Bedürfnis des Gesetzgebers, bestimmte Umstände durch den Planer berücksichtigt zu wissen. Diese Vielzahl von Vorgaben hat allerdings nicht zwangsläufig eine höhere Kontrolldichte zur Folge. Vielmehr erfordern sie bei einer Kollision ein besonderes Gespür der Judikative für eine zurückgenommene Kontrolldichte, um keine eigenen Zweckmäßigkeitserwägungen an die Stelle der Exekutive zu setzen.

[2945] Zutreffend daher *Bartlsperger*, DVBl. 1996, S. 12.
[2946] Vgl. *Hoppe*, DVBl. 1977, S. 141.

H. Das rechtliche Schicksal untergesetzlicher Normen

I. Rechtliche Konsequenzen rechtswidriger bzw. überholter Normen

1. Das Nichtigkeitsdogma bei Außenrechtssätzen und seine prinzipiellen Folgen

Zu diskutieren bleibt schließlich, wie sich die fehlerhafte Ausübung des Normsetzungsermessens auswirkt. Grundsätzlich gilt sowohl für Satzungen[2947] als auch für Rechtsverordnungen[2948] als Teil der Außenrechtssätze das sogenannte Nichtigkeitsdogma: Die Folge von formellen und materiellen Rechtsfehlern ist hiernach die ipso-iure Nichtigkeit der untergesetzlichen Norm.[2949] Die Nichtigkeit tritt demnach automatisch ein.[2950] Ob bzw. inwiefern eine Differenzierung in der Fehlerfolge erfolgen muss, wird im Anschluss an die prinzipiellen Folgen des Nichtigkeitsdogmas zu klären sein.

a) Unwirksamkeit, Nichtigkeit, Ungültigkeit

Mit dem Nichtigkeitsdogma ist die richterliche Normprüfungs- und Normverwerfungskompetenz untrennbar verbunden.[2951] Diese umfasst zum einen die Berechtigung und Verpflichtung der Gerichte untergesetzliche Normen im Rahmen einer Inzidentkontrolle zu prüfen und mit der Folge einer inter-partes Wirkung (§ 121 VwGO)[2952] unangewendet zu lassen.[2953] Zum anderen hat das jeweilige OVG bzw. der jeweilige VGH auf Antrag im verwaltungsgerichtlichen Verfahren ungültige

---

[2947] *Ossenbühl*, NJW 1986, S. 2805 ff.; *Becker* in ders./Heckmann/Kempen/Manssen, Öffentliches Recht in Bayern, S. 178 Rn. 389.

[2948] *Brenner* in v. Mangoldt/Starck/Klein, GG, Art. 80 Rn. 82; *Ossenbühl*, NJW 1986, S. 2805; BVerwG, NVwZ 2003, S. 95 u. 98; für eine Abkehr vom Nichtigkeitsdogma plädiert: *Schnelle*, Eine Fehlerfolgenlehre für Rechtsverordnungen, 96 ff.

[2949] *Bethge* in Schmidt-Bleibtreu/Klein/ders., BVerfGG, § 79 Rn. 17 u. 17a; *Möstl* in Erichsen/Ehlers, Allgemeines Verwaltungsrecht, S. 642 Rn. 35; grundlegend zum Nichtigkeitsdogma und zur Kritik: *Böckenförde*, Rechtssatzkontrollentscheidungen, S. 44 ff.; *Ipsen*, Verfassungswidrigkeit von Norm und Einzelakt, S. 147 ff.; vgl. auch *Remmert* in Dürig/Herzog/Scholz, GG, Art. 80 Abs. 1 Rn. 137.

[2950] *Ossenbühl*, NJW 1986, S. 2810; zur Unterscheidung zwischen „leichten" und „schweren" Rechtswidrigkeiten: *Kirchhof*, Unterschiedliche Rechtswidrigkeiten, passim.

[2951] *Bettermann* in Müller, Festschrift für Kurt Eichenberger, S. 596; *Maurer* in Püttner, Festschrift für Otto Bachof, S. 220 f.; *Ossenbühl*, NJW 1986, S. 2807; *Ipsen*, Verfassungswidrigkeit von Norm und Einzelakt, S. 23 ff.

[2952] *Brenner* in v. Mangoldt/Klein/Starck, GG, Art. 80 Abs. 1 Rn. 83 a.E.; vgl. auch nur BVerwG, NVwZ-RR 1996, S. 54; NVwZ-RR 2000, S. 457.

[2953] *Giesberts* in Posser/Wolff, BeckOK VwGO, § 47 Rn. 8; *Gröpl*, Staatsrecht I, S. 325 Rn. 1221.

Normen mit einer inter-omnes Wirkung für unwirksam zu erklären (§ 47 Abs. 5 S. 2 Hs. 1 VwGO). Dieses Antragsverfahren geht mit seiner inter-omnes Wirkung darüber hinaus, was der effektive Rechtsschutz bei der Nichtigkeit der Norm erfordert.[2954]

Die Unwirksamkeit als Folge ist damit seit der Novellierung des § 47 Abs. 5 VwGO[2955] an die Stelle eines bis zum 19.7.2004 geltenden und differenzierten Systems getreten: Zuvor war grundsätzlich gem. § 47 Abs. 5 S. 2 VwGO a.f. die Nichtigkeit ungültiger Normen zu tenorieren.[2956] Die Erklärung der Unwirksamkeit hingegen sah § 47 Abs. 5 S. 4 a.f. für Normen vor, die an durch § 215a BauGB a.f. behebbaren Mängeln litten.[2957] Bemängelt wurde hieran eine auftretende Rechtsunsicherheit, die der Gesetzgeber durch die einheitliche Nomenklatur beheben wollte.[2958] Der Begriff der Unwirksamkeit umfasst nunmehr sowohl die Fallgruppe dauerhaft nichtiger Normen und solcher, die entweder durch ein ergänzendes Verfahren behoben werden können (§ 214 Abs. 4 BauGB) oder deren Mängel durch Zeitablauf unbeachtlich werden. Ob die Verwendung der Unwirksamkeit als Oberbegriff die beabsichtigte Rechtssicherheit mit sich bringt, erscheint fragwürdig.[2959] Denn das Prozessrecht und das materielle Recht sprechen bei rechts- bzw. verfassungswidrigen Normen generell von der Nichtigkeit (vgl. nur §§ 78, 95 Abs. 3 S. 1 BVerfGG). Jedenfalls müssen seit der Novellierung des § 47 Abs. 5 VwGO die Entscheidungsgründe zur Beantwortung der Frage herangezogen werden, ob die Norm an einem dauerhaften Mangel oder einem behebbaren Mangel leidet.

Die Unwirksamkeitserklärung kann sich dabei auch auf Teile einer Norm beschränken,[2960] soweit die betreffende Vorschrift teilbar ist.[2961] Hieran fehlt es, wenn der verbleibende Teil erstens für sich genommen nicht mehr sinnvoll bestehen kann,[2962] zweitens mit der Rechtsordnung unvereinbar ist[2963] oder drittens dem

---

[2954] *Möstl* in Erichsen/Ehlers, Allgemeines Verwaltungsrecht, S. 643 Rn. 36.
[2955] *W.-R. Schenke/R.P. Schenke* in Kopp/Schenke, VwGO, § 47 Rn. 120.
[2956] *Schmidt* in Eyermann, VwGO, § 47 Rn. 90; *W.-R. Schenke/R.P. Schenke* in Kopp/Schenke, VwGO, § 47 Rn. 120.
[2957] *W.-R. Schenke/R.P. Schenke* in Kopp/Schenke, VwGO, § 47 Rn. 120; *Ziekow* in Sodan/ders., § 47 Rn. 355.
[2958] BT-Drs. 15/2250, S. 74.
[2959] Vgl. kritisch auch *Bickenbach*, NVwZ 2006, S. 178 ff.; *Sendler*, DVBl. 2005, S. 664.
[2960] Vgl. zur dogmatischen Herleitung ausführlich: *Gern*, NVwZ 1987, S. 851 ff.; für Bebauungspläne BVerwGE 82, 225 (229 f.), NVwZ 1990, S. 157; NVwZ 1992, S. 567; *Wilke* in Berkemann/Gaentzsch, Festschrift für Otto Schlichter, S. 567; zur älteren Judikatur: v. *Mutius*, VerwArch 65 (1974), S. 91.
[2961] *Panzer* in Schoch/Schneider, VwGO, § 47 Rn. 110; *Schmidt* in Eyermann, VwGO, § 47 Rn. 93.
[2962] *Schmidt* in Eyermann, VwGO, § 47 Rn. 93; vgl. im Zusammenhang mit funktionslosen Bestandteilen: *Degenhart*, BayVBl. 1990, S. 78; hierzu auch: OVG Lüneburg, ZfBR 1986, S. 49.

gesetzlichen Regelungsauftrag nicht mehr entspricht.[2964] Bei der Teilbarkeit und damit auch für die Reichweite der Außervollzugsetzung ist außerdem neben der Rechtsschutzgarantie der Grundsatz der Gewaltenteilung zu beachten. Ein teilweise Außervollzugsetzung käme ansonsten nämlich einer nicht vom Normgeber beabsichtigten Rechtsetzung gleich.[2965] Deshalb fehlt es auch viertens an einer Teilbarkeit, wenn davon auszugehen ist, dass der Normgeber den übrigen Teil nicht ohne den unwirksamen erlassen hätte.[2966] Entscheidend hierfür ist der mutmaßliche, objektivierte Willen des Gesetzgebers.[2967] Letzteres ist vor allem dann zu berücksichtigen, wenn eine Regelung verschiedene Gebiete betrifft und die Vorschrift für einzelne Örtlichkeiten rechtsunwirksam ist.[2968]

b) Behördliche Verwerfungskompetenz

Zusammen mit dem Vorrang des Gesetzes (Art. 20 Abs. 3 GG) wird aufgrund dieses Dogmas auch zugunsten einer behördlichen Verwerfungskompetenz argumentiert.[2969] Hiergegen wenden sich andere Stimmen, die eine – mit dem Nichtigkeitsgrundsatz nicht ohne Weiteres zu vereinbarende – Unterscheidung zwischen der materiell-rechtlichen Nichtigkeit und der Entscheidungskompetenz anstreben und letztere lediglich dem Normgeber zubilligen.[2970] Den zu präferierenden Mittelweg beschreitet, wer einen prozeduralen[2971] Lösungsansatz verfolgt:[2972] Der Vorrang des Gesetzes beinhaltet eine Prüfungspflicht[2973] der normanwenden Stelle. Geht

---

[2963] Vgl. *Gern*, NVwZ 1987, S. 854.
[2964] BVerwGE 50, 2 (4 f.), NJW 1976, S. 115 zu erschließungsbeitragsrechtliche Verteilungsregelung; BayVGH, BayVBl. 1985, S. 212 zum Fehlen des wesentlichen Bestandteils einer Abgabensatzung.
[2965] Zutreffend: BayVGH, Beschl. v. 29.5.2020 – 20 NE 20.1165, juris Rn. 10; BVerwG, NVwZ 1992, S. 567; UPR 1994, S. 268.
[2966] *Panzer* in Schoch/Schneider, VwGO, § 47 Rn. 110; BVerwG, NVwZ 1994, S. 272.
[2967] BVerwGE 40, 268 (274); zu einer Fremdenverkehrsatzung, BVerwG, UPR 1994, S. 449 ff.; hinsichtlich einer Kampfhundeverordnung: VGH Mannheim, DWW 1986, S. 48; zu einem Bebauungsplan: BVerwGE 82, 225 (230), NVwZ 1990, S. 159; BVerwGE 131, 86; vgl. auch *Schmidt* in Eyermann, VwGO, § 47 Rn. 93; *Wysk* in ders., VwGO, § 47 Rn. 72.
[2968] Vgl. OVG Münster, DWW 1986, S. 48.
[2969] HessVGH, NVwZ 1990, S. 885; *Pietzcker*, DVBl. 1986, S. 808; *Volhard*, NVwZ 1986, S. 105; offengelassen von: BVerwG, 112, 373, NVwZ 2001, S. 1035.
[2970] *Schmidt-Aßmann*, Kommunale Rechtsetzung, S. 48 f.; BayVGH, NVwZ 1983, S. 481, BayVBl. 1982, S. 654 m. ablehnender Anm. *Renck*, BayVBl. 1983, S. 86; OVG Saarland, NVwZ 1990, S. 172 mit Darstellung des Meinungsstandes; OVG Saarland, NVwZ 1993, S. 396.
[2971] *Panzer* in Schoch/Schneider, VwGO, Vor. § 47 Rn. 10.
[2972] So *Hill* in Ständige Deputation, 58. Deutscher Juristentag I, S. D 104; *Schmidt-Aßmann* in Ständige Deputation II, 58. Deutscher Juristentag, S. N 31; *Schlichter* in Ständige Deputation, 58. Deutscher Juristentag II, S. N 77; ähnlich *Pietzcker*, DVBl. 1986, S. 809.
[2973] Eher zugunsten einer bloßen Prüfungs*kompetenz*: *Spieß* in Jäde/Dirnberger, BauGB, § 30 Rn. 38.

sie von der Rechtswidrigkeit der untergesetzlichen Norm aus, hat sie diese zunächst – unter Aussetzung des Verwaltungsverfahrens – dem Normgeber zur Entscheidung vorzulegen.[2974] Trifft die normgebende Stelle keine Entscheidung oder lehnt sie eine Änderung bzw. Aufhebung ab, so kann die normanwendende Behörde nun einen Normenkontrollantrag erheben; gegebenenfalls in Verbindung mit einem Antrag auf einstweilige Anordnung. Andernfalls muss sie die in Frage stehende Norm anwenden.[2975] Diese prozedurale Lösung dient nicht nur der Schaffung umfassender Rechtsklarheit, sondern steht auch im Einklang mit § 47 VwGO, der die Unwirksamkeitserklärung kompetenziell den Gerichten zuweist. Zudem sieht letzterer für Behörden eine Antragsfrist von einem Jahr ab Bekanntmachung der Norm vor. Diese Frist liefe ins Leere, spräche man einer jeden rechtsanwendenden Stelle eine Möglichkeit zur inzidenten Verwerfung zu.

2. Die Abkehr vom reinen Nichtigkeitsdogma durch das BVerfG

Die strenge Verknüpfung der Rechts- bzw. Verfassungswidrigkeit einer Norm mit ihrer Nichtigkeit wirft allerdings Probleme auf, die man auch als „Grenzen der Nichtigkeit" beschreiben kann.[2976] Die Schwierigkeiten traten zunächst im Zusammenhang mit verfassungswidrigen formellen Gesetzen auf.[2977] Das BVerfG sah in diesen Fällen freihändig, also ohne normativen Rückhalt, in bestimmten Konstellationen von der Nichtigkeitserklärung ab und ging dazu über, lediglich die Unvereinbarkeit mit der Verfassung festzustellen.[2978]

Diese Abkehr vom Nichtigkeitsdogma[2979] ist verfassungsrechtlich nicht prinzipiell ausgeschlossen. Denn beim Nichtigkeitsdogma von Rechtsnormen handelt es sich zwar um eine lange Zeit wenig hinterfragten Grundsatz,[2980] allerdings nicht um einen solchen, der die Folge eines zwingenden verfassungsrechtlichen Gebotes

---

[2974] BGH, NVwZ 1987, S. 169; OVG Münster, NuR 2006, S. 191; OVG Koblenz, NVwZ-RR 2013, S. 747 zur Unterrichtung des Normgebers; *Steiner*, DVBl. 1987, S. 486.
[2975] *Panzer* in Schoch/Schneider, VwGO, Vor. § 47 Rn. 10.
[2976] *Moench*, Verfassungswidriges Gesetz, S. 160 ff., auf den *Ossenbühl*, NJW 1986, S. 2808 verweist.
[2977] *Ossenbühl*, NJW 1986, S. 2808.
[2978] Vgl. BVerfGE 28, 227 (242 f.); Beschl. v. 13.12.1988 – 2 BvL 1/84, BVerfGE 79, 245 ff., juris Rn. 18.87, 114 (135 f.); 94, 241 (265); 105, 73 (133); 115, 276 (317); 116, 69 (92 f.); 116, 229 (242) 117, 1 (69); 119, 394 (410 f.); 122, 210 (245); 123, 1 (37 f.), NVwZ 2009, S. 968; 128, 326 (365); 130, 131 (150); 132, 134 (173 f.); 133, 377 (422 Rn. 104); 138, 136 (249 f. Rn. 286); 141, 143 (180 Rn. 84); 143, 216 (245 f. Rn. 72); ausführlich hierzu auch *Ipsen*, Verfassungswidrigkeit von Norm und Einzelakt, S. 141.
[2979] Vgl. nur die Überschrift von *Bethge* in Schmidt-Bleibtreu/Klein/ders., BVerfGG, § 78 Rn. 56 ff.
[2980] Vgl. *Böckenförde*, Rechtssatzkontrollentscheidungen, S. 15 mit Fn. 9; *Ossenbühl*, NJW 1986, S. 2807.

wäre.[2981] Der in Art. 1 Abs. 3, Art. 20 Abs. 3 GG zum Ausdruck kommende Vorrang der Verfassung enthält keine direkte Aussage über die Rechtsfolge, die sich aus einem Verfassungsverstoß ergibt.[2982] Denkbar bleibt insofern die unmittelbare Nichtigkeit ebenso wie eine andere Fehlerfolge.[2983] Gleichwohl weist das Nichtigkeitsdogma einen verfassungsrechtlichen Gehalt auf.[2984] Zwar zwingt auch Art. 19 Abs. 4 GG, der an sich nur den Weg zum Richter ebnet, ebenso wenig wie der Vorrang der Verfassung zu einer unumstößlichen Nichtigkeit von Normen. Ein effektiver Rechtsschutz lässt sich allerdings häufig nur verwirklichen, wenn die Verfassungs- bzw. Rechtswidrigkeit die ipso-iure-Nichtigkeit zur Folge hat.[2985] Eine andere Fehlerfolge als die Nichtigkeit bedarf daher prinzipiell einer Rechtfertigung.

Rechtfertigen lassen sich Ausnahmen vom Nichtigkeitsdogma und die zunächst freihändige Tenorierungspraxis des BVerfG dabei wie folgt: Die Nichtigkeitserklärung kann aufgrund der abstrakt-generellen und multivalenten Wirkmacht von Rechtsnormen zu einem chaotischen Zustand im Gemeinwesen führen und den so geschaffenen Zustand noch weiter von der Verfassung entfernen als es die rechtswidrige Norm täte.[2986] Daneben besteht eine Bestrebung insbesondere die Gestaltungsfreiheit des Gesetzgebers nicht tiefer zu beeinträchtigen als es aus Rechtsschutzgründen notwendig ist.[2987] Es besteht demnach ein praktisches Bedürfnis für die Abweichung von der Nichtigkeitserklärung.

Unbenommen bleibt es dem Gesetzgeber daher, eine andere rechtliche Folge an die Rechtswidrigkeit einer Norm zu knüpfen als die Nichtigkeitserklärung.[2988] Dies tat der Gesetzgeber in Reaktion auf die Tenorierungspraxis des BVerfG: Mit § 79 Abs. 1 und § 31 Abs. 2 S. 2 und 3 BVerfGG schuf er Rechtssicherheit, indem die Rechtsfortbildung durch das BVerfG einfach-gesetzlich umgesetzt wurde. Die Verfassungswidrigkeitserklärung bzw. Unvereinbarkeitserklärung ebnet dabei den

---

[2981] *Böckenförde*, Rechtssatzkontrollentscheidungen, S. 55 f.; *Ipsen,* Verfassungswidrigkeit von Norm und Einzelakt, S. 75 ff.; *Schwerdtfeger*, JuS 1983, S. 272; *Söhn,* Anwendungspflicht oder Aussetzungspflicht, S. 14; BVerfGE 103, 332 (390); vgl. auch BVerfGE 113, 1 (25 f.).
[2982] *Bethge* in Schmidt-Bleibtreu/Klein/ders., BVerfGG, § 78 Rn. 57; *Breuer,* DVBl. 2008, S. 556; *Grzeszick,* Rechte und Ansprüche, S. 80; *Ossenbühl,* NJW 1986, S. 2807.
[2983] Vgl. *Papier,* Der verfahrensfehlerhafte Staatsakt, S. 27 m. w. N.; *Böckenförde*, Rechtssatzkontrollentscheidungen, S. 16 u. 55; *Heußner,* NJW 1982, S. 257; *Wahl,* Der Staat 20 (1981), S. 485.
[2984] *Ossenbühl,* NJW 1986, S. 2807; BVerfGE 103, 332 (390).
[2985] Vgl. *Schwerdtfeger,* JuS 1983, S. 272.
[2986] BVerfGE 41, 251 (256 f.); 48, 29 (37 f.); BVerwGE 56, 155 (161 f.); vgl. auch BVerfGE 33, 1 (13); 40, 276 (283) zum Strafvollzug; BVerfGE 33, 303 (347 f.) und BVerwGE 42, 296 (301 f.) zur Zulassung zum Hochschulstudium; BVerwGE 41, 261 (266 f.) zum ärztlichen Notfalldienst.
[2987] *Heußner,* NJW 1982, S. 257; *Ossenbühl,* NJW 1986, S. 2808.
[2988] Dazu *Ossenbühl,* NJW 1986, S. 2811 f.; *Schwerdtfeger,* JuS 1983, S. 272.

Weg für eine Weitergeltungsanordnung nach § 35 BVerfGG.[2989] Diese Entscheidungsvariante löst daher das Problem der Erhaltung einer Rechtslage bis zu einer verfassungskonformen Neuregelung durch den Gesetzgeber.[2990]

3. Abweichung vom Nichtigkeitsdogma bei untergesetzlichen Normen

a) Gesetzliche Ausnahmen und formelle Rechtsfehler

Neben diesen prozessualen Kniffen hat der Gesetzgeber auch im materiellen Recht Abweichungen vom Nichtigkeitsdogma vorgesehen. Die Auswirkung bestimmter Rechtsfehler ist daher bei gewissen untergesetzlichen Normen zugunsten der Normerhaltung[2991] nicht die Nichtigkeit der Norm. Besonders attraktiv für den Gesetzgeber und daher auch gebräuchlich sind normerhaltende Regelungen im Zusammenhang mit komplexen Beteiligungsverfahren bei einem zugleich geltenden Abwägungsgebot. Als Kompensation eines überbordenden Planungsverfahrens dienen sie der Verwaltungseffizienz.[2992] Ein klassisches Beispiel hierfür liefern daher die bereits erwähnten Planerhaltungsvorschriften des Bauplanungsrechts (§§ 214 ff. BauGB),[2993] die wegen § 246 Abs. 2 BauGB nicht nur für Satzungen gelten, sondern auch für die Rechtsverordnungen der Stadtstaaten.[2994] Die steigende Beliebtheit darf jedoch nicht darüber hinwegtäuschen, dass derartige gesetzliche Vorschriften bislang noch die Ausnahme vom Nichtigkeitsdogma darstellen[2995] und rechtfertigungsbedürftig sind.

Unabhängig von einer gesetzlichen Grundlage[2996] wird in Bezug auf formelle Fehler mitunter bei beiden Kategorien untergesetzlicher Normen danach differenziert, ob es sich um einen wesentlichen[2997] bzw. evidenten[2998] Rechtsfehler han-

---

[2989] *Bethge* in Schmidt-Bleibtreu/Klein/ders., § 35 Rn. 45; BVerfGE 92, 91 (121); 101, 106 (132); 133, 241 (260).
[2990] BVerfGE 148, 147 (211 Rn. 165); vgl. auch *Bethge*, Jura 2009, S. 22.
[2991] Kritisch hierzu: *Morlok*, Die Folgen von Verfahrensfehlern, passim; *Möstl* in Erichsen/Ehlers, Allgemeines Verwaltungsrecht, S. 642 Rn. 35.
[2992] Vgl. auch BT-Drs. 8/2885, S. 35 zu den Planerhaltungsvorschriften in a.F.; vgl. auch *Gaentzsch*, DVBl. 1985, S. 30.
[2993] Ausführlich im Zusammenhang mit dem Fachplanungsrecht: *Ronellenfitsch*, NVwZ 1999. S. 586 ff.; *Schmaltz*, DVBl. 1990, S. 77 ff.; zur Kritik und Beispielen: *Panzer* in Schoch/Schneider, VwGO, Vor. § 47 Rn. 12 u. Rn. 13.
[2994] Vgl. auch *Remmert* in Dürig/Herzog/Scholz, GG, Art. 80 Rn. 138.
[2995] *Möstl* in Erichsen/Ehlers, Allgemeines Verwaltungsrecht, S. 642 Rn. 35; vgl. auch *Panzer* in Schoch/Schneider, VwGO, Vor. § 47 Rn. 6 u. 12.
[2996] Zur Übersicht landesrechtlichen Vorschriften: *Hill*, DVBl. 1983, S. 1 ff.
[2997] BVerfG, Beschl. v. 12.10.2010 – 2 BvF 1/07, BVerfGE 127, 293 (331 f.); BVerwG Beschl. v. 25. 10. 1979 – 2 N 1.78, BVerwGE 59, 48 (50 f.), juris Rn. 11, wonach die Folge der Nichtigkeit in Verbindung mit der Schwere des Verstoßes, dem Sinn und Zweck der Mitwirkung und dem Gewicht des jeweiligen Mitwirkungsrechts gebracht wird.

delt. Die eben genannten Vorschriften, die ausdrücklich eine Ausnahme vom Nichtigkeitsdogma normieren, lassen daran zweifeln, ob diese implizierte Übertragung der Fehlerfolgen von Verwaltungsakten[2999] auf untergesetzliche Normen denkbar ist.[3000] Problematisch ist mangels entsprechender Regelung für untergesetzliche Normen, welche Fehlerfolge statt der Nichtigkeit eintreten soll: Eine befristete oder unbefristete Beachtlichkeit des Fehlers oder eine gerichtliche Aufhebbarkeit?[3001] Letztlich gerät die Rechtsprechung hierdurch in die Gefahr einer willkürlichen Festlegung der Fehlerfolgen, zumal die Unterscheidung zwischen wesentlichen und unwesentlichen formellen Fehlern kaum nach festen Kriterien vorgenommen werden kann. Schließlich handelte es sich bei der bundesverfassungsgerichtlichen Entscheidung um eine besondere Konstellation, bei welcher der Verfahrensfehler zu einer Nichtigkeit unzähliger, nach gängiger Staatspraxis zustande gekommener Verordnungen geführt hätte.[3002]

Wenig problematisch mit Blick auf effektiven Rechtsschutz – und aufgrund des normativen Charakters zu befürworten – ist dagegen eine Differenzierung, ob der Verfahrensfehler eine Auswirkung auf das Regelungsergebnis hatte. Ist dies zu bejahen, muss dies zur Nichtigkeit der Norm führen.[3003] Lässt sich dagegen eine Relevanz für das Ergebnis ausschließen, was gerade bei untergesetzlichen Normen das maßgebliche Problem sein wird, so ist der Fehler unbeachtlich.[3004]

b) Die Fehlerfolge materieller Rechtsfehler

Das rechtliche Schicksal von untergesetzlichen Norm ist daneben auch bei einigen materiellen Rechtsfehlern umstritten: Dies ist vor allem bei rechtmäßig erlassenen untergesetzlichen Normen augenscheinlich, deren Ermächtigungsgrundlage nachträglich aufgehoben oder eine dahingehende Änderung erfahren hat, dass die un-

---

[2998] BVerfG, Beschl. v. 11. 10. 1994 – 1 BvR 337/92, BVerfGE 91, 148 (175); BVerwG Urt. v. 28. 1. 2010 – 8 C 19/09, NVwZ 2010, 1300 (1308); ob es auf die „Evidenz" ankommt, lässt BVerfG, Beschl. v. 12. 10. 2010 – 2 BvF 1/07, BVerfGE 127, 293 (332) offen; zur „Evidenz" von Verfahrensfehlern bei der Gesetzgebung: BVerfG Urt. v. 26. 7. 1972 – 2 BvF 1/71, BVerfGE 34, 9 (25).
[2999] Ausführlich zur „traditionellen" Verfahrensfehlerfolgenlehre bei Verwaltungsakten: *Schüren/Kramer*, ZUR 2016, S. 400 ff.
[3000] Diese Parallele zieht: *v. Danwitz*, Die Gestaltungsfreiheit des Verordnungsgebers, S. 159 f., der dies ablehnt; vgl. zuvor auch *Ossenbühl*, NJW 1986, S. 2812.
[3001] Diese Bedenken meldet zu Recht *Remmert* in Dürig/Herzog/Scholz, GG, Art. 80 Rn. 137 an.
[3002] So auch *Möstl* in Erichsen/Ehlers, Allgemeines Verwaltungsrecht, S. 653 Rn. 10 in Bezug auf BVerfGE 91, 148 (175).
[3003] BayVGH, Urt. v. 4.8.2008 - 22 N 06.1407, BeckRS 2008, 39599Rn. 40 f. zu einer Wasserschutzverordnung mit Verweis auch auf BayVGH, Urt. v. 25.1.2008 - 22 N 04.3471.
[3004] Vgl. auch *Schmidt-Aßmann* in Ständige Deputation II, 58. Deutscher Juristentag, S. N 25 ff., 29.

tergesetzliche Norm nicht mehr auf ihrer Grundlage ergehen dürfte.[3005] Grundsätzlich ist der Gesetzgeber gehalten, eine entsprechende (Übergangs-)Regelung für derartigen untergesetzliche Normen zu schaffen, um der sich hieraus ergebenden Rechtsunsicherheit zu begegnen. Nimmt er diese Aufgabe nicht wahr, geht die bundesverfassungsgerichtliche Ansicht davon aus, dass sowohl die Änderung als auch der nachträgliche Wegfall keine Auswirkungen auf die Gültigkeit der untergesetzlichen Norm haben,[3006] soweit diese nicht erkennbar zusammen mit ihrer Rechtsgrundlage aufgehoben wird.[3007] Begründet wird dies unter anderem mit der grundsätzlichen Geltungskraft einer Norm, solange sie nicht außer Kraft gesetzt wird.[3008] Sofern keine Aufhebung durch die Judikative erfolge, die nur auf Antrag einer bereits anfänglich rechtswidrigen untergesetzlichen Norm erfolgen könne,[3009] müsse hierfür ein Rechtsetzungsakt ergehen.[3010]

Leicht andere Tendenzen weist der Begründungsansatz auf, der die fehlende Ungültigkeit mit dem praktischen Bedürfnis begründet, einen rechtslosen Zustand zu vermeiden, bis der Gesetzgeber eine neue Rechtsgrundlage geschaffen habe.[3011]

Den kritischen Stimmen[3012] ist jedoch insofern beizupflichten, als sich hierdurch nicht ohne Weiteres klären lässt, weshalb das Schweben der untergesetzlichen Norm im „luftleeren Raum" hinnehmbar sein soll,[3013] obwohl für deren Erlass eine Ermächtigungsgrundlage notwendig war. Aus diesem Grund ist es überzeugender,

---

[3005] BVerfG, Beschl. v. 25.7.1962 – 2 BvL 4/62, BVerfGE 14, 245 (249); zur Satzung: BVerfG, Beschl. v. 23. 3. 1977 - 2 BvR 812/74, BVerfGE 44, 216 (226).
[3006] BVerfGE 9, 3 (12); 78, 179 (198); *Mann* in Sachs, GG, Art. 80 Rn. 7; *Stern*, Staatsrecht II, S. 672; vgl. auch BVerwG, Urt. v. 23. 4. 1997 – BVerwG 11 C 4.96, BVerwGE 104, 331 (333).
[3007] *Remmert* in Dürig/Herzog/Scholz, GG, Art. 80 Rn. 51; zu den Anforderungen der Erkennbarkeit: *Heckmann*, Geltungskraft und Geltungsverlust, 369 f.; BVerfG, Beschl. v. 3. 12. 1958 – 1 BvR 488/57, BVerfGE 9, 3 (12); BVerfG, Beschl. v. 16. 5. 1961 – 2 BvF 1/60, BVerfGE 12, 341 (347); Beschl. v. 25. 7. 1962 – 2 BvL 4/62, BVerfGE 14, 245 (249); Beschl. v. 27. 7. 1971 – 2 BvL 9/70, BVerfGE 31, 357 (362 f.); zu einer Satzung: BVerfG, Beschl. v. 23. 3. 1977 - 2 BvR 812/74, BVerfGE 44, 216 (226); BVerfG, Beschl. v. 10. 5. 1998 – 1 BvR 482/84, BVerfGE 78, 179 (198); BVerwG, Urt. v. 6. 10. 1989 – 4 C 11/86, NJW 1990, S, 849.
[3008] *Heckmann*, Geltungskraft und Geltungsverlust, S. 347 ff.; *Kotulla*, NVwZ 2000, S. 1264.
[3009] *Remmert* in Dürig/Herzog/Scholz, GG, Art. 80 Rn. 51.
[3010] *Heckmann*, Geltungskraft und Geltungsverlust, S. 347; *Hoffmann*, Jura 1 (2012), S. 12 ff.; vgl. auch *Lepa*, AöR 105 (1980), S. 368.
[3011] BVerfG, Beschl. v. 13.12.1988 – 2 BvL 1/84, BVerfGE 79, 245-252, juris Rn. 18.
[3012] *Detterbeck*, Allgemeines Verwaltungsrecht, S. 318; *Ossenbühl* in Isensee/Kirchhof V, § 103 Rn. 77; unter speziellen Voraussetzungen auch BVerfGE 78, 179 (199); differenzierend bei der Rechtsgrundlagenänderung: *Rütz*, Jura 2005, S. 824; *Schnelle*, Eine Fehlerfolgenlehre für Rechtsverordnungen, S. 61.
[3013] So die treffende Formulierung von *Brenner* in v. Mangoldt/Klein/Starck, GG, Art. 80 Abs. 1 Rn. 80; vgl. auch *Ossenbühl* in Isensee/Kirchhof V, § 103 Rn. 77; a.A. *Remmert* in Dürig/Herzog/Scholz, Art. 80 Rn. 51.

das rechtliche Schicksal einer untergesetzlichen Norm nicht unabhängig von dem ihrer Ermächtigungsgrundlage zu betrachten: Handelt es sich um eine bloße Durchführungsverordnung leuchtet dies besonders ein. Denn ihre Existenz und Sinnhaftigkeit steht besonders eng im Zusammenhang mit ihrer Ermächtigungsgrundlage; bei deren Wegfall ist daher nahezu zwangsläufig von ihrem Geltungsverlust auszugehen.[3014]

Auch bei den übrigen untergesetzlichen Normen zeigt sich kein anderes Bild. Die funktionale Einheit[3015] folgt schließlich verfassungsrechtlich für Rechtsverordnungen schon aus Art. 80 GG bzw. für Eingriffsatzungen aus dem Vorbehalt des Gesetzes. Deshalb führt der Wegfall der Ermächtigungsgrundlage zum Verlust rechtsstaatlich-demokratischer Legitimation,[3016] was die Unwirksamkeit der untergesetzlichen Norm zur Folge haben muss. Bei der Änderung der Ermächtigungsgrundlage ist zu differenzieren:[3017] Führt die Änderung dazu, dass die untergesetzliche Norm nicht mehr auf ihrer Grundlage ergehen dürfte, hat dies ebenfalls die Ungültigkeit zur Folge. Andernfalls berührt die Änderung der Ermächtigungsgrundlage in der Tat nicht die Rechtmäßigkeit der auf ihr beruhenden Norm.

Daneben besteht das ursprüngliche Problem formell in Kraft bleibender Normen, die sich entweder erledigt haben oder nicht mehr auf aktuellem Stand sind.[3018] So wurde – um ein historisches Beispiel zu bemühen – häufig die Notwendigkeit erkannt, Polizeiverordnungen, die vor einem bestimmten Stichtag erlassen wurden, außer Kraft zu setzen.[3019] Diese Problemstellung ist auch heutzutage noch aktuell: Anstatt eine allgemein geregelte Pflicht zur regelmäßigen Überwachung bzw. zum Außerkrafttreten nach einer gewissen Zeit zu regeln,[3020] wird dies nur vereinzelt gesetzlich vorgeschrieben (vgl. § 4c BauGB). Wo diese nicht geregelt ist, muss es die Exekutive aufgrund der grundsätzlichen Geltung des Vorrangs des Gesetzes als

---

[3014] *Heckmann*, Geltungskraft und Geltungsverlust, S. 368 ff., dem *Brenner* in v. Mangoldt/Klein/Starck, GG, Art. 80 Abs. 1 Rn. 80 folgt.
[3015] Dafür: *Brenner* in v. Mangoldt/Klein/Starck, GG, Art. 80 Rn. 80; *Ossenbühl* in Isensee/Kirchhof V, § 103 Rn. 77; dagegen: *Remmert* in Dürig/Herzog/Scholz, Art. 80 Rn. 51.
[3016] *Panzer* in Schoch/Schneider, Vor. § 47 Fn. 724.
[3017] Ähnlich differenzierend auch: *Rütz*, Jura 2005, S. 824; *Schnelle*, Eine Fehlerfolgenlehre für Rechtsverordnungen, S. 61.
[3018] *Möstl* in Erichsen/Ehlers, Allgemeines Verwaltungsrecht, S. 633.
[3019] Vgl. auch *Naas*, Die Entstehung des Preußischen Polizeiverwaltungsgesetzes, S. 85 ff., S. 241 ff.
[3020] Solche Pflichten können sich aber aus materiellem Recht ergeben: vgl. BVerfGE 110, 141 (166); vgl. zum Baurecht auch *Bracher/Reidt*, Bauplanungsrecht, Rn. 46 ff.

allgemeinen Rechtsstandard verstehen, der die Exekutive zu einer fortwährenden Überprüfung des Normbestandes auffordert.[3021]

c) Funktionslose untergesetzliche Normen

Ein ähnliches Problem wird unter dem Begriff der Funktionslosigkeit diskutiert.[3022] Eine untergesetzliche Norm wird aus tatsächlichen Gründen funktionslos, wenn aufgrund der Veränderung der tatsächlichen Umstände ein Zustand entsteht, der eine Verwirklichung der Festsetzungen auf absehbare Zeit ausschließt und dies derart erkennbar ist, dass das in die Fortgeltung gesetzte Vertrauen seine Schutzwürdigkeit verliert.[3023] Der praktische Anwendungsfall der Funktionslosigkeit lässt sich grundsätzlich im Bauplanungsrecht finden und zwar im Rahmen von Bebauungsplänen.[3024] Eine tatsächliche Funktionslosigkeit kann allerdings daneben auch in anderen Rechtsgebiet und bei der Rechtsform der Rechtsverordnung auftreten.[3025] Insbesondere das Vorliegen eines planerischen Momentums jeder Art begründet dabei aufgrund der engen Verknüpfung mit den tatsächlichen Umständen die Gefahr der Funktionslosigkeit.[3026]

Die Funktionslosigkeit führt nach richtiger Ansicht zur ex-nunc Unwirksamkeit,[3027] was im Rahmen einer prinzipalen Normenkontrolle festgestellt werden kann.[3028] Die Normenkontrolle ist insofern nicht auf die Prüfung beschränkt, ob eine unter-

---

[3021] *Schmidt-Aßmann,* Ordnungsidee, S. 328.
[3022] BVerwG, Urt. v. 29.4.1977 – IV C 39.75, BVerwGE 54, 5 (5); zum Meinungsstand vgl. auch: *Spindler,* Geltungsdauer, S. 215 ff.
[3023] BVerwGE 54, 5, NJW 1977, S. 2325; NVwZ-RR 1990, S. 121; NVwZ 1994, S. 281; BVerwGE 108, 71, NVwZ 1999, S. 986; BVerwGE 122, 207, NVwZ 2005, S. 442; NVwZ 2013, S. 1547; *Degenhart,* BayVBl. 1990, S. 71 m.w.N. der Rechtsprechung auf S. 73 f.; *Gronemeyer,* DVBl. 1977, S. 756; *Steiner* in Berkemann/Gaentzsch, Festschrift für Otto Schlichter, S. 313; Beispiele zur fehlenden Funktionslosigkeit: BayVGH, BayVBl. 1987, S. 212 zu Denkmalsfunden; OVG Lüneburg, NVwZ-RR 1995, S. 439 zum Auftreten seltener Tiere.
[3024] Ausführlich hierzu: *Spieß* in Jäde/Dirnberger, BauGB, § 30 Rn. 38 ff.; hierzu auch: *Scheidler,* UPR 2017, S. 201 ff.
[3025] Vgl. BVerwG, Urt. v. 12. 12. 1979 - 8 C 2/79, NJW 1980 S. 1970; vgl. zuvor auch schon BVerwGE 28, 179 (182); 54, 5 (9).
[3026] Vgl. zu Schutzverordnungen: VGH Mannheim, DÖV 1979, S. 912; OVG Saarland, NuR 1982, S. 28; VGH Kassel, NuR 1985, S. 283; im Bereich der Schulorganisation: BayVGH, BayVBl. 1971, S. 474; BayVBl. 1994, S. 694; zu Regelungen des Wohnungsbedarfs: BayVGH, BayVBl. 1987, S. 559.
[3027] BVerwG, Urt. v. 12. 12. 1979 - 8 C 2/79, NJW 1980 S. 1970; BVerwG, ZfBR 2010, S. 788; a.A. *Remmert* in Dürig/Herzog/Scholz, GG, Art. 80 Rn. 53, der die Funktionslosigkeit nur als Beschreibung faktischer Umstände verstanden wissen will; kritisch auch *Krebs* in Schoch, Besonderes Verwaltungsrecht, S. 491 Rn. 126.
[3028] Ausdrücklich seit: BVerwG, Urt. v. 3.12.1998 – 4 CN 3/97, BVerwGE 108, 71 ff., juris Rn. 12 ff., NVwZ 1999, S. 986; zuvor weniger deutlich: vgl. BVerwG, Beschl. v. 30.3.1998 - BVerwG 4 BN 2.98, NVwZ-RR 1998, S. 712; Beschl. v. 29. 12.1988 - BVerwG 4 NB 28.88; Beschl. v. 6.6.1997 - BVerwG 4 NB 6.97, NVwZ-RR 1998, S. 415; vgl. auch VGH Mannheim, VBlBW. 1999, S. 423.

gesetzliche Norm rechtmäßig zustande gekommen ist. Denn der dem § 47 VwGO immanente Zweck der Rechtsklarheit umfasst auch die Frage, ob eine Vorschrift Bestandteil der geltenden Rechtsordnung ist.[3029] Hiergegen spricht auch nicht die Befristung des § 47 Abs. 2 S. 1 VwGO. Da eine Funktionslosigkeit kaum innerhalb eines Jahres eintreten wird, ist das Fristerfordernis für den Fall der Funktionslosigkeit nicht anzuwenden.[3030] Denn der mit der Antragsfrist verfolgte Zweck der Rechtssicherheit kann bei der Funktionslosigkeit infolge sich verändernder tatsächlicher Umstände nicht fruchtbar gemacht werden.[3031]

II. Ausnahmen von der Unwirksamkeitserklärung in der Verwaltungsgerichtsbarkeit?

Die eben genannten Schwierigkeiten scheint es bei der fehlerhaften Ausübung des untergesetzlichen Normsetzungsermessens im engeren Sinne nicht zu geben. Denn der Normgeber überschreitet jedenfalls die bestehende gesetzliche Ermächtigungsgrundlage[3032] bzw. verletzt sonstiges höherrangiges Recht.[3033] Die Folge ist grundsätzlich die Ungültigkeit der Norm. Das OVG bzw. der VGH muss die Norm bzw. die Normbestandteile daher auf Antrag gem. § 47 Abs. 5 S. 2 Hs. 1 VwGO für unwirksam erklären.

Ähnliches gilt für ein erfolgreiches Eilverfahren nach § 47 Abs. 6 VwGO. Hält es das Gericht zur Abwehr schwerer Nachteile oder aus anderen wichtigen Gründen für dringend geboten, so kann es eine einstweilige Anordnung erlassen. Der Wortlaut weist dem Gericht kein weiteres Entschließungsermessen zu; vielmehr umschreibt das Wort „kann" lediglich die Befugnis zur einstweiligen Anordnung und ist daher wie im Rahmen von § 80 Abs. 5 S. 1 VwGO bzw. § 123 Abs. 1 S. 1 VwGO als „muss" zu lesen.[3034] In Anlehnung an die Rechtsfolge des § 47 Abs. 5 S. 2 VwGO ergeht grundsätzlich die einstweilige Anordnung in Form einer vorläufigen Außervollzugsetzung der untergesetzlichen Norm.[3035] Die Rechtslage beurteilt sich dann

---

[3029] BVerwG, Urt. v. 3.12.1998 – 4 CN 3/97, BVerwGE 108, 71 ff., juris Rn. 12.
[3030] Offen bei BVerwG, Urt. v. 3.12.1998 – 4 CN 3/97, BVerwGE 108, 71 ff., juris Rn. 19; so aber: *Panzer* in Schoch/Schneider, § 47 Rn. 111.
[3031] BayVGH, NVwZ-RR 2005, S. 776; BayVBl. 2013, S. 305; a. A. BVerwG, NVwZ 2015, S. 1542.
[3032] Vgl. hierzu exemplarisch: BVerfGE 136, 69 (92 f.); Urt. v. 6.7.1999 – 2 BvF 3/90, BVerfGE 101, 1 (30, 37); Beschl. v. 27. 6. 2002 – 2 BvF 4/98, BVerfGE 106, 1 (12); BVerfG Beschl. v. 12.10.2010 – 2 BvF 1/07, BVerfGE 127, 293 (320).
[3033] *Panzer* in Schoch/Schneider, VwGO, Vor. § 47 Rn. 6.
[3034] *Wysk* in ders., VwGO, § 47 Rn. 100.
[3035] *Lenk*, JA 2021, S. 394; vgl. auch OVG Münster, BeckRS 2020, 14802.

vorläufig nach derjenigen, die ohne die Vorschrift herrschen würde.[3036] Hiervon ist der BayVGH im Falle der bereits mehrfach erwähnten 800 m²- Regelung ausdrücklich abgewichen.[3037]

1. Der Problemaufriss

Obwohl der BayVGH von einer Ungültigkeit der Norm ausgegangen war und damit von überwiegenden Erfolgsaussichten der Hauptsache, tenorierte er nicht die vorläufige Außervollzugsetzung der Norm, sondern stellte lediglich die Unvereinbarkeit von § 2 Abs. 4 und 5 mit Art. 3 Abs. 1 GG fest. Denn die Außervollzugsetzung hätte die Öffnung sämtlicher Geschäfte unter den geringen infektionsschutzrechtlichen Auflagen des § 2 Abs. 6 BayIfSMV zur Folge gehabt.[3038] Dies führte allerdings laut BayVGH dazu, dass eine „gesamtgesellschaftliche Bedrohungslage in wesentlichen Fragen ungeregelt"[3039] bliebe. Eine vorübergehende und nur teilweise Außervollzugsetzung kam im vorliegenden Fall auch nicht in Betracht. Denn die verbleibende Regelung würde in das untergesetzliche Normsetzungsermessen eingreifen.[3040] Aus diesen Gründen sieht es der BayVGH als nahezu zwingend an, von der Außervollzugsetzung ausnahmsweise abzusehen, auch unter Berücksichtigung der nur noch kurzen Geltungsdauer der Norm und den nicht allzu schwerwiegenden Gleichheitsverstößen. Was blieb, war eine Feststellung der Unvereinbarkeit des § 2 Abs. 4 und Abs. 5 BayIfSMV mit Art. 3 Abs. 1 GG.[3041] Der Grund hierfür entspricht im Wesentlichen also dem, der auch das BVerfG zu seiner ursprünglich gesetzlich nicht vorgesehenen Unvereinbarkeitserklärung führte.

Mitunter wird davon ausgegangen, diese Feststellung bedeute im Ergebnis nichts anderes als die Unwirksamkeitserklärung.[3042] Dies ist jedoch gerade nicht die Folge der Apellentscheidung. Vielmehr ist trotz Unvereinbarkeitserklärung von einer Weitergeltung der Norm auszugehen.[3043] Dies erkannten die Verwaltungsgerichte nach der bloßen Feststellung der Unvereinbarkeit mit Art. 3 Abs. 1 GG durch den BayVGH in zutreffender Weise. Denn die bloße Feststellung der Unvereinbarkeit mit Art. 3 Abs. 1 GG hat konsequenterweise die weitere Anwendbarkeit der Rege-

---

[3036] OVG Münster, NVwZ 1997, S. 1006; NVwZ-RR 1994, S. 640; 1993, S. 127, vgl. auch *Wysk* in ders., VwGO, § 47 Rn. 101.
[3037] So: BayVGH, Beschl. v. 27.4.2020 – 20 NE 20.793, juris Rn. 27 zu § 2 Abs. 4 und 5 2. BayIfSMV.
[3038] So auch die Analyse nach BayVGH, Beschl. v. 27.4.2020 – 20 NE 20.793, juris Rn. 29.
[3039] BayVGH, Beschl. v. 27.4.2020 – 20 NE 20.793, juris Rn. 29.
[3040] BayVGH, Beschl. v. 27.4.2020 – 20 NE 20.793, juris Rn. 29.
[3041] BayVGH, Beschl. v. 27.4.2020 – 20 NE 20.793, juris Rn. 26.
[3042] *Schmidt* in Eyermann, VwGO, § 47 Rn. 92a; a.A. *Panzer* in Schoch/Schneider, VwGO, Vor. § 47 Rn. 11 ff.; W.-R. Schenke/R. P. Schenke in Kopp/Schenke, VwGO, § 47 Rn. 129.
[3043] *Panzer* in Schoch/Schneider, VwGO, Vor. § 47 Rn. 11.

lung zur Folge.³⁰⁴⁴ Aufgrund der gesamtgesellschaftlichen Bedrohungslage der Pandemie³⁰⁴⁵ gehen die Untergerichte auch im inter-partes Verhältnis keinen anderen Weg.³⁰⁴⁶ Auch bei Aussetzung des Verordnungsvollzugs in Einzelfällen wäre aus Sicht der Verwaltungsgerichte mit vermehrten Infektionsfällen zu rechnen.³⁰⁴⁷ Bei der gebotenen Abwägung des befristeten Eingriffs in die Grundrechte der Ladeninhaber mit den Grundrechten (teilweise) lebensbedrohlich Erkrankter überwiege nach wie vor der Gesundheitsschutz.³⁰⁴⁸ Dogmatisch gewichtiger ist allerdings das Argument, dass die Entscheidung des BayVGH auch im Eilverfahren grundsätzlich normbezogen ist und damit inter-omnes wirkt.³⁰⁴⁹ Die Feststellung der Unvereinbarkeit würde – obgleich sie nur Apellcharakter hat – durch die Untergerichte konterkariert werden, würden sie den Anträgen einzelner Betreiber stattgeben.

2. Lösungsmöglichkeiten

Das praktische Bedürfnis nach einer Abweichung von der Unwirksamkeitserklärung ist nachvollziehbar. Daher verfängt das Argument einer Ansicht nicht unbedingt, die meint, die aufgestellten Voraussetzungen des BVerfG für eine Ausnahme vom Nichtigkeitsdogma seien bei Normen, die der verwaltungsgerichtlichen Kontrolle unterliegen kaum je erfüllt.³⁰⁵⁰ Das allgemeine Rechtsgefühl meldet sich durchaus insofern zu Wort, als das Alles-oder-Nichts Schema in diesen Fällen nicht überzeugend ist. Denn die Nichtigkeit richtet in diesen Konstellationen mehr Schaden als Nutzen an.³⁰⁵¹ Dies ändert allerdings nichts an der Notwendigkeit, die Abweichung von der gesetzlichen vorgesehenen Rechtsfolge mit einer vertretbaren Begründung zu rechtfertigen bzw. das Gebaren des BayVGH auf eine tragfähige Rechtsgrundlage zurückzuführen.

a) Folgenabwägung: Erfolgloser Eilantrag

Denkbar wäre es zunächst, die Problematik pragmatisch auf einer vorgelagerten Stufe zu lösen: Die nur kurze Geltungsdauer der Norm und der als gering erachte-

---

[3044] VG Regensburg, Beschl. v. 28.4.2020 – RO 14 E 20.707, juris Rn. 50 mit Verweis auf BayVGH, Beschl. v. 27.4.2020 – 20 NE 20.793; vgl. auch *W.-R. Schenke/R.P. Schenke* in Kopp/Schenke, VwGO. § 47 Rn. 126.
[3045] VG Regensburg, Beschl. v. 28.04.2020 – RO 14 E 20.707, juris Rn. 52 unter Berücksichtigung von: RKI, Situationsbericht v. 28.4.2021, S. 1 ff.
[3046] VG Regensburg, Beschl. v. 28.4.2020 – RO 14 E 20.707, juris Rn. 50.
[3047] VG Regensburg, Beschl. v. 28.4.2020 – RO 14 E 20.707, juris Rn. 53.
[3048] VG Regensburg, Beschl. v. 28.4.2020 – RO 14 E 20.707, juris Rn. 54.
[3049] *Achterberg*, VerwArch 72 (1981), S. 184; *Ziekow* in Sodan/ders., VwGO, § 47 Rn. 404.
[3050] *Schmidt* in Eyermann, VwGO, § 47 Rn. 92a.
[3051] Treffende Formulierung von *Panzer* in Schoch/Schneider, Vor. § 47 Rn. 11; ähnlich auch: *Ossenbühl*, NJW 1986, S. 2808.

ten Verstoß gegen Art. 3 Abs. 1 GG[3052] könnte als Argument vorgebracht werden, die dringende Gebotenheit als Voraussetzung für die einstweilige Anordnung abzulehnen. Dieser Lösungsansatz hat allerdings den Haken, dass die dringende Gebotenheit nach neuer Rechtsprechung nicht mehr durch eine Folgenabwägung entschieden wird. Vielmehr sind – wie im sonstigen verwaltungsgerichtlichen Eilverfahren – die Erfolgsaussichten der Hauptsache entscheidend.[3053] Unter Berücksichtigung dieser materiell-akzessorischen Rechtsprechung hätten die Folgen daher nur eine Rolle spielen können, wenn von offenen Erfolgsaussichten auszugehen gewesen wäre. Folgt man dem BayVGH und geht von einer Ungültigkeit der Norm aus, kann dieser Ansatz nicht fruchtbar gemacht werden.

b) Die Übertragung der bundesverfassungsrechtlichen Tenorierungspraxis

Als weiterer Lösungsansatz ist die Anlehnung an die verfassungsgerichtliche Rechtsprechung zu untersuchen. Auf die aktuelle Rechtsprechung des BVerfG lässt sich jedoch grundsätzlich nicht zurückgreifen.[3054] Denn die VwGO enthält keine den §§ 31 Abs. 2, 79 Abs. 1 BVerfGG entsprechenden Normen. Von einer planwidrigen Regelungslücke ist nicht auszugehen, da der Verweis von § 47 Abs. 5 S. 3 VwGO auf § 183 VwGO eine Vorschrift zur Bewältigung der Folgen einer Unwirksamkeit von Vorschriften für zurückliegende Zeiträume beinhaltet.[3055] Deshalb fehlt es für die verwaltungsgerichtliche Rechtsprechung grundsätzlich an einer Möglichkeit, eine beanstandete Norm – etwa befristet – weitergelten zu lassen, auch mit Blick auf ein öffentliches bzw. privates Interesse oder wegen einer praktikableren Handhabung für die Verwaltung.[3056]

Dies erkennt auch der BayVGH, beruft sich aber gleichwohl auf die Rechtsprechung des BVerwG, welches ausdrücklich offen ließ, ob in besonders gelagerten

---

[3052] Hierauf stützte sich auch der BayVGH allerdings mit anderem Ergebnis: BayVGH, Beschl. v. 27.4.2020 – 20 NE 20.793, juris Rn. 26.
[3053] BVerwG, ZfBR 2015, S. 381 f.; BauR 2019, S. 1442, BeckRS 2019, 10658 Rn. 4; so auch herrschende Rechtsprechung während der Coronapandemie: OVG Münster, COVuR 2020, S. 425 Rn. 24; VGH Mannheim, COVuR 2020, S. 323 Rn. 12; OVG Lüneburg, NJW 2020, 1384 Rn. 7; VGH Kassel, NVwZ 2020, S. 732 f. Rn. 16; BayVGH, NJW 2020, S. 1236 Rn. 31 f.; OVG Bremen, NordÖR 2020, S. 422; OVG Saarland, FamRZ 2020, S. 2032, BeckRS 2020, 19074 Rn. 7; OVG Magdeburg, BeckRS 2020, 18550 Rn. 7; OVG Lüneburg, COVuR 2020, S. 587 Rn. 18; OVG Schleswig, COVuR 2020, S. 601 Rn. 1; OVG Greifswald, BeckRS 2020, 10494 Rn. 11; OVG Hamburg, DÖV 2020, S. 841, BeckRS 2020, 11814 Rn. 38 f.; OVG Koblenz, NVwZ 2020, S. 171 Rn. 7.
[3054] BVerwG, Urt. v. 9.6.2010 – 9 CN 1.09, NVwZ 2011, S. 314 Rn. 29.
[3055] BVerwG, Urt. v. 9.6.2010 – 9 CN 1.09, NVwZ 2011, S. 314 Rn. 29.
[3056] BVerwG, Urt. v. 9.6.2010 – 9 CN 1.09, NVwZ 2011, S. 314 Rn. 29; BVerwG, Urt. v. 29.9.2004 – 10 C 3.04; Beschl. v. 24.2.2020 – 9 BN 9.18; vgl. auch VGH Kassel, 6.10.2010 – 5 A 2593/09.Z, juris Rn. 6 in Bezug auf eine kommunale Satzung.

Fällen, in denen bei Erklärung der Unwirksamkeit ein „Notstand" drohen würde, ausnahmsweise eine bloße Feststellung der Unvereinbarkeit in Anlehnung an die Rechtsprechung des BVerfG erfolgen könne.[3057] Eine solche Notstandssituation bejaht der BayVGH in der vorliegenden Pandemiesituation und wendet daher die gängige Praxis des BVerfG an.[3058] Letztlich verfährt die verwaltungsgerichtliche Rechtsprechung hierdurch wie das BVerfG, als es nämlich zunächst ohne gesetzliche Grundlage von der Nichtigkeitserklärung absah und lediglich die Unvereinbarkeit mit höherrangigem Recht feststellte. Obwohl auch dies ein Agieren ohne entsprechende gesetzliche Grundlage darstellte, lässt sich zugunsten des BVerfG seine spezielle Stellung als Verfassungsorgan anführen.[3059] Als solches kommen ihm weitreichendere prozessuale Freiheiten zu als anderen Gerichten.[3060] Der Begründungsansatz des BayVGH taugt auch aus diesem Grunde nicht als Argument, von der vorläufigen Außervollzugsetzung abzusehen.

c) Verwaltungsgerichtlicher Lösungsansatz

Zu prüfen ist aufgrund der bisher abgelehnten Lösungsansätze, ob eine Möglichkeit verbleibt, das Dilemma des BayVGH auf eine Lösung zurückzuführen, die in Einklang mit der VwGO steht. Die Anknüpfung an die bundesverfassungsgerichtliche Rechtsprechung ist für die Konstellation des BayVGH nicht notwendig, um von einer vorläufigen Außervollzugsetzung abzusehen. Die Konzentration auf die Rechtsprechung des BVerfG übersieht, dass sich die anderweitige Tenorierungsmöglichkeit mit dem vorläufigen Charakter der Eilentscheidung begründen lässt. Der VGH hat bei einer dringenden Gebotenheit zwar zwingend eine einstweilige Anordnung (§ 47 Abs. 6 VwGO) zu erlassen,[3061] allerdings ergibt sich aus dem Wortlaut nicht der *Inhalt* der Anordnung. Dieser liegt anders als die Entschließung zum Anordnungserlass weitgehend im Ermessen des VGH, was sich aus der Heranziehung des § 938 Abs. 1 ZPO[3062] (vgl. § 173 S. 1 VwGO) ergibt. Insoweit besteht

---

[3057] BVerwG, Urt. v. 9.6.2010 – 9 CN 1.09, NVwZ 2011, S. 314 Rn. 29; vgl. auch schon BVerwG, NVwZ-RR 1996, S. 54; für eine Übertragung der Rechtsprechung auch: *Hill* in Ständige Deputation, 58. Deutscher Juristentag, S. D 112 ff; vgl. auch *Muckel*, NJW 1993, S. 2283; *Panzer* in Schoch/Schneider, Vor. § 47 Rn. 11 unter aa); *Schmidt/Lange* in Damrau/Fürst/Kraft, Festschrift für Otto Mühl, S. 595; a. A. *Schlichter* in Ständige Deputation II, 58. Deutscher Juristentag, S. N 78 f.
[3058] BayVGH, Beschl. v. 27.4.2020 – 20 NE 20.793, juris Rn. 28.
[3059] *Bethge* in Schmidt-Bleibtreu/Klein/ders., BVerfGG, § 1 Rn. 16; *Detterbeck* in Sachs, GG, Art. 93 Rn. 6; *Starck* in Badura/Dreier, Festschrift 50 Jahre BVerfG I, S. 4 f.
[3060] *Schmidt* in Eyermann, VwGO, § 47 Rn. 92a; vgl. zu den Kompetenzen als Verfassungsorgan auch weiter: *Bethge* in Schmidt-Bleibtreu/Klein/ders., BVerfGG, § 1 Rn. 23 ff.
[3061] *Erichsen/Scherzberg*, DVBl. 1987, S. 176; *Schenke*, DVBl. 1979, S. 172; *ders.*, JZ 1996, S. 1169.
[3062] Auf diesen weist zugunsten einer weiteren Tenorierung *Schoch* in ders./Schneider, VwGO, § 47 Rn. 181a hin.

eine gewisse Befugnis des Gerichts zur interimistischen Gestaltung der Rechtslage.[3063]

Hieraus erwächst die Möglichkeit, eine Anordnung zu wählen, die zur Erreichung des Zweckes erforderlich ist.[3064] Der Zweck der Anordnung im zugrunde liegenden Fall der 800 m²-Regelung ist die Weitergeltung der Norm unter gleichzeitiger Verdeutlichung der Verfassungswidrigkeit der Vorschrift. Letzteres erfordert allerdings keine vorübergehende Außervollzugsetzung. Aufgrund der verbleibenden (kurzen) Geltungsdauer ist es vielmehr mit Blick auf das zuerst genannte Ziel ausreichend die Weitergeltung hinzunehmen und den Verordnungsgeber durch die Unvereinbarkeitserklärung auf die Mängel der Verordnung hinzuweisen. Denn im Wesentlichen soll der Erlass einer weiteren derartigen Vorschrift verhindert werden. Die Begründung über § 938 Abs. 1 ZPO i.V.m. § 173 S. 1 VwGO bietet auch die Lösungsmöglichkeit für weitere Fallkonstellationen im einstweiligen Rechtsschutz. Die vom BayVGH zu lösende Fallkonstellation hatte die Besonderheit einer nur noch sehr kurzen Geltungsdauer der Norm. Um einen hinreichenden Rechtsschutz zu erreichen ist daher bei einer längeren Geltungsdauer eine Unvereinbarkeitserklärung in Verbindung mit einer vorläufigen Außervollzugsetzung ab einem bestimmten Zeitpunkt zu präferieren.[3065]

Diese Lösung ändert nichts daran, dass das OVG bzw. der VGH in der Hauptsache an die in § 47 Abs. 5 S. 2 VwGO vorgesehenen Tenorierungsmöglichkeiten gebunden ist. Die weiterreichenden Möglichkeiten im einstweiligen Rechtsschutz stehen auch nicht im Widerspruch zur prinzipiellen Ablehnung der Übertragung der bundesverfassungsgerichtlichen Rechtsprechung. Sie ergeben sich aus dem anerkannten Standard eines effektiven vorläufigen Rechtsschutzes, weshalb im Eilverfahren zur Regelung eines Interimszeitraums gerichtliche Gestaltungskompetenzen bestehen, die das Hauptsacheverfahren nicht kennt.[3066]

[3063] *Schoch* in ders./Schneider, VwGO, § 47 Rn. 180; vgl. auch VGH Kassel, NVwZ 2000, S. 1439.
[3064] Unter Bezugnahme auf § 938 Abs. 1 ZPO auch: *Wysk* in ders., VwGO, § 47 Rn. 101: „Das Gericht darf alles anordnen, was in Abwägung der im Einzelfall betroffenen öffentlichen und privaten Interessen geeignet und erforderlich ist, um unzumutbare Folgen durch den drohenden Vollzug der Norm zu verhindern und die Entscheidung in der Hauptsache offen zu halten."
[3065] Letzteres präferiert *Schoch* in ders./Schneider, VwGO, § 47 Rn. 181a gegenüber der Unvereinbarkeitserklärung; angedeutet ist die Außervollzugsetzung ab einem bestimmten Zeitpunkt auch in: VGH Mannheim, Beschl. v. 27.5.2020 – 1 S 1528/20, BeckRS 2020, 10754 Rn. 52.
[3066] Zutreffend insoweit: *Schoch* in ders./Schneider, VwGO, § 47 Rn. 181a.

III. Normerhaltung durch Auslegung

Eine Normerhaltung könnte nicht nur durch die bereits diskutierten (gesetzlichen) Ausnahmen vom Nichtigkeitsdogma erreicht werden, sondern gegebenenfalls durch eine Auslegung der (untergesetzlichen) Norm. Zu untersuchen bleibt daher schließlich, ob bzw. inwieweit es durch Auslegung von Rechtsverordnungen und Satzungen gelingt, diese von der Nichtigkeitsfolge zu bewahren.

1. Reichweite fachgerichtlicher Auslegungsbefugnisse

Während das Bundesverfassungsgericht bei der Kontrolle von Gesetzen um eine verfassungskonforme Auslegung bemüht ist,[3067] lassen sich derartige Bestrebungen der Rechtsprechung bei untergesetzlichen Normen seltener erkennen. Wo eine entsprechende Auslegung bemüht wird, wird sie im Kanon der sonstigen Auslegungsmethoden genannt. Wenn eine Begründung für diese Auslegungsform geliefert wird, so bezieht sich die Rechtsprechung grundsätzlich auf die Entscheidungen (des BVerfG), welche zur verfassungskonformen Auslegung von Gesetzen ergangen sind.[3068] Ob diese Begründung allerdings stimmig ist, vermag man auf den zweiten Blick anzuzweifeln. Denn bei Gesetzen leitet sich die verfassungskonforme Auslegung als Vorzugsregel[3069] in erster Linie aus dem Grundsatz der Normerhaltung her (favor legis).[3070] Dieser wiederum begründet sich durch die besondere demokratische Legitimation des Gesetzgebers.[3071] Diese fordert und erzeugt einen hohen Respekt der Rechtsprechung vor legislativen Akten.

Für die verfassungskonforme Auslegung von Gesetzen durch Fachgerichte lässt sich daneben folgendes anführen: Nach Ansicht des BVerfG haben die Fachrichter stets „nach jeder denkbaren rechtlichen Möglichkeit Ausschau zu halten, die eine Vorlage an das Bundesverfassungsgericht entbehrlich und überflüssig machen könnte."[3072] Es mag berechtigte Zweifel daran geben, ob diese Anforderungen den

---

[3067] Vgl. BVerfGE 46, 325 (335); *Lüdemann*, JuS 2004, S. 27 betont die methodische Wichtigkeit; zurückhaltender äußert sich: *Hesse*, Grundzüge des Verfassungsrechts, Rn. 79.
[3068] BVerwG, Urt. v. 9.6.2010 – 9 CN 1/09, BVerwGE 137, 123 ff., juris Rn. 26 ff. mit Verweis auf BVerfG, Beschl. v. 9.8.1978 - 2 BvR 831/76, BVerfGE 49, 148 (157); BVerwG, Urt. v. 18.12.1987 - BVerwG 4 C 9.86, BVerwGE 78, 347 (352); Urt. v. 13.5.2009 - BVerwG 9 C 7.08.
[3069] *Drüen*, StuW 2012, S. 271; hierzu auch – aber ablehnend: *Lembke*, Einheit aus Erkenntnis, S. 32 f., 269 u. 334; vgl. aber BVerfG, Beschl. v. 7.5.1953, BVerfGE 2, 266 (267, 282); BVerfG, Beschl. v. 16.12.2010 – 2 BvL 16/09, NVwZ-RR 2011, S. 388 f.
[3070] *Bethge* in Schmidt-Bleibtreu/Klein/Bethge, BVerfGG, § 31 Rn. 263; *Drüen*, StuW 2012, S. 272.
[3071] *Drüen*, StuW 2012, S. 271; *Hesse*, Grundzüge des Verfassungsrechts, Rn. 83.
[3072] BVerfGE 85, 329 (333 f.); vgl. auch BVerfGE 86, 71 (77); BVerfGE 48, 40 (45); 63, 1 (22); 68, 337 (344); 78, 20 (24); 80, 54 (58); explizit zur verfassungskonformen Auslegung halten ferner an: BVerfGE 78, 1 (5); 85, 329 (333 f.).

Aufgabenbereich der Instanzgerichte nicht überstrapaziert[3073] und die Gefahr divergierender Verfassungsinterpretationen heraufbeschwört.[3074] Dennoch führt es in der Praxis dazu, dass die hohen prozessualen Hürden des Art. 100 Abs. 1 GG geradezu ein Zwang gegenüber den Fachgerichten zur verfassungskonformen Auslegung erzeugen.

Die besondere demokratische Legitimität als Begründung für die notwendige Normerhaltung fehlt der Exekutive bei ihrer Normsetzung. An die Stelle der demokratischen Legitimität tritt indes aber ein weiterer wichtiger Grundsatz, der die Normerhaltung auch bei untergesetzlichen Normen erforderlich macht. Die Einrichtung einer Ermächtigung zugunsten der Exekutive gewährt ihr Legitimation zur Letztentscheidung. Der Grundsatz der Normerhaltung respektiert diese gesetzgeberische Entscheidung und fördert den judicial self-restraint.[3075] Für die Wahl einer erhaltenden Auslegung[3076] sprechen daneben ökonomische Gründe: Die Verwaltung ist bei der Wahl einer erhaltenden Auslegung nicht gezwungen eine neue Vorschrift zu erlassen.

Die daher auch bei untergesetzlichen Normen zu befürwortende Normerhaltung lässt sich bei untergesetzlichen Normen auf verschiedene Art und Weise bewirken: Eine mittelbare Normerhaltung der untergesetzlichen Norm wird erstens durch eine verfassungskonforme Auslegung ihrer Ermächtigungsgrundlage erzielt.[3077] Ein Beispiel hierfür lieferte die verfassungskonforme Auslegung des § 28 Abs. 1 S. 1 IfSG.[3078] Geht es um eine Normerhaltung durch Auslegung der untergesetzlichen Norm selbst muss zweitens zwischen der ermächtigungskonformen Auslegung[3079] und ihrer verfassungskonformen Auslegung[3080] unterschieden werden.

[3073] Kritisch deshalb: *Heun*, AöR 122 (1997), S. 610; *Voßkuhle*, AöR 125 (2000), S. 199, der es deshalb für ausreichend erachtet, wenn sich dem Fachgericht die Verfassungswidrigkeit aufdrängt (S. 200); ähnlich auch *Rennert*, NJW 1991, S. 18.
[3074] *Voßkuhle*, AöR 125 (2000), S. 188; vgl. zur Diskussion um Verfassungsinterpretation: *Hesse*, Grundzüge des Verfassungsrechts, Rn. 49 ff.
[3075] Hierzu im Zusammenhang mit der Auslegung gesetzlicher Normen: *Voßkuhle*, AöR 125 (2000), S. 199 f.
[3076] Für eine entsprechende Auslegung: BayVGH, Urt. v. 20.1.2004 - 8 N 02.3211S, NVwZ-RR 2004, S. 882: „sie geht einer Nichtigerklärung der Norm vor."
[3077] Zur verfassungskonformen Auslegung des Art. 22a BayStrWG als Vorfrage: BayVGH, Urt. v. 20.1.2004 - 8 N 02.3211S, NVwZ-RR 2004, S. 880.
[3078] BayVGH, Beschl. v. 30.3.2020 – 20 NE 20.632, juris Rn. 47.
[3079] *Panzer* in Schoch/Schneider, § 47 Rn. 93 Fn. 561 a.E.; BayVGH, Urt. v. 20. 1. 2004 - 8 N 02.3211S, NVwZ-RR 2004, S. 882 f.
[3080] BayVGH, Urt. v. 20.1.2004 - 8 N 02.3211S, NVwZ-RR 2004, S. 882 f.

Die Auslegung als Rettungsanker zugunsten der Normerhaltung scheidet aber jedenfalls bei Normen aus, deren Ermessensfehler bereits auf der Ebene der Sachverhaltsermittlung eingetreten sind; denn die zugrunde liegende Ermächtigungsnorm will die Exekutive zur Normsetzung ermächtigen.[3081] Geschieht daher ein Fehler auf der frühen Ebene der Sachverhaltsermittlung beruht sie auf fehlerhaften Annahmen des Normgebers. Eine Korrektur derartiger Vorschriften ist daher nicht mehr im Wege der Auslegung zu erreichen. Dies wäre mit dem Gewaltenteilungsgrundsatz nicht vereinbar. Es bedarf einer Wiederholung des Normsetzungsprozesses unter Eradikation der Fehler im ersten Normsetzungsprozess.[3082]

2. Ermächtigungskonforme Auslegung

Die untergesetzliche Norm muss aufgrund des Vorrangs des Gesetzes im Einklang mit ihrer Ermächtigungsgrundlage stehen. Kommen mehrere Auslegungsergebnisse in Betracht, so ist daher im Sinne der Normerhaltung die Auslegung zu wählen, die mit der Ermächtigungsgrundlage in Einklang steht.[3083] Eine ermächtigungskonforme Auslegung glückt allerdings nur in äußerst wenigen Fällen. Denn die Grenze der ermächtigungskonformen – wie auch der verfassungskonformen – Auslegung liegt dort, wo sie den Inhalt der Norm verändert.[3084] Das Gericht darf insbesondere keine eigenen Zweckmäßigkeitserwägungen in eine Richtung anstellen, die der Normgeber nicht gewählt hat[3085] und die er auch rechtlich nicht zwingend dergestalt treffen müsste. Eine Auslegung anhand der Ermächtigungsgrundlage kommt daher unter Berücksichtigung des judicial self-restraint am ehesten in Betracht, wenn sich durch sie eine Überschreitung der Regelungskompetenz der Ermächtigungsgrundlage vermeiden lässt. Die Rechtsprechung beschränkt eine entsprechende Auslegung untergesetzlicher Normen im Grundsatz zu Recht auf Detailfragen einer Regelung. Dies gilt zum Beispiel für die Auslegung einer unklar formulierten örtlichen Geltung, falls diese nach dem Telos der Norm entsprechend ermittelt werden kann.[3086]

[3081] Im Ergebnis auch *Koch/Rubel*, Allgemeines Verwaltungsrecht, S. 294 f.
[3082] Ähnlich für die Verletzung von Art. 3 Abs. 1 GG: VGH Mannheim, NVwZ 1992, S. 1109.
[3083] BayVGH, Urt. v. 20.1.2004 - 8 N 02.3211, NVwZ-RR 2004, S. 882.
[3084] Hinsichtlich Rechtsverordnungen: *v. Danwitz*, Die Gestaltungsfreiheit des Verordnungsgebers S. 144; zu einer Tollwutverordnung vgl. auch BVerwGE 45, 99 (104).
[3085] Vgl. hierzu: BayVGH, Beschl. v. 10.11.2020 – 20 NE 20.2349, juris Rn. 30 f.
[3086] Vgl. OVG Koblenz, KStZ 1988, S. 169.

3. Verfassungskonforme Auslegung

Eine ungleich größere Rolle spielt die verfassungskonforme Auslegung der untergesetzlichen Norm.[3087] Die Schwierigkeit besteht hierbei – wie auch bei der ermächtigungskonformen Auslegung – darin, nicht die Grenzen ihrer Zulässigkeit zu verlassen. Dies ist ein neuralgischer Punkt, welcher auch bei der verfassungskonformen Auslegung formeller Gesetze zu beachten ist.[3088] Besondere Beachtung verdienen daher stets der Wortlaut[3089] und das Telos der Norm, um die Deformation der Norm zu verhindern.

a) Verfassungskonforme Auslegung unbestimmter Rechtsbegriffe

Die Einhaltung der Grenzen verfassungskonformer Auslegung gelingt mitunter weniger überzeugend. Dies lässt sich anhand der Auslegung der fortgeschriebenen Ausgangsbeschränkungen (§ 5 der 2. BayIfSMV)[3090] nachvollziehen.[3091] Dieser regelte ein präventives Verbot mit Erlaubnisvorbehalt, indem vom grundsätzlichen Ausgangsverbot eine Ausnahme im Falle eines triftigen Grundes vorgesehen war (§ 5 Abs. 2 der 2. BayIfSMV). Regelbeispiele des triftigen Grundes fanden sich in § 5 Abs. 3 Nr. 1-8 2. BayIfSMV. Bei einer weiten Auslegung des Ausnahmetatbestandes ging der BayVGH von einer verhältnismäßigen Regelung aus.[3092] Ein triftiger Grund habe schon in jedem sachlichen, nicht von vornherein unzulässigem Grund vorgelegen.[3093] Dieses Auslegungsergebnis wurde auf folgende zweifelhaften Überlegungen gestützt: Durch die regelhafte Aufzählung von „Versorgungsgänge[n] für die Gegenstände des täglichen Bedarfs und Einkauf in den nach § 2 zulässigerweise geöffneten Ladengeschäften" (§ 5 Abs. 3 Nr. 3 2. BayIfSMV) wären nun rund 80 % aller Einzelhandelsgeschäfte unter den Erlaubnisvorbehalt gefallen.[3094] Zusammen mit der Gestattung von freier Bewegung und Sport an der frischen Luft „mit einer weiteren nicht im selben Hausstand lebenden Person" (§ 5 Abs. 3 Nr. 7 2. BayIfSMV) habe sich ein recht breites Spektrum erlaubter Ausnahmen erge-

---

[3087] Vgl. nur BVerwG, Urt. v. 9.6.2010 – 9 CN 1/09, BVerwGE 137, 123 ff., juris Rn. 26 ff. mit Verweis auf BVerfG, Beschl. v. 9.8.1978 - 2 BvR 831/76, BVerfGE 49, 148 (157); BVerwG, Urt. v. 18.12.1987 - BVerwG 4 C 9.86, BVerwGE 78, 347 (352); Urt. v. 13.5.2009 - BVerwG 9 C 7.08.
[3088] Kritisch daher: *Bettermann*, Die verfassungskonforme Auslegung, S. 46; vgl. *Drüen*, StuW 2012, S. 272.
[3089] Zur Handhabung der verfassungskonformen Auslegung von Gesetzen: BVerfGE 85, 69 ff., wonach die strafbewehrte Anmeldefrist von 48 Stunden (§ 14 VersammlG) trotz klarem Wortlaut verkürzt wurde; kritisch: *Voßkuhle*, AöR 125 (2000), S. 186.
[3090] GVBl. 2020 Nr. 11 v. 18.4.2020.
[3091] BayVGH, Beschl. v. 28.4.2020 – 20 NE 20.849; Anmerkung hierzu: *Schmitt*, BayVBl. 2020, S. 519 ff.; nachfolgend: BVerfG, Abl. einst. An. v. 1.5.2020, 1 BvR 996/20.
[3092] BayVGH, Beschl. v. 28.4.2020 – 20 NE 20.849, juris Rn. 49.
[3093] BayVGH, Beschl. v. 28.4.2020 – 20 NE 20.849, juris Rn. 46.
[3094] BayVGH, Beschl. v. 28.4.2020 – 20 NE 20.849, juris Rn. 46.

ben.³⁰⁹⁵ Dadurch habe der Verordnungsgeber die triftigen Gründe dergestalt erweitert, dass eine enge Auslegung des § 5 Abs. 2 2. BayIfSMV nicht mehr in Betracht komme.³⁰⁹⁶

Nicht hinreichend beschäftigte sich mit der BayVGH damit, ob dieses Auslegungsergebnis tatsächlich noch im wohlverstandenen Sinne des beabsichtigten präventiven Verbotes lag. Geht man von einer derartig weiten Auslegung aus streitet dies zweifellos für die Verhältnismäßigkeit, lässt allerdings Sinn und Zweck der Regelung und die systematische Konzeption der Vorschrift außen vor. Der bloße Hinweis an den Normgeber, die Gebotenheit einer derartigen Regelung müsse überprüft werden, überspannt das Gebot der Normerhaltung.³⁰⁹⁷

b) Art. 3 Abs. 1 GG

Ein ähnliches Problem stellte sich bei der Auslegung der 800 m²- Regelung in Bezug auf die Berechnung der zulässigen Verkaufsfläche bei Einkaufszentren. Hier galt es bis zuletzt als ungelöste Frage, ob sich die Verkaufsfläche auf das gesamte Einkaufszentrum erstreckte, wie es Wortlaut und Systematik nahelegten.³⁰⁹⁸ Diese Auslegung geriet allerdings nach der Ansicht einiger in Konflikt mit Art. 3 Abs. 1 GG.³⁰⁹⁹ Ein weiteres Beispiel liefert die Auslegung von Vorschriften, die die sukzessive Öffnung von Betriebszweigen ermöglichen sollten: So war umstritten, welche Sportarten zum zulässigen Individualsport (§ 9 Abs. 1 S. 2 4. BayIfSMV)³¹⁰⁰ gezählt werden konnten, als die Regelung gleichzeitig die umfangreiche Schließung von Freizeiteinrichtungen³¹⁰¹ vorsah (§ 11 Satz 1 4. BayIfSMV).³¹⁰² Mit fortschreitenden Öffnungsschritten und der Komplexität der Regelung verschärften sich die Auslegungsschwierigkeiten unter Einbezug von Art. 3 Abs. 1 GG.³¹⁰³ Versuchte man sich an einer verfassungskonformen Auslegung,³¹⁰⁴ gelangte man in Konflikt mit dem Telos der Norm, der eine Umsetzbarkeit von geeigneten Hygienekonzepten verlangte und konterkarierte potentiell den Willen des Verordnungsgebers. Eine ver-

---

³⁰⁹⁵ BayVGH, Beschl. v. 28.4.2020 – 20 NE 20.849, juris Rn. 44 f.
³⁰⁹⁶ BayVGH, Beschl. v. 28.4.2020 – 20 NE 20.849, juris Rn. 46.
³⁰⁹⁷ BayVGH, Beschl. v. 28.4.2020 – 20 NE 20.849, juris Rn. 49.
³⁰⁹⁸ Vgl. VG Augsburg, Beschl. v. 5.5.2020 – Au 9 E 20.762, juris 18 ff.
³⁰⁹⁹ VG Regensburg, Beschl. v. 5.5.2020 – RO 14 E 20.783, juris Rn. 30 ff.; a.A. VG Augsburg, Beschl. v. 6.5.2020 – Au 9 E 20.775, juris Rn. 27.
³¹⁰⁰ BayMBl. 2020 Nr. 240 v. 5.5.2020.
³¹⁰¹ Zur Freizeiteinrichtung vgl. auch BayVGH, Beschl. v. 29. Mai 2020 – 20 NE 20.953; BayVGH, Beschl. v. 29.5.2020 – 20 NE 20.957.
³¹⁰² Umfassend zur Auslegung: VG München, Beschl. v. 11.5.2020 – M 26 E 20.1850; so auch VG München, Beschl. v. 11.5.2020 – M 26 E 20.1851.
³¹⁰³ Vgl. nur VG München, Beschl. v. 3.6.2020 – M 26 E 20.2203.
³¹⁰⁴ VG München, Beschl. v. 11.5.2020 – M 26 E 20.1850, VG München, Beschl. v. 27.5.2020 – M 26 E 20.2101.

fassungskonforme Auslegung musste daher ausscheiden, wenn der Wortlaut der Norm und der Wille des Verordnungsgebers dieser entgegenstanden. Begründet wurde dies zuweilen mit der rechtspolitischen Prägung gewisser Öffnungsschritte, die durch den demokratisch legitimierten Normgeber getroffen wurden.[3105]

4. Fazit zur Normerhaltung durch die ermächtigungskonforme und verfassungskonforme Auslegung

Der Grundsatz der Normerhaltung kann und muss im Grundsatz auch bei untergesetzlichen Normen durch eine Auslegung anhand der Ermächtigungsgrundlage bzw. der Verfassung erfolgen. Die auftretenden Probleme entsprechen im Wesentlichen denen, die auch bei der verfassungskonformen Auslegung formeller Gesetze vorkommen. Die Einhaltung der Grenzen der Auslegung sind daher ebenso zu beachten, um eine Normverformung[3106] zu verhindern. Der Rechtsprechung ist dies – wie gezeigt werden konnte – mitunter im Rahmen der Coronapandemie nicht ausreichend gelungen.

[3105] BVerfG, Beschl. v. 31.10.2016 – 1 BvR 871/13, juris Rn. 34; vgl. auch VG Augsburg, Beschl. v. 18.5.2020 – Au 9 E 20.806.
[3106] *Bettermann*, Die verfassungskonforme Auslegung, S. 46; *Drüen*, StuW 2012, S. 272.

I. Abschließendes Fazit zum Phänomen des untergesetzlichen Normsetzungsermessens und der diesbezüglichen Coronarechtsprechung

Die Untersuchung möchte ihren Abschluss durch eine zusammenfassende Darstellung der wesentlichen Erkenntnisse finden. Eingangs wurde die These aufgeworfen, wonach das untergesetzliche Rechtsetzungsermessen als „eigengeartetes"[3107] Phänomen zwischen Verwaltungsermessen und dem gesetzgeberischen Gestaltungsspielraum verortet wird.[3108] Es gilt die erlangten Erkenntnisse im Lichte dieser These zu rezipieren und zu ihr Stellung zu nehmen.

I. Erkenntnisse aus der Art und Weise der Rechtserzeugung

Zuvorderst stellte sich bei einem Vergleich der Erscheinungsformen der Rechtsetzung die Frage, ob sich wesentliche Unterschiede bei der Art und Weise der Rechtserzeugung ergeben (B.). Häufig wird betont, beim Verwaltungsermessen handle es sich um Rechtsanwendung, während die Normsetzung dem Bereich der Rechtsetzung zuordenbar sei.[3109] Es wurde daher die These aufgestellt, dass beide Formen exekutiven Handelns sich qualitativ annäherten, wenn sie auf einer funktionalen Ebene Gemeinsamkeiten aufweisen.[3110] Die Arbeit gelangt bei der Auseinandersetzung mit der Funktion und der Art und Weise der Rechtserzeugung zu dem Fazit, dass nicht nur der Normsetzung, sondern auch dem Erlass von Einzelakten ein Gestaltungsmoment[3111] innewohnt (B. I.). Der Verwaltung wurde daher auch beim Erlass von Einzelakten eine nicht nur rein gesetzesvollziehende Funktion – im Sinne einer reinen Rechtsanwendung – zugesprochen, sondern eine rechtsetzende Funktion. Das Ergebnis stützte sich im Wesentlichen zum einen auf das

---

[3107] *Ossenbühl* in Isensee/Kirchhof V, § 103 Rn. 41; vgl. auch *Brenner* in v. Mangoldt/Klein/Starck, GG, Art. 80 Rn. 72; *v. Danwitz*, Gestaltungsfreiheit des Verordnungsgebers, S. 177; kritisch hierzu: *Sachs*, AöR 117 (1992), S. 135; die Eigenart anzweifelnd: *Panzer* in Schoch/Schneider, VwGO, Vor. § 47 Rn. 5.
[3108] So *Birk*, JuS 1978, S. 169; *Brenner* in v. Mangoldt/Klein/Starck, GG, Art. 80 Rn. 72; *Herdegen*, AöR 114 (1989), S. 609; vgl. auch *Bettermann*, Über die Rechtswidrigkeit von Staatsakten, S. 50.
[3109] Vgl. *Schoch* in ders./Schneider, Einleitung, Rn. 24 ff.
[3110] Gegen eine Annäherung: BVerfG, Beschl. v. 1.4.2014 – 2 BvF 1/12, 2 BvF 3/12, NVwZ 2014, S. 1219 Rn. 92 mit Verweis auf *Ossenbühl* in Isensee/Kirchhof V, § 103 Rn. 41; BayVGH, Beschl. v. 4.10.2021 – 20 N 20.767, juris Rn. 64.
[3111] Dies billigt auch *Herdegen*, AöR 114 (1989), S. 614 ihnen zu.

Verständnis eines Gesetzesvollzugs, welcher sich nicht auf eine rein subsumtionspositivistische[3112] Rechtsanwendung beschränkt (B. I.).

Zum anderen flossen hierbei – und dies ist bei einer Zugrundelegung der soeben genannten These nahezu eine zwingende Folge – Überlegungen des Stufenbaus und der Dreiteilung der Gewalten mit gewissen funktionalen Verflechtungen als Verfassungswirklichkeit des Grundgesetzes mit ein (B. II.). Hieraus ergab sich folgendes Verständnis vom Handeln der Exekutive: Weder beschränkt sich der Erlass von Einzelakten alleine auf die Rechtsanwendung noch kann die untergesetzliche Normsetzung lediglich als Akt der Rechtsetzung beschrieben werden.[3113]

Die Rechtsetzungsbefugnis der Exekutive wurde hierdurch im Rahmen der Untersuchung als Oberbegriff aufgefasst, der sich in die normative Rechtsetzungsmacht und in den Erlass von Einzelakten aufgliedert. Das Mischungsverhältnis von Rechtsanwendung und Rechtserzeugung wurde dabei als variabel erkannt: Dies trifft sowohl bei einem Vergleich der einzelnen Stufen untereinander zu wie auch bei einer Betrachtung ein und derselben Stufe. Das Normsetzungsermessen ließ sich auf Basis der vorläufigen Erkenntnisse weder eindeutig der Gestaltungsfreiheit des Gesetzgebers noch dem Verwaltungsermessen zuordnen. Eine wesentliche Gemeinsamkeit zwischen der Normsetzung und dem Verwaltungsermessen ließ sich allerdings erkennen: Entscheidend für den Freiraum der Exekutive ist – hier wie dort – die Determinierung durch die jeweils obere Stufe. In Frage steht daher jeweils der *Grad* der Selbst- und Fremdprogrammierung, nicht aber der Umstand, dass auf jeder Stufe fremd- und selbstprogrammierte Rechtsetzung existiert (B. III.).[3114]

II. Die Dichotomie im Rahmen des Verwaltungsermessens als Unterscheidungsmerkmal?

Diese funktionalen Gemeinsamkeiten sprachen für eine Angleichung von Normsetzungs- und Verwaltungsermessen, da sich beide Arten der exekutiven Rechtsetzungsbefugnis nur durch den Grad gesetzlicher Determinierung zu unterscheiden schienen. Zweifel hieran kamen mit Blick auf die unterschiedlichen Ermes-

---

[3112] *Jestaedt* in Erichsen/Ehlers, Allgemeines Verwaltungsrecht, S. 334; so auch selbst für die Rechtsprechung: *ders.*, Reine Rechtslehre, S. 89.
[3113] *Jestaedt* in Erichsen/Ehlers, Allgemeines Verwaltungsrecht, S. 335.
[3114] Wegweisend insofern *Merkl*, Allgemeines Verwaltungsrecht, S. 142 ff.; dem folgend: *Jestaedt* in Erichsen/Ehlers, Allgemeines Verwaltungsrecht, S. 336 und *Lembke*, Einheit aus Erkenntnis, S. 171 ff., 302 ff.

sensbegriffe auf: Während im Rahmen des Verwaltungsermessens die Dichotomie zwischen Beurteilungsspielräumen auf Tatbestandsseite und dem Ermessen auf Rechtsfolgenseite betont wird (C.), wird eine derart strikte Unterscheidung nach herkömmlicher Ansicht beim Normsetzungsermessen nicht zugrunde gelegt (D.). Die Ursprünge und die Sinnhaftigkeit der Dichotomie im Rahmen des Verwaltungsermessens galt es daher als nächstes zu untersuchen.

Anhand einer historischen Betrachtung konnten die Ursprünge der Dichotomie im frühen 19. Jahrhundert zu einer Zeit ausgemacht werden, in der die Gesetzgebung schrittweise vom souveränen Herrscher auf die Volksvertretung übertragen wurde,[3115] während die ausführende Gewalt nach wie vor beim Souverän und seiner Verwaltung verblieb (C. I.).[3116] Die insofern freie Verwaltungstätigkeit[3117] grenzte sich durch ein Ermessen ab, das frei von der Einwirkung des Volkes war. Hieraus entwickelte sich im Rahmen des Verwaltungsermessens die Differenzierung zwischen Beurteilungsspielräumen auf der Tatbestandsseite[3118] und dem Ermessen auf der Rechtsfolgenseite.[3119] Beim untergesetzlichen Normsetzungsermessen setzte sich eine derartige normstrukturelle Unterscheidung nicht durch.[3120] Zugrunde gelegt wurde dieser vielmehr der Gedanke einer ihr immanenten Gestaltungsermächtigung.[3121] Für die folgende Untersuchung war es dabei von Interesse, ob bzw. inwiefern etwaige normstrukturelle Unterschiede eine Bedeutung für eine Differenzierung zwischen Verwaltungs- und Normsetzungsermessen besitzen.[3122] Es bestätigte sich hierbei folgende Annahme: Die Ansichten, welche eine rein normstrukturelle Betrachtung für sich in Anspruch nehmen, lassen Aspekte der

---

[3115] *Bullinger*, JZ 1984, S. 1001 f.; *Burckhardt*, Der Begriff des freien Ermessens, S. 17; *Laband*, Das Staatsrecht des Deutschen Reiches II, S. 175: „In der konstitutionellen Monarchie ist das pouvoir administratif der Machtbereich des Landesherrn, der frei ist von der Mitwirkung der Volksvertretung und unbeschränkt durch die Gesetzesauslegung der Gerichte."; *v. Laun*, Das freie Ermessen und seine Grenzen, S. 21; vgl. auch *Schmidt-Aßmann* in Isensee/Kirchhof II, § 26 Rn. 48; zur Entwicklung ausführlich auch: *Stern*, Staatsrecht II, S. 513 ff.
[3116] Vgl. ausführlich hierzu: *Grzeszick* in Dürig/Herzog/Scholz, GG, Art. 20 Rn. 3 ff.; *Poscher* in Hoffmann-Riem/Schmidt-Aßmann/Voßkuhle, Grundlagen I, S. 493, 498 Rn. 10.
[3117] *Schmidt*, NJW 1975, S. 1757.
[3118] Wegweisend insofern *Bachof*, JZ 1955, S. 98; vgl. auch *Bickenbach*, Beschedigungsurteil, S. 146 ff.; *Pache*, Tatbestandliche Abwägung, S. 53 ff.; *Nell*, Beurteilungsspielraum, S. 135 f.
[3119] *Kment/Vorwalter*, JuS 2015, S. 195, die die Differenzierung für überkommen halten; a.A. *Di Fabio*, VerwArch 86 (1995), S. 214, der sie für notwendig, aber komplex hält, mit Verweis auf *Sendler*, DVBl. 1994, S. 1089 ff.
[3120] *Schmidt-Aßmann* in Dürig/Herzog/Scholz, GG, Art. 19 Abs. 4 Rn. 217 f.; ähnlich auch *W.-R. Schenke/R.P. Schenke* in Kopp/Schenke, VwGO, § 47 Rn. 114.
[3121] *Schmidt-Aßmann* in Dürig/Herzog/Scholz, GG, Art. 19 Abs. 4 Rn. 217a und *Sendler*, UPR 1981, 11 f., denen *Panzer* in Schoch/Schneider, VwGO, Vor § 47 Rn. 5 folgt.
[3122] Dies erkennt *Weitzel*, Rechtsetzungsermessen, S. 30.

Verwaltungspraxis[3123] und der sogenannten Kontrollperspektive der Judikative einfließen,[3124] obschon beide Perspektiven nicht unmittelbar auf der Unterscheidung zwischen Tatbestands- und Rechtsfolgenseite beruhen.[3125] Die drei Elemente wurden als bedeutende Pfeiler für das Verständnis des Ermessensbegriffs identifiziert. Eine sofortige Vermengung aller Betrachtungsweisen unter dem Deckmantel einer „rein normstrukturellen Betrachtung" wurde allerdings als hinderlich für eine systematische Erschließung der Frage erkannt, inwiefern die Normstruktur an sich für den Ermessensbegriff aussagekräftig ist (C. I.).

Die Untersuchung hegte dementsprechend Zweifel daran, ob eine normstrukturelle Betrachtung per se geeignet ist, für oder gegen eine Unterscheidung zum Normsetzungsermessen zu streiten. Veranschaulichen ließ sich dies wie folgt: Betrachtet man das Ermessen und den Begriff des Beurteilungsspielraums unter dem Aspekt der Normstruktur, werden beide Begrifflichkeiten gemeinhin voneinander getrennt, je nachdem ob sie sich auf der Rechtsfolgen- oder Tatbestandsseite ergeben (C. I.).[3126] Gleichwohl wurde es trotz normstruktureller Unterschiede für denkbar gehalten, dass die Verwaltung bei der Anwendung unbestimmter Rechtsbegriffe und bei der Ausfüllung eines auf Rechtsfolgenseite eingeräumten Ermessens ähnlich verfährt. Ähnliches gilt für die gerichtliche Sicht, was in einer Entscheidung des BVerwG angedeutet wird: „Ob der Gesetzgeber in einer Rechtsnorm für die Behörde eine Handlungsbindung bestimmt oder ihr einen Handlungsspielraum eingeräumt hat, kann immer nur aus dem Inhalt der betreffenden Rechtsnorm entnommen werden."[3127]

Auszuschließen war es dennoch nicht, dass sich aus der Trennung in Tatbestands- und Rechtsfolgenseite Erkenntnisse für das Verwaltungsermessen ableiten lassen, die auf eine Differenzierung zum normativen Rechtsetzungsermessen hinweisen. Die Untersuchung versuchte sich ausgehend von diesen Überlegungen daher zunächst an einer möglichst nur an der Normstruktur orientierten Definition des Ermessens (C. II. 7.): Eine Ermessensnorm ist demnach eine Norm, die nicht eine bestimmte Rechtsfolge bereithält, sondern eine Ermächtigung der Exekutive, in einem gewissen Rahmen eine möglichst geeignete Rechtsfolge zu finden.[3128] Unter

---

[3123] Vgl. auch *Voßkuhle*, JuS 2008, S. 117, der dies als „Handlungsperspektive" beschreibt.
[3124] *Voßkuhle*, JuS 2008, S. 117.
[3125] *König*, BayVBl. 1983, S. 163 betont eine Unterscheidung zwischen dem Begriff des Ermessens als Teil der Normstruktur und der Struktur der Ausübung durch die Behörden; *Koch*, Unbestimmte Rechtsbegriffe, S. 14 geht von einer „Verquickung" der Fragestellungen aus.
[3126] Vgl. nur *Aschke* in Bader/Ronellenfitsch, BeckOK VwVfG, § 40 Rn. 4; *Voßkuhle*, JuS 2008, S. 117.
[3127] BVerwGE 62, 86 (98); 94, 307 (309); 100, 221 (225).
[3128] In Anlehnung an *König*, BayVBl. 1983, S. 164 bzw. *Obermayer*, BayVBl. 1975, S. 260.

dieser Prämisse kann das Ermessen als Bestandteil der Normstruktur auf den Punkt gebracht werden, indem man es als Ermächtigung der Verwaltung begreift, eine möglichst geeignete Konkretisierung einer nicht näher bestimmten Rechtsfolge anhand des Zwecks des Gesetzes zu bilden.[3129] Die fehlende Bestimmtheit der Rechtsfolge kann dabei auf verschiedene Ursachen zurückzuführen sein:[3130] Die Exekutive kann sich zwischen Handeln und einem Nicht-Einschreiten entscheiden dürfen, was als Entschließungsermessen bezeichnet wird.[3131] Gleichzeitig kann ihr ein Auswahlermessen bezüglich der näheren Ausgestaltung des Handelns eingeräumt sein.[3132] Ein solches Auswahlermessen nimmt das BVerwG auch im Rahmen von § 28 Abs. 1 S. 1 IfSG an.[3133]

Im Rahmen der normstrukturellen Perspektive konnte anhand dieser Erkenntnisse nicht eindeutig nachgewiesen werden, ob die Anwendung unbestimmter Gesetzesbegriffe einerseits und die Ermessensausübung andererseits strukturell vergleichbar sind. Gezeigt haben sich in Bezug auf beide Spielräume allerdings bisweilen gewisse Gemeinsamkeiten und eine – zumindest normstrukturell bestehende – Austauschbarkeit beider Konstruktionsmöglichkeiten (C. II. 3.). Was blieb, war nach wie vor die Frage, ob die normstrukturelle Austauschbarkeit von Beurteilungsspielräumen auf Tatbestandsseite und Ermessen auf Rechtsfolgenseite den Gehalt der jeweiligen Ermächtigungsnorm ändert oder ob mit dieser auch eine inhaltliche Äquivalenz einhergeht.

Nachdem der Ermessensbegriff im Rahmen des Verwaltungsermessens zunächst normstrukturell betrachtet wurde, war es daher Zeit für einen Perspektivwechsel: Es wurde die Frage aufgeworfen, ob die Anwendung des Ermessens durch die Verwaltung weitere Erkenntnisse liefert (C. III.). Hierbei stellte sich heraus, dass eine Betrachtung der einzelnen Schritte der Ermessensausübung die Bedenken gegen eine rein normstrukturelle Unterscheidung nähren: Auch in den Fällen, in denen die herkömmliche Lehre von einem Ermessen auf Rechtsfolgenseite ausgeht, kann die Verwaltung gezwungen sein, tatbestandliche Erwägungen anzustel-

---

[3129] So auch *Weitzel*, Rechtsetzungsermessen, S. 51 mit einer möglichst normstrukturierten Definition, die aber auch die gerichtliche Perspektive einschließt.
[3130] Unterscheidung wohl erstmals bei *Stier-Somlo*, Das freie Ermessen in Rechtsprechung und Verwaltung, S. 505 ff.
[3131] *Beaucamp*, JA 2006, S. 75; *Goldhammer* in Möstl/Schwabenbauer, BeckOK Polizeirecht, Art. 5 Rn. 16; *Riese* in Schoch/Schneider, VwGO, § 114 Rn. 17; BayVGH, Urt. v. 26.11.2014 – 10 B 14.1235, BeckRS 2014, S. 59676 Rn. 29.
[3132] BVerwGE 44, 156 (159); BVerwGE 138, 89 Rn. 26, NVwZ 2011, S. 424 zur staatlichen Kommunalaufsicht.
[3133] BVerwG, Urt. v. 22.3.2012 – 3 C 16/11, BVerwGE 142, 205-219, juris Rn. 23 zu Betretungsverboten an Schulen.

len (C. III. 3. b. bb.). Dieser Fall wurde als Konkretisierungsermächtigung in Fällen erfasst, in denen der Gesetzgeber bei vergleichbaren Fällen keine unterschiedlichen Ergebnisse erzeugen will. Ein Rechtsfolgenermessen wurde dagegen bei tatbestandsarmen Normen angenommen (C. III. 3. c.). Als Beurteilungsspielraum wurde der seltene Fall identifiziert, bei welchem der Verwaltung bei der Anwendung unbestimmter Rechtsbegriffe ein Freiraum für subjektive Zweckvorstellungen bei der Konkretisierung des Rechtsbegriffs eingeräumt wird (C. III. 3. 4. b.). Hierbei handelt es sich letztlich um einen speziellen Fall des Konkretisierungsermessens.

Diese Erkenntnisse führten die Untersuchung zu dem Ergebnis, dass eine *rein normstrukturelle* Betrachtung des Verwaltungsermessens nicht nur die Entwicklung allgemeiner Kontrollstrukturen exekutiver Rechtsetzung („margin of appreciation"/ „marge d'appréciation") verhindert, sondern auch per se nicht geeignet ist, beide voneinander abzugrenzen.[3134] Die Aufhebung der klassischen Dichotomie beim Verwaltungsermessen[3135] ermöglichte daher einen freieren Blick auf die Gemeinsamkeiten und Unterschiede zum untergesetzlichen Normsetzungsermessen. Die Möglichkeit, das Ermessen in Bezug auf beide Formen der Rechtsetzung in Konkretisierungsermächtigungen und Rechtsfolgenermessen zu unterteilen, sprach dabei gegen eine strikte strukturelle Unterscheidung zwischen Verwaltungs- und Normsetzungsermessen.[3136]

Eine wichtige Rolle spielte bei der Betrachtung des Verwaltungsermessens und des untergesetzlichen Normsetzungsermessens auch die Einordnung des Planungsermessens, auf welches als nächstes einzugehen war (C. V.). Es wurde der Frage nachgegangen, ob es sich hierbei – wie auch das BVerwG befürwortet – um eine spezielle Form des Ermessens handelt.[3137] Die planerische Gestaltungsfreiheit[3138] unterscheide sich vom sonstigen exekutiven Handeln durch einen Gestaltungs- und Bewertungsspielraum,[3139] der eine Voraussetzung für die Ausübung

---

[3134] So die Umschreibung des mitgliedstaatlichen Beurteilungsspielraums: vgl. EGMR, Serie A 24, Z 47 ff.; vgl. auch *Bleckmann*, Ermessensfehlerlehre, S. 88 ff.; *Jestaedt* in Erichsen/Ehlers, Allgemeines Verwaltungsrecht, S. 344.
[3135] So auch *Schmidt*, NJW 1975, S. 1757.
[3136] BVerfG, Beschl. v. 1.4.2014 – 2 BvF 1/12, 2 BvF 3/12, NVwZ 2014, S. 1224 Rn. 93 mit Verweis auf *Ossenbühl* in Isensee/Kirchhof V, § 103 Rn. 41; vgl. auch BayVGH, Beschl. v. 4.10.2021 – 20 N 20.767, juris Rn. 64.
[3137] *Riese* in Schoch/Schneider, VwGO, § 114 Rn. 183; *Schramm*, DVBl. 1974, S. 651; *Stüer*, Bau- und Fachplanungsrecht, S. 541.
[3138] BVerwG, Urt. v. 12.12.1969 – IV C 105.66; *Schröder*, DÖV 1975, S. 308; *Birk*, JA 1981, S. 364; *Gern*, DVBl. 1987, S. 1194; *Schöpfer*, NVwZ 1991, S. 551; *Groß*, DVBl. 1995, S. 468.
[3139] *Stüer*, Bau- und Fachplanungsrecht, S. 541; *ders.*, DVBl. 1974, S. 314; vgl. auch BVerwG, Urt. v. 26.3.1981 – 3 C 134/79, juris Rn. 38 a.E.

der Planungshoheit darstelle. Die Abspaltung des Planungsermessens vom sonstigen Ermessen der Verwaltung begründete das BVerwG mit der Unterscheidung des Verwaltungshandelns in den Bereich der frei gestaltenden Verwaltung und in einen solchen, in dem die Verwaltung im Rahmen eines Handlungsermessens bzw. aufgrund von Rechtsbegriffen mehr oder minder gebunden ist.[3140] Das Planungsermessen unterfiele dabei laut BVerwG dem Bereich der frei gestaltenden Verwaltung (C. V.).[3141]

Die Untersuchung sah diese Aufteilung schon deshalb als widerlegt an, weil ein mehr oder minder großer und autonomer Spielraum – je nach Dichte der gesetzlichen Direktiven – als Kern einer *jeden* Ermessensentscheidung nachgewiesen wurde (C. V. und B. II. 1.). Lehnt man diese Art der qualitativen Unterscheidung ab, so stellte sich die Frage, ob das Planungsermessen im Übrigen anderen Gesetzmäßigkeiten folgt als die Ausübung des Ermessens bei sonstigen Ermessensermächtigungen. Die Erschließung dieser Frage wurde zum einen durch eine Betrachtung der unterschiedlichen Rechtsformen von Planungsentscheidungen und deren Einfluss auf das Ermessen vorgenommen (V. 1.). Festgestellt wurde hierbei, dass Planungsentscheidungen in den unterschiedlichsten rechtlichen Handlungsformen ergehen, wobei die Rechtsform nichts an der Einordnung als Planungsentscheidung ändert.[3142] Fraglich blieb allenfalls, inwiefern der Erlass als abstrakt-generelle Regelung Auswirkungen auf den Ermessensbegriff und die gerichtliche Kontrolle hat.[3143] Hierbei war auf die entsprechenden Erkenntnisse zur Unterscheidung der gerichtlichen Kontrolle des Verwaltungs- und des Normsetzungsermessens zu verweisen (D. I. 4. und D. II. 2.).

In einem zweiten Schritt war der Frage nachzugehen, ob die normstrukturelle Unterteilung in final strukturierte Planungsvorschriften und konditional formulierte Ermessensnormen für eine Abspaltung des Planungsermessen zu streiten vermag (C. V. 2.).[3144] Hierbei gelangte die Arbeit zu dem Ergebnis, dass die normtheoreti-

---

[3140] Vgl. BVerwG, Urt. v. 26.3.1981 – 3 C 134/79, juris Rn. 38; in diese Richtung auch: *Badura*, DÖV 1968, S. 453; *Hoppe*, DVBl. 1974, S. 641; *ders.*, DVBl. 1977, S. 136; *Weyreuther*, DÖV 1977, S. 419.
[3141] BVerwG, Urt. v. 26.3.1981 – 3 C 134/79, juris Rn. 38; vgl. auch BVerwG, Urt. v. 12.12.1969 - BVerwG 4 C 105.66; BVerwG, Urt. v. 5.7.1974 - BVerwG 4 C 50.72; BVerwG, Urt. v. 14.2.1975 - BVerwG 4 C 21.74.
[3142] *Schmidt-Aßmann* in Berkemann/Gaentzsch, Festschrift für Otto Schlichter, S. 9; BVerwGE 62, 86 (93 f.); *Wolff* in Sodan/Ziekow, VwGO, § 114 Rn. 217.
[3143] Vgl. hierzu auch: *Sendler* in Berkemann/Gaentzsch, Festschrift für Otto Schlichter S. 77; *Schmidt-Aßmann*, Grundfragen des Städtebaurechts, S. 161.
[3144] *Rubel*, Planungsermessen, S. 8; *Hoppe*, DVBl. 1974, S. 643; *Maurer/Waldhoff*, Allgemeines Verwaltungsrecht, S. 170; *Riese* in Schoch/Schneider, VwGO, § 114 Rn. 183; *Wolff* in Sodan/

schen Unterschiede zwischen final und konditional strukturierten Normen eher sprachlicher Natur sind, als dass sie die Ermessensausübung unterschiedlich steuern würden.³¹⁴⁵ Zuzugestehen war gleichwohl Folgendes: Möchte der Gesetzgeber die Voraussetzungen für ein Handeln offen gestalten, lässt sich dies durch eine final programmierte Norm leichter erreichen als durch eine umständlich formulierte Konditionalnorm. Den Rückschluss auf eine separate Kategorie des Planungsermessens mit vorherrschenden Finalprogrammierungen erlaubt diese „‚heuristische' Nützlichkeit"³¹⁴⁶ dennoch nicht.³¹⁴⁷ Denn auch abseits von Planungsentscheidungen lassen sich final strukturierte Ermächtigungen finden, bei welchen keine eigene Ermessenskategorie eingefordert wird.

Zuletzt war auf die Ausübung des Planungsermessens durch die Verwaltung einzugehen (C. V. 3.). Auch hierbei ergab die Untersuchung keine derartigen Unterschiede, die eine Abspaltung des Planungsermessens rechtfertigen würden (C. V. 3. a-c).³¹⁴⁸ Auf der Basis dieser Erkenntnisse wurde der Mehrwert einer Differenzierung zwischen Planungsentscheidungen und dem übrigen Ermessen abgelehnt (C. V. 4.);³¹⁴⁹ Obwohl der Verwaltung im Rahmen von Planungsentscheidungen meist größere Freiräume eingeräumt werden³¹⁵⁰ als bei sonstigen Ermessensvorschriften, schien eine separate Kategorisierung des Planungsermessens nach alledem nicht angezeigt.³¹⁵¹ Es ließ sich damit vom Planungsermessen als Unterfall des Ermessens sprechen, wobei dem Planungsermessen folgende Besonderheiten eingeräumt wurden: Aufgrund der zahlreichen Zielvorgaben und unterschiedlichen Interessen kommt dem sogenannten Abwägungsvorgang eine hohe Bedeutung zu.³¹⁵² Die Ermessensqualität an sich wird dadurch nicht verändert, allerdings

---

Ziekow, VwGO, § 114 Rn. 215; a.A. *Bartunek*, Probleme des Drittschutzes, S. 34 ff.; kritisch hierzu auch *Koch/Hendler*, Baurecht. S. 231 f.

[3145] So im Ergebnis auch *Geis* in Schoch/Schneider, VwVfG, Vor § 40 Rn. 6 ff.

[3146] *Pfefferl*, Dichotomie konditionaler und finaler Normen, S. 75 ff.; *Geis* in Schoch/Schneider, VwVfG, Vor § 40 Rn. 11.

[3147] Dies erkennt selbst *Hoppe*, DVBl. 1975, S. 691; im Ergebnis auch *Herdegen*, AöR 114 (1989), S. 634 f.

[3148] Vgl. *Riese* in Schoch/Schneider, VwGO, § 114 Rn. 183; a.A. *Bartunek*, Probleme des Drittschutzes, S. 34 ff.

[3149] So auch *Adamovich/Funk*, Allgemeines Verwaltungsrecht, S. 126 ff.; *Alexy*, JZ 1986, S. 711; *Börger*, Genehmigungs- und Planungsentscheidungen, S. 148 ff.; *Brohm*, JuS 1977, S. 500; *Ehmke*, „Ermessen" und „unbestimmter Rechtsbegriff", S. 47; *Fouquet*, VerwArch 1996, S. 234; *Nagel*, Die Rechtskonkretisierungsbefugnis der Exekutive, S. 103 ff.; *Tettinger*, Rechtsanwendung und gerichtliche Kontrolle, S. 139; *Wiedmann*, Das Planungsermessen, S. 113; *Erbguth*, DVBl. 1992, S. 403 f.; *Ibler*, JuS 1990, S. 40.

[3150] Im Ergebnis auch *Dreier*, Steuerung der planerischen Abwägung, S. 47.

[3151] A.A. *Erbguth/Schubert*, Öffentliches Baurecht, S. 159.

[3152] *Adamovich/Funk*, Allgemeines Verwaltungsrecht, S. 127 f.; *Keppeler*, Die Grenzen des behördlichen Versagensermessens, S. 26.

kann die Bezeichnung als Planungsermessen begrifflich auf diese Besonderheit und die damit einhergehende, komplexere Fehlerkontrolle hinweisen.[3153]

Zuletzt wurden die Elemente des Planungsermessens in das gefundene System der Konkretisierungsermächtigung und des Rechtsfolgenermessens eingeordnet: Die konkretisierenden Bestandteile der Planung wurden als abschichtende Gemeinwohlkonkretisierung umschrieben. Sie nehmen dem Gesetzgeber die weitere Präzisierung der Vollzugsziele ab, die er aufgrund der starken Situationsabhängigkeit (städte-)baulicher Maßnahmen ohnehin nicht leisten könnte.[3154] Die in Art. 28 Abs. 1 S. 2 GG wurzelnde planerische Gestaltungsfreiheit ist dabei im Übrigen ein Teil des Rechtsfolgenermessens.[3155]

Die identifizierten Unterschiede sind daher solche, die zwischen Rechtsfolgen- und Konkretisierungsermessen stets vorzufinden sind und rechtfertigen keine interne Aufspaltung des Rechtsfolgenermessens.[3156] Die Planung nimmt daher ebenso wie das sonstige Verwaltungsermessen eine Zwitterstellung ein. Sie steht gewissermaßen zwischen den Stühlen einer planenden/autonomen Tätigkeit und einer vollziehenden.[3157] Aufgrund dieses Umstandes, stellt sich besonders vor dem Hintergrund der gerichtlichen Kontrolle die Frage nach dem Umfang der Kontrollbefugnisse. Diese Frage hat indes keinen Einfluss auf den Ermessensbegriff an und für sich.

III. Die Einordnung des untergesetzlichen Normsetzungsermessens

Historisch bedingt[3158] und um zu klären, ob die normstrukturelle Unterscheidung von Beurteilungsspielraum und Ermessen beim Verwaltungsermessen sinnhaft ist, war es bis zu dieser Stelle notwendig, den Ermessensbegriff überwiegend aus der Perspektive der Einzelakte zu beleuchten. In einem nächsten Schritt war die abstrakt-generelle Normsetzung in die Überlegungen einzubeziehen (D.). Eine Kernfrage war dabei, ob das Ermessen strukturell und – noch grundlegender – über-

---

[3153] So auch *Fouquet*, VerwArch 1996, S. 234.
[3154] *Schmidt-Aßmann* in Berkemann/Gaentzsch, Festschrift für Otto Schlichter, S. 8; vgl. auch *Koch/Rubel*, Allgemeines Verwaltungsrecht, S. 222 f. zur Tatbestandsergänzung von Planungsnormen anhand der Floatglas-Entscheidung.
[3155] So auch *Weitzel*, Rechtsetzungsermessen, S. 108.
[3156] Vgl. auch *Badura*, Das Planungsermessen, S. 174, der erkennt, dass u.a. *Hoppe*, DVBl. 1974, S. 644 die Ermessensausübung als „punktuellen Normvollzug" ansieht.
[3157] *Maurer/Waldhof*, Allgemeines Verwaltungsrecht, S. 470.
[3158] Vgl. *Voßkuhle*, JuS 2008, S. 117.

haupt seiner Begrifflichkeit nach auch beim Erlass untergesetzlicher Normen Anwendung findet. Von besonderem Interesse mit Blick auf die Coronarechtsprechung war hierbei die Ansicht des BVerfG und des BayVGH: Beide Gerichte gingen ohne nähere Begründung von der Notwendigkeit einer strukturellen Unterscheidung von Verwaltungs- bzw. Verordnungsermessen aus.[3159]

Zur Klärung dieser Frage stellte die Arbeit nicht auf die Funktion der Ermessensermächtigung ab,[3160] sondern legte die unterschiedlichen Rechtsformen – namentlich der Rechtsverordnung (D. I.) und der Satzung (D. II.) – zugrunde. Im Rahmen des Verordnungsermessens[3161] schloss sich die Untersuchung der Rechtsprechung des BVerfG an und ging davon aus, dass in Verordnungen „niemals *originärer* politischer Gestaltungswille der Exekutive zum Ausdruck kommen" darf.[3162] Gegen eine originäre Gestaltungsfreiheit wurde die fehlende direkte demokratische Legitimation des Verordnungsgebers[3163] und eine mangelnde Kompensation dieses Umstandes durch ein entsprechendes Verfahren beim Verordnungserlass angesehen (D. I. 2.). Diese Differenzierungspunkte sprachen aus hiesiger Sicht auch für eine frühere und stärkere Einbeziehung des Parlaments bei der Bewältigung der Coronapandemie.[3164]

Dem Verordnungserlass kommt damit nach dem Ergebnis der Untersuchungen ein nicht unwesentlicher rechtsetzender Anteil zu, der jedoch nicht mit der Gestaltungsfreiheit des Gesetzgebers gleichgesetzt werden kann.[3165] Anders als die Gesetzgebung der Legislative hat der Akt des Verordnungserlasses daher auch einen mehr oder minder großen Teil an rechtsvollziehenden Elementen – je nach Konkretheit der Ermächtigungsgrundlage. Letzteres ist zu betonen: Der Spielraum hängt maßgeblich von der Ermächtigungsgrundlage ab (Art. 80 Abs. 1 GG), was die zweite wichtige Erkenntnis darstellt. Die These, welche vom Normsetzungsermes-

---

[3159] BVerfG, Beschl. v. 1.4.2014 – 2 BvF 1/12, 2 BvF 3/12, NVwZ 2014, 1219 Rn. 92 mit Verweis auf *Ossenbühl* in Isensee/Kirchhof V, § 103 Rn. 41; BayVGH, Beschl. v. 4.10.2021 – 20 N 20.767, juris Rn. 64.
[3160] So aber *Bullinger*, JZ 1984, S. 1007, der nach u.a. nach Dispensermessen und Freiraum für Sachverstand unterscheidet.
[3161] Vgl. zur Begrifflichkeit auch *Zuleeg*, DVBl. 1970, S. 157 ff., auf den *Ossenbühl*, NJW 1986, S. 2809 verweist.
[3162] BVerfG, DVBl. 1988, S. 955 [Hervorhebung dort] mit Verweis auf *Starck*, Der Gesetzesbegriff des GG, S. 288.
[3163] *v. Bogdandy*, Gubernative Rechtsetzung, S. 201.
[3164] *Abdulsalam*, JöR 69 (2021), S. 503.
[3165] *Badura*, Das normative Ermessen, S. 29; *Herdegen*, AöR 114 (1989), S. 609 ff.; *Ossenbühl* in Recht als Prozess und Gefüge, Festschrift für Hans Huber, S. 286 ff.; *v. Danwitz*, Die Gestaltungsfreiheit des Verordnungsgebers, S. 168 ff.; *Weber*, Regelungs- und Kontrolldichte, S. 209; *Zuleeg*, DVBl. 1970, S. 159 ff.

sen als Phänomen *zwischen* Gestaltungsfreiheit und Verwaltungsermessen spricht, wird hierdurch rechtsdogmatisch gestützt. Ob in manchen Fällen eine Zurücknahme der gerichtlichen Kontrolle bzw. Kontrolldichte nötig ist, wurde als eine hiervon unabhängige Frage identifiziert (G.).

Nach einem Vergleich mit der Gestaltungsfreiheit des Gesetzgebers wurde das Verwaltungsermessens in die Überlegungen einbezogen. Die Argumente gegen eine Übertragung des Ermessensbegriffs konnten aus folgenden Gründen widerlegt werden (D. I. 4. b. bb.): Der Ursprung der Ansichten, die sich gegen eine Übertragung des Ermessensbegriffs verwehren, wurde in dem Unbehagen erkannt, die Ermessensfehlerlehre von Einzelakten auf das Verordnungsermessen zu transferieren (E. IV.).[3166] Unabhängig hiervon wurden keine ausreichenden Gründe dafür gefunden, weshalb bei beiden Handlungsformen nicht im Grundsatz von einem gemeinsamen Ermessensbegriff ausgehen sollte und je nach Eigenart der Verordnung eine angepasste gerichtliche Kontrolle bzw. Kontrolldichte gewählt werden kann.[3167] Eine Entkoppelung beider Perspektiven hat den zusätzlichen Vorteil, dass eine Annäherung der Kontrolldichte an die der Einzelakte – zum Beispiel bei Einzelfallregelungen – nicht mit einer unnötigen Differenzierung einhergehen muss. So wird die höhere Kontrolldichte in Bezug auf die BayIfSMV durch den BayVGH mit dem fehlenden Charakter als normsetzende Handlungsform begründet.[3168] Legt man dagegen einen gemeinsamen Ermessensbegriff zugrunde, so bedarf es dieser dogmatisch höchst fragwürdigen Konstruktion in erster Linie bereits nicht.

Schließlich legte die Arbeit anhand der Übertragbarkeit der Figuren der Konkretisierungsermächtigungen und des Rechtsfolgenermessens dar, dass sich das Verordnungsermessen unter den bisher definierten Begriff des Ermessens kategorisieren lässt (D. I. 5.), wenngleich an dieser Stelle noch offenblieb, ob eine andere Kontrolle bzw. Kontrolldichte als beim Verwaltungsermessen notwendig sein könnte.[3169]

Im Rahmen des Satzungsermessens wurde ebenfalls zunächst ein Vergleich zur Gestaltungsfreiheit des Gesetzgebers gezogen: Die Untersuchung ergab dabei, dass es sich bei der Satzungsgebung ebenso wie bei der Verordnungsgebung um

---

[3166] *v. Danwitz*, Die Gestaltungsfreiheit des Verordnungsgebers, S. 178; *Richter*, Erlass von Rechtsverordnungen und Satzungen, S. 76; so auch *Jöhr*, Überprüfung des administrativen Ermessens, S. 220 ff.
[3167] Vgl. auch *Zuleeg*, DVBl. 1970, S. 159 ff., der sich außerdem für eine Übertragung der Ermessensfehlerlehre ausspricht.
[3168] BayVGH, Beschl. v. 4.10.2021 – 20 N 20.767, juris Rn. 69.
[3169] Zutreffend insofern *Wortmann*, NwVBl. 1989, S. 345; *Herdegen*, AöR 114 (1989), S. 642; *Westbomke*, Anspruch auf Erlass von Rechtsverordnungen, S. 48 ff.; *Zuleeg*, DVBl. 1970, S. 159 ff.

„administrative Selbstprogrammierung im Rahmen der gesetzlichen Vorgaben"[3170] handelt. Die Ansicht, welche die Rechtsetzungsmacht des Satzungsgebers dem Bereich der Gestaltungsfreiheit des Gesetzgebers zuordnen will,[3171] wurde daher als mit der Verfassung unvereinbar abgelehnt (D. II. 1.).[3172] Bei dem anschließend zu ziehenden Vergleich zum Verwaltungsermessen und einer Übertragung der Unterteilung von Konkretisierungs- und Rechtsfolgenermessen ergab sich dabei ein ähnliches Bild wie beim Verordnungsermessen, wobei dem Satzungsgeber häufiger ein Ermessen auf Rechtsfolgenseite eingeräumt wird (D. II. 2. a.).

Die Arbeit gelangt auf der Basis dieser Erkenntnisse zu dem Urteil, dass rechtliche Unterschiede zwischen Einzelakten und abstrakt-generellen Rechtsnormen zweifellos bestehen (D. III.). Sie genügen allerdings aus hiesiger Sicht nicht als Gründe für eine Entwicklung unterschiedlicher Ermessensbegriffe für das untergesetzliche Normsetzungs- bzw. Einzelaktsermessen.[3173] Vielmehr wird beiden Handlungsformen der Exekutive ein einheitlicher Ermessensbegriff zugrunde gelegt; eine nähere Untergliederung der Ermessensarten wird erreicht durch die Einteilung in das Rechtsfolgenermessen und die Konkretisierungsermächtigung.

Bei sämtlichen Handlungsformen lassen sich Ermächtigungsgrundlagen finden, die ein Rechtsfolgenermessen einräumen, eine Konkretisierung vorsehen oder auch eine Kombination aus beiden etablieren. Hier wie dort ist der jeweilige Spielraum und die Art des Ermessens anhand der Auslegung der Ermächtigungsgrundlage zu bestimmen. Die aufgeworfene These des untergesetzlichen Normsetzungsermessens als Phänomen zwischen Verwaltungsermessen und Gestaltungsfreiheit des Gesetzgebers[3174] erfuhr daher eine Konkretisierung dahingehend, dass das Normsetzungsermessen grundsätzlich trotz des abstrakt-generellen Normerlasses eher am Verwaltungsermessen orientiert ist. Denn der Gestaltungsspielraum des exekutiven Normgebers ist stets abhängig von der Dichte der gesetzlichen Direktiven. Die Bereiche, in denen der Exekutive eine weiter Spielraum eingeräumt wird, können in bestimmten Fällen der Gestaltungsfreiheit der Legislative nahekommen (D. III.). Im Übrigen ist die Reichweite des Spielraums anhand des Regelungszusammenhangs im Rahmen der Kontrolldichte zu bestimmen (siehe unten G.).

[3170] *Schmidt-Aßmann* in Ständige Deputation II, 58. Deutscher Juristentag, S. N 11 für Satzungen.
[3171] *Schmidt-Jortzig*, NJW 1983, S. 972.
[3172] Im Ergebnis sogar schon Preuß. OVGE 16, 48 (56).
[3173] Vgl. auch das Fazit von *Held-Daab*, Das freie Ermessen, S. 250.
[3174] *Birk*, JuS 1978, S. 169; *Brenner* in v. Mangoldt/Klein/Starck, GG, Art. 80 Rn. 72; *Herdegen*, AöR 114 (1989), S. 609; vgl. auch *Bettermann*, Über die Rechtswidrigkeit von Staatsakten, S. 50.

IV. Die Übertragbarkeit der Ermessensfehlerlehre

Um die gerichtliche Kontrolle des Ermessens in die Untersuchung einzubeziehen, wurde sodann auf die Ermessensfehlerlehre eingegangen (E.), die von der herkömmlichen Meinung dem Verwaltungsermessen zugeordnet wird. Die Untersuchung legte dabei die Untergliederung der Ermessensfehler in Ermessensnichtgebrauch, Ermessensüberschreitung, Ermessensfehlgebrauch sowie Ermessensunterschreitung zugrunde (E. II.).[3175] Sodann war die Frage zu klären, ob die Ermessensfehlerlehre auf das untergesetzliche Normsetzungsermessen anwendbar ist (E.IV.). [3176]

Da die vorherigen Erkenntnisse wesentliche Gemeinsamkeiten zwischen Verwaltungs- und Normsetzungsermessen zu Tage förderten, deutete dies auf eine grundsätzliche Übertragbarkeit hin.[3177] Diametral anderer Ansicht ist die ständige Rechtsprechung des BVerwG, welches eine Kontrolle des Abwägungsvorgangs grundsätzlich nicht vornimmt. Die von der Rechtsprechung etablierten Grundsätze wurden allerdings von der hiesigen Ansicht abgelehnt: Wie anhand der wegweisenden Entscheidung zum Kapazitätsrecht (E. IV. 1.),[3178] der Entscheidungen zu Beitragsordnungen der Handwerkskammer (E. IV. 2.)[3179] sowie anhand der Rechtsprechung zu Coronaverordnungen (E. IV. 3.)[3180] bewiesen werden konnte, wird der vom BVerwG aufgestellte Grundsatz von der Rechtsprechung selbst nicht konsistent angewandt. Daneben konnten auch die grundlegenden Bedenken gegen einen Gleichlauf der Ermessenskontrolle von Einzelakten und der Normgebung widerlegt werden (E. IV. 4.). Die Bedenken stützen sich im Wesentlichen auf den Gedanken, dass der untergesetzliche Normgeber durch Gesetz und Recht (Art. 20

[3175] *Alexy*, JZ 1986, S. 701 ff.; *Wolff* in Sodan/Ziekow, § 114 Rn. 82; ähnlich auch folgende Ansichten, die die Ermessensunterschreitung missverständlich als Ermessensdefizit kategorisieren: *Decker* in Posser/Wolff, BeckOK VwGO, § 114 Rn. 14 f.; *Ramsauer* in Kopp/ders., VwVfG, § 40 Rn. 78 mit dem Ermessensdefizit als Unterkategorie des Ermessensfehlgebrauchs; die Vierteilung ablehnend: *Rennert* in Eyermann, VwGO, § 114 Rn. 10.
[3176] Vgl. nur *v. Danwitz*, Die Gestaltungsfreiheit des Verordnungsgebers, S. 177 ff.; *Möstl*, AöR 126 (2001), S. 657 als Anmerkung zu *Weitzel*, Rechtsetzungsermessen; *Ossenbühl*, NJW 1986, S. 2809; Überblick auch bei *Zuleeg*, DVBl. 1970, S. 157.
[3177] Im Ergebnis - mit anderer Begründung: *Herdegen*, AöR 114 (1989), S. 637; vgl. auch *Weitzel*, Rechtsetzungsermessen, S. 133; vgl. auch *Möstl* in Erichsen/Ehlers, Allgemeines Verwaltungsrecht, S.637.
[3178] BVerwG, Urt. v. 13.12.1984 – 7 C 3/83, BVerwGE 70, 318-329.
[3179] BVerwG, Beschl. v. 3.5.1995 – 1 B 222/93; BVerwG, Beschl. v. 7.6.1996 – 1 B 127/95, juris Rn. 10; BVerwG, Urt. v. 26.4.2006 – 6 C 19/05, BVerwGE 125, 384-397; vgl. auch schon OVG Münster, Urt. v. 15.9.1993 – 25 A 1714/92.
[3180] BayVGH, Beschl. v. 4.10.2021 – 20 N 20.767, juris Rn. 65; VGH Mannheim, Urt. v. 6.3.2018 – 6 S 1168/17, juris Rn. 48.

Abs. 3 GG) gelenkt und begrenzt wird. Eine gerichtliche Kontrolle, welche die Einhaltung der Ermessensdirektiven nachvollziehen will, ohne in das Normsetzungsermessen einzugreifen, muss daher auch die wesentlichen Zielsetzungen und Erwägungen des untergesetzlichen Normgebers ins Auge fassen. Denn die eigenen Wertungen der Exekutive haben gegenüber denen des Gesetzgebers zurückzutreten.[3181]

Insbesondere die Kontrolle der Verhältnismäßigkeit und des Art. 3 Abs. 1 GG gelingen mitunter nur unter Kenntnis der erwogenen subjektiven Zielsetzungen, die sich häufig nicht dem reinen Normtext entnehmen lassen.[3182] Die Kontroll*fähigkeit* wird dabei durch eine prozessuale Darlegungs- und Beweispflicht gewährleistet. Um sowohl die Kontrollfähigkeit als auch die Selbstkontrolle – bereits in einem ersten Schritt – zu fördern, ist es nicht zu weit hergeholt, eine grundsätzlich gesetzlich vorgesehene Begründungspflicht zu befürworten.[3183]

Hieraus ließ sich folgende Schlussfolgerung ziehen (E. IV. 5.): Neben der Möglichkeit einer gemeinsamen Kategorisierung in Konkretisierungsermächtigungen und Rechtsfolgenermessen, verläuft auch die Kontrolle der untergesetzlichen Normsetzung nach vorzugswürdiger Ansicht parallel zu der des Verwaltungsermessens und orientiert sich weniger an der Kontrolle von Gesetzgebungsakten. Die anschließende Frage nach der Übertragung der Ermessensfehlerlehren auf das untergesetzliche Normsetzungsermessen war daher von der Grundannahme einer möglichen Kontrolle des Ermessensvorgangs geprägt. Die Frage der Reichweite der Kontrolle der Erwägungen wurde dort verortet, wo sie sinnvollerweise eine Rolle spielt: bei der Kontrolldichte. Der Schlüssel für eine Rechtsprechung, die Ermessensentscheidungen kontrolliert und gleichzeitig nicht in den Aufgabenbereich der Exekutive eingreift, liegt nämlich in einer entsprechenden und jeweils angepassten Kontrolldichte.[3184]

Nachdem die bisherigen Untersuchungen den Weg zu einer grundsätzlichen Übertragbarkeit der Ermessensfehlerlehre ebneten, wurden der Transfer der vier Ermessensfehler auf die Normsetzung exemplarisch vollzogen (E. V.). Insgesamt ließ sich dabei die Möglichkeit nachweisen, die Ermessensfehlerlehre, welche sich für das Rechtsfolgenermessen etablierte, auf die Normsetzung zu übertragen. Ein Ermessensausfall war dabei gleichwohl nur in äußerst seltenen Fällen bei der Normsetzung überhaupt vorstellbar (E. V. 1). Die am Ergebnis erkennbare Ermessens-

---

[3181] *Gusy*, JuS 1983, S. 192.
[3182] *Ossenbühl*, NJW 1986, S. 2809.
[3183] So auch *Ossenbühl*, NJW 1986, S. 2809, der eine Begründungspflicht aus dem Rechtsstaatsprinzip herleitet.
[3184] I.E. auch BVerwG, Urt. v. 17. 4. 2002 - 9 CN 1/01, NVwZ 2002, S. 1125.

überschreitung kristallisierte sich als Prüfungsschwerpunkt bei der Kontrolle untergesetzlicher Normgebung heraus (E. V. 2.).[3185] Die wichtigste Rolle spielt hier die Überprüfung des Ergebnisses, also des Norminhalts anhand der Vorgaben der Ermächtigungsgrundlage bzw. anhand des Verhältnismäßigkeits- und Gleichheitsgrundsatzes. Die Prüfung des Ermessensfehlgebrauchs (E. V. 3.) bzw. der Ermessenunterschreitung (E. V. 4.), die eine Kontrolle des Ermessensvorgangs voraussetzt, ist einerseits vorzunehmen, wenn die Abwägung unter gesetzliche Direktiven gestellt wird (§ 28a Abs. 3, Abs. 6 IfSG vom 18.11.2020).[3186] Die aufgeführten Bedenken gegen die Grundsätze des BVerwG führen andererseits vorzugswürdiger Ansicht nach dazu, beide Ermessensfehler in den übrigen Fällen nicht von vornherein auszuschließen, sondern auf beide mit einer angepassten Kontrolldichte zu reagieren (E. V. 5. und G.).

Mit Blick auf die Kontrolle von Ermessensentscheidungen galt es zudem die zur Kontrolle von Planungsentscheidungen entwickelte Abwägungsfehlerlehre einzuordnen (E. VI.). Da das Planungsermessen als Unterfall des Rechtsfolgenermessens aufgefasst wurde, lag es nahe, entgegen der wohl herrschenden Ansicht,[3187] keine wesentlichen Unterschiede bei den denkbaren Ermessensfehlern anzunehmen.

Festzuhalten blieb in einem ersten Schritt, dass sich die Abwägungsfehlerlehre aus dem Abwägungsgebot der Rechtsprechung bei Planungsentscheidungen herleitete (E. VI. 1.):[3188] Hierbei wurde die gerichtliche Abwägungskontrolle auf den Abwägungsvorgang und auf das Abwägungsergebnis erstreckt.[3189] Das Gebot gerechter Abwägung wurde darüber hinaus unabhängig von einer positivrechtlichen Normierung des Gebots auf Verwaltungsakte mit Planungscharakter ausgeweitet,[3190] wobei eine Kontrolle des Abwägungsvorgangs ebenso vorgenommen wurde wie eine solche des Ergebnisses.

Den Transfer des Gebots gerechter Abwägung als rechtsstaatlichem Grundsatz leistet das BVerwG auch im Bereich von Rechtsnormen mit Planungscharakter.[3191]

[3185] Insofern zutreffend: *Möstl* in Erichsen/Ehlers, Allgemeines Verwaltungsrecht, S. 639.
[3186] Vgl. als weiters Beispiel: *Gellermann* in Landmann/Rohmer, Umweltrecht, § 22 Rn. 24 ff.; BVerwG, BayVBl. 2001, 442; OVG Frankfurt (Oder), NuR 2005, S. 46 f.; OVG Lüneburg, NVwZ-RR 2008, S. 604.
[3187] Für eine Orientierung an § 114 VwGO: *Geis* in Schoch/Schneider, VwGO, § 114 Rn. 207; *Dolde*, NJW 1984, S. 1713; *Kloepfer*, Umweltrecht, S. 924 Rn. 262; *Weyreuther*, DÖV 1983, S. 575; für eine direkte Anwendung: *Cattepoel*, VerwArch 71 (1980), S. 159.
[3188] BVerwG, Urt. v. 12.12.1969 – IV C 105.66, juris Rn. 29 ff.
[3189] Vgl. insbesondere das Flachglasurteil: BVerwG, Urt. v. 5.7.1974 – IV C 50.72.
[3190] BVerwG, Urt. v. 11.10.1968 – IV C 55.66, juris Rn. 29; BVerwG, Urt. v. 30.4.1969 – IV C 6.68, juris Rn. 17; zusammenfassend auch: BVerwG, Beschl. v. 20.7.1979 – 7 CB 21/79, juris Rn. 5.
[3191] Vgl. BVerwG, Urt. v. 26.3.1981 – 3 C 134/79, BVerwGE 62, 86 (93 f.).

Die Planungsentscheidung und das Gebot der gerechten Abwägung werden daher als unvermeidlich miteinander verbunden angesehen.[3192] Der Grund hierfür liegt darin, dass das Gebot gerechter Abwägung als Grundsatz jeder rechtsstaatlichen Planung gehandelt wird und daher als Ausfluss des Rechtsstaatsgebots (Art. 20 Abs. 3 GG) verbindlich ist.[3193] Begründet wird dies mit den vielschichtigen Eingriffen in private und öffentliche Interessen und insbesondere in das Eigentumsrecht gem. Art. 14 Abs. 1 GG. Das Abwägungsgebot dient daher als besondere verfassungsrechtliche Legitimation dieser „Eingriffs-, Gestaltungs-, und Bewertungsbefugnisse."[3194]

Nicht eindeutig war zunächst, ob das Gebot gerechter Abwägung – entgegen der fehlenden Kontrolle des Abwägungsvorgangs in sonstigen Fällen – bei Planungsnormen zu einer Kontrolle des Abwägungsvorgangs führt.[3195] In der Entscheidung aus dem Jahre 2014 zum Luftverkehrsrecht entschied sich das BVerwG klar, aber nicht widerspruchsfrei, für eine Beibehaltung des Grundsatzes, dass eine Kontrolle des Abwägungsvorgangs gerade nicht vorzunehmen sei.[3196] Das Gebot der gerechten Abwägung wird daher nicht zum Anlass genommen, eine Kontrolle des Abwägungsvorgangs vorzunehmen. Eine Erklärung, weshalb die Rechtsnatur auch bei Planungsakten zu dieser Differenzierung führen soll, bleibt die Rechtsprechung indes schuldig (E. VI. 2.).

Vor dem Hintergrund dieser an vielen Stellen nicht konsistenten Rechtsprechung galt es einen Vergleich[3197] zwischen Abwägungs- und Ermessensfehlerlehre zu ziehen (E. VI. 3.), da sich durch eine spezielle Nomenklatur nicht der qualitative Gehalt von Ermessensfehlern ändert.[3198] Die Untersuchungen zeigten dabei, dass nicht nur das Planungsermessen und das sonstige Ermessen, sondern auch die Fehlerlehren wesentliche Parallelen aufweisen (E. VI. 4.).[3199] Abwägungsausfall

---

[3192] BVerwG, Urt. v. 12.12.1969 – IV C 105.66, BVerwGE 34, 301 (304); vgl. auch Wöckel, NVwZ 2016, S. 351 mit Verweis auf die ständige Rechtsprechung: BVerwG, NJW 1969, S. 1869; BVerwGE 34, 301 (307); BVerwGE 41, 67 (68); BVerwGE 48, 56 (63); NJW 1975, S. 1373; BVerwGE 55, 220 (225); BVerwGE 56, 110 (122), NJW 1979, S. 64; BVerwGE 59, 253 (256); NJW 1980, S. 2368; BVerwGE 64, 270 (272 f.), NJW 1982, 1473, NVwZ 1982, 437 [Leitsätze]; BVerwGE 111, 276 (280), NJW 2000, S. 3584.
[3193] BVerwGE 34, 301; BVerwGE 48, 56; BVerwGE 71, 150; vgl. auch *Stüer*, Bau- und Fachplanungsrecht, S. 541.
[3194] *Stüer*, Bau- und Fachplanungsrecht, S. 541.
[3195] Unklar vor allem bei BVerwG Beschl. v. 20.12.1988 – 7 NB 3/88, BVerwGE 81, 139-149; BVerwG, Urt. v. 18.11.2002 – 9 CN 1/02, BVerwGE 117, 209-219.
[3196] BVerwG, Urt. v. 26.6.2014 – 4 C 3/13, BVerwGE 150, 114 ff.
[3197] Vgl. hierzu auch *Ibler*, Schranken planerischer Gestaltungsfreiheit, S. 215 ff.
[3198] Vgl. *Heinze*, NVwZ 1986, S. 88; *Rubel*, Planungsermessen, S. 151 ff.
[3199] So im Ergebnis auch *Weitzel*, Rechtsetzungsermessen, S. 144 f.

und Ermessensausfall korrespondieren miteinander (E. VI. 3. a.).[3200] Das Abwägungsdefizit, das bei der Abwägungsfehlerlehre als eigene Kategorie gesehen wird, weist Parallelen zum Ermessensdefizit als Unterfall des Ermessensfehlgebrauchs auf (E.VI.3.b). Als Unterfall des Abwägungsdefizits ist die Abwägungsunterschreitung mit der eigenen Kategorie der Ermessensunterschreitung zu vergleichen (E. VI. 3. c.). Die Abwägungsfehleinschätzung (E. VI. 3. d.) findet ihr Pendant in der Fehlgewichtung als Teilaspekt des Ermessensfehlgebrauchs. Abwägungsdisproportionalität und Ermessensüberschreitung überschneiden sich methodisch vor allem durch die Prüfung der Verhältnismäßigkeit (E. VI. 3. e.).

Nicht zuletzt war auch von Interesse, inwiefern die möglichen Fehler bei der Anwendung von unbestimmten Rechtsbegriffen mit den Ermessensfehlern korrespondieren (E. VII.).[3201] Aufgrund der festgestellten Gemeinsamkeiten von Beurteilungsspielräumen und dem sonstigen Ermessen waren auch auf der Ebene der Ermessens- bzw. Beurteilungsfehler entsprechende Parallelen erwartbar,[3202] obwohl die herkömmlichen Fallgruppen[3203] der kontrollfähigen Gesichtspunkte bei Beurteilungsspielräumen eine noch geringe Übereinstimmung nahelegten als der Vergleich der Ermessens- und Abwägungsfehlerlehre. Es bestätigt sich, was die Eingruppierung des Beurteilungsspielraums als Unterfall des Konkretisierungsermessens vermuten ließ (E. VII. 3).: Die Beurteilungsfehler integrieren sich in das System der Ermessensfehler.[3204] Diese Schematisierung hat den Vorteil, dass die gerichtliche Kontrolle an die gesetzliche Beurteilungsermächtigung anknüpft und so ein entsprechender Ausgleich von exekutivem Ermessen und der Rechtsschutzgarantie gefunden werden kann. Die Anlehnung an die Ermessensfehlerlehre erleichtert zudem die Differenzierung zwischen formellen und materiellen Fehlern, die bei Beurteilungsfehlern ebenso eine Relevanz entfalten.[3205] Daher bietet sich die Eingruppierung der Beurteilungsfehler in den Rahmen des von der Ermessens-

---

[3200] *Heinze,* NVwZ 1986, S. 88; *Papier,* DVBl. 1975, S. 464.
[3201] Vgl. hierzu auch *Beaucamp,* JA 2012, S. 193 ff.
[3202] Vgl. auch *Bamberger,* VerwArch 93 (2002), S. 232; *Beaucamp,* JA 2012, S. 193 ff.; *Detterbeck,* Allgemeines Verwaltungsrecht, S. 118 f.; *Kluth* in Wolff/Bachof/Stober/ders., Verwaltungsrecht I, S. 348; *Ramsauer* in Kopp/ders., VwVfG, § 40 Rn. 112 ff.; für eine Ähnlichkeit der Kontrollmöglichkeiten: *Herdegen,* JZ 1991, S. 750 f.; i.E. auch, aber zurückhaltender: *Sachs* in Stelkens/Bonk/ders., VwVfG, § 40 Rn. 221.
[3203] *Sachs* in Stelkens/Bonk/ders., VwVfG, § 40 Rn. 228 für die allgemeinen Bewertungsgrundsätze.
[3204] So im Ergebnis auch *Beaucamp,* JA 2021, S. 195 u. 197; angedeutet auch von *Schmidt-Aßmann* in Dürig/Herzog/Scholz, GG, Art. 19 Abs. 4 Rn. 192.
[3205] BVerwGE 80, 224 (228); vgl. auch BVerwGE 91, 217 (221 f.).

fehlerlehre anhand von § 114 S. 1 VwGO etablierten Systems an,[3206] angereichert durch die Besonderheiten bei Beurteilungsermächtigungen.[3207]

Die Kontrolle des Verfahrens[3208] und des Sachverhalts,[3209] die Auslegung des unbestimmten Rechtsbegriffs,[3210] die Einhaltung allgemeiner Bewertungsgrundsätze[3211] und die Willkürfreiheit[3212] fügen sich dabei in das bewährte System ein. Es handelt sich um solche Fehler, die auch der Kontrolle sonstiger Ermessensakte unterliegen.[3213] Ein gewisser Unterschied bzw. eine zusätzliche Schwierigkeit, die bei der Kontrolle von Beurteilungsfehlern hinzukommt, ist die Abgrenzung von kontrollfähigen Auslegungsfragen und nicht justitiablen Wertungsspielräumen bei der Subsumtion. Ist diese Abgrenzung vollzogen, unterscheidet sich die nachvollziehende Kontrolle von Beurteilung und Ermessensausübung weniger als zunächst vermutet werden könnte. Die allgemeinen und spezifischen Bewertungsgrundsätze können dabei ohne Weiteres als Teil der Beurteilungsüberschreitung (E. VII. 2. b.) bzw. des Beurteilungsfehlgebrauchs (E. VII. 2. c.) kontrolliert werden.[3214]

[3206] BVerfGE 84, 34 (50); im Ergebnis auch BVerfGE 64, 261 (279); *Kellner*, DÖV 1962, S. 574; *Brinktrine*, Verwaltungsermessen in Deutschland und England, S. 72 ff.; *Herdegen*, JZ 1991, S. 750 f.; *Rennert* in Eyermann, VwGO, § 114 Rn. 7; *Smeddinck*, DÖV 1998, S. 374 ff.
[3207] Vgl. auch *Beaucamp*, JA 2012, S. 193 ff.; *Detterbeck*, Allgemeines Verwaltungsrecht, S. 118 f.; *Kluth* in Wolff/Bachof/Stober/ders., Verwaltungsrecht I, S. 348; für eine Ähnlichkeit der Kontrollmöglichkeiten: *Herdegen*, JZ 1991, S. 750 f.; i.E. auch, aber zurückhaltender: *Sachs* in Stelkens/Bonk/ders., VwVfG, § 40 Rn. 221; ähnlich auch bei der dienstlichen Beurteilung von Beamten: BVerwG, NVwZ 2003, S. 1399.
[3208] BVerwGE 91, 262 (270); *Gaentzsch* in Bender/Breuer/Ossenbühl/Sendler, Festschrift für Konrad Redeker, S. 410; den Ausgleich der mangelnden Kontrolle der inhaltlichen Anwendung durch Verfahrensvorschriften betonend: BVerwGE 99, 185 (189), NJW 1996, 2670; vgl. auch OVG Berlin/Brandenburg, Beschl. v. 26.9.2018 – 3 S 72/18, BeckRS 2018, 23704 Rn. 7.
[3209] BVerwGE 60, 246 ff.; BVerwGE 62, 330 (340); BVerwGE 70, 143 (145 f.); BVerwGE 73, 376 (378); BVerwG, DÖV 1986, S. 212; vgl. auch BGH, NJW 1982, S. 1059.
[3210] OVG Münster, Urt. v. 21.6.2012 – 6 A 1991/11, juris Rn. 41, BeckRS 2012, 53787; RiA 2013, 186 (189); BVerwGE 157, 366 Rn. 70, NVwZ 2017, S. 1380; zu den unterschiedlichen Begriffen: *Lampe*, Gerechtere Prüfungsentscheidungen, S. 120.
[3211] *Ramsauer* in Kopp/ders., VwVfG, § 40 Rn. 127; *Wolff* in Sodan/Ziekow, VwGO, § 114 Rn. 362; kritisch hierzu: *Riese* in Schoch/Schneider, VwGO, § 114 Rn. 105.
[3212] BVerfGE 37, 342 (353); BVerwG, Beschl. v. 26.8.1988 – 7 C 76.8, BeckRS 1988, 31269852; vgl. auch zur Annahme einer Habilitationsschrift: VGH Mannheim, WissR 29 (1996), S. 347; BVerwGE 68, 330 (337); BVerwGE 73, 376 (378).
[3213] *Ramsauer* in Kopp/ders., VwVfG, § 40 Rn. 4 u. 87; *Herdegen*, JZ 1991, S. 748 u. 750 f.; *Schmidt-Aßmann/Groß*, NVwZ 1993, S. 623 f.; *Schenke*, Verwaltungsprozessrecht, Rn. 772; *Bamberger*, VerwArch 93 (2002), S. 232; ähnlich *Alexy*, JZ 1986, S. 714; zurückhaltender: *Voßkuhle*, JuS 2008, S. 118, der eine Orientierung an der Ermessensfehlerlehre anregt; überwiegend a.A.: *Riese* in Schoch/Schneider, VwGO, § 114 Rn. 98 ff.
[3214] So auch: *Beaucamp*, JA 2021, S. 197.

V. Die gerichtliche Kontrollperspektive

Die Betrachtung des Ermessensbegriffs und die Erfassung der Ermessensfehler – jeweils unter Einbezug der verschiedenen Handlungsformen der Exekutive – ebnete den Weg für die gerichtliche Kontrollperspektive (F.). Diese wurde aufgrund der Aktualität und der vielfältigen Fragestellungen im Zusammenhang mit exekutivem Ermessen exemplarisch anhand der Coronaverordnungen nachvollzogen. Bei der gerichtlichen Kontrollperspektive wurde das gerichtliche Verfahren als Gliederung für die weitere Untersuchung zugrunde gelegt.[3215] Dementsprechend wurde zunächst der prozessuale Kontext geschaffen, in welchem die Kontrolle auf Ermessensfehler stattfindet (F. I.). Hierbei erfolgte eine Untergliederung des Rechtsschutzes in die Rechtsbehelfe der VwGO (F. I. 1.) sowie in die verfassungsrechtlichen Rechtsbehelfe (F. I. 2.), wobei die Besonderheiten und Einschränkungen im Rechtsschutz anhand der jeweiligen Verfahrensart nachvollzogen wurden.[3216] Von besonderem Interesse war im Hinblick auf die Coronarechtsprechung die Differenzierung zwischen § 47 VwGO und der allgemeinen Feststellungsklage (F. I. 1. b.).

Zusammenfassend ließ sich festhalten, dass vor einer Diskussion über Statthaftigkeit und Bedürfnis nach bestimmten Klagearten eine „Destillation" des Rechtsschutzbegehrens stehen muss (F. I. 1. b.). Wird demnach die Feststellung der Nichtanwendbarkeit der Norm auf einen bestimmten Sachverhalt begehrt, ist eine Feststellungsklage mangels Sperrwirkung des § 47 VwGO statthaft. Wird die Nichtanwendbarkeit dabei nicht auf die Auslegung der Norm gestützt, sondern vordergründig auf die Verfassungswidrigkeit der Regelung, kann das Rechtsschutzbegehren nur in Form der Feststellung der Unwirksamkeit der Norm (§ 47 VwGO) verfolgt werden.[3217] Außerhalb des Anwendungsbereichs von § 47 VwGO kann eine Feststellung der individuellen Rechtsverletzung des Klägers auch durch eine Feststellungsklage erreicht werden. In Ländern, in denen von der Möglichkeit des § 47 Abs. 1 Nr. 2 VwGO kein Gebrauch gemacht wurde, kann eine allgemeine Feststellungklage angestrengt werden (F. I. 1. b.).[3218]

Im Rahmen des verfassungsrechtlichen Rechtsschutzes gesellte sich die Erkenntnis hinzu, dass Verfassungsbeschwerden gegen landesrechtliche Coronaverordnungen häufig an der fehlenden Rechtswegerschöpfung aufgrund des vorrangigen fachge-

---

[3215] Ähnlich auch *Hoppe*, DVBl. 1975, S. 689, der zusätzlich die Art und Weise gerichtlicher Kontrolle überprüft.
[3216] Anders aber bei der Kontroll*dichte* BayVGH, Beschl. v. 4.10.2021 – 20 N 20.767, juris Rn. 69 zur 1. BayIfSMV.
[3217] A.a. *Pietzcker* in Schoch/Schneider, VwGO, § 43 Rn. 52.
[3218] BVerfG, Abl. einst. An. v. 10.4.2020 – 1 BvQ 26/20, juris Rn. 12 a.E.

richtlichen Schutzes scheiterten.[3219] Der weiten Auslegung der Subsidiarität bzw. Rechtswegerschöpfung[3220] stimmte die Arbeit im Ergebnis zu, da sie den Missbrauch der Verfassungsbeschwerde als Primärrechtsschutzinstrument[3221] gegen jegliche Art von Normen verhindert, eine ausreichende rechtliche[3222] und tatsächliche Prüfungsgrundlage[3223] schafft und nicht zuletzt neben der Entlastung des BVerfG die Zuständigkeit der Fachgerichte wahrt (F. I. 2. a.).[3224]

Daneben wurde die in Bayern bestehende Möglichkeit der Popularklage in den Blick genommen (F. I. 2. b.),[3225] von welcher gegen Coronaverordnungen ausgiebig Gebrauch gemacht worden ist.[3226] Trotz des eingeschränkten Prüfungsmaßstabs[3227] kam es oftmals zu Überschneidungen mit Anträgen nach § 47 VwGO vor dem BayVGH bzw. verfassungsrechtlichen Rechtsbehelfen auf Bundesebene, wie es unter anderem bei den grundrechtsintensiven Ausgangsbeschränkungen der Fall war.[3228] Die Rechtsschutz*möglichkeiten* erhöhen sich dabei quantitativ gesehen. Unterschiedliche Entscheidungen der Gerichte trugen gleichwohl längerfristig betrachtet zur Rechtsunsicherheit bei. Denn zum einen sah sich der Normgeber mit mehreren Ansichten zu entscheidenden Rechtsfragen konfrontiert. Es fiel daher schwerer die künftige Normgebung in Form der Coronaverordnungen an bestimmten Maßstäben und Grenzen auszurichten. Aus der Perspektive des Bürgers

---

[3219] BVerfG, Nichtan. v. 3.6.2020 – 1 BvR 990/20; BVerfG, Abl. einst. An. v. 10.4.2020 – 1 BvQ 26/20, juris Rn. 11 f.; differenzierend: BVerfG, Nichtan. v. 26.5.2021 – 1 BvR 1185/21 [Leitsätze 1 u. 2]; *Detterbeck*, AöR 136 (2011), S. 258 f.; *Walter* in Dürig/Herzog/Scholz, GG, Art. 93 Rn. 370; vorrangig ist grds. auch eine Inzidentkontrolle: BVerfGE 71, 305 ff. [Milch-Garantiemengen-Verordnung].
[3220] BVerfG, Nichtan. v. 3.6.2020 – 1 BvR 990/20, juris Rn. 9 mit Verweis auf BayVGH, Beschl. v. 28.4.2020 - 20 NE 20.849, juris Rn. 28.
[3221] Treffend, aber in anderem Sinnzusammenhang: *Walter* in Dürig/Herzog/Scholz, GG, Art. 93 Rn. 378.
[3222] *Wolff* in Hömig/Wolff, GG, Art. 94 Rn. 7; BVerfGE 79, 1 (20); 97, 157 (165); 120, 274 (300).
[3223] Vgl. BVerfG, Beschl. v. 10.11.2015 – 1 BvR 2056/12, Rn. 10.
[3224] *Walter* in Dürig/Herzog/Scholz, GG, Art. 93 Rn. 378; vgl. zum Verhältnis auch: *Isensee* in Franzius/Lejeune, Festschrift für Michael Kloepfer, S. 51 ff.
[3225] *Kempen* in Becker/Heckmann/ders./Manssen, Öffentliches Recht in Bayern, S. 50.
[3226] Vgl. nur zu den Ausgangsbeschränkungen: BayVerfGH, Entsch. v. 9.2.2021 – Vf. 6-VII-20; vorangehend: BayVerfGH, Entsch. v. 26.3.2020 – Vf. 6-VII-20.
[3227] BayVerfGHE 50, 76 (98); *Wolff* in Lindner/Möstl/ders., Verfassung des Freistaats Bayern, Art. 98 Rn. 55; BayVerfGHE 41, 151 (156).; 12, 1 (27); 13, 153 (160); 24, 199 (216); 28, 107 (118); 41, 119 (124); 41, 151 (156); 52, 104 (137 f.); 58, 253 ff.
[3228] Für eine Wirksamkeit der Ausgangsbeschränkungen: BayVerfGH, Entsch. v. 9.2.2021 – Vf. 6-VII-20; a.A.: BVerfG, Abl. einst. An. v. 7.4.2020 – 1 BvR 755/20; BayVGH, Beschl. v. 12.1.2021 – 20 NE 20.2933; vgl. zu Ausgangsbeschränkungen auch *Guckelberger*, NVwZ Extra 9a (2020), S. 607; zu nächtlichen Ausgangsbeschränkungen: BayVGH, Beschl. v. 14.12.2020 – 20 NE 20.2907, NJW 2021, S. 178 ff. m. Anm. *Kießling*.

wurde es zum anderen – noch mehr als sonst – zum Problem, die Erfolgsaussichten von Rechtsbehelfen einzuschätzen (F. I. 2. b.).

Besondere Bedeutung kam dem Eilrechtsschutz während der Coronapandemie zu,[3229] wobei die Gerichte sowohl im Rahmen des Art. 26 Abs. 1 VfGHG[3230] als auch des § 32 BVerfGG[3231] aufgrund offener Erfolgsausichten ganz überwiegend auf der Basis einer Folgenabwägung entschieden.[3232] Dies galt wegen der neuen Rechtsprechung des BVerwG[3233] auch für den einstweiligen Rechtsschutz nach § 47 Abs. 6 VwGO.[3234] Die Folgenabwägungen fielen nicht nur bei den Ausgangsbeschränkungen, sondern auch im Übrigen regelmäßig – und zwar in rund 82 % der Fälle – zugunsten des Gesundheitsschutzes aus.[3235] Der Gesundheitsschutz wurde von der Rechtsprechung bei einer Aussetzung der Ausgangsbeschränkungen als gefährdet angesehen, weil die durch die Regelungen unterbundenen sozialen Kontakte ohne die Ausgangsbeschränkungen ungehindert stattfinden könnten.[3236] Die Untersuchung sprach sich vor dem Hintergrund des Art. 19 Abs. 4 GG gegen eine zu zurückhaltende Kontrolle der Coronaverordnungen aus (F. I. 3.),[3237] da insbesondere – erstens – rechtliche Fragen nicht vom summarischen Prüfungsmaßstab betroffen sind.[3238] Zweitens wurde die Aufgabe der Judikative betont, eine qualitative Entscheidungs*findung* durch die rechtsetzenden Organe zu gewährleisten und nicht ein Entscheidungs*ergebnis* zu produzieren, welches die Gerichte als ge-

---

[3229] Anschaulich hierzu die graphische Auswertung von *Kruse/Langner*, NJW 2021, S. 3708; *Gärditz*, NJW 2021, S. 2761.
[3230] BayVerfGH, Entsch. v. 26.3.2020 – Vf. 6-VII-20; vgl. zu den strengen Voraussetzungen des Verfahrens: BayVerfGH, Entsch. v. 13.1.1995, VerfGHE 48, 1 (3 f.); v. 4.11.2010, VerfGHE 63, 188 (192); v. 5.12.2019 – Vf. 9-VII-19, juris Rn. 17; zur inter-omnes Wirkung: BayVerfGH, Entsch. v. 6.5.1965, VerfGHE 18, 50; VerfGHE 63, 188 (192f.); BayVerfGH, Entsch. v. 21.12.2017, NVwZ-RR 2018, S. 593 Rn. 13.
[3231] BVerfG, Abl. einst. An. v. 7.4.2020 – 1 BvR 755/20; Abl. einst. An. v. 10.4.2020 – 1 BvR 762/20; zu § 32 BVerfGG ausführlich: *Zuck/Zuck*, NJW 2020, S. 2303 ff.
[3232] Zum Prüfungsmaßstab ausführlich: *Schoch*, NVwZ 2022, S. 1 ff.
[3233] Wegweisend: BVerwG, Beschl. v. 25.2.2015 – 4 VR 5/14, BeckRS 2015, 42594 Rn. 12; vgl. ausführlich zur korrigierten Rechtsprechung des BVerwG: *Schoch*, NVwZ 2022, S. 1 ff.
[3234] BayVGH, Beschl. v. 30.3.2020 – 20 NE 20.632; bestätigt für den inhaltsgleichen § 4 BayIfSMV, GVBl. Nr. 9/2020, S. 194: BayVGH, Beschl. v. 9.4.2020 – 20 NE 20.663.
[3235] *Kruse/Langner*, NJW 2021, S. 3708 f.; vgl. auch *Schmitz/Neubert*, NVwZ 2020, S. 667.
[3236] BayVerfGH, Entsch. v. 26.3.2020 – Vf. 6-VII-20, juris Rn. 15 ff.; BVerfG, Abl. einst. An. v. 7.4.2020 – 1 BvR 755/20; BVerfG, Abl. einst. An. v. 10.4.2020 – 1 BvR 762/20.
[3237] Zutreffend daher *Klafki*, JuS 2020, S. 513; in diese Richtung auch *Gärditz*, NJW 2021, S. 2761; weniger kritisch: *Schmitz/Neubert*, NVwZ 2020, S. 667; vgl. auch BVerfGE 69, 315 (364), BeckRS 1985, 108894.
[3238] Dennoch auch summarisch prüfend: VG Hamburg, Beschl. v. 20.3.2020 – 10 E 1380/20; VG Schleswig, BeckRS 2020, 4048; VG Hannover, BeckRS 2020, 4665; *Klafki*, JuS 2020, S. 513; *Stache*, JuWissBlog 69 (2020); BVerfGE 69, 315 (364), BeckRS 1985, 108894.

sellschaftlich wünschenswert erachteten.³²³⁹ Daher ist denjenigen beizupflichten, die eine gewisse Irritation in Bezug auf die Grundeinstellung der Gerichte bekunden, trotz rechtlicher Zweifel die Coronaverordnungen um jeden Preis aufrechterhalten zu wollen.³²⁴⁰

Nach diesen ersten prozessualen Fragen war der Zeitpunkt der Ermessenskontrolle zu bestimmen (F. II.). Eine Kontrolle der Norm findet nach hiesiger Ansicht erst statt, wenn sie die Sphäre des Normgebers verlassen hat. Erst ab der Verkündung einer Norm³²⁴¹ und damit ab dem Zeitpunkt, ab welchem die Norm selbst Geltung beansprucht,³²⁴² entsteht eine – nach außen gerichtete – Wirkung der Norm.³²⁴³

Insbesondere bei Verordnungen auf der Grundlage der §§ 28 Abs. 1, 28a IfSG ist indes zu beachten, dass den Verordnungsgeber eine Evaluierungs-³²⁴⁴ und Anpassungspflicht trifft (F. II.).³²⁴⁵ Der sich hierin widerspiegelnde Verhältnismäßigkeitsgrundsatz macht es zwingend, die Notwendigkeit von Schutzmaßnahmen unter Berücksichtigung des aktuellen Infektionsgeschehens und neuer wissenschaftlicher Erkenntnisse fortwährend zu überprüfen.³²⁴⁶ Aufgrund der stets vorgesehenen Befristung der Coronaverordnungen bereitete diese Fragestellung kaum ein Problem während der Coronapandemie. Wo diese Schwierigkeit auftritt, wird eine Norm grundsätzlich nachträglich materiell rechtswidrig³²⁴⁷ und der Normgeber hat grundsätzlich die Pflicht, sein Ermessen neu auszuüben. Bis zur Schaffung einer Neuregelung kann in der Übergangszeit mit einer an die Rechtsprechung zum

---

³²³⁹ Treffend: *Schoch*, NVwZ 2022, S. 4 unter kritischer Betrachtung der Rechtsprechung zu § 28b IfSG: BVerfG, NVwZ 2021, S. 789 m. Anm. *Hecker*, JZ 2021, 950 m. Anm. *Lepsius*; BVerfG-K NVwZ 2021, 980: BVerfG-K NVwZ 2021, S. 982.
³²⁴⁰ *Schmitt*, JöR 69 (2021), S. 477 in der ersten Phase der Pandemiebekämpfung; *Klafki*, JöR 69 (2021), S. 595; deutlich auch: *Schoch*, NVwZ 2022, S. 4.
³²⁴¹ BVerwGE 1, 396 (410); BVerwG, BauR 2002, S. 446; OVG Bautzen, NVwZ 1998, S. 527; VGH Kassel, BauR 1982, S. 135.
³²⁴² *Ziekow* in Sodan/ders., VwGO, § 47 Rn. 65; BVerwG, ZfBR 1992, S. 239; OVG Greifswald, NordÖR 2000, S. 37.
³²⁴³ BVerwGE 56, 283 (288) anhand eines Bebauungsplans; BVerwG, UPR 1996, S. 151 hinsichtlich einer Naturschutzverordnung; *Wysk* in ders., VwGO, § 47 Rn. 18; ungenau bei *Panzer* in Schoch/Schneider, VwGO, § 47 Rn. 111 a.E.
³²⁴⁴ BayVGH, NVwZ 2020, S. 635; NVwZ 2020, S. 632; allgemein hierzu: BVerfGE 141, 220, NVwZ 2016, S. 839.
³²⁴⁵ *Schmitz/Neubert*, NVwZ 2020, S. 668; vgl. zur Pflicht des Gesetzgebers: BVerfGE 113, 167, NVwZ 2006, S. 569.
³²⁴⁶ BayVGH, NVwZ 2020, S. 635; BayVGH, NVwZ 2020, S. 632; ähnlich OVG Münster, Beschl. v. 6.4.2020 – 13 B 398/20. NE, BeckRS 2020, 5158 Rn. 63.
³²⁴⁷ *Panzer* in Schoch/Schneider, VwGO, § 47 Rn. 111 a.E.; a.A. hierzu *Steiner* in Berkemann/Gaentzsch, Festschrift für Otto Schlichter, S. 325.

Übergangsrecht angelehnten Fehlerfolge begegnet werden, unter Einbezug der Besonderheiten des jeweiligen Regelungsgegenstandes.[3248]

Es folgte ein Blick auf die formelle und materielle Rechtmäßigkeitskontrolle der Coronaverordnungen (F. III. bis V.). Da sich die Abhängigkeit der untergesetzlichen Norm von ihrer Ermächtigungsgrundlage in der gerichtlichen Prüfung vor allem durch die Notwendigkeit einer formell und materiell verfassungsgemäßen Rechtsgrundlage niederschlägt,[3249] war zunächst auf die Rechtsgrundlage für die Coronaverordnungen einzugehen (F. III.). Die Untersuchung geht dabei mit der Ansicht der Rechtsprechung d'accord, welche zu Beginn der Pandemie von § 28 Abs. 1 IfSG als hinreichende Rechtsgrundlage ausging.[3250] Dies wird im Wesentlichen mit der Notwendigkeit flexibler Reaktionsmöglichkeiten beim Ausbruch übertragbarer Krankheiten begründet,[3251] welche im Rahmen von § 28 Abs. 1 IfSG gleichwohl an einen strengen Verhältnismäßigkeitsgrundsatz gebunden sind (F. III. 1. a.).[3252]

Den im Laufe der Pandemie eingefügten § 28a IfSG begrüßte die Arbeit als notwendige und zeitlich überfällige Konkretisierung des Maßnahmenkatalogs durch den parlamentarischen Gesetzgeber aus (F. III. 2. a.). Die häufige Anpassung dieser Vorschrift und eine zunehmende Komplexität des Regelungsgeflechts sieht die Untersuchung dagegen eher kritisch und lehnt eine derartige legislative Überregulierung ab (F. III. 2. b.).[3253] Denn das Ergebnis war ein verworrenes Geflecht aus bundes- und landesrechtlichen Regelungen.[3254] Hierunter litt zum einen das rechtsstaatliche Klarheitsgebot, wonach der Einzelne „die Rechtslage anhand der gesetzlichen Regelung so erkennen können [muss], dass er sein Verhalten danach

---

[3248] So die flexible Lösung von *Panzer* in Schoch/Schneider, VwGO, § 47 Rn. 111; vgl. auch BayVGH, BayVBl. 1982, S. 730.
[3249] Näheres zu den Voraussetzungen: *v. Danwitz*, Gestaltungsfreiheit, 73 ff.; *Schnelle*, Eine Fehlerfolgenlehre für Rechtsverordnungen, passim; BVerfG, Urt. v. 10. 5. 1960 – 1 BvR 190/53, BVerfGE 14, 105 (122).
[3250] VG Bayreuth, Beschl. v. 11.3.2020 – B 7 S 20.223, juris Rn. 44 f.; VG München, Beschl. v. 20.3.2020 – M 26 E 20.1209, juris Rn. 35 f.; VG München, Beschl. v. 20.3.2020 – M 26 S 20.1222, juris Rn. 12, Rn. 15 ff.; VG Schleswig Beschl. v. 22.3.2020 – 1 B 17/20, BeckRS 2020, 4048; VG Freiburg Beschl. v. 25.3.2020 – 4 K 1246/20, BeckRS 2020, 4437; VG Stuttgart Beschl. v. 14.3.2020 – 16 K 1466/20, BeckRS 2020, 3739; VG Aachen Beschl. v. 21. und 24.3.2020 – 7 L 230/20, 7 L 233/20.
[3251] BT-Drs. 8/2468, 27; *Rixen*, NJW 2020, S. 1099. VG München, Beschl. v. 24.3.2020 – 26 S 20.1252, BeckRS 2020, 6126 Rn. 26; vgl. auch *Klafki*, Risiko und Recht, S. 306; *Siegel*, NVwZ 2020, S. 577.
[3252] BayVGH, Beschl. v. 4.10.2021 – 20 N 20.767, juris Rn. 48; vgl. auch *Papier*, DRiZ 2020, S. 180; *Schmitz/Neubert*, NVwZ 2020, S. 666.
[3253] Kritisch auch: *Kingreen*, NJW 2021, S. 2770 f.: „Föderales Regelungswirrwarr".
[3254] *Brüning/Thomsen*, NVwZ 2021, S. 1185: „Tiefpunkt für die föderale Kultur der Bundesrepublik Deutschland."

auszurichten vermag".[3255] Daneben führte diese Zweigleisigkeit zum anderen zusätzlich zu einer Zersplitterung des Rechtsschutzes, je nachdem ob man sich gegen die bundesrechtliche Regelung des § 28b IfSG wendete oder gegen die landesrechtlichen Verordnungen.[3256] Drittens war eine Berücksichtigung regionaler Besonderheiten durch die Länderverwaltung kaum mehr möglich (F. III. 2. b.).[3257]

Die anschließend untersuchten formellen Anforderungen an die untergesetzliche Normsetzung ließ auf einen weitgehend parallelen Prüfungsvorgang zu dem von sonstigen Verwaltungsentscheidungen schließen. Die gerichtliche Kontrolle ist dabei grundsätzlich uneingeschränkt[3258] hinsichtlich der Prüfung der Einhaltung der sachlichen und örtlichen Kompetenz (F. IV. 1.)., des Verfahrens (F. IV. 2.) und der vorgesehen Form (F. IV. 3.).[3259] Einer ausufernden Verfahrenskontrolle begegnet die Arbeit dabei mit einer angepassten Kontrolldichte, die insbesondere durch den Grad fachkundiger Beteiligung und die Höhe der Grundrechtsrelevanz beeinflusst wird (F. IV. 2. b.).

Auf die Prüfung der formellen Anforderungen folgte die Untersuchung der materiellen Rechtmäßigkeit. Hierfür wurden zunächst die Voraussetzungen der §§ 28 ff. IfSG zusammengefasst (F. V. 1.): Tatbestandlich verpflichtet § 28 Abs. 1 S. 1 Hs. 1 IfSG die Behörde im Rahmen einer gebundenen Entscheidung[3260] zum Tätigwerden, wenn Kranke (§ 2 Nr. 4 IfSG), Krankheitsverdächtige (§ 2 Nr. 5 IfSG), Ansteckungsverdächtige (§ 2 Nr. 7 IfSG) oder Ausscheider (§ 2 Nr. 6 IfSG) festgestellt werden oder sich herausstellt, dass ein Verstorbener krank, krankheitsverdächtig oder Ausscheider war. Weitere tatbestandliche Voraussetzungen sieht die Vorschrift nicht vor.[3261] Die niedrige Eingriffsschwelle der Norm liegt nicht auf der Tatbestandsebene, sondern wird auf der Ermessensebene kompensiert, indem an das Kriterium der Erforderlichkeit und insbesondere an die Angemessenheit der Maßnahme je nach Eingriffstiefe der Maßnahme erhöhte Anforderungen zu stellen sind (F. V. 1. a.).[3262]

[3255] BVerfGE 110, 33 (53), NJW 2004, 2213; *Kingreen*, NJW 2021, S. 2771.
[3256] *Kingreen*, NJW 2021, S. 2771; zur negativen Feststellungsklage: BVerfG, NJW 2021, S. 1808 Rn. 26.
[3257] *Kingreen*, NJW 2021, S. 2771 m.w.N.
[3258] *Panzer* in Schoch/Schneider, VwGO, § 47 Rn. 92.
[3259] *Detterbeck*, Allgemeines Verwaltungsrecht, S. 316 u. 324; *Panzer* in Schoch/Schneider, VwGO, § 47 Rn. 93 ff.
[3260] BT-Drs. 14/2530, 74; BVerwGE 142, 205 Rn. 23, BeckRS 2012, 51345; OVG Lüneburg, BeckRS 2020, 10749 Rn. 21; OVG Weimar, BeckRS 2020, 12181 Rn. 50.
[3261] BayVGH, Beschl. v. 4.10.2021 – 20 N 20.767, juris Rn. 51; vgl. auch BayVGH, Beschl. v. 1.9.2020 – 20 CS 20.1962, juris Rn. 24.
[3262] *Johann/Gabriel* in Eckart/Winkelmüller, BeckOK Infektionsschutzrecht, IfSG, § 28 Rn. 21.

Die Feststellung der Gefährlichkeit[3263] – einschließlich der Infektionsgefahr – wird grundsätzlich beurteilt durch einen Rückgriff auf medizinisches und epidemiologisches Wissen und auf Erfahrungen mit vergangenen Krankheiten.[3264] Bemerkenswert ist dabei, dass die Rechtsprechung bei der Beurteilung der tatbestandlichen Voraussetzung des Vorliegens einer bedrohlichen übertragbaren Krankheit (§ 2 Nr. 3a IfSG) einen gerichtlich nicht voll überprüfbaren Beurteilungsspielraum annimmt,[3265] der richtigerweise mit der Auslegung der Ermächtigungsnorm begründet wird (F. V. 1. b.).[3266]

Neben die Handlungs*voraussetzungen* tritt auf materieller Ebene die weitere Frage, ob die Verwaltung in einer Handlungsform rechtsetzend tätig wurde, die sich auf die Ermächtigungsgrundlage stützen kann (F. V. 2.). § 28 Abs. 1 IfSG ermächtigt dabei einerseits zum Erlass von Einzelakten und damit auch zum Erlass von Allgemeinverfügungen[3267] und gleichzeitig in Verbindung mit § 32 IfSG zum Verordnungserlass. Unausgesprochen integrieren die Rechtsgrundlagen die Anforderungen an die Handlungsform, die das Recht an anderer Stelle für diese Handlungsform vorsieht (F. V. 2. b.). Abschließend wurde im Rahmen der gerichtlichen Kontrolle der materiellen Rechtmäßigkeit das Einhalten der Grenzen der Gestaltungsermächtigung[3268] durch eine Negativkontrolle anhand der für anwendbar erklärten Ermessensfehlerlehre befürwortet (F. V. 2. b. vgl. auch E. V.). Der Spagat zwischen der Rechtsschutzgarantie und der Gewaltenteilung gelingt durch eine angepasste Kontrolldichte (G.).

VI. Die angepasste Kontrolldichte

Hinsichtlich der Kontrolldichte war es zunächst nötig, sich auf das zu besinnen, was gerichtliche Kontrolle leistet (G.): Die Verwaltungsgerichtbarkeit prüft Staats-

---

[3263] BayVGH, Beschl. v. 4.10.2021 – 20 N 20.767, juris Rn. 51.
[3264] BayVGH, Beschl. v. 4.10.2021 – 20 N 20.767, juris Rn. 53.
[3265] BayVGH, Beschl. v. 4.10.2021 – 20 N 20.767, juris Rn. 56; BVerfG, Beschl. v. 11.11.2020 – 1 BvR 2530/20; BayVerfGH, Entsch. v. 23.11.2020 – Vf. 59-VII-20; VerfGH NW, Beschl. v. 30.11.2020 – 185/20.VB-1; SaarlVerfGH, Beschl. v. 28.4.2020 – Lv 7/20, NVwZ-RR 2020, 514; zur Verordnung über vorläufige Ausgangsbeschränkungen: BayVerfGH, Entsch. v. 9.2.2021 – Vf. 6-VII-20.
[3266] BayVGH, Beschl. v. 4.10.2021 – 20 N 20.767, juris Rn. 58; BVerwG, Beschl. v. 21.12.1995 – 3 C 24.94, juris Rn. 30.
[3267] VG München, Beschl. v. 28.8.2020 – 26 b E 20.3956, BeckRS 2020, 21234; BayVGH, NJW 2020, S. 1240 Rn. 6; VG Hamburg, BeckRS 2020, 22588 Rn. 26; VG Freiburg, BeckRS 2020, 31487 Rn. 5
[3268] *Schmidt-Aßmann* in Dürig/Herzog/Scholz, GG, Art. 19 Abs. 4 Rn. 217a; *Sendler* UPR 1981, 1 (11 f.), denen *Panzer* in Schoch/Schneider, VwGO, Vor. § 47 Rn. 5 folgt.

handeln anhand von Maßstäben, die sich aus dem Recht ergeben,[3269] durch Anlegen einer adäquaten Kontrolldichte. Die wesentlichen Fragen, die sich hieraus ergaben, waren erstens diejenige nach der Herleitung der rechtlichen Kontrollmaßstäbe und zweitens diejenige nach der Wahl einer angemessenen Kontrolldichte. Hinsichtlich der rechtlichen Kontrollmaßstäbe setzte sich die Erkenntnis durch, dass die gerichtliche Kontrolle nicht weiter reichen kann als die Verhaltensmaßstäbe, die das Gesetz für die Verwaltung vorsieht. Andernfalls würde die Gerichtsbarkeit den gesetzlich vorgegebenen Pfad der Kontrolle verlassen und eigene Maßstäbe etablieren.[3270] Wo demnach Gesetz und Recht einen Raum für exekutive Rechtsetzung einräumen, ohne einen gerichtlichen Kontrollmaßstab zu liefern, hat dies eine Begrenzung der Justitiabilität zur Konsequenz.[3271] Umgekehrt bedeutet dies für die zu betrachtenden Kontrollmaßstäbe: Sie müssen als gesetzlicher bzw. verfassungsrechtlicher Handlungsmaßstab für die exekutive Rechtsetzung vorgesehen sein (G. I. 1.).

Als entscheidend für die Reichweite der gerichtlichen Kontrolle wird dabei der Rechtsgehalt der Normen erachtet, der für die Ausübung des Normsetzungsermessens gilt.[3272] Insgesamt ließ sich die Gleichung aufstellen, dass die gerichtliche Kontrolle stärker wird, je mehr Vorgaben an die Ermessensausübung gestellt werden und je konkreter diese sind. Mangelt es an einfachgesetzlichen Vorgaben, ist die Kontrolldichte in aller erster Linie vom verfassungsrechtlichen Kontext abhängig. Die autonom gebildeten Maßstäbe der Verwaltung können dagegen nur auf ihre nachvollziehbare Etablierung hin geprüft werden, ohne dass das Gericht eigene Maßstäbe an deren Stelle setzen darf.[3273] Indem das Gericht die Grenzen der Kontrollfähigkeit einhält, respektiert es nicht nur die vollziehende Gewalt, sondern achtet das von der Legislative geschaffene Gesetz und Recht (G. I. 2.).[3274]

Die einzelnen Kontrollmaßstäbe ließen sich daraufhin in solche unterteilen, die der eigentlichen Ermächtigungsgrundlage zu entnehmen sind (G. II. 1.) und solche, welche als Rechtsmaßstäbe außerhalb der Ermächtigungsgrundlage auf das unter-

---

[3269] Vgl. *Hofmann*, NVwZ 1995, S.742; *Hoppe*, DVBl. 1975, S. 685; so im Ergebnis auch anhand des Planungsrechts: *Hoppe/Bönker/Grotefels*, Öffentliches Baurecht, S. 171 f.; *Krebs*, Kontrolle in staatlichen Entscheidungsprozessen, S. 52 u. 69.
[3270] BVerfGE 88, 40 (56); *Weber*, Regelungs- und Kontrolldichte, S. 207.
[3271] *Brühl*, JuS 1995, S. 250; *Nagel*, Die Rechtskonkretisierungsbefugnis der Exekutiven, S. 83.
[3272] So schon die frühe Erkenntnis von *Burckhardt,* Der Begriff des freien Ermessens, S. 166.
[3273] *Kopp* in Götz/Klein/Starck, Zwischen Gesetzgebung und richterlicher Kontrolle, S. 159 ff.; *Scholz*, VVDStRL 34 (1976), S. 174.
[3274] So auch *Weitzel*, Rechtsetzungsermessen, S. 184, der treffend vom „judical respect" spricht; anders und eher missverständlich *Schuppert*, DVBl. 1988, S. 1191 ff.: „judical restraint" also von einer justiziellen Zurückhaltung.

gesetzliche Normsetzungsermessen einwirken (G. II. 2.). Im Anschluss hieran galt es rechtsformübergreifende Problemgestaltungen im Rahmen der Bestimmung der Kontrolldichte zu erörtern, wobei diese anhand der rechtlichen Bewältigung der Coronapandemie veranschaulicht wurden (G. III. 3.). Hervorzuheben waren dabei insbesondere die Schwierigkeiten bei der Bestimmung von politischen Handlungsspielräumen, die außerhalb von der gerichtlichen Kontrollfähigkeit liegen (G. III. 1. a.). Für die Ermächtigungsgrundlage des § 28 Abs. 1 S. 1 IfSG gelangte die Arbeit zum Ergebnis, dass diese keinen politischen Handlungsspielraum zugunsten der Exekutive einräumt (G. III. 1. b.).[3275]

Hinsichtlich der Grundrechtsrelevanz war deren überragende Wichtigkeit für die Bestimmung der Kontrolldichte zu betonen und den Ansichten entgegenzutreten, die der Intensität des Grundrechtseingriffs keine oder nur eine abstrakte Wirkung auf die Kontrolldichte zuschreiben wollen (G. III. 2.). In Bezug auf die Coronapandemie ließ die Rechtsprechung daher aus hiesiger Sicht eine differenzierte Auseinandersetzung mit dem Einfluss der unterschiedlichen Grundrechtsbetroffenheit vermissen (G. III. 2.).[3276] Weiter galt es den Zusammenhang von Prognoseentscheidungen und der Kontrolldichte zu erschließen. Eine nachvollziehende gerichtliche Kontrolle darf hierbei nur die Überprüfung hinsichtlich der Einhaltung von Sorgfaltsmaßstäben leisten, soweit der Exekutive eine Letztentscheidungskompetenz eingeräumt wird (G. III. 3. a.).[3277]

Nach der Erörterung der rechtsformübergreifenden Problematiken wurde auf die Spezifika der einzelnen Rechtsformen eingegangen. Im Rahmen des Verordnungsermessens (G. IV.) wurde festgestellt, dass die Kontrollintensität bei sogenannten Maßnahmenverordnungen aufgrund des hohen Einzelfallbezugs[3278] an die Kontrolldichte von Verwaltungsakten heranreicht,[3279] ohne dass es als notwendig erachtet worden wäre, ihnen die Qualität als Normsetzungsakt abzusprechen, wie es der BayVGH mitunter anführte (G. IV. 3.).[3280]

[3275] BayVGH, Beschl. v. 26.6.2020 – 20 NE 20.1423, juris Rn. 20; ungenau: *Jarass* in ders./Pieroth, GG, Art. 19 Rn. 88; a.A.: VG München, Beschl. v. 6.5.2020 – M 26 E 20.1739, juris Rn. 30 f.; VG Augsburg, Beschl. v. 18.5.2020 – Au 9 E 20.806, juris Rn. 40 mit Verweis auf BT-Drs. 14/2530, S. 74.
[3276] Vgl. nur: BayVGH, Beschl. v. 14.4.2020 – 20 NE 20.763, juris Rn. 14 f.; Beschl. v. 14.4.2020 – 20 NE 20.735, juris Rn. 15 f.; Beschl. v. 7.9.2020 – 20 NE 20.1981, juris Rn. 25 ff. unter Verweis auf BayVGH, Beschl. v. 27.4.2020 – 20 NE 20.793 [Leitsatz 3]; BayVGH, Beschl. v. 29.10.2020 – 20 NE 20.2360, BeckRS 2020, 28521 Rn. 28 ff.
[3277] *Ossenbühl* in Erichsen/Hoppe/v. Mutius, Festschrift für Christian-Friedrich Menger, S. 733.
[3278] BayVGH, Beschl. v. 4.10.2021 – 20 N 20.767, juris Rn. 69.
[3279] Vgl. auch *Ossenbühl* in Isensee/Kirchhof V, § 103 Rn. 47 f.
[3280] BayVGH, Beschl. v. 4.10.2021 – 20 N 20.767, juris Rn. 69 f.

Nachdem die Faktoren, welche die gerichtliche Kontrolldichte von Verordnungen beeinflussen, zusammengetragen wurden, ließ sich ihr Zusammenspiel anhand der Coronaverordnungen nachvollziehen. Es folgte eine Untersuchung der Kontrolldichte in Bezug auf den Bestimmtheitsgrundsatz (G. IV. 4. a.), hinsichtlich der Verhältnismäßigkeit, anhand deren einzelner Teilgebote (G. IV. 4. b.) sowie der Problematik der Gleichbehandlung (G. IV. 4. d.). Festzuhalten war hierbei im Rahmen des Verhältnismäßigkeitsgrundsatzes, dass es der Rechtsprechung im Rahmen der zahlreichen Eilentscheidungen zuweilen nur ungenügend gelang, eine einheitliche Linie mit dem Umgang der die Kontrolldichte beeinflussenden Faktoren zu liefen. Eine einheitlichere Betrachtung der die Kontrolldichte bestimmenden Faktoren wäre indes zum einen aus Gründen der Rechtssicherheit und des Rechtsschutzes notwendig gewesen.

Zum anderen vereinfacht die Identifikation der wesentlichen Faktoren und deren Zusammenspiel die Rechtsfindung in Bezug auf die einzelne Schutzmaßnahme: Die Grundrechtsrelevanz des eingeschränkten Grundrechts ist der erste zu berücksichtigende Umstand.[3281] Zweitens ist die Höhe des Risikos für die Gesundheit der Bevölkerung einzubeziehen.[3282] Ganz erheblich waren drittens der jeweilige Wissensstand und die gesammelten pandemischen Erfahrungen.[3283] Diese Faktoren traten im Verlauf der Pandemie in einem bestimmten Mischverhältnis auf. Die Auswirkungen auf die Kontrolldichte im Rahmen sämtlicher Teilgebote ließen sich dabei wie folgt umschreiben: Je wertiger ein eingeschränktes Grundrecht ist und je intensiver und langfristiger dessen Einschränkung erfolgen sollte, desto höhere Anforderungen sind an die Kontrolldichte zu stellen.[3284] Je stärker die Gefahr einer Überlastung des Gesundheitssystems heranrückte, desto größer wurde das Bedürfnis nach entsprechenden Schutzmaßnahmen.[3285] Je höher die tatsächlichen Unsicherheiten in Bezug auf die Infektionslage bzw. Wirksamkeit von Maßnahmen waren, desto größer ist grundsätzlich der (prognostische) Einschätzungsspielraum des Verordnungsgebers und desto geringer ist spiegelbildlich die Kontrolldichte (G. IV. 4. c.).[3286]

[3281] *Schmitz/Neubert*, NVwZ 2020, S. 667 f.
[3282] *Schmitz/Neubert*, NVwZ 2020, S. 667.
[3283] *Goldhammer/Neuhöfer*, JuS 2021, S. 212; BVerfG, BeckRS 2020, 7210 Rn. 18; NVwZ 2020, 1040 Rn. 19; BVerfGE 49, 89, NJW 1979, S. 359, JuS 1979, S. 362; BVerfGE 50, 290, NJW 1979, S. 699, JuS 1979, S. 897.
[3284] Dies deuten auch an: *v. Frankenberg*, NVwZ 2021, S. 1429; *Warg*, NJOZ 2022, S. 69.
[3285] BVerfGE 49, 89, NJW 1979, S. 363; allgemein zum Gesundheits- und Lebensschutz: BVerfGE 46, 160, NJW 1977, S. 2255.
[3286] Vgl. das Fazit von: *Warg*, NJOZ 2022, S. 69.

Die Rechtsprechung zum Gleichbehandlungsgrundsatz wurde ebenfalls als uneinheitlich identifiziert. Die wesentlichen Schwierigkeiten ließen sich ausgehend vom Ergebnis der Untersuchung indes auf der Basis der Ermächtigungsgrundlage lösen: Der wohlverstandene Zweck des § 28 Abs. 1 S. 1 IfSG ging dahin, eine Differenzierung grundsätzlich nur aus Gründen des Infektionsschutzes zu erlauben, es sei denn überragend wichtige Güter der Allgemeinheit geboten eine anders ausgerichtete Differenzierung. Auf Basis der ursprünglichen Rechtsgrundlage durften daher (bloße) soziale, gesellschaftliche bzw. wirtschaftliche Aspekte nicht berücksichtigt werden (IV. 4. e.).

Weiter war auf das Satzungsermessen einzugehen, wobei als erstes Zwischenergebnis das Folgende formuliert werden konnte: Selbst in dem Bereich, in welchem sich die Satzungsautonomie allein aus Art. 28 Abs. 2 S. 1 GG speist, besteht eine höhere Kontrolldichte im Vergleich zum parlamentarischen Gesetzgeber. Die Kontrollmaßstäbe liefern zum einen gesetzliche Ermessensschranken wie die Haushaltsgrundsätze der Gemeindeordnungen und zum anderen ergeben sie sich aus der Selbstverwaltungsgarantie selbst (G. V. 1. a.). Zweitens war das Erfordernis einer geringeren Kontrolldichte bei der Kontrolle kommunaler Satzungen nicht von der Hand zu weisen. Den Grund hierfür fand die Untersuchung auf der Basis ihres normativen Ansatzes vor allem in der Selbstverwaltungsgarantie[3287] und der damit im Zusammenhang stehenden geringeren rechtlichen Determinierung als in der höheren demokratischen Legitimation (G. V. 2.).

Das kommunale Abgabenrecht schließlich wurde als treffliches Beispiel dafür gefunden, dass die bloße Anzahl der Normen bzw. Grundsätze, die ein Sachgebiet regeln und durchdringen, alleine noch nichts über die Reichweite des Normsetzungsermessens aussagen. So ist das Kommunalabgabenrecht durch eine Vielzahl gesetzlicher und verfassungsrechtlicher Vorgaben durchzogen. Eine angepasste Kontrolldichte lässt sich allerdings nur bestimmen, wenn die zum Teil gegenläufigen Grundsätze und Regelungsgrundlagen in Bezug zueinander gesetzt und geachtet werden. Die so gefundene Kontrolldichte bestimmt die Auswirkung von Kalkulationsmängeln auf die Rechtmäßigkeit (G. V. 4. c. cc.). Das Satzungsermessen wies insofern keine Besonderheiten im Vergleich zur sonstigen exekutiven Normsetzung auf, als sich die Kontrollmaßstäbe vor allem aus der Verfassung und den Gesetzen ergeben. Diese Determinanten bestimmen die Kontrolldichte. Wo sich die Satzungsautonomie allein aus der Generalklausel des Art. 28 Abs. 2 S. 1 GG ergibt, wirkt die Selbstverwaltungsgarantie ermächtigend und weist das Satzungsermes-

---

[3287] Vgl. auch *Hill* in Ständige Deputation I, 58. Deutscher Juristentag, S. D 15; *Schmidt-Aßmann*, Ständige Deputation II, 58. Deutscher Juristentag, S. N 19.

sen gleichzeitig in seine Schranken. Spezielle Ermächtigungsgrundlagen erhöhen die Anzahl der Kontrollmaßstäbe und damit grundsätzlich die Kontrolldichte. Die zum Teil widerstreitenden Grundsätze und Vorgaben müssen dabei einbezogen werden, um letztere adäquat bestimmen zu können.

Zuletzt war in diesem Teilbereich das Planungsermessen einzubeziehen (G. VI. 1.). Obgleich die Besonderheiten nicht genügten, dem Planungsermessen einen selbständigen Platz neben dem Ermessen einzuräumen, blieb zunächst offen, ob die Mehrdimensionalität und der Einfluss verschiedenster Interessen und Belange eine Auswirkung auf die Kontrolldichte von Planungsentscheidungen besitzen (C. V.). Die Untersuchung zeigte an dieser Stelle ein weitgehendes Fehlen von Besonderheiten auf: Vielmehr ließ sich die Kontrolldichte, wie es auch die Rechtsprechung beim Planungsermessen befürwortet,[3288] nur unter Heranziehung der jeweiligen Kontrollmaßstäbe bestimmen. Die einer jeden Planung immanente Autonomie wird – wie das sonstige exekutive Ermessen auch – zuvorderst durch höherrangiges Recht eingegrenzt. Die gerichtliche Kontrolle ist dabei wiederum spiegelbildlich davon abhängig, bis zu welchem Grad der Gesetzgeber das Planungsermessen durch entsprechende Vorgaben lenkt.[3289] Auch hinsichtlich des Planungsermessens muss festgehalten werden, dass sich die Kontrolldichte streng an den Kontrollmaßstäben zu orientieren hat. Diese beinhalten im planerischen Bereich eine Vielzahl von unüberwindbaren Planungsleitsätzen und gesetzlichen Zielvorgaben. Sie haben ihre Ursache in der Mehrdimensionalität der Planung und dem Bedürfnis des Gesetzgebers, bestimmte Umstände durch den Planer berücksichtigt zu wissen. Diese Vielzahl von Vorgaben hat allerdings nicht zwangsläufig eine höhere Kontrolldichte zur Folge. Vielmehr erfordern sie bei einer Kollision ein besonderes Gespür der Judikative für eine zurückgenommene Kontrolldichte, um keine eigenen Zweckmäßigkeitserwägungen an die Stelle derer der Exekutive zu setzen (G. VI. 4.).

VII. Das rechtliche Schicksal untergesetzlicher Normen

Die Untersuchung ging abschließend auf das rechtliche Schicksal untergesetzlicher Normen ein (H.). Auszugehen war hierbei vom Grundsatz des sogenannten Nichtigkeitsdogmas, wonach die Folge formeller sowie materieller Rechtsfehler sowohl

---

[3288] So auch die Analyse von *Hill* in Ständige Deputation I, 58. Deutscher Juristentag, S. D 73 ff.; vgl. auch BVerwG, NVwZ 1988, S. 1020 ff. am Beispiel von Landschaftsplänen.
[3289] Vgl. *Hoppe*, DVBl. 1977, S. 141.

bei Satzungen[3290] als auch bei Rechtsverordnungen[3291] die ipso-iure Nichtigkeit[3292] ist (H. I. 1.). Bei der Frage nach einer behördlichen Verwerfungskompetenz entscheidet sich die Arbeit für einen zu präferierenden Mittelweg in Form eines prozeduralen[3293] Lösungsansatzes:[3294] Der Vorrang des Gesetzes beinhaltet eine Prüfungspflicht[3295] der normanwenden Stelle. Geht sie von der Rechtswidrigkeit der untergesetzlichen Norm aus, hat sie diese zunächst – unter Aussetzung des Verwaltungsverfahrens – dem Normgeber zur Entscheidung vorzulegen.[3296] Trifft die normgebende Stelle keine Entscheidung oder lehnt sie eine Änderung bzw. Aufhebung ab, so kann die normanwendende Behörde nun einen Normenkontrollantrag erheben, gegebenenfalls in Verbindung mit einem Antrag auf einstweilige Anordnung. Andernfalls muss sie die in Frage stehende Norm anwenden (H. I. 1. b.).[3297]

Des Weiteren stellte sich das Problem der partiellen Abkehr vom Nichtigkeitsdogma.[3298] Ein Phänomen, welches sich zunächst im Rahmen der Rechtsprechung des BVerfG zu formellen Gesetzen beobachten ließ[3299] und das auch als „Grenzen der Nichtigkeit" beschrieben werden kann (H. I. 2.).[3300] Das Absehen von der Nichtigkeitserklärung und das bloße Feststellen der Unvereinbarkeit mit der Verfassung wurde dabei zunächst ohne normativen Rückhalt durch das BVerfG vorgenom-

---

[3290] *Ossenbühl*, NJW 1986, S. 2805 ff.; *Becker* in ders./Heckmann/Kempen/Manssen, Öffentliches Recht in Bayern, S. 178 Rn. 389.
[3291] *Brenner* in v. Mangoldt/Starck/Klein, GG, Art. 80 Rn. 82; *Ossenbühl*, NJW 1986, S. 2805; BVerwG, NVwZ 2003, S. 95 u. 98; für eine Abkehr vom Nichtigkeitsdogma plädiert: *Schnelle*, Eine Fehlerfolgenlehre für Rechtsverordnungen, 96 ff.
[3292] *Bethge* in Schmidt-Bleibtreu/Klein/ders., BVerfGG, § 79 Rn. 17 u. 17a; *Möstl* in Erichsen/ Ehlers, Allgemeines Verwaltungsrecht, S. 642 Rn. 35; grundlegend zum Nichtigkeitsdogma und zur Kritik: *Böckenförde*, Rechtssatzkontrollentscheidungen, S. 44 ff.; *Ipsen*, Verfassungswidrigkeit von Norm und Einzelakt, S. 147 ff.; vgl. auch *Remmert* in Dürig/Herzog/Scholz, GG, Art. 80 Abs. 1 Rn. 137.
[3293] *Panzer* in Schoch/Schneider, VwGO, Vor. § 47 Rn. 10.
[3294] So *Hill* in Ständige Deputation, 58. Deutscher Juristentag I, S. D 104; *Schmidt-Aßmann* in Ständige Deputation II, 58. Deutscher Juristentag, S. N 31; *Schlichter* in Ständige Deputation, 58. Deutscher Juristentag II, S. N 77; ähnlich *Pietzcker*, DVBl. 1986, S. 809.
[3295] Eher zugunsten einer bloßen Prüfungs*kompetenz*: *Spieß* in Jäde/Dirnberger, BauGB, § 30 Rn. 38.
[3296] BGH, NVwZ 1987, S. 169; OVG Münster, NuR 2006, S. 191; OVG Koblenz, NVwZ-RR 2013, S. 747 zur Unterrichtung des Normgebers; *Steiner*, DVBl. 1987, S. 486.
[3297] *Panzer* in Schoch/Schneider, VwGO, Vor. § 47 Rn. 10.
[3298] Vgl. nur die Überschrift von *Bethge* in Schmidt-Bleibtreu/Klein/ders., BVerfGG, § 78 Rn. 56 ff.
[3299] *Ossenbühl*, NJW 1986, S. 2808.
[3300] *Moench*, Verfassungswidriges Gesetz, S. 160 ff., auf den *Ossenbühl*, NJW 1986, S. 2808 verweist.

men.³³⁰¹ Eine Ausnahme vom Nichtigkeitsdogma wurde dabei ihm Rahmen der Untersuchung als dogmatisch möglich angesehen.³³⁰² Die Abkehr vom Nichtigkeitsdogma vermeidet erstens die Schaffung rechtsfreier, gemeinschädlicher Räume³³⁰³ und verringert zweitens den Eingriff in die normative Gestaltungsfreiheit.³³⁰⁴ Ein praktisches Bedürfnis nach einer Ausnahme vom Nichtigkeitsdogma bestand damit zweifellos. Die von diesem Bedürfnis getriebene Rechtsfortbildung des BVerfG wurde daher konsequenterweise durch den Gesetzgeber auf die neu eingeführte Grundlage des § 79 Abs. 1 und § 31 Abs. 2 S. 2 und 3 BVerfGG gestützt (H. I. 2.).³³⁰⁵

Im Rahmen der materiellen Rechtsgrundlagen für den untergesetzlichen Normerlass wurden insbesondere normerhaltende³³⁰⁶ Regelungen im Zusammenhang mit komplexen Beteiligungsverfahren³³⁰⁷ als gesetzliche Ausnahme³³⁰⁸ vom Nichtigkeitsdogma identifiziert. Sie dienen als Kompensation für ein umfangreiches Planungsverfahren und fördern die Verwaltungseffizienz (H. I. 3. a.).³³⁰⁹ Jenseits der gesetzlichen Ausnahmen wurde es mit Blick auf die Garantie effektiven Rechtsschutzes kritisiert, die Nichtigkeit als Folge formeller Rechtsfehler von der Wesent-

---

³³⁰¹ Vgl. BVerfGE 28, 227 (242 f.); Beschl. v. 13.12.1988 – 2 BvL 1/84, BVerfGE 79, 245 ff., juris Rn. 18.87, 114 (135 f.); 94, 241 (265); 105, 73 (133); 115, 276 (317); 116, 69 (92 f.); 116, 229 (242) 117, 1 (69); 119, 394 (410 f.); 122, 210 (245); 123, 1 (37 f.), NVwZ 2009, S. 968; 128, 326 (365); 130, 131 (150); 132, 134 (173 f.); 133, 377 (422 Rn. 104); 138, 136 (249 f. Rn. 286); 141, 143 (180 Rn. 84); 143, 216 (245 f. Rn. 72); ausführlich hierzu auch *Ipsen*, Verfassungswidrigkeit von Norm und Einzelakt, S. 141.
³³⁰² *Böckenförde*, Rechtssatzkontrollentscheidungen, S. 55 f.; *Ipsen*, Verfassungswidrigkeit von Norm und Einzelakt, S. 75 ff.; *Schwerdtfeger*, JuS 1983, S. 272; *Söhn*, Anwendungspflicht oder Aussetzungspflicht, S. 14; BVerfGE 103, 332 (390); vgl. auch BVerfGE 113, 1 (25 f.).
³³⁰³ BVerfGE 41, 251 (256 f.); 48, 29 (37 f.); BVerwGE 56, 155 (161 f.); vgl. auch BVerfGE 33, 1 (13); 40, 276 (283) zum Strafvollzug; BVerfGE 33, 303 (347 f.) und BVerwGE 42, 296 (301 f.) zur Zulassung zum Hochschulstudium; BVerwGE 41, 261 (266 f.) zum ärztlichen Notfalldienst.
³³⁰⁴ *Heußner*, NJW 1982, S. 257; *Ossenbühl*, NJW 1986, S. 2808.
³³⁰⁵ BVerfGE 148, 147 (211 Rn. 165); vgl. auch *Bethge*, Jura 2009, S. 22; vgl. auch dazu *Ossenbühl*, NJW 1986, S. 2811 f.; *Schwerdtfeger*, JuS 1983, S. 272 und *Bethge* in Schmidt-Bleibtreu/Klein/ ders., § 35 Rn. 45; BVerfGE 92, 91 (121); 101, 106 (132); 133, 241 (260).
³³⁰⁶ Kritisch hierzu: *Morlok*, Die Folgen von Verfahrensfehlern, passim; *Möstl* in Erichsen/Ehlers, Allgemeines Verwaltungsrecht, S. 642 Rn. 35.
³³⁰⁷ Ausführlich im Zusammenhang mit dem Fachplanungsrecht: *Ronellenfitsch*, NVwZ 1999. S. 586 ff.; *Schmaltz*, DVBl. 1990, S. 77 ff.; zur Kritik und Beispielen: *Panzer* in Schoch/Schneider, VwGO, Vor. § 47 Rn. 12 u. Rn. 13.
³³⁰⁸ *Möstl* in Erichsen/Ehlers, Allgemeines Verwaltungsrecht, S. 642 Rn. 35; vgl. auch *Panzer* in Schoch/Schneider, VwGO, Vor. § 47 Rn. 6 u. 12.
³³⁰⁹ Vgl. auch BT-Drs. 8/2885, S. 35 zu den Planerhaltungsvorschriften in a.F.; vgl. auch *Gaentzsch*, DVBl. 1985, S. 30.

lichkeit[3310] bzw. der Evidenz[3311] des Rechtsfehlers abhängig zu machen. Befürwortet wurde daher eine Differenzierung danach, ob der Verfahrensfehler eine Auswirkung auf das Regelungsergebnis hatte. Ist dies zu bejahen, muss dies zur Nichtigkeit der Norm führen.[3312] Lässt sich dagegen die Relevanz für das Ergebnis ausschließen, was gerade bei untergesetzlichen Normen das maßgebliche Problem sein dürfte, so ist der Fehler unbeachtlich (H. I. 3. a.).[3313]

In Bezug auf untergesetzliche Normen, deren Rechtsgrundlage nachträglich entfällt,[3314] spricht sich die Untersuchung gegen die Ansicht aus, die eine völlige Bedeutungslosigkeit für deren rechtliches Schicksal annimmt.[3315] Dies wird mit dem Verlust rechtsstaatlich-demokratischer Legitimation[3316] und der hieraus folgenden funktionalen Einheit[3317] von untergesetzlicher Norm und Ermächtigungsgrundlage begründet.[3318] Der Wegfall der Ermächtigungsgrundlage führt daher zur Unwirksamkeit der untergesetzlichen Norm. Bei der Änderung der Ermächtigungsgrundlage ist zu differenzieren:[3319] Führt die Änderung dazu, dass die untergesetzliche Norm nicht mehr auf ihrer Grundlage ergehen dürfte, hat dies ebenfalls die Ungültigkeit zur Folge. Andernfalls berührt die Änderung der Ermächtigungsgrundlage in der Tat nicht die Rechtmäßigkeit der auf ihr beruhenden Norm (H. I. 3. b.). Bei dem daneben bestehenden Problem formell in Kraft bleibender Normen, die sich

---

[3310] BVerfG, Beschl. v. 12.10.2010 – 2 BvF 1/07, BVerfGE 127, 293 (331 f.); BVerwG Beschl. v. 25. 10. 1979 – 2 N 1.78, BVerwGE 59, 48 (50 f.), juris Rn. 11, wonach die Folge der Nichtigkeit in Verbindung mit der Schwere des Verstoßes, dem Sinn und Zweck der Mitwirkung und dem Gewicht des jeweiligen Mitwirkungsrechts gebracht wird.
[3311] BVerfG, Beschl. v. 11. 10. 1994 – 1 BvR 337/92, BVerfGE 91, 148 (175); BVerwG Urt. v. 28. 1. 2010 – 8 C 19/09, NVwZ 2010, 1300 (1308); ob es auf die „Evidenz" ankommt, lässt BVerfG, Beschl. v. 12. 10. 2010 – 2 BvF 1/07, BVerfGE 127, 293 (332) offen; zur „Evidenz" von Verfahrensfehlern bei der Gesetzgebung: BVerfG Urt. v. 26. 7. 1972 – 2 BvF 1/71, BVerfGE 34, 9 (25).
[3312] BayVGH, Urt. v. 4.8.2008 - 22 N 06.1407, BeckRS 2008, 39599Rn. 40 f. zu einer Wasserschutzverordnung mit Verweis auch auf BayVGH, Urt. v. 25.1.2008 - 22 N 04.3471.
[3313] Vgl. auch *Schmidt-Aßmann* in Ständige Deputation II, 58. Deutscher Juristentag, S. N 25 ff., 29.
[3314] BVerfG, Beschl. v. 25.7.1962 – 2 BvL 4/62, BVerfGE 14, 245 (249); zur Satzung: BVerfG, Beschl. v. 23. 3. 1977 - 2 BvR 812/74, BVerfGE 44, 216 (226).
[3315] BVerfGE 9, 3 (12); 78, 179 (198); *Mann* in Sachs, GG, Art. 80 Rn. 7; *Stern,* Staatsrecht II, S. 672; vgl. auch BVerfG, Urt. v. 23. 4. 1997 – BVerwG 11 C 4.96, BVerwGE 104, 331 (333).
[3316] *Panzer* in Schoch/Schneider, Vor. § 47 Fn. 724.
[3317] Dafür: *Brenner* in v. Mangoldt/Klein/Starck, GG, Art. 80 Rn. 80; *Ossenbühl* in Isensee/Kirchhof V, § 103 Rn. 77; dagegen: *Remmert* in Dürig/Herzog/Scholz, Art. 80 Rn. 51.
[3318] Vgl. auch *Detterbeck*, Allgemeines Verwaltungsrecht, S. 318; *Ossenbühl* in Isensee/Kirchhof V, § 103 Rn. 77; unter speziellen Voraussetzungen auch BVerfGE 78, 179 (199); differenzierend bei der Rechtsgrundlagenänderung: *Rütz*, Jura 2005, S. 824; *Schnelle*, Eine Fehlerfolgenlehre für Rechtsverordnungen, S. 61.
[3319] Ähnlich differenzierend auch: *Rütz*, Jura 2005, S. 824; *Schnelle*, Eine Fehlerfolgenlehre für Rechtsverordnungen, S. 61.

entweder erledigt haben oder nicht mehr auf dem aktuellen Stand sind,[3320] blieb die Erkenntnis, dass es die Exekutive dort, wo dies eine einfachgesetzliche Regelung[3321] nicht vorsieht, aufgrund des Vorrangs des Gesetzes als allgemeinen Rechtsstandard zu verstehen hat, eine fortwährende Überprüfung des Normbestandes zu veranlassen (H.I.3.b.).[3322]

Hinsichtlich der fehlerhaften Ausübung des untergesetzlichen Normsetzungsermessens im engeren Sinne war zunächst festzuhalten, dass der Normgeber jedenfalls die bestehende gesetzliche Ermächtigungsgrundlage[3323] bzw. sonstiges höherrangiges Recht verletzt.[3324] Die Folge ist die Ungültigkeit der Norm. Das OVG bzw. der VGH muss die Norm bzw. die Normbestandteile daher auf Antrag gem. § 47 Abs. 5 S. 2 Hs. 1 VwGO für unwirksam erklären. Dies gilt auch für ein erfolgreiches Eilverfahren nach § 47 Abs. 6 VwGO, bei welchem dem Gericht kein Entschließungsermessen eingeräumt ist.[3325] In Anlehnung an die Rechtsfolge des § 47 Abs. 5 S. 2 VwGO ergeht grundsätzlich die einstweilige Anordnung in Form einer vorläufigen Außervollzugsetzung der untergesetzlichen Norm (H. II.).[3326] Die Untersuchung stellte in diesem Punkt ein ausdrückliches Abweichen durch den BayVGH im Falle der sogenannten 800 m²-Regelung fest.[3327] Parallel zur Rechtsprechung des BVerfG tenorierte der BayVGH nicht die vorläufige Außervollzugsetzung der Norm, sondern stellte lediglich die Unvereinbarkeit von § 2 Abs. 4 und 5 mit Art. 3 Abs. 1 GG fest, da eine „gesamtgesellschaftliche Bedrohungslage in wesentlichen Fragen ungeregelt"[3328] bliebe. Es war daher von einer Weitergeltung der Regelung auszugehen (H. II. 1.).[3329]

Das praktische Bedürfnis nach einer Abweichung von der Unwirksamkeitserklärung wurde für nachvollziehbar gehalten. Dies änderte allerdings nichts an der Notwendigkeit, die Abweichung von der gesetzlich vorgesehenen Rechtsfolge mit einer vertretbaren Begründung zu rechtfertigen bzw. das Gebaren des BayVGH auf eine tragfähige Rechtsgrundlage zurückzuführen (H. II. 2.). Eine Anknüpfung an die

---

[3320] *Möstl* in Erichsen/Ehlers, Allgemeines Verwaltungsrecht, S. 633.
[3321] Solche Pflichten können sich aber aus materiellem Recht ergeben: vgl. BVerfGE 110, 141 (166); vgl. zum Baurecht auch *Bracher/Reidt*, Bauplanungsrecht, Rn. 46 ff.
[3322] *Schmidt-Aßmann*, Ordnungsidee, S. 328.
[3323] Vgl. hierzu exemplarisch: BVerfGE 136, 69 (92 f.); Urt. v. 6.7.1999 – 2 BvF 3/90, BVerfGE 101, 1 (30, 37); Beschl. v. 27. 6. 2002 – 2 BvF 4/98, BVerfGE 106, 1 (12); BVerfG Beschl. v. 12.10.2010 – 2 BvF 1/07, BVerfGE 127, 293 (320).
[3324] *Panzer* in Schoch/Schneider, VwGO, Vor. § 47 Rn. 6.
[3325] *Wysk* in ders., VwGO, § 47 Rn. 100.
[3326] *Lenk*, JA 2021, S. 394; vgl. auch OVG Münster, BeckRS 2020, 14802.
[3327] So: BayVGH, Beschl. v. 27.4.2020 – 20 NE 20.793, juris Rn. 27 zu § 2 Abs. 4 und 5 2. BayIfSMV.
[3328] BayVGH, Beschl. v. 27.4.2020 – 20 NE 20.793, juris Rn. 29.
[3329] *Panzer* in Schoch/Schneider, VwGO, Vor. § 47 Rn. 11.

bundesverfassungsgerichtliche Rechtsprechung wurde für die Konstellation als nicht erforderlich angesehen. Vielmehr sprach sich die Untersuchung für eine an den Möglichkeiten der VwGO orientierte Lösung aus (H. II. 2. c.). Denn die VwGO sieht für den Inhalt der Anordnung im Eilverfahren – anders als bei der Entschließung zu einer Anordnung – die Möglichkeit einer interimistischen Gestaltung der Rechtslage vor,[3330] was der Verweis auf § 938 Abs. 1 ZPO[3331] belegt (vgl. § 173 S. 1 VwGO).

Die Möglichkeit zur Feststellung der Unvereinbarkeit ergibt sich damit bereits von Gesetzes wegen. Um einen hinreichenden Rechtsschutz zu erreichen, wurde bei einer längeren Geltungsdauer eine Unvereinbarkeitserklärung in Verbindung mit einer vorläufigen Außervollzugsetzung ab einem bestimmten Zeitpunkt präferiert.[3332] Hinzuweisen war dennoch auf den Umstand, dass das Gericht in der Hauptsache an die in § 47 Abs. 5 S. 2 VwGO vorgesehenen Tenorierungsmöglichkeiten gebunden ist. Die weiterreichenden Möglichkeiten im einstweiligen Rechtsschutz wurden dabei nicht als Widerspruch zur prinzipiellen Ablehnung der Übertragung der bundesverfassungsgerichtlichen Rechtsprechung erkannt. Sie ergeben sich aus dem anerkannten Standard eines effektiven vorläufigen Rechtsschutzes, weshalb im Eilverfahren zur Regelung eines Interimszeitraums gerichtliche Gestaltungskompetenzen bestehen, die das Hauptsacheverfahren nicht kennt (H. II. 2. c.).[3333]

Neben den (gesetzlichen) Ausnahmen vom Nichtigkeitsdogma war schließlich die Normerhaltung kraft Auslegung zu diskutieren (H. III.). Die Untersuchung hielt es dabei für angezeigt, die verfassungskonforme Auslegung nicht nur bei formellen Gesetzen anzuwenden,[3334] sondern auch bei untergesetzlichen Normen (H. III. 1.).[3335] Die besondere demokratische Legitimität als Begründung für die notwendige Normerhaltung fehlt der Exekutive bei ihrer Normsetzung. An ihre Stelle tritt indes aber die Ermächtigung des Normgebers zur Letztentscheidung, die von der Judikative weitestgehend zu respektieren ist. Der Grundsatz der Normerhal-

---

[3330] *Schoch* in ders./Schneider, VwGO, § 47 Rn. 180; vgl. auch VGH Kassel, NVwZ 2000, S. 1439.
[3331] Auf diesen weist zugunsten einer weiteren Tenorierung *Schoch* in ders./Schneider, VwGO, § 47 Rn. 181a hin.
[3332] Letzteres präferiert *Schoch* in ders./Schneider, VwGO, § 47 Rn. 181a gegenüber der Unvereinbarkeitserklärung; angedeutet ist die Außervollzugsetzung ab einem bestimmten Zeitpunkt auch in: VGH Mannheim, Beschl. v. 27.5.2020 – 1 S 1528/20, BeckRS 2020, 10754 Rn. 52.
[3333] Zutreffend insoweit: *Schoch* in ders./Schneider, VwGO, § 47 Rn. 181a.
[3334] Vgl. BVerfGE 46, 325 (335); *Lüdemann*, JuS 2004, S. 27 betont die methodische Wichtigkeit; zurückhaltender äußert sich: *Hesse*, Grundzüge des Verfassungsrechts, Rn. 79.
[3335] BVerwG, Urt. v. 9.6.2010 – 9 CN 1/09, BVerwGE 137, 123 ff., juris Rn. 26 ff. mit Verweis auf BVerfG, Beschl. v. 9.8.1978 – 2 BvR 831/76, BVerfGE 49, 148 (157); BVerwG, Urt. v. 18.12.1987 – BVerwG 4 C 9.86, BVerwGE 78, 347 (352); Urt. v. 13.5.2009 – BVerwG 9 C 7.08.

tung erfüllt diese gesetzgeberische Entscheidung und fördert den judicial self-restraint.[3336] Für die Wahl einer erhaltenden Auslegung[3337] sprechen daneben ökonomische Gründe: Die Verwaltung ist bei der Wahl einer erhaltenden Auslegung nicht gezwungen eine neue Vorschrift zu erlassen.

Die daher auch bei untergesetzlichen Normen zu befürwortende Normerhaltung lässt sich bei untergesetzlichen Normen auf verschiedene Art und Weise bewirken: Eine mittelbare Normerhaltung der untergesetzlichen Norm wird erstens durch eine verfassungskonforme Auslegung ihrer Ermächtigungsgrundlage erzielt.[3338] Ein Beispiel hierfür lieferte die verfassungskonforme Auslegung des § 28 Abs. 1 S. 1 IfSG.[3339] Geht es um eine Normerhaltung durch Auslegung der untergesetzlichen Norm selbst, muss zweitens zwischen der ermächtigungskonformen Auslegung[3340] (H. III. 2.) und ihrer verfassungskonformen Auslegung[3341] (H. III. 3.) unterschieden werden. Bei beiden besteht die Schwierigkeit, die Grenzen ihrer Zulässigkeit nicht zu verlassen. Besondere Beachtung verdienen daher stets der Wortlaut[3342] und das Telos der Norm, um die Deformation der Norm zu verhindern. Der Coronarechtsprechung ist dies – wie gezeigt werden konnte – nicht zu jeder Zeit ausreichend gelungen (H. III. 3. a. und b.).

[3336] Hierzu im Zusammenhang mit der Auslegung gesetzlicher Normen: *Voßkuhle*, AöR 125 (2000), S. 199 f.
[3337] Für eine entsprechende Auslegung: BayVGH, Urt. v. 20.1.2004 - 8 N 02.3211S, NVwZ-RR 2004, S. 882: „sie geht einer Nichtigerklärung der Norm vor."
[3338] Zur verfassungskonformen Auslegung des Art. 22a BayStrWG als Vorfrage: BayVGH, Urt. v. 20.1.2004 - 8 N 02.3211S, NVwZ-RR 2004, S. 880.
[3339] BayVGH, Beschl. v. 30.3.2020 – 20 NE 20.632, juris Rn. 47.
[3340] *Panzer* in Schoch/Schneider, § 47 Rn. 93 Fn. 561 a.E.; BayVGH, Urt. v. 20. 1. 2004 - 8 N 02.3211S, NVwZ-RR 2004, S. 882 f.
[3341] BayVGH, Urt. v. 20.1.2004 - 8 N 02.3211S, NVwZ-RR 2004, S. 882 f.
[3342] Zur Handhabung der verfassungskonformen Auslegung von Gesetzen: BVerfGE 85, 69 ff., wonach die strafbewehrte Anmeldefrist von 48 Stunden (§ 14 VersammlG) trotz klarem Wortlaut verkürzt wurde; kritisch: *Voßkuhle*, AöR 125 (2000), S. 186.

J. Das eigengeartete Phänomen zwischen Verwaltungsermessen und Gestaltungsfreiheit

Auf den Punkt gebracht stützten die Erkenntnisse zum Ermessensbegriff und zur gerichtlichen Kontrollperspektive die These des „eigengearteten" Phänomens zwischen der Gestaltungsfreiheit des Gesetzgebers und dem Verwaltungsermessen. Dies bedeutet gleichwohl nicht, dass das untergesetzliche Normsetzungsermessen bei der Schaffung eines jeden Rechtsaktes gleich weit von beiden entfernt ist, sich also versteinert nicht mehr von Ort und Stelle rühren würde.[3343] Eine solch starre Betrachtungsweise lässt die Erkenntnisse beiseite, die im Rahmen der gerichtlichen Kontrolldichte – insbesondere anhand der Coronaverordnungen – gesammelt werden konnten. Die Kontrolldichte deckte eine große Spannbreite des untergesetzlichen Normsetzungsermessens auf: Es kann sich einmal dem Verwaltungsermessen annähern, wie es prinzipiell bei Maßnahmenverordnungen[3344] – wie den Coronaverordnungen – der Fall ist oder aber an die Reichweite der Gestaltungsfreiheit der Legislative heranreichen.

Die Bestimmung der Kontrolldichte und damit spiegelbildlich der Reichweite normgeberischen Ermessens gestaltet sich als diffiziler, komplexer und nur bis zu einem gewissen Grad verallgemeinerungsfähiger Prozess. Festgehalten werden kann aber Folgendes: Die gesetzlichen Direktiven setzen die Segel (Art. 20 Abs. 3 GG). Die verfassungsrechtlichen Vorgaben legen den Kurs fest (Art. 1 Abs. 3, Art. 20 Abs. 3 GG). Die tatsächlichen Umstände können den eingeschlagenen Kurs in die eine oder andere Richtung beeinflussen. Die Erkenntnisse zur Kontrolldichte lassen jedenfalls das Bedürfnis nach einer Präzisierung der These vom eigengearteten Phänomen aufkommen: Das untergesetzliche Normsetzungsermessen ist ein eigengeartetes Phänomen, das sich zwischen der Gestaltungsfreiheit des Gesetzgebers und dem Verwaltungsermessen bewegt. Je nach Reichweite der gesetzlichen Direktiven, dem Einfluss der verfassungsrechtlichen Vorgaben und den tatsächlichen Umständen besteht eine größere Nähe zum Verwaltungsermessen, was eine hohe Kontrolldichte fordert. Oder es nimmt eine der Gestaltungsfreiheit des Gesetzgebers ähnlichen Spielraum in Beschlag mit der Folge einer zurückgenommenen Kontrolldichte.

[3343] Abzulehnen ist daher die grundsätzliche These von *Brenner* in v. Mangoldt/Klein/Starck, GG, Art. 80 Abs. 1 Rn. 73, der das Verordnungsermessen prinzipiell in die Nähe der legislativen Gestaltungsfreiheit verorten will.
[3344] *Ossenbühl*, NJW 1986, S. 2809.

Die Auswirkungen dieser Faktoren auf die Kontrolldichte ließen sich anhand der Coronarechtsprechung nachvollziehen. Sie zeigte auf, dass sich die Kontrolldichte selbst auf ein und derselben Ermächtigungsgrundlage erheblich verschieben kann und muss. Die Reichweite des Normsetzungsermessens variiert dabei unter Beachtung der jeweiligen Faktoren, die sich kumulierend für eine hohe Kontrolldichte aussprechen können oder aber in Widerstreit treten und einem Mittelweg bei der Kontrollhöhe fordern.

Das Finden einer angepassten Kontrolldichte gelang der Rechtsprechung während der Coronapandemie mitunter nur schwer: Sie irrte in den zahlreichen Eilentscheidungen vorwärts. Nicht zielführend waren hierbei die zurückhaltenden Tendenzen bei der kritisierten summarischen *Rechts*prüfung im gerichtlichen Eilverfahren. Die Bedeutung des Gesundheitsschutzes überdeckte dabei in der Folgenabwägung allzu oft das Bedürfnis nach einem verhältnismäßigen Einbezug der sonstigen Freiheitsrechte.[3345] In ausführlich begründeten Hauptsacheentscheidungen bewiesen die Gerichte dagegen ein Gespür für die kollidierenden Grundrechte. Mit Blick auf den erheblichen zeitlichen Abstand zu den außerkraftgetretenen Verordnungen vermochten diese allerdings einen effektiven Grundrechtsschutz nicht zu gewährleisten.

Lösen lässt sich die Problematik durch eine exakte Bestimmung der Kontrolldichte unter Berücksichtigung der Gefahren für das Gesundheitssystem, der Intensität des Eingriffs und des jeweiligen wissenschaftlichen Erkenntnisstandes bereits im Eilverfahren. Der wissenschaftliche Erkenntnisstand bildet dabei die Grundlage für pandemische Schutzmaßnahmen. Ihn voranzutreiben war eine von vielen Voraussetzungen für gerechtfertigte staatliche Schutzmaßnahmen, was von der Rechtsprechung früher zum Anlass hätte genommen werden müssen, eine höhere Kontrolldichte zugrunde zu legen. Eine zu geringe Kontrolldichte überstrapaziert die Reichweite untergesetzlichen Normsetzungsermessens und vernachlässigt effektiven Rechtsschutz. Nicht zuletzt verringert dies die Akzeptanz von Schutzmaßnahmen durch die Bürger. Bei allen Schwierigkeiten und (tatsächlichen) Ungewissheiten im Rahmen der untergesetzlichen Normsetzung und deren Kontrolle darf daher Folgendes nicht außenvor gelassen werden: Auch pandemische Notlagen müssen im bestehenden Rechtsrahmen bewältigt werden.[3346]

[3345] Vgl. auch die Schlussfolgerungen von *Schmitz/Neubert*, NVwZ 2020, S. 671; *Edenharter*, JöR 69 (2021), S. 581.
[3346] *Klafki*, JöR 69 (2021), S. 584 in Anschluss an die allgemeinen Aussagen von *Kaiser*, Ausnahmeverfassungsrecht, S. 228 ff.

Die Freiheit ist dabei „nach der Grundkonzeption unserer Verfassung die Regel, und ihre Einschränkung eine begründungspflichtige Ausnahme."[3347]

[3347] *Ogorek,* NJW 2021, S. 824; *Friedrich,* Freiheit auf Bewährung?; vgl. auch grundlegend: *Schmitt,* Verfassungslehre, S. 127 u. 158; ähnlich auch das Fazit von *Edenharter,* JöR 69 (2021), S. 581, die einen speziellen Fokus auf die Achtung von Grundrechten auch in Ausnahmesituationen fordert; allgemein hierzu auch: *Krings,* ZRP 2022, S. 36.

Literaturverzeichnis

Abdulsalam, Maryam Kamil, Die Stunde der Exekutive: Ein Wendepunkt im Umgang mit Tatsachen?, JöR 69, 2021, S. 487-503; zitiert: *Abdulsalam,* JöR 69 (2021).

Achterberg, Norbert:
- Allgemeines Verwaltungsrecht, 2. Auflage 1986; zitiert: *Achterberg,* Allgemeines Verwaltungsrecht.
- Probleme des verwaltungsgerichtlichen Normenkontrollverfahrens, VerwArch 72 (1981), S. 163-184; zitiert: *Achterberg,* VerwArch 72 (1981).

Adamovich, Ludwig K.; Funk, Bernd-Christian, Allgemeines Verwaltungsrecht, 3. Auflage 1987; zitiert: *Adamovich/Funk,* Allgemeines Verwaltungsrecht.

Adler, Martina Zugang zu staatlichen Informationen quo vadis? – Entwicklungslinien und Schwachstellen der Informationsrechte nach IFG und UIG, DÖV 2016, S. 630-638; zitiert: *Adler,* DÖV 2016.

Alexy, Robert:
- Ermessensfehler, JZ 1986, S. 701-716; zitiert: *Alexy,* JZ 1986.
- Theorie der juristischen Argumentation, 1978; zitiert: *Alexy,* Theorie der juristischen Argumentation.
- Theorie der Grundrechte, 1985; zitiert: *Alexy,* Theorie der Grundrechte.

Allesch, Erwin, Anmerkung zum Urteil des BVerwG vom 7.9.1989 – 7C 4.89, BayVBl. 1990, S. 120-122; zitiert: *Allesch,* BayVBl. 1990.

Almond, Gabriel A.; Powell, G. Bingham, Comparative Politics, 1. Auflage 1966; zitiert: *Almond/Powell,* Comparative Politics.

Arndt, Hans-Wolfgang; Knemeyer, Franz-Ludwig; Kugelmann, Dieter; Meng, Werner; Schweitzer, Michael, Völkerrecht und deutsches Recht: Festschrift für Walter Rudolf zum 70. Geburtstag, 2001; zitiert: *Bearbeiter* in Arndt/Knemeyer, Festschrift für Walter Rudolf.

von Arnim, Hans Herbert, Gemeindliche Selbstverwaltung und Demokratie, AöR 113 (1988), S. 2-30; zitiert: *v. Armin,* AöR 113 (1988).

Atzpodien, Hans Christoph, Maßnahmen gegen Verpackungen nach dem neuen Abfallgesetz im Lichte des Übermaßverbots, DB 1987, S. 727-730; zitiert: *Atzpodien,* DB 1987.

Bachof, Otto:
- Begriff und Wesen des sozialen Rechtsstaats, VVDStRL 12, 1953, S. 37-79; zitiert: *Bachof,* VVDStRL 12 (1953).
- Beurteilungsspielraum, Ermessen und unbestimmte Rechtsbegriffe im Verwaltungsrecht, JZ 1955, S. 97-102; zitiert: *Bachof,* JZ 1955.
- Neue Tendenzen in der Rechtsprechung zum Ermessen und zum Beurteilungsspielraum, JZ 1972, S. 641-646; zitiert: *Bachof,* JZ 1972.

Bachof, Otto; Drath, Martin; Gönnenwein, Otto; Walz, Ernst, Gedächtnisschrift für Walter Jellinek, 1955; zitiert: *Bearbeiter* in Bachof/Drath/Gönnenwein/Walz, Gedächtnisschrift für Walter Jellinek.

Bachof, Otto; Heigl, Ludwig; Redeker, Konrad, Verwaltungsrecht zwischen Freiheit, Teilhabe und Bindung, Festgabe aus Anlass des 25-jährigen Bestehens des Bundesverwaltungsgerichts, 1978; zitiert: *Bearbeiter* in Bachof/Heigl/Redeker, Zwischen Freiheit, Teilhabe und Bindung.

Bader, Johann; Ronellenfitsch, Michael, Beck'scher Online-Kommentar, Werkstand: 54. Edition 2022; zitiert: *Bearbeiter* in Bader/Ronellenfitsch, BeckOK VwVfG.

Bader, Johann; Funke-Kaiser, Michael; Stuhlfauth, Thomas; von Albedyll, Jörg; Verwaltungsgerichtsordnung, 8. Auflage 2021; zitiert: *Bearbeiter* in Bader/Funke-Kaiser/Stuhlfauth/v. Albedyll, VwGO.

Badura, Peter; Dreier, Horst:
- Festschrift 50 Jahre BVerfG, 1. Band: Verfassungsgerichtsbarkeit, Verfassungsprozess, 2001; zitiert: *Bearbeiter* in Badura/Dreier, Festschrift 50 Jahre BVerfG I.
- Festschrift 50 Jahre BVerfG, 2. Band: Klärung und Fortbildung des Verfassungsrechts, 2003; zitiert: *Bearbeiter* in Badura/Dreier, Festschrift 50 Jahre BVerfG II.

Badura, Peter, Auftrag und Grenzen der Verwaltung im sozialen Rechtsstaat, DÖV 1968, S. 446-455; zitiert: *Badura,* DÖV 1986.

Badura, Peter; Kormann, Joachim, Der Beitrag zur Handwerkskammer, GewArch 2005, S. 99-107; zitiert: *Badura/Kormann,* GewArch 2005.

Bäcker, Carsten:
- Corona in Karlsruhe, verfassungsblog. de, Abrufdatum: 13.6.2022; zitiert: *Bäcker,* Corona in Karlsruhe.
- Gerechtigkeit im Rechtsstaat – Das Bundesverfassungsgericht an der Grenze des Grundgesetzes, 2015; zitiert: *Bäcker,* Gerechtigkeit im Rechtsstaat.

Bähr, Otto, Der Rechtsstaat, 1864; zitiert: *Bähr,* Der Rechtsstaat.

Baer, Susanne, Vermutungen zu Kernbereichen der Regierung und Befugnisse des Parlaments, Der Staat 40, 2001, S. 526-552; zitiert: *Baer,* Der Staat 40 (2001).

Bales, Stefan; Baumann, Hans Georg; Schnitzler, Norbert; Kämmerer, Regine, Infektionsschutzgesetz – Kommentar und Vorschriftensammlung; zitiert: *Bales/Baumann,* IfSG.

Balscheit, Peter, Die Rechtsnatur des Planes, 1969; zitiert: *Balscheit,* Die Rechtsnatur des Planes.

Bamberger, Christian; Aufsatz - Behördliche Beurteilungsermächtigungen im Lichte der Bereichsspezifik des Verwaltungsrechts; VerwArch 93, 2002, 217-254; zitiert: *Bamberger,* VerwArch 93 (2002).

Bamberger, Christian; Pieper, Niels, Corona und die unbekannte Gefahr, NVwZ 2022, S. 38-41; zitiert: *Bamberger/Pieper,* NVwZ 2022.

Battis, Ulrich:

- Bundesbeamtengesetz Kommentar, 5. Auflage 2017; zitiert: *Bearbeiter* in Battis, BBG.
- Grenzen der Einschränkung gerichtlicher Planungskontrolle, DÖV 1981, S. 433-438; zitiert: *Battis,* DÖV 1981.

Battis, Ulrich; Krautzberger, Michael; Löhr, Rolf-Peter, Baugesetzbuch Kommentar, 14. Auflage 2019; zitiert: *Bearbeiter* in Krautzberger/Löhr/Battis BauGB.

Bartlsperger, Richard, Planungsrechtliche Optimierungsgebot, DVBl. 1996, 1-12; zitiert: *Bartlsperger,* DVBl. 1996.

Barton, Dirk-M., Verfahrens- und Bewertungsfehler im ersten juristischen Staatsexamen – Zum Urteil des Oberverwaltungsgerichts Nordrhein-Westfalen vom 18.4.2012, NVwZ 2013, S. 555-560; zitiert: *Barton,* NVwZ 2013.

Bartunek, Beatrix, Probleme des Drittschutzes bei der Planfeststellung, 1. Auflage 2000; zitiert: *Bartunek,* Probleme des Drittschutzes.

Bayerischer Verfassungsgerichtshof, Verfassung und Verfassungsrechtsprechung, Festschrift zum 25jährigen Bestehen des Bayerischen Verfassungsgerichtshofs, München 1972; zitiert: *Bearbeiter* in BayVerfGH, Festschrift für den BayVerfGH.

Beaucamp, Guy:

- Ermessens- und Beurteilungsfehler im Vergleich, JA 2012, S. 193-197; zitiert: *Beaucamp,* JA 2012, 195.
- Ermessen der Verwaltung: Frei? Pflichtgemäß? Reduziert? Intendiert? – Bestandsaufnahme, JA 2006, S. 74-78; zitiert: *Beaucamp,* JA 2006.

Becker, Ulrich; Heckmann, Dirk; Kempen, Bernhard; Manssen, Gerrit, Öffentliches Recht in Bayern, 6. Auflage 2015; zitiert: *Bearbeiter* in Becker/Heckmann/Kempen/Manssen, Öffentliches Recht in Bayern.

Beckmann, Martin:
- Das Verhältnis der verwaltungsgerichtlichen Kontrolldichte zur gesetzlichen Regelungslücke, DÖV 1986, S. 505-511; zitiert: *Beckmann,* DÖV 1986.
- Verwaltungsgerichtlicher Rechtsschutz im raumbedeutsamen Umweltrecht, 1987; zitiert: *Beckmann,* Rechtsschutz im raumbedeutsamen Umweltrecht.

Beckmann, Martin; Durner, Wolfgang; Mann, Thomas; Röckinghausen, Marc, Umweltrecht Kommentar Band I, 97. Ergänzungslieferung 2021; zitiert: *Bearbeiter* in Landmann/Rohmer, Umweltrecht.

Benda, Ernst; Maihofer, Werner; Vogel, Hans-Jochen, Handbuch des Verfassungsrechts der Bundesrepublik Deutschland, 2. Auflage 1994; zitiert: *Bearbeiter* in Benda/Maihofer/Vogel, Handbuch des Verfassungsrechts.

Bender, Bernd, Untersuchungsgrundsatz und anwaltliche Vertretung im Verwaltungsprozeß, NVwZ 1982, S. 25-26; zitiert: *Bender,* NVwZ 1982.

Bender, Bernd; Breuer, Rüdiger; Ossenbühl, Fritz; Sendler, Horst, Rechtsstaat zwischen Sozialgestaltung und Rechtsschutz, Festschrift für Konrad Redeker zum 70. Geburtstag, München 1993, S. 753 ff.; zitiert: *Bearbeiter* in Bender/Breuer/Ossenbühl/Sendler, Festschrift für Konrad Redeker.

Bengl, Karl; Berger, Georg; Emmerig, Ernst, Bayerisches Landesstraf- und Verordnungsrecht, Werkstand: September 2015; zitiert: *Bearbeiter* in Bengl/Berger/Emmerig, LStVG.

Berberich, Thomas, Neue Entwicklungen des öffentlichen Rechts, 1979; zitiert: *Bearbeiter* in Berberich, Neue Entwicklungen des öffentlichen Rechts.

Berkemann, Jörg:
- Das „Abwägungsmodell" des BVerwG (BVerwGE 34, 301 [1969]) – Entstehungsgeschichte und Legendenbildungen, DVBl. 2013, S. 1280-1292; zitiert: *Berkemann,* DVBl. 2013.
- Zur Abwägungsdogmatik: Stand und Bewertung, ZUR 2016, S. 323-331; zitiert: *Berkemann,* ZUR 2016.

Berkemann, Jörg; Gaentzsch, Günter; Halama, Günter; Heeren, Helga; Hien, Eckart; Lemmel, Hans-Peter, Planung und Plankontrolle: Entwicklung im Bau- und Fachplanungsrecht, Festschrift für Otto Schlichter zum 65. Geburtstag, 1995; zitiert: *Bearbeiter* in Berkemann/Gaentzsch, Festschrift für Otto Schlichter.

Mitschang, Stephan, BauGB Novelle 2007, Neue Anforderungen an städtebauliche Planungen und die Zulassung von Vorhaben, 2008; zitiert: *Bearbeiter* in Mitschang, BauGB Novelle 2007.

Berlit, Uwe, Die Reform des Grundgesetzes nach der staatlichen Einigung Deutschlands, JöR 44, 1996, S. 17-89; zitiert: Berlit, JöR 44 (1966).

Bernatzik, Edmund, Rechtsprechung und materielle Rechtskraft, Wien 1886; zitiert: *Bernatzik,* Rechtsprechung und materielle Rechtskraft.

Bertossa, Francesco, Der Beurteilungsspielraum. Zur richterlichen Kontrolle von Ermessen und unbestimmten Rechtsbegriffen, Bern 1984; zitiert: *Bertossa,* Der Beurteilungsspielraum.

Besler, Wolfgang, Die Probleme der verwaltungsgerichtlichen Normenkontrolle unter besonderer Berücksichtigung der Neufassung des § 47 der Verwaltungsgerichtsordnung, 1981; zitiert: *Besler,* Probleme der Normenkontrolle.

Bethge, Herbert:

- Die Entscheidungswirkung von Normbeanstandungen des Bundesverfassungsgerichts, Jura 2009, S. 18-23; zitiert: *Bethge,* Jura 2009.
- Parlamentsvorbehalt und Rechtssatzvorbehalt für die Kommunalverwaltung, NVwZ 1983, S. 577-580; zitiert: *Bethge,* NVwZ 1983.

Bethge, Johannes, Ausgangssperre, https://verfassungsblog.de/ausgangssperre/, v. 24.3.2020, Abrufdatum: 13.6.2022, zitiert: *Bethge,* Verfassungsblog, Ausgangssperre.

Bettermann, Karl August:

- Die Rechtsweggarantie des Art. 19 Abs. 4 GG in der Rechtsprechung des Bundesverfassungsgerichts, AöR 96, 1971, S. 528- 567; zitiert: *Bettermann,* AöR 96 (1971).
- Die verfassungskonforme Auslegung. Grenzen und Gefahren, 1986; zitiert: *Bettermann,* Die verfassungskonforme Auslegung.
- Rechtsgleichheit und Ermessensfreiheit, Der Staat 1 (1962), S. 79-92; zitiert: *Bettermann,* Der Staat 1 (1962).

Beuermann, Jasmin, Intendiertes Ermessen, 2001; zitiert: *Beuermann,* Intendiertes Ermessen.

Bickenbach, Christian:

- Bescheidungsurteil als Ergebnis einer Verpflichtungsklage, 2011; zitiert: *Bickenbach,* Bescheidungsurteil.
- § 47 V 2 VwGO n.F. und die Unwirksamkeit von Rechtsvorschriften, NVwZ 2006, S. 178-180; zitiert: *Bickenbach,* NVwZ 2006.

Bielenberger, Walter, Die rechtliche Bindung der Bauleitplanung an die Ziele der Raumordnung und Landesplanung, DÖV 1969, S. 376-384; zitiert: *Bielenberger,* DÖV 1969.

Bielenberg/Dyong, Die Novellen zum Bundesbaugesetz, 3. Auflage 1979; zitiert: *Bielenberg/Dyong,* Die Novelle zum Bundesbaugesetz.

Biernat, Stanislaus; Hendler, Reinhard; Schoch, Friedrich; Wassilewski, Andrzej, Grundfragen des Verwaltungsrechts und der Privatisierung, 1994; zitiert: *Bearbeiter* in Biernat/Hendler/Schoch/Wassilewski, Grundfragen des Verwaltungsrechts.

Birk, Dieter:
- Die Überprüfung der Gültigkeit von Normen – Sach und Aufbaufragen bei der Bearbeitung von Fällen, JuS 1978, S. 168-175; zitiert: *Birk,* JuS 1978.
- Rechtsprechungsanalyse, Steuerrecht und Verfassungsrecht – Eine Analyse ausgewählter Entscheidungen des Bundesverfassungsgerichts und des Bundesfinanzhofs zu verfassungsrechtlichen Grenzen der Besteuerung, Die Verwaltung 35, 2002, S. 91-115; zitiert: *Birk,* Die Verwaltung 35 (2002).
- Verwaltungsverfahrensrecht, Planungsrecht: Zu den rechtsstaatlichen Bindungen des Planungsermessens, JA 1981, S. 364-365; zitiert: *Birk,* JA 1981.

Bleckmann, Albert,
- Europarecht, 6. Auflage, 1997; zitiert: *Bleckmann,* Europarecht.
- Ermessensfehlerlehre, 1997; zitiert: *Bleckmann,* Ermessensfehlerlehre.

Blumenberg, Hildegard, Neuere Entwicklungen zu Struktur und Inhalt des Abwägungsgebots im Bauplanungsrecht, DVBl. 1989, S. 86-94; zitiert: *Blumenberg,* DVBl. 1989.

Blümel, Willi, Planung und Verwaltungsgerichtsbarkeit, DVBl. 1975, S. 695-709; zitiert: *Blümel,* DVBl. 1975.

Blümel, Willi; Merten, Detlef; Quaritsch, Helmut, Verwaltung im Rechtsstaat, Festschrift für Carl Hermann Ule zum 80. Geburtstag, 1987, S. 235 ff.; zitiert: *Bearbeiter* in Blümel/Merten/Quaritsch, Festschrift für Carl Hermann Ule.

Blümel, Planung und Verwaltungsgerichtsbarkeit, 1997, S. 27.

Boecker, Bernhard, Heilung mangelhafter Bauleitpläne und Satzungen – Gedanken zu den neuen Vorschriften der § 155a bis c des Bundesbaugesetzes, BauR 1979, S. 361-372; zitiert: *Boecker,* BauR 1979.

Böckenförde, Christoph, Die sogenannte Nichtigkeit verfassungswidriger Gesetze – Eine Untersuchung über Inhalt und Folgen der Rechtssatzkontrollentscheidungen des Bundesverfassungsgerichts, 1. Auflage 1966; zitiert: *Böckenförde,* Rechtssatzkontrollentscheidungen.

Böckenförde, Ernst-Wolfgang, Staat, Verfassung, Demokratie - Studien zur Verfassungstheorie und zum Verfassungsrecht, 2. Auflage 1992; zitiert: *Böckenförde,* Staat, Verfassung, Demokratie.

Bönker, Christian, Die Vorkaufssatzung gem. § 25 Abs. 1 BauGB, BauR 1996, S. 313-319; zitiert: *Bönker,* BauR 1996.

Börger, Michael, Genehmigungs- und Planungsentscheidungen unter dem Gesichtspunkt des Gesetzesvorbehalt; zitiert: *Börger,* Genehmigungs- und Planungsentscheidungen.

Börger, Michael, Genehmigungs- und Planungsentscheidungen unter dem Geschichtspunkt des Gesetzesvorbehalts: Grundtypen exekutivischer Handlungsformen im Hinblick auf mögliche Entscheidungsfreiräume der Verwaltung, 1987; zitiert: *Börger,* Genehmigungsentscheidungen.

Bohne, Eberhard; König, Herbert, Probleme der politischen Erfolgskontrolle, Die Verwaltung 9 (1976), S. 19-38; zitiert: *Bohne/König,* Die Verwaltung 9 (1976).

von Bogdandy, Armin, Gubernative Rechtsetzung, 2000; zitiert: *v. Bogdandy,* Gubernative Rechtsetzung.

Bonde, Friedrich August, Das verwaltungsrechtliche Ermessen und die Struktur der Ermessensfehler, Dissertation 1969; zitiert: *Bonde,* Das verwaltungsrechtliche Ermessen.

Borowski, Martin, Intendiertes Ermessen, DVBl. 2000 I, S. 149-160; zitiert: *Borowski,* DVBl. 2000 I.

Bosch, Nikolaus, Bestimmtheitsgebot und unbestimmte Rechtsbegriffe – Das Bundesverfassungsgericht als Superrevisionsinstanz, JA 2010, S. 473-475; zitiert: *Bosch,* JA 2010.

Bracher, Christian; Reidt, Olaf, Bauplanungsrecht, 7. Auflage 2004; zitiert: *Bracher/Reidt,* Bauplanungsrecht.

Brandt, Willy; Gollwitzer, Helmut; Hentschel, Johann Friedrich, Ein Richter, ein Bürger, ein Christ, Festschrift für Helmut Simon, 1987; zitiert: *Bearbeiter* in Brandt/Gollwitzer/Hentschel, Festschrift für Helmut Simon.

Brehm, Robert; Zimmerling, Wolfgang:

- Die Entwicklung des Hochschulzulassungsrechts seit 2008, NVwZ 2014, S. 1-23; zitiert: *Brehm/Zimmerling,* NVwZ Extra 9 (2014).
- Die verwaltungsgerichtliche Kontrolle zahlenförmiger Normen und die Rechtsfolgen der Kassation, NVwZ 1992, S. 340-342; zitiert: *Brehm/Zimmerling*, NVwZ 1992.

Breuer, Marten, Nichtiges Gesetz und vernichtbarer Verwaltungsakt – Überlegungen zur Ratio der Fehlerfolgendifferenzierung bei Norm und Einzelakt, DVBl. 2008, S. 555-565; zitiert: *Breuer,* DVBl. 2008.

Breuer, Rüdiger:
- Die Bodennutzung im Konflikt zwischen Städtebau und Eigentumsgarantie, 1. Auflage 1976; zitiert: *Breuer,* Die Bodennutzung, 1976.
- Gerichtliche Kontrolle der Technik – Gegenpol zu privater Option und administrativer Standardisierung, NVwZ 1988, S. 104-115; zitiert: *Breuer,* NVwZ 1988.
- Legislative und administrative Prognoseentscheidungen, Der Staat 16, 1977, S. 21-54; zitiert: *Breuer,* Der Staat 16 (1977).

Brinktrine, Ralf, Verwaltungsermessen in Deutschland und England: Eine rechtsvergleichende Untersuchung von Entscheidungsspielräumen der Verwaltung im deutschen und englischen Verwaltungsrecht, Heidelberg, 1998; zitiert: *Brinktrine,* Verwaltungsermessen in Deutschland und England.

Brocker, Lars, Exekutive versus parlamentarische Normsetzung in der Corona-Pandemie – Sind verordnungsvertretende Gesetze nach Art. 80 IV GG geeignet, den Parlamentsvorbehalt in der Krise zu gewährleisten? NVwZ 2020, S. 1485-1488; zitiert: *Brocker,* NVwZ 2020.

Brohm, Winfried:
- Die staatliche Verwaltung als eigenständige Gewalt und Grenzen der Verwaltungsgerichtsbarkeit, DVBl. 1986, S. 321-331; zitiert: *Brohm,* DVBl. 1986.
- Ermessen und Beurteilungsspielraum im Grundrechtsbereich – Zugleich ein Beitrag zu den Genehmigungsvorbehalten zur Sicherung von Stadtfunktionen (§§ 22, 172 BauGB), JZ 1995, S. 369-375; zitiert: *Brohm,* JZ 1995.
- Zur Einführung: Strukturprobleme der planenden Verwaltung, JuS 1977, S. 500-506; zitiert: *Brohm,* JuS 1977.
- Verwaltung und Verwaltungsgerichtsbarkeit als Steuerungsmechanismus in einem polyzentrischen System der Rechtserzeugung, DÖV 1987, S. 265-271; zitiert: *Brohm,* DÖV 1987.

Brühl, Raimund, Die Behandlung des Verwaltungsermessens in Bescheid und Urteil, JuS 1995, S. 249-254; *Brühl,* JuS 1995.

Brüning, Christoph; Rambow, Christof; Yasin, Asad, „Kenne Deine Grenzen" – Kommunale Verbote von Außenwerbung am Beispiel alkoholhaltiger Getränke auf dem Prüfstand, KommJur 2021, S. 241-248; zitiert: *Brüning/Rambow/Yasin,* KommJur 2021.

Brüning, Christoph; Thomsen, Frederik, Not kennt ein Gebot: Gewaltenteilung in Zeiten einer Pandemie, NVwZ 2021, S. 1183-1187; zitiert: *Brüning/Thomsen,* NVwZ 2021.

Brunn, Bern, Prognosen mit rechtlicher Bedeutung - Höchstrichterliche Rechtsprechung zu Prognoseentscheidungen durch Gesetzgeber, Verwaltungen und Gerichte, NJOZ 2014, S. 361-380; zitiert: *Brunn,* NJZO 2014.

Brunner, Gerd; Haber, Matthias, Eine verpasste Gelegenheit? Folgeregelungen zum KrW-/AbfG lassen auf sich warten, UPR 1996, S. 294-297; zitiert: *Brunner/ Haber,* UPR 1996.

Bryde, Brun-Otto:

- Die Kontrolle von Schulnoten in verwaltungsrechtlicher Dogmatik und Praxis, DÖV 1981, S. 193-204; zitiert: *Bryde,* DÖV 1981.
- Verfassungsentwicklung – Stabilität und Dynamik im Verfassungsrecht der Bunderepublik Deutschland, 1982; zitiert: *Bryde,* Verfassungsentwicklung.

Buchwald, Delf, Prinzipien des Rechtsstaats. Zur Kritik der gegenwärtigen Dogmatik des Staatsrechts anhand des allgemeinen Rechtsstaatsprinzips nach dem Grundgesetz der Bundesrepublik Deutschland, 1996; zitiert: *Buchwald,* Prinzipien des Rechtsstaats.

Budzinski, Irmfrid, Gemeindliche Autonomie, 5G und Vorsorge, NVwZ 2020, S. 1649-1652; zitiert: *Budzinski,* NVwZ 2020.

Bulla, Simon, Straßenausbaubeiträge – Möglichkeit oder Pflicht zur kommunalen Einnahmeerzielung, BayVBl. 2014, S. 225-234; zitiert: *Bulla,* BayVBl. 2014.

Bull, Hans-Peter, Allgemeines Verwaltungsrecht, 5. Auflage, 1997; zitiert: *Bull,* Verwaltungsrecht.

Bullinger, Martin:

- Das Ermessen der öffentlichen Verwaltung – Entwicklung, Funktionen, Gerichtskontrolle, JZ 1984, S. 1001-1009; zitiert: *Bullinger,* JZ 1984.
- Verwaltungsermessen im modernen Staat, 1986; zitiert: *Bearbeiter* in Bullinger, Verwaltungsermessen.

Bumke, Christian, Der Grundrechtsvorbehalt – Untersuchungen über die Begrenzung und Ausgestaltung der Grundrechte, 1998; zitiert: *Bumke,* Der Grundrechtsvorbehalt.

Bund Deutscher Verwaltungsrichter, Dokumentation zum Achten Deutschen Verwaltungsrichtertag 1986, 1987; zitiert: *Bearbeiter* in Bund Deutscher Verwaltungsrichter, 8. Deutscher Verwaltungsrichtertag.

Bund Deutscher Verwaltungsrichter, Dokumentation zum siebten Deutschen Verwaltungsrichtertag 1983, 1983; zitiert: *Bearbeiter* in Bund Deutscher Verwaltungsrichter, 7. Deutscher Verwaltungsrichtertag.

Burger, Benedikt, Zuständigkeit und Aufgaben des Bundes für den öffentlichen Personennahverkehr nach Art. 87e GG, 1998; zitiert: *Burger,* Zuständigkeit und Aufgaben des Bundes.

Burgi, Martin, Kommunalrecht, 5. Auflage 2015; zitiert: *Burgi,* Kommunalrecht.

Burmeister, Joachim, Verfassungsstaatlichkeit, Festschrift für Klaus Stern zum 65. Geburtstag, München 1997; zitiert: *Bearbeiter* in Burmeister, Festschrift für Klaus Stern.

Burckhardt, Meinhard Friedrich, Der Begriff des freien Ermessens, Dissertation, Halle-Wittenberg, 1937; zitiert: *Burckhardt,* Der Begriff des freien Ermessens.

Butz, Ulrike, Rückatmung von Kohlendioxid bei Verwendung von Operationsmasken als hygienischer Mund-schutz an medizinischem Fachpersonal, Dissertation, 2005, abrufbar unter: https://mediatum.ub.tum.de/doc/602557/602557.pdf (Abrufdatum: 5.7.2022); zitiert: *Butz,* Rückatmung von Kohlendioxid bei Verwendung von Operationsmasken.

Calliess, Christian, Rechtsstaat und Umweltstaat - zugleich ein Beitrag zur Grundrechtsdogmatik im Rahmen mehrpoliger Verfassung, 2001; zitiert: *Calliess,* Rechtsstaat und Umweltstaat.

Cattepoel, Jan, Ermessen und Beurteilungsspielräume, VerwArch 72, 1980, S. 140-160; zitiert: *Cattepoel,* VerwArch 72 (1980).

Chatzinerantzis, Alexandros; Appel, Markus, Haftung für den Klimawandel, NJW 2019, S. 881-886; *Chatzinerantzis/Appel,* NJW 2019.

Christ, Josef; Oebbecke, Janbernd, Handbuch Kommunalabgabenrecht 2016; zitiert: *Bearbeiter* in Christ/Oebbecke, Handbuch Kommunalabgabenrecht.

Chu, Derek K.; Akl, Elie A.; Duda, Stephanie; Solo, Karla; Yaacoub, Sally; Schünemann, Holger J., Physical distancing, face masks, and eye protection to prevent person-to-person transmission of SARS-CoV-2 and COVID-19: a systematic review and meta-analysis, The Lancet, Vol. 395, Issue 10242, S. 1973-1987, v. 27.6.2020; abrufbar unter: https://www.thelancet.com/action/showPdf?pii=S0140-6736%2820%2931142-9, Abrufdatum: 20.7.2022; zitiert: *Chu/Akl/Duda/Solo/Yaacoub/ Chu/Akl/Duda/Solo/Yaacoub/Schünemann,* Lancet, Physical distancing.

Damrau, Jürgen; Fürst, Walter; Kraft, Alfons, Festschrift für Otto Mühl zum 70. Geburtstag, 1981; zitiert: *Bearbeiter* in Damrau/Fürst/Kraft, Festschrift für Otto Mühl.

von Danwitz, Thomas:

- Die Gestaltungsfreiheit des Verordnungsgebers, Dissertation 1989; zitiert: *v. Danwitz,* Die Gestaltungsfreiheit des Verordnungsgebers.
- Verwaltungsrechtliches System und europäische Integration, 1996; zitiert: *v. Danwitz,* Europäische Integration.
- Rechtsverordnungen, Jura 2 (2002), S. 93-102; zitiert: *v. Danwitz,* Jura 2002.

Darnstädt, Thomas, Gefahrenabwehr und Gefahrenvorsorge, 1983; zitiert: *Darnstädt,* Gefahrenabwehr.

Dechsling, Rainer, Das Verhältnismäßigkeitsgebot – eine Bestandsaufnahme der Literatur zur Verhältnismäßigkeit staatlichen Handelns, München 1989; zitiert: *Dechsling,* Das Verhältnismäßigkeitsgebot.

Degenhart, Christoph:

- Das Verwaltungsverfahren zwischen Verwaltungseffizienz und Rechtsschutzauftrag, DVBl. 1982, S. 872-886; zitiert: *Degenhart,* DVBl. 1982.
- Geltungsverlust „funktionsloser" Bebauungspläne – Voraussetzungen, Tragweite und Grenzen eines „außergewöhnlichen Außerkraftsetzungsgrundes" –, BayVBl. 1990 S. 71-78; *Degenhart,* BayVBl. 1990.

Detterbeck, Steffen:

- Allgemeines Verwaltungsrecht mit Verwaltungsprozessrecht, 19. Auflage 2021; zitiert: *Detterbeck,* Allgemeines Verwaltungsrecht.
- Handwerkskammerbeitrags-Bonussystem für Innungsmitglieder, GewArch 2005, S. 271-278 und S. 321-327; zitiert: *Detterbeck,* GewArch 2005.
- Gemeinsame Zulässigkeitshürden von Bundes- und Landesverfassungsbeschwerde in der Praxis; AöR 136 (2011), S. 222-265; zitiert: *Detterbeck,* AöR 136 (2011).

Deutscher Bundestag und Bundesarchiv, Der Parlamentarische Rat 1948-1949, Band 7 - Entwürfe zum Grundgesetz, 1995; zitiert: *Deutscher Bundestag und Bundesarchiv,* Der Parlamentarische Rat 1948-1949 [Band].

Dierhaus, Kommunalabgabenrecht, Stand März 2019; zitiert: *Bearbeiter* in Driehaus, Kommunalabgabenrecht.

Dietlein, Johannes; Suerbaum, Joachim, Beck'scher Online Kommentar, Kommunalrecht Bayern, 15. Edition, Stand: 1.8.2022; zitiert: *Bearbeiter* in Dietlein/Suerbaum, BeckOK Kommunalrecht Bayern.

Di Fabio, Udo,

- Die Ermessensreduzierung – Fallgruppen, Systemüberlegungen und Prüfprogramm, VerwArch 86, 1995, S. 214-232; zitiert: *Di Fabio,* VerwArch 86 (1995).
- Risikoentscheidungen im Rechtsstaat, Tübingen 1994; zitiert: *Di Fabio,* Risikoentscheidungen.
- Verwaltungsentscheidung durch externen Sachverstand, VerwArch 81, 1990, S. 193-226; zitiert: *Di Fabio,* VerwArch 81 (1990).
- Verwaltungsvorschriften als ausgeübte Beurteilungsermächtigung – Plädoyer für eine Neubestimmung der normkonkretisierenden Verwaltungsvorschriften im System der Rechtsquellen, DVBl. 1992, S. 1338-1346; *Di Fabio,* Verwaltungsvorschriften, DVBl. 1992.

Dieter, Hermann H., Grenzwerte und Wertfragen, ZfU 1986, S. 375-390; zitiert: *Dieter,* ZfU 1986.

Dörr, Dieter, Der „numerus clausus" und die Kapazitätskontrolle durch die Verwaltungsgerichte, JuS 1988, S. 96-102; zitiert: *Dörr,* JuS 1988.

Dolde, Klaus-Peter:

- Die Entwicklung des öffentlichen Baurechts 1979, NJW 1980, S. 1657-1666; zitiert: *Dolde,* NJW 1980.
- Die Entwicklung des öffentlichen Baurechts 1982 und 1983, NJW 1984, S. 1713-1730; zitiert: *Dolde,* NJW 1984.

Dörr/Grote/Marauhn, EMRK/GG Konkordanzkommentar, 2. Auflage 2013; zitiert: *Bearbeiter* in Dörr/Grote/Marauhn, Konkordanzkommentar.

Dreier, Horst:

- Hierarchische Verwaltung im demokratischen Staat, 1991; zitiert: *Dreier,* Hierarchische Verwaltung.
- Grenzen demokratischer Freiheit im Verfassungsstaat, JZ 1994, S. 74-800; zitiert: *Dreier,* JZ 1994.

Dreier, Johannes, Die normative Steuerung der planerischen Abwägung, 1995, zugleich Dissertation; zitiert: *Dreier,* Steuerung der planerischen Abwägung.

Drüen, Klaus-Dieter, Verfassungskonforme Auslegung und Rechtsfortbildung durch die Finanzgerichte, StuW 2012, S. 269-280; zitiert: *Drüen,* StuW 2012.

Dürr, Hansjochen, Aus der verwaltungsgerichtlichen Rechtsprechung zur Planfeststellung von Straßen, UPR 1993, S. 161-170

Duken, Hajo, Normerlaßklage und fortgesetzte Normerlaßklage, NVwZ 1993, S. 546-548; zitiert: *Duken,* NVwZ 1993.

Durner, Wolfgang, Reformbedarf in der Verwaltungsgerichtsordnung, NVwZ 2015, S. 841-845; zitiert: *Durner,* NVwZ 2015.

Ebke, Klaus, Bundesstaat und Gewaltenteilung, Dissertation 1965; zitiert: *Ebke,* Bundesstaat und Gewaltenteilung.

Eckart, Christian; Winkelmüller, Michael, BeckOK Infektionsschutzrecht mit COVID-19-Schutzmaßnahmen-Ausnahmenverordnung (SchAusnahmV), 10. Edition, Stand: 1.4.2022; zitiert: *Bearbeiter* in Eckart/Winkelmüller, BeckOK Infektionsschutzrecht.

Edenharter, Andrea:
- Freiheitsrechte ade? Die Rechtswidrigkeit der Ausgangssperre in der oberpfälzischen Stadt Mitterteich, https://verfassungsblog.de/freiheitsrechte-ade/, Abrufdatum: 13.6.2022; zitiert: *Edenharter,* Die Rechtswidrigkeit der Ausgangssperre.
- Grundrechtseinschränkungen in Zeiten der Corona-Pandemie, JöR 69, 2021, S. 555-580; zitiert: *Edenharter,* JöR 69 (2021).

Ehlers, Dirk; Fehling, Michael; Pünder, Hermann, Besonderes Verwaltungsrecht Band II, 4. Auflage 2020; zitiert: *Bearbeiter* in Ehlers/Fehling/Pünder, Besonderes Verwaltungsrecht II.

Ehmke, Horst, „Ermessen" und „unbestimmter Rechtsbegriff" im Verwaltungsrecht, 1960; zitiert: *Ehmke,* „Ermessen" und „unbestimmter Rechtsbegriff".

Ellerbrok, Torben, Die öffentlich-rechtliche Satzung – Dogmatische und theoretische Grundlagen einer Handlungsform der Verwaltung, 2020; zitiert: *Ellerbrok,* Die öffentlich-rechtliche Satzung.

Emmerich-Fritsche, Angelika, Kritische Thesen zur Legaldefinition des Verwaltungsakts, NVwZ 2006, S. 762-765; zitiert: *Emmerich-Fritsch,* NVwZ 2006.

Engels, Andreas, Die Feststellungsklage – Entgrenzungen einer Klageart am Beispiel der atypischen Feststellungsklage, NVwZ 2018, S. 1001-1007; zitiert: *Engels,* NVwZ 2018.

Engisch, Karl, Einführung in das juristische Denken, 8. Auflage, 1983; zitiert: *Engisch,* Einführung in das juristische Denken.

Epping, Volker, Die Willensbildung der Bundesregierung und das Einwendungsausschlußverfahren, NJW 1992, S. 2605-2608; zitiert: *Epping,* NJW 1992.

Epping, Volker; Hillgruber, Christian, Beck´scher Online Kommentar Grundgesetz, 50. Edition, 15.2.2022; zitiert: *Bearbeiter* in Epping/Hillgruber, BeckOK GG.

Erbel, Günter, Staatlich verordnete Tierquälerei? Zur Hennenhaltungsverordnung (HhVO) vom 10. Dezember 1987 und ihren gemeinschaftsrechtlichen Vorgaben, DÖV 1989, S. 338-346; zitiert: *Erbel,* DÖV 1989.

Erbguth, Wilfried:

- Allgemeines Verwaltungsrecht mit Verwaltungsprozess- und Staatshaftungsrecht, 8. Auflage 2016; zitiert: *Erbguth*, Allgemeines Verwaltungsrecht.
- Anmerkung zum administrativen Entscheidungsspielraum – Am Beispiel der Planfeststellung, DVBl. 1992, S. 368-404; zitiert: *Erbguth*, DVBl. 1992.
- Rechtsschutzfragen und Fragen der §§ 214 und 215 BauGB im neuen Städtebaurecht, DVBl 2004, 802-810; zitiert: *Erbguth*, DVBl. 2004.

Erbguth, Wilfried; Oebbecke, Janbernd; Rengling, Hans-Werner; Schulte, Martin, Planung: Festschrift für Werner Hoppe zum 70. Geburtstag, 2000; zitiert: *Bearbeiter* in Erbguth/Oebbecke, Festschrift für Werner Hoppe.

Erbguth, Wilfried; Schubert, Mathias, Öffentliches Baurecht mit Bezügen zum Umwelt- und Raumplanungsrecht, 6. Auflage 2015; zitiert: *Erbguth/Schubert,* Öffentliches Baurecht.

Erichsen, Hans-Uwe:

- Die sog. unbestimmten Rechtsbegriffe als Steuerungs- und Kontrollmaßgaben im Verhältnis von Gesetzgebung, Verwaltung und Rechtsprechung, DVBl. 1985, S. 22-29; zitiert: *Erichsen,* DVBl. 1985.
- Unbestimmter Rechtsbegriff und Beurteilungsspielraum, VerwArch 63, 1972, S. 337-344; zitiert: *Erichsen,* VerwArch 63 (1972).

Erichsen, Hans-Uwe; Ehlers, Dirk, Allgemeines Verwaltungsrecht, 14. Auflage 2010; zitiert: *Bearbeiter* in Erichsen/Ehlers, Allgemeines Verwaltungsrecht.

Erichsen, Hans-Uwe; Scherzberg, Arno, Die einstweilige Anordnung im Verfahren der verwaltungsgerichtlichen Normenkontrolle (§ 47 Abs 7 VwGO), DVBl. 1987, Jubiläumsheft für Carl Hermann Ule, S. 168-179; zitiert: *Erichsen/Scherzberg,* DVBl. 1987.

Erichsen, Hans-Uwe; Hoppe, Werner; v. Mutius, Albert, System des verwaltungsgerichtlichen Rechtsschutzes, Festschrift für Christian-Friedrich Menger zum 70. Geburtstag, 1985; zitiert: *Bearbeiter* in Erichsen/Hoppe/v. Mutius, Festschrift für Christian-Friedrich Menger.

Ermacora, Felix; Winkler, Günther; Koja, Friedrich; Rill, Heinz-Peter; Funk, Bernd-Christian, Allgemeines Verwaltungsrecht, 1979; zitiert: *Bearbeiter* in Ermacora/Winkler, Verwaltungsrecht.

Ernst, Werner; Zinkahn, Willy; Bielenberg, Walter; Krautzberger, Michael, Baugesetzbuch, Werkstand: 145. Ergänzungslieferung, Februar 2022; zitiert: *Bearbeiter* in Ernst/Zinkahn, BauGB.

Esser, Robert; Tsambikakis, Michael, Pandemiestrafrecht, Aktuelles Recht für die Praxis, 2020; zitiert: *Bearbeiter* in Esser/Tsambikakis, Pandemiestrafrecht.

Ewer, Wolfgang, Beschränkung der verwaltungsgerichtlichen Kontrolldichte bei der Anwendung unbestimmter Rechtsbegriffe – Zulässiges und geeignetes Mittel zur Beschleunigung behördlicher und gerichtlicher Verfahren?, NVwZ 1994, S. 140-142; zitiert: *Ewer,* NVwZ 1994.

Eyermann, Erich, Verwaltungsgerichtsordnung Kommentar, 13. Auflage 2010; zitiert: *Bearbeiter* in Eyermann, VwGO.

Fachinger, Josef, Überschreitung und Fehlgebrauch des Verwaltungsermessens, NJW 1949, S. 245-247; zitiert: *Fachinger,* NJW 1949, S. 245.

Fastenrath, Ulrich, Gewaltenteilung – Ein Überblick, JuS 1986, S. 194-201; zitiert: *Fastenrath,* JuS 1986.

Fehling, Michael; Kastner, Berthold; Strömer, Rainer, Verwaltungsrecht Kommentar, 5. Auflage 2021; zitiert: *Fehling/Kastner/Störmer,* VwGO.

Feldhaus, Gerhard, Entwicklung und Rechtsnatur von Umweltstandards, UPR 1982, S. 137-147; zitiert: *Feldhaus,* UPR 1982.

Forst, Josef, Verwaltungsgemeinkosten als gebührenfähige Kosten, KStZ 2009, S. 86-92; zitiert: *Forst,* KStZ 2009.

Forsthoff, Ernst, Lehrbuch des Verwaltungsrechts, Erster Band: Allgemeiner Teil, 10. Auflage 1973; zitiert: *Forsthoff,* Verwaltungsrecht I.

Fouquet, Helmut, Die allgemeinen materiellen Voraussetzungen der Planfeststellung, VerwArch 1996, S. 212-239; zitiert: *Fouquet,* VerwArch 1996.

Funke, Andreas, Die Normstruktur im neuen Ausweisungsrecht, ZAR 2016, S. 210-217; zitiert: *Funke,* ZAR 2016.

Führ, Martin; Schummers, Georg, Lärmentwicklungsforschung - Konsequenzen für das Verwaltungshandeln und dessen gerichtliche Kontrolle, UPR 2017, S. 411-418; zitiert: *Führ/Schummers,* UPR 2017.

Fürst, Walter; Herzog, Roman; Umbach, Roman, Festschrift für Wolfgang Zeidler, Band 1, 1987; zitiert: *Bearbeiter* in Fürst/Herzog/Umbach, Festschrift für Wolfgang Zeidler.

Füsslein, Ernst; Gebhardt, Kurt; Gerhardt, Kurt; Steger, Christian, Kommunale Selbstverwaltung in der Gegenwart, Festschrift für Richard Seeger, Stuttgart/Berlin/Köln/Mainz 1987, S. 113 ff.; zitiert: *Bearbeiter* in Füsslein/Gebhardt u.a., Festschrift für Richard Seeger.

Von Frankenberg, Kiyomi, Prävention als Verhältnismäßigkeitsproblem, NVwZ 2021, S. 1427-1431; *v. Frankenberg,* NVwZ 2021.

Franßen, Everhardt, Verfassungs- und Verwaltungsrecht. Steuerrecht, S. 220-227; zitiert: *Franßen,* JZ 1971.

Franßen, Everhardt; Redeker, Konrad; Schlichter, Otto; Wilke, Dieter: Bürger – Richter – Staat, Festschrift für Horst Sendler, 1991; zitiert: *Bearbeiter* in Franßen/Redeker/Schlichter/Wilke, Festschrift für Horst Sendler.

Franzius, Claudio; Lejeune, Stefanie; von Lewinski, Kai; Meßerschmidt, Klaus; Michale, Gerhard; Rossi, Matthias; Schilling, Theordor; Wysk, Peter, Beharren. Bewegen., Festschrift für Michael Kloepfer zum 70. Geburtstag, 2013; zitiert: *Bearbeiter* in Franzius/Lejeune, Festschrift für Michael Kloepfer.

Frenzel, Eike Michael, „Schlechthin konstituierend" - zur Gewichtung der Kommunikationsgrundrechte, AfP 2014, S. 394-398; zitiert: *Frenzel,* AfP 2014.

Friedrich, Freiheit auf Bewährung? Das rechtsstaatliche Verteilungsprinzip in der Pandemie, 23.3.2020, https://verfassungsblog.de/freiheit-auf-bewaehrung/, Abrufdatum: 7.9.2022; zitiert: *Friedrich,* Freiheit auf Bewährung?.

Fritsch, Klaus, Das neue Kreislaufwirtschafts- und Abfallrecht, 1996; zitiert: *Fritsch,* Kreislaufwirtschafts- und Abfallrecht.

Frowein, Jochen, Die Kontrolldichte bei der gerichtlichen Überprüfung von Handlungen der Verwaltung, 1993; zitiert: *Bearbeiter* in Frowein, Die Kontrolldichte.

Fürst, Walther; Herzog, Roman; Umbach, Dieter, Festschrift für Wolfgang Zeitler, Band 1, 1. Auflage 1987; zitiert: *Bearbeiter* in Fürst/Herzog/Umbach, Festschrift für Wolfgang Zeitler I.

Gaentzsch, Günter:

- Aktuelle Fragen zur Planerhaltung bei Bauleitplänen und Planfeststellungen in der Rechtsprechung des Bundesverwaltungsgerichts, UPR 2001, S. 201-200; zitiert: *Gaentzsch,* UPR 2001.
- Die naturschutzrechtliche Eingriffsregelung – Das Verhältnis zwischen Fachrecht und Naturschutzrecht, NuR 1986, S. 89-98; zitiert: *Gaentzsch,* NuR 1986.
- Gesetzmäßigkeit und Wirtschaftlichkeit der Verwaltung: Beißt oder verträgt sich das, DÖV 1998, S. 952-958; zitiert: *Gaentzsch,* DÖV 1998.
- Wie kann das Planungsrecht weniger rechtsmittelanfällig gemacht werden?, DVBl. 1985, S. 29-36; zitiert: *Gaentzsch,* DVBl. 1985.

Gallwas, Grundrechte, 2. Auflage 1995; zitiert: *Gallwas,* Grundrechte.

Gärditz, Klaus Ferdinand, Grundrechtsschutz in der Pandemie, NJW 2021, S. 2761-2766; zitiert: *Gärditz,* NJW 2021.

Gärditz, Klaus Ferdinand; Abdulsalam, Maryam Kamil, Rechtsverordnungen als Instrument der Epidemie-Bekämpfung, GSZ 2020, S. 108-115; zitiert: *Gärditz/Abdulsalam,* GSZ 2020.

Geitmann, Roland, Bundesverfassungsgericht und „offene" Normen, 1971; zitiert: *Geitmann,* Bundesverfassungsgericht und „offene" Normen.

Gelzer, Konrad, Bauplanungsrecht, 3. Auflage 1979; zitiert: *Gelzer,* Bauplanungsrecht.

Gerber, Philippe, Die Rechtsetzungsdirektive des Bundesverfassungsgerichts, DÖV 1989, 698-707, zitiert: *Gerber,* DÖV 1989.

Gerhardt, Jens, Infektionsschutzgesetz Kommentar, 3. Auflage 2020; zitiert: *Gerhardt,* IfSG.

Gern, Alfons:
- Aktuelle Probleme des Kommunalabgabenrechts Analogie im Abgaberecht - Begründungspflicht von Abgabensatzungen - Die Zulässigkeit von Sozialtarifen, NVwZ 1995, S. 1145-1155; zitiert: *Gern,* NVwZ 1995.
- Die Entwicklung des Kommunalabgabenrechts 1990 und 1991, NVwZ 1992, S. 630-635; zitiert: *Gern,* NVwZ 1992.
- Die Ermessensreduzierung auf Null, DVBl. 1987, S. 1194-1199; zitiert: *Gern,* DVBl. 1987.
- Teilnichtigkeit von Gesetzen und Satzungen, NVwZ 1987, S. 851-854; zitiert: *Gern,* NVwZ 1987.

Giesberts, Ludger; Reinhardt, Michael, BeckOK Umweltrecht, Werkstand: 63. Edition, 1.7.2022; zitiert: *Bearbeiter* in Giesberts/Reinhardt, BeckOK Umweltrecht

Giese, Friedrich, Grenzen der verwaltungsgerichtlichen Ermessensnachprüfung, JZ 1952, S. 585-587; zitiert: *Giese,* JZ 1952.

Glaab, Sarah; Schwedler, Anna, Besuchsbeschränkungen in Pflegeheimen zur Bekämpfung des Coronavirus, NJW 2020, S. 1702-1705; zitiert: *Glaab/Schwedler,* NJW 2020.

Goldhammer, Michael, Verantwortlichkeit im Polizeirecht, Jura 6 (2021), S. 638-650; zitiert: *Goldhammer,* Jura 6 (2021).

Goldhammer, Michael; Neuhöfer, Stefan, Grundrechte in der Pandemie – Allgemeine Lehren, JuS 2021, S. 212-217; zitiert: *Goldhammer/Neuhöfer,* JuS 2021.

Göttinger Arbeitskreis, Recht im Dienste der Menschenwürde, Festschrift für Herbert Kraus, 1964; zitiert: *Bearbeiter* in Göttinger Arbeitskreis, Festschrift für Herbert Kraus.

Götz, Volkmar; Klein, Hans Hugo; Starck, Christian, Die öffentliche Verwaltung zwischen Gesetzgebung und richterlicher Kontrolle, 1985; zitiert: *Bearbeiter* in Götz/Klein/Starck, Zwischen Gesetzgebung und richterlicher Kontrolle.

Grabitz, Eberhard:
- Der Grundsatz der Verhältnismäßigkeit in der Rechtsprechung des Bundesverfassungsgerichts, AöR 98, 1973, S. 568-616; zitiert: *Grabitz*, AöR 98 (1973).
- Freiheit und Verfassungsrecht, 1976; zitiert: *Grabitz*, Freiheit und Verfassungsrecht.

Grave, Helmut, § 155 BBauG - mißglückt und verfassungswidrig, BauR 1980, S. 199-208; zitiert: *Grave*, BauR 1980.

Greve, Holger, Infektionsschutzrecht in der Pandemielage – Der neue § 28a IfSG, NVwZ 2020, S. 1787-1792; zitiert: *Greve*, NVwZ 2020.

Grimm, Dieter, Die Meinungsfreiheit in der Rechtsprechung des Bundesverfassungsgerichts, NJW 1995, S. 1697-1705; zitiert: *Grimm*, NJW 1995.

Gronemeyer, Steffen, Der Geltungsverlust von Bebauungsplänen infolge normwidersprechender Fakten, DVBl. 1977, S. 756-760; zitiert: *Gronemeyer*, DVBl. 1977.

Groß, Thomas:
- Anmerkung zu BVerwG, Urt. v. 24.11.1994 – 7 C 25.93 –, DVBl. 1995, S. 468-469; zitiert: *Groß*, DVBl. 1995.
- Die asymmetrische Funktionsordnung der demokratischen Verfassung – Zur Dekonstruktion des Gewaltenteilungsgrundsatzes, Der Staat 55, 2016, S. 489-517; zitiert: *Groß*, Der Staat 55 (2016).
- Regelungsdefizite der Bundesverkehrswegplanung, VerwArch 104, 2013, S. 1-24; zitiert: *Groß*, VerwArch 104 (2013).

Grote, Rainer, Ermessenslehre und Ermessenspraxis in Frankreich, NVwZ 1986, S. 269-275; *Grote*, NVwZ 1986.

Grothmann, Torsten, Auswirkungen des Staatszieles Klimaschutz auf den Ermessensspielraum am Beispiel des Denkmalschutzrechtes, ZfBR-Beil. 2012, S. 100-109; zitiert: *Grothmann*, ZfBR-Beil. 2021.

Gröpl, Christoph, Staatsrecht I: Staatsgrundlagen, Staatsorganisation, Verfassungsprozess, 10. Auflage 2018; zitiert: *Gröpl*, Staatsrecht I.

Grzecha, Sven, Vorwegbindung im Bebauungsplanverfahren, NZBau 2009, S. 502-503; zitiert: *Grzecha*, NZBau 2009.

Grzeszick, Bernd, Rechte und Ansprüche: Eine Rekonstruktion des Staatshaftungsrechts aus den subjektiven öffentlichen Rechten, 2002; zitiert: *Grzeszick*, Rechte und Ansprüche.

Gubelt, Manfred, Verfahrensbeschleunigung und Investitionserleichterungen im Städtebaurecht, NJW 1979, S. 2071-2076; zitiert: *Gubelt*, NJW 1979.

Guckelberger, Annette, Ausgangsbeschränkungen und Kontaktverbote anlässlich der Corona-Pandemie, NVwZ Extra 9a (2020), S. 1 – 15; zitiert: *Guckelberger,* NVwZ Extra 9a (2020).

Günther, Die Auslegung des Rechts auf Bildung in der europäischen Grundrechtsordnung, 2007; zitiert: *Günther,* Die Auslegung des Rechts auf Bildung.

Gusy, Christoph:
- Verfassungsrecht. Kunstfreiheit, Anmerkung zu BVerwG, Urteil vom 26.11.1992 – 7 C 22.92; JZ 1993, S. 794-798; zitiert: *Gusy,* JZ 1993.
- Der Vorrang des Gesetzes, JuS 1983, S. 189-195; zitiert: *Gusy,* JuS 1983.

Hain, Karl-Eberhard; Schlette, Volker; Schmitz, Thomas, Ermessen und Ermessensreduktion - ein Problem im Schnittpunkt von Verfassungs- und Verwaltungsrecht, AöR 122, 1997, S. 32-64; *Hain/Schlette/Schmitz,* AöR 122 (1997).

Haltern, Ulrich, Verfassungsgerichtsbarkeit, Demokratie und Misstrauen - Das Bundesverfassungsgericht in einer Verfassungstheorie zwischen Populismus und Progressivismus, Berlin 1998; zitiert: *Haltern,* Verfassungsgerichtsbarkeit, Demokratie und Misstrauen.

Hamann, Wolfram, Zur Haltung von „Kampfhunden" – ordnungs- und steuerrechtliche Probleme der Normsetzung, NVwZ 1992, S. 1067-1070; zitiert: *Hamann,* NVwZ 1992.

Hamilton, Alexander, The Federalist No. 66, 1788, abrufbar unter: https://founders.archives.gov/documents/Hamilton/01-04-02-0216, Abrufdatum: 3.9.2022; zitiert: *Hamilton,* The Federalist No. 66.

Häberle, Peter, Öffentliches Interesse als juristisches Problem, 1970; zitiert: *Häberle,* Öffentliches Interesse.

Haverkate, Görg, Rechtsfragen des Leistungsstaats - Verhältnismäßigkeitsgebot und Freiheitsschutz im leistenden Staatshandeln, 1983; zitiert: *Haverkate,* Rechtsfragen des Leistungsstaats.

Heckmann, Dirk, Geltungskraft und Geltungsverlust von Rechtsnormen - Elemente einer Theorie der autoritativen Normgeltungsbeendigung, 1997; zitiert: *Heckmann,* Geltungskraft und Geltungsverlust.

Heinemann, Patrick, Verwaltungsgerichtlicher Eilrechtsschutz: Die Chimäre der summarischen Rechtsprüfung, NVwZ 2019, S. 517-521; zitiert: *Heinemann,* NVwZ 2019.

Heintzen, Markus, Das Rangverhältnis von Rechtsverordnung und Satzung, Die Verwaltung 29, 1996, S. 17-45; zitiert: *Heintzen,* Die Verwaltung 1996.

Heinze, Christian, Das planungsrechtliche Abwägungsgebot, NVwZ 1986, S. 87-91; zitiert: *Heinze,* NVwZ 1986.

Held-Daab, Ulla, Das freie Ermessen, 1996; zitiert: *Held-Daab,* Das freie Ermessen.

Henneke, Hans-Günter, Möglichkeiten und Grenzen der kommunalen Steuerautonomie (Steuerfindungs- und -hebesatzrechte, örtliche Verbrauch- und Aufwandssteuern), DStJG 35, 2012,

Henseler, Paul, Die Grundrechtsbindung des Verordnungsgebers als Prüfstein für das Selbstverständnis der Verfassungs- und Verwaltungsgerichte - Eine Anmerkung zum Urteil des Bundesverwaltungsgerichts vom 13.12.1984 - 7 C 3/83 = NVwZ 1985, 580 (Kapazitätsrecht), ZG 1986, S. 76-86; zitiert: *Henseler,* ZG 1986.

Herdegen, Matthias:
- Beurteilungsspielraum und Ermessen im strukturellen Vergleich, JZ 1991, S. 747-751; zitiert: *Herdegen,* JZ 1991.
- Gestaltungsspielräume bei administrativer Normgebung – Ein Beitrag zu rechtsformunabhängigen Standards für die gerichtliche Kontrolle von Verwaltungshandeln, AöR Band 114, 1989, S. 607-643; zitiert: *Herdegen,* AöR 114 (1989).

Herzog, Roman:
- Gesetzgeber und Verwaltung, VVDStRL 24, 1966, S. 183-206; zitiert: *Herzog,* VVDStRL 24 (1966).
- Verfassung und Verwaltungsgerichte – zurück zum mehr Kontrolldichte?, NJW 1992, S. 2601-2605; zitiert: *Herzog,* NJW 1992.

Hesse, Konrad, Grundzüge des Verfassungsrechts der Bundesrepublik Deutschland, 20. Auflage 1995; zitiert: *Hesse,* Grundzüge des Verfassungsrechts.

Heun, Werner, Richtervorlage in der Rechtsprechung des Bundesverfassungsgerichts, AöR 122, 1997, S. 610-628; zitiert: *Heun,* AöR 122 (1997).

Heuser, Martin, Das Strafrecht der Ausgangs- und Kontaktsperre in Zeiten der Pandemie, StV 6, 2020, S. 426-429; zitiert: *Heuser,* StV 6 (2020).

Heußner, Hermann, Folgen der Verfassungswidrigkeit eines Gesetzes ohne Nichtigerklärung, NJW 1982, S. 257-263; zitiert: *Hermann,* NJW 1982.

Heyle, Fabian, Die individuell-abstrakte Regelung des allgemeinen Verwaltungsrechts, NVwZ 2008, S. 390-392; zitiert: *Heyle,* NVwZ 2008.

Hill, Hermann:
- Zur Dogmatik sog. Heilungsvorschriften im Kommunalverfassungsrecht, DVBl. 1983, S. 1-8; zitiert: *Hill,* DVBl. 1983.
- Verfahrensermessen der Verwaltung, NVwZ 1985, S. 449-456; zitiert: *Hill,* NVwZ 1985.

Hinsen, Wilhelm, Probleme der Kalkulation kommunaler Kanalbenutzungsgebühren in der Rechtsprechung des OVG NW, KStZ 1989, S. 221-226; zitiert: *Hinsen,* KStZ 1989.

Hirschberg, Lothar, Der Grundsatz der Verhältnismäßigkeit, 1981; zitiert: *Hirschberg,* Der Grundsatz der Verhältnismäßigkeit.

Hobbes, Thomas, Leviathan, or The Matter, Forme and Power of a Commonwealth ecclesiasticall and cicill, Eine Auswahl – Englisch/Deutsch, Reclam, 2013; zitiert: *Hobbes,* Leviathan.

Hömig, Dieter; Wolff, Heinrich Amadeus, Grundgesetz für die Bundesrepublik Deutschland – Handkommentar, 13. Auflage 2022; zitiert als: *Bearbeiter* in Hömig/ Wolff, GG.

Hösch, Ulrich, Alternativen oder wo geht es lang, UPR 2014, S. 401-407; zitiert: *Hösch,* UPR 2014.

Hofer-Zeni, Herbert, Das Ermessen im Spannungsfeld von Rechtsanwendung und Kontrolle, 1981; zitiert: *Hofer-Zeni,* Das Ermessen im Spannungsfeld.

Hoffmann, Birgit, Das Verhältnis von Gesetz und Recht – Eine verfassungsrechtliche und verfassungstheoretische Untersuchung von Art. 20 Abs. 3 GG, 2003; zitiert: *Hoffmann,* Das Verhältnis von Gesetz und Recht.

Hoffmann, Jan, Recht und Zeit – Zur Endlichkeit der Geltungsdauer und „Überlagerung" von Gesetzen, Jura 1 (2012), 11-15; zitiert: *Hoffmann,* Jura 1 (2012).

Hoffmann-Riem, Wolfgang, Tendenzen in der Verwaltungsrechtsentwicklung, DÖV 1997, S. 433-442; zitiert: *Hoffmann-Riem,* DÖV 1997.

Hoffmann-Riem, Wolfgang; Schmidt-Aßmann, Eberhard; Voßkuhle, Andreas:

- Grundlagen des Verwaltungsrechts, Band I, 2. Auflage 2012; zitiert: *Bearbeiter* in Hofmann-Riem/Schmidt-Aßmann/Voßkuhle, Grundlagen I.

- Grundlagen des Verwaltungsrechts, Band II: 2. Auflage 2012; zitiert als: *Bearbeiter* in Hoffmann-Riem/Schmidt-Aßmann/Voßkuhle, Grundlagen II.

Hofmann, Christian, Der Beitrag der neueren Rechtsprechung des BVerfG zur Dogmatik des Beurteilungsspielraums, NVwZ 1995, S. 740-745; zitiert: *Hofmann,* NVwZ 1995.

Hofmeyer, Wolfgang, Allgemein anerkannte Bewertungsgrundsätze als schulrechtliche Beurteilungskriterien, 1988; zitiert: *Hofmeyer,* Allgemein anerkannte Bewertungsgrundsätze.

Hoppe, Werner:
- Das Abwägungsgebot in der Novellierung des Baugesetzbuches, DVBl. 1994, S. 1033-1041; zitiert: *Hoppe,* DVBl. 1994.
- Die Bedeutung von Optimierungsgeboten im Planungsrecht, DVBl. 1992, S. 853-862; zitiert: *Hoppe,* DVBl. 1992.
- Die Schranken der planerischen Gestaltungsfreiheit (§ 1 Abs. 4 und 5 BBauG). Das Urteil des Bundesverwaltungsgerichts vom 12.12.1969 zum Abwägungsgebot (§ 1 Abs. 4 S. 2 BBauG) und seiner Rechtskontrolle, BauR 1970, S. 15-; zitiert: *Hoppe,* BauR 1970.
- Die „Zusammenstellung des Abwägungsmaterials" und die „Einstellung der Belange" in die Abwägung „nach Lage der Dinge" bei der Planung, DVBl. 1977, S. 136-144; zitiert: *Hoppe,* DVBl. 1977.
- Entwicklung von Grundstrukturen des Planungsrechts durch das BVerwG - Hommage an die Leitentscheidung zum planungsrechtlichen Abwägungsgebot vom 12. Dezember 1969 (BVerwGE 34, 301), DVBl. 2003, S. 697-706; zitiert: *Hoppe,* DVBl. 2003.
- Verwaltungsverantwortung und Verwaltungsgerichtsbarkeit, DVBl. 1975, S. 684-695; zitiert: *Hoppe,* DVBl. 1975.
- „Verwirrung" und „Entwirrung" beim Abwägungsgebot (§ 1 Abs. 6 BauGB), UPR 1995, S. 201-203; zitiert: *Hoppe,* UPR 1995.
- Zur Struktur von Normen des Planungsrechts, DVBl. 1974, S. 641-647; zitierte: *Hoppe,* DVBl. 1974.

Hoppe, Werner; Bönker, Christian; Grotefels, Susan, Öffentliches Baurecht, Raumordnungsrecht, Städtebaurecht, Bauordnungsrecht, 4. Auflage 2010; zitiert: *Hoppe/Bönker/Grotefels,* Öffentliches Baurecht.

Hoppe, Werner; Schlarmann, Hans, Rechtsschutz bei der Planung von Straßen und anderen Verkehrsanlagen, 2. Auflage 1981; zitiert: *Hoppe/Schlarmann,* Rechtsschutz.

Horn, Hans-Detlef, Gewaltenteilige Demokratie, demokratische Gewaltenteilung, Überlegungen zu einer Organisationsmaxime des Verfassungsstaates, AöR 127, 2002, S. 427-459; zitiert: *Horn,* AöR 127, 2002.

Huck, Winfried; Müller, Martin, Verwaltungsverfahrensgesetz: VwVfG, 3. Auflage 2020; zitiert: *Huck/Müller,* VwVfG.

Hufen, Friedhelm:
- Rechtsschutz gegen Festlegung von An- und Abflugstrecken, JuS 2001, S. 406-408; zitiert: *Hufen,* JuS 2001.
- Verfassungen – zwischen Recht und Politik, Festschrift zum 70. Geburtstag für Hans-Peter Schneider, 2008; zitiert: *Bearbeiter* in Hufen, Festschrift für Hans-Peter Schneider.

Hufen, Friedhelm; Siegel, Thorsten, Fehler im Verwaltungsverfahren, 6. Auflage 2018; zitiert: *Hufen/Siegel,* Fehler im Verwaltungsverfahren.

Hufen, Friedhelm; Leiß, Dieter, Ausgewählte Probleme beim Erlaß von Baumschutzverordnungen, BayVBl. 1987, S. 289-296; zitiert: *Hufen/Leiß,* BayVBl. 1987.

Huster, Stefan, Die Beobachtungspflicht des Gesetzgebers – Ein neues Instrument zur verfassungsrechtlichen Bewältigung es sozialen Wandels?, ZfRSoz 24, 2003, S. 3-26; zitiert: *Huster,* ZfRSoz 24 (2003).

Ibler, Martin:
- Die behördlichen Abwägungsspielräume bei Bauleitplanung und Planfeststellung, JuS 1990, S. 7-16; zitiert: *Ibler,* JuS 1990.
- Die Schranken planerischer Gestaltungsfreiheit im Planfeststellungsrecht, 1988; zitiert: *Ibler,* Schranken planerischer Gestaltungsfreiheit.
- Die Differenzierung zwischen Vorgangs- und Ergebniskontrolle bei planerischen Abwägungsentscheidungen, DVBl. 1988, S. 469-474; zitiert: *Ibler,* DVBl. 1988.

Idel, Walter, Zum unbestimmten Rechtsbegriff im öffentlichen Recht, NJW 1955, S. 733-736; zitiert: *Idel,* NJW 1955.

Ipsen, Jörn:
- Allgemeines Verwaltungsrecht, 6. Auflage 2009; zitiert: *Ipsen,* Allgemeines Verwaltungsrecht.
- Soll das kommunale Satzungsrecht gegenüber staatlicher und gerichtlicher Kontrolle gestärkt werden?, JZ 1990, S. 789-796; zitiert: *Ipsen,* JZ 1990.
- Rechtsfolgen der Verfassungswidrigkeit von Norm und Einzelakt (Studien und Materialien zur Verfassungsgerichtsbarkeit), 1980; zitiert: *Ipsen,* Verfassungswidrigkeit von Norm und Einzelakt.

Isensee, Josef; Kirchhof, Paul:
- Handbuch des Staatsrechts der Bundesrepublik Deutschland, Band II, Verfassungsstaat, 3. Auflage 2004; zitiert: *Bearbeiter* in Isensee/Kirchhof II.
- Handbuch des Staatsrechts der Bundesrepublik Deutschland, Band III, Das Handeln des Staates, 3. Auflage 2005; zitiert: *Bearbeiter* in Isensee/Kirchhof III.
- Handbuch des Staatsrechts der Bundesrepublik Deutschland, Band V, Rechtsquellen, Organisation, Finanzen, 3. Auflage 2007; zitiert: *Bearbeiter* in Isensee/Kirchhof V.
- Handbuch des Staatsrechts der Bundesrepublik Deutschland, Band VI, Bundesstaat, 3. Auflage 2008; zitiert: *Bearbeiter* in Isensee/Kirchhof VI.

Jacob, Thomas; Lau, Marcus, Beurteilungsspielraum und Einschätzungsprärogative - Zulässigkeit und Grenzen administrativer Letztentscheidungsmacht am Beispiel des Naturschutz- und Wasserrechts, NVwZ 2015, S. 241-248; zitiert: *Jacob/Lau,* NVwZ 2015.

Jäde, Henning, Entwicklungsgebot, Genehmigungspflicht und Anzeigeverfahren, BauR 1988, S. 163-169; zitiert: *Jäde,* BauR 1988.

Jahn, Friedrich-Adolf, Empfehlungen der Gemeinsamen Verfassungskommission zur Änderung und Ergänzung des Grundgesetzes, DVBl. 1994, S. 177-187; zitiert: *Jahn,* DVBl. 1994.

Jakobs, Michael, Der Grundsatz der Verhältnismäßigkeit: Mit einer exemplarischen Darstellung seiner Geltung im Atomrecht, 1985; zitiert: *Jakobs,* Der Grundsatz der Verhältnismäßigkeit.

Janning, Heinz, Kommunalverwaltung und Verwaltungsgerichtsbarkeit, DVBl. 1983, S. 401-415; zitiert: *Janning,* DVBl. 1983.

Jarass, Hans D., Die materiellen Voraussetzungen der Planfeststellung in neuerer Sicht – Dogmatische Grundlagen und praktische Folgen, insbesondere im Verkehrswegebereich, DVBl. 1998, S. 1202-1211; zitiert: *Jarass,* DVBl. 1998.

Jarass, Hans D.; Pieroth, Bodo, Grundgesetz Kommentar, 16. Auflage 2020; zitiert: *Bearbeiter* in Jarass/Pieroth, GG.

Jarosch, Roland, Die Fiktion des unbestimmten Rechtsbegriffs, DÖV 1974, S. 123-127; zitiert: *Jarosch,* DÖV 1974.

Jekewitz, Jürgen, Zielfestlegungen nach § 14 Abs. 2 Abfallgesetz – ein Regelungsinstrument mit fraglichen Rechtscharakter, DÖV 1990, S. 51-57; zitiert: *Jekewitz,* DÖV 1990.

Jellinek, Hansjörg:

- Ermessensausübung durch Verwaltungsbehörden, ZPR 1981, S. 68-70; zitiert: *Jellinek,* ZPR 1981.
- Veröffentlichung von verwaltungsinternen Ermessensrichtlinien, NJW 1981, S. 2235.

Jellinek, Walter:

- Gesetz, Gesetzesanwendung und Zweckmäßigkeitserwägung, 1913, zitiert: *Jellinek,* Gesetz, Gesetzesanwendung und Zweckmäßigkeitserwägung.
- Verwaltungsrecht, 1. Auflage 1928; zitiert: *Jellinek,* Verwaltungsrecht.

Jesch, Dietrich:

- Auslegung gegen den Wortlaut und Verordnungsgeber contra legem?, JZ 1963, S. 241-245; zitiert: *Jesch,* JZ 1963.
- Unbestimmter Rechtsbegriff und Ermessen in rechtstheoretischer und verfassungsrechtlicher Sicht, AöR 82, 1957, S. 163-249; zitiert: *Jesch,* AöR 82 (1957).

Jestaedt, Matthias, Hans Kelsen – Reine Rechtslehre, Studienausgabe der 1. Auflage 1934, 2008; zitiert: *Jestaedt,* Reine Rechtslehre.

Johlen, Heribert; Oerder, Michael, Münchner Anwaltshandbuch Verwaltungsrecht, 4. Auflage 2017; zitiert: *Bearbeiter* in Johlen/Oerder, Handbuch Verwaltungsrecht.

Jöhr, Eduard, Die verwaltungsgerichtliche Überprüfung des administrativen Ermessens, 1931; zitiert: *Jöhr,* Überprüfung des administrativen Ermessens.

Kaffenberger, Knut, Das intendierte Verwaltungsermessen, 2. Auflage 2017, zugleich Dissertation; zitiert: *Kaffenberger,* Das intendierte Verwaltungsermessen.

Kahl, Wolfgang; Waldhoff, Christian; Walter, Christian; Bonner Kommentar zum Grundgesetz, Loseblattsammlung, Werkstand: 211. Aktualisierung, 2021; zitiert: *Bearbeiter* in Bonner Kommentar.

Kahl, Wolfgang, Risikosteuerung durch Verwaltungsrecht - Ermöglichung oder Begrenzung von Innovationen?, DVBl. 2003, S. 1105-1118; zitiert: *Kahl,* DVBl 2003.

Kaiser, Anna-Bettina, Ausnahmeverfassungsrecht, 1. Auflage 2020; zitiert: *Kaiser,* Ausnahmeverfassungsrecht.

Kaufmann, Erich, Diskussionsbeitrag zur Aussprache des Zweiten Beratungsgegenstandes: Gesetzgeber und Verwaltung, VVDStRL 24, 1966, S. 219-221; zitiert: *Kaufmann,* VVDStRL 24 (1966).

Kelsen, Hans:

- Allgemeine Staatslehre, 1925; zitiert: *Kelsen,* Allgemeine Staatslehre.
- Hauptprobleme der Staatsrechtslehre, 1. Auflage 1911; zitiert: *Kelsen,* Hauptprobleme der Staatsrechtslehre.

Kellner, Hugo:

- Der sogenannte Beurteilungsspielraum in der verwaltungsgerichtlichen Prozeßpraxis, NJW 1966, S. 857-863; zitiert: *Kellner,* NJW 1966.
- Einiges zum behördlichen Ermessen, DÖV 1969, S. 309-313; zitiert: *Kellner,* DÖV 1969.
- Neue Erkenntnis zum sogenannten Beurteilungsspielraum?, DÖV 1972, S. 801-808; zitiert: *Kellner,* DÖV 1972.
- Zum Beurteilungsspielraum – Zugleich ein Beitrag zu den Verhandlungen der öffentlich-rechtlichen Abteilung des Deutschen Juristentages 1962 über Zusagen in der öffentlichen Verwaltung, DÖV 1962, S. 572-583; zitiert: *Kellner,* DÖV 1962.
- Zum gerichtlichen Rechtsschutz im besonderen Gewaltverhältnis, DÖV 1963, S. 418-429; zitiert: *Kellner,* DÖV 1963.

Keppeler, Jürgen, Die Grenzen des behördlichen Versagungsermessens unter besonderer Berücksichtigung des Zwecks der Ermächtigung, 1989; zitiert: *Keppeler,* Die Grenzen des behördlichen Versagungsermessens.

Kersten, Jens, Die Herstellung von Wettbewerb als Verwaltungsaufgabe, VVDStRL 69, 2010, S. 288-333; zitiert: *Kersten,* VVDStRL 69 (2010).

Kießling, Andrea:

- Anmerkung zur Entscheidung zu nächtlichen Ausgangsbeschränkungen in Hotspots wegen Corona-Pandemie, NJW 2021, S. 178-183; zitiert: NJW 2021 m. Anm. *Kießling.*
- Corona-Maßnahmen in Herbst und Winter 2021/22 nach Ende der „epidemischen Lage" – Update, NVwZ 2022, S. 15-19; zitiert: *Kießling,* NVwZ 2022.
- Infektionsschutzgesetz Kommentar, 1. Auflage 2020; zitiert: *Kießling,* IfSG.

Kind, Hansgeorg, Ist die gesetzliche Verpflichtung der Exekutive zur (letztverbindlichen) Auslegung eines „unbestimmten Rechtsbegriffs" durch Allgemeine Verwaltungsvorschriften verfassungswidrig?, DÖV 1988, S. 679-685; zitiert: *Kind,* DÖV 1988.

Kingreen, Thorsten:

- Der demokratische Rechtsstaat in der Corona-Pandemie, NJW 2021, S. 2766-2771; zitiert: *Kingreen,* NJW 2021.
- Whatever it Takes? Der demokratische Rechtsstaat in Zeiten von Corona, https://verfassungsblog.de/whatever-it-takes/, Abrufdatum: 13.6.2022; zitiert: *Kingreen,* Whatever it Takes?.

Kirchhof, Paul:
- Die Bestimmtheit und Offenheit der Rechtssprache, 1987; zitiert: *Kirchhof,* Rechtssprache.
- Unterschiedliche Rechtswidrigkeiten in einer einheitlichen Rechtsordnung, 1978; zitiert: *Kirchhof,* Unterschiedliche Rechtswidrigkeiten.
- Verwalten und Zeit, 1975; zitiert: *Kirchhof,* Verwalten und Zeit.

Kirchhof, Paul; Lehner, Moris; Raupach, Arndt, Rodi, Michael, Staaten und Steuern, Festschrift für Klaus Vogel zum 70. Geburtstag, Heidelberg 2000; zitiert: *Bearbeiter* in Kirchhof/Lehner, Festschrift für Klaus Vogel.

Kischel, Uwe, Die Begründung – Zur Erläuterung staatlicher Entscheidungen gegenüber dem Bürger, 2003; zitiert: Kischel, Die Begründung.

Kissel, Otto Rudolf, Grenzer der rechtsprechenden Gewalt, NJW 1982, S. 1777-1785; zitiert: *Kissel,* NJW 1982.

Klafki, Anika:
- Corona-Pandemie: Ausgangssperre bald auch in Deutschland?, JuWissBlog Nr. 27/2020 v. 18.3.2020, https://www.juwiss.de/27-2020/, Abrufdatum: 7.4.2022; zitiert: *Klafki,* JuWissBlog 27 (2020).
- Kontingenz des Rechts in der Krise, Rechtsempirische Analyse gerichtlicher Argumentationsmuster in der Corona-Pandemie, JöR 69 (2021), S. 584-618; zitiert: *Klafki,* JöR 69 (2021).
- Risiko und Recht. Risiken und Katastrophen im Spannungsfeld von Effektivität, demokratischer Legitimation und rechtsstaatlichen Grundsätzen am Beispiel von Pandemien, 2017; zitiert: *Klafki,* Risiko und Recht.
- Verwaltungsrechtliche Anwendungsfälle im Kontext der Covid-19-Pandemie, JuS 2020, S. 511-515; zitiert: *Klafki,* JuS 2020.

Klein, Rüdiger, Die Kongruenz des verwaltungsrechtlichen Ermessensbereichs und des Bereichs rechtlicher Mehrdeutigkeit, AöR 82, 1957, S. 75-122; zitiert: *Klein,* AöR 82 (1957).

Kloepfer, Michael:
- Abwägungsregeln bei Satzungsgebung und Gesetzgebung – Über Regelungen für den Erlaß von Rechtsnormenzitiert: *Kloepfer,* DVBl. 1995.
- Gesetzgebung im Rechtsstaat, VVDStRL 40 (1982), S. 65-96; zitiert: *Kloepfer,* VVDStRL 40 (1982).
- Umweltrecht, 4. Auflage 2014; zitiert: *Kloepfer,* Umweltrecht.

Kluckert, Sebastian, Das neue Infektionsschutzrecht, 1. Auflage 2020; zitiert: *Bearbeiter* in Kluckert, Infektionsschutzrecht.

Kment, Martin:

- Bindungswirkung der Grundsätze der Raumordnung gegenüber Personen des Privatrechts, NVwZ 2004, S. 155-158; zitiert: *Kment,* NVwZ 2004.
- Die unmittelbare Außenwirkung des Flächennutzungsplans, NVwZ 2004, S. 314; zitiert: *Kment,* NVwZ 2004.

Kment, Martin; Vorwalter, Sebastian, Beurteilungsspielraum und Ermessen, JuS 2015, S. 193-201; zitiert: *Kment/Vorwalter,* JuS 2015.

Knemeyer, Franz Ludwig:

- Der Schutz der Allgemeinheit und der individuellen Rechte durch die polizei- und ordnungsrechtlichen Handlungsvollmachten der Exekutive, VVDStRL 35, 1977, S. 221-288; zitiert: *Knemeyer,* VVDStRL 35 (1977).
- Staat - Kommunen, Gemeinden – Landkreise – Die Rastede-Entscheidung des Bundesverfassungsgerichts vom 23.11.1988 - 2 BvR 1619/83 = BVerfGE 79, 127, Der Staat 29, 1990, S. 406-414; zitiert: *Knemeyer,* Der Staat 1990, S. 406.

Koch, Hans-Joachim:

- Abwägungsvorgang und Abwägungsergebnis als Gegenstände gerichtlicher Plankontrolle, DVBl. 1989, S. 399-405; zitiert: *Koch,* DVBl. 1989.
- Das Abwägungsgebot im Planungsrecht, Einige Bemerkungen zur Intensität verwaltungsgerichtlicher Kontrolle, veranlaßt durch BVerwG, Urteil vom 21.8.1981 4 C 57/80DVBl. 1983, S. 1125-1133; zitiert: *Koch,* DVBl. 1983.
- Unbestimmte Rechtsbegriffe und Ermessensermächtigung im Verwaltungsrecht, 1979; zitiert: *Koch,* Unbestimmte Rechtsbegriffe.

Koch, Hans-Joachim; Hendler, Reinhard, Baurecht, Raumordnungs- und Landesplanungsrecht, 4. Auflage 2004; zitiert: Koch/Hendler, Baurecht.

Koch, Hans-Joachim; Rubel, Rüdiger; Heselhaus, Sebastian, Allgemeines Verwaltungsrecht, 3. Auflage 2003; zitiert: *Koch/Rubel,* Allgemeines Verwaltungsrecht.

Köck, Wolfgang:

- Der Umgang mit wissenschaftlicher Unsicherheit in der Rechtsprechung zum EU-Naturschutzrecht, ZUR 2022, S. 259-271; zitiert: *Köck,* ZUR 2022.
- Grenzwerte im Umweltrecht: Entwicklung – Rechtsbindung – Perspektiven – unter Berücksichtigung des Wasserrechts, ZUR 2020, S. 131-140; zitiert: *Köck,* ZUR 2020.

König, Hans-Günther, Verfassung und Verwaltung im Eingriffsrecht, BayVBl. 1983, S. 161-168; zitiert: *König,* BayVBl. 1983.

König, Helmut; Roeser, Thomas; Stock, Jürgen, Baunutzungsverordnung Kommentar, 5. Auflage 2022; zitiert: *Bearbeiter* in König/Roeser/Stock, BauNVO.

Kopp/Schenke, Verwaltungsgerichtsordnung Kommentar, 26. Auflage, 2020; zitiert: *Kopp/Schenke*, VwGO.

Korbmacher, Günther, Ermessen – unbestimmter Rechtsbegriff – Beurteilungsspielraum, DÖV 1965, S. 696-704; zitiert: *Korbmacher,* DÖV 1965.

Kotulla, Michael, Fortgeltung von Rechtsverordnungen nach Wegfall ihrer gesetzlichen Grundlagen?, NVwZ 2000, 1263-1265; zitiert: *Kotulla,* NVwZ 2000.

Krebs, Walter:
- Kontrolle in staatlichen Entscheidungsprozessen, 1984; zitiert: *Krebs,* Kontrolle in staatlichen Entscheidungsprozessen.
- Verwaltungskontrolle durch Verwaltungsgerichte, Die Verwaltung 21, 1988, S. 155-173; zitiert: *Krebs,* Die Verwaltung 21 (1988).

Krieger, Wolfgang, Ausbildungsprobleme in der Zahnmedizin unter dem Druck der Kapazitätsverordnung - Symposion an der Freien Universität Berlin vom 8.-9.2.1980, Dokumentationsreihe der FU Berlin, 1981; zitiert: *Krieger,* Ausbildungsprobleme in der Zahnmedizin.

Krings, Günter:
- Gesetzgebung in der Covid-19-Krise, ZRP 2020, S. 97; zitiert: *Krings,* ZRP 2020.
- Recht sichert Freiheit – CDU und CSU für einen (durchsetzungs)starken Rechtsstaat, ZRP 2022, S. 36-37; *Krings,* ZRP 2022.

Krupp, Gerrit, Rechtsnatur und Rechtwirkungen des Flächennutzungsplans, Dissertation, 2017; zitiert: *Krupp,* Rechtsnatur und Rechtwirkungen des Flächennutzungsplans.

Kruse, Johannes; Langner, Christian, Covid-19 vor Gericht: Eine quantitative Auswertung der verwaltungsgerichtlichen Judikatur, NJW 2021, S. 3707-3712; zitiert: *Kruse/Langner,* NJW 2021.

Kuhl, Thomas, Der Kernbereich der Exekutive, 1993; zitiert: *Kuhl,* Der Kernbereich der Exekutive.

Kupfer, Dominik, Lärmaktionsplanung – Effektives Instrument zum Schutz der Bevölkerung vor Umgebungslärm? Eine Klärung drängender Rechtsfragen, NVwZ 2012, S. 784-791; zitiert: *Kupfer,* NVwZ 2012.

Kühling, Jürgen, Fachplanungsrecht, 1988; zitiert: *Kühling,* Fachplanungsrecht.

Kühling, Jürgen; Hermann, Nikolaus, Fachplanungsrecht, 2. Auflage 2000; zitiert: *Kühling/Hermann,* Fachplanungsrecht.

Laband, Paul, Das Staatsrecht des Deutschen Reiches, Band II, 5. Auflage 1911, Tübingen; zitiert: *Laband,* Das Staatsrecht des Deutschen Reiches II.

Lampe, Mareike, Gerechtere Prüfungsentscheidungen - Möglichkeiten und Grenzen der Herbeiführung materieller Gerechtigkeit durch gerichtliche Kontrolle und Gestaltung des Verwaltungsverfahrens, 2017; zitiert: *Lampe,* Gerechtere Prüfungsentscheidungen.

Lange, Hans-Richard, Die neuere Rechtsprechung des Bundesverfassungsgerichts zu Rechtsverordnungsermächtigungen, JZ 1968, S. 417-422; zitiert: *Lange,* JZ 1968.

Lange, Klaus:
- Ermessens- und Beurteilungsspielräume als Transformatoren von Innen- und Außenrecht, NJW 1992, S. 1193-1197; zitiert: *Lange,* NJW 1992.
- Fehler kommunaler Satzungen und ihre Folgen, DVBl. 2017, S. 928-935; zitiert: *Lange,* DVBl. 2017.

Langstädler, Sarah, Effektiver Umweltrechtsschutz in Planungskaskaden – Untersucht für die Planungsverfahren des FStrG, NABEG und StandAG, Dissertation, 2020; zitiert: *Langstädler,* Effektiver Umweltrechtsschutz.

Larenz, Karl, Methodenlehre der Rechtswissenschaften, 5. Auflage 1983, Berlin/Heidelberg/New York; zitiert: *Larenz,* Methodenlehre.

Laub, Karin, Ermessensreduzierung in der verwaltungsgerichtlichen Rechtsprechung, Dissertation, 1999; zitiert: *Laub,* Ermessensreduzierung.

von Laun, Rudolf, Das freie Ermessen und seine Grenzen, 1910; zitiert: *v. Laun,* Das freie Ermessen und seine Grenzen.

Leisner, Anna:
- Geeignetheit als Rechtsbegriff – Ein Beitrag zur Dogmatik des Rechtsstaatsprinzips, dargestellt am Beispiel nicht durchgesetzter Parkverbote –, DÖV 1999, S. 807-815; zitiert: *Leisner,* DÖV 1999.
- Verwaltungsgesetzgebung durch Erlasse, JZ 2002, S. 219-231; zitiert: *Leisner,* JZ 2002.

Leisner, Walter, Der Abwägungsstaat – Verhältnismäßigkeit als Gerechtigkeit?, 1997; zitiert: *Leisner,* Der Abwägungsstaat.

Lembke, Ulrike, Einheit aus Erkenntnis? Die Unzulässigkeit der verfassungskonformen Gesetzesauslegung als Methode der Normkompatibilisierung durch Interpretation, 2009; zitiert: *Lembke,* Einheit aus Erkenntnis.

Lenk, Andreas, Neue Aktualität in Zeiten der Pandemie: Die einstweilige Anordnung im Normenkontrollverfahren (§ 47 VI VwGO), JA 2021, S. 388-395; zitiert: *Lenk,* JA 2021.

Lenz, Christopher, Die gerichtliche Kontrolldichte bei der Zulassung von Vorhaben, DVBl. 2018, S. 605-612; zitiert: Lenz, DVBl. 2018.

Lepa, Manfred, Verfassungsrechtliche Probleme der Rechtsetzung durch Rechtsverordnung, AöR 105 (1980), 337-370; zitiert: *Lepa,* AöR 105 (1980).

Lepsius, Oliver:

- Grundrechtsschutz in der Corona-Pandemie, RuP 2020, 258-281; zitiert: *Lepsius,* RuP 2020.
- Steuerungsdiskussion, Systemtheorie und Parlamentarismuskritik, 1999; zitiert: *Lepsius,* Steuerungsdiskussion.
- Normenhierarchie und Stufenbau der Rechtsordnung, JuS 2018, S. 950-954; zitiert: *Lepsius,* JuS 2018.
- Vom Niedergang grundrechtlicher Denkkategorien in der Corona-Pandemie, https://verfassungsblog.de/vom-niedergang-grundrechtlicher-denkkategorien-in-der-corona-pandemie/, v. 6.4.2020, Abrufdatum: 5.9.2022; zitiert: *Lepsius,* Vom Niedergang grundrechtlicher Denkkategorien.

Lerche, Peter, Übermaß und Verfassungsrecht, 1961; zitiert: *Lerche,* Übermaß und Verfassungsrecht.

Lindner, Josef Franz; Möstl, Markus; Wolff, Heinrich Amadeus, Verfassung des Freistaates Bayern, 2. Auflage 2017; zitiert: *Bearbeiter* in Lindner/Möstl/Wolff, Verfassung des Freistaates Bayern.

Lippold, Rainer, Recht und Ordnung - Statik und Dynamik der Rechtsordnung, 2000; zitiert: *Lippold,* Recht und Ordnung.

Loening, Hellmuth, Die gesetzliche Koppelung von unbestimmten Rechtsbegriffen und Ermessenstatbestand bei der Versagung und Entziehung von Begünstigungen, DVBl. 1952, S. 197-201 und S. 235-239; zitiert: *Loening,* DVBl. 1952.

Lohmann, Hans Henning, Die Zweckmäßigkeit der Ermessensausübung als verwaltungsrechtliches Rechtsprinzip, 1972; zitiert: *Lohmann,* Die Zweckmäßigkeit der Ermessensausübung.

Louis, Hans Walter, Wirksamkeitsvoraussetzungen und Regelungsinhalte naturschutzrechtlicher Verordnungen, DVBl. 1990, S. 800-804; zitiert: *Louis,* DVBl. 1990.

Loppuch, (Vorname nicht genannt), Die verwaltungsbehördliche Ermessensentscheidung und Ermessenshandlung, DVBl. 1955, S. 377-380 und S. 416-420 zitiert: *Loppuch,* DVBl. 1955.

Lorz, Albert; Müller, Markus; Stöckel, Heinz, Naturschutzrecht Kommentar, 2. Auflage, 2003; zitiert: *Lorz/Müller/Stöckel,* Naturschutzrecht.

Ludwigs, Markus, Das Regulierungsermessen als Herausforderung für die Letztentscheidungsdogmatik im Verwaltungsrecht, JZ 2009, S. 290-297; zitiert: *Ludwigs,* JZ 2009.

Lüdemann, Jörn, Die verfassungskonforme Auslegung von Gesetzen, JuS 2004, S. 27-30; zitiert: *Lüdemann,* JuS 2004.

Luhmann, Niklas,
- Legitimation durch Verfahren, 1983; zitiert: *Luhmann,* Legitimation durch Verfahren.
- Recht und Automation in der öffentlichen Verwaltung, 1966; zitiert: *Luhmann,* Recht und Automation.

Von Mangoldt, Hermann; Klein, Friedrich; Starck, Christian:
- Grundgesetz Kommentar, Band 1 – Präambel, Art. 1-19, 7. Auflage 2018; zitiert: *Bearbeiter* in v. Mangoldt/Klein/Starck, GG.
- Grundgesetz Kommentar, Band 2 – Art. 20-82, 7. Auflage 2018; zitiert: *Bearbeiter* in v. Mangoldt/Klein/Starck, GG.
- Grundgesetz Kommentar, Band 3 – Art. 83-146, 7. Auflage 2018; zitiert: *Bearbeiter* in v. Mangoldt/Klein/Starck, GG.

Marburger, Peter:
- Atomrechtliche Schadensvorsorge, 1983; zitiert: *Marburger,* Schadensvorsorge.
- Die Regeln der Technik im Recht, 1979; zitiert: *Marburger,* Regeln der Technik im Recht.

Martini, Mario; Ruschemeier, Hannah, Künstliche Intelligenz als Instrument des Umweltschutzes - Zur rechtlichen Bewertung der Umweltwirkungen intelligenter Technologien, ZUR 2021, S. 515-532; zitiert: *Martini/Ruschemeier,* ZUR 2021.

Masing:
- Rechtliche Grundlagen der Flugroutenplanung, I+E 2011, S. 270-280; zitiert: *Masing,* I+E 2011.
- Relativierung des Rechts durch Rücknahme verwaltungsgerichtlicher Kontrolle – Eine Kritik anlässlich der Rechtsprechungsänderung zu den „Sperrgrundstücken", NVwZ 2002, S. 810-815; zitiert: *Masing,* NVwZ 2002.

Maunz, Theodor, Selbstbindung der Verwaltung, DÖV 1981, S. 497-503; *Maunz,* DÖV 1981.

Maurer, Hartmut, Rechtsfragen kommunaler Satzungsgebung, DÖV 1993, S. 184-194; zitiert: *Maurer,* DÖV 1993

Maurer, Hartmut; Waldhoff, Christian, Allgemeines Verwaltungsrecht, 20. Auflage 2020; zitiert: *Maurer/Waldhoff,* Allmeines Verwaltungsrecht.

Mayen, Thomas, Das planungsrechtliche Abwägungsgebot im Telekommunikationsrecht – Dargestellt am Beispiel des § 21 TKG, NVwZ 2008, S. 835-842; zitiert: *Mayen,* NVwZ 2008.

Mayer, Christian, Die Nachbesserungspflicht des Gesetzgebers, 1996; zitiert: *Mayer,* Die Nachbesserungspflicht des Gesetzgebers.

Mayer, Friedrich Franz, Grundzüge des Verwaltungs-Rechts, 1862; zitiert: *Mayer,* Grundzüge des Verwaltungs-Rechts.

Mayer-Maly, Dorothea; Schambeck, Herbert; Grussmann, Wolf-Dietrich, Gesammelte Schriften, Band I, Teil 1: Grundlagen des Rechts, 1. Auflage 1993; zitiert: *Bearbeiter* in Mayer-Maly/Schambeck/Grussmann, Gesammelte Schriften I/1.

Meder, Theodor; Brechmann, Winfried, Die Verfassung des Freistaats Bayern, 6. Aufl. 2020; zitiert: *Bearbeiter* in Meder/Brechmann, Verfassung des Freistaats Bayern.

Meier, Norbert, Zur Zulässigkeit der Einführung einer Pferde- und Tierfuttersteuer auf kommunaler Ebene, KStZ 2010, S. 221-224; zitiert: *Meier,* KStZ 2010.

Menger, Christoph Friedrich, Buchbesprechung von Klaus Stern, Ermessen und unzulässige Ermessensausübung, DVBl. 1965, S. 662; zitiert: *Menger,* DVBl. 1965.

Merkl, Adolf:

- Allgemeines Verwaltungsrecht, 1927; zitiert: *Merkl,* Allgemeines Verwaltungsrecht.
- Demokratie und Verwaltung, 1923; zitiert: *Merkl,* Demokratie und Verwaltung.

Merten, Detlef; Schreckenberger, Waldemar, Kodifikation gestern und heute, 1995; zitiert: Bearbeiter in *Merten/Schreckenberger,* Kodifikation gestern und heute.

Merten, Detlef; Papier, Hans Jürgen, Handbuch der Grundrechte, Band III: 2009; *Bearbeiter* in Merten/Papier, Handbuch der Grundrechte [Band].

Meyer, Klaus, Zur gerichtlichen Überprüfung der Bauleitpläne, DVBl. 1968, S. 492-497; zitiert: *Meyer,* DVBl. 1968.

Meyn, Karl-Ulrich, Aspekte zur Problematik von Beurteilungsspielraum und Ermessen, JA 1980, S. 327-334; zitiert: *Meyn,* JA 1980.

Michaelis, Lars Oliver, Rechtsprechung Öffentliches Recht – Verwaltungsrecht, JA 1998, S. 453-455; zitiert: *Michaelis,* JA 1998.

Mitze, Timo; Kosfeld, Reinhold; Rode, Johannes; Wälde, Klaus, Face Masks Considerably Reduce COVID-19 Cases in Germany: A Synthetic Control Method Approach, abrufbar unter: https://docs.iza.org/dp13319.pdf, Abrufdatum: 7.7.2022; zitiert: *Mitze,* Face Masks Considerably Reduce COVID-19 Cases in Germany.

Möllers, Christoph, Gewaltengliederung – Legitimation und Dogmatik im nationalen und internationalen Rechtsvergleich, 1. Auflage 2005; zitiert: *Möllers,* Gewaltengliederung.

Moench, Christoph, Verfassungswidriges Gesetz und Normenkontrolle: Die Problematik der verfassungsgerichtlichen Sanktion, dargestellt anhand der Rechtsprechung des Bundesverfassungsgerichts, 1977; zitiert: *Moench,* Verfassungswidriges Gesetz.

Möstl, Markus, Anmerkung zu Christian Weitzels Justitiabilität des Rechtsetzungsermessens, S. 655-657; zitiert: *Möstl,* AöR 126 (2001).

Möstl, Markus; Schwabenbauer, Thomas, Beck'scher Online Kommentar, Polizei- und Sicherheitsrecht Bayern, 18. Edition 2022; zitiert: *Bearbeiter* in Möstl/Schwabenbauer, BeckOK Polizeirecht.

Montesquieu, Charles Baron de, L'Esprit des Lois, Tome Premier, Paris 1956; zitiert: *Montesquieu,* L'Esprit des Lois.

Morlok, Martin, Die Folgen von Verfahrensfehlern am Beispiel von kommunalen Satzungen, Berlin 1988; zitiert: *Morlok,* Die Folgen von Verfahrensfehlern.

Muckel, Stefan, Dürfen Fachgerichte das Fehlen einer gesetzlichen Grundlage für staatliches Handeln übergangsweise tolerieren?, NJW 1993, S. 2283-2286; zitiert: *Muckel,* NJW 1993.

Müller, Georg, Staatsorganisation und Staatsfunktionen im Wandel. Festschrift für Kurt Eichenberger zum 60. Geburtstag, 1982; zitiert: *Bearbeiter* in Müller, Festschrift für Kurt Eichenberger.

Müller, Horst-Joachim, Anmerkung zu BVerwG, Urt. v. 16.12.1972 – I C 31/68, NJW 1972, S. 1587-1588; zitiert: *Müller,* NJW 1972.

Müller-Ibold, Till, Die Begründungspflicht im europäischen Gemeinschaftsrecht und im deutschen Recht: Eine rechtsvergleichende Untersuchung, 1990; zitiert: *Müller-Ibold,* Begründungspflicht.

von Mutius, Albert:

- Grundrechtsschutz contra Verwaltungseffizienz im Verwaltungsverfahren?, NJW 1982, S. 2150-2160; zitiert: *v. Mutius,* NJW 1982.
- Grundfälle zum Kommunalrecht – Das Satzungsrecht der Gemeinden und Gemeindeverbände, JuS 1978, S. 181-187; zitiert: *v. Mutius,* JuS 1978.
- Zur Teilnichtigkeit kommunaler Satzungen, VerwArch 65, 1974, S. 91-98; zitiert: *v. Mutius,* VerwArch 65 (1974).

von Mutius, Albert; Sperlich, Klaus, Prüfungen auf dem Prüfstand – Die Beschlüsse des Bundesverfassungsgerichts vom 17.4.1991 zur gerichtlichen Kontrolle von Prüfungsentscheidungen, DÖV 1993, S. 45-53; zitiert: *v. Mutius/Sperlich,* DÖV 1993.

Nagel, Walter, Die Rechtskonkretisierungsbefugnis der Exekutive: Ermessenskategorien und verwaltungsgerichtliche Kontrolldichte, 1993; *Nagel,* Die Rechtskonkretisierungsbefugnis der Exekutive.

Naas, Stefan, Die Entstehung des Preußischen Polizeiverwaltungsgesetzes von 1931: Ein Beitrag zur Geschichte des Polizeirechts in der Weimarer Republik, 2003; zitiert: *Naas,* Die Entstehung des Preußischen Polizeiverwaltungsgesetzes.

Nell, Martin, Beurteilungsspielraum zugunsten Privater, 2010; zitiert: *Nell,* Beurteilungsspielraum.

Neumann, Manfred: Zur Kritik der kommunalen Verwaltungspraxis an der Verwaltungsgerichtsbarkeit, VR 1983, S. 14-17; zitiert: *Neumann,* VR 1983.

Neumann, Ulfried; von Savigny, Eike, Juristische Dogmatik und Wissenschaftstheorie, 1976; zitiert: *Bearbeiter* in Neumann/v. Savigny, Juristische Dogmatik.

Niehues, Norbert, Stärkere gerichtliche Kontrolle von Prüfungsentscheidungen, NJW 1991, S. 3001-3006; zitiert: *Niehues,* NJW 1991.

Nierhaus, Michael, Zur gerichtlichen Kontrolle von Prognoseentscheidungen der Verwaltung, DVBl. 1977, S. 19-26; zitiert: *Nierhaus,* DVBl. 1977.

Obermayer, Klaus,

- Das Verhaltensermessen der Verwaltungsbehörden, NJW 1963, S. 1177-1185; zitiert: *Obermayer,* NJW 1963.
- Die Beurteilungsfreiheit der Verwaltung, BayVBl. 1975, S. 275-263; zitiert: *Obermayer,* BayVBl. 1975.
- Grundzüge des Verwaltungsrechts und des Verwaltungsprozessrechts, 2. Auflage 1975; zitiert: *Obermayer,* Grundzüge des Verwaltungsrechts.
- Der Plan als verwaltungsrechtliches Institut, VVDStRL 18, 1960, S. 144-168; zitiert: *Obermayer,* VVDStRL 18 (1960).
- Verwaltungsrecht im Wandel, NJW 1987, S. 2642-2647; zitiert: *Obermayer,* NJW 1987, 2642.

Oberndorfer, Peter, Strukturproblem des Raumordnungsrechts, Die Verwaltung 5 (1972), S. 257-272; zitiert: *Oberndorfer,* Die Verwaltung 5 (1972).

Oebbecke, Janbernd, Kommunale Satzungsgebung und verwaltungsgerichtliche Kontrolle, NVwZ 2003, S. 1313-1317; zitiert: *Oebbecke,* NVwZ 2003.

Oerder, Michael, Grenzen der kommunalen Satzungsautonomie, NJW 1990, S. 2104-2108; zitiert: *Oerder* NJW 1990.

Ogorek, Markus, Bewegungsbeschränkungen für Bewohner von Corona-Hotspots, NJW 2021, S. 824-827; zitiert: *Ororek,* NJW 2021.

von Olshausen, Henning, Beurteilungsspielraum der Verwaltung und Rationalität der Rechtsanwendung – BVerwGE 39, 197, JuS 1973, S. 217-222; zitiert: *v. Olshausen,* JuS 1976.

Ortloff, Karsten-Michael, Die Entwicklung des Bauordnungsrechts, NVwZ 1999, S. 955-963; zitiert: *Ortloff,* NVwZ 1999.

Ossenbühl, Fritz:
- Der polizeiliche Ermessens- und Beurteilungsspielraum, DÖV 1976, S. 463-471; zitiert: *Ossenbühl,* DÖV 1976.
- Eine Fehlerlehre für untergesetzliche Normen, NJW 1986, S. 2805-2812; zitiert: *Ossenbühl,* NJW 1986.
- Ermessen, Verwaltungspolitik und unbestimmter Rechtsbegriff, DÖV 1970, S. 84-90; zitiert: *Ossenbühl,* DÖV 1970.
- 40 Jahre Bundesverwaltungsgericht. Bewahrung und Fortentwicklung des Rechtsstaats, DVBl. 1993, S. 753-762; zitiert: *Ossenbühl,* DVBl. 1993.
- Verwaltungsvorschriften und Grundgesetz, 1968; zitiert: *Ossenbühl,* Verwaltungsvorschriften und Grundgesetz.
- Vom unbestimmten Rechtsbegriff zur letztverbindlichen Verwaltungsentscheidung, DVBl. 1974, S. 309-313; zitiert: *Ossenbühl,* DVBl. 1974.
- Kontrolldichte bei der verwaltungsgerichtlichen Normenkontrolle von kommunalen Satzungen; zitiert, JZ 2003, S. 96-97; zitiert: *Ossenbühl,* JZ 2003.
- Zur Renaissance der administrativen Beurteilungsermächtigung – Rezension zum Urteil des BVerwG vom 1971-12-16 I C 31.68 = DÖV 1972, 419, DÖV 1972, S. 401-405; zitiert: *Ossenbühl,* DÖV 1972.
- Verwaltungsverfahren zwischen Verwaltungseffizienz und Rechtsschutzauftrag, NVwZ 1982, S. 465-472; zitiert: *Ossenbühl* NVwZ 1982.

Pabst, Heinz-Joachim, Intendiertes Ermessen und Normauslegungen, VerwArch 93, 2002; S. 540-560; zitiert: *Pabst,* VerwArch 93 (2002).

Pache, Eckhard, Tatbestandliche Abwägung und Beurteilungsspielraum, 2001; zitiert: *Pache,* Tatbestandliche Abwägung.

Paefgen, Thomas Christian, Gerichtliche Kontrolle administrativer Prognoseentscheidungen, BayVBl. 1986, S. 513-522 und 551-556; zitiert: *Paefgen,* BayVBl. 1986.

Papier, Hans-Jürgen:
- Die rechtlichen Grenzen der Bauleitplanung, DVBl. 1975, S. 461-467; zitiert: *Papier*, DVBl. 1975.
- Freiheitsrecht in Zeiten der Pandemie, DRiZ 2020, 180-183; zitiert: *Papier*, DRiZ 2020.
- Zur verwaltungsgerichtlichen Kontrolldichte, DÖV 1986, S. 621-628; zitiert: *Papier*, DÖV 1986.
- Der verfahrensfehlerhafte Staatsakt, 1973; zitiert: *Papier*, Der verfahrensfehlerhafte Staatsakt.

Papier, Hans-Jürgen; Krönke, Christoph, Grundkurs Öffentliches Recht 1, Grundlagen, Staatsstrukturprinzipien, Staatsorgane und -funktionen, 4. Auflage 2022; zitiert: *Papier/Krönke,* Öffentliches Recht.

Pastor, Thomas, Die Einhaltung des Curricularnormwerts im Studiengang Medizin als Problem im Kapazitätsprozess, NVwZ 2018, S. 119-125; zitiert: *Pastor*, NVwZ 2018.

Pautsch, Arne; Haug, Volker, Parlamentsvorbehalt und Corona-Verordnungen – ein Widerspruch, NJ 2020, S. 281-286; zitiert: *Pautsch/Haug*, NJ 2020.

Peters, Hans:
- Das freie Ermessen und die richterliche Nachprüfung von Verwaltungsakten, Sonderdruck aus Nr. 8 des Beamten Jahrbuch, August 1935; zitiert: *Peters*, Nachprüfung von Verwaltungsakten.
- Die Verwaltung als eigenständige Staatsgewalt, 1965; zitiert: *Peters*, Verwaltung als eigenständige Staatsgewalt.

Petersen, Niels, Das Satzungsrecht von Körperschaften gegenüber Externen, NVwZ 2013, S. 841-846; zitiert: *Petersen*, NVwZ 2013.

Pfefferl, Jörg, Die Dichotomie konditionaler und finaler Normen – Kritische Analyse der Dichotomie als Modell der Verwaltungssteuerung und Entwicklung eines materiellen Modells rechtlicher Determination, 2014; zitiert: *Pfefferl,* Dichotomie konditionaler und finaler Normen,

Philippi, Klaus Jürgen, Tatsachenfeststellungen des Bundesverfassungsgerichts, Köln, 1971; zitiert: *Philippi,* Tatsachenfeststellungen des Bundesverfassungsgerichts.

Pielow, Johann-Christian, Aktuelle Entwicklungen beim Rechtsschutz gegenüber untergesetzlichen Normen - Novellierung des § 47 VwGO, "prinzipale" Kontrolle von (Bundes-) Rechtsverordnungen, gemeinschaftsrechtliche Anforderungen an deutsche Umsetzungsakte – Habilitationsvortrag, Die Verwaltung, 32, 1999, S. 445-479; zitiert: *Pielow*, Die Verwaltung 32 (1999).

Pieroth, Bodo; Kemm, Siegmar, Beurteilungsspielraum und verwaltungsgerichtliche Kontrolldichte bei der Anerkennung eines besonderen pädagogischen Interesses an privaten Grundschulen - BVerfGE 88, 40, JuS 1995, S. 780-784; zitiert: *Pieroth/Kemm,* JuS 1995.

Pietzcker, Jost:
- Das Verwaltungsverfahren zwischen Verwaltungseffizienz und Rechtsschutzauftrag, VVDStRL 41, 1983, S. 193-231; zitiert: *Pietzcker,* VVDStRL 41 (1983).
- Inzidentverwerfung rechtswidriger untergesetzlicher Rechtsnormen durch die Verwaltung, DVBl. 1986, S. 806-809; zitiert: *Pietzcker,* DVBl. 1986.

Posser, Herbert; Wolff, Heinrich Amadeus, Beck'scher Online Kommentar, 60. Edition, Stand: 1.1.2022; zitiert: *Bearbeiter* in Posser/Wolff, BeckOK VwGO.

Praml, Rolf, Anmerkungen zur Novellierung des Bundes-Wasserrechts, NuR 1986, S. 66-70; zitiert: *Praml,* NuR 1986.

Püttner, Günter:
- Allgemeines Verwaltungsrecht, 7. Auflage, Düsseldorf 1995; zitiert: *Püttner,* Allgemeines Verwaltungsrecht.
- Festschrift für Otto Bachof zum 70. Geburtstag, 1984; zitiert: *Bearbeiter* in Püttner, Festschrift für Otto Bachof.

Quaas, Michael, Das Auseinanderdriften der obergerichtlichen Rechtsprechung zum kommunalen Abgabenrecht, NVwZ 2007, S. 757-764; zitiert: *Quaas,* NVwZ 2007.

Rauscher, Alexandra; Rauber, David, Nochmals: Zur Zulässigkeit der Einführung einer Pferdesteuer auf kommunaler Ebene, KStZ 2011, S. 161-164; zitiert: Rauscher/Rauber, KStZ 2011.

Recht als Prozess und Gefüge, Festschrift für Hans Huber zum 80. Geburtstag, 1981; zitiert: *Bearbeiter* in Recht als Prozess und Gefüge, Festschrift für Hans Huber.

Redeker, Konrad:
- Fragen der Kontrolldichte verwaltungsgerichtlicher Rechtsprechung, DÖV 1971, S. 757-762; zitiert: *Redeker,* DÖV 1971.
- Verfassungsgerichtliche Vorgaben zur Kontrolldichte verwaltungsgerichtlicher Rechtsprechung, NVwZ 1992, S. 305-309; zitiert: *Redeker,* NVwZ 1992.

Reidt, Olaf, Behördlicher Beurteilungsspielraum und Grundrechtsschutz, DÖV 1992, S. 916-921; zitiert: *Reidt,* DÖV 1992.

Reinhardt, Michael, Konsistente Jurisdiktion – Grundlagen einer verfassungsrechtlichen Theorie der rechtsgestaltenden Rechtsprechung, 1997; zitiert: *Reinhardt,* Konsistente Jurisdiktion.

Remmert, Barbara, Verfassungs- und verwaltungsgeschichtlich Grundlagen des Übermaßverbotes, 1995, zugleich Dissertation 1994; zitiert: *Remmert,* Grundlagen des Übermaßverbotes.

Renck, Ludwig, Anmerkung zu BayVGH, Urteil vom 1.4.1982, 15 N 81 A.1679, BayVBl. 1983, S. 86-87; zitiert: *Renck,* BayVBl. 1983.

Rengeling, Hans-Werner; Middeke, Andreas; Gellermann, Martin, Rechtsschutz in der Europäischen Union, München 1994; zitiert: *Rengeling/Middeke/Gellermann,* Rechtsschutz in der EU.

Rennert, Klaus, Die Verfassungswidrigkeit "falscher" Gerichtsentscheidungen, NJW 1991, S. 12-19: zitiert: *Rennert,* NJW 1991.

Reuß, Hermann,

- Das Ermessen. Versuch einer Begriffsklärung, DVBl. 1953, S. 585-589; zitiert: *Reuß,* Das Ermessen, DVBl. 1953.
- Der unbestimmte Rechtsbegriff. Seine Bedeutung und seine Problematik, DVBl. 1953, S. 649-655; zitiert: *Reuß,* Der unbestimmte Rechtsbegriff, DVBl. 1953.

Ress, Georg, Entwicklungstendenzen im Verwaltungsverfahrensrecht und in der Verwaltungsgerichtsbarkeit, 1990; zitiert: *Bearbeiter* in Ress, Entwicklungstendenzen im Verwaltungsverfahrensrecht.

Rhinow, Rene A., Rechtsetzung und Methodik, Basel/Stuttgart 1979; zitiert: *Rhinow,* Rechtsetzung.

Richterliche Rechtsfortbildung, Festschrift der Juristischen Fakultät zur 600-Jahr-Feier der Ruprecht-Karls-Universität Heidelberg, 1986; zitiert: *Bearbeiter* in Richterliche Rechtsfortbildung, Festschrift für die Universität Heidelberg.

Richter, Peter Sieghard, Sind die Grundsätze über Ermessensausübung beim Erlass von Verwaltungsakten übertragbar auf den Erlass von Rechtsverordnungen und Satzungen?, Dissertation, 1972; zitiert: *Richter,* Erlass von Rechtsverordnungen und Satzungen.

Rieble, Volker, Die Kontrolle des Ermessens der betriebsverfassungsrechtlichen Einigungsstellen, 1990; zugleich Dissertation, 1989; zitiert: *Rieble,* Ermessen der Einigungsstellen.

Rieger, Reinhard Hans Peter, Ermessen und innerdienstliche Weisung, Dissertation 1991; zitiert: *Rieger,* Ermessen und innerdienstliche Weisung.

Ritter, Ernst-Hasso, Grenzen der verwaltungsgerichtlichen Normenkontrolle, DÖV 1976, S. 802-810; zitiert: *Ritter,* DÖV 1976.

Rixen, Stephan:
- Gesundheitsschutz in der Coronavirus-Krise – Die (Neu-)Regelungen des Infektionsschutzgesetzes, NJW 2020, S. 1097-1103; zitiert: *Rixen,* NJW 2020.
- Grenzenloser Infektionsschutz in der Corona-Krise?, RuP 56, 2020, S. 109-117; zitiert: *Rixen,* RuP 56 (2020).

Robert Koch-Institut:
- Epidemiologisches Bulletin, abrufbar unter: https://www.rki.de/DE/Home/homepage_node.html; zitiert: RKI, Epidemiologisches Bulletin.
- Täglicher Lagebericht des RKI zur Coronavirus-Krankheit-2019 (Covid-19), abrufbar unter: https://www.rki.de/DE/Home/homepage_node.html; zitiert: RKI, Situationsbericht v. [Datum].

Roellecke, Gerd, Die Bindung des Richters an Gesetz und Verfassung, VVDStRL 34, 1976, S. 7-42; zitiert: *Roellecke,* VVDStRL 34 (1976).

Rösch, Klaus-Dieter, Die Ermittlung und Bestimmung von Beitragssätzen für leitungsgebundene Einrichtungen - unter besonderer Berücksichtigung der Rechtsprechung des HessVGH, HGZ 1990, S. 46-47; zitiert: *Rösch,* HGZ 1990.

Röthel, Anne, Techniksteuernde Grenzwerte – Gewöhnungseffekte und Zukunftsaufgaben, JZ 2013, S. 1136-1143; zitiert: *Röthel,* JZ 2013.

Ronellenfitsch:
- Neues Verkehrswegeplanungsrecht, DVBl. 1994, S. 441-449; zitiert: *Ronellenfitsch,* DVBl. 1994.
- Rechtsfolgen fehlerhafter Planung, NVwZ 1999, S. 583-590; zitiert: *Ronellenfitsch,* NVwZ 1999.

Rossen-Stadfeld, Helge, Beurteilungsspielräume der Medienaufsicht, ZUM 2008, S. 457-475; zitiert: *Rossen-Stadfeld,* ZUM 2008.

Roßnagel, Alexander, Nachbesserungspflichten des Gesetzgebers im Atomrecht – Zum Parlamentsvorbehalt für die Plutonium-Verarbeitung, JZ 1985, 714-717; zitiert: *Roßnagel,* JZ 1985.

Rubel, Rüdiger, Planungsermessen. Norm- und Begründungsstruktur, 1982; zitiert: *Rubel,* Planungsermessen.

Rütz, Nicole, Unwirksamkeit von Rechtsverordnungen nach Wegfall ihrer Ermächtigungsgrundlage?, Jura 2005, 821-824; zitiert: *Rütz,* Jura 2005.

Rupp, Hans Heinrich:

- Ermessensspielraum und Rechtsstaatlichkeit, NJW 1969 S. 1273-1278; zitiert: *Rupp,* NJW 1969.
- Fluglärm: Rechtsschutz gegen die Festlegung von An- und Abflugwegen von und zu Flughäfen durch das Luftfahrt-Bundesamt, NVwZ 2002, S. 286-290; zitiert: *Rupp,* NVwZ 2002.
- Zugleich ein Beitrag zur verwaltungsgerichtlichen Klage gegen Rechtsverordnungen des Bundes
- Grundfragen der heutigen Verwaltungsrechtslehre, 2. Auflage 1991; zitiert: *Rupp,* Grundfragen der heutigen Verwaltungsrechtslehre.

Sachs, Michael:

- Anmerkung zu Thomas von Danwitz: Die Gestaltungsfreiheit des Verordnungsgebers, AöR 117, 1992, S. 135-139; zitiert: *Sachs,* AöR 117 (1992).
- Grundgesetz Kommentar, 8. Auflage 2018; zitiert: *Bearbeiter* in Sachs, GG.

Salzwedel, Jürgen, Risiko im Umweltrecht – Zuständigkeit, Verfahren und Maßstäbe der Bewertung, NVwZ 1987, S. 276-279; zitiert: *Salzwedel,* NVwZ 1987.

Sangs, André, Das Dritte Gesetz zum Schutz der Bevölkerung bei einer epidemischen Lage von nationaler Tragweite und Gesetzgebung während der Pandemie, NVwZ 2020, S. 1780-1785; zitiert: *Sangs,* NVwZ 2020.

Saurer, Johannes:

- Die Funktionen der Rechtsverordnung, Der gesetzgeberische Zuschnitt des Aufgaben- und Leistungsprofils exekutiver Rechtsetzung als Problem des Verfassungsrechts, ausgehend vom Referenzgebiet des Umweltrechts, Dissertation 2005; zitiert: *Saurer,* Funktionen der Rechtverordnung.
- Die Mitwirkung des Bundestages an der Verordnungsgebung nach § 48b BImSchG, NVwZ 2003, S. 1176-1182; zitiert: *Saurer,* NVwZ 2003.

Scheidler, Alfred, Der funktionslos gewordene Bebauungsplan, UPR 2017, S. 201-2017; zitiert: *Scheidler,* UPR 2017, S. 201 ff.

Schenke, Wolf- Rüdiger:

- Das Verwaltungsverfahren zwischen Verwaltungseffizienz und Rechtsschutzauftrag, VBlBW. 1982, S. 313-326; zitiert: *Schenke,* VBlBW. 1982.
- Die einstweilige Anordnung in Verbindung mit der verwaltungsgerichtlichen Normenkontrolle (§ 47 VII VwGO), DVBl. 1979, S. 169-178; zitiert: *Schenke,* DVBl. 1979.
- Rechtsprechungsübersicht zum Verwaltungsprozeß, JZ 1996, S. 998-1012; S. 1055-1070; S. 1103- 1119; S. 1155-1170; zitiert Schenke, JZ 1996.
- Rechtliche Grenzen der Rechtsetzungsbefugnisse von Ärztekammern, NJW 1991, S. 2313-2321; zitiert: *Schenke,* NJW 1991.
- Rechtsschutz gegen Flächennutzungspläne, NVwZ 2007, S. 134-144; zitieret: *Schenke,* NVwZ 2007.
- Rechtsschutz gegen normatives Unrecht, JZ 2006, S. 1004-1013; zitiert: *Schenke,* JZ 2006.
- Verwaltungsprozessrecht, 11. Auflage 2007; zitiert: *Schenke,* Verwaltungsprozessrecht.

Scheuner, Peter; v. Münch, Ingo, Gedächtnisschrift für Wolfgang Martens, 1987; zitiert: *Bearbeiter* in Scheuner/v. Münch, Gedächtnisschrift für Wolfgang Martens.

Scheuner, Ulrich:

- Das Gesetz als Auftrag der Verwaltung, DÖV 1969, S. 585-593; zitiert: *Scheuner,* DÖV 1969.
- Zur Frage der Nachprüfung des Ermessens durch die Gerichte, VerwArch 33, 1928, S. 68 ff.; zitiert: *Scheuner,* VerwArch 33 (1928).

Schieder, Hans; Happ, Michael, Bayerisches Kommunalabgabengesetz, Werkstand: Dezember 2018, zitiert: *Bearbeiter* in Schieder/Happ, BayKAG.

Schink, Alexander:

- Die planerische Steuerung von Windenergieanlagen und Abgrabungen - Harte und weiche Tabuzonen, UPR 2016, S. 366-376; zitiert: *Schink,* UPR 2016.
- Kommunale Selbstverwaltung im kreisangehörigen Raum – Verfassungsrechtliche Determinanten für die Zuständigkeitsdisposition zwischen Kreisen und kreisangehörigen Gemeinden –, VerwArch 81, 1990, S. 385-414; zitiert: *Schink*, VerwArch 81 (1990).

Schlacke, Sabine, Bundesfachplanung für Höchstspannungsleitungen – Der Schutz von Natur und Landschaft in der SUP und der fachplanerischen Abwägung, NVwZ 2015, S. 626-633; zitiert: *Schlacke,* NVwZ 2015.

Schlaich, Klaus, Beitrag zur Aussprache zur Verfassungsgerichtsbarkeit im Gefüge der Staatsfunktionen, VVDStRL 39 (1981), S. 195-196; zitiert: *Schlaich,* VVDStRL 39 (1981).

Schlaich, Klaus; Korioth, Stefan, Das Bundesverfassungsgericht – Stellung, Verfahren, Entscheidungen, 12. Auflage 2021; zitiert: *Schlaich/Korioth*, Das Bundesverfassungsgericht.

Schleicher, Rüdiger; Reymann, Friedrich; Abraham, Hans-Jürgen, Das Recht der Luftfahrt, 2. Band, 3. Auflage 1966; zitiert: *Schleicher/Reymann/Abraham*, Das Recht der Luftfahrt.

Schlez, Georg, Bundesbaugesetz Kommentar, 2. Auflage 1980; zitiert: *Schlez*, BBauG Kommentar.

Schlichter, Otto; Stich, Rudolf; Tittel, Joachim, Bundesbaugesetz-Kommentar, 3. Auflage 1979; zitiert: *Bearbeiter* in Schlichter/ Stich/Tittel, BBauG.

Schlink, Bernhard, Abwägung im Verfassungsrecht, 1976; zitiert: *Schlink*, Abwägung im Verfassungsrecht.

Schmaltz, Hans Karsten, Rechtsfolgen der Verletzung von Verfahrens- und Formvorschriften von Bauleitplänen nach § 214 BauGB, DVBl. 1990, S. 77-81; zitiert: *Schmaltz*, DVBl. 1990.

Schmatz, Hans Peter, Die Grenze des Opportunitätsprinzips im heutigen deutschen Polizeirecht, 1966; zitiert: *Schmatz*, Grenze des Opportunitätsprinzips.

Schmehl, Arndt, Das Äquivalenzprinzip im Recht der Staatsfinanzierung, 2004; zitiert: *Schmehl*, Das Äquivalenzprinzip.

Schmidbauer, Wilhelm; Steiner, Udo, Polizeiaufgabengesetz – Polizeiorganisationsgesetz, 5. Auflage 2005; zitiert: *Bearbeiter* in Schmidbauer/Steiner, PAG/POG.

Schmidt-Aßmann, Eberhard:

- Das allgemeine Verwaltungsrecht als Ordnungsidee, 2. Auflage 2006; zitiert: *Schmidt-Aßmann*, Ordnungsidee.
- Die kommunale Rechtsetzung im Gefüge der administrativen Handlungsformen und Rechtsquellen: Aufgabe, Verfahren, Rechtsschutz, 1981; zitiert: *Schmidt-Aßmann*, Die kommunale Rechtsetzung.
- Die Kontrolldichte der Verwaltungsgerichte - Verfassungsgerichtliche Vorgaben und Perspektiven, DVBl. 1997, S. 281-289; zitiert: *Schmidt-Aßmann*, DVBl. 1997.
- Die Novelle zum Bundesbaugesetzbuch, NJW 1976, S. 1913-1918; zitiert: *Schmidt-Aßmann*, NJW 1976.
- Grundfragen des Städtebaurechts, 1972; zitiert: *Schmidt-Aßmann*, Grundfragen des Städtebaurechts.
- Verwaltungsverantwortung und Verwaltungsgerichtsbarkeit, VVDStRL 34, 1975, S. 222-274.; zitiert: *Schmidt-Aßmann*, VVDStRL 34 (1975).

Schmidt-Aßmann, Eberhard; Groß, Thomas, Zur verwaltungsgerichtlichen Kontrolldichte nach der Privatgrundschulentscheidung des BVerfG, NVwZ 1993, S. 617 ff.; zitiert: *Schmidt-Aßmann/Groß,* NVwZ 1993.

Schmidt-Aßmann, Eberhard; Sellner, Dieter; Hirsch, Günter; Kemper, Gerd-Heinrich; Lehmann-Grube Hinrich, Festgabe 50 Jahre Bundesverwaltungsgericht, 2003; zitiert: *Bearbeiter* in Schmidt-Aßmann/Sellner, Festgabe 50 Jahre BVerwG.

Schmidt-Bleibtreu, Bruno; Klein, Franz; Bethge, Herbert, Bundesverfassungsgerichtsgesetz Kommentar Band 1, 61. Ergänzungslieferung 2021; zitiert: *Bearbeiter* in Schmidt-Bleibtreu/Klein/Bethge, BVerfGG.

Schmidt-Eichstaedt, Gerd:

- Der Konkretisierungsauftrag der Verwaltung beim Vollzug öffentlich-rechtlicher Normen, DVBl. 1985, S. 645-651; zitiert: *Schmidt-Eichstaedt,* DVBl. 1985.
- Ermessen, Beurteilungsspielraum und eigenverantwortliches Handeln der Verwaltung, AöR 98, 1973, S. 173-195; zitiert: *Schmidt-Eichstaedt,* AöR 98 (1973).

Schmidt, Hubert, COVID-19, Rechtsfragen zur Corona-Krise, 2. Auflage 2020; zitiert: *Bearbeiter* in Schmidt, Rechtsfragen zur Corona-Krise.

Schmidt-Jortzig, Edzard, Kommunalverwaltung und Verwaltungsgerichtsbarkeit, NJW 1983, S. 967-973; zitiert: *Schmidt-Jortzig,* NJW 1983.

Schmidt-Salzer, Joachim:

- Anmerkung zum Urteil des OVG Lüneburg 25.11.1968 – IV OVG A 138/67, DVBl. 1970, S. 182-186; zitiert: *Schmidt-Salzer,* DVBl. 1970.
- Der Beurteilungsspielraum der Verwaltungsbehörden, 1968; zitiert: *Schmidt-Salzer,* Der Beurteilungsspielraum.
- Die normstrukturelle und dogmatische Bedeutung der Ermessenermächtigung, VerwArch 60, 1969, S. 261-290; zitiert: *Schmidt-Salzer,* VerwArch 60 (1969).

Schmidt, Thorsten Ingo, Der Stufenbau der Rechtsordnung, Jura 9, 2020, S. 896-905; zitiert: *Schmidt,* Jura 9 (2020).

Schmidt, Walter,

- Abschied vom unbestimmten Rechtsbegriff, NJW 1975, S. 1753-1758; zitiert: *Schmidt,* NJW 1975.
- Der Ermessensrahmen bei der Versagung einer straßenrechtlichen Sondernutzungserlaubnis, NVwZ 1985, S. 167-170; zitiert: *Schmidt,* NVwZ 1985.
- Gesetzesvollziehung durch Rechtsetzung; zitiert: *Schmidt,* Gesetzesvollziehung.

Schmitt, Carl, Verfassungslehre, 1928; zitiert: Schmitt, Verfassungslehre.

Schmitt, Felix:
- Die Verfassungswidrigkeit der landesweiten Ausgangsverbote, NJW 2020, S. 1626-1631; zitiert: *Schmitt,* NJW 2020.
- Anmerkung zu BayVGH, Beschluss vom 28.4.2020, 20 NE 20.849, BayVBl. 2020, S. 519-522; zitiert: *Schmitt,* BayVBl. 2020.
- Solutionismus, Technokratie und Entdemokratisierung – Corona und die lange Stunde der Exekutive, JöR 69 (2021), S. 467-486; zitiert; *Schmitt,* JöR 69 (2021).

Schmitz, Holger; Neubert, Carl-Wendelin, Praktische Konkordanz - Vorübergehende Zulässigkeit schwerster Grundrechtseingriffe zum Schutz kollidierenden Verfassungsrechts am Beispiel von Covid-19-Schutzmaßnahmen, NVwZ 2020, S. 666-671; zitiert: *Schmitz/Neubert,* NVwZ 2020.

Schnelle, Simon, Eine Fehlerfolgenlehre für Rechtsverordnungen, 2007; zitiert: *Schnelle,* Eine Fehlerfolgenlehre für Rechtsverordnungen.

Schoch, Friedrich:
- Besonderes Verwaltungsrecht, 15. Auflage 2013; zitiert: *Bearbeiter* in Schoch, Besonderes Verwaltungsrecht.
- Das verwaltungsbehördliche Ermessen, Jura 2004 S. 462-469; zitiert: *Schoch,* Jura 2004.
- Das „intendierte Ermessen", Jura 2010, S. 358-362; zitiert: *Schoch,* Jura 2010.
- Der Prüfungs- und Entscheidungsmaßstab im Normenkontroll-Eilverfahren, NVwZ 2022, S. 1-8; zitiert: *Schoch,* NVwZ 2022.
- Die Allgemeinverfügung (§ 35 S. 2 VwVfG), Jura 2012, S. 27-32; zitiert: *Schoch,* Jura 2012.
- Soll das kommunale Satzungsrecht gegenüber staatlicher und gerichtlicher Kontrolle gestärkt werden?, NVwZ 1990, S. 801-810; zitiert: *Schoch,* NVwZ 1990.
- Zur Situation der kommunalen Selbstverwaltung nach der Rastede-Entscheidung des Bundesverfassungsgerichts, VerwArch 81, 1990, S. 18-54; zitiert: *Schoch,* VerwArch 81 (1990).

Schoch, Friedrich; Schmidt-Aßmann, Eberhardt; Pietzner, Rainer, Verwaltungsgerichtsordnung, Loseblattkommentar, 18. Ergänzungslieferung 2009; zitiert: *Bearbeiter* in Schoch/Schmidt-Aßmann/Pietzner, VwGO.

Schoch, Friedrich; Schneider, Jens-Peter, Loseblatt Kommentar Verwaltungsgerichtsordnung, Werkstand: 40. Ergänzungslieferung, Februar 2021; zitiert: *Bearbeiter* in Schoch/Schneider, VwGO.

Schoch, Friedrich; Schneider, Jens-Peter, Verwaltungsverfahrensgesetz, Werkstand: Grundwerk Juli 2020; zitiert: *Schoch/Schneider,* VwVfG.

Schönenbroicher, Klaus, Einige Bemerkungen zum Verhältnis von Gesetz und Rechtsverordnung, BayVBl. 2011, 624-626; zitiert: *Schönenbroicher,* BayVBl. 2011.

Schönke, Adolf; Schröder, Horst, Strafgesetzbuch Kommentar, 30. Auflage 2019; zitiert: *Bearbeiter* in Schönke/Schröder, StGB.

Schönleiter, Ulrich, Gaststättengesetz Kommentar, 1. Auflage 2012; zitiert: *Schönleiter,* GaststättenG.

Schöpfer, Siegfried R., Die ablehnende Entscheidung nach § 172 BauGB - gebundene Entscheidung oder Ermessensentscheidung?, NVwZ 1991, S. 551-553; zitiert: *Schöpfer,* NVwZ 1991.

Scholz, Johann:

- Aktuelle Fragen zum Abwasserbeitragsrecht, VBlBW. 1987, S. 42-53; zitiert: *Scholz,* VBlBW. 1987.
- Die kommunale Nutzungsgebühr, Eine systematische Übersicht unter Berücksichtigung der Rechtsprechung des Verwaltungsgerichtshofs Baden-Württemberg, BWGZ 1989, S. 239-257; zitiert: *Scholz,* BWGZ 1989.

Scholz, Rupert:

- Verwaltungsverantwortung und Verwaltungsgerichtsbarkeit, VVDStRL 34, 1976, S. 145 ff.; zitiert: *Scholz,* VVDStRL 34 (1976).
- Wirtschaftsaufsicht und subjektiver Konkurrentenschutz, 1971; zitiert: *Scholz,* Wirtschaftsaufsicht.

Schramm, Theodor, Zum Stellenwert von Plänen in der Rechtsnormhierarchie am Beispiel der Raumplanung, zitiert, Schramm, DVBl. 1974, S. 647-651; zitiert: *Schramm,* DVBl. 1974.

Schreven, Hans, Prognoseentscheidungen der Exekutive, Dissertation 1977; zitiert: *Schreven,* Prognoseentscheidungen.

Schröder, Meinhard, Die richterliche Kontrolle des Planungsermessens: Überlegungen zum Urteil des BVerwG vom 5.7.1974 (Flachglasfall), DÖV 1975, S. 308-312; zitiert: *Schröder,* DÖV 1975.

Schrödter, BBauG-Kommentar, 4. Auflage; zitiert: *Schrödter,* BBauG.

Schröppel, Otto; Schübel-Pfister, Isabel, Aktuelles Verwaltungsprozessrecht, JuS 2007, S. 1001-1006; zitiert: *Schröppel/Schübel-Pfister,* JuS 2007.

Schüren, Jonas; Kramer, Malte, EuGH-Entscheidung zum UmwRG: Das Aus für materielle Präklusion und traditionelle Verfahrensfehlerfolgenlehre?, ZUR 2016, S. 400-407; zitiert: *Schüren/Kramer,* ZUR 2016.

Schulze-Eickenbusch, Knut, Der Umfang des Entscheidungsermessens bei Gesetzgebungsakten, Unter Berücksichtigung von abgeleiteter Gesetzgebung, Dissertation 1972; zitiert: *Schulze-Eickenbusch,* Der Umfang des Entscheidungsermessens.

Schulze-Fielitz, Helmuth:

- Das Flachglasurteil des Bundesverwaltungsgerichts – BVerwGE 45, 309 – zur Entwicklung der Diskussion um das planungsrechtliche Abwägungsgebot, Jura 1992, S. 201-208; zitiert: *Schulze-Fielitz,* Jura 1992.
- Neue Kriterien für die verwaltungsgerichtliche Kontrolldichte bei der Anwendung unbestimmter Rechtsbegriffe, JZ 1993, S. 772-781; zitiert: *Schulze-Fielitz,* JZ 1993.

Schuppert, Gunnar Folke, Self-restraints der Rechtsprechung – Überlegungen zur Kontrolldichte in der Verfassungs- und Verwaltungsgerichtsbarkeit, DVBl. 1988, S. 1191-1200; zitiert: *Schuppert,* DVBl. 1988.

Schnur, Roman:

- Politische Entscheidungen und räumliche Interessen, Die Verwaltung 3, 1970, S. 257-281; zitiert: *Schnur,* Die Verwaltung 3 (1970).
- Zur Abgrenzung der gemeindlichen Aufgaben von den Aufgaben der Kreise gemäß Art. 28 Abs. 2 GG, Die Verwaltung 19, 1986, S. 39-64; zitiert: *Schnur,* Die Verwaltung 19 (1986).

Schwabenbauer, Thomas; Kling, Michael, Gerichtliche Kontrolle administrativer Prognoseentscheidungen am Merkmal der "Zuverlässigkeit", VerwArch 101, 2010, S. 231-256; zitiert: *Schwabenbauer/Kling,* VerwArch 101 (2010).

Schwan, Hartmut, Amtsermittlungsgrundsatz im Verwaltungsprozess, ThürVBl. 2015, S. 181-185; zitiert: *Schwan,* ThürVBl. 2015.

Schwarze, Jürgen, Europäisches Verwaltungsrecht, Baden-Baden 1988; zitiert: *Schwarze,* Europäisches Verwaltungsrecht.

Schwarz, Thomas:

- Die Zitiergebote im Grundgesetz, 2002; zitiert: *Schwarz,* Die Zitiergebote im Grundgesetz.
- Das Zitiergebot bei Rechtsverordnungen (Art. 80 Abs. 1 Satz 3 GG), DÖV 2002, S. 852-857; zitiert: *Schwarz,* DÖV 2002.

Schwarz, Kyrill-Alexander, Finanzverfassung und kommunale Selbstverwaltung, 1996; zitiert: *Schwarz,* Finanzverfassung und kommunale Selbstverwaltung.

Schwerdtfeger, Gunther, Rechtsfolgen von Abwägungsdefiziten in der Bauleitplanung – BVerwGE 64, 33, JuS 1983, S. 270-273; zitiert: *Schwerdtfeger,* JuS 1983.

Seebass, Friedrich, Eine Wende im Prüfungsrecht? Zur Rechtsprechung des BVerfG und ihren Folgen, NVwZ 1992, S. 609-618; zitiert: *Seebass,* NVwZ 1992.

Seidler, Hanns-Hermann, Rechtsschutz bei staatlicher Wirtschaftsplanung, 1973; zitiert: *Seidler,* Rechtsschutz bei staatlicher Wirtschaftsplanung.

Seiler, Christian, Verwaltungsprozessualer Rechtsschutz gegen normatives Unrecht – Der Beschluss des BVerfG vom 17. Januar 2006 zur Erschöpfung des Rechtsweges durch Feststellungsklagen gegen Rechtsverordnungen, DVBl. 2007, S. 538-544; zitiert: *Seiler,* DVBl. 2007.

Sendler, Horst,
- Der Jubilar, der Grundsatz der Planerhaltung und das Richterrecht, DVBl. 2005, S. 659-667; zitiert: *Sendler,* DVBl. 2005.
- Die Bedeutung des Abwägungsgebots in § 1 Abs. 6 BauGB für die Berücksichtigung der Belange des Umweltschutzes in der Bauleitplanung, UPR 1995, S. 41-49; zitiert: *Sendler,* UPR 1995.
- Die neue Rechtsprechung des Bundesverfassungsgerichts zu den Anforderungen an die verwaltungsgerichtliche Kontrolle, DVBl. 1994, S. 1089-1101; zitiert: *Sendler,* DVBl. 1994.
- Die öffentliche Verwaltung zwischen Scylla und Charybdis, NJW 1986, S. 1084-1087; zitiert: *Sendler,* NJW 1986.
- Ist das Umweltrecht normierbar?, UPR 1981, S. 1-14; zitiert: *Sendler,* UPR 1981.
- Normkonkretisierende Verwaltungsvorschriften im Umweltrecht, UPR 1993, S. 321-329; zitiert: *Sendler,* UPR 1993.
- Prognosespielraum bei Abgabenkalkulation; Grenzen gerichtlicher Kontrolle, DVBl. 2002, S. 1412-1414; zitiert: *Sendler,* DVBl. 2002.

Sethy, Andreas, Ermessen und unbestimmter Rechtsbegriff, 1973; zitiert: *Sethy,* Ermessen und unbestimmter Rechtsbegriff.

Sieckmann, Jan-R., Beurteilungsspielräume und richterliche Kontrollkompetenzen, DVBl. 1997, S. 101-107; zitiert: *Sieckmann,* DVBl. 1997.

Siegel, Thorsten, Verwaltungsrecht im Krisenmodus, NVwZ 2020, S. 577-584; zitiert: *Siegel,* NVwZ 2020.

Sinn, Helmut, Die Änderung gesetzlicher Regelungen durch einfache Rechtsverordnung, 1971; zitiert: *Sinn,* Änderung gesetzlicher Regelungen.

Skouris, Vassilios, Der Vorrang des Europäischen Unionsrechts vor dem nationalen Recht. Unionsrecht bricht nationales Recht, EuR 2021, S. 3-28; zitiert: *Skouris,* EuR 2021.

Smeddinck, Ulrich, Der unbestimmte Rechtsbegriff - strikte Bindung oder Tatbestandsermessen?, DÖV 1998, 370-377; zitiert: *Smeddinck,* DÖB 1998.

Sobota, Katharina, Das Prinzip Rechtsstaat – Verfassungs- und verwaltungsrechtliche Aspekte, 1997; zitiert: *Sobota,* Das Prinzip Rechtsstaat.

Sodan, Helge, Der Anspruch auf Rechtsetzung und seine prozessuale Durchsetzbarkeit, NVwZ 2000, S. 601-609; zitiert: *Sodan,* NVwZ 2000.

Sodan, Helge; Ziekow, Jan, Verwaltungsgerichtsordnung, Großkommentar, 5. Auflage 2018; zitiert: *Bearbeiter* in Sodan/Ziekow, VwGO.

Söhn, Hartmut, Anwendungspflicht oder Aussetzungspflicht bei festgestellter Verfassungswidrigkeit von Gesetzen?, 1974; zitiert: *Söhn,* Anwendungspflicht oder Aussetzungspflicht.

Soell, Hermann:
- Das Ermessen der Eingriffsverwaltung, 1973; zitiert: *Soell,* Das Ermessen der Eingriffsverwaltung.
- Schutzgebiete, NuR 1993, S. 301-311; zitiert: *Soell,* NuR 1993.

Spannowsky, Willy, Transparenzanforderungen für Gemeinden – Rechtsfragen im Zusammenhang mit den Informationsfreiheitsgesetzen, ZfBR 2017, S. 112-121; zitiert: *Spannowsky,* ZfBR 2017.

Spannowsky, Willy; Hofmeister, Andreas, Die Abwägung – Herzstück der städtebaulichen Planung, 2010; zitiert: *Bearbeiter* in Spannowsky/Hofmeister, Die Abwägung.

Spannowsky, Willy; Uechtritz, Michael, Beck'scher Online-Kommentar, 53. Edition, München 2021; zitiert: *Bearbeiter* in Spannowsky/Uechtritz, BeckOK BauGB.

Spickhoff, Andreas, Medizinrecht, 3. Auflage 2018; zitiert: *Bearbeiter* in Spickhoff, Medizinrecht.

Spindler, Michael, Geltungsdauer planfeststellungsersetzender Bebauungspläne, 2009; zitiert: *Spindler,* Geltungsdauer.

Stache, Alessa, Vorläufiger Rechtsschutz in der (Corona-)Krise, JuWissBlog Nr. 69/2020 v. 1.5.2020, https://www.juwiss.de/69-2020/, Abrufdatum: 12.8.2022; zitiert: *Stache,* JuWissBlog 69 (2020).

Ständige Deputation des Deutschen Juristentages:
- Verhandlungen des 50. Deutschen Juristentages, Band I (Gutachten), 1974; zitiert: *Bearbeiter* in Ständige Deputation I, 50. Deutscher Juristentag.
- Verhandlung des 58. Deutschen Juristentages, Band I (Gutachten), 1990; zitiert: *Bearbeiter* in Ständige Deputation I, 58. Deutscher Juristentag.
- Verhandlungen des 58. Deutschen Juristentages, Band II (Sitzungsberichte), 1990; zitiert: *Bearbeiter* in Ständige Deputation II, 58. Deutscher Juristentag.
- Verhandlungen des 71. Deutschen Juristentag, Band I (Gutachten), 2016; zitiert: *Bearbeiter* in Ständige Deputation I, 71. Deutscher Juristentag.

Stahl, Friedrich Julius, Die Philosophie des Rechts nach geschichtlicher Ansicht, Band II, 1837; zitiert: *Stahl,* Die Philosophie des Rechts II.

Starck, Christian:
- Der Gesetzesbegriff des Grundgesetzes, 1970; zitiert: *Starck,* Der Gesetzesbegriff des GG.
- VVDStRL 34 (1976), 43, 48 f.
- Bundesverfassungsgericht und Grundgesetz: Festgabe aus Anlass des 25jährigen Bestehens des Bundesverfassungsgerichts, Band II, 1976; zitiert: *Bearbeiter* in Starck, Festgabe 25 Jahre BVerfG II.

Starck, Christian; Stern, Klaus, Landesverfassungsgerichtsbarkeit, Band 2, 1983; zitiert: *Bearbeiter* in Starck/Stern, Landesverfassungsgerichtsbarkeit II.

Stein, Ekkehart; Faber, Heiko, Auf einem dritten Weg, Festschrift für Helmut Ridder zum 70. Geburtstag, 1989; zitiert: *Bearbeiter* in Stein/Faber, Festschrift für Helmut Ridder.

Steinbach, Armin, Rationale Gesetzgebung, ZRP 2020, S. 91-94; zitiert: *Steinbach,* ZRP 2020.

Steinberg, Rudolf:
- Neue Entwicklungen in der Dogmatik des Planfeststellungsrechts, DVBl. 1992, S. 1501-1507; zitiert: *Steinberg,* DVBl. 1992.
- Komplexe Verwaltungsverfahren zwischen Verwaltungseffizienz und Rechtsschutzauftrag, DÖV 1982, S. 619-631; zitiert: *Steinberg,* DÖV 1982.
- Verfassungsgerichtliche Kontrolle der "Nachbesserungspflicht" des Gesetzgebers, Der Staat 26, 1987, S. 161-186; zitiert: *Steinberg,* Der Staat 26 (1987).

Steiner, Udo, Unzulässigkeit der Rücknahme der rechtswidrigen Genehmigung eines Bebauungsplanes nach ortsüblicher Bekanntmachung durch Plangenehmigungsbehörde, DVBl. 1987, S. 483-486; zitiert: *Steiner,* DVBl. 1987.

Stelkens, Michael; Bonk, Heinz Joachim; Sachs, Michael, Verwaltungsverfahrensgesetz Kommentar, 9. Auflage 2018; zitiert: *Bearbeiter* in Stelkens/Bonk/Sachs, VwVfG.

von Stengel, Karl Freiherr, Verwaltungsgerichtsbarkeit und die öffentlichen Rechte, VerwArch 3, 1895, S. 176 ff.; zitiert: *v. Stengel,* VerwArch 3 (1895).

Stepanek, Bettina, Reichweite verwaltungsgerichtlicher Entscheidungen gegen Allgemeinverfügungen – Einer darf trinken, die anderen nicht?, NVwZ 2021, S. 778-782; zitiert: *Stepanek,* NVwZ 2021.

Stern, Klaus:
- Das Staatsrecht der Bundesrepublik Deutschland, Band I: Grundbegriffe und Grundlagen des Staatsrechts, Strukturprinzipien der Verfassung, 2. Auflage 1984; zitiert: *Stern,* Staatsrecht I.
- Das Staatsrecht der Bundesrepublik Deutschland, Band II: Staatsorgane, Staatsfunktionen, Finanz- und Haushaltsverfassung, Notstandsverfassung, 2. Auflage 1980; zitiert: *Stern,* Staatsrecht II.
- Ermessen und unzulässige Ermessensausübung, 1964; zitiert: *Stern,* Ermessen.

Stier-Somlo, Fritz, Das freie Ermessen in Rechtsprechung und Verwaltung, Sonderdruck aus der Festgabe für Laband Band II, 1908, S. 445 ff.; *Stier-Somlo,* Das freie Ermessen in Rechtsprechung und Verwaltung.

Stober, Rolf; Kluth, Winfried, Verwaltungsrecht I, 13. Auflage 2017; zitiert: *Bearbeiter* in Verwaltungsrecht I.

Stödter, Rolf; Thieme, Werner, Hamburg – Deutschland – Europa, Beiträge zum deutschen und europäischen Verfassungs-, Verwaltungs- und Wirtschaftsrecht, Festschrift für Hans Peter Ipsen zum 70. Geburtstag, 1977; zitiert: *Bearbeiter* in Stödter/Thieme, Festschrift für Hans Peter Ipsen.

Studenroth, Stefan, Einflußnahme des Bundestages auf Erlaß, Inhalt und Bestand von Rechtsverordnungen, DÖV 1995, S. 525-537; zitiert: *Studenroth,* DÖV 1995.

Stüer, Bernhard:
- Handbuch des Bau- und Fachplanungsrechts, 5. Auflage 2015; zitiert: *Stüer,* Bau- und Fachplanungsrecht.
- Zum autonomen (kontrollfreien) Gestaltungsraum vom Gesetzgeber und Verwaltung, DVBl. 1974, S. 314-321; zitiert: *Stüer,* DVBl. 1974.
- Staat und Gesellschaft in der Pandemie – Sondertagung der Vereinigung der Deutschen Staatsrechtslehrer in Wien, DVBl. 2021, S. 851-858; zitiert: *Stüer,* DVBl. 2021.

Tettinger, Peter J.:
- Überlegungen zu einem administrativen „Prognosespielraum", DVBl. 1982, S. 421-433; zitiert: *Tettinger,* DVBl. 1982.
- Rechtsanwendung und gerichtliche Kontrolle im Wirtschaftsverwaltungsrecht, 1980; zitiert: *Tettinger,* Rechtsanwendung und gerichtliche Kontrolle.

Theuersbacher, Paul, Probleme der gerichtlichen Kontrolldichte im Kapazitätsrecht, NVwZ 1986, S. 978-989; zitiert: *Theuersbacher,* NVwZ 1986.

Thieme, Werner, Über die Notwendigkeit einer Reform des Allgemeinen Verwaltungsrechts, DÖV 1996, S. 757-764; zitiert: *Thieme,* DÖV 1996.

Thomé-Kozmiensky, Sophie, Die Verpackungsverordnung - Rechtmäßigkeit, 'Duales System', Europarecht., 1994; zitiert: *Thomé-Kozmiensky,* Die Verpackungsverordnung.

Tietz, Edwin, Freies Ermessen – Sein Wesen und seine Grenzen, NJW 1953, S. 1534-1538; zitiert: *Tietz,* NJW 1953.

Trips, Marco, Das Verfahren der exekutiven Rechtsetzung – Möglichkeiten und Erfordernisse der Aufnahme eines allgemeinen Verfahrens für Verordnungen, Satzungen und Verwaltungsvorschriften in das Verwaltungsverfahrensgesetz, 2006; zitiert: *Trips,* Das Verfahren der exekutiven Rechtsetzung.

von Tuhr, Andreas, Der Allgemeine Teil des Deutschen Bürgerlichen Rechts, Band II, 1916; zitiert: *v. Tuhr,* Der Allgemeine Teil des Deutschen Bürgerlichen Rechts II.

Uhle, Arnd, Parlament und Rechtsverordnung, Dissertation, 1999; zitiert: *Uhle,* Parlament und Rechtsverordnung.

Ule, Carl Hermann, Verwaltungsgerichte überstaatlicher und internationaler Organisationen, DVBl. 1953, S. 491-497; zitiert: *Ule,* DVBl. 1953.

Umbach, Dieter C.; Clemens, Thomas, Grundgesetz, Mitarbeiterkommentar, Band I, 2002; zitiert: *Bearbeiter* in Umbach/Clemens, GG.

Unkelbach, Alexandra, Rechtsschutz gegen Gremienentscheidungen und Entscheidungen mit Gremienbeteiligung, 2007; zitiert: *Unkelbach,* Rechtsschutz gegen Gremienentscheidungen

Unruh, Peter, Strohmeyer, Jochen, Die Pflicht zum Erlaß einer Rechtsverordnung am Beispiel des Umweltrechts, NuR 1998, S. 225-232; zitiert: *Unruh/Strohmeyer,* NuR 1998, S. 225.

Varadinek, Brigitta, Ermessen und gerichtliche Nachprüfbarkeit im französischen und deutschen Verwaltungsrecht und im Recht der Europäischen Gemeinschaft, Dissertation 1993; zitiert: *Varadinek,* Ermessen und gerichtliche Nachprüfbarkeit.

Verdross, Alfred, Gesellschaft, Staat und Recht, Festschrift für Hans Kelsen zum 50. Geburtstag, 1931; zitiert: *Bearbeiter* in Verdross, Festschrift für Hans Kelsen.

Verfassungsrecht und Verfassungswirklichkeit, Festschrift für Hans Huber zum 60. Geburtstag, Bern 1961; zitiert: *Bearbeiter* in Verfassungsrecht und Verfassungswirklichkeit, Festschrift für Hans Huber.

Vogel, Hans-Jochen:

- Gewaltenvermischung statt Gewaltentrennung, NJW 1996, S. 1505-1511; zitiert: *H.-J. Vogel,* NJW 1996.
- Die Reform des Grundgesetzes nach der deutschen Einheit – Eine Zwischenbilanz, DVBl. 1994, S. 497-506; zitiert: *H.-J. Vogel,* DVBl. 1994.

Vogel, Klaus; Martens, Wolfgang, Gefahrenabwehr, 9. Auflage, 1986; zitiert: *Vogel/Martens,* Gefahrenabwehr.

Volhard, Rüdiger, Amtspflichten bei nichtigen Bebauungsplänen - Zur "Verwerfungskompetenz" der Verwaltung, NVwZ 1986, S. 105-107; zitiert: *Volhard,* NVwZ 1986.

Volker, Peter, Probleme der Rechtsstellung von Flughafennachbarn, Dissertation 1967; zitiert: *Volker,* Probleme der Rechtsstellung von Flughafennachbarn.

Volkmann, Uwe:
- Das „intendierte" Verwaltungsermessen, DÖV 1996, S. 282-288; zitiert: *Volkmann,* DÖV 1996.
- Heraus aus dem Verordnungsregime – Die erheblichen Grundrechtseingriffe der Corona-Krise bedürfen endlich einer tragfähigen Rechtsgrundlage, NJW 2020, 3153-3160; zitiert: *Volkmann,* NJW 2020.

Voßkuhle, Andreas:
- Grundwissen – Öffentliches Recht: Entscheidungsspielräume der Verwaltung (Ermessen, Beurteilungsspielraum, planerische Gestaltungsfreiheit), JuS 2008, S. 117-119; zitiert: *Voßkuhle,* JuS 2008.
- Theorie und Praxis der verfassungskonformen Auslegung von Gesetzen durch Fachgerichte – Kritische Bestandsaufnahme und Versuch einer Neubestimmung –, AöR 125, 2000, S. 178- 201; zitiert: *Voßkuhle,* AöR 125 (2000).

Voßkuhle, Andreas; Eifert, Martin; Möllers, Christoph, Grundlagen des Verwaltungsrechts Band II, 3. Auflage 2022; zitiert: *Bearbeiter* in Voßkuhle/Eifert/Möllers, Grundlagen des Verwaltungsrechts II.

Wagener, Frido, Der öffentliche Dienst im Staat der Gegenwart, VVDStRL 37, 1979, S. 215-266; zitiert: *Wagener,* VVDStRL 37 (1979).

Wahl, Rainer:
- Risikobewertung der Exekutive und richterliche Kontrolldichte – Auswirkungen auf das Verwaltungs- und das gerichtliche Verfahren, NVwZ 1991, S. 409-418; zitiert: *Wahl,* NVwZ 1991.
- Verwaltungsverantwortung und Verwaltungsgerichtsbarkeit – Bemerkung zu einem Dauerthema, VBlBW. 1988, S. 387-392; zitiert: *Wahl,* VBlBW. 1988.
- Verwaltungsverfahren zwischen Verwaltungseffizienz und Rechtsschutzauftrag, VVDStRL 41, 1983, S. 151-191; zitiert: *Wahl,* VVDStRL 41 (1983).
- Der Vorrang der Verfassung, Der Staat 20, 1981, S. 485-516; zitiert: *Wahl,* Der Staat 20 (1981).

Wahl, Rainer; Dreier, Horst, Entwicklung des Fachplanungsrechts, NVwZ 1999, S. 606-620; zitiert: *Wahl,* NVwZ 1999.

Waldhoff, Christian:
- Das Finanzsystem der Kommunen aus rechtlicher Sicht: Steuer, Abgaben und Finanzausgleich, DStJG 35, 2012, S. 11-33; zitiert: *Waldhoff,* DStJG 35 (2012).
- Pflichten zur Begründung untergesetzlicher Normen im Lichte der verwaltungs- und sozialgerichtlichen Rechtsprechung, GesR 2013, S. 197-206; zitiert: *Waldhoff,* GesR 2013.

Warg, Gunter, 2G und Verhältnismäßigkeit – ein empirisches Problem, NJOZ 2022, S. 65-70; zitiert: *Warg,* NJOZ 2022.

Weber, Karl, Creifelds, Rechtswörterbuch, 26. Auflage 2021; zitiert: *Bearbeiter* in Creifelds, Rechtswörterbuch.

Weber, Karl-Heinz, Regelungs- und Kontrolldichte im Atomrecht, 1984; zitiert: *Weber,* Regelungs- und Kontrolldichte.

Weber, Martin, Die gemeindliche Satzungsgewalt im Spannungsverhältnis zwischen autonomer Rechtsgestaltung und staatlicher Einflussnahme, BayVBl. 1998, S. 327-333.; zitiert: *Weber,* BayVBl 1998.

Weitzel, Christian, Justiziabilität des Rechtsetzungsermessen, Diss. 1998; zitiert: *Weitzel,* Rechtsetzungsermessen.

Wendt, Rudolf, Der Garantiegehalt der Grundrechte und das Übermaßverbot – Zur maßstabsetzenden Kraft der Grundrechte in der Übermaßprüfung, AöR 104 (1979), S. 414-474; zitiert: *Wendt,* AöR 104 (1979).

Wengler, Wilhelm, Der Begriff des Politischen im Internationalen Recht, 1956; zitiert: *Wengler,* Der Begriff des Politischen.

Westbomke, Konrad, Der Anspruch auf Erlass von Rechtsverordnungen und Satzungen, 1976; zitiert: *Westbomke,* Anspruch auf Erlass von Rechtsverordnungen.

Weyreuther, Felix:
- Verwaltungsverantwortung und gerichtliche Kontrolle, UPR 1986, S. 121-127; zitiert: *Weyreuther*, UPR 1986.
- Das Bundesbaurecht in den Jahren 1978 und 1979 – Die Entwicklung im Spiegel insbesondere der Rechtsprechung des Bundesverwaltungsgerichts, DÖV 1980, S. 389-396; zitiert: *Weyreuther*, DÖV 1980.
- Das Bundesbaurecht in den Jahren 1980, 1981 und 1982 – Die Entwicklung im Spiegel insbesondere der Rechtsprechung des Bundesverwaltungsgerichts, Berlin, DÖV 1983, S. 575-588; zitiert: *Weyreuther*, DÖV 1983.
- Die Bedeutung des Eigentums als abwägungserheblicher Belang bei der Planfeststellung nach dem Bundesfernstraßengesetz, DÖV 1977, S. 419-426; zitiert: *Weyreuther*, DÖV 1977.
- Gleichbehandlung und Typisierung, DÖV 1997, S. 521-530; zitiert: *Weyreuther*, DÖV 1997.

Widtmann, Julius; Grasser, Walter; Glaser, Erhard, Bayerische Gemeindeordnung, 31. Ergänzungslieferung, Februar 2021; zitiert: *Bearbeiter* in Widtmann/Grasser/Glaser, GO.

Wiedmann, Harald, Das Planungsermessen des § 1 Abs. 7 BBauG als Unterfall des allgemeinen Verwaltungsermessens, Dissertation, 1977; zitiert: *Wiedmann,* Das Planungsermessen.

Wieland, Joachim, Gebühren, Beiträge und Sonderabgaben im System der Kommunalfinanzierung, DStJG 35, 2012, S. 159-174; zitiert: *Wieland,* DStJG 35 (2012).

Wilke, Dieter, Bundesverfassungsgericht und Rechtsverordnungen, AöR 98, 1973, S. 196-247; zitiert: *Wilke,* AöR 98 (1973).

Will, Martin, Teilnichtigkeit der Straßenverkehrsrechts-Novelle-2020 – Entstehung, verfassungsrechtliche Dogmatik und Rechtsfolgen des Verstoßes gegen das Zitiergebot gem. Art 80 I 3 GG in der 54. StVRÄndV und warum ein Neuerlass der StVO trotz bloßer Teilnichtigkeit der BKatV dringend geboten ist, NZV 2020, S. 601-620; zitiert: *Will,* NZV 2020.

Wischmeyer, Thomas, Zwecke im Recht des Verfassungsstaats, 2015; zitiert: *Wischmeyer,* Zwecke im Recht.

Wittig, Peter, Politische Rücksichten in der Rechtsprechung des Bundesverfassungsgerichts?, Der Staat 8, 1969, S. 137-158.; *Wittig,* Der Staat 8 (1969).

Wolf, Ernst, Die Nachprüfbarkeit des wichtigen Grundes durch das Bundesarbeitsgericht, NJW 1961, S. 8-10; zitiert: *Wolf,* NJW 1961.

Wöckel, Holger:
- Festlegung von Flugverfahren, 2013; zitiert: *Wöckel,* Festlegung von Flugverfahren.
- Schutz vor Fluglärm bei der Festlegung von Flugverfahren, NVwZ 2016, S. 347-357; zitiert: *Wöckel,* NVwZ 2016.

Wolff, Hans J.; Bachof, Otto, Verwaltungsrecht I, 1. Auflage 1956 bzw. 9. Auflage 1974; zitiert: *Bearbeiter* in Wolff/Bachof, Verwaltungsrecht I, [Auflage].

Wolff, Hans J.; Bachof, Otto; Stober, Rolf; Kluth, Winfried, Verwaltungsrecht I, 13. Auflage 2017; zitiert: *Bearbeiter* in Wolff/Bachof/Stober/Kluth, Verwaltungsrecht I.

Wollenschläger, Ferdinand, Kommunalabgabenrecht unter europäischem Einfluss: Die Zweitwohnungsteuer auf dem Prüfstand des Gemeinschaftsrechts, NVwZ 2008, S. 506-513; zitiert: *Wollenschläger,* NVwZ 2008.

Wolter, Jürgen; Riedel, Eibe; Taupitz, Jochen, Einwirkungen der Grundrechte auf das Zivilrecht, öffentliche Recht und Strafrecht, 1999; zitiert: *Bearbeiter* in Wolter/Riedel/Taupitz, Einwirkungen der Grundrechte.

Wortmann, Bernd, Das Spiel mit den Spielräumen, NwVBl. 1989, S. 342 ff.; zitiert: *Wortmann,* NwVBl. 1989.

Würkner, Joachim, BVerfG auf Abwegen? Gedanken zur Kontrolldichte verwaltungsgerichtlicher Rechtsprechung, NVwZ 1992, S. 309-312; zitiert: *Würkner,* NVwZ 1992.

Würtenberger, Thomas, Die Normerlassklage als funktionsrechtliche Fortbildung verwaltungsprozessualen Rechtsschutzes, AöR 105 (1980), S. 370-399; zitiert: *Würtenberger,* AöR 105 (1980).

Wüstenberg, Dirk, Die summarische Prüfung im Normenkontrollverfahren, DVBl 2020, S. 1115-1119; zitiert: *Wüstenberg,* DVBl. 2020.

Wysk, Peter, Verwaltungsgerichtsordnung, 3. Auflage 2020; zitiert: *Bearbeiter* in Wysk, VwGO.

Ziegler, Wolfgang:
- Die Ausfertigung von Rechtsvorschriften, insbesondere von gemeindlichen Satzungen, DVBl. 1987, S. 280-287; zitiert: *Ziegler,* DVBl. 1987.
- Die Verkündung von Satzungen und Rechtsverordnungen der Gemeinden, 1976; zitiert: *Ziegler,* Verkündung von Satzungen und Rechtsverordnungen.

Zeitler, Herbert; Wiget, Max, Bayerisches Straßen- und Wegegesetz, Kommentar, Werkstand: März 2020; zitiert: *Bearbeiter* in Zeitler, BayStrWG.

Zippelius, Reinhold, Juristische Methodenlehre, 5. Auflage, 1990; zitiert: *Zippelius,* Methodenlehre.

Zuck, Rüdiger; Zuck, Holger, Die Rechtsprechung des BVerfG zu Corona-Fällen, NJW 2020, S. 2302 – 2307; zitiert: *Zuck/Zuck,* NJW 2020.

Zuleeg, Martin, Die Ermessensfreiheit des Verordnungsgebers, DVBl. 1970, S. 157-163; zitiert: *Zuleeg,* DVBl. 1970.